ASSET MANAGEMENT

A SYSTEMATIC APPROACH TO FACTOR INVESTING

資産運用の本質

ファクター投資への体系的アプローチ

アンドリュー・アング [著]
ANDREW ANG

坂口雄作
浅岡泰史
角間和男
浦壁厚郎 [監訳]

一般社団法人 **金融財政事情研究会**

© Andrew Ang, 2014

Asset Management; A Systematic Approach to Factor Investing, First Edition was originally published in English in 2014. This translation is published by arrangement with Oxford University Press. KINZAI INSTITUTE FOR FINANCIAL AFFAIRS, INC. is solely responsible for this translation from the original work and Oxford University Press shall have no liability for any errors, omissions or inaccuracies or ambiguities in such translation or for any losses caused by reliance thereon.

『資産運用の本質──ファクター投資への体系的アプローチ』の原著 "Asset Management; A Systematic Approach to Factor Investing, First Edition" は、2014年に英語で出版されました。本翻訳書はOxford University Pressとの取決めに基づいて出版されています。原著に基づくこの翻訳には一般社団法人金融財政事情研究会が単独で責任を負い、Oxford University Pressは、翻訳におけるいかなる誤り、脱落、不正確、あいまいさ、およびこれらに起因するいかなる損害にも責任を負いません。

序　文

　投資において最も重要な言葉は「bad times（悪環境期）」である。

　悪環境期が最も重要であるというこの考えは、本書の一貫した基本指針であり、半世紀以上にわたるファイナンス理論の基礎である。著者は、自らのお金をどこに投資するかという古くからの問題に対する体系的なアプローチを提供する。ファイナンスの教授として、また、ソブリン・ウェルス・ファンド（SWF）や資産運用会社をはじめとする金融業界の会社のアドバイザーとしての経験から、著者は、単に資産クラスのみに焦点を当てるという制約のあるアプローチ（通常は、平均・分散最適化を用いる）は、あまりにも粗っぽく、資産クラスがなぜリターンを生むのかという経済原理を見過ごしており、そして最終的には、問題が多すぎてあまり投資家の役に立たないとわかった。そこでその代わりに著者が焦点を当てているのが「ファクター・リスク」である。それは資産クラスをまたがる困難な局面の組合せであり、我々が市場の混乱を切り抜けてそれがもたらす報酬を得ようとするならば、留意の中心に置かれるべきものである。

　アセット・オーナーは、小規模の家計から国家の貯蓄の責任を委託されている大規模なソブリン・ウェルス・ファンドに至るまで、悪環境期には、好環境期に意気揚々と感じるよりも何倍もの激しい苦痛を受けるのが普通である。これこそが本質的な問題なのである。悪環境期の組合せは投資家によって異なっており、それは、投資家のもつ負債状況、収入状況、制約条件や信念、そして様々な種類のリスクをどのように理解し、それに対応するかによって決まる。悪環境期は、あなたの富が影響を受ける期間だけにとどまらない。すなわち、あなたがまだ裕福であり続けていても、もし消費が以前より減少したり、競争相手があなたのポートフォリオより高いリターンを獲得したりすれば、悪環境期に遭遇したことになり得るのである。投資家がライフサイクルを経るにつれ、また長い投資期間にわたって動的に投資するにつれ、その投資家にとっての悪環境期の組合せは変化し得る。最適なポートフォリオ配分とは、投資家の悪環境期が考慮されたものであり、リスクをとることなくしては得られないファクター・プレミアムという見返りを得る代わりに、その悪環境期のリスクをとろうとするものである。悪環境期が訪れたときに高いリターンをもたらす資産があるかもしれないので、分散されたポートフォリオを保有することは悪環境期の影響を低減することになる。第Ⅰ部はこのことを説明する。

第Ⅱ部では、アセット・オーナーが、ファクター・リスクに対するエクスポージャーをとることによってリスク・プレミアムを獲得できることを示す。経済成長の減速期や、高インフレないしインフレ加速期、そしてボラティリティが急上昇する期間は、ほとんどの人々にとっての悪環境期である。バリュー／グロース投資やモメンタム投資、そして、非流動性資産をオーバーウェイトするといった、取引可能な他のファクターもある。資産はファクターの集合体であり、個々のファクターは平均的な投資家にとっての悪環境期の組合せを定義する。ファクターにエクスポージャーをもつ投資家は、長期で見れば高いリターンを獲得する。しかし、リスクもある。平均で見れば、ファクターには大きなリターンがあるが、それは悪環境期の間はアンダーパフォーマンス、それも時に劇的なアンダーパフォーマンスになり得る。しかしながら、それゆえに、ファクターから素晴らしい見返りが得られるのである。ファクター・プレミアムは、投資家行動の結果でもあるが、裁定によって消え去るものではない。

　投資家は、自身にとっての悪環境期の組合せを平均的投資家のそれと比較することによって、長期で見ればうまくいくであろうファクター・プレミアムを獲得できるかどうかを評価することができる。もしある投資家が平均的な投資家よりもうまく悪環境期に耐えることができるなら、大部分の投資家たちが尻込みするかもしれない悪環境期のリスクを受け入れることができる。これらのファクターは、悪環境期の間は損失を生み出すだろう。がしかし、悪環境期以外の期間では魅力的な見返りを生み出し、その損失を埋め合わせるのである。ある投資家が悪環境期をどのように感じ、行動するのかについて、平均的投資家と比較するのがファクター投資である。投資家がそれぞれの悪環境期における損失をいかにうまく我慢できるか、その違いによって最適なファクター・リスク配分は異なる。まさに、正しい食事のためには単に食品のラベルではなくその食品に含まれている栄養素を見通すことが求められるように、ファクター投資では資産クラスというラベルではなく、内包されているファクター・リスクを見通すことが求められるのである。

　最後の第Ⅲ部では、アセット・オーナーが自らのポートフォリオ運用を外部委託する際に付加される悪環境期を可能な限り減らすための方法について議論する。アセット・オーナーと委託先マネージャーとの関係が最悪であると、アセット・オーナーが耐えなければならないより多くの悪環境期をもたらしてしまう。なぜなら、ファンド・マネージャーにとって最良なことは、通常、アセット・オーナーの利益にかなうものではないからである。適切なガバナンス構造と契約によって、エー

ジェンシー問題から結果生じる悪環境期を最小限に抑えることができる。一般的な投資商品であるミューチュアル・ファンド、ヘッジファンド、プライベート・エクイティのほとんどについて、ファンド・マネージャーは専門能力を有してはいるが、平均的にはアセット・オーナーにほとんど利益をもたらさず、それがファイナンス理論に則った結論であることを明らかにする。ヘッジファンドとプライベート・エクイティは資産クラスではない。すなわち、いずれも、よく知られているファクター・リスクの単なる集合体であり、それが不透明な契約によって覆い隠されているにすぎない。ヘッジファンドは特にボラティリティ・リスクに晒されたものであり、またプライベート・エクイティはその大部分がレバレッジの掛かった上場株式といえる。

本書の三つの主要テーマは次の通りである。

○第Ⅰ部：アセット・オーナーは自身の悪環境期を認識する必要がある。

○第Ⅱ部：ファクターは、悪環境期の損失に対する見返りとしてのプレミアムをもたらす。ファクターが重要であり、資産クラスのラベルが重要なのではない。

○第Ⅲ部：委託先のマネージャーがさらなる悪環境期の組合せをもたらさないか、注視すべきである。

資産運用は、実は、投資家にとっての悪環境期を定義し、投資しているファクターが不振となる悪環境期をうまく切り抜け、そして委託先の運用機関によってもたらされる悪環境期を軽減することに他ならない。資産配分、すなわち適切な資産クラスおよび投資の選択を実践することは、実はファクター運用なのである。

本書はアセット・オーナーの視点から述べている。著者は日頃から、銀行、保険会社などの金融機関と議論している。しかし彼らは、ソブリン・ウェルス・ファンドを通じて最大のアセット・オーナーとなっている国家や、年金基金、大学基金、そして財団といった集団的アセット・オーナー、さらには個人やファミリーに至るまでの、すべてのアセット・オーナーの仲介者であると著者は理解している。すべてのトピックを、アセット・オーナーの視点で提示している。

本書は独善的である。本書で取り上げた多くのトピックに関して、活発なかつ看過できない議論を展開している。多くの人たちが賛同しないであろうポイントもあることは認識しているし、そうあってしかるべきである。読者の著者に対する最大の賛辞は、著者の分析に誘発されたリアクションの結果として、よりよい投資家になられることである。

本書は幅広い読者を対象にしている。あなたは数学的な記述のすべては理解できないというかもしれないが、著者は、直観と現実への応用を重視する。著者はビジネス・スクールで教鞭を執っており、事例を示すことは教訓を伝える重要な方法なので、各章の冒頭は、現実に起こったケースを示すことから始めている。本書は、著者が執筆したケース・スタディがアンカーを務めている。

あなたが、受託者や理事、またはそれに類した役職として他の人を代表してファンドの管理・運営を任されている立場にあり、数学や統計分析を避けたいのであれば、第1章「アセット・オーナー」、第14章「ファクター投資」そして第16～18章の「ミューチュアル・ファンドと他の1940年投資会社法に基づくファンド」「ヘッジファンド」「プライベート・エクイティ」を読まれるよう勧める。多くの受託者がコモディティ投資や非流動性資産の運用・管理に取り組んでいるが、第11章「「リアル」アセット」と第13章「非流動性資産」はいずれも、いくつかの数式を含むとはいえ、ほとんどの内容は専門的な背景知識のない投資家でも理解できるように述べている。

あなたがアセット・オーナーとして、あるいはアセット・オーナーから運用を受託するファンド・マネージャーとしてファンドの運用を仕事にしているなら、第2章「選好」を追加することを薦める。著者の不平の種は、資産運用において平均・分散最適化が信頼されすぎていることなので、第2章では投資家がもっている多種多様な効用について詳述している。平均と分散のパラダイムは、たしかに第3章「平均・分散投資」で取り上げてはいるが、社会的責任投資や、現在広まりつつあり「リスク・パリティ」と呼ばれるボラティリティに基づく資産クラスの配分方法もカバーして工夫した。続いて、動的ポートフォリオ選択について述べた第4章「長期投資」と、おそらくあなたが資産運用業務において発見しようとしているであろうアルファについて述べた第10章「アルファ（そして低リスク・アノマリー）」に読み進められたい。低リスク・アノマリーには、著者は特別な興味をもっている。そして、ファクター・リスクの基本について議論している第6～第9章の「ファクター理論」「ファクター」「株式」「債券」に目を通していただきたい。著者は、株式と債券の二つの資産は、いずれもそれ自体が本質的な投資可能ファクターであると考えている。

個人投資家にとっては、第5章「ライフサイクル投資」と第12章「税効率が高い投資法」が有用であろう。第5章では、就労中に退職後のための資金を貯蓄する最適な方法を紹介している。第12章では、米国政府に支払う金額を最小化するための

4　序　文

資産配分について述べている。税は資産価格に影響を及ぼし、税もまた一つのファクターであることを明らかにする。

第15章「投資運用委託」で議論しているが、著者は、すべてのアセット・オーナーは外部委託先のマネージャーとの関係に特別な注意を払うべきであると確信している。機能障害に陥ったプリンシパルとエージェントとの関係は、アセット・オーナーにとっては、適切な投資戦略（実際には、ファクター戦略！）を探し出すのと同じ位に大きな問題である。事実、ガバナンスと投資戦略は切っても切れないものである。第15〜18章のそれぞれ「ミューチュアル・ファンドと他の1940年投資会社法に基づくファンド」「ヘッジファンド」「プライベート・エクイティ」において著者は、ファクター・リスク・エクスポージャーとエージェンシー問題に照らして議論している。

本書はファイナンスの授業で扱う多くの概念を応用してはいるものの、厳密な教科書というわけでもないので、資産運用を学ぶ学生は、本書が他の本とは違っていると思うだろう。理論が特定の個人やファンドもしくは企業に直接関連しているし、著者も客観的なふりをしようとしないので、本書が一層面白味のあるものになっていることを期待している。著者は、MBAの投資基礎コースと資産運用に関するより上級コースの授業で、本書を教科書として使用しているが、教室用のスライド（本書よりも多くの数学を用いている）、多くの例題、ケーススタディ、そしてゲスト・スピーカーで補足している（最後の二つが最良である）。本書は半期の授業で教えるにはあまりにも多すぎる内容を掲載しており、もし読者が教授であるなら、最も適切な章を選び抜くべきである。各章とも、講義ノートを用意しているので、必要であれば請求いただきたい。各章はそれぞれで完結したものだが、関連のある他の章の議論をも参照している。

研究者たちは、本書が最近の研究を多くカバーしているので興味深いと思うだろう。本書の重要な目的の一つは、資産運用の実践をよりよいものにするために有用な学術理論を抜粋することにある。著者は、そのような論文すべてに言及することはできないので、参照した文献は、古いものの重要な業績と、最近の業績とに偏っている。それらの中間にあるものは比較的少ない。参照から漏れている学界の仲間にはお詫びをしたい。

著者は、アセット・オーナーと運用を受託するマネージャーとの利害調整の重要な手段として、ディスクロージャーを心の底から支持している。そこで、著者のディスクロージャーである。著者は以下にあげる機関および企業から、コンサル

序　文　5

ティング料または謝礼金を受領していた。すなわち、バンクオブアメリカ・メリル
リンチ社、カナダ年金制度投資委員会（CPPIB）、コモンファンド社、欧州中央銀
行（ECB）、ニューヨーク連邦準備銀行（FRBNY）、連邦準備制度理事会
(FRB)、フィデリティ・インベストメンツ社、Folketrygdfondet社、ノルウェー公
的年金基金、ブルッキングス研究所ハミルトンプロジェクト、ハーバード大学（ケ
ネディ・スクール）、国際通貨基金（IMF）、マーチンゲール・アセット・マネジメ
ント社、モルガン・スタンレー社、ノルウェー財務省、ノルウェー中央銀行、世界
銀行である。またこれら以外に著者は、資産運用会社、中央銀行、商業銀行・投資
銀行、そしてヘッジファンドを含む金融業界の会社からもコンサルティング料また
は謝礼金を受領していた。

　本書に付随する資料は、Webサイトwww.oup.com/us/assetmanagementに掲載
している。

【著者紹介】

アンドリュー・アング（Andrew Ang）

コロンビアビジネススクールAnn F. Kaplan教授。

金融エコノミストとして、資産価格のリスク・リターンの特徴の研究に重点を置く。研究分野は、債券市場、株式市場、資産運用、資産配分、代替投資と幅広い。いくつかの学術ジャーナル誌の副編集長を歴任。政府、業界団体から受賞多数。ノルウェー政府SWFのコンサルタント他、金融機関のコンサルテーションの実績多数。2015年からブラックロック社マネージング・ディレクター（ファクター投資戦略担当）。シドニー・マコーリー大学 経済学学士（First Class Honours）、スタンフォード大学 修士（統計学）、PhD（ファイナンス）。

本書『Asset Management：A Systematic Approach to Factor Investing（資産運用の本質：ファクター投資への体系的アプローチ）』（Oxford UP、2014）は、投資運用のすべての側面に関係するポートフォリオにおけるファクター・リスク・プレミアムをいかにアルファにつなげるかを示した理論的実践的大作ガイドブックである。

【監訳者紹介】

坂口　雄作（さかぐち　ゆうさく）

坂口金融コンサルティング代表。

1971年神戸商科大学経済学科（計量経済学）卒、㈱野村総合研究所入社。鎌倉本部総合調査部、東京研究本部・企業調査部、投資顧問部。81年野村投資顧問㈱、83年ニューヨーク現法NCM、86年アクティブ・クオンツ運用開発・委託運用、GTAA提携運用、96年IO公的資金運用担当等を経て、2000年㈱野村ファンド・リサーチ（NFR＆T）取締役社長。05年野村信託銀行㈱SIO。09年より現職。Research Affiliates LLCリサーチアドバイザー。MPTフォーラム幹事・顧問（1989年～）、証券アナリストジャーナル編集委員（2003～14年）、日本ファイナンス学会理事（2006～11年）。共著書に『機関投資家運用の新戦略』（日本経済新聞社、1995年）、共訳書に『ポートフォリオ・マネジメント入門』（日本経済新聞社、1990年）、『資産運用の常識・非常識』（日本経済新聞社、2002年）、『ファンダメンタル・インデックス』（東洋経済新報社、2009年）。

浅岡　泰史（あさおか　やすちか）（第13章、第14章も担当）

オフィス カジワラ1600代表。

1972年神戸商科大学管理科学科卒、㈱野村総合研究所入社。ニューヨーク事務所、債券数理研究室長・資産運用研究室長・兼野村年金マネジメント研究会担当部長等を歴任、96年取締役、2000年常務取締役。01年厚生年金基金連合会常務理事兼運用執行理事、05年バークレイズ・グローバル・インベスターズ㈱代表取締役社長、07年ラッセル・インベストメント㈱エクゼクティブ・アドバイザー、12年年金積立金管理運用独立行政法人（GPIF）参与。14年10月より現職。15年4～12月ディメンショナル・ジャパン・リミテッドのシニア・アドバイザー。16年1月（一社）個人の尊厳を護るための財産管理を考える会顧問、（公社）日本証券アナリスト協会規律委員会委員、（公財）笹川平和財団資産運用委員会委員長、楽天証券㈱投信評価諮問委員会委員。共著書に『債券運用と投資戦略』（金融財政事情研究会、1981年）、『新債券運用と投資戦略』（金融財政事情研究会、1991年）、『企業価値を向上させる退職給付制度の運営』（中央経済社、2008年）、『ヘッジファンド投資ガイドブック』（東洋経済新報社、2010年）。

角間　和男（かくま　かずお）（第8章、第9章、補論も担当）

野村アセットマネジメント㈱投資開発部長。

1988年東京大学大学院理学系研究科修士課程修了、㈱野村総合研究所入社、98年野村證券㈱、2008年ポートフォリオ・コンサルティング部長、11年エンサイドットコム証券㈱代表取締役社長、14年野村アセットマネジメント㈱。15年12月より現職。

浦壁　厚郎（うらかべ　あつお）

㈱野村総合研究所金融ITイノベーション研究部上級研究員。

2004年慶應義塾大学大学院商学研究科修士課程修了、㈱野村総合研究所入社。コンサルティング事業本部を経て、14年より現職。投資戦略評価、年金コンサルティング、資産運用業界の動向調査に従事。共訳書に『グローバル投資パフォーマンス基準のすべて』（桑原洋監訳、東洋経済新報社、2013年）。

【各章担当者紹介】

玉置　真郁（たまおき　まふみ）（第1章、第2章）

ステート・ストリート・グローバル・マーケッツ証券㈱マネージング・ディレクター、セキュリティーズ・トレーディング営業部セクター・ソリューションズ部長。

サンフランシスコ大学ファイナンスMBA。シティバンクN. A.、ゴールドマン・サックス証券、モルガン・スタンレー証券を経て、1998年野村證券㈱入社、年金運用ソリューション室シニア・コンサルタント。2004年より現職。

工藤　秀明（くどう　ひであき）（第3章）

野村アセットマネジメント㈱運用部株式グループシニア・ポートフォリオ・マネージャー。

2004年京都大学大学院博士課程修了。02年より日本学術振興会特別研究員、同海外特別研究員を経て、07年野村アセットマネジメント㈱入社。同社投資開発部を経て、15年7月より現職。

山田　徹（やまだ　とおる）（第4章）

野村アセットマネジメント㈱運用部シニア・ポートフォリオ・マネージャー。

1991年大阪大学基礎工学部卒業、㈱野村総合研究所入社。97年野村證券㈱金融研究所、99年野村アセットマネジメント㈱入社。2015年8月より現職。主に計量型プロダクトの開発と運用に従事。

大本　隆（おおもと　たかし）（第5章）

野村アセットマネジメント㈱投資開発部シニア・クオンツ・アナリスト。

1987年早稲田大学大学院理工学研究科修士課程修了、㈱野村総合研究所入社。Nomura Roser.berg Investment Technology Institute（出向）、野村證券㈱金融研究所、IBJ-Nomura Financial Products（出向）、野村證券㈱金融工学研究センターを経て、2011年野村アセットマネジメント㈱。11年12月より現職。主にデリバティブ関連クオンツ業務と数理ファイナンス研究に携わる。

田村　徳崇（たむら　のりたか）（第6章）

野村アセットマネジメント㈱運用部クオンツアクティブグループポートフォリオ・マネージャー。

2009年東京大学大学院理学系研究科修士課程修了、野村アセットマネジメント㈱入社。13年12月より現職。

野口　国男（のぐち　くにお）（第7章）

野村アセットマネジメント㈱運用部クオンツ・アクティブ・グループチーフ・ポートフォリオマネージャー。

1988年東京都立大学大学院修了、㈱野村総合研究所入社。Nomura Rosenberg Investment Technology Institute（出向）、アクサ・ローゼンバーグ・インベストメント・マネジメント等を経て、2005年野村アセットマネジメント㈱。13年12月より現職。

上崎　勲（うえさき　いさお）（第10章）

野村アセットマネジメント㈱運用部シニア・インベストメント・オフィサー（クオンツ・アクティブ担当）。

2000年大阪大学大学院理学研究科修士課程修了、12年早稲田大学大学院ファイナンス研究科修了。00年野村アセットマネジメント㈱入社。投資開発部長、開発商品運用部長兼任を経て、13年12月より現職。

竹崎　竜二（たけさき　りゅうじ）（第11章、第17章）

㈱ウエルス・スクエア代表取締役社長。

1986年東京工業大学大学院修了、㈱野村総合研究所入社、98年野村証券㈱金融研究所、2004年野村アセットマネジメント㈱投資開発部長、運用企画室長歴任、11年執行役員。国内年金・機関投資家営業担当、アドバイザリー・インデックス・グローバルマネー運用担当。15年参事・事業開発部。16年1月より現職。著書に『かしこく殖やす資産運用』（2000年、日本経済新聞出版社）。

荒木　充衛（あらき　じゅうえ）（第12章）

野村アセットマネジメント㈱運用ビジネス推進部シニア・ストラテジスト。
1978年一橋大学商学部卒業、野村證券㈱入社。95年野村アセットマネジメント㈱入社。13年4月より現職。海外投信市場の調査およびプロモーションサポート業務に従事。

徳野　明洋（とくの　あきひろ）（第15章、第16章）

野村證券㈱インデックス業務室長。
1990年東京大学法学部卒業、ケンブリッジ大学修士（経済学、社会科学）、博士課程単位取得。90に㈱野村総合研究所入社後、野村證券㈱金融経済研究所、金融工学研究センター等を経て、2015年より現職。02年より中央大学大学院客員教授兼任。

西迫　伸一（にしさこ　しんいち）（第18章）

野村證券㈱フィデューシャリー・マネジメント部シニアコンサルタント。
1984年東京大学工学部卒業、㈱石川島播磨重工業入社。90年に野村證券㈱入社後、野村證券㈱金融経済研究所、金融工学研究センター等を経て、2009年より現職。公的年金運用コンサルティングおよび非流動性資産運用リサーチ業務に従事。

目　次

第 I 部
アセット・オーナー

第1章　アセット・オーナー

1　ティモール・レステ ……………………………………………………………… 2
2　ソブリン・ウェルス・ファンド ……………………………………………… 4
　2.1　ソブリン・ウェルスの成長 ………………………………………………… 4
　2.2　適正なソブリン・ウェルスのあり方 ……………………………………… 6
　2.3　オランダ病 …………………………………………………………………… 8
　2.4　政府方針との統合 …………………………………………………………… 9
　2.5　エージェンシー問題 ………………………………………………………… 11
3　年金基金 ………………………………………………………………………… 13
　3.1　確定給付 対 確定拠出 ……………………………………………………… 13
　3.2　従業員退職所得保障法 ……………………………………………………… 16
　3.3　年金の積立不足 ……………………………………………………………… 18
　3.4　エージェンシー問題 ………………………………………………………… 20
4　財団と大学基金 ………………………………………………………………… 24
　4.1　制約付基金 対 無制約の基金 ……………………………………………… 24
　4.2　大学は運用のパイオニア …………………………………………………… 26
　4.3　隣人と張り合う ……………………………………………………………… 28
5　個人とファミリー ……………………………………………………………… 29
　5.1　ファミリーの資産運用動向 ………………………………………………… 30
　5.2　その他の庶民 ………………………………………………………………… 32
6　再考：ティモール・レステ …………………………………………………… 34

第2章 選 好

1 スチームローラーの前で小銭を拾う	42
2 選 択	44
2.1 リスク	45
2.2 リスク回避	48
2.3 あなたのリスク回避度は？	51
2.4 期待効用	54
2.5 選択理論が目的としないもの	56
2.6 規範対実証の論争	57
2.7 非金融的な考慮	58
2.8 要 約	59
3 平均・分散効用	60
3.1 無差別曲線	62
3.2 確実性等価	63
3.3 典型的な年金基金のリスク回避度	65
3.4 市場リスクの回避度	68
4 現実的な効用関数	72
4.1 安全第一	73
4.2 損失回避かプロスペクト理論か	74
4.3 後悔回避	76
4.4 習慣効用	78
4.5 隣人に追いつけ	79
4.6 不確実性回避	80
5 再考：スチームローラーの前で小銭を拾う	82

第3章 平均・分散投資

1 ノルウェーとウォルマート社	86
2 平均・分散フロンティア	89

2.1　米国と日本 ··· 89

2.2　分　　散 ·· 92

2.3　G5による平均・分散フロンティア ···························· 95

2.4　制約付平均・分散フロンティア ······························· 99

2.5　分散投資をしないリスク ·· 100

2.6　ホーム・バイアス ··· 102

2.7　分散投資は本当にフリー・ランチか？ ···················· 105

3　平均・分散最適化 ··· 106

3.1　リスクフリー資産がない場合 ································· 107

3.2　リスクフリー資産がある場合 ································· 109

3.3　株式市場に参加しない場合 ···································· 113

4　結果は入力次第で大きく変わる ······································· 115

4.1　入力値に対する感応度 ·· 115

4.2　何をすべきか？ ·· 116

5　特別な平均・分散ポートフォリオ ···································· 120

5.1　競馬レース（パフォーマンス比較） ······················· 120

5.2　制約なしの平均・分散戦略のパフォーマンスはなぜ悪い

のか？ ·· 124

5.3　アセット・オーナーに対する示唆 ·························· 127

6　再考：ノルウェーとウォルマート社 ································· 129

6.1　分散投資効果の低下 ·· 129

6.2　社会的責任投資 ·· 132

第4章　長期投資

1　そのままにすべきか？ ··· 138

2　動的ポートフォリオ選択問題 ·· 140

2.1　動的取引戦略 ··· 141

2.2　動的計画法 ··· 143

2.3　長期投資の誤謬 ·· 146

2.4　リバランス ……………………………………………… 148

　　2.5　リバランスの実際 ……………………………………… 150

　　2.6　機動的な投資戦略 ……………………………………… 158

3　リバランスはショート・ボラティリティ ………………… 162

　　3.1　例 …………………………………………………………… 163

　　3.2　解　釈 ……………………………………………………… 167

4　負債ヘッジ …………………………………………………………… 170

　　4.1　負債ヘッジ・ポートフォリオ ……………………… 170

　　4.2　人気のある投資アドバイス ………………………… 172

5　リバランス・プレミアム ………………………………………… 173

　　5.1　リバランスは長期においてバイ・アンド・ホールドを上

　　　　回る ………………………………………………………… 174

　　5.2　超 長 期 …………………………………………………… 176

6　再考：そのままにすべきか？ ………………………………… 177

第5章　ライフサイクル投資

1　ロードアイランド州政府職員退職年金基金 ……………… 183

2　労働所得 …………………………………………………………… 185

　　2.1　労働所得がない場合の資産配分 ……………………… 186

　　2.2　リスクのない労働所得がある場合の資産配分 …… 186

　　2.3　リスクのある労働所得をもつ場合の資産配分 …… 188

　　2.4　労働所得のリスク …………………………………… 189

　　2.5　要　約 ……………………………………………………… 191

3　ライフサイクル …………………………………………………… 192

　　3.1　ファイナンシャル・プランナーのアドバイス …… 192

　　3.2　長期でも株式のリスクは低減しない ……………… 193

　　3.3　ライフサイクル・モデル …………………………… 197

　　3.4　ライフサイクルにわたる資産配分 ………………… 198

　　3.5　人々がライフサイクルにおいて実際に行っていること ………… 206

目　次　15

3.6	その他の考察	208
3.7	要　約	211

4　退　職　211

4.1	所得代替率	211
4.2	我々の貯蓄は十分か？	214
4.3	4％ルール	215
4.4	アニュイティ	217
4.5	我々は退職期に十分な取り崩しをするか？	224
4.6	要　約	225

5　再考：ロードアイランド州政府職員退職年金基金　225

第 Ⅱ 部
ファクター・リスク・プレミアム

第6章　ファクター理論

1　2008〜2009年の金融危機　234

2　ファクター理論　236

3　資本資産評価モデル　238

3.1	CAPMの教訓1：個別資産に投資せずにファクターに投資すべき	240
3.2	CAPMの教訓2：投資家は各々にファクター・リスクの最適エクスポージャーをもつ	242
3.3	CAPMの教訓3：平均的な投資家は市場ポートフォリオを保有する	243
3.4	CAPMの教訓4：ファクター・リスク・プレミアムには経済的なストーリーがある	243
3.5	CAPMの教訓5：リスクとはファクターに対するエクスポージャーである	244

3.6 CAPMの教訓6：市場の下落局面で上昇する資産のリス
ク・プレミアムは低い ·············· 245
4 マルチファクター・モデル ·············· 246
4.1 プライシング・カーネル ·············· 246
4.2 プライシング・カーネル 対 割引率モデル ·············· 247
4.3 マルチファクター・モデルの考察 ·············· 249
5 資本資産評価モデルの欠点 ·············· 250
6 効率的市場理論の衰退 ·············· 253
7 再考：2008～2009年の金融危機 ·············· 255

第7章 ファクター

1 バリュー投資 ·············· 259
2 マクロ・ファクター ·············· 261
2.1 経済成長 ·············· 261
2.2 インフレ ·············· 264
2.3 ボラティリティ ·············· 264
2.4 その他のマクロ・ファクター ·············· 270
3 動的ファクター ·············· 273
3.1 Fama and French（1993）モデル ·············· 274
3.2 サイズ・ファクター ·············· 277
3.3 バリュー・ファクター ·············· 279
3.4 バリュー・プレミアムの合理的期待理論 ·············· 279
3.5 バリュー・プレミアムの行動理論 ·············· 282
3.6 その他の資産クラスのバリュー投資 ·············· 284
3.7 モメンタム ·············· 285
4 再考：バリュー投資 ·············· 290

第8章　株　　式

1　失われた10年 ……………………………………………………………… 294

2　株式のリスク・プレミアム ……………………………………………… 296

3　株式リスク・プレミアム・パズルの説明 …………………………… 299

　3.1　市場のリスク回避度は（時として）非常に高い ……………… 299

　3.2　災害リスク …………………………………………………………… 301

　3.3　長期リスク …………………………………………………………… 304

　3.4　多様な投資家 ………………………………………………………… 306

4　株式とインフレ …………………………………………………………… 309

　4.1　株式は好ましくないインフレ・ヘッジ手段 …………………… 309

　4.2　なぜ株式は好ましくないインフレ・ヘッジ手段なのか ……… 312

5　株式リスク・プレミアムの予測 ……………………………………… 314

　5.1　株式リスク・プレミアムは理論上予測可能 …………………… 314

　5.2　経時変化する株式リスク・プレミアムを推定することは

　　　理論上困難 …………………………………………………………… 317

6　経時変化するボラティリティ ………………………………………… 323

7　再考：失われた10年 …………………………………………………… 328

第9章　債　　券

1　米国の格下げ ……………………………………………………………… 332

2　金融政策と金利水準ファクター ……………………………………… 333

　2.1　連邦準備制度 ………………………………………………………… 334

　2.2　金利水準ファクター ………………………………………………… 335

　2.3　テイラー・ルール …………………………………………………… 338

　2.4　政策スタンスの変化 ………………………………………………… 342

　2.5　新しい金融政策 ……………………………………………………… 345

3　タームスプレッド（長期債） ………………………………………… 347

　3.1　長期債のリスクとリターン ………………………………………… 347

3.2　マクロ・ファクターに基づく金利の期間構造モデル ………… 349
　　3.3　長期債のマクロ・リスク・プレミアム ………… 353
　　3.4　その他のファクター ………… 355
　4　クレジット・スプレッド（社債） ………… 358
　　4.1　社債のリスクとリターン ………… 358
　　4.2　デフォルト・モデル ………… 360
　　4.3　クレジット・スプレッド・パズル ………… 364
　　4.4　社債の流動性リスク ………… 367
　5　再考：米国の格下げ ………… 368

第10章　アルファ（そして低リスク・アノマリー）

　1　GMアセット・マネジメント社とマーチンゲール社 ………… 372
　2　アクティブ運用 ………… 374
　　2.1　アルファの定義 ………… 374
　　2.2　ベンチマークの重要性 ………… 376
　　2.3　アルファの創出 ………… 379
　3　ファクター・ベンチマーク ………… 381
　　3.1　ファクター回帰 ………… 382
　　3.2　リスクフリー資産がない場合 ………… 389
　　3.3　経時的に変化するファクター・エクスポージャー ………… 394
　　3.4　非線形のペイオフ ………… 400
　　3.5　それでもアルファは存在するか？ ………… 403
　4　低リスク・アノマリー ………… 404
　　4.1　歴　史 ………… 404
　　4.2　ボラティリティ・アノマリー ………… 405
　　4.3　ベータ・アノマリー ………… 408
　　4.4　リスク・アノマリー・ファクター ………… 411
　　4.5　説　明 ………… 414
　5　再考：GMアセット・マネジメント社とマーチンゲール社 ………… 418

目　次　19

第11章 「リアル」アセット

1 不動産はどの程度リアルか ……………………………………………… 423

2 インフレ ……………………………………………………………………… 424

　2.1 インフレの動き ………………………………………………………… 424

　2.2 インフレ率は一つではない …………………………………………… 427

3 米国短期国債 ……………………………………………………………… 429

4 インフレ連動債 …………………………………………………………… 431

　4.1 インフレ連動債は引退後のために適切か? ……………………… 432

　4.2 インフレ連動債はつまらないインフレ・ヘッジである ………… 434

　4.3 実質利回り …………………………………………………………… 435

　4.4 ブレーク・イーブン・インフレ率 ………………………………… 439

　4.5 低流動性 ……………………………………………………………… 441

　4.6 TIPSと税金 …………………………………………………………… 442

　4.7 要　約 ………………………………………………………………… 443

5 コモディティ ……………………………………………………………… 443

　5.1 コモディティ先物 …………………………………………………… 444

　5.2 コモディティのファクター ………………………………………… 445

　5.3 スポット・リターン、キャッシュ・リターン、ロール・
　　　リターン ……………………………………………………………… 447

　5.4 金 ……………………………………………………………………… 451

6 不 動 産 …………………………………………………………………… 454

　6.1 直接かあるいは間接か ……………………………………………… 456

　6.2 不動産とインフレ …………………………………………………… 461

7 再考:不動産はどの程度リアルか ……………………………………… 465

第12章 税効率が高い投資法

1 税引き前および税引き後のリターン …………………………………… 470

2 税引き後のリターン ……………………………………………………… 472

3 地方債 476

3.1 地方債市場の特徴 476
3.2 流動性 478
3.3 長短金利差 481
3.4 クレジット・リスク 483
3.5 投資家へのアドバイス 485

4 税効率が高い資産配分 486

4.1 税のタイミング・オプション 487
4.2 税効率が高い資産配分 488
4.3 税と動的ファクター 490
4.4 信託 491
4.5 税、消費、投資、およびその他の意思決定 492
4.6 投資家は税に効率的だろうか？ 493

5 ファクターとしての税 494
6 再考：税引き前と税引き後のリターン 496

第13章 非流動性資産

1 ハーバード大学基金の流動化 500
2 非流動性資産市場 503

2.1 非流動性の源泉 503
2.2 非流動性市場の特性 504
2.3 要約 506

3 非流動性資産の報告リターンはリターンではない 506

3.1 生存者バイアス 507
3.2 頻度の低い取引 509
3.3 リターンの非平滑化 511
3.4 選択バイアス 515
3.5 要約 517

4 非流動性リスク・プレミアム 517

4．1　資産クラス間の非流動性リスク・プレミアム ……………… 518
4．2　資産クラス内の非流動性リスク・プレミアム ……………… 520
4．3　マーケット・メイキング ……………………………………… 523
4．4　リバランス …………………………………………………… 526
4．5　要　　約 ……………………………………………………… 527
5　非流動性資産を含むポートフォリオ選択 ………………………… 527
5．1　取引コストを考慮した資産配分 …………………………… 528
5．2　低頻度の取引を考慮した資産配分 ………………………… 529
5．3　要　　約 ……………………………………………………… 532
6　再考：ハーバード大学基金の流動化 ……………………………… 532
6．1　非流動性資産投資の論拠 …………………………………… 532
6．2　大学基金への投資アドバイス ……………………………… 534
6．3　ハーバード大学の流動化方策は？ ………………………… 535

第14章　ファクター投資

1　ノルウェーの積極的パッシブ運用 ………………………………… 540
2　ファクターの本質 …………………………………………………… 543
2．1　ファクターとは ……………………………………………… 543
2．2　リターンの要因分解 ………………………………………… 544
2．3　より洗練されたリターンの要因分解 ……………………… 546
2．4　動的ファクター ……………………………………………… 548
2．5　ファクター要因分解 ………………………………………… 551
3　ファクター投資のレシピ …………………………………………… 555
3．1　ファクターの選択 …………………………………………… 555
3．2　ファクターから資産へ ……………………………………… 559
3．3　カナダ年金制度投資委員会 ………………………………… 561
3．4　あなたはどのくらい平均とは違うのか …………………… 566
3．5　要　　約 ……………………………………………………… 572
4　動的ファクターのベンチマーク …………………………………… 573

22　目　　次

4．1　具体的なメカニズム ……………………………………………… 573

　4．2　GMアセット・マネジメント社 ……………………………… 575

　4．3　アクティブ運用のハードルを上げる ………………………… 577

　4．4　リスク・リターンのファクター分析 ………………………… 578

　4．5　ファクターとガバナンス …………………………………… 578

　4．6　要　　約 ……………………………………………………… 580

5　マクロ・ファクター投資 ……………………………………………… 580

6　ソブリン（「リスクフリー」）債 …………………………………… 583

　6．1　ソブリン債を市場ウェイトで保有してはならない ………… 583

　6．2　安全資産におけるファクター ………………………………… 584

　6．3　安全資産のウェイト案 ………………………………………… 589

　6．4　安全資産の最適なウェイト ………………………………… 591

　6．5　要　　約 ……………………………………………………… 593

7　再考：ノルウェーの積極的パッシブ運用 ………………………… 593

第 III 部
委託ポートフォリオ運用

第15章　投資運用委託

1　ニューヨーク州職員退職年金基金 ………………………………… 600

2　プリンシパル・エージェント問題 ………………………………… 601

　2．1　エージェンシー問題 …………………………………………… 602

　2．2　一般的なエージェンシー問題における最適契約 …………… 604

3　ポートフォリオ運用委託 …………………………………………… 606

　3．1　ポートフォリオ運用委託におけるエージェンシー問題の
　　　　独自性 ……………………………………………………… 608

　3．2　結果の無関連性 ………………………………………………… 610

　3．3　ベンチマークの最適なデザイン …………………………… 611

　3．4　最適な契約 …………………………………………………… 613

3.5　ファイナンシャル・アドバイザーと資産運用者への報酬
　　　　支払 ……………………………………………………………… 615
　　3.6　要　　約 …………………………………………………………… 620
4　理 事 会 …………………………………………………………………… 621
　　4.1　理事会の人員構成 ………………………………………………… 621
　　4.2　理事会がなすべきこと …………………………………………… 624
5　ファクターとしてのエージェンシー問題 ……………………………… 629
6　再考：ニューヨーク州職員退職年金基金 ……………………………… 631

| 第16章 | ミューチュアル・ファンドと他の1940年投資会社法に基づくファンド |

1　ジャナス社 ………………………………………………………………… 637
2　1940年投資会社法 ………………………………………………………… 641
　　2.1　登録投資会社 ……………………………………………………… 642
　　2.2　利益相反の極少化 ………………………………………………… 645
　　2.3　それでもエージェンシー問題は残る …………………………… 647
　　2.4　要　　約 …………………………………………………………… 648
3　ミューチュアル・ファンド ……………………………………………… 649
　　3.1　生存者バイアス …………………………………………………… 649
　　3.2　（アンダー）パフォーマンス …………………………………… 652
　　3.3　持 続 性 …………………………………………………………… 654
　　3.4　資金フロー ………………………………………………………… 657
　　3.5　Berk and Green（2004）モデル ………………………………… 658
　　3.6　報酬体系 …………………………………………………………… 659
　　3.7　インキュベーション・バイアス ………………………………… 666
　　3.8　その他のエージェンシー問題 …………………………………… 667
　　3.9　要　　約 …………………………………………………………… 668
4　クローズド・エンド型投資信託 ………………………………………… 669
5　上場投資信託 ……………………………………………………………… 671

24　目　　次

5.1	ETF 対 ミューチュアル・ファンド	672
5.2	公正な価格決定	673
5.3	エージェンシー・コスト	674
6	再考：ジャナス社	678

第17章　ヘッジファンド

1	クオンツの崩壊	687
2	業界の特性	690
2.1	歴　史	691
2.2	ヘッジファンドとは何か？	692
2.3	ヘッジファンドの資金フロー	694
2.4	要　約	696
3	リスクとリターン	697
3.1	データのバイアス	697
3.2	ヘッジファンドの破綻	700
3.3	パフォーマンス	701
3.4	ヘッジファンド・ファクター	705
3.5	ボラティリティ・リスクの洞察	711
3.6	レバレッジ	715
3.7	要　約	717
4	エージェンシー問題	717
4.1	契　約	717
4.2	報　酬	719
4.3	流動性のコスト	723
4.4	将　来	724
5	再考：クオンツの崩壊	729

第18章 プライベート・エクイティ

1　サウスカロライナ州政府職員退職年金基金 ……………………………… 735

2　業界の特徴 ………………………………………………………………… 737

　2.1　プライベート・エクイティとは ………………………………… 737

　2.2　プライベート・エクイティと上場株式の比較 ………………… 738

　2.3　プライベート・エクイティの種類 ……………………………… 739

　2.4　プライベート・エクイティ・コミットメントの順張り性 …… 740

3　プライベート・エクイティのリスクとリターン ……………………… 741

　3.1　内部収益率 ………………………………………………………… 742

　3.2　倍率（マルチプル） ……………………………………………… 745

　3.3　上場市場等価額 …………………………………………………… 747

　3.4　リスク調整後リターン …………………………………………… 748

　3.5　持続性 ……………………………………………………………… 752

　3.6　学界対業界 ………………………………………………………… 754

　3.7　ポートフォリオ企業投資 ………………………………………… 755

　3.8　まとめ ……………………………………………………………… 756

4　エージェンシー問題 ……………………………………………………… 756

　4.1　プライベート・エクイティの契約 ……………………………… 757

　4.2　報酬、報酬、そして、報酬 ……………………………………… 759

　4.3　連鎖反応効果 ……………………………………………………… 762

　4.4　一部の投資家が他の投資家よりもよい結果を残す …………… 762

　4.5　なぜ投資家は騙されるのか ……………………………………… 764

　4.6　カウフマン財団レポート ………………………………………… 766

　4.7　まとめ ……………………………………………………………… 767

5　再考：サウスカロライナ州政府職員退職年金基金 …………………… 768

26　目　次

《補論》 リターン

1.1	グロス・リターン	772
1.2	算術リターン	772
1.3	対数リターン	773
1.4	算術リターンと対数リターン	774

後　記	777
参考文献	782
事項索引	850

第 I 部

アセット・オーナー

第 1 章

アセット・オーナー

第 1 章要約

　巨大なソブリン・ウェルス・ファンド（SWF）から、それこそ最も規模の小さい個人投資家に至るすべてのアセット・オーナーは、それぞれのポートフォリオ運用に対する責務を果たすため、どこに投資すべきか、どれほどのリスクをとるべきかについて意思決定し、運用の委託先である外部のマネージャーを監督するといった課題を共有している。

1 ティモール・レステ

　東南アジアのティモール・レステ（訳注：一般的には東ティモール民主共和国と訳されることが多いが、ここでは著者があえて東ティモールという呼称を使っていないため、ティモール・レステとした。注 2 参照）は人口100万人強の小さな国である[1]。オーストラリアの北西に位置し、その国土は、ティモール島の東側半分と西側の一部であり、残りのティモール島はインドネシアに属する。

　現在ティモール・レステとされている地域は16世紀にはポルトガルの植民地であった。ポルトガルは、現在でもなお支配宗教であるキリスト教と、生産性の低いティモール・レステの農業経済の頼みの綱であるコーヒーをこの地にもたらした。第 2 次世界大戦の間、オーストラリア軍とオランダ軍がティモール・レステの地で日本軍と戦った。戦争によりこの国は破壊され、ポルトガル統治下での復興は遅々としたものであった。

　ポルトガルが海外の植民地から引き揚げ始めた頃、ティモール・レステで内戦が勃発。東ティモール独立革命戦線（フレティリン）は1975年の11月に独立を宣言した。がしかし、目と鼻の先にせまりくるマルクス主義国家への恐れを前にしたインドネシアは、冷戦中の西側政府の援助を得て侵攻し、1976年 6 月には、独立後 1 ヵ

2　第 I 部　アセット・オーナー

月も経たないティモール・レステをインドネシアの27番目の属州として併合宣言した。

インドネシアの占領は残虐なものであった。推定20万人ものティモール人が、戦いや病や飢えにより命を落とした。1996年にカルロス・フィリペ・シメネス・ベロ司教とジョゼ・ラモス・ホルタの二人のティモール人にノーベル平和賞が贈られ、インドネシアによる人権侵害が注目された。インドネシアのスハルト大統領は1998年に辞職に追いやられ、彼の後継者がティモール・レステの独立[2]についての国民投票を実施した。ティモール人の8割が独立に賛成票を投じ、2002年5月20日にティモール・レステは独立した。

ティモール・レステは貧しい。一人当りの年間国民総所得は900ドルに満たず、住民の4割が貧困層に属している。成人人口の半数は文盲である。失業率は、地方では20%にまで達しており、都市部の若者に至っては40%である。首都のディリを一歩出ると舗装道路はわずかしかなく、雨季には多くの道路が使用不能となる。国営の送電網は存在せず、首都であるディリでさえ送電線未整備のあり様で、電力の供給は不規則・不安定である。人口の大半は自給自足の生活であり、焼畑農業ゆえに土壌侵食と森林伐採が進んでいる。この国は独自の銀行システムや通貨をもたず、その代わりに米ドルを使っている。

同時にティモール・レステは豊かでもある。2004年にコノコフィリップス社（訳注：米国に本社を置く総合石油エネルギー会社）がティモール海にある国営の海底油田から石油と天然ガスの産出を開始し、2005年には政府が石油基金を設立した。2012年の末には118億ドルを保有している。

ティモール・レステ政府は、なぜこの棚ボタ資金をすぐさま医療サービスや教育、住宅、道路、公益事業、その他の生活必需品の拡充に使わずに石油基金を設立したのであろうか。

その質問にはページを追って答えるとしよう。ここで重要な点は、ティモール・レステの石油基金はソブリン・ウェルス・ファンド（SWF）であり、それはつまり、ティモール・レステ国家をアセット・オーナーにしているということである。本章では国家から個人投資家に至る様々なアセット・オーナーについて、その代表的な特徴について述べる。著者は、SWFや年金基金、大学基金や財団、さらに個人やファミリーをアセット・オーナーと総称している。一方、銀行や保険会社、資産運用会社やこれに類する金融機関を、これらの資産の持ち主のための*仲介者*とみなしており、アセット・オーナーとしてはみなしてはいない（第III部で、委託ポー

トフォリオ運用について扱っている）。しかしながら、アセット・オーナーと仲介者の境界線は明確ではない。なぜなら、SWFや年金基金は、個人を含む最終的なファンドの保有者のためのものではあるが、それが別の組織として運営されているからである。

2 ソブリン・ウェルス・ファンド

ソブリン・ウェルス・ファンド（SWF）は資産運用業界の巨人である。その理由は、彼らが巨額の運用資産の保有者であり、国民という大勢のアセット・オーナーを代表しているからである[3]。

著者にとってSWFは特別な存在である。その背景に著者とノルウェーとの関係がある。ノルウェーのSWFは世界屈指の規模であり2012年末時点で6,850億ドルの運用資産を保有している。これはティモール・レステの石油基金の60倍にも及ぶ（しかし、経済的観点からいうとティモール・レステも巨大である。なぜなら、ノルウェーのSWFはノルウェーの年間GDPと同等規模にすぎないが、ティモール・レステの場合は10倍にも達しているからである）。著者は、2005年からノルウェーのSWFに対して助言をしており、この戦略的資産配分に関するコンサルティングの仕事は、著者の研究や教職に多大な影響を与えた。特に本書の議論主題であるファクター投資に関する仕事を与え、その邁進を奮起させてくれたノルウェーに、ことのほか感謝している。ノルウェーのおかげで、欧州、中東、アジア、オーストラリア、ニュージーランドそしてもちろん米国を代表する巨大ファンドの運用担当者に出会う貴重な機会を得ることができたのである。

2．1 ソブリン・ウェルスの成長

国家の準備積立金全般には中央銀行の外貨準備、資源備蓄または安定基金、国民年金準備資金、政府系運用会社そして公的機関などが含まれ、SWFはその一部である。SWFを定義するとしたら、政府によってコントロールされている少なくとも部分的にでも対外資産に投資しているファンド、とでもいうべきであろうか[4]。最も基本的なレベルでは、SWFは、国の現在の貯蓄を将来に運ぶ輸送手段のようなものである。SWFは民主主義から独裁主義に至るあらゆるタイプの国家によって設立されており、独立した国営の非営利企業から中央銀行の中で機能するものまで実に様々なストラクチャーで運営されている。

米国にはSWFが複数存在しており、そのすべては州レベルで運営されている[5]。

4　第Ⅰ部　アセット・オーナー

そのうち規模が最も大きくかつ歴史があるのがアラスカ永久基金機構である。設立は州の創立年である1976年にさかのぼり、鉱物資源採掘鉱区の賃貸料収入を財源としている。資産規模は2012年8月31日時点で420億ドルにまで拡大している。アラスカ州の全住民は配当を毎年受け取っており、2012年の実績は878ドルであった。米国の最も新しいSWFはノースダコタ・レガシー・ファンドで、石油とガスに課せられる州税の30％を財源として2011年に設立された。このファンドはシェールオイル・ブームに乗って急拡大することが見込まれている。さらに、ニュー・メキシコ・セバランス・タックス・パーマネント・ファンド（1973年設立）、ワイオミング・パーマネント・ミネラル・トラスト・ファンド（1974年設立）、そしてアラバマ・トラスト・ファンド（1985年設立）がある。

　SWFは異質な投資家グループである。その運営方法は、政府保有であるという際立った特徴ゆえに、民間セクターの金融機関とは異なっている。最大級のSWFは桁外れに大きい。ノルウェーは6,000億ドル以上の資産がある。中国投資有限責任公司（CIC）や中国国家外国為替管理局（SAFE）はいずれも中国のSWFであり、サウジアラビア通貨庁（SAMA）も同様に巨大である。これらに匹敵する規模のファンドにはアブダビ投資庁（ADIA）やシンガポール政府投資公社（GIC）が含まれるが、これらのファンドの資産規模は推測にすぎない。なぜなら、これらのファンドは資産規模を公表していないからである。とにもかくにも、莫大な資金がSWFにはあり、その総額は5兆ドル以上にも達するとも推察され、さらに膨らみ続けている。

　SWFと準備金と国民年金の境界線は明確ではないが、2000年以降、これらのファンドはどれも急拡大していることが知れわたっている。図1.1に、国際通貨基金（IMF）による公式外貨準備高通貨構成（COFER）のデータに基づく世界の外貨準備金のグラフを示している。このデータは任意に報告されたもので、SWFの資金と直接関係はないが、ある程度の関連性はある。実際、中国や韓国のような国では一つの（場合によっては二つの）SWFを外貨準備から切り分けて設立している。図1.1を見ると、2000年にはわずか2兆ドル以下でしかなかった資産が、2012年には10兆ドルに急成長していることがわかる。このようにSWFの運用資産残高（直接的に観察したわけではないが）は、このトレンドを反映しているであろう。COFERは外貨準備残高を相当過小報告している。なぜなら、3兆ドル以上もの外貨準備金を有する中国がIMFに報告をしていないからである[6]。ノルウェーのようないくつかの先進国では巨額の外貨資産がSWFに計上されてはいるが、ソブリ

第1章　アセット・オーナー　5

図1.1　世界の外貨準備高

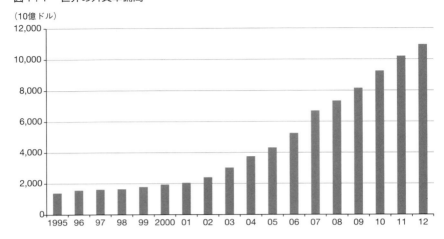

ン・ウェルスの台頭はそのほとんどが新興国市場に集中している。

　ここ15年のSWFの台頭は二つの広範かつ関連した地政学的トレンドを反映している。

1　西側諸国（特に米国と欧州）から新興国、特に東側の諸国への富の再配分

　西側がより貧しくなったのではなく、発展途上国市場が急速に富んできたのである。一つには、コモディティ価格の急騰（1990年代後半に1バレル当り20ドル程度だった原油価格は2008年7月に147ドルの高値をつけた）が理由にあげられる。ティモール・レステのような国々はこれらのようなコモディティ収入を独自のSWFに蓄えたいと願った。米国は貿易赤字を膨らませ、新興国はそれに応じた貿易黒字を自国のSWFに積み上げていった。

2　ソブリン・ウェルスの運営における政府の役割の増大

　世界金融危機は先進国でもこの傾向を顕著にさせたが、他の政府、特にアジアでは、国の経済運営や産業政策の策定において米国よりもさらに積極的な役割を果たした。これに関連する政策には為替レート管理や輸出関連業育成、そして輸入関税等が含まれる。オーストラリアやシンガポール、そして韓国のような政府は意図的に財政の黒字化を進め、その余剰資金をSWFで管理・運用した。

2.2　適正なソブリン・ウェルスのあり方

　ソブリン・ウェルスの急激な拡大の一番の理由は、単に*米国が新興国にもっと蓄*

えを増やすように忠告したからなのかもしれない。

1980年代はラテン・アメリカにとっての「失われた10年（La Decada Perdida）」
であった。ブラジル、アルゼンチン、メキシコ、そしてベネズエラといったラテ
ン・アメリカで最も巨大な経済がことごとく破綻した。さらに、1997〜1998年の間
にタイ、インドネシア、マレーシア、フィリピン、そして韓国が株式市場の低迷と
通貨危機に直面し、1998年にはロシアも債務不履行に陥った。

米大統領経済諮問委員会の元委員長で、ハーバード大学の著名な経済学者でもあ
るマーティン・フェルドシュタインが1999年にフォーリン・アフェアーズ誌に書い
た記事によると、「新興国は（1980年代のラテン・アメリカ債務危機や1997〜1998
年のアジア通貨危機のようなエピソードに備えて）流動性を高めることにより自国
経済を護らねばならない」とあり、これは影響力があった。

**　　流動性は経済的自立への鍵である。巨額の外貨準備高や迅速に調達可能な外貨
建てローンなど、相当金額の国際的な流動性をもった国は、通貨攻撃の対象にな
る可能性は低い。十分な流動性があれば、投機的な包囲攻撃下にあっても、自国
通貨を護りやすく、規律ある財政政策運営が可能になる。**

フェルドシュタインは、新興国はIMFやその他の国際機関を頼ることができない
ため自己救済のすべをもつべきであるとも述べている。そして、彼らはフェルド
シュタインの指示通りに2000年代に自国の外貨準備高の蓄えを潤沢にしたのであ
る。

経済学者の間では、SWFの蓄えは*予備的理由*のために必要であり、*自家保険で
ある*とされている[7]。しかし、もしかするとSWFの運用資産はすでに大きすぎるの
かもしれない。Lee（2004）によると平均で新興国のGDPの17％にも及ぶ資産残高
となっているとのことである。チャールズ・ディケンズの小説『クリスマス・キャ
ロル』に登場する欲張りなスクルージがクリスマスの喜びを逃してしまったよう
に、国による過剰貯蓄は消費を減退させる。国はこの資金を経済の他の部分でより
生産的に活用し、そして社会保障や健康保険、教育のプログラムを充実させること
ができるであろう（スクルージの気の毒な従業員であるボブ・クラチットや彼の病
気をもった息子のタイニイ・ティムの生活をもっと楽にすることができたよう
に）。外貨準備高の適正な水準とは、消費の機会コストと自家保険の価値とのバラ
ンスを両立させるものである。

2.3 オランダ病

ティモール・レステがSWFを設立したのは予防的貯蓄が動機ではなく、オランダ病を回避するためであった。

オランダ病(*資源の呪い*)とは1977年に*エコノミスト誌*が初めて使用した用語で、10年前の天然ガスの発見以降、オランダの製造業が衰退した事象を表した言葉である。同様の現象は、英国が1970年代に北海で原油を発見した時にも起こった。ある国が天然資源を発見すると、実質為替レートが上昇する代わりに輸出セクターが競争力を失うようになり、製造業とその他の輸出産業が衰退するのである。資源鉱脈の大発見は政治腐敗と無駄な財政支出を増加させる[8]。

もしかすると、ナイジェリアはオランダ病の最悪のケースかもしれない[9]。1960年代と2000年代に原油価格が急騰したが、ナイジェリアは世界で最も貧しい20ヵ国に名を連ね続けている。1970〜2000年の間、1日1ドル以下で生活をしている人口の割合が25%から70%にまで増加した。その後の軍事独裁政権も原油マネーを強奪した。

1969年、ノルウェーは原油を発見し[10]、その後、1970年代と1980年代にオランダ病のあらゆる症状を経験した。1980年代中頃に原油価格が急落した際、経済は長い景気低迷期に突入した。原油市場の影響を受けずに持続可能な財政政策の実施と国の資産の多様化を容易にするため、ノルウェーは1990年にSWF(当初は石油ファンドと呼ばれた)を設置した。2006年に政府は、年金とは直接なんの関係もないにもかかわらずこのファンドの名前を政府年金基金グローバルに変更した(理事会が命名したと確信する)。このファンドに資金を投じることにより、政府は原油価格の変動から経済を防御し、資源が枯渇しても消費の拡大を維持することができるのである。

ティモール・レステもSWFを作ったおかげで、新しい富が原油とガス以外のすべてを一掃し、この小さな国を押しつぶしてしまうようなことはないであろう。スロット・マシンでジャックポット(訳注:大当たり)をたまたま当ててしまったような、石油資源を発見したティモール・レステは、果たしてナイジェリアがたどった道を行くのだろうか? あるいはオランダ病を克服して明るい未来を見つけることができるのだろうか? 賢明なティモール・レステは、ノルウェーやその他の国際的な専門家から多くのアドバイスを受けた。トレス・トロヴィク(著者をノルウェーのSWFに紹介してくれた感謝すべき恩人)は石油基金のアドバイザリー・

8 第Ⅰ部 アセット・オーナー

ボードを務めている[11]。ティモール・レステは単にオランダ病だけでなく、偶然発見した原油からの富があっという間に政治家やその他のハイエナ連中の懐に消え失せてしまうという、貧しい国によくあるもっとやっかいな問題に直面している。しかしワシントンD.C.を拠点とした調査グループであるピーターソン国際経済研究所によると、ティモール・レステのSWFはその体制、ガバナンス、透明性および信頼性において世界で3位にランクされており、ノルウェーとニュージーランドのみが彼らの上にランクインしているとのことである[12]。

2.4　政府方針との統合

ティモール・レステはボツワナやチリや韓国およびその他の国と同様、経済発展のための総合政策の一部としてSWFを利用している。石油基金に関する法律では、*推定持続可能収入*（ESI）をティモール・レステの石油資産総額（現在の石油基金の資産に将来の石油からの収入の現在価値を足したものと定義されている）の3％に設定した。つまりESIは石油資産全体（これには石油基金の金融収益と今後採掘されるであろう原油と天然ガスからの富を含む）の3％であるということである。他の産業の未成熟さゆえに、石油資産総額が本質的にティモール・レステの価値のすべてといっても過言ではない。ESIは石油がもたらす富を財政支出にどう配分するかのガイドの役割を果たすが、それに拘束力はない。

ノルウェーも同様に柔軟なルールを明記しているが、ノルウェーの場合はファンドの資産価値の4％となっている。第5章では、ティモール・レステが単なる金融資産ではなく資産全体に対して配当金を支払うというルールの設定を提唱したことは、実際には経済理論にかなっていることを述べる。いずれにしても、両国とも、資金がどのようにしてファンドから徐々に引き出されていくべきであるのかの明確なルールを設定している。

定額（均等）支出のルールだけがSWFから資金を引き出す唯一の方法ではない。SWFには予備的動機があり、国の経済に対する予期せぬ大規模な負のショックに備えるための十分な準備金を保有している。このような悪環境期に利用できるように設計されたSWFは、時に*準備基金*あるいは*安定基金*と呼ばれているが、SWFでは特殊なケースである。チリの一つ目のSWF（現在は二つある）は好環境期に銅の収入を貯蓄し、悪環境期に引き降ろせるように設計されている。このファンドは当初、銅安定基金と名付けられた。しかし、SWFを準備基金もしくは安定基金として利用することが明確に設定されているわけではないにもかかわらず、悪

環境期にSWFを利用する国もある。1990年代に原油価格が1バレル当り10ドルに下落した時、サウジ政府はケインジアン・スタイルの景気対策を実施するためSAMAから資金を移管した。サウジ政府は2008年の世界金融危機の間にもSAMAを利用した。クウェート投資庁（KIA）も1990年の湾岸戦争終結後、経済を再建するために資金をクウェート政府に移管した。それがクウェートのSWFから資金が引き出された唯一のケースであった。

支出のルールは、たとえそれがティモール・レステのように毎年の定率支出であろうと、あるいはチリやクウェートのように悪環境の際の条件付支出であろうと、SWFの債務である。不景気のときにSWFが政府に資金を供給するなら、十分な流動性のある予備資金が手元に必要である。これまでにまだ一度も支出を経験していないSWFは少数である。例えば、シンガポールのGICはいまだかつて支出に利用されたことがない[13]。しかし、GICの存在が予備的なものであるのなら、もしも紛争や自然災害の勃発や経済的な大惨事に見舞われるなどの最悪の事態に直面したときには、その資金は引き出されることになろう。特に戦争のような非常時においても価値を維持できる資産はほとんどない。それゆえ、SWFの運用はそのファンドの目的や支出の方法を反映したものであるべきなのである。

ティモール・レステに対しての批判が一つあるとしたら、それは政府が2009年に3.8%、2010年に4.8%、そして2011年は4.3%といった具合に、石油基金から常にESIレベルより多くの資金を引き出している点である[14]。アジア開発銀行によると、ティモール・レステの最近の経済成長は、石油基金に依存した高レベルの財政支出により達成されているとのことである[15]。

ティモール・レステはインフラへの支出とオランダ病の回避との間の均衡をいまだに模索している。著者は、エミリア・ピレス財務大臣とティモール使節団にシドニーで会見したことがある。ピレス大臣はティモール人で初めてオーストラリアの大学を卒業した、控えめだがもの静かな決意を秘めた才媛である。多くの公僕がそうであるように彼女もまた国が危機に瀕している時に留学し、再建するために帰国した。彼女は「今こそ人材に投資をしなければ我々に将来はない。ティモール・レステには学校が足りないし、教育の質も高くない。我々はデング熱やマラリアやありとあらゆるものに苦しんでいる。石油基金からの支出を増やすべきであろうか。もちろん、理論的には、そうしなければならない、さもないと将来の世代に未来がない。その選択肢を考えないことは、私にとって不合理の極みなのである」と述べている[16]。国がSWFの目的全般と早急に支出を行わないという方針を尊重しなが

10　第 I 部　アセット・オーナー

らもこのような発言ができることに驚かされた。ティモール・レステは正当性が担保されたSWFを慎重に設立したことにより、的確に使用できる資金を得たのである。

2.5　エージェンシー問題

　SWFを長期に存続させるためには国民の支持が必要である。正当性が単に資本の維持を意味するのではないが、資本の維持はSWFの運営の（特にSWFの設立時における）正当性を与えるために一役を担っている。ティモール・レステは、新生の国にふさわしく、これまで石油基金を保守的に運営してきた。創設時にはほとんどすべての資金を米国とその他の準備通貨建て債券に投資していたが、さらにリスク資産への投資に移行した。2010年10月に、政府は石油基金の資産の4％を世界株式に投資することを許可した。2012年には石油基金の株式投資は最高20％に増額された。そのポートフォリオのリスク性資産を徐々に増やしながら、より大規模な先駆者であるノルウェーの後を追っているのである。現在、その専門性の高さで知られるノルウェーも、最初は100％債券からスタートしており、長期にわたる議論の末、まず1998年に40％、2007年に60％へと株式の比率を高め、2011年にはじめて不動産投資（控えめな5％上限付きで）を実施した。ノルウェーのSWFは、国民との信頼関係を構築し、そのファンドをきちんと取り仕切ることができると証明した後に、初めてよりリスクの高い資産へ移行したのである。

　ティモール・レステは、自分たちにSWFを運営する専門性がないことを明確に認識していた。だからこそ単純にお任せ運用をするだけではなく、自国民が訓練を受けることができるように取り計らった。石油基金は自国のポートフォリオ・マネージャーを欧米のマネー・センターに送り、運用委託した外部マネージャーの横で取引を行わせた。シンガポールと韓国のSWFも、彼らの経済発展のために金融の専門性を高めることを目的の一つとして管理・運営していた。ティモール・レステにとって最悪な結果とは、どのようにして資産が運用されるのかを理解しないで外部マネージャーに巨額の資金をつぎ込むことである。最終的には、習得した新しい専門性を使ってすべて自前で運用し独自の金融システムを発達させていくべきである。

　ノルウェーとティモール・レステにとって、透明性はSWFの正当性を維持する上で極めて重要である。しかし透明性は、国が資金をすぐに使わないような安定かつ強固な自己抑制メカニズムを確立するための必要条件でも十分条件でもない。例

えば、クウェートやシンガポールは、長い歴史をもつSWFを極めて成功裏に運営
しており（クウェートは1953年に最初のSWFを設立）、しかも広く国民に支持され
ているが、双方とも総資産もポートフォリオの保有内容も開示しておらず、その運
営状況は不透明である。事実、クウェートのSWFであるKIAはウェブ・ページ
で、その資産やファンドに関するその他一切の情報を開示するのは違法であるとさ
え明記している[17]。クウェートやシンガポールの成功の陰には、こうした情報が一
般には公表されず、より詳細な情報が定期的にある特定の権力者にのみ開示されて
いるという事実がある。そこには、公表されていないながらも説明責任が存在して
おり、SWFは自らの行動に責任を負っているのである。

　巨額の資金を自由に（特に自分のために）使えるのは、政治家にとっては非常に
魅力的である。だからこそ、SWFをどのように政府全体や経済戦略に組み込むべ
きかという明確な規律をもつことがこの種のリスクを最小限にするのである。ロシ
アは2004年に埋蔵石油からの収入をよりどころにしたSWFを設立したが、2009年
と2010年の財政赤字を補填したり、積立不足の公的年金システムに梃子入れした
り、自国のインフラ整備に出資したりと、どれもこれも設立時には思いもよらな
かった支出のために資金を取り崩した。アイルランドの場合は、危機に陥った自国
の銀行群を救い出すために、SWFであるアイルランド国民年金積立基金（NPRF）
の資金を、使い果たしてしまった。金融危機からの救済に必要な資金に活用すべき
ではあったが、危なっかしい銀行群にまで梃子入れすることはこの基金のそもそも
の経済的フレームワークにはなく、年金受給者にとっては惨憺たる結果をもたらす
投資であった。

　この点に関しては、ティモール・レステは政治的には極めて不安定であるにもか
かわらず、今まで、ロシアやアイルランドに比べて格段にうまく乗り切ってきてい
る。2006年の４月と５月に、マリ・アルカティリ首相は、貧しい賃金と雇用環境と
民族的差別に対してストライキに踏み切った600人もの兵士を解雇した。暴動は即
座に拡大し、10万人以上の国民が避難せねばならない事態となった。ジョゼ・ラモ
ス・ホルタ大統領は反乱軍のリーダーによる2008年２月に実施された暗殺計画で重
傷を負いながらからくも生き延びたが、野党・フレティリン派はラモス・ホルタ政
権の非正当性を訴え続けた。こういった状況の間にもESIからの逸脱についての議
論はあったが、石油基金の高潔さと運営方針が損なわれることはなかった。

3 ┃ 年金基金

最も巨大な年金基金は国家レベルで運営されている。事実、その境界は不明瞭であるが、国民年金基金はSWFとみなすことができる。オーストラリアとニュージーランドのSWFは明確に将来の年金債務を解消するために設計されているが、SWFと呼ばれることを受け入れている。一方、カナダの年金基金はなぜSWFと呼ばれるべきでないかを説明するのに苦労している[18]。

年金積立金にに四つのタイプがある。

① 社会保障としての国民年金プラン

② 企業により将来の一定額の給付もしくは事前に定められた給付金が約束された *確定給付型企業年金*

③ 年金プランへの掛け金はあらかじめ確定されるが、将来における給付金は固定されない *確定拠出型企業年金*

④ 個人により各自運用される個人年金－米国では、これに個人退職勘定（IRA）、自営業者退職年金制度（キーオー・プラン）、401（ｋ）プランなどが含まれており、税制上の優遇措置があるが拠出についての厳しい制約がある（第12章参照）。

経済学者は、年金システムの設計について語るとき、よく *第 n の柱とか第 n 層* といった言い方をする[19]。第一の柱は社会保障で、すべての国民に最低限の支援を提供するように設計されている。第二の柱は職域関係の年金により構成されており、上述の②と③を含み米国の退職積立金の大部分を占めている。第三の柱は④の個人の自発的な積立金で、税制の優遇措置のない預金も含まれており、退職後に活用される。そして最後に、退職積立金が不十分な場合もしくは孫や曾孫をもつ歳になっても仕事に戻らなければならない場合の対応策として、最近は、第四の柱の必要性が取り沙汰されている。

３.１ 確定給付 対 確定拠出

確定給付型プランでは雇用者は、退職金を労働者の年齢、雇用年数、そして現在と過去の賃金をベースに支払う。そのため、現時点での給付額は確定される。典型的な退職給付金の算定式は「給付ファクター×過去３年間の平均給与の最高額×雇用年数」で、給付ファクターは年齢とともに上昇する場合もある。例えば、米国最大の年金基金であるカリフォルニア州政府職員退職年金基金（CalPERS）に加入している55歳で退職する教師の給付ファクターは2.0%である。63歳かそれ以上の

第1章　アセット・オーナー　13

教師の場合は、給付ファクターは2.5％に上昇する。加入員は現時点で推定可能な退職金額が保証されており、雇用者がほとんどの運用リスクを負うことになる。

確定拠出型プランでは反対に、雇用者側の企業が定額を拠出する。したがって、拠出金は確定される。退職金口座は極めて神聖な銀行預金残高のように機能し、株式や債券や不動産などの様々な資産に投資される。投資の選択は従業員によって行われるが、利用できるミューチュアル・ファンドのタイプは通常、雇用者側の企業によって選定される[20]。リターンは時間の経過とともに変動するため個人が運用リスクを負う。そして、ある加入員はその確定拠出型年金資産を他の加入員よりもうまく運用できている場合があるため、退職時に利用できる金額は一律ではない。

年金業界において、過去30年間で起きた最も大きな変革は、確定給付型プランがどんどん減少してきていることである。年金と退職金の専門家であるウォートン・スクールのオリビア・ミッチェルは、「確定給付型プランは絶滅危惧種への道をたどっている」と述べている[21]。確定給付型プランは、公務員年金ではいまだに王道であるが、多くの企業が従来の確定給付型プランを凍結し、新しい加入者を受け入れていない。企業はまた、従来の確定給付型プランを確定拠出型プランに移行している[22]。

年金基金では巨額の資金が積み立てられている。米国の年金資産の合計額はGDPの70％以上にも及んでいる。オーストラリアやオランダなど米国以外の国では、年金がより重要視されており、オーストラリアではGDPの90％、オランダでは135％に達している[23]。

図1.2のパネルAは、米国における企業年金資産の合計額を表している（図1.2のすべての数値は資金循環統計より引用）。2012年末時点の企業年金資産額は6.6兆ドルであった。年金資産は年率8.2％のペースで拡大しているが、パネルAを見ると、2000年はドットコム・バブルの崩壊により激しい落ち込みを示し、さらに2008年には世界金融危機に見舞われ資産総額が29％も縮小したことがわかる。この巨額の資産総額の落ち込みは、年金基金が熱心にリスクをとり、株式やその他のリスク性資産の保有比率を上げたが、このような期間にはそれが功を奏しなかったからである。

図1.2のパネルBを見ると、年金資産における債券以外への投資割合が1950年代の前半では20％以下であったのが、2012年には70％程度まで増大していることがわかる。この分散投資の投資先は、1960年代ではほとんどが米国株式であったが、1970年代には米国以外の外国株式、1980年代には新興国株式にも拡大された。1990

図1.2 米国における企業年金資産の推移

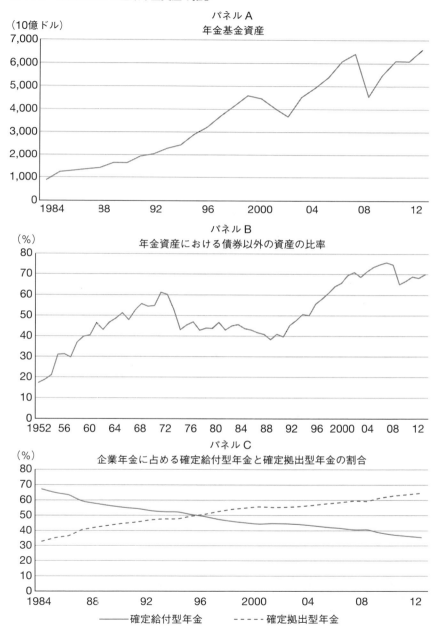

第1章 アセット・オーナー 15

年代の中頃以降、そして特に2000年以降、年金基金はオルタナティブ資産、とりわけヘッジファンドやプライベート・エクイティにまで競って投資拡大したが、第17章と18章で述べるように、これらは資産クラスではなくアセット・オーナーと仲介者との間の契約のタイプとしての単なるラベルの張り替えにすぎない。

　年金資産の増加は、主に確定拠出型年金の成長によるところが大きいが、図1.2のパネルCを見ると、現在では確定給付型と確定拠出型の資産額の割合が逆転していることがわかる。確定給付型年金は1984年時点では年金資産総額の70％近くを占めていたが、2012年には35％にまで減少した。確定拠出型年金の増加のほとんどは、確定給付型年金の拠出金（掛け金）を基にして登場した401（ｋ）プランが占めている。1984年以降、確定拠出型年金に占める401（ｋ）プランの待期者を除く加入者の割合は、29％から約90％にまで増加している[24]。

　Munnell and Soto（2007）は、確定拠出型年金の興隆とそれに伴う確定給付型プランの衰退の陰には二つの要因があると述べている。第一は、加入員の要望として個人自らが年金運用を行いたがっているということにある。確定拠出型プランは通算可能（ポータブル）であり、転職をする加入員（現在の労働事情ではありがちである）にとっては魅力がある。さらに、こうした個人投資家を対象とした金融業界によるマーケティングが奏功し、誰もが自分のお金をうまく運用できると信じて疑っていない[25]。

　第二は、供給サイドの企業にとって、確定拠出型プランが割安でより平易に提供できるとわかったからである。確定給付型プランを提供し続けるコストは1980年代以降増加している。すなわち、従業員は長生きし、実質賃金は年々上昇し、企業や株主にとって不確定な年金給付が負担となっている。確定給付型年金を所轄する規制もさらに難儀なものになってきた。すなわち、政府は確定給付型プランの受益者である従業員の資金の安全性を高めるよう要請し、それが逆に当該年金の運営コストの上昇を招いているのである。この規制制度は従業員退職所得保障法（ERISA）と呼ばれている。

3.2　従業員退職所得保障法

　1974年に制定された従業員退職所得保障法（ERISA）は年金プランにおける最低限の基準を示し、企業は提供すべき最低給付額とそれを実施するための最低額の積立金を整備することとなった[26]。さらに、ERISAは、長年にわたって年金に関する規制を追加し続けており、最も直近に実現したのが2006年の年金保護法（PPA）

である。ERISAという用語は年金規制に関するあらゆる法制を意味し、もともと
の法制の後続としての条例も含む。ERISAは企業が構築した年金プランをのみ取
り締まるものであり、企業に年金プランの創設を義務づけるものではない。

ERISAの主目的は年金ファンドの受益者を護ることである。ERISAは確定給付
型プランを提供する企業にその負債に見合った積立金額を蓄えておくべきことを明
確にした。PPAのもと、積立金は負債の100%をカバーすることが求められてお
り、もしプランが*積立不足*の場合、企業は7年以内に追加拠出をしてそのギャップ
を埋めなくてはならない[27]。積立基準を満たしていない「危機的な」あるいは「問
題のある」年金プランは追加拠出と罰金を求められ、これらの追加拠出は高くつく
(当然のことながら、確定拠出型プランにとっては、積立問題は無縁であるが)。す
なわち、資金は企業年金に回されるので、企業にとっては投資資金が減少すること
となり、株主への還元額も縮小することになる[28]。企業年金の費用は株価に多大な
影響を及ぼす。例えばAT&T社の年金基金の場合、2007年には170億ドルの積立余
剰であったが、2008年には約40億ドルの積立不足となってしまい、これがこの期間
におけるAT&T社の株価の低迷の主要因となった[29]。

ERISAが制定されたのは、1950年代の後半から1960年代にかけて特に自動車業
界で起こった複数の倒産が注目されたためであった。全米自動車労働者組合の当時
のトップであったウォルター・ルーターは、連邦の政策担当者に圧力をかけ、銀行
の預金者を保護する連邦預金保険公社(FDIC)に似た従業員の年金を護るメカニ
ズムを創らせた[30]。運用リスクがあるため、たとえ100%の積立金確保を義務づけ
たとしても、年金ファンドが必ずしも年金の支払義務を果たせる保証はない。そこ
でERISAは、うまくいかなかった年金プランの受益者を保護するためのセーフ
ティ・ネットを示した。これが年金給付保証公社(PBGC)である。

PBGC

年金給付保証公社(PBGC)は、倒産した企業の年金プランを引き継ぎ、また、
倒産宣言はしていないものの財政難に陥っている企業の年金基金を引き継ぐことが
できる。PBGCは年金プランの保有資産を引き継ぎ、その未積立給付の無担保債権
者となる。PBGCによって運営を継承された破綻年金プランの受益者は年間上限
(2012年では55,841ドル)までの年金給付を受けることができる。この制度はほと
んどの従業員年金をカバーしているが、PBGCが年金プランを引き継いだ際に約
16%の労働者が受給権を失っており、平均的な給付削減率は28%である[31]。

年金プランはこのような保証を受ける代わりに、PBGCに、グループ複数事業者

型企業年金プランでは一人当り9ドル、単独設立型企業年金プランだと35ドルの保険料を支払っている。積立不足のある年金プランの場合は、支払額がさらに多くなる。政府が保険を提供するケースがしばしばあることから、PBGCの保険料は保証のための実質コストを大幅に下回っているのが現状である。連邦議会予算局の試算によると、想定される将来の請求額に対する不足分を補うには、保険料はこれまでの6倍以上であるべきとのことであり、しかもこの試算にはPBGCがカバーする既存保証分の請求額に対する積立不足分は含まれていない[32]。

　PBGCの保証は雇用者側の企業にとって、物事が相当悪い方向に向かっているときにその勘定書の支払を政府に引き継がせることのできる*プット・オプション*といえる[33]。最終的には納税者が年金のリスクを担うというPBGCによるセーフティ・ネットの提供は、年金ファンドの運用担当者が*必要以上のリスク*をとり、企業は*積立不足に陥る*ことをためらわなくなるという*インセンティブの問題*につながる。もし、賭けがうまくいけばそれは素晴らしい。なぜなら、企業としては*コントリビューション・ホリデー*（訳注：年金ファンドへの拠出金の払込が不要になること）の状態となり、場合によっては、年金プランから資金を引き出すこともできる[34]。しかし、もし物事が最悪の事態に陥ったら、失敗のしりぬぐいをPBGCにさせることになる。ユナイテッド・エアライン社やアメリカン・エアライン社を含む多くの企業が倒産したのは、年金債務を消滅させるためでもあったが、年金債務は消滅したわけではない。納税者がその勘定書の支払を肩代わりしたのである。

3.3　年金の積立不足

　2008～2009年の間に起こった資産価格の暴落は年金基金にとってはとんだ災難であった。年金コンサルタント会社であるミリマン社は、米国の上場会社がスポンサーとなっている資産規模上位100社の確定給付型年金を調査（訳注：これを指数化したものをミリマン100という）している。図1.3は、1999～2011年の積立状況（ミリマン100ベース）を示している[35]。これらの年金プランは過去10年間で二度ほど財政難に直面しているが、それは資産価格の急落によるところが大きい（図1.2も参照）。2011年度には、ミリマン100の対象企業は3,270億ドルもの債務超過を記録しており、その積立比率は79％であった。2007年の積立比率は105％と積立超過の状態であったが、2009年以降株式市場が回復しているにもかかわらず年金資産は完全には立ち直っていない。それは、一つには、年金債務が資産価格の回復よりも速いスピードで膨張しているからである。

図1.3 米国上位100社の企業年金の積立状況

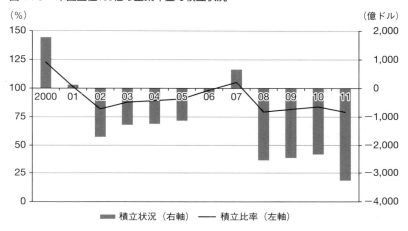

公的年金プランの積立不足の状態は企業年金の比ではない。ファイナンス論を教えるロバート・ノビー・マークスとジョシュア・ラウ両教授は州等地方自治体の公務員年金積立不足の問題を推計し、一連の論文に記した[36]。州公務員の退職債務は2009年6月時点で、5.7兆ドルにものぼるのに、その年金プランの資産総額は2兆ドルにも達していない。これは3兆ドルもの巨大なブラックホールが存在することを意味し、その金額は市場で取引されている州政府発行の全債券の3倍強にも達している。市町村の公務員年金に至っては、問題はさらに深刻である。主要都市や郡の巨大規模の年金基金をノビー・マークスとラウ両教授が調査したところによると、全体の積立不足への家計の負担額は1世帯当り7,000ドルにも及んでいるとのことである。

米国の退職給付制度の第一の柱である社会保障自体も積立不足に悩まされている。社会保障当局によると、2033年には資金が底をつき、給与所得税がそれを補った後でも約束された給付額の75%しかカバーすることができないとのことである。予定されているすべての給付のために必要な追加負担額は8.6兆ドルにも及ぶ[37]。これは、全米国国債（2012年末で11兆ドルの市場規模）の80%に相当する。年金の支払義務は、特に年金給付額がインフレに連動している場合は、社会保障費とともに発生するため途方もなく高くつく。メットライフ社の試算によると、60歳の夫婦に満額の社会保障費を支払うと約120万ドルものコストになるとのことである[38]。

米国の年金資産額はGDPの70%に相当するが、年金債務の完全履行のためには

さらに多額の積立金が必要になる。さもなくば、約束された年金支給額が寛容すぎるのかもしれない。いずれにしても長期的には資産と債務は等しくあらねばならない。

3.4 エージェンシー問題

国民年金と確定給付型年金基金におけるエージェンシー問題は深刻である。経済学者も弁護士も、年金基金の適切な目的を決めることすらできないでいる[39]。これは企業年金の資産について複数の関係者がそれぞれの権利を主張していたり、年金基金の不足分を補う義務についての主張が対立したりしているからである。関係者とは、(i)現時点での従業員である受益者（訳注：加入員）、(ii)退職受益者（訳注：待機者と年金受給者）、(iii)スポンサー企業、そして(iv)政府（PBGCを通じてすべての企業年金プランの債務は納税者の負担となり、政府はまた年金貯蓄に対して税控除を認めている）を含む。さらに、負担であれ便益であれ、その配分ルールは、*経路依存的*であり、状況により*非対称的*である。もし年金基金のパフォーマンスがよいと、企業は給付額を増加するようにとの圧力を受けるが、それは債務を増加させるだけである。ゆえに受益者の主張は好環境期に増長する。反対に、悪環境期にはPBGCを通じて納税者のコスト負担が増すのである。

年金負債対応投資

それでは、年金資金はどのように管理されるべきなのだろうか。年金債務を履行するために基金が運営されるべきなのは明白である。年金負債対応投資（*LDI*）の枠組みは1986年に当時ソロモン・ブラザーズのアナリストであったマーティン・リーボウィッツにより紹介された[40]。すなわち、年金基金の運用担当者は年金基金の資産と債務の差であるサープラス（訳注：積立余剰）を管理すべきであり、与えられた許容リスク範囲内でサープラスのリターンを最大化すべきであるというものである[41]。この最適化では、受益者または企業、あるいはその双方がリスクを避けようとする意思を反映するものとして*リスク回避度*が用いられる[42]。

これは、言うが易し行うは難しである。年金数理人は様々な方法で退職給付債務を評価している。その中の最も一般的なものが累積給付債務（ABO）と予測給付債務（PBO）の二つである。ABOは従業員と退職者がその権利を獲得した現時点における給付額の値である。これは、仮に企業が直ちに閉鎖した場合の契約上の年金債務である。しかしながら、健全な企業は、存続し続けるゆえ、PBOでは、現在の従業員の将来の想定給与も含めて算出する（結果、PBOはABOよりも大きく

なる）。しかし、PBOでさえ完璧ではない。なぜなら、企業というものは、一般的に時間をかけて成長するものであるが、PBOには新規雇用従業員の将来の給付が考慮されていないからである。ERISAの退職給付債務の定義はABOである。しかしながら経済学的な退職給付債務の真の評価額はおそらく、PBOをも超えるものになるであろう。

公的年金プランの債務は大幅に過小評価されている。なぜなら、年金には大きなリスクが存在するがその一方で、州の公的年金給付は実質的にリスクフリーに近いものであるという仮定に基づく評価方法が採用されているからである[43]。したがって年金給付はリスクの高い株式の時価評価で用いられている高い割引率ではなく、さながら安全な国債のように低い割引率で評価されるべきであるとされている。高い割引率を用いた場合の課題を確認するために、住宅ローンをもつ一組の夫婦を想定してみよう[44]。住宅ローンは債務であり、その額は、彼らがその退職給付口座に株を保有しようが債券を保有しようが変わらない。しかし、公的年金プランにおいては、401（k）プランで株式に多く投資すればするほど、数理債務は魔法のようにどんどん小さくなるのである。もちろん、これは経済的に見れば単なる虚構である。なぜなら、住宅ローンの債務はこの夫婦が401（k）プランから得る収益率によって影響されたりはしないからである。

ABOを採用すべきかPBOを採用すべきかも大きな課題である[45]。もし年金基金の債務がABOで評価されるのなら、その債務をヘッジするのに最もふさわしい*最適債務ヘッジ・ポートフォリオ*は債務と同じキャッシュフローまたはデュレーション（債務の支払がくる期間を加重平均した年限）をもつ債券ポートフォリオとなる。これは、年金基金の最適化された資産配分が主に債券により構成されるべきであることを示唆している。しかし、もし年金基金の債務がPBOの場合には、株式の方がより長期的なインフレ・ヘッジにふさわしいかもしれない。なぜなら、賃金上昇率は一般的に経済成長と同様に株式のリターンとの相関が高いからである（第7章参照）。ERISAがABOを強調したことが多少なりとも多くの大規模基金の*リスク削減*の原因となった。ミリマン社の報告書によると、上位100の大基金では2005年に80％であった株式比率が2011年には40％まで減少しているとのことである[46]。受益者の立場から見て理想的なのは、資産と債務のファクター・エクスポージャーをマッチさせることにより、いかなる経済環境においても約束した年金給付の履行が期待できることなのである。

年金基金の管理・運営体制

　理論的には民間セクターの企業年金基金は競争力のある人材を発掘でき、そうでない職員を解雇して最適な管理・運営体制を構築することができるはずである。しかしながら、彼らもSWFと同様に管理・運営上の悩みを多く抱えている。

　年金基金で働く職員のスキルと報酬体系はピラミッドに似ている。ピラミッドの頂点に位置する役員には最低限の報酬しか支払われておらず、幾人かの役員に至っては運用についてほとんど、あるいはまったく知識がないのが通常である。公的年金基金の役員の場合は特に金融の専門性のない政治家や組合のメンバーによって占拠されている。ピラミッドの中間には、年金運用担当者がいる。彼らの報酬は、彼らがもたらした実際の付加価値ではなく、担当の資産総額の増加に伴って昇給するようになっていることが多い。ほとんどの報酬はピラミッドの底辺にあり、それらは特に外部委託先のファンド・マネージャーに手数料として支払われていく。

　年金のポートフォリオに影響を与える最も重大な意思決定プロセスは逆さピラミッドに酷似している。基金にとって最も重要な意思決定とは、どれだけのリスクをとり、どのファクター・リスク・プレミアムを獲得するかである[47]。これは基金の役員によって意思決定されるもので、大抵は最低限の報酬と情報しかもたない面々により決められているのである。一方、逆さピラミッドの最下層では、最も高額な報酬を受け取っている外部委託先の運用マネージャーが、基金に対しては最小の効果しか与えることができない、捕まえがたいアルファ（超過リターン）を発見してリターンを紡ぎ出そうとしている。彼らは最も高額な報酬を受け取っているにもかかわらず、ほとんど役に立ってはいない。

　公的年金プランも企業年金基金の多くも、あまりにも非効率的で官僚的である。払える給料の制約が厳しく、専門性を備えた有能な人材を自らの元に置くことができないため、金融業界の餌食にされてしまう。実力のある運用のプロ集団を作り上げるのは難しい。報酬は重要である。しかし、一番大切なのは、責任と信頼を前面に出した管理・運営体制を構築することである。そこでは従業員は十分に厳しいベンチマークと比べて評価され、結果としてそれらの基準を満たすことができない場合もあるだろう。ある組織は官僚制に抵抗し、独立した運営組織を作った。カナダ年金基金（CPP）は独立した国営の政府外企業により運営されており、独自の報酬体系を設定して、彼らの気に入った人材を誰でも雇用することができるようになっている。政治家からの考え得る限りの干渉を排除するようにデザインされているのである[48]。ノルウェーのSWFは中央銀行から分離した部門として管理されてお

り、中央銀行の他の部課とは幾分独立して運営することが許されている。

世代間衡平性

　国民年金制度と確定給付型年金制度は、ある世代の拠出金を別の世代の給付金に充てることで、退職後の保障を確保している。ある世代に支払われる社会保障年金はその次の世代により賄われなくてはならず、そして確定給付型企業年金基金の場合は母体企業が長期間にわたって掛け金を支払い続けなくてはならない。

　持続可能な年金制度においては、すべての世代の拠出と給付を合計した額はゼロにならなくてはならない。つまりある世代に支払われた年金給付は別の世代の拠出金によって賄われるということである。Blake（2006）は、社会保障システムには世代間の大きな不公平が存在しており、1920年代と1930年代に生まれた世代は歴史上最も恵まれた世代で、最も恵まれない世代は現在の最も若い労働者のコホート（世代）であると述べている。

　実際は、ある程度の世代間の不公平は望ましいこともある。世代間でリスクを共有することで、ある一世代を襲った壊滅的なショックを吸収することができる。例えば、最も稼げるはずのピーク時に大恐慌に当たってしまった世代が負ったショックを、世代を超えて分散するのである[49]。確定給付型年金においては、雇用者は各世代（コホート）の労働者に対してこういったリスクを均す支援を行うことが可能である。しかし、現実には、今日存在する数多くの年金システムに見られる不公平は巨額で、若い労働者にとっては明らかに不利であり、それこそ老人が若者から搾取している状態だといえる。

　退職者に対する被雇用者の割合を示す依存度合い（もしくはサポート・レシオ） の減少は、この問題の悪化に拍車をかけている。人間が長生きをするとより多くの退職者がより少ない被雇用者によって支えられる。依存度合いは1970年に5.3であったものが2010年では4.6に減少し、そして2050年には2.6になると予測されている[50]。ゼネラル・モーターズ社の膨らんだ退職者数は、会社の倒産まで引き起こした。倒産前の依存度合いは2.5であった。これは2.5人の被雇用者が一人の退職者を支えていたということである。そして、その退職者にかかる費用はGM全体の医療費の70％にも達していたのである[51]。

　ノルウェーは他の多くの先進国と同様に人口の高齢化問題に直面しており、膨らみ続ける退職者のコストを賄うために貯蓄する必要に迫られている。2010～2060年の間に、67歳以上の高齢者は倍になると想定されており、財政支出はGDPの12％増加するといわれている[52]。ノルウェーが自国のSWFに（そもそも年金のために

資産運用を目的としているわけではないのに）「ノルウェー政府年金基金グローバル（GPFG）」という年金の名前を冠したのもある意味正しいのかもしれない。なぜなら、将来のために貯蓄するのは現在の世代の責任であるということを強調しているからである。

4 財団と大学基金

ティモール・レステやノルウェーのSWFと同様に、財団や大学基金も一般にAUMの大きさに比例した（柔軟な）支出ルールを設けている。民間財団は1969年の税制改革法により、毎年、資産総額の最低5％を配当するように定められている。これは税制上の枠組みとして最低額なのだが、多くの財団は実際には他の考慮点に関係なく単純に5％を配当している[53]。

大学基金には5％の最低配当要件はないが、いずれにしてもその程度の配当を出しており、その率は、時間の経過とともにゆっくりと変化している[54]。ではなぜ議会は、財団に最低限の配当を要求しているのにもかかわらず、大学基金にはそのような基準を設けていないのだろうか。文献で確認した唯一もっともらしい理由は、*民間*財団は、大学を含む*公的*慈善事業よりも責任が軽いといったものであった[55]。民間財団はしばしば、一人の個人、ファミリー、あるいは一企業によって創設されている。中核となる献金者が死亡した場合、財団はごく少人数の出資者に対してしか説明責任を負わず、この監視体制のなさゆえに「慈善」事業はほとんど行われていない。献金者が生存している場合であっても、いくつかの民間財団は資産を管理するため非課税で設立され、その資産は（徐々に）取り崩されていく。1960年の前半、テキサス州選出の民主党下院議員であったライト・パットマンのレポートによりこのような悪用が摘発され、これに影響を受けた法律が1969年に議会で承認された[56]。一方、大学においては、こういったガバナンス問題は、さほど深刻ではない。なぜなら、大学では学生や教職員、卒業生、寄付者からの問合せに答えなければならないのに加え、連邦政府の資金援助を受ける手前、多数の連邦指針の遵守義務に応える必要があるためである。

4.1 制約付基金 対 無制約の基金

財団や大学基金の世界には、SWFや年金基金と異なり、制約付基金としての顕著な特徴がある。ハーバード大学基金は2012年6月30日現在で307億ドルの資産を誇る最大の大学基金であるが、制約がない資産総額はその17％にすぎない。残りの

資産は、64％が一時的な制約がついており、19％が恒久的な制約がついている。もし、これらの制約が守られない場合には、ロバートソン・ファミリーが彼らの寄付金を誤って管理したとしてプリンストン大学基金を告訴したように、寄付者は寄付金の返却を訴えることもできるのである。

　A&Pスーパーマーケット・チェーンからの財産を相続したロバートソン・ファミリーが1961年にプリンストンに3,500万ドルを寄付したのは、もともとは、学生たちが政府系の公職に就くための教育をウッドロー・ウィルソン・スクールで行うためだった。ところが、その資金が、政府系以外のあらゆる職（高等研究や教職、大学運営、プライベート・ビジネス、ジャーナリズム、法律、薬学、音楽など）に就くための教育に使われていたことを何年も経って知り、ロバートソン・ファミリーは狼狽した。プリンストン大学基金の才能ある運用担当者のおかげで、その資金は約9億ドルまで膨らんでいたので、プリンストン大学基金は公判直前の2008年12月に、ロバートソン・ファミリーの被った莫大な弁護士費用（4,000万ドル）とそもそもの寄付金の目的を成し遂げるために新たな財団を創設する費用の5,000万ドルを支払うことで和解したのである[57]。

　大学基金のほとんどの資金は何らかの制約下にある。表1.4は全米大学実務者協会（NACUBO）とコモンファンド（訳注：NACUBO-Commonfund Study of Endowments（NCSE）を指す。NACUBOにより毎年行われている大学基金の合同運用のサーベイ・レポート）に報告された2011年の大学基金全体、4,080億ドルの内訳を示している。大学基金総額のうち*制約のない*基金は、154億ドルであり、4％にすぎない。制約のない基金と寄付者制約付基金の両基金タイプがある*本来の大学*

表1.4　NACUBOによる全米大学基金の内訳（2011年）

	（10億ドル）		（％）
本来の大学基金	188.11		46
寄付者制約付		172.67	42
制約なし		15.44	4
期間制約大学基金	16.88		4
準大学基金	92.44		23
他基金から預かったファンド	16.46		4
その他	94.24		23
大学基金総合計	408.13		100

*基金*は、大学基金全体の46％を占める。*期間制約付大学基金*は制約なし大学基金と同等の規模であるが、これは非恒久ファンドを意味する。*準大学基金*は23％を構成するが、これは寄付金からではなく余剰運転資金のような大学のその他の収入源から得た資金を意味する。準大学基金には制約がないが、理事会によりこの資金が真の大学基金と再定義されない限り使うことはできない。

　大学基金全体のうち最も興味深い部分は「その他」のカテゴリーである。その総額は942億ドルにも及び、全大学基金の約4分の1にも達する。これには美術品、農地、特許権、登録商標、著作権などが含まれる。大学の調査・研究プロジェクトの商業利用に伴う特許権、登録商標、著作権は、今や大学にとって大きな収入源なのである。例えば、「アクセルの特許」は著者の勤務するコロンビア大学とその発明者に8億ドルもの収入をもたらした。アクセルの特許は現在その特許権は消滅しているが、いかにして外来のDNAを細胞に挿入させて特殊なプロテインを作らせることができるかを示すものであった。この特許はいかに脳が匂いを解析するかという研究（アクセルの特許とはまったくかかわりがないが）で2004年にノーベル生理学・医学賞を受賞した神経科学の教授であるリチャード・アクセルの名前にちなんで名付けられた。

4.2　大学は運用のパイオニア

　先端な大学基金は長きにわたって、投資運用のパイオニアであり続けている。1920〜1930年代の間、大恐慌に見舞われたにもかかわらず、大学基金は株式投資へと舵を切った[58]。ジョン・メイナード・ケインズは、20世紀において最も偉大な経済学者として記憶されているが、彼が大学基金の運用担当者であったことは意外に知られていない。ケインズはケンブリッジのキングス・カレッジ基金の運用担当者であり、株式投資への傾倒の流れを作ったパイオニアであった[59]。このような大幅な株式への配分傾斜は長期的にはおおいに有益であると後日証明されたが、当時多くの人は大学基金の運用担当者の正気を疑った。実は大恐慌時代は株価が安く期待収益率が高いため、株式を購入する絶好のタイミングであったが、皆が売却している時に買い向かうというのは勇気がいるものである。

　1980年代にハーバード、プリンストン、そしてイェール（略してHPY）といった先端の大学基金は、オルタナティブ資産、特に流動性のない資産へと舵を切り始めていた。デイビッド・スウェンセン率いるイェール大学基金は上場株式の比率を1980年の60％から1990年半ばには20％までいち早く削減し、その間にプライベー

ト・エクティの配分比率を5％以下から20％以上に急上昇させた[60]。いわゆる大学基金モデルについて書かれたスウェンセンの2009年の論文によれば、もしスキルをもった才能ある運用担当者を発掘できたなら非流動性資産への投資で強みを発揮できるとある[61]。プリンストン大学基金が追随し、それからハーバード大学基金もこの大学基金モデルの仲間に加わった。

図1.5 米国の大学基金の状況

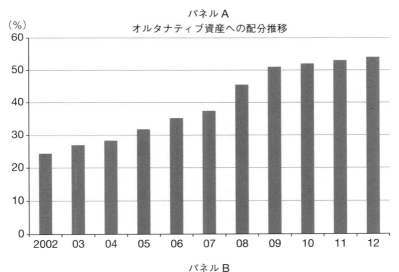

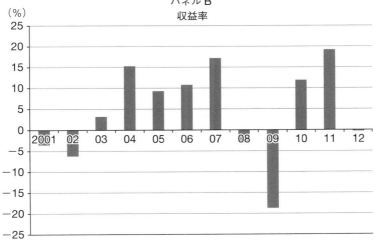

第1章 アセット・オーナー 27

1990年代にヘッジファンドへ投資の道を切り開いたのもイェール大学基金であった。1990年時点ではイェール大学基金はヘッジファンド投資をまったく実施していなかったが、1990年代の終わりにはポートフォリオの20％以上を、*流動性の高いオルタナティブ*に投資するようになった。プリンストン大学基金はそれに続く1995年にヘッジファンド投資を開始した。ハーバード大学基金はまたしても、３基金の中で最後に動き、1998年に開始した。

　図1.5のパネルＡに、NACUBOによる2002～2012年の大学基金におけるオルタナティブ資産への配分推移を図示している。まるでレミング（訳注：レミングは草食のネズミ目に属し、和名はタビネズミ（旅鼠）。３～４年の周期で個体数が急激に増減し、集団移住をする習性がある。集団自殺すると考えられていたが、最近では、それは誤りだったとされている）のように、ほとんどの大学基金はHPYに追随し、こぞってプライベート・エクイティ、ヘッジファンド、そしてそれ以外のオルタナティブ資産クラスへの投資を開始した。2012年には米国の大学基金全資産の半分以上がオルタナティブ資産に投資されている。

　しかしながら、ほとんどの大学基金は、HPYが謳歌したような超過収益を生み出すことはできなかった。図1.5のパネルＢにNACUBOが算出した大学基金の収益率を示している。過大に配分されたオルタナティブ資産の金融危機の間のリターンは、2008年が▲3.0％、2009年が▲18.7％であり、大学基金を2008～2009年の金融危機から救済することはなかった。2012年の収益率はみじめにも▲0.3％であった。ハーバード大学基金がそうであったように、多くの大学基金は金融危機の時には切にキャッシュが必要であったが、大学基金のモデル・ポートフォリオの低流動性が大きな問題の一つであることが証明された[62]。大学基金は単に標準的な株式60％、債券40％の資産配分で投資していればよかったのかもしれない。大学基金の2001年以降の平均リターンは4.6％であり、S＆P500指数と米国財務省証券からなる60／40ポートフォリオの5.4％より低い。そして60／40ポートフォリオのボラティリティは10.2％と、大学基金のボラティリティである11.3％よりも低かったのである。

4.3　隣人と張り合う

　イェール・スクール・オブ・マネジメントのウィリアム・ゲーツマン教授（著者との共著書もある）とシャロン・オスター教授は、HPYによって扇動されたオルタナティブ資産への殺到は、「大学側が、明日の戦場での適材を確保するために軍

備強化に走ったことに原因がある」と指摘している。

大学は精力的に競い合っている[63]。もちろん、スポーツでお互いに張り合うのはわかるが、彼らは教室の中でも実験室の中でもお互いに張り合おうとしている。同じ生徒や同じ教授を獲得しようとして競争する。ゲーツマン教授とオスター教授は、HPYがオルタナティブ投資に向かうと、他の大学もそれに追随しなければという競争のプレッシャーを受けると指摘している。大学基金の運用担当者はお互いをベンチマークとしてもいる。この群集心理はお互いに真似をする原因となる。*隣人と張り合う意識*（第2章参照）は、各大学基金が似たようなポートフォリオを保有することにつながる。ほとんどの大学基金が先導役であるイェール大学基金に追従し、流動性の低いオルタナティブ資産への投資配分を高めていったことは、驚くには値しない。

5 個人とファミリー

金持ちは我々とはまったく異質な存在である。

「提督」の名で知られているコーネリアス・ヴァンダービルト（1794～1877年）は、そもそも生まれながらにして裕福であったが、他を大きく引き離して世界で最も裕福な男と呼ばれるにふさわしく、現在の価値換算で1,000億ドル以上の財を成した。今日でさえ、「ヴァンダービルト」といえば、大富豪の代名詞である。しかし、提督の跡継ぎは上流社会に暮らし、相続した財産をヨットや広大な土地や壮大なパーティや派手なものすべてに浪費した。そしてなんと2代で、すべての財産を消費しつくしてしまった。ヴァンダービルト家の御曹司によると、子孫のうち数人は一文無しでのたれ死んでおり、1973年にヴァンダービルト大学で開かれた親族会に120人もの提督の子孫が集結したが、億万長者は一人もいなかったそうである[64]。

一般に、金持ちは、1,000万～3,000万ドルの資産をもつウルトラ・ハイネットワースと、100万～1,000万ドルの資産をもつ並のハイネットワースに大別される（ちなみに、2010年の消費者ファイナンス調査（SCF）によると米国の1世帯の年収の中央値は46,000ドルであり、正味資産額は77,000ドルであるという点を踏まえておいてほしい）。圧倒的な大金持ちは、時にファミリーの資産を管理するために、大学基金のような*ファミリー・オフィス*（訳注：米国で発達した概念で、資産家のファミリーの資産の管理やその他のニーズを満たすための組織）を創ることがある。あるファミリー・オフィスは複数のファミリーの資産を管理し、自分のファミリー以外の資産を運用することもある。事実、最も裕福なファミリー・オフィス

は最大規模の大学基金よりもはるかに大規模な資産を運用しており、ファミリーの
メンバーに対して専属コンシェルジェ・サービス（例えば、子息・子女をおしゃれ
なプライベート・スクールに入学させる手伝いをしたり、気ままに思いついたカリ
ブ小旅行を手配したりといった具合に）を提供している。

　キャップジェミニ社とRBCウェルス・マネジメント社によると、ハイネット
ワースの資産家は2012年には推定で42兆ドルもの財産を管理していたとのことであ
る[65]。これに比べ、ニューヨーク株式市場の上場株式時価総額合計は約14兆ドルで
ある。ウルトラ・ハイネットワースとハイネットワースの資産規模は急速に拡大し
ている。約半分の富が米国と欧州に集中しているが、アジアが猛追している。銀行
やその他の仲介業者は、彼らのプライベート・ウェルス・マネジメント部門を通じ
てこれらの巨万の富に注目しているが、独立系の資産運用会社との競争に直面して
いる[66]。著者が、コロンビア大学ビジネススクールで受け持った学生の中には、卒
業後に個人投資家の資産運用を支援する低コストの運用会社を起業したり、そう
いった会社に入社したりした人もいる。

５．１　ファミリーの資産運用動向

　ファミリーあるいは個人投資家の財産にとっての最大のリスクは、ヴァンダービ
ルト家に起こった事象、つまり、子孫が財産を浪費してしまうリスクである。実は
多くの場合、資産家のファミリーとSWFとは、すべての資金を現世代で使ってし
まうのを避け、その代わりに将来の世代に残すようにするという主目的において酷
似している。この目的を達成するには、双方（ファミリーであってもSWFであっ
ても）ともゆっくりと消費できるようにするための堅牢なガバナンス体制を構築す
る必要がある。ファミリーは通常、財産を維持するのが極めて不得手である。例え
ば、ヴァンダービルト家に起こったように、ファミリー資産の７割は２代で食いつ
ぶされるとのことである[67]。

　資産家のファミリーから財が消失する原因となる複数の問題は、下記の通りであ
る。

１　骨肉の争い

　トルストイは（訳注：その著書『アンナ・カレーニナ』で）「幸せな家庭という
のはどれも同じようだが、不幸な家庭には各々それぞれの不幸があるものである」
と述べているが、まったくその通りである。ファミリーのメンバーが口論しても、
ファミリー企業がどのようにビジネスを運営していくべきか、ファミリー・オフィ

30　第Ⅰ部　アセット・オーナー

スにとってどのような運用スタイルが適当なのかを決断することなどできるわけがない。最悪の場合、裁判所で争うために数百万ドルにものぼる高額な弁護士費用を支払わなければならないこともあろう。資産家は*後継者の育成計画*に注意を払う必要があり、その子供たちに財産の扱い方、導き方、管理の仕方等を自らでできるようにお膳立てを整えておかなければならない。ハイネットワースの個々人は、その子供たちに、金融の知識よりずっと多くの心理学の知識を授けるべきなのである[68]。

2 馴れ合い主義

ファミリーが裕福だからといって、そのメンバーが必ずしも財産を管理しなければならないわけではない。ファミリーがその道の専門家、例えば財産を管理するための専門企業や財団のような管理組織を活用した方がよい場合もある。身内がその仕事にとって最適な人材になれるかもしれないが、大抵はそうではない。Pérez-González（2006）とBennedsen et al.（2007）は、身内びいきにするとファミリー企業のパフォーマンスを痛めることになることを、説得力をもって示している。すなわち、一般には、身内ではないCEOの方が、ファミリーの血統を受け継いでいるCEOよりもよい成果を出すものである。しかし、ファミリーはよそ者を雇うのを嫌がる。創始者CEOでさえ、そのポジションに長く留まりすぎるとスキルが細るか、もしくは企業を変革するのにふさわしくなくなってしまう。企業の創始者が亡くなると株価が跳ね上がるという傾向があるのは、驚きに値しない[69]。

3 不十分な分散投資

資産家にとっては、おのれの財産を分散の利いた、しかも異なるファクター・リスク・プレミアムに晒したポートフォリオの保有が、結果として財産を保つことにつながるということは直観に反すると思えるかもしれない。なぜなら、彼らはその財産をまったく道の方法、すなわち、一つのビジネスに極度に特化するというような方法で築き上げてきたからである。アスリートやモデル、そして彼らほどではないが俳優やダンサー、そしてミュージシャンも、相対的には急速に財をなすことになるという意味ではSWFと似ているため、その資産を持続させるためには慎重な計画を立てねばならない[70]。ティモール・レステの石油基金は石油やガスの富を他の資産へ分散させた。第3章に示すように、分散はリスクを軽減し、リターンを改善するのである。

4 堕 落

資産家はオランダ病も患う。自分の手で儲けたわけではない財産の継承は、その資産家を堕落させる。新たな収入源を作り出す必要があるのはなぜなのか。ティ

モール・レステやノルウェーは、SWFを創設したことにより国の経済にとって別の収入源を育んでいる。裕福なファミリーも彼らの子供たちがうまくやっていけるように体制を整える必要がある。

5　浪　　費

稼ぐ分以上に使ってしまえば、もちろん資産は減る。ティモール・レステや大学基金が採用しているような資産規模に応じた支出ルールは、運用のパフォーマンスがよくないときは自動的に支出を削減することで、資産の減少を緩和している。人間がある一定の消費レベルに慣れてしまうと（経済学者はこの現象を*習慣性効用*としてとらえている）、受け取れる年金額が削減されるのは辛いことである。第5章で消費レベルを落とさないようにして支出ルールを設定する方法について議論する。

5.2　その他の庶民

米国の家計セクターの正味資産は2012年12月時点で66.1兆ドルであった。しかし上位1％の金持ちが全資産の35％を占有しており、上位5％が全資産の62％、そして、最も裕福な10％が75％を保有しているのが現状であり、その富分布はかなり歪んでいる[71]。その最も裕福な1％には前項で述べた大富豪が含まれるが、実は、自らを中流の上と呼ぶ大勢の人たちも含まれている。この富の偏在は時間とともにより顕著になってきており、貧しい人は（相対的に）より貧しく、金持ちは（相対的に）より裕福になってきている[72]。上位1％の人間の給与・賃金報酬額は、1976年では全収入の9％であったが、2011年には20％になっている。アメリカは今や、1930年代およびそれ以前に経験したのと同等レベルの不公平な世の中に戻っているのである[73]。

中流家庭に属している者も、他のアセット・オーナーがこれまで述べてきたのと同様の悩みがある。それは、今日の食事を心配しなければならないとしても、退職した翌日から食べていけるように、あるいは子供たちが食べるのに困らないように、貯蓄しておきたいという悩みである。我々は仲介業者に支払う手数料について特に気を付けねばならない。なぜなら、それらの手数料は将来避けられない確実な消費を意味しており、我々は裕福ではないのだから、消費は我々にとって金持ち以上に大事である（専門的にいえば、我々はより貧しいため消費への限界効用はより高めになる。第2章参照）。

金持ちであれば心配する必要はない（もしくは金持ちであれば心配が少ない）

32　第Ⅰ部　アセット・オーナー

が、考慮すべき点がいくつかある。

1　労働所得

最大の資産は金融資産ではなく、人的資本である。人は金融資産と人的資本の合計である全体の富に応じて投資すべきである。ティモール・レステはこのことを認識している。すなわち、ティモール海にまだ眠る石油の富を推定持続可能収入（ESI）として明確に認識しているのである。我々のバランスシートは資源が豊富な国のSWFによく似ており、さながら、ティモール・レステが海底の富を石油基金に移したように、人が老いるとともに富は人的資本から金融資産へと移管される。人的資本が枯渇するとき（石油もなくなり）、我々は退職後のための貯蓄（もしくはSWF）を消費に使う。このようなライフサイクルの側面はいかに我々が貯蓄する必要があるかを左右する。すなわち、我々の金融資産ポートフォリオの構成も加齢とともに変化する（第5章参照）。働くべき年齢の時に労働収入がなくなる可能性があるという事実は、願わくば一時的であってほしいものではあるが、失業という転落に遭遇した時、そのクッションとなるようなポートフォリオを保有する動機になる可能性がある。

2　レバレッジ

借入れはスムーズな消費を可能にするが、レバレッジはリスクの拡大を招く。住宅は個人の資産の中の大きな部分を占めるが、通常、額が相当大きく、流動性も極めて低い。レバレッジは債券のショート・ポジションであり、中流家庭は極めて高い*金利リスク*（もしくは*デュレーション・リスク*）に晒されている。また、低流動性リスクは独自の問題も抱えている（第13章参照）。

3　医　療

健康を損ねたときの影響は計り知れない。米国政府は公的高齢者／障害者医療保険制度（メディケア）や公的低所得者医療扶助制度（メディケイド）を通じて医療サポートを提供しているが、それではあまりにも不十分である。国民は健康保険や長期就業不能所得補償保険を購入することによってこうしたリスクに備えることができるが、これら*個々人固有のショック*による悪影響を完全に取り除くことはできない[74]。そういった*既往歴リスク*の存在が背景にあるため、常に完璧な健康が保証されているような状態に比べ、現実は人を一段とリスク回避的にするのである。

それでは貧しい人はどうだろう。調査によると、貧しい人に投資教育をしても変化がないとのことである。そもそも投資する資金がないのなら、優れた投資教育

は、何の意味があるのだろうか[75]。貧困層はもちろん中流層にとってさえどれくらいの貯蓄が適切か（あるいは不適切か）は、突然の失業や医療保険の破綻、そして定年退職に備えるための国家レベルの貯蓄システムによって決まる。国民年金システムに関しては、連邦政府のより積極的なかかわりを提案した数多くの改正案が提出されている[76]。これはそもそもこれまで話してきたSWFの管理・運営の話に戻ることを意味する。

6 再考：ティモール・レステ

IMFによると、ティモール・レステは「世界で最も石油依存率の高い国」である[77]。政府は、収入の95％を石油と天然ガスからの収入に依存しており、その他の経済面が未発達であることを考えると、ティモール・レステには、現時点では他に何もないことになる。

石油基金は、ティモール国民がティモール・レステの石油と天然ガスからの富のすべてをすぐさま消費してしまうのを阻み、現在と将来の両世代がその恩恵に浴するために活用する一つの道具である。その石油から得られる富は、現在の国の経済規模の何倍にもなる。ティモール・レステのSWFはその経済を石油やガス価格の変動から護ることで、どの国にとっても最高のリソースである人材を最終的に育成することができる。

腐りかけた魚にハエが群がるように、大金は政治家や仲介業者を引き寄せてしまうという最悪の傾向がある。現在、石油基金には約120億ドルの資産があり、ティモール海でこれから発掘される埋蔵量を考え合わせると、その資産はさらに増大するであろう。ティモール・レステは外部委託先の運用マネージャーを単に監督するだけでなく、外部委託先との緊密なパートナーシップを発展させ、最終的には資産運用のノウハウを自国民であるティモール人に還元させる必要がある。

ティモール・レステは、2009～2013年の間に40億ドルのうち10億ドルをデリバティブで損失したリビアの二の舞にはなりたくない。困ったことに、当時のファンド・マネージャーであるソシエテ・ジェネラル社は、いかにして資金を喪失してしまったのかを説明することすらできなかった[78]。この損失は2008年にリビアがゴールドマン・サックス社に委託した13億ドルを、九つの株式取引と一つの為替取引によりその98％を損失したエピソードに続いて発生したものであった[79]。ナウル（訳注：太平洋南西部に存在する珊瑚礁のナウル島にある共和国で、イギリス連邦加盟国。面積はバチカン、モナコ公国に次いで世界で3番目に小さい）はもう一つの悲

34　第I部　アセット・オーナー

劇の主人公である[80]。小さな島国であるナウル共和国は、1960年代にリン鉱山から得た財を蓄積するために信託を設定した。しかし、全般的な管理不足と浪費により、ファンドは1991年のピーク時には10億ドルであったが、10年後にはその10分の1以下の資産額にまで縮小してしまった。国の財政は破綻し、GDPの4分の3は外部からの財政支援に依存しており、ナウルは現在、国家として満足に機能していない。

SWFの正統性を維持することとは、その運営にプロフェッショナリズムを維持することに他ならない。ティモール・レステの自然資源を担当する外相であるアルフレッド・ピレスは「それはいずれ国民とそのリーダーシップに返ってくる」と述べている[81]。2012年に50億ドルでSWFをスタートしたアンゴラは、身内びいきゆえに標準以下のパフォーマンスしか達成できていないという実証結果に注意すべきである。アンゴラのSWFを率いているのは、1979年以来アンゴラを支配している大統領の35歳になる息子ジョゼ・フィロメノ・ドス・サントスである。唯一の外部運用委託先はスイスの運用会社であるクオンタム・グローバル社で、当該社には1ダース以下の顧客しかいない。クオンタム・グローバル社の創始者は、アンゴラのドスサントス銀行のパートナーである[82]。

SWFの巨額資金は、最悪の場合、汚職への招待状ともなり得る。それは縁故主義的で、無能な管理・運営に陥る可能性を秘めている。これに対して、SWFを適切に管理・運営している最良のケースでは、予期せぬ大きな収入に伴う歪みや腐敗から国を護り、経済の発展に重要な役割を果たすことができる。運も必要だが、それこそが、ティモール・レステが進むべき道なのである。

[注]

1　本節の数値は、エコノミスト誌、国際通貨基金（IMF）、世界銀行および国連から入手。

2　私が育ったオーストラリアは、インドネシアによるティモール・レステの支配を正式に（そして恥ずべきことに）認めた唯一の西側国家だった。1999年インドネシア人退去後のこの国を安定させるために、国連は多国籍平和維持軍をティモール・レステに派遣した。これらの多国籍軍の先頭に立ったのがオーストラリア軍で、そして最後のオーストラリア防衛部隊が去ったのは2013年であった。オーストラリアはティモール・レステの最大の対外支援国であり続けている。また、オーストラリア人は一般にティモール・レステを東ティモールと呼んでいる。

3　本節の一部はAng（2012a）より抜粋。

4　ソブリン・ウェルス・ファンドという用語はRozanov（2005）によって作り出

された。法的枠組みはGelpern（2011）によって提供された。

5　州も独立した主権者（ソブリン）である。第12章参照。

6　中国は外貨準備のポートフォリオ構成について公表していない数少ない国の一つである。専門家によると、中国は世界最大の米国債保有者であると推察されている。中国の外貨準備の大半について運用責任を負っている中国国家外国為替管理局（SAFE）の外貨準備の内訳は大変複雑で入り組んでいる。Hu（2010）参照。

7　Jeanne and Ranciere（2006）は、SWFは「流動性が急停止」した場合でも需要に応えることができると述べている。Heller（1966）は外貨準備高の予防的貯蓄の概念を発展させた最初の論文である。グリーンスパン＝ギドッチ・ルールは連邦準備制度の元議長とアルゼンチンの元副財務大臣の名前から名付けられたもので、外貨準備金はその国の短期対外債務と同等額積み立てることを推奨した。ソブリン・ウェルスの台頭に関するもう一つの、新重商主義的説明はDooley, Folkerts-Landau, and Garber（2005）参照。彼らはソブリン・ウェルスの増大は、固定為替レートを要求する国の副産物であると議論した。これに関連した国家間の対外債権（あるいはその裏返しである対外債務）についての論文にGourinchas and Rey（2007）がある。

8　Van der Ploeg（2011）参照。オランダ病のモデルの一つであり、SWFを対抗手段として活用する手法はCollier et al.（2010）参照。

9　詳細は、Sala-i-Martin and Subramanian（2003）参照。

10　詳細については「The Norwegian Government Pension Fund: The Divestiture of Wal-Mart Stores Inc.」Columbia Case Works, ID#08031参照。

11　IMFは2000年以来、資源保有国に棚ボタ資金をSWFに入れるよう提言している。Davis et al.（2001）参照。

12　Truman（2010）参照。

13　ノルウェーには、はるかに規模の小さい第二のSWFであるノルウェー公的年金基金（またの名をFolketrygdfondet）があり、主としてノルウェー国内やその他の北欧諸国に投資している。当該ファンドからの支出はなく、また新たな資金の繰入れはない。つまりFolketrygdfondetは基本的には、クローズド・エンド型ミューチュアル・ファンド（第16章参照）である。

14　IRIN「Is Timor-Leste's Plan for Oil Fund Investments a Risk Worth Taking?」2011年10月24日、ガーディアン参照。

15　アジア開発銀行「Asian Development Outlook 2010: Democratic Republic of Timor- Leste」参照。

16　Wright, C.が引用した「East Timor: The World's Most Important Sovereign Wealth Fund?」ユーロマネー誌、2008年9月参照。

17　http://www.kia.gov.kw/En/About_KIA/Tansparency/Pages/default.aspx参照。

18　www.cppib.ca/files/PDF/SWDBkgr_Dec10_2007.pdf参照。

36　第Ⅰ部　アセット・オーナー

19　この語源は1994年の世界銀行の有名なレポート「Averting the Old Age Crisis」に由来する。

20　このような限定された投資対象ユニバースは通常、加入員にとって最良のケースとはならない。第3章参照。

21　「Defined Contribution Plans: Over to You」エコノミスト誌、2011年4月9日号より引用。

22　厳密には、キャッシュバランス・プランは確定給付型プランに含まれる。それは雇用者側の企業が拠出金を前もって支払っているからである。キャッシュバランス・プランは、加入員の視点から見ると、残高の報告を受け、会社を辞職あるいは退職するときにそれを引き出すことができるため、確定拠出型プランのように見える。残高は想定であるが、ファンドはプールされ、一括して運用される。確定給付型プランの凍結・確定拠出型プランへの移行に関する論文は、Munnell and Soto（2007）とRauh, Stefanescu, and Zeldes（2012）参照。

23　OECD,「Pension Markets in Focus」2012年9月、Issue 9参照。

24　Munnell, A. Ｈ., and P.Perun「An Update on Private Pensions」Initiative on Financial Security, the Aspen Institute, Issue Brief　2007年10月参照。マンネルとペルーンは企業年金のセクターにおける確定給付型と確定拠出型の双方のプランに加入している給与労働者の比率は1979年の51％から2004年の46％と下降していると報告している。

25　痛烈だが思慮に富んだ個人金融業界の批評はOlen（2012）による。

26　ERISAはビジネスに影響を与える最も複雑に入り組んだ法律の一つである。第1条は受益者権利の保護、第2条は課税問題、第3条は年金債務と資産価値を証明する年金数理人の役割の指定、第4条は年金給付保証公社（PBGC）の創設について記している。

27　加えて、2006年に施行されたFAS158は、年金プラン・スポンサーに対して年金基金の債務超過を財務諸表に開示することを必須とした。議会は、2008年と2010年に、PPAにより課せられた厳しい積立要件のいくつかを一時的に緩和する「積立要件の軽減措置」の法律を可決した。PPA制定以前は、年金スポンサーは、通常は年金債務の90％、時にはわずか80％の積立比率しか求められておらず、しかもかなり長期間をかけてその債務超過の一部を埋め合わせればよかった。

28　Rauh（2006）参照。

29　Ang, Chen, and Sundaresan（2013）参照。

30　さらに詳しい歴史についてはSchieber（2012）参照。

31　年金給付保証公社（PBGC）「PBGC's Guarantee Limits—An Update」2008年報告書参照。

32　Congressional Budget Office「The Risk Exposure of the Pension Benefit Guaranty Corporation, 2005」を参照。学術研究の要約についてはBrown（2008）

参照。

33 この考え方はSharpe（1976）とTreynor（1977）によって初めて広く知られることとなった。シャープとトレイナーはファクター・リスク（第6章参照）の最初のモデルであるCAPMの発展に大きく貢献した。Pennacchi and Lewis（1994）はPBGCのプット・オプションの保証料について明示的な価値を算出した。

34 内国歳入法（IRC）のセクション4980は、積立余剰の年金プランを単純に閉鎖して年金債務を超過した資産（積立余剰）を回収する場合には、50%の実効税率を課すと規定しており、非常に費用のかかる内容となっている。

35 ミリマン社による年金積立状況調査（2012年）のデータを使用。

36 Novy-Marx（2009，2011a，2011b）参照。Bohn（2011）によると、場合によっては公的年金に積立不足がある状態が最適となりうることを明らかにしている。しかしそれは、年金支払義務を果たすための地方自治体の税収入が常にある（あるいは将来的に見込める）ことを前提としているからである。

37 この数値は「The 2012 Annual Report of the Board of Trustees of Federal Old-Age and Survivors Insurance and Federal Disability Insurance Trust Funds」から引用。コロンビア大学ビジネススクールでの私の同僚であるステファン・ゼルデスは、もし社会保障債務に時価評価が採用されたなら、不足分はあるにしても、それを減らすことができるであろうと主張している（Geanakoplos and Zeldes（2011）参照）。この計算根拠は、賃金収入と株式のリターンとの相関に決定的に依存するのだが、このテーマについては本書の第5章で議論する。また、社会保障債務は「十分な信頼と信用」を背景としているわけではなく、米国連邦政府の公的債務ではないことをここに改めて明記しておく。

38 「Falling Short」エコノミスト誌、2011年4月9日号より引用。

39 厳密には、経済学では年金基金にとっての適切な効用に関する合意は得られていない（第2章参照）。Love, Smith, and Wilcox（2011）は、労働者、企業、そしてPBGCについて取り上げているが、現在の従業員と退職者を闘わせているわけではない。企業は確定給付型年金プランにおいて大きな力を保持してはいるが、完全にコントロールできる力をもっているわけではない。企業と受益者双方は、年金基金の積立余剰（もしくは積立不足）を異なる状況において分け合うのである。Bulow and Scholes（1983）、Bodie（1990 a）、Gold（2005）、そしてScherer（2005）参照。

40 Leibowitz, M.L., (1986), Liability Returns:A New Perspective on Asset Allocation, Salomon Brothers. Sharpe and Tint（1990）参照。

41 これは専門的には、積立余剰に対する平均・分散効用（第4章参照）を意味する。著者はAng, Chen, and Sundaresan（2013）でこの枠組みを拡張し、下方リスク（ダウンサイド・リスク）を取り込んだ。

42 ERISAの404条(a)(1)は、運用の受託者は専らプラン参加者に退職給付を提供す

る目的のみのために受託者責任を果たさなければならないと規定している。これはERISAにより規定されたプルーデントマン・インベストメント原則の一部である。それゆえに、ERISAのもとでのサープラス効用関数はファンド・マネージャーの効用関数を意味するものではないのである。

43　多くの州では、年金給付は州の憲法のもと保障されている。例えば、ニューヨーク州では州の年金債務に一般公債と同等の優先順位を与えている（「Who Watches the Watchman? NY State Common Retirement Fund」Columbia CaseWorks ID#110307参照）。したがって、年金債務はリスクフリーに近いものであり、リスクフリーである国債や地方債の利回り並みの割引率で割り引くべきである。しかし会計基準（GASB25）と年金数理基準（ASOP27）のもとでは、割引率はそれより非常に高く、資産に対する長期の期待リターンを採用している。これは、実際には、公的年金のリスクが非常に大きいものであると認識されていることを意味している。そしてこれはMiller and Modigliani（1958）で述べている原則、すなわち、いかなる一連の支払額も調達の方法に影響されることはないという経済の基本原則にも反している（マートン・ミラーとフランコ・モディリアーニはそれぞれ、1990年と1985年にノーベル賞を受賞）。Novy-Marx and Rauh（2009, 2011）も参照。

44　Ang and Green（2011）参照。

45　詳細な議論にBlack（1989）参照。

46　ゼネラル・モーターズ社は、リスク削減（デ・リスキング）のケーススタディの一つ（「GM Asset Management and Martingale's Low Volatility Strategy」Columbia CaseWorks ID#110315参照）。

47　第14章と第15章参照。

48　「Factor Investing: The Reference Portfolio and Canada Pension Plan Investment Board」, Columbia CaseWorks ID#120302参照。

49　世代間会計はAuerback, Gokhale, and Kotlikoff（1991）により紹介され、各世代がライフサイクル・モデル（第5章参照）に従った重複する世代継承のコンセプトを使っている。Paul Samuelson（1958）とPeter Diamond（1965）は世代間不均衡を計測するのに利用できる世代重複（OLG）モデルを開発した。

50　「Falling Short」エコノミスト誌、2011年4月9日号より引用。

51　Hakim, D., and J. W. Peters「For GM Retirees, A Growing Sense of Unease」ニューヨーク・タイムズ紙、2005年6月30日より引用。

52　OECD報告の2010年のノルウェーの経済概況より引用。

53　Deep and Frumkin（2006）参照。厳密には、財団は5％以下であれば自由に使えるが、その場合、財団の資産に30％の実効税率が課される。

54　NACUBOによると、大学基金の平均的な配当は2012年時点で4.2％であった。全米47州に適月されている公益団体のための思慮のあるファンド運営・管理に関する統一法（UPMIFA）では、基金の支出は「維持・持続期間」と「通常の経

済状況」を考慮することが求められている。UPIMFAは、7％以上の配当は「思慮がないと反駁でき、覆すことができる」と明記している。この明記があるにもかかわらず、なぜ一定の配当上限が設定されていないのかについては、Conti-Brown（2010）参照。

55　このほとんどが法律の文献によるもの。Troyer（2000）、Cowan（2008）、Conti-Brown（2010）、Wolf（2011）参照。

56　Troyer（2000）参照。

57　Conti-Brown（2008）より再計算した。「Princeton and Robertson Family Settle Titanic Donor Intent Lawsuit」2008年12月10日付クロニクル・オブ・ハイヤー・エデュケーション紙に掲載。

58　Goetzmann, Griswold, and Tseng（2010）参照。

59　Chambers and Dimson（2012）で述べられている。

60　数値はGoetzmann and Oster（2012、図2と3）より引用。Lerner, Schoar, and Wong（2008年）も参照。

61　第13章で示すが、これらの大学基金の優れた収益率は、非流動性資産の流動性が低いがゆえに達成されたのではなく、大学基金運用担当者が有している適切なマネージャーを選択するという能力によるものである。

62　"Liquidating Harvard" Columbia CaseWroks ID#100312参照。第13章では、非流動性資産への投資について述べている。

63　これについて記録している主要な論文として、Epple, Romano, and Sieg（2006）参照。

64　Vanderbilt（1989）より引用。

65　Capgemini and RBC Wealth Management「World Wealth Report 2012」より引用。

66　「Private Pursuits」エコノミスト誌、2012年5月19日号参照。

67　「Lost Inheritance」ウォール・ストリート・ジャーナル紙マネー・セクション、2013年春季号より引用。「相続が3代続くと財産はなくなる」という諺は概ね正しい。

68　「Stay the Course? Portfolio Advice in the Face of Large Losses」Columbia CaseWorks, ID#110309参照。ファミリー企業のガバナンスに関する経済論文がある。コロンビア大学ビジネススクールにおける私の同僚である、ダニエル・ウォルフェンソンが書いたサマリー参照。Pérez-González and Wolfenzon（2010）参照。

69　Johnson et al.（1985）による有名な論文で示されている。

70　ほとんどの宝くじの当選者がせっかくの大当たりをふいにしてしまっている、という俗説である。このようなことは確かに起こってはいるが、当選者の多くはKaplan（1987）やLarsson（2011）がレポートしたように、贅沢な浪費に興じたりはしていない。またカプランは「当選者は経験値に照らしてみれば社会にうま

40　第Ⅰ部　アセット・オーナー

く適応し、安定的な生活を送り一般的には幸福である」ことを突き止めている（おどろき、おどろき）。

71 数値はWolff（2010）より引用。

72 Cagetti and De Nardi（2008）とKopczuk, Saez, and Song（2010）参照。

73 数値はAlvaredo et al.（2013）より引用。

74 これはKimball（1990年）の考えで、すべての予期せぬ、保険不可能なリスクが安全資産への需要を高めるとしている。

75 Lusardi, Michaud, and Mitchell（2013）は、非常に貧しい場合には、生涯を通じて金融に疎いままでいた方がよいと述べている。

76 この中で驚くべき議論を引き起こしているのはTeresa Ghilarducci（2008）の案で、社会保障により強制的に貯蓄レベルを管理することを勧めている。

77 IMF「IMF Executive Board Concludes 2010 Article IV Consultation with the Democratic Republic of Timor-Leste」, IMF Public Information Notice No. 11/31, March 8. 2011.

78 Scheffer, B.「Libya Wealth Fund Seeking SocGen Explanation on $1 Billion Loss」ブルームバーグ、2013年3月12日より引用。

79 Coker, M., and L. Rappoport,「Libya's Goldman Dalliance Ends in Losses, Acrimony」ウォール・ストリート・ジャーナル紙、2011年5月31日参照。

80 詳細はCox（2009）参照。

81 Wright, C.「East Timor: The World's Most Important Sovereign Wealth Fund?」ユーロマネー誌、2008年9月から引用。

82 McGroarty, P.「AngolanWealth Fund Is Family Affair」ウォール・ストリート・ジャーナル紙、2013年2月26日参照。

第1章　アセット・オーナー　41

第 2 章

選　　好

第2章要約

　投資家は一般に悪環境期に生じる損失のリスクを好まない。最適なポートフォリオ選択とは、リターン獲得の可能性と悪環境期での損失のリスクの兼ね合い（トレードオフ）を見つけることである。平均・分散効用が利益と損失を対称的に扱うのに対して、投資家が安全第一を求めたり、収益という利得よりも損失の痛みを重視したり、そして自身の過去の消費（習慣）または他の投資家のリターンや行動に依存した効用をもったりすることを認める選好モデルもある。

1　スチームローラーの前で小銭を拾う

　ボラティリティを売る（ショート・ボラティリティ）戦略は、さながら童話に出てくる狡猾なキツネに似ている。キツネが美味そうな「しょうがパンぼうや」をだまし、自分の背に乗せて川を渡ったように（訳注：ポール・ガルドン著『The Gingerbread Boy（邦題：しょうがパンぼうや)』参照)、ショート・ボラティリティ戦略が安定期に生み出す確実な高収益は、投資家を自己満足投資へとしばしば誘惑するものである。多くの投資家は、ショート・ボラティリティ戦略が何年も安定した収益を出しているのを確認した上で、我も我もと採用するのである。その後、マーケットが崩壊し、ボラティリティが急騰したとき、ショート・ボラティリティ戦略は突如、投資家に対して牙をむく。そうして、通常期に得られた収益のほとんどは、一瞬にして取り返されてしまうのである。

　図2.1のグラフは、1989年3月末にショート・ボラティリティ戦略に投資したときの、2011年12月末までの間の累積資産額の推移を示したものである[1]。ボラティリティ戦略は、オプションやバリアンス・スワップ（訳注：原資産の将来の収益率の分散に対する先渡契約）、さらにはスワップのオプション（訳注：スワップショ

42　第Ⅰ部　アセット・オーナー

図2.1　1989年3月に投資した1ドルの累積資産額

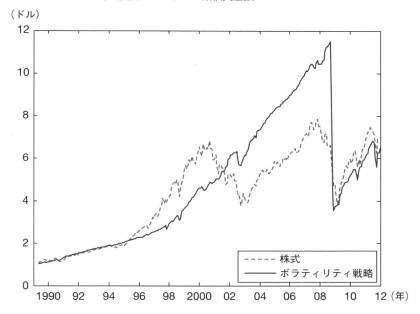

ン）のようなデリバティブのデリバティブを使って実行される（図2.1のメリルリンチ社の指数は、バリアンス・スワップ取引をもとに算出されている）。ボラティリティのトレーダーは、転換権付中期債券や転換権付長期債券のようなオプションを組み込んだ有価証券も売買する。

　図2.1の累積リターンは、ボラティリティを売却した投資家が得たものである。すなわち、この投資家は通常期にボラティリティ・プロテクションを売却してプレミアムを獲得したのである。逆側には、プレミアムを支払ってボラティリティの上昇に対するプロテクションを購入した人々がいる。ボラティリティが跳ね上がるときには、ショート・ボラティリティに投資している投資家が損を被る。これらの損失は、ボラティリティ・プロテクションを購入した投資家が得た収益の裏返しである。売り手は火災保険会社の立場に似ている。すなわち、火災保険会社は火事がないときには保険料（プレミアム）を徴収する。火災が起きたら、保険会社は損失を被るが、それは保険契約者（被保険者）に対する保険金の支払に他ならない（本章では、著者は常に、ボラティリティ保険を売る側の投資家の視点からボラティリティ戦略について述べている）。

ショート・ボラティリティ戦略による損失は、とんでもない額になってしまう可能性がある。図2.1のボラティリティ戦略の累積資産額の推移を見ると、1998年の新興国危機時や、2001年の9.11同時多発テロ以後の不景気と社会不安期、さらに2007年のサブプライム危機の序章期など、小さな下落が数回あったことがわかる。しかし世界金融危機がボラティリティを急上昇させ、世界中の株式市場が崩壊した2008年の後半までは、そのリターンは概ね順調に上昇し続けていた。2008年9〜12月の間に、ボラティリティ戦略は70％以上の損失を被った。そして、政策当局が金融市場を安定化させた2009年に、ボラティリティ戦略の収益性も回復した。比較のために図2.1に、同じ1989年3月末にS＆P500指数に1ドル投資した場合の累積資産額を重ねて図示している。2000〜2010年の株式リターンはボラティリティ戦略よりも大きく変動し、結局、21世紀最初の10年を横ばいで終えた（*失われた10年*）。出発地点に戻ってきたとはいっても、さながらジェット・コースターに乗っていたかのように、2000年初期の景気後退期には下降、2000年代半ばに再び上昇した後、金融危機時にはボラティリティ戦略ほどではないとはいえ、猛烈な勢いで落ちていった。

　では、ボラティリティ戦略にどの程度配分すべきだろうか？　明白な（マイナス方向に偏る）テール・リスクがあることを知りながら、いったいどんな投資家が、迫りくる（訳注：道路工事用の）スチームローラーの前で小銭を拾うべきだというのだろうか？

2　選　　択

　経済学者は、経済主体（ここでは個人、企業、もしくは機関などを指す）に可能な限り多くの選択肢をもたせ、その上で、経済主体が最適な選択ができるように導きたいと考えている[2]。最適な選択は、アセット・オーナーの選好を反映する。選好とは、究極的にはトレードオフの集合体である。つまり、一組の収益と一組のリスクとのバランスをいかにとるかということである。トレードオフは、面白味のない財務省短期証券を保有するのか、それともボラティリティ戦略に投資して近づいてくるスチームローラーの前で小銭を拾うのかといったある時点における選択でも起こるし、将来の退職時のために現時点で貯蓄すべき額を決めるように、異なる時点間の選択においても発生する。選好はアセット・オーナーごとにユニークなものであり、倫理観や道徳（時にはこれらの欠如）も重要な要因となり得る。アセット・オーナーは、それぞれに異なる目標、計画、そしてライフスタイルにおける選

択肢をもっており、心理状態や、家族ないし組織の力学が関与することがあり、あなたの隣人や同業他社の意思決定や社会的な要因も選択に影響を及ぼすことがある。

我々は、効用によって選好を表現する。効用とは、それを順位づけしたり、最大化したりして下した決定が、アセット・オーナーがもつ選好にぴったりと即したものであるという意味で、選好を数値的に表した指標である（経済学者は効用値を「*utils.*」と呼んでいる）。効用は選択に関するものであり、選択によってある経済主体がどれほどの充足感を得るかを計測するために、我々は*効用関数*を構築する。

最適な資産運用方針の状況下におけるよい選択とは「汝自身を知れ」という古代ギリシャの諺に始まる。具体的には、あなたが悪環境期にどう感じるかによって、我々の助言内容に異なったものになる。この概念を定量的にとらえるために、アセット・オーナーがどのようにリスクを受け止め、どのように対応するかを定義する。

2.1 リ ス ク

ピーター・バーンスタインは彼の著書『Against the Gods：The Remarkable Story of Risk（1998）（邦題：リスク－神々への反逆)』の中で、アラビア数字の発明から今日の（クラウド）コンピューティングに至るまでの統計学と確率論の発展を通して、リスク計測における人類の驚異的な進化の歴史を綴っている[3]。我々は、これら統計的手法を活用して、あらゆるリスクと収益をモデル化している。今日のリスクの概念は極めて広い。すなわち、それは単に一組のリターンの発生確率ではない。現在では、リスクは様々な種類の事象（あるいは理論物理学者ならパラレル・ワールドさえも）を包含する確率関数を用いて考えられている。以降で説明するように、リスクを時間とともに変化する確率集合の確率であるとさえ考えている[4]。

金融経済学において、リスクは本質的には主観的な概念である。金融の世界は制御された実験室のような状態などではないため、資産のリターンの分布は推計を必要とする。確率を推計するための手順や推計の裏にあるモデルは主観を内包している。それにもかかわらず、データから得たリターンの振る舞いに関する直接的な推計量を、*実世界測度もしくは客観的測度*と呼んでいる。これに対して、主観的測度は、アセット・オーナーが信じる確率であり、実世界の確率とは異なる。例えば、裏か表かのコイン・トスでは表が出る客観的な確率は50%であるが、投資家は、コ

インに歪みがあり表が出る主観的な確率を60%だと信じるかもしれない。リターンの確率を推定することは、コイン・トスの場合に比べて難しい。なぜなら、それこそ全財産を喪失する（▲100％のリターン）場合から億万長者になる（無限に近いリターン）場合まで、ありとあらゆるリターンの結果が存在するからである（もし、レバレッジを掛けて投資をしていたら、リターンが▲100％よりも悪いことすらある）。

　図2.2のパネルＡは、1989年4月〜2011年12月を対象にボラティリティ戦略についての月次リターンの客観的確率分布を推定したものである。パネルＡの上図はリターンのヒストグラムを、下図は*確率密度関数*（あるいは*確率分布関数*）を示している。両図とも、*x*軸はリターン（何が起こり得るか）、*y*軸はリターンの発生確率（どれほどの頻度で起こるか）を示している。2008〜2009年の間に起こったようなボラティリティ戦略投資で時折発生する巨額の損失が、その確率分布の左側に非常に長いテールを加えている。左側に非常に長いテールは、スチームローラーにペシャンコにされる直前に小銭を拾うことを統計学的に表現したものである。

　ボラティリティ戦略の推定確率密度関数は、均整のとれた正規分布よりも、ずっと細身の（尖った）形をしており、かつテールが長い。このような分布は、正規分布に比べて、中心付近で細身になるため、「痩せたコブ」を意味するギリシャ語の単語（leptokurtic）から*急尖的分布*と呼ばれている。より細身の尖った分布の場合にはまた、正規分布よりもさらに長めのテールをもつ。図2.2パネルＢは、比較のために、S&P500指数の月次リターンについて見たものである。この期間の株式のリターンも、やはり急尖的分布ではあるが、ボラティリティ戦略ほど尖ってはいない。株式には顕著な左側のファット・テールが見られるものの、正規分布であるといえなくもない（正規分布が株式リターンの非常によい近似であるにもかかわらず、多くの論文が正式にそれを否定している）。

　確率密度関数はモーメントで要約することができる。モーメントによって、中心値（平均値）がどこで、リターンのばらつき（*分散*もしくは分散の平方根である*標準偏差*）がどのくらいで、どこまで左裾もしくは右裾のテールが伸びるか（*歪度*）、そしてどれほど分厚い裾をもった分布であるのか（尖度）、といった確率密度関数の形がわかる。ボラティリティ戦略とS&P500指数の最初の四つのモーメントは、次の表の通りである。

図2.2　ボラティリティ戦略と株式のリターン分布

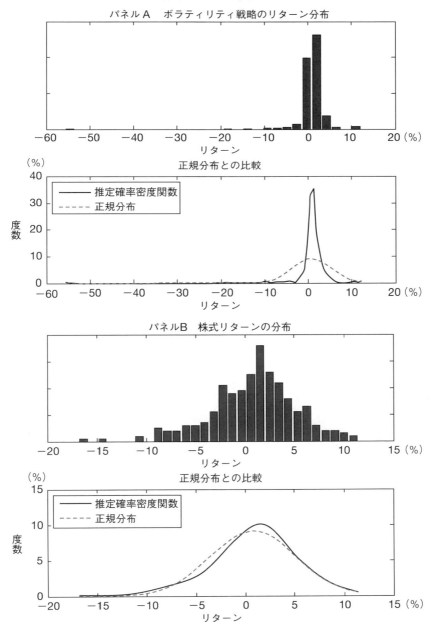

第2章　選　好　47

	ボラティリティ戦略	株式
平均値	9.9%	9.7%
標準偏差	15.2%	15.1%
歪度	▲8.3	▲0.6
尖度	104.4	4.0

　ボラティリティ戦略と株式投資はほぼ同じ、約10%の平均リターンであるが、このことは、図2.1で両戦略の累積の富（資産額）が最終的にはほぼ同じであったことにも見てとれる[5]。また、ショート・ボラティリティ戦略と株式投資の標準偏差もしくはボラティリティ（これらの用語をあえて互換性のあるものとして用いる）も15%と似通っている。ただし、ボラティリティ戦略は左側に長いファット・テールをもつため歪度は▲8.3と非常に大きなマイナスであり、尖度も104と非常に大きい。これに対してS&P500指数の場合は、歪度は▲0.6と小さく、尖度も4.0と相対的に小さい。比較のために示すと、正規分布の歪度は0で尖度は3.0である。したがって、図2.2のパネルBの株式リターンの分布は正規分布にかなり近いことがわかる。

2.2　リスク回避

　富の確率分布は、どのようなリターンがどれほどの頻度で発生し得るのかを示すが、投資家がこれらのリターンを意思決定に直接活用することはない。むしろ、リターンは効用関数への入力として用いられ、リターンの結果を悪環境期または好環境期として投資家がどのように感じるかはその効用関数によって定義される。簡単にいうと、効用は「あなたがどう感じるか」という気持ちを伝えるものであり、効用関数は投資家にとっての悪環境期を定義するものである。

　ここで、効用を富Wの関数であると定義すれば、悪環境期というのは我々が貧しい時であるということになる（効用Uが富Wの関数である場合、式としてはU(W）と書く）。投資家の効用は最終的な富そのものではなく、富を投資家の主観的な価値に変換したものである。図2.3に、よく使われる三つの効用関数を富の関数として示している。すなわち、指数型、対数型および相対的リスク回避度一定（CRRA）型の効用関数を図示している。なお、CRRA型関数は、べき*型効用関数*とも呼ばれている。x軸とy軸の単位をあえて示さなかったのには理由がある。こ

43　第Ⅰ部　アセット・オーナー

図2.3 様々な効用関数

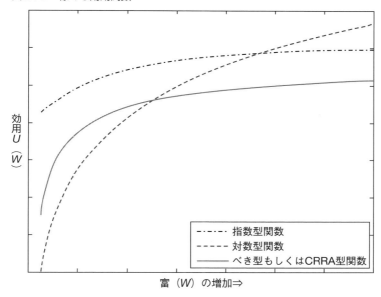

れらの効用関数は順序を表す*序数*であり、実際の効用の数値には意味がないからである。数値は単にランクを表しているだけなので、任意の正の定数 a と b を用いて、選好順位を変えることなく効用関数 U を $a + bU$ で置き換えることができる（すなわち、アフィン変換によって効用の順序は不変である）。

図2.3のすべての効用関数は富とともに上昇する。それはアセット・オーナーがほとんどの場合強欲であるという現実を反映している。さらに、効用関数はすべて富に関して凹の形になる。凹の形状は、投資家が、富が1ドル増えることをどれほどの価値とみなすかの物差しとなる。もし投資家が貧しいのであれば、図2.3の y 軸近辺に位置し、すべてのカーブの傾斜は急であるはずである。もし投資家が1ドルしかもっていない場合、収益を1ドルから2ドルに高めることに大きな価値を感じるであろう。裕福な投資家の場合には、効用曲線は平らになる。なぜなら、すでに1,000万ドルの富がある場合、富が10,000,000ドルから10,000,001ドルに増えたところで、その1ドルの富の増分に感じる価値はわずかだからである。効用曲線は、富における*限界効用の逓減*を示している。これは凹効用関数の特性を示している。

効用関数の傾き（富の増加とともに限界効用が変化すること）は、投資家が好環

境期をどの程度よいと感じているか、もしくは悪環境期をどの程度悪いと感じているかを測るものである。富の低下とともに効用が急速に逓減するということは、損をした投資家が手痛い思いをすることに該当する。富が増えても効用がそれほど増えないアセット・オーナーは、すでに非常に裕福であるため、富の増大に無頓着なのである。*悪環境期とは限界効用が高い時期のことをいう。*悪環境期には効用曲線が急勾配になっており、この時期には、アセット・オーナーは、追加の1ドルが大きな違いを生むため、たかだかあと1ドルであるのにもかかわらず、それを心底欲する（「兄弟よ、10¢くれないか？」訳注：世界恐慌時代の1931年に、流行した歌「Brother, Can You Spare a Dime?」）のである。好環境期とはアセット・オーナーが裕福であり、限界効用は低く、図2.3において、効用関数が非常に平らな時期である。投資家はすでにとても幸せで、追加の1ドルに価値を感じない。

　投資家の*リスク回避度*は、アセット・オーナーにとって悪環境期がどれほど苦痛であるか、その程度を決定する。専門的な言い方をすれば、リスク回避とは、富がゼロに近づくにつれて効用関数の傾きがどれほど早く大きくなるのか、そして富が無限大に近づくにつれてどれほどゆっくりと傾きが小さくなるか、その度合いを決めるものである。リスク回避とは、アセット・オーナーの効用関数の凸凹の度合いをコントロールすることなのである。

　人間は誰しも確実なものを欲する。リスク回避のもう一つの解釈は、単に投資家がどれだけ確かなものを好んでいるのかを計測することである。図2.4のような効用関数を考えてみよう。図にX（*低い*）とY（*高い*）を示しているが、仮にそれぞれが等確率で発生すると仮定すれば、XとYに引いた垂線と効用曲線との交点は、高低それぞれの富の実現値に対応するアセット・オーナーの効用、すなわち$U(X)$（低い）および$U(Y)$（高い）に合致する。X点とY点との中央の垂線で示している（$\frac{1}{2}X + \frac{1}{2}Y$）の富の実現値がどうなるのかを考えてみよう。もし富が確実に

$\frac{1}{2}X + \frac{1}{2}Y$と同じになるのであれば、アセット・オーナーの効用は効用曲線上の

$U\left(\frac{1}{2}X + \frac{1}{2}Y\right)$で示された点になる。この点を星印で示している。

　次に$U(X)$と$U(Y)$を結ぶ斜めの直線を考えてみよう。もし将来の富が確率

$\frac{1}{2}$でX、確率$\frac{1}{2}$でYであるなら、期待効用$\frac{1}{2}U(X) + \frac{1}{2}U(Y)$は、$U(X)$と

図2.4 凹効用関数

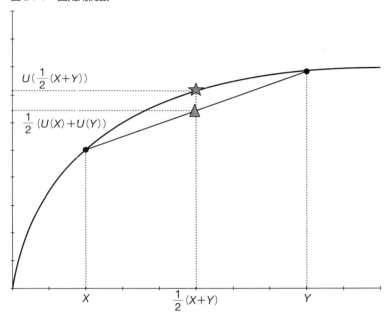

$U(Y)$ を結ぶ斜めの直線上にあり、三角印で示す点になる。効用は、ランダムな場合よりも確実な結果の方が、より高いのである[6]。

$$U\left(\frac{1}{2}X+\frac{1}{2}Y\right) \geq \frac{1}{2}U(X)+\frac{1}{2}U(Y)$$

図2.4の中の星印と三角印との差が大きければ大きいほど、投資家はリスク回避的になる。換言すればアセット・オーナーがリスク回避的になればなるほど、ますますより確かなものを求めるようになる。また、効用関数が凹型になればなるほど投資家はリスク回避的になるのである。

投資家がリスク追求型であるという特殊なケースでは、効用関数は凹型ではなくむしろ凸型になる。リスク・ニュートラルな投資家の場合には、効用関数は直線となる。これらの両ケースはまれであり、ほとんどの投資家はリスク回避型である。

2.3 あなたのリスク回避度は？

リスク回避度は富の水準によって変化し得る。そしてほとんどの個人投資家のリスク回避度は、富の増加に伴い低下する。すなわち、人は通常、金銭的に安定すれ

ばするほど、さらに多くのリスクをとるようになるのである。そういうわけで、富に対して計測される（相対的）リスク回避度について述べていくが、以下では、表記を簡略化するために「相対的な」を省略する[7]。

CRRA型効用関数は次式で表される。

$$U(W) = \frac{W^{1-\gamma}}{1-\gamma} \qquad (2.1)$$

γはアセット・オーナーのリスク回避係数である。CRRA型効用関数は、ポートフォリオ選択理論で広く活用されている。CRRA型効用関数の非常に魅力的な特性は、ポートフォリオの構成比が富に依存しないことである。運用額が1,000万ドルであれ1億ドルであれ関係がなく、資産運用テクノロジーはまったく同様である。このように、規模に依存しない性質はウェルス・マネジメント業界にとって好ましいものであろうし、少なくともファンド・マネージャーにとってはそうである（この特性は*富の均質性*と呼ばれる）。CRRA型効用関数のもとでは、リスク回避度は富の大きさにかかわらず同じである。それがこの効用関数の利点であり、また本質的な欠点でもある。なぜなら、投資家は一般に利益に対してよりも損失に対してリスク回避度がより高まるからである（本章第4節参照）。しかし、すべての行動をただ一つのリスク回避パラメータに集約できる方が都合がよい。この点に注意した上で、投資家はどのようなリスク回避度をもっているのかを考えてみよう。

この質問は、大部分の人にとってまったく意味がない。著者自身も式（2.1）のCRRA型効用関数を使って、リスク回避パラメータについて早口でまくしたてるようなことはしない（もっとも学界の同僚たちの中には、早口でまくしたてることができる方もいるだろうが）。しかし、リスク回避度を間接的に推定することはできる。例えば、次のような宝くじがあったとしよう。

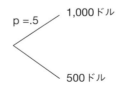

この宝くじでは、1,000ドルを当てる確率が50％、500ドルを当てる確率も50％である。すなわち、500ドルは確実に得るが、1,000ドルを当てる可能性もある。あな

たなら、このチャンスにいくら払うだろうか？　現実の世界においてこのような宝くじに対応するものが、金融アドバイザーが顧客のリスク回避度を推測する際の質問項目にも見られる[8]。

投資家のリスク回避度である γ に対して投資家がいくら支払うかを対応づけることは可能である（*確実性等価*を通じて計算するのであるが、この概念については、以降で、平均・分散効用について議論するときに詳述する）。次の表から、この宝くじに参加するためにあなたが支払ってよいと思う関数としてのリスク回避度の水準を読み取ることができる。

リスク回避度 γ	支払う金額（ドル）
0	750
0.5	729
1	707
2	667
3	632
4	606
5	586
10	540
15	525
20	519
50	507

まったくリスクをとりたくない、すなわち500ドルを確実に得る人は、限りなくリスク回避的である。この宝くじの公正な価格である750ドルを支払おうとする人は、リスク・ニュートラルであり、そのリスク回避はゼロすなわち $\gamma = 0$ である。もし、公正な価格よりも多額に支払ってリスクをとろうとしているのなら、その投資家はリスク追求型なのである。

ほとんどの人は1から10までの間のリスク回避度をもつ。10以上のリスク回避度をもつ人は非常にまれである。つまり、多くは540ドルから707ドルの間の金額を支払ってこの宝くじを引く。これらの推計は、非常に多くの実験と調査結果から得られたものである。この種の論文には非常に独創的なものがある。Andrew Metrick

(1995) は、テレビのクイズ番組「ジョパディ（訳注：ジョパディ（Jeopardy）は五分五分という意味)」への参加者を調査した。このテレビ番組の賞金は多額で、勝利者しか賞金がもらえないため、参加者はすさまじいプレッシャーにさらされる（しかもジョパディへの参加者は非常に聡明なので、彼らは何をしているのかわかってはいない、などとはいえない)。メトリックは、ジョパディへの参加者のリスク回避度は低く、ほぼリスク・ニュートラルであることを明らかにした。より直近の推計はAarbu and Schroyen（2009）によるノルウェー人を調査したもので、そのリスク回避度の推定値は約4という結果であった。Kimball, Sahm, and Shapiro（2008）もサーベイ調査を実施したが、彼らの推計結果はさらに高く、約8であった。これらはサーベイの結果であり、実際の金融の世界での選択ではないことに注意されたい。コロンビア大学ビジネススクールでは、Paravisini, Rappoport, and Ravini（2010）が、資金調達者とその金額を決める、個人対個人のオンラインの資金調達用プラットフォームを用いて、投資家の実際の金銭取引における意思決定について調査した。この調査結果によると、投資家のリスク回避度は約3であった。

2．4　期待効用

*期待効用*は、富の実現値の発生の確率（これらの事象がどれほど頻繁に発生するか）と、これらの実現値に対する投資家の感じ方（それが自分にとって悪環境期に相当するのか？）を、下式のように結びつける。

$$U = E\big[U(W)\big] = \sum_s p_s U(W_s) \tag{2.2}$$

式（2.2）で添字 s は、*s 番目の実現値が発生することを示し、その事象の発生確率に効用 $U(W_s)$ を掛け合わせたものから期待効用が得られる*。専門的な表現では、期待効用は、確率と実現値に対して*分離可能*な変換を含んでいるという。確率は悪環境期がどれほど頻繁に生じるかを測る尺度であり、富の実現値を変換した効用は、投資家が悪環境期についてどう感じるかをとらえるものである。

期待効用の考え方は、1700年代の数学者ガブリエル・クラメールとダニエル・ベルヌーイまでさかのぼる。しかし、意思決定手段としての活用が花開いたのは、ジョン・フォン・ノイマンとオスカー・モルゲンシュテルンが1944年にその共著『*The Theory of Games and Economic Behavior*（邦題：ゲーム理論と経済行動)』で期待効用を定式化してからである。フォン・ノイマンは近代の最も偉大な数学者の一人であり、物理学とコンピュータ・サイエンスでも大きな影響を与える貢献を

した。彼と経済学者であるモルゲンシュテルンは新しい経済学の分野を創造した。それがゲーム理論であり、いかに経済主体が戦略的に相互に影響し合うかを研究したもので、囚人のジレンマ・ゲームとして有名である。フォン・ノイマンとモルゲンシュテルンは当初、賭けに応用することを目的に期待効用を開発したのであり、期待効用理論はゲーム理論全体における単なる副産物にすぎなかった。株式市場は選択のゲームの一つであるが、ポーカーとは異なり、株式市場における確率は究極的に未知数である。これを発展させた重要な論文が、Savage（1954）であり、確率が所与ではなく主観的かつ、経済主体の行動から導かれる場合でも適用できることを示した。したがって、式（2.2）の確率は客観的でも主観的でもよく、選択を行うためにアセット・オーナーは、*期待効用の最大化*を行うのである[9]。

この問題を定式化すると以下のようになる。

$$\max_{\theta} E\left[U(W)\right] \tag{2.3}$$

ここで、θ は選択（または制御）変数である。選択変数の例としては、資産配分（ポートフォリオの構成）の決定、消費／貯蓄計画、企業の生産計画などがあげられる。式（2.3）の最大化問題はしばしば、制約条件付きで解を求める。アセット・オーナーに対する制約条件としてよくあるのは、*投資対象の母集団制約*や、*ポジション制約や空売り禁止制約*、あるセクターや資産クラスを保有できないという制約であり、また、資産配分問題が複数期にわたる場合としては、投資家の過去の資産ポジションに依存する制約（*売買回転率制約等*）がある。

期待効用を構成する特別なクラスとして、*合理的期待効用*モデルの集合がある。伝統的には、これらはある公理系から導かれる（この例として独立性公理がある。もし x を y より好むなら、x を引く確率が y を引く確率より高い方を好むということになる。本章第4節で述べるが、この公理の破綻から損失回避効用が導かれる）。驚くことではないが、現実には多くの公理が破られている[10]。合理的期待効用モデルという陝定的な集合だけによる意思決定のツールが使い物にならないからといって、すべてのクラスの期待効用を排除してしまうのはおかしい。期待効用は、なおもアセット・オーナーの意思決定を導く上で有効なツールである。大部分の世の中の投資家がそうであるように、アセット・オーナーにも行動の論理的な傾向があったとしてもそうなのである。実際、行動論的モデルをカバーする広範囲な期待効用のクラスがある。以下でそれを見ていこう。

第2章 選 好 55

2.5 選択理論が目的としないもの

経済主体の意思決定方法や彼らを正しい選択に導く助言を与えることは、次のいずれも目的としていない。

1 富

資産が大きくなればなるほど、アセット・オーナーの選択肢も増える。しかし富そのものが目的ではない。図2.1では、いかにして我々がある資産水準に到達するか、すなわち、ゆっくりと堅実な増加によってなのか、急激な乱高下を通じてなのかは、純資産の最終額と同じくらい重要であることを例示した。効用関数の全体コンセプトは、投資家が富の額を一対一で評価しているのではないという考え方である。

2 幸福感

幸福感は重要な情緒的感情であり、その最大化は意思決定のための判断基準になり得る。実証研究から、幸福感は富と相関があることがわかっている[11]。アセット・オーナーが一連の投資行動をとることにより効用を最大化するのは、アセット・オーナーがある特定のポートフォリオを選択することによって至福の喜び（もしくはそれに近い喜び）を得るからだというのが一般的な解釈の一つである。しかしこれは、厳密には正しくない。アセット・オーナーはリスクとリターンのバランスをとるとともに、ある特別なリスク、例えば巨大で破滅的な損失のリスクを、小さな価格変動リスクなどに比べてより忌避する。幸福追求とは異なり、効用とは投資家のリスクとリターンをとらえるものなのである。

3 合理的手法対行動学的手法

ある特定の運用スタイルが高いリターンを獲得している（例えば、バリュー株はグロース株より平均的に高いリターンを出している。第7章参照）ことについて、合理的な説明ができるのか、あるいは行動学的に説明できるのかに関して、ファイナンス学者の間で健全な議論が飛び交っている。しかしながらこの議論は、合理的期待論の枠組みと行動学的な枠組みを最適な決定方法としているアセット・オーナーにとっては、特段関係はないのである。大半の人間は、合理的な期待効用など持ち合わせていない。しかし、だからといって、合理的期待効用モデルが意思決定に役立たないというわけではない。

2.6 規範対実証の論争

規範経済学（保有すべき最良のポートフォリオは何か？）と実証経済学（人々は実際に何を保有しているか？）の違いを区別することは重要である。規範的か実証的かは、究極の哲学論争ではあるが、アセット・オーナーは、このテーマについて時間を割いて考える必要があろう。

規範的アプローチはアセット・オーナーを特徴づけるところから始まる。このアプローチでは、あなたが「汝自身を知って」おり、様々な悪環境期の状況とそれに対しどのように感じるかをはっきり説明できると仮定する。悪環境期の発生確率を推定することにより、期待効用は最適配分方針を定める方法を提供してくれる。この最適資産配分方針は、あなたが何を為すべきかという助言であり、これこそが規範経済学なのである。

しかし、投資家がこの「最適な」助言に従わないとしたらどうだろうか？　その場合、我々の理論は、投資家が実際に何をしているかを表すものではない、という結論になる。投資家が実際どのように行動しているかをよりよく表現するには、おそらく、効用関数を再考しなければならないか、もしくは、投資家が認識する確率に戻って再推定しなければならない。ここで、当初仮定した効用関数ではなく、投資家が実際にもつ効用関数を見つけ出すことは可能である。我々が処方した方法で投資家が行動できなかったのだから、どのように彼らがリスクを認識しているかを特徴づける方がましなのである。これが実証経済学である。

著者は、規範的な資産運用に集中したい。つまり、助言する処方箋は、アセット・オーナーが何を為すべきかを説くものだということである。大半の人々や運用機関は、残念ながら、最適理論が示す通りには投資していない。例えば、我々が展開する理論は、以下を主張するものである。

・幅広く分散投資する

しかし、多くの個人投資家は、勤務先企業の株式に集中投資している。また多くはホーム・バイアスに苛まれており、海外投資ができていない（これらの問題については次章で取り上げる）。

・リバランス

しかし、多くのアセット・オーナーはリバランスが実施できないでいる。それは、リバランスを行えば、価値が下がった資産を購入することになるからである。なぜ負け組の株を購入すべきなのかと彼らは首をかしげるのである（第4章参照）。

第2章　選　好　57

・退職後に貯蓄を取り崩す

ライフサイクル・モデル（第5章参照）が退職後は貯蓄を取り崩すであろうと予言しているのに反して、多くの個人は、実際には貯蓄を続ける。また、アニュイティ（訳注：一定期間一定の利息が生じるような投資）は退職者に大変によい投資なのではあるが、悲しいことに、アニュイティを保有する人はほとんどいない。

・投資の際は資産クラスにつけられたラベルではなくファクターを用いる

一つの金融仲介商品に名前をつけたとしても、新しい資産クラスになるわけではない。例えば、「エクイティ」の前に「プライベート」をつけたとしても、「プライベート・エクイティ」という一つの資産クラスを作ったことにはならない。ファンドの集合体を「絶対リターン型戦略」と呼んだとしても、それで絶対リターン資産クラスになるわけでもない。ポートフォリオ・リターンの原動力となったもともとのファクターにまで掘り下げる投資家などほとんどいないのである（第14章参照）。

・アセット・マネージャーはあなたの友人ではないことを認める

エージェンシー問題が資産運用業界に蔓延している。アセット・マネージャーたちは、適切なインセンティブが与えられていないか、正しくモニターされていない（第15章参照）。

多くの投資家は、規範的なアドバイスに従わない。その理由として、人間のもつ行動特性やガバナンスの脆弱さ、あるいは時間的な一貫性のなさがあげられる。これらの影響を軽減するような形で規範的な推奨を表現するために、フレーミングやインセンティブに対する人間の反応を考慮に入れたフレームワーク（枠組み）が新たに開発されている[12]。本書では、このような問題の多くについて、これからも章を割いて議論をしていくつもりである。一方、最適な規範的枠組みが、アセット・オーナーが特に伝統的な手法により授けられた助言に従うことを妨げている背景には、人間行動的、あるいは制度的なものがあるが、それを考慮するのが最も優れた規範的な枠組みであることを心にとめておくべきである。また、アセット・オーナーが失敗するかもしれない可能性を織り込んでおり、その不測の事態に対して明確に助言することこそ優れた規範的な枠組なのである。

2.7　非金融的な考慮

選択は、我々の根源的パーソナリティ、すなわち我々が何者であるのかということ、我々の倫理、企業文化、信念を反映する。我々の効用の枠組みにもまた、これ

58　第I部　アセット・オーナー

らを考慮に入れておくべきである。効用関数は、その投資家が悪環境期を定量的に
どうとらえているかを表したものだと説明しているが、遵守すべき基本的な道徳規
範が破られるのも、そうした悪環境期の一つである。つまり、道徳的、社会的な憤
りが生じると極めて低い効用（限界効用が非常に高い状況）がもたらされる。

　利害関係者から支持を得るために、資産運用を特別な方法で行わなければならな
い機関投資家が存在する。ノルウェーのソブリン・ウェルス・ファンド（SWF）、
カリフォルニア州政府職員退職年金基金（CalPERS）、カリフォルニア州教職員退
職年金基金（CalSTRS）、その他の著名な巨大ファンドではタバコ産業株への投資
を禁じている。ノルウェーはさらに先へ行っており、クラスター爆弾や核兵器にか
かわるすべての企業を、自らのポートフォリオから自動的に排除している。同じ
く、人権侵害（ウォルマート社）、環境破壊（リオ・ティント社とフリーポート・
マクモラン社）、その他の倫理基準違反（ポタッシュ・コーポレーション・オブ・
サスカチュワン）の企業も排除されている。これらの意思決定の多くは、報道機関
でも注目を集めている[13]。

　ノルウェーのSWFにとって、倫理的投資はアセット・オーナーであるノル
ウェー国民の選好を反映したものである。これを為すことは、利害関係者の見地か
ら、ファンドに正当性を与える。他の多くのファンドでも、利害関係者の選好を反
映して資産運用スタイルが選択されている。極端なケースでは、資産運用に失敗し
た機関においてその存在自体が脅かされ、悪環境期の最悪の可能性として、消滅に
至ることさえもある。

　効用とは、アセット・オーナーがどのように選択判断を行うかを示す一種の表現
方法である。我々は、資産運用政策を（規範的に）導き出すために効用を活用す
る。したがって、もしアセット・オーナーが非金融的な考察を反映して選択する必
要がある場合には、最適な方針を反映しているのが規範的な考察か実証的な考察か
にかかわらず、資産運用はそうした選択を反映すべきなのである。最も重要な点
は、我々が何者であるかに則った立ち位置を決めることである。

2.8　要　　約

　期待効用は、悪環境期をどうとらえるかを定量的に分析するツールの一つであ
る。リスクは悪環境期の（多分に主観的な）発生確率によってとらえられ、効用関
数によって、悪環境期に生じる結果についてどう感じるかを理解できるようにな
る。アセット・オーナーがリスク回避的になればなるほど、悪環境期にはより痛み

第2章　選　　好　59

を感じ、さらに確かなものを求めるようになる。

　最もシンプルな期待効用モデルでは、悪環境期を富が低下する確率とその限界効用でとらえるが、効用はアセット・オーナーに内在する選好を表す簡易表現の一つにすぎない。富の低下だけが悪環境期を定義するわけではない。選好は倫理観や心理的な傾向、同業他社の意思決定、そしてその他の社会的な要因によっても影響を受ける。このような効用関数のいくつかについては本章第4節で再論する。

3 平均・分散効用

　平均・分散効用では、アセット・オーナーは（彼らの好きな）平均と（彼らの嫌いな）分散のみを気にする。平均・分散効用は悪環境期を平均が低く分散が高い時期と定義する。

　平均・分散効用は以下の式で与えられる。

$$U = E(r_p) - \frac{\gamma}{2} var(r_p) \tag{2.4}$$

ここで、r_pは投資家のポートフォリオのリターン、γはリスク回避係数を表す。

　平均・分散効用はCRRA型効用と密接な関連がある（式（2.1）参照）。事実、CRRA型効用を用いた期待効用と平均・分散効用とは近似的に同じであると考えることができ、本書の中でも様々な目的において同様に扱っている[14]。したがって、式（2.4）のγは本章2.3節で述べたリスク回避度と同様の解釈ができる。そして、ほとんどの投資家のγが1と10の間にあると想定している。式（2.4）での$\frac{1}{2}$は、単なるスケーリング・パラメータであり、結果に影響しないので無視してもよい。

　平均・分散効用は、資産運用業界において非常によく用いられている効用関数である。それは1952年にハリー・マーコウィッツによる草分け的研究としてこの世に送り出されたが、マーコウィッツは1979年にハイム・レヴィとの共著論文を発表するまで、これを期待効用のフレームワークとして完全に理論化できていたわけではなかった。二人はいかなる効用も、下式で説明される平均・分散効用で近似できることを示した。

$$E\left[U(1 + r_p)\right] \approx U\left(1 + E(r_p)\right) + \frac{1}{2} U''\left(1 + E(r_p)\right) var(r_p) \tag{2.5}$$

ここで、$U''(\bullet)$とは、効用関数の二階微分を表す。効用関数は凹関数であるため、その二階微分は負の値であり、したがって式（2.5）の右辺第二項も負の値で

60　第I部　アセット・オーナー

ある。したがって、式（2.5）における投資家による期待効用の最大化は、所与の分散の水準に対して平均を最大化するのと近似的に同じであり、また式（2.5）は式（2.4）の平均・分散効用と同じ形をとることになる。

　いかなる期待効用関数も、平均・分散効用で近似されるという式（2.5）のレヴィ＝マーコウィッツ近似の背景にあるのは、リターンがどこを中心に集まり（平均）、どの程度散らばっているか（分散）、という二つが最も重要な効果だという考え方である。この二つの効果の間にはトレードオフが存在し、投資家のリスク回避度でとらえられる。これはまさしく、式（2.4）での平均・分散効用の設定である。平均・分散効用は資産運用業界の至るところに姿を現す（有り難いことに、学術界ではそれほどではない）。平均・分散効用は以前から容赦ない批判にさらされてきたし、実際、そうした批判は正しい。しかしながら、平均・分散の手法は、より複雑な問題に拡張する際にも、多くの直観的な示唆をもたらす。事実、最も重要なことは、平均と分散の二つである。その他のことも重要になることもあるが、残念ながら、平均・分散効用では平均と分散以外のことをとらえることができない。

　平均・分散効用は、リターンが正規分布に従うことを仮定しないが、平均・分散効用を用いることと、リターンが正規分布に従うと仮定することとが混同されていることも多い。このように誤解されるのは、正規分布はたった二つのパラメータ、すなわち平均と分散だけが存在し、その二つだけで完全に分布を記述できる（それらを*十分統計量*という）からであろう。正規分布は平均と分散だけが重要なのであるから、平均・分散効用で完璧なのである。レヴィとマーコウィッツによれば、非正規分布のリターンに対しても、平均・分散効用がよい近似を与えることが多い。しかし、平均・分散効用が、適切でない近似にもなる。図2.1に戻って、ボラティリティ戦略の富とS&P500指数の累積値を見てみよう。分析期間の最終時点ではどちらもほとんど同じ値になり、平均がほぼ同じ（10％前後）で、標準偏差も同じ（15％前後）である。しかし、ボラティリティ戦略は歪度が▲8で、尖度が104と、接近するスチームローラーの前で小銭を拾う話に似ている。S&P500指数は正規分布にずっと近い。平均と分散だけを見ているのでは、ボラティリティ戦略とS&P500指数はほとんど同じであると思うかもしれない。しかし、明らかにボラティリティ戦略とS&P500指数は同じではない。それでもまだ、平均と分散だけを用いたいと考える者がいるだろうか？

　とはいうものの、今のところは平均と分散だけを用いることにし、本章第4節でより現実的な効用関数に戻ることにしよう。

3.1 無差別曲線

*無差別曲線*を用いて、平均・分散効用を図解してみよう。一つの特別な無差別曲線は、一つの特別な効用の水準を表す。図2.5は、リスク回避度が $\gamma = 3$ のアセット・オーナーについて異なる効用水準に対応する3本の異なる無差別曲線を示している。この図は、y 軸を平均、x 軸を標準偏差とする平面上に示したものである。投資家は、ある一つの無差別曲線上のすべての平均とボラティリティの組合せに対

図2.5 異なる効用水準に対する無差別曲線

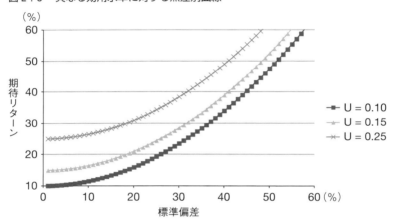

図2.6 異なるリスク回避度に対する無差別曲線

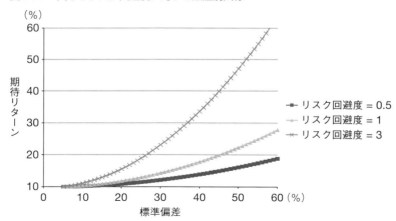

62　第Ⅰ部　アセット・オーナー

して無差別である。例えば、図2.5の三角印で示している効用$U=0.15$の無差別曲線上で、どの平均とボラティリティの組合せを選ぶかは、アセット・オーナーは気にしない。すべての組合せが同じ効用の値になるからである。投資家は可能な限り高い効用を追求する。左上に位置する無差別曲線は効用が高い。効用の高い無差別曲線ほど、平均は大きく、分散は小さくなる。このことは、式（2.4）の効用を高めることに相当する。図2.5では三つの無差別曲線を描いただけであるが、各々の投資家について、無差別曲線は無数にある。無差別曲線は並行しており、お互いに交差することはない[15]。

本章2.3節で、効用関数の本来の形はリスク回避係数によって決まるものだと解釈した。同じ直観的解釈が無差別曲線についても使える。投資家がよりリスク回避的になればなるほど、その投資家の無差別曲線の傾きは大きくなる。図2.6で、三つの異なるリスク回避度に対する無差別曲線を図示している。リスク回避度が$\gamma=3$のとき、無差別曲線の傾きが最も大きいことがわかる。リスク（標準偏差）が増大した場合に、この投資家は、最も大きな補償を受ける必要があり、無差別曲線はリスクの上昇に対して非常に大きな傾きで、右上がりになっている。対照的に、$\gamma=0.5$の投資家はリスク耐性が相対的に強い。そのため、この投資家は、リスクが高くなるときでも、それを補償するために期待リターンをそれほど高める必要はない。したがって、この無差別曲線の傾きは相対的に小さいのである。一人の投資家は一つのリスク回避パラメータをもち、それに対応した（図2.5に示したような）無差別曲線をもつことに注意することが重要である。図2.6では、異なる投資家の無差別曲線を比較している。

3.2 確実性等価

確実性等価とは、リスクのある資産ポジションを保有するのと同じ効用が得られると投資家が考える、ある確実な富の量またはリスクフリー・リターンである[16]。確実性等価は、投資家がリスク性資産を譲渡するときに要求する補償額である。無差別曲線は、平均・分散効用に対する確実性等価を計算するのに便利である。定義から、無差別曲線上のリターンとリスクのすべての組合せは、投資家にとってはどれも同じ効用である。無差別曲線のy軸との交点は、ボラティリティがゼロで、正のリターンの資産、すなわちリスクフリー資産を表す。つまり、無差別曲線に沿ってリスク性資産のポジションをy軸との交点まで動かせば、確実性等価が見つけられるのである。

第2章 選 好 63

図2.7にボラティリティ戦略の平均と標準偏差を四角印でプロットしている。γ＝3の投資家の無差別曲線がこのボラティリティ戦略の点を通るとする。ボラティリティ戦略の確実性等価は6.45％である。これが意味することは、ボラティリティ戦略に1ドルを投資できないのなら、1ドルにつき6.45セントの補償を受ける必要があるということである。すなわち、ボラティリティ戦略は6.45％のリスクフリーな投資と等価なのである。確実性等価は、*支払意思額*とも呼ばれる。アセット・オーナーは、同じ効用のボラティリティ投資（リスクのある投資）が可能になるように、6.45％の富（リスクフリー投資）を支払う意思があるわけである。

平均・分散効用は、この確実性等価を計算する際、ボラティリティ戦略がもつ巨大な負の歪みを無視する。ボラティリティ戦略の平均と分散はほとんど株式市場と同じであり、ゆえに、この確実性等価はS&P500指数の確実性等価と近似的に同じになる。

平均・分散効用を用いて確実性等価を計算する際には、式（2.4）の中にある平均・分散効用関数の水準は経済的な意味があるという事実を利用している。すなわち、式（2.4）において効用水準自体が確実性等価の値なのである。これは、平

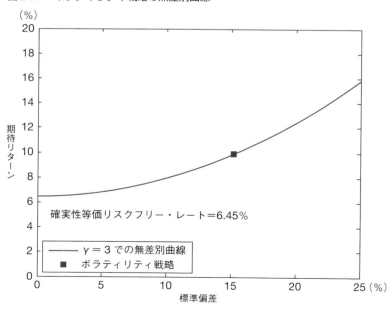

図2.7　ボラティリティ戦略の無差別曲線

均・分散効用は*基数的*であることを示しており、本章第2節で述べた序数的な（順序づけだけが可能な）期待効用の定式化とは対の極に位置する。

確実性等価の値はポートフォリオ選択において非常に便利である。例えば、分散投資をしないことによるコストを評価したり（第3章参照）、非流動性資産を保有するコストを計算するためにそれを用いる。また、流動性プレミアムの推定（第13章参照）や、ロックアップ期間（第17章参照）にヘッジファンドから資金を引き出す権利を放棄する補償として投資家が要求すべき金額を推定するために確実性等価を活用する。

3.3　典型的な年金基金のリスク回避度

典型的な年金基金の資産配分は、40%の債券と60%の高リスク資産であり、後者にはすなわち株式、オルタナティブ資産であるヘッジファンド、プライベート・エクイティ等の資産が含まれる。この資産構成はどれくらいのリスク回避水準を意味しているのだろうか？

図2.8のパネルAでは、株式と債券との保有でとり得るリスク（標準偏差）とリターンのすべての組合せを図示している。債券とリスク性資産の代理変数としては、1926年1月〜2011年12月のイボットソン社の米国のデータを用いている。ボラティリティと平均との平面上にプロットした四角印と丸印の点は、各々、株式と債券を表す。この二つを結んだ曲線が、株式と債券を0〜100%で保有するすべてのポートフォリオを表す。この曲線は*平均・分散フロンティア*と呼ばれる（次章で、複数資産の平均・分散フロンティアの経済学について、詳しく調べる）。この例では、平均・分散フロンティアが（レバレッジを掛けずに）株式と債券とを保有することによって得られるリスクとリターンのすべての組合せを表す[17]。

債券は、平均・分散フロンティアの*非効率*な部分に位置している。これに株式を少し組み入れると、時計回りに動いて、ポートフォリオの期待リターンは確実に上昇する。それゆえ、我々は債券に100%投資することはない。株式を組み入れることでポートフォリオを分散化できるが、それは株式と債券の相関が低いからである。図2.8の例では、株式と債券の相関は0.11である。しかも、株式には、債券のリターンが低いときにより高いリターンになる機会があるため、投資家としては株式をある程度保有するのが最適である。では、アセット・オーナーはどれくらい株式を保有すべきなのであろうか？

最適なポートフォリオ構成はアセット・オーナーのリスク回避度に依存する。図

第2章　選　好　65

図2.8 平均・分散フロンティアと最適資産選択

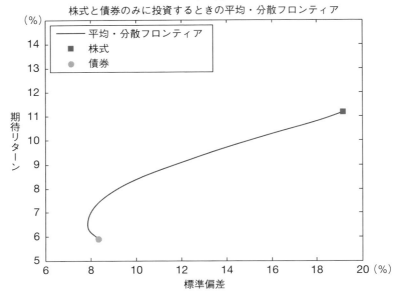

パネルA
株式と債券のみに投資するときの平均・分散フロンティア

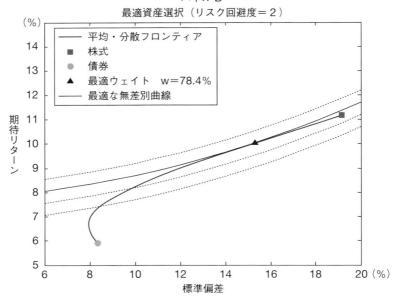

パネルB
最適資産選択（リスク回避度＝2）

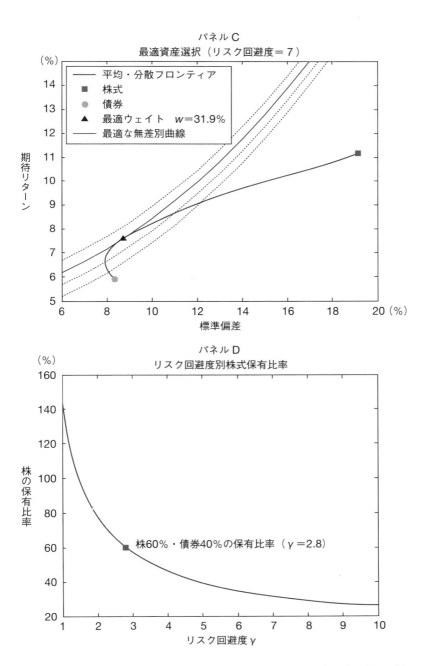

2.8のパネルBでは、リスク回避度 $\gamma = 2$ の投資家の無差別曲線を重ねて図示している。この投資家は、次式（2.6）で示すように効用を最大化したい。

$$\max_w E(r_p) - \frac{\gamma}{2} var(r_p) \tag{2.6}$$

ここで、w は最適なポートフォリオ比率である。この例では、二つのウェイトの和が1になるため、一つの資産（株式）のウェイトを特定すると、他方の資産（債券）のウェイトは自動的に決まる。図2.8のパネルBで、式（2.6）の最適化問題を視覚的に図解した。効用の最大化は、とり得る最も高い無差別曲線を見つけることと等価である。

最も効率が高い無差別曲線はパネルBにおける三角印で示した点で平均・分散フロンティアと接している。この三角印の点ではアセット・オーナーは株式に78%を投資する。より効率が高い無差別曲線も存在するが、それらは平均・分散フロンティアとは交わらず、そうした無差別曲線は*実現不可能*なのである。平均・分散フロンティアは、株式と債券を保有することによってのみ得られるポートフォリオの集合を表しているため、我々は平均・分散フロンティア上にいなければならない。したがって、三角で示した点が実現し得る最も高い効用なのである。

図2.8のパネルCでは、リスク回避度水準 $\gamma = 7$ と、よりリスク回避的な投資家の無差別曲線を図示している（図2.8のパネルBより、無差別曲線の傾きが急な曲線である）。三角印が接点であり、平均・分散フロンティア上の債券100%の点により近くに位置している。$\gamma = 7$ のアセット・オーナーにとっては、32%の株式が最適なのである。

では、60%の株式保有に対応するリスク回避度の水準はいくらか？　図2.8のパネルDに、株式ウェイトをリスク回避度の関数としてプロットしている。株式：債券の投資比率が60%：40%となるのは、リスク回避度が $\gamma = 2.8$ の水準のときである。したがって、典型的な年金基金は、ほとんどの個人と同様に、適度にリスク回避的なのである。観測されるポートフォリオからリスク回避度を逆算する方法は、*顕示選好（revealed preferences）* と呼ばれている。

3．4　市場リスクの回避度

資本分配線（CAL）とは、一つのリスク性資産（例えば株式）とリスクフリー資産が存在するときに選択され得るポートフォリオを描いたものである。リスクフリー資産を米国財務省短期証券（短期国債）とする。実際には、いくばくかの（ソ

プリン）リスクを抱えているが（第14章参照）、取り敢えず当面は無視しておく。期間は既知であり、例えば四半期と仮定する。リスクフリー・レートも既知とし、r_fと表記する。リスク性資産の期待リターンと標準偏差を各々、$E(r)$、σと表記する。

ポートフォリオの平均・標準偏差平面$\left(E(r_p)、\sigma_p\right)$上で、CALは次の直線で表される。

$$E(r_p) = r_f + \frac{E(r) - r_f}{\sigma} \sigma_p \tag{2.7}$$

CALは、一つのリスクフリー資産とリスク性資産からなる可能なすべてのポートフォリオをトレースする。図2.9は、1926年1月〜2011年12月のイボットソン社の米国株式のデータを用い、リスクフリー・レートを$r_f=1$％としたCALを図示している。米国株式は四角印の点に位置している。

CALの傾きはシャープ・レシオであり、この名称はウィリアム・シャープにちなんだものである。彼は資本資産評価モデル（CAPM）の創設者の一人であり、1990年にノーベル賞を受賞した。

$$シャープ・レシオ = \frac{E(r) - r_f}{\sigma} \tag{2.8}$$

図2.9で、サンプル期間の平均と1％のリスクフリー・レートを使って計測すると、米国株式のシャープ・レシオは0.53であった[18]。シャープ・レシオは実際、ゼロ・コスト（訳注：ロング・ポジションとショート・ポジションの金額が等しいこと）の取引戦略であり、図2.9の例で説明すれば、株式をロングし短期国債をショートしたものを株式のリスクで除したものである。すなわち、リスク（標準偏差）1単位当りの報酬（平均超過リターン）である。また本書では、リスクフリー・レートを控除していない、*粗*シャープ・レシオも取り扱う。

$$粗シャープ・レシオ = \frac{E(r)}{\sigma} \tag{2.9}$$

これは時々、報酬対リスク比率とも呼ばれる。図2.9の例では、粗シャープ・レシオは0.58である。

単一のリスク性資産と単一のリスクフリー資産からなる最適資産配分の問題は、最も高い無差別曲線とCALとの接点を見つけることに他ならない。図2.9に、リスク回避度$\gamma=7$のケース（パネルA）と$\gamma=2$のケース（パネルB）における接点を示している。$\gamma=7$のケースでは、投資家は40％の株式と60％の短期国債を保有

第2章　選　好　69

図2.9 最適資産選択

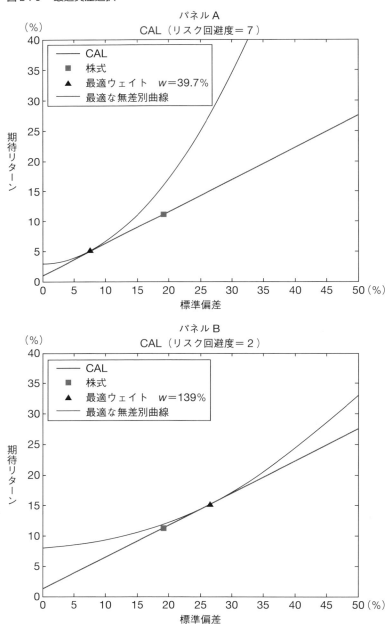

する。CALとの接点（三角印）は、株式（四角印）より左側に位置している。γ ＝ 2 のケースでは、アセット・オーナーはレバレッジの掛かったポートフォリオを保有することが最適となる。このアセット・オーナーは、より大きなリスク許容度をもつ投資家であり、より積極的に株式を保有する。リスクフリー資産をショートするか、追加投資資金を借り入れることにより、この投資家はリスクフリー資産を▲39％、株式を139％保有するのである。無差別曲線との接点（三角印）は、四角印の株式より右側に位置する。

　一つのリスク性資産と一つのリスクフリー資産との単純な問題設定では、リスク性資産の最適ウェイト w^* の解析解は、式（2.10）のようになる。

$$w^* = \frac{1}{\gamma} \frac{E(r) - r_f}{\sigma^2} \tag{2.10}$$

　また、リスクフリー資産の最適ウェイトは $1 - w^*$ である。式（2.10）において、投資家がよりリスク回避的になれば（$\gamma \to \infty$）、リスク性資産のウェイトは 0 に収束し、投資家は短期国債を保有することになることを特記しておく。リスク性資産がより魅力的になれば（$E(r) - r_f$ が増加するか、σ が減少する）、リスク性資産の最適ウェイトが増えることになる。

　市場のリスク回避係数とは何だろうか？　2011年12月末、ニューヨーク証券取引所（NYSE）とナスダック（NASDAQ）の株式時価総額は、各々11.8兆ドルと3.8兆ドル、合計15.6兆ドルであった。同日、米国財務省が発行した短期国債は1.5兆ドルの残高であった。短期国債だけがリスクフリー資産であるとすると、株式に投資した割合がわかる。

$$w^* = \frac{15.6}{15.6 + 1.5} = 91.2\%$$

　これは、米国株式市場と短期国債市場を代表するとみなされる「代表的」な投資家の株式への投資割合である（非米国株式市場やリスクのある債券市場については無視している）。最適ウェイトに関する式（2.10）を変形したうえで、リスクフリー・レートを 1 ％として、式（2.10）の最適ウェイト式を整理し直し、1926年 1 月〜2011年12月の株式のプレミアムと株式のボラティリティを代入すると、リスク回避度 γ は、

$$\gamma = \frac{1}{w^*} \frac{E(r) - r_f}{\sigma^2} = \frac{1}{0.9123} \frac{0.1019}{(0.1915)^2} = 3.0$$

となる。したがって、株式市場の典型的な参加者のリスク回避度は穏当な水準であ

るといえよう。

式（2.10）の平均・分散効用の解は、もし、リターンが対数正規分布であるならば、CRRA型効用（式（2.1）参照）でも同じであることがわかる。平均・分散とCRRAは同等なのである。

4　現実的な効用関数

平均・分散効用の短所をいくつか列挙しておく。

① 分散は（平均からの）アップサイド（上方）もダウンサイド（下方）も同じように扱っている。

しかし、アセット・オーナーは一般に非対称なリスク回避を示し、同額の利益よりも損失の方に強い感情を抱く。

② 最初の二つのモーメントのみを重視している。

人々は、宝くじの大当たりのような、正の歪度を好み、小銭を拾っている最中に巨大なスチームローラーに圧し潰されるような、負の歪度を嫌うものである。

③ 主観確率を重視している。

人々が認識している確率の測り方は、実確率でのリターン分布とは異なる。人々は、特に災厄の発生確率を過剰に推定する傾向がある。

④ 低い平均値と高い分散以外が問題になる悪環境期がある。

悪環境期は、富の水準が低いときだけではないが、平均・分散効用は悪環境期を低い平均値と高い分散だけからなるものであると過度に単純化して表現する。しかし、絶対水準で裕福とか貧しいとかいうことは、隣人と比較して裕福とか貧しいとかいうほどには、あるいは過去の自分と比較して裕福とか貧しいとかいうほどには、問題ではないかもしれない。つまり、あなたの効用は相対的だということなのである。

これらのことをすべて考慮した高度な効用関数モデルが存在する。そのうちのいくつかのモデルは、前節の期待効用の枠組みに当てはまるものであり、前節での直観と経済学的な技巧をすべて適用できる。経済学では、現実的に人々がどのように振る舞うかを記述した効用関数が数多く存在する。残念ながら、資産運用業界では唯一の効用関数モデルばかりが用いられている。いうまでもなく、制約条件付きの平均・分散効用のことである。もし、多種多様な効用関数、特に下方リスク回避を組み入れた効用関数の中で、最適に切り替えることができる市販ソフトウェアが

72　第Ⅰ部　アセット・オーナー

あったら、どんなによいことか！　一連の悪環境期において、投資家がそれをどのように認識しているかを対応づけることができるアプリがあればもっとよい。悲しいかな、本書を執筆している時点で著者の知る限り、そんなことが可能な資産配分アプリは存在しない。すべての経済理論や最適化の技術はすでに公開されている、というのに……。

　左側（下方）のテール・リスクが顕著な、図2.1で示したボラティリティ戦略について、リスクフリー資産のリターンが１％だとして、当該戦略への資産配分の例をいくつか見ていこう。

4.1　安全第一

　安全第一効用の枠組みにおいては、投資家はその名の通り「安全性を重視する」行動をとる。Roy（1952）の効用関数は非常に単純であり、ポートフォリオ・リターンがあらかじめ定めた水準を超えるか否かによって、効用が０もしくは１をとるというものである。この水準以下になる結果を災厄としよう。もし、リターンが水準以上ならば、災厄は免れる。安全第一の戦略は、災厄が発生する機会を最小化するため、負債にマッチさせることが重要な投資家にとって理想的な戦略である。当然のことだが、安全第一は下方リスクを何よりも気にするため、この戦略における資産配分は非常に単純である。それは、あらかじめ定めた水準に到達するまでは保守的に安全資産で運用し、安全な水準が満たされた後で可能な限りのリスクをとる、というものである。

　Manski（1988）やRostek（2010）において定式化されたこれに近い手法は、分位効用最大化である。この手法では、投資家は所与の確率で起こり得る最悪の結果を気にする。確率密度関数において確率変数を分割する値を分位数と呼ぶ。分位数は投資家の悲観度を測る直観的な指標である。あるアセット・オーナーが、例えば、全シナリオの９割で生じ得る結果のうち、最悪なものに注目するとしよう。このケースでは、対応する結果は0.1分位（つまり、最初の十分位数）である[19]。別のアセット・オーナーが全期間の50％で生じる最悪の結果のうち、最悪なものに注目するとき、これは0.5分位（つまり、中央値）である。マンスキ＝ロズテック効用においては、分位がリスク回避度のような考慮すべきパラメータであり、投資家の下方リスクに対する態度を計測するものである。分位パラメータの選択は、投資家の下方リスク回避度を計測する代替指標であるため、この枠組みでの資産配分は、次節で示す損失回避と類似のものになる。

第2章　選　　好　73

4.2 損失回避かプロスペクト理論か

損失回避は、カーネマンとトベルスキーによる1979年の画期的な論文で登場したが、もともとは純粋な合理的期待効用に代わるものであった。しかし、広義には、それは効用関数の一種である。なぜなら、リターンに関して効用関数と分離可能な（主観）確率の関数によってリスクを計測することになるからである。ダニエル・カーネマンは、心理学と経済学を融合させた研究、特にプロスペクト理論に関する功績が認められ、2002年のノーベル経済学賞を受賞した。彼の長年の共同研究者エイモス・トベルスキーは、残念ながら、同賞を受賞するまで長生きすることはなかった。二人は、人々が実際にどのように意思決定するかに基づく、プロスペクト理論を定式化した（実証経済理論の一つである）[20]。

プロスペクト理論は二つの部分からなる。

1 損失回避効用

投資家は、利益の歓びよりも損失の痛みの方が大きいことを理解している。そうした投資家の損失回避効用には、利益側と損失側で異なる傾き（限界効用）が伴う。

2 確率変換

カーネマンとトベルスキーは確率（主観確率さえ）を超えた概念を扱う。彼らは確率を*意思決定ウェイト*（*decision weight*）に変換するが、それらは確率法則に従う必要はない。例えば、確率のように総和が1にならなくともよい。投資家は、意思決定ウェイトを使うと、災いと宝くじを当てるような幸運の双方で、低い発生確率の事象を潜在的に重要視した重みづけができる。

プロスペクト理論は、期待効用と類似した下式で表すことができる。

$$U = \sum_s w(p_s) U(W_s) \tag{2.11}$$

ここで、$w(\bullet)$ は確率加重関数、$U(\bullet)$ は損失回避関数であり、異なる状態 s が生起する確率をp_sとした加重和である。

損失回避効用に焦点を当てよう。図2.10に典型的な損失回避効用を図示している。効用は、参照点（図中の原点）に対して相対的に定義される。参照点はゼロ（絶対リターンの場合）でもよいし、リスクフリー・レート（確実なリターン）、またはリスク性資産のリターン（ベンチマーク・リターン）でもかまわない。x 軸上で原点から正の領域が利益であり、負の領域が損失として定義される。効用関数は

図2.10 カーネマン＝トベルスキー損失回避効用

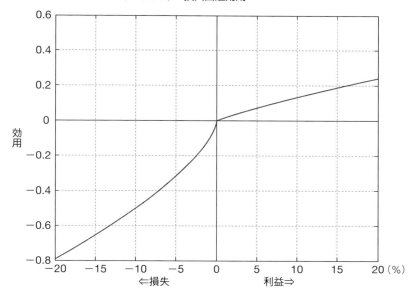

原点でねじれており、投資家が利益と損失をどのように扱うかで非対称性が存在する。効用関数は利益について凹関数であり、ゆえに投資家は利益に対してリスク回避的である。損失について効用関数の形状は凸であり、これは人々が*損失に対してリスク追求的*である事実、すなわち、ある程度の損失を確定するよりも、いくばくかのリスクをとりたがる事実をとらえている。損失側の効用関数の傾きは、利益側の効用関数の傾きよりも急である。したがって、投資家は利益より損失に敏感であるといえる。

投資家が損失に対してリスク追求的である事実は、多くの実験で実証済みであり、その実験には次のような二つの宝くじAとBの選択肢から一つを選ぶものもある。

A 確率0.5で1,000ドルの損失
B 確実に500ドルの損失

人々は圧倒的にBよりAを選ぶ。彼らは損失が確定することを避けるために、何らかのリスクをとりたいのである。

投資家が利益に比べて損失にどの程度反応するかは、*損失回避*の係数 λ で表すが、実証研究から、λ の推定値がほぼ2であることが示されており、損失に対して

図2.11 損失回避度とボラティリティ戦略の最適ポートフォリオ・ウェイト

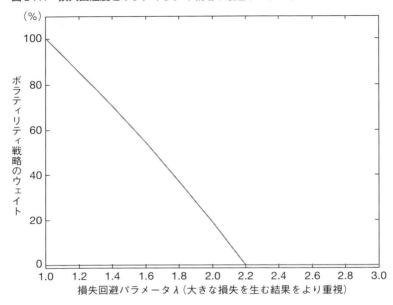

は、利益が投資家の効用を高める度合いのおよそ2倍のペナルティを科していることになる。なお、Kahneman and Tversky（1992）でのλの推定値は2.25である。

図2.11は、ボラティリティ戦略の最適ポートフォリオ・ウェイトを図示したものである。この図では、通常のCRRA型効用の投資家がボラティリティ戦略に100％投資するところから始める。CRRA型効用の投資家は$\lambda = 1$であり、これは非対称性のない投資家という特別なケースである。この投資家のリスク回避度は$\gamma = 1.68$である[21]。次に、利益より損失を重視していくわけだが、参照点としてリスクフリー・レート$r_f = 1％$を用いる。アセット・オーナーは損失額に重きを置けば置くほど、ボラティリティ戦略の投資ウェイトをより小さくする。$\lambda = 2$では、ボラティリティ戦略の投資ウェイトは約20％であるが、損失に対する重みづけが利益の重みづけの2.2倍超になると、ボラティリティ投資を完全にやめ、リスクフリー資産のみのポートフォリオを選択する。

4.3 後悔回避

後悔回避は損失回避と同じ種類のものであるが、合理性をもつ。損失回避のとき

のように、アセット・オーナーはアップサイドの結果よりもダウンサイドの方の結果を気にかける。これが「合理的」であるというのは、公理論的に演繹されるからである（原典は1991年のグール論文）。それゆえ、これは形式的な意思決定理論の厳格さを好む人々にとっては魅力的であり、いろいろと便利なところもある。すなわち、後悔の効用関数は数学的にうまく定義されているため、常に解をもつ（カーネマンとトベルスキーによる定義では、最適配分比率が時々無限大になってしまうこともある）という便利な性質もある。それは整合的なやり方で、動的な問題設定にまで拡張できる（第4章参照）。また、後悔回避は古典的な損失回避論ではまったく任意とされる参照点に対しても経済的な意味を与える[22]。

後悔回避では、よい結果を「歓喜」と呼び、悪い結果を「失望」と呼ぶ。これは単に名前をつけただけである。投資家は、損失回避効用と同様に、利益より損失に対して過剰なウェイトを置く。どこが損失回避と違うかといえば、参照点が*内生的*であり、確実性等価と等しいという点である（本章3.2節参照）。

後悔回避効用における後悔回避のパラメータAの逆数は、損失回避のパラメータλと等価である。図2.12は、ボラティリティ戦略の最適なウェイトをAの関数とし

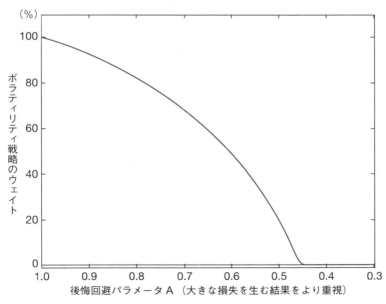

図2.12　後悔回避度とボラティリティ戦略の最適ポートフォリオ・ウェイト

て図示したものである。後悔回避はCRRA型効用の特別なケースに位置づけられるので、リスク回避度 $\gamma = 1.68$ に対応するボラティリティ戦略に100％投資することをまず考えよう（図2.11の損失回避と同様）。後悔回避効用の投資家は、歓喜の結果よりも失望の結果に $\frac{1}{A}$ で重みづける。そのため、A の値が1未満ならば、投資家は下方リスクに対し回避的であることを示している。図2.12では、A が減少する（もしくは、より下方リスク回避的になる）のに従って、ポートフォリオにおけるボラティリティ戦略への配分比率を低めていき、後悔回避のパラメータの水準が $A = 0.45$ となった時点で、リスクフリー資産のみのポートフォリオとなる。このことは、失望の結果が、歓喜の結果のほぼ2倍に等しいことに相当している。これは、損失回避効用をもつ投資家が完全にボラティリティ戦略から撤退するところで損失回避のウェイト λ が近似的に2になるのと同じことである。

4.4　習慣効用

習慣効用は効用関数の一種であり、富の実現水準のみならず投資家の環境にも依存した悪環境期を定義する。特に、問題になるのは富ではなく（より正確には、投資家が富をどのように認識しているかではなく）、参照点と比較した富の方が重要である。習慣効用では、投資家の富の水準がどのくらい習慣に近いかによって悪環境期が定義できる[23]。

経済主体はすぐにある特定の消費水準に慣れるものである。例えば、異国への長旅で、飛行機の後部座席に詰め込まれているとしよう。大半のケースでは、固いシートに座り、目の前の座席テーブルに膝がぶつかり、肘当てで隣の席の人と衝突するといった煩わしさに見舞われる。このようなとき、ビジネス・クラスにアップ・グレードできたとしたらどうだろう。ましてや、優雅な国際線で、ファースト・クラスへのアップ・グレードという幸運が叶ったりしたらもう元に戻るのは難しい。贅沢三昧の常得意の客のみが楽しめる、無制限のシャンパン付き、フル・フラット・シートのサービスを経験した後で、家畜並みのエコノミー・クラスに戻らなければならないとしたら、心底落胆してしまうだろう。あらゆる客観的基準に照らしてみたときに、エコノミー・クラスから絶対に抜け出せないほど経済的に苦しいわけではないことがわかったとしても、そうである。

習慣効用における「習慣」とは「最低生活」に必要な富の水準と解釈することができる。これは、文字通り最低限の消費を指すこともあるが、より一般的には、あ

るライフスタイルで必要な水準という意味になる。富の水準が習慣に近づくにつれ、投資家はよりリスク回避的に振る舞うようになる。このように、習慣効用では*リスク回避は内生的*なのである。投資家の効用関数は全体として曲率をもっているが、その曲率は局所的には常に変化する。

習慣もまた、時間の経過とともに変化する。収入が打ち上げ花火のように急上昇すれば、もはやエコノミー・クラスに戻る必要はないが、勤め先の投資銀行が倒産してしまえば、飛行機の後部座席に舞い戻ってしまう羽目になる。習慣は、投資家がコントロールできないマクロ・ファクターのような要因の影響を受けるという意味で外部的であるが、一方で、個人の過去の消費や富に依存するという意味で内部的でもある。

習慣効用のもとでの資産配分は、あなたの習慣に関連してあなたのポートフォリオ・リターンがどうかを問題にする。富の水準が習慣に接近すると、アセット・オーナーが内包するリスク回避度は非常に高くなる。それは、そのアセット・オーナーにとっての悪環境期であり、安全資産を欲するのである。投資家の富が習慣を大きく超えている好環境期には、投資家にはリスク耐性があり、大きな額の株式を保有できる。習慣効用をもつ投資家は、ボラティリティ戦略にふさわしい投資家ではない。それは、ボラティリティが上昇するときは価格が大幅に下落しやすく、そのときには、富の水準が習慣に接近するからである。ボラティリティ戦略による損失が生じるのは悪環境期の中でも特にひどい時期である。

4.5 隣人に追いつけ

「隣人に追いつけ」効用は、他の投資家と比較したときの悪環境期を定義する。絶対的な意味でのパフォーマンスが問題なのではなく、あなたの隣人や同業他社と比較したときの相対パフォーマンスが問題なのである。このとき、効用に*外部性*があると表現するが、それは、効用があなた自身の資産リターンとあなたの隣人や同業他社のリターンのどちらにも依存するからである[24]。つまり「隣人に負けないよう見栄を張る」ことを望むのであるが、このように、個人の効用が他者の富や行動に対して相対的に定義される効用関数群を、著者は「*相対的効用*」と呼んでいる。

「隣人に追いつけ」効用は、例えばゴルフ倶楽部の仲間たちが絶好調のときに一人だけ取り残されたくないというような、個人にとっては現実的な効用関数である。隣人がつまずくのを見て他人の不幸は蜜の味と感じるのと同じである。これは、同種の投資を比較対象の基準に置いている大学基金やミューチュアル・ファン

ドのファンド・マネージャーがかかりやすい症候群である。本章第2節で述べた規範的な期待効用の枠組みが強欲さを描写したものというのであるならば、「隣人に追いつけ」効用は妬みを表しているということになる。

　他人の消費や富に依存する効用をもつことのもう一つの解釈としては、相対的効用が地位を表すということがある。資産運用の世界では、地位は、同業者よりよいパフォーマンスを獲得し、より多くの富をもち、より多く消費することに関連する[25]。マイケル・ルイスは、ウォール街についての著書『Liar's Poker（1989）（邦題：ライアーズ・ポーカー）』の中で、「隣人に追いつけ」選好を「凄腕野郎」効用として登場させている。

　「隣人に追いつけ」効用の帰結の一つとして、投資家の群集心理がある。Demarzo, Kaniel, and Kremer（2005）によれば、ある地域の投資家の一群（隣人たち）がある銘柄の株式を保有するとき、それがヘッジ目的等の合理的な理由であれ非合理的な理由であれ、他の投資家たちも隣人に追いつくために同じ銘柄の株式を保有するようになる。ポートフォリオ・マネージャーたちが相互に比較評価されているとすると、彼らは同じ株式をもちたがる。明示的にベンチマークが定められていないとしても、この集団から大きく乖離してしまうことは、投資家にとって大きなリスクであるので「隣人に追いつこう」と、群衆化が内部から生じるのである。実証経済学と規範経済学の対立が意味するところは、この効用の定式化によってわかりやすくなる。例えば、大学基金の理事会を取り上げてみよう。あなたは、運用成果について（事後的に）、大学基金の運用担当者が「隣人に追いつけ」効用関数を採用したために他の大学基金と同じような結果になったと説明するのだろうか（実証的立場）？　あるいは、他の大学基金を比較評価のベンチマークとしており、そのもとでの最適な資産配分政策は大学基金の集団についていくことであるがゆえに、我々は「隣人に追いつけ」効用を適用したのであると説明するのだろうか（規範的立場）？[26]

4.6　不確実性回避

　悪環境期がどれくらい頻繁に発生するかは、確率分布関数を用いて計測される（本章2.1節参照）。しかし、経済主体が単一の確率分布を心に決めてはいないが、あり得る確率分布全体に確信があるとは、いったいどういうことなのだろうか？例えば、ある新興国が新たに民主化したとしよう。過去のリターンは存在しない。もしその国が安定的であるなら、リターンは「よい」分布に基づいて決まるだろ

う。しかし、クーデターが何度も起きたり投資家の資産が凍結されたりする国であれば、リターンは「悪い」分布に基づいて決まることになろう。両者の間のどのような分布も起こり得る。単一の分布、すなわち伝統的なリスクの測度と、あり得る様々な分布の集合には、明確な相違がある。後者を「*ナイトの不確実性*」と呼ぶ。これはFrank Knight（1921）に由来するもので、後にGilboa and Schmeidler（1989）において名付けられた。

　不確実性回避のもとでは、投資家の効用はリスクと不確実性の双方に依存する。起き得る可能な分布の集合について、より正確な情報が得られるほど、経済主体の効用はより高くなる。経済主体は、リスク回避度のパラメータと同じく、*不確実性回避*のパラメータを有している。複数の分布が存在することはいわゆる*曖昧さ（ambiguity）*であり、不確実性回避は*曖昧さの回避（ambiguity aversion）*とも呼ばれる。研究者は、これに関連する*頑健効用*について議論し、複数の確率分布の組合せを扱う[27]。頑健効用をもつ経済主体は、様々な確率分布のもとで、自分の意思決定がどれほど頑健であるかについて選好（「関心」）をもつ（著者の講義を聴いたMBAの学生なら、感応度分析をもったいぶってそのように呼んだだけだ、というかもしれない）。これは*マックスミン効用*とも呼ばれており、不確実性を回避する経済主体が、実現可能な最悪のリスクの確率分布（ミン）効用を最大化する（マックス）、というものである。

　Guidolin and Rinaldi（2010）では、不確実性回避とポートフォリオ選択に関する包括的なレビューがなされているが、これに関して、以下に簡単にコメントしておこう。

① 　不確実性の回避は、経済主体を、普通の旧式なリスク回避よりも一層リスク回避的に振る舞わせる有力な原因となる。不確実性回避的であるならば、株式への投資ウェイトはより小さくなる。実際、不確実性を相当に嫌がる経済主体は、株式を一切もちたくないだろう[28]。

② 　期待効用について多くの利用可能なツールがあるが、より重要なことは、本章で述べているものと同じ考え方が、多くのケースで適用され得るということである。平均・分散効用とも明白な関連がある[29]（極めて単純なケースでは、明らかに、期待効用は単一の確率分布だけをもった不確実性回避となる）。

③ 　経済主体の様々な確率に対する考え方を示したデータがある（調査結果に基づくものではあるが！）。この分野の論文の中には、これらをうまく利用して、人々の信念がどのように経時的に変化し、将来の資産価格にどのように影響する

かを示したものがある[30]。

④　誰もが曖昧さを回避しているわけではない。Dimmock et al.（2013）では、米国人の３分の１以上が曖昧さを追求していると述べている。がしかし、人はリスク回避的であればあるほど、より曖昧さを回避する傾向が強い。

5 再考：スチームローラーの前で小銭を拾う

効用関数は、悪環境期を計測する一つの方法である。富の少ない時期は悪環境期である。悪環境期を定義する比較対象としては、貯蓄の絶対水準であったり、損益を決める参照点（損益リスクに対する態度は、投資家によって異なる）、または、ある投資家の過去の富（習慣）や他の投資家との相対パフォーマンスであったりする。悪環境期における限界効用は高く、投資家は手元に残っている現金の価値を格別に高く感じる。

平均・分散効用は制約が非常に強く、ポートフォリオのリターンが低くばらつきが大きいこと（低い平均、高い分散）でしか悪環境期を表現できない。金融業界での主力商品ともいえる効用モデルが平均・分散法である。ボラティリティ戦略の平均と分散はS&P500指数に非常に近いが、株式市場に比べて暴落リスクは非常に大きく、リターン分布のテールはより厚い、ファット・テールであるという特徴をもっている。ボラティリティ戦略の確率分布は、大きく左側に歪んでおり（歪度は▲８）、非常に高い尖度（100超）をもつ。平均・分散効用は、平均と分散のみによってしか効用が左右されない極めてまれな投資家（存在しないだろう）を除いて、この戦略を評価するための適切なフレームワークとは言いがたい。下方リスクに回避的な投資家は、平均・分散効用（あるいは、ほぼCRRA型効用）の投資家以上に、ボラティリティ戦略を採用したくないであろう。ボラティリティ戦略とリスクフリー資産を対象にして投資判断をする際、損失の重みを利益の２倍とする下方リスクに回避的な投資家にとっては、ボラティリティ戦略をやめて短期国債のみに投資することが最適な選択になるであろう。

［注］

1　ボラティリティ戦略の月次リターンは、メリルリンチ社のMLHFEV１インデックスによる。

2　著者の同僚であるコロンビア大学ビジネススクールのSheena Iyengar（2010）は、多すぎる選択肢は消費者の合理的な選択にとってある意味有害となると説い

82　第Ⅰ部　アセット・オーナー

ている。著者は同じ考え方をとらない。フレーミング理論やその他の心理学的背景は、本章2.6節で述べるように、最適なポートフォリオ選択の戦略を実行する際には重要である。

3 2008〜2009年の金融危機は、我々がシステミック・リスクを習得したとするにはまだほど遠い状態であることを思い知らしめた。

4 これは測度理論である。オプション価格評価と動的ポートフォリオ選択（第4章参照）に利用するブラウン運動の基礎でさえもそのベースにあるのは「汎関数」と呼ばれる関数空間において表される確率である。

5 ボラティリティ戦略と株式のリターンの相関は0.51である。本章では単一のリスク性資産とリスクフリー資産の間のポートフォリオ選択のみを考慮している。複数のリスク性資産間のポートフォリオ選択については第3章で考える。

6 もしくは$U(E[X]) \geq E[U(X)]$と表されるが、これは、凹関数に対するイェンゼンの不等式からの帰結である。

7 厳密には、Arrow（1971）とPratt（1964）によって導入され、$-U''(W)/U'(W)$と定義された絶対的リスク回避係数と、$-WU''(W)/U'(W) - W$と定義された相対的リスク回避係数がある。効用の順序そのものがアフィン変換に対して不変であるのと同様に、これらのリスク回避の定義はアフィン変換に対して不変であることに注意が必要である。Levy（1994）は、リスク回避型の人間が豊かになりCRRA型効用で近似できるようになると絶対的リスク回避度が低下することを示した。

8 これらの中のいくつかについては、「Stay the Course」Columbia CaseWorks, ID#110309の中で、顧客のリスク回避度を推定するその他のテクニックとともに取り上げられている。Grable and Lytton（1999）も参照。

9 期待効用モデルとその変形の概要は、Schoemaker（1982）参照。

10 投資家の行動傾向について洞察を与える優れた著書としては、Kahneman（2011）『Thinking Fast and Slow（邦題：ファスト＆スロー　あなたの意思はどのように決まるか？（上、下巻））』がある。

11 同一国内では、裕福な人々は貧しい人々より幸福であるが、Easterlin（1974）が発見したのは、裕福である国が貧しい国より全体として幸せではない、ということである。一人当りGDPがとてつもなく成長した国であっても、幸福度はその間に変化はなかった。Stevenson and Wolfers（2008）ではこれらの発見のいくつかを再論している。

12 Thaler and Sunstein（2009）等参照。

13 「The Norwegian Government Pension Fund：The Divestiture of Wal-Mart Stores Inc.」Columbia CaseWorks, ID#080301参照。

14 CRRA型効用に基づいたポートフォリオ選択の結果は平均・分散効用に基づくものと非常に似ており、ある条件のもとでは一致する。その条件としては、分布として（対数）正規分布を仮定し、サンプル期間を0に収束させた場合などがあ

る。

15 式（2.4）はσ_pについて二次であるため、これらは放物線になる。

16 確実性等価を定式化すれば、リスクのある宝くじXに対する$U(C) = E[U(X)]$を満たすCの値となる。

17 二資産の場合の平均・分散フロンティアは、資産AとBのすべての組合せで描かれる。資産Aの平均とボラティリティを各々、$E(r_A)$、σ_A、資産Bの平均とボラティリティを各々、$E(r_B)$、σ_B、資産Aと資産Bの相関をρとすると、これら二資産からなる平均・分散フロンティアの平均とボラティリティは、

$$E(r_p) = wE(r_A) + (1-w)E(r_B)$$
$$\sigma_p = \sqrt{w^2\sigma_A^2 + (1-w)^2\sigma_B^2 + 2w(1-w)\rho\sigma_A\sigma_B}$$

となる。ただし、wは、ポートフォリオにおける資産Aのウェイトであり、図2.8は、wが0と1の間の値となるという制約をつけた場合の例を示している。

18 過去データにおいてリスクフリー・レートが変動していることに注意。リスクフリー資産として短期国債を採用した場合の過去のシャープ・レシオは0.0766／0.1918＝0.40となる。

19 リスク管理で一般に用いられているバリュー・アット・リスク（VaR）は、分位数を測る指標である。通常、0.01分位または0.05分位を用いている。

20 プロスペクト理論、および、その他のファイナンスに関する行動理論の概要は、Barberis and Thaler（2003）参照。

21 比較のため、ボラティリティ戦略に100％投資する平均・分散効用の投資家のリスク回避度は$\gamma = 3.68$である。このケースでは、ボラティリティ戦略がもつ左側に非常に長い分布の裾（テール）から予想されるように、平均・分散効用はCRRA型効用に対するよい近似とはならない。CRRA型効用の投資家は、より高いリスク耐性（より小さいγ）が必要であることに注意すべきである。CRRA型効用は、平均・分散効用では不可能な、より高次のモーメントを考慮しているからである（式（2.1）参照）。

22 資産配分についての後悔回避効用の応用は、Ang, Bekaert, and Liu（2005）参照。Routledge and Zin（2010）によって後悔回避は一般化され、参照点は確実性等価に制限されなくなった。

23 膨大な文献の中にいくつかの重要な論文がある。Sandaresan（1989）、Constantinides（1990）、Campbell and Cochrane（1999）もそれらに含まれる。

24 これらは効用における相互依存的選好、消費の外部効果とも呼ばれるもので、Dusenberry（1952）によって最初に導入された。「隣人に追いつけ」戦略はAbel（1990）とGalf（1994）で最初に示された。隣人に追いつくか（catch up）、維持するか（keep up）は単にタイミングの問題であり、本章で議論していることとは無関係である。

25 Heffetz and Frank（2011）参照。

26 Goetzmann and Oster（2012）は、大学はお互い活発に議論するので、結果的

に資産配分政策で群がろうとする状況が生じると論じている。

27 頑健性の定義についてはHansen and Sargent（2007）参照。

28 これはDow and Werlang（1992）によって最初に示された。Garlappo, Uppal, and Wang（2007）やBossaerts et al.（2010）等参照。

29 Meanhout（2004）によれば、古典的なCRRA型効用のリスク回避係数を、CRRA型効用のリスク回避係数と不確実性回避の係数の和として解釈できる。Trojani and Vanini（2004）も参照。

30 Ulrich（2011）参照。

第 3 章

平均・分散投資

第3章要約

　平均・分散投資とは、要するに保有資産を多様化することである。資産間の相互関係を利用することにより、ある資産の利益によって、他資産の損失を埋め合わせることができる。そうすることで、投資家は期待リターンを高めながら、リスクを減少させることが可能になる。実際には、サンプル誤差を減らすために、平均、リスク、相関といった入力データに制約を課す平均・分散ポートフォリオは、制約のないポートフォリオに比べて非常によいパフォーマンスをもたらす。そのような制約がある特別なケースには、等金額ポートフォリオ（訳注：等ウェイト・ポートフォリオとも呼ばれる）、最小分散ポートフォリオ、リスク・パリティ・ポートフォリオといったものが含まれる。

1　ノルウェーとウォルマート社

　2006年6月、ノルウェー財務省は人権と労働基本権の深刻かつ組織的な違反を理由として「ノルウェー政府年金基金グローバル（GPFG）」と呼ばれるノルウェーのソブリン・ウェルス・ファンド（SWF）が保有していたウォルマート社の株式を売却したと発表した[1]。世界最大級のファンドであり、また倫理的投資のリーダーであることから、ウォルマート社株を売却するというノルウェーの決定は直ちに知れ渡った。ベンソン・ウィットニー駐ノルウェー米国大使は、この決定は信頼性のない調査に基づいた恣意的なものであり、不当に米国企業を糾弾するものであるとして不満を表明した。ウォルマート社もノルウェーの決定に異議を唱え、申し立てを行うために二人の上級幹部をノルウェー財務省に派遣した。

　ノルウェーは世界最大の石油輸出国の一つである。1969年に初めて石油が北海で発見されたが、石油による収入がノルウェー経済を歪ませつつあることにすぐに気

86　第Ⅰ部　アセット・オーナー

がついた。1970年代から80年代にかけて、石油収入の増加に伴い、製造業の縮小や競争力の低下といった多くの「オランダ病」（第1章参照）に悩まされ、80年代中頃に原油価格が低迷した際には、石油収入に過度に依存した経済が低成長に見舞われたのである。これを受けて、ノルウェーは分散投資の推進を決定した。

「ノルウェー政府石油基金」は1990年に、石油収入の一部を長期的に運用することを目的として設立された。同基金は二つの目的を掲げている。第一は、石油によって得られた国富を国際的な幅広いポートフォリオに分散し、ノルウェー自身のリスク・リターンのトレードオフを改善することである。第二は、海外に資産を隔離することによって、石油収入がノルウェー経済に徐々に行き渡るようにし、オランダ病を予防することである。2006年1月には、具体的な年金債務があったわけではないものの、基金の名称が「ノルウェー政府年金基金グローバル」と変更された。この新しい名称は、長期的な政府の責任と将来世代への利益のためにこの基金が運営されることを表している。

当初、基金は国債だけを投資対象としていた。しかし1998年には、資産の40％まで株式投資が可能となり、2007年にはその比率が60％にまで引き上げられた。2010年には、不動産への投資が資産配分の5％まで可能となり、2011年にロンドンとパリで最初の不動産を購入している。投資対象となる資産が徐々に広がっていく一方で、設立以来「ノルウェーの消極的な資産家」として知られているこの基金は、常にノルウェーの社会的価値観に沿った投資を行おうとしてきた[2]。すなわち、ノルウェーは、社会的責任投資（SRI）を実践してきたのである。2005年には、社会的責任投資を公式なものとするための政府規制が可決された。その規制には次のようなことが述べられている[3]。

・この金融資産は、経済的、環境的および社会的な意味において持続可能な発展をもたらし、長期間にわたって適度なリターンをもたらすように運用されなければならない。

・この基金は、人権侵害、汚職あるいは環境破壊といった作為または不作為の非倫理的行為に加担するかもしれないような、許容できないリスクを含む投資をすべきではない。

財務省は、独立した倫理委員会を設置している。倫理委員会は、基金の倫理ガイドラインに違反した投資がある場合に勧告を行う。仮に容認できない行為が投資先の会社にあった場合には、委員会はその会社を投資対象から除外することを勧告する。委員会は、一般的な情報や、メディア、国内および国際機関、あるいは独立し

第3章　平均・分散投資　87

た専門家を活用して、基金のポートフォリオに含まれるすべての会社を継続的に監視し、潜在的な違反を発見しようと努めている。

2005年4月、委員会は申し立てがあったウォルマート社の非倫理的な活動に関して調査を開始した。指摘された活動には労働法と人権の侵害（児童労働、違法な長時間労働、最低賃金の支払違反、劣悪な労働環境、不当な処罰）に関する報告が含まれていた。委員会は幅広い性差別の存在を確認しており、ウォルマート社が従業員の組合結成を妨げている実態もあった。また、子供たちに危険な仕事を行わせていることや不法移民を労働力として使っていることなども報告されていた。

2005年9月、委員会はウォルマート社に書簡を送り、人権侵害に関する疑惑についてコメントを求めた。しかし、ウォルマート社はこの書簡を受理はしたものの、それ以外の対応はしなかった。

2006年1月から3月にかけて、財務省は独自の評価を行った。その結果、財務省は株主としての権利をアクティビスト（訳注：株主権を積極的に行使し、企業価値の向上を求める投資家。物言う投資家とも呼ばれる）的な方法で行使したとしても、ウォルマート社のビジネス慣行に効果的に影響を与えることができないという認識に達した。株主であることをやめることは、最後の手段として常に考えられていたが、財務省はウォルマート社に関してはこの手段が適切であるとの結論に至ったのである。

2006年6月6日、財務省が保有していたウォルマート社の株式をすべて売却したと発表した時、倫理委員会による次のようなレポートが引用されている。

このケースが特別な理由は、自社の業務運営およびサプライチェーンの双方における総合的な倫理違反だということである。労働環境の規範として許容されるぎりぎりの境界線上、あるいはそれを越えて、組織的かつ計画的に会社の業務運営が行われているようにみえる。また、多くの違反は深刻であり、組織的であると思われる。その結果、会社全体としての行動が自社の業務運営における規律違反を取り締まろうとする意志に欠けているかのような印象を抱かせるのである[4]。

投資先リストから企業を除外することは、コストを生じさせる。投資ユニバースを縮小することにより、投資機会自身が小さくなり、結果として分散投資のメリットが失われ、あるべきリスク・リターンのトレードオフが消失してしまうのである。多くの企業が除外されれば、分散投資によるメリットはさらに大きく失われてしまう。2010年1月にノルウェーはすべてのタバコ会社を除外した。こうした除外は、基金が本来達成可能であったリスク・リターンのトレードオフにどのような影

響を与えたのであろうか。言葉を換えれば、倫理的であることにどれほどのコストがかかったのであろうか。

本章では、平均・分散投資を取り上げる。これは最適なポートフォリオを選択するために最も適した方法である。分散化したポートフォリオを選択することの大きな利点は、リスクを減らし、リターンを増やすことが可能な点にある。基本となる分散投資の概念は多くの方法により実現することが可能であり、本書執筆時点でもリスク・パリティ・ポートフォリオや最小分散ポートフォリオなど多くの方法が広く使用されている。これらは平均・分散ポートフォリオに制約を課した特別なケースに相当する。平均・分散ポートフォリオの優れた点は、分散投資効果を簡単な方法で計測できる点にある。以下では、平均・分散投資の考え方を用いて、ノルウェーが社会的責任投資を行うことがどれだけの損失につながっているかを推定する。言い換えれば、ウォルマート社に投資しないことによる代償はいくらなのか、という疑問に答えることになる。

2 平均・分散フロンティア

平均・分散フロンティアは投資家が取得し得る最良のポートフォリオを表す（もちろん、平均と分散のみを考慮した場合に限る！）。米国もしくは日本の株式に投資しようとしている米国の投資家を考えることから始めよう。

2.1 米国と日本

1980年代、日本は世界を征服する態勢を整えているかのようであった。図3.1は、MSCI社のデータを使用して、1970年1月～2011年12月の米国株と日本株の累積リターンを示したものである（G5の国々を含む本章の他の図においても同じMSCI社のデータを使用する）。実線は日本株のリターンを示し、破線は米国株のリターンを示している。日本の株式は1980年代に急騰しており、Vogel（1979）の『*Japan as Number One: Lessons for America*（邦訳：ジャパンアズナンバーワン：アメリカへの教訓）』に代表されるように、日本の目覚ましい成功について多くの本が書かれた。当時の好景気により、日本企業は購買熱に浮かれて海外へと進出し、海外の看板企業を次々と買いあさっていた。例えば、ユニバーサル・スタジオ社は松下電器に、コロンビア・レコード社はソニーに売却された。知名度の高い海外不動産も購入の対象であった。三菱不動産はロックフェラー・センターを1989年に取得し、1990年には、有名なペブル・ビーチ・ゴルフコースが日本人の熊取谷

（いすたに）稔に売却された。図3.1は、米国も1980年代に良好な株式リターンを示しているものの、日本のブームにはとてもかなわなかったことを示している。

そして、すべてが崩壊した。熊取谷は日経平均株価が1989年にピークを打ってから1年後にペブル・ビーチを買っていたが、後にFBIからマネー・ロンダリングの容疑で捜査されている[5]。図3.1は1990年以降、日本株が停滞していることを示しており、その元気がなくなった日本をしりめに米国株は急騰している。しかしながら、2011年12月時点では、日本の累積リターンは米国よりまだ高い。図3.1は、日本と米国が2000年以降、同じ動きをする傾向にあることを示している。両国ともに2000年初めに失速し、2000年代中頃の上昇相場を経験し、2007〜2008年における金融危機で暴落しているのである。それでも全期間を通じてみれば、日本は米国とはかなり異なった動きをしてきたといえる。

図3.1における米国株の平均リターンとボラティリティはそれぞれ10.3％と15.7％であり、日本株についてはそれぞれ11.1％と21.7％である。図3.2は、そうした利得（平均リターン）とリスク（ボラティリティ）を平均・標準偏差の空間に

図3.1　米国株と日本株の累積リターン推移

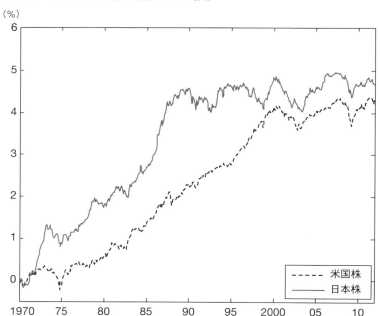

プロットしたものである。ここで、米国株は四角印、日本株は丸印で表示している。また、x軸は標準偏差、y軸は期待リターンである。

図3.2において米国株と日本株とをつなぐ曲線が*平均・分散フロンティア*である。表記上の問題だが、以下では平均・分散フロンティアと平均・標準偏差フロンティアを代替可能な用語として扱う。なぜなら、これはx軸として分散を用いるか、標準偏差を用いるかの違いでしかなく、それらは平方根もしくは自乗することにより、一方から他方が得られるものだからである。日本と米国に対する平均・分散フロンティアは、日本と米国のすべての組合せを示している。「米国」と表記してある四角印は米国株式を100％保有する場合に相当し、「日本」と表記してある丸印は日本株式を100％保有する場合に相当する。平均・分散フロンティア上の他のすべての点は、米国と日本を様々な保有割合でもつ場合に相当する。

平均・分散フロンティアは*放物線*あるいは弾丸の形をしている。フロンティアの上半分は「*効率的*」であり、与えられたリスク水準において、投資家はこれより高い利得もしくは期待リターンを得ることができない。米国は弾丸の下側に位置しているが、この場合には、上側に位置する同じリスク水準のポジションによって、よ

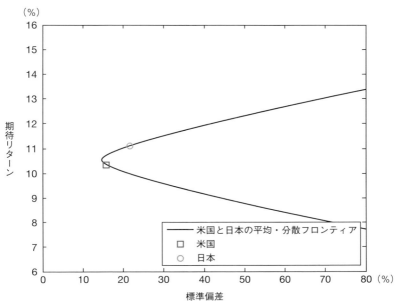

図3.2 米国株と日本株の平均・分散フロンティア

り高い期待リターンを得ることができる。すなわち、米国株式を単独で保有する
ポートフォリオは*非効率的*であり、*誰も米国株を100％保有すべきではない*のであ
る。

2.2　分　　散

　シェイクスピアは『ヴェニスの商人』において、分散投資すべき理由を次のよう
に述べている。

　……ぼくの投資は、なにも一つの船にかかっているわけではない。取引先も一
箇処だけではない。それに全財産が今年の商いの運不運に左右されるわけでもな
い。だから、船荷のことで気をくさらせはしないよ。

　（訳注：シェイクスピア『ヴェニスの商人』福田恆存・訳　新潮文庫　第1幕
　第1場）

　これは商人アントニオによって語られたものである。彼は、一つの船にすべての
リスクが結びつくようなことがないように分散投資しているのである[6]。同様に、
我々もすべてを米国や日本に賭けるようなことはしたくない。

　1980年代から90年代にかけて、日本株が米国株とは異なる動きをしてきたこと
が、平均・分散フロンティアを左方向に膨らませる効果をもたらしている。サンプ
ル期間中の米国と日本の相関は35％である（2000年以降における相関は59％である
が、それでも100％よりずっと小さい）。平均・分散フロンティアは、ハッピーブッ
ダまたは笑仏（訳注：布袋の姿を模した仏像が中国では「笑仏」、欧米では「Hap-
py Buddha」として親しまれている）のように膨らんでおり、腹部に脂肪がつけば
つくほど、あるいは弾丸が太くなればなるほど、投資家はより豊かになる。図3.2
で、平均・分散フロンティアの左端の点は日本と米国のいずれよりもボラティリ
ティが小さいことに注目しよう。この左端にある弾丸の先端は「*最小分散ポート*
フォリオ」と呼ばれる。

　米国株に100％投資しているポートフォリオ（図3.2の四角印）からスタートし
て、日本株を組み入れることにより、投資家はリスク・リターンのトレードオフを
改善させることができる。すなわち、投資家は自らのポジションを米国株から日本
株へと移しながら、フロンティアに沿って時計回りの方向に上へ移動するのであ
る。丸印（日本株を100％保有するポジション）よりも右側は、*レバレッジが掛*
*かった*ポートフォリオに相当する。上半分の部分で、丸印を通り過ぎたところにあ
るポートフォリオは、米国株を例えば30％ショートし、その分をレバレッジを掛け

92　第Ⅰ部　アセット・オーナー

て日本株に投資することにより、結果的に日本株を130％保有することになる。フロンティア上の上位半分に位置する効率的ポートフォリオ、すなわち同じリスクであれば、最も高いリターンをもつポートフォリオは、そのすべてに日本株が含まれている。もちろん、最左端に位置する最小分散ポートフォリオも日本株を含んでいる。

　米国の投資家は日本株をある程度保有することにより、リスク・リターンのトレードオフを改善することができる。なぜなら、日本株は分散投資効果を提供してくれるからである。これは平均・分散投資における基本的な概念であり「すべての卵を同じ籠に入れてはならない」とする格言に対応する。日本株と米国株を同時に保有することは、米国株を単独で保有するよりも好ましく、両方を保有することによって、一つの投資先が完全に失敗に終わる不運から逃れることができるのである。分散投資にメリットがあるということは、資産を独立に考えることができないということを意味する。すなわち、資産がどのような共通の動きをするかについて考えるべきなのである。これがこの章で取り上げる最も重要なポイントである。

　分散投資された効率的ポートフォリオは、米国株を100％保有するよりもリターンが高くリスクは低いが、これはなぜなのだろうか。米国株と日本株を組み合わせると、一方の資産のパフォーマンスが悪いときに、もう一方の資産がよかったりするケースがあるため、ポートフォリオとしてのリスクが低下する。これは保険を購入することに似ている（ただし、保険の場合は購入者が平均的にお金を失うのに対して、この場合は投資家が平均的にはお金を増やせる点が異なる）。1980年代のように、米国株が相対的に軟調なときには、日本株が好調になる可能性がある。米国株の一部のリスクは回避可能であり、日本株を保有することにより相殺することができるのである。

　反対のケースはどうであろうか。1990年代の間、日本株は不振であり、米国株は上昇した。後から考えてみれば、米国の投資家は米国株だけを保有していればさらによい結果が得られたであろう。しかし、将来を予測することは、常に困難である。1990年代初頭、投資家は日本株と米国株の両方をポートフォリオに保有していた方がよいと、その時には考えていたであろう。もし日米の立場が逆で、1990年代に日本が世界を席巻し、米国が日本の立場にあったらどうなっていたのであろうか。1990年代に日本を保有することは、こうした事前のリスクを分散させたのである。

　分散投資の背後にある理論はMarkowitz（1952）によって定式化された。彼は

第3章　平均・分散投資　93

1990年にノーベル賞を受賞している。革新的な資本資産価格評価モデル（CAPM）は平均・分散投資に関する最高の業績とされている（このモデルについては第6章参照）。CAPMは分散投資の概念をさらに深め、資産のリスク・プレミアムがその資産の分散投資効果（またはそれが足りないこと）に関係していることを示した。この分散投資効果こそが資産のベータなのである。

　数学的には、分散投資効果は共分散もしくは相関係数によって計測される。r_pをポートフォリオのリターンとすると、ポートフォリオ・リターンの分散は次式で与えられる。

$$\mathrm{var}(r_p) = w_{US}^2 \mathrm{var}(r_{US}) + w_{JP}^2 \mathrm{var}(r_{JP}) + 2 w_{US} w_{JP} \mathrm{cov}(r_{US},\ r_{JP})$$
$$= w_{US}^2 \mathrm{var}(r_{US}) + w_{JP}^2 \mathrm{var}(r_{JP}) + 2 w_{US} w_{JP} \rho_{US,\ JP} \sigma_{US} \sigma_{JP} \qquad (3.1)$$

ここでr_{US}は米国株のリターン、r_{JP}は日本株のリターン、w_{US}とw_{JP}は米国株と日本株のポートフォリオ・ウェイトである。これらのポートフォリオ・ウェイトは負になり得るが、ポートフォリオの総ウェイトは100％であるから、両者の合計は1、すなわち$w_{US} + w_{JP} = 1$となる（この制約は*許容条件*と呼ばれている）。式（3.1）の1行目にある共分散$\mathrm{cov}(r_{US},\ r_{JP})$は、米国株と日本株の相関係数（$\rho_{US,\ JP}$）と、米国株と日本株のボラティリティ（$\sigma_{US},\ \sigma_{JP}$）の積によって、$\mathrm{cov}(r_{US},\ r_{JP}) = \rho_{US,\ JP} \sigma_{US} \sigma_{JP}$、と書き表すことができる。

　大きな分散投資効果は、低い相関に対応している。式（3.1）からわかるように、数学的には低い相関はポートフォリオの分散を引き下げる。経済学的には、相関が低いということは、米国株が不調のときに日本株が好調になりやすいということ、そして保険としての日本株の価値が高まるということを意味する。これによって、投資家がポートフォリオ・リスクを低下させることが可能になるのである。日本株と米国株の差が大きくなればなるほど、米国株を保有するポートフォリオに日本株を加えるメリットは大きくなる。したがって、平均・分散投資を行う投資家は、現在保有しているものとは異なる動きをする投資対象を好み、それが異質であればあるほど、または相関が低ければ低いほど好ましいのである[7]。

　図3.3は、異なる相関係数に対して日本株と米国株の平均・分散フロンティアを表示したものである。使用したデータでは、相関が35.4％であり、実線がそれに相当する。破線は相関が0％の場合であり、点線は相関が▲50％の場合である。相関が低下するにつれて、平均・分散フロンティアの先端が左に突き出て、弾丸が細くとがったような形になっていく。相関が低くなれば、日本の分散投資効果が増加し、投資家にとってリスクは小さくなるのである。

94　第I部　アセット・オーナー

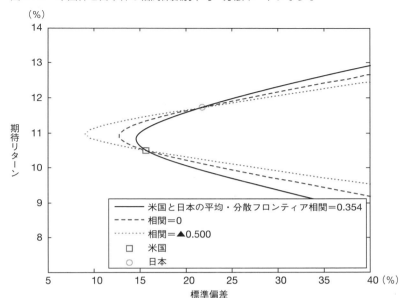

図3.3 米国株と日本株の相関係数別平均・分散ポートフォリオ

2.3 G5による平均・分散フロンティア

図3.4および図3.5は、英国、フランス、ドイツの株式を追加した例を示したものである。

まず図3.4であるが、これは米国、日本、英国のG3を対象とした平均・分散フロンティアを表している。このG3フロンティアを実線で示しているが、比較のため、日米の場合のフロンティアを破線で示した。この図からわかる通り、G2（日本、米国）からG3（日本、米国、英国）に移ることで、二つのことが生じている。

1 フロンティアの拡大

英国を加えることで、ハッピーブッダがよりハッピーになっている。すなわち、弾丸の形をした平均・分散フロンティアが外側へ膨らんでいるのである。これは投資家が同じリスクのもとでより高いリターンを得ることができることを意味する（フロンティアの先端部分は左に移動しているが、このグラフでは識別できないほど小さい変化である）。この時、日本と米国のフロンティア上のどこからスタート

第3章 平均・分散投資 95

図3.4 米国株・日本株・英国株の平均・分散フロンティア

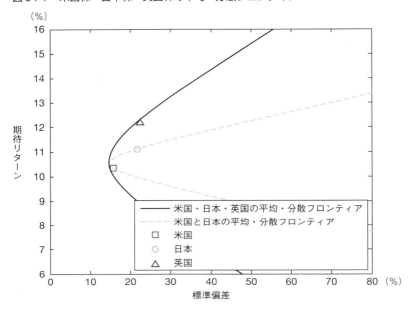

図3.5 G5（米・日・英・独・仏）株の平均・分散フロンティア

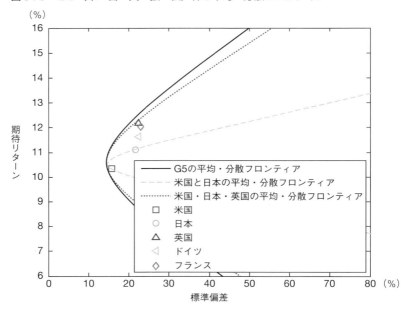

しても、上方に移動することによって、同じリスクのもとでより高いリターンが得られる。米国株が下げ相場のときに高いリターンで補ってくれる可能性があった国はそれまでは日本だけであったが、新たに英国が加わることにより、ポートフォリオはさらなる分散投資効果が得られるのである。さらに、これまで対象としていた米国と日本がともに不振に陥ることも起こり得るが、英国をポートフォリオに追加することによってそうした損失を相殺する機会が与えられることになる。

2 すべての資産がフロンティアの内側に位置する

個別資産に優位性はない。すなわち、フロンティア上の分散投資されたポートフォリオは資産を個別に保有するよりもよい結果をもたらす。分散投資が資産固有のリスクを取り除き、ポートフォリオ全体のリスクを引き下げてくれるのである。したがって、いかなる国であってもそれを単独で保有しようとする気にはならないであろう。

図3.5はドイツとフランスを追加した結果であるが、実線で示したG5の平均・分散フロンティアは、これまでのものよりもさらに外側に膨らんでいることがわかる。つまり、日米および日米英のフロンティアはG5フロンティアの内側に位置しているのである。ドイツとフランスを追加することによる効果はあるが、日米に英国を加えた際の追加的効用に比べるとそれほど大きくない。国を追加することによりハッピーブッダはよりハッピーになったが、ハッピーになる度合いは減ったともいえる。つまり、資産を追加することにより、*分散投資の限界効果が減少していく*のである。G5を超えて国を追加してもフロンティアの拡大は続くが、追加的な分散投資効果は小さくなっていく。

図3.4および図3.5は、資産を加えることにより平均・分散フロンティアがより膨らんでいくことを示している。逆に、資産を取り除くと、平均・分散フロンティアは縮小する。ノルウェーがウォルマート社に対して行ったように、資産を取り除くことは最大シャープ・レシオを（少し）減少させることになる。したがって、ファンド・マネージャーのポートフォリオを制限することにより、ノルウェーは投資機会を減少させ、リスク・リターンのトレードオフの最大達成可能水準を引き下げたのである。資産を取り除くことにより平均・分散フロンティアがどれほど縮小したかを後で算出する。

図3.4と図3.5における数学的問題は次のように表される。

$$\min_{\{w_i\}} \mathrm{var}(r_p)$$
制約条件は $E(r_p) = \mu^*$ および $\sum_i w_i = 1$ (3.2)

ここで w_i は資産 i のポートフォリオ・ウェイトである。この問題を解くことにより、二つの制約条件を満たした上で、分散が最小となるポートフォリオのウェイトを見つけることができる。最初の制約条件は、ポートフォリオの期待リターンが目標リターン μ^* に等しくなることを意味している。二つ目の条件は、ポートフォリオが先にみた許容条件を満たすことを意味している。オペレーションズ・リサーチ（経営工学）を専門とする学生であれば、式（3.2）が*二次計画問題*であることに気づくであろう。平均・分散投資法が強力な（しかし乱用もされる）理由は、この種の問題を高速で解くためのアルゴリズムが利用できるからである。

図3.6はこれがどのように機能するかを図示したものである。ここでは、目標リターンを $\mu^* = 10\%$ に設定した上で最もボラティリティ（または分散）が低いポートフォリオが選択されており、この選ばれた点を×で表示している。次に、目標リターンを $\mu^* = 12\%$ に変更する。再び、最もボラティリティが低いポートフォリオが見つかり、これを別の×で示す。平均・分散フロンティアは目標リターン μ^* を変化させたときに得られるすべての点×をつなぐことにより得られる。したがって、平均・分散フロンティアは点の*軌跡*であり、各点は与えられた期待リターンのもとで達成可能な最小のリスクを表している。

図3.6　目標リターンと平均・分散フロンティア

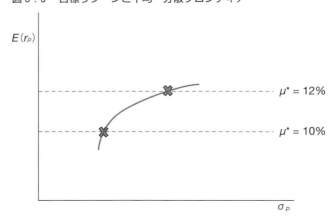

2.4 制約付平均・分散フロンティア

これまでは制約のない平均・分散フロンティアを考えてきたが、投資家は保有可能なポートフォリオという問題に直面することがよくある。多くの投資家が直面する制約の一つが空売り禁止の条件があるが、この条件のもとではすべてのポートフォリオ・ウェイトは正（$w_i \geqq 0$）でなければならない。この条件を式（3.2）の最適化問題に追加することが可能である。

空売り制約を追加することは、しばしば平均・分散フロンティアを大きく変化させる。図3.7は空売り禁止の条件がある場合（実線）とない場合（破線）の平均・分散フロンティアを比較したものである。制約付きの平均・分散フロンティアは制約がない場合よりもずっと小さく、制約なしの平均・分散フロンティアの内側に位置している。それはもはや、弾丸の形ともいえない。制約は投資家の行動を制限し、投資行動を（少し）悪化させるが、運がよければ最良のリスク・リターンのトレードオフは影響を受けずに済む。図3.7ではこうした状況をみることができる。そこでは、制約ありと制約なしの平均・分散フロンティアが重なり合っている部分

図3.7 G5（米・日・英・独・仏）株の制約条件付平均・分散フロンティア

第3章 平均・分散投資 99

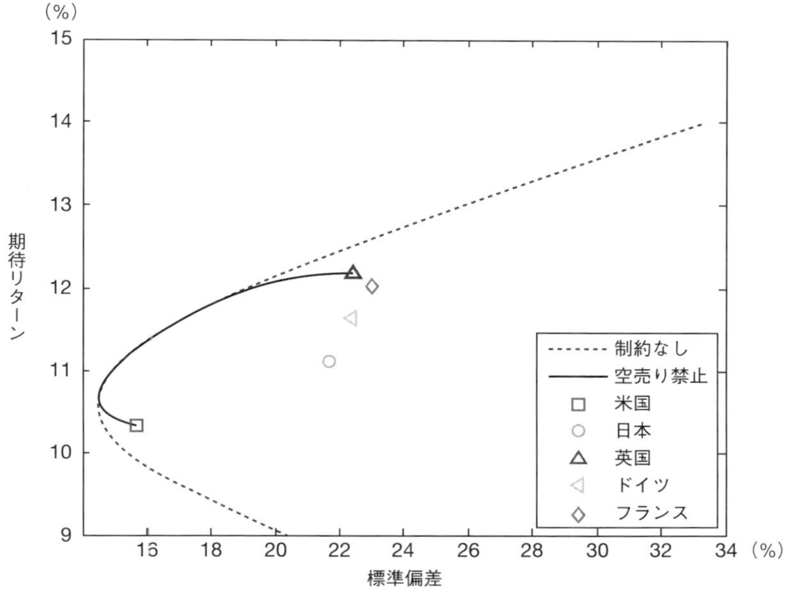

がある。しかし、一般には制約条件の存在はリスク・リターンのトレードオフを悪化させる。一方、制約条件があったとしても、分散投資の概念は保持される。すなわち、投資家は単一の資産を保有するのではなく、ポートフォリオとして資産を保有することにより、リスクを引き下げることが可能になるのである。

2.5　分散投資をしないリスク

　多くの人々は自らが勤務する会社の株式を大量に保有している。Poterba（2003）によれば、大規模な確定拠出型年金プランの場合、資産に占める自社株式の割合は40％である。こうした状況の背景には、割引購入制度の影響があり、従業員の忠誠心を育むためにそうした制度がしばしば設計されることがある。個人にとっては、このような集中したポートフォリオは悲惨な結果になり得る。例えば、エンロン社（2001年に倒産）、ルーセント社（1996年にAT＆T社からスピンオフした後に業績が急激に落ち込み、2006年にわずかな金額でアルカテル社に買収された）、リーマン・ブラザーズ社（2008年に倒産）といった例がある。エンロン社が倒産した際、その従業員は、退職年金資産の60％以上を自社株で保有していた[8]。また、米国従業員給付研究所（EBRI）によると、401（k）プランの加入者のうち、2009年時点で株式を保有している人の12％が自社株にしか投資しておらず、60歳代の株式市場参加者についてはその17％が、株式のエクスポージャーとしては勤務会社の株しか保有していなかった[9]。

　分散投資をしないコストは、自分の会社が倒産した際に痛いほどわかるだろうが、平均・分散投資の考え方は、会社が健全であり続けても分散投資しないことによる損失が生じることを明らかにしてくれる。Poterba（2003）は、個人退職勘定（訳注：IRA）において分散投資しないことのコストを、分散投資されたS＆P500指数ポートフォリオに単純に投資する場合と比較することによって算出している。個人資産の半分を自社株に投資していると仮定すると、この集中したポートフォリオの確実性等価コスト（第2章参照）は、S＆P500指数ポートフォリオに分散投資する場合の価値の約80％に相当する。投資家にとって、これは大きな効用の低下である。各個人は、自社株を定期的に現金化すべきであり、他の保有資産より自社株の価値が早く増加している場合には特にそうである。自社株の価値が他の資産より増加しているときには、その投資家にとって集中リスクが増しているのである[10]（さらにいえば、あなたの人的資本自体がその雇用主である会社に集中しているといえるが、これについては第5章参照）。

100　第I部　アセット・オーナー

富裕層の分散投資は不十分であるケースが多い。JPモルガン社の2004年の報告書（「Beating the Odds: Improving the 15% Probability of Staying Wealthy」）によれば、富を失う最大の理由は過剰な集中投資である。タイトルにある確率15%は、アメリカの富裕層上位400名（フォーブス誌によるリスト）のうち、1世代後にもリスト上に残っているのは15%以下であることに由来している。フォーブス400は超富裕層を追跡しているが、それ以下の富裕層でも富の消失が起こり得る。例えば、Kennickell（2011）の報告によると、2007年時点でアメリカの上位1%に属していた富裕層世帯のうち、約3分の1が2年後に上位1%から脱落しているのである。

　起業家や単一のビジネスから富を生み出している人たちは、分散投資が直感に反すると感じるであろう[11]。なぜなら、最初に彼らの富を生み出したポートフォリオは集中していたからである。それこそが彼らが最もよく知っているビジネスであり、そういった種類の大きな投資は流動性が低く、分散投資も難しい。しかし、管理することができない会社固有のリスクを分散投資によって取り除くことはできる。時間の経過とともに最高級の不動産は最高級ではなくなり、かつて素晴らしかった会社も製品が時代遅れになってうまくいかなくなる。規制リスク、マクロ・リスク、技術変化、政変などでつまずく企業があれば、他方で利益を得る企業もある。それでも、こうした回避可能な個別リスクは分散投資によって減らすことができるのである。JPモルガンのレポートによれば、1990年にS&P500指数に採用されていた500社のうち、2000年に同指数にとどまっているのはわずか半分の会社のみである。また、ダウ・ジョーンズ工業株価平均を構成する大企業30社のうち、1896年の公表開始時から残存している企業はゼネラル・エレクトリック社のみである。このことは、富を保存するためには、とにもかくにも分散投資が必要であることの証左である。

　また、機関投資家も十分な分散投資ができていない。その一例として、Jarrell and Dorkey（1993）はロチェスター大学基金の減少について詳しく述べている。同大学の基金は1971年に580億ドルあり、国内でも4番目に大きな私立大学基金であったが、1992年には20位まで順位が低下した。いったい何が起こったのだろうか。1970〜1992年の間、株式に60%、債券に40%投資する典型的なポートフォリオは11%のリターンをあげていたが、同基金のリターンは7%にすぎなかった。ロチェスター大学基金がもしこのベンチマーク・ポートフォリオに単純に投資していれば、同基金の順位は1992年時点で10位にランクづけされていたであろう。ちなみ

に、2011年には同基金の順位は30位にまで落ち込んでいる[12]。ロチェスター大学基金がベンチマークのパフォーマンスを大幅に下回った大きな要因は、地元企業（例えば2012年に倒産したコダック社）への過度な集中投資である。

　また別の例として、ボストン大学のケースがある。ボストン大学は、1980年代から1990年代にかけて、地元のバイオテクノロジー企業であるセラゲン社に過度な投資を行っていた。Lerner, Schoar, and Wang（2008）によると、ボストン大学は1987～1997年の間に、少なくとも1億700万ドルをセラゲン社に出資していた。ちなみに、1987年の大学基金は1億4,200万ドルであった。セラゲン社は上場したものの業績は落ち込み、1997年には大学の出資金の価値はたったの400万ドルとなっていた。1998年にセラゲン社はリガンド・ファーマシューティカルズ社に3,000万ドルで最終的に買収された。

　これとは対照的に、ノルウェーのSWFは、まさに分散投資による利益を享受するように創られた。SWFを通じて、ノルウェーは、原油という非常に集中した資産を分散投資された金融ポートフォリオに変換し、リスク・リターンのトレードオフを改善させているのである。

2.6　ホーム・バイアス

　平均・分散投資は、米国株式だけからなるようなポートフォリオをもつべきではないという処方箋を与えている。しかし、多くの投資家は国内資産のみを保有し、国際分散投資のメリットを享受していない。これはホーム・バイアス・パズルと呼ばれている[13]。

　ホーム・バイアスを計測する一つの方法は、国内投資家の株式ポートフォリオと世界の株式市場ポートフォリオの差をみることである。世界市場は分散投資されたポートフォリオであり、CAPMによればそれは投資家がもつべき最適ポートフォリオである（第5節において、市場ポートフォリオは他の平均・分散ポートフォリオよりもよいパフォーマンスになることが示される）。Ahearne, Griever, and Warnock（2004）は、米国の投資家のポートフォリオにおける外国株比率12%を、世界市場ポートフォリオにおける外国株の割合50%と対比させている。このホーム・バイアスは米国だけの現象ではない。Fidora, Fratzscher, and Thimann（2007）の報告によると、英国の投資家のポートフォリオでは外国株の割合が30%であるが、世界市場において英国を除いた外国株の割合は92%である。日本ではさらに強いホーム・バイアスがみられる。すなわち、国内投資家が保有する外国株は

102　第Ⅰ部　アセット・オーナー

10％未満であるのに対し、世界市場ポートフォリオにおいて日本を除いた外国株のシェアは90％以上なのである。

ホーム・バイアスの原因は何であろうか。

1　相関の時間的変化

国際投資における分散投資効果は低い相関に依存している（あるいは、少なくとも相関係数の絶対値が1に近くないことに依存している）。1987年（株式市場の暴落）、1998年（ロシアの債務不履行に起因する新興国市場危機）、2008〜2009年にかけての金融危機といった世界的な大暴落が起こった時に、国際株式市場におけるリターンの相関が高まるようなことがあると、投資家にとって最も必要な場面で国際分散投資の効果が享受できないということになる。すなわち、世界的な相場下落局面では、各国株式市場の相関が高まり、それに応じて分散投資効果は低下するのである。しかし、Ang and Bekaert（2002）によれば、相関が時間とともに変化しても、国際分散投資のメリットは依然として大きい[14]。

2　為替リスク

国内投資家にとって、外国株への投資は国際株式市場だけではなく、為替相場へのエクスポージャーをもたらす[15]。為替レートの変化は追加的なリスクの源泉であり、国内投資家を外国資産から遠ざける誘因になる。しかし、この説明はCooper and Kaplanis（1994）による初期の研究によって退けられている。Fidora, Fratzscher, and Thimann（2007）による最近の研究では、為替レートのボラティリティはホーム・バイアス・パズルの一部を説明するが、すべてを説明するわけではないことを示している。

3　取引コスト

海外に投資する際の取引コストは過去30年の間低下しており、ホーム・バイアスもこの期間に次第に小さくなってきた。Ahearne, Griever, and Warnock（2004）は、米国人によって保有されている外国株式のシェアと世界市場ポートフォリオにおける外国株式のシェアの比率を1から引いた値をホーム・バイアス比として算出している。ホーム・バイアスがなければ、ホーム・バイアス比は0となり、完全なホーム・バイアスをもっていれば、その値は1となる。Ahearne, Griever, and Warnock（2004）によれば、1980年代にホーム・バイアス比は概ね1.0であったが、2000年代には0.8以下に低下している。

しかし、取引コストによる説明には疑わしいところがある。それは、米国の投資家は幸運なことに外国市場へ直接投資する必要性がないからである。つまり、海外

企業は米国預託証券（ADRs）を通じて米国の取引所に株式を上場しており、その取引コストは低いのである[16]。また、外国資産に特化したミューチュアル・ファンドなど多くの金融商品があり、米国の投資家はそれらに容易にアクセスすることができる。もう少し視野を広げれば、取引コストには分散投資効果に関する知見を得るためのコストも含まれていると考えてよいだろう。実際の取引コストと金融に関する知識を得るためのコストは、経済モデルによって投資家が明らかにホーム・バイアスをもつために必要だと予想されるコストとは整合的ではない。例えばGlassman and Riddick（2001）は、観測されるホーム・バイアスを説明するには、年間12%以上の非常に高い取引コストが必要になると推定している。

4　情報の非対称性

　米国の投資家はおそらく、外国の市場に関して不利な立場にある。なぜなら、外国の投資家は自らの市場について米国の投資家よりもよく知っているからである。外国の投資家よりも情報量が劣後するため、米国の投資家は外国株式の保有を少なくすることを最適な選択肢として選ぶ[17]。この説は、国内投資家は外国の投資家よりも国内市場において有利であることを意味している。

　しかし、実証結果は混在している。Shukla and van Inwegen（1995）は、米国市場において国内投資家が外国投資家のパフォーマンスを上回っていることを示した。また、Coval and Moskowitz（2001）の「Home Bias at Home」という論文によれば、米国のミューチュアル・ファンドにおいても、地元企業に投資するファンド・マネージャーのパフォーマンスは、米国全体に投資するファンド・マネージャーよりも高い。一方、Grinblatt and Keloharju（2000）、Seascholes（2000）、およびKarolyi（2002）は、すべてそれとは反対の結果を示している。すなわち、国内に在住する投資家や機関投資家は、外国の投資家に比べて、国内市場におけるパフォーマンスが劣後しているのである。

5　行動バイアス

　Huberman（2001）は「人々は単に、馴染みのあるものに投資することを好む」のだと主張している。つまり、国際分散投資の欠如は、人々がよく知っている市場に固執する結果だというのである。また、Morse and Shive（2011）は、ホーム・バイアスは愛国心であり、愛国心の低い国の投資家はホーム・バイアスも低いと主張している。

　ホーム・バイアス・パズルに関する研究は、実証経済学のよい例である（第2章

参照)。しかし、投資家による投資機会の活用を妨げている要因が何なのかは、依然としてわかっていない。一方、平均・分散投資における分散投資の概念は規範経済学的であり、本章2.1節および2.4節で、国際投資の大きなメリットを例示した。すなわち、投資家は分散投資によってリスク・リターンのトレードオフを改善する機会を逃すべきではないのである。あなたのお金は、すぐにでも家を出て行きたがっている、短気な若者のようなものである。つまり、外国に投資し、分散投資効果を享受すべきなのである。

2.7 分散投資は本当にフリー・ランチか?

分散投資は金融における唯一の「フリー・ランチ」と呼ばれてきたが、あまりにもできすぎた話のように聞こえる。もしあなたが(最適に)分散投資されたポートフォリオを保有していれば、個別資産を保有しているよりも優れたリスク・リターンのトレードオフを得ることができる。しかしそれは、本当にフリー・ランチなのであろうか。

もしあなたがポートフォリオ・リターンの平均と分散のみを気にするのであれば、答えはイエスである。

平均・分散投資は、その定義からしてリターンの平均と分散のみを考慮している。完全相関しない資産により構成された分散投資ポートフォリオを保有することにより、ポートフォリオの分散は実際に低下させることができる(式(3.1)参照)。この意味においてフリー・ランチは確かにある。しかし、もし投資家が平均や分散以外に関心がある場合にはどうであろうか? 特に、投資家がダウンサイド・リスクや、他の高次モーメントのリスク指標を気にする場合はどうであろうか?

相関がない資産を組み合わせれば、分散は常に低下する。このことが、平均・分散空間においてリターンを向上させ、リスクを低下させる要因である。しかし、ポートフォリオにしたからといって、他のリスク指標が必ずしも低下するわけではない。例えば、あるポートフォリオでは負の歪度が大きくなることもあり、その場合はダウンサイド・リスクが個別資産のそれよりも大きくなる[18]。多くの投資家は、単に分散だけでなく、他の多くのリスク指標も気にかけているのである。

他のリスク指標を考慮する場合には、分散投資は必ずしもフリー・ランチではない。それにもかかわらず、資産のリターン分布の裾野を特徴づける観点からも、標準偏差(または分散)は最も重要な指標である。さらに、一般的な効用関数に対す

第3章 平均・分散投資 105

る最適な資産ウェイトは、第一近似として平均・分散ウェイトと考えることができる。ただし、その近似における投資家のリスク回避度は調整しなければならない（第2章参照）[19]。分散は一次のリスク効果であり、場合によっては、平均・分散による近似からの乖離が大きくなることもある。したがって、依然としてダウンサイド・リスクの監視が必要になるのである。

　逆の見方をすると、分散投資は賭けによる大きなペイオフのチャンスをなくしてしまう。もしあなたがリスクを求めて一攫千金の株に賭けたいのなら、または、将来のマイクロソフト社の株式やグーグル社の株式に全財産を投資して億万長者になることを願っているのなら、分散投資はあなたに向いていない。分散投資は個別リスクを軽減するため、集中度が高いポートフォリオに生じ得るような極端に高いペイオフは制限される。このように起こり得る大きな損失が限定されるからこそ、リスク回避的な投資家は分散投資を好むのである。この点については、エンロン社やリーマン社の従業員、あるいはロチェスター大学やボストン大学の教員や学生に聞いてみたいところである。

　平均・分散投資に関するメッセージを一言でいえば、資産を分散させることは好ましいものだ、ということになる。それは回避可能な個別リスクを最小化する。また、平均・分散投資は資産を全体としてとらえ、それぞれがどのように相互作用するかに焦点を当てる。資産を分散させることにより、投資家はシャープ・レシオを向上させ、資産を個別にもつよりも間違いなく優れたポートフォリオを保有することが可能になる。それは、単位リスク当りのリターンが高い、または与えられた目標リターンの中でリスクが低いポートフォリオである。

3 平均・分散最適化

　これまで平均・分散フロンティアについてみてくる中で、最も好ましい投資機会はそのフロンティア上にあることがわかった。しかし、そうした効率的ポートフォリオのうち、どれを選択すべきなのであろうか。

　その答えは各々の投資家のリスク回避度によって変わる。前章では、*無差別曲線*によって平均・分散選好を簡単に取り扱えることがわかった。すなわち、平均・分散効用を最大化させることは、実現可能な無差別曲線のうち最も効用が高いものを選ぶことに等しいのである。無差別曲線は、各投資家が最大化する平均・分散効用に対応している（第2章の式（2.4）参照。下記に再掲）。

$$\max_{\{w_i\}} \left[\mathrm{E}(r_p) - \frac{\gamma}{2} \mathrm{var}(r_p) \right] \quad (3.3)$$
$$\text{制約条件は任意}$$

ここで、リスク回避係数 γ は各投資家に固有のものであり、ウェイト $\{w_i\}$ は各投資家が投資対象とするリスク性資産に相当する。もしリスクフリー資産に投資可能であれば、それも投資対象に含まれる（リスクフリー資産を含むすべての資産のウェイトを合計すると1になる）。

3.1 リスクフリー資産がない場合

図3.8はリスクフリー資産がない場合の解法を示したものである[20]。左上のグラフは無差別曲線を示しているが、第2章で述べたように、ある一つの無差別曲線は一つの効用水準に対応している。すなわち、投資家は与えられた無差別曲線上のポートフォリオにおいては同じ効用をもっているのである。投資家は、より高い無差別曲線に連続的に移動することによってより高い効用が得られるようになる。また、右上のグラフは、本章第2節で作成した平均・分散フロンティアである。フロンティアは投資対象となる資産の属性から決まるものであり、無差別曲線は投資家のリスク回避度の関数となっている。

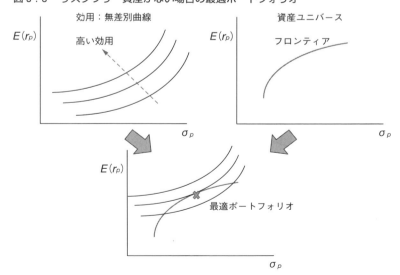

図3.8　リスクフリー資産がない場合の最適ポートフォリオ

図3.8の下のグラフは、無差別曲線とフロンティアをあわせて示している。この中で可能な限り高い無差別曲線と平均・分散フロンティアの接点を見つける必要があるが、そうした接点はこのグラフの中に×として記されている。この接点より上方では無差別曲線の効用は高くなるが、ポートフォリオはフロンティア上になければならないため、そうした効用は実現可能ではない。一方、接点より下方にある無差別曲線はフロンティアと交差しており、実現可能なポートフォリオを示しているが、この場合はより高い無差別曲線に移ることで効用を改善させることができる。したがって、最も高い実現可能な効用は、可能な限り高い無差別曲線とフロンティアの接点×となる。

　G5の例に立ち戻り、リスク回避係数が $\gamma = 3$ である平均・分散投資家を取り上げよう。図3.9には、米国、日本、英国、ドイツ、フランスの株式市場を用いて、制約あり（空売りなし）と制約なしの場合の平均・分散フロンティアを表示している。また、ここでは実現可能な最大の効用に対応する無差別曲線も描いており、それはフロンティアと星印で示した点において接している。この接点では、制約あり

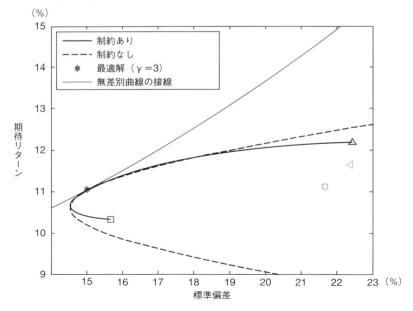

図3.9　G5（米・日・英・独・仏）株の平均・分散フロンティア（制約あり・なし）と最適ポートフォリオ

と制約なしの両方の曲線が重なり合っており、その接点における最適ポートフォリオは次のようになる。

	米国	日本	英国	ドイツ	フランス
最適ポートフォリオ	0.45	0.24	0.16	0.11	0.04

　このポートフォリオは、ウェイトが米国と日本に過度に偏っており、それぞれ45％と24％である。なお、このポートフォリオはリスク性資産のみから構成されているため、ポートフォリオ・ウェイトの合計は1であることに注意しよう（この例におけるウェイトは、各国の時価総額加重ウェイトにかなり近い）。なお、リスクフリー・レートを1％とすると、この最適ポートフォリオのシャープ・レシオは0.669である。

3.2　リスクフリー資産がある場合

　リスクフリー資産を追加することによって投資機会は大幅に拡大する。ここでは一期間しか考えないためリスクフリー資産の分散はゼロであり、例えば米国財務省短期証券（T-bill）をリスクフリー証券として考えよう（米国財務省短期証券でも小さなデフォルト・リスクがあるが、ここでは無視する。ソブリン・デフォルト・リスクについては、第14章で取り上げる）。

　リスクフリー資産があるとき、投資家は次の二つのステップを経ることになる。

1　最良のリスク性資産ポートフォリオを見つけ出す

　このポートフォリオは、*平均・分散効率的*（*MVE*）ポートフォリオ、もしくは接点ポートフォリオと呼ばれ、リスク性資産からなるシャープ・レシオを最大化させるポートフォリオである[21]。

2　最良のリスク性資産ポートフォリオとリスクフリー資産を組み合わせる

　これは効率的な投資機会集合を、フロンティアからより幅広い機会に変化させることに相当する。以下で説明するように、これによって効率的な投資機会集合は*資本配分線*（*CAL*）となる。

　最良のリスク性資産ポートフォリオを見つけ、その後にリスクフリー資産との組合せを考えるという手続きは2ファンド分離定理と呼ばれている。これは、1981年

第3章　平均・分散投資　109

にノーベル賞を受賞したJames Tobin（1958）によって最初に定式化されたものである。当時の限られた計算機能力を考えれば、これは最適ポートフォリオの選択における飛躍的進歩であった。

最初に、リスクフリー・レートを1％と仮定し、最良のリスク性資産ポートフォリオもしくはMVEを探し出そう。図3.10は、G5を対象とした平均・分散フロンティアを描いており、MVEを星印で表している。MVEを通る斜めの破線がCALである（CALについては前章でも触れた）。CALはリスクフリー・レート（図中では1％）からスタートし、平均・分散フロンティアに接している。この接点がMVEであり、CALは、MVEとリスクフリー資産のすべての組合せから得られる。MVE自体はG5の株式100％というポジションに対応しているのに対し、CALとy軸の交点は100％がリスクフリー資産のポジションである。

CALの傾きはポートフォリオのシャープ・レシオを表している。CALはMVEで接しているため、これは投資家が得ることができる最大のシャープ・レシオだともいえる。y軸上のリスクフリー・レート1％からスタートするより大きな角度をもつ直線は、フロンティアと交差することがないため、実現不可能である。フロン

図3.10　G5の株式とリスクフリー資産との資産配分

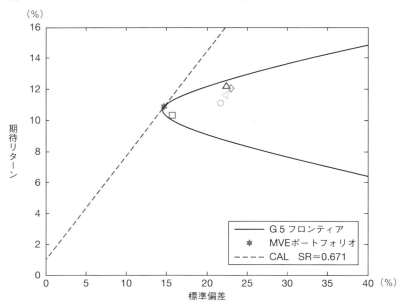

ティアはG5のリスク性資産からなる最良のポートフォリオを表しており、投資家のポートフォリオはそのフロンティア上に位置していなければならない。逆に、リスクフリー・レート1％からスタートする上記のCALよりも小さな角度をもつ（x軸にもっと近い）直線は、フロンティアと交差する。したがって、そうしたCALは実際のポートフォリオによって実現できるが、それは可能な限り最大のシャープ・レシオを表しているわけではない。最大のシャープ・レシオは接点もしくはMVEなのである。

図3.10におけるMVEのシャープ・レシオは0.671である。また、その構成比は次のようになっている。

	米国	日本	英国	ドイツ	フランス
MVEポートフォリオ	0.53	0.24	0.12	0.10	0.02

y軸上に位置するリスクフリー・レート1％に対応するリスクフリー資産100％のポジションを除けば、CAL上のすべてのポートフォリオは、同じシャープ・レシオである。

ここで、リスク性資産からなる最良のMVEポートフォリオが見つかったので、投資家はリスクフリー資産をMVEポートフォリオと組み合わせることになる。これにより、平均・分散フロンティアから離れることができるのである。MVEとリスクフリー資産の最適な組合せを見つけることは、最も高い無差別曲線がCALに接する点を見つけることと同等であり、その接点が投資家の最適ポートフォリオである。図3.11はCALをグラフにしたものであるが、あわせてリスク回避度$\gamma = 3$の投資家にとって最適な保有資産を三角印で示している。この点で接している無差別曲線も図中に示しているが、これは投資家にとって最大の効用に対応している。

図3.11では、最も高い無差別曲線とCALの接点は、MVEの右側に位置している。このことは、投資家がリスクフリー資産を空売りするか、もしくは1％の金利でお金を借りることを意味し、レバレッジがかかったMVEのポジションを保有することに相当する。三角印で示された最適なポジション、すなわち接点MVEは次のようになる。

図3.11 G5の株式とリスクフリー資産との資産配分の検討例

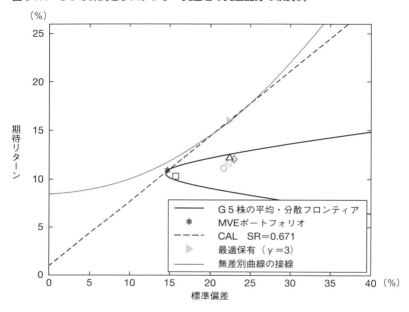

	米国	日本	英国	ドイツ	フランス	リスクフリー
MVEポートフォリオ	0.80	0.37	0.18	0.15	0.03	▲0.52

　この最適ポートフォリオにおける各リスク性資産の相対的割合は、MVEのウェイトと同じである。すなわち、MVEにおける米国のウェイト0.53は、0.80／(0.80＋0.37＋0.18＋0.15＋0.03) に等しいのである。また、$\gamma = 3$の投資家に対する最適資産配分はCAL上にあることから、シャープ・レシオはCALと同じ0.671となる。

　前3.1節における制約ありの（リスクフリー資産を含まない）状況から、リスクフリー資産を含む状況に移ることによって、投資家はどれほどの利得を得ることになるだろうか？ リスクフリー資産の空売りを行うこの接点のポジションの確実性等価は0.085である。以前算出したリスク性資産だけからなるポートフォリオに制限した場合の確実性等価は0.077である。投資家がリスクフリー資産を空売りすることが許されるのであれば、80bpもの大幅な効用の改善がもたらされるのである。

3.3 株式市場に参加しない場合

平均・分散投資によれば、株式とリスクフリー資産だけを対象とした場合、無限のリスク回避度をもたない限りすべての投資家は株式市場に参加すべきである。しかし実際には、株式市場に資金を投じているのはわずか半分の投資家にすぎない[22]。これが*不参加パズル*である。

表3.12は、Li（2009）が算出した米国の各世帯における株式市場への参加率である。このデータは、ミシガン大学によって行われた「Panel Study of Income Dynamics（PSID）」という家計調査と、連邦準備制度理事会（FRB）が実施した「消費者ファイナンス調査（SCF）」に基づいている（いうまでもなくこの参加率は貯蓄がある人を対象とすべきであり、研究者は貯蓄が不十分な貧しい人々を除外してこれを算出した方がよい）。

表3.12では、PSIDとSCFによる株式保有比率は互いに近い値となっており、30％前後の水準にとどまっている。SCFは、年金や個人退職勘定（IRA）に含まれる株式も計算に入れており、それらの退職関連資産を含めると、家計が株式を保有する比率は約50％まで高まる。この退職関連資産を含めた場合の株式市場への参加率は1980年代の30％から、2005年の50％まで一貫して上昇しているが、それでも依然として米国の家計全体の半分が株式を保有していないのである。これは米国だけの現象ではない。Laakso（2010）によると、直接投資に加えてミューチュアル・ファンドや投資口座を通じた間接投資まで含めた場合でも、ドイツとフランスにおける株式市場参加率は50％を下回っている。イタリア、ギリシャ、スペインにおける株式市場参加率は高くても約10％である。

株式市場における高い不参加率に対しては、以下のようないくつかの説明がなされてきた。

1 投資家は平均・分散効用をもっていない

第2章では、多くの現実的な効用関数を取り扱った。相場下落時の損失に対して大きなリスク回避度をもつ投資家を表現する効用関数の場合、株式の最適保有比率は劇的に低下する。Ang, Bekaert, and Liu（2005）が示したように、特に落胆効用をもつ投資家は株式市場に参加しないことが最適になるのであろう。

2 参加コスト

参加コストとは、実際に株式を購入する際の取引コストを意味するが、より広い意味でのコストとして、金融に関する教養を身に付けるための出費や、株式市場へ

表3.12　米国における株式市場への参加率

	1984	1989	1994	1999	2001	2003	2005
PSID	27%	31%	37%	28%	32%	29%	27%
SCF（年金とIRAを除く）	−	21%	23%	30%	32%	30%	29%
SCF（年金とIRAを含む）	−	32%	39%	50%	52%	51%	51%

投資することに伴う恐怖に打ち勝つための心理的コストも含まれている。参加コストによる説明と整合するように、オンライン取引が登場したりミューチュアル・ファンドがより身近になったりしたことで1980年以降に株式の取引が容易になるにつれて、より多くの人が株式に投資するようになったことが表3.12からわかる。Vissing-Jørgensen（2002）によると、2000年時点での価値でちょうど50ドルの参加コストによって、家計の半分が株式を保有しないことを説明することができるとのことである。逆に、Andersen and Nielsen（2010）は参加コストでは、高い不参加率が説明できないと主張している。彼らの論文は、突然死によって株式を相続した世帯を調査するという、少しぞっとするような内容である。そうした家計は参加コストを支払わずに株式市場に参加するが、その多くは単純に株式ポートフォリオをすべて売却し、リスクフリー資産である債券にポートフォリオを移すのである。

3　社会的要因

いくつかの社会的ファクターが株式の保有と高い相関をもっている。すなわち、株式に投資しているかどうかは、その人の仲間が株式に投資しているかどうかや、政治活動に積極的かどうかということに依存しているのである。また、株式を保有していない投資家は保有している投資家より市場を信頼していない。投資家の期待リターンは、彼らが前回株式市場に参加した際に痛い目にあったかどうかに大きく依存している[23]。Grinblatt, Keloharju and Linnainmaa（2012）は、知的な投資家ほど株式に投資するという挑発的な結果を示している。

著者のアドバイスは、どんな理由があっても不参加という選択肢はないということである。株式リスク・プレミアムは、株式に投資しさえすれば享受できる（第8章参照）。ただし、分散投資されたポートフォリオの一部として株式に投資すべきである。

4 結果は入力次第で大きく変わる

平均・分散フロンティアは、平均リターンやボラティリティおよび相関の推定から大きな影響を受けやすい。非常に小さな入力値の変化が、まったく異なるポートフォリオを作り出すのである。平均・分散最適化が冷めた目でみられる原因としてこうした問題がある。確かに、「最適な」平均・分散ポートフォリオに頑健性がないことは問題である。しかし、だからといって分散投資されたポートフォリオの方が個別資産よりもよいという平均・分散投資の主要なメッセージの価値を減じるべきではない。重要なのは、こうした難しい状況のもとでどうやって最適な平均・分散ポートフォリオを見つけるかということである。

4.1　入力値に対する感応度

図3.13はこの問題をよく表している。この図では、1970年1月〜2011年12月の期間のデータを使って推定した既出の平均・分散フロンティアを実線で示している。この期間における米国株式の平均リターンは10.3%である。仮に平均リターンを13.0%に変更する場合を考えてみよう。ちなみに、この値は米国の平均値を推定する際の2標準誤差の範囲に収まっている。このときの新しい平均・分散フロンティアを破線で示しているが、両線には大きな差が生じていることがわかる。

目標リターンが12%となる平均・分散フロンティア・ポートフォリオについて、最初のケース（米国の平均が10.3%）と新しいケース（同平均が13.0%）を比較したものが次の表である。

	米国の平均値＝10.3%	米国の平均値＝13.0%
米国	▲0.0946	0.4101
日本	0.2122	0.3941
英国	0.4768	0.0505
ドイツ	0.1800	0.1956
フランス	0.2257	▲0.0502

以前の例では、リスク回避度 $\gamma = 3$ の場合について（制約がある）最適ポートフォリオを取り扱っていたため、米国のウェイトが負になることはなかった。その

第3章　平均・分散投資　115

図3.13 入力値が異なる場合のG5(米・日・英・独・仏)の資産配分の比較例

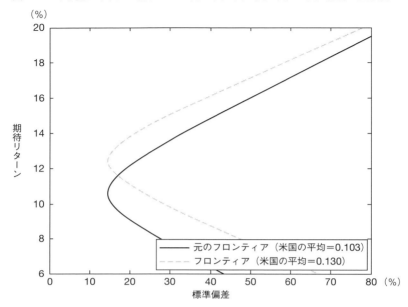

ときの目標リターンは11.0%であったが、12%の目標リターンに対応するフロンティア上のポートフォリオは、米国株は▲9%と空売りをしている。このように目標リターンがわずかに変化すると、ポートフォリオ・ウェイトも大きく変化することは、平均・分散最適化の頑健性が欠如していることを示している。

ここで、米国株の平均リターンを13.0%に変更すると、米国のウェイトが▲9%から41%へと上昇する一方で、英国のウェイトは48%から5%に、フランスのウェイトは23%から▲5%にそれぞれ低下する。これらは、米国の平均値をわずかに変えただけで生じた、大きな変化である。Michaud (1989) が平均・分散ポートフォリオを「誤差最大化ポートフォリオ」と呼んだのも無理はない。

4.2 何をすべきか？

効用の変更

著者がまず推奨する方法は、平均・分散効用を使わないことである。投資家は分散以外のリスクを恐れたり、「隣人に追いつけ」効用（catching-up-with-the Joneses utility）や習慣効用で表されるように相対パフォーマンスを気にしたり、手に

した利益を大切にすることよりも損失の方をひどく恐れたりする（より一般的な効用関数については第2章参照）。残念ながら、（著者が本書執筆時点で知っている限り）現実的な効用関数に対して最適ポートフォリオを算出する市販の最適化ツールは見当たらない。しかし、高品質の平均・分散最適化ツールは数多くある。もし読者が平均・分散効用に固執する（またはそうせざるを得ない）のであれば……。

制約を使用する

Jagannathan and Ma（2003）によれば、制約条件を課すことで多くのことが改善される。実際、平均・分散ウェイトはそのままでは非常に不安定であり、平均・分散最適化を使用する実務家は常に制約条件を課す。制約が有用なのは、それによって制約がないポートフォリオ・ウェイトが経済的に合理的なポジションに引き戻されるからである。したがって、そうした方法は、無制約のウェイトの*範囲を狭*めて合理的な値に引き戻す一種の*ロバスト推定法*と解釈できる。これをより一般的に実施するには……。

ロバスト統計を使用する

投資家は、ロバスト統計推定法を使用することにより、入力値の推定を大幅に改善することができる。そのような推定方法の一種として、*ベイジアン縮小推定法*がある[24]。これらの推定方法は、伝統的な推定方法を混乱に陥れるような極端な値や外れ値に対処するものである。この方法では、推定値を直感的に*事前*に定めた値または経済学的モデルに基づく値に引き戻す。例えば、サンプルから推定された平均値をそのまま使圧せずに、CAPM（第6章参照）やマルチ・ファクターモデル、あるいはファンダメンタル分析に基づく何らかの値を使って、もともとの平均値を調整するのである。共分散もまた事前情報に基づく値に引き戻すことが可能である。例えば、ある業種に含まれる株式がそれぞれ互いに似ていると考えれば、それらが同じボラティリティや相関をもつとすることは合理的なのである[25]。

しかし、データが質の悪いものであれば、どんな統計的手法も役には立たない。

過去データをそのまま使用するな

投資家は、最適化問題の入力値を推定するために過去のデータを使用せざるを得ない。しかし、多くの投資家は、短い期間の重複したサンプルに対して単純に過去平均をとったりする。これは、最もやってはいけないことである。

G5やそれらの国の様々な部分集合に対して平均・分散フロンティアを描く際に、著者は過去データを使用した。これについては罪を認めよう。著者は1970年1

第3章　平均・分散投資　117

月～2011年12月というかなり長期のサンプルを使用したのだが、それでもこの40年近いサンプルは比較的短い。すなわち、本章の図については過去40年間に起こったこととしてみるべきであり、将来起こり得る景色としてみるべきではない。運用会社がよく小さな文字を使って書いているように、過去のパフォーマンスは将来の結果を保証するものではない。期待リターン、ボラティリティ、相関係数といった平均・分散投資に要求される入力値は、将来何が起こると我々が考えるかという意見の表明にすぎないのである。

　短いデータ・サンプルを使用して入力値の指定量を作成することは非常に危険である。そうすると順張り的になってしまうのである。過去のリターンが高ければ、現在の価格も高くなっているが、現在の価格が高いということは、将来のリターンが低くなりやすい。一般に予測力は非常に弱いが、第8章で示すように多少の予測力は存在するのである。このように、過去のデータ・サンプルを使って平均を推定しようとすると、まさに将来リターンが低くなりそうなときにリターンの予測値は高くなりやすい。こうした問題は、より直近のデータに重きを置く指数平滑法のような技法を使用する場合に起こりやすく、それによって事態はさらに悪化する。

　金融危機の直前に当たる2000年代中頃はリターンが安定していたが、それをサンプルとして使用する投資家は、分散を低く見積もるだろう。しかし、ボラティリティが低い（価格が高い）時期は、実際にはリスクが高い時期である。国際決済銀行（BIS）のアンドリュー・クロケット卿は「一般には、リスクは景気後退期に増加し、景気拡大期に低下するとされている。しかしこれとは反対に、景気拡大期に金融の不均衡が*増大*し、景気後退期の際にそれが*現実化*すると考える方がより有益だろう」と述べている[26]。例えば、2007年までの短いサンプルを使用してボラティリティを低く推定してしまうと、2008～2009年における金融危機において急増したリスクを完全に見落としてしまうだろう。

経済モデルを使用せよ

　著者は、*資産配分は基本的には資産価値評価の問題*であると信じている。過去データを単純に使うことの最も重大な問題は、経済的価値を無視しがちになることであり、それは専門家による優れた計量経済学の手法を活用したとしても同様である。価格が高すぎる場合により多くを買うことはないのである。

　資産価値を評価するには*経済的枠組み*が必要である。また、経済モデルを統計的手法と組み合わせることも可能である。これがよく知られたBlack and Litterman（1991）のアプローチであり、この方法では多くの状況において「合理的な」期待

118　第Ⅰ部　アセット・オーナー

リターンの推定値が与えられる。ブラック＝リッターマン・アプローチは、我々が市場時価総額あるいは市場でのウェイトを観測するという事実からスタートする。市場は、CAPMという均衡理論（第6章参照）の中で定義される平均・分散ポートフォリオであり、市場価格を反映して決まる市場ウェイトは、将来リターンの市場期待を織り込んでいる。ブラック＝リッターマンは、（観測可能な）時価総額から（観測不能な）将来の期待リターンをリバース・エンジニアリングするために、CAPMという簡単なモデルを使用するのである。それに加えて、彼らの方法では、縮小推定法による推定量を用いて、市場に基づいたウェイトを投資家自身の考えに沿って調整することもできる。第6章では、いくつかの例においてブラック＝リッターマンのアプローチを用いる。

　入力値を推定する別の方法は、その値を決める基本的な決定要素にまで掘り下げることである。本書の第Ⅱ部では、資産のリスクとリターンを決定づける基本的なファクターに関する議論を展開する。頑健なポートフォリオを構築するためには、ファクターがどのようにしてリターンに影響を与えるかを理解し、様々な投資家にとってどのファクター・エクスポージャーをとるのが長期的に正しいのかを見つけることが必要なのである。

　資産クラスにつけられたラベルを通してそれに内在するファクター・リスクに注目するという*ファクター投資*（第14章参照）の概念は、分散投資のメリットを最大化する上で重要である。単純に「未上場株」や「ヘッジファンド」といった名前を各投資手段に割り当てるだけでは、それらは資産クラスにはならない。単純な平均・分散投資の手法では、それらを別々の資産クラスとして扱い、平均・分散最適化ツールにそのまま放り込むことになる。一方、ファクター投資においては、未上場株とヘッジファンドは伝統的な資産クラスと共通のファクター・リスクを多く抱えていることが認識される。もし投資家が資産に内在するファクター・リスクに目を向けないのであれば、2008年にリスク性資産が同時に危機に瀕したように、分散投資のメリットは絵に描いた餅になってしまいかねない。

誰にでもわかるくらいに単純にすべし

　単純なことは常に一番うまくいく。平均・分散投資の主な原理は、多様な資産に投資されたポートフォリオを保有することである。単純な分散投資ポートフォリオは多数存在するが、それらは式（3.2）式および式（3.3）による美しい平均・分散二次計画法によって計算された最適ポートフォリオよりもずっとうまくいくことが多い。単純なポートフォリオはまた、より複雑な統計的モデルまたは経済的モデル

第3章　平均・分散投資　119

による付加価値を測る上で、強固なベンチマークにもなるのである。

　最も単純な戦略、すなわち等金額ポートフォリオが最良のパフォーマンスを示すことをこれからみていこう。

5　特別な平均・分散ポートフォリオ

　本節では、いくつかのポートフォリオ戦略を競わせる。それぞれのポートフォリオはすべての平均・分散戦略の中で特別な場合に相当する。資産の多様化はすべての戦略に共通しているが、分散投資ポートフォリオの構築は異なった方法で行われ、まったく異なったパフォーマンスをもたらす。

5.1　競馬レース（パフォーマンス比較）

　米国国債（バークレイズ・キャピタル米国国債指数）、米国社債（バークレイズ・キャピタル米国クレジット指数）、米国株式（Ｓ＆Ｐ500指数）、外国株式（MSCI・EAFE指数）という四つの資産クラスについて、1978年1月〜2011年12月の期間のパフォーマンスを様々なポートフォリオについてみてみよう。データのサンプリング間隔は月次とし、時刻 t における戦略は、過去5年、すなわち t -60時点から t 時点までのデータを使って推定するものとする。具体的には、最初のポートフォリオは、1973年1月〜1978年1月のデータを使用して、1978年1月末に構築する。また、ポートフォリオは1ヵ月間保有し、月末に新しいポートフォリオを構築する。リスクフリー・レートとして1ヵ月物米国財務省証券（T-bills）を使用し、ポートフォリオを構築する際の各資産クラスの空売りは▲100％までとする。

　短期間のサンプルを時間的に重複した形で用いることは、前節での批判に直面することになるが、制約がない平均・分散アプローチの落とし穴を強調するために、あえてこうすることにする。結果的に、なぜいくつかの特別な平均・分散ポートフォリオのパフォーマンスがよく、他のものが悪いかが理解できるだろう。

　ここで比較するポートフォリオを以下に示す。

平均・分散ウェイト：ウェイトはシャープ・レシオを最大化するように選ぶ。

市場ウェイト：各指数の市場時価総額によってウェイトが決まる。

多様性ウェイト：市場ウェイトを（べき乗することによって）変換したものであり、Fernholz, Garvy, and Hannon（1998）によって推奨されている。

等金額ウェイトあるいは1／Nルール：4資産をそれぞれ4分の1ずつ保有する。

　約1,500年前にバビロニア・タルムードがこの戦略を推奨したことからDuchin

120　第Ⅰ部　アセット・オーナー

and Levy（2009）はこれを「タルムード・ルール」と呼んでいる。タルムードには、「お金は常に次のように配分すべきである。 3分の1を土地に、 3分の1は商売に、残りの3分の1は手元に」と書かれている。

リスク・パリティ：これはお勧めの戦略であり、資産ウェイトを分散の逆数（*分散版リスク・パリティ*）もしくはボラティリティの逆数（*ボラティリティ版リスク・パリティ*）に比例させるものである。「リスク・パリティ」という言葉は、もともとエドワード・チエンが2005年に命名したものである[27]。カルト的ともされる企業文化をもつ巨大ヘッジファンドであるブリッジウォーター・アソシエイツ社の大きな成功により、この戦略は実務家の間で非常に有名になった[28]。ブリッジウォーター社は1996年に「全天候型」ファンドと呼ばれる、リスク・パリティに基づいた最初の商品を立ち上げ、2011年には創業者であるレイ・ダリオは39億ドルの収入を得ている[29]。ブリッジウォーター社が成功すると、それを模倣する者も多くなってきた。そして、もともとリスク・パリティには分散が使われていたが、今ではボラティリティを使った加重方法にもファンがいる[30]。

最小分散：すでにみたように、平均・分散フロンティアの最左端に位置するポートフォリオである。

等リスク寄与：各資産のポジションがポートフォリオ全体の分散に等しく寄与するように構築されたものである[31]。

ケリー・ルール（1956）：期待対数リターンを最大化するようにしたポートフォリオ戦略である。非常に長い期間でみれば、富を最大化するであろう（第4章でもう少し説明する）。

シャープ・レシオ比例：過去5年の間により大きなシャープ・レシオを実現した資産をより多く保有するようにした戦略である。

　米国株に100％投資するケースでは、シャープ・レシオが0.35である。このパフォーマンス比較では、最も制約のない平均・分散ポートフォリオを除き、すべての分散ポートフォリオは概ねこのシャープ・レシオを上回っている。この結果は、第2章の例で示した、米国株100％のポートフォリオを保有すべきでないというアドバイスと整合的である。すなわち、分散投資は低いリスクと高いリターンをもつ優れたポートフォリオを生み出すのである。

　表3.14はパフォーマンス比較の結果をまとめたものであるが、平均・分散ウェイトのパフォーマンスはひどいものである。シャープ・レシオは0.07であり、他のすべての戦略に負けている。一方、時価ウェイトで保有するケースはそれよりはかな

表 3 .14　米国国債、社債、株式、および外国株式を対象としたポートフォリオ戦略のパ
　　　　フォーマンス比較（1978～2011年）

	リターン （原データ）	ボラティリ ティ	シャープ・ レシオ	コメント
平均・分散ウェイト	6.06	11.59	0.07	シャープ・レシオ最大化
市場ウェイト	10.25	12.08	0.41	
多様性ウェイト	10.14	10.48	0.46	市場ウェイトを変換したものを使用
等金額ウェイト （1／4）	10.00	8.66	0.54	
リスク・パリティ （分散）	8.76	5.86	0.59	分散に逆比例するようなウェイト
リスク・パリティ （ボラティリティ）	9.39	6.27	0.65	ボラティリティに逆比例するようなウェイト
最小分散	7.96	5.12	0.52	
等リスク寄与	7.68	7.45	0.32	ポートフォリオの分散に等しい寄与を与えるようなウェイト
ケリー・ルール	7.97	4.98	0.54	期待対数リターンを最大化させる
シャープ・レシオ比例	9.80	9.96	0.45	

	平均資産ウェイト			
	米国国債	米国社債	米国株式	外国株式
平均・分散ウェイト	0.74	▲0.05	0.06	0.25
市場ウェイト	0.14	0.08	0.41	0.37
多様性ウェイト	0.19	0.15	0.33	0.32
等金額ウェイト（1／4）	0.25	0.25	0.25	0.25
リスク・パリティ（分散）	0.51	0.36	0.07	0.06
リスク・パリティ （ボラティリティ）	0.97	▲0.30	0.17	0.16
最小分散	1.41	▲0.51	0.07	0.03
等リスク寄与	0.50	0.42	0.25	▲0.17
ケリー・ルール	1.18	▲0.29	0.07	0.04
シャープ・レシオ比例	0.24	0.21	0.21	0.35

りよく、シャープ・レシオは0.41である。この完全に受動的な戦略は、等リスク寄与やシャープ・レシオ比例によるポートフォリオ（シャープ・レシオはそれぞれ0.32と0.45）を上回るかほぼ同等のパフォーマンスとなっている。多様性ウェイトは、時価総額が小さい資産クラスの比率を増やしたポートフォリオとなるが、それによって市場ウェイトよりも良好な結果になっている。

単純な等金額ウェイト戦略はシャープ・レシオが0.54であり、非常によい。この戦略と複雑な計算によって求めた平均・分散ポートフォリオ（シャープ・レシオは0.07）の差異はいったいどういうことであろうか。さらには、等金額ウェイト戦略は市場ポートフォリオ（シャープ・レシオは0.41）を凌ぐパフォーマンスとなっている。De Miguel, Garlappi, and Uppal（2009）によれば、頑健なベイズ推定量、ポートフォリオの制約条件、本章4.2節で触れたポートフォリオの最適組合せ等を含む多くの実用化されている平均・分散ポートフォリオ戦略よりも、単純な等金額ポートフォリオの方がよいパフォーマンスとなる。さらに、等金額ポートフォリオは個別の資産クラスよりも高いシャープ・レシオを示している（このサンプルでは

図3.15 市場ウェイトの結果と同じリスク（ボラティリティ）となるようにスケールを調整した累積リターン

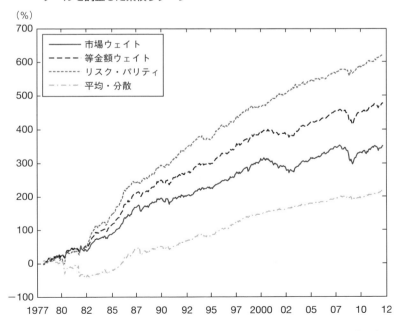

第3章 平均・分散投資 123

米国国債のシャープ・レシオが最も高く0.47である）。

　リスク・パリティ・ポートフォリオは等金額ポートフォリオよりもさらによい。しかし、単純な分散版リスク・パリティ・ポートフォリオを等金額ポートフォリオと比較すると、その優位性は小さい。具体的に、分散版リスク・パリティのシャープ・レシオは0.59であり、等金額ウェイトのそれは0.54である。ボラティリティ版リスク・パリティはさらに優れており、シャープ・レシオは0.65と、ここで考えたすべての戦略の中でも最も高い。より多くの資産クラス（あるいはファクター戦略、第7章参照）に対してリスク・パリティ戦略を実際に行う場合には、過去のシャープ・レシオがしばしば1を超える。

　標準的な平均・分散ポートフォリオや市場ポートフォリオに対する最小分散ポートフォリオの優位性は少なくとも20年前から知られていた[32]。最小分散ポートフォリオが市場をアウト・パフォームする一つの理由は、第10章で述べるように、ボラティリティが低い資産の方が高いリターンを伴う傾向があるためであり、最小分散ポートフォリオはそのボラティリティが低い株式をオーバー・ウェイトするのである。表3.14の最後の二つの戦略は、ケリー・ルールとシャープ・レシオ比例戦略であり、いずれもシャープ・レシオという点では平均・分散ウェイトや市場ポートフォリオよりも高い。しかし、いずれのケースについても、単純な等金額ウェイト戦略を使った方が満足度が高かったはずなのである。

　図3.15は、市場ウェイト、等金額ウェイト、分散版リスク・パリティ、平均・分散の各戦略についての累積リターンを示したものである。ここでは、すべてのリターンが市場ウェイト戦略と同じボラティリティとなるように調整されている。この図3.15をみると、等金額ウェイト戦略とリスク・パリティ戦略の優位性は明らかであり、さらにこの図ではリスク・パリティ戦略のドローダウン（訳注：最高値からの下落率またはその最大値）が四つの戦略の中で最も小さいこともわかる。

5.2　制約なしの平均・分散戦略のパフォーマンスはなぜ悪いのか？

　最適な平均・分散ポートフォリオは、平均値、ボラティリティ、相関係数といった推定値の複雑な関数になっており、推定すべきパラメータは多い。そうした入力データにわずかな誤差があるような場合には、最適な平均・分散ポートフォリオが台無しになってしまう。4資産を投資対象としたポートフォリオの競馬レース（パフォーマンス比較）では、わずか14個の推定パラメータしかないが、これくらい少

124　第Ⅰ部　アセット・オーナー

ない数のパラメータであっても、平均・分散ポートフォリオのパフォーマンスは悪い。対象資産が100種類あれば、推定しなければならないパラメータは5,150となる[33]。5,000種類（米国市場に上場する普通株のおおよその数）の株式に対して、推定すべきパラメータの数は1,200万を超える。すなわち、誤差が生じる可能性はとてつもなく大きいのである。

最適な平均・分散戦略から離れるに従って何が起こるかをみるために、いくつかの入力値を外してみよう。すなわち、平均、ボラティリティ、相関、あるいはそれら三つの組合せについて推定をやめてみるのである。表3.16はいくつかの特別なケースを制約が課される順に示したものである。

最小分散ポートフォリオは、平均・分散戦略において平均リターンを推定しない特別なケースであり、具体的にはすべての資産について平均値が同じだと仮定する。リスク・パリティは、平均および相関係数を推定しない特別な平均・分散戦略である。この戦略はすべての資産が同じ平均リターンをもち、無相関であることを暗に仮定している。等金額ポートフォリオでは何も推定しない。これもまた平均・分散の特別なケースであり、すべての資産が同等だと仮定することになる。

表3.16には市場ウェイトの例も示している。等金額ウェイトと同様に市場ウェイトには推定するパラメータが存在しない。等金額ウェイトと市場ウェイトの重要な違いは、等金額ポートフォリオはアクティブ戦略だということである。つまり、等金額ウェイトに戻すように各期にリバランスを行わなければならないのである。これとは対照的に、市場ポートフォリオはパッシブ戦略であり、取引を行う必要がない。等金額ポートフォリオにおけるリバランスは、この戦略にリバランス・プレミ

表3.16　各戦略と制約

	平均に関する仮定	リスクに関する仮定	相関に関する仮定	コメント
最適平均・分散	制約なし	制約なし	制約なし	最も複雑
最小分散	すべて同じ	制約なし	制約なし	平均を推定する必要がない
リスク・パリティ	すべて同じ	制約なし	ゼロに等しい	平均または相関を推定する必要がない
等金額ウェイト（1／N）	すべて同じ	すべて同じ	すべて同じ	最も単純でアクティブ。何も推定しない
市場ウェイト	－	－	－	観測可能でパッシブ的であり、何も推定しない

第3章　平均・分散投資　125

アムをもたらすが、リバランスは結果的に最適な長期投資戦略の基本になる。こうした話題については次章で取り上げる。

表3.16では、まったく制約がない平均・分散ポートフォリオから始まって、等金額ポートフォリオや市場ポートフォリオに向かうにつれて、推定すべきパラメータも少なくなり、平均・分散最適化において犯し得る誤りも少なくなる。その極端なケースが、等金額ウェイトあるいは市場ウェイトによる保有であり、それらはデータの分析を必要としない（ただし、市場ポートフォリオの場合には、時価総額を知る必要がある）。

長期平均の推定には特に注意を要する。週次や日次の間隔でデータを抽出したからといって平均値を正確に推定できるわけではなく、サンプル期間を長くすることだけが平均値をより正確に特定することにつながる[34]。S&P500指数をはじめとするいかなる資産についても、長期リターンを計測する唯一の方法は、最初と最後の指数水準を取り出し、それを時間で割ることである。それがどのようにして最後の水準になったかは関係なく、最終的な指数値だけが問題なのである。したがって、期間を長くすれば平均リターンについてより確信がもてるようになるが、だからこそリターンの予測は非常に難しいのである[35]。最小分散ポートフォリオが平均・分散ポートフォリオをアウト・パフォームする理由は、平均値に関連するすべての誤差が取り除かれているからである。

ボラティリティは平均よりもずっと予測しやすい。短い時間間隔でサンプルを抽出すれば、平均値の推定精度の向上には役立たないものの、ボラティリティの推定をより正確に行うことができる。また、時間間隔の短いデータは相関をより正確に推定することにも役立つ。ただし、分散はプラスの値であるが相関は符号が変化し得るため、分散の方が相関よりも推定が容易である。相関の推定が正しくないと、最適な平均・分散ポートフォリオにも重大な影響が出てくる。すなわち、相関の小さな変化がポートフォリオ・ウェイトを大きく揺れ動かしてしまうのである[36]。これに対してリスク・パリティ・ポートフォリオは、相関の推定に関するノイズを消し去っている（より先進的なリスク・パリティ・ポートフォリオでは相関を考慮しているものもある）。今までみてきた競馬レース（パフォーマンス比較）では、リスク・パリティ・ポートフォリオのシャープ・レシオ（分散もしくはボラティリティを使用する場合のシャープ・レシオはそれぞれ0.59と0.65）の方が、最小分散ポートフォリオ（シャープ・レシオは0.52）よりも高い。

以上をまとめると、入力値の推定において間違いが少ないという理由によって、

126　第Ⅰ部　アセット・オーナー

特別な平均・分散の方が、まったく制約がない平均・分散よりもよいパフォーマンスになる、ということなのである。

5.3　アセット・オーナーに対する示唆

表3.16では、まったく制約がない平均・分散ポートフォリオのケースからスタートして、制約を加えることによって様々な特別なケースへと移っていった。しかし、分散投資を実践するためには、投資家は表3.16の一番下、すなわち市場ウェイト・ポートフォリオからスタートすべきである。そして、もしリバランスができないのであれば、市場ウェイトで保有すべきである（表3.16におけるパフォーマンス比較では、平均・分散ポートフォリオよりもずっとよい結果を示している）。

もしリバランスが可能であるなら、等金額ポートフォリオに移れば、長期的には市場ウェイト・ポートフォリオよりもよい結果が得られるであろう。非常に大きい資産規模の投資家は取引規模も大きく、それが市場価格を動かして取引コストが増加してしまうため、等金額ポートフォリオを実践することは困難かもしれない。しかし、バランスのとれた固定ウェイトでの資産配分は、結果的にうまくいく。Jacobs, Müller, and Weber（2010）は5,000以上の異なるポートフォリオ構築方法を分析し、単純な固定ウェイト配分が常に平均・分散ポートフォリオに勝ることを示している。

もし分散あるいはボラティリティの推定が可能であるなら、リスク・パリティ・ポートフォリオも検討に値する。パフォーマンス比較では、重複のある過去のサンプルにおける実現ボラティリティをボラティリティの推定値としたが、理想的には将来のボラティリティを推定するのが望ましい。第8章で説明するが、一般化された自己回帰条件付不均一分散モデル（GARCHモデル）や確率的ボラティリティ・モデルなど、ボラティリティを予想するよいモデルが存在する。

あなたが採用した計量経済学者が正確に相関やボラティリティを推定できると仮定してみよう。その場合には、リスク・パリティ・ポートフォリオから相関の制約を緩めることを考えるべきである。最後に、これが最も難しいのだが、平均値を正確に予想できる状況を考えてみよう。もしそうであれば、そしてそうである場合のみ、（まったく制約条件がない）平均・分散最適化を考えるべきである。

ここで考えたすべてのポートフォリオ戦略に共通するのは、分散投資されているという事実であり、これこそがこの章から受け取るべきメッセージである。すなわち分散投資はうまくいくということである。平均・分散の技術を使って最適ポー

第3章　平均・分散投資　127

フォリオを算出することは危険であるが、単純な分散投資戦略は非常にうまくいく。

リスク・パリティ・ポートフォリオへの警告

表3.14の第二のパネルでは、それぞれの戦略における各資産クラスの平均ウェイトをまとめている。ボラティリティ版リスク・パリティ・ポートフォリオは非常にうまくいっているが、これは国債をオーバー・ウェイトしているからである。分散版リスク・パリティ・ポートフォリオでは、平均的に米国債を51％、社債を36％保有しているが、これに対して市場の平均ウェイトはそれぞれ14％と8％である。また、債券（国債＋社債）のウェイトは、分散版リスク・パリティ・ポートフォリオよりもボラティリティ版のリスク・パリティ・ポートフォリオの方がより一層高くなっている。1980年代初頭から2011年までの全期間を通してみると金利が低下傾向にあり、この期間は国債がこの上ないほどよいパフォーマンスを示している（第9章参照）。これによって、このサンプルにおけるリスク・パリティ・ポートフォリオの極めて良好なパフォーマンスが説明できるのである。

リスク・パリティ・ポートフォリオの構築ではボラティリティの推定が必要である。ボラティリティはリスクそのものであり、リスクと価格は将来の期待リターンを織り込みながら、均衡状態で関係し合っている（第6章参照）。ヘッジファンドの運用者であるハワード・マークスは2011年に、「高いリスクと低いリターンの見通しはまさに同じコインの表と裏のようなものであり、バリュー投資家は、いずれも高い価格に起因していると考えている」と述べている。リスク・パリティ・ポートフォリオは、ボラティリティが低い資産をオーバー・ウェイトするが、過去のボラティリティが低くなりやすいのは現在の価格が高いときである。したがって、過去の低いボラティリティと現在の高い価格は、現在と将来の高いリスクと符合する[37]。本書執筆時点において、米国長期国債は過去最低利回りを更新しており、国債の価格は非常に高い。その結果、単に価格が高いという理由でリスクフリー資産である米国長期国債は最もリスクの高い投資となり、価格が十分に低いリスク性の株式が最も安全な投資となり得るのである。このような価格評価を無視してリスク・パリティ・ポートフォリオを下手に利用すると、どうしても順張り的になるが、金利の平均回帰性は非常に遅いため、その戦略が本当に順張り的であったのかどうかがはっきりするには数十年かかるであろう。

6 再考：ノルウェーとウォルマート社

　分散投資とは多様な資産を保有することである。本章第2節では、米国からスタートして、G5（米国、日本、英国、ドイツ、フランス）に達するまで国を順次加えていくことで大きなメリットが得られることをみた。逆に、G5から資産を取り除いていくと、分散投資効果を減少させてしまう。

　ノルウェーは、人権侵害への懸念や他の倫理的問題への配慮からウォルマート社を投資対象から除外している。しかし、最初から保有していない場合を除き、いかなる資産であってもポートフォリオから除外することは投資家の状況を悪化させる。このようにある資産を取り除かなければならない場合、分散投資効果の低下はどの程度なのであろうか。

6.1　分散投資効果の低下

　著者はMBAの資産運用の授業において、ノルウェーおよびそれによるウォルマート社の除外をケーススタディとして教える際に、ウォルマート社から投資を引き揚げたことによって失った分散投資効果を学生に計算させている。これは平均・分散投資の概念を使って計算できるが、ここでは学生たちに与えるのと同じ課題ではなく、世界ポートフォリオから様々な業種を取り除く実験を行ってみよう。これはノルウェーとも関係するものである。なぜなら2010年1月からノルウェーはタバコ会社の株式を一切保有していないからである。カリフォルニア州政府職員退職年金基金（CalPERS）やカリフォルニア州教職員退職年金基金（CalSTRS）といった他の著名なファンドもタバコ会社の株式を保有していない。

　ここではFTSE全世界指数のポートフォリオについて考える。このポートフォリオは、2012年6月末時点で39業種2,871銘柄の株式を含んでいるが、ここからタバコ会社を除外すると何が起こるのだろうか。ここでは、失われた分散投資効果を定量化するために平均・分散の概念を使うが、この練習問題ではCAPMベータに対してベイジアン縮小推定法（Ledoit and Wolf（2003）参照）を適用して分散と相関を計算し、Black-Litterman（1991）を応用した方法で期待リターンを推定する。その上で、リスクフリー・レートを2％とし、各業種ウェイトが正になるように制約を課して平均・分散フロンティアを計算する。

　全業種を含んだポートフォリオからスタートし、まずタバコ会社を取り除き、次に航空宇宙・防衛産業を取り除く。ノルウェーは、核兵器やクラスター爆弾の製造

にかかわるすべての企業を自動的に除外するため、航空宇宙・防衛産業からもいくつかの会社を選択的に除外している[38]。そして、最後の除外対象は銀行である。シャリア（訳注：イスラム法）は営利目的でデリバティブや債務を積極的に使用することを禁じている。このように、シャリアを順守しなければならないファンドにおいて、どの程度の分散投資効果が失われているかを確認することは興味深い。

全ユニバースから制限されたユニバースに移行することにより、次のような最小ボラティリティと最大シャープ・レシオが得られる。

	最小 ボラティリティ	最大 シャープ・レシオ
全セクター	0.1205	0.4853
除くタバコ	0.1210	0.4852
除くタバコ・航空宇宙 ・防衛	0.1210	0.4852
除くタバコ・航空宇宙 ・防衛・銀行	0.1210	0.4843

最小ボラティリティの上昇は非常に小さく、12.05％が12.10％になった程度である。同様に、最大シャープ・レシオの低下は無視できるほどであり、全ユニバースの0.4853から、タバコ会社を除外すると0.4852、全3業種を取り除くと0.4843となる。したがって、一つもしくは複数の業種を取り除くことによって失われる分散投資効果は非常に小さいことがわかる。図3.17は、それぞれの業種の組合せについて（制約条件付きの）平均・分散フロンティアを示したものであるが、グラフ上では区別できない。つまり、ノルウェーはウォルマート社株の売却により実質的には何も失っていないのである[39]。また、タバコ会社を除外しても実質的に失うものはない。

この例では事前の分散投資効果がどの程度失われるかを最小分散ポートフォリオや最大シャープ・レシオのポートフォリオによって計算したが、こうした分散投資効果低減の考え方は、FTSEから業種を選択して投資する投資家に関連するものであるという点には注意しなければならない。すなわち、上記の例では、FTSEの全ユニバースに対するトラッキング・エラーや事後的なリターンの差については考察していない（これらはFTSE指数に追随しなければならない投資家にとって重要で

ある)。

投資対象としないことによるコストは非常に小さいが、これは除外対象となった業種を保有していなかったからではない。全ユニバースにおいて、最大シャープ・レシオのポートフォリオはタバコを1.53%含んでおり、航空宇宙・防衛は1.19%、銀行は9.52%となっている。約10%の銀行業種を取り除いたとしても、分散投資効果の低下という意味でのコストはほとんど無視できるのである。

分散投資効果の低下は非常に小さいが、これは38業種から39業種、もしくは36業種から39業種に移行することで得られる分散投資効果が極めて小さいためである（思い出してもらいたいが、*分散投資の限界効果は減少していく*のである）。第2節では、ドイツとフランスをG3（米国、英国、日本）に加えた際のフロンティア変化と、米国と日本の組合せからG3に移行した際のフロンティア変化（図3.4、図3.5参照）を比べたが、前者は後者よりずっと小さかった。本節の業種を除外した例において分散投資の限界効果が小さくなるのは、除外した1業種が、その他38業種が暴落した場合にそれを補うほど高いリターンをあげる可能性がほとんどないためである。

図3.17 FTSE業種に関する平均・分散フロンティア（制約あり）

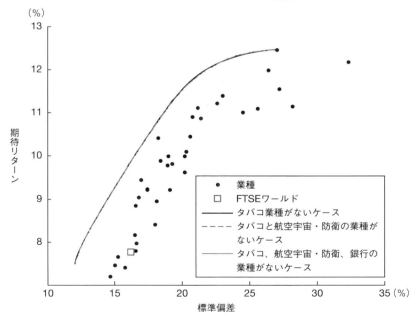

6.2 社会的責任投資

　平均・分散投資の観点からすれば、社会的責任投資（SRI）は分散投資効果を低下させるため、常にお金を失うことになるはずである。SRIはアクティブ運用（アルファ）戦略によってお金を稼ぐことができるのであろうか？　Kempf and Osthoff（2007）によれば、KLD指標（訳注：KLDリサーチ＆アナリティクス社が発表する社会性評価指標）によって高くランクづけされている銘柄は、高いリターンをあげている。インデックス提供会社であるMSCI社は、KLD指標に基づく自社インデックスに含まれる企業をランクづけする様々な社会的規範や環境基準を考慮している。ノルウェーはウォルマート社を除外したが、ウォルマート社は二酸化炭素の排出量削減について多くの実績を残しているため、KLD格付けでは高く評価されている。一方で、Geczy, Stambaugh, and Levin（2004）は、SRI型ミューチュアル・ファンドのパフォーマンスは競合ファンドに対して毎月30bp劣後していることを明らかにした。プリンストンの学者であり、SRIにおける主要学者の一人が執筆者に名を連ねるHong and Kacperczyk（2009）は、タバコ、銃器製造業者、ギャンブルといった「背徳的」株式は、他の株式に比べてリスク調整後リターンが高いことを示している[40]。

　ケインズは1936年の代表著書で「社会的に有益な投資政策が収益性の最も高い投資政策に一致しているという明確な証拠はない」と述べている。ケインズの意見が今でも生きているというのが、SRIの研究に対する著者の解釈である。

　著者は、アクティブ運用としてSRIを行う余地があると確信している。企業を特徴づける指標の中には将来リターンの予測に使えるものもある。そうした指標のいくつかは広く浸透しており、ファクターとしてとらえることができる（第7章参照）。SRI指標で高くランクづけされる多くの企業は、透明性が高く、良好なガバナンスを保っており、上級管理職による不祥事が起こりにくい。また、効率的な在庫管理がなされ、会計上の意図的操作が少なく、株主提案への対応がよいといった傾向もある。こうした特徴は、すべて会社のパフォーマンスと関係していることが知られている。簡単な例として、経営者の報酬が制限されれば、株主の手取り分が増えることを考えてみればよいであろう。Gompers, Ishii, and Metrick（2003）は、企業を「独裁的」から「共和的」までランクづけするガバナンス指数を作成している。経営を固定化するための多くの条項、買収防衛策の条項、委任投票の制限等を有する企業は、独裁的と定義される。この論文によれば、共和的な企業はSRI

の基準でも高くランクづけされる傾向にあり、独裁的な企業よりも高いリターンをあげる[41]。

　もし企業を特定の属性や特徴によって選び出すことができ、それらがSRIと関係しているのであれば、超過リターンを得ることが可能かもしれない。SRIのこの方法は、企業を締め出すものではない。それはSRI基準に基づいて企業を積極的に選択することであり、企業を除外することによって運用マネージャーの投資機会を制限するものではない[42]。しかし、すべてのアクティブ戦略がそうであるように、ファクターに基づく戦略に打ち勝つのは困難である（第14章参照）。

　SRIは、アセット・オーナーの選好を反映させる際に重要な役割を果たす。ノルウェーのケースでは、SRIを実践することがSWFのオーナーであるノルウェー国民の見地から正当性を与えることになる[43]。SRIはアセット・オーナーの選択によるものであるが、SRIや他の制約条件を課すことによるコストは、まったく制約がない場合の投資との比較で測られるべきである。すなわち、善良であるためにどれくらいの価値を放棄する気があるのか、という問題なのである。

　平均・分散投資の主要なメッセージは、分散投資されたポートフォリオを保有すべきだということであり、それを実践しているのがノルウェーである。平均・分散投資によれば、分散投資効果はフリー・ランチである。投資対象を制限してSRIを実践すると、分散投資効果が低下してしまい、コストがかかる。しかし、十分に分散投資されたポートフォリオ（最もパフォーマンスがよい分散投資されたポートフォリオは、等金額ポートフォリオや市場ウェイト・ポートフォリオといった簡単なものである）からスタートすれば、数銘柄の株式を除外することによる損失はごくわずかである。ノルウェーにとって社会的責任を担おうとするコストは無視できるほど小さいのである。

　2013年の本書執筆時点において、ウォルマート社は依然としてノルウェーの除外リストに掲載されている。

[注]

1　これは「The Norwegian Government Pension Fund: The Divestiture of Wal-Mart Stores Inc」Columbia CaseWorks, ID#080301に基づく。引用は財務省のプレスリリースNo. 44（2006年）より。

2　Mark Landler,「Norway Backs Its Ethics with Its Cash」ニューヨーク・タイムズ紙、2007年5月4日参照。

3　Government Pension Fund Regulation No. 123（2005年12月）の第8節参照。

4　財務省（2006年6月6日）によるプレスリリースより引用。

5　「A Japanese LaundryWorth $1 Billion?」ビジネスウィーク誌、1993年5月24日参照。

6　アントニオは多くの船を所有しているが、彼の富はただ一つの資産クラス、すなわちベンチャー投資に集中している。したがって、資産クラスの分散投資がなされておらず、また流動性も低い。アントニオは複数のファクターに分散投資すべきだったのである（第14章参照）。アントニオは友人のために金貸しシャイロックのところへ行かざるを得なくなり、万が一返済不能の場合は「胸の肉1ポンド」を切り取らせるという契約を交すことになる。非流動性資産を含む資産配分については第13章で議論する。

7　ここでは単純に一期間を想定している。実際のケースでは、相関は時間とともに変化し、下げ相場では相関が大きくなる。Ang and Bekaert（2002）は、国際投資についてはそのような状況でも分散投資効果が依然として大きいことを示している。また、Christoffersen et al.（2013）は、外国株式の相関は時代とともに高まってきているが、他方で新興国の相関は先進国に比べて依然として低いと報告している。投資家は、新興国の中でも非常に小さく、流動性が非常に低く、金融市場が極めて未発達なフロンティア市場にアクセスすることも可能である。

8　Barber and Odean（2011）参照。

9　Van Derhei, J., S. Holden, and L. Alonso（2010）「401（k）Plan Asset Allocation, Account Balances and Loan Activity in 2009」Employee Benefit Research Institute Issue Brief No. 350参照。

10　残念ながら、個人投資家はまったく逆のことをしがちである。Benartzi（2001）が示したように、個人投資家は雇用主の株を大量に保有することにより、過去10年の間、高い収益を享受してきた。

11　「Stay the Course? Portfolio Advice in the Face of Large Losses」Columbia CaseWorks, ID #110309参照。

12　NACUBOデータを用いて、2011年度における私立大学基金のみを対象とした。

13　この分野の研究のサマリーについては、Karolyi and Stulz（2003）およびLewis（2011）参照。

14　Asness, Israelov, and Liew（2011）も参照。Chua, Lai, and Lewis（2010）などの議論によれば、国際分散投資の効果は経済統合の進展に伴い減少してきているが、こうした傾向は1980年代の新興国市場や2000年代のフロンティア市場のような新しい国際投資の投資対象の出現によってある程度相殺されるものである。

15　技術的には実質為替レートの変動が問題である。もし購買力平価（PPP）が一定なら、実質為替レートのリスクはないであろう（Adler and Dumas（1983）参照）。PPPに関しては非常に多くの文献がある。PPPは短期的には確かに成立していないが、PPPが長期的（20〜100年の期間）に成立しているかどうかについての学術的コンセンサスは得られていない。Taylor and Taylor（2004）が要約

している。

16　Errunza, Hogan, and Hung（1999）参照。

17　この仮説に沿った最初のモデルはGehrig（1993）による。VanNieuwerburgh and Veldkamp（2009）を含む最近のモデルでは、投資家は均衡状態において外国株式に関する情報を取得しないことを自発的に選択する。

18　専門的な補足をすると、高次モーメントのリスク指標は必ずしも劣加法的ではない。Artzner et al.（1999）参照。

19　技術的には、効用関数をテイラー展開したときの最初の項がCRRA型効用を表している。これが近似的に平均・分散効用となっている。

20　この問題を数学的に定式化すると、リスク性資産のウェイト合計が1もしくはリスクフリー資産のウェイトがゼロとなるような制約を式（3.3）に課すことになる。

21　平均分散効率的ポートフォリオ（mean-variance efficient portfolio）は、最小分散ポートフォリオ（minimum variance portfolio）と似た響きの言葉であり、個人的にはこの専門用語について多少困惑する。しかし、残念ながらこの専門用語はすっかり定着しているため、以下でもこの用語を使用する。

22　これに関係する最初の論文は、Blume, Crockett, and Friend（1974）である。Mankiw and Zeldes（1991）では、不参加パズルが株式のリスク・プレミアムを説明するものとして経済学者の注目を集めた。株式のリスク・プレミアムについては第8章参照。

23　社会的人間関係の影響についてはHong, Kubik, and Stein（2004）、政治的活動の影響についてはBonaparte and Kumar（2013）、市場への信頼度の影響についてはGuiso, Sapienza, and Zingales（2008）、過去の市場リターンに影響を受ける投資家についてはMalmendier and Nagel（2011）をそれぞれ参照。

24　James and Stein（1961）により導入された。

25　Ledoit and Wolf（2003）やWang（2005）参照。厳密にいえば、平均・分散法による解は、共分散の逆行列を含んでいるため、共分散ではなくその逆行列を縮減すべきである。これはKourtis, Dotsis, and Markellos（2009）によってなされた。Tu and Zhou（2011）は、推定リスクが存在する際に、素朴な戦略と洗練された分散投資戦略を組み合わせる場合に縮小法が活用できることを示した。

26　2000年9月20～21日の第11回国際銀行監督者会議におけるスピーチ「Marrying the Micro- and Macro-Prudential Dimensions of Financial Stability」http://www.bis.org/speeches/sp000921.htm参照。

27　Qian, E.「Risk Parity Portfolios: Efficient Portfolios through True Diversification」PanAgora、2005年参照。

28　Kevin Roose,「Pursuing Self-Interest in Harmony with the Laws of the Universe and Contributing to Evolution is Universally Rewarded」ニューヨーク・マガジン誌、2011年4月10日参照。

第3章　平均・分散投資　135

29 ヘッジファンドについては第17章参照。

30 ウェイトがボラティリティに反比例するリスク・パリティについては、Martellini (2008) やChoueifaty and Coignard (2008) によって提唱されている。

31 Qian (2006) およびMaillard, Roncalli and Teiletche (2010) 参照。

32 少なくともHaugen and Baker (1991) から知られていた。

33 N個の資産に対して、N個の平均値とN（N＋1）／2個の共分散行列の成分がある。

34 これはMerton (1980) による先駆的な論文で示されている。

35 これについては第8章で取り上げる。

36 Green and Hollifield (1992) では、ポートフォリオがうまくバランスするために必要となる資産間の平均的な相関に関する境界値を与えられている。

37 Asness, Frazzini, and Pedersen (2012) はこれとは反対の意見を述べている。彼らによれば、投資家はレバレッジを嫌っており、そのためにリスクフリー資産がリスク性資産よりも高いリスク調整後リターンを示す。リスク・パリティ・ポートフォリオによって、一部の投資家はこのリスク・プレミアムを獲得できるのである。

38 2012年6月に防衛関連企業19社が除外された。現在の全除外リストについては、http://www.regjeringen.no/en/dep/fin/Selected-topics/thegovernment-pension-fund/responsible-investments/companies-excluded-from-the-investmentu.html?id=447122. 参照。

39 これには投資を引き上げる際の実際の取引コストが含まれていない。著者の事例研究「The Norwegian Government Pension Fund: The Divestiture of Wal-Mart Stores Inc. (Columbia CaseWorks, ID#080301)」ではそうした取引コストも推定している。

40 Hong, Kubik, and Scheinkman (2012) は、「善い行いがよい結果を生む」という仮説に反論し、まったく正反対の主張をしている。彼らによれば、企業の社会的責任はコストを要するものであり、財務的な制約がない場合にのみ企業は善い行いをする。この意味においては、社会的責任は企業にとってコストがかかるものなのである。

41 Gompers, Ishii, and Metrick (2003) による最初の研究以降も、この効果が続いているかどうかについては論争がある。また、その効果がリスクによるものなのか、間違った価格づけによるものなのかについても議論がある（第7章参照）。Cremers and Ferrell (2012) によれば、株主の権利が弱い株式は1978〜2007年の期間にかけてマイナスの超過リターンとなっている。一方、Bebchuk, Cohen, and Wang (2013) は、最初のGompers, Ishii, and Metrick (2003) の結果は、2000年代には消失していると主張している。

42 これを行うより積極的な方法は、株主がアクティビストになることである。アクティビスト型のヘッジファンドは大きな付加価値を生み出しているが（Brav

et al.（2008）参照）、ミューチュアル・ファンドや年金基金がアクティビストとして振る舞った場合に付加価値が生み出されているかどうかについては、はっきりとした証拠はない（Gillan and Starks（2007）参照）。Dimson, Karakas, and Li（2012）は、社会的責任に関するアクティビストは超過リターンを生み出していると報告している。

43　Ang（2012a）参照。

第 4 章

長期投資

第4章要約

長期投資の基本は一定の資産ポジションへリバランスすることであり、そのポジションは、投資家のリスクに対する考え方が資産構成に反映されるように一期間のポートフォリオ選択問題を解くことによって決定される。リバランスとは、安く買い高く売るという一種の逆張り戦略である。これは、1930年代の大恐慌と2000年代の失われた10年の期間においてさえうまく機能した。リバランスは、投資家の行動本能に背き、ボラティリティを売る戦略でもある。

1 そのままにすべきか？

2009年春、金融危機の最悪期の直後、自営で投資アドバイザーをしているエイミー・ハリソンは、顧客であるアメリア・ダニエルと会う準備をしていた[1]。ハリソンは3年前にダニエルを紹介されたが、そのときダニエルはちょうど自身の医療情報会社ダニエル・ヘルス・システムズを1,000万ドルで売却したばかりであったし、少し前に離婚もしていた。ダニエルは、現金の入手と人生の区切りの両方を経験し、新たな気分で小さな冒険を始めたい気分であった。

最初のミーティングの後、ハリソンはダニエルのために投資方針書（IPS）を立案した。その目的は以下の通りである。

① ダニエルのリスクへの理解度を記述し、リスク許容度を決定する。
② ダニエルの中間および長期目標、選好と制約を明示する。
③ 長期の投資計画を策定する。
④ 目標を達成するためにガイドライン備忘録の役割を果たす。
⑤ 投資と監視プロセスを決定する。

ハリソンがこの新たな顧客と取り組んだ最初の年が問題なく過ぎ去り、ダニエル

138 第Ⅰ部 アセット・オーナー

にはハリソンのアドバイスに従うことへの信頼が生まれた。ダニエルは多くの起業家と同様に、実質的にすべてが自分の企業であるという、集中したポートフォリオを保有することで財産を築いてきた。しかし、ハリソンのアドバイスの基本は、リスクを下げリターンを最大化するために、分散投資と最適な資産配分を行うというものであった。ダニエルは、両親が裕福で、今もこれからも子供をもつ計画がなく、実質的に負債はなかった。ダニエルは慎ましく生き、売却先企業が彼女をコンサルタントとしてとどまらせるために支払う給料で出費を賄っていた。起業家としての経歴もあり、ダニエルはリスクをとるだけのゆとりもあり、長期投資志向である。こうしてハリソンは、ダニエルのポートフォリオを短期的視点に立った（成長戦略や市場志向戦略の）投資ポートフォリオと、長期的なヘッジ需要に基づく（機会をとらえるオポチュニスティック型の）投資ポートフォリオの二つに等額で分割することを進言した。短期的視点に立ったポートフォリオは、流動性の高い米国株式および外国株式とハイイールド債からなる。もう一つのポートフォリオは、友人の会社への一種のプライベート・エクイティへの直資投資（総資産の10％）と、プライベート・エクイティ・ファンドやヘッジファンドといった投資手段からなる。後者は、市場のタイミングを読み、伝統的なインデックス・ファンドでは得られないファクター・リスクを狙うことをファンド・マネージャーに期待した（第14章参照）。

　2008年、ダニエルのポートフォリオはひどく苦しむことになった。世界の金融市場は急落し、多くの投資家と同様に、ダニエルは自身のポートフォリオが打ち負かされるのを眺めるしかなかった。2008年に世界中で株価が30％から50％下落したが、ダニエルのポートフォリオも30％の損失を被り、プライベート・エクイティ・ファンドへの直接投資は無価値になってしまった。2009年4月には、経済は景気後退局面にあったものの市場は底無し沼ではないという雰囲気も出てきたが、ダニエルは依然として自身のポートフォリオの状態に気を病んでいた。幸い、彼女は生活水準維持のために、投資ポートフォリオからすぐに資金を取り崩す必要がない。ダニエルは依然として独身であるが、今は交際中である。そのため、結婚を考える前にやることがあると感じていた。すぐに子供をもつ計画はないが、もつことを想定すると、ポートフォリオが随分と縮小したために子供への遺産が減ることに不安も感じた。このようにして、ダニエルはIPSと資産配分の「徹底的な見直し」が必要だと考えたのである。

　ハリソンは、今回は難しいミーティングになるであろうことに気づいていた。お

第4章　長期投資　139

そらくダニエルの気持ちの何割かは市場環境に対する非合理的な過剰反応であろう。しかし一方で、おそらくダニエルは純粋にリスクを下げたいとも思っており、ハリソンが2007年に与えたアドバイスはもはや適切なものではなくなっていた。ハリソンは「人は、物事がうまくいっているときはいつも、もっとリスクを許容できると考えるものである」と語る。ダニエルはIPSをそのままにすべきなのだろうか？　それとも見直して、よりリスクの低いポートフォリオへ移行すべきなのだろうか？

　本章では、長期的視点に立ったポートフォリオ問題と、投資家が市場環境の変化に対応してポートフォリオをどのように*動的*に変えていくことができるかを議論する。*動的なポートフォリオ選択*の背後にある理論は、1970年にノーベル賞を受賞したPaul Samuelson（1969）と、Robert Merton（1969、1971）によって最初に定式化された。マートンは、デリバティブ商品の評価に用いられるBlack-Scholes（1973）オプション価格評価モデルの発明者の一人として、マイロン・ショールズとともに1997年にノーベル賞を受賞した。すぐにわかることになるが、動的なポートフォリオ選択問題の解は、デリバティブ商品評価と緊密に関係しており、両者とも同じ経済的概念と解法テクニックを用いる。

2　動的ポートフォリオ選択問題

　動的なポートフォリオ選択問題に直面するある投資家を考えよう。この投資家は長期の（例えば10年の）投資期間を想定し、毎期ポートフォリオ・ウェイトを変えることができるものとする。ここで毎期とは１年ごとかもしれないし、四半期ごとかもしれない。前者の設定は、個人投資家とファイナンシャル・プランナーとの間で年次見直しのために行うミーティングの間隔としては一般的であろうし、後者は多くの機関投資家にとって一般的である。また、高頻度で取引するトレーダーにとっては、毎期は１分ごとよりも短いかもしれない。いずれにしても、ポートフォリオ・ウェイトは毎期変わり得るが、それは、景気の後退や拡大に合わせて投資機会が経時的に変化したり、投資期間の満期に近づいたり（例えば、退職時期が近づくなど）することに加え、負債や収入、リスク回避度が時間とともに変化することが理由となる可能性もある。これらの問題の最後の点について、この節では、投資家には負債と収入がなく、（幸運にも）十分な資金をもっており、リスク回避度と効用関数は一定であると仮定する（負債は本章第３節で取り上げ、収入は第５章で考察する）。ここでは、投資家はリスク回避的であり、その効用関数は一定と仮定

140　第Ⅰ部　アセット・オーナー

する。

2.1 動的取引戦略

各期間の期初 t において、投資家はポートフォリオ・ウェイト x_t を選択する。資産のリターンは $t+1$ 期の終わりに実現され、t 時点に選択されたポートフォリオ・ウェイト x_t とこの実現リターンによって投資家の期末資産価値 W_{t+1} が決まる。すなわち、資産価値の変動は次のように表される。

$$W_{t+1} = W_t\big(1 + r_{p,\,t+1}(x_t)\big) \tag{4.1}$$

ここで、期初の資産価値 W_t は、t から $t+1$ にかけてのポートフォリオ・リターン $r_{p,\,t+1}(x_t)$ によって増価もしくは減価するが、これは期初に選ばれた資産ウェイト x_t の関数となる。

これを、5期間（$T=5$）の動的投資問題として図4.1に示している。各期の初めに投資家はポートフォリオ x_t を選択する。このウェイトは、当該資産の実現リターンとともに、式（4.1）にしたがって、当期の終わりには W_{t+1} を生み出し、それが毎期繰り返される。ウェイトの時間変化 $\{x_t\}$ は、*動的取引戦略*と呼ばれるが、これは、投資家の制約や負債変化のような事前に決められた変数によって変わり得る一方で、急騰や暴落のように投資リターンの時間変化によっても変わる可能性がある。

この投資家は、投資制約のもと、ポートフォリオ・ウェイトを動的に変化させることで、t 期末の資産価値の期待効用を最大化する。すなわち、

$$\max_{\{x_t\}} E\big[U(W_t)\big] \tag{4.2}$$

という最適化問題をある制約条件のもとで解くのである。投資制約の例としては、ショート（空売り）ができない（*正制約* $x_t \geq 0$）、レバレッジを掛けられない（ポートフォリオ・ウェイトの範囲は $0 \leq x_t \leq 1$）、各期においてポートフォリオの一部しか売却できない（*売買回転率制約*）、がある。ポートフォリオ・ウェイト

図4.1 動的投資問題

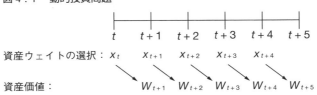

$x_{t+\tau}$ はもちろん時点 $t+\tau$ でしか確定しないが、時点 t から $t+T-1$ にかけての完全なウェイト集合 $\{x_t\}$ はこの問題のスタート時点 t において決定される。最適ウェイトの集合は非常に複雑なものとなる可能性があり、投資期間の満了が近づくにつれて時間的に変化するだけではなく、状態によっても変化し得る。例えば x_t は、不景気であれば株式を50％保有、上昇相場ならば70％保有というように、時点 t において二つの値をとり得るとしよう。時間と状態に応じたポートフォリオ戦略のあらゆる組合せは、スタート時点で決定されている。こうして、最適な動的取引戦略は、たとえ時間的に変化するとしても、最初からすべてが決定済みである。すなわち、資産のリターンが変化した場合にも、投資家の効用や負債が変化した場合にも、戦略は最適に反応するのである。

　この章の残りの部分では、相対的リスク回避度一定（CRRA）の効用関数を仮定する（第2章参照）。

$$E\left[U(W)\right]=E\left[\frac{W^{1-\gamma}}{1-\gamma}\right] \tag{4.3}$$

　ここで、W は投資家の期末資産価値、γ はリスク回避係数である。以下では、式（4.3）の分母にある $1-\gamma$ の項を無視する。$E\left[W^{1-\gamma}/(1-\gamma)\right]$ の最大化は $E\left[W^{1-\gamma}\right]$ の最大化とまったく同じとなるからである。CRRA型効用は局所的に平均・分散効用となるので、リスク回避度 γ は平均・分散効用関数 U^{MV} におけるものと同じ意味になる（第3章参照）。

$$U^{MV}=\mathrm{E}(r_p)-\frac{r}{2}\mathrm{var}(r_p) \tag{4.4}$$

　ここで、r_p はポートフォリオのリターンである。リスク性資産とリスクフリー資産（そのリターンを r_f とする）がそれぞれ一つある場合、CRRA型効用および平均・分散効用問題の解は制約条件がなければ次のようになる[2]。

$$x^*=\frac{1}{\gamma}\frac{\mu-r_f}{\sigma^2} \tag{4.5}$$

　ここで、μ はリスク性資産の期待リターン、σ はボラティリティである。この投資家はリスク性資産を x^*、リスクフリー資産を $(1-x^*)$ だけ保有する。すでに第2章と第3章でこの解の詳しい導出について述べたように、CRRA型効用と平均・分散効用は同値となる。

　最適な一期間のウェイトは式（4.5）の平均・分散解となるため、この解は第3章で示した等金額ウェイト、リスク・パリティ、市場ウェイト、リスク・エクス

142　第Ⅰ部　アセット・オーナー

ポージャー一定など、多くの人気のあるポートフォリオ選択を特別な場合として包括する。つまり、式（4.5）が必ずしも完全な平均・分散解に一致するとは限らず、むしろ現実にはそうはならないことが知られている。本章では以降、最適な一期間のウェイトは、この一期間の問題において投資家が選んだ任意の平均・分散最適ポートフォリオであるとしよう。

2.2　動的計画法

　動的ポートフォリオ選択問題は、一種の*最適制御問題*である。これは*動的計画法*によって解くことができ、同じ手法は原子力発電所や月へのロケット移送、複雑なデリバティブ証券の価格評価にも使われている（最後の例は他の二つよりも興味を引かないだろうが）。このことからもわかる通り、ポートフォリオ選択は、文字通りロケット科学なのである。これからしばらくは、長期投資を短期投資問題の繰り返しとして表現していくが、その背後にある数学に興味のない読者は2.3節まで読み飛ばしてもかまわない。

　投資期間が長い場合の資産価値は、一期の資産価値の積となり、式（4.1）から下式（4.6）のように表される。

$$W_{t+5} = W_t(1 + r_{p, t+1})(1 + r_{p, t+2})\cdots(1 + r_{p, t+5}) \tag{4.6}$$

　ここで、各期の資産価値を表す項にCRRA型効用（式（4.3））を適用することができる。CRRA型期待効用を長期の資産価値へ適用することで、この問題は連続する一期CRRA型効用問題を用いて以下のように表すことができる。

$$E\left[U(W_{t+5})\right] = U(W_t)E\left[U(1 + r_{p, t+1})U(1 + r_{p, t+2})\cdots U(1 + r_{p, t+5})\right] \tag{4.7}$$

　$U(W_t)$ は式（4.7）の期待演算子の外側に現れるから、1ドルからスタートしても100万ドルからスタートしても問題とならない。すなわち、ポートフォリオ・ウェイトは初期の資産価値の大きさに依存しないのである。これを*富の均質性*特性と呼ぶ（第2章参照）。ここでは、それについて考えなくてもよいように W_t を1としよう。式（4.6）と式（4.7）におけるポートフォリオ・リターン $r_{p, t+1}$ は、式（4.1）で強調したように、期初において選ばれたポートフォリオ・ウェイト x_t に依存する。よって、式（4.7）は次のように書くことができる。

$$E\left[U(W_{t+5})\right]$$
$$= U(W_t)E\left[U(1 + r_{p, t+1}(x_t))U(1 + r_{p, t+2}(x_{t+1}))\cdots U(1 + r_{p, t+5}(x_{t+4}))\right]$$
$$= E\left[U(1 + r_{p, t+1}(x_t))U(1 + r_{p, t+2}(x_{t+1}))\cdots U(1 + r_{p, t+5}(x_{t+4}))\right] \tag{4.8}$$

　図4.2に動的計画法の解法の概略を示している。最終期、すなわち時点 $t + 4$ か

第4章　長期投資　143

ら $t+5$ までの期間からスタートしよう。この時点で、この投資家は投資期間の期末 $t=t+5$ での期待効用を最大化するようにポートフォリオ・ウェイトを決定する（図4.2のパネルA）。これは一期間の静的問題であり、制約なしのCRRA型効用の場合は、第3章で示した一期間平均・分散問題に等しくなる。期待リターン μ とボラティリティ σ をもつ単一のリスク性資産に対する解は、リスクフリー・レート r_f が与えられれば、式（4.5）から求められる。ここではそれを x^*_{t+4} と記すが、*

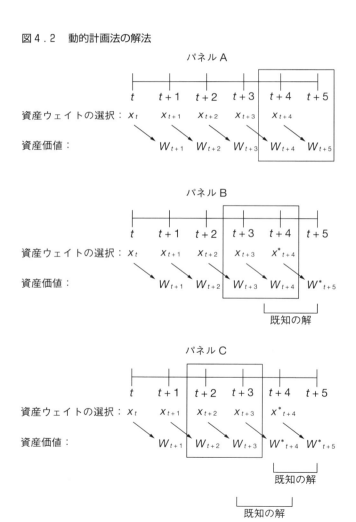

図4.2　動的計画法の解法

印はポートフォリオ・ウェイトが最適であることを意味する。投資家は株式を x^*_{t+4}、リスクフリー債券を（$1 - x^*_{t+4}$）保有する。原理的には、このポートフォリオ・ウェイトは、$t + 4$ 時点で期待リターンやボラティリティが何の影響を強く受けるのか（例えば、経済が好況なのか不況なのかなど）に依存する。

このとき、時点 $t + 4$ で得られる最大効用は以下のようになる。

$$V_{t+4} = E\left[U(1 + r^*_{t+5})\right] \tag{4.9}$$

ここで、$t + 4$ から $t + 5$ までのポートフォリオ・リターン $r^*_{p, t+5}$ は $t + 4$ 時点で決定された最適ポートフォリオ・ウェイトの関数となり、$r^*_{p, t+5} = r^*_{p, t+5}(x^*_{t+4})$ と表される。式（4.9）中の最大効用 V_{t+4} は*間接効用*と呼ばれ、時点 $t + 4$ においてどのような経済状況にあるかによって異なる可能性がある。

最後の期間の問題を解いたので、次に期末から二期前の期間の問題を考えよう。時点 $t + 3$ において、時点 $t + 3$ と $t + 4$ の両方のポートフォリオ・ウェイトを解く必要があり、それぞれを x_{t+3}、x_{t+4} とする。

$$\begin{aligned}
&\max_{|x_{t+3}, x_{t+4}|} U(W_{t+3}) E\left[U\left(1 + r_{p, t+4}(x_{t+3})\right) U\left(1 + r_{p, t+5}(x_{t+4})\right)\right] \\
&= \max_{|x_{t+3}, x_{t+4}|} E\left[U\left(1 + r_{p, t+4}(x_{t+3})\right) U\left(1 + r_{p, t+5}(x_{t+4})\right)\right]
\end{aligned} \tag{4.10}$$

しかし、すでに最後の期間の問題は解かれており、時点 $t + 4$ での最適ポートフォリオ・ウェイト x^*_{t+4} を $t + 3$ での結果に関係なく見つけている。したがって、期末前の二期間問題は、$t + 3$ から $t + 4$ までの一期間問題に、上で解いた $t + 4$ から $t + 5$ までの期間に対する既知の解を加えたものになる：

$$\begin{aligned}
&\max_{|x_{t+3}, x_{t+4}|} E\left[U\left(1 + r_{p, t+4}(x_{t+3})\right) U\left(1 + r_{p, t+5}(x_{t+4})\right)\right] \\
&= \max_{|x_{t+3}|} E\left[U\left(1 + r_{p, t+4}(x_{t+3})\right) U\left(1 + r_{p, t+5}(x^*_{t+4})\right)\right] \\
&= \max_{|x_{t+3}|} E\left[U\left(1 + r_{p, t+4}(x_{t+3})\right) V_{t+4}\right]
\end{aligned} \tag{4.11}$$

式（4.11）の最初の等号では、最後の期の解を時点 $t + 3$ の問題へ代入している。こうして、時点 $t + 3$ のポートフォリオ・ウェイト x_{t+3} が唯一の解くべき問題として残る。二番目の等号は、この問題が間接効用 V_{t+4} を含むことを除いて標準的な一期間問題であることを示し、我々は最後の期の問題（式（4.9））を解くことで間接効用と時点 $t + 4$ の最適戦略のすべてがわかる。式（4.11）の問題は一期間問題のように解くことができ、時点 $t + 3$ での最適ウェイトを x^*_{t+3} と表記する。これは、式（4.5）の一期の解と同じになるが、例外は $t + 4$ で採用された最適化戦略（これは間接効用 V_{t+4} によってとらえられる）に対して式（4.5）を調整する

第4章　長期投資　145

ことである。図4.2のパネルBはこれを図解して示したものである。時点 $t + 3$ でのポートフォリオ・ウェイトを解くために、時点 $t + 4$ での既知の解を所与として、時点 $t + 4$ での最適ポートフォリオ・ウェイトを用いている。式（4.11）はまた、先に解いた時点 $t + 4$ の問題から生じた効用が、時点 $t + 3$ での現在の問題から生じた直接効用に間接的に入り込んでいることを示しており、それが「間接効用」という名前の由来になっている。

期末前の二期間問題を解くことで、$t + 3$ での最適ポートフォリオ・ウェイト x^*_{t+3} が得られる。時点 $t + 3$ での最大効用を計算すると、これは時点 $t + 3$ での間接効用となる。

$$V_{t+3} = E\left[U\left(1 + r_{p,\,t+4}\left(x^*_{t+3}\right)\right)V_{t+4}\right] \tag{4.12}$$

図4.2のパネルCは、$t + 3$ と $t + 4$ の問題を解いた後に $t + 2$ の問題へもう一度適用するという帰納法を表している。繰り返すが、$t + 2$ での最適化は一期間の問題である。時点 $t + 2$ の問題を解いた後に、$t + 1$ にさかのぼり、最終的に最初の時点 t の問題まで続ける。動的計画法は、長期投資期間の問題を（式（4.11）に従って）一期間の問題の繰り返しへ変換する。動的計画法は極めて強力な手法で、サミュエルソンはこれを経済学の多くの分野へ導入することで1970年にノーベル賞を受賞した。金融政策（第9章参照）、企業の資本投資、課税と財政政策、オプションの価格評価などはすべて経済学の最適制御問題の例であり、動的計画法によって解くことができる。連続時間におけるこの問題の価値関数はハミルトン・ヤコビ・ベルマン方程式と呼ばれる偏微分方程式に対する解によって与えられる。さらに一般的な形態はファインマン・カッツ定理と呼ばれ、熱力学において広く用いられている。これらは、航空機と弾道ミサイルの制御にも用いられる非常に重要な物理と数学の概念である。ポートフォリオ選択はロケット科学なのである。

2.3　長期投資の誤謬

動的計画法について前節で得られた重要な教訓は、ポートフォリオ選択のためにロケット科学者を雇うべきだということではなく（この分野には多数の元ロケット科学者がいるが）、長期投資期間に対するポートフォリオ選択問題が複数の一期間ポートフォリオ選択問題を解くことから始まるということである。このように、長期投資期間におけるポートフォリオ選択問題に対する動的計画法の解法を知ることで、長期投資に関して広く信じられている二つの誤解を解くことができる。

146　第Ⅰ部　アセット・オーナー

図4.3 バイ・アンド・ホールド問題

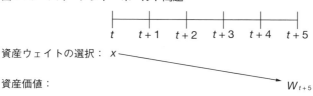

バイ・アンド・ホールドは最適ではない

　長期投資家は決してバイ・アンド・ホールドをすべきではない。このバイ・アンド・ホールド問題を図4.3に示したが、投資家は期初にポートフォリオ・ウェイトを決定し、全期間にわたってリバランスしないで資産を保持する。バイ・アンド・ホールド問題において、長期投資問題は一期間の静的問題として取り扱われるのである。したがって、バイ・アンド・ホールドは前節で考察した動的ポートフォリオの一部とも位置づけられる。すなわち、投資家の最適な選択が、何もしないこと、という特殊な場合に相当する。バイ・アンド・ホールドは、毎期取引を行う最適な動的戦略に劣後するため、長期投資はバイ・アンド・ホールドではなく、購入と売却を継続的に繰り返すことになる。

　この問題に関して、実務上は多くの混乱がある。例えば、世界経済フォーラムでは、長期投資を「それを行う能力のある投資家による、無期限にわたって資産を保有することを予定した投資」[3]と定義された。長期投資家は資産を永遠にバイ・アンド・ホールドすることができるのだが、ほとんどの状況ではそうはしない。彼らは、保有資産の動的な売却と購入を時間とともに繰り返すのである。

　バイ・アンド・ホールドにまつわる混乱は、ジェレミー・シーゲルによる1994年初版の有名な書籍『Stocks for the Long Run（邦題：株式投資　長期投資で成功するための完全ガイド）』を多くの人が誤って解釈してしまったことにも部分的に起因する。この書籍はしばしば「バイ・アンド・ホールドのバイブル」[4]と評される。シーゲルは株式への長期にわたる配分にこだわることを唱えており、もしその配分が一定なら、それは一定比率へのリバランス・ルールによって維持されることになる。この長期の一定配分比率を維持するために、投資家は株式が下落すれば株式に追加配分する。すなわち、長期投資家はバイ・アンド・ホールドするのではなく、常に売買するのである。

長期投資は短期投資である

　長期投資に関するもう一つのよくある誤解は、長期の投資期間を想定するから、

長期投資家は近視眼的な短期投資家と根本的に異なるというものである。Alfred Rappaport（2011）のように、長期投資家は短期投資家とまったく異なる行動をとるべきだと提案する人もいる。しかし動的計画法の解によれば、これは明らかに間違いである。動的計画法は、長期投資におけるポートフォリオ選択問題を連続した短期投資問題として解く。すなわち、長期投資家は何よりもまず短期投資家なのである。彼らは、短期投資家が行うすべてのことを行い、長期の投資期間という利点があることから、それ以上のことを行うことができる。その長期投資の効果は、一つ一つの期間の最適化問題における間接効用を通して現れる（式（4.11）参照）。著者は、短期の企業経営者と短期の投資家が陥りがちな「短期志向」、すなわち近視眼的行動を長期投資家がとるべきだと勧めているのではない[5]。動的計画法の解は、長期投資家として成功するためには、短期投資家として成功することから始めるべきであることを示唆している。著者が述べたいことは、これができてから長期の投資期間がもたらすすべての利点を享受すべきだ、ということなのである。

　以降で、一つの重要な事例について議論するが、これは長期投資家と短期投資家の両方に当てはまる。この事例は、現実的に最も妥当なものであると同時に、すべての長期投資戦略の基礎となるものである。

2.4　リバランス

　リターンは予測不可能であるか、もしくは投資機会の集合が独立同一分布（i.i.d.）に従うと仮定する。このi.i.d.という仮定は極めて現実的である。すなわち、資産のリターンは第8章で示すように予測が困難なのである。このi.i.d.という仮定を理解する上で、資産のリターンはコイン投げの繰り返しのようなもの（ただしコインには裏と表しかないがリターンは多くの異なる値をとり得ることを除く）と考えるのがよい方法である。次にコインを投げたときの裏表の確率が過去実現した裏表の履歴によらないことから、コイン投げはi.i.d.である。資産のリターンについてもi.i.d.の場合には同じことがいえ、すべての期間のリターンは、過去に実現したリターンとは独立で同じ形の分布に従う。i.i.d.を仮定すると、資産リターンは究極のコイン投げとなる。

　リターンがi.i.d.に従い、リスクフリー・レートが一定であれば、図4.4に示すように動的ポートフォリオ問題は同じ一期間問題の繰り返しとなる。もしリターンが予測不可能なら、長期投資期間のポートフォリオ・ウェイトは近視眼的ポートフォリオのウェイトに一致する。言い換えると、i.i.d.リターンのもとでは、長期投資と

図4.4 長期投資は連続する近視眼的問題

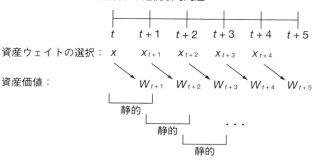

短期投資に違いは生じず、すべての投資家は短期投資となり、投資期間の長さは無関係になるのである。これは次のように示すことができる。

$$長期ウェイト(t) = 短期ウェイト(t) \tag{4.13}$$

短期投資におけるウェイトは式（4.5）で示される近視眼的ポートフォリオ・ウェイトである。これは、CRRA型効用についていえることであるが、より一般的に第2章で取り扱ったほとんどの効用関数を用いても、長期投資のウェイトは一期の効用問題のポートフォリオ・ウェイトに等しくなる。投資期間が短期でも長期でも、i.i.d.の世界ではリターンが予測できないから、すべての投資家は短期投資家のように行動し、長期投資家は独立したコイン投げを毎期繰り返すことになる。最適戦略は、毎期の資産配分を近視眼的な投資問題のように扱いながらポートフォリオのリスクとリターンを毎期管理することなのである。このように最適保有は近視眼的な短期ウェイトとなり、投資家は、保有ポートフォリオの中で一つの資産がリスク回避度との見合いで想定以上に大きなウェイトを占めることを避けるために、最適ウェイトへリバランスし直す必要がある。

もし最適な動的戦略が実際に近視眼戦略であったなら、図4.4のリバランス戦略は図4.3に示されたバイ・アンド・ホールド戦略とはまったく異なったものとなる。動的問題は一期間問題の繰り返しであり、そのために同じポートフォリオ・ウェイトへ戻すことが必要になるからである。バイ・アンド・ホールドは投資家が期初に一度購入したものを変更しないことを前提とするが、リバランス戦略によって同じウェイトへ戻すためには、投資家は毎期売買しなければならない。

株式とリスクフリー債券という最も簡単な場合を考えよう。株式のポートフォリオ・ウェイトを一定に維持するためには、投資家は*逆張り*投資をしなければならな

い。もし株式が前期以上に好調であれば、株式のウェイトは目標以上となり、株式を売却することが最適となる。こうして、投資家は株式が上がった後にそれを売却する。逆に、株式が他資産と比較して前期以上に下落すれば、ポートフォリオ全体に占める株式の割合は縮小することになる。株式の割合は相対的に最適値から低くなりすぎるので、投資家は株式を購入する。こうしてリバランスでは、下落した資産を購入し、上昇した資産を売却することになるが、このリバランスは近視眼的投資家にはふさわしくない。なぜなら、近視眼的投資家は一つの期が終わると、それ以降は投資を続けないからである。リバランスをすることは、最も基本的かつ欠かすことのできない長期投資戦略であり、それは自然に逆張りとなる。最適リバランスの重要な帰結によれば、長期投資家は能動的に、過去に上昇した資産クラスまたは株式を減らし、価格の下落した資産クラスまたは株式のウェイトを高めるべきである。こうして、リバランスは*バリュー投資戦略*の一種となり（第7章参照）、*長期投資家は紛れもなくバリュー投資家なのである*。

　リバランスはi.i.d.リターンのもとで最適となるが、リターンが*平均回帰性*を示す場合や予測可能な場合でも有利となる。もし期待リターンが時間とともに変わるのであれば、投資家ダニエルが2008年の金融危機の際に経験したように、将来の期待リターンが高いときに価格は安くなる。この2008年には多くのリスク性資産が急落したが、その時点から将来に向けてのそれらの期待リターンは高かったことになる。リバランスでは価格が下落した資産を購入するが、その将来の期待リターンは高い。逆に、リバランスでは価格が上昇した資産を売却するが、その将来期待リターンは低い[6]。

2.5　リバランスの実際

1926〜1940年のリバランス

　図4.5は、世界大恐慌を含む1926〜1940年の期間についてリバランスの実行結果を示したものである。比較のために、金融危機と世界大不況（the Great Recession）を含む1990〜2011年の期間のリバランス結果を図4.6に示している。いずれの場合も、イボットソン・アソシエイツ社のデータを使用し、米国株60％と米国長期国債40％のポジションへのリバランスを毎四半期末に行った。

　図4.5のパネルAは、1926年1月初めに1ドルからスタートしたときの投資資産価値の推移である。破線は100％債券保有のケースを示しているが、これは安定して上昇している。点線は100％株式を保有する場合であり、その資産価値は相対的

図4.5 1926〜1940年のリバランス戦略効果

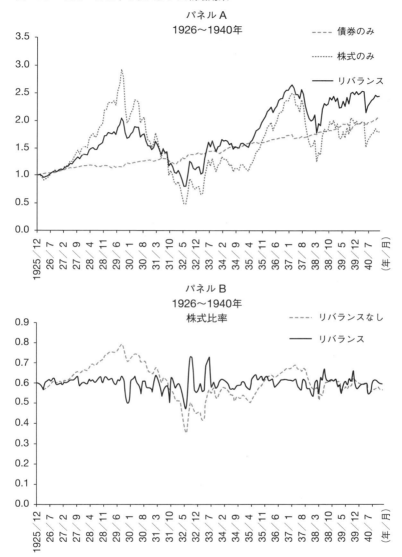

に変動が大きい。株式は1920年代を通じて上昇し、1929年8月末に2.93ドルの頂点に達したが、その後に激動の大恐慌が起きた。株式市場は暴落し、1930年代初期に至るまで低迷したままであり、1932年5月に0.49ドルの底値をつけた。株式はここ

から1940年12月末の1.81ドルまでゆっくりとした上昇を始めるが、この時点ではまだ債券の累積値2.08ドルには届いていない。図4.5パネルＡの実線は60％／40％へリバランスするポジションの結果を示している。それは、100％株式保有よりもはるかに変動が小さく、1929年までは株式の上昇に追い付けなかったが、逆に1930年代初期の間は株式を下回ることがなかった。そして、60％／40％戦略は1940年12月には2.46ドルに達している。

　リバランスを行うと、1929年に頂点に達した時に逆張りで株式を売却し、1930年代初期に最安値をつけた時に株式を買い増すことになり、20世紀初めの間は有利である。図4.5のパネルＢは、毎四半期末に60％／40％へ戻すというリバランス戦略と、サンプルのスタート時に60％／40％から始めてその後は債券と株式の変動に任せるというバイ・アンド・ホールド戦略の比較を示したものである。リバランス戦略はその設計上、株式比率を60％の周りで変動させることになる。この戦略は連続的にリバランスするわけではないから多少の変動はあるが、株式比率が危険なほど高くなったり低くなったりしないため、概ねリバランス戦略の方がリスクは低い。効用という点では、リバランス戦略は投資家のリスク回避度に合わせて株式と債券の最適バランスを達成する。加えて、リバランスを行うことで逆張りというメリットも加わる。逆に、バイ・アンド・ホールド戦略における株式保有は1929年の初めに非常に高くなるが（このとき株価は高く、期待リターンは低い）、これは1929年10月の株式暴落の直前の時期に当たる。バイ・アンド・ホールドの株式比率は1932年に非常に低かったが、これは株価が上昇する（株価は安く、期待リターンは高い）直前である。

1990〜2011年のリバランス

　図4.6は同じような投資を1990〜2011年に行った結果を示したものである。パネルＡでは、1990年1月の月初に1ドルから投資を始める。債券のポジションを破線で示している。債券価格は、2008年の間にリーマン・ブラザーズ社が破綻した際に質への逃避が生じたことで急騰したが、全体を通してみると相対的に安定しており、2011年12月に債券ポジションは5.75ドルで終える。点線で示している株式ポジションは二つの大きなピークとその後の下落がある。具体的には、1990年代終わりの上昇相場とそれに続く2000年代初めのインターネット・バブル崩壊、2000年代初めから中頃までの株価の上昇とそれに続く2007年と2008年の金融危機である。2011年12月に株式ポジションは6.30ドルで終えている。図4.5と同様に、実線は60％／40％のリバランス戦略のリターンを示している。ここでは、リバランスを毎四半期

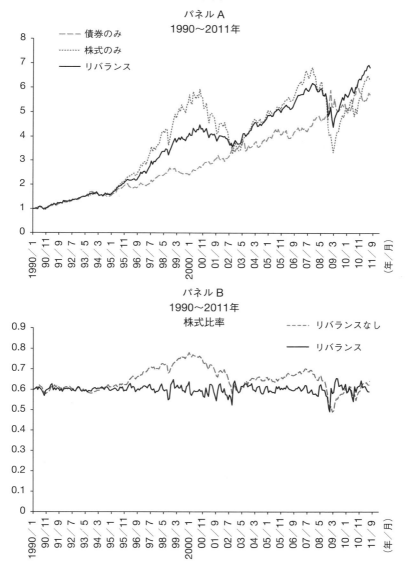

図4.6 1990～2011年のリバランス戦略効果

末に行っている。この動的戦略は100％株式保有よりも株式比率が低いために変動が小さく、2011年12月には全額を株式や債券で保有する場合を上回って6.90ドルに

達する。

　図4.6のパネルBは株式への投資比率を示している。60％／40％リバランス戦略は、それぞれの資産のリスクが想定より大きくならないように株式ポジションをリバランスするため、投資家にとって最適となる。同時にそれによって逆張り投資の利点も得られる。破線で示したバイ・アンド・ホールド戦略では、株式が2000年のピークまで積み上がっていくが、ちょうどそこからバブル後の期間に入る。また、株式比率は2008年の金融危機の直前でも高い。これとは対照的に、リバランス戦略は2008年終わりに価格が安かった株式を積極的に購入し、2009年の株価上昇（株価は安く、期待リターンは高い）によって恩恵を受けることになる。

　1926～1940年（図4.5）と1990～2011年（図4.6）のいずれの期間についても、標準的な60％／40％戦略は100％債券および100％株式戦略のパフォーマンスを上回っている。ただ、この図からリバランスが必ず100％保有をアウトパフォームすると読み取るべきではないし、実際にそうならないこともあるだろう。短い期間ではどのようなことでも起こり得る。しかし、ある条件のもとで、十分な時間があればリバランスはバイ・アンド・ホールド・ポートフォリオを常にアウトパフォームし、リバランス・プレミアムが得られる。図から読み取るべきは、なぜ投資家にとってリバランスが機能するかということである。投資家は、リバランスによって上昇した資産を売却して保有比率をもとに戻すため、その資産がポートフォリオの中で過度に支配的になることはなく、資産の組合せが自身のリスク回避度に対して常に最適となる。これに加えて、1926～1940年と1990～2011年の分析例ではっきり見られるように、価格が安いときに購入して高いときに売却するという逆張りの恩恵も享受できるのである。

投資方針書

　図4.5と図4.6は素晴らしい例だが、実際にはリバランスは難しい。リバランスは価値が下落した資産を購入し、価格が上昇した資産を売却するが、これは人間の本性に反する。投資家は大きな損失を出した資産へ投資することをとても嫌がるし、非常に成績のよかったポジションを解消することにも抵抗がある。損失を出したことを理由に購入する投資家などほとんどいないだろうし、成功したトレーダーから資金を回収し、成績の悪かった同僚にそれを配分するような機関投資家もあまりいないだろう。投資家の自然な性向は*順張り*であるにもかかわらず、リバランスは*逆張り*なのである。

　ダニエルに対して助言するハリソンのような優れたファイナンシャル・アドバイ

154　第Ⅰ部　アセット・オーナー

ザーは、個人投資家の順張り性向を是正する上で重要な役割を果たす。Maymin and Fisher（2011）はこれを、ファイナンシャル・アドバイザーが顧客に対して最大の付加価値を提供できる職務の一つであると論じている。投資方針書（IPS）はこのプロセスで重要な役割を果たすものであり、ファイナンシャル・アドバイザーとしてのハリソンは、アドバイザーと顧客というダニエルとの関係を土台として、IPSに固執するのが適切であったのである。

IPSは、投資家が時期によらず一貫性を保つことを支援する。投資家は書面で投資アドバイザーと相談しながら意思決定を行い、そうする中でゲームプランを練る[7]。IPSによって投資家はそのゲームプランを貫徹することができる。長らく投資家の代弁者であり続けているチャールズ・エリスは、1987年に初出版した『Investment Policy』の中で、彼が他の本でも繰り返している心得を次のように述べている[8]。

**　　長期の投資方針をはっきりと書面で示すべき第一の理由は、確固とした長期の方針を顧客やポートフォリオ・マネージャーが場当たり的に変更するという状況からポートフォリオを守るためであり、短期的に切迫した状況に苦しみ、その方針が非常に疑わしく思えたときに、長期方針の堅持を助けるためでもある。**

医療指示書は、特に精神病において、しばしばユリシーズ契約（訳注：自身での判断が困難になる事態を想定して書かれた事前指示書）の書式をとる。これは、トロイ戦争の帰途に、セイレーンの歌に対抗できるよう、自分を船のマストに結びつけることを乗組員に命じた、機知に富むギリシャ人にちなんで名付けられた（訳注：ギリシャ語の「オデュッセウス」がラテン語を経て「ユリシーズ」と英語化した）[9]。IPSは個人投資家のユリシーズ契約であり、過剰反応への戒めとなる。行動ファイナンスの専門家シェロモ・ベナルチは、IPSをユリシーズ戦略として用いることを強く主張した。彼は「投資家は違うことをしたくなるという先天的な衝動が強すぎるがゆえに、合理的な投資計画への事前約束が重要である」と述べている[10]。

サークル・ウェルス・マネジメント社の共同経営者アン・カプラン（著者の教授ポストの寄付者でもある）は、個人富裕層の資産運用の専門家である。IPSは顧客との関係の最後の一仕上げであるが、彼女は、IPSを書面にし、維持し、再評価する努力が必要であると警告する。彼女は「現在の資産水準、税金の状況、投資バイアス、精神的・社会的活力といった制約のもとで、個人もしくは家族の複数の投資

目的、資金の出入りに関するニーズの変化や投資期間を、現実的で実行可能な投資方針へ変換することこそが取り組むべき課題なのである」と述べている[11]。

この困難な課題に取り組むこと、すなわちIPSを作成してそれを堅持することには価値がある。

投資家はリバランスをしているか？

投資家はリバランスを実施してはいるが、十分ではない。Calvet, Campbell, and Sodini（2009）は、スウェーデンの家計について調査した。スウェーデン人は収入と資産の両方に課税されるため、スウェーデンの資産保有データはほぼ完全に揃っている。この論文の著者の言葉によれば、スウェーデンの家計は「驚くべきリバランス性向」をもっているという。裕福で教育水準の高い投資家はより分散されたポートフォリオをもち、より積極的にリバランスを行う傾向がある。ただし、リバランスには積極的だが、惰性もあり、投資家は、バイ・アンド・ホールドによってポートフォリオに生ずる受動的な変化を完全にもとに戻すわけではない。これとは対照的に、Brunnermeier and Nagel（2008）によれば、米国の家計においては、資産配分を決定する上で惰性の方がリバランスよりも主要因となっている（平均すると、スウェーデンの家計は米国よりも賢いのかもしれない）。家計は当初に決めた配分でスタートするが、資産ウェイトはポートフォリオのリターンに連動して変化する。米国の投資家もリバランスは行うが、活発ではないのである。

機関投資家はしばしばリバランスに失敗する。2008年および2009年の期間、多くの年金基金と財団はパニック売りに陥ってリバランスを放棄したが、カリフォルニア州政府職員退職年金基金（CalPERS）の失敗は際立つ。CalPERSの株式ポートフォリオは2007年の1,000億ドル超から2009年には380億ドルまでに縮小した[12]。CalPERSは逆張りリバランスの反対、すなわち順張りリバランスを行い、ちょうど最安値で、まさに期待リターンが最も高いときに株式を売却した。リバランス失敗というCalPERSの問題の一部は、特に流動性リスクに関する不適切なリスク管理から生じたものであるが、CalPERSは、理事会と運用委任先であるファンド・マネージャーとの間の構造的な調整不良に起因して、株式が安いときに購入することにも失敗した。これらはエージェンシー*問題*であり、本書ではこれを第15章で議論する。CalPERSは確かに、個人投資家のIPSに対応する機関投資家版*投資方針書*（*Statement of Investment Policy*）を作成していたが、これはCalPERSが金融危機の際にリバランスを行う助けにはならなかった。CalPERSは自らのIPSを信じることも適切に用いることもできなかったのである。

156　第Ⅰ部　アセット・オーナー

CalPERSとは対照的に、ノルウェーのソブリン・ウェルス・ファンド（SWF）は、2008年および2009年の期間中にリバランスを行った。このファンドは、CalPERSのような誤ったタイミングで株式を売却した投資家から安値で購入した。ノルウェーはマストに縛り付けられたユリシーズを地で行くかのように、リバランスの意思決定を委員会に任せるのではなく、財務省と議会がリバランス・ルールを決定した。ファンド・マネージャー（NBIM：ノルウェー中央銀行投資管理部門）によって自動的に執行されるルールを適用することで、リバランスの意思決定が、パニックや恐怖、傲慢によって動揺する可能性のある委員会に託されないことが保証されていたのである。

リバランスの乖離許容範囲

　リバランス戦略を執行する上で、いくつか技術的に考慮すべき点がある。今まで述べてきた理論は一定間隔でリバランスを行うものであり、図4.5と図4.6では四半期ごとにリバランスするとしていた[13]。しかし実際には、仮に、ある四半期末の株式ポートフォリオのウェイトが61％であった場合、投資家が取引コストをかけてわずか1％を減らして60％に戻すべきなのかどうかはわからない。

　最先端のリバランス実務では、カレンダー通りにリバランスするのではなく、不定期にリバランスを行う。最適リバランス戦略では、最適ウェイトから離れることによる効用の損失とリバランスに要する取引コストを比較して好ましい方をとる。リバランスによる利益がそのコストを上回るときがリバランスの最適時期となり、リバランスは不定期に実行される。

　ここで用いられるのがリバランスの乖離許容範囲であり、これは最適目標の周りに設定される。最適リバランス目標が株式60％であれば、リバランスの乖離許容範囲は例えば55％と65％に設定され、この範囲から外れたときにリバランスが実行される。リバランスの乖離許容範囲は取引コストや流動性、資産ボラティリティ、最低取引量の関数となる。取引コストが大きいときや資産ボラティリティが大きいときにその範囲は広くなる[14]。最適なリバランスの乖離許容範囲を導出した最初の論文はConstantinides（1979）であり、それから様々な変形版が開発された。

　基本的なリバランス・モデルを図4.7のパネルAに示している。横軸はある資産クラスのウェイトが変化する方向であり、目標ウェイトの周りに一つの帯がある。資産ウェイトがこの帯の内側にあれば投資家は取引しないが、帯の外側に出たらすぐに目標までリバランスを行う。ここで、目標ウェイトではなく帯の端までのリバランスを提案する人もいる。リバランスを目標値までとするか帯の端までとするか

第4章　長期投資　157

図4.7 リバランス・モデル

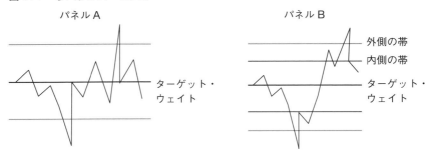

は、取引コストが固定料率（目標までリバランス）かブローカレッジ・フィーや税金のように比例料率（端までリバランス）なのかに依存する[15]。

図4.7のパネルBはさらに洗練されたリバランス戦略を示したものであり、目標ウェイトの周りに二つの帯がある。この戦略では、ポートフォリオが外側の帯の内側にいる間は取引を行わない。しかし、ポートフォリオが外側の帯を超えたら、投資家は内側の帯までリバランスを行う。機関投資家はデリバティブ商品を用いてリバランス戦略を合成することがよくあるが、多くの場合、現物の証券を取引するよりも取引コストが抑えられる[16]。著者の私見ではあるが、これらのリバランスにおいて技術的な点を考慮することは形式的な問題にすぎない。最も重要なことはリバランスすることである。

2.6　機動的な投資戦略

ここまで、リバランスはあらゆる長期戦略の基本であり、それがi.i.d.リターンのもとでうまく機能することを示してきた。これに加えて、もしリターンが予測可能であれば、長期的な投資を行うことでさらなる利益が得られる。著者はこれを機動的戦略と呼ぶ。

期待リターンとリスクが時間変化するとき、最適な短期ウェイトも変化する。式(4.5)において、ある1資産の平均と標準偏差に下付き添え字 t を加えてそれぞれ μ_t と σ_t とし、これらは、 t から $t+1$ までの期待リターンとボラティリティの t 時点における条件付推定値であることを示す。また、リスクフリー・レートも同様に時間とともに変化する可能性があるが、それが期初に既知であることを踏まえ、 t から $t+1$ までのリスクフリー・レートを $r_{f,t}$ と表記する。このとき、式(4.5)の時間の経過とともに変化する短期ウェイトは次のようになる。

$$\text{短期ウェイト}(t) = \frac{1}{\gamma} \frac{\mu_t - r_{f,t}}{\sigma_t^2} \tag{4.14}$$

リターンが時間の経過とともに変動し、かつ予測可能であるとき、最適な長期戦略は、時間変化に伴う短期戦略に機動的ポートフォリオを加えたものとなる。

$$\text{長期ウェイト}(t) = \text{短期ウェイト}(t) + \text{機動的ウェイト}(t) \tag{4.15}$$

時間の経過とともに変化する短期ウェイトは式（4.14）で与えられ、*近視眼的ポートフォリオ*と呼ばれる。マートンは機動的なウェイト変更をヘッジ需要と呼んだが、彼がいうところのヘッジ需要ポートフォリオとは、投資機会の選択肢が変わるリスクを回避するためのものである。しかし著者は、このウェイトの変更を、時間の経過とともに変化する資産リターンを長期投資において機動的に収益化する方法だと考えたい[17]。

戦術的・戦略的資産配分

Campbell and Viceira（2002）は、式（4.15）のマートン＝サミュエルソンのポートフォリオを次のように解釈している。

長期ウェイト(t) ＝ 長期近視眼的ウェイト(t)

$\qquad$ ＋ ［短期ウェイト(t) － 長期近視眼的ウェイト(t)］

$\qquad$ ＋ 機動的ウェイト(t) $\tag{4.16}$

ここでは、式（4.15）の短期ウェイトを、近視眼的ウェイトの長期平均と、一定のリバランス・ウェイトからの乖離という二つの項に分解している。式（4.16）の最初の二つの項は、それぞれ*長期固定ウェイト*、*戦術的資産配分*と解釈できる。また、式（4.16）の長期ウェイト全体はしばしば*戦略的配分*と呼ばれる。

式（4.16）の最初の項は、式（4.14）の短期ウェイトの平均値である。

$$\text{長期近視眼的ウェイト} = \frac{1}{\gamma} \frac{\bar{\mu} - \bar{r_f}}{\bar{\sigma}^2} \tag{4.17}$$

ここで、資産リターンの平均とボラティリティは時間が経過しても一定であり、各変数につけた上線によってそれを示している。これは、i.i.d.の場合における一定リバランス・ウェイトと同等なものだと解釈できる。

短期ウェイトは、戦術的資産配分を表し、短期投資家がリターンの平均およびボラティリティの変化へどのように反応するかを示している。そして、戦術的資産配分は、一定のリバランス・ウェイトとリバランス・ルールからの一時的なずれの和（式（4.16）の最初の二つの項）となる。

戦略的資産配分は長期ウェイトであり、長期の固定ウェイトと戦術的資産配分、

機動的ウェイトの合計値となる。これは長期投資家の最適戦略である[18]。長期ポートフォリオ選択に対する動的計画法の解から期待されるように、長期投資家は、短期投資家がすること（戦術的資産配分）をすべて行った上で、さらにその短期投資家ができないやり方で投資機会をとらえることができるのである。このように、戦略的資産配分は式（4.16）の三つの項すべての合計値となる。

長期機動的ポートフォリオの特徴づけ

長期の機動的ポートフォリオを正確に計算することが難しい場合もある[19]。しかし、ロケット科学を苦労して勉強しなくても、機動的ウェイトを直観的に理解することはできる。機動的ウェイトには二つの決定要因がある。第一は、投資家に固有のものである。近視眼的ポートフォリオのウェイトとまったく同じように、機動的ポートフォリオも投資家のリスク許容度に依存するのである。そして、この場合は投資期間も関係してくる。第二は、資産の特性に関するものである。機動的ウェイトは、リターンが時間を通じてどのように変わるかにも依存する。投資期間と時間とともに変化する資産リターン特性が相互に影響を及ぼし合うことは極めて重要である。これは、足下のリターンは低いが数年かけて高水準へとゆっくりと平均回帰する資産が、短期の投資期間をもつ投資家にとっては魅力的でないことを考えればわかりやすい。待つという贅沢をする余裕があるのは長期の投資期間をもつ投資家のみである。同様に、ある資産や戦略の不確実性が短期的に非常に高くなる場合があっても、長期的にはボラティリティは平均回帰するため、これらの資産のリスク・プレミアムは長期投資においてのみ高い確度で実現される。このような戦略も、短期投資家には魅力的ではないが、長期の投資期間をもつ投資家はそれらに投資するだけの余裕があることになる。

視野を少し広げて考えると、長期投資における機動的ポートフォリオによって、リスク回避度が上昇した時、または短期的なミスプライシングが生じた時に、長期投資家は利益を獲得する機会を得る[20]。合理的期待理論に基づく資産評価モデルのもとで価格が下落する理由は、平均的投資家のリスク回避度が高く、投資家が高い期待リターンを得るために買い値を引き下げるからである。もし、長期の投資期間をもつ投資家のリスク回避度が一定であれば、低価格の時期を利用することができる。一方、行動理論の枠組みで考えれば、一時的なミスプライシングのために価格は下落する可能性がある。長期的には価格が正当な値へ戻ることを知っている長期投資家はこの機会を利用できる[21]。単純なリバランス戦略は逆張りであり、バリュー投資性向となるが、最良の機動的戦略はさらに逆張りで、強いバリュー志向

になり得る。危機と暴落は真の長期投資家にとって投資機会となる。有名なバリュー投資家であるHoward Marks（2011）が明快に説明するように、「危機の期間中に鍵となるのは、(a)売却を求める圧力を断ち切り、(b)代わりに買い手の位置に着くことである」。これはリバランスが投資家に強いるものと同じである。

　このヘッジ需要、すなわち長期の機動的配分効果が実際にどれくらい大きいかについては、学界でも論争が続いている。有名な論文Campbell and Viceira（1999）は、ヘッジ需要は非常に大きく、短期投資家から生ずる株式への平均的な総需要の軽く2倍はあると推定している。キャンベル＝ビセイラモデルでは、長期投資家の株式のポートフォリオ・ウェイトは、1940年～1990年代中頃の期間に▲50％から400％近くまでの範囲を変動する。しかし、Brandt（1999）とAng and Bekaert（2002）は、Campbell and Viceira（1999）とほぼ同じ時期に発表されたが、そこで推定されているヘッジ需要は小さい。つまり、長期の機動的需要は、リターンの予測可能性とその予測力をとらえるために用いるモデルに決定的に依存するのである。第8章で予測力は小さいという証拠を示すが、それを踏まえて、実務上は戦術的な配分と機動的な配分の両方を小さくすることを推奨したい。機動的ヘッジ需要は、投資家がリターンの予測性について学んだり推定誤差を考慮に入れたりするとさらに小さくなる[22]。

　Stambaugh（1999）システムという、株式リターンを予測するシステムがあり、ポートフォリオ選択に関する学問分野で広く研究されてきた。このシステムでは、株式リターンは配当利回りや益利回りのようなバリュエーション比によって決定される。バリュエーション比は、時間経過とともに変化する期待リターンをとらえる便利な道具である。配当利回りが低下する（もしくは株価が上がる）に従って、将来の期待リターンは低下するが、配当利回りそれ自体も持続的に時間変化する[23]。スタンボー・システムのもとで、長期の機動的ポートフォリオのウェイトは正になり、それは投資期間が長くなるに従って上昇する[24]。また、図4.8に示すように、短期の近視眼的ウェイトと長期の総ポートフォリオ・ウェイトは期待リターンとともに上昇し、投資機会はさらに魅力的となる。長期投資家は実際に短期投資家のレバレッジ版だといえる。すなわち、もし短期投資家が買いたくなるような期待リターンの高い局面があれば、長期投資家はそれ以上に購入することになる。機動的投資によって、長期投資家は短期投資家よりも予測力をさらに活用できるのである[25]。

　2008年と2009年を通じて固定ウェイトのリバランス・ルールに従ったノルウェー

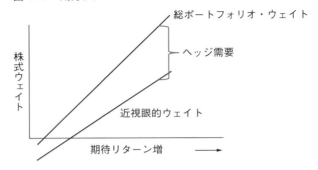

図4.8 期待リターンとウェイトの関係

のSWFは、価格が安く期待リターンが高い時に株式を購入した。このファンドが長期の機動的戦略の利点を利用していれば、それ以上に多くの株式を購入したであろう。このことから、リバランスを継続することは「安く買い、高く売る」ために守らなければならない最低限のルールだといえる。著者は、機動的戦略へ注目する前に、まずリバランスに集中することを勧めたい。単純なリバランスはそれ自体逆張りで、スタンボーモデルにおける長期機動的投資はさらに積極的に逆張りである。リバランスは（他の資産との比較で）価格が下落した資産を購入することになるため、リバランスができないのであれば、長期の機動的投資も遂行できるはずがない。リターンがスタンボーモデルに従うとき、長期の機動的投資は、価格が下落した資産を単純なリバランスが提案するよりも多く購入することになる。ただ、著者としては機動的ポートフォリオを控えめにしておくことも勧めたい。すなわち、総合的に見て過去データの非常に弱い予測力（第8章参照）と推定誤差を考慮すると、現実の世界での図4.8は、時間の経過とともに変化する短期ウェイトと機動的ウェイトの両方が期待リターンに対して相当平らになるからである。

3 リバランスはショート・ボラティリティ

リバランスは一種のオプション戦略であり、とりわけ*ボラティリティを売る*（*ショート・ボラティリティ*）戦略である（オプション・トレーダーはリバランスを*負のガンマ戦略*と呼ぶのだろう）。ファイナンス理論に詳しい読者には驚くような話ではないかもしれないが、投資期間が長期のポートフォリオ選択問題（動的計画法）を解くために第2節で用いたのと同じ方法が、オプションの価格評価（*後退帰納法*と呼ばれる）に用いられていることはあまり知られていない[26]。リバランス

が具体的にどのようにしてショート・ボラティリティ戦略となるかを示すことで、長期投資家がリバランスから得るものと失うものについて、より深く考えられるようになる。結局のところ、少なくとも経済理論においては、タダのものはないということである。

３．１　例

この例は極めて定型的かつ単純ではあるが、リバランスがオプションの集まりであることを理解するためには十分である。

株式が図4.9のパネルＡのような二項ツリー・モデルに従うと仮定しよう。株式の価格は初期値 $S = 1$ からスタートし、各期にそれぞれ50％の確率で二倍もしくは半分になる。二期あると、二項ツリーには三つの分岐ができる。満期には、株式は三つのペイオフ（訳注：資産等から払い出される価値またはそれを含めて資産等がもたらす全価値）、すなわち $S_{uu} = 4$、$S_{ud} = S_{du} = 1$、$S_{dd} = 0.25$ の可能性があり、それぞれの確率は0.25、0.5、0.25である。これに加えて、投資家は一期当りの金利が10％のリスクフリー債券を保有することができる。

まず、60％の株式と40％のリスクフリー資産からスタートするバイ・アンド・ホールド戦略を考えよう（第２節で述べたように、我々はバイ・アンド・ホールド戦略が、長期投資家にとって最適ではないことを知っている）。最初の期の終わりに、この投資家の資産価値は次のように増えるか、減るかする。

$$W_u = 0.6 \times 2.0 + 0.4 \times 1.1 = 1.6400$$
$$\text{または } W_d = 0.6 \times 0.5 + 0.4 \times 1.1 = 0.7400 \tag{4.18}$$

これは図4.9のパネルＢの二項ツリー・モデルにおける枝分かれで示されている。式（4.18）から、この株式のリターンは、もし上の枝に行くと $2 - 1 = 100\%$、もし下の枝に行くと $0.5 - 1 = -50\%$ であり、そのいずれかとなる。時点１における上部節点では、バイ・アンド・ホールド・ポートフォリオの株式への配分割合は $0.6 \times 2.0 / 1.64 = 73.17\%$ で、下部節点では $0.6 \times 0.5 / 0.74 = 40.54\%$ となる。時点２では、三つの節点におけるバイ・アンド・ホールド戦略の最終的な資産価値は、

$$W_{uu} = 1.6400 \times (0.7317 \times 2.0 + 0.2683 \times 1.1) = 2.8840$$
$$\text{または } W_{ud} = 1.6400 \times (0.7317 \times 0.5 + 0.2683 \times 1.1)$$
$$= 1.0840 = W_{du}$$
$$(W_{du} = 0.7400 \times (0.4054 \times 2.0 + 0.5946 \times 1.1)$$

第４章　長期投資　163

図4.9 二項ツリー・モデル

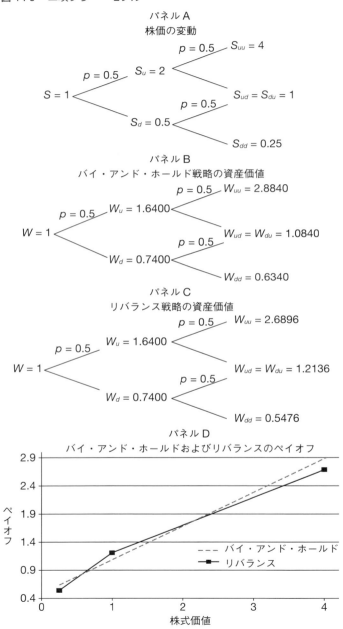

$$= 1.0840 = W_{ud} \qquad :上式と同じ)$$

$$または W_{ad} = 0.7400 \times (0.4054 \times 0.5 + 0.5946 \times 1.1) = 0.6340 \qquad (4.19)$$

となる。これは図4.9のパネルBにおいて二項ツリー・モデルの終点に示されている。

　ここで、リバランス戦略を考えよう。これは、時点1で60％株式と40％債券へ比率を戻すものである。時点1における資産価値は式（4.18）にちょうど等しく、リバランス戦略による時点2での最終的な資産価値は次のようになる。

$$W_{uu} = 1.6400 \times (0.6 \times 2.0 + 0.4 \times 1.1) = 2.6896$$

$$または W_{u1} = 1.6400 \times (0.6 \times 0.5 + 0.4 \times 1.1) = 1.2136 = W_{du}$$

$$(W_{au} = 0.7400 \times (0.6 \times 2.0 + 0.4 \times 1.1) = 1.2136 = W_{ud})$$

$$または W_{d1} = 0.7400 \times (0.6 \times 0.5 + 0.4 \times 1.1) = 0.5476 \qquad (4.20)$$

このペイオフの組合せを図4.9のパネルCに示している。

　図4.9の最後のパネルDは、バイ・アンド・ホールド戦略（式（4.19））とリバランス戦略（式（4.20））のペイオフを満期時点2における株式価値の関数として図示している。バイ・アンド・ホールドすなわちリバランスをしない戦略を破線の直線で示している。バイ・アンド・ホールド戦略の利益と損失は、当然、株価に対して線形である。逆にリバランス戦略のペイオフは、株価に対して上に凸型である。もし株価が満期時点で1.0に戻ると、リバランスは投資家により多くの利益をもたらす（$S_{ud} = S_{du} = 1$のとき、リバランスは1.2136でバイ・アンド・ホールドは1.0840）。これは、最終的な株式価値が低い（$S_{dd} = 0.25$）か高い（$S_{uu} = 4$）場合に、リバランス戦略がバイ・アンド・ホールド戦略を下回ることで相殺される。

　リバランス戦略の非線形パターンは、オプションを売り建てたポジションによっても作り出すことができる。その戦略は、アウト・オブ・ザ・マネーのコールとプットのオプションを売ること、つまりショート・ボラティリティとなる。

　時点2に満期を迎える行使価格3.6760ドルのヨーロピアン・コール・オプションがあるとしよう。このコール・オプションは時点2において次のペイオフをもつ。

$$C_{uu} = \max(4.0000 - 3.6760, 0) = 0.3240$$

$$または C_{ud} = \max(1.0000 - 3.6760, 0) = 0 = C_{du}$$

$$または C_{dd} = \max(0.2500 - 3.6760, 0) = 0 \qquad (4.21)$$

このコール・オプションの時点0での価値は0.0428ドルである[27]。

　また、時点2に満期を迎える行使価格0.4660のヨーロピアン・プット・オプションがあるとしよう。このプット・オプションは時点0で0.0643の価値があり、時点

0で次のようなペイオフになる。

$$P_{uu} = \max(0.4660 - 4.0000, 0) = 0$$
$$\text{または} P_{ud} = \max(0.4660 - 4.0000, 0) = 0 = P_{du}$$
$$\text{または} P_{dd} = \max(0.4660 - 0.2500, 0) = 0.2160 \tag{4.22}$$

ここで、次の戦略を比較しよう。

戦略	時点0	時点2		
		$S_{uu} = 4$	$S_{ud} = S_{du} = 1$	$S_{dd} = 0.25$
①プット売り	+0.0643	0	0	▲0.2160
②コール売り	+0.0428	▲0.3240	0	0
③債券買い	▲0.1071	0.1296	0.1296	0.1296
④バイ・アンド・ホールド戦略	1.0000	2.8840	1.0840	0.6340
⑤=①+②+③+④	1.0000	2.6896	1.2136	0.5476
⑥リバランス戦略	1.0000	2.6896	1.2136	0.5476

この表は、様々な戦略について、「時点0」と書かれた列に現時点の値、「時点2」の列にはその時点のペイオフを並べて表示している。時点2のペイオフは時点2での株式価値次第であるため、時点2における株式価値$S_{uu} = 4$、$S_{ud} = S_{du} = 1$、$S_{dd} = 0.25$に対応して三つの列がある。

最初の戦略の組合せを考えよう。現時点でプットを売るということは、プットのプレミアム0.0643ドルの収入（符号は正）が得られることを意味する。もし時点2で株価が低ければ（$S_{dd} = 0.25$）、投資家は0.2160ドルだけの金額を支払う（符号は負）必要がある。同様に、現時点でコールを売ることはコールのプレミアム0.0428ドルの収入が得られることを意味する。もし株式が時点2で上昇していれば（$S_{uu} = 4$）、オプションを買った人に0.3240ドルを支払わねばならない。投資家はまた時点0で債券0.1071ドルを購入する。この購入は現金の支出を意味し、負の符号となる。時点2で、これらの債券は$0.1071 \times (1.1)^2 = 0.1296$の価値がある。結局、時点0で1ドルからスタートしたバイ・アンド・ホールド戦略のペイオフが得られる。バイ・アンド・ホールド戦略にとってのそれぞれの状態におけるペイオフは式（4.19）に示した通りである。

コールのショート・ポジション、プットのショート・ポジション、債券のロン

グ・ポジション、バイ・アンド・ホールド戦略を合計すると、現時点0での価値が1ドル、時点2でのペイオフがいずれも式（4.20）に示したリバランス戦略と等しくなる。すなわち、リバランス戦略は、オプションを売ってそのプレミアムを債券で運用したショート・ボラティリティ・ポジションとバイ・アンド・ホールド戦略を合わせたものに一致することになる。つまり、*リバランスはショート・ボラティリティ戦略なのである。*

　図4.9のパネルDにおいて、バイ・アンド・ホールド戦略は完全にパッシブであることを示す直線となる。一方のリバランス戦略は、株価の極端な上下の実現値（S_{uu}とS_{dd}）から中庸な実現値（$S_{ud} = S_{du}$）へペイオフを移すアクティブ戦略である。これは、株価が高いときに売却し、株価が低いときに購入するというリバランスによって実現されるが、ショート・ボラティリティ・ポジションはこれとまったく同じことを行う。コール・オプションは株式のロング・ポジションと債券のショート・ポジションで動的に複製することができる。これは株価が上昇したときに株式を購入し、株価が下落したときに株式を売却する。コール・オプションのショートはこれと反対のことを行うわけで、株価が上昇したときに売却し、下落したときに購入することと同じである。同様に、プットのショートもまた株価が上昇したときに株式を売却し、下落したときに購入することで動的に複製することができる。これらはリバランスとまったく同じ行動である。

3.2 解　　釈

　リバランスの市場価値は何だろうか。二期の二項ツリーの例では、リバランスのバイ・アンド・ホールド戦略に対する相対的な行動は、コールとプットの売りと債券への投資によって複製できることを示した。これは次のような価値をもつ。

コールのショート＋プットのショート＋債券のロング

$$= 0.0643 + 0.0428 - 0.1071 = 0$$

すなわち、リバランス行動に割り当てられる市場価値はゼロとなる。つまり、*市場はリバランスを評価しない。*

　最適なリバランス戦略は*部分的な均衡*戦略である。全員がリバランスを実施できるわけではない。金融危機の最悪期に株式を購入するノルウェーのような機関がある一方で、カリフォルニア州政府職員退職年金基金（CalPERS）のようにリスクの高い株式配分を我慢できずに減らしてしまった機関も存在する。CalPERSがリバランスできなかったことで被った損失は、ノルウェーがリバランスの成功から得

た利益に相当する。簡単にいえば、すべての買い手に対して売り手がいなければならず、均衡状態においては、売りと買いを同時に行うことができる人は存在しない[28]。リバランスの市場価格はゼロであり、実際に市場ポートフォリオを保有する平均的投資家がリバランスしないことはこの事実と整合的である。すなわち、*市場自体はバイ・アンド・ホールドなのである！*[29]

　リバランスがもたらす効果は投資家によって異なる。図4.9のパネルＤのように、損益を極端な株式ポジションから中央に戻すことは、リスクの低減となるから投資家にとって最適である。我々の例によると、60％株式／40％債券ポートフォリオはリスク回避度が$\gamma = 0.51$の投資家にとって最適となることがわかる。第2章の確実性等価の計算によれば、最適なリバランスの代わりにバイ・アンド・ホールド戦略を強いられる投資家は、初期の資産価値1ドルにつき0.29セントの補償を受ける必要がある[30]。一方の長期投資家は、リスクを下げて効用を増加させるので、リバランスを高く評価する。一方で、リバランスをしない反対側の投資家が存在しなければならないため、市場全体としてはリバランスを評価しないのである。

　リバランスはショート・ボラティリティであるため、ボラティリティのリスク・プレミアムが自動的に得られる。我々の例ではボラティリティは一定である（株式ボラティリティは0.75に等しい）が、現実にはボラティリティは変化する。ボラティリティはリスク・ファクターであり、負のリスク・プレミアムを生む。投資家はオプションを売ったりボラティリティをショートしたりすることでボラティリティのリスク・プレミアムを手に入れるのである。これについては第7章でさらに議論する。

　ショート・ボラティリティ戦略としてのリバランスは、市場が極端に下落している間は損失が拡大し、上昇している間はバイ・アンド・ホールド戦略をアンダーパフォームする。その一方で、相場があまり動かないときのペイオフはその分だけ大きくなる。これは明らかに、リバランスが相場の反転から利益を得ていることを示しており、図4.5と図4.6にあった1926〜1940年と1990〜2011年の期間にリバランスのパフォーマンスが良好であった理由の一つである。すなわち、暴落からの強い反発があるとき、リバランスは非常にうまく機能する。我々は大恐慌、もっと最近では2008〜2009年の大不況と金融危機の後に強い反発を経験した。逆に、強気相場や弱気相場が永続して反転が起こらなかったら、リバランスはバイ・アンド・ホールド戦略をアンダーパフォームすることになるだろう。

　リバランスがショート・ボラティリティ戦略と同じだという事実は、アンティ・

168　第Ⅰ部　アセット・オーナー

イルマネン（著者と一緒にノルウェーのSWFのアドバイザーであった）による「リバランスはレジーム・チェンジの売り」という表現にも重なる。レジーム・チェンジが起きて、株式市場が完全に崩壊するという極端な場合を考えよう。このとき、リバランスは価格下落に伴って株式を追加的に購入するにもかかわらず株価は永久に低いままであるから、その戦略のパフォーマンスは悪い。その対極にあるのは、株価が永久に強気相場にあるというレジーム・チェンジである。ここでもリバランスは、単に上昇し続ける株式を売却することになるので、バイ・アンド・ホールド戦略をアンダーパフォームする。

永遠のレジーム・チェンジはときどき起こるが、まれである[31]。人々はあまりにも「今回は違う」と考えすぎるというReinhart and Rogoff（2011）に同意したい。「今回は本当に違った」という本当のレジーム・チェンジの二つの例をあげると、1933年前後のイールドカーブの形状変化と、1987年前後に見られたアウト・オブ・ザ・マネーのプット・オプションの価格特性である。1933年以前にはイールドカーブは右下がりであったが、現在（1933年以後）は正常な右上がりの形状である。学界では、金本位制の崩壊によってこの変化が説明されると考えられている（Wood（1983）参照）。また、インプライド・ボラティリティについては、1987年以前のサンプルではオプションの行使価格に対して対称であった。これはインプライド・ボラティリティ・スマイルと呼ばれる（訳注：「スマイル」は笑顔の口元の形状になぞらえている）。しかし、1987年の暴落の後、インプライド・ボラティリティにはっきりとした負の歪度が現れ（Rubinstein（1994）参照）、低い行使価格のオプション・ボラティリティは高い行使価格のオプション・ボラティリティよりもはるかに高い。インプライド・ボラティリティ・スマイルはインプライド・ボラティリティ・スマーク（訳注：「スマーク」は作り笑いの意で、一方が歪んだ口元の形状になぞらえている）に変わったのである。これに対して、2007年と2008年の金融危機はレジーム・チェンジではなかったし、2009年以降の欧州債務危機もまたレジーム・チェンジではない。永遠のレジーム・チェンジは本当にまれなのである。

リバランスはショート・ボラティリティであり、したがってレジーム・チェンジの売りであるという事実は、リバランスは、永遠のレジーム・チェンジが起こることが想定できない幅広い資産クラス間（またはファクター間、第14章参照）で実践すべきである、ということを意味する。1900年にロシア株式は大きな市場であったが、その後20年も経たないうちに完全に消滅し、投資家は何も得ることができな

かった。しかし、グローバル株式は100年以上経っても依然として存在しており、長期間にわたって、おそらく資本主義が消滅するまで存続するであろう。ロシア債券もまたロシア革命の間に消え去ったが、グローバル債券はそうではない。グローバル株式とグローバル債券はこれまでも存続してきたし、これからも長期にわたって存続するであろう。このことからも、リバランスは実証済みなのである[32]。

4 負債ヘッジ

4.1 負債ヘッジ・ポートフォリオ

負債のない投資家はほとんどいない。たとえ明示的な負債のない投資家（ノルウェーのように）でも、利害関係者からのスチュワードシップ（訳注：資産運用受託者としての責任）に対する期待を通じて、少なくとも短期的には暗黙の負債をもつ場合が多い。負債はローンの返済のように固定できることもあれば、年金制度費用のように変化はするが安定的であることも、年金の死亡一時金のように条件付き一回限りの支給の場合もある。

負債を考慮すると、最適ポートフォリオ戦略は三つの項をもつことになる。

$$長期ウェイト(t) = 負債ヘッジ(t) \\ + \underbrace{短期ウェイト(t) + 機動的ウェイト(t)}_{投資ポートフォリオ(t)} \quad (4.23)$$

投資ポートフォリオは、第2節と第3節で取り上げた負債のない場合とまったく同じになる。すなわち、リターンが独立同一分布（i.i.d.）の場合の最適な方針はリバランスであり、リターンが予測可能の場合は最適な短期ポートフォリオが時間とともに変化し、長期投資家は追加して機動的戦略を保有することになる。負債ヘッジ・ポートフォリオは、投資家が自らの負債に最もよく合わせることができると確信するポートフォリオであり、この解は、負債に対して最も相関が高くなるように資産ポジションを保有することである[33]。

最適な負債ヘッジ・ポートフォリオには、いくつか特別な場合がある。

1 キャッシュフロー・マッチングもしくはイミュニゼーション

毎期の負債の支払を完全に合わせることを意味し、負債の各キャッシュフローを適切な満期の債券を保有することで相殺する。

2 デュレーション・マッチング

年金の負債では一般的であるが、もし負債が単一の金利ファクターによって集約

170　第I部　アセット・オーナー

して表されるなら、負債は同じデュレーションをもつ資産ポートフォリオによって相殺される[34]。

3　負債対応投資

負債の支払に最も合うようにリスク性資産のポートフォリオを構築することを目的とする。これはまた、年金基金の資産運用において一般的であり、Sharpe（1992）によって導入された。これは次の場合にも関係し、同じ意味で用いられることも多い。

4　資産・負債マッチング

これはデュレーション・マッチングよりもさらに一般的な場合である。資産と負債のマッチングにおいて、単なるデュレーション以外の次元についても、負債の特性に資産の特性を合わせるために用いる。流動性や金利や満期以外の要因への感応度を含む。

長期の資産配分に関するマートン＝サミュエルソンのアドバイスを拡張して負債まで含めると、最初に負債相当分を確保してから、負債の現在価値を超える超過資産を投資に回すことになる。これは第2節、第3節と同じスタイルであり、近視眼的な市場ポートフォリオと機動的な長期投資ポートフォリオを活用することになる。

長期投資家にとって、米国国債は、通常、リスクフリー資産でもなければ、最適な負債ヘッジ資産でもない。SWFの一部やファミリー・オフィス（訳注：第1章参照）のように、もし投資期間が（一般的な意味での）リスクフリー債券の最長期の満期を超える場合は、投資家が投資できるリスクフリー資産は存在しない。さらに、多くの投資家は名目ではなく実質建ての負債を抱えている。しかし、その他のファクターが存在する場合には、長期満期のインフレ連動債でさえ最適な負債ヘッジ資産にはならない場合もある。年金基金にとっては長生きリスク、経済成長、クレジット・リスクがその他のファクターに含まれるし、個人投資家にとっては、一般的な消費者物価指数で表されるインフレでは適切に反映できない医療費や学費のインフレ・リスクに直面するかもしれない。負債をヘッジするポートフォリオでは、負債の返済義務がいつどのように生ずるかという点で、どの種類の資産（もっと広くは、どの種類のファクター、第14章参照）が投資家にとっての最悪期に助けてくれるかが重要になる。例えば、年金基金のように、もしクレジット・スプレッドが縮小するときに負債が増大するのであれば、負債ヘッジ・ポートフォリオはク

第4章　長期投資　171

レジット・リスクに対して感応度の高い資産を多量に保有しなければならない。

そもそも負債に見合うだけの資産がない場合はどうすればよいのだろうか。悲しいことに、この状態は特に公的年金基金をはじめとして、今日の多くの投資家に当てはまる。例えばCalPERSの積立比率（年金数理上の債務に対する資産の比率）は2010年6月30日時点で65％にすぎない。厳密にいえば、第2節と第3節で示したマートン＝サミュエルソンの資産配分アドバイスは、負債への対処がなされた後に、すなわち、負債の現在価値を上回る資産があり、かつ負債ヘッジ・ポートフォリオが構築された状態になって初めて適用される。もし資産が現在の負債に十分に見合わなければ、投資家は世情の変化によって破産する可能性があることを認識する必要がある。ポートフォリオをこの可能性を最小化するように構築することはできるが、債務超過を避けるためには式（4.2）の効用最大化とは異なる最適化を必要とする。場合によっては、もし資産額が負債の価値をはるかに下回れば、投資家にとって積極的にリスクをとりに行くことが最適になるかもしれない。これは、何も失うものはない、というヘイル・メリー・パス（訳注：一か八かの神頼み的な行為の意で、アメリカンフットボールの用語）であり、いずれにせよ破産に向かって突き進もうとしているのである[35]。

4.2 人気のある投資アドバイス

長期投資家にとって、以下の三つのポートフォリオのタイプがある。
① 負債ヘッジ・ポートフォリオ
② 短期的または近視眼的な市場ポートフォリオ
③ 長期の機動的ポートフォリオまたはヘッジ需要ポートフォリオ

これらは、マートン＝サミュエルソンの動的取引の枠組みから導き出されるものであるが、ファイナンシャル・アドバイザーからのアドバイスとも整合的である。一時期、プリンストン高等研究所の財団を運用していたAshvin Chhabra（2005）が開発した実務家向けの枠組みでは、個人投資家は以下の三つの入れ物を用意することを推奨している。

1 防衛的ポートフォリオ

これは「個人的」リスクをカバーする。ダウンサイド・リスクを最小化するようにポートフォリオを構築し、安全第一（第2章参照）の形をとる。「生活水準を危険に晒すな」という格言がある。

172 第Ⅰ部 アセット・オーナー

2　市場ポートフォリオ

これは「幅広く分散されたポートフォリオから市場並みのパフォーマンスを達成することで得られるリスクとリターン」であり、市場リスクに晒されることになる。

3　野心的ポートフォリオ

これは「十分にリターンを高めるために慎重にリスクをとる」ように構成される。野心的リスクとは、投資家の効用関数の一つの特性であり、次の資産目標へ到達するための機会ととらえて資産を増やしたいという欲求である。

これはマートン＝サミュエルソンのアドバイスと非常によく似ている。チャブラの入れ物は三つのマートン＝サミュエルソンのポートフォリオに対応する。

① 防衛的ポートフォリオ＝負債ヘッジ・ポートフォリオ

② 市場ポートフォリオ＝短期ポートフォリオ

③ 野心的ポートフォリオ＝長期の機動的ポートフォリオ

マートン＝サミュエルソンとチャブラの間には小さな違いがある。チャブラは防衛的ポートフォリオとして債券資産が最も安全だとして推奨するが、マートンの負債ヘッジ・ポートフォリオの考え方によれば、米国国債は安全とは限らず、時として負債という責任に見合うのかという点で極端にリスクが高くなる可能性があるとみなされることがある。ただ、チャブラの全体的な考え方はマートン＝サミュエルソン理論と似ている。

このように、マートン＝サミュエルソンの動的ポートフォリオ選択理論を支持してきたファイナンシャル・プランナーもいるが、彼らが1960年代と1970年代に書かれてノーベル賞受賞の対象となった原論文に触発されたとは限らない。原論文ではポートフォリオ選択問題を定式化することで、定量的な解（ポートフォリオ・ウェイトを解析的に解けない場合でもロケット科学者は数値的に解くことができる）、経済的な精密さ、動的ポートフォリオ選択問題とオプション戦略を紐付ける深い洞察を導き出すことに見事に成功している。これは、長期のアドバイスがいつどのようにうまくいくのか、または失敗するのかを理解する上で助けとなる。

5　リバランス・プレミアム

長期投資の議論の最後に、リバランス・プレミアムを取り上げよう。これは様々な名前で呼ばれ、それには、*分散投資リターン*（*diversification return*）、*分散喪失*（*variance drain*）、*成長最適投資*、*ボラティリティ・パンピング*（*volatility pump-*

ing）、そしてベル研究所勤務のジョン・ケリーにちなんで名付けられた*ケリー基準*もしくは*ケリー・ルール*がある[36]。Booth and Fama（1992）によって導入された「分散投資リターン」という用語はファイナンス界で、ケリー・ルールとボラティリティ・パンピング効果は数学界でよく知られている。著者はBooth and Fama（1992）の「分散投資リターン」という専門用語が好きではない。なぜなら、一期間での分散投資とリバランスには違いがあり、後者は時間をかけて収益を得る。分散投資は一期間でも利益をもたらすが、分散投資から得る利益はリバランスしなければ徐々に消えてしまう[37]。リバランスによるプレミアムは長期投資家に対してのみ存在し、一定のウェイトへ毎期リバランスすることによって獲得できるのである。ここでは、プレミアムがリバランスから生じているのであって、分散投資からではないことを強調するために「リバランス・プレミアム」という用語を用いる。

5.1 リバランスは長期においてバイ・アンド・ホールドを上回る

それぞれの原資産の価格は定常、すなわち各資産の価格は一定範囲で変動し、無限に発散しないと仮定する。このとき、各資産を100％保有することは資産の増価には寄与しないが、リバランスされたポートフォリオは長期的には無限の資産価値をもたらす（資産価値は指数関数的に速く成長する）[38]。さらに、毎期一定のウェイトへリバランスすることで、投資家は時間を経るに従って価値を生み出すことができ、すべてのリバランス戦略は最良のバイ・アンド・ホールド・ポートフォリオを最終的に上回るであろう。これは魔法のように思える。Erb and Harvey（2006）はそれを「水をワインに変える」と呼び、Evstigneev and Schenk-Hoppe（2002）は「無一文から大金持ちになる」と表現した。

これは数学的には当たり前の話であり、カナ（訳注：キリストが水をぶどう酒に変えるという最初の奇跡を行った場所）での結婚式でキリストが行った最初の奇跡ほど感動的というわけではまったくない。それは複利の帰結によって生ずる。これは式（4.7）で確かめることができ、長期の資産価値は算術リターンの積、$(1 + r_t)$$(1 + r_{t+1})(1 + r_{t+2})$……、であり、算術リターンの合計にはならない、つまり$(1 + r_t)(1 + r_{t+1})(1 + r_{t+2}) \neq 1 + r_t + r_{t+1} + r_{t+2} + \cdots$なのである。積を重ねていくと時間とともに強い非線形性を引き起こす。これはイェンゼンの項と呼ばれ[39]、非線形項の効果は時とともに大きくなる。すべてのリバランス・プレミアムはイェンゼンの項から生じるのである。実際、分散投資リターンとケリー・ルールに関するあらゆる研究は*イェンゼンの不等式*の素晴らしさを示しているように見える。

174　第Ⅰ部　アセット・オーナー

イェンゼンの項は、長期の複利効果を含む幾何リターンとそれを含まない算術リターンの差から生ずる[40]。一期の場合、幾何リターンと算術リターンは経済的に同じであり、単に資産の上昇と下落の報告方法が異なるだけである。したがって、短期投資家にはリバランス・プレミアムは存在しない。複数期では、幾何リターンと算術リターンの差は資産ボラティリティの関数となるが、具体的には算術リターンのボラティリティをσとして近似的に$1/2\sigma^2$と表される。つまり、ボラティリティが大きくなるほどリバランス・プレミアムも大きくなるのである。これは時間をかけて現れるため、長期投資家だけがリバランス・プレミアムを獲得することができる。

米国株では、長期投資家が得ることができるリバランス・プレミアムは近似的に$1/2(0.15)^2 \approx 1\%$である。Erb and Harvey（2006）はコモディティのリバランス・プレミアムを約3.5%と推定している。単純かつ機械的なリバランスにしてはかなり高いプレミアムが得られるのである。イェール大学基金のスーパースター運用者であるデイビッド・スウェンセンは2009年の著書で、リバランス、特にイェール大学基金の流動性ポートフォリオの日々のリバランスの実践が、資産運用において重要な役割を果たしたことを強調している。彼はこれを、リスク特性を一定に維持することから生ずる「リバランス・ボーナス」と呼んでいる。

このように見てくると、リバランスが最適なのは、それがリスクを下げるからという理由だけでなく、リバランス・プレミアムという形でフリー・ランチを提供するからのようにも思える。しかし、そう考えるのは早計だろう。第3節では、リバランスを一つのオプション戦略と解釈することで、市場価値がないことを示した。リバランス・プレミアムは信じられないほど高く見え、実際にその通りである。リバランスはショート・ボラティリティ戦略であり、資産価格がいつまでも爆発的な上昇を続けて成層圏の高度まで達するか、逆にいつまでも爆縮的な下落を続けてゼロになって消え去ってしまう場合には、バイ・アンド・ホールドに劣後する。リバランスはレジーム・チェンジの売りだともいえる。リバランス・プレミアムの背後にある重要な仮定は、リバランス対象となった資産が存在し続けるということである。もし、資本がすべて毀損してもとに戻らないような事態に陥る資産があると、リバランスは最終的に消滅する資産を多く購入することにつながる。これは資産価値の喪失であり、成長ではない。リバランス・プレミアムは、長期循環する性質のある資産からのみ獲得できる。したがって、個別株や個別国よりむしろ、グローバル株、グローバル・ソブリン債、グローバル社債、不動産、コモディティ等の非常

第4章　長期投資　175

に幅広い資産クラスや戦略に対してリバランスすべきなのである。

5.2 超 長 期

　超長期の観点では、資産価値を最大化するポートフォリオはリバランスされたポートフォリオであり、これはリバランス・プレミアムを最大化するように一定の資産ウェイトを維持する。この長期成長を最大化する戦略は、ケリー・ルールと呼ばれる。これは一期の対数リターンを最大化するポートフォリオを見つけることで得られる。このポートフォリオは（超）長期の資産価値を最大化するため、それは*最適成長ポートフォリオ*とも呼ばれる。

　ケリーの最適成長ポートフォリオは、十分に長い期間において他のすべてのポートフォリオを凌駕する[41]。もしこれが超長期の資産価値を最大化するのなら、超長期の投資家は最適成長ポートフォリオを保有すべきであるようにも思えるが、そうはならない。これはサミュエルソンによって1970年代に解決されたが、納得できない人たちから繰り返し疑問を投げかけられている[42]。サミュエルソンは1979年に「長期投資にもかかわらず資産価値の対数平均を大きくすべきでない理由は何なのか（Why We Should Not Make Mean Log of Wealth Big though Years to Act Are Long）」というタイトルの短い論文を簡潔な言葉で書き、この疑問に答えた（当然ながら、簡潔な言葉にこだわると論文は非常に読みにくくなる）。

　一期間モデルの場合、期待対数リターンを最大化するようにポートフォリオを保有することで、ポートフォリオの成長率を最大化できる。しかし、おそらく皆が対数効用関数をもっているわけではない。対数効用の投資家ではない場合には、リターンとリスクのトレードオフが異なるため、自身のリスク回避度と効用関数に最適なポートフォリオを保有した方がよい。長期的には、ケリー・ルールに従った方がパフォーマンスはよくなる可能性は高いが、それにはリスクがあり、そのリスクに耐えられないかもしれない。さらに、ケリー・ルールにおける長期とは極めて長期になり得る。そして、ケインズの有名な言葉の通り、長期において我々は皆死ぬのである。

　まとめると、ケリー・ルールではなく、マートン＝サミュエルソンのアドバイスに従うべきである。すなわち、幅広い資産クラスや戦略を対象に自分に最適な一期間のポートフォリオを見つけ、その上で固定ウェイトへリバランスするのである。これはリターンがi.i.d.のときに最適となりリバランス・プレミアムをもたらす。もし予測が得意なら、加えて長期の機動的ポートフォリオを保有することもできるの

である。

6 再考：そのままにすべきか？

　ダニエルは大きな損失を苦にしており、自身の長期計画から浮気をしたい気分である。しかし幸運なことに、当面の負債はなく、生活費を賄うだけの比較的安全な収入もある。とはいえ、その損失によって、リスクに対する許容度が変化した。彼女はファイナンシャル・プランナーのハリソンに、投資方針書（IPS）の「全体的見直し」が必要であり、そのような大きな損失が今後も継続することを許容できないことを伝えた。

　マートンとサミュエルソンの長期投資に関するアドバイスによれば、ハリソンはダニエルにリバランスを勧めるべきである。固定ウェイト（もしくは固定エクスポージャー）へのリバランスは、リターンが予測できない場合に最適となる。たとえリターンが現実に予測可能であっても、予測できる量は非常に小さい。そのためリバランスが長期戦略の基本となる。リターンが少しばかり予測できるのなら、長期投資家は機動的ポートフォリオを通じてそれを利用することができる。ダニエルはそのまま継続してリバランスすべきだったのである。

　しかしながら、リバランスは逆張りという点で人間の本性に背く。暴落した資産を購入し、上昇した資産を売却することは難しい。投資アドバイザーとしてのハリソンの仕事の一部は、これらの行動性向に逆らうことである。IPSは、事前取決め書すなわち、ユリシーズ契約として機能することで、ダニエルが過剰反応して妥当な長期計画を中止することを避けるための助けとなる。

　しかし、ダニエルのリスク回避度は本当に変化してしまったのだろう。我々が第２節から第４節までに用いた古典的な仮定では、リスク選好は一定であり、経済的な体験には影響されないことになっている。しかし、これは現実には正しくない[43]。Malmendier and Nagel（2011）は、大恐慌でひどい損失を経験した投資家は永久にリスク回避的となり、そのような大きな損失と経済的な窮乏を経験していない若い投資家に比べて株式投資を好まないことを示した。さらに、1970年代前半と1980年代前半の米国の景気後退期の後には、この期間に市場の低いリターンを経験しただけの若い投資家はリスク回避的となり、1950年代と1960年代に株式市場の高いリターンを経験した年上の投資家と比較して、株式の保有が少なく、債券の保有が多いことも示されている。このように、人生経験は、財務リスクをどの程度積極的にとるかということに対して大きな影響を与える。しかし、Malmendier and

第４章　長期投資　177

Nagel（2011）は、大きな損失の後に変わるものは、投資家のリスク選好というよりも、むしろ投資家の期待であることも示している。人々は、ひどい損失に対する反応として、効用関数を変えるというよりも、むしろ将来リターンに対する期待を下げる傾向がある。

　もしダニエルが本当によりリスク回避的となったのなら、2007年以前の古いポートフォリオへリバランスして戻すことはもはや妥当ではなく、ファイナンシャル・アドバイザーに相談して新しいIPSを作成する必要がある。変化は慎重に、注意深くなされるべきである。最悪のポートフォリオは、しばしばただ単にパニックの結果として決定される。多くのその場限りの変更は順張り行動につながる。そうでなければ、IPSをそのままにしておくことが動的なポートフォリオ選択へのアドバイスとなる。リバランスせよ。

[注]

1　「Stay the Course? Portfolio Advice in the Face of Large Losses」Columbia CaseWorks, ID #110309に基づく。

2　厳密にいうと、CRRAウェイトは連続時間もしくは間隔が非常に短い場合に適用される。Merton（1971）参照。

3　World Economic Forum, 2011, The Future of Long-Term Investingの13ページ参照。

4　ワシントン・ポスト紙のジェームズ・K・グラスマンがシーゲルの第二版をこう呼んだ。

5　Jeremy Stein（1988）やその他の論文によれば、短期志向はインセンティブへの合理的な反応として生じる可能性があり、企業の過小投資と誤った評価につながる。

6　資産リターンの予測可能性を第8章で、逆張りファクター投資を第14章で扱う。

7　キッドランドとプレスコットは、1977年の有名な論文で首尾一貫した金融政策をどのように実行するかを示した。それによって2004年にノーベル賞を受賞した。

8　とりわけ、エリスの2013年の『Winning the Loser's Game: Timeless Strategies for Successful Investing（邦題：敗者のゲーム）』の第六版参照。

9　ユリシーズ契約は1970年代から精神病の医療行為において用いられてきた。初期の例としてCulver and Gert（1981）とWinston et al.（1982）がある。

10　Shlomo Benartzi,「Behavioral Finance in Action」, Allianz Global Investors white paper、2011年から引用。

11　2012年9月19日に著者の資産運用の授業におけるカプランの個人資産運用に関するプレゼンテーション資料から引用。

12　「California Dreamin': The Mess at CalPERS」Columbia CaseWorks ID#120306参

178　第Ⅰ部　アセット・オーナー

照。

13 もともとのMerton（1969, 1971）理論では連続時間で記述されており、リバランスはすべての瞬間に生じる。

14 帯は概ね取引コストの三乗根で広がる。例えば、取引コストが5％ならば、取引コストが0.1％の場合よりも帯はだいたい $(0.05／0.001)^{1/3} ≈ 3.7$倍大きい。これはGoodman and Ostrov（2010）によって理論的に導かれた。相関のある複数資産への解を求めるには数値計算が必要となる（Cai, Judd, and Xu（2013）参照）。

15 Pliska and Suzuki（2004）参照。

16 リバランス戦略におけるデリバティブ商品の利用についてはBrown, Ozik, and Schotz（2007）参照。Garleanu and Pedersen（2012）はリターンと取引コストが予想できる場合の動的な取引モデルを展開している。

17 式（4.15）はSamuelson（1969）とMerton（1969, 1971）によって最初に定式化された。対数効用（$γ = 1$のCRRA型効用）をもつ投資家にとっては、機動的ウェイトあるいはヘッジ需要はゼロとなる。直感的に、対数投資家は対数リターンを最大化し、長期の対数リターンは一期のリターンの単純合計である。ポートフォリオ・ウェイトは各期で自由に選ぶことができるから、合計値における各個別項を最大化することで、合計値は最大化される。すなわち、対数効用をもつ投資期間が長期の投資家は常に短期投資家となる。

18 「戦略的資産配分」という用語は業界において非常に乱用されており、長期の目標ウェイトへリバランスしないことの言い訳にもしばしば用いられる。この用語自体は、Brennan, Schwartz, and Lagnado（1997）によって導入された。

19 長期ポートフォリオのウェイトを計算するには、結局、ロケット科学者を雇う必要があるかもしれない。この分野の研究のまとめはCampbell and Viceira（2002）、Brandt（2009）、Avramov and Zhou（2010）、Wachter（2010）参照。非常に高い専門性をもつ読者であれば、Duffie（2001）を参照することをお勧めする。また、Cochrane（2013a）によれば、長期ペイオフに焦点を当てることで異時点間のヘッジ需要の計算を避けることができるが、長期ペイオフを直接取引できなければその限りではない。

20 Ang and Kjær（2011）参照。

21 合理的期待理論および行動理論によるリスク・プレミアムの決定要因に関する議論は第7章参照。

22 Brandt et al.（2005）とPastor and Stambaugh（2012a）参照。

23 第8章で、これが予測力をとらえるよいシステムであることを示す。予測力は一般に弱いが、最良の予測変数はバリュエーション比となることが多い。

24 このシステムは例えばCampbell and Viceira（1999, 2002）で用いられ、Pastor and Stambaugh（2009, 2012a）によって一般化された。

25 Liu（2007）が異なる予測力モデルについて示したように、機動的投資需要が

第4章　長期投資　179

常にうまくいくとは限らない。

26 Perold and Sharpe（1988）とCochrane（2007）では、リバランスをオプション戦略と解釈することを議論している。

27 これはリスク・ニュートラル価格評価によって計算できる。このコールの時点0での価値は$\frac{q^2 \times 0.324}{(1.1)^2} = 0.0428$となるが、ここで$q$を$q = \frac{1.1 - 0.5}{2 - 0.5} = 0.4$で与えられるリスク・ニュートラル確率とする。リスク・ニュートラルのオプション価格評価の入門書としてはBodie, Kane, and Marcus（2011）参照。式（4.22）のプットの価値は時点0で$\frac{(1-q)^2 \times 0.216}{(1.1)^2} = 0.0643$に相当する。

28 これが理由で、Sharpe（2010）は、長期投資家は積極的にリバランスを行う代わりに市場に合わせて単に引き上げたり引き下げたりする「順応的」資産配分を利用すべきだと主張する。厳密にいえば第2節で示したように、これは独立同一分布（i.i.d.）リターンでのリバランスであるか否かに左右される。Perold and Sharpe（1988）も参照。

29 CAPMとマルチ・ファクター・モデル（これらは第7章で取り上げる）において、平均的投資家は市場ポートフォリオを保有し、リバランスしない。個々の投資家は、一部の投資家が実施しない場合にのみ、リバランスすることができる。1976年にヘイン・リーランドとマーク・ルービンシュタインが提唱したポートフォリオ・インシュランス戦略に従う投資家は、価格が下落したときに株式を売却するのだが、これはリバランスとは逆である（Rubinstein and Leland（1981）参照）。Kimball et al.（2011）は、均衡リバランスのモデルを開発した。Chien, Cole, and Lustig（2012）の均衡モデルでも、一部の投資家はリバランスを行うが、他はしない。

30 リバランスの最適効用は、

$$\frac{1}{1-\gamma}\left[(0.5)^2 \times (2.6896)^{1-\gamma} + 2 \times (0.5)^2 \times (1.2136)^{1-\gamma} + (0.5)^2 \times (0.5476)^{1-\gamma}\right]$$
$$= 2.3303$$

であり、バイ・アンド・ホールの最適効用は、

$$\frac{1}{1-\gamma}\left[(0.5)^2 \times (2.8840)^{1-\gamma} + 2 \times (0.5)^2 \times (1.0840)^{1-\gamma} + (0.5)^2 \times (0.6340)^{1-\gamma}\right]$$
$$= 2.3270$$

となる。最適リバランスの代わりにバイ・アンド・ホールド投資を行う投資家が求める確実性等価は、初期の保有資産1ドル当り$\left(\frac{2.3303}{2.3270}\right)^{\frac{1}{1-\gamma}} - 1 \approx 0.29$セントとなる。これらは、実際に二項ツリー法において上方に向かう確率を現実的な0.5として算出している結果であることに注意が必要である。すべてのオプション価値算出は、リスク・ニュートラルの確率を採用している。

31 対照的に、レジーム・チェンジの繰り返しはよくある。例として、景気の後退と拡大、弱気相場と強気相場、高ボラティリティ期と低ボラティリティ期、もっと一般的に、悪環境期と好環境期があげられる。レジーム・チェンジの繰り返しは、Hamilton（1989）によって経済学とファイナンスに導入されたレジーム・スイッチング・プロセスによってうまく記述される。これをまとめたものとしてはAng and Timmermann（2012）参照。

32 資産のリターンがマルコフ過程に従うのなら、再帰性のある資産や戦略に対してリバランスしたいと思うであろう。

33 これもポートフォリオ選択理論の生みの親マートンによって1993年に導入された。

34 デュレーションは金利水準ファクターへのエクスポージャーであり、債券投資において最も重要な説明要因である。第9章参照。

35 Ang, Chen, and Sundaresan（2013）は、この行動がダウンサイド・リスクを伴う負債対応投資という状況において最適であることを明らかにした。Andonov, Bauer, and Cremers（2012）は、保有資産の収益率に基づいて割引率を決める米国の公的年金基金はより高いリスクをとろうとしていることを示した。加えて、積立不足のファンドほどリスク性資産へより多く投資していることも示した。

36 成長最適投資についてはLatane（1959）、分散喪失についてはMessmore（1995）参照。Luenberger（1997）は「ボラティリティ・パンピング（volatility pumping）」という用語を導入した。MacLean, Thorp, and Ziemba（2011）には有益な論文集がある。

37 Willenbrock（2011）参照。この論文は、分散投資は、その効果を得るには期が終われば異なったウェイトにする必要があることと、多期間を通じてリバランス・プレミアムを獲得するには不十分なものであるということとを、区別して述べている。

38 Dempster, Evstigneev, and Schenk-Hoppe（2009）によれば、適正な取引コストがあってもこれは成り立つ。

39 デンマーク人の数学者ヨハン・イェンゼンにちなんで名付けられた。

40 算術リターンrは期末に$(1+r)$となることを表す。これは幾何リターンgによって$(1+r)=\exp(g)$と表現できる。算術リターンと幾何リターンの平均値は、σをボラティリティとして$E(r) \approx E(g) + \dfrac{1}{2}\sigma^2$の関係にある。この関係は対数正規分布で厳密に成立する。詳しくは補論参照。

41 数学的形式に則った表現を用いると以下のようになる。すなわち、$M(W)$を現在の資産価値Wによって決まる値とすると、すべての$T > M(W)$について、ケリー・ルールを用いたときの$P_r(W_T \leq W)$が他のすべてのポートフォリオの$P_r(W_T \leq W)$を常に下回るような$M(W)$が存在する。こうして、$T \to \infty$となるに従って、ケリー・ルールは他のあらゆるルールを上回る。

第4章　長期投資　181

42 Samuelson（1971）とMerton and Samuelson（1974）参照。

43 Hertwig et al.（2004）参照。

第5章

ライフサイクル投資

第5章要約

　労働所得は資産であり、若年の投資家にとっては通常、保有する金融資産より労働所得の方がずっと大きい。ライフサイクルにわたって労働所得が変化していくのに応じて、投資家の資産構成は変化する。債券に似た労働所得のある投資家は、退職が近づくにつれて株式の保有を縮小していくべきである。経済理論では、退職者にとってアニュイティ（訳注：一定期間、一定間隔で一定の利息が支払われる投資対象）は理想的といえるが、実際に保有している人はほとんどいない。

1　ロードアイランド州政府職員退職年金基金

　正式にはロードアイランド州およびプロビデンス入植地、縮めてロードアイランドは、米国50州のうちで最小の州である[1]。人口が100万人を少し超えるほどしかない同州は、近隣のより大きいマサチューセッツ州とコネチカット州に挟まれて影が薄いが、身の丈を知り、為すべきことを率先して行うことで評判の州でもある。大英帝国から独立した13の入植地のうち、ロードアイランドは最も早く1776年5月4日に独立を宣言している（他の入植地より2ヵ月先んじた）。エイブラハム・リンカーン大統領が南北戦争への派兵を要請したとき、熱意をもって最初に応じたのがロードアイランドである。そして2011年、公務員年金の制度改革に最初に着手したのもロードアイランドであった。

　ロードアイランド州政府職員退職年金基金（ERSRI）は、州政府職員や教職員、判事、制服組の警察官や消防官に対して、退職・障害・寡婦給付を提供している。合衆国内のほとんどの公務員年金制度と同様、大幅な積立不足となっていた。2011年では108億ドルの負債に対して資産は63億ドルであり、積立比率は59％であった[2]。この積立不足を即座に埋め合わせるには、ロードアイランド州在住の市民は

第5章　ライフサイクル投資　183

一人当り4,320ドルを支払わなければならなかったであろう。加えて、年金への支出は他のサービスをクラウディング・アウトする。2002年に年金基金への補塡のために持ち出されていた納税者の税金は、税金１ドル当り３セントであったが、2009年には９セントに上昇、2018年には20セントに達すると見込まれていた[3]。しかし、州政府職員への拠出は8.75％に据え置かれ、教職員への拠出は9.5％で変更なしであった。

　ロードアイランドが抱える問題を総括して、*プロビデンス・ジャーナル紙*の論説は以下のように述べている[4]。

> **　この持続不可能な制度が改革されない限り、この州は暗い未来に直面する。それは暴力的に高い税金、政府サービスや貧しい弱者への支援の削減、公務員への退職保障がなくなることへの脅威、そしてこれらによってもたらされる深刻な経済的苦境である。**

　ロードアイランド州に限ったことではない。ロチェスター大学のロバート・ノビーマークスとスタンフォード大学のジョシュア・ラウの二人のファイナンス論の教授は、公務員年金制度の積立不足を白日のもとに晒したのである。2009年までの彼らの推定では、米国の州政府が抱えている全職員に対する負債総額が5.7兆ドルであるのに対し、年金基金の保有資産合計は２兆ドルに満たない、すなわち3.7兆ドルの穴が開いているとのことである。これに関連して、州発行の公募債は約１兆ドルであることを想起してみるがいい[5]。

　2010年にロードアイランド州政府の財務部長に就任したジーナ・レイモンドは、年金制度の立て直しが州の財政基盤を健全にするために不可欠と考えた。レイモンドは年金問題に関する報告作成を委任され、2011年６月に『*数字が語る真実：ロードアイランド州政府職員退職年金基金の保障と持続可能性*』と題された報告書が発表された。この報告書は、巨額の年金積立不足は五つの要因に帰されると述べている[6]。

① 　不十分な拠出金
② 　1960～1980年代にかけて、拠出金の増額なしに給付金が増額したこと
③ 　制度設計が最善とはいえず、現役時代を上回る給付を退職後に受けたケースがあったこと
④ 　平均余命の伸び
⑤ 　低い投資リターン、すなわち、2000～2010年では、ロードアイランド州の年金ファンドは2.3％の収益しか達成できなかったが、同期間の想定リターンは

8.25％であったこと

年金の積立不足は長年にわたって累積されてきた。ERSRIのエグゼクティブ・ディレクター、フランク・カルピンスキは「あなた方は過去の罪を弁済しているのです」と述べている[7]。報告書「数字が語る真実」は、年金問題に世の注目を集めることに成功した。また、議論のどちら側に立つかによらず、誰もがこの報告書を引き合いに出す構図をもたらした。

レイモンドはリンカーン・チェイフィー知事とともに、職員組合、産業界、学界の各代表を集めた特別委員会を設置した。この年金諮問グループは2011年6〜9月の間、州各地で公聴会を開催し、彼らの見解を一般にも公開した。公聴会では、問題の深刻さが浮き彫りにされた。「一日の討議を締めるにあたって、プロセスを批判できる人は誰もいなかった。それは長く、徹底的で、オープンで、そして透明だった」とレイモンドは述懐している[8]。

レイモンドは、将来を見据えて今何をすべきかを踏まえた年金改革のアプローチをとった。彼女の最初の質問は「退職保障とはどのようなものか」であった。さらに、75〜80％の*所得代替率*（退職前の所得に対する退職後の所得の比率）を目標にして、そのためにどのような制度設計にすべきかを問うた。さらに彼女は、未積立の負債の半分を即時に償却し、20年以内に80％の積立水準の達成を目指すことにした。

鍵となるテーマは、世代間の公平さである。現行の制度下では、若年の職員は老年の職員よりも不利益を被ることになる。レイモンドはまた、退職者と州政府の間での適切なリスク負担を実現する制度設計を求めた。同時に彼女は、職員に、この改革が発生済みの年金給付額を削減するものではないと確約した。

「私たちはこの州の将来の生き残りを賭けた戦いの渦中にいるのです」とレイモンドは述べている[9]。

2 労働所得

労働所得は富の一形態である。取引されることがない（合衆国憲法修正第13条は奴隷制を廃止した）ので、我々の保有ポートフォリオにある金融資産とは大きく異なるものである。我々に割り当てられた人的資本は、大方、天命として生まれながらに決まっているが、個々人は、教育を通じて人的資本を拡大させることができるし、病気や失業によって縮小することもある。個人の労働所得のリスク（そのボラティリティや、金融資産のリターンとどのように相関しているか）は、その人の資

産配分に影響を及ぼす。

我々は人的資本を資産のように扱うことにする[10]。（人的資本としての）個人の賃金の現在価値をHと置く。人的資本とは、仕事から得られる個人の生涯収入の割引現在価値、すなわち、個人の賃金プロファイルと等価な今日における現在価値である。仕事から得る収入は変動するので、人的資本にはリスクがある。収入がなくなり、ずっとそのままになるのが最も不運なケースである。

金融資産をWとする。今日の富の合計は$H + W$、つまり、全体の富が人的資本と金融資産から構成されるものとする。

2.1 労働所得がない場合の資産配分

労働所得のない個人が100万ドルの資産をもっているとする。簡略化のため、資産は、期待リターン$\mu = 10\%$、ボラティリティ$\sigma = 16\%$の株式と、リスクフリー・レート$r_f = 2\%$を払う財務省短期証券（短期国債）だけとする。投資家はリスク回避度$\gamma = 5$のCRRA（相対的リスク回避度一定）型効用関数をもつとする（効用関数と平均・分散投資は、それぞれ第2章と第3章で扱っている[11]）。

この投資家は金融資産しか保有しておらず、$w^* = 62.5\%$を株式に投資する。これは平均・分散投資の公式から得られる（第2章式（2.10）を参照）。

$$w^* = \frac{1}{\gamma} \frac{\mu - r_f}{\sigma^2} = \frac{1}{5} \frac{0.10 - 0.02}{(0.16)^2} = 62.5\% \tag{5.1}$$

資産配分は以下のようになる。

$$0.625 \times 100万ドル = \begin{array}{l} 625,000ドルの株式 \\ 375,000ドルの短期国債 \\ \hline 計）1,000,000ドル \end{array}$$

2.2 リスクのない労働所得がある場合の資産配分

対比のため、トップクラスの大学の終身在職権のある教授（そう、私は幸運で非常に感謝している）や連邦判事のように、リスクのない賃金を享受する投資家を考える。この人的資本は、リスクフリー資産を賦与されていることに等しい。将来賃金フローの今日での現在価値が$H = 100$万ドルであり、かつ、金融資産も$W = 100$万ドルであると仮定しよう。トータルで、$H + W = 200$万ドルである。また、先の投資家と同様、リスク回避度を$\gamma = 5$とする。

リスクのない労働所得をもつ投資家の、リスク資産である株式の最適保有比率

186 第Ⅰ部 アセット・オーナー

は、以下の式で決まる。

$$w^* = \frac{1}{\gamma} \frac{\mu - r_f}{\sigma^2} \left(1 + \frac{H}{W} \right) \tag{5.2}$$

なお、人的資本がない（$H = 0$）ときは、式（5.2）は式（5.1）とまったく同じであることに注意が必要である。リスクのない労働所得を有する投資家は、金融資産しか保有しない投資家よりも、ポートフォリオをより株式に傾斜させる。この例における投資家の株式の保有比率は、

$$w^* = \frac{1}{\gamma} \frac{\mu - r_f}{\sigma^2} \left(1 + \frac{H}{W} \right) = \frac{1}{5} \frac{0.10 - 0.02}{(0.16)^2} \left(1 + \frac{1}{1} \right) = 125\% \tag{5.3}$$

となり、人的資本のある投資家の最適資産配分は以下のようになる。

$$1.25 \times 100万ドル = \quad 1,250,000ドルの株式 \qquad を保有$$
$$\underline{\quad -250,000ドルの短期国債}$$
$$計）1,000,000ドル$$

これは、労働所得のない最初の投資家の株のウェイトよりずっと大きい。リスクのない労働所得のある投資家は、リスクフリー資産をショートして、レバレッジの掛かった株式125％のポートフォリオを保有する。しかし、人的資本とあわせたポートフォリオでは、同じく、62.5％のリスク資産を保有していることになる。

*富の合計*は、下記のように示せる。

$$\qquad\qquad 1,000,000ドルの人的資本 \qquad を賦与$$
$$1.25 \times 100万ドル = \quad 1,250,000ドルの株式 \qquad\quad を保有$$
$$\underline{\quad -250,000ドルの短期国債}$$
$$計）2,000,000ドル$$

株式を富の合計で除した比率は125万ドル／200万ドル＝62.5％であり、人的資本のない投資家の場合と同じ結果になる。

リスクのない労働所得の存在は、投資家に金融資産ポートフォリオでより多くのリスクをとることを可能にする。実際、標準的な株式のポジション（式（5.1））は、式（5.2）では引き上げられ、そのレバレッジ比は、人的資本の金融資産の富に対する比率 $H／W$ である。

資産配分は広い意味での富全体、すなわち、金融資産と人的資本の富の和に照らして検討しなければならない。リスクフリーな人的資本は、リスクフリーの債券を賦与されているのと同じである。リスクのない労働所得とバランスさせるためには、金融資産ポートフォリオでは株式をより保有しなければならない。経済学者の

専門用語を用いれば、人的資本の富をリスクにさらすと、金融資産によってリスクをとる能力がクラウディング・アウトされるのである。

2.3　リスクのある労働所得をもつ場合の資産配分

　リスクのある労働所得がある投資家を取り上げてみよう。この労働所得が株式に似ているのか、債券に似ているのかを見極める必要がある。今この本を読んでいるあなたは、おそらく金融に関係のある分野で働いていることであろうと推察する。そうだとしたら、あなたの労働所得は株式と正の相関があるだろう。私がMBAで教える大半の学生の人的資本は、株式市場とかなり高い相関がある。

　労働所得と株式のリターン間の正の相関は、投資家の金融資産ポートフォリオにおけるリスク資産の最適なウェイトを低下させる。このケースでは、投資家の労働所得は、すでに株式を賦与されていることと同等なのである。株式のような人的資本を相殺するため、金融資産ポートフォリオでは株式のポジションを縮小したいと望むだろう。これにより、労働所得によって加わった株式リスクは相殺される。早い話が、人的資本が株式に似ていれば、実質的に株式を保有しているのと同じであるので、金融資産ポートフォリオでは株式の保有を少なくするのである。

　それでは、賃金収入が株式リターンと負の相関がある投資家の場合はどうであろうか？　こうした人々の収入は、株式市場が下落するときに増える。例えば、破産弁護士、敏腕な企業再生の専門家、債権回収業者といった面々の人的資本は、株式と反対方向に作用する、いわば「反株式」といえるものである。人的資本が反株式ならば、それを相殺するため、金融資産ポートフォリオにはより多くの株式の保有を望むだろう。しかも、リスクフリーな人的資本をもつ投資家より、より積極的に株式のウェイトを高めた配分になるであろう。

　以上から帰結される結論をまとめると、

① 　株式市場の騰落に合わせて上昇、下落するような収入を得る投資家は、金融資産ポートフォリオにより多く債券（または非常に低リスクの資産）を保有すべきである。彼らの人的資本は株式に似ているため、金融資産ポートフォリオでは、株式と逆のポジションをとる必要がある。

② 　ジョン・ロバーツ、アントニン・スカリア、ソニア・ソトマイヨールその他の最高裁判事は、株式市場でより積極的なポジションをとってしかるべきである。彼らの収入はリスクフリーの債券のようなものなので、金融資産ポートフォリオでは、反対にリスキーな株式のポジションを積極的にとるべきなのである。

188　第Ⅰ部　アセット・オーナー

③　投資家は、自分の雇用主の株をたとえわずかであっても保有すべきではない。労働所得はすでに雇用主の浮き沈みに晒されているからである。最も避けるべきは、投資でこれと同じリスクをさらにとってしまうことである。金融資産による分散投資によって、労働所得に影響を及ぼす雇用主のリスクを除去すべきである（第3章参照）。

④　あなたが米国で働いているのであれば、金融資産ポートフォリオでは米国株より外国株を多く保有すべきである。あなたの労働所得はすでに米国を源泉としているから、金融資産ポートフォリオは米国以外の国の証券を保有すべきなのである[12]。

　上記の4点はすべて、投資家はどうすべきであるのかという*規範的*な命題である（規範経済学と実証経済学については第2章参照）。現実には、多くの人が真逆のことを行っている。一部のトレーダーは、彼らの労働所得が非常に株式市場に依存しているにもかかわらず、自分の金融資産ポートフォリオで非常に高リスクの資産を保有していたりする。多くの投資家が、自分たちの雇い主の株式を膨大にもっていたり、また、外国にエクスポージャーのない、ホーム・バイアスのかかったポートフォリオを保有していたりする。こうした投資家は金融資産ポートフォリオを、人的資本が晒されるのと同じリスクに晒しており、人的資本のリスクを分散することができていないのである（第4章参照）。

2.4　労働所得のリスク

　労働所得のリスクの計測はトリッキーである。労働所得は取引されないから、我々は人的資本の価値を観測することができない。

　人的資本を資産としてとらえ、価値を計算した最初の経済学者はGary Becker（1964）であり、1992年のノーベル経済学賞を得ている。ベッカーは、教育が贅沢や消費支出というよりもむしろ、人的資本への投資であることを示した。彼はまた、人的資本への投資が経済成長に不可欠であることを示した。労働経済学では、人的資本への投資の利得を計算することで、人的資本のリターンを計測した膨大な文献がある。労働経済学者らの計算によれば、大学院卒の方が学部卒より、学部卒の方が高卒より、高卒の方が高校に行っていない者より、高賃金である。当然のことながら、教育への投資とともに賃金が増加する。労働統計局によれば、2012年の1週間当り賃金の中央値は、高卒以下では471ドル、学部卒では1,066ドル、修士卒

で1,735ドルである。興味深いことに、博士号（PhD）取得者では1,624ドルに低下する（長らく搾取される前に、誰かに教えてほしかった）。よく知られているように、女性は男性より、黒人は白人より賃金が少ない。

人的資本は、将来の賃金フローの現在価値の和である。人的資本のリターンは、しばしば賃金成長を計算して求める[13]。Palacios-Huerta（2003）は様々な学歴と性別について人的資本リターンを計算した。大学の学位取得者で実務経験1～5年の白人男性の人的資本リターンは14.2%で、大学に通ったものの学位を得ていない者の10.5%を上回る。大卒では高いリターンであるが、ばらつきはより大きい。人的資本リターンの標準偏差は、大学卒の男性で11.3%であるが、大学院の経験者では4.7%になる。したがって、粗シャープ・レシオ（期待超過リターンではなく、期待リターンを分子とする。第2章参照）を計算すると、大学卒・実務経験1～5年の白人男性の場合、14.2%÷11.3%＝1.3である。対象を大学院経験者に絞れば、粗シャープ・レシオは2.2になる。S&P500指数の粗シャープ・レシオが約0.6であるのと比較して、平均的には教育はよい投資であることがわかる。

人的資本のリスクが時間とともに変化することに加えて、専門分野によっても大きな格差がある。Christiansen, Joensen, and Nielsen（2007）によれば、医者の人的資本リターンは平均25%、標準偏差は18%であった。経済学修士の人的資本リターンの平均は12%、標準偏差は16%である。彼らは、いくつかの専門分野において、例えば教育学と音楽の修士では、有意にマイナスのリターンが生じることを見出した。

賃金は不況期に大きく減少し得る[14]。Guvenen, Song, and Ozakan（2012）は、社会保障庁の記録を用いて、数百万の個人の所得変動を研究した。彼らは、不況期には、大きな賃金上昇はほとんど起こらなくなるが、大きな賃金低下はよく起こるようになることを発見した。また、こうした分布の裾（テール）と比べて、中位の部分はほとんど一定となる傾向にあることを発見した。最も裕福な人たち（つまり上位1％におそらく属する、親愛なるあなた）が、最も大きな所得減少のリスクを負っているのである。2008～2009年の世界大不況期に、上位1％の人々は膨大な所得を失ったが、平均で見て90パーセンタイルの人々が、経験したものよりも平均的には21％も大きかった。

しかしながら、賃金成長で人的資本リターンを計算することは、実際には、人的資本リスクを過小評価している。個人の賃金は株式の配当に相当する。配当がほとんど一定でも、株価は大きく上昇したり下降したりする。配当の変化によって株式

190　第Ⅰ部　アセット・オーナー

リターンを計測しようとしても、実際の株式リターンの近似としては、お粗末なものにしかならないだろう。株式を評価するには、*時間とともに変化する割引率を必*要とする。人的資本も同様に、その割引率は一定ではない[15]。人的資本は非常にリスキーであるのかもしれない。

2.5 要 約

最適な資産配分は労働所得がどのくらいリスキーであり、どのくらい株式との相関があるかに、決定的に依存する。もし、あなたの労働所得が債券に似たものであるならば（株式リターンと低い相関）、あたかも債券のごとくに扱って、ポートフォリオで株式をより多く保有すべきである。株式と逆向きの方向に動くならば、株式の保有をさらに増やすべきである。逆にもし、株式に似たものであるならば（株式リターンと高い相関）、債券をより多く保有して、株式のリスクを相殺すべきである。カナダのヨーク大学の年金ファイナンスの専門家であるMoshe Milevsky（2009）の言によれば、*個人の資産配分は結局、あなたが株式的なのか債券的なのかに依存する、*わけである。

まとめると、他の条件を一定として、

債券のような（債券的な）労働所得　⇒　株をより保有すべき

株式のような（株式的な）労働所得　⇒　債券をより保有すべき

現実にも、人々は我々の理論通りに行動しているようにみえる。Guiso, Japeelliand, and Terlizzese（1996）やVissing-Jørgensen（2002）によれば、賃金の変動が非常に激しい人は、傾向として株式を保有しないか、保有してもポートフォリオにおけるその配分はわずかである。Betermier et al.（2012）では、スウェーデン人口の３％を追跡できるデータを使い、転職を経験した個人を調査した。賃金の変動性が低い職業から高い職業へ転職すると、人々はリスク性資産へのエクスポージャーを縮小する。賃金ボラティリティが最も低い職業は金属廃棄物の回収業者であり、最も高い職業はアセット・マネジメントである（！）。個人が賃金の変動性の最も低い職業から最も高い職業へ転職する際、リスク性資産は35％削減される。また、Dimmock（2012）は、非金融収入（授業料や納付金、助成金、寄付金等）の多い大学は、債券やその他の低リスク証券を多く保有していることを示した。さらに、非金融収入の変動性が極めて高い大学は、最もハイクラスな大学を除いて、オルタナティブ資産への投資を少なからず縮小するとのことである。

3 ライフサイクル

ライフサイクルにわたる最適資産配分に入る前に、次の話題にも触れておこう。

3.1 ファイナンシャル・プランナーのアドバイス

金融のプロフェッショナルたちのありふれたアドバイスに「年をとるのに応じて株への配分を減らしなさい」というものがある。広く知られた大雑把なルールは「100−年齢」、すなわち、ポートフォリオで株式に投資すべき比率は100とあなたの年齢の差であるというものである。これについては多くの亜種があるが、退職が近づくにつれてリスク資産の保有を引き下げるプランをすべて「100−年齢」ルールと呼ぶことにする。

表5.1のパネルAは、バンガード社のバンガード・ターゲット・リタイアメント2050ファンドの資産配分のリストである。このようなターゲット・デート・ファンドでは、投資家が退職に近づくにつれ、資産配分を見直す（このファンドの場合、退職日は2048〜2052年の間である）。実は、これらはファンド・オブ・ファンズであって、時間とともに原ファンドの構成が変わっていく。投資家は、原ファンドだけでなく、経年に伴う資産配分を自動的に調整してもらう特権を得るためにも手数料を支払う（こうしたファンドは高価かもしれない！）。バンガード社によると、

表5.1 ライフサイクルにわたる資産配分

パネルA バンガード・ターゲット・リタイアメント2050ファンド

	株式	債券	現金
退職時まであと25年	90%	10%	0 %
退職時まであと 1 年	50%	50%	0 %
退職時	30%	65%	5 %

パネルB ライフサイクルにわたる株式への配分

年齢	100−年齢ルール	Malkiel (1980)	Schiller (2005)	連邦公務員向け確定拠出型年金（TSP）
25歳	75%	70%	85%	85%
35歳	65%	60%	71%	75%
55歳	45%	50%	26%	50%

192 第 I 部 アセット・オーナー

退職まで25年ある投資家は90％の株と10％の債券をもつべきである。経年に従い、退職の前年には50：50の資産配分になる（株と債券の資産配分が個人の加齢とともに変わっていくやり方をグライド・パスと呼ぶ）。退職時には、投資家の株式の保有は30％にまで縮小する。

　表5.1のパネルに掲載している株式保有の配分は、いくつかの出所、すなわちファイナンスの教授Burton Malkiel（1990）、経済学の教授Robert Shiller（2005）、連邦公務員向け確定拠出型年金（TSP）の「Lファンド」からとった。なお、TSPは、連邦政府職員と制服組サービスの職員向けの退職プログラムである（これは401（k）の連邦公務員版である。第1章参照）[16]。それぞれの株式の保有比率は若干異なるものの、どのプランでも、経年に応じて株式保有を減らすという全体的なパターンは変わらない。シラー教授のプランは、25歳時の85％から55歳時には26％に落とすという最も積極的な削減を提案している。

3.2　長期でも株式のリスクは低減しない

　「100－年齢」ルールの根拠として広まっているのは、株式のリスクは長期間では低減するのだから、という理由からである。これはSiegel（1994）の支持者たちによって広められた。長期間にリスクが低減するということは、株式リターンが*平均回帰*することと同じである。しかし、これについての実証は弱い。第8章で示されるが、理論的に見ても、実証的証拠から見ても、株式リターンの平均回帰性はわずかである。

　そもそも、仮に株式リターンが予測可能であり平均回帰しているとすれば、最適な配分は「100－年齢」ルールにはならない。もし、株式が平均回帰しているならば、そのポジションは、株価が安く期待リターンが高いときに積み増して（割安で購入する）、株価が高く期待リターンが低いときに縮小する（割高で売却する）のがよい。最適なポートフォリオ構成は株式と債券の相対価格に依存する、すなわち、あなたの資産配分は年齢のみならず市場の状況に対しても感応度をもつものになるであろう。ハーバード・ビジネススクールのファイナンス教授であるルイス・ビセイラは「リターンの変動がリスクを生むのに、それを無視して、長期にはリスクが低減するとするのは、論理的に矛盾している」と述べている[17]。

　Pástor and Stambaugh（2012a）によれば、仮に投資家が株式リターンの変動性（統計学的には、*予想分散*）を予測したところで、実際には、長期的に株式のリスクは増大する。株式リターンに弱い平均回帰性が存在するにせよ、現在と将来の期

待リターンの不確実性と、リターン予測に使う経済モデルのパラメータ推定のリスクの大きさに圧倒され、その効果は無用になってしまう。平均回帰性は確かに長期のリスクを減少させるが、この二つの要因がより強いために、リスクは投資期間が長くなるとともに増加するのである。

長期のアンダーパフォーマンスに対するプロテクション

　ボストン大学の年金ファイナンスの専門家Zvi Bodie（1995）は、株式が債券にアンダーパフォームすることに対する保険コストを計算することで、株式は長期でも低リスクにはならないことを示している。

　図5.2のパネルAに、株式が債券をアウトパフォームする確率を投資期間 T の関数として表す。図5.2のすべてのパネルは、イボットソン・アソシエイツ社を出所とする1926～2012年の米国株式と米国債券のデータを用いている[18]。株式が債券をアウトパフォームする確率は1年間では58％であるが、30年間では86％に上昇する。株式リターンの平均が11％であるのに対して債券リターンは5.7％であるから、これは理にかなっており、平均的には結局、株式リターンは債券を凌駕する。しかしこの主張は、リスクについては正しくない。

　図5.2のパネルBではショートフォール・リスクのコストを図示している。ボディはこの保険コストがプット・オプションであることを示した。この保険は、最終時点における株の累積額が債券の累積価値以下になるときにその差額分を支払い、それ以外では支払額はゼロである。もし、長期で見て株式が低リスクならば、保険のコストは時間とともに減少しなければならない。しかし、パネルBは正反対のことを示している。つまり、投資期間が長くなるほど、株式が債券をアンダーパフォームすることに対する保険のコストは増大する。30年の投資期間では、期初に株に1ドル投資した際の保険のコストは40セントになる。

　このボディの分析は、株式が平均回帰するかどうかが無関係であるという点で、巧妙である。Black-Scholes（1973）のオプション価格づけの枠組みで鍵となる知見の一つは、株式の期待リターンがオプションの価値に影響しないことである[19]。図5.2のパネルBのボディの保険のコストは、その期待リターンにかかわらず、株式が長期でも低リスクでないことを示している。

　では図5.2において、株式が債券をアウトパフォームする確率が期間とともに増大するというパネルAと、ショートフォール・リスクに対する保険のコストも期間とともに増大するというパネルBは、どう整合するのだろうか。パネルBでの保険のコストは二つの部分、すなわち株式が債券よりアンダーパフォームする確率と、

図5.2 投資期間で見た株式のアウトパフォーム確率と保険コスト

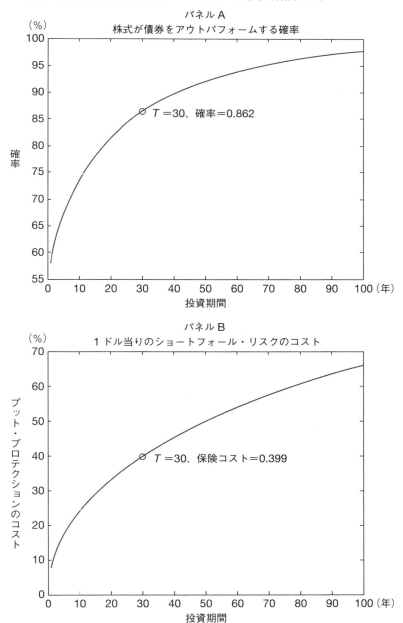

第5章 ライフサイクル投資 195

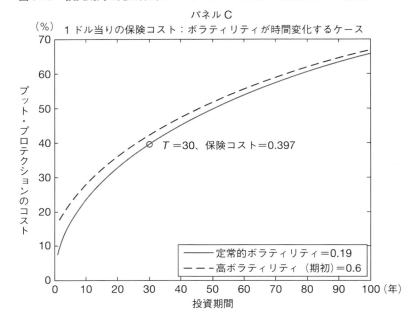

図5.2　投資期間で見た株式のアウトパフォーム確率と保険コスト（続き）

アンダーパフォームする条件下での損失の大きさからなる。株式がアンダーパフォームするとき、それは非常に大きくアンダーパフォームするのである。世界大恐慌や2007～2008年の金融危機を経験した投資家は、株式の損失がいかに甚大かを知っている。20世紀初頭に中国株やロシア株に投資した投資家のように、極端な場合、あなたは一切合財を失う。

　理論的には、株式のリターンの条件付平均よりも、ボラティリティの方に平均回帰性があるとした方が、まだ保険コストが時間とともに減少する見込みがある。しかし、実際にはそうならない。図5.2のパネルCに、Heston (1993) の時間変化するボラティリティ・モデルを用いて、ショートフォールのコストを計算した結果を示している。ヘストンのモデルは、株式のボラティリティを、平均回帰性を有するものとして特定するものである。株式リターンの条件付平均よりも、株式ボラティリティの方が予測可能性は高い。パネルCに見るように、原資産のボラティリティが時間変化する保険のコストは時間とともに増加しており、ボラティリティが一定の場合のパネルBの結果と非常によく似ている。二つの保険のコストを図示しており、一つは1926～2012年の長期間にわたる定常的なボラティリティとして19%を用

196　第Ⅰ部　アセット・オーナー

いたものと、もう一つは世界大恐慌期や最近の金融危機で経験したボラティリティ水準である60％を初期値としたものである。いずれのケースでも、長期でみると株式はやはりリスキーである。

長期で見ると株式は低リスクであるという慣習的な知恵が正しくないにもかかわらず、それでもやはり、ファイナンシャル・アドバイザーの助言は適切であるのかもしれない。厳密にそれを示すには次のモデルを利用する必要がある。

3.3　ライフサイクル・モデル

個人は、就労期間は賃金を得るが、収入のフローは退職時に途絶える。そのため、退職後の期間の暮らしが成り立つように、就労期間中に貯蓄しなければならない。経済学者はライフサイクル・モデルを用いて、人々の加齢に伴う消費や貯蓄、投資の意思決定を研究している。最初のライフサイクル・モデルはフランコ・モディリアーニと彼の学生リチャード・ブランバーグにより開発された。彼らは二つの論文を書き、一つは1954年に、もう一つは1980年に発表した。ブランバーグは心臓病で早くに他界したが、モディリアーニは第二の論文の執筆を続け、それは後にモディリアーニの論文集の１編として初めて発表された[20]。

ライフサイクル・モデルは少なくとも二つの期間からなる。働いて富を蓄積する積立期間と、貯蓄せずに貯蓄を使っていく取崩期間である。この他の期間を設けているモデルもある。例えば、早期退職や就労延長の期間、まず若年労働者になり、次に中年労働者になる、などである。個人は、年齢期ごとのニーズに合わせて消費や貯蓄、投資の意思決定を適合させる。そして年金は、個人のライフサイクルにわたる*平準化された消費*を可能にしている。

モディリアーニとブランバーグはまた、*世代重複*（OLG）の経済学を創案した。それは、個人が各々のライフサイクル・モデルに従う、異なるコホート（集団）ないし世代が存在するというモデルである。我々はここで、単純な二期間のライフサイクル・モデルを扱うが、各時点で２世代が現存すると想定する。ある世代は若年で就労しており、もう一つの世代には彼らの親がいて、老年ですでに退職している。翌期には、新しい若い世代が生まれ、前の若年世代は年をとり老年世代となる。前の老年世代は死去し、退出する。OLGモデルでは、ある世代に支払われる年金は、その次の世代によって賄われる[21]。OLGモデルにより、経済学者は*世代間の不平等*を測ることが可能になる。レイモンドが望んだロードアイランドの年金制度改革の一つは、若年労働者による老年労働者や退職者に対する援助を削減するこ

第5章　ライフサイクル投資　197

とであった。なお、モディリアーニは1985年にノーベル経済学賞を受賞している。

3.4 ライフサイクルにわたる資産配分

　加齢に従って株式への配分を削減すべきか否かを決める鍵は、人的資本と株式との相関である。ある時点において、人的資本が資産であり、もしそれが株式に似たものであるならば、株式への配分は少なくすべきである（逆もまた真なり）。ライフサイクル・アプローチは、人的資本が時間とともにどのように変化するかを考慮するものである。

債券的な人的資本

　ライフサイクルの期初に少額の金融資産しかもっていないある若者がいたとしよう。彼の持ち物といえば、大胆さ・気概・才能といった人的資本である。彼の人的資本が債券に似たものならば、金融資産ポートフォリオは、債券ポジションを相殺すべく株式に傾斜したものにすべきである。まず極端なケースとして、人的資本がリスクフリーな債券と等価と仮定しよう。若者の富全体 $H + W$ は、以下のバランスシートにあるような人的資本と金融資産からなると仮定する。

若者	
人的資本（債券）	800,000ドル
金融資産：株式	200,000ドル
金融資産：債券	－
合計	1,000,000ドル
富全体に占める株式の割合	20%
金融資産に占める株式の割合	100%

　この若者の、人的資本と金融資産を含むポートフォリオ全体に占める株式の目標ウェイトが20%であると仮定する。彼の人的資本は債券と等価であるので、金融資産ポートフォリオとしては、債券は保有せず、株式だけを保有する。このバランスシートを図5.3のパネルAに図解している。若者は富全体の20%を株式で保有しているが、それは金融資産の100%を占めている。人的資本が債券に似たものであれば、この若者は株式の保有比率を高くすべきなのである。

　この若者が高齢となり、退職が間近になったとする。彼の富全体は同じ100万ド

198　第Ⅰ部　アセット・オーナー

図5.3 債券的な人的資本をもつ若者と高齢者の富の配分

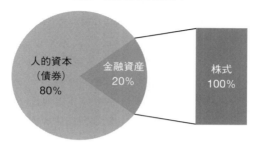

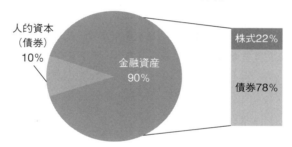

ルであると仮定するが、今やそのほとんどは金融資産である。すなわち、投資家はその就労期間に、人的資本を金融資産に移転したわけである。彼のバランスシートは次のようになる。

高齢者	
人的資本（債券）	100,000ドル
金融資産：株式	200,000ドル
金融資産：債券	700,000ドル
合計	1,000,000ドル
富全体に占める株式の割合	20%
金融資産に占める株式の割合	22%

第5章 ライフサイクル投資　199

この高齢者が目標とする株式保有比率は、富全体に対して20％のままである。そのリスク・プロファイルを維持するために、彼は債券的な人的資本を実際の債券に置き換えていた。金融資産における株式保有比率は 2 ／（ 2 ＋ 7 ）＝22％であり、今や、この高齢者の株式保有比率は、若かりし頃よりも随分縮小した。図5.3のパネルＢに図解している。

　それゆえに、もしあなたがリスクフリーな労働所得を得ている最高裁判事であるのならば、年をとるにつれて株式の保有を減らすべきなのである。多くの運用会社が提供する無数のターゲット・デート・ファンドと同様に、標準的なファイナンシャル・プランナーのアドバイスにもあなたの目的にかなったものがある。

株式のような人的資本

　株式のような人的資本をもつ投資家のケースを考えてみよう。この投資家は、ポートフォリオ全体の株式保有比率の目標を80％としている（そう、彼女は先の投資家よりも*リスク追求的*である）。彼女の人的資本と金融資産の合計は、他の例と同じ100万ドルとする。若年の間は、人的資本ですでに株を保有しているのと等価であるので、彼女は債券に重点的に投資する。バランスシートは以下のようになる。

若者	
人的資本（株式）	800,000ドル
金融資産：株式	－
金融資産：債券	200,000ドル
合計	1,000,000ドル
富全体に占める株式の割合	80％
金融資産に占める株式の割合	0％

　図5.4のパネルＡにバランスシートを図解している。彼女の富全体のポートフォリオにおける株式保有比率が80％であるにもかかわらず、金融資産は債券だけである。彼女の株式のような人的資本が、金融資産での株式保有をクラウディング・アウトしたわけである。第2節のテクニックを使ってより仔細に分析すれば、この結果を導き出すことができる。ここではこれを所与として、彼女が年をとったときに、何が起こるのかを見てみよう。

図 5.4 株式的な人的資本をもつ若者と高齢者の富の配分

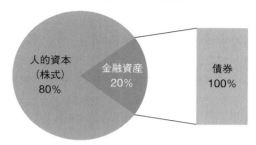

パネル A
若者：株式的な人的資本

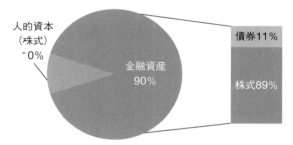

パネル B
高齢者：株式的な人的資本

彼女が高齢となったとき、株式のような人的資本は失われるため、金融資産における株式保有で代替する必要がある。バランスシートは以下のようになる。

高齢者	
人的資本（株式）	100,000ドル
金融資産：株式	800,000ドル
金融資産：債券	100,000ドル
合計	1,000,000ドル
富全体に占める株式の割合	80%
金融資産に占める株式の割合	89%

対応する図解を図5.4のパネルBに示している。若かりし頃は金融資産における株式保有比率が0％であったのに対し、今や、株式は8／（1＋8）＝89％と大きな比率になっている。いずれのケースでも、人的資本と金融資産の合計に対する株式保有比率は8／10＝80％である。ゆえに、株式のような人的資本をもつ人は年をとるにつれて、株式をより保有する傾向にある。

　こうして、例えば株式ブローカーのように、株式に似た人的資本を有する人は、「100－年齢」ルールとは正反対の行動をとるべきなのである。アセット・マネジメントに従事していると想定される、本書の平均的な読者にとって、労働所得は株式市場と高い相関があり、伝統的なファイナンシャル・プランナーのアドバイスは不適切なのである！

　60歳の株式ブローカーが2008年の世界大不況で職を失い、しかも彼の全財産が株式だった例を知っている、との反論が出てこよう。確かに、彼は（意図せずに）ライフサイクル投資のアドバイスに従っていたのに、職と富を一挙に失ってしまったように見える。しかし、ライフサイクル理論は、年齢を重ねるとともに資産配分をどのように変更するのかに関する相対的な主張である。株式のような労働所得を有する個人は、リスク・エクスポージャーを一定にするためには、加齢とともに株式への配分を増加させなければならない。つまりこの理論は、個人が高齢になったときに株式への配分が大きくなるようにすべきとはいっていないのである。第2節で述べたように、株式に相関する労働所得を有する個人は、他の条件を一定とすれば、債券をより多くもつことを好むのが一般的であろう。したがって、ライフサイクル理論によれば、株式ブローカーは最適な配分として債券がほとんどの金融資産ポートフォリオを保有するであろうし、退職時に近づくにつれて、（願わくば十分に小さい）株式の配分を徐々に増やしていくであろう。

　これらの例は、ライフサイクルにわたる労働所得について直観的に説明するものである。すなわち、人的資本は資産であり、これが債券的か株式的かに応じて、バランスをとるために反対の金融資産をもつように調整すべきだ、ということである。実際のライフサイクル・モデルは、経済学者によっていくつかの特徴が追加されている。レバレッジ制約や、個人がどのように消費するか、借換えについては捨象してきた。多くの学生は卒業時に多額の債務を負っており（訳注：奨学金は負債）、ネットでは負の富しか有していない。しかし、最も検討が足りていない部分は、若者の問題を高齢者の問題と独立して扱っている点である。実際のライフサイクル・モデルでは、若者は高齢になれば労働所得が減ることを前もって勘定に入れ

ている。次の（よくある）例でこれを修正するが、そこでもこれまでと同じ直観的事実が成り立っていることが示される。

ソブリン・ウェルス・ファンドの例

ソブリン・ウェルス・ファンド（SWF）は、国家にとっての退職プランといえる。コモディティから得る富を分散して（より永らえるように）設立されたSWFは、どれも退職ファンドと似ている。人的資本リターンと資産リターンとの相関が、投資家のライフサイクルにわたる資産配分を決めるのと同様に、コモディティ・リターンと資産リターンとの相関が、SWFの資産配分を決める。

SWFについて、次のような単純なモデルを考えてみよう[22]。原油という富が豊富にある最初の期間と、それがほとんど汲み尽くされた第二の期間という、二つの期間がある。単純化のため、支出のルール（消費）は捨象し、最終時点における富の期待効用を最大化する問題とする（これは金額の最大化と同じではないことを思い出してほしい。効用関数はリスクとリターンのトレードオフを表すものだからである。第2章参照）。リスクフリーな債券（ただし、金利はゼロと仮定）と株式の二つの金融資産があるとする。SWFは、相対的リスク回避度一定（CRRA型）効用関数（平均・分散効用のアカデミック版。第2章と第4章参照）をもち、各期のポートフォリオでの株式の量を決める。すなわち、各期の株式投資比率をa_1とa_2として、

$$\max_{a_1, a_2} E\left[\frac{W_2^{1-\gamma}}{1-\gamma}\right] \tag{5.4}$$

ここで、γは国家のリスク回避度であり、ここでは10としよう。式（5.4）は、国の期待効用の最大化を意味しており、括弧の中は最終時点の富に関するCRRA型効用を示しており、第1期と第2期で最適なポートフォリオのウェイトを決める。ここで、ポートフォリオ・ウェイトは0と1の間にあるとする（つまり、空売りしない）[23]。

原油は労働所得に似ている。各期、期初の原油採出量をL_tとし、原油価格の変動が期末にリターンを生むとする。第1期から第2期にかけて原油収入が90％減少したとすると、$L_2 = 0.1 \times L_1$となる。1983〜2012年のデータに基づいてモデルを調整するが、その際、原油と株式（S&P500指数）との相関は4％と低いものであった（これは驚くべきことのように感じるかもしれない。しかし、第11章の議論で明らかになるように、コモディティはそれほどよいインフレ・ヘッジにはならない）。

図5.5は、株式の資産配分を、各期初での金融資産に対する原油収入の比率

（L / W）の関数として示している。パネルAは、相関が実証的な相関と同じ4％の場合の株式の配分比率を示している。いずれの期の株式配分比率も上方に傾いている。原油の存在が大きくなるに従い、SWFは分散化のため株式をより多く保有するわけである。株式と原油との相関は低いため、原油のパフォーマンスが悪いときに株式のパフォーマンスがよくなる余地が大きく、原油埋蔵量が多い場合に株式の魅力を高める。L / Wを所与として、第1期の株式保有が第2期より大きいことに注意しよう。時間の経過に沿ってSWFは株式の保有を引き下げるのだが、それは原油が債券的だからであり、このケースでは原油の株式との相関がかなり低いことを意味している。SWFは第1期の期初に債券的な証券を多く寄託されており、そのため株式を多く保有する。原油がほとんど汲み尽くされる第2期には、債券的な原油収入が落ち込むのとバランスをとるため、SWFは株式比率を低めるのである。

　比較のため、図5.5のパネルBでは、原油リターンとS&P500指数のリターンが0.3という正の相関であったように設定した。このケースでは一転して、株式の資産配分はL / Wの減少関数となり、しかも第1期と第2期は逆転する。L / Wを所与としたとき、株式保有がパネルAより小さくなっているのは、ここでは原油が株式に似ているためである。SWFは、第1期に株式に似た原油資源を寄託されている。原油がほとんど汲み尽くされた暁には、SWFは全体のリスク特性を維持するために株式的なエクスポージャーを代替しようとして、第2期には株式保有を増加させるのである。

　この例が示しているもう一つの点は、金融資産ポートフォリオを見ているだけでは、SWFのリスク回避度が変化したという誤った印象をもちかねないということである。原油収入（または労働所得）が債券に似たものであるのならば、原油の産出削減が株式を削減すべきであることを示唆する。金融資産ポートフォリオのみに注目する者には、産油国がよりリスク回避的になったように見えるかもしれない。もし、原油収入が株式に似たものならば、SWFは原油産出が縮小したときに株式保有を増やす。これは、SWFがよりリスク追求的になったように見えるかもしれない。しかし、すべてのSWFはライフサイクルにわたって原油リスクをバランスさせているだけなのである。

あなたは株式的なのか、それとも債券的なのか？

　人的資本と株式との相関の推定を試みた研究は数多い。全体的な水準（すなわち、米国の全労働者あるいはその一部の集団の収入を合計した代表的個人）として

図5.5 金融資産に占める原油収入比率と株式比率の関係

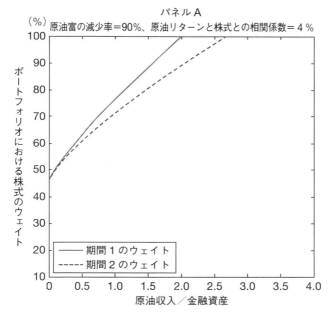

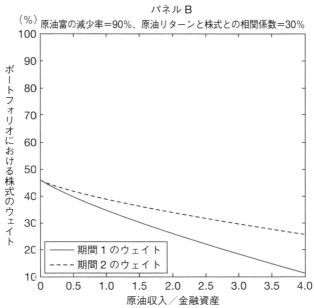

の人的資本と株式との相関は低い。例えば、Cocco, Gomes, and Meanhout（2005）によれば、労働所得と株式リターンとの相関は、大学卒で▲２％、高卒で＋１％、高卒未満で▲１％となっている。つまり、平均的な投資家にとって、人的資本は債券に似ているということである[24]（「100－年齢」ルールは、少なくとも平均的な個人にとっては、結局正しいのかもしれない）。

初期のライフサイクル・モデルも同様の推定に基づいている[25]。平均的な労働者の労働所得は債券的で、株式との相関は低いと仮定していたので、若者は高齢者より株式を多く保有するべきであると予想していた。また彼らは、若者はいかなる場合も株式を保有すべきであり、貧困な家計は裕福な家計よりも株式を多く保有するであろうとも予想した。後者を理解するには、次のことに注意が必要である。貧困な家計と裕福な家計のリスク特性が同じであるとしても、貧困家庭では全体の富のほとんどが人的資本で占められる。それゆえ、債券的な資本を相殺するため、金融資産ポートフォリオの中では株式を選好するという。

しかし、これらの予想はすべて事実に反していることがわかる。

３.５　人々がライフサイクルにおいて実際に行っていること

ライフサイクルにおける家計の資産配分について三つの重要な事実がある[26]。
① 家計の半数は株式を保有していない。これは、*株式への不参加*パズルといわれる。第３章ですでに議論した。
② 高齢な家計の方が、若年労働者の家計よりも株式への配分が多い。言い換えれば、家計は加齢とともに株式の保有比率を維持するか、それ以上に増やしている。退職時ですら、株式の比率は高い。家計は退職時に、債券や他の低リスク資産にすぐにも移行できるのに、そうはせずに可能な限り長期にわたって株式の保有を続ける。
③ 裕福な家計は貧困な家計よりも株式への配分が多い。

また、家計によるライフサイクルを通じた消費に関しても、三つの定型化された事実がある[27]。
① 消費は非常に平滑的である。

ライフサイクル・モデルでは、個人の*恒常所得*が突然増えると、より多くを消費するようになる、結局棚ボタの果実を享受するのだ、と予想する。しかし実際には、浪費は収入の変化に応じて速やかには反応しない。これは文献では、「*過剰平*

滑パズル」といわれている。

② 同時に、消費は過度に敏感でもある。

所得の変化が予想されても消費は変化しない一方、消費は過去の所得変化に対しては（より過分に）反応する。

③ ライフサイクルにわたって、消費は山型になる。

消費のピークは中年期にある。退職時、労働所得の低下に沿って消費は減少する。図5.6に、労働統計局が実施した個人消費支出実態調査による年齢層ごとの1984～2011年の消費支出を示している。ここでは、ピークとなる45～54歳の区分を100％として正規化している。1980年代の退職者に比べて、最近の退職者の方がより多く消費していることに注意が必要である。

ライフサイクル分野の研究は好奇心をそそられる。最新のモデルでは、以下のような多くの現実的な特性を取り込むことで、こうしたパターンを説明できるようになった。すなわち、借入れが（特に若年では）難しいことを考慮する、消費者の特徴的な行動を取り込んだ効用関数を採用する、そして、労働所得と資産リターンの複雑なダイナミクスのモデル化、などである[28]。これらのモデルは、現実に人々が

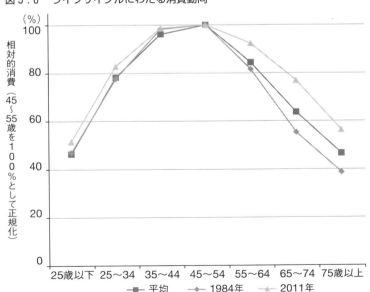

図5.6 ライフサイクルにわたる消費動向

ライフサイクルを通じてどう行動するかという定型化された事実に合致する。これらすべてのモデルでは、労働所得が株式的なのか債券的なのかが、ライフサイクルにわたる資産配分の重要な決定要因となっている。

Benzoni, Collin-Dufresne, and Goldstein（2007）、Lynch and Tan（2011）では、平均的な投資家にとって労働所得と株式リターンとの間には低い相関しかないが、同時により現実的に、ビジネスサイクルやより長い周期では、労働所得と株式リターンが共変動することも許容する形で労働所得の過程を特定している。これは直観的である。つまり、成長経済においては、人的資本と株式資本の双方が恩恵を受けるので、長い周期では労働所得と株式リターンは共変動すると期待される。ただ、世界大不況で職を失った人ならば、ある短期間でも労働所得と株式リターンとの相関は極めて高いものになり得ることも知っている。

Benzoni, Collin-Dufresne, and Goldstein（2007）はまた、労働所得と株式リターンが長期的には互いに共変動する（労働所得と株式リターンが*共和分*の関係にある）ことを許す。長期的な共変動によって、長期の投資期間をもつ若者は、株式のような人的資本を有することになる。また短期の投資期間しかない高齢者が有するのは債券のような人的資本ということになる。したがって、若者は株式を保有しないのが最適であり（できることなら、株式をショートしたいところであろう）、加齢とともに株式ポートフォリオを増やしていくようになる[29]。

リンチとタンは、労働所得と株式リターンの間の*無条件*の相関がゼロに近いとしても、それはビジネスサイクルにわたって有意な*条件付*相関を覆い隠しているからであると指摘した。端的にいって、期間全体では労働所得と株式との相関がそれほどなくても、株式市場の暴落時のように特に問題となる時期では有意な相関になり得る。彼らの推定によれば、全サンプルの無条件の相関が2%であったのに対して、労働所得の恒常的部分に対する条件付ショックは、株式リターンに対する条件付ショックと48%の相関をもつ。若者は、労働所得が条件付きで株式に似ているので、株式ポートフォリオのウェイトを低めておくことが最適となる。

3.6 その他の考察

ライフサイクル・モデルでは、労働所得が株式のようにリスキーであるのなら、老年でより多くの株式保有を意外なほどに選好すると予想する（繰り返しになるが、標準的なファイナンシャル・プランナーの助言とは正反対の結論である）。しかしながら、他の状況によっては、退職に近づくにつれて株式の保有を引き下げる

ことが正当化されるかもしれない。そのうちおそらく最も重要なのは、以下のポイントであろう。

ヘルスケア・リスク

ヘルスケアのショックは非常に負担が大きくなる可能性がある。ヘルスケアは高価であり、出費は晩年に集中する。Marshall, McGarry, and Skinner（2010）によれば、米国人が最晩年にかかる医療費の中央値は5,000ドルを超え、上位5％では5万ドルを超える。医療費の平均と分散は加齢とともに増加し、老年期には特に増加が顕著になる。ヘルスケアのショックは、一度きりの医療費支出を意味するものではない。重大な医療上の問題は大抵次々とやってくる。De Nardi, French, and Jones（2010）は、医療支出を継続的な部分と一時的な部分に分離し、前者は1年の自己相関が90％以上であることを示した。

ヘルスケア・リスクは医療費を支払えるかどうかという問題にとどまらない。重大な病気に罹るとは、就労家庭が現在の所得を失うだけでなく、将来の所得を失うことをも意味する。ヘルスケア・ショックの後には、非常に大きな富の減少と将来の労働所得の減少が訪れるわけである[30]。病気はしばしば悪循環をもたらす。すなわち、健康を害することで稼ぎが少なくなり、稼ぎが少なくなればさらに不健康になる。

医療費は、一部は保険によって、一部は政府（公的高齢者／障害者医療保険制度（メディケア）と公的低所得者医療扶助制度（メディケイド））によって賄われる。しかし、米国における医療費の多くは、個人が支払っている。Munnell et al.（2008）の推定では、長期医療を除いて、65歳以降で一人当り医療費の自己負担分の現在価値は10万ドルである。Webb and Zhivan（2010）の推定ではもっと多額で、典型的な65歳の夫婦で26万ドルとのことである。しかし、分布には大きな歪みが存在し、57万ドルを超える出費の夫婦も5％存在している。また、個人の多くは保険に加入していない。国勢調査局によれば、年収2万5,000～4万9,000ドルの米国人の21％が健康保険に未加入である。また、25～34歳の米国人の約20％が健康保険に入っていない[31]。

個人は安全資産を保有することで、医療費のショックの自己負担分を支払い、健康を害することによる収入の喪失に保険を掛けることができる。健康上のショックは*経歴リスク*の一形態である。経歴リスクとは、経済学者が名付けた、個人がそれに対する保険を購入できないようなリスクの総称である[32]。経歴リスクは*予備的貯蓄*や安全資産への需要を喚起する[33]。実証的な証拠はこのことと整合的である。例

えばRosen and Wu（2004）は不健康な状態にある人々は株式やその他のリスク性資産をほとんど保有しないことを示した。De Nardi, French, and Jones（2010）やPang and Warshawsky（2010）などの、ヘルスケア・リスクを勘案したライフサイクル・モデルは、退職が近づくにつれてリスクフリー資産の保有を高めるのが最適であることを示している。退職期にも、医療支出の自己負担分を賄うために貯蓄を継続するのが最適であり、標準的なライフサイクル・モデルで貯蓄を取り崩すべきとされるのと対照的である。

効用の変化

　人々が歳をとればよりリスク回避的になる傾向にあることは明白な事実である[34]（これで、あなたの父親が若い頃は反体制的な集会に参加していたにもかかわらず、後に政党組織に加わるようになることが説明できる）。投資家は年をとれば、よりリスク回避的になって株式を保有したくなくなるので、まさに「100−年齢」ルールが妥当となるわけである。

内生的な労働所得

　労働所得への投資は選択変数である。言い換えれば、労働所得は（部分的に）内生的なものである。例えば、MBAを修得して将来の稼ぎを増大させることはできるが、卒業時に高い給料を得るという利得と引き換えに、現在の職業を離れるというコストや授業料というコストも支払わなければならない。労働所得はまた、長時間働いたり、転職したりして、増やすことができる。富に対するショックは、より懸命に働くことで幾分埋め合わすことができる[35]。若者は高い柔軟性を有するが、それは年をとるに従って失われていく。

　一方では、若者の人的資本の柔軟性は、加齢とともに株式保有を低減することと整合的であり得る。若さには、リスクを吸収する高い能力がある。すなわち、人的資本という次元を通じて、株式の下落による損失を吸収できるので、若者はより多く株式を保有できるのである。高齢者の人的資本は柔軟ではない（老犬に新しい芸を仕込むことはできない）ため、高齢者がリスクのある金融資産を保有するには限界がある。他方で、もし若者の人的資本の柔軟性が単に株式の代替物であるならば、加齢とともに失われていくリスク許容力を、株式で代替しようとするであろう。

　人的資本と資本市場の間に介在する相互作用には、この他にも複雑でとらえがたいものがある。高い給与は、人々をより精力的に仕事をするよう仕向ける（仕事をさぼれば、機会コストが高くつく）。その一方、高賃金は個人を豊かにするので、

本当に裕福になった暁には、人は仕事をさぼりたがるようになるかもしれない[36]。Chai et al.（2011）は、最初の効果が支配的であり、人生のはじめの時期で賃金上昇のショックがあった家計はより勤勉に働く傾向があることを示した。こうした家計は消費もより多く、形成される金融資産の富は相対的に小さい。蓄えのポートフォリオでは株式を保有しているが、加齢とともにその保有は減少する。理由は、こうした家計は社会保障を通じて蓄積し（第4節でコメントする）、高い賃金プロファイルゆえに、退職期の社会保障の給付がより高くなるからである。

3.7 要 約

他の条件を一定として、ライフサイクル理論が示すのは、

債券のような（債券的）労働所得 ⇒ 加齢とともに株式を減らすべき

株式のような（株式的）労働所得 ⇒ 加齢とともに株式を増やすべき

ファイナンシャル・プランナーによる、年齢を追うごとに株式保有を減らしなさい（「100－年齢」ルール）というアドバイスは、労働所得が株式と正の相関をもつ人にとっては、不適切である。ライフサイクル・モデルは、株式のような労働所得を有する個人は、加齢とともに株式保有を増やすべきであると予想する。減少していく株式的な労働所得を、それと同等な金融資産で置き換えたいからである。これは大半の家計が実際に行っていることである。しかしながら、医療支出へのニーズは、リスクフリー資産を別にとっておき、ライフサイクルを通してヘルスケア・リスクが増加するのに従って、リスクフリー資産のポジションを増やすことを強いるものである。

ほとんどのファイナンシャル・プランナーやターゲット・デート・ファンドは、様々なバージョンの「100－年齢」ルールに盲目的に従っているが、それらは個人の労働所得がどのように株式と共変動するかを勘案したものではない。退職の時期に近づいたとき、株式を多く保有するのか、少なく保有するのかは、あなたが株式的なのか債券的なのかに決定的に依存するのである。

4 退 職

4.1 所得代替率

ロードアイランド州の年金制度改革で、レイモンドは最終時点からスタートして、個人が退職にあたって何を行うのが最適であるのかを問うた。安心できるよう

第5章 ライフサイクル投資 211

な退職を念頭に置いて、そこに至るまでの退職プランがどう設計されるべきかを問うた。レイモンドは経済学者ではないが（イェール大学のロー・スクール出身）、経済学者ならば用いたであろうものと同じ解法を採用したのである。経済学者はライフサイクル・モデルの問題を、最終時点からスタートして解き、そして一期間さかのぼって、年長の退職者にとっての最適解を所与としてより若い個人の問題を解く。この手順を*動的計画法*という（第4章参照）。

　レイモンドのチームは、ロードアイランド州の年金制度を調べる過程で、個人の所得代替率が1を優に超えるケースがあることを発見した。現役で働いている米国人の大多数は社会保障で代替所得の（最小限の）基盤を確保できるのだが、ロードアイランド州の退職年金プランに加入している教職員や公衆安全に従事する職員の過半数が、社会保障には加入していなかった。

　経済学者は、大多数の人々の所得代替率（退職後の所得を退職前の所得で割った比率）は1未満であるべきと信じており、この主張を正当化する多くの根拠がある[37]。通常、退職時に家計が直面する税率はより低いものとなる。例えば、社会保障の給付は通常の賃金よりも税率が軽く、無税の州もある。退職者の中には小型の持ち家に住み替え、財産税を抑えようとする者もいる（後ほど見るように、多くの人はそうしないが）。しかし最も重要なことは、彼らは退職に備えて貯蓄する必要がないということである。なぜならもう退職しているからである！

　世界銀行や従業員給付研究所（EBRI）、その他の学術・政策の研究所は、目標とすべき代替率を75〜80％としている[38]。Scholz and Seshadri（2009）は、ライフサイクル・モデルを使って最適な目標所得代替率を計算し、その中央値は、夫婦の場合75％であり、独身者では55％であると算出した。ただしこの計算は、扶養する子供の数や所得水準、その他家計に固有の考慮事項など、他の多くの要因が変数として用いられており、これらの状況次第で結果は大きく異なるものになる。

　別のタイプの退職後の所得パターンを選好する投資家もいる。例えば、所得が絶対に下がらないことを望む投資家もおり、実際、独自のライフサイクルをもつ多くの機関投資家にとっては、このような「退職」後の所得こそが好ましいパターンである。例えば、油井が枯渇してしまったある国のSWFや、寄贈者が亡くなってしまった財団がそうである。ほとんどの人は退職後であってさえ、実質所得の維持、ないしは向上を望むという調査結果もある。我々が観測できるデータ（図5.6参照）で消費が減っているのは、収入がなくなり、計画も貧弱であったために消費の削減を余儀なくされているためであり、好んで代替率を1未満にしているわけではない

212　第Ⅰ部　アセット・オーナー

のかもしれない[39]。ライフサイクル・モデルに特別な効用関数を用いることで、そのような投資家に対する最適な退職前の貯蓄と投資パターンを計算できる。

*習慣形成効用*を用いると、習慣化したライフスタイルが不可能になったときに感じる痛みを表現できる。例えば、国家や大学では、ある水準以下に支出をカットするのは困難であり、この水準（ないしは習慣）は時間とともに上昇する。習慣形成効用をライフサイクル・モデルに用いると、晩年での消費が非常に平準化されたパターンになる[40]。この投資家は、就労している間に、退職後の生活の維持のために貯蓄し、退職後も貯蓄を続けなければならない（ライフサイクルのすべての年齢で蓄積すれば、多額な富になる）。

ラチェット型消費

Dybvig（1995，1999）が開発した*ラチェット型消費*のモデルは、支出を極力維持し、投資で十分な利益を得たときには支出を増やすこともできるという点で、投資家にとって魅力的なものである[41]。彼らの支出パターンを持続可能にすべく、ポートフォリオの一定部分をリスクフリー資産で分別管理する。このリスクフリー資産は、将来における最低限の支出を保証する保険契約としてとらえることができ、これを*負債ヘッジ・ポートフォリオ*と呼ぶ。残りの部分は（レバレッジを掛けた）株式ポートフォリオに投資する。リスク性資産の価格が十分に上昇したとき、投資家は支出を引き上げ（つまり、ラチェット・アップして）、リスク性資産の一部を現金化してリスクフリー資産に移し、支出のための保全とする。

生活水準の低下を経験したいとは望まない大学基金や個人にとって、いや、国家にとってさえも、ダイビックの枠組みは理想的なものであるが、現実の状況下ではラチェット型支出のルールでは以下の二つの課題がある。第一に、金利水準がとても低く（執筆時点では実質金利はマイナスである。第11章参照）、ダイビックのモデルから導かれる必要最低限の支出比率は極めて低い。第二に、膨大な負債ヘッジ・ポートフォリオは債券で保有することになるが、債券の期待リターンは現状では非常に小さく、マイナスもあり得る。残念ながら、タダのものは存在しないのである。

退職時からスタートし、時間をさかのぼって問題を解くことにより、ライフサイクル・モデルは、退職者にとって短期国債は真のリスクフリーな資産ではないことを明らかにしている。リスクフリー資産とは、退職者の実質の意味で増加する支出額を確保しておくことが可能な資産である。考え得る唯一の方法は、退職者のキャッシュフローの要請を完全に保全するようなインフレ連動債（TIPS、第11章

参照）のポートフォリオを保有することである[42]。しかしながら、インフレ連動債の価格は極めてボラタイルである。また、実質金利は時間とともに変化するため、退職後のキャッシュフローの要請をインフレ連動債で賄うことは、投資家を非常に大きな投資リスクに晒すことになる。今日のマイナスの実質利回りは、個人が、貯蓄目標の達成の助けとして債券からの収入を当てにできることはなく、退職後のためにはより多くの資金を別立て管理しなければならないことを意味している。

4.2 我々の貯蓄は十分か？

Skinner（2007）は、快適な老後のために我々がどのくらい貯蓄しておかねばならないかについて、ライフサイクル・モデルを用いて推定した。推定値は驚くほど多額である。40歳の時に65歳で退職すると計画し、95歳まで生存するとして、課税前の収入の7.5％を貯蓄することで得る退職後の所得は、退職前の所得の30％でよいと考えているケースを想定しよう。この個人に必要な富対所得比は、40歳でおよそ2であり、50歳では3に上昇し、退職時にはピークの5となる。ただし、この富には持ち家は含まれないので、家主でない人にとっては、この数字はより大きくなり、40歳、55歳、65歳でそれぞれ4、5、8になる。

ほとんどの人の貯蓄はこうした水準とはほど遠い。

ほとんどの家計は、快適な老後を確保するのにライフサイクル・モデルで必要とされる金額を蓄財できていない。Lusardi and Mitchell（2006）では、富対所得比の中央値は早期のベビーブーマー世代で2であり、Skinner（2007）が最適な貯蓄として計算した数字よりずっと小さい。Poterba, Venti, and Wise（2001a）の報告によれば、65歳から69歳の家長のいる家計の半分が、2008年時点では富の純額で5万2,000ドルを切っており、その中の43％は、アニュイティ投資（本章4.4節参照）に必要とされる最低金額2万5,000ドルにも満たない。EBRIの2013年の統計では、全米従業員の57％の人の住宅を除く全貯蓄額は2万5,000ドル未満であり、28％の人々は（よく先を見通せる少数派であるが）快適な老後のために十分な資金をもっていると確信できないでいる[43]。しかも驚くことに、34％もの人は老後の蓄えが一切ないという！

まずもって重要な問題は、人々に貯蓄させることである。今日の消費は明日のための貯蓄よりも常に魅力的である。経済学者はこのタイプの行動を*双曲型割引関数*で記述した。いわば、聖アウグスティヌス版の効用である（「神よ、我を純潔にしたまえ。いや、今はまだ」）[44]。幸運にも、行動バイアスを持ち出して、人々が貯蓄

するよう仕向ける経済学者もいる。

　Thaler and Benartzi（2004）は「明日はもっと貯蓄を」プログラムを創設した。これは、Thaler and Sunstein（2009）のベストセラー『Nudge（邦題：実践行動経済学）』にも記述されている。セイラーとベナルチは、人々が将来の昇給分を貯蓄に回すことにコミットするよう、人間の性質を利用した。人々は今日の資金から貯蓄に回そうとはしないが、未だ受け取っていない資金からであるならば貯蓄しようとする。いざ資金を受け取ったとき、元のプランを改変するのが面倒なので、うかつにも貯蓄してしまう。慣性の助けを借りることで、現在の消費を犠牲にすることなく貯蓄に資することができるわけである。セイラーとベナルチは、従業員が「明日はもっと貯蓄を」プログラムにコミットしたところ、蓄積率が3％から13％に高まることを発見した。

　逆に、Scholz, Seshadri, and Khitatrakun（2006）は、ほとんどの家計は退職に向けて十分に貯蓄している、という挑発的な議論を展開した。しかしながら、彼らのモデルには、働いている人々の死亡リスクも、退職に先立つヘルスケアの自己負担リスクも、リスク性資産についても考慮されていない。これらのリスクを考慮すれば、家計の貯蓄は十分ではない。しかも、彼らの研究がまとまったのは、多くの家計のバランスシートを破綻させた2008〜2009年の世界大不況よりも前である。

　貯蓄の不足は、確定給付型年金制度の積立不足にもみてとれる。これが、ロードアイランド州の苦難とレイモンドが望む年金制度改革の背景である。こうした制度では雇用者が従業員のために貯蓄するのであるが、十分な掛け金を拠出してはこなかった。ないしは、約束された給付が高すぎるのかもしれないし、その両方かもしれない。長期的には、退職後に消費する金額が貯蓄額（投資収益を含む）を上回ることはできないという総量不変の*加法制約*がある。

　十分に貯蓄しておかなければ、老後には大して消費ができない。Skinner（2007）は、退職後は少ししか消費しなくても幸福でいられると主張する。退職後は余暇時間が非常に多い。我々はこの不意に訪れた豊富な時間に価値を見出し、消費は小さくてもかまわないと考えるかもしれない。できればスキナーが正解であってほしい。なぜなら、ほとんどの人々はおそらく、退職後は消費をかなり切り詰めなければならないからである。

4.3　4％ルール

　*4％ルール*とは、ファイナンシャル・プランナーのWilliam Bengen（1994）が

発案したものである[45]。ベンゲンは、株式と債券を半々に保有する投資家が毎年4％ずつ支出するとしたら、少なくとも30年はポートフォリオを維持できていたことを発見した。ベンゲンのオリジナルの定式化では、その投資家は退職時に蓄えの4％の消費をするところから始める、つまり、老後の蓄えは彼女の求める退職後の支出の25倍あるということだ。彼女はインフレに比例して、消費を毎年増大させる。退職時に4％からスタートしたにもかかわらず、資産価格やインフレ率に応じて*支出率*は変動していく。ベンゲンは、1926～1976年の間に退職した個人については結局、彼らの富が少なくとも33年間はなくならないくらい十分であったことを発見した。初期の支出率を6％に引き上げると、しばしば20年経過する前に消費し尽くしてしまう。1960年代や1970年代前半に退職した人については、特にそうである。

4％ルールは今では*固定比例支出ルール*、つまり富に対する一定比率を毎年消費するルールとして広く知られる。Milevsky（2012）は「退職制度の世界では、この4％ルールは神話上の怪物のごとき扱われ方（つまり、殺すか、殺されるか）である」と述べている。しかし、4％ルールは単純で、容易に実行でき、個人がどれほどの富を蓄財しているかに関係なく従うことができる。そのため、4％ルールは非常に人気がある。多くのファイナンシャル・プランナーは、4％ルールと類似のルールを推奨している（4％ではないとしても、富に対する何らかの一定比率が使われる）。4％という数字は大学基金や財団の支出率に非常に近く（第1章参照）、実質金利の長期平均としてもよく使われるので（第11章参照）、甚だ都合がよい。

固定的な4％ルールの主たる問題点は、退職者の消費を市場の変動に強制的に合わせるところである。すなわち、個人は市場が上昇相場なら多く消費し、暴落すれば消費を思い切ってカットすることを強いられる。大多数の個人は、自分の消費計画にそうした変動があるのを好まない。支出額は金額で固定されるのであって、富に対する比率で固定されるのではないからである[46]。退職者は、平時の消費が実質ベースでほぼ一定水準に維持されるのを望んでいるのである。また4％ルールには、重大な長生きリスクも潜んでいる。つまり、長生きすれば富は取り崩されてほとんど消えてなくなってしまう。そしてゼロになったら、その4％は、ええっと……。

ベンゲンはもともと、4％に*固定*することを唱えたのではない。彼が提案したのは、*初期*の支出ルールについてであり、その後は実質ベースで一定に消費し、支出率を時間の経過とともに調整していくということである。名目ベースであれ実質

ベースであれ、消費が落ち込まないことを確実にする方法は、ダイビックのラチェット・ルールに従うことである。ベンゲンの定式化では、ある個人が貯蓄を超えて長生きしてしまうリスクはゼロではない。たとえ、彼が最初に示した例のように、仮に30年分の退職の蓄えがあったとしても、その人が100歳を超えて存命し、結局何も残らなかったら、その貧しいご老人は哀れなことであろう。

また、ファイナンス理論によれば、支出率（消費）はポートフォリオ選択と同時に決定されるべきものである。リスキーなポートフォリオを保有していることは、消費を少なくしたいということかもしれないし、その逆もまた真である。これはまた、退職後だけでなく、退職のためにどのように貯蓄し、消費するかにも当てはまる。4％ルールは最適なポートフォリオ選択について何も示してはくれない。4％ルールを使うのではなく、長生きリスクや健康状態、リスク回避度、その他顧客の考慮すべき重要な点、すなわち投資家のライフサイクルにおけるあらゆるファクターを考慮して退職プランを提案するのが、最良のファイナンシャル・プランナーといえる。

4.4 アニュイティ

アニュイティは退職者の最良の友に違いない。アニュイティは安定した支払を供給し、その蓄えを超えて退職者が長生きするリスクもない。さらに、支払がインフレに連動する亜種もある。

アニュイティが見事なのは、あなたが他の人のお金を受け取ることである。この優れた点は、亡くなった人はお金を失うことはないので皆が豊かになれるということである。この直観は、ヘブライ大学の経済学者Menahem Yaari（1965）の革新的な論文で最初に示された。ヤーリはアニュイティがマイナスの価格をもつ保険契約のようなものであることを示した（実際、アニュイティは死亡保険の逆である）。早くに死去した人々が、幸運にも長寿を全うするメトセラ（訳注：メトセラは長命の代名詞であり、創世記で書かれた千年近く生きた人物）の消費を助成するのである。しかし、これは万人にとって便益がある。期初では、自分が早く死ぬのか遅く死ぬのかは誰にもわからないし、死去すればもはや消費することはできないからである。ヤーリは、アニュイティへの投資が膨大な利得をもたらすことを証明している。

ヤーリによるオリジナルの状況設定は制約が強く、アニュイティ価格は公正で、手数料も取引コストもなく、また、個人は相続のために貯蓄しようとはせず、保険

でカバーできないリスクもないと仮定している。こうした点をより現実に近い設定にするとアニュイティの魅力は減じてしまうが、それでもなお大きな利得がある。Yogo（2011）は、健康上のショックや遺贈動機、その他考慮すべき点を加えても、（社会保障に内包されている以上の）追加的なアニュイティの購入が、家計の金融資産に対して15%以上の利得をもたらすことを示した[47]。

あなたは、アニュイティが提供する資金がなくなるまで長生きはしない。寿命は伸び続けているので、個人が貯蓄を使い切ってもなお長生きしているリスクは増大している。アクチュアリー会の報告によれば、男性は10年ごとに寿命が約2年伸びており、1960年に66.6歳であった寿命は2010年には75.7歳になった。女性は、10年ごとに約1.5年の伸びで、1960年に73.1歳であった寿命は2010年には80.8歳になっている[48]。あるアクチュアリーは「一般に、人々は「平均余命」が何を意味するのかを誤解している。「あなたは80歳ないし85歳まで生きるでしょう」といわれたとき、それ以上に長生きする確率が50%もあることを理解していない」と述べている。平均を正しく理解していない人々も多く、41%の人は平均余命を少なくとも5年は過小評価している。長生きリスクは重大であり、65歳の人で見ると、平均的な健康状態の米国人男性が85歳を超えて長生きする確率は40%、女性では50%以上ある。健康な人に至っては、これらの確率は50%と62%にもなる。

ロードアイランド州の年金制度の受給者は、長生きリスクには直面していない。そのリスクを州が負っているからである。寿命が伸びると年金を提供するコストも増え、このことが、ロードアイランド州の年金制度の積立不足の一因になっている。長生きリスクはまた、不況期に高まる（不況期には人々は長生きする傾向がある）。これはおそらく、失業もしくは不完全就労者には時間があり、不況期のうちに運動をしたり、家族と過ごす時間を増やしたりするからであろう[49]。不況期において、確定給付型年金プランのスポンサーは、資産価値は低下し、寿命の伸長と金利低下のために負債は増加するという、二重苦を味わうのである。

理論的には、アニュイティは申し分のない投資対象であるが、あまり人気がなく、実際に購入している家計は6%に満たない[50]。これは、モディリアーニによって「アニュイティ化のパズル」と呼ばれている。一体なぜ、人々はアニュイティの購入を渋るのだろうか[51]。

クレジット・リスク

ひとたびアニュイティを購入したら、アニュイティの販売元である保険会社のクレジット・リスクに晒されることになる。消費者にとっては不運なことに、多くの

保険会社はもはや、堅実で退屈な代物ではない。2011年に、リバティ・ライフ・インシュアランス社は、プライベート・エクイティ会社であるアポロ・グローバル・マネジメント社が出資するアテネ・ホールディング社に買収された。アテネ社に買収される以前、リバティ社の保有資産は、州政府債（地方債）や高格付社債からなる「清廉な」ポートフォリオであった。買収後のリバティ社の商品は、サブプライム・モーゲージ証券化商品、共同利用の別荘、そしてカザフスタンの鉄道を担保資産としたものになった。リバティの元債券ポートフォリオ・マネージャーは「値上がりする案件はすべてアテネ社行きで、値下がりしたものはアニュイティの投資家行きであった」と述懐している[52]。こうした行動は、アポロ社やゴールドマン・サックス社、ハービンジャー社、グッゲンハイム社などのプライベート・エクイティや投資銀行によって買収された保険会社で繰り返されてきたのである。

　保険会社が破綻しても、アニュイティは保全されるが、保全額には上限があり、その最大値は州によって異なる。私の居住するニューヨーク州の上限は50万ドルだが、これは本書の平均的な読者が購入するアニュイティの価額を大幅に下回るであろう。カリフォルニア州では上限は25万ドルである。消費者は高格付けの保険会社を選ぶことでこのリスクを最小化できるが、アニュイティのリスクがなくなることを保証するものではない。AIG社は、2008年9月に格下げになるまでは安全な銘柄とみなされていた。連邦政府によって救済されなかったなら、倒産へのスパイラルに陥っていたところである。これは米国の歴史上、私企業に対する最大の緊急援助であった。複数の保険会社からアニュイティを購入することで、このリスクを分散化することもできるが、しかし退職者が一種類のアニュイティを購入することすら大変である。その理由としては、例えば……。

それらは複雑だから

　様々な種類のアニュイティが存在する。例えば、即時アニュイティ（訳注：年金の支給開始が当該年度から直ちに行われる年金）、据置アニュイティ（訳注：年金の支給開始が、将来の特定された年度から始まる年金）、変額・指数連動アニュイティ、投資リンク・アニュイティ（訳注：投資対象の評価額の変化に対応して給付額が増減する（最低給付額は保証されている）年金。例えば、株価が上昇すれば給付額が増え、下落すれば減額になる）、連生生存者アニュイティ（訳注：典型的には夫婦で加入して寡婦もしくは寡夫が給付を受け取れる等、連生被保険者について最後の一人が死亡するまで支払う年金。途中死亡発生のつど、年金額を減額する場合もある）、定額保証、条件付保証、フロアやキャップ（または両方）のついたア

第5章　ライフサイクル投資　219

ニュイティ、可変のハイ・ウォーター・マークによって定期的に給付が増加するもの、解約手数料率が低減していくもの、条件付プロテクション、生命保険とバンドルされたもの、様々な程度のインフレ・プロテクションを提供するもの、（条件付き）解約ペナルティの有無、等々[53]。アニュイティは実に複雑である。

「正しい情報をもって選択できる投資家などいるわけがない」と、米国消費者連盟のあるディレクターは述べている[54]。アニュイティを販売する人の評判は極めて悪く、中には実際にその評判通りの人もいる。元SEC係官は「顧客の最善の利益のために行動しようとするのなら、こんなガラクタを販売できるはずがない」と述べている。

学術的なライフサイクル・モデルに近いアニュイティとは、投資家がある一時点で退職のための貯蓄から購入する「単一プレミアムの即時アニュイティ」である[55]。これによって、生涯にわたって支払を受けることができる。

悪質な取引

アニュイティは、学者がライフサイクル・モデルで取り扱う素晴らしい、公正なものとはほど遠いというだけでなく、保険数理上の公正価値を大幅に超えるくらい高価にもなり得る。

Milevsky and Posner（2001）はアニュイティにおける保険的な保証の価値を評価して、それらが0.01～0.10％の間に収まることを発見したが、保険業界は1.15％もの保証料を請求している[56]。Mitchell et al.（1999）では、生命保険会社が売り出したアニュイティの価値を推定し、それは1ドルにつき80～90セントであることを明らかにした。ただし、彼らは公正価値と購入価格の差は長期的に縮小してきていることも示している。

たとえ、平均的な保険契約者に対して、アニュイティが公正に値付けされた場合でも、ある人口構成区分に属する人にとって高価になり得る。Brwon, Mitchell, and Poterba（2002）の報告では、あるアニュイティを65歳で購入した男性は1ドルにつき91セントを受け取れる一方で、一般的な加入者の場合は81セントしか受け取れない。この理由は、アニュイティを販売する保険会社が次の問題に直面しているからである。

逆 選 択

ジェイン・オースティンの『分別と多感（*Sense and Sensibility*）』の冒頭、ダッシュウッド夫人は夫に、「年金が支払われる当てがある限り、人はいつまでも生きてしまうものですよ」と説いて、我らがヒロインである娘たち（エリナー、マリア

ンヌ、マーガレット）の家族を扶助しないよう説得する。この「永遠に生きてしまう人々」に払い続けて倒産に至るのを防ぐため、保険会社はアニュイティの値付けの際に逆選択を考慮している。

おそらく、逆選択と需要の間には、負の相互作用のスパイラルが存在する。つまり、逆選択がアニュイティ価格を押し上げ、それによって需要が低減し、今度はそれがより大きい逆選択をもたらし、次はまた、という具合である。Chalmers and Reuter（2012b）はオレゴン州公務員退職年金基金を研究して、この説明を退けている。彼らの報告によれば、オレゴン州の年金基金の加入者のうち、アニュイティの価格が安くなったので購入した者はいなかったということである。ということは、アニュイティの需要（の欠如）をもたらすような、投資家の他の特徴があるはずである。オレゴン州の年金制度では、幸運な加入者はアニュイティの購入額1ドルに対して1ドル以上の給付を受け取れるので、元をとれるかどうかすら問題にならない。

認識の枠組み

消費者はしばしばアニュイティをギャンブルとみなしている。Benartzi, Previtero, and Thaler（2011）によれば、消費者はアニュイティについて、「消費」よりも「投資」という考え方あるいは*枠組み*でとらえると指摘している。消費者は、アニュイティの投資判断において「この投資の支払額に見合うだけ、私は長生きするだろうか？」と自問する。アニュイティ投資のリスクとは、血と汗と涙で稼いだ（通常かなり多額の）金額すべてが、早死にすると消えてなくなることである。投資家は、（クレジット・リスクを被るものの）毎年の消費が保証されるという便益を得るが、アニュイティは消費という便益の観点から検討されてはいない。認識の枠組みを変えることが需要の拡大につながるであろう。

ヘルスケア・リスク、再び

ディラン・トマス（訳注：20世紀のウェールズの詩人）が「老いても日の終わりには燃え上がれ。光の死に荒れ狂い、叫喚せよ」と吟じたとき、老年期にはヘルスケアの出費が指数関数的に増加することは考慮されていなかった。アニュイティの長所は、多額の資本をしまい込んでしまう代わりに、通常時の支払を確保するところである。短所は、この資本が、想定外のヘルスケア・ショックやあなたの子供たち（実家に帰ってきて、一緒に暮らしている）のニーズには応えられないところである[57]。

アニュイティの当初価格は、購入時の個人の健康状態を所与として期待支払額を

評価することで得られる。しかし、健康状態は時間とともに変わり、重大な健康上のショックの後では、アニュイティの価値はかなり低下し得る。この損失が発生するのはちょうど、個人の所得減少という衝撃を和らげるための資金を最も必要としているときである。このことが、とりわけ、大きな健康上の不確実性に直面している投資家にとって、アニュイティを購入する魅力を減じてしまっている[58]。

収入保証付きの変額アニュイティのように、緊急時には保険契約者が通常額以上の金額を引き出せる（もちろんペナルティ付きだが）アニュイティ商品もある。しかし、これらがよい取引か否かを知るのは、ほとんどの消費者にとっては難しい（前記の項「それらは複雑だから」参照）。

すでにいくらかはもっている

ほとんどの米国人は、インフレ連動のアニュイティである社会保障を受け取る権利がある。インフレ保障は受け手にとって非常に価値があるが、同時に政府にとっては非常に費用がかかる。メットライフ社によれば、66歳の夫婦に対して、社会保障制度による最大限の給付と同額を払うようなアニュイティのコストは約120万ドルになると見込まれるとのことである[59]。

社会保障が多くの米国人のアニュイティのニーズに合致していると主張することも可能である。しかしながら、Yogo（2011）等によれば、平均的な消費者にとって、最も利得となる戦略は、やはり社会保障がもつ以上にアニュイティを追加購入することである。著者も、社会保障では、本書の平均的な読者にとっての望ましい退職後のライフスタイルは維持できないと断言したい。

社会保障はすでに積立不足である。社会保障庁では、2033年に積立金はなくなるだろうと推定している。予定されているすべての給付を支払うために追加的に必要となる資金は、発行済みの米国債の残高の80％に相当する[60]。クレジット・リスクがあるのは、民間企業のアニュイティだけではないわけである。

遺　　産

多分、死者も効用関数をもっている。裕福な人は信託を用いて、相続人があるルールに従うことを相続の条件とする。また、寄贈者たちは、大学基金や財団に対する寄付金を*使途制限*条項付きで提供する（第1章参照）。多くの個人が、何らかの形で子供に遺産を残したいと思っている。Inkmann, Lopes, and Michaelides（2010）は、遺産動機が、アニュイティを購入しない極めて強いインセンティブとなることを示している。多くの個人は、子孫に渡すべきものを手元に保持しておくために、長生きリスクをとって自らお金を運用しているわけである[61]。

アニュイティ化の奨め

　アニュイティを購入する個人は少ないが、その購入比率は富、教育、余命の増加に伴って高まる傾向がある。これらのファクターは、投資家として、そもそも株式保有を心地よいと感じるかを決める要因でもある（第2章参照）[62]。アニュイティによって与えられる便益を理解できるのはこうした人々である。アニュイティ市場の拡大のため、よりよい金融教育を行う余地があるともいえる。認識の枠組みを変えることは間違いなく役に立つ。同様に、確定給付型年金の加入者が退職する際に部分的なアニュイティ化（退職者がアニュイティと一時金の組合せを受け取れるようにすること）を規制当局が認めることも役に立つ[63]。

　確定給付型年金プランのスポンサーの中には、退職者にアニュイティを選択するよう積極的に働きかけているところもある。ユナイテッド・テクノロジーズ社では、受益者を「セキュアー・インカム・ファンド」に自動加入させている。これにより、株式や債券が上昇したときは、従業員は値上がり益を一部享受し、そうでなければ、従業員は生涯にわたって最低額が保証された一定の給付を受け取る[64]。この保証は、ユナイテッド・テクノロジーズ社が保険会社から定期的にプロテクションを購入していることによる（金融の言葉でいえば、ユナイテッド・テクノロジーズ社の従業員は、普通のアニュイティとコール・オプションないしダイビックのラチェット消費の繰延版を受け取っていることになる）。ロードアイランド州の年金制度改革において、レイモンドは、他州が生活費調整（COLA）を切り捨てたように削減するのではなく、むしろ維持しようと試みた。彼女の提案では、COLAは支払われるが、その金額は年金プランの積立状況に依存し、投資リターンに基づくものとされた。これにより、州はアニュイティの支払に伴うインフレ・リスクの一部を負えば済むこととなった[65]。

　しかし、金融商品が不十分ならば、こうした努力もそこまでのものである。アセット・マネジメントの世界に市場インデックス・ファンドが登場する以前、投資家には、広範に分散された株式ポートフォリオを保有する廉価な方法はなかった。投資家は高価なアクティブ運用商品をつかまされ、しかも、アクティブ運用は平均的に市場をアンダーパフォームする（第16章参照）。市場インデックス・ファンドの登場がこの状況を一変させた。市場指数の導入には、それにかかわる人々の膨大な努力も、途方もない投資家教育も必要であった。しかも、先駆者となった運用会社はアセット・マネジメント業界ではむしろ異端児であった。結局、なんとか世界を変えることに成功したが、当初の試みは失敗だったのである。現行下で利益をあ

げている会社によって体制の変革が引き起こされることは、まずないからである[66]。

アニュイティ市場も技術革新を迎えるには絶好の時期を迎えている。現在のところ、市場インデックス・ファンドに相当するアニュイティは存在していない。市場インデックス・ファンドに相当するアニュイティとは、格安で、単純であり、大量に販売することができ、仲介業者による流通コストを避けられるものである。また、それは投資家に販売するものというより、投資家の方が購入するものである。アニュイティには、市場インデックス・ファンドに比べてより多くの課題が残されている。州によって保険の規制が異なるし、逆選択によって価格づけはトリッキーなものになる。しかしそれでも、アニュイティが投資家にもたらす便益は、なんと素晴らしいものであろうか！

4.5　我々は退職期に十分な取り崩しをするか？

快適な老後を享受するのに十分な幸運、ないし慧眼をもつ人たちには、最後の*退職貯蓄*パズルがある。それは、高齢者は単純なライフサイクル・モデルが予想するよりも非常にゆっくりと貯蓄を取り崩す傾向がある、というものである。Poterba, Venti, and Wise（2011b）によると、個人の退職口座の残高は、その人が退職した後でも増え続けているのである！　法律によって定められた最低分配額の引き出しを開始しなければならない年齢は70.5歳であるが、それ以前に引き出しを行うのは全家計の20％未満にすぎない。また、引き出すとしても、その引出率は低い。70.5歳を過ぎても、引出率は退職資産が稼ぐリターンよりも低水準である傾向がある。驚くことではないが、多くの人々が死して山のような財産を残している。

医療費の支払ニーズがこの大きな理由の一つである。いま一つは住宅への愛着である。大多数の人々にとって、住宅は最大の投資である[67]（住宅は、巨大な固有リスクを有する極めて流動性の低い資産であり、債券の空売りによってファンディングされる）。基本的なライフサイクル・モデルに従えば、個人は退職時には小規模な住宅に転居すべきである。しかしながら、家主はできる限り長く家にとどまることを選択し、このため家を担保に容易に借金することもできない。実は、借入れはリバース・モーゲージによって可能であるが、この市場は未だ小さく、アニュイティ市場と同様に様々な不都合がある。富としての住宅は、典型的には、退職期における消費の支えになることはなく、配偶者の死や老人ホームへの転居を余儀なくされてはじめて流動化されるのが大半である。こうしたケースでも、住宅を流動化

224　第Ⅰ部　アセット・オーナー

することで得た富は、住宅以外の消費には使われない。退職後でも貯蓄が続いているのは、個々人が子孫や親戚に遺産を相続させるため、自らのライフサイクルの先を思い描いているからである。

4.6　要　約

最も重要なことは、退職期にいくらかでもお金を使えるようにするため、今は貯蓄せよということに尽きる。ただひたすら貯蓄しなさい！　アニュイティはほとんどの退職者のニーズを満たす（長生きリスクを取り除き、退職期の平滑化された支払を保障する）が、ほとんどの人々が保有していない。現在のアニュイティ市場は非常に非効率なので、消費者が自ら動き回ることは難しい。換言すれば、アニュイティ市場には、新規の参入者が技術革新を起こし得る大きな可能性があるのである。

5　再考：ロードアイランド州政府職員退職年金基金

2011年11月17日、レイモンドが指揮した年金規制は、ロードアイランド州議会の下院と上院を通過し、翌日にはロードアイランド州退職後所得保障2011年法が州知事によって署名され、成立した。この結果、ERSRIの積立不足は73億ドルから43億ドルに軽減され、2012〜2013年分に対する税金による拠出金は6億ドル超から3億ドルに削減された。ERSRIの積立比率は今後数年間で堅調に上昇すると予想される。フィッチ・レーティングス社のシニア・ディレクターは「当社の見解として、ロードアイランド州の年金改革は、近年に他のどの州で行われたものと比べても、最も包括的な施策と評価できる」と述べている[68]。

州職員の給付削減も行われた。すなわち、退職年齢を引き上げ、勤続5年未満の者については67歳、5年以上の者については59歳とされた。また、確定給付型に並列する確定拠出型プランも創設され、掛け金は確定給付型と確定拠出型の間で按分される。COLAの計算にあたっては上限4％と下限0％の制約が設定され、COLAが適用されるのも退職所得のうち2万5,000ドルまでの部分だけとなった。さらに、COLAは「5年間の平均リターン−5.5％」として計算されることとなり、しかも制度の積立比率が80％に達するまでは支払われないこととなった。ただし、レイモンドは2012年6月30日以前に発生済みの年金給付額については据え置くと約束した。

これらの変革は、全員が喜ぶものではなかった。不満を感じた年金生活者と組合

第5章　ライフサイクル投資　225

は提訴した。連邦調停仲裁庁を経た和解により、改革の原案は些か揺り戻された。COLAの決定条件は投資リターンのそのものでなく、投資リターンとインフレ率に半分ずつ基づくものに修正された。また、積立比率が80％未満でも支払われる可能性を残した。退職年齢も67歳から65歳に戻された。それにもかかわらず、この和解はオリジナルの貯蓄の95％を確保するものであった[69]。

　ERSRIが大きな困難に直面するまでに何十年もかかったのと同じように、改革のすべての効果が明らかになるまでにはまだ何十年も要するだろう。レイモンドは最終時点からスタートして、最適な退職所得を詳しく描き、その目標に向かう経路を探す（換言すれば、投資のライフサイクル・アプローチを用いる）ことで、公的年金改革に取り組んだのである。ERSRIはまだ懸念がないわけではないが、しかし少なくとも、ロードアイランド州は今や正しい進路にいる。

[注]
1　「Saving Public Pensions：Rhode Island Pension Reform」Columbia Case-Works #120313のケースに基づく。
2　R.Barkley「The State of State Pension Plans：A Deep Dive into Shortfalls and Surpluses」モーニングスター、2012年11月26日参照。
3　G.Raimondo「Truth in Numbers：The Security and Sustainability of Rhode Island's Retirement System」Rhode Island Office of the General Treasurer、2011年6月参照。
4　「Stand Up for Rhode Island」プロビデンス・ジャーナル紙、2011年11月17日。
5　Novy-Marx and Rauh（2019，2011a，2011b）およびMitchell（2012）参照。
6　Glaeser and Ponzetto（2013）は、公務員年金の保障が手厚い理由は、一つには覆い隠されているから、つまり納税者が理解するには難しいからであると主張している。カリフォルニア、ペンシルバニア、マサチューセッツ、オハイオ各州の公務員年金の詳細な歴史を調べるには、この研究論文は一読に値する。公務員年金制度は、前者の二つの州では分権化、後者の二つは中央集権化された。中央集権化は、州レベルでメディアの関心を惹き、それが納税者に年金コストを理解させるのに役立ったことで、給付削減ができたようである。彼らはまた、50州の公務員年金を比較した有益な表を掲載している。
7　「The Trillion Dollar Gap：Underfunded State Retirement Systems and the Road to Reform」Pew Center on the States、2012年より引用。
8　P. Burton「Pension Reformer Honored」ボンド・バイヤー誌、2012年1月9日より引用。
9　M.W. Walsh「The Little State with a Big Mess」ニューヨーク・タイムズ紙、2011年10月22日より引用。

10 このアプローチはMerton（1990）とBodie, Merton, and Samuelson（1992）に従った。

11 この例では、リスク回避度と人的資本の富の額（と富の総額）は所与とした。実際にはリスク回避度は金融資産の選択だけでなく、人的資本の選択と種類にも影響する。例えば、リスク回避度の高い人は山登りをキャリアにはしない。Ranish（2012）と本章3.6節の内生的な人的資本を参照。

12 Baxter and Jermann（1997）参照。

13 これはShiller（1995）、Jagannahan and Wang（1996）、Eiling（2013）他での前提である。賃金をLt、賃金成長率をgと置く。賃金の過程が$L_t = (1+g)L_{t-1} + \epsilon_t$に従うとする。ただし、賃金は、時点 0 での水準$L_0$からスタートし、$\epsilon_t$は独立同一分布（i.i.d.）に従うショックである。賃金フローを人的資本期待リターンr_Hで割り引いて、賃金の現在価値$H_t = \dfrac{L_t}{r_H - g}$が得られる。ここで、賃金成長率は人的資本リターン$\dfrac{H_t}{H_{t-1}} - 1$に等しい。Friedman（1957）やHall（1978）の初期の研究では、人的資本はリスクフリー・レートで割り引いた割引労働所得に等しいものとして計算されている。

14 主要なリスクは、不況期に失業して、そのまま*永続的*に賃金が落ち続けることである。Meghir and Pistaferri（2011）の労働所得の恒常的部分と一時的部分に関するサマリー論文を参照。

15 Heaton and Lucas（2000）で示された。

16 以上は、「Social Security, Portfolio Theory, Life-Cycle Investing, and Retirement Income」, Social Security Policy Brief, No.2007-02に基づく。

17 Viceira（2008）による。Viceira論文およびCampbell and Viceira（1999, 2001）は、個人投資家の動的ポートフォリオ配分に関する影響力ある文献である。Viceira（2001）は、労働所得のあるケースに絞って問題を扱っている。

18 Black-Scholes（1973）に準拠して、株式リターンが対数正規分布し、債券リターンが一定（長期の政府債の対数リターンの平均）という前提のもとでの分析。

19 微分方程式に関する読みやすい解説は、Kritzman（2000）参照。

20 Deaton（2005）で詳しく述べられている。

21 Kotlikoff（1988）のサーベイ論文を参照。世代重複（OLG）モデルが導く深い洞察は、人口と経済成長が貯蓄の原動力であることである。老年層より若年層が多く、若年の貯蓄が老年の取り崩しを上回るならば、ネットで正の貯蓄がある。所得が成長し続けるならば、若年の貯蓄が老年の取り崩しを上回るであろう。

22 SWFの資産配分に関する、よりフォーマルなモデルは、Scherer（2011）やBodie and Brière（2013）参照。

23 技術面に熟練した読者向けに述べると、効用関数がべき型で資産リターンと労働所得が対数正規で独立同一分布の場合、解析的には解けない。Duffie（1997）

第5章　ライフサイクル投資　227

とKoo（1998）参照。興味深いライフサイクル・モデルはすべて数値解法で解かれている。

24　Campbell et al.（2001）も参照。もちろん、他にいくつもの推定結果がある。Lustig and Van-Nieuwerburgh（2008）は労働所得と株式リターンとの相関が有意にマイナスであると示した点で例外的である。Bansal et al.（2011）の推定では、労働所得と株式リターンとの相関は35％と大きい。ただし、いずれの論文も労働収入を直接的に推定しておらず、似た傾向をもつ金融資産で代替している。

25　Zeldes（1989）、Heaton and Lucas（1997）、Viceira（2001）、Cocco, Gomes, and Meanhout（2005）が含まれる。

26　最初に論じたのはFriend and Blume（1975）である。Heaton and Lucas（2000）、Vissing-Joergensen（2002）、Ameriks and Zeldes（2004）、Calvet, Campbell, and Sodini（2006）も参照。Curcuru et al.（2004）はサマリー論文。

27　このライフサイクルにおける消費に関する研究分野は、ライフサイクルにおけるポートフォリオ選択より広い研究分野である。広く認められた文献としてDeaton（1991）、Carrol（2001）、Gourinchas and Parker（2002）があり、Attanasio and Weber（2010）はサーベイ論文である。しかしながら、これらのほとんどの論文では、リスク性資産を含むポートフォリオ選択の意思決定には言及していない。

28　資金調達制約のあるライフサイクル・モデルについては、Rampini and Viswanathan（2013）参照。Laibson, Repetto, and Tobacman（2012）は双曲型割引効用関数を、Pagel（2012）は参照依存選択をそれぞれ用いて、行動ライフサイクル・モデルを考案している。Peijnenburg（2011）はライフサイクル・モデルにおいて曖昧性回避の効果を導入している。本文の論文に加えて、Gomes and Michaelides（2005）も参照。

29　実際にはやや山型になる。高齢層では中層年に比べて、株式ポートフォリオをやや減少させるからである。

30　Poterba, Venti, and Wise（2011）に、膨大な文献のサマリーがある。

31　Rampini and Viswanathan（2013）の報告による。

32　Kimball（1990）参照。

33　Hubbard, Skinner, and Zeldes（1995）とPalumbo（1999）、Yogo（2011）は、医療支出を行うことがヘルスケアの経歴リスクを低減させ得ることを示した。

34　Paulsen et al.（2012）に最近のレビューがある。

35　株式市場が暴落すれば、投資家は消費を手控えるか、仕事により精を出すか、あるいはその両方を行う。Swanson（2012）が指摘したように、労働におけるこうした余裕の存在は、投資家のリスク回避性を和らげる。内生的な労働所得の選択を伴うライフサイクル・モデルを検討しているその他の論文としては、Farhi and Panageas（2007）、Gomes, Kotlikoff, and Viceira（2008）等がある。

36　経済学者は、これらを所得効果、代替効果と呼び、賃金と労働供給に正の関係

228　第Ⅰ部　アセット・オーナー

を想定する。Bodie, Detemple, and Rindisbacher（2012）を参照。

37 Scholz and Seshadri（2009）参照。

38 OECDの推定では、OECD加盟国の平均所得代替率は60％である。「Pensions at a Glance 2011：Retirement-Income Systems in OECD and G20 Countries」OECD（2011）参照。

39 Beshears et al.（2012）参照。

40 ライフサイクル・モデルに最初に習慣効用を導入したのはFuhrer（2000）やMichaelides（2005）である。Polkovnichenko（2007）も参照。

41 Dybvig（1995, 1999）のラチェット型消費モデルは、コンスタント・プロポーション・ポートフォリオ・インシュアランス（CPPI）の動的な一般化である。これはカリフォルニア大学バークレー校のファイナンス教授ヘイン・リーランドとマーク・ルービンシュタインが発明したものであり、彼らが設立したLOR（Leland-O'Brien-Rubinstein）社を通じて商品化されたが、後に1987年の株式市場の暴落を引き起こした主な原因として非難された。その歴史的経緯はBernstein（1992）参照。Riedel（2009）はダイビックのオリジナルの定式化を拡張して、ジャンプ過程やファット・テールの過程にも適用できるようにした。

42 Bodie（1990b）およびCampbell and Viceira（2001）参照。

43 「The 2013 Retirement Confidence Survey：Perceived Saving Needs Outpace Reality for Many」、EBRI, Issue Brief、No.384、2013年3月参照。

44 Laibson（1997）参照。

45 様々な亜種があり、そのうちのいくつかはベンゲン自身の手によるものである。Milevsky and Huang（2011）は、Bengen（1994）では捨象されていた死亡リスクを含めたバージョンを開発した。

46 ハーバード大学は、大学基金から一定率で取り崩していくルールのもとで、いくつかの問題を経験している。「Liquidating Harvard」Columbia CaseWorks ID #100312参照。

47 Davidoff, Brown, and Diamond（2005）は、ヘルスケア・リスクがあろうと、また、アニュイティ商品が個人の望む消費に完全には合ってなくとも、アニュイティ化によって大きな便益を得られることを示した。

48 数字はK. McKeown and E. Michalak「Retirees Underestimate Life Expectancy, Risk Underfunding Retirement」Society of Actuaries press release、2012年7月30日から引用。全文は「2011 Risks and Process of Retirement Survey」Society of Actuaries参照。

49 Stevens et al.（2012）は、もう一つの理由をあげている。それは、景気拡大期ではスキルの低いケア・ワーカー（特に老人ホームや外来病院で働く者）が他の職を見つけるのは簡単で、こうした人々は不況期に低賃金のヘルスケア職に戻るため、不況期にはケアの水準が高まるというものである。

50 Inkmann, Lopes, and Michaelides（2010）参照。アニュイティを購入していて

第5章　ライフサイクル投資　229

も、最適なアニュイティを購入していないことが多い。多くの人々が「期間確定」アニュイティを購入しており、それは決まった年数だけ、毎年一定額を債券に投資するのと等価である。期間確定アニュイティは本節で検討している終身アニュイティではない。投資家はむしろ、普通の債券を購入し、同時に、債券の満期の後に支払がスタートする据置アニュイティを購入した方が有利であろう。Scott, Watson, and Hu（2011）参照。

51 これらはすべて長期介護保険商品にも共通する。ただし、長期介護保険においては、多くの保険会社がしばしば低い値付けをしている点が異なる。Brown and Finkelstein（2011）を参照。アニュイティ市場と長期介護保険の間には重要な相違があり、それは社会保障が行う資力調査が、民間の市場に長期介護保険商品を提供する際の障壁（暗黙の税）として存在することである。Pauly（1990）やBrown and Finkelstein（2007）参照。

52 詳細は、「Apollo-to-Goldman Embracing Insurers Spurs State Concerns」Z.R.Mider、ブルームバーグ、2013年4月22日参照。

53 Carlin and Manso（2011）は、わかりにくいものは広くアセット・マネジメント業界の利益になることを厳密に示している。

54 この業界に対する辛辣な批評をしたOlen（2012）から引用。

55 Milevsky（2005）、Gong and Webb（2010）、Maurer et al.（2013）等のように、アニュイティに関する新時代の研究は、据置アニュイティや指数連動アニュイティを対象にしている。

56 この基本的な便益は、死亡時には少なくとも初期投資額が返還されることである。これは、アニュイティの購入価格を行使価格とするプット・オプションである。様々な亜種が存在する。本章4.4節「それらは複雑だから」参照。

57 Sinclar and Smetters（2004）、De Nardi, French, and Jones（2010）、Pang and Warshawsky（2010）参照。

58 Reichling and Smetters（2013）は、実際、ほとんどの若い個人が時間変動する死亡リスクをヘッジするには、アニュイティではなく生命保険が最良の方法であることを示した。

59 「Falling Short」エコノミスト誌、2011年4月9日参照。

60 数字は社会保障年金制度（老齢・遺族・障害給付）の信託理事会の2012年の年次報告による。社会保障の負債は、米連邦政府の「十分な信頼と信用」による裏付けがないので、米連邦政府の負債として計上されない。連邦住宅抵当公庫（Fannie Mae）と連邦住宅金融抵当公庫（Freddie Mac）の負債にも同じく明確な保証がなく、しかも今や米連邦政府は、双方の事業体の単独のオーナーである。Hamilton（2013）の推定では、米連邦政府によるオフバランスのコミット額は全体で70兆ドルにもなり、これはバランスシート上の負債の6倍である。

61 De Nardi, French, and Jones（2010）とYogo（2011）も参照。逆に、Hurd（1989）は、0ドルから識別不能な（少額の）遺産を推定した。

62 Brown（2009）、Inkmann, Lopes, and Michaelides（2010）およびBeshears et al.（2012）参照。

63 www.treasury.gov/press-center/press-releases/Documents/020212%20Retirement%20Security%20Factsheet.pdf参照。

64 T. S. Bernard「A 401（k）That Promises Never to Run Dry」ニューヨーク・タイムズ紙、2012年11月14日参照。規制当局によるトップダウンで、部分的ないし完全なアニュイティ化を義務化する案は、一般からも金融業界からも必ずしも歓迎されてこなかった。Schieber（2012）参照。

65 公務員年金の中で、投資リターンに明示的に従属するCOLAを提供する他の基金は、唯一ウィスコンシン州の退職基金だけである。Novy-Marx and Rauh（2012）参照。

66 Christensen（1997）参照。

67 Venti and Wise（2002）参照。Nakajima and Telyukova（2012）は、この行動が住宅をライフサイクル・モデルに含めることからくることを示した。また、Fischer and Stamos（2013）も住宅を含めたライフサイクル・モデルを提唱した。

68 P. Burton「Reform in Rhode Island Could Start Trend」ボンド・バイヤー誌、2011年11月21日から引用。

69 「Little Rhody, Big Debts」エコノミスト誌、2014年2月22日参照。

第 II 部

ファクター・リスク・プレミアム

第 6 章

ファクター理論

第6章要約

　資産に内在するファクター・リスクを負うことにより、リスク・プレミアムが得られる。ファクター・リスクに関する最初の理論である資本資産評価モデル（CAPM）によれば、市場全体が損失に見舞われているときに急落する資産はリスクが高く、それゆえにその保有者は高いリスク・プレミアムで報いられなければならない。CAPMは悪環境期を市場リターンが低い局面と定義し、マルチファクター・モデルは多くのファクターや経済全体の状態によって悪環境期を様々に定義する。

1　2008〜2009年の金融危機

　2008年から2009年にかけての金融危機の期間中、ほとんどのリスク性資産が大幅に下落した。表6.1に示すように、この金融危機時の米国大型株のリターンは▲37％であり、外国株式および新興国株式の損失はそれ以上に大きかった。社債、新興国債券、およびハイイールド債券など、リスクの高い債券や不動産も急落した。市場の壊滅的下落に対する抵抗力を売り物にしていたヘッジファンドなどの「オルタナティブ」投資もまた、安全な逃避先とはならなかった。株式ヘッジファンドや債券ヘッジファンドは約20％下落し、コモディティの下落率は30％を超えたのである。2008年に上昇した資産は、キャッシュ（米国短期国債）と米国長期国債をはじめとする安全な国のソブリン債券のみであった。

　なぜ、これほど多くの資産が同時に暴落してしまったのだろうか。また、このことは分散投資の死を意味するのだろうか。

　本章では、ファクター・リスク・プレミアムの理論を展開する。ファクター・リスクは*悪環境期*の様々な要素を構成し、これに耐えた投資家は、均衡状態においてファクター・リスク・プレミアムを得ることによって報われなければならない。資

234　第Ⅱ部　ファクター・リスク・プレミアム

表6.1 2008年の各資産クラスのリターン

キャッシュ	3ヵ月物米国短期国債（T-bill）	1.3%
コア債券	バークレイズ・キャピタル米国総合指数	5.2%
グローバル債券	シティグループ世界国債インデックス	10.9%
物価連動国債	シティグループ米国インフレ連動債券インデックス	▲1.2%
新興国債券	JPモルガン・エマージング・マーケット・ボンド・インデックス	▲9.7%
ハイイールド債券	メリルリンチ米国ハイイールド・マスター	▲26.3%
大型株	S&P500指数	▲37.0%
小型株	ラッセル2000指数	▲33.8%
外国株式	MSCI全世界株式指数（除く米国）	▲43.2%
新興国株式	IFC（国際金融公社）新興国株式指数	▲53.2%
上場不動産	NAREIT Equity REITs指数（訳注*）	▲37.7%
私募不動産	NCREIF不動産指数（訳注**）	▲16.9%
プライベート・キャピタル	Venture Economics All Private Equity Index	▲20.0%
株式ヘッジファンド	HFRI株式ヘッジ指数（訳注***）	▲20.6%
債券ヘッジファンド	HFRI債券指数	▲17.8%
コモディティ	ダウ・ジョーンズAIGコモディティ・インデックス（訳注****）	▲35.7%

（訳注*）　全米不動産投資信託協会（NAREIT）が提供する不動産投資信託指数。現在は
　　FTSE社と共同提供。
（訳注**）　NCREIFは全米不動産受託者協会。
（訳注***）　HFRIはヘッジファンド・リサーチ社が提供する指数。
（訳注****）　「ダウ・ジョーンズUBSコモディティ・インデックス」を経て、2014年7月
　　以降は「ブルームバーグ・コモディティ・インデックス」に名称変更されている。

産はリスク・プレミアムをもつが、それは資産自体がリスク・プレミアムをもたら
すからではない。資産はファクター・リスクの集まりであり、内在するファク
ター・リスクこそがプレミアムをもたらす。そのファクター・リスクが、2008年の
終わりから2009年はじめにかけての金融危機のような悪環境期に顕在化するのであ
る。

2 ファクター理論

資産におけるファクターとは、食品における栄養素のようなものである。表6.2は全米アカデミー医学研究所の食品・栄養委員会によるものであり、「平均的な」男性、女性、および子供に対する五大栄養素（水、炭水化物、たんぱく質、食物繊維、脂肪）の推奨摂取量を示している。炭水化物は穀物を原材料とする食品から、たんぱく質は肉や乳製品などから摂ることができる。食物繊維は小麦や米などから摂ることができ、脂肪は動物だけでなくピーナッツなどの植物性食品からも摂ることができる。それぞれの食品は栄養素の集まりであり、例えば米が炭水化物と食物繊維の両方を含んでいるように、多くの食品は複数の栄養素によって構成されている。また、病気の人と健康な人、男性と女性、大人と子供など、人が異なれば栄養素の必要量も異なる。人は食品に含まれている栄養素を得るために食品を食べており、その栄養素によって生きていくことができるのである。

ファクター・リスクは資産のリスク・プレミアムの背景にある原動力である。ファクター・リスクに関する重要な理論が次節で詳しく見る資本資産評価モデル（CAPM）であり、それによれば、あらゆる資産のリターンを決めるのはただ一つのファクター、すなわち短期国債に対する市場の超過リターンである。すべての資産はこの市場ファクターに対して異なるエクスポージャーをもっており、エクスポージャーが大きいほどリスク・プレミアムが高くなる。市場ファクターは取引可

表6.2　五大栄養素の推奨摂取量

栄養素	男性	女性	子供	食品の例
水	3.7リットル／日	2.7リットル／日	1.7リットル／日	
炭水化物	130グラム／日	130グラム／日	130グラム／日	パン、豆、芋、米
たんぱく質	56グラム／日	46グラム／日	19グラム／日	チーズ、牛乳、魚、大豆
食物繊維	38グラム／日	25グラム／日	25グラム／日	えんどう豆、小麦、米
脂肪	カロリーの20～35%		カロリーの25～35%	多脂性魚、ピーナッツ、動物性脂肪

（出所）　全米アカデミーズ・食品栄養委員会、2004年

能な投資ファクターの一例であり、その他の例としては、金利、バリュー／グロース投資、低ボラティリティ投資、モメンタム・ポートフォリオなどがある。また、インフレ率や経済成長率などをはじめとする基礎的なマクロ経済指標がファクターになることもある。すなわち、インフレ率が高い期間や低い期間、もしくは景気後退期や景気拡大期によって、資産のペイオフ（訳注：資産等から払い出される価値またはそれを含めて資産等がもたらす全価値）は異なるのである。様々な種類のファクターを個別に取り上げるのは次章に譲るとして、本章ではファクター・リスクに関する基本的な理論を解説する。

食品と資産に共通するのは以下の三点である。

1　重要なのは資産ではなくファクター

研究室の中で作られた刺激も味もないような栄養素を摂取し続けたとしても、人は問題なく栄養素の必要量を満たし、健康な生活を送ることができるであろう（美食を楽しむという幸せはなくなるが）。資産においても、その裏にあるファクターが重要なのであって、資産そのものが重要なのではない。正しく投資するためには、資産クラスのラベルを調べてそれに含まれるファクターを理解することが必要であるが、それは、正しい食生活を送るにはそれぞれの食品のラベルを調べて栄養素を理解する必要があるのとまったく同じである。

2　資産はファクターの集まり

食品には様々に組み合わされた栄養素が含まれている。水のようにそれ自体が栄養素である食品もあれば、米のように炭水化物というほぼ1種類のみの栄養素からなる食品もあるが、食品には通常、多数の栄養素が含まれている。同様に、株式や国債のようにそれ自身がファクターとみなされる資産クラスがある一方で、多数の異なるファクターを含む資産もある。例えば、社債、ヘッジファンド、およびプライベート・エクイティは、それぞれ異なる量の株式リスク、ボラティリティ・リスク、金利リスク、および倒産リスクを内包している。ファクター理論によれば、資産は内在するファクター・リスクを反映したリスク・プレミアムをもつと予想される。

3　投資家ごとに異なるリスク・ファクターを要求する

人によって必要な栄養素が異なるのとまったく同様に、異なる投資家は異なるリスク・ファクターの組合せに対する異なる最適エクスポージャーをもつ。

以降（訳注：例えば第7章2.3節）でみるように、ボラティリティは重要なリスク・ファクターである。多くの資産や戦略は、2007〜2008年の金融危機の期間に見

られたようなボラティリティの高い局面で損失を出した。ほとんどの投資家はこのような局面を嫌い、逆にボラティリティの急上昇から守られている状態を好む。ごく少数の勇敢な投資家だけが反対のポジションをとる余裕があり、平常時にボラティリティ・プレミアムを蓄積することによって悪環境期の損失をしのぐことができる。彼らは、ボラティリティの高い局面で損失（時に2008〜2009年のような莫大な損失）を被る対価としてリスク・プレミアムを得るのである。

　別の例として、経済成長に対する望ましいエクスポージャーが投資家によって異なる場合を考えてみよう。ある投資家はGDPの成長が低迷する局面を嫌うであろう。なぜなら、そのような状況のときには彼自身の雇用が脅かされやすいからである。一方、破産弁護人をしている別の投資家はおそらくGDPの低成長を許容できるであろう。なぜなら、彼の勤労収入は景気後退期に増えるからである。重要なことは、様々なリスク・ファクターに対する選好またはリスク回避度は投資家によって異なるということである。

　しかし、栄養素とファクターとでは異なることが一つある。栄養素は人間にとっては本質的に好ましいものであるのに対して、ファクター・リスクはそうではなく、その好ましくない状態に耐えてはじめてリスク・プレミアムという形で報われるのである。それぞれの異なるファクターは、異なる悪環境期の組合せを定義するが、それは高インフレ期や低経済成長期のように経済環境が悪い局面かもしれないし、市場全体や特定の投資戦略のパフォーマンスが悪化する局面かもしれない。その悪環境期に損失を被るリスクを負っている投資家には、好環境期にその見返りとしてのリスク・プレミアムが支払われる。投資におけるファクター理論は資産に内在する様々な種類のファクター・リスクを特定し、それらのファクターによって様々な悪い環境や悪い事象の組合せが表現される。まず出発点として、最も基本的なファクター・リスク・プレミアムの理論であるCAPMを説明しよう。CAPMは、市場ポートフォリオというたった一つのファクターを特定する理論である。

3　資本資産評価モデル

　資本資産評価モデル（CAPM）が画期的なのは、資産のリスクがそれぞれ個別にどう振る舞うかではなく、他の資産や市場全体とどのように連動して動くかということによって測られるべきだということを、初めて説得力をもって示した理論であったからである。CAPM以前は、リスクとは資産価格そのもののボラティリ

238　第Ⅱ部　ファクター・リスク・プレミアム

ティであると考えられることが多かった。CAPMによれば、これは不適切であり、資産価格が市場全体とどのように連動して動くかということ、すなわち資産のベータで測るのが適切である。第7章で見るように、資産のボラティリティも重要ではあるが、CAPMとそこに含まれる深い意味を説明するため、この点にはしばらく目をつぶることにしよう。

CAPMは、ハリー・マーコウィッツによって1952年に導入された分散投資効果や平均・分散効用アプローチといった基本的概念をもとに、Jack Treynor（1961）、William Sharpe（1964）、John Lintner（1965）、Jan Mossin（1966）らが1960年代に定式化した理論である。CAPMやポートフォリオ選択における業績に対し、シャープとマーコウィッツは1990年にノーベル賞を受賞した（同年にマートン・ミラーも、コーポレート・ファイナンスへの貢献によりノーベル賞を受賞）。残念ながらリントナーとモッシンはその時にはすでに他界していた。トレイナーは初期の論文原稿が公式に発表されず、受賞に値するとは認められなかった。

最初に断っておくが、CAPMは非常に大きな欠点をもつことが広く知られている。CAPMによれば、資産のリスク・プレミアムは資産のベータのみに依存し、市場ポートフォリオというただ一つのファクターのみが重要であるが、この予想は多くの実証研究によって否定されているのである。しかし、リスク・プレミアムを探求したり、リスクを管理しなければならないアセット・オーナーにとっては、理解を深めるための新たな展望を開いたという点において、これらの欠点は栄誉あるものであった。

CAPMによる基本的な洞察は今でも正しい。それは、内在するファクター・リスクが資産のリスク・プレミアムを決定し、そのリスク・プレミアムが悪環境期において投資家が被る損失の対価だという点である。リスクとは、資産ごとに独立したものではなく、複数の資産が互いにどのように連動して動くかという性質である。CAPMはデータからは明確に棄却されているものの、ファイナンスのモデルとしては依然として馬車馬のようによく活用される。すなわち、CAPMは現実には成立しないにもかかわらず、ファイナンスの教授の75％がそれを使うことを支持し、75％の企業のCFO（訳注：最高財務責任者）は資本配分における現実の意思決定に使っている[1]。CAPMは近似的には成立し、実用についてはほとんどの場合それで十分であるが、ある特定の状況ではまったく説明力がなくなってしまう（詳細は次章で述べる）。それでもCAPMが依然として正しいのは、リスクがどのように報われるかということに関する考え方である。

以下で、CAPMの正しい部分を見ていくことにしよう。

３．１　CAPMの教訓１：個別資産に投資せずにファクターに投資すべき

　CAPMによれば、それぞれの株式を時価総額に比例して保有する市場ポートフォリオという一つのファクターが存在する。これは市場インデックス・ファンドに対応するものである[2]。この市場ファクターは多数の銘柄を保有することによって最適な形で構築されるため、ファクターではとらえられないリスク、すなわち銘柄固有のリスクは分散されて消える。そのため、投資家は個別株式を保有するよりも、ファクター、すなわち市場ポートフォリオを保有する方が好ましい。個別株式は、リスク・プレミアム（これは栄養素である）をもたらす市場ファクターに対するエクスポージャーをもつが、同時にリスク・プレミアムでは報いられない*固有リスク*（これは栄養的な価値をもたらさない部分である）ももつ。したがって、投資家は市場ファクターを保有することにより、他のどんな個別銘柄の組合せよりも固有リスクを分散させてリターンを高めることができる。この市場ポートフォリオはシステマティック・リスクを表し、その影響が広がることによって、あらゆるリスク性資産のリスク・プレミアムは市場ポートフォリオに対するエクスポージャーのみによって決まる。そして市場リスクは、リスクフリー資産だけを保有するような極端にリスク回避的な投資家を除き、すべての投資家に対して影響を与えるのである。

　この結果において重要なのは分散投資である。CAPMでは平均・分散効用をもつ投資家を想定しており、第３章で見たように平均・分散投資において最も重要な概念は複数の資産に分散して投資することである。完全相関の場合を除けば、ある資産のパフォーマンスが悪いときには別の資産のパフォーマンスがよく、その利益が損失を部分的に相殺することが分散投資によって保証される。そのため、投資家は資産を単体で保有しようとはせず、多数の資産に分散投資したポートフォリオを保有することによってリスクとリターンのトレードオフを改善させる。完全相関していない多数の資産をバランスよく保有することにより、シャープ・レシオは向上するのである。投資家はそれをさらに続け、ついには可能な限り分散投資されたポートフォリオである市場ポートフォリオを保有するようになる。CAPMのもとでは、市場ファクターが最も好ましいポートフォリオであり、最も分散投資されたポートフォリオなのである。

240　第Ⅱ部　ファクター・リスク・プレミアム

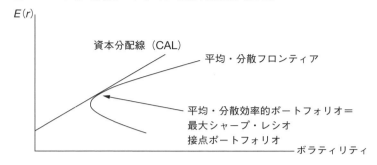

図6.3 平均・分散フロンティアと資本分配線 (CAL)

　CAPMによればすべての投資家は市場ポートフォリオを保有することになるが、この強い主張はデータからは完全に否定される。それでも、単に分散投資されただけのポートフォリオと唯一の重要なファクターである市場ポートフォリオが同じではないことを理解することは有用である。

　第3章（図3.10参照）で、平均・分散フロンティアと資本分配線（CAL）について述べたが、図6.3はそれと同様のことを示したものである。これは平均・分散投資問題の解であり、投資家はリスク回避度に応じてリスクフリー資産と平均・分散効率的（MVE）ポートフォリオを異なる比率で保有する。ここで登場するのがCAPMの強い仮定であり、平均、分散、および相関の組合せはすべての投資家にとって同じだとする。そうすることにより、すべての投資家は、同じMVEポートフォリオを、リスク回避度に応じて異なる量だけ保有することになる。すべての投資家が同じMVEポートフォリオを保有するということは、これこそがすべての投資家によって保有される最良のポートフォリオだということを意味し、均衡状態ではMVEポートフォリオが市場ファクターとなる。

均衡状態

　均衡の概念は非常に重要である。均衡状態は、資産に対する投資家の需要と供給が完全に一致して起こる。市場ポートフォリオが均衡状態でファクターとなるのは、CAPMの世界では（極端にリスク回避的な投資家を除く）すべての投資家がMVEポートフォリオを保有するからである。仮に、すべての投資家にとって最適なリスク性ポートフォリオ（すなわちMVE）において、ある資産（「AA株」としよう）のウェイトがゼロだとすると、市場は均衡状態とはならない。需要と供給が一致するように誰かがAA株を保有しなければならないからである。もし誰もAA

第6章　ファクター理論　241

株を保有したくなければ、AA株は割高で期待リターンは非常に低いはずである。その場合に、AA株の価格は下落するが、CAPMではAA株の期待ペイオフは一定だと仮定しているため、AA株の価格が下落すればその期待リターンは高くなる。AA株の価格は、投資家がちょうど発行済株式数と同じ株数だけ保有したいと思うまで下落する。そして、均衡状態では需要と供給が一致し、期待リターンが決まる。すべての投資家はMVEポートフォリオを保有するため、MVEポートフォリオは市場ポートフォリオとなり、市場ポートフォリオは、各銘柄の時価総額ウェイトによって構成されることになる。

　均衡状態では、市場ポートフォリオというファクターがリスク・プレミアムをもつこと、そしてそのリスク・プレミアムが消えないことが保証される。市場ファクターはシステマティックであり、すべての資産に影響を与える。市場リスク・プレミアムは潜在的な投資家のリスク回避度および効用の関数となる。つまり、市場ファクターのリスク・プレミアムはその経済における全構成員の特性を反映するのである。後ほど、バリュー／グロース投資やボラティリティ投資といった取引可能なファクターや、インフレ率や経済成長率といったマクロ・ファクターを導入するが、これらのファクターもまた投資家特性や資産ユニバースや経済の生産能力に応じてリスク・プレミアムをもたらし、それは経済全体が構造変化でも起こさない限りなくならない。均衡状態においてファクター・リスク・プレミアムが消えないのは、ファクターに基づかない投資戦略をとる利口なヘッジファンドがリスク・プレミアムを取引するからである。したがって、投資家は裁定取引によって市場ファクターやその他のすべてのシステマティック・ファクターを消し去ることはできないのである。

3.2　CAPMの教訓 2 ：投資家は各々にファクター・リスクの最適エクスポージャーをもつ

　図6.3では、すべての投資家は、割合こそ異なるが市場ポートフォリオを保有する。この図を見ればわかる通り、投資家はリスクフリー資産と市場ポートフォリオをそれぞれ異なる比率で保有し、それはCAL上の異なる位置にある（第 2 章および第 3 章参照）。したがって、各個人が異なる量の栄養素を必要とするのと同じように、各投資家は異なる量のファクター・エクスポージャーをもつのである。

242　第Ⅱ部　ファクター・リスク・プレミアム

3.3 CAPMの教訓3：平均的な投資家は市場ポートフォリオを保有する

　市場ポートフォリオは、投資家が平均的に保有するポートフォリオを表す。CALと平均・分散フロンティアの交点は、MVEポートフォリオを100%保有する投資家に相当し、接点は平均的投資家を表すことになる。したがって、この100%ポートフォリオのポジションに対応するリスク回避度は市場のリスク回避度となるのである[3]。

　ある投資家が平均的投資家から乖離するにつれて、市場ファクター・リスクへのエクスポージャーがリスク選好に応じて増減することには注意が必要である。これについては、第14章のファクター投資のところでもう一度広範に議論をしよう。

3.4 CAPMの教訓4：ファクター・リスク・プレミアムには経済的なストーリーがある

　CAPMの強い仮定のもとではすべての投資家は同じCALをもつため、単一の投資家に対する図6.3のCALは、均衡状態ではすべての投資家に共通の資本市場線（CML）と呼ばれるものになる（MVEポートフォリオは市場ファクター・ポートフォリオとなる）。CMLの関係式によって市場のリスク・プレミアムは以下のように定義される。

$$E(r_m) - r_f = \bar{\gamma}\sigma_m^2 \tag{6.1}$$

ここで、$E(r_m) - r_f$は市場リスク・プレミアム、すなわちリスクフリー・レートに対する市場の期待超過リターンである。また、$\bar{\gamma}$は「平均的な」投資家のリスク回避度、σ_mは市場ポートフォリオのボラティリティである。これによれば、CAPMによって潜在的な投資家選好からリスク・プレミアムが導かれることになる（$\bar{\gamma}$はすべての投資家の平均リスク回避度であり、各投資家のリスク回避度の大きさをその保有資産額で加重平均して計算される）。

　CAPMに関する式（6.1）によれば、他のすべての条件が同じであるなら、市場のボラティリティが高くなるほど市場の期待リターンは上昇し、同時に株価は下落する。打ち上げ花火のようにボラティリティが急上昇し、飛行機が急降下するように株価が下落した2008〜2009年はまさにそのような状況であり、期待リターンはこの期間ずっと高かったのである（そして実際に2009〜2010年の実績リターンは高かった）。CAPMのもとでは、投資家は、分散を嫌い期待リターンを好むという平

均・分散選好をもつため、式（6.1）において市場ポートフォリオのリスク・プレミアムが分散に比例することは直感に合う。その市場ポートフォリオは、それと同じ期待リターンをもつすべてのポートフォリオの中で最もボラティリティが低く、リスクに対する報酬比率（またはシャープ・レシオ）が最も高い。まさに式（6.1）が、市場ポートフォリオからはすべての固有リスクが取り除かれており、残ったリスクは市場のリスク・プレミアムによって報われなければならないことを示しているのである。そして、平均的な投資家が分散に対してよりリスク回避的になる（つまり$\bar{\gamma}$が上昇する）ほど、市場のリスク・プレミアムもまた上昇するのである。

3.5　CAPMの教訓5：リスクとはファクターに対するエクスポージャーである

　個別資産のリスクは、その資産のファクター・エクスポージャーによって測られる。もし、あるファクターが正のリスク・プレミアムをもっているなら、そのファクターへのエクスポージャーが大きい資産ほど、期待リターンは高くなる。

　CAPMによる二番目の価格関係式は、伝統的なベータを用いたものであり、一般には証券市場線（SML）と呼ばれる。株式iのリターンをr_i、リスクフリー・レートをr_fとしたとき、SMLは、あらゆる株式のリスク・プレミアムが市場リスク・プレミアムに比例するということを示している。

$$E(r_i) - r_f = \frac{\mathrm{cov}(r_i, r_m)}{\mathrm{var}(r_m)} \left(E(r_m) - r_f \right) = \beta_i \left(E(r_m) - r_f \right) \tag{6.2}$$

　個別株のリスク・プレミアム$E(r_i) - r_f$は、その株式のベータ$\left(\beta_i = \dfrac{\mathrm{cov}(r_i, r_m)}{\mathrm{var}(r_m)} \right)$の関数となる。ベータはその株式が市場ポートフォリオとどの程度連動するかを表す指標であり、連動性が高い株式ほど（$\mathrm{cov}(r_i, r_m)$が大きいほど）ベータは大きくなる。

　ここでは式（6.2）の形式的な導出は行わないが[4]、これは直観的な示唆に富んでいる。つまり、平均・分散投資とは、複数資産に分散して投資する効果に他ならないのである。CAPMにおけるリスク指標であるベータは、潜在的な分散投資効果の低さを示す指標でもある。ここで、資産iのリターンと市場リターンとの相関係数を$\rho_{i, m}$、資産iのリターンのボラティリティをσ_i、市場ファクターのボラティリティをσ_mとすれば、ベータは$\beta_i = \dfrac{\rho_{i, m} \sigma_i}{\sigma_m}$と書き表される。第3章で強調したよう

244　第Ⅱ部　ファクター・リスク・プレミアム

に、あるポートフォリオとの相関が低い資産ほど、そのポートフォリオにとっては分散投資効果が大きい。それは、ポートフォリオのパフォーマンスが低い局面でその資産のリターンが高くなりやすいからである。つまり、高いベータは低い分散投資効果を意味するのである。

分散投資されたポートフォリオを保有する投資家にとって、ベータが高い（市場の上昇時に上昇しやすく、市場の下落時には下落しやすい）資産には魅力がない。このような高ベータ資産は、投資家がすでに保有している分散投資されたポートフォリオと同じように動くため、投資家がそれを保有するためには高い期待リターンが必要となる。それとは対照的に、市場が低迷するときにペイオフを生む資産は価値が高く、これらのベータは低い。このような低ベータ資産は分散投資の効果がとてつもなく大きいため、投資家にとってそれを保有することは非常に魅力的なのである。したがって、投資家はその保有に対してはそこまで大きな代償を求める必要がない。実際に、もし市場リターンが低い局面で低ベータ資産のリターンが十分に高ければ、投資家は対価を受け取るのではなくむしろそれを払ってでも低ベータ資産を保有しようとするだろう。つまり、十分にベータが低い資産の期待リターンはマイナスになることさえある。これらの資産は、市場が暴落したときに大きなペイオフをもつから魅力的なのである。金や時に国債は、市場暴落時に低ベータ（もしくは負のベータ）をもつ資産の典型例であり、株式市場が暴落するときに価格が上昇しやすい（国債は2008年の金融危機時に上昇した数少ない資産である。第9章「債券」参照）。

３．６　CAPMの教訓6：市場の下落局面で上昇する資産のリスク・プレミアムは低い

SMLの関係式（6.2）について別の見方をすれば、CAPMにおけるリスク・プレミアムは悪環境期のパフォーマンスに対する報酬であるともいえる。悪環境期はファクター、すなわち市場ポートフォリオによって定義されるため、この場合は市場リターンが低い（もしくはマイナスの）局面に対応する。市場が下落するときに下落する資産は高いベータをもち、市場が上昇するときにはその高ベータ資産も上昇する。投資家は平均的にリスク回避的であるため、好環境期の利益は悪環境期の損失を完全には相殺しない。したがって、高ベータ資産はリスクが高いということになり、均衡状態において投資家によって保有されるためには高い期待リターンが必要になるのである。

逆に、市場全体で損失が生じるときに上昇する資産は低いベータをもつ。このような資産は魅力的であり、期待リターンは低い。投資家は均衡状態において、それを保有することに対する大きな代償を求めないためである。より一般的にいえば、市場の下落局面で上昇しやすい資産があるとき、この資産を保有することは魅力的であり、リスク・プレミアムは低い。逆に、悪環境期に下落しやすい資産があるとき、この資産はリスクが高く、リスク・プレミアムは高くなるはずである。

CAPMでは、悪環境期は市場ポートフォリオのリターンが低い局面として定義される。もちろんこれは限定的な定義である。すなわち、ファクターは市場ファクターだけではなく、他にも多数存在するからである。このCAPMの教訓 1 〜 6 における洞察は、マルチファクター・モデルにおいても成り立つ。ただし、そこでは各ファクターがそれぞれの悪環境期を定義することになる。

4 マルチファクター・モデル

マルチファクター・モデルでは、悪環境期を市場ポートフォリオのリターンが低い局面としてだけではなく、より広く定義することができる。最初に提唱されたマルチファクター・モデルは、Stephen Ross（1976）による*裁定価格決定理論*（APT）である。「裁定」という用語が用いられている理由は、CAPMにおける唯一のファクターである市場ファクター同様、ここでのファクターも裁定や分散投資によってリスクを消し去ることができないからである。したがって、均衡状態においては、投資家はこれら複数のファクター・リスクの源泉を負うことに対する見返りが得られなければならない。CAPMが市場ポートフォリオのリターンが低い局面を悪環境期ととらえたのに対して、マルチファクター・モデルにおける各ファクターはそれぞれ個別の悪環境期を定義する。

4.1 プライシング・カーネル

複数のファクターに対して複合的な悪環境期をとらえるために、新たな資産価格評価アプローチでは*プライシング・カーネル*という概念が用いられる。これは*確率的割引ファクター*（SDF）とも呼ばれるが、以下ではこのSDFをmと表記する。SDFは悪環境を示す一つの指標であり、それは多くの異なるファクターや経済状態によって測られる。関連する最近の資産価格理論ではほとんどがSDFの概念や用語を用いているため、このSDFアプローチが伝統的なCAPMとどのように関連しているかを、少し時間を割いて見ておくことは重要である。SDFの概念を用い

246 第Ⅱ部 ファクター・リスク・プレミアム

ることによってより深い洞察を得ることもできる（テクニカルな議論に興味がない読者は、次の4.2節を読み飛ばして4.3節から読んでもかまわない）。

すべての悪環境期をmという一つの変数によって記述することにより、複数の変数による悪環境期の定義を取り込む非常に強力な表記法を手にすることができる。このとき、CAPMはmが市場リターンの線形関数となる特殊なケースである[5]。

$$m = a + b \times r_m \tag{6.3}$$

ここで、aとbは定数である（市場との線形関係を表すプライシング・カーネルによって、市場に対する資産のベータが含まれる式（6.2）のSMLの関係式が与えられる）。「m」という表記を使えば、mをファクターのベクトル$F = (f_1, f_2, \cdots, f_K)$を用いて以下のように表すことによって、複数のファクターが簡単に記述できるようになる。

$$m = a + b_1 f_1 + b_2 f_2 + \cdots + b_K f_K \tag{6.4}$$

ここでk個のファクターはそれぞれの異なる悪環境を定義する。

CAPMではmを線形に限定したが、現実の世界は非線形であるため、プライシング・カーネルmを使う利点がある。我々は非線形性を取り込んだモデルを構築したいのである[6]。これまで多くの研究者が複雑な形のmを創り出しているが、その中でよく使われるモデルについては第8、9章で株式と債券の非線形性を説明する際に議論する。

4.2　プライシング・カーネル 対 割引率モデル

ここではプライシング・カーネルがどのように役立つかを説明しよう。CAPMの伝統的な*割引率*モデルでは、資産 i の価格は次期のペイオフを現在に割り戻すことによって計算される。

$$P_i = E\left[\frac{\text{payoff}_i}{1 + E(r_i)}\right] \tag{6.5}$$

ここで、CAPMによれば割引率は$E(r_i) = r_f + \beta_i(E(r_m) - r_f)$で与えられる。一方、SDFモデルでは、$m$という表記を用いて資産価格を以下のような等価な形で表現することができる[7]。

$$P_i = E[m \times \text{payoff}_i] \tag{6.6}$$

伝統的な割引公式（6.5）において割引率を用いてペイオフを割り引いたのと同じように、式（6.6）ではmを用いてペイオフを割り引いた形となっており、これがmを「確率的割引ファクター（SDF）」と呼ぶ理由である。「カーネル」という

第6章　ファクター理論　247

統計学の用語にちなんで、SDFはプライシング・カーネルとも呼ばれ、カーネル推定量を使って式（6.6）のmを推定することができる。カーネルはすべての資産の価格を決めるものであるため、「プライシング・カーネル」と呼ばれるのである。確率や統計を学ぶ学生なら、式（6.6）の価格はプライシング・カーネルについて期待値をとったものだと理解できるであろう。したがって、SDFは*状態価格密度*と呼ばれることもある。

式（6.6）の両辺を資産の現在の価格P_iで除すと以下のようになる。

$$\frac{P_i}{P_i} = E\left[m \times \frac{\text{payoff}_i}{P_i} \right]$$
$$1 = E\left[m \times (1 + r_i) \right] \tag{6.7}$$

式（6.7）の特別なケースはペイオフが一定のときであり、それはリスクフリー資産を表す。したがって、リスクフリー資産の価格は$\frac{1}{(1+r_f)} = E\left[m \times 1 \right]$という簡潔な形になる。

また、資産のリスク・プレミアムは、CAPMにおけるSMLの式（6.2）とよく似た形で以下のように示すことができる[8]。

$$E(r_i) - r_f = \frac{\text{cov}(r_i, m)}{\text{var}(m)} \left(-\frac{\text{var}(m)}{E(m)} \right) = \beta_{i, m} \times \lambda_m \tag{6.8}$$

ここで$\beta_{i, m} = \frac{\text{cov}(r_i, m)}{\text{var}(m)}$は、SDFに対する資産$i$のベータである。式（6.8）は、前にCAPMから得た悪環境についての直観的解釈を的確に表している。mが悪環境を測る指標であったことを思い出してほしい。悪環境期におけるペイオフがより大きい（すなわち$\text{cov}(r_i, m)$および$\beta_{i, m}$がより高い）資産ほど期待リターンはより*低*くなる。式（6.8）におけるより高いベータには「悪環境」リスクの価格$\lambda_m = -\frac{\text{var}(m)}{E(m)}$が乗じられている。この$\lambda_m$はファクター・リスクの逆であり、符号はマイナスになる。式（6.8）はCAPMの教訓6の洞察を直接記述するものである。つまり、悪環境との共分散が高い資産ほどリスク・プレミアムは小さくなる。悪環境期にペイオフを生む資産は保有する価値が高いため、そのような資産は高い価格がつけられ期待リターンは低くなるのである。

CAPMが市場ポートフォリオに対するベータを資産にもたせたように、式（6.4）で表されるSDFにおける多数のファクターによって、資産のリスク・プレ

ミアムは多数のベータと以下のような関係で結ばれる。

$$E(r_i) = r_f + \beta_{i,1} E(f_1) + \beta_{i,2} E(f_2) + \cdots + \beta_{i,K} E(f_K) \tag{6.9}$$

ここで$\beta_{i,k}$は資産iのファクターkに対するベータ、$E(f_k)$はファクターkのリスク・プレミアムである。例えば、マクロ・ファクターを考えるなら、f_1はインフレ率かもしれないし、f_2は経済成長率かもしれない。このとき、悪環境期は高いインフレ率や低い経済成長率、またはその両方で特徴づけられる。投資ファクターの例であれば、f_1は市場ポートフォリオかもしれないし、f_2はバリュー株をロングしてグロース株をショートするという投資戦略かもしれない。長期的にはバリュー株はグロース株のパフォーマンスを上回っており（第7章参照）、悪環境期は、市場リターンが低い局面や、バリュー株がグロース株に対してアンダーパフォームする局面、もしくはその両方で特徴づけられるであろう。

4.3　マルチファクター・モデルの考察

マルチファクター・モデルにおいて重要な教訓は、実際にはCAPMによるものと同じである。

	CAPM（市場ファクター）	マルチファクター・モデル
教訓1	分散投資が機能する。市場ポートフォリオは分散投資によって固有リスクがなくなる。	分散投資が機能する。取引可能なファクターについては、分散投資によって固有リスクはなくなる。
教訓2	各々の投資家は、市場ポートフォリオに対して最適なエクスポージャーをもつ。	各々の投資家は、各ファクター・リスクに対して最適なエクスポージャーをもつ。
教訓3	平均的な投資家は市場ポートフォリオを保有する。	平均的な投資家は市場ポートフォリオを保有する。
教訓4	CAPMの仮定のもとでは、市場ファクターの価格は均衡状態で決定する。	無裁定条件もしくは均衡状態を仮定すれば、各ファクターにリスク・プレミアムが存在する。
教訓5	資産のリスクはCAPMベータによって測られる。	資産のリスクはファクター・エクスポージャー（ファクター・ベータ）によって測られる。
教訓6	市場リターンが低いという悪環境期にパフォーマンスが高い資産は魅力的であり、低いリスク・プレミアムをもつ。	悪環境期にパフォーマンスが高い資産は魅力的であり、低いリスク・プレミアムをもつ。

第6章　ファクター理論　249

マルチファクター・プライシング・カーネル・モデルに関する「64,000ドル・クエスチョン」（訳注：正解するたびに掛け金を2倍にしていくクイズ形式のゲームで1950年代のテレビ番組のタイトルにちなむ）並みに難しい問題は、どのようにして悪環境期を定義するのか、ということである。市場ポートフォリオを保有する平均的な投資家にとっての正解は、追加的な1ドルが非常に大きな価値をもつ状況こそが悪環境期である、ということになる。これはSDFを*代表的投資家*にとっての限界効用と解釈することに相当する。この定式化については、第8章で株式のリスク・プレミアムを特徴づける際にもう一度議論する。限界効用が高い局面とは、例えばあなたが失業して収入が低くなっており、追加的なお金が非常に大切となっている時期である。このような時期にはあなたの消費もまた低くなっている。平均的または代表的消費者を考えたとき、これはまたマクロ・ファクターによる悪環境期の定義にも相当する。つまり、悪環境期とは、GDP成長率が低く、消費が低迷し、一般に経済成長が低迷している局面である。また、限界効用が高い時期を相対的に定義することもできる。それは、あなたの消費水準が周囲の人よりも、またはあなた自身の過去の水準よりも相対的に低くなっている時期である。第2章では、前者を「隣人に追いつけ」効用関数、後者を習慣効用関数を用いて表現した。

2008〜2009年の金融危機の期間は、高いボラティリティと大きな金融ショックを伴う悪環境期であった。ボラティリティは重要なファクターであり、第7章ではボラティリティが高いときには多くのリスク性資産のパフォーマンスが悪くなるということを示す。ファクターは取引可能な投資スタイルであることもあり、それには債券や上場株式のように流動性のある資産が含まれる。また、その他のファクターにはバリュー／グロース戦略のような投資スタイルが含まれ、それらは容易に複製可能で、廉価（しかし最終投資家に提供される際には廉価ではない）にかつ大規模に実装可能である[9]。

5 資本資産評価モデルの欠点

資本資産評価モデル（CAPM）はいくつかの強い仮定のもとに導出された。それらの仮定を精査し、それを緩めるとどうなるかを議論することに多少時間をとることも有益だろう。

1 投資家は金融資産のみを保有する

本書の第I部で強調したように、投資家はそれぞれ固有の収入や負債を有しているため、その最適なポートフォリオはそれらが考慮されたものでなければならな

い。例えば、我々は物価が上昇しても生活水準は保ちたいと考えるため、負債はしばしば実質ベースで表される。収入にはリスクが伴っており、経済成長率が低い時期に収入は低くなりやすい。インフレ率や経済成長率に代表されるマクロ変数が重要なファクターとなるのは、その変化が投資家の負債や収入を変化させるからである。

また、資産のリターンを決定づける重要なファクターとして人的資本すなわち労働所得リスクがある[10]。影響力の大きい論文であるJagannathan and Wang（1996）によれば、労働所得リスクを考慮することによってCAPMのパフォーマンスは大きく改善する。

2　投資家は平均・分散効用をもつ

第2章で強調したように、投資家は一般に、利益による喜び以上に損失による苦しみを強く感じるため、より現実的な効用関数はリスクを非対称に扱う。それは株式に対するCAPMを逸脱したモデルになることが予想され、そこでは下方リスク（ダウンサイド・リスク）の尺度も異なる。Ang, Chen, and Xing（2006）は、大きなダウンサイド・リスクがある株式ほどリターンが高いことを示した。また、多数の研究論文が、歪度や尖度といった他の高次モーメントのリスクもまたリスク・プレミアムをもたらすことを示している[11]。

3　投資期間は1期である

投資期間が1期であるということ自体はさほど重要な仮定ではない。Merton（1971，1973）がCAPMを動的なケースに拡張したことはよく知られている。彼の問題設定においては、それぞれの期間でCAPMが成立する。

長期の投資期間はCAPM理論とは整合しないものの、動的かつ長期の投資期間にポートフォリオ選択の問題設定を拡張することによって、大きな示唆が得られる。本書の第Ⅰ部で示したように、長期的な投資家にとっての最適戦略はリバランスを行うことである（第3章参照）。一方、市場ポートフォリオを保有する平均的投資家は、その定義によりリバランスは行わない。

4　投資家は一様な期待をもつ

この仮定は、CAPMの世界ではすべての投資家は同じMVEポートフォリオを保有し、均衡状態ではそのMVEポートフォリオが市場ポートフォリオになることを保証している。しかし、現実の世界では投資家は同じ信念を共有しているわけではなく、多様な期待をもつ。一様な期待という仮定それ自体が重要なわけではなく、期待リターンが単にすべての投資家の信念の平均でありさえすれば、ある形式の

第6章　ファクター理論　251

CAPMは成り立つ[12]。しかし、次に述べる仮定と組み合わされると、期待の多様性によってCAPMからの重要なずれが生じ得る。

5　税金や取引コストはかからない

　税金は重要な問題である。税金は期待リターンに影響するため、それがシステマティック・ファクターとみなすことができることは第12章で示す。一方、取引コストもまた資産ごとに異なる。流動性が低い市場の取引コストは高く、CAPMからのずれはより大きくなると予想される。このようなケースは実際に存在し、第13章で様々な流動性プレミアムについて詳細に議論する。

　取引に偏りがある状況と投資家の多様性とが組み合わされるとき、取引コストは別の影響をもつ。投資家が空売りできないとき、投資家の信念が重要な問題になる。このとき、悲観的な投資家の信念が株価には織り込まれないため、楽観的な投資家が価格形成において優勢になる。悲観的な投資家は株式を空売りしたくてもできないため、楽観的な投資家の信念のみが株価に反映されるのである。したがって、投資家の信念もまたシステマティック・ファクターとなる。これについては行動理論による解釈もあるが、この概念を展開したMiller（1977）のもともとの設定では、合理的期待理論に基づく解釈であった。次の仮定にも関係するが、個人投資家が価格を動かすような状況では市場の流動性は低くなりやすく、多くの取引に偏りが生じる。

6　個々の投資家は価格受容者

　情報をもつトレーダーは取引を行って株価を動かす。なぜなら、彼らは他の投資家がもたないような情報をもっているからである。しかし、そのような取引が大きくなり、彼らが価格を動かすようになると……。

7　情報入手にコストはかからず全投資家が入手可能

　情報の収集および処理にコストはかからず、またすべての人が知り得る確実な情報はない。Veldkamp（2011）にあるように、情報それ自体はある経済条件のもとではファクターとしてみなされている。CAPMは一定の要件を満たす効率的市場に対して適用される。したがって、情報がすべての取引参加者に十分に行き渡らず、収集に多くのコストがかかるような非効率的な市場では、追加的なリスク・プレミアムが生じ得ると考えるべきである。次章以降の数章で細かくみるように、実際にそのようなケースは存在し、例えば市場時価総額が小さい小型株や情報が効率的に行き渡らないような流動性が低い市場での取引においては、いくつかの点でCAPMからのずれが極めて大きくなる。

252　第Ⅱ部　ファクター・リスク・プレミアム

総括すると、CAPMの背景にある仮定が成り立っていないときには、追加的な
リスク・プレミアムが現れると予想される。それには、投資家の金融以外の関心事
に影響を与えるようなマクロ・ファクターや、リスクの非対称性、流動性や取引コ
ストに伴う影響、および税が含まれる。流動性が低く非効率的な市場においては、
CAPMは明らかに成り立たないと考えるべきであろう。特に情報の完全性に関す
る仮定は、当初のCAPMが特定したような形で市場が効率的だということを現在
の経済学者がもはや信じていない理由の一つである。

6 効率的市場理論の衰退

　今日、経済学者は完全に効率的な市場が存在するとは考えていない[13]。実際、市
場は完全な形で効率的ではないだろう。市場の準効率性という現代的な考え方は、
スティグリッツが2001年にノーベル賞を受賞する理由となる数々の論文の中の一つ
であるSanford Grossman and Joseph Stiglitz（1980）によって展開された。彼ら
は概ね効率的であるような市場を考え、その中で、情報にコストがかからないとい
うCAPMの仮定から生じる難問を取り扱った。現実の世界がそうであるように、
情報の収集とそれに基づく取引にコストがかかるような状況を考えてみよう。もし
価格に、すべての情報がすでに織り込まれているとしたら、誰が情報収集にコスト
をかけるだろうか？　しかし、誰も情報収集にコストをかけないならば、どうやっ
て情報は価格に反映され効率的な市場となるのであろうか？　このように考えれ
ば、完全な形で市場が効率的になるのは不可能なのである。

　Grossman and Stiglitz（1980）では市場が準効率的であるというモデルを発展さ
せた。アクティブ・マネージャーは非効率性の存在を探し、その結果として市場は
概ね効率的になる。非効率的な部分では、アクティブ・マネージャーはコストをか
けて情報収集し、それに基づいて取引することによる報酬として超過リターンを得
る。これまで議論してきたCAPMの仮定では、情報があまり行き渡らず流動性が
低いような部分の市場には非効率性がみられる箇所が多く存在すると考えられ、そ
のような市場ではアノマリーを利用した取引自体が価格を動かしてしまうために大
きな収益を狙うことは難しい。アクティブ・マネージャーが（彼ら自身のためでは
なく）彼らの顧客のために超過リターンを獲得できているかどうかは、本書の第Ⅲ
部で広範に取り上げるテーマである。

　Grossman and Stiglitz（1980）の準効率的市場は、Ross（1976）が展開した
APTにおけるマルチファクター・リスクの枠組みと非常に整合的である。ロスに

第6章　ファクター理論　253

よるマルチファクター・モデルによれば、アクティブ・マネージャーや裁定取引者は、均衡状態においてリスクとリターンのトレードオフが成り立つように期待リターンを決める。APTにおけるファクターはシステマティックな、もしくは経済全体に影響を与えるようなファクターであり、投資家がヘッジしたいと考える対象である。理論上、ファクター・リスクは裁定取引によって取り除くことができないリスクを表しており、したがって投資家はそれらのリスクをとることで見返りを受ける必要がある。

　市場は完全に効率的ではないという近年の認識にもかかわらず、多くの文献で*効率的市場仮説*（EMH）の検証が行われ続けている。EMHが示唆するところによれば、投機的取引にコストがかかる限りアクティブ運用は敗者のゲームとなり、投資家は市場に勝つことができない[14]。EMHは我々に高い評価基準を設定する。すなわち、もし我々が平均的であるなら、市場ポートフォリオを保有することにより、取引コストを節約できるという単純な理由で優位に立てるのである。もし、市場が完全に効率的にはなり得ないということがわかっていたとしても、EMHの検証は非常に重要である。なぜならその検証は、どの市場で超過リターンを獲得できるかを投資家に正確に評価させてくれるからである。Grossman and Stiglitz（1980）との関連でいえば、才能ある投資家はアクティブ運用の努力が最もよく現れる非効率性の穴を特定できるのである。

　不完全な情報、取引にかかるコスト、資本調達やエージェンシー問題など、CAPMが抱える多くの欠点を修正する形で、EMHは過去数十年にわたって洗練されてきた。多くの行動バイアスもまた同様の効果をもち、実際にいくつかの摩擦は行動バイアスとしてモデル化されている。EMHの検証に関してはAng, Goetzmann, and Schaefer（2011）にまとめられているが、この議論で重要なことは、効率的市場からの乖離には二つの形、すなわち合理的期待理論に基づくものと行動理論に基づくものがあるということである。投資家にとって、どちらが優勢かを判断することは、ある非効率性の穴に投資するか否かを判断するために重要である。

　合理的期待理論に基づく説明によれば、悪環境期における損失の見返りとして高いリターンが得られる。これは資産価格評価におけるプライシング・カーネル・アプローチである。ここで重要なのは、そのような悪環境期をどう定義するかということと、それがその投資家にとって本当に悪環境期であるのかどうかということである。例えば、もし大多数の投資家が低成長期を悪環境期であるととらえたとして

も、その期間に利益を獲得する投資家も存在する。合理的期待理論による説明では、経済全体のレジーム・チェンジが起こらない限りは、そのリスク・プレミアムはなくならない（レジーム・チェンジはとても珍しいものであり2008〜2009年の金融危機ですら、間違いなくレジーム・チェンジではなかった）。さらに、このようなリスク・プレミアムは資産規模に応じて変化するものではなく、大規模な投資家にとっても入手可能なものである。

　行動理論的な説明によれば、高い期待リターンは投資家がニュースやイベントに過剰に、または過小に反応してしまうことによってもたらされる。また、行動バイアスは信念の変更に非効率性があることや一部の情報を無視してしまうことに起因する。これらのバイアスに影響されない完全に合理的な投資家は、十分な資金をもって取引に参加し、時間をかけてこのミスプライシングを取り除くであろう。そこでは、他の投資家が同じ行動をとる前にどれだけ早く投資を行うことができるかという点が問題となる。資金投入の障壁があるために行動バイアスが持続するということであれば、少なくとも動きが遅い投資家にとって、この投資はより正当化されるだろう。これらの障壁は、一部の投資家はこの投資機会を利用できないというような、構造的なものかもしれない。例えば、規制上の要請によって、ある信用格付け以上の債券や、ある一定の市場時価総額以上の株式といった一部の資産しか保有できないというケースである。もし、このような構造的な参入障壁があれば、長期にわたって行動バイアスを利用することが可能かもしれない。

　リスク・プレミアムには、最も説得力のある説明が合理的期待理論によるもの（ボラティリティ・リスク・プレミアムなど）もあれば、行動理論によるもの（例えば、モメンタム）もあり、その他に両者の組合せで説明されるもの（バリュー／グロース投資など）もある。結局のところ、投資家はリスク・プレミアムの源泉が合理的期待理論と行動理論のどちらによるものなのかということについて気を配る必要はない。適切な問いは、合理的期待理論もしくは行動理論から制約を受ける平均的投資家と自分は違うのかどうか、またリターンの源泉が将来も（少なくとも短期的には）持続するのかどうか、ということである。このテーマについては、ファクター投資について議論する第14章で詳しく取り上げる。

7　再考：2008〜2009年の金融危機

　金融危機の期間中に多くのリスク性資産が同時に悲惨なパフォーマンスになったという事実は、各資産が共通のファクターに対するエクスポージャーをもっている

という基本的なマルチファクター・モデルと整合的である。金融危機は典型的な悪環境期である。ボラティリティは非常に高く、危機の末期にかけて経済成長が低迷し、財政政策や金融政策に対する不確実性が高まり、いくつもの市場で流動性が枯渇した。これらのファクター・リスクに直面してリターンが似通ってしまったということは、批判論者が主張するような金融リスク理論の否定ではなく、むしろマルチファクター・リスク・モデルを支持する何よりの証拠である。資産に内在するファクター・リスクを負うことの見返りにリスク・プレミアムが得られる。悪環境期には、ファクター・リスクが表面化して資産のリターンが低くなる。長期的に見ると、悪環境期における低いリターンへの見返りとしてリスク・プレミアムが高いのである。

　一部の評論家は、2008年の事件は分散投資の失敗を示すものだと主張していたが、分散投資自体が死んだわけではなく、金融危機は資産クラスのラベルづけが非常に誤解を招きやすいものだったことを証明したのだといえる。その誤解によって投資家は安全に分散投資していると思い込んでいたが、実際にはそれができていなかったのである。資産はファクター・リスクの集まりであり、重要なのは内包されているファクター・リスクなのである。生きていくために十分な栄養素を確実に摂取するためには、食品の名前や風味ではなくそれに含まれる栄養素に目を向けなければならないのと同じように、資産の裏にあるファクター・リスクについて理解を深める必要がある。我々は長期的にリスク・プレミアムを得るためにリスクをとるのであるから、短期的にそれらのファクター・リスクがいつどのように顕在化するかを理解しておく必要がある。平均・分散効用を通じて分散投資を行うことに批判的な人もいるが、それは悪環境期に上昇する傾向がある資産クラス間の相関係数を常に一定だと仮定していることに対するものである[15]。実際にファクター・エクスポージャーが時間とともに変化し得るため、相関係数も時間変化するであろう。だからこそ、リスク・プレミアムをもたらす真のファクターについて理解しなければならないのである。

[注]
1　それぞれ、Welch（2008）とGraham and Harvey（2001）参照。
2　インデックス・ファンドの歴史については第17章にまとめている。
3　より厳密にいえば、市場は各投資家のもつポートフォリオをその資産金額で加重平均したポートフォリオになっている。

256　第Ⅱ部　ファクター・リスク・プレミアム

4 MBAの教科書レベルの導出はBodie, Kane, and Marcus（2011）参照。より厳密な導出についてはCvitani´c and Zapatero （2004）参照。

5 定数 a および b は式（6.3）から以下のように求められる。

$$a = \frac{1}{1+r_f} + \frac{\mu_m(\mu_m - r_f)}{(1+r_f)\sigma_m^2}, \quad b = \frac{\mu_m - r_f}{(1+r_f)\sigma_m^2}$$

ここで、$\mu_m = E(r_m)$ と $\sigma_m^2 = \mathrm{var}(r_m)$ はそれぞれ、市場リターンの平均と分散である。r_m に掛かっている係数 b が負であることに注意する必要がある。つまり、SDFの値が大きいということは、CAPMにおいて低い市場リターンによって定義される悪環境に対応しているということである。

6 ここではSDFに課される条件は非常に弱い。すなわち、Harrison and Kreps（1979）によって示されたように、無裁定のみが条件となるのである。一方で、CAPMやその他の個別ケースでは m の形には多くのわずらわしく、しばしば非現実的な条件が追加的に課される。

7 本書の範囲を超えるが、式（6.4）の表記のもとで最小二乗回帰によって推定する方法と似たように、統計的「射影」によって m を推定するなど、多くの統計技術がある。

8 この式の直接的な導出については、例えばCochrane（2001）等参照。

9 これ以外の第三のファクターの分類として、統計的主成分のみに基づくファクター、またはそれに類似したAPTの（動的な）統計的ファクター推定などがある。この先駆的研究の例としてはConner and Korajczyk（1986）がある。これらのファクターは一般的には経済的な内容に欠けるのでここでは議論しない。

10 最も初期の研究としてはMayers（1973）があげられる。また、Constantinides and Duffie（1996）、Jagannathan, Kubota, and Takehara（1998）、Storesletten, Telmer, and Yaron（2007）、Eiling（2013）も参照。

11 これらの効果には二つの形がある。第一は、個別銘柄の高次モーメントに関するリスク・プレミアムである。これは、個別銘柄の特性である。この形での歪度のリスク・プレミアムに関しては、Mitton and Vorkink（2007）、Boyer, Mitton, and Vorkink（2010）、Amaya et al.（2012）参照。第二は、株式のリターンが市場全体の高次モーメントとどの程度連動するかというところから生じるリスク・プレミアムである。Harvey and Siddique（2000）、Dittmar（2002）、Chang, Christoffersen, and Jacobs（2013）は、共歪度と共尖度に対するリスク・プレミアムが存在することを示した。共歪度および共尖度は、市場ポートフォリオの歪度および尖度と株式リターンの連動性から計算されるものである。市場全体と大きく連動する銘柄ほど高い。

12 Williams（1977）参照。

13 ウィーク型、セミストロング型、ストロング型という効率性の古典的な考え方はFama（1970）によって展開されたが、もはやあまり用いられていない。ファーマは2013年にノーベル賞を受賞したが、ノーベル委員会は同年、行動理論

または非合理的期待理論によって金融市場に影響を与えたという反対の観点から
ロバート・シラーにも賞を授与した。

14 実務家が全体を概観するにはEllis（1975）を参考にするとよい。

15 相関係数が時間の経過とともに変化する場合のポートフォリオ選択モデルの例
としてはAng and Bekaert（2002, 2004）によって開発されたものがある。
Chua, Kritzman, and Page（2009）は金融危機時の相関の上昇について分析を
行っている。

第 7 章

ファクター

第7章要約

　リスク・プレミアムを決定づけるのはファクターである。ファクターには幅広い基礎的経済指標と取引可能な投資スタイルの2種類がある。前者は経済成長、インフレ、ボラティリティ、生産性、人口動態リスクなどを表し、後者は市場ポートフォリオ、バリュー／グロース投資、モメンタム投資などからなる。ファクターの背景にある経済理論にも2種類ある。合理的期待理論では、ファクターは悪環境期の損失を埋め合わせるために長期的にリターンが高くなるのだとされ、行動理論では投資家行動の結果として生じるファクター・リスク・プレミアムは裁定取引によっても消えることのないものだとされる。

1　バリュー投資

　歴史的に見れば、バリュー株のリターンはグロース株を圧倒している。バリュー株の価格は、会計上の純資産を尺度とした正味の資産価値で見たときに割安であり、グロース株は割高である。図7.1は、バリュー株（純資産株価倍率（訳注：株価純資産倍率の逆数）が高い株式）とグロース株（純資産株価倍率が低い株式）のリターンを比較したものである。ここで示されているのは、バリュー株のロング、グロース株のショートを組み合わせたバリュー／グロース*戦略*である[1]。バリュー投資は平均して好調であるが、時に資産価値が減少する時期もある。例えば、1990年代後半のハイテク・ブーム期に著しいドローダウンを呈したことは気に留めておく必要があるし、2008年の金融危機の期間中にも再びドローダウンが生じた。そして、2011年もまたバリュー株は低調であった。

　では、なぜバリュー投資は機能するのだろうか。また、バリュー戦略（グロース株を上回るバリュー株のリターン）はシステマティック・ファクターなのだろう

第7章　ファクター　259

か。もしそうであれば、何がリスク・プレミアムを決定づけるのだろうか。

ファクター理論を取り上げた前章で述べたように、資産はリスク・ファクターの影響を強く受ける。リスク・ファクターは、投資家が悪環境期に被る損失に耐えることに対する補償ともいうべきプレミアムを提供する。ここでは、合理的期待理論および行動理論の視点に立った経済的説明や、それがアセット・オーナーに対して示唆することについて考察する[2]。

ファクターには二つのタイプがある。第一は経済の基礎的条件に基づくマクロ・ファクターであり、経済成長率、インフレ、ボラティリティ、生産性、人口動態リスクなどを含む。第二は投資スタイル・ファクターであり、これには資本資産評価モデル（CAPM）の市場ファクターに加えてバリュー戦略という興味深い例がある。この投資ファクターには、*静的*ファクターと*動的*ファクターの2種類がある。前者は市場ファクターのようにリスク・プレミアムを得るために単純にロングするものであり、後者は異なるタイプの証券を取引し続けることによってのみ引き出すことができるものである（第17章および第18章では、多くのヘッジファンドやプライベート・エクイティが、本質的に動的ファクターの集まりであることを説明して

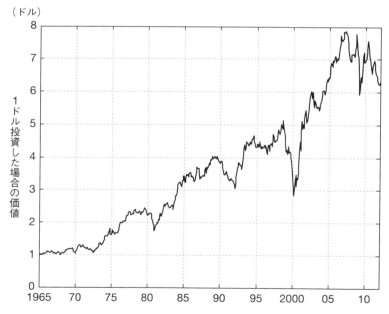

図7.1　バリュー／グロース戦略の資産価値の推移

いる）。このマクロ・ファクターと投資ファクターは結びついており、しばしば前者が後者のパフォーマンスに内在している。そのようなわけで、まず経済全般に関するマクロ・ファクターについて述べることにしよう。

2 マクロ・ファクター

マクロ・ファクターが、あらゆる投資家や資産価格に広範囲に影響することは直感的に理解できる[3]。経済成長が鈍化したりインフレ率が高まったりする局面では、すべての企業と投資家は影響を受けるが、それがどの程度なのかが問題である。消費者の多くは低成長や高インフレを嫌うが、それは将来自分が解雇に見舞われるか、実質ベースで同じ製品やサービスを得られなくなる恐れがあるからである。もちろん、債券ばかりを保有しているために低成長に伴う利益を享受する投資家も少しはいるし、油田のオーナーのようにコモディティ価格の高騰によって高インフレの恩恵を享受できる投資家がいないわけでもない。しかし一般的には、マクロ指標の悪化は平均的な投資家にとって悪環境となるのである。

ファクターの水準自体は、それに対するショックほどは問題にならない。多くのマクロ・ファクターは持続的であり、現在のような低インフレ期では、来月のインフレも低いと予想できる。したがって月末時点のインフレ率が低いことはサプライズではない。何がサプライズかといえば、インフレ率に関して当初予想していなかった動きがあることである。それゆえ、マクロ・ファクターの*予想外の変化*を注視する必要がある。

資産価格は、これらのファクターに*同時*に反応する。インフレ率の継続的な上昇や不慮の突発的上昇が経済を襲うと、悪環境期に入り資産価格は下落する。長期的なリスク・プレミアムは、短期的な高インフレ下で損失に耐えた投資家に対する補償なのである。

最も重要な三つのマクロ・ファクターは、経済成長、インフレ、ボラティリティである。

2.1 経済成長

リスク性資産は、概して経済成長が低い時にはそのパフォーマンスが低く、ボラティリティも高くなる。一方、同時期に国債は好調なパフォーマンスを示す傾向にある。もし、投資家が悪環境期をうまく切り抜けたいのなら、株式のようなリスク性資産をより多くもつべきである。そうすることによって平均で見て高いリターン

が得られ、低成長期に被った損失を最終的に埋め合わせることができるだろう[4]。一方、景気後退期の大きな損失に耐えられない投資家は、債券、その中でも特に国債を多く保有すべきである。その投資家のポートフォリオは景気後退期には好調なパフォーマンスとなる可能性が高いが、長期的には低調であろう。これは投資家が成長リスクに対し低いエクスポージャーしかとらなかったことの代償である。

全米経済研究所（NBER）の定義による景気後退期および景気拡大期のそれぞれについて、大型株、小型株、国債、社債（投資適格債およびハイイールド債）のリターンの平均値とボラティリティを表7.2に示している。同様に実質GDP成長率および消費の伸びがそれぞれ高い場合と低い場合についても、リターンの平均値とボラティリティを載せている。ここではサンプルを、単純に中央値より高い場合と低い場合に二分して計算した。この表7.2によると、景気後退期の株式リターンが低いことがわかる。具体的には、大型株の平均リターンは景気後退期には5.6%、景気拡大期は12.4%である。また、景気後退期と景気拡大期のリターンの格差はリスクが大きい小型株においてより顕著であり、それぞれ7.8%、16.8%である。一方、国債はこれとは逆の動きをしており、景気後退期のリターンが12.3%と、景気拡大期の5.9%に比べると高い。クレジット・リスクが相対的に小さい投資適格債は国債と同様の結果であったが、ハイイールド債は株式に近い特性をもつため、株式と国債の中間くらいのパフォーマンスである。実際のところ、ハイイールド債については景気後退期と景気拡大期の平均リターンに明確な違いはない。

実質GDP成長率または消費の伸びで見た低成長期や高成長期でも、同様のパターンが得られる。例えば、実質GDP成長率が低い時期の大型株の平均リターンは8.8%、消費の伸び率が低い時期では5.6%である。一方、実質GDP成長率や消費の伸び率が高い期間の大型株のリターンは、それぞれ13.8%、17.1%である。国債については、実質GDP成長率が低い期間の平均リターンが10.0%と、実質GDP成長率が高い期間の3.9%と比較して相対的に好調であったが、これはNBERによる景気後退期および景気拡大期の定義に基づく前述のリターン特性と整合的である。

あらゆる資産のリターンは、景気後退期または低成長期においてより変動しやすくなる。例えば、景気後退期における大型株のボラティリティは23.7%であり、景気拡大期の14.0%に比べて高い。また、国債は景気後退期には高いリターンをあげるが、ボラティリティもやはり高くなり、景気後退期で15.5%、景気拡大期では9.3%である。すべての期間における資産のボラティリティを景気後退期または景

262　第Ⅱ部　ファクター・リスク・プレミアム

表7.2 ファクターの実現値によって条件分けした各資産のリターンの平均とボラティリティ

(単位：%)

			大型株	小型株	国債	社債 投資適格債	ハイイールド債
平均リターン	全サンプル		11.3	15.3	7.0	7.0	7.6
	景気サイクル	景気後退	5.6	7.8	12.3	12.6	7.4
		景気拡大	12.4	16.8	5.9	6.0	7.7
	実質GDP	低	8.8	12.2	10.0	9.7	7.0
		高	13.8	18.4	3.9	4.4	8.2
	消費	低	5.6	5.6	9.6	9.1	7.1
		高	17.1	25.0	4.4	5.0	8.2
	インフレ	低	14.7	17.6	8.6	8.8	9.2
		高	8.0	13.0	5.4	5.3	6.0
ボラティリティ	全サンプル		16.0	23.7	10.6	9.8	9.5
	景気サイクル	景気後退	23.7	33.8	15.5	16.6	18.1
		景気拡大	14.0	21.2	9.3	7.8	6.8
	実質GDP	低	16.9	23.7	12.2	11.8	12.1
		高	14.9	23.7	8.5	7.0	6.0
	消費	低	17.5	23.8	11.9	11.6	11.8
		高	13.8	22.7	8.9	7.4	6.6
	インフレ	低	15.5	21.9	9.6	8.2	7.7
		高	16.4	25.4	11.5	11.1	11.0

（出所）　イボットソン・モーニングスターの四半期リターン（1952年第1四半期～2011年第4四半期）
（備考1）　景気サイクルは、NBERが定義する景気後退期と景気拡大期を用いた
（備考2）　実質GDP成長率は四半期（前期比）ベース
（備考3）　消費指数は個人消費支出の四半期（前期比）ベース
（備考4）　インフレはCPI総合指数の四半期（前期比）ベース

気拡大期という条件下でのボラティリティと比較すると、興味深い結果が得られる。すなわち、ボラティリティは悪環境期に非常に高くなる傾向がある。

2.2 インフレ

　表7.2に示したように、高インフレは株式や国債にとっては悪材料である。高イ
ンフレ下では、あらゆる資産クラスのリターンは低調なのである[5]。大型株の平均
リターンは、低インフレ期の14.7％に対して高インフレ期では8.0％である。国
債、投資適格債、ハイイールド債の平均リターンは、低インフレ期では順に
8.6％、8.8％、9.2％であるのに対し、高インフレ期では5.4％、5.3％、6.0％であ
る。このように高インフレが債券の価値を損なうのは驚くことではない。債券はあ
らかじめ決まった支払がある商品であるため、高インフレの影響で実質価値が低下
するのである。驚くべきは、実際に生産を行っている企業の所有権であるという意
味で実質資産である株式が、高インフレ下で低調だということである。株式のイン
フレに対するヘッジ特性については第8章で詳細に述べるため、ここでは株式と国
債の両方にとって高インフレが好ましくないものであると述べるにとどめておく。
株式や債券にとっての長期的なリスク・プレミアムの一部は、高インフレ時に被っ
た損失の補償なのである（第11章では、様々な資産クラスのインフレ・ヘッジ特性
についてさらに考察する）。

2.3 ボラティリティ

　ボラティリティは極めて重要なリスク・ファクターである。株式市場のボラティ
リティを表すVIX指数を用い、ボラティリティ・リスクを測定した[6]。下表は、
1986年3月～2011年12月のVIXの変化と株式および債券の月次ベースのリターンと
の相関係数を示した表である。

	VIX変化	株式リターン	債券リターン
VIX変化	1.00	▲0.39	0.12
株式リターン	▲0.39	1.00	▲0.01
債券リターン	0.12	▲0.01	1.00

　VIX変化と株式リターンの相関は▲39％であるので、ボラティリティが上昇して
いる局面では株式は低調である。ボラティリティと株式リターンの負の相関は*レバ
レッジ効果*[7]と呼ばれる。株式リターンの低下に伴い企業のレバレッジは相対的に

264　第Ⅱ部　ファクター・リスク・プレミアム

上昇するが、これは株式の市場価値が低下する一方で借入金はほとんど変化しないためであり、これによって株式のリスクとボラティリティが高まるのである。また、高いボラティリティが株式の低いリターンをもたらすというもう一つの考え方もある。すなわち、ボラティリティが高まると投資家はそれに見合ったより高いリターンを要求するようになり、これが結果として株式価値の低下を招くのである。この二番目の考え方は、リスク・プレミアムが時間的に変化することを意味し、基本的なCAPMにも採用されている。つまり、市場ボラティリティの上昇に伴って割引率が高まり、その結果として現在の株価は下落し、将来のリターンが上昇するのである[8]。

債券リターンとVIX変化の相関係数はわずか0.12であり、債券は高ボラティリティ環境下で比較的落ち着いているように見えるが、実際にはそれほどでもない。つまり、ボラティリティ・ショックが起こるような局面では、債券が常に安全な逃避先になるというわけではないのである。ボラティリティは、2008年および2009年に多くのリスク性資産の同時下落を引き起こした主たるファクターの一つであった。この間、リスクフリー資産である債券は好調であったが、1970年代の終わりや1980年代初頭の経済的に混乱していた局面では、債券は株式と同様に極めて低調であった（第9章参照）。金融危機に対する政府の対応策はどうなるのか、今後市場はうまく機能し続けるのか、あるいは自身の運用モデルは正しいのか、そういったことを投資家が把握していないという意味での不確実性を、VIXで測ったボラティリティによってとらえることもできる。近年の研究では、不確実性リスク自体はボラティリティ・リスクとは別のファクターだと考えられているが、両者の相関が高いのは事実である[9]。

図7.3はVIX指数を点線（左軸）、株式リターンの1年移動平均を実線（右軸）で示したものであるが、ボラティリティは市場の混乱期以外は落ち着いて推移していることがわかる。図7.3では、1987年に発生した株式市場の大暴落、1990年代初頭の景気後退、1998年のロシア債務危機、2001年の同時多発テロとその後の景気後退局面においてボラティリティの急上昇が見られるが、中でも上昇が激しいのが2008年に起きたリーマン・ブラザーズ社の破綻に対応する局面である。金融危機の期間を含め、これらすべての事例においては、株式のリターンはボラティリティとは反対方向に動いている。

ボラティリティが急上昇する局面で発生する株式の損失は甚大である。ボラティリティ変化が大きい期間と小さい期間に分けて計算してみると、大型株の平均リ

図7.3 VIX指数および株式リターンの1年移動平均の推移

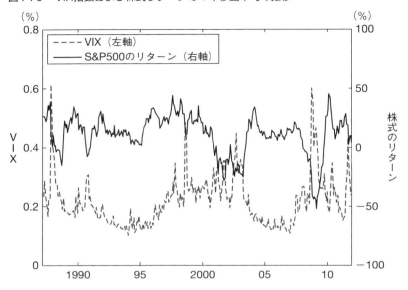

ターンは、変動期には▲4.6%であるのに対し、安定期では24.9%であった。ちなみに、この全期間の大型株の平均リターンは11.3%である（表7.2参照）。ボラティリティ・アレルギーの投資家は、債券の保有比率を高めることもあり得るだろうが、VIX指数と債券リターンの相関が0.12と低いため、高ボラティリティ環境下で、常に債券投資が奏功するとは限らない。

　ボラティリティ上昇時に低調なのは株式だけではない。ボラティリティは数多くの資産や戦略にとってマイナスに作用する。通貨戦略も高ボラティリティ環境下では特に不調である[10]。資産や戦略の多くが暗黙のうちにボラティリティ・リスクに高いエクスポージャーをもっていることについてはこの後の章で考察する。特にヘッジファンドは、全体を合計するとボラティリティがショートになっている（第17章参照）。

　ボラティリティを嫌う投資家には、ボラティリティ・プロテクションを買う（例えばプット・オプションを買う）方法もある。しかし、中にはボラティリティ・プロテクションを売る（例えばプット・オプションを売る）ことによってリスクをとるだけの余裕がある投資家もいる。ボラティリティ・プロテクションはオプション市場を通じて取引できるが、トレーダーはボラティリティ・スワップ等の他のデリ

バティブ契約を活用することも可能である。ボラティリティ・リスクは、平均的には投資家の懸念事項であるため、そのリスクをとるよりもむしろ、避けるために費用を払う傾向がある。高ボラティリティ期には市場が全体として大幅に下落するため（図7.3参照）、アウト・オブ・ザ・マネーのプット・オプションのように高ボラティリティ期にペイオフが大きい資産はボラティリティ・リスクに対するヘッジ機能をもつ。

　我々は、しばしばプラスのプレミアムが獲得できる資産は何かを考える。株式を購入する、またはロングすると、時間の経過とともにロング・ポジションがプラスの期待リターンを生み出す。一方、ボラティリティはリスクの市場価格がマイナスの資産である。ボラティリティ・プレミアムを得るにはボラティリティ・プロテクションを売ることが必要で、特にアウト・オブ・ザ・マネーのプット・オプションの売りがこれに相当する。VIX指数は、実際の株式市場において観測されるボラティリティに比べて平均的に高い水準で取引される。VIX指数が示すインプライド・ボラティリティは、実際のボラティリティよりも平均して２～３％高いのである。このように、オプションは平均的に割高であり、投資家はショート・ボラティリティ戦略でプレミアムを得ることができる。債券、通貨、コモディティ市場においても、株式市場を全体として見たときと同様にボラティリティ・リスクの市場価格はマイナスである[11]。

　しかし、ボラティリティの売りはフリー・ランチではない。平常時には安定したペイオフを得られるものの、10年に１回程度発生する暴落時には、ボラティリティの売り手は大幅な損失を被ることになるのである。図7.4は、メリルリンチ社が開発したボラティリティ・プレミアム（スワップ）指数の累積リターンを示したものである。それによると、1998年（ロシアの破綻危機）、2001年と2002年（9.11の悲劇とその後の不況）、2007年夏（金融危機に先立ち発生したサブプライム問題）などの期間における小幅の損失に対応するいくつかの小さな落ち込みは見られるものの、2007年までのリターンは概ね安定して推移していることがわかる。しかし、2008年９～11月には70％近い大幅な損失が生じている。これは金融危機の中でも最悪の期間であり、あらゆるリスク性資産に生じた2008年の損失は、ほぼこの数ヵ月に集中している（表6.1参照）。市場の暴落は、ボラティリティ売りの戦略に対して全サンプル期間平均で▲8.26という大きなマイナスの歪度をもたらした。これに対して、2007年12月までの金融危機以前の期間に限ると、その歪度は▲0.37である。すなわち、2007年以前はボラティリティ売りの戦略によって容易に収益を生み出す

図7.4　ボラティリティ・プレミアム（スワップ）指数の累積リターンの推移
　　　（1989年1月＝100）

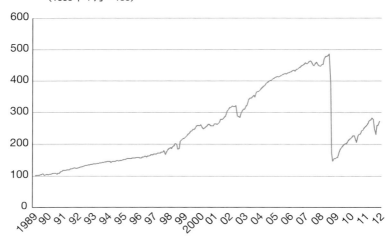

ことができたのである。

　残念ながら、金融危機以前からボラティリティを売っていた投資家の一部は、2008年に実際に起こることになるような大暴落を想定していなかった。しかし実際に暴落が起こると、ボラティリティ・リスクに晒されていた多くの資産は、そのリターンが底なし沼に落ち込むような事態になった。暴落がいつ起こるかを予測することは、不可能ではないとしても難しい。とはいえ投資家は、今回のような大暴落が時として起こり得ることを過去のデータから知っていたはずである。例えば、1930年代の世界大恐慌の際には、ボラティリティは急上昇しただけでなく、2008～2009年に経験したよりも長い期間にわたって高水準で推移した。

　ほとんどのリスク性資産のリターンがマイナスになる高ボラティリティ環境に耐え抜く投資家のみが、デリバティブ市場でボラティリティ・プロテクションを売るべきであろう。ボラティリティの売りは保険を販売するようなもの、つまり、平常時にプレミアムを受け取るのは、10年に1回程度起こる不可避的な損失に耐えるためである。ボラティリティの急上昇時に生じる損失は、ボラティリティ・プロテクションを購入した投資家への保険金の支払に対応するのである。

　第4章で述べたように、ポートフォリオ戦略の一環として実施するリバランスは、実はショート・ボラティリティ戦略である。リバランスをするという単純な行動は、最終的にはボラティリティ・リスク・プレミアムの獲得につながるが、リバ

ランスをしない投資家（市場ポートフォリオを100％保有する平均的な投資家）
は、ボラティリティ・リスクをロングすることになり、長期的なボラティリティ・
リスク・プレミアムを失うことになる[12]。一方、リバランスする投資家は、長期的
には図7.4に見られるような想定を超える頻度やサイズでまれに起きる損失の可能
性に晒されている。しかしながら、リバランスとショート・ボラティリティ戦略に
は二つの違いがある。第一は、資産間（または第14章で記述するような戦略やファ
クター間）のリバランスは、ボラティリティ・リスクを直接取引するわけではない
ということである。つまり、リバランスが実際には*現物*株式取引を通じて行われる
のに対し、図7.4はリスク・ニュートラルもしくはオプションのボラティリティ取
引を含んでいる。デリバティブ市場でボラティリティを取引することは、リバラン
スでは生じない追加的なボラティリティ・リスク・プレミアムをもたらすことにな
る。したがって、デリバティブ市場でボラティリティ取引から被る損失は、単なる
リバランス戦略よりも大きくなる可能性がある。第二の違いは、デリバティブ市場
における純粋なボラティリティ取引は、デルタ・ヘッジ手法を通して、期待リター
ンに対するいかなる想定もせずに行われるということである。基本的な資産や戦略
的ポジションのリバランスを行うのは、内在するファクター・リスク・プレミアム
を獲得するためである。リターンについては脆弱な予測精度しかないとしても、期
待リターンの高い割安な資産を購入し、平均回帰によってリターンをかさ上げする
ためにリバランスを行う。第4章および第14章ではこの点を詳しく述べている。

　ボラティリティ・リスクを勘案した資産評価モデルの開発には注意が必要であ
る。なぜなら、ボラティリティと期待リターンの関係は時間の経過とともに変動
し、符号が変わることもあるため、その解明が非常に難しいからである。これまで
多くの論文が前章の式（6.1）で表されるようなボラティリティとリターンのト
レードオフ関係の推計を試みている。この式を再掲したものが下記である。

$$E(r_m) - r_f = \bar{\gamma} \sigma_m^2 \tag{7.1}$$

　ここで、$E(r_m) - r_f$ はマーケットリスク・プレミアム、σ_m^2 は市場リターンの分散
を表す。また、CAPM理論によれば、$\bar{\gamma}$ は平均的な投資家のリスク回避度を表す。

　市場ボラティリティまたは分散を期待リターンに関連づける係数 $\bar{\gamma}$ は、理論上は
プラスだと推定されているが、データ上は必ずしもそうなっていない。論文によっ
てプラス、マイナス、ゼロのいずれの推定値もあるが、Glosten, Jagannathan, and
Runkle（1993）では一つの論文に、なんと三つの推定値すべてが含まれている。
理論研究においても、リスクとリターンの関係は実際にマイナスとなることがあ

り、それが時間とともに変動することが示されている[13]。ただ、誰もが認めるのは、ボラティリティが劇的に上昇するような局面では、資産は損失を出す傾向があるということである。したがって、高ボラティリティ時の損失を許容できる投資家のみが、ボラティリティ・プロテクションの売りを検討すべきなのである。

2.4 その他のマクロ・ファクター

その他いくつかのマクロ・ファクターが広範囲にわたって研究されており、それはアセット・オーナーにとっても注目に値する。

生産性リスク

マクロ経済学における*実物的景気循環モデル*（リアルビジネスサイクル理論）という類いのモデルは、マクロ変数（成長、投資、貯蓄など）や景気サイクルに応じた資産価格の動きを説明することを目的としている。このモデルでは、マクロ変数や資産価格は景気サイクルに応じて変動するが、それは企業や投資家が*実物経済*におけるショックに適応するための合理的な反応の結果であると考えられている。「実物的景気循環」の冒頭の「実物的」が強調しているのは、景気循環が実物経済のショックに起因するものであり、John Maynard Keynes（1936）によるところの市場の失敗や需要不足によるものではない、ということなのである。実物的景気循環モデル（リアルビジネスサイクル理論）はインフレの要素を含むが、インフレは中立であるか、または実質的な影響はない。これらのモデルは、投資家による消費や貯蓄に関する意思決定の最適化に加えて企業による実物製品の生産最適化を含むという点で*生産経済モデル*であるが、そこでは企業は生産を左右するショックを受ける。企業の生産に影響を与える特に重要なショックは*生産性ショック*である。Kydland and Prescott（1982）などの初期の研究では、資産価格は扱われていないが、Jermann（1988）などの次世代モデルでは、これに資産価格を反映させている（ちなみに、キドランドとプレスコットは2004年にノーベル賞を受賞している）。また、Kaltenbrunner and Lochstoer（2010）などの最新の論文では、複雑なショックの動きと経済主体の行動をより現実に近い形でとらえている。

これらのモデルは何周期かの景気サイクルを通じて機能するように設計されているため、短期的な投資家にはあまり適切ではない。しかし、年金基金、ソブリン・ウェルス・ファンドやファミリー・オフィスのような長期投資家のためには、生産性ファクターは考慮されるべきである。資産のリターンは、長期的な生産性リスクを反映するからである。本書執筆時点で、欧州は依然としてソブリン債務問題に苛

まれており、欧州経済における将来の生産能力が鍵になっている。図7.5は、過去5年間の生産性ショックと株式リターンを比較したものである。過去5年平均にしたのは、生産性の変動が用いられる経済モデルで説明する景気サイクルの周期には3〜6年という幅があるからである。生産性ショックは、Robert Solow（1957）を受けてソロー残差という別の呼び方をされることもあれば、全要素生産性ショック（TFPショック）と呼ばれることもある。ここではBasu, Fernald, and Kimball（2006）の研究を踏襲したFernald（2009）によって構築されたTFPショックを採用することにする[14]。図7.5をみると、1960年代および1970年代のように生産性が低下する局面では株価も下落傾向にあることがわかる。1980年代や1990年代（コンピュータ革命）では、生産性ショックはプラスであり、株価は上昇基調にあった。TFPショックの5年移動平均と株式リターンの相関は48%と高く、株式は生産性リスクに晒されていることになる。すなわち、生産性が低下する局面では、株式のリターンは低下しやすいのである。

生産性リスクは、新世代の*動学的確率的一般均衡*（DSGE）マクロ・モデルに組み込まれているショックの一つの源泉にすぎない。この長い名前は、この種のモデルの複雑さを端的に表している。DSGEモデルにおいては、経済活動は（名前が示す通り）動的であり、各経済主体（消費者、企業、中央銀行、政府）の行動、テク

図7.5 生産性と株式リターンの5年移動平均、相関係数＝0.48

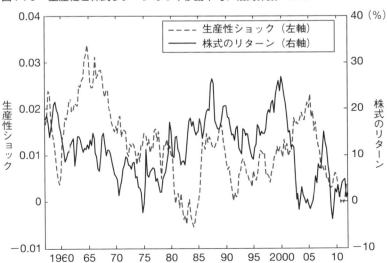

ノロジー（企業がどのような生産活動を行うか）、制度や市場（経済主体が影響し合う方法）が経済変数を変化させる。資産価格は経済主体やテクノロジーの複雑な相互作用によって決定される。DSGEモデルは、これらのファクター・リスクによるショックが経済活動にどう影響するのかを考える手助けとなる。金融危機が示したように、DSGEモデルにおいて重要な要素は政策立案者の行動（政府の政策）である。金融政策や政策ショックは、資産価格に影響を与える重要なファクターであり、リスクの源泉を構成するものである。以降の数章ではこれらのファクターについて立ち戻って議論することにする。現在のDSGEモデルは、キドランドとプレスコットが先鞭をつけた実物的景気循環モデル（リアルビジネスサイクル理論）と、資産価格は即座に修正を織り込まずインフレは*中立*でないとする*新ケインズモデル*の両者を包含するものである。

　DSGEモデルは景気サイクルの変動をうまく説明しており、我々は景気サイクルに応じて資産価格が変動することを知っている。現在の標準モデルはSmets and Wouters（2007）であり、これは、生産性（今まで議論したもの）、投資、投資家の選好、労働力供給、インフレ、政府支出、金融政策という七つのショックに基づいたものである。第8章および第9章では、株式と債券についてこれらのうちいくつかのリスクが価格にどう影響するのか掘り下げてみることにする[15]。

人口動態リスク

　超長期の投資家にとっては、その他の重要なリスクとして人口動態リスクがある。生産性ショックが企業の生産に影響を及ぼすように、このリスクは労働市場に対するショックとして現れる。緩やかに変動する人口動態は、経済的*世代重複*（*OLG*）モデルの一つのファクターである。ある個人が、第5章で述べたようなライフサイクル・モデルに従うとしよう。人は若年期、中年期、定年後の順に人生を歩むが、労働収入を得て貯蓄ができるのは若年期および中年期に限られ、定年後は貯蓄を取り崩す。どの同世代グループも三つのステージを順に経験する過程で、それよりも前に生まれた人々が属する既存の二つの同世代グループに加わることになる。このように、ある時点で常に複数の世代が重複するが、戦争（第1次および第2次世界大戦）、ベビーブーム（第2次世界大戦後20年間に生まれた世代）、伝染病（1918年のスペイン風邪）といった特異な状況が起こると、人口動態ショックによって、ある同世代グループの他のグループに対する相対的な構成比が変わってしまうのである。

　人口構成が期待リターンに影響を及ぼすと予想するOLGモデルもあり、理論的

には主に二つの経路によってそれが起きると考えられている。第一は、OLGの枠組みにおいて世代間の差を埋めるように、中年期と若年期の人口が少なくなると、相対的に厚みを増す定年後世代の消費によって需要超過が起こるというものである。定年後世代は金融資産の保有を嫌い、実際に消費に充当するために換金する。市場にとってそれが資産価格の下落につながることは明白である[16]。Abel（2001）はこの考え方を用いて、ベビーブーマー世代の定年に伴い、株価下落が起こると予測した。しかし、その予測がはっきり表れているわけではなく、例えばBrooks（2002）は、株価に対するベビーブーム効果は弱いと主張した。人口動態から株価が予測できるとする第二の理由は、各同世代グループが異なるリスクを抱えているために全体としてのリスク特性が変化し、それに伴って株価も変動するというものである。広く引用されているBakshi and Chen（1994）の研究によると、人は年齢を重ねるにつれてリスク回避的になり、人口全体の平均年齢が上がるにつれ、株式プレミアムは上昇する。

　人口動態リスクと資産価格の関係を調べるには、国際的なデータを用いることが重要である。人口動態は時間をかけて変化するため、1ヵ国だけに起こったことを用いるのは信憑性が低いのである。国に関して横断的分析を行っている論文には、Erb, Harvey, and Viskanta（1997）、Ang and Maddaloni（2005）、Arnott and Chaves（2011）などがある。それによると、国際的に実証した結果からも、人口動態がリスク・プレミアムに影響を及ぼすことが明確に現れている。

政治リスク

　アセット・オーナーが考慮すべき最後のマクロ・リスクは、*政治リスクまたはソブリン・リスク*である。政治リスクは新興国市場では極めて重要である。すなわち、政治リスクが大きいほど、投資家がそのリスクに耐えることに対する補償としてのリスク・プレミアムも大きくなるのである。政治リスクは、かつて新興国市場のみの関心事と考えられていた[17]。しかし、金融危機をきっかけにその状況は大きく変わり、今後は先進国においても政治リスクは重要になるであろう[18]。

3 動的ファクター

　CAPMのファクターとは市場ポートフォリオであり、低コストのインデックス・ファンド、ETF、株式先物等を用いれば、市場ファクターを取引することは可能である。またその他にも、取引可能なファクターがある。これらのファクターはマクロ・リスクを反映したものであり、また経済に内在するファンダメンタル・

リスクもある程度反映しているはずである。しかし、インフレや経済成長率等のマクロ・ファクターは、通常は直接取引されるものではない（ボラティリティを除くと、少なくとも同じレベルでは取引できない）。したがって、動的ファクターは投資家のポートフォリオにおいて容易に実現できる点で大きな優位性がある。

　ここでは、Fama and French（1993）が提唱し、最もよく知られた取引可能なマルチファクター・モデルを用いて、動的ファクターの例を示してみよう。本書では「スタイル・ファクター」「投資ファクター」「動的ファクター」を同義に用いている。また、これらは時として実務担当者によって「スマート・ベータ」「オルタナティブ・ベータ」とも呼ばれている。

3.1　Fama and French（1993）モデル

　Fama and French（1993）モデルは、リターンを三つのファクターから説明するモデルで、従来のCAPMファクターに加え、サイズやバリュー／グロース効果をとらえるための2ファクターが加わる。

$$E(r_i) = r_f + \beta_{i,\ MKT} E(r_m - r_f) + \beta_{i,\ SMB} E(SMB) + \beta_{i,\ HML} E(HML) \tag{7.2}$$

追加されたSMBとHMLの2ファクターが通常のCAPM市場ファクターと並んで示されている。

　ここで、CAPMにおける市場ファクターの影響について簡単にまとめておこう（第6章参照）。市場低迷時には市場ファクターのエクスポージャーが大きい株式（高ベータ株、すなわち$\beta_{i,\ MKT}$が大きい株）は、市場と同様に低調になりやすい。つまり、株式市場が暴落する局面では、高ベータ株も同時に暴落しやすいのである。しかし長期的には、高ベータ株は投資家が市場低迷期、すなわちCAPMによって市場リターンが低い時期と定義される悪環境期に被る損失を埋め合わせるべく、市場ポートフォリオよりも平均で見て高いリターンとなることがCAPMから予想される。

　Robert Merton（1973）、Stephen Ross（1976）およびその他複数の研究者は、1970年代に理論的マルチファクター・モデルの枠組みを構築したが、市場ファクター以外のファクターが存在することを実際にデータで示し、その研究を浸透させるのにさらに20年を要した。これらのファクターのうちの二つが、ファーマ＝フレンチモデルのサイズとバリューである。ただしファーマとフレンチはこれらのファクターの効果を発見したのではなく、その効果をとらえるための簡潔なモデルを提供しただけなのである。もともとの発見者にとっては残念なことではあるが、現在

ではこれらのリスク・ファクターに関する名誉はファーマとフレンチに与えられている。

式（7.2）のファーマ＝フレンチモデルで市場ファクターの次にくるのは*SMB*ファクターである。これは、小型株のリターンから大型株のリターンを引いた差（Small Minus Bigの頭文字をとって*SMB*）であるが、ここでいう小型や大型は単に株式の時価総額に基づくものである（ファーマとフレンチは明らかにビジネスマンではないため、ファクターの名称はやや平凡である）。*SMB*ファクターは、小型株のリターンが大型株を上回るという事象をとらえるために設計されたものである。

ファーマ＝フレンチモデルにはこの他に*HML*ファクターがある。これは、純資産株価倍率が高い株式のリターンからそれが低い株式のリターンを引いた差（High Minus Lowの頭文字をとってHML）である。ここで用いる純資産株価倍率は純資産を時価総額で割ったもの、または株式価値を純資産で割って基準化した値の逆数である。一言でいえば、バリュー戦略とは、（純資産、売上、利益、配当等の基準で）割安な株式を購入し、（同様に適切な基準により）割高な株式を売却することである。学術的な世界ではほとんどの場合は純資産を基準として用いるから、バリュー株は純資産に対して相対的に価格が低い株式であり、グロース株は純資産に対して相対的に価格が高い株式である。そしてバリュー効果とは、平均で見てバリュー株がグロース株をアウトパフォームする現象を指したものである。もちろん純資産以外の指標を用いて株価を基準化することもでき、それは実務者が自らの（しばしば自分だけのために）バリュー・ファクター（HMLファクター）を構築する際に用いる手法である。

ファーマ＝フレンチモデルの*SMB*および*HML*ファクターは、*ファクター模倣ポートフォリオ*として、それぞれサイズ・プレミアムとバリュー・プレミアムをとらえるために作られている。すなわち、（CAPMおよびマルチ・ファクターにおける）分散投資の概念を用い、多くの株式を平均することにより、サイズとバリューのファクターを確実にとらえるべく設計されているのである。これらのファクターはロング・ショートのポートフォリオであり、市場ポートフォリオのポジションは取り除かれる[19]。しかし、すべての銘柄が小型ではあり得ないし、またはすべての銘柄が大型でもないので、平均的な株式がもつのは市場エクスポージャーのみである。これは、平均的な投資家は市場を保有するという深遠なCAPMの解釈と密接に関係している。この点を以下で詳しく見ていく。

第7章 ファクター　275

まず、バフェット、じゃなかった、ハフェットというバリュー株があったとしよう。ハフェット社は、例えば純資産ベースで測られたファンダメンタル価値より取引価格が低い会社の株を購入するのが好きな経営者に率いられている。式（7.2）のファーマ＝フレンチモデルでは、ハフェット社のHMLベータ$\beta_{i,\ HML}$は正の値である。バリュー株はグロース株より平均的に高いリターンをあげるので、ハフェット社の株の期待リターンは、CAPMによる想定に比べて$\beta_{i,\ HML} \times E(HML)$だけ高くなる。つまり、ファーマ＝フレンチモデルは「バリュー効果の存在」を考慮してハフェット社の株のリスク・プレミアムをプラス方向に調整しているわけであるが、それはHMLが正のリスク・プレミアムをもつように作られているからである（HMLファクターが、純資産株価倍率の高い株式、すなわち高リターンのバリュー株をロングし、純資産株価倍率の低い株式、すなわち低リターンのグロース株をショートすることに相当することを思い起こしてほしい）。

　次にエンロン、おっと失礼、ここではインロンという、買収で急速に成長しているグロース企業を考えてみよう。インロン社は企業買収によって急速に規模を拡大している。同社のHMLベータは負の値である。CAPMの想定に比べると、インロン社の株の期待リターンはマイナス方向に調整される。というのは$\beta_{i,\ HML} \times E$$(HML)$がマイナスだからである。すなわち、インロン社の株は反バリュー株、もしくはグロース株であるためにリターンが低下してしまうのである。

　ファーマ＝フレンチモデルでは、SMBとHMLのベータの平均値はゼロに近い。つまり、実際の市場はサイズやバリューに対して中立なのである。平均的な投資家が市場全体を保有するのと同様に、平均的な株式はサイズやバリューの偏りがなく、市場エクスポージャーをもつだけである。さらに、CAPMでは各株式ベータの平均は1であるが、これは市場全体のベータでもある。市場自体はGDP成長率やインフレ率、および前節で取り上げたマクロ・ファクターの影響を受ける。式（7.2）で表されるファーマ＝フレンチモデルでは、ハフェット社のようなバリュー株やインロン社のようなグロース株の価格をそのような市場に対して相対的に価格づけするのである。

　CAPMとファーマ＝フレンチモデルの一つの重要な仮定は、ベータが一定の値をとることである。しかし過去の検証では、いくつかの資産のシステマティック・ファクターへのエクスポージャーは時間とともに変化し、特に悪環境期に高まることが示されている[20]。つまり、ベータの変化そのものがリスクの源泉になり得るのである。悪環境期にベータが上昇しやすいということから考えると、金融危機時に

おけるリスク性資産のリターンのマイナス幅は、ベータが一定だと想定したときのものよりも大きかったことは間違いない。

3.2 サイズ・ファクター

サイズ効果はBanz（1981）によって発見され、Reinganum（1981）も同様の結果を残している。それはベータ調整後の小型株リターンが大型株を上回る傾向が「あった」という事実に言及したものである。ここで過去形がふさわしいのは、1980年代半ば以降は明確なサイズ効果が見られないからである。

図7.6では、1965年1月〜2011年12月の期間について、市場効果を除外した*SMB*戦略に1ドル投資した場合の価値を実線で示している[21]。この図に示す*SMB*リターンは、バンズやレインガナムによる研究が発表された直後の1980年代はじめ頃に最高値をつけ、1980年代半ば以降は市場エクスポージャー調整後の小型株にはプレミアムが見られなくなった。世界的な分析結果を見ても、1980年代半ば以降は小型株の影響は非常に弱い。世界的なデータを検証したDimson, Marsh, and Staunton（2011）は、もし今日の研究者がサイズ効果の存在を明らかにしようと

図7.6　SMBとHML戦略の市場調整後リターン（資産価値表示）の推移

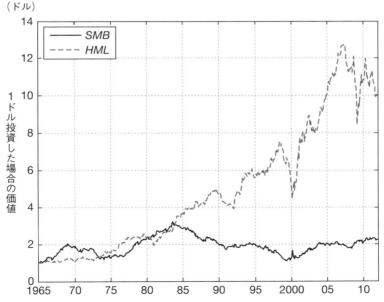

しているにしても「プレミアムの大きさは特段注目に値するものではなく、小型株投資がフリーランチであるということには決してならないだろう」と述べている。Fama and French（2012）もまた、近年の世界各国のデータを幅広く分析した結果、サイズ・プレミアムは存在しないことを見出している。

　サイズ効果が消滅してしまった理由は二つ考えられる。第一の理由は、最初にサイズ・プレミアムを発見したのは、単にデータマイニングだった可能性があるというものである。Fischer Black（1993）は、ファーマ＝フレンチが論文を発表した直後にそうコメントした。そこでは、サイズ効果の「発見」はRosenthal（1979）の「お蔵入り問題」の一例だとされたが、今日であれば「ハードディスクドライブ問題」（または「クラウド問題」）だといえよう。研究者は、統計的に有意でない（統計的有意性を判断するには標準的な p 値0.05を用いる）研究結果の95％をハードディスクに保存し、統計的に有意な残りのわずか5％のみを発表する。サイズ・プレミアムの発見者たちは、たまたま統計的に有意な5％に分類される中に収まり、単に運がよかったのだといえる。データマイニングの結果は得てして、モデルが当初推定されたときには効果はイン・サンプルで有意となるが、発見後に再度モデルをテストすると、アウト・オブ・サンプルではうまくいかない。バンズのサイズ効果はそもそも最初から存在せず、バンズやレインガナムの発見は単に幸運だったのである[22]。

　第二の理由は、サイズ効果は実際に存在するが、それが発見されたというニュースに基づいて合理的かつ積極的な投資家が行動し、サイズ効果がなくなるまで小型株を購入し続けたというものである[23]。これに関連していえば、サイズ効果が見られなくなったことはGrossman-Stiglitz（1980）が提唱する準効率的な市場によって最もよく表されるものであり、投資家はそこでアノマリーを機敏にとらえているのである。このように見ると、サイズ効果はシステマティック・ファクターにはなり得ないし、ファーマ＝フレンチモデルから除外されるべきである。

　それでも、小型株のリターンが、平均で見て大型株を上回っているということには注意しなければならない。バリューやモメンタム（後述する）などのサイズ以外のファクター効果は、小型株でより顕著に現れる[24]。また、小型株は大型株に比べると流動性に劣る傾向がある。純粋な小型株効果とは、CAPMベータ調整後で小型株に超過リターンが得られる可能性があるというものである。したがって、今日のようにサイズ効果が明確に現れないということは、アセット・オーナーは単にリスク調整後のより高いリターンを追求する目的で小型株にポジションを傾けるべき

278　第Ⅱ部　ファクター・リスク・プレミアム

ではないということを意味する。より高いリターンを求めて小型株を選好すること
が擁護されるのは、市場全体をショートできない（つまり小型株の市場エクスポー
ジャーを取り除くことができない）場合くらいである。つまり、レバレッジが掛け
られない投資家がより高いリターンを追求するために小型株にポジションを傾ける
ことはあり得るのである。一方、運用上の制約がなく、単に小型株に投資したいだ
けが理由であるのなら、それは説得力があるとはいえない。

3.3　バリュー・ファクター

　サイズ・プレミアムとは異なり、バリュー・プレミアムは頑健である。図7.6で
は、バリュー戦略の累積リターンをHMLで示している。バリュー戦略は過去50年
間、大きな収益を生み出した[25]。図7.6を見れば、バリュー戦略がうまく機能しな
い時期や、場合によってはそれが複数年に跨ることもあったことがわかる。1990年
代初頭の景気後退期、1990年代末期のITバブル期、また2007〜2008年の金融危機
では、バリュー戦略は大きな損失を出した。バリュー戦略のリスクは、長期的に見
ればバリュー株がグロース株のリターンを上回るが、短期的には下回ることがあり
得るという点である。バリュー戦略にリスクがあるというのはそういう意味であ
る。

　バリュー株効果は1930年代から知られている。グレアムとドッドは1934年に有名
な著書『*Security Analysis*（邦題：*証券分析*）』を出版したが、これはファンダメ
ンタル・バリューから見た割安株を見極めるためのガイドとなる本であった。研究
者や実務家は、今日では様々なバランスシートの変数やそれを変換したものをファ
ンダメンタル・バリューの代理変数として用いている。グレアムとドッドは、著者
が教鞭をとっているコロンビア大学ビジネススクールに在籍していたが、堅固なバ
リュー投資の伝統は、今日でも、著者の研究室やハイルブラン記念バリュー投資研
究センターで続いている。バリュー効果に関する現代の学術的研究はBasu（1997）
から始まり、過去数十年間にバリュー・プレミアムを説明する膨大な論文が発表さ
れた。多くのファイナンスに関する研究分野がそうであるように、これらの説明の
ほとんどは合理的期待理論と行動理論の二つの陣営に大きく分けられる。

3.4　バリュー・プレミアムの合理的期待理論

　合理的期待理論によるバリュー効果の説明では、バリュー株は、市場エクスポー
ジャー調整後では他のバリュー株と連動して動く（グロース株とは反対の動きをす

る）。したがって、すべてのバリュー株は、揃って良好なリターンを示すか、もしくは揃って低調なリターンとなる。異なった動きをするバリュー株を探し出すのは、例えばヘビーメタルのコンサートでノリの悪い観客を見つけるようなものである。高い高揚感は長続きせず、翌日に偏頭痛に悩む観客がいるのと同様に、バリュー株がいつも良好なリターンをあげるとは限らない。バリュー投資にはリスクがあり、程度の差こそあれ、それはどのバリュー株にも共通している。ポートフォリオを組成することによってある程度のバリュー・リスクを分散させることもできるが、バリュー・ファクターの動きのほとんどは分散投資によって除去することはできない（実際にファーマとフレンチはHMLファクターを構築する際にこの共変動を発見した）。APTの観点から見れば、リスクをすべて分散投資によって除去できないからこそ、残ったリスクが均衡価格として織り込まれ、それがバリュー・プレミアムになるのである。

　ファーマ＝フレンチモデル自体は、なぜバリュー投資がプレミアムをもたらすかについては語っていない。対照的にCAPMは、市場ファクターの価格づけの理論を提供し、市場リスク・プレミアムさえも決定する（式（7.1）および第6章参照）。さらに先に進むためには、バリュー・プレミアムが存在する経済学的理由を掘り下げて考える必要がある。

　プライシング・カーネルによる定式化では、リスク・プレミアムが存在するのは悪環境期の損失を補償するためである。ここで鍵となるのは悪環境期とは何かを定義することである。図7.6をもう一度見てみよう。バリュー戦略にとっての悪環境期は、景気が悪いときと必ずしも重なっていない。確かに、景気後退期に入ってすぐにそれから抜け出した1970年代末から1980年代初頭にかけての期間は、バリュー戦略も低調であった。また、1990年代初頭の景気後退時にもバリュー戦略は低調であったし、バリュー戦略が大きな損失を出した2008年の金融危機発生時も紛れもなく経済的な悪環境期である。しかし、1990年代末期の株式相場上昇局面はどうであろうか。このときは景気が拡大していたにもかかわらずバリュー投資は低調だったのである。合理的期待理論による説明では、バリュー戦略が他の戦略を下回るような、それ自身の悪環境期が何かを特定すべきであり、それが平均で見てプレミアムを得ることにつながる。

　バリュー・プレミアムを説明するいくつかのファクターがあるとすれば、それには投資の伸び、労働所得リスク、非耐久財消費、「贅沢品」消費、住宅リスクなどが該当する。また、ある特別な種類の「長期的な」消費リスクもバリュー・プレミ

アムを説明することに、ある程度成功している[26]。これらのファクターによって定義される悪環境期にはバリュー株のベータが上昇し、それがバリュー企業のリスクをとりわけ高めることになる[27]。

企業投資のリスク

バリュー企業とグロース企業の行動に関する重要な洞察を行ったのはBerk, Green, and Naik（1999）である。彼らの研究はリアル・オプションをベースにしたもので、経営者の役割は企業価値を高めるためにリアル・オプションを最適に行使することであるとしている[28]。その場合、企業価値には、資産の現在価値に加え、経営者が行使する（またはしない）ことを選択できるオプションの価値も含まれる。CAPMは線形モデルであるため、オプション的な特性がある場合には十分に機能しない（第10章参照）。これに対して、バーク、グリーン、ナイクは、経営者は市場リターンが低迷する局面においてオプションを最適に行使することを示した。これらのオプションは純資産株価倍率（およびサイズ）の特性と動的にリンクし、結果的にバリュー・プレミアムを高めるものである。バリュー企業にはリスクが伴うが、そのリスクは、CAPMや他のマクロ・ファクターと同様に、従来からある悪環境期のリスクである。それらの企業が悪環境期に被る損失を受け入れられる者のみがバリュー投資家になれるのである。

ルー・チャンに、バリュー・プレミアムを説明する一連の論文を書いたが、これは企業のベースとなる生産技術がどのようにバリュー企業のリスクに影響を及ぼすかという観点によるものである。このうち特に重要な論文はZhang（2005）であり、Cochrane（1991, 1996）が導入した*生産に基づく資産価格評価*の枠組みを拡張した。コクランは、企業の収益を知るにはその企業の投資状況を調べるべきだと説いた。コクラン＝チャンによる説明の要点は、バリュー企業とグロース企業が異なるのは、柔軟性やショックへの対応速度だというところにある。環境が悪くなるとバリュー企業のリスクは高まるが、その理由は非生産的な資本をより多く抱え込んでいるからである。鳴かず飛ばずの製品を生産するバリュー企業を考えてみよう。この企業は環境が悪化しても収益の高い製品にシフトすることができずに、相変わらずこれらの製品を作り続ける。資本を回収しようにも設備を売却できない。経済学者の業界用語では、これを*高く非対称な調整*コストと呼ぶ。一方で、グロース企業は簡単にそのような状況から脱却できる。なぜなら、グロース企業には若く活力にあふれた社員がいて、会社の資本の大部分はその人的資本であって、人気のない製品を作り続ける工場ではないからである。このように、バリュー企業のリス

第7章　ファクター　281

タはグロース企業よりも基本的に高く、そのために長期的なプレミアムが要求されるのである。

アセット・オーナーのための合理的期待理論からのアドバイス

　こうした理論上定義される悪環境期がバリュー株にとって本当に悪環境期に当たるのかは学界でも依然として論争中である。しかし、学術上の論争はアセット・オーナーにとっては関係のないことで、前述のコクラン＝チャンの説明とその他のリスク・ファクターに関する説明が食い違っていても、バリュー株にポジションを傾けるべきかどうかを考えているアセット・オーナーは深刻にとらえるべきではない。

　平均的な投資家は市場ポートフォリオを保有していることを思い出してほしい。アセット・オーナーはこれらの合理的な理論を踏まえ、各ファクターによって悪環境期の定義が異なるとした上で、それが本当に自分にとっての悪環境期なのか問うてみるべきである。投資パフォーマンスが低い局面でも支出を削る必要がないのなら、平均的投資家にとっては悪環境期でも、それは自分にとっては悪環境期には当たらない。この投資家はバリュー株を保有することに相対的な優位性をもち、バリュー・プレミアムが獲得できるのである。また、環境が悪い時にバリュー株が被る損失に耐えられない別の投資家は、バリュー株の保有を好まないだろう（そうであればグロース株を保有すべきである）。結局のところ、バリュー株、グロース株いずれかを選好する投資家が存在するとしても、平均的な投資家はマーケット全体を保有している。あなたがバリューとグロースのどちらのタイプに属するかは、それぞれの悪環境期にどう行動するかによって決まるのである。

3.5　バリュー・プレミアムの行動理論

　バリュー・プレミアムに関する行動理論のほとんどは、最近のニュースに対する投資家の過剰反応や過大推計であるという解釈を軸に展開している。これに関する標準理論を最初に展開したのはLakonishok, Shleifer, and Vishny（1994）である。投資家は過去の成長率を未来にも過大に当てはめる傾向がある。本書執筆時点では、グロース株の申し子といえる典型例はアップル社（AAPL）であるが、この企業は誰もがもっている一連の必携商品を世に送り出し、過去数年にわたって目覚ましい成長を遂げた。投資家はアップルの過去の高成長が将来も続くと勘違いする。成長企業は一般に、過去に高い成長を果たしており、このような企業の株、すなわちグロース株は将来への過度の楽観によって非常に高い水準まで買い進められる。し

かし、この成長期待が実現しないと株価は下落し、バリュー株よりもリターンが劣る結果になる。この説明によれば、合理的期待理論から説明されるようにバリュー株のリスクが基本的にグロース株より高いというわけではない。バリュー株が割安なのは投資家が将来の成長を過小評価しているからであり、逆にグロース株が割高なのは将来の成長に過大な期待をしてしまうからである。

バリュー効果は投資家の心理的バイアスからももたらされる。Barberis and Huang (2001) は、*損失回避*と*メンタル・アカウンティング（心の家計簿）*という二つの心理的バイアスからバリュー効果を説明した。損失回避については第2章で述べた通りである。投資家にとっては、同じ額であっても利益の喜びよりも損失の苦しみの方がより大きく、一度の損失より損失の繰り返しの方が痛みが大きい。また、メンタル・アカウンティングによれば、投資家は、ポートフォリオ全体の収益と損失よりも個別株式の動向にとらわれてしまう。バルベリス＝ファンのバリュー効果に関する説明によると、純資産株価倍率が高い株式の価格は割安だが、それは以前に悲惨なリターンを経験した結果なのである。投資家はこの点をリスクと感じるため、保有に見合う高いリターンを要求するのである。

行動理論のモデルにとって致命的ともいえる疑問は、なぜもっと多くの投資家がバリュー株投資を行わないのかということである。もしそれが行われれば、サイズ・プレミアムに対して起こったように（少なくともグロスマンとスティグリッツの解釈ではそうである）、バリュー株の価格が上昇してバリュー・プレミアムは消えてしまうであろう。見方を変えれば、なぜもっと多くのバリュー投資家が存在しないのだろうか。これは見過ごせない点である。1930年代からグレアムとドッドのメッセージが広く浸透していることは、バリュー投資の教祖であるウォーレン・バフェットを囲んだまるでカルト集団のようなバークシャー・ハサウェイ社の年次報告会の熱狂や、コロンビア大学ビジネススクールのグレアム・ドッド年次朝食会からも明らかである。

おそらく投資家は、バリュー株投資が非常に難しいものだと考えているのであろう。しかし、純資産株価倍率ベースで株式を分類するシンプルな戦略は、インターネットから無料で入手できるスクリーニング・ツール等によって、個人投資家にとってさえ身近な投資手法になっている。この理由は、おそらく1970年代に発展した効率的市場理論（第6章参照）の遺産であろう。しかし実際には、アクティブ運用者は効率的市場を信用したことはないし、現代ではもはや研究者もそれを信じてはいない。

おそらく、バリュー投資を効果的に実践するだけの十分に長期の投資期間を想定している機関投資家も多くは存在しないのであろう。ここで示すバリュー効果は、バフェットを含む一部の投資家が実践する「ディープ・バリュー」とは異なる。ディープ・バリューは5〜10年の投資期間を必要とするが、ここで示す純資産株価倍率のバリュー効果は3〜6ヵ月間の効果である。しかし、多くの「長期的な」投資家にとっては、それでも長すぎるのかもしれない。

アセット・オーナーのための行動理論からのアドバイス

　投資家が自身の投資について、行動理論の見地から考えるべきことは単純である。それは、市場とは違って自分に過大推計や過剰反応をしない能力はあるのかどうかということである。さらに、仮に自分が過大推計をすることがわかっているのなら、それは平均的投資家よりましなのかどうかということである。もしあなたが他の人々と同じような行動をとるタイプであるのなら、単純に市場ポートフォリオを保有しよう。あなたがより過剰に反応するタイプならば、たぶん無意識であろうが、グロース株の比率が高くなる。もし他の人々とは逆の行動ができるのなら、バリュー投資はあなたのためにあるようなものである。

3.6　その他の資産クラスのバリュー投資

　バリュー投資は、本質的には利回りの高い（もしくは割安な価格の）資産を購入し、利回りの低い（割高な）資産を売却することである。株式投資ではこれをバリュー／グロース投資と呼ぶ。他の資産クラスでも高利回り資産を購入し、低利回り資産を売却するという同様の戦略があるが、その名称は異なる。多くの識者はこれらの戦略はバリュー投資と区別するべきであると見ているが、多くの点で共通した特徴をもっている。債券投資では、バリュー戦略はイールドカーブに乗るという表現をするが、これはデュレーション・プレミアムを指す（第9章参照）。コモディティではロール・リターンと呼ばれるが、リターンの符号がプラスかマイナスかは先物のカーブが右上がりになるか右下がりになるかによる（第11章参照）。

　外国為替市場ではバリュー戦略を*キャリー戦略*と呼ぶ。高金利通貨をロングして、低金利通貨をショートするこの戦略は広く浸透している。かつては、オーストラリアやニュージーランドといった国が前者で、後者は日本などであったが、最近では米国も後者の仲間入りをしている。これらのケースでは、それぞれの資産クラス内においても式（7.2）の変形版を用いることができる。例えばLustig, Roussanov, and Verdelhan（2011）によれば、次式を用いて通貨のキャリー・リターン（また

284　第Ⅱ部　ファクター・リスク・プレミアム

は「バリュー」・リターン）を定式化することができる。

$$E(FX_i) = \beta_{i, FX} E(HML_{FX}) \tag{7.3}$$

ここで、FX_iは投資通貨 i のリターンを表し、HML_{FX}は高金利通貨のロングと低金利通貨ショートの差で構成されるキャリー・ファクター、$\beta_{i, FX}$はそのキャリー・ファクターに対する通貨 i のエクスポージャーである。価格が割安だということと利回りが高いということを等価だと見れば、式（7.3）で表される外国通貨のバリュー戦略と式（7.2）で表される株式のバリュー戦略との間には概念上の違いはない。

Koijen et al.（2012）やAsness, Moskowitz, and Pedersen（2013）に見るように、バリュー戦略は資産クラス間で共通した部分をもつ。しかし、バリュー戦略のリスク・プレミアムについて、株式、債券、通貨といった市場それぞれにおいては合理的期待理論および行動理論から説得力のある説明ができているものの、それらの市場間の相互関係を説明する理論はほとんどない[29]。それでもバリューは広く使われているファクターであり、理論的には大口投資家が低コストかつ大規模に実際の取引を行うことが可能である。小口の投資家のためには、株式、債券、通貨などのバリュー戦略について、低コストのインデックス商品が存在する。数多くの資産クラスについてこれだけバリュー投資が普及しているということは、アセット・オーナーはファクター投資においてこれを十分活用すべきだということである。この点については第14章でもう一度議論する。

3.7 モメンタム

他の標準的ファクターとしてはモメンタムがある。ファーマとフレンチがサイズ・ファクターとバリュー・ファクター（HMLファクター）を定式化したのと同じ年に、Jegadeesh and Titman（1993）によってモメンタムが学界で突如クローズアップされた[30]。ミューチュアル・ファンド運用のスターであるリチャード・ドリーハウスのような業界の専門家は、すでに数十年間にわたってモメンタム効果を実践していた[31]。Jegadeesh and Titman（1993）は、金融データを配信するバリューライン社が、1980年代から価格モメンタム・シグナルを公表していたことを認めている。

モメンタム投資

モメンタム戦略とは、過去6ヵ月間（程度）好成績であった銘柄（勝者）をロングし、同期間低調であった銘柄（敗者）をショートするものである。モメンタム効

第7章　ファクター　285

果は、勝者が勝ち続け、敗者は負け続けるという現象をとらえたものだといえる。モメンタム・ファクターをWMLと呼ぶが、これは過去の勝者から敗者を引いたもの（Winners Minus Losers）であり、その頭文字をとってこう呼ばれる（これは、過去に上昇した株から下落した株を引いたもの（Up Minus Down）という意味でUMDと呼ばれることもある）。モメンタム投資は、サイズやバリュー投資と同様に銘柄横断的な戦略である。これは、一つの株式を時系列に観察するのではなく、一つの株式グループ（勝者）ともう一つの株式グループ（敗者）をある一時点で横断的に比較するものである。勝者と敗者は常に相対的であり、市場全体が上昇するか下落するかに関係なく各株式の勝敗は相対的に決まるのである。

モメンタム・リターンは、サイズ効果やバリュー効果を上回ることもある。図7.7は1965年1月～2011年12月の*SMB*、*HML*、*WML*の累積リターンを示したものであるが、この図を見れば結果は明白である。モメンタム戦略の累積リターンは、サイズやバリューよりも一桁大きいのである。また、モメンタム効果はすべての資産クラスにおいて現れる。それは、外国株式、コモディティ、国債、社債、業種やセクター、不動産と多岐にわたる[32]。コモディティ市場では、モメンタムはコモ

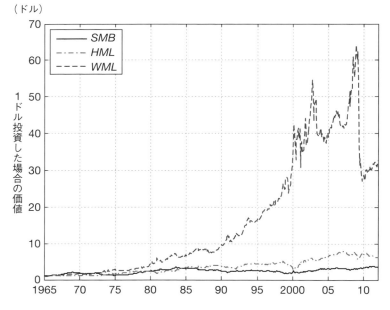

図7.7　SMB、HML、WML戦略のリターン（資産価値表示）の推移

ディティ・トレーディング・アドバイザー・ファンド（CTAファンド）と同義である。モメンタムは「トレンドは友だち（the trend is your friend）」という相場格言に倣って「トレンド」投資とも呼ばれている。

モメンタム・リターンは、バリュー・リターンの正反対というわけではない。図7.7における*HML*と*WML*の相関係数はわずか▲16％である。しかし、自身をグロース投資家だと思っている人の多くは、実のところはモメンタム投資家なのである。特にミューチュアル・ファンドがそうであり、純粋なグロース投資は最終的にはバリュー投資に負ける。そういった意味では、モメンタムはバリューの対極といえるだろう。バリュー投資は*ネガティブ・フィードバック戦略*であるが、それは株価が下落し続ければいつかはバリュー株になるのに十分な水準に達するからである。そこでバリュー投資家は、その銘柄が十分に下がり高い期待リターンになったときにその銘柄を購入する。バリュー投資はそういった意味では安定的な投資である。一方、モメンタム投資はポジティブ・フィードバック戦略である。過去の好成績銘柄は魅力的で、モメンタム志向の投資家が買い続けることでさらに株価は上昇する。しかし、このポジティブ・フィードバックの手法は最終的には不安定になり、周期的に図7.7のような大幅下落を経験する。次にこの点について説明する。

モメンタムの存在は、第4章で述べた長期投資家に対するリバランスのアドバイスとは矛盾しない。モメンタム戦略は第一義的には、資産クラス内のある時点における*銘柄横断的な戦略*である。それは特定のグループ（過去の高リターン銘柄）と他のグループ（過去の低リターン銘柄）を比較するものである。対照的にリバランス戦略は、基本的に資産クラスまたは戦略のレベルで行うべきものである。なぜなら、対象となる資産や戦略の長期的な存続を前提としているリバランスでは、長期には消失してしまうかもしれない個別株は対象にならないからである。モメンタム投資はバリュー投資と同様に、他の資産クラスにも当てはまる[33]。長期投資家の機動的戦略（Merton（1969）によれば、それは長期ヘッジ需要ポートフォリオ）の一部にもなり得る。

モメンタムは、しばしば投資ファクターとして用いられ、ファーマ＝フレンチモデルにも追加された[34]。

$$E(r_i) = r_f + \beta_{i, MKT}E(r_m - r_f) + \beta_{i, SMB}E(SMB) + \beta_{i, HML}E(HML) + \beta_{i, WML}E(WML)$$

$$(7.4)$$

上記の式はファーマ＝フレンチモデルと同じ考え方によるものである。モメンタム・ベータである$\beta_{i, WML}$はゼロ近辺に中心がある。勝者銘柄のモメンタム・ベータ

はプラスであり、式（7.4）を用いるとリスク・プレミアムはプラス方向に調整される。敗者銘柄はモメンタム・ベータがマイナスであり、リスク・プレミアムはマイナス方向に調整される。市場それ自体は相対的には勝者でも敗者でもなく、市場はあくまでも市場なのである。

モメンタムリスクの特徴

図7.7が示すように、モメンタムは平均的には極めて良好なリターンであるにもかかわらず、時折クラッシュする傾向があり、それが長引く場合もある。Daniel and Moskowitz（2012）がこの点について詳しく研究している。それによれば、モメンタムが大幅に下落した11回のうちの7回は1930年代の世界大恐慌の時に発生し、1回は2001年、残りの3回は2008～2009年の金融危機時に起こった。金融危機の際に大暴落したのはシティバンク、バンク・オブ・アメリカ、ゴールドマン・サックス、モルガン・スタンレーをはじめとする金融株と、環境変化の影響を強く受けたゼネラル・モーターズ社などである。下落した株は下がり続ける傾向があり、米国政府による救済策がなければ状況はさらに悪化したであろう。政府の救済措置は、下げ止まりのためのフロアの役割を果たし、結果としてその後の大暴騰につながった。モメンタム戦略はこれらの株式をショートする戦略であるため、モメンタム投資家は反転する局面で大幅な損失を被った。ここで注視すべきは、その他のモメンタム投資の大幅下落は、政策立案者が資産価格に大きな影響力をもった世界大恐慌時に集中していることである。モメンタム投資は、非常時における政策や政治リスクを反映しているように見えるのである。このような時期はボラティリティも高い水準にある。

モメンタムを説明する他の理論にはどのようなものがあるだろうか。興味深い研究結果によれば、少なくともモメンタムによる収益の一部はマクロ・ファクターと相関がある。例えば、モメンタムによる収益は、景気サイクルに応じて変化し、株式市場の環境にも依存し、また流動性とも関係がある[35]。モメンタムの合理的期待理論による説明では（現時点では完璧な研究というにはほど遠いが）、アセット・オーナーは、今まで議論してきたマクロ・リスクの複数の源泉にどう向き合うか、よく検討する必要がある。

モメンタム効果に関して最もよく引用されているのは行動理論に基づくものである。主要な行動理論では、モメンタム効果が発生するのは、情報に基づいて行動する投資家にバイアスがあるからだとされる。例えば、ある銘柄にとってプラスのよいニュースが発表されたとしよう。その場合、モメンタム効果は二つの経路で生じ

288　第Ⅱ部　ファクター・リスク・プレミアム

ると考えられる。第一は、投資家がこのニュースに対して遅れて過剰反応すると、価格が持続的に押し上げられるというものである。第二は、投資家がニュースに対して過小反応し得るというものである。株価は最初のうちは上昇するが、その情報がどれほどよい情報かを市場が完全に織り込むには至らない。その後、投資家はさらに学習し、株価は次の期間に再び上昇するのである。行動理論の説明は、このように二つの立場に分けられる。つまり、モメンタムとは過剰反応、もしくは過小反応による現象なのである。この二つを区別することは容易ではなく研究者を悩ませるところである[36]。

　先駆的な過剰反応モデルは、Barberis, Shleifer, and Vishny（1998）およびDaniel, Hirshleifer, and Subrahmanyam（1998）によるものである。Barberis, Shleifer, and Vishny（1998）では、投資家は*保守性バイアス*に苦しめられ、自分の信念にとらわれるあまり情報に対して過剰反応を示すことになる。これがモメンタムの源泉である。Daiel, Hirshleifer, and Subrahmanyam（1998）のモデルでは、投資家の心理的バイアスもモメンタム上昇の要因である。このモデルでは、投資家は*自信過剰*で、企業の将来キャッシュフローを予測できると過信してしまう。また、投資家の*自己奉仕*バイアスも存在する。すなわち、うまくいっているときには自分のスキルによるものと考えるが、うまくいかなくなると運のせいにする。情報が豊富で自信過剰な投資家は（個人投資家や自信過剰なヘッジファンド・マネージャーを考えてみよう）、好成績の見込める株式についてのプラスのシグナルに注視している。自信過剰なマネージャーは、良好なパフォーマンスを自分のスキルの賜物であると考えるが、これが過信につながる。自信がつくと過剰反応に走り、それがファンダメンタル価値を上回る株価上昇を起こすことになり、結果としてモメンタムが生まれるのである。

　過小反応理論に関する標準的な参考文献は、Hong and Stein（2000）である。ホンとシュタインは、情報が十分にない「限定合理性」をもつ投資家に着目した。ホン-シュタインモデルにおけるモメンタムは、企業価値に関する情報を受け取りつつも過去の株価は無視するような「ニュース・ウォッチャー」投資家によってもたらされる。これに対して、別のタイプの投資家は、過去の株価シグナルのみを頼りに取引し、ファンダメンタル情報を無視してしまう。ニュース・ウォッチャーが受け取った情報は時間遅れで徐々に広がるため、その情報が最初に市場に流れた際には部分的にしか株価に織り込まれない。これが過小反応を引き起こす。

　過剰および過小反応モデルのいずれにおいても、いつかは株価は反転するが、そ

第7章　ファクター　289

れは長期的なファンダメンタル価値に向けて回帰し始めたときである。

アセット・オーナーへのアドバイス

　行動理論の見地からは、アセット・オーナーは自分にどんな心理バイアス傾向があるか、自分のバイアスが他の平均的な投資家と比べてどう異なるかを考えるべきである。それは、自分が市場と同じように過剰反応（または過小反応）するのかどうかということである。また、市場の心理的バイアスがどう変化する可能性があるのかについてもあわせて考える必要がある。モメンタム戦略は負の歪度をもち、図7.7に示したモメンタム戦略の歪度は▲1.43である。投資家は、少なくともモメンタム戦略から被る大幅な損失に耐えることができる必要がある。歴史的に見ると、暴落の発生は、世界大恐慌や金融危機時のような本来起こるべきモメンタムの進行が政策立案者により中断された時期に集中している。

4　再考：バリュー投資

　ファクター・リスクとは、投資家にとっての悪環境期を表すものである。主にマクロ・ファクターと投資ファクターの二つのタイプのファクターがある。資産はファクター・リスクに晒されており、リスク・プレミアムがプラスの値のファクターへのエクスポージャーが大きければ（ベータが大きければ）期待リターンも高くなる。

　バリュー戦略は投資スタイル・ファクターの一例である。合理的期待理論では、バリュー投資は、悪環境期に損失をもたらし、それがバリュー株をリスクのあるものにする。ここでいう悪環境期とは、低い経済成長率や低い市場リターンなどで表される経済的な低迷期に一致するときもあれば、企業の投資などの他のファクターの成果が落ち込んでいるときを指すこともある。平均的な投資家は悪環境期を嫌い、バリュー株を保有するためのリスク・プレミアムを要求する。したがって、投資家にとってバリュー株は、悪環境期に被る損失を埋め合わせるだけの高いリターンが獲得できるのである。一方、行動理論の見地からは、バリュー株のリターンが高くなるのは、投資家がバリュー株の成長率を過小評価していることによる。グロース株や魅力的な株式の過去の成長率を将来に過大に伸ばすことにより、グロース株は過大評価され、バリュー株は過小評価されるのである。こういったバイアスが裁定取引で消し去られない限り、バリュー株は高い超過リターンを生むであろう。

　次の二つの章では、最も標準的な資産クラスであり、それ自体がファクターとも

290　第Ⅱ部　ファクター・リスク・プレミアム

いえる株式および債券に関するリスク・リターンのトレードオフ関係について述べる。

[注]

1 この戦略を含めて本章に出てくるその他のファーマ＝フレンチ戦略のデータについてはhttp://mba.tuck.dartmouth.edu/pages/faculty/ken.french/data_library.html参照。

2 Ilmanen（2011）はファクター・リスクに関する極めて広範囲にわたる研究を行っている。

3 各時点の株式リターンの分布において、マクロ・ファクターをリスクのシステマティックな源泉であると最初に考えた研究はChen, Roll, and Ross（1986）である。

4 GDP成長率に関連した変数には消費支出の実質伸び率がある。実質消費の動きは緩やかで、GDP成長率に比べると景気後退期や景気拡大期の間の変動もそれほど大きくない。第8章で株式リスク・プレミアムに触れるが、そこで消費リスクの影響について詳しく述べる。

5 デフレについてはここでは考慮しないが、それもまた資産価格が下落しやすいことから悪環境期といえる。

6 VIX指数はS&P500指数に対するオプションのボラティリティ指標であり、シカゴ・オプション取引所（CBOE）によって作成された。VIX指数は、ボラティリティそのものだけでなくジャンプ・リスクや歪度リスクまで含めた様々な大きな変動に関するリスクをとらえるが、この指数によってとらえられる主要な要素はやはり、ボラティリティとボラティリティ・リスク・プレミアムである。

7 Fischer Black（1976）による造語。

8 第6章の式（6.2）を参照。リスク・プレミアムが時間とともに変化していることについての根拠はBekaert and Wu（2000）参照。

9 例えば、株式についてはAnderson, Ghysels, and Juergens（2009）、債券についてはUlrich（2011）参照。

10 Bhansali（2007）、Menkhoff et al.（2012a）参照。

11 債券市場におけるマイナスのボラティリティ・リスク・プレミアムについてはSimon（2010）およびMueller, Vedolin, and Yen（2012）、通貨市場についてはLow and Zhang（2005）、コモディティ市場についてはProkopczuk and Wese（2012）、株式市場全体についてはBakshi and Kapadia（2003）およびAng et al.（2006）参照。個別株式に関しては、ボラティリティ・リスク・プレミアムがプラスになり得る（実際に一部の投資家は個別株式リスクを選好する）が、これについてはDriessen, Maenhout, and Vilkov（2009）参照。個別銘柄のリスク・プレミアムがプラスになる一方で、市場全体ではボラティリティ・リスク・プレミアムが有意にマイナスであることに関しては、多くの個別株式の値動きはその

銘柄に固有のものだという解釈のもとで説明されることがある（第10章参照）。ポートフォリオにおいては、個別銘柄固有の動きを分散した後に残るのは市場ボラティリティのリスクだけであり、そのリスク・プレミアムはマイナスである。主要なテキストでは、時間的に変化するボラティリティの「滑らかな」動き（拡散リスク）と突発的な変動（ジャンプ・リスク）の両方について、ボラティリティ・リスクを議論している。二つのボラティリティ・リスクの相違に関するより精緻なモデルについてはPan（2002）参照。

12　Sharpe（2010）は、リバランスをしない戦略のことを適応性のあるアロケーション方針と呼んでいる。

13　例えば、Backus and Gregory（1993）、Whitelaw（2000）、Ang and Liu（2007年）参照。

14　http://www.frbsf.org/csip/tfp.phpから入手可能。

15　多くのDSGEモデルでは、これらのリスクが株価にどう影響するのかについては触れていないが、Rudebusch Swanson（2012）による最新の研究ではそれに言及している。

16　これは、例えばGeanakoplos, Magill, and Quinzii（2004）における、主要な経済メカニズムである。

17　例えばHarvey（2004）は、先進国においてもわずかではあるが政治リスクが反映されていることを見出している。

18　政治リスクが株式リスク・プレミアムにどのように影響しているかに関する最近の論文としてはPástor and Veronesi（2012）参照。

19　SMBやHMLファクターは、時にオルタナティブ・ベータ（またはスマート・ベータ）の例とされることがあるが、個人的には動的ファクターと呼びたい。なぜなら、専門的には、ベータの厳密な意味はファクターに対するエクスポージャーであり、ファクターそのものではないからである。我々はファクターのポートフォリオに投資するのであって、ベータに投資するわけではない。

20　Ang and Chen（2002）参照。

21　図7.6および図7.7にあるSMB、HML、およびWMLのデータはhttp://mba.tuck.dartmouth.edu/pages/faculty/ken.french/data_lirary.htmlから取得した。

22　Harvey, Liu, and Zhu（2013）は、株式リターンを解明するべく数百のファクターを検証し、ファクター特定に関するデータマイニングの影響を詳細に調査した。

23　Schwert（2003）などがこの議論を展開している。

24　サイズとバリューの相互作用についてはLoughran（1997）、サイズとモメンタムの相互作用についてはChen, Hong, and Stein（2007）をそれぞれ参照。

25　興味深いことに、Ang and Chen（2007）を含む複数の研究者は、バリュー効果は20世紀の前半には見られなかったとしている。

26　労働所得リスクについてはSantos and Veronesi（2006）参照。Parker and

Julliard（2005）とLustig and van Nieuwerburgh（2005）は、それぞれ高級財消費と住宅リスクについて考察している。「長期的な」消費リスクについてはBansal, Dittmar, and Lundblad（2005）参照。

27　時間的に変動するバリュー株のベータについては、Lettau and Ludvigson（2001b）、Petkova and Zhang（2005）、Lewellen and Nagel（2006）、Ang and Chen（2007）、Ang and Kristensen（2012）参照。

28　この研究はMcDonald and Siegel（1985）から始まった。

29　債券については第9章、コモディティについては第11章参照。Burnside et al.（2010）はキャリー取引を災害理論に基づいて説明したが、これは株式プレミアムに対する災害理論による説明に似ている（第8章参照）。

30　モメンタムはLevy（1967）とともに学界に登場しているが、Jegadeesh and Titman（1993）の研究で明らかになるまで表舞台にはのぼらなかった。

31　Schwager（1992）がこの点に詳細に触れている。

32　株式、国債、通貨、およびコモディティにおけるモメンタムについてはAsness, Moskowitz, and Pedersen（2012）参照。過去のリターンに基づく標準的なモメンタム効果は、日本株では顕著には現れないが、別の方法では機能している（Chaves（2012）参照）。社債および不動産のモメンタムについては、それぞれJostova et al.（2013）とMarcato and Key（2005）参照。Menkhoff et al.（2012b）は、通貨のモメンタム効果について詳細な調査を行っている。

33　Blitz and Van Vliet（2008）参照。

34　Carhart（1997）が最初にこれを行った。

35　それぞれ、Chordia and Shivakumar（2002）、Cooper, Gutierrez, and Hameed（2004）、Pastor and Stambaugh（2003）参照。

36　例えば、Jegadeesh and Titman（2001）参照。

第 8 章

株　　式

第8章要約

　過去の株式のリターンは、長期債やキャッシュ（または短期債）に比べて高かった。株式のリスク・プレミアムは、低い消費成長や災害またはその他の長期リスクによってもたらされる悪環境期の損失を負担する対価である。一方、株式はインフレに対しては驚くほど脆弱なヘッジ手段であった。また、株式のリスク・プレミアムは理論上は予測可能だとされているものの、それを統計的に検証することは困難である。一方、株式のボラティリティはそれよりはるかに予測可能性が高い。

1 失われた10年

　2000年代は株式のリターンにとって「失われた10年」であった。図8.1は、2000年1月1日にS&P500指数、財務省証券（長期国債）、キャッシュとも呼んだ方がいいような財務省短期証券（短期国債）に1ドル投資した場合に、2010年12月31日までにその価値がどう推移するかを示したものであるが、この間の株式のパフォーマンスはひどいものであったことがわかる。2000年の終わりには下落が始まり、2001年9月11日のテロ攻撃とその後の景気後退によって、株式のリターン低下に拍車がかかった。最初に投資した1ドルのうち40セント以上を2002年9月までに失ったところで下落は止まり、2000年代半ばにその損失分を取り戻したが、2007年にはサブプライム住宅ローンの状況悪化によって累積損益は再びマイナスとなった。そして世界金融危機が訪れ、2008年には株式はその価値の37％を失ったのである。政策担当者たちが金融市場を安定させ、経済が改善し始めた2009年には株式市況も回復したが、それでも11年前に投資した最初の1ドルは2010年12月31日にわずか1.05ドルに増加したにすぎない。単に短期国債に投資していれば2010年12月31日には1.31ドルになっていたのであるから、投資家にとってはその方がよかったといえ

294　第Ⅱ部　ファクター・リスク・プレミアム

る。その短期国債以上にパフォーマンスが良好であったのが長期国債で、株式や短期国債を上回る2.31ドルでその10年を終えている。

　失われた10年の株式のパフォーマンスは芳しくなかったが、長い期間をとれば、株式のリスク・プレミアムは債券やキャッシュに比べて高い。図8.2は、Dimson, Marsh, and Staunton（2011）によって示されたものであり、1900～2010年の世界19ヵ国の株式および債券の平均リターン（y軸）とボラティリティ（x軸）をプ

図8.1　株式、債券、およびキャッシュ（短期国債）のリターン

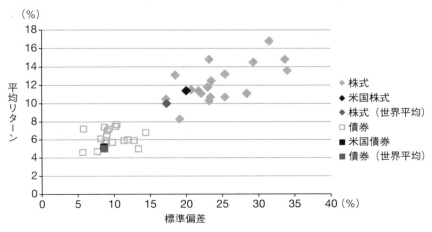

図8.2　株式および債券のリターンとボラティリティ（1900～2010年）

ロットしている。ここで示した国は、オーストラリア、ベルギー、カナダ、デンマーク、フィンランド、フランス、ドイツ、アイルランド、イタリア、日本、オランダ、ニュージーランド、ノルウェー、南アフリカ、スペイン、スウェーデン、スイス、英国、米国である。米国と世界平均は、他の国と区別できるように強調して示している。この図8.2では、グラフの左下隅にすべての国の債券が集まる一方で、右上隅に株式が集まっていることがわかる。すなわち、株式は長期的には債券に比べて高いリターンをあげているが、一方でボラティリティも高いのである。米国では、平均リターンは債券の5.2％に対して株式は11.4％、リターンのボラティリティは債券の8.6％に対して株式は20.0％であった。このように、長期的には債券を上回る株式のプレミアムが観測されているが、これは非常に高いボラティリティを伴うものである。

　今後も株式の高いプレミアムは続くのだろうか。それとも、次の10年も「失われた10年」になるのだろうか。その問いに答えるためには株式リターンのパフォーマンスおよびボラティリティを説明するファクターが何なのか、そしてそのリスク・ファクターが将来も持続するのかどうかを理解しなければならない。それは、*市場全体*がどのように価格づけされ、その価格が時間とともにどのように変動するのかという問題である。

2 株式のリスク・プレミアム

　前章では、ファクター・リスクから生じるリスク・プレミアムによって、投資家が悪環境期に負った損失がどのように補償されるのかについて述べた。この前章で示したファクターの一つが*消費*であり、それは経済成長の大枠をとらえる多くの変数群の一つである。*消費に基づく資産価格評価*モデルにおいては、すべてのリスクは消費に集約される。悪環境期は社会または経済のすべての構成主体があまり消費しないことによって起こるのである。ここでは社会のすべての主体が*代表的経済主体*、すなわち平均的な個人または平均的な投資家だと仮定する。平均的な投資家は、株式を保有する対価として*株式リスク・プレミアム*を享受する。最も基本的な消費モデルにおいては、一人当り実質消費成長率という一つのファクターしかなく、その他のファクターは消費に影響するという点でのみ重要である。このモデルが意味をもつのは、突き詰めて考えれば経済主体が最終的に何を消費するかということだけを問題にするからである。

　*株式プレミアム・パズル*とは、リスク・ファクターとして消費を用いると株式プ

296　第Ⅱ部　ファクター・リスク・プレミアム

レミアムが想定よりも小さくなってしまう現象を指す。それはどの程度小さいのだろうか。1985年にラジュニシュ・メーラとエドワード・プレスコットが書いた論文がこの難問に挑んだ。その中で彼らは、リスク回避度が1〜10という合理的なリスク回避レベルであれば、リスクフリー資産に対する株式プレミアムは1％よりかなり小さいと主張している。ここで仮定したリスク回避度は、ほとんどの個人がその範囲に収まる水準である（第2章参照）。図8.2はDimson, Marsh, and Staunton (2011) による1900〜2010年のデータを示したものであるが、長期債および短期債に対する米国株式の平均超過リターンはそれぞれ6.2％、7.4％である。同様に世界の株式については、それぞれ5.0％、6.0％である。すなわち、歴史的には株式のリターンは単純な経済モデルから導かれるものよりもかなり高かったのである。

　メーラとプレスコットの「The Equity Premium：A Puzzle（株式プレミアム：ある一つのパズル）」と題した論文は、すぐに新しい研究分野を生み出した[1]。彼らのモデルがベースにしたのはLucas（1978）であるが、これは金融経済学の分野で最も影響力のある論文の一つである。これによってルーカスは1995年にノーベル賞を受賞し、プレスコット自身もマクロ経済学モデルの発展への貢献によって2004年にノーベル賞を受賞している。

　ルーカスは、資産価格がどのように経済的なファクターに反応するかを調べる中で、資産価格が各経済主体の最適消費と市場の需給均衡によって決定されることを示した。メーラとプレスコットによるルーカス・モデルの改良形では、ファクターは消費であり、代表的経済主体は相対的リスク回避度一定（CRRA）で表される選好をもつと仮定されている（第2章参照）[2]。資本資産評価モデル（CAPM）が市場ファクターに対する感応度を通してすべての資産を評価するように、消費に基づく資産価格評価モデルは消費ファクターに対する感応度を通してすべての資産のリターンを説明する。しかし、消費ファクターと個別資産のリスク・プレミアムがどのように関係するかは、代表的経済主体のリスク回避度の大きさによって変わってくる。

　実際の株式のリターンは上記のような単純な前提で計算されたものに比べてかなり高い。このことを直観的に理解するため、表8.3に1947年6月〜2010年12月のS&P500指数の対数リターンを実質消費成長率とともに示した。これによれば、名目短期金利5％と実質短期金利2％のいずれを使っても、シャープ・レシオは約0.3となる。また表8.3は、株式リターンのボラティリティと消費成長率のボラティリティ水準がかなり異なっていることを示している。具体的には、株式のボラティ

第8章　株　　式　297

表 8 . 3　S&P500指数の対数リターンと消費成長率

	名目株式 リターン	実質株式 リターン	実質消費 成長率
平均	10.4%	7.1%	3.3%
標準偏差	16.5%	16.6%	1.7%
シャープ・レシオ	0.328	0.308	
	名目短期金利	実質短期金利	
	5 %	2 %	

リティは約17%と高く、消費のボラティリティは約 2 ％と低いのである。また、株式のリターンは消費成長率とはあまり連動しておらず、両者の相関係数は15%以下である。したがって、悪環境期に消費成長率が低下しても、株式のリターンが必ずしも低下するわけではない。消費が鈍化するような悪環境期にも株式の損失が出ないのであれば、均衡リスク・プレミアムが低くなければならない。

　ここで疑り深い読者は「だからどうした？」というかもしれない。消費はそれほど変動しないものであり、経済成長にはもっとよい代理変数があるし（第 7 章参照）、多くの経済主体が平均・分散型効用関数をもっているわけではなく、CRRA型効用が一例にすぎないことは前に述べた通りである（第 2 章参照）。これらを用いて高度に理想化されたメーラ＝プレスコット型経済における人工的な値に比べて実際の株式リターンが高いという株式プレミアム・パズルは、純粋に学術的な問題にすぎないのだろうか？　それとも、現実の世界における資産運用手法にかかわってくるのだろうか？

　多くの投資家が過去の高い実績リターンに基づいて大量の株式を保有していることを考えれば、株式プレミアム・パズルの解釈は重要である。過去のリターンの高さは非常に興味深いところだが、それは今後も続くのだろうか？　それとも、株式のリターンは、2000年代の失われた10年のような構図が永続する新しい段階に入っていくのだろうか？　株式のプレミアムが存在する理由を理解することによって、大量の株式を将来にわたって保有し続けるべきかどうかを判断する際の合理的な根拠が得られる。しかし、それができなければ、我々は単に過去の延長線上で株式投資を続けることになってしまう。経済学者はこの点に関して多くの説明を重ねてきたが、ここでは投資家に最も関係がありそうな四つの説について紹介することにしよう。

298　第Ⅱ部　ファクター・リスク・プレミアム

3 株式リスク・プレミアム・パズルの説明

3.1 市場のリスク回避度は（時として）非常に高い

　株式プレミアム・パズルに対する第一の説は、市場のリスク回避度が非常に高いことによる、というものである。ここで、下式で表される市場または代表的経済主体のリスク回避度 γ の下限値について考えてみよう。

$$\gamma > \frac{Sharpe\ Ratio}{\sigma_c} \qquad (8.1)$$

この（8.1）式で、「*Sharpe Ratio*」としたのは株式市場ポートフォリオのシャープ・レシオであり、σ_c は実質消費成長率のボラティリティを表す[3]。

　表8.3に示した過去データから求められるリスク回避度の下限はおよそ20である。これは第2章で議論したメーラとプレスコットによる合理的なリスク回避度水準の上限より相当高い。消費成長率が対数正規分布に従うとして、株式プレミアムに内包される平均的な投資家に対するリスク回避度を計算してみると120を超える。Hansen and Singleton（1983）による影響力のある論文を端緒として研究が進み、このような推定値が広く知られるようになったのである。

　代表的経済主体のリスク回避度は高く、おそらく120を超える。これが問題となるのは、個人のリスク回避度がそれほどは高くないという明らかな理由があるからであるが、これに加えて、Philippe Weil（1989）によって「リスクフリー・レート・パズル」と名付けられたもう一つの理由もある。株式プレミアムのデータは非常に高いリスク回避度と整合的であるが、メーラ＝プレスコット・モデルによれば、その高いリスク回避度はリスクフリー・レートを上昇させる。すなわち、非常にリスク回避的な代表的経済主体は株式を保有する際に大きなプレミアムを要求する一方で、時間的に極めて安定した消費を望むが、それを抑制するためにはリスクフリー・レートは非常に高くなる必要がある。「なぜ株式のリターンはそれほど高いのか？」という問いは「なぜリスクフリー・レートはそれほど低いのか？」という問いと表裏一体なのである。もし株式に投資することで*過大な*リターンを得ているとすれば、それは債券に投資して*過小な*リターンしか得ていないということと同値になる。

　株式プレミアム・パズルは*リスク回避度が経時変化する*モデル群によって説明することができるが、それらがどのように機能するかを、*習慣効用*モデルを使って簡

第8章　株　　式　299

単に説明してみよう。第2章にも出てきたこの効用関数は、富の絶対水準に関する効用ではなく、ある富の水準に対する相対的な効用を表現するために使われる。習慣効用関数においては、代表的経済主体の効用は過去の消費に対する相対的な消費水準、すなわち*習慣水準*によって決まるのである。その標準的なモデルはCampbell and Cochrane（1999）によって構築された。

　ソファーの上で眠り、共有アパートに住み、中古車に乗っている若い大学生をイメージしてみよう。彼女はバリスタの仕事をしている。その彼女が突然解雇されたとしよう。これは、彼女にとって悪環境期には違いないが、すでに質素な生活スタイルに慣れているので、それほど苦痛には思わないだろう。彼女の消費は、それまでの彼女の習慣と比較してそんなには落ち込まないからである。ここで、卒業と同時に、彼女が魅力的な仕事（思うに金融業界の仕事）を得たとしよう。それによって彼女の収入は大幅に増え、消費水準も上昇するだろう。彼女は明るい見通しをもって一人暮らしを始め、真新しい車を買い、タンスの中にはデザイナーズブランドの服が増え始める。彼女の消費習慣は向上したのである。ここで、再び彼女が突然解雇されたとすると、これは大変な悪環境期になる。彼女はバリスタをしていた時よりも貯金などを含めてある程度多くのお金をもっているのは事実かもしれないが、習慣消費水準は非常に高く、その習慣と比較して彼女の消費が落ち込んだことは非常に大きな苦痛であろう。高い水準の消費をしてきた彼女が低い水準に戻らなければならないのであるから、その*限界効用*は非常に高い。習慣形成モデルにおいて重要なのは、消費の減少そのものではない。それよりも重要なのは、習慣水準に比較して消費が減少することなのである。

　習慣形成モデルによって非常に高い*局所的*リスク回避度を説明することができる。景気後退に陥ると、式（8.1）によってリスク回避度は20から、場合によっては100以上といった非常に高い水準まで急上昇し得るが、その上昇は一時的である。経済学的な表現を用いれば、消費が習慣水準に接近するにつれて限界効用は非常に高くなるということが景気後退期に起こるのである。このとき、経済主体は追加の1ドルを高く評価し、効用関数の曲率は非常に大きい。経済主体の消費水準自体は景気後退期に低下するが、その消費低下が小幅であっても習慣水準に近づくにつれて危機感が募るのである。したがって、悪環境期には、その経済主体は非常にリスク回避的になり、高いリスク・プレミアムを要求する。こうして景気後退期には、将来の高いリターンを生むために株価が下落するのである。

　一方、好環境期の消費は習慣水準を上回る。リスク回避度は低く、株式プレミア

ムは小さい。このような好環境期には、限界効用は低く、代表的経済主体の効用関数の曲率は非常に小さい（すなわちフラットになる）。景気拡大期には株式は割高であり、将来についてそれ以上に評価する余地はなく、それゆえに将来の期待リターンは低い。悪環境期に期待リターンが高く好環境期にそれが低いことを用いれば、リスク回避度が経時変化するモデルによって株式のリターンが時間とともにどう変動するかを予想することもできるが、このテーマについてはこの後の第5節で扱う。これらのことをまとめると、悪環境期の非常に高いリスク回避度は、好環境期の低いリスク回避度以上に影響が大きく、結果として長期的にみた場合の株式リスク・プレミアムは高くなるのである。

悪環境期に劇的に上昇するリスク回避度が株式リスク・プレミアムの原因なのだとすれば、投資家は大量の株式を保有する前に次の問題について考えなければならない。すなわち、基本的なメーラ＝プレスコット・モデルにおいて消費成長が低いような悪環境期、または複数のファクターによって定義されるもう少し一般的な局面において、市場に比べてリスク回避度が低いような行動をとることができるのだろうか、ということである。

大部分の投資家および代表的投資家は、景気後退期には極めてリスク回避的になりやすいという構造的特性をもつ。悪環境期にはその不透明さに誰もが恐れを抱くが、その恐れの抱き方は人によって差がある。問題は、平均的な投資家よりもその悪環境期の状況に対して冷静でいられるかどうか、ということである。ノルウェーのソブリン・ウェルス・ファンドはおそらく冷静でいられるのだろうが、それは安定したキャッシュフローをもち、すぐに支払わなければならない負債がない上に、非常によく機能しているガバナンス構造をもつからである。最高裁判所の裁判官が悪環境期に冷静でいられるのは（借金漬けになっていない限り）収入が減ってしまうリスクがないからである。同様に、多くの個人富裕層もまた、自分たちが悪環境期の経済から受けるダメージが平均的な投資家よりも小さいことに気づいている。そのような特別な投資家は悪い出来事が起こったときのリスク回避度が低く、悪環境期の損失も許容できる。彼らはさらに保有株式を積み増すことができ、そうすることによってより高いリターンが得られるのである。

3.2 災害リスク

災害モデルでは極端に環境が悪い状況を扱う。それが対象とするのは消費が壊滅的に落ち込むような、最悪ともいえる局面である。この説によると、株式プレミア

ムはめったに起きないような大災害を補償するための対価である[4]。この説はRietz（1988）が提唱したものであるが、すぐにMehra and Prescott（1988）によって実証的な証拠が欠如しているとして否定された。しかし災害説は、最近になってデータをさらに徹底的に調べたBarro（2008）をきっかけに、再び注目されるようになった。大災害はベストセラーとなったNassim Taleb（2004）によって「ブラック・スワン」と名付けられたが、彼は合理的期待形成の体系の中でその大災害が扱われることには反対している[5]。大災害を予言することはできないであろうし、たとえできたとしても、それを検証するのは極めて難しい。非常に悲惨なものであるがゆえに、災害に対する株式リスク・プレミアムが高いのである。

　メーラとプレスコットによる当初の疑問がこれで解決したわけではない。米国のデータを見る限り、1930年の大恐慌を除いて大きな消費の落ち込みはなかったし、その大恐慌のときでさえ壊滅的とはいえなかったのである[6]。しかし、もう少し範囲を広げて他の国のデータを長期間にわたって見ることにより、Barro and Ursua（2011）は、相当大きな消費やGDPの落ち込みがあったと述べている。その中には、今日では経済的な規模が大きく先進国となった国もある。例えば、バローとウルスアはドイツの消費が1945年に41％、日本の消費が第2次世界大戦中に50％も落ち込んだと報告している。米国と英国はこれよりは穏やかで、米国の最大の落ち込みは1921年の16％、英国は1945年の17％である。しかし、これらは例外である。多くの国にとって、マクロ経済的な災害は本当に悲惨なものであった。ロシアの消費は第1次世界大戦とロシア革命によって71％落ち込んだ後、第2次世界大戦中には再び58％も落ち込んだ（なんと哀れなロシア！）。中国のGDP（消費ではない）は1936年から1946年までに50％減少し、トルコの消費は第2次世界大戦中に49％落ち込んだ。

　災害モデルによる説明は、「*ペソ問題*」と呼ばれることもある。それは、サンプルの中では観測されないような非常に低い確率で起こる事象を意味する。米国株式のプレミアムは災害が起こる確率を反映して決まるから大きいのであるが、これまでその災害が観測されることはなかった。「ペソ問題」という言葉を初めて公に用いたのはKrasker（1980）であり、1970年代初期にメキシコ・ペソが先渡市場で非常に割安な状態で取引されていたという現象を表す言葉として用いられた。それはミスプライスのように見えたが、市場参加者は結果的に1976年8月に起こったペソの切り下げを予想していたことになる。1970年代初期のサンプルを見ているだけの研究者は、彼らが得られるサンプルの中では暴落が起こらなかったという理由で、

ペソの先渡価格という資産価格が異常だと結論づけたのである。同様に、米国の株式プレミアムは非常に大きいように見えるが、それは米国のサンプルでは災害が観測されていないだけなのかもしれない。

　まれに起こる暴落リスクのために株式にリスク・プレミアムが付与されているのであれば、投資家としてまさに問題にしなければならないのは、その災害をどのように切り抜けることができるのか、ということである。もちろん、1918年のロシア革命のように、社会全体が消滅して新しい体制がそれにとって代わるような壊滅的な災害がないこともない。また、同様の事例として、現代の共産主義中国の建国によって、すべての中国国内の投資家が絶滅してしまったことがある。このことがまさしく、平均・分散投資が主張しているような、投資国分散を行う正当な理由なのである（第3章参照）。米国では本当に恐ろしい災害ともいえる消費の落ち込みを経験しなかったが、この事実はいったん忘れて考えなければならない。この理論から導かれる極端なアドバイスは、投資家は社会が崩壊する場合に備えて地下室にAK-47とMRE（訳注：AK-47（Avtomat Kalashnikova-47）は1947年式カラシニコフ自動小銃。MRE（Meal, Ready-to-Eat）は米軍が採用している戦闘食）を備蓄しなければならないということである。大変動が来る前には実際の株式のリターンは平均的に高いが、それは将来の大変動を予言しているともいえる。我々はまだそれを見ていないだけなのである。

　アセット・オーナーの立場で災害理論を考える際に、第2章で述べたダウンサイドのパフォーマンスがいかに重要であるかということを再確認しておく必要がある。第2章では、平均・分散効用では投資家が悪環境期の事象にどのように対処するかを表現することができない、ということを強調した。一方、災害理論は、そのような悪環境期の事象の本質と、それが経済全体に対して構造的に及ぼす悪影響を示してくれる。我々は、そのようなパフォーマンス悪化局面で投資家がどのように行動するのかを考える必要がある。それは、どのような効用関数を考えるのか、そしてどのように災害事象をデータとして記述するのかという両方の問題を含む。経済の激しい落ち込みに対しても相対的に裕福な投資家（すべての投資家は災害の期間中に逆風を受けるが、その大きさは個々に異なる）は大量の株式を保有するには絶好の位置にいる。これらのことを踏まえると、投資家はどの程度悪い事象が起こり得るのか、自分の負債を考慮した上でそれにどのように対応できるのか、そしてそれらの悪い事象が実際に起きたときにそのリスクに対してどのような行動をとるのか、を考えなければならないということになる。

第8章　株　　式　303

災害理論によれば、大きい株式プレミアムは事後的に市場が生き残った結果であると解釈することもできる。1900年代初期に中国またはロシアに投資することができたが、そうしていればすべてを失っていただろう。また、オーストリア・ハンガリー帝国の一部であったハンガリーとチェコスロバキア、さらにはポーランドやギリシャにも投資することができたが、それらの国では20世紀の終わり頃まで株式の売買ができない状態が続いた。Jorion and Goetzmann（1999）は、実績の株式プレミアムが高いのは生き残った国の株式リターンを計算しているからだと主張している。市場が消失したすべての国を含めて計算すればプレミアムはかなり低くなるだろう。このように、生存者バイアスは株式プレミアムを大幅に押し上げるため、将来のリターンにかかわる真の株式プレミアムはこれよりは低いのである。

しかし、この議論は株式プレミアムの謎をさらに深めるだけだと考えられる。株式プレミアムは長期債や短期国債に対して相対的に測られるが、多くの国のソブリン債は株式以上にひどい状況であった。もし1900年にドイツの株式に投資していれば、市場は長い期間にわたって閉鎖されていたが（1930年代初期のクレジット危機、第2次世界大戦とその後の連合国による占領支配）、株式市場は存続し、ドイツ株式の保有者には結果的に旨みがあった。一方で、ドイツ債券の保有者には何も残らなかった。まず彼らの保有資産は1920年代のハイパーインフレによってその価値は大幅に毀損し、さらに1948年にドイツマルクが導入されるとライヒマルク建ての債務はデフォルトしたのである。もちろん、ロシアや中国などいくつかの国では株式保有者も債券保有者も一掃されてしまった。しかし、国家体制が崩壊した多くの国では、債券保有者が奈落の底に突き落とされる一方で、株式保有者は（時にわずかなものであったが）長期的なリターンをなんとか手に入れることができた。株式プレミアムが債券対比で測られるなら、市場のこの生存者バイアスは株式プレミアム・パズルをさらに混迷させることになる。災害を考慮に入れても過去の株式のリターンが債券に比べて高かったということは、ファクター投資に対する示唆を含んでいるが、このことについては第14章で議論する。

3.3　長期リスク

実質消費成長率の過去データを見ると、自己相関がゼロに近いことがわかる。例えば表8.3のデータについていえば、四半期の自己相関は0.08である。基本的なメーラ＝プレスコット・モデルは、消費ショックが独立同一分布（i.i.d.）に従うと仮定しているが、これは予測不可能であることを意味する。大きな影響力をもつ論

文であるBansal and Yaron（2004）はこの仮定を変更し、平均消費成長率は一定ではなくi.i.d.過程と区別することが極めて難しいほどにゆっくり動くとした。そして、このゆっくりとした持続的な動きによってわずかな予測力が生じる[7]。この消費が変化するプロセスをバンサルとヤロンは「長期リスク」と呼んだ[8]。バンサルとヤロンはまた、代表的経済主体がより長期リスクに注意を払うようにメーラ＝プレスコットの枠組みにおける基本的なCRRA型選好に変更を加えている[9]。バンサル＝ヤロン長期リスク・モデルは、その他の多くの文献で引用され、それによって、本節で議論している株式プレミアム・パズルやリスクフリー・レート・パズルなどを含む多種多様な形態のファクターが説明されるようになったのである[10]。

　本書執筆時点のヨーロッパは、長期リスク論にとって現在進行中のまたとない例である。例えばあるユーロ圏の特定国における議会投票の混迷によるショックは、将来の経済成長に関する現時点での予測に影響するが、そのショックは10～20年後の経済成長にもまた影響を及ぼす。その投票結果は現在の生産力を低下させ、その生産力低下によって、ヨーロッパの低成長は長期間にわたって続くであろう。そこに長期リスクが存在するのである。バンサルとヤロンが採用した特殊な選好は、これらのショックの短期的影響と長期的影響を区別するものである。株式は特に長期リスクに対する感応度が大きいが、それは株式が長期間にわたって（実際には永久に）存続する証券だということを考えればもっともなことである。

　バンサルとヤロンが採用した第二の考え方は、基本的な消費ファクターのボラティリティが時間の経過とともに変化するというものである。経済主体はボラティリティ成分を嫌うため、ボラティリティが上昇すれば資産価格は下落することになる。バンサル＝ヤロン・モデルは、消費の成長と消費のボラティリティに対して別々に、そのリスクを補償するのである。

　アセット・オーナーのために三つの教訓を示しておきたい。

① 　短期的には多くの資産から損失が生じ得る。
　　　これは、リスクを評価する際の標準的な前提である。
② 　短期的には安全に見える資産も、長期的にはリスクがあるのが現実である。
　　　市場にとって長期的なリスクは重要であり、現時点の小さな調整であっても20～30年間にわたって大きな影響を及ぼす可能性がある。ファクター・モデルに関連していえば、長期リスクの影響を強く受ける（長期リスク・ベータが大きい）資産のリターンは高くなくてはならないのである。このような資産に含まれるこ

とがわかっているのは、バリュー株や、為替キャリー取引など広く普及している投資戦略である[11]。投資家としてどれくらいの長期リスクを許容できるかが問題である。

③　リスク・ファクターとしてボラティリティは重要である。

バンサル＝ヤロン・モデルにおいて重要なのは、消費ボラティリティ、より一般的にいえばマクロ・ボラティリティである。ボラティリティ・リスクは消費（またはマクロ）リスクとは異なる。第7章でリスク・ファクターとしてのボラティリティについて議論したように、それは固有のリスク・プレミアムをもつ。

3.4　多様な投資家

メーラ＝プレスコットの枠組みに対する批判の一つに、代表的経済主体の仮定を組み込んだことがある。世界は多様な投資家から構成されており、一人の代表的経済主体ではない[12]。代表的経済主体が実際には代表的でないということはおそらくJerison（1984）によって初めて示された。この論文は発表されることはなかったが、Kirman（1992）によって内容と適用範囲が拡張された。ジェリソンとキルマンは、ある状況においては代表的経済主体の選好が経済における個々の主体の選好の（加重）平均ではないことを示したのである。卑近な例をあげれば、ある経済において、すべての主体がリンゴよりバナナを好む場合でも、バナナよりリンゴを好む代表的経済主体を作ることができる。さらには、代表的経済主体がリンゴとバナナについていかなる選好をもつ状態の世界を仮定しようとも、個々の主体が最適化の結果としてリンゴよりバナナを好むような経済と同じ価格が導かれる。すなわち、代表的経済主体モデルにおける信じがたいほど高いリスク回避度を否定したとしても、多様な主体が混在する現実の経済がどのように動いているかについては何もいえないこともあり得るのである。

しかし、専門家たちは代表的経済主体モデルにこだわっている。その理由として、過去の経緯とその扱いやすさがあげられる。すなわち、代表的経済主体モデルは、多様経済主体モデルよりも解析が非常に簡単なのである。しかし、それにこだわる最も大きな理由は、多様な経済主体に満ちた世界においても、代表的経済主体には経済的な意味があるということである。その代表的経済主体は必ずしも「平均的な」主体というわけではない。それは平均のとり方が単純平均か富による加重平均かという問題ではない。実際に、多様経済主体モデルの解を求める際には、富または収入によらない特殊なウェイトで代表的経済主体を構成することがある[13]。一

部の主体のウェイトはゼロかもしれないし、多様経済主体モデルにおいて富の点では低い比率しかない主体が価格を決定する際に非常に大きな影響をもつこともあり得るのである。

このように考えると、代表的経済主体は、平均的主体ではなく、*限界的*主体と解釈すべきである。価格は小さなファクター・ショックに対して限界的主体がどのように反応するかによって決まるのであり、平均的主体の反応によって決まるのではない。これ以前の節では、自分にとっての悪環境期は平均的主体にとっても悪環境期なのか、または、平均的主体のリスク回避度が上昇するときに自分のリスク回避度も上昇するのか、といった問題について考えた。経済主体が多様な場合には、株式の最適配分を模索するアセット・オーナーにとってこの問題は、平均的主体を、限界的主体、すなわちぎりぎりの状況で価格を決めている経済主体に置き換えたものに等しい。例えば、投げ売り価格で資産を処分せざるを得ない運用担当者より自分は悪環境期の損失を少なく抑えることができるのか、または、自分はヘッジファンドと同様に追加証拠金の差し入れを迫られるのだろうか、と考えてみればよいであろう。

多様主体モデルには、リスク・プレミアムを決定する新しいファクターが導入される。そこでは、資産価格は経済主体の特性にばらつきがあることによる影響を受ける。具体的には、富、信条、労働収入ショック、および経済主体ごとに異なるその他の変数が（経済主体間で）ばらついていることがあげられる[14]。Constantinides and Duffie（1996）によれば、経済主体は収入の多様性をもつのに加え、（現実の世界の場合と同様に）失業リスクを完全に回避できない。それによって景気後退期に収入格差が広がれば（より形式的には、個々に特有の労働収入ショックのばらつきが大きくなれば）、株式プレミアムが上昇する。そのことを彼らは過去データから示したのである。景気後退期には、失業する確率が上昇して株式価値が下落するのは直観的に明らかであり、株式は失業リスクに対して脆弱なヘッジ手段にしかならない。解雇された後に生活していくために必要なお金が株式投資から得られるわけではないのである。そのように考えると、株式はまったく魅力のないものに見えてきて、投資家の保有を促して需給を均衡させるためには高いリターンを獲得することが必要になる。

コンスタンティニデスとダフィーのモデルにおいて、労働者が直面する収入ショックは*市場の不完全性*の一例である。これは、ヘッジ不可能で、経済全体としては除去できないリスクである。実際に、この収入ショックによって、全経済主体

（または暗黙の代表的経済主体）が直面するリスクの総合計は増加する。類似した影響は、例えば借入れなどに課される制約によっても生じる[15]。悪環境期には一部の投資家は厳しい資金制約に直面し、極端にリスク回避的な行動を強いられる中で株式の売却を余儀なくされるかもしれない。例えば、投資銀行が債務の乗り換え不能に陥ること、運用会社から資金が流出するといったことがそれに相当する。収入ショックも資金制約も状況は似通っており、いずれも悪環境期における経済全体のスク回避度を上昇させるのである。

　株式の大量保有を検討しているアセット・オーナーにとって、多様性の考慮は重要である。すなわち、自分が市場（代表的経済主体または限界的経済主体）に対してどれくらい乖離しているかということだけでなく、全投資家の分布の中で自分がどのような特徴をもっているかも考えなければならない。それは、他の投資家の行動やその相互作用に資産価格が影響を受けるからである。多様経済主体モデルを用いて直観的に考えれば、悪環境期に株式プレミアムが高いのはいくつかの主体（多数である必要はないが影響力が大きい主体）が、株式はその局面における投資対象としては魅力がないと考えるからだということになる。ある投資家にとってそれはそれほどの悪環境期ではないのかもしれないが、もしそうだとすれば、その投資家は平均以上の比率で株式を保有しなければならない。

　この多様経済主体モデルによる考察を投資方針に適用するとき、世界が極めて多様であるために、どの多様性の軸に重点を置くべきかが明らかではないということが問題になる。リスク回避度、富の大きさ、損失負担力、レバレッジ許容力、負債の有無、収入、そしてダウンサイドの事象に対する回避度のどれを中心に据えていいかがわからないことには注意しなければならないのである。投資家ごとの特性のばらつきは多様経済主体モデルにおける有用なファクター候補であるが、それを定量化することは不可能ではないにしても時に難しい作業となる。代表的経済主体がこれまで取り上げたどのモデルにも頻繁に現れることを踏まえれば、自分がどのように市場と異なるのかを考えるという点では、株式リスク・プレミアムに関する最初の三つの説明に集中するのがよいであろう。多様経済主体モデルが他の三つと異なるのは、「市場」を他のモデルが「平均的投資家」としているのに対し「限界的投資家」と解釈してもよいのであるとしている点である。

4 株式とインフレ

4.1 株式は好ましくないインフレ・ヘッジ手段

　株式は、それが企業の実質資産、すなわち生産に資する資産に対する請求権だという意味で実質証券である。しかし、「実質」が「インフレ調整される」という意味、または「名目」の反対という意味であるならば、株式は実質証券ではない。事実はまったく正反対で、株式はインフレ・リスクをヘッジする手段としては好ましいものではないのである[16]。

　これは驚くべきことかもしれないが、株式のリターン、短期国債（キャッシュ）に対する株式の超過リターン、そして短期国債のリターンのそれぞれについて、インフレ率との1926〜2010年の相関係数を示した図8.4を見てほしい。ここで、インフレ・ヘッジとは、その資産がインフレ率と同じように動くことであり、長期の平均リターンが等しいということではないことに注意が必要である。なおこの図では、相関係数を計算したいろいろな期間を年単位で x 軸に示している。また、対数リターンと対数インフレ変化率を用いているため、長期のリターンは、1ヵ月といった短い周期のリターンの合計になる（補論参照）。

　図8.4のパネルＡは、インフレ率と株式の相関係数が短期間では10％以下と低いことを示している。そこから4〜5年程度まで期間が長くなったところで30％前後の極大値をとり、さらに長くなると次第に低くなって10年では20％程度である。一方の短期国債は、素晴らしいインフレ・ヘッジ手段である。1年以下の短い期間では相関係数が20％強であるが、10年の約60％まで、期間が長くなるにつれて安定的に上昇する。このように、株式のリターンそのものは脆弱なインフレ・ヘッジ手段であり、短期国債が好ましいインフレ・ヘッジ手段であることがわかる。この結果、株式のリターンから短期国債のリターンを差し引いた株式の超過リターンとインフレ率の相関係数は、株式のリターンそのものとインフレ率の相関係数よりも低い。それは1年以下ではゼロ程度であり、3〜4年で約10％と最も高く、7年以降でマイナスになっている。インフレ率と同じような動きをするかどうかという点では、株式は明らかに好ましくないインフレ・ヘッジ手段であり、それは株式のリターンが高いこととは別の問題である[17]。

　真の相関の状況は、図8.4のパネルＡよりさらに悪い。パネルＡでは、多くの論文や実務で使われるピアソン相関、あるいは古典的相関と呼ばれる相関係数を示し

第8章　株　　式　309

図8.4 インフレ率と株式および短期国債の相関

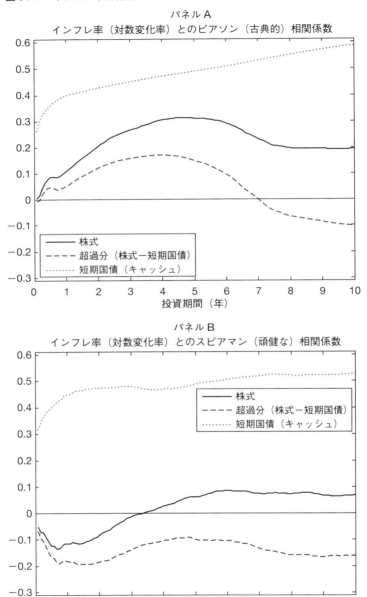

ている。一方、パネルBは、スピアマン相関、あるいは、頑健な相関、順位相関とも呼ばれる相関係数をプロットしたものである。スピアマン相関は外れ値に対して頑健である。パネルBを見ると、パネルAの相関関係が外れ値によって疑わしい部分があることがわかる。インフレに対する株式の頑健な相関係数は、パネルAで測られている単純な相関尺度よりも低いのである。注目すべきことに、株式の超過リターンのインフレに対する相関は、現在、すべての投資期間にわたってマイナスであり、1年以上の期間については▲20%から▲10%の範囲にある。

また、株式のリターンとインフレ率との相関係数は、図8.5に見られるように時間とともに変動する。図8.5は、株式の超過リターンとインフレ率の10年ローリング相関を古典的相関係数と頑健な相関係数について示したものである。1940年代と1950年代の一部の期間では相関係数はプラスであるが、1950年代以降はマイナスとなる状態が続いている。2000年代以降は単純な相関係数がかろうじてプラスになっているが（それでも10％を下回っている）、外れ値を考慮すれば依然としてマイナスである。株式の超過リターンとインフレ率の相関係数はプラスの場合でも20％を超えることはなく、逆にマイナスの場合は▲40％を下回ることさえあった。

図8.5 株式の超過リターンとインフレ率の10年ローリング相関

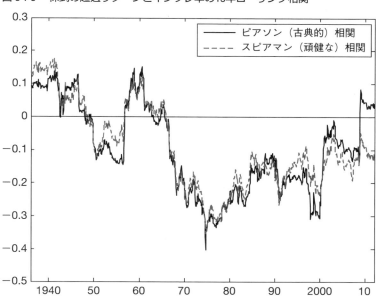

第8章 株 式 311

一方、短期国債は優れたインフレ・ヘッジ手段である。インフレ率との3〜5年の単純な相関および頑健な相関は0.5に近いが、それは短期金利が期待インフレ率の影響を直接受けるためである。これは、第9章で議論するフィッシャー仮説と金融政策からの影響を通して生じるものである。しかし、優れたインフレ・ヘッジ資産とは、名目または実質リターンが全体的に高い資産を意味するわけではない。それはインフレに連動して動く資産のことである。リターンという点では、短期国債はインフレ率よりも高い。サンプル期間中の短期国債の平均リターンは3.5％であるが、インフレ率の長期平均は2.9％である。それに比較すると、株式の平均リターンは9.3％であり、長期的には大幅にインフレ率を上回っている。株式プレミアムの高さがこのパフォーマンスにつながっているのである（本章第2節および第3節参照）。一方で、株式はインフレ率とは連動して動かず、それゆえに株式は好ましくないインフレ・ヘッジ手段だということになる。

　株式とインフレの負の相関は米国特有の現象ではない。それは、Bekaert and Wang（2010）が世界中の資産のリターンをインフレ率で回帰した結果からもわかる。優れたインフレ・ヘッジ手段は、インフレ・ベータが1でなければならないが、彼らは株式のインフレ・ベータがすべての先進国市場では通常マイナスであり、平均が▲0.25であることを明らかにした。ある先進国ではインフレ・ベータがプラスになる場合もあるが、それでもその値は低く、1にはほど遠い。例えば、北米のインフレ・ベータは▲0.42、EUでは＋0.27である。ただ、面白いことに、新興国市場のインフレ・ベータは1に近いプラスで、その平均値は1.01である。

　高いインフレ率は債務者にとって好ましく、債権者にとっては好ましくない。企業の債務はほとんど例外なく名目金額建てになっているため、高いインフレ率によって実質ベースではその残高が減少するのである。これは、貸し手の負担によって借り手が恩恵を受けるということである。大部分の会社は負債を有しているが、それは株式市場自体にレバレッジが掛かっていることを意味する。したがって、高いインフレ率は債券保有者の負担によって株式保有者に恩恵を与えることになるが、この事実によってパズルはさらに難しくなる。

4.2　なぜ株式は好ましくないインフレ・ヘッジ手段なのか

　高インフレ期に株式のパフォーマンスが悪い理由はたくさんあるが、Ang and Ulrich（2012）の中では二つの合理的な理由が分析されている。なお、この論文は、株式が債券との共通ファクターと株式固有のキャッシュフローに基づくファク

ターの両方から影響を受けるようなモデルを提唱している。

第一の理由は、高いインフレ率は将来の企業の収益性を低下させるということである。インフレは実質生産と負の相関があるが、これについてはFama（1981）などを参考にするのがよいだろう。企業は、消費者に対してコスト増加を継続的に転嫁することが可能であるが、実際には段階的にしかできないため、インフレ率が上昇すると企業の利鞘は縮小する。これは「メニュー・コスト」と呼ばれ、価格硬直性が経験的にも広く見られることをNakamura and Steinsson（2008）が示している。これは、一種のキャッシュフロー効果である。

第二の理由として、*割引*率効果がある。インフレ率が高い時期はリスクが大きく、悪環境期である。ファクター理論によれば、これによって期待リターンが高まる。消費ファクターだけのメーラ＝プレスコット・モデルの世界においてさえ低成長の景気後退期にインフレが起こるという歴史上の事象（スタグフレーション）が理解される。このように、インフレ率が高ければ、株式の期待リターンは上昇し、結果的に株式価格は下落するのである。さらに、インフレ率が大幅に上昇して株式価格が下落すれば、結果として*実績*インフレ率と*実績*株式リターンとの相関は低下する。そして、この関係が常に成り立てば、インフレ率と株式リターンとの相関は▲1でなければならない。つまり、株式の価格がインフレ率に完全に連動して動かないのは、それを動かす他のファクターがあるからではないのである。

インフレ・ヘッジ手段としての株式の欠点に関しては、Modigliani and Cohn（1979）によって行動論的な説明がなされている。その考え方によると、投資家はマネーに*対する幻想*に陥り、実質配当を割り引く際に実質割引率ではなく名目割引率を使ってしまう。そのため、インフレ率が高いとき、市場の不合理な予想によって、市場価格はファンダメンタル価値に比べて過小評価されることになる。したがって、高インフレ期には、インフレ率と株式リターンの低い相関もあって、市場での実現リターンは低くなるのである。

合理的期待論および行動論のいずれの説明においても、株式のリターンは高インフレ期には低く、結果的に株式は好ましくないインフレ・ヘッジ手段となる。インフレはリスク・ファクターであるが、それは株式のパフォーマンスをよくする方向よりも悪くする方向に寄与するのである。したがって、平均的な投資家が信じるよりも将来のインフレ率が高いと予想する投資家は、株式の保有比率を低くした方がよい。

第8章　株　　式　313

5 株式リスク・プレミアムの予測

アクティブ投資家は、株式リターンを予測することに多くの努力を費やす。しかし、金融理論では、株式リスク・プレミアムが時間とともに変化する中で、それを予測することは困難だというのがコンセンサスとなっている。したがって、投資家はマーケット・タイミングに重きを置くべきではない。第4章で等ウェイトまたは等エクスポージャーにリバランスする投資戦略を推奨したのはそのためである。

5.1 株式リスク・プレミアムは理論上予測可能

Gordon（1963）による*配当割引*モデルを考えてみよう。これによれば、Pを株式価格とすると、それは将来の配当の割引現在価値で表される。

$$P = \frac{D}{E(r)-g} \tag{8.2}$$

ここで、Dを次期の予想配当、$E(r)$を割引率、そしてgを配当の成長率とすると、株式価格の評価式は式（8.2）のようになる。Dが一定だとすると、将来の期待リターンが低い場合、将来の成長率が高い場合、またはその両方の場合に$(E(r)-g)$が小さくなり、現在の価格は高くなる。成長率が高ければ価格が高くなるというのは常識的な結果であり、例えば本書執筆時点で、アップル社やフェイスブック社の高い株価は、これらの会社の成長が将来も続くことを示唆している。しかし一般論としては、高い株価は低い成長率を予想しているのだといえる（これはバリュー効果であるが、それについては第7章参照）。

ゴードン・モデルの式（8.2）を変形すると下記のようになる。

$$\frac{D}{P} = E(r)-g \tag{8.3}$$

この式は、高い配当利回りが将来の高い期待リターン、低い成長率、またはその両方によってもたらされることを示している。これは以下のようにも書き直すことができる。

$$E(r) = \frac{D}{P} + g \tag{8.4}$$

この式によれば、期待リターンが配当利回りとキャッシュフロー成長率の和となる。また式（8.4）は、配当利回りが期待リターンの予測に役立つことを示しているが、これについてはDow（1920）以来、金融論の中で研究されてきた。

314 第Ⅱ部 ファクター・リスク・プレミアム

学界では配当利回りの要因分解に関する研究が行われてきたが、その方法は式(8.3)の両辺の分散をとるものである。そうすることによって、配当利回りの変動は、期待リターンまたは割引率$E(r)$の変動と、成長率gの変動、および両者に共通の変動に分解することができる。

$$\mathrm{var}\left(\frac{D}{P}\right) = \mathrm{var}(E(r)) + \mathrm{var}(g) - 2\,\mathrm{cov}(E(r),\,g)$$

以下の議論では、共分散の項が無視できると仮定し、次のように書くことにする[18]。

$$\mathrm{var}\left(\frac{D}{P}\right) \approx \mathrm{var}(E(r)) + \mathrm{var}(g) \tag{8.5}$$

配当利回りが時間とともに変動することは明らかだろう。図8.6は、1900年1月〜2011年12月の期間について、S&P500指数の配当利回りと益利回りをプロットしたものである。両者は連動して動いており、相関係数は73％である。価格が配当利回りと益利回りの分母に現れるため、大恐慌の期間や1950年代初期、1970年代後期、1980年代初期、2001年のように、株式市場の低迷期には、それらの利回りは高くなる傾向がある。これに対し、2008年の金融危機時には株価が下落する中で配当利回りは非常に低いままであったが、この期間中の益利回りは反対方向に動いている。それは、収益が高水準であったのに対し、配当の支払が難しかったからである。

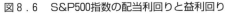

図8.6　S&P500指数の配当利回りと益利回り

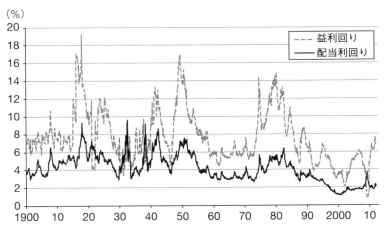

第8章　株　式　315

「何が配当利回りを変化させるのか」という問いは「何によってリターンが予測できるのか」という問いと同値である。キャッシュフローが予測できない、すなわちi.i.d.である場合、式（8.4）において、期待リターンは配当利回りから予測できる。すなわち、配当利回りが高く株価が低いときに、将来の期待リターンは高くなるのである。式（8.5）によれば、すべての配当利回り変動は、割引率の変動によって引き起こされることになる。一方、割引率は一定で、株価変動はすべてキャッシュフロー要因によるものだとしてみよう。このとき式（8.4）は、もし会社の将来のキャッシュフローが予測可能なら、期待リターンは時間とともに変化することを示している。そして式（8.5）によれば、配当利回りのすべての変動はキャッシュフローの変化によることになる。

　配当利回りが変動するのは、割引率が変化するからなのか、キャッシュフローが変化するからなのか、それともその両方なのかという点については、学界の見解も分かれている。ジョン・コクランは、2011年の米国ファイナンス学会の会長演説で前者の見方を示し、配当利回りのすべての変動はキャッシュフローではなく期待リターンによるのだと述べた。この考え方は、Campbell（1991）とCochrane（1992）の研究以来、金融界の多数派であったが、リターンは予測不可能だと論じる反対派も同時代にいた（例えば、Goetzmann and Jorion（1993）参照）。キャンベルとコクランの考え方は、配当はi.i.d.であり、配当利回りは将来のキャッシュフローではなく期待リターンを予測するという立場である。しかし、Bansal and Yaron（2004）の株式プレミアムを説明するためのフレームワークは正反対である。バンサルとヤロンの世界では、ほとんどすべての配当利回り変動はキャッシュフローに由来し、割引率が影響する経路は基本的にない[19]。リスク・プレミアムは式（8.4）によって予測可能であるが、しかしそれは、キャッシュフローが予測可能な場合のみである。

　著者もこのテーマにかかわっているが、コクランのような割引率の予測力に関する「本物の信奉者」とは異なり、その研究ではキャッシュフローの予測力も含んでいる[20]。Ang and Liu（2007）は、配当利回りと株式リターンのボラティリティが経時変化することから（本章第6節参照）、リスク・プレミアムもまた予測可能な成分をもたなければならないことを示した。総合的に考えれば、真実はコクランとバンサル＝ヤロンという両極端の間のどこかにあるというのが著者の見解である。すなわち、キャッシュフローにも割引率にも予測力はあるが、いずれも検出は困難だということである（後述する）。

316　第Ⅱ部　ファクター・リスク・プレミアム

投資家は、配当利回りが経時変化するという仮定を外すべきである。そうすれば、結果的に期待リターンとキャッシュフローが予測可能になる。割引率に関していえば、価格が低いということは将来の期待リターンが高く、それは株式を購入する好機だということを意味する。キャッシュフローに関していえば、将来の高いキャッシュフローが予測できれば株式を保有したくなる。賢明な投資家はこれらのことを自分に有利になるように使うことができるのである。

5.2　経時変化する株式リスク・プレミアムを推定することは理論上困難

理論上は株式リスク・プレミアムは予測可能であるが、理論はその予測力の精度が低いことも示している。したがって、予測力をデータによって検出することは難しく、それに基づいて取引を行うのはさらに難しい。

予測力回帰

予測力を検出するための一般的な統計モデルが下記の*予測力回帰*である。

$$r_{t+1} = c + b \cdot X_t + \varepsilon_{t+1} \tag{8.6}$$

ここで、r_{t+1} が市場の超過リターン、X_t が予測のための説明変数群（訳注：以下では単に「予測変数」とする）である。予測変数には、マクロ・ファクターのように経済的直観に訴えるファクターから、ツイッターまたはフェイスブックによって得られるセンチメントに基づくファクターのように直観的理解が難しい変数までが含まれる[21]。式（8.6）の回帰では、予測力は、予測係数 b の統計的有意性で測られる。計量経済学者は高い t 統計量または低い p 値を見るのが好きで、標準的には p 値が閾値 5 ％を下回ると「統計的に有意である」という。もしリターンと予測変数が平均ゼロ、分散 1 に正規化されていれば、b は現時点における予測変数と次の期のリターンとの相関係数を表す。このとき、回帰の決定係数 R^2 は相関係数を二乗した b^2 で与えられる。

*長期の予測力*も興味深い問題である。それは、統計的には回帰式（8.6）の左辺を複数期間のリターンに拡張することである。ここでは対数リターンを使っているため、各期間のリターンは足し合わせることが可能である。例えば、3 期間の超過リターンについては以下のようになる。

$$r_{t+3} + r_{t+2} + r_{t+1} = c + b \cdot X_t + \varepsilon_{t+3,3} \tag{8.7}$$

データの個数に制約があるため、通常は時間的に重なり合うデータを用いた長期

第 8 章　株　　式　317

間の回帰を行う。すなわち、時点 $t+1$ の変数によってそれに続く3期間のリターンを予測するケースを考えると、時点 $t+1$ から $t+4$ までの各期間の超過リターン、すなわち r_{t+4}、r_{t+3} および r_{t+2} を予測することになる。このようにして、時点 t と $t+1$ の右辺の変数による二つの回帰を考える場合には、左辺にある二つの単一期間リターン r_{t+3} と r_{t+2} が重なることになる。式（8.7）の右辺の残差項にある $\varepsilon_{t+3,3}$ という複雑な表記の裏にあるのがこの重なりである。この表記は、その残差が時点 $t+3$ で実現するものだが、それが過去3期間のリターンを含むものであることを示す（これが添え字の二番目の数字の意味である）。データの重複は非常にやっかいな統計的性質を引き起こすことがわかっている。すなわち、一般的な最小二乗法による統計的推定を行うと、重複データから予測力を推定する際に結果を大幅に過大評価することになるのである。これは、能力が低い計量経済学者だけの問題にとどまらず、これから見るように投資家に対する示唆も多い。

　この予測力にはどれほど期待していいのだろうか。Ross（2005, 2012）および Zhou（2010）は予測回帰式（8.6）の R^2 が非常に低いことを示した。技術的な話になるが、彼らは回帰の決定係数 R^2 がプライシング・カーネル（第6章参照）の分散によって上限が決まり、プライシング・カーネルに含まれる消費などのファクターが普通はそれほど変動しないことを示した[22]。ロスはこの上限を8％と計算し、ジョウの上限値はそれより低い。これからすれば R^2 は非常に低く、5％以下と考えるべきだろう。すなわち、市場変動の95％は予測不可能だということになり、高い R^2 によって将来のリターンを予測することを前提としているどのような戦略も大きな疑いをもってみなければならない。予測力が低いということは第6章の Grossman and Stiglitz（1980）による準効率的市場と整合的である。利益が出るようなマーケット・タイミング戦略はめったになく、統計的にそれを検出するのは難しいのである。

　このことは過去のデータによっても支持されている。予測が可能であるとの確固たる統計的証拠を見つけることは難しいことが経験的に知られているのである。表8.7は期初の様々な予測変数とそれに続く期間のリターンとの相関係数を示したものである。測定の基本単位は四半期であり、式（8.6）の回帰における1期先のリターンは次の四半期のものである。また、ここでは式（8.7）と同じ形式で、1年、2年、および5年といった長期間の回帰も行っており、それらの相関係数も記している。表8.7は、観測値の重複問題やボラティリティの経時変化問題を説明する頑健な t 統計量を示している。普通の最小二乗法を使うと、これらの問題によっ

318　第Ⅱ部　ファクター・リスク・プレミアム

表8.7　株式のリターンとマクロ変数の相関係数およびt統計量（t値）

		四半期	1年	2年	5年	サンプル期間	出所
配当利回り	相関係数	0.12	0.23	0.33	0.49	1926年1月～	シカゴ大学証券価格研究センター（CRSP）
	t値	(1.12)	(1.25)	(1.48)	(1.95)	2011年12月	
(10年) 益利回り	相関係数	**0.18**	**0.33**	**0.41**	**0.48**	1926年1月～	Shiller（2000）をアップデート
	t値	**(2.23)**	**(2.55)**	**(2.79)**	**(2.31)**	2011年12月	
VIXボラティリティ	相関係数	0.12	0.10	0.13	▲0.16	1986年1月～	シカゴ・オプション取引所（CBOE）
	t値	(0.96)	(0.63)	(0.75)	(▲0.47)	2011年12月	
過去のボラティリティ（四半期前）	相関係数	0.05	0.09	0.13	0.06	1963年9月～	CRSP
	t値	(0.55)	(0.65)	(0.78)	(0.17)	2011年12月	
1年ラグのリターン（12ヵ月前～1ヵ月前）	相関係数	▲0.01	▲0.05	▲0.13	▲0.26	1926年12月～	CRSP
	t値	(▲0.12)	(▲0.26)	(▲0.55)	(▲1.39)	2011年12月	
短期国債利回り	相関係数	▲0.07	▲0.12	▲0.15	▲0.22	1926年9月～	イボットソン社
	t値	(▲1.23)	(▲1.17)	(▲1.05)	(▲0.97)	2011年12月	
消費・富比率	相関係数	**0.16**	**0.30**	**0.42**	0.53	1953年3月～	Lettau and Ludvigson（2001a）をアップデート
	t値	**(2.92)**	**(2.62)**	**(2.23)**	(1.34)	2011年12月	
ターム・スプレッド（10年国債－3ヵ月物短期国債）	相関係数	0.11	0.23	0.27	0.35	1953年3月～	セントルイス連銀
	t値	(1.60)	(1.84)	(1.66)	(1.61)	2011年12月	
クレジット・スプレッド（Aaa－Baa）	相関係数	0.02	0.08	0.12	0.20	1918年12月～	セントルイス連銀
	t値	(0.15)	(0.34)	(0.44)	(0.67)	2011年12月	
GDP成長率（過去1年）	相関係数	0.01	▲0.13	▲0.11	▲0.08	1947年6月～	米商務省経済分析局（BEA）
	t値	(0.17)	(▲1.37)	(▲1.25)	(▲0.84)	2011年12月	
インフレ率（過去1年）	相関係数	▲0.07	▲0.12	▲0.10	▲0.03	1914年3月～	セントルイス連銀
	t値	(▲1.07)	(▲0.94)	(▲0.58)	(▲0.09)	2011年12月	
鉱工業生産（過去1年）	相関係数	▲0.01	▲0.04	0.02	▲0.04	1919年12月～	米連邦準備銀行（FRB）
	t値	(▲0.06)	(▲0.25)	(0.08)	(▲0.20)	2011年12月	
原油価格（過去1年の変化）	相関係数	▲0.10	▲0.18	▲0.16	▲0.11	1914年3月～	セントルイス連銀
	t値	(▲1.20)	(▲1.20)	(▲1.08)	(▲0.78)	2011年12月	
失業率	相関係数	0.12	0.22	0.19	0.22	1947年12月～	米労働省
	t値	(1.86)	(1.85)	(1.08)	(0.75)	2011年12月	

て、予測力に関する帰無仮説を非常に高い頻度で過剰棄却してしまう[23]。表8.7は、マクロ変数から金利、スプレッド、そして過去の超過リターンまで、この論文で使った様々な変数についての結果を示している。

　表8.7はリターンの予測が非常に難しいことを示している。表8.7のすべての相関係数のうち95％水準で有意、すなわちp値が0.05より小さい（またはt統計量の絶対値が1.96超の）ものについては太字で強調しているが、95％水準で統計的に有意

第8章　株　　式　319

な変数は二つだけである。一つはShiller（2000）による季節調整後10年益利回りであり、もう一つはLettau and Ludvigson（2001a）によって作成され「cay」として知られている消費・富比率の長期トレンドからの乖離である（訳注：「cay」はLettau and Ludvigson（2001a）が、消費・富比率を$cay_t \equiv c_t - \omega a_t - (1 - \omega) y_t$と定義していることにちなむ。ここで、$c_t$は消費の対数値、$a_t$は金融資産の対数値、$y_t$は労働所得の対数値である。また、$\omega$は総資産における金融資産と人的資産の構成比である）。後者は先読みバイアス（現時点で投資家が利用できない情報を使って作られるもの）を含んでおり、投資可能な戦略で使うことができないことを前提に解釈する必要がある[24]。配当利回りは5年間の予測力においてt統計量が1.95であり、ボーダーライン上にある。すなわち、ロスとジョウが当然だとするように、リターンの予測は非常に難しいのである。

　シラーによる益利回り、すなわち株価収益率の逆数は表8.7において非常に良好な結果を示している。また、期間5年でボーダーライン上にある配当利回りの予測力は、式（8.4）のゴードン・モデルから得られる直観的な予想と整合的である。すなわち、高い利回りは低い価格を意味し、低い価格は将来のキャッシュフローが高い期待リターンで割り引かれている結果なのである。したがって、現在の価格が低いということは、将来のリターンが高くなりやすいということを予想しているのだといえる。表8.7において有意な変数はこれらのバリュエーション比率だけであることは注目に値する。その他の予測変数についても様々な期間やサンプルに対して多くの学術論文で報告されているが[25]、全体としてリターンの予測は困難である。

長期間のR^2には用心すべし

　多くの解説者は、長期間の予測力について過去データから相当に有力な証拠があると主張しているが、表8.7はそれを否定する結果を示している。繰り返しになるが、予測は可能かもしれないが、その検証は難しく、標準的なR^2指標によって長期間の統計的推定を行うことはできない。特に、式（8.7）の観測値の重複は長期間のR^2を著しく過大評価する点には注意が必要である。すなわち、単純なR^2は相当な予測力を示しているように見えるが、それは実際には存在しないものなのである。例えば、配当利回りと今後5年間の超過リターンの相関係数49％について考えてみると、これは決定係数が$R^2 = (0.49)^2 = 24$％であることと同値である。ファイナンス理論が回帰決定係数R^2をゼロに近いと予想している事実と比較すれば、これは非常に大きく見える。

しかし、長期のR^2は*擬似的*なものであるがゆえに、投資家はそれに信頼を置くことはできない。具体的には、真の予測力が非常に弱い（すなわち全体の中では非常に低い程度の予測力しかない）にもかかわらず、少ないサンプル数で回帰をした場合のR^2が非常に大きいということが起こるのである。ここで少ないサンプル数というのは、100年とか1,000年を意味する。この見せかけの効果は、式（8.7）における観測値の重複によって人工的に生じた依存関係だと直観的には解釈される。すなわち、時点tから$t+3$までの3期間の長期リターンは、時点$t+1$から$t+4$までの3期間の長期リターンと二つの期間で重複することが問題であり、期間が長くなればなるほどそれは深刻になる[26]。それを指摘した論文の中では、Valkanov（2003）、Boudoukh, Richardson, and Whitelaw（2008）が、少ないサンプルにおける正しいR^2の分布を導出し、もともとのR^2が大きな上方バイアスをもっていることを示した。すなわち、単純なR^2を使うことは常に長期の予測力を過大評価し、時にそれは非常に顕著になる場合がある。頑健なt統計量は補正によって正しく計算されるが、R^2ではその補正がされない。この話の教訓は、理論的に予想されることを実際のデータで予測する力はそれほど強くなく、長期のリターンについてそれを検出するのが困難だということである。

予測力は局面によって変わる

予測係数（式（8.7）のパラメータb）自体が時間とともに変化するという最後の難問があり、これが投資家による実際のリターン予測をさらに難しくする。この*パラメータ不安定性*を収めるためには、統計モデルにおいて係数が構造的に変化すること、または時間的にゆっくり変化することを容認しなければならない[27]。Henkel, Martin, and Nardari（2011）は、レジーム依存的な予測力を扱う中で、予測力は景気の循環的拡大期には弱いが、景気後退期には非常に強いことを発見した。このように、予測力は経済の循環と反対方向に動き、景気減速レジームの期間中に最も強く観察される[28]。

投資家への示唆

リスク・プレミアムは時間とともに変化するが、それを推定するのは難しい。もしそれを利用しようとするなら、以下のことを実行すべきである。

1　よい統計技術を使うべし

例えば、間違ったt統計量を使って統計的有意性を過大評価し、予測力が「非常に高い」とすることは、投資戦略を実行する際にマイナスの影響を及ぼす。サンプルに合わせる中で生じた高い疑似的なR^2によって、パフォーマンスがアウト・オ

ブ・サンプルでは著しく悪化するという現象がまず現れる。Welch and Goyal（2008）は、株式の過去の平均超過リターンが他のどの予測変数よりも将来をよく予測することを示したが、これは見せかけの高いR^2と整合的である。多くの情報を統合した高度な計量経済学的技術を使用するのはいいが、データマイニングには気をつけ、レジーム・シフトの可能性は考慮しなければならない[29]。

2　経済モデルを使うべし

表8.7において最高の予測変数はバリュエーション比率だったことに注意しよう。株式リスク・プレミアムの予測は経済指標の予測と同様である。体系的な経済理論をモデルに適用できるなら、そうすべきである。それを行った論文の中では、Campbell and Thompson（2008）が、経済モデルの直観的知識と制約条件を用いることが助けとなることを見出している[30]。

3　謙虚たるべし

リターンを予測することは難しく、マーケット・タイミング戦略をとろうとするなら謙虚でなければならない。予測力を統計的に検定することは難しいため、幸運続き（これは*自己都合バイアスである*）のファンド・マネージャーは、自分が世界で最も偉大な運用者であるという思い違いをすることがよくある。そして、運が尽きるとき、この自惚れは、まさに自らを傷つけることになる。したがって、長期間にわたって続くかもしれない苦しい期間に耐えるためには、正しい自己管理の仕組みをもつことも必要である（第15章参照）。アセット・オーナーは、スキルをもっているファンド・マネージャーが非常に少なく、特に自分自身がスキルをもっていると思っているマネージャーの中ではなおさら少ないということを肝に銘じるべきである（第17章、第18章のヘッジファンドとプライベート・エクイティに関する項参照）。

過去データによる予測力は弱いため、投資家は基本ケースとしてi.i.d.条件を採用した方がうまくいく。これは、第4章の考え方に沿ってウェイト（またはエクスポージャー）が一定になるようにリバランスする動的資産配分を意味する。高い価格によって低いリターンが起こるか、またはその逆のパターンのような平均回帰性が過去のデータにあれば、リバランスによってウェイトをもとに戻すような戦略は有効である。これは、リバランスが逆張り戦略であることからもわかるだろう。それによれば、株式の価格が下がったときに購入し、結果として期待リターンが高くなったときに株式ポジションが増加する。一方、株式価格が上昇したときに売却す

るため、株式のポジションは期待リターンが低下したときに減少する。もし将来が予測できるならこれよりはうまくできるはずであるが、おそらくそれは不可能であろう。リバランスは少なくとも方向的には正しく、本当に最適な（理想的な）戦略は、このリバランス戦略よりもっと積極型になるだけである。実際の株価変動の中で株式リスク・プレミアムが予測可能だとしても、一定ウェイトへのリバランスさえできないなら、最適投資戦略を実行することは絶対にできないであろう。

6 経時変化するボラティリティ

　株式リスク・プレミアムの予測力が弱いのとは対照的に、市場全体のボラティリティについてはその予測力は相当に高い[31]。

　まず、株式のボラティリティは比較的高く、配当（および本章第2節で言及したファクターとしての消費）のファンダメンタル・ボラティリティに比べるとかなり高い。これはRobert Shiller（1981）によって「*超過ボラティリティ*」と名付けられた。1935年1月〜2010年12月の期間について、対数リターンの標準偏差は16.0%である。一方、配当成長の標準偏差は9.6%であり、リターンのボラティリティはファンダメンタル・ボラティリティより高い。ところが、ファンダメンタルズ変数として収益を用いると、話は違ってくる。収益成長のボラティリティは36.0%であり、そこには超過ボラティリティ・パズルはない。しかし、収益は株式を評価する際に直接用いることができない。なぜなら、それは債権保有者および株式保有者の両方によって所有される会社が生み出すものだからである（それは会計上の概念であり、実際に発生するキャッシュフローではない）[32]。一方配当は、株主だけに生じるものである。コクラン対バンサル＝ヤロンの論争にあったように、株式リターンのボラティリティが配当のボラティリティよりも高いという事実は、リスク・プレミアムの若干の予測力が割引率に由来するものであり、キャッシュフローに由来するものではないことを意味する。

　ボラティリティの予測モデルにはRobert Engle（1982）によって提唱された自己回帰条件付不均一分散（Autoregressive Conditional Heteroskedasticity；ARCH）モデルと呼ばれるものがある。これは長くて発音しにくい用語だが、条件付ボラティリティが時間とともに変化することを意味し（「heteroskedasticity」は「異なる分散」を表すギリシャ語である）、この場合にはそれが平均回帰的（「自己回帰的」）である。このモデルはBollerselv（1986）によって一般化された自己回帰条件付不均一分散（Generalized Autoregressive Conditional Heteroskedasticity；

第8章　株　式　323

GARCH）モデルに拡張されたが、これは業界と学界で使われる用語である。GARCHモデルはボラティリティのモデル化、特にリスク管理に革命をもたらし、エングルは2003年にノーベル賞を受賞している。

　基本的なGARCHモデルでは、条件付分散 σ_t^2 は下記のように表される[33]。

$$\sigma_t^2 = a + b\sigma_{t-1}{}^2 + c\varepsilon_{t-1}{}^2 \tag{8.8}$$

　式（8.8）の主な効果は、ボラティリティがそれ自身から影響を受け、（ほぼ1である b を通して）持続的または自己回帰的に変動するということである。さらに、それは（ c を通して）過去のショックの影響も受ける。すなわち、1987年に起こった株式市場の大暴落、1998年のロシアのデフォルトと新興国市場危機、そして2008年のリーマン社のデフォルトのような大きなショックは、その後のボラティリティを上昇させるのである。一度でもこのようなことが起こると、平均回帰が起こるまで、しばらくの間はボラティリティの高い状態が続くが、GARCHによってこのような激しい変動と平穏な期間を表現することが可能になる。図8.8は、GARCHによる予測ボラティリティと実績ボラティリティ（1ヵ月間の日次実績リターンから計算）を、1990年1月～2010年12月についていずれも月次でプロットしたものである。各月初のGARCHボラティリティと、それに続く1ヵ月の実績ボラティリティの相関係数は63％である。この相関係数を、将来の株式リスク・プレミアムを予測するために期待されるわずか5％の相関係数と比較してみれば、株式市場においてボラティリティが予測可能なことは明らかである。

　ボラティリティが予測可能なのだとしたら、ボラティリティの取引は素晴らしい投資利益を生むのは間違いない。著者も、前節での期待リターン予測に対して悲観的ではあったが、それとは比べものにならないほどの情熱をもってこのボラティリティ予測戦略に取り組んでいる。

　図8.9のパネルAは、1986年1月～2011年12月の期間について、株式60％・短期国債40％の持ち切り戦略の累積リターンを、CBOEマーケット・ボラティリティ・インデックス（VIX）に基づくボラティリティ・タイミング戦略と重ねて図示したものである。静的戦略は第2章の式（2.10）でウェイトが与えられる平均・分散ポートフォリオであるが、その式を便宜上ここに再掲しておく。

$$w = \frac{1}{\gamma} \frac{\mu - r_f}{\sigma^2} \tag{8.9}$$

リスク回避度 γ は、サンプル全体に対して60％／40％のポートフォリオになるように決めている。ここで、ボラティリティ・タイミング戦略は、VIXによって式

図8.8 GARCHボラティリティ

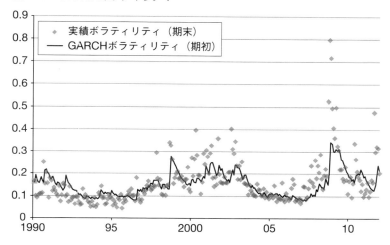

(8.9)の分母にある市場ボラティリティを置き換え、分子にある全サンプルについての短期国債に対する超過リターン$\mu - r_f$は60%／40%戦略とまったく同じ値とする。すなわち、ボラティリティ・タイミング戦略はボラティリティのみを変化させ、平均は固定しているのである。図8.9には、各月初で既知のVIXを示している。ボラティリティ戦略に関しては非常に多くの論文があるが、重要な参考文献はFleming, Kirby, and Ostdiek（2001）およびKirby and Ostdiek（2012）である。ボラティリティ予測に関する最も洗練された研究では、過去のリターン情報をGARCH型モデルを使って融合し、それによって実現ボラティリティを予測する。また確率ボラティリティ・モデルでは、オプション価格からそれを推定する（例えばAndersen et al．（2006）参照）。

図8.9のパネルAは、ボラティリティ・タイミング戦略と60%／40%静的戦略の累積リターン（左軸）を示したものである。これらは、そのボラティリティが10%になるように正規化している。この図は、ボラティリティ戦略が圧倒的に持ち切り戦略に勝り、2000年代前半および2008年の金融危機の期間にドローダウンが相対的に小さかったことを示している。この二つの期間は、VIX（右軸）が高かったため、ボラティリティ・タイミング戦略は短期国債にシフトしていることがわかる。これによって、ボラティリティが急騰したときに発生するリターンの落ち込みを部分的に回避しているのである。サンプル期間の期末における累積リターンは、ボラ

図8.9 静的戦略とボラティリティ・タイミング戦略

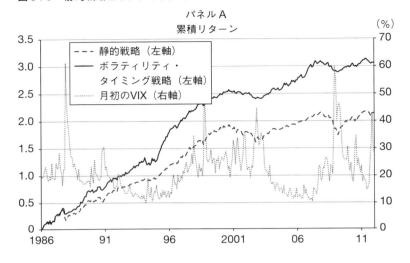

パネルA
累積リターン

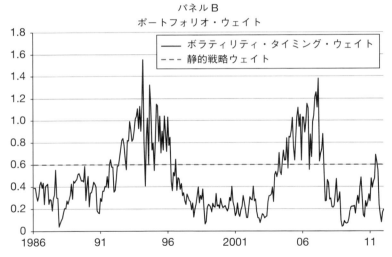

パネルB
ポートフォリオ・ウェイト

ティリティ・タイミング戦略が3.06であり、60％／40％持ち切り戦略の2.14に比べて高い。くどいようだが、ボラティリティ戦略のパフォーマンスは高いのである。

ここで、ボラティリティ・タイミング戦略がうまくいくのならばなぜ皆がそれを行わないのか、という明らかな疑問が生じる。その理由として、ボラティリティ・タイミングには俊敏さが必要だということがあげられる。図8.9のパネルBによれ

ば、ポートフォリオの変化が著しく、株式のウェイトは1.5強から2008年のゼロ近辺まで変動している。多くの大規模投資家は、これほど素早く株式への資金流出入を行うことも、それを合成するような大きな株式先物ポジションを管理することも難しいであろう。したがって、この戦略はすべての投資家にとって可能なものではないのである。

より深遠な疑問は、平均的投資家または代表的投資家は何を考えて投資していることになるのか、ということである。彼らは市場ポートフォリオを100％保有しており、定義上、株式のウェイトを高めたり低めたりすることはできない。代表的投資家が市場ポートフォリオを保有しているということは $w = 1$ と表され、これを用いて式（8.9）を変形すると、第6章における資本市場線（CML）（式（6.1）参照）が下記のように得られる。

$$\mu - r_f = \gamma \sigma^2 \tag{8.10}$$

これによれば、高いボラティリティは高い将来のリターンに対応している（しかし、同時に低いリターンを伴う）ことがわかる。表8.7では、ボラティリティが株式リターンの予測にほとんど役に立たないことや、その他のマクロ変数にもほとんど予測力がないことが示されている。代表的投資家が市場を100％保有しているという仮定のもとで式（8.10）を導くために式（8.9）を用いたが、この式（8.9）によるポートフォリオ選択が考慮していないのは第4章で議論した負債および長期的な投資機会といったものに対応する項である。これらの項をひとまとめにして「ヘッジ項（hedging terms）」とすれば、以下のように表すことができる。

$$w = \frac{1}{\gamma} \frac{\mu - r_f}{\sigma^2} + hedging\ terms \tag{8.11}$$

このヘッジ項は代表的投資家にとって非常に重要な役割を果たしているに違いない。Guo and Whitelaw（2006）は、ヘッジ項がリスクとリターンの単純な線形関係を圧倒するほどに大きく、ボラティリティの影響を相殺すると主張している。

最後になるが、最近のリスク管理実務において、リスクは例外なく（より強力にバージョンアップされた）GARCHモデルによって測られるということを追記しておく。リスク管理と期待リターンは表裏一体であるのは間違いないだろう。すなわち、ボラティリティはリスク・プレミアムと連動しているはずであり、両方が株価を決めるのである。これは経済モデルによる自然な帰結であり、Ang and Liu（2007）が指摘したポイントでもある。したがって、次世代のリスク管理モデルは、価値評価尺度を内包したものでなければならない。ボラティリティが急騰すれ

第8章　株　　式　327

ば価格は下落するが、価格が低いときには割引率は高くなりやすく、それによって将来の高いリターンが予測される（式（8.4）参照）。ボラティリティと将来のリターンに直接的な関係はほとんど見られないが（表8.7参照）、それは式（8.11）のヘッジ項があることと、ボラティリティとリスク・プレミアムの関係が非線形だということによる（第6章も参照）。ボラティリティが高く価格が低いとき、高いボラティリティで測ればリスクは高いといえるが、それらはリスク・プレミアムが大きい局面でもある。価値評価という観点では、その局面はリスクが低く、購入のチャンスである。当然のこととして、本章の主要なメッセージの一つは、リスク・プレミアムを予測することが本質的に難しい作業だということになる。

7 　再考：失われた10年

　2000年代の失われた10年は、長期債だけでなく短期国債（キャッシュ）と比較してさえ株式のリターンは確かにひどいものであった。しかし、非常に長い期間をとれば、長期債や短期債に対して相当大きな株式リスク・プレミアムがあったのも事実である。ただ、リスク・プレミアムが大きい一方で、株式のリターンは不安定であり、そのボラティリティは消費、配当といったファンダメンタルズやその他のマクロ・ボラティリティ尺度に比べて大きい。したがって、この10年の低いリターンは予測不可能だったわけではない。株式が長期間にわたって、そして、悪環境期に低いパフォーマンスにしかならない可能性があるために株式にリスク・プレミアムが付与される、というのは現実に正しい。これらの悪環境期は、いろいろなファクター・リスクの中でも、低成長、災害、長期リスク、そして高インフレが代表的なものである。著者は当面の株式プレミアムは高いと予想しているが、長期的にはわからない。短期的には、株式を保有している投資家は、低いリターンしか得られないかもしれないことに対して揺るぎない覚悟をもたなければならない。悪環境期の短期的なパフォーマンス悪化の可能性を埋め合わせるために、長期的に高いリターンが得られるのである。

　株式リスク・プレミアムは予測可能である。しかし、理論および実証研究は、予測力を検出することが難しいことを示唆している。投資家は、データの中の弱い予測力を無視し、一定のウェイトにリバランスすべきである。経時変化するリスク・プレミアムを利用したいと望む場合でも、頑健な統計的推定、経済モデル、そして実現可能性の制約を慎重に使い、良好なガバナンス構造の枠組みの中でそれを行わなければならない。一定比率へのリバランス戦略は自ずと逆張り戦略になる。そし

て、平均回帰的なリスク・プレミアムを利用するどんな戦略であっても、一定ウェイトを維持する単純な戦略よりも積極型にならざるを得ないのである。

[注]

1　Mehra（2006）に最近のサマリーがある。

2　ファクター理論（第6章参照）の用語を用いれば、メーラ＝プレスコット・モデルは非線形のプライシング・カーネルによって定式化される。それは代表的経済主体が実質消費成長の変化に（限界的な状態で）どのように反応するかによって決まるものである。

3　導出についてはCochrane（2001）参照。Hansen and Jagannathan（1991）によって提唱されたプライシング・カーネル（第6章参照）では境界条件がより一般化されているが、これはその特殊なケースである。なお、ラース・ハンセンは、2013年にノーベル賞を受賞している。

4　もう少し一般化すれば、災害はそれ自体、大規模である必要も、突然の悪い出来事である必要もない。それは分布の左端で起こる一連の持続的で大きな損失であればよいのである。Martin（2012）は、資産価格は尋常ではないほど悪いいくつもの出来事が起こる可能性を織り込んでいることを示したが、それらは互いに相関をもつため、リスクはそれらの災害の合計である必要はない。

5　最近の金融危機は、株式プレミアムを説明するような回避可能な災害だったとは考えられない。経済成長と消費成長の低下はあったが、それらは金融資産価格の急落の結果として生じたものであり、その逆の順番で起こったのではない。災害モデルにおいて、消費の急激な収縮は資産価格の下落と同時に起こるのである。

6　経済全体については破滅的とはいえなかったが、ジョン・スタインベックの『怒りの葡萄』に出てくるジョード家のような特定の個人にとっては、おそらく壊滅的な打撃であったのだろう。

7　Bansal and Yaron（2004）は、条件付平均消費のボラティリティが経時変化することも示している。

8　消費成長率の予測力は以前にも検討されたことがあるが、自己相関のある簡単な消費成長率を仮定すると、その自己相関によって消費が平滑化されるため、CRRA型効用関数を仮定した場合の株式プレミアム・パズルはさらに説明が困難になる。そして、データに適合させるにはさらに高い水準のリスク回避度が必要になるのである。この点に関する初期の研究についてDunn and Singleton（1986）参照。

9　代表的経済主体が時間的に安定した消費を望むのは明らかであるが、どのように消費を安定化させるかは、その経済主体が各時点でリスク資産ごとに異なるベータ値をどのように扱うかというリスク回避度の問題とは異なる。これらはエプスタイン＝ジン選好（Epstein and Zin（1989））と呼ばれるが、それも災害モデルの枠組みの中で使われる。

10 すでに大きな広がりを見せていたこの研究テーマの要約については、Bansal（2007）参照。

11 それぞれ、Bansal, Dittmar, and Lundblad（2005）およびBansal and Shaliastakovich（2010）参照。

12 多様経済主体モデルは、Bewley（1977）によって最初に提唱された。

13 これらは「根岸加重」（Negishi（1960））と呼ばれる。

14 リスク回避度が一様ではないモデルについては、Dumas（1989）とWang（1996）が富のばらつき分布に関するファクターを導入している。信条の多様性を仮定したモデルについては、David（2008）参照。

15 多くの参考文献があるが、その中でConstantinides and Duffie（1996）およびConstantinides, Donaldson, and Mehra（2002）参照。

16 株式リターンとインフレ率の負の相関関係を示した初期の参考文献としてLintner（1975）がある。

17 Ang, Briere, and Signori（2012）も、株式の銘柄間分析によってインフレ・ベータを計算する中で、インフレ・リスクをヘッジする個別株を見つけることが難しいことを示した。Konchitchki（2011）は、会計データを使うことにより、インフレ率と高い相関をもつ個別株を見つけられることを示した。

18 厳密性を重視する研究では、共分散の項は無視しない。直交化（通常はコレスキーの）手続きによって、共分散の項は他の分散項に割り当てられる。

19 バンサル＝ヤロンのモデルでは、確率ボラティリティとリスクフリー・レートの時間変動を仮定しているため、配当利回りが割引率を通して変動する経路もあるが、この成分は小さい。

20 Ang and Bekaert（2007）、Ang（2012a）、およびAng and Zhang（2012）参照。

21 それぞれ、Bollen, Mao, and Zeng（2011）およびKarabulut（2011）参照。

22 プライシング・カーネルをmで表した場合、Ross（2005）は回帰決定係数R^2の上限が$R^2 \leqq (1+r_f)^2 \operatorname{var}(m)$で表されることを示した。Zhou（2010）はさらに厳しい上限値として$R^2 \leqq \rho^2_{z, m}(1+r_f)^2 \operatorname{var}(m)$を導出した。ここで、$\rho^2_{z, m}$は予測変数$z$とプライシング・カーネル$m$の間の重相関係数である。

23 表8.7のt統計値はHodrick（1992）の標準誤差を使って計算したものである。Ang and Bekaert（2007）が示すように、それは統計的に正しい特性をもち、予測力の帰無仮説を過剰棄却しない。頑健な標準誤差には十分に「頑健」ではない様々な形のものがある。一般に用いられるHansen and Hodrick（1980）およびNewey and West（1987）の標準誤差も、正しいサンプルサイズ特性をもたないという意味でそれに含まれる。

24 Brennan and Xia（2005）参照。

25 Rapach and Zhou（2011）によるサマリー論文参照。それによれば、個々の変数よりもそれらの組合せの方が株式のリターンに対する予測力が高い。

26 見せかけの回帰に関する論文では、これを部分的に集計された変数と呼んでいる。

27 予測力の構造変化については、Paye and Timmermann（2006）およびLettau and Van Nieuwerburgh（2008）参照。Dangl and Halling（2012）は、予測変数の係数がランダム・ウォークの特性に従ってゆっくり変化するという仮定を置いた。Johannes, Korteweg, and Polson（2011）では、予測力の係数は投資家が学習するに従って時間とともに変化する。

28 レジーム・チェンジと金融市場の概要については、Ang and Timmermann（2012）参照。

29 最適な予測の組合せについてのサマリーは、Timmermann（2006）参照。

30 Ang and Piazzesi（2003）は、無裁定制約条件を課すことにより、金利に対する予測力が向上することを発見した。Campbell and Thompson（2008）は、リスク・プレミアムのゼロ以下を切り捨てることによってそれが正であるという制約を課した。さらに一般的なアプローチをしたのはPettenuzzo, Timmermann, and Valkanov（2013）で、シャープ・レシオに境界条件を課した。

31 この株式ボラティリティに対する予測力の大部分は、株式ボラティリティの予測自体によってもたらされるものである。Paye（2012）が示すように、マクロ変数には市場のボラティリティに対する予測力はほとんどない。

32 多数の収益モデルがあるが、配当割引モデルを現在は残差利益モデル（residual income models）と呼ばれているモデルと関連づけた画期的な論文はMiller and Modigliani（1961）である。彼らは、資本構成（に企業価値がよらないこと）に関する研究によって1985年にノーベル賞を受賞したモディリアーニおよびミラーと同一人物である（訳注：ミラーのノーベル賞受賞は1990年である）。なお、これに関する著者の論文はAng and Liu（2001）である。

33 学界では、過去のボラティリティの異なる波及方法や、ジャンプを含めた非対称性など、様々な拡張が行われている。

第8章　株　　式　331

第 9 章

債　　券

第9章要約

すべての債券の利回りを変化させる金利水準ファクターが、債券投資にとって最も重要なファクターである。金利水準ファクターは、経済成長、インフレおよび金融政策に関連するリスクの影響を受ける。社債はクレジット・リスクだけの影響を受けるのではない。ボラティリティ・リスクが重要なファクターであり、社債と株式のリターンは高い相関を示すことが理論的に示されている。また、流動性リスクも債券のリターンにとって重要なファクターである。

1 米国の格下げ

2011年8月5日金曜日、スタンダード＆プアーズ（S＆P）社は米国の信用（クレジット）格付けをAAAからAA＋に引き下げ、見通しを「ネガティブ」に据え置いた[1]。この格付け機関は政治リスクに注目したわけであるが、とりわけ累増する国家債務を圧縮して安定させるために歳出削減や歳入増加を議会が実現できるかどうかに懸念を抱いたのである。S＆P社は「格下げは、米国における政策決定と政治機関の実効性、安定性、そして予測可能性が、現在進行中のかつて例を見ないほど積極的な財政・経済政策によって弱まっているという我々の見方を反映したものである」と述べている。S＆P社が米国にAAAの格付けを付与したのは1941年であり、第2次世界大戦によってもそれが揺らぐことはなかった。それ以来、S＆P社が米国を格下げしたことはただの一度もなかったのである。

米国格下げ発表後最初の取引日となった8月8日月曜日、世界の株式市場で相場が下落する一方、米国財務省証券（長期国債）の価格は上昇した。図9.1に示すように、10年国債の利回りは、前営業日に当たる金曜日の終値2.58％から月曜日には2.40％に低下したのである。その週の金曜日、8月12日には利回りはさらに低下

332　第Ⅱ部　ファクター・リスク・プレミアム

図9.1 2011年の米国10年国債利回りの推移

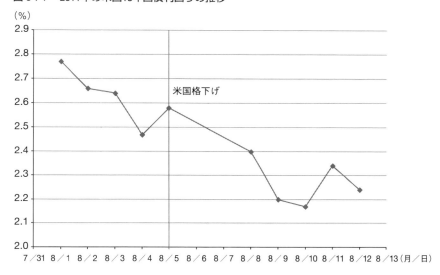

し、2.24％で取引を終えている。

　米国債の利回りはなぜ低下したのだろうか？　もし米国のリスクが高まったと考えられるのであれば（少なくともS&P社はそう考えた）、その国債利回りは上昇するはずである。それは、より高くなったデフォルトの可能性を補償するために、投資家がより大きなリスク・プレミアムを要求することによる。このように、クレジット・リスクの上昇が格下げ時の米国債利回りの動きを説明できないとしたら、他にいったいどのようなことが考えられるのだろうか？

　本章では、債券のリスクとリターンのトレードオフを分析する。まず、国債はリスクフリー資産だと仮定し、リスクフリー債券のリターンを動かすファクターについて議論しよう。さらに、それにクレジット・リスクをはじめとする他のリスク次元を加えることにより、社債について考えてみる。

2　金融政策と金利水準ファクター

　債券に影響を及ぼすファクターを理解するためには、債券市場で最も重要な市場参加者である連邦準備制度について理解しなければならない。連邦準備制度は米国の中央銀行であり、一般に「Fed」と呼ばれている（訳注：Fedは「Federal Reserve System」の略称であり、連邦準備制度理事会（Federal Reserve Board,

FRB)、連邦公開市場委員会（Federal Open Market Committee, FOMC）、連邦準備銀行（Federal Reserve Banks, FRB）の総称である）。

2.1 連邦準備制度

金融政策は主要な金利変動要因の一つであり、マクロ・ファクターの変動に応じて金利を動かす。金融政策は公式には連邦公開市場委員会（FOMC）によって決定されるが、その委員会メンバーは議長を含む連邦準備制度理事会の7人の理事と、12人の地区連邦準備銀行総裁のうちの5人によって構成される（ニューヨーク連邦準備銀行総裁は「同輩中の主席」として常に委員会メンバーに名を連ねる）[2]。現在のFed議長であるジャネット・イエレンは、2014年2月1日就任した。また、前議長のベン・バーナンキは2006年2月1日から2014年1月31日まで、さらにその前のアラン・グリーンスパンは、1987年8月11日から2006年1月31日までが在任期間であった。

フェデラル・ファンド（FF）市場に介入するのがFedの伝統的な金融政策である。これは、銀行（*預金取扱機関*）が準備預金を維持するためにFedを通して翌日物資金（フェデラル・ファンド）の貸借を行う市場であり、*資金余剰*の銀行が資金不足の銀行に資金を貸し出す。この市場は相対取引であり、資金を借りたい銀行は資金を貸したい銀行を個別に探し、資金の借り手および貸し手によって異なる金利が適用される。したがって、資金の借り手・貸し手となる各銀行ペアは異なる*FFレート*で資金の貸借を行うことになるのである。ここで、*実効FFレート*は、これらのレートを全銀行について金額加重平均したものであり、Fedは*公開市場操作*（要するに債券の売買）を通じてこのFF市場に介入する。そのため、市場のFFレートはFOMCにおいて決定されるFFレートの*誘導目標*に近い水準で推移するのである。2008年12月16日以降、FedはこのFFレートの誘導目標を0〜0.25％のレンジに設定している（訳注：2015年12月16日、FedはFFレートの誘導目標を0.25〜0.5％に引き上げた）。

金融政策は、イールドカーブの最短期部分、すなわち翌日物金利について実施され、その対象は銀行間金利のみである。しかし、Fedが最終的に意図するのは、10〜30年といったイールドカーブの最長期部分に位置する長期国債や、社債、政府機関債の価格に影響を及ぼすことである。最短期部分に対する金融政策は*伝播メカニズム*を通して最終的に経済に影響を及ぼすことになる[3]。世界金融危機以降、Fedは*非伝統的金融政策*を採用しているが、これは、長期国債や多様な（時に非常に大

きな）クレジット・リスクを内包した金融商品を市場から買い入れるものである。この一連の非伝統的金融政策手段は*量的緩和*（*QE*）と呼ばれ、現在直接買い入れが行われている資産は、コマーシャル・ペーパー（CP）、政府機関債、政府出資企業（連邦住宅抵当公庫（Fannie Mae）、連邦住宅金融抵当公庫（Freddie Mac）、連邦住宅貸付銀行（FHLB））の債券、住宅用不動産担保証券（RMBS）、商業用不動産担保証券（CMBS）、債務担保証券（CDO）など、JPモルガン・チェース（「Maiden Lane」）やAIG（「Maiden Lane II」および「Maiden Lane III」）やシティグループ、バンク・オブ・アメリカへの直接貸付債権である（訳注：「Maiden Lane」はJPモルガンによるベアスタンズ買収のために設立されたLLC（有限責任会社）。「Maiden Lane II」と「Maiden Lane III」はAIGのRMBSおよびCDO買取りのために設立されたLLCである）。このような金融政策が金融危機以前に提案されていたら、専門家からは馬鹿げたことだと相手にもされなかっただろう。しかし今や、非伝統的金融政策も一般化しつつあり、FF市場への介入はFedの数ある手段の一つにすぎないと見られている。

　ここではまず、伝統的な金融政策に絞って考えてみよう。Fedが銀行間市場における翌日物金利を操作することによって30年物社債の利回りに影響を及ぼすことができるとは信じがたいかもしれないが、これらの金融政策行動がすべての債券の価格を動かす最も重要な要因の一つであることがわかるだろう。

2.2　金利水準ファクター

　図9.2は、1954年7月～2011年12月のFFレート（実線）と3ヵ月物短期国債利回り（点線）を示している。二つの時系列の相関関係は0.99であり、あらゆる局面でFF市場と短期国債市場がほぼ完全に連動していることを示している。1950年代以降、金利は注目すべき三角形のパターンを描いている。具体的には、1970年代末期および1980年代初期に3ヵ月物短期国債利回りで15％を上回る水準まで上昇し、その後低下に転じているのである[4]。1970年代にはインフレ率が急上昇し（*大インフレ期*）、その高インフレ期は当時のFed議長ポール・ボルカーが沈静化させる1980年代まで続いた（インフレについては「実質」資産を議論する第11章でさらに詳細に解説する）。金利の大きな上下変動にははっきりした周期がある。Fedは9.11のテロの後、急激に金利を引き下げたが、それがあった2001年の大部分は景気後退期に当たる。その事件の後、2年間にわたりFedは金利を1％前後の低水準に維持したが、2003年には再び利上げを始めた。その後、Fedは2008年と2009年の世界金融

第9章　債　券　335

図9.2 FFレートと3ヵ月物短期国債利回りの推移

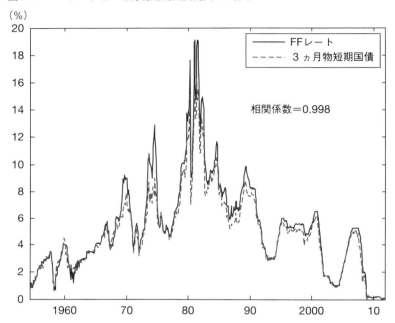

危機の期間中に利下げを行ったが、市場金利はすでに2007年に低下し始めていた。それ以降はほぼゼロ（25bp以下）に維持しているが、それによってFedは金利の*非負制約問題*に晒されることになった。つまり、政策金利をこれ以上引き下げることができなくなったとき、どのような金融政策を行えばいいかという問題である。このようにして、量的緩和政策をはじめとする非伝統的金融政策が導入されたのである[5]。

ほとんどの場合、長期国債は短期国債と連動して動く。図9.3は、1954年7月～2011年12月の10年国債利回りとFFレートの推移を示したものである。0.89という相関係数は、ほとんど完全相関ともいえるFFレートと短期国債利回りの相関関係より低いものの、それでも非常に高い水準である。長期国債の利回りは短期国債と同様、1980年前後にかけて急上昇した後に低下しているが、両者が明らかに異なった動きをしている期間もある。以下では、この両者の差である*タームスプレッド*の変動要因について議論するが、イールドカーブの全年限にわたってその利回りがFFレートと非常に強い連動性をもっていることには留意する必要がある。

図9.3 FFレートと10年国債利回りの推移

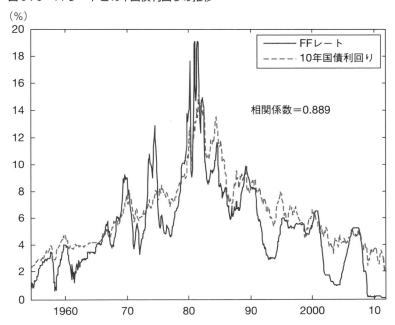

　国債のイールドカーブ全体とFFレートとの強い連動性は*金利水準*ファクターによってとらえることができる。金利水準ファクターは、FFレートとともにすべての債券の利回りが幅広く上下する動きを表す。イールドカーブ（または*金利の期間構造*）上の全年限の変動について、その大部分ともいえる約90％が金利水準ファクターによるものである[6]。この金利水準ファクターに対する感応度はデュレーションと呼ばれるが、これは市場ファクターに対する株式の感応度であるベータに類似したものである（第6章参照）。デュレーションは、金利の水準変化に対する債券のベータだともいえるだろう。債券のリターンに影響を与えるそれ以外のファクターとしては、*傾き*と*曲率*がある。傾きは、イールドカーブの最短期利回りに対する最長期利回りの相対的な動きを表すタームスプレッドである。曲率は、金利水準ファクターやタームスプレッドとは独立にイールドカーブ中央の利回り変動を表すファクターである。しかし、いうまでもなく、最も重要なのは金利水準ファクターである。

　ファクターは債券にとって非常に重要である。このことについては、債券を株式

と比較してみればわかりやすいだろう。株式においては固有リスクが大きく、全体の分散のうち80〜90％を占め、システマティック・ファクター・リスクは小さい（10〜20％）。直観的にわかる通り、企業はそれぞれ異なる。つまり、同じ業種の企業であってさえも、管理職、設備、従業員、生産技術は異なるのである。一方、債券においては固有リスクの比率は非常に小さく、リスクフリーの国債の場合は1％以下である。債券については、システマティック・ファクター、特に金利水準ファクターに伴うリスクが支配的なのである。

5年国債を考えてみよう。この債券は6年債と高い相関があり（相関係数は約98％）、その6年債も7年債と高い相関をもつ（相関係数は約98％）。これらの債券がもつ一連のリスクフリー・キャッシュフローは財務省によって確実に支払われると仮定されており、唯一不確定なのはキャッシュフローの割引率である。7年債には、1年債と同じ割引率に加え、7年と1年の間の期間の割引率（これはフォワード・レートと呼ばれる）が適用される。同様に、6年債には、短期金利である1年の割引率に加え、6年と1年の間の期間の割引率が適用される。このように、短期金利に影響を及ぼすものは何でもイールドカーブを通して長期債に伝播する。これによってそれぞれの長期債は、各年限に影響を与えるショックに加えて、1年金利の影響も受けることになる。そういうわけで、金利水準ファクターまたは金利の水準変化が、債券にとって重要なのである。

ソブリン債、政府機関債、投資適格社債、そしてハイイールド債へとリスクが高まるにつれて固有リスクは増加するが、それらの債券すべてについて最も影響が大きいのは金利水準ファクターである。したがって、債券投資を理解するためには、投資家は金利水準ファクターを理解する必要がある。また、金利水準ファクターはFFレートと似たような動きをするため、Fedの金融政策について理解しなければならない。

2.3　テイラー・ルール

Fedの現在の最終的な目標については、1977年のFed理事会改正法に以下のように記されている。

（連邦準備制度は）*雇用の最大化、物価の安定、そして低い長期金利*という最終的な目標を達成するために、経済における生産の長期的潜在成長力にふさわしい通貨総量やクレジット総量の増加率を長期間にわたって維持しなければならない。

下線は著者がつけたものである。この三つの最終的な目標のうち、最後のものについてはあまり注意が払われていないが、これこそがFedに対して不確実性を低減させるための行動をとる大義名分を与えているのだと考えられる。金融危機の期間中、Fedは金融システムと経済を安定させるために*非常手段*をとり、それによってボラティリティを低下させたが、これは1913年のFed理事会法の第13節(3)を根拠法として行われた。その条文には「非常かつ緊急の状況において」Fedは誰にでも資金供給できることが謳われている。大恐慌から金融危機までの期間については、この措置が発動されたことはなかった。上記の最終的な目標のうち初めの二つ、すなわち「雇用の最大化」と「物価の安定」は二つの*使命*（dual mandate）と呼ばれているが、一部の学者はこれを「相容れない使命（dueling mandate）」だと考えている[7]。低インフレが必ずしも物価の安定を意味するわけではないが、物価安定の使命は伝統的には低インフレの使命と解釈されてきた[8]。一方、欧州中央銀行を含む多くの中央銀行は経済成長の使命を負っておらず、その使命は物価安定のみである。ただし、金融危機以降、Fedを含む多くの中央銀行は*金融システムの安定*をその使命に加えている。

　Fedの意思決定プロセスについては、すべてではないにしても、その大部分を知ることができる。FOMCの議事要旨は会合の3週間後に一般公開されるが、内部予想やその他の文書を含む詳細な議事録は5年間の期間を置いて初めて公開される。それでも、FOMC委員を務めた人なら誰でも、会合の前に委員のグループ間で（しばしば汚い）駆け引きが行われていることを知っている。それが実際にどのようなことなのかは、議事要旨や議事録を見ただけではわからない。一部の研究者たちは議事要旨や議事録、その他Fedの行動を記した資料を使ってきたが[9]、それに代わる重要な選択肢が1993年にスタンフォード大学の経済学者ジョン・テイラーによって開発された誘導型モデルである。

　有名なテイラー・ルールは、FFレートがインフレおよび経済活動に連動して動くように定式化されており、もともとの式は下記の通りである。

$$FF_t = r^* + \pi_t + 0.5(\pi_t - \pi^*) + 0.5Gap_t \qquad (9.1)$$

　ここで*FF*はFFレート、r^*は長期の実質金利、πは実績インフレ率、そしてπ^*は目標インフレ率である。また、実際のGDPと潜在GDPとの差である生産ギャップは「*Gap*」として示している。テイラー・ルールは、記述ツール（Fedが何をしたか？）と規範ツール（Fedが何をすべきか？）の両方の使われ方をする。

第9章　債　券　339

テイラー・ルールは、生産ギャップやインフレに対してFedがFFレートをどのように動かすかを記述することにより、二つの使命を表現している。生産ギャップに対する係数が0.5という正の値（観測データやその後の理論に基づく係数はこれとは異なる）になっているが、これは生産ギャップが低下して経済活動が減速するにつれて、経済成長を促すためにFedがFFレートを引き下げることを示している。式（9.1）において、インフレ率πの係数は1.5であるが、これは第1項の$r^* + \pi$と第2項の$0.5(\pi - \pi^*)$に分かれている。実質金利とインフレ率の和である第1項は、フィッシャー*仮説*（後述）により単純化されて名目短期金利となる。また、第2項は、現在のインフレ率の長期目標からの乖離であり、インフレ率が上昇するにつれて、Fedが物価上昇抑制のためにFFレートを引き上げることを示している。インフレ率に関する係数の合計が1.0より大きいということは、インフレ率が上昇したときにFedがその上昇幅以上にFFレートを引き上げることになる。これは、インフレ率が上昇するとき、Fedは実質金利も引き上げることを意味し、*テイラー原理*と呼ばれる。

　テイラー・ルールには多くのバージョンがあり、それぞれにインフレと経済成長に対するFedの行動を記述する。これらのモデルは、インフレおよび経済成長に対して異なる定義を用いることがある。インフレについては、GDPデフレーター、消費者物価指数（CPI）総合、コア消費者物価指数（コアCPI）、生産者物価指数（PPI）などであり、経済成長についてはGDP成長、生産ギャップ、工業生産成長、雇用などである。いずれにしても、式（9.1）の重要な概念は、Fedが一般的な意味でのインフレや経済成長に対応するということである。1993年の初期テイラー・モデル以降に開発された変形バージョンでは、サーベイ調査や調査機関の予想などの予測値（フォワード・ルッキング型ルール）や、実績インフレ率や実績生産などの過去データ（バックワード・ルッキング型ルール）を用いることができる。また、いくつかのバージョンのルールは、Fedが情報を部分的に修正することを考慮している（*部分調整型ルール*）[10]。これによって、Fedが式（9.1）のテイラー・ルールによって設定すると予想されるFFレートと実際のFFレートとの間には乖離が生じ、それは*金融政策ショック*と呼ばれる。金融政策ショックは、テイラー・ルールから予想されるインフレや生産変動への対応を超えたFedの裁量を示すものだといえる。

　図9.4は、1955年3月〜2011年3月の期間について、テイラー・ルールのあるバージョンに基づくFFレートを実際のFFレートと比較して図示したものである。

図9.4 FFレートとテイラー・ルール

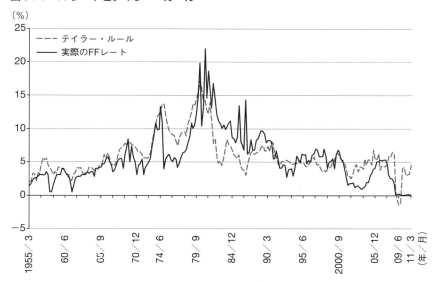

1955年第1四半期～2011年第1四半期

	係数	標準誤差	t統計量
定数項	0.97	0.06	15.51
GDP	0.26	0.07	3.58
CFI	1.09	0.41	2.66
決定係数（R^2）	0.52		

経済成長の代理変数としての実質GDP成長率およびインフレの代理変数としての消費者物価指数（いずれも前年比で定義）に関するテイラー・ルールの係数の推定値もあわせて表示してある。これらの係数はいずれも正の値であり、Taylor（1993）の予想と一致している。決定係数（R^2）が50％を超えていることを考えれば、よく当てはまっているといえるだろう。また図9.4は、金融政策ショックが大きくかつ持続的であり得ることも示している。テイラー・ルールが示唆するところによれば、1970年代にFedはFFレートを実際よりもかなり高い水準にまで引き上げ、逆に1980年代には実際よりもさらにFFレートを引き下げるべきであった。1990年代のFFレートは概ねテイラー・ルールが示す通りに推移したが、2000年代初期のFFレートはテイラー・ルールから予想される値よりも非常に低くなっている。Fedが非伝統的金融政策プログラムを導入した金融危機下の2009年には、FFレートをマイナスにすべきであったことをテイラー・ルールは示唆していたが、その後2011年

には、テイラー・ルールのモデル金利は実際の値（ほぼゼロだった）よりもかなり高くなっている。

　Fedが債券価格に大きな影響を及ぼすことと、テイラー・ルールがFedの行動の大部分を記述するものであることを考えれば、債券投資家はテイラー・ルールに注意を払わなければならないのは明らかであろう。それによって投資家は、インフレと経済成長のリスクがどのような影響を及ぼすかを理解できるようになる。Fedはマクロ変数のみに純粋に反応して、短期金利を予想されるよりも高くしたり低くしたりすることもある。それが金融政策リスクであり、債券価格にとって重要である。Ang, Dong, and Piazzes（2007）は、金利水準変動の分散のうち25〜35％は金融政策リスクによるものだと推定している。

2.4　政策スタンスの変化

　基本的なテイラー・ルールの枠組みでは、Fedの*反応関数*は定数だと仮定される。つまり、生産またはインフレ・ショックの大きさは明らかに変化するが、Fedがそれに反応する方法は時間によらず一定だとするのである。しかし、生産またはインフレ・リスクに対するFedのスタンスが時間とともに変わったらどうなるのだろうか？　それを考えるためには、1993年の標準的なテイラー・モデルの式（9.1）において0.5と1.5で一定だとした成長率およびインフレ率の係数が、時間とともに変化すると考える必要がある。この場合、マクロ・リスクに関するFedのスタンスが潜在的に変わり得ることに加えて、相容れない使命である完全雇用と物価の安定のいずれを優先するかという問題が生じる。

　これらはAng et al.（2011）が研究した問題である。それによれば、Fedの政策スタンス、すなわちテイラー・ルールにおける生産およびインフレに関する政策係数が時間とともに大幅に変化する。生産よりもインフレに関してこれは顕著である。この政策スタンスの変化は長期債の価格に対して大きな影響を及ぼす。

　Ang et al.（2011）によって推定された図9.5では、生産に関する金融政策の係数が0.4前後で安定している。その一方で、インフレに関する係数は2003年のゼロ近辺から1983年の約2.4まで幅広いレンジで変動することが示されている。また図9.5によれば、1960年代から1970年代にかけて、インフレへの反応は1.0より小さかった。しかし、テイラー原理に従えばインフレに関する係数は1.0より大きくなければならない。さもなければ*複数均衡*が生じ、1970年代の高いインフレ率と低成長が共存（*スタグフレーション*）するような非常に不安定でよくないマクロ経済的な結

図9.5 テイラー・ルールにおける係数の時間変化

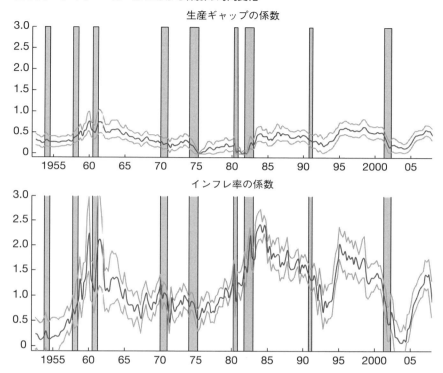

果をもたらすというのが経済学者の通説である[11]。ボルカーが激しいインフレを鎮静化した1980年代、Fedはインフレに対してそれ以前よりはるかに積極的に闘うようになった。2000年代初期にはインフレに関する係数は再び非常に低くなり、2000年代中頃には急激に上昇している。

Ang et al.（2011）が提示した一つの問題は、グリーンスパン・プット（その後はバーナンキ・プット）に関するものの存在である。これは、経済状況が悪化したときはいつでも資金の栓を開けて流動性を供給するというFedの癖を示すものである。これを批判する人々は、投資家自身がリスクをとるという判断に対する救済であり、これまでよりはるかに大きなリスクをとるような投資を助長しかねないとする。また、ジョン・テイラーを含む一部の論者は、9.11のテロ攻撃および2001年の景気後退の後、非常に長期間にわたって短期金利が低位にとどめられた可能性を指摘している[12]。Ang et al.（2011）から引用した図9.6は、2001年以降について、生

図9.6　短期金利と5年債のスプレッドの推移

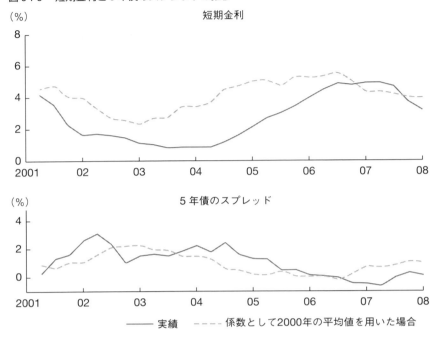

産およびインフレに対する2000年のスタンスをFedが維持した場合に想定される短期金利を実際の短期金利と比較したものである。実線（実績値）と点線（想定値）の差は、グリーンスパン・プットを定量化したものである。2002〜2005年にかけての短期金利は、もしFedがインフレ・スタンスを変えなかったなら実際よりも相当高かったであろう。例えば短期金利は、2003年6月に0.9％まで低下しているが、政策変更がなければこのときの短期金利は2.7％であったと考えられる。図9.6の下図は、5年債について、Fedが政策スタンスを調整しなかった場合に想定されたスプレッドと実際のスプレッドを示したものであるが、両者は非常に似た動きをしていることがわかる。このように、グリーンスパン・プットは、2000年代初期のイールドカーブのフラット化については何も説明することができないのである（グリーンスパンの*謎*）。

　以上のことを踏まえると、投資家が債券に投資するにあたって重要なのは、経済成長やインフレなどのマクロ・リスクだけでなく、Fedの行動にも注意を払うことだといえる。金融政策ショックを含めたFedリスクとは、Fedの行動によって引き

起こされるリスクのことである。そして、そのFedの行動は、生産やインフレに関して普通に予想される部分と、特にインフレ・リスクに対する政策スタンスの変化に関する部分に分解される。

2.5 新しい金融政策

金融危機後の世界において債券価格に金融政策リスクがどのように及ぶかを論じるためには、Fedの新しい非伝統的金融政策手段に対して投資家がどのように行動するかという議論が欠かせない。そして、その非伝統的手段は今後一般的なものになっていくであろう。これらのプログラムには、量的緩和（QE）に加えて、頭文字を連ねた略語で表された様々な形態のものが含まれる。具体的には、短期金融市場投資家資金供給ファシリティ（MMIFF）、資産担保コマーシャル・ペーパーマネー・マーケット・ミューチュアル・ファンド流動性供給（AMLF）、コマーシャル・ペーパー資金供給ファシリティ（CPFF）、プライマリー・ディーラー貸出制度（PDCF）、ターム物証券貸出制度（TSLF）、およびターム物貸出入札制度（TAF）であるが、MMIFFはこれまで一度も使われていない。また、不思議なことに、モーゲージ担保証券買入れプログラム（MBS Purchase Program）は頭文字をとった略語にされていない。さらにFedは、JPモルガン、シティバンク、バンク・オブ・アメリカといったプライマリー・ディーラー会員や銀行に資金供給している。

金融危機以降、Fedは非常に積極的にバランスシートを拡大し、多くのリスク性資産を買い入れた。図9.7は2008年9月以降のFedのバランスシートの急拡大を示したものであるが、2012年4月にはその規模が3兆ドルに近づいている。伝統的な普通国債が減少する一方、モーゲージ担保証券は今や約1兆ドルに達している。

非伝統的金融政策を、ここでは国債以外のリスク性証券の買入れと定義する。Fedが買入れをやめた後もこの非伝統的金融政策の影響を永久に残すためには、買入れプログラムによって投資家の予想またはリスク・プレミアムを変化させるか、市場を分断しなければならない。市場を分断すれば、Fedは市場のある一部の価格やイールドカーブだけに変化を与えることができ、その際に他の市場やイールドカーブの残りの部分でFedの影響を相殺するような調整は起こらないのである。市場分断のもともとの形は、*特定市場選好理論*またはCulbertson（1957）やModigliani and Sutch（1966a, 1996b）によって開発された顧客モデルである。この顧客モデルの最新の形はVayanos and Vila（2009）によるものであり、まったく

第9章 債　券　345

図9.7 Fedの資産買入れ残高推移

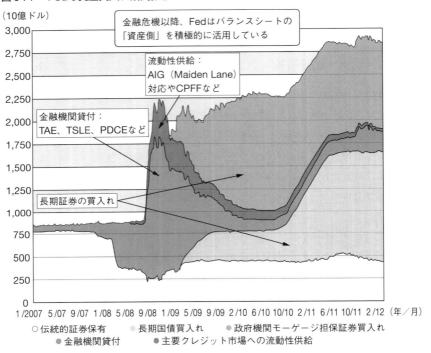

新しい形で定式化されている。

　Vayanos and Vila（2009）のモデルにおいては、特定の満期の債券にしか投資しないか、またはそれを選好する投資家を考える。ここでは、例えば長期の負債をヘッジするために長期国債を選好する年金基金を想定すればよいだろう。また、イールドカーブの年限間で投機的なポジションをとる裁定取引者もいる。具体的にはヘッジファンドや投資銀行の自己ポジション取引デスク（現在は骨抜き状態であるが）を考えればいいだろう。Fedの買入れによって生じた特定の満期の歪みは裁定取引者によって修正され得るが、Fedの行動はその年限の長期国債を選好する投資家にとっては投資対象の供給量が変化することになり、それがイールドカーブ全体にわたって恒久的な影響を及ぼすのである。したがって、債券に投資するアセット・オーナーは、このような相対的な供給の影響をファクターだと考えることもできる。

3 タームスプレッド（長期債）

3.1 長期債のリスクとリターン

　債券の利回りと価格は逆方向に動くため、債券のリターンは利回りが低下すれば高くなり、利回りが上昇すれば低くなる。図9.2および図9.3が示している大まかなパターンは、1980年代初期にかけて金利が上昇し、その後低下するという動きであるが、それを踏まえれば、債券のパフォーマンスが1980年代初期までは芳しくなく、それ以降のリターンが高かったのは当然のことである。表9.8は、1952年1月〜2011年12月の期間について、短期金利として短期国債の利回りを用いて、各年限の債券の超過リターンを計算し、その平均、ボラティリティ、シャープ・レシオを示したものである。多くの研究者と同様、ここでは1951年以降のサンプルを用いているが、これは財務省とFedの国債に関する1951年の政策合意以前の債券利回りがFedによって人為的に低く誘導されていたからである。この政策協定は第2次世界大戦の遺物であり、金利が低位に維持されたおかげで政府は低コストで資金調達ができた。またFedは、国債に関する政策合意により、国債の強制買入れから解放され、その独立性が担保された[13]。なお、Fedは1979年10月6日から1982年10月9日まで金融政策の目標を一時的に通貨準備に置いていたため、ここでは1982年末でサンプルを分割している[14]。

　表9.8によれば、1952年から1982年までの5〜10年債の超過リターンは平均してゼロ、10年超の債券については▲0.62％とマイナスであった。しかし1983年以降、債券は資産クラスとしては非常に良好なパフォーマンスを示し、1983年から2011年までの短期国債に対する5〜10年債の超過リターンは3.96％、10年超の債券については5.66％である。そして、全期間を通した超過リターンはそれぞれ1.91％、2.97％とプラスになるが、その大部分は1980年以降に金利が全体的に低下したことによるものである。全期間の超過リターンは、平均的には年限とともに高くなっている。1年未満の超過リターンが0.59％であったのに対し、10年超の債券については2.97％である。表9.8は、2000年から2011年までの「失われた10年」の株式のリターンが他の期間とは異なっていることも示している（株式のリターンは同表右端の列に併記）。この結果、2000年以降の債券のリターンは株式に比べて高く、素晴らしい投資成果をあげたといえる。実際の数字を示せば、10年超の債券の短期国債に対する超過リターンが7.18％であったのに対して、米国株式については▲0.39％

第9章 債　券　347

であった。

表9.8に示したシャープ・レシオは、1年未満の債券が0.7強であり、長期債の約0.3まで、年限が長くなるにつれて低下する。平均リターンは満期とともに上昇するから、シャープ・レシオの低下は、長期債のリターンのボラティリティが短期債に対してそれ以上に上昇したことによるものである。このこと自体、驚くべきことである。なぜなら、10年債は10年間のマクロ環境および金融市場環境を反映しているはずであり、金利の平均回帰性やマクロ的ショックの減衰を考えれば、長期債のボラティリティは短期債に比べて大幅に低下するはずだからである。しかし、そうはなっておらず、長期債のボラティリティは短期債に比べてわずかに小さくなっているだけである。長期債のボラティリティは、短期金利の平均回帰性だけを織り込んだ単純な経済モデルから導かれる水準に比べてかなり大きいのである。この現象が債券の*過剰ボラティリティ・パズル*であり、Shiller（1979）によって提起された。彼は株式市場の過剰ボラティリティについて示した経済学者でもある（第8章参照）[15]。長期債の利回りはまた、マクロ経済指標の発表に伴うショックに過剰反応している[16]。長期債のボラティリティが相対的に大きく、マクロおよび他のファ

表9.8　国債の年限別超過リターン

		国債年限							株式
		1～12ヵ月	1～2年	2～3年	3～4年	4～5年	5～10年	10年超	
リターン	1952～1982	0.47%	0.56%	0.54%	0.36%	0.04%	▲0.01%	▲0.62%	5.93%
	1983～2011	0.72%	1.58%	2.29%	2.93%	3.28%	3.96%	5.66%	7.00%
	2000～2011	0.53%	1.45%	2.43%	3.30%	4.03%	4.59%	7.18%	▲0.39%
	1952～2011	0.59%	1.05%	1.39%	1.60%	1.61%	1.91%	2.97%	6.45%
ボラティリティ	1952～1982	1.03%	2.50%	3.66%	4.36%	4.96%	5.85%	8.48%	14.09%
	1983～2011	0.48%	1.50%	2.55%	3.54%	4.43%	5.71%	9.76%	15.45%
	2000～2011	0.41%	1.31%	2.35%	3.37%	4.34%	5.27%	10.41%	16.36%
	1952～2011	0.81%	2.08%	3.18%	4.00%	4.73%	5.81%	9.27%	14.76%
シャープ・レシオ	1952～1982	0.46	0.22	0.15	0.08	0.01	0.00	▲0.07	0.42
	1983～2011	1.51	1.05	0.90	0.83	0.74	0.69	0.58	0.45
	2000～2011	1.31	1.11	1.04	0.98	0.93	0.87	0.69	▲0.02
	1952～2011	0.73	0.51	0.44	0.40	0.34	0.33	0.32	0.44

（出所）　シカゴ大学証券価格調査センター（CRSP）のFama債券総合リターン、S&P500指数の総合リターン。ただし、1962年9月～1971年11月のデータは欠損。

クターの動きに対する感応度が大きいのは、リスク・プレミアムが大きいことによる。これは、長期債がファクター・リスクに敏感であることを示しており、この債券のファクター・リスク・プレミアムを適切に記述するためには、それがイールドカーブを通してどのように債券価格と関係しているかを説明する必要がある。

３.２　マクロ・ファクターに基づく金利の期間構造モデル

　伝統的金融政策はイールドカーブの最短期部分に作用しながら、同様に最長期部分にも影響を及ぼす。しかし、イールドカーブの最長期部分の債券価格は市場で決められるため（ほとんどがそうだが、最近は量的緩和によって完全にそうとも言い切れなくなった）、Fedは、FFレートに比べるとわずかしかこれらの長期債の価格をコントロールすることができない。図9.2では３ヵ月物短期国債がFFレートとほぼ一致して動いていたことを示したが、テイラー・ルールによればそのFFレートはマクロ・ファクターに反応して変動する。それと同じマクロ・ファクターまたは金利水準ファクターが無裁定関係を通してイールドカーブ全体に影響を及ぼすのである。

　異なる二つの企業は経営者や事業運営が異なっていることからその株価も異なった動きをするが、異なる満期のリスクフリー債券は互いに現実離れするほど異なった動きをすることはない。これは、債券は、そのキャッシュフロー自体はリスクフリーであり、満期だけが異なっているからである。債券市場は、ある特定の満期の債券価格が類似した満期の債券価格から乖離して動いたときに生じるわずかな収益機会にも飛びつく裁定取引者で溢れている。債券市場には限定的な裁定機会しかないため（象牙の塔の学界を含めて誰も市場が完全に効率的だとは信じていない。第６章参照）、債券は他の債券とかなり近い動きをせざるを得ないのである。一方、利益獲得機会が非常に大きくなると、賢明な投資家が、もぐらたたきゲームのように、その収益機会を消し去るために木槌を素早く振り下ろす。この現象を表現するためには、投資家が保有する債券のリスクに応じてリターンを受け取るようなモデルを考えればいい。そこでは、近似的に債券価格は*無裁定条件*によって決定されると仮定していることになる。それが*タームストラクチャー・モデル*であり、この種のモデルを理解する上で鍵となるのは、債券利回りが異なる年限および異なる時点にわたって互いに結びついているということである。

　例えば、２年中期国債を考えてみよう。投資期間を２年間とすると、ちょうどこの２年国債を購入して満期まで保有することが可能である。また、３ヵ月物短期国

第９章　債　券　349

債を2年間購入し続けることもできる。この短期国債は3ヵ月後に満期になるが、そこで別の3ヵ月物短期国債に投資するのである。もしそれ以降7四半期にわたって3ヵ月物短期国債を順次乗り換え（ロールオーバー）すれば、最終的には直接2年国債に投資したのと同じ投資期間になる。しかし、この二つの戦略は同じではない。短期国債に四半期ごとに順次投資する場合にはロールオーバー・リスクに晒されるが、2年国債の場合はその利回りが現時点でわかっている。一方で、3ヵ月物短期国債の価格は2年国債からそれほど大きくは乖離しない。もし、ロールオーバー戦略が2年国債に比べて非常に割安なのであれば、裁定取引者は短期国債を購入して2年国債を売却するであろう。逆に短期国債が2年国債に比べて割高なのであれば、短期国債を売却して2年国債を購入することになる。この論理に従えば、あらゆる長期債の価格はあらゆる短期債の価格と関係していることになる。

リスク・プレミアム

長期債の利回りは純粋な「期待」の部分とリスク・プレミアムによる部分に分解できる。20世紀初期の偉大な経済学者の一人であるIrving Fisher（1896）によって構築された最初の*期待仮説*は以下のように表される。

$$
\text{名目長期債利回り} = \underbrace{\text{短期金利の期待値の平均}}_{\text{（期待仮説）}} + \text{リスク・プレミアム} \tag{9.2}
$$

もし3ヵ月物短期国債を短期金利だと解釈すれば、2年国債の利回りは8個の3ヵ月物短期国債利回りの平均だと考えなければならない。8個とは具体的に、現在の3ヵ月物短期国債利回り、3ヵ月後の3ヵ月物短期国債利回り、6ヵ月後にスタートする3ヵ月物短期国債利回りと続いて、2年後が満期となるものまでのことである。これらの平均が期待仮説の要素である。しかし、実際のデータはこれに一致しない。現在の3ヵ月物短期国債と7個の将来ロールオーバーする3ヵ月物短期国債のポジションは、平均的には2年国債利回りに等しくならないのである[17]。短期国債ポジションをロールオーバーするためにはリスクがある。マクロ経済が急変し、インフレ率が急上昇したりボラティリティが変化したりするかもしれないし、投資家が急にリスク回避的になるかもしれない。特に長期債においてそのリスク・プレミアムがかなり大きくなることは驚くに値しないのである。

Fisher（1930）による*フィッシャー仮説*を用いれば、長期債利回りは以下のように、別の形に分解できる。

$$\text{名目長期債利回り} = \underbrace{\text{実質利回り} + \text{期待インフレ率}}_{\text{（フィッシャー仮説）}} + \text{リスク・プレミアム} \quad (9.3)$$

　純粋なフィッシャー仮説は、リスク・プレミアムの要素を無視して、長期債利回りが実質利回りと期待インフレ率の和に等しいとする。期待仮説と同様に、フィッシャー仮説も実証によって否定されている。それでも、期待仮説におけるリスク・プレミアムもフィッシャー仮説におけるリスク・プレミアムも、年限が近い債券についてはその値も近いという関係がなければならない。実際に、賢明な投資家のもぐらたたき（訳注：裁定取引）によって、10年債は9年債と似たような動きをするはずなのである。

　タームストラクチャー・モデルは、リスク・プレミアムの形状とそれがどのように変化するかを表現する。2年国債の利回りが現在および将来の短期国債利回りの平均からどのようにずれるか（期待仮説からの乖離）、長期債の利回りが実質利回りと期待インフレ率の和からどのようにずれるか（フィッシャー仮説からの乖離）ということは、タームストラクチャー・モデルによって表現される。このモデルは以下の三つの要素をもっている。

① 　潜在的なリスク・ファクター
② 　短期金利の変動
③ 　短期金利およびファクター・リスク・プレミアムの長期債に対する波及メカニズム

　上記②の短期金利の変動とは、Fedがリスク・ファクター（テイラー・ルールにおけるインフレと生産）に応じてイールドカーブの最短期の金利をどのように設定するか（またはすべきか）ということであると解釈される。③におけるリスク・プレミアムは、投資家に対して、年限またはデュレーション・リスク、金融政策リスク、不確実性、インフレや経済成長ショックから派生するマクロ・リスク、およびその他のリスクを埋め合わせるものである。ポイントとなるのは、リスク・プレミアムが満期および時間によって異なるということである[18]。今日最もよく用いられるモデルはアフィン型タームストラクチャー・モデルと呼ばれる種類のものである。それはボラティリティの時間変動と潜在的マクロ・ファクターを取り込んだものであり、リスク・プレミアムが時間とともに変化するという実際の利回りデータをよく表現しているという点で非常に重要である[19]。

　タームストラクチャー・モデルを用いれば、全年限の債券についてそれぞれの相

第9章　債　　券　351

対的なばらつきとその動きが得られる。すなわち、ある時点における金利の期間構造と、その金利の期間構造が時間とともにどのように変化するかを記述することができるのである。式（9.2）および式（9.3）についていえば、タームストラクチャー・モデルはリスク・プレミアムが年限によってどのように変わるかを示すことになる。タームストラクチャー・モデルにおいて、10年債のリスク・プレミアムや利回りは、潜在的なファクターの関数であり、9年債の利回りと比較して「それほど大きくは」動かない（無裁定条件に合致した動きしかしない）。8年債に対する9年債の動きもそうでなければならないし、他の部分についても同様である。このように、債券の利回りはシステマティック・ファクターに強く依存し、特定の年限の利回りの動きが他の年限の利回りと密接に結びついていることは、タームストラクチャー・モデルによって自然に理解できる。アフィン型タームストラクチャー・モデルでは債券の利回りはリスク・ファクターのアフィン関数（定数＋線型）であり、非常に扱いやすいモデルである。そのため、このモデルはアセット・アロケーションからデリバティブの評価まで幅広い範囲に直接応用することができる。このモデルにおけるリスク・プレミアムは時間とともに変化し、そのためにイールドカーブの形状は景気後退期と景気拡大期、ボラティリティが高い時期と低い時期で異なる。

　第一世代のタームストラクチャー・モデルは潜在的な変数のみを用いていた。つまり、それらのモデルにおいてイールドカーブを表現するすべての変数は、マクロ・ファクターのように観測可能ではなく、債券利回りそのものから特定の成分を抽出したものである。これらのモデルでは、イールドカーブの変動を見ることによってその裏にある潜在的ファクターが何を表しているのかを解釈することができる。具体的には、水準、傾き、曲率のファクターであるが、その中で最も重要なのは水準ファクターである（図9.2および9.3参照）[20]。多くのマクロ・ファイナンス関連の文献は、Ang and Piazzesi（2003）の影響を部分的に受けており、利回りとリスク・プレミアムの動きを、経済成長率やインフレ率などのマクロ・ファクターによって特徴づけている。

　モニカ・ピアゼッシと著者はスタンフォード大学の博士課程の学生だった時にこの論文の最初の草案を書いたが、当時はそれがこれほど多く引用されるとは思いもよらなかった（我々は幸運だったのである）。我々はテイラー政策ルールとマクロ・モデルで広く用いられていたインフレおよび生産といったファクターの変動を合わせてモデル化した。それは、経時変化するリスク・プレミアムを内包し、債券

価格をより正確に説明できるものである。このモデルの利点は、金融政策リスクがどのようにイールドカーブ上での価格に反映されているかを直接示すことができる点にある。その後我々は、学生たちやその他の共著者とともに、他のマクロ金融型タームストラクチャー・モデルに取り組んでいる。

3.3　長期債のマクロ・リスク・プレミアム

マクロ・ファイナンスに関する文献は、マクロ・ファクターがイールドカーブの変動において非常に重要な役割を果たすことを示している。著者とピアゼッシは、イールドカーブの幅広い年限において債券利回りの分散が、生産やインフレ、そして（金融政策を含む）他のファクターに対して以下のような寄与を受けることを明らかにした。

	インフレ率	生産	その他のファクター （金融政策を含む）
最短期債	70%	13%	17%
中期債	62%	11%	27%
最長期債	32%	6%	62%

イールドカーブの最短期部分においてマクロ・ファクターが全分散の80%を説明するのに対し、長期債ではそれが40%にまで低下する。マクロ・ファクターの中でも、利回りが最も敏感に反応するのはインフレおよびインフレ・リスクであるが、それは債券が名目証券であることを考えれば当然である。金融政策は「その他のファクター」の中では大きな役割を果たし、そのリスクは長期債の価格に織り込まれるが、著者とピアゼッシはそれ以外のリスクを表す可能性のある他の潜在的ファクターを使っている。

Ang, Bekaert, and Wei（2008）は、式（9.3）のフィッシャー分解に基づき、利回りを実質利回りと期待インフレ率、およびリスク・プレミアムに分解した。彼らは、その論文のサンプルについて、5.4%という短期金利と6.3%という長期債利回りを以下のように分解している。

第9章　債　券　353

	実質金利	期待 インフレ率	リスク プレミアム	合計
最短期債	1.2%	3.9%	0.3%	5.4%
最長期債	1.3%	3.9%	1.1%	6.3%

　このように、大部分の右上がりの名目イールドカーブ（アング＝ピアゼッシのサンプルでは5.4％から6.3％に上昇）は、実質利回りよりもむしろリスク・プレミアムによって説明される。長期債利回りの分散のうち20％は実質利回りの変化による寄与であり、70％が期待インフレ率の変動、10％がリスク・プレミアムの変化によるものである。このように、期待インフレ率とインフレ・リスクは、長期債の価格を決定する非常に重要な要因なのである。

　長期債のリスク・プレミアムも経時変化し、*景気に逆行して*動く。つまり、景気後退期には投資家がとるリスクを埋め合わせるために長期債の利回りは短期金利に比べて高くなるのである。一方、短期金利はテイラー・ルールによって*景気に連動*して同じ方向に動く。つまり、Fedは景気後退期には景気を刺激するために短期金利を引き下げ、景気拡大期にはその反対の政策をとるのである。債券については、景気後退期には利回りが上昇して価格が下落することにより、そのパフォーマンスは悪化する（訳注：この一文については議論の余地があるが、原文をそのまま訳出した）。高い限界効用（第6章参照）をもつようになるこのような期間、投資家はよりリスク回避的になる。投資家はより高いリスク・プレミアムを要求し、それはイールドカーブをよりスティープ化させる。スティープ化したイールドカーブはインフレ率が高く景気が低迷する厳しい局面でも見られる。悪環境期はまた景気悪化局面でもあり、石油危機のように供給ショックによって生産が落ち込むケースもある[21]。

　長期債のリスク・プレミアムが景気循環に逆行するということは、タームスプレッドが景気後退を予測する能力をもつことを意味する。景気後退期には債券のリスク・プレミアムが上昇し、イールドカーブは右上がりになる。一方で、景気拡大のピークはリスク・プレミアムが最も小さい時期に当たり、イールドカーブは右下がりになる。このように、タームスプレッドは将来の経済活動と反対の循環をする指標となり、小さい（特にマイナスの）タームスプレッドは景気減速を予想していることになるのである[22]。図9.9は、10年国債利回りから3ヵ月物短期国債利回り

図9.9 タームスプレッド（10年－3ヵ月）の推移

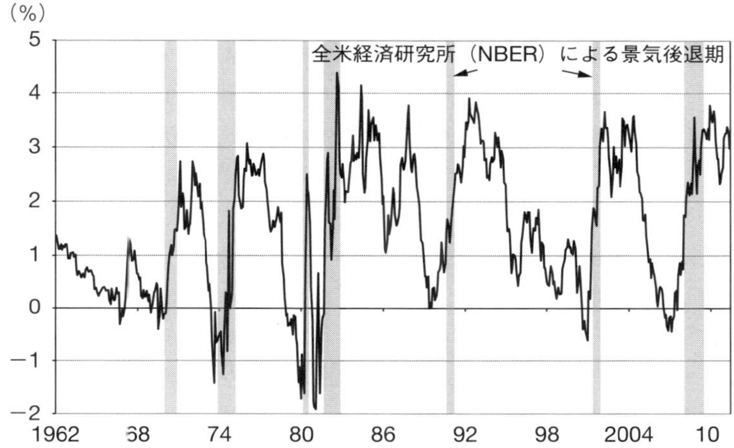

(%)

全米経済研究所（NBER）による景気後退期

を差し引いたタームスプレッドを示したものであり、網掛けの部分は全米経済研究所（NBER）による景気後退期である。1960年代以降の景気後退局面の前にはいつもタームスプレッドがマイナスになっていることがわかる[23]。

3.4 その他のファクター

　マクロ・ファクターと金融政策がイールドカーブ変動の相当部分を説明するが、それによってすべてが説明されるわけではない。2008～2009年の金融危機の期間、多くの投資家が社債や株式などのリスク性資産を売却してリスクフリーの国債へシフトするといった、はっきりした安全資産への*逃避*が見られた。流動性の尺度の一つに、国債の*指標銘柄*と*非指標銘柄*とのスプレッドがある。国債が新たに発行されると、その銘柄は最も流動性が高いことから「指標銘柄（on the run）」と呼ばれるが、時間が経ってさらに新しい銘柄が発行されると前の銘柄は「非指標銘柄（off the run）」となる。指標銘柄は投資家による需要が強く、その利回りは平均的に非指標銘柄よりも低い。この指標銘柄と非指標銘柄の利回りの差が流動性の尺度となるのは、両者の取引高や価格は違ってもそのクレジット・リスクは同じ（国債がリスクフリーだと仮定すればゼロ）だからである[24]。しかし、財務省がいつ、どのようにして新発債を市場に供給するかによって、この効果は変わることになる。

　図9.10は、2006年1月～2009年10月の期間について、10年国債利回りから3ヵ月物短期国債利回りを差し引いたタームスプレッド（左軸）、および指標銘柄と非指

第9章 債　券　355

標銘柄のスプレッド（右軸）を示したものである。指標銘柄・非指標銘柄スプレッドが大きい部分は、流動性が低い期間を示している。このサンプル期間中、タームスプレッドと流動性スプレッドの相関係数は69％と非常に高い。図9.10は、タームスプレッドが2007年から2009年にかけての流動性低下と整合的に動いたことを示している。しかし、金融危機を越えて経済が安定に向かった2009年以降、流動性スプレッドが低下して市場の流動性は回復したものの、タームスプレッドは依然として高水準のまま推移している。それでもやはり、流動性が低くボラティリティが高かった期間に安全資産への逃避という形で強まった国債の需要は、金融危機の期間中に国債の価格を動かす重要なファクターであったといえる。

　最近になって何人かの研究者は、これまでとは異なった投資家（特に外国人投資家）がイールドカーブの変動に及ぼす影響に注目し始めた。図9.11のパネルAは、外国人投資家の国債保有比率を示したものである。なお、この外国人投資家については中央銀行による公的保有分は除外しているが、それでも1960年代の10％以下から今日では50％以上まで上昇している（第1章で見たように、この外国人保有のうち最も大きいのは中国である）。図9.11のパネルBは財務省によるネットの新規発行額と外国人による国債の需要であり、いずれもGDPで正規化してある。両者は同期して動いており、外国人の影響は時間とともに増加していることがわかる。外国人の需要は2000年代中頃と2008年の金融危機の期間中に極大となっているが、この外国人保有比率の上昇が債券価格に影響を及ぼしていることは、Fedのベン・

図9.10　国債のタームスプレッドと流動性（相関係数＝0.69）の推移

図9.11 外国人による米国債の保有額と購入額の推移

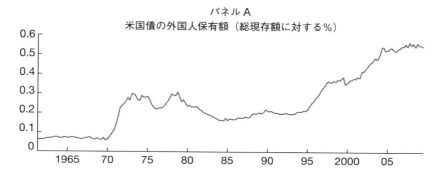

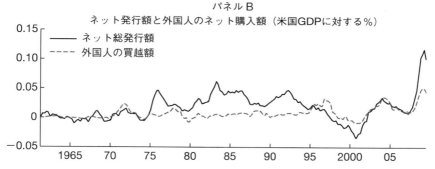

バーナンキ議長が自ら示唆しているところである。2007年に彼は「米国の長期債務に対する外国人の強い需要が、タームプレミアムが縮小した要因の一つである」と発言している[25]。

　Vayanos and Vila（2009）に基づく最新の顧客モデルによれば、他の条件がすべて等しいとして、供給が減少するか需要が増加すれば、国債の価格は上昇し、利回りは低下する。バヤノス＝ヴィラのフレームワークでは、外国人のように外生的な理由（中国のケースでは為替レートの管理）によって特定の年限の国債に対する需要があれば、それが債券価格に影響を及ぼすのだと解釈できる。Greenwood and Vayanos（2010）、Hamilton and Wu（2012）およびKrishnamurthy and Vissing-Jorgensen（2012）は、供給の効果が国債に与える影響を明らかにしたが、それは上記の顧客モデルと整合的である。したがって、量的緩和のようなFedの行動は、投資家の需要を考慮した上でその是非が検討されなければならない。これは、供給の著しい増加が債券の最適保有にどのように影響するかという問題にもかかわって

くる。このテーマについては第14章のファクター投資の部分で再度扱うことにする。

4 クレジット・スプレッド（社債）

これまでの分析では、債券がリスクフリー資産だと仮定していた。社債については、リスクフリー債券に影響を与えるファクターに加えてクレジット・リスクまたはデフォルト・リスクについても考えなければならない。ただし、社債の利回りと国債の利回りの差である社債スプレッドには、単なるクレジット・リスク以上のものが含まれていることもわかっている。

4．1　社債のリスクとリターン

図9.12は、社債利回りの国債利回りに対するスプレッドを1973年1月～2011年12月について示したものである。Aaa格（非常に安全）からCaa格（ハイイールドまたはジャンク）へ移るにつれてリスクは増加する（訳注：格付け会社によって格付け記号の表記方法が異なるが、本節では、ムーディーズ社の記号表記に統一している）。特にBaa格以上の投資適格債について、社債スプレッドには共通の特徴がはっきり見られる。また、図9.12を見ると、これらの社債スプレッドが景気変動とともに変化していることがわかる。1970年代半ば、1980年代初期、2000年代初期の景気後退期にはスプレッドが拡大し、金融危機によって引き起こされた最近の景気後退期には最も顕著な拡大が見られたのである。このグラフはまた、ジャンク債のスプレッド水準やそのボラティリティが投資適格債に比べて非常に大きいことも示している。

しかし、ハイイールドが必ずしもハイリターンを意味するわけではない。表9.13は、1987年1月～2011年12月の社債の利回りスプレッドと実績リターンを示したものである。実績のクレジット・プレミアムはそれほど大きくはなく、クレジット・スプレッドに比べれば非常に小さい。国債に対するAaa格社債のスプレッドは0.93％であるが、国債に対する超過リターンはその約3分の1の0.32％である。Baa格社債については、利回りスプレッドが2.09％、平均超過リターンはその約半分の1.04％である。ジャンク債に至っては、スプレッド10.19％（図9.12もあわせて参照）に対して超過リターンはBaa格よりも低い0.86％と、その乖離は甚だしい。また、ジャンク債のボラティリティは16％と高く、株式並みの水準である。表9.13にはシャープ・レシオも示しているが、投資適格債では格付けがAaaからBaa

358　第Ⅱ部　ファクター・リスク・プレミアム

図9.12 社債のスプレッド推移

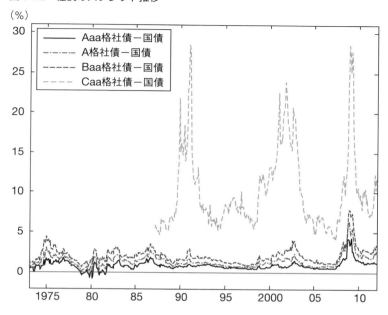

表9.13 1987年から2011年までの社債のリターン

		社債					国債
		Aaa格	Aa格	A格	Baa格	Caa格	国債
利回り	平均	6.20%	6.35%	6.72%	7.35%	15.45%	5.26%
	社債スプレッド	0.93%	1.09%	1.45%	2.09%	10.19%	
国債に対する超過リターン	平均	0.32%	0.42%	0.43%	1.04%	0.86%	
	標準偏差	2.61%	2.92%	4.00%	4.70%	16.00%	
	シャープ・レシオ	0.124	0.143	0.109	0.221	0.054	

へ移るに従ってそれが0.12から0.22まで上昇している。ジャンク債のシャープ・レシオはわずか0.05であり、どの投資適格債よりも低い。

なぜ、ハイイールドはハイリターンを意味しないのだろうか？ Ilmanen (2011) によれば、実績リターンのクレジット・プレミアムが利回りのクレジッ

第9章 債　券　359

ト・スプレッドに比べてそれほど大きくないのは、とりわけクレジット・プレミアムおよび流動性プレミアム（約30〜60bp）とオプション調整後スプレッド（約70〜100bp）によるところが大きい。後者は社債の発行時に付与された、投資家にとっては不利で発行体にとっては有利なデリバティブの影響によるものである。イルマネンはまた、債券の格付けに系統的なバイアスがあることも指摘している。発行企業の信用力が低下すると、格下げバイアスによりその発行体はよりリスクが高いとみなされる格付けに移動する。そのために、発行時には投資適格だった多くの債券までジャンク債となり、結果としてジャンク等級はデフォルトを「過大評価」してしまうことになるのである。それでも、当然ながらクレジット・リスク・プレミアムの大部分はクレジット・リスクを反映して決まる。

4.2 デフォルト・モデル

デフォルト・リスクの構造型モデルはRobert Merton（1974）を端緒とする。そのモデルは1973年のブラック＝ショールズ・オプション評価公式と同じ考え方に基づくものである。実際、フィッシャー・ブラックとマイロン・ショールズが彼らの最初の論文でブラック＝ショールズ・オプション価格公式を初めて応用した事例の一つが社債の評価であった。

構造型デフォルト・モデルは、企業価値の導出に非常に有効に機能する。もし企業価値があらかじめ定められた閾値を下回って下落すると、その企業はデフォルトする。デフォルトすると、債券の保有者はその債権の額面の一部を回収する。単純なケースでは企業価値がどのように変動するかを解析的に計算できるが、複雑な場合は数値的に解く必要がある。初期のデフォルト・モデルにおいて、閾値は債務の額面として*外生的*に与えられていたが、最近の構造型デフォルト・モデルにおいては、デフォルトするか否かの境界は、企業が株主価値を最大にするために最適な時点を選ぶような*内生的*な値となる。債券保有者自体もまた、企業が財務的な危機にあるときに、いつトリガーを引いて倒産させるべきかを決めることができるのである[26]。

デフォルト・モデルの鍵となるのは、負債が企業の資産に対するプット・オプションであるという考え方である。Vを企業価値、すなわち対象となる企業の資産価値であるとしよう。また、この企業が額面100ドルの債券を発行していると仮定する。この債券の満期において、その保有者に支払われる金額は以下の通りである。

企業価値	$V<100$ドル	$V\geq100$ドル
債券保有者へ支払われる額	V	100ドル

　この企業の価値が100ドル未満ならば、債券の保有者が全額、すなわちVを得る。企業価値が100ドル以上であれば、債券の保有者に100ドル、株式の保有者に残り（$V-100$ドル）が支払われる。これを図に示すと以下のようになる。

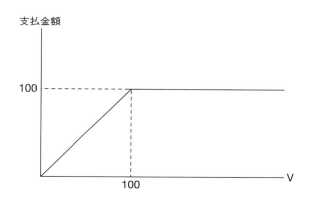

　この支払金額を表にまとめると以下のようになる。

企業価値	$V<100$ドル	$V\geq100$ドル
リスクフリー債券の保有	100ドル	100ドル
プットの売り（行使価格＝100ドル）	$V-100$ドル	0
合計	V	100ドル

　このように、社債保有者への支払金額は、リスクフリー債券の保有者への支払金額に、その企業の債務の額面を行使価格としたプット・オプションの売りに伴う支払金額を加えたものになる。つまり、社債保有者はその発行体である会社の資産に対するプット・オプションを売却しており、ボラティリティの売りポジションをもっていることになる。逆に株式の保有者は、会社の資産に対するコール・オプ

第9章　債　　券　361

ションをもっており、ボラティリティは買いの状態である。

このように分解することにより、以下の関係が得られる。

リスクフリー債券＋プット・オプションの売り＝社債

また、これは以下のようにも書き直すことができる。

社債－リスクフリー債券＝プット・オプションの売り　　　　　　　　(9.4)

したがって、社債スプレッドはその発行体の資産に対するプット・オプションを
売った価値（プレミアム）に相当し、そのオプションの行使価格は発行体の債務額
面である。このクレジット・スプレッドは、ボラティリティ、レバレッジ、および
満期までの期間が大きくなるにつれて拡大する。

クレジット・スプレッドがプット・オプションだという事実の裏にあるのは、直
観的には株式保有者の負債が限定される代わりにその支払が債券保有者に劣後する
ということである。株式の保有者が債権者から額面相当（上記の例では100ドル）
のお金を借りたとしよう。このとき、企業の価値が低ければ株式保有者は自らの義
務から逃れ、債券保有者にその会社を押し付けることができる。これは、上記で
プット・オプションを保有しているということに相当する。プットとコールの等価
関係（プット・コール・パリティ）によれば、株式保有者はその会社のコール・オ
プションをもっていることになる。つまり、株式保有者はボラティリティの買い、
債券保有者はボラティリティの売りということになるのである。違った見方をすれ
ば、株式保有者は企業資産に対するコール・オプションによってアップサイドの利
益すべてを享受できるのに対し、*債券保有者はダウンサイド・リスクばかりでアッ
プサイドの利益はまったく得られない*。したがって、債券保有者はプットの売りポ
ジションに伴うダウンサイド・リスクを価格に織り込むのである。

式（9.4）から、ボラティリティが上昇すればクレジット・スプレッドが拡大す
ると予想される。図9.14では、オプション価格から計算されるボラティリティの指
標であるCBOEマーケット・ボラティリティ・インデックス（VIX）の1986年１月
～2011年12月について、パネルＡには国債に対するBaa格社債クレジット・スプ
レッド（Baa-Tsy）を、パネルＢにはCaa格社債のスプレッド（Caa-Tsy）を重ね
て図示している。どちらのグラフもVIXが左軸、クレジット・スプレッドが右軸の
目盛に対応している。ボラティリティとクレジット・スプレッドの相関係数は、
Baa格社債スプレッド（Baa-Tsy）については64％、Caa格社債スプレッド（Caa-

図 9.14 VIXと社債のスプレッド推移

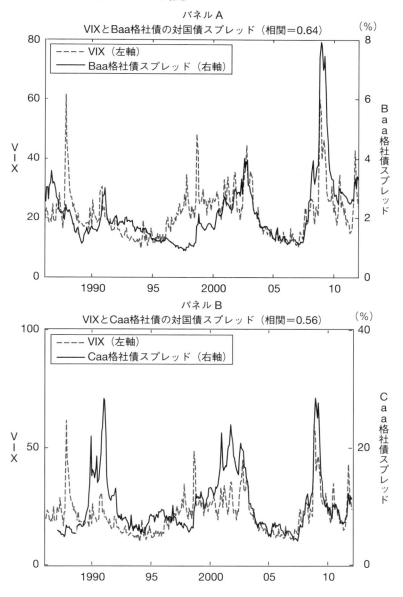

Tsy）は56％と高い。このように、ボラティリティは社債にとって重要なファクターであり、ボラティリティが高まると同時にクレジット・スプレッドが拡大し、結果として実績リターンは低下する。図9.14の両グラフとも、1987年の暴落によってボラティリティが一時的に上昇しているが、この事件は株式市場に限定され、社債スプレッドの拡大につながっていないことには注意する必要がある。1990年代初期と2000年代初期の両方の景気後退局面において、ジャンク債スプレッド（Caa-Tsy）の拡大は投資適格債のスプレッド（Baa-Tsy）に先行して始まり、ボラティリティの上昇はそれらのスプレッド拡大よりさらに先行した。これとは対照的に、金融危機の局面では、2007・2008年にボラティリティとクレジット・スプレッドが同時に急上昇し、2009年以降は市場の安定化とともに両者が同時に低下した。以上を要約すると、*クレジット関連商品への投資は，ボラティリティ売りの取引*を行っていることになるのである。

4.3　クレジット・スプレッド・パズル

デフォルトによる期待損失率は以下のように表される。

$$デフォルトによる期待損失率 ＝ デフォルト確率 \times（1 － 回収率）\tag{9.5}$$

ここで、回収率とは、企業がデフォルトしたときに債券保有者が取り戻すことができる金額の額面に対する比率である。構造型デフォルト・モデルは、デフォルトに影響を与える様々なファクターや回収率、ボラティリティに関して示唆を与えるが、その中でも、すでに議論したようにボラティリティは非常に重要である。クレジット・スプレッドはクレジット・リスクを反映するが、その変動の大部分はデフォルトや回収率を測る変数とは無関係であることがわかる。さらにまた、社債スプレッドは、単純な構造型モデルによって予想されるデフォルト損失から計算される値の数倍も大きい。これがクレジット・スプレッド・パズルである[27]。

表9.15は、国債に対する上記のクレジット・スプレッドを、ムーディーズ社によるクレジット損失率と比較したものである。式（9.5）にあるように、クレジット損失率は、回収された分の合計金額を除いたネットのデフォルト損失から計算される。投資適格債のスプレッドはクレジット損失率に比べて何倍も高く、実際には数桁違う。しかし、ジャンク債についてはクレジット損失率と利回りがほぼ同じである。

クレジット・スプレッド・パズルは、表9.15に示したよりもはるかに長いサンプ

表 9 .15　社債スプレッドとクレジット損失率

（単位：%）

	Aaa格	Aa格	A格	Baa格	Caa格
社債の対国債スプレッド（1987〜2011年）	6.20	6.35	6.72	88.20	15.40
クレジット損失率（1982〜2008年、ムーディーズ社）	0.00	0.03	0.02	0.12	13.34

（注）　クレジット損失はデフォルト率と回収率から計算。

ル期間で観察され、Giesecke et al.（2011）は1866〜2008年の140年以上にわたる米国の社債スプレッドについて調べている。それによれば、クレジット損失率の長期平均は 1 年当り約0.75%であるが、1870年代（鉄道バブルとその崩壊）、1930年代（大恐慌）、2000〜2001年（ドットコム・バブルの崩壊）などはっきりとクレジット損失率が高かった期間もある。この期間のクレジット・スプレッドの平均値は1.5%であり、おおよそ80bpはデフォルト・リスクに対するプレミアムである。

　クレジット・スプレッド・パズルは、第 8 章の株式プレミアム・パズルに似ている。高い水準で経時変化するリスク・プレミアムを織り込んだ新しいモデルを使えば、クレジット損失率とクレジット・スプレッドのはっきりした違いを説明することができ、株式リスク・プレミアムとクレジット・リスク・プレミアムの両方に対する説明力も高い。社債と株式は企業の総資産価値を分割したものであるため、両者の価格には関連があるはずである。社債保有者には債権を優先的に請求する権利があり、株式保有者はその残りの請求権しかもたない。したがって、会社の価値が時間とともに変動するならば、社債の価値と株式の価値も互いに連動して動くと考えなければならない。企業の価値が社債保有者の請求権を危うくする水準まで下落するような悪環境期には、債券も株式も低いリターンしか得られないのである（これは4.2節の例では$V < 100$のケースに相当する）。

　図9.16は、1983年 7 月〜2011年12月の期間について、Baa格の投資適格債、Caa格のハイイールド債、および株式の国債に対する超過リターンの 1 年移動平均を示したものである。超過リターンはすべて正規化してあり、この期間中に16.2%の超過リターンを獲得した株式と同じボラティリティになっている。図9.16は社債リターンと株式リターンが明確に共通の動きをしていることを示している。この期間のBaa格社債と株式の相関係数は48%、Caa格社債と株式については65%である。また図9.16は、2005年以降、特に金融危機の期間中に、その連動性がさらに高まっ

図9.16 正規化した超過リターンの1年移動平均

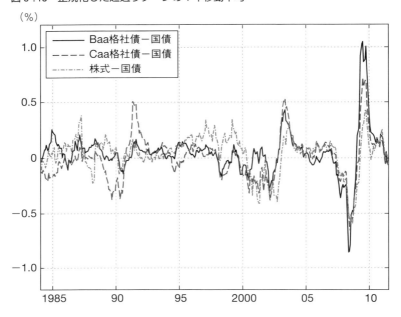

ていることを示している。株式と社債は2008年と2009年の間にとんでもない損失を被ったが、2009年と2010年には回復した。2005年以降のBaa格社債と株式、Caa格社債と株式の相関係数はそれぞれ65％、84％である。このように、*社債は株式のリターンの（小型化した）変形版なのである。*

　株式プレミアムをクレジット・スプレッド・パズルの説明に拡張できることは直観的に理解できよう[28]。低成長期や景気後退期は株式と債券のいずれにとっても悪環境期であることは、株式へのマクロ経済の影響を議論した第8章で述べた通りである。このような株式にとっての悪環境期は、社債にとっても悪環境期なのである。そのような悪環境期には、景気後退によって企業の業績が悪化し、株式保有者は企業価値を保全するために早めに企業を清算する道を選択するため、より多くのデフォルトが発生するようになる。4.2節の構造型クレジット・モデルによれば、企業を清算するか否かの境界線は、景気後退期に上昇する。債券保有者にとっても、デフォルトが起こりやすい景気後退期は景気過熱期に比べて回収額が少なくなる。つまり、社債保有者は株式保有者と同様のマクロ経済環境悪化リスクに晒されていることになるのである。実際に起きたデフォルトに比べて大きなクレジット・

スプレッドは、投資家のリスク回避によるものである。社債の損失は景気後退期という、まさに投資家が最も余裕がないときに訪れる。わずかばかりの社債のリスク・プレミアムを享受するために、投資家は景気減速期間中に、大きな損失を強いられるに違いないのである。

4.4　社債の流動性リスク

　流動性リスク、すなわち低いコストで容易に売買できるか否かは、社債のリターンにとって重要なファクターである。Collin-Dufresne, Goldstein, and Martin（2001）の議論によれば、流動性リスク、マクロ経済リスク、そして総合的な財政状態のリスクによってクレジット・スプレッド変化の40％が説明できる。また、Longstaff, Mithal, and Neis（2005）は、クレジット・スプレッドのうちデフォルト以外の要因のほぼすべてが流動性に起因していることを示している。金融危機期間中の社債のリターンに流動性が非常に重要な役割を演じていたのは間違いない。図9.17は、2006年1月～2009年10月の期間について、Baa格社債の対国債スプレッド（左軸）と、指標銘柄・非指標銘柄スプレッドによる流動性ファクター（右軸）を示したものである（図9.17の社債スプレッドは、図9.12に示した国債のタームスプレッドと似た動きをしている）。クレジット・スプレッドの動きが、流動性の変

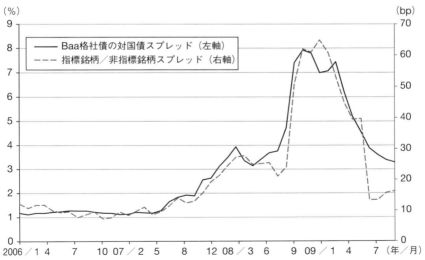

図9.17　Baa格社債の対国債スプレッドと流動性の推移（相関係数＝0.96）

第9章　債　券　367

化を気味が悪いほど反映していることがわかるだろう。この二つの時系列の相関は
なんと96％である[29]。*社債は非常に大きな流動性リスクに晒されているのである。*

5　再考：米国の格下げ

　米国がその歴史上初めてS&P社によって格下げされた2011年夏、現実として国
債の利回りは低下した。もし他の条件が同じ状態で米国のクレジット・リスクが増
大したのであれば、投資家は国債を保有することにより高いリスク・プレミアムを
要求するはずであり、結果として利回りは低下するのではなく上昇しなければなら
ない。債券価格、特に国債価格にとって最も重要なファクターは、低流動性とボラ
ティリティのリスクである。米国の国債は、経済環境が悪いときに投資家の「質へ
の逃避」によって選好される特性がある。本書執筆時点で進行中の欧州債務危機に
よる混乱の中で、投資家は安全な避難先として米国債に資金を流入させ、それが格
下げにもかかわらず米国債の利回りを押し下げることになった。

　しかし、流動性は米国債にとっては副次的な特徴にすぎない。すべての債券型の
商品にとって最も重要なファクターは利回り全体を上下させる金利水準ファクター
である。金利水準ファクターは、経済成長率やインフレ率の変化に対するFedの行
動の影響を強く受ける。経済成長が加速したりインフレ率が上昇したりすると、
Fedは景気を冷やすために金利を引き上げるのである。そうすると、債券の価格も
インフレ・リスクを中心とした経済ファクター・リスクによって動くが、その際に
は予期し得ない金融政策ショックのリスクも伴うことになる。

　本章では、まずリスクフリーの国債を取り上げた。2011年8月の米国の格下げが
意味したのは、米国債が完全にはリスクフリーではないということである。第14章
では、最適なポートフォリオ選択への示唆を含めて、リスクのあるソブリン債につ
いて考える。

　社債はリスクフリー債券と同様のリスクに晒されるが、それに加えてクレジッ
ト・リスクも反映する。しかし、クレジット・リスク・プレミアムはそれほど大き
くなく、株式リスク・プレミアムに比べると非常に小さい。社債に投資すること
は、ボラティリティを売る（ショート・ボラティリティ）戦略に等しく、ボラティ
リティが上昇すればクレジット・スプレッドも拡大する。したがって、クレジット
戦略は大きなボラティリティ・リスクに晒されることになるのである。社債、特に
ジャンク債のリターンは、過去を見ると株式のリターンに酷似している。これは直
観的には、低成長期などの悪環境期には企業価値が下落し、それが株式と社債の両

368　第Ⅱ部　ファクター・リスク・プレミアム

方の価値を低下させるからである。これに加えて、流動性リスクが社債にとって重要なリスク・ファクターである。

　しかし、総合的に考えれば、債券にとって最も重要なのは金利水準である。金利水準はFedリスクの影響を受けるが、それはFedによるインフレ変化や生産変化への対応と、それ以外の予期し得ない金融政策行動である。Fedを注視せよ。

［注］

1　http://www.standardandpoors.com/ratings/articles/en/U.S./?assetID=1245316529563
　参照。

2　Meltzer（2003）が詳しく解説しているように、Fedの複雑な組織構造は、西部農村部出身の政治家と東部出身の政治家との間、および政治家と企業との間の一連の妥協の結果である。連邦準備銀行の所在地は、1913年に連邦準備制度が作られた当時、経済活動が活発だった主要地域に対応している。具体的には、アトランタ、ボストン、シカゴ、クリーブランド、ダラス、カンザスシティー、ミネアポリス、ニューヨーク、フィラデルフィア、セントルイス、およびサンフランシスコである。ただ一つの例外が南部連合国の旧都であったリッチモンドである。それが選ばれたのは、Fedの設立法案提出に貢献した民主党議員カーター・グラスの選出地域だったことが大きい。これらの地区連銀の株式は商業銀行によって保有されているが、その譲渡は禁止されている。連邦準備制度理事会は独立した連邦機関である。Fedのガバナンスの詳細については、Gerdesmeier, Mongelli, and Roffia（2007）を参照されたいが、そこではFedが欧州中央銀行や日本銀行と比較されている。なお、念のため開示しておくと、著者は連邦準備制度理事会とニューヨーク連邦準備銀行からコンサルティング料を受け取ったことがある。

3　Fedの前議長らによるBernanke and Blinder（1988）が標準的な参考文献である。

4　図9.2からわかるように、短期国債利回りはフェデラル・ファンド（FF）レートより平均的に低い。この一つの理由は、銀行間のFF市場ではクレジット・リスクがあるのに対して、（S&P社の意見に逆らうわけではないが）国債市場はリスクフリーだからである。また、短期国債が担保として利用できるのに対し、FFはそれができないため、短期国債の価格は相対的に高くなり、利回りは低くなる。さらに、短期国債はFFよりもその市場規模が大きく、流動性が高いことも理由の一つである。

5　政策金利がゼロの状態で金融政策を行うことに関しては、金融危機以前にも研究されていた。これは過去20年あまりにわたって日本を悩ませた問題でもある。日本では「ゼロ金利政策」と呼ばれたが、この状況で金融政策を行っていく一つの方法が量的緩和政策であり、Fedも金融危機の期間中およびその後に同様の政

第9章　債　　券　369

策を採用した（例えばGoodfriend（2000）参照）。

6　特に、Litterman and Scheinkman（1991）参照。

7　二つの使命に対する議会の批判についてはLabonte（2012）の研究を参照。一方、De Long and Summers（1988）は二つの使命の正当性を主張している。

8　Goodfriend（1999）によれば、2012年1月以降、Fedは「消費者物価上昇率にして年率2％のインフレ」が法的に課された使命と長期的に整合的だと考えている。これについては、http://federalreserve.gov/newsevents/press/monetary/20120125c.htmも参照。

9　例えばWeise（2012）参照。この最近の研究では、1970年代のFedの行動を特徴づけるために議事録を精査している。Romer and Romer（2000）は、Fed内部の予想が民間の予想よりはるかに優れていることを示している。

10　Ang, Dong, and Piazzesi（2007）が示すように、基本的なテイラー・ルールと、フォワード・ルッキング型ルール、バックワード・ルッキング型ルール、部分調整型ルールは等価である。

11　この見解については、Taylor（1999）やClarida, Gali, and Gertler（2000）、その他の論文で議論されている。複数均衡がどのように発生し、なぜ悪いのかについての理論的な考え方はBenhabib, Schmitt-Grohe, and Uribe（2001）参照。

12　Taylor, J.「How Government Created the Financial Crisis」ウォール・ストリート・ジャーナル紙署名記事、2009年2月9日参照。

13　第2次世界大戦後の数年間にわたる金融政策と財政政策の協調についてはEichengreen and Garber（1991）参照。

14　Cook（1989）が示したように、短期金利はこの期間中にFedが実際に行った通貨準備を目標とした一連のオペレーションの適切な代理変数となっており、テイラー・ルールはこの期間のサンプルについても当てはまっている。

15　リスク・プレミアムを一定とする初期の経済モデルは長期債の超過ボラティリティを説明できないだけでなく、イールドカーブがなぜ平均的に右上がりの形状をしているのかも説明できない（Backus, Gregory, and Zin（1989）およびden Haan（1995）参照）。

16　Gurkaynak, Sack, and Swanson（2005）参照。

17　Fama and Bliss（1987）に始まる非常に多くの論文において期待仮説の検証が試みられているが、その圧倒的大部分が、米国に関してそれを否定している。

18　タームストラクチャー・モデルにおける無裁定の仮定は、すべての債券について投資家が同じリスク調整後リターンを享受できることを意味する。

19　アフィン型タームストラクチャー・モデルはDuffie and Kan（1996）によって定式化されたが、最初のモデルはVasicek（1977）によって開発された純粋な正規分布型モデルだった。なお、オルドリッチ・バシチェックは、インデックス・ファンド業界でも重要な貢献をしている（第17章参照）。有名な非均一分散モデルで、アフィン形式の特殊なケースに相当するのがCox, Ingersoll, and Ross

（1985）のモデルである。Dai and Singleton（2002）が示すように、期待仮説からの乖離は本質的に経時変動するリスク・プレミアムと整合的である。タームストラクチャー・モデルの概要については、Piazzesi（2010）参照。

20　もちろん他の表現も使われる。例えばDai and Singleton（2000）の規範的な研究では「水準」「中心的な動き」「ボラティリティ」の三つで表現されている。その中では、特殊なアフィン形式が採用されていることによって、第三のファクターはやや異なった動きをする。

21　Piazzesi and Schneider（2006）、Wachter（2006）、およびRudebusch and Swanson（2012）参照。

22　この研究テーマに関する論文としては、Harvey（1988）、Estrella and Mishkin（1998）、およびAng, Piazzesi, and Wei（2006）がある。

23　本書執筆時点で、この景気後退期は1969年12月〜1970年11月、1973年11月〜1975年3月、1981年7月〜1982年11月、1990年7月〜1991年3月、2001年3〜11月、および2007年12月〜2009年6月である。

24　Amihud and Mendelson（1991）およびKrishnamurthy（2002）参照。

25　第4回経済サミット（スタンフォード大学のスタンフォード経済政策研究所主催）におけるFedのベン・バーナンキ議長のスピーチについてはhttp://www.federalreserve.gov/newsevents/speech/bernanke20070302a.htm参照。

26　内生的デフォルト境界に関する最初の論文はLeland（1994）による。Broadie, Chernov, and Sundaresan（2007）は株式保有者と債券保有者のいずれか、または両者がデフォルトのトリガーを引くケースについて調べている。

27　クレジット・スプレッド・パズルについてはHuang and Huang（2012）にまとめられている。

28　これに関連するモデルについては、Chen, Collin-Dufresne, and Goldstein（2007）およびChen（2010）参照。

29　Friewald, Jankowitsch, and Subrahmanyam（2012）は、特にジャンク債を対象に、金融危機期間中に流動性が社債スプレッドに与えた影響について示している。

第10章

アルファ
(そして低リスク・アノマリー)

第10章要約

ベンチマークに対する平均超過リターンであるアルファを見れば、ベンチマークに打ち勝つためのスキルだけでなく、それを構成するファクター群について様々なことがわかる。アルファは、用いるファクター群によってプラスになることもあればマイナスになることもあるため、どのようなベンチマークを用いてもそれを統計的に検出するのは難しく、ファクター・エクスポージャーが時間の経過とともに変化する場合は特にそうである。低ベータ株や低ボラティリティ株のリターンが相対的に高いというリスク・アノマリーは、標準的な時価加重ベンチマークや、バリュー/グロース、モメンタム、およびその他の動的ファクターに対するアルファの強い源泉となる。

1 GMアセット・マネジメント社とマーチンゲール社

ゼネラル・モーターズ(GM)社の年金基金を運用しているGMアセット・マネジメント社のジム・スコットとブライアン・エルスコヴィシは、マーチンゲール・アセット・マネジメント社のCIOであるビル・ジャックが提案した低ボラティリティ戦略に魅了されていた[1]。

それにしても、低ボラティリティ戦略は話がうますぎると思われた。

ジャックは、過去のボラティリティやベータで計測したリスクが低い株式は、高リスクの株式に比べてリターンが高いと断言した。資本資産評価モデル(CAPM)などがリスクとリターンの間に正の関係があるとしているように、これは一般に受け入れられているファイナンス理論に反する。マーチンゲール社の低ボラティリティ戦略はこのリスク・アノマリーを活用するよう構築されていたのである。図10.1は、ラッセル1000指数を投資ユニバースとするマーチンゲール社の低ボラティ

372 第Ⅱ部 ファクター・リスク・プレミアム

図10.1 低ボラティリティ戦略の累積リターン（1978年12月末を0とする指数で表示）

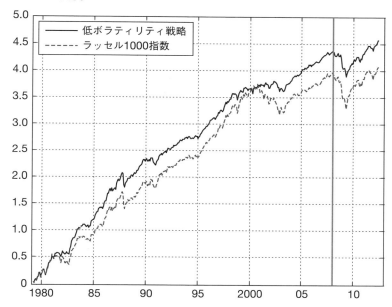

リティ大型株プラス（Low Volatility LargeCap＋）戦略の累積リターンを、1979年1月〜2012年4月の期間について示したものである。2007年12月まではマーチンゲール社の分析担当者によるシミュレーションの数値、図10.1で縦線を引いた2008年1月以降は実績のパフォーマンスである。

マーチンゲール社の低ボラティリティ戦略のパフォーマンスはラッセル1000指数を全サンプル期間で年率1.50％、2008年以降の実績だけをとれば1.83％上回っている。1ヵ月物短期国債（T-bill）をリスクフリーのベンチマークにすると、この低ボラティリティ戦略の平均超過リターンは8.59％、標準偏差は12.22％であり、全期間のシャープ・レシオは$8.59/12.22=0.70$となる。これに対して、同期間におけるラッセル1000指数のシャープ・レシオは0.45であり、市場リスク調整後のマーチンゲール社のパフォーマンスが、より一層素晴らしいものであることがわかる。実際にラッセル1000指数を市場ポートフォリオとしてCAPM回帰を行うと、アルファは年率3.44％、ベータは0.73となる。

しかし、スコットとエルスコヴィシはこれらの数値やジャックの情熱的なプレゼ

第10章 アルファ（そして低リスク・アノマリー） 373

ンテーションをそのまま鵜呑みにすることなく、低ボラティリティ戦略がGM年金基金にとって適しているのかどうかを考えてみた。GMアセット・マネジメント社はトラッキング・エラーを厳密にモニターしているが、マーチンゲール社の戦略はラッセル1000指数に対する過去のトラッキング・エラーが6.16％と、彼らが通常検討する他の米国株式戦略が6％以下であるのに比べれば高い。GMアセット・マネジメント社のグローバル公開市場ビジネスのマネージング・ディレクターであるスコットは、株式グループにおいてトラッキング・エラーを低下させるか、あるいはベンチマークの変更が妥当であることを投資委員会に納得させる必要があると主張した。しかし、GM年金基金にとって最終的に重要なのは、年金負債を賄うことである。グローバル株式のポートフォリオ・マネージャーであるエルスコヴィシは「低いリスクと高い年金負債との相関という低ボラティリティ戦略がもつ二つの要素は、サープラス（訳注：資産と負債の差）のボラティリティを低減させようとするGM年金基金の方向性と合致する」と確信していた。

とりわけ、スコットとエルスコヴィシは、このアノマリーがどう説明できるのかに思いを巡らせた。もしこのような投資機会があるのなら、なぜ多くの投資家はこの戦略を採用しないのか？　そして、このアノマリーは今後も持続するのであろうか？

2 アクティブ運用

アルファは多くの場合、スキルを測る尺度であると理解されているが、これには議論の余地がある。すなわち、何よりもまず、ベンチマークについての議論が必要なのである。

2.1 アルファの定義

アルファはベンチマークに対する*超過リターンの平均値*である。したがって、アルファについて考えるにはまず、それを計測するためのベンチマークを定義する必要がある。

ある資産または戦略のベンチマークに対する超過リターンr_t^{ex}を以下のように定義しよう。

$$r_t^{ex} = r_t - r_t^{bmk} \tag{10.1}$$

ここでr_tはある資産または戦略のリターン、r_t^{bmk}はベンチマークのリターンである。超過リターンr_t^{ex}のことを時にアクティブ・リターンと呼ぶこともあるが、こ

374　第II部　ファクター・リスク・プレミアム

の用語は、ベンチマークがパッシブであり、特段投資に精通していなくても、さらには人手を介さなくても得られるものであることを前提としている。通常のパッシブ・ベンチマークにはS&P500指数やラッセル1000指数のような時価総額加重型のポートフォリオが用いられ、これらは低コストのインデックス・ファンドを購入することで追随することができる。

式（10.2）に示すように、アルファは各時点の超過リターンの平均をとることによって計算される。

$$a = \frac{1}{T} \sum_{t=1}^{T} r_t^{ex} \tag{10.2}$$

ここでTはリターンを計測する時点数である。

さらに、*トラッキング・エラー*と*情報比*という二つの用語を定義する必要がある。トラッキング・エラーは超過リターンの標準偏差であり、ファンド・マネージャーのリターンがベンチマークに対してどの程度散らばるかを表す。

$$\text{トラッキング・エラー} = \bar{\sigma} = \text{stdev}(r_t^{ex}) \tag{10.3}$$

トラッキング・エラーが大きいほどファンド・マネージャーの自由度は大きく、それに対する制約はファンド・マネージャーがベンチマークからかけ離れないようにするために課される（委託されたポートフォリオ運用におけるエージェンシー問題を扱う第15章参照）。また、ベンチマークがリスク調整されている場合、トラッキング・エラーのことを学界の研究者は「*固有ボラティリティ*」と好んで呼んでいる（次の第3節および第4節参照）。

そして、情報比はアルファとトラッキング・エラーとの比である。

$$\text{情報比} = IR = \frac{a}{\sigma} \tag{10.4}$$

アルファそれ自体はファンド・マネージャーが大きなリスクをとることによって得られる。情報比（IR）はとっているリスクでそのアルファを割った値であり、*単位リスク当りの平均超過リターン*を意味する。資金を獲得しようとしている多くのヘッジファンドはIRが1以上であると言い張っているが、通常はそれほど高くない（金融危機以降、多くのファンドや戦略のIRは大幅に低下している）。

式（10.4）の特殊なケースとして、ベンチマークがリスクフリー・レートr_t^fの場合がある（リスクフリー・レートは期初に既知であり、時点 $t-1$ から時点 t の期間に適用される値であることに注意しよう）。このとき、アルファはリスクフリー・レートに対する平均超過リターン $a = \overline{r_t - r_t^f}$（上線は超過リターンのサンプ

第10章　アルファ（そして低リスク・アノマリー）　375

ルにわたる平均値を表す）であり、IRはシャープ・レシオに一致する（第2章参
照）。

$$シャープ・レシオ = SR = \overline{\frac{r_t - r_t^f}{\sigma}}$$

ここで、σ は資産のボラティリティである[2]。

2.2　ベンチマークの重要性

マーチンゲール社の低ボラティリティ戦略は、大型株で構成されるラッセル1000
指数を投資ユニバースとしているため、ジャックがこの指数をベンチマークとした
のは自然である。大口の投資家が年率10bp未満の運用管理報酬でラッセル1000指
数のインデックス・ファンドに投資できるという点からも、使い勝手のよいベンチ
マークである。ジャックはアクティブ戦略を相対的に高い運用管理報酬で提供して
おり、このボラティリティ戦略が投資家を引き付けるにはラッセル1000指数に対し
て相応のリターン（高いリターン、低いリスク、あるいは両方）を示す必要があっ
た。

複数の資産や資産クラスの組合せもベンチマークとなり得る。スコットとエルス
コヴィシの一つの懸念は、ジャックの低ボラティリティ戦略がラッセル1000指数に
対して6.16％という比較的高いトラッキング・エラーをもつことであり、これは
マーチンゲール社の戦略の当該指数に対するベータが0.73と低い値であることに起
因している。ベータはリスクフリー資産（短期国債を用いる）に対するファンドの
超過リターンを、ラッセル1000指数の超過リターンで回帰した際に得られる値であ
る（これはCAPMによって示される回帰である。第6章参照）。

$$r_t - r_t^f = 0.0344 + 0.7272(r_t^{R1000} - r_t^f) + \varepsilon_t$$

ここで r_t^{R1000} はラッセル1000指数のリターン、ε_t は回帰の残差である。

このCAPM回帰による年率3.44％というアルファは、低ボラティリティ戦略の
*市場リスク調整後*の平均超過リターンである。これを書き換えれば、前述の
CAPM回帰を、リスクフリー資産とラッセル1000指数の0.73倍とするベンチマー
ク・ポートフォリオを用いて次のように表すことができる。

$$r_t = 0.0344 + \underbrace{0.2728r_t^f + 0.7272r_t^{R1000}}_{r_t^{bmk}} + \varepsilon_t$$

つまり、$r_t^{bmk} = 0.27r_t^f + 0.73r_t^{R1000}$ としてベンチマークを27％のリスクフリー資
産と73％のラッセル1000指数で構成されるポートフォリオであると考えれば、この

低ボラティリティ戦略はベンチマークを年率3.44％上回ることになる。このとき、このリスク調整後ベンチマークに対する低ボラティリティ戦略のIRは0.78と非常に高い。

もしベンチマークを単純にラッセル1000指数にすると、低ボラティリティ戦略のベータを誤って1とみなすことになる（実際には0.73である）。つまり、ラッセル1000指数をベンチマークとした場合には以下のように表される。

$$r_t = 0.0150 + \underbrace{r_t^{R1000}}_{r_t^{bmk}} + \varepsilon_t$$

このとき、アルファは年率1.50％であり、ラッセル1000指数を単純にベンチマークとしたときのIRは0.24となる。しかし、低ボラティリティ戦略のベータは1ではないため、これはリスク調整後ベンチマークとしては正しくない。

このように、ラッセル1000指数のような単純なポートフォリオを使うにしても、リスク調整を誤ってしまうとアルファの値に大きな違いが出るのである。

望ましいベンチマーク

適切なベンチマークがもつべき特徴は以下の通りである。

1 定義が明確であること

独立したインデックス・プロバイダーによって提供されるため、ラッセル1000指数は検証可能であり、その内容に曖昧さがない。それゆえGMアセット・マネジメント社とマーチンゲール社にとっての「市場ポートフォリオ」を適切に定義する。

2 取引可能であること

アルファは取引可能なベンチマークに対して計測されなければならない。 そうでなければ、計算されたアルファは投資戦略上、実現不可能なリターンとなる。

したがって、ベンチマークは、アセット・オーナーにとって現実的かつ低コストで代替可能な投資手段であるべきである。その点ラッセル1000指数は、低コストのミューチュアル・ファンドやETFが利用可能であり（第16章参照）、マーチンゲール社の低ボラティリティ戦略に対するうってつけのパッシブ・ベンチマークである。

3 複製可能であること

アセット・オーナーやファンド・マネージャーはベンチマークを複製できなければならない。マーチンゲール社は低ボラティリティ戦略のユニバースをラッセル1000指数としているため、この指数を確実に複製することができる。顧客であるGMアセット・マネジメント社にとっても、自社で取引を行うか、ラッセル1000指

数のインデックス・ファンドを採用するか、いずれにしても複製することが可能である。つまり、マーチンゲール社とGMアセット・マネジメント社は低コストの選択肢を共有していることになる。

ベンチマークの中には、専門的技術を要するためアセット・オーナー側で複製ができないものもあるが、そのような複製できないベンチマークが選択され得ることはない。アセット・オーナーがそれを達成できなければ、ファンド・マネージャーがどの程度の付加価値を出しているか否かの計測が困難であるか、もしくは不可能なのである。また、絶対リターン型のベンチマークの中には、ファンド・マネージャーですら複製できないベンチマークもある。そのような場合は、そもそもベンチマークを作成することすらできないかもしれないため、ファンド・マネージャーは不利な条件に置かれることになる。

4 リスクが調整されていること

不幸にも、資産運用ビジネスで用いられる大半のベンチマークはリスクが調整されていない。

ラッセル1000指数をベンチマークにすることはジャックの戦略におけるベータが1であると想定することになる。しかし、前述の低ボラティリティ戦略の実際のベータは0.73であり、このリスク調整によってアルファに大きな違いが出る。すなわち、ベータを1と想定したときの低ボラティリティ戦略のアルファは年率1.50%なのに対し、正しいベータである0.73を用いると、アルファは同3.44%になるのである。

マーチンゲール社のベータを計算する際には、投資家が短期国債とラッセル1000指数からなるベンチマーク・ポートフォリオ（$r_t^{bmk} = 0.27 r_t^f + 0.73 r_t^{R1000}$）を構築し、毎月リバランスできることを仮定している。しかし、GMアセット・マネジメント社がこれを行うことは簡単であるが、リスク調整されたベンチマークは、それほど洗練されていない投資家にとっては手が届かない場合もある。また、全期間のデータを用いてベータを推定しており、0.73という値はマーチンゲール社によって事後的にもたらされたベータである。最初の時点では、マーチンゲール社が実際に0.73のベータをもたらすかどうかは明らかではなかったのである。

また、ベータ調整後か調整前かはともかく、マーチンゲール社がラッセル1000指数をベンチマークとして認めること自体がリスク調整の方法として正しくないのかもしれない。株式市場そのものだけでなく、他にも多くのリスク・ファクター、すなわちバリュー／グロース、モメンタム、クレジット、およびボラティリティ・リ

スクといった動的ファクターが存在することが知られており（第7章参照）、おそらくこれらのうちのいくつかについても調整した方がよいであろう。第3節では、リスクの源泉が複数である場合のリスク調整方法に議論を拡張する。

2.3　アルファの創出

ポートフォリオの運用担当者は、ベンチマークから乖離するというベットを通して、ベンチマークに対するアルファを創出する。そして、ベットが成功すればするほど、アルファも高くなる。

Grinold（1989）によるアクティブ運用の「基本法則」はこの直観的事実を定式化したものである。それによれば、達成し得るIRは、取引コストや取引における制約やその他の実務的に考慮すべき点を無視すれば、式（10.5）で表される。

$$IR \approx IC \times \sqrt{BR} \qquad (10.5)$$

ここでIRは情報比、ICはファンド・マネージャーの予測と実際のリターンとの相関係数で定義される*情報係数*（予測がどの程度よかったか）、BRは戦略のブレス（ベットを何回行ったか）である。すなわちこのブレスは、その戦略で取引可能な証券の数であり、どのくらいの頻度で取引可能であるかを表す。したがって、高い予測力を発揮できる投資機会をより多く見出すファンド・マネージャーが高いIRを生み出すことになる。Grinold and Khan（1999）の言葉を借りれば「より頻繁に（高いBR）うまく（高いIC）賭けることが大切である」。

基本法則はアルファを創出するためにファンド・マネージャーはどのくらい優れた予測を行い、何回ベットを行う必要があるかについての指針となり、アクティブなクオンツ・ポートフォリオ運用に大きな影響を及ぼす。例えば、IRが0.5を達成することを目指し、四半期ごとにベットを行う場合を考えてみよう。株式市場全体の動きだけに対してマーケット・タイミングを計って売買を行う投資家は、株式と債券だけといったように対象とする資産の数が少ないため、その戦略のブレスは限定的である。年間4回しかベットしないとすると、株式市場のタイミングを計るベットは極めて高い精度で行う必要があり、ICが0.25のときに、ようやくIRは0.50（＝0.25×$\sqrt{4}$）となる。一方、多くの株式が取引の対象となるバリューやサイズ、モメンタムといった銘柄間の投資戦略（第7章参照）では、戦略のブレスは大きな値をとる。そのため、このような戦略では、わずか0.02や0.05といった低いICでも高い収益を実現することが可能である。例えば、バリューやサイズ、モメンタム戦略を用いる銘柄選択において、1年間に400の独立なベットを行うとすれ

ば、わずか0.025のICがあれば0.50（＝0.025×$\sqrt{400}$）というIRが達成できる。要するに、優れた予測力によってベットを着実に成功させるか、あるいは優位性は低いが多くのベットを行うかのいずれかであり、どちらも高いIRをもたらすのである。

グリノルドの基本法則は、平均・分散効用のもとで導出されるため、その平均・分散効用に関する短所すべてが当てはまる（第3章参照）[3]。特に、グリノルド＝カーンの枠組みでは、平均・分散効用を用いているために、すべての情報が最適に使われると想定し、下方リスクやより高次のモーメントを無視している。また、それぞれの予測が独立であるとしていることは致命的ともいえる仮定である。それでもなお、基本法則はアクティブ運用のプロセスを組み立てるのに有用である。アルファの基になっているのは未加工の情報であり、それを予測に加工し、その予測されたリターンとリスクのバランスがとれるように最適かつ効率的なポートフォリオを構築する。すなわち、アルファを創出する鍵は予測であり、そのためには優れた情報をもつか、公開情報を加工する優れた能力をもつことが必要なのである。

基本法則は本来、ポートフォリオ構築のツールとして企図されたものであったが、ノルウェーのソブリン・ウェルス・ファンド（SWF）を運用するノルウェー中央銀行投資管理部門（NBIM）の創設者CEOであったクヌート・ケアーは、基本法則から得られる洞察を運用管理スタイルにも転用した。様々な独立した予測を発見することによってアルファが生み出されるとする基本法則が、幅広く専門分野別のファンド・マネージャーに委託するというケアーの投資哲学の背景にあったのである。NBIMができるだけ独立性を保って行動することを確実にするために腐心した彼は、以下のように説明している[4]。

> アクティブ運用の決定に関する独立性を最大限の水準で実現するため、その決定権限は多くの異なるグループや個人に委譲されなければならない。この権限委譲は形式的なものであってはならず、個々の従業員が合意された体制やリスク制約を逸脱しない限り、上司の介入を受けずに実現されなければならない。責任感から来る当事者意識や上司の不介入は重要な動機づけであり、この専門性を向上させる原動力となる。

基本法則には非常に重要な二つの限界がある。一つは、ICがBRによらず一定であることと仮定していることである。優秀だと思って採用した最初のファンド・マネージャーはICが本当に高いかもしれないが、100人目のファンド・マネージャーはおそらくそうではないだろう。また、運用資産額が大きくなるにつれ、高いICを創出する能力は落ちてくることもある。本書の第Ⅲ部で触れるが、アクティブ運

用の実証研究によれば、*規模に関するリターンの逓減*、すなわち、ファンドの運用資産規模が大きくなればなるほどパフォーマンスが悪化するという効果が、投資信託やヘッジファンド、プライベート・エクイティで実際に見られている[5]。つまり、運用資産額が増加するにつれてICは低下するのである。

　もう一つは、BRにおいて真に独立な予測をするのが難しいことである。ファンド・マネージャーの判断は往々にして相関があり、相関があるベットはBRを低下させる。グロース株1,000銘柄をアンダーウェイトした上でバリュー株1,000銘柄をオーバーウェイトしている株式ファンド・マネージャーは、1,000個の異なるベットを行っているわけではない。このファンド・マネージャーは単に、バリュー／グロース・ファクターに対する一つのベットを行っているにすぎないのである。また、全員が流動性の低い債券を購入して「利回り向上」を目指す100人の債券ファンド・マネージャーを採用したとしても、委託者であるアセット・オーナーが100個の異なるベットをしているのではなく、非流動性ファクターに対する単一のベットをしているにすぎないのである。このように、ポートフォリオ全体で見れば相関のあるファクターに対するベットが支配的になりがちであり、それがトップ・ダウンのファクター投資が重要となる理由でもある（第14章参照）。

　グリノルドの基本法則は資産運用業界では大きな影響力をもっているが、学界ではほんのわずかしか取り上げられない。それは、グリノルドの枠組みが統計学的なモデルであり、経済学的な内容ではないことによる。基本法則は、どこにリスク調整後の投資機会が存在するのかについては言及しておらず、その投資機会を体系的に評価する方法を提示するのみである。アルファがどこで得られるかについては本章第4節で述べる。

3 ファクター・ベンチマーク

　資産（または戦略、ファンド）iに対するCAPMは以下のように表される。

$$E(r_i) - r_f = \beta_i \big(E(r_m) - r_f \big) \tag{10.6}$$

ここで$E(r_i)$に資産iの期待リターン、r_fはリスクフリー・レート（米国短期国債）、β_iは資産iのベータ、$E(r_m)$は市場ポートフォリオの期待リターンである。仮にベータが1.3の場合は、式（10.6）で$\beta_i = 1.3$として以下のように書くことができる。

$$E(r_i) = r_f + 1.3E(r_m) - 1.3r_f$$

さらに、これを変形すると以下のようになる。

$$\underbrace{E(r_i)}_{1\text{ドル}} = \underbrace{-0.3r_f + 1.3E(r_m)}_{1\text{ドル}} \tag{10.7}$$

CAPMを適用するということは、資産 i を1ドル保有するのと同じリターンが、短期国債▲0.30ドル分のショート・ポジションとレバレッジの掛かった市場ポートフォリオ1.30ドルを保有することで得られると仮定することになる。ここで式（10.7）の左辺と右辺の投資金額がいずれも1ドルだということに注意すれば、CAPMはポートフォリオの*複製*が可能であるということがわかる。すなわちCAPMのもとでは、リスクフリー資産と市場ポートフォリオを適当に組み合わせれば、ある資産と同じ期待リターンが得られるのである。そして、実際にその資産のベータ値が*模倣ポートフォリオのウェイトとなる*[6]。

右辺のファクター・ベンチマークは投資ポートフォリオやファクターの組合せであり、左辺にある資産と同じ期待リターンをもつ。つまり、ファクター・ベンチマークは、資産 i のシステマティック部分を表すことになる。

このとき、資産 i のアルファは、短期国債を0.30ドル空売りし、かつ、市場ポートフォリオを1.30ドル買持ちしたポジションによる期待リターンを上回る部分である。

$$E(r_i) = a_i + \underbrace{\left[-0.3r_f + 1.3E(r_m) \right]}_{E(r_{bmk})} \tag{10.8}$$

ここで、ベンチマークはリスクを調整して保有する株式部分とリスクフリー・レート部分で構成され、$r_{bmk} = -0.3r_f + 1.3r_m$ である。この場合のベンチマークはCAPMに基づくものであるため、アルファはCAPMによって予測されるリターンに対する超過部分の平均リターンとなる。

3.1　ファクター回帰

ファクター回帰により、リスク調整後のベンチマーク、言い換えれば模倣ポートフォリオを推定することができる。

CAPMベンチマーク

例えば、バリュー投資の権威であるウォーレン・バフェットを考えよう。まず、バークシャー・ハサウェイ社株の1990年〜2012年5月の月次リターンを入手し、次のCAPM回帰を行う。

$$r_{it} - r_{ft} = a + \beta(r_{mt} - r_{ft}) + \varepsilon_{it} \tag{10.9}$$

ここで、最小二乗法を適用する際に残差 ε_{it} が市場ファクターと独立であることを仮定する。式（10.9）のCAPM回帰による推定により、CAPMが示唆する模倣

ポートフォリオのウェイトが間接的に得られ、バークシャー・ハサウェイ社株については その推定結果は以下のようになる。

	係数	t 値
アルファ	0.72%	2.02
ベータ	0.51	6.51
自由度調整済決定係数	0.14	

　このことから、CAPMベンチマークは0.49の短期国債と0.51の市場ポートフォリオで構成される（$r_{bmk} = 0.49\, r_f + 0.51 r_m$）。そして、バークシャー・ハサウェイ社株に投資された1ドルは、

$$短期国債0.49(= 1 - 0.51)ドル$$
$$+ 市場ポートフォリオ0.51ドル$$

と同等であり、これによってバフェットは、アルファとしてベンチマーク・ポートフォリオよりも月率+0.72%だけ「高い」リターンをあげていることになる。

　これは素晴らしいパフォーマンスだといえる。バフェットは1年間で8.6%（＝0.0072×12）のアルファを、市場のおよそ半分のリスク（$\beta = 0.51$）で創出しているのである。式（10.9）で用いられる市場ポートフォリオ・ベンチマークから推定されるアルファは、マイケル・ジェンセンがミューチュアル・ファンドのパフォーマンスに関する先駆的研究を1968年に行って以降、ジェンセンのアルファと呼ばれることがある（実際にはミューチュアル・ファンドは一般に市場を上回っていない。第16章参照）。

　このアルファはt値が2を超えており、統計的にも有意である。ここで、2というt値の基準は95%信頼水準に対応しており、統計学者の魔法の閾値である。ただ、バフェットのケースは特別であり、多くのファクター回帰ではアルファの推定値が有意になることはない。また、このCAPM回帰の自由度調整済決定係数は14%と比較的高いが、多くの株式の場合、CAPM回帰の決定係数は10%未満である[7]。このように決定係数が高いということは、個別株式に対する典型的なCAPM回帰に比べて、バークシャー・ハサウェイ社株のCAPMベンチマークに対する当てはまりが非常によいことを意味する。

　リスク調整後CAPMベンチマークに対してバークシャー・ハサウェイ社株が創

出した超過リターンは下記の通りである。

$$r_{ex} = r_i - r_{bmk}$$
$$= r_i - (0.49 r_f + 0.51 r_m)$$

この超過リターンの平均がアルファであり、この場合は1ヵ月当り $a = E(r_{ex}) = 0.72\%$ となる。図10.2はバークシャー・ハサウェイ社株の累積超過リターンを示しており、破線がCAPMベンチマークに対するものである。ここで、累積超過リターンの傾きは時間の経過とともに緩やかになり、特に2000年代中頃以降はそれが顕著であることに注意する必要がある。1990年代前半のバークシャー・ハサウェイ社株の時価総額は100億ドル以下であったが、それが今や2,200億ドルを超える。バークシャー・ハサウェイ社が大きく成長するにつれて平均超過リターンは低下してきたわけであるが、それについてバフェット自身は2011年にこう述べている。

実りの多い時代はもう戻ってこないことを強調したい。運用する莫大な資金のために並外れたパフォーマンスを出す好機がなくなっている。しかしながら、平均以上の結果を出すように邁進し、引き続き当社株を保有いただくことが魅力的であると考えている[8]。

バークシャー・ハサウェイ社ですら、規模に関するリターン逓減の法則から逃れられないのである。

図10.2 バークシャー・ハサウェイ社株の累積超過リターン

サイズとバリュー／グロース・ベンチマーク

ユージン・ファーマとケネス・フレンチというファイナンスの世界で最も影響力のある二人の学者は1993年にCAPMを拡張し、サイズ効果（小型株が大型株をアウトパフォームすること）とバリュー／グロース効果（バリュー株がグロース株をアウトパフォームすること）をとらえるファクターを含んだベンチマークを提唱した。彼らは、サイズ効果を小型株と大型株の差から「SMB」（small stocks minus big stocks）と名付け、バリュー／グロース効果を純資産株価倍率の高い株式と純資産株価倍率の低い株式の差から「HML」（high book-to-market stocks minus low book-to-market stocks）と名付けた。HMLファクターは簿価に対する時価の比率で規格化したものであり、バリュー株とは価格が低迷している株式、すなわち純資産株価倍率の高い株式である。第7章ではファーマ＝フレンチ・モデルと、サイズおよびバリュー・プレミアムの経済的背景について取り上げている（サイズ効果は現在では非常に弱いが、後述するように、SMBを導入することはバークシャー・ハサウェイ社株のパフォーマンスを説明する上で依然として有用である）。

SMBとHMLはともにロング・ショート型のファクターである。これらは、ある株式1ドルのロング・ポジションとそれとは異なる株式1ドルのショート・ポジションを同時に保有する模倣ポートフォリオである。つまり、

$$\text{SMB} = \underbrace{\text{小型株1ドル}}_{\text{ロング}} - \underbrace{\text{大型株1ドル}}_{\text{ショート}}$$

と表されるように、SMBは小型株が大型株のパフォーマンスを上回る部分をとらえるよう設計されている。また、HMLファクターは、以下のようにバリュー株がグロース株のパフォーマンスを上回る部分をとらえる。

$$\text{HML} = \underbrace{\text{バリュー株1ドル}}_{\text{ロング}} - \underbrace{\text{グロース株1ドル}}_{\text{ショート}}$$

ファーマ＝フレンチ・モデルのベンチマークには、従来のCAPMベンチマークにおける市場ポートフォリオに加えて、SMBやHMLのポートフォリオが含まれている。

すなわち、ファーマとフレンチは式（10.9）のCAPM回帰を拡張し、サイズ・ファクターとバリュー・ファクター（HMLファクター）を追加したわけであり、ファーマ＝フレンチ・ベンチマークは次の回帰式によって推定される。

$$r_{it} - r_{ft} = a + \beta(r_{mt} - r_{ft}) + sSMB_t + hHML_t + \varepsilon_{it} \tag{10.10}$$

この式では、標準的な市場ファクターにSMBファクターおよびHMLファクター

が加えられている。

　ここで、SMBおよびHMLファクターに対するファクター負荷量はそれぞれsとhである。ある株式が小型株とも大型株とも連動しない場合は中型の株式であり、sは0となる。小型株と連動すればsはプラスであり、大型株と連動すればsはマイナスとなる。同じように、hはバリュー株とどの程度同じ動きをするかを測るものである。すなわち、プラスのhはその株式がバリュー寄りであり、マイナスのhはグロース株と似た動きをすることを表す。市場そのものは小型でも大型でもなく、また、バリューでもグロースでもないため、負荷量sやhは0である。

　バークシャー・ハサウェイ社株をファーマ＝フレンチ回帰で推定した係数は次の通りである。

	係数	t 値
アルファ	0.65%	1.96
MKTの負荷量	0.67	8.94
SMBの負荷量	▲0.50	▲4.92
HMLの負荷量	0.38	3.52
自由度調整済決定係数	0.27	

　これによると、CAPMベンチマークに対して月率0.72%（年率8.6%）であったバフェットのアルファは、0.65%（同7.8%）に低下していることがわかる。サイズとバリューを調整することでバフェットのアルファは約1％低下したのである。

　まず、純粋なCAPM回帰では0.51であった市場ベータが、ファーマ＝フレンチの想定では0.67になっていることに注意が必要である。これはSMBやHMLを追加することで何かが変わったことを示すものである。裏を返せば、SMBやHMLファクターがバフェットのリターンをまったく説明できないときに限って市場ベータは変化しないのである。

　ファーマ＝フレンチ回帰におけるSMBのファクター負荷量はs ＝ ▲0.50である。これがマイナスであることはバークシャー・ハサウェイ社株が小型株と反対の動きをすることを意味する（SMBは小型株を購入して大型株を売却することを思い出そう）。つまり、バークシャー・ハサウェイ社株は大型株のエクスポージャーをもつが、このように大型株であることはバフェットの傑出したパフォーマンスに

はマイナスに働く。それは、ファーマ＝フレンチ・モデルによれば、大型株は小型株に対してアンダーパフォームする傾向にあるからである。

一方、HMLの負荷量が$h = 0.38$であるということは、バークシャー・ハサウェイ社株が強いバリュー志向をもつことを示している。すなわち、この株式は他のバリュー株と同じような動きをする傾向を有するのである。

このように、SMBのファクター負荷量がマイナスで、HMLのファクター負荷量がプラスであるということは、バークシャー・ハサウェイ社が大型かつバリュー志向の投資家であることを意味する。これは当然の結果であり、それが1960年代にバークシャー・ハサウェイ社が設立されて以来バフェットが宣伝してきた投資のテクニックであることは金融の専門家に聞くまでもない。常識的に考えられていることと同じ結果が計量経済的手法によって得られるだけでも痛快であるが、さらに統計的手法は、バフェットのリスク調整後アルファを計算するための適切なベンチマークをも与えてくれる。

ファーマ＝フレンチ回帰の驚くべき結果は、バフェットがサイズやバリュー・ファクターを考慮しても依然として相当の利益を創出していることである。すなわち、0.65％というバフェットの月率アルファは並外れて高く、ファーマ＝フレンチ・モデルはCAPMアルファを年率１％以下しか低下させないともいえる。これはサイズやバリュー・ファクターがリスク・ファクターとして不適切だということではなく、むしろまったく逆である。ファーマ＝フレンチ回帰の自由度修正済決定係数は27％と、実証ファイナンスの基準からすれば高い水準であり、CAPMベンチマークでの14％と比べても十分に高い。このように、サイズおよびバリュー・ファクターによって、CAPMベンチマークの場合に比べ、当てはまりは劇的に改善する。バフェットのパフォーマンスは単にバリュー投資家であることによるものではないことが明らかであるが、少なくともCAPMに対して価値が測られる類のものでもないのである。

ファーマ＝フレンチの回帰式が含意するベンチマークは次のようになる。

短期国債 $0.33 (= 1 - 0.67)$ ドル
＋市場ポートフォリオ 0.67 ドル
－小型株0.50ドル＋大型株0.50ドル
＋バリュー株0.38ドル－グロース株0.38ドル

バフェットはこのベンチマークに対して月率＋0.65％のアルファを創出しているのである。

ここでもまた、CAPMと同様にファクター負荷量がベンチマーク・ポートフォリオに翻訳できるわけであるが、今回はポートフォリオに小型株／大型株、バリュー株／グロース株の（複雑な）ロング・ショートのポジションが含まれるところだけが異なり、ファクター・ポートフォリオへの１ドルの資金配分を表している点は同じである。つまり、ファクター回帰を行うたびに、我々はファクター・ベンチマーク・ポートフォリオを構築できると想定していることになる。

モメンタムの追加

　過去において高いリターンをあげた株式が上昇トレンドを維持し、逆に過去にひどいリターンであった株式はひどいリターンしかもたらさないというモメンタム効果を、ファクター・ベンチマークに追加することもできる。モメンタムは多くの資産クラスで観測されるもので、システマティック・ファクターである（第７章参照）。よく知られているように、バフェットは過去の成長や株価変動ではなく、企業のファンダメンタルズに基づく投資意思決定を行っており、モメンタム投資を避けている。ここで、彼の有名な三つの言葉を引用しておこう。

- **今日の投資家は昨日の成長からは利益を得ない。**
- **株価そのものではなく、株価を動かす根本的な状況に目を向けよ。**
- **そこそこの企業を素晴らしい価格で買うより、素晴らしい企業をそこそこの価格で買う方がずっとよい。**

　ここで、価格が上昇した勝者株のロングと下落した敗者株のショート・ポジションによって構築されるモメンタム・ファクター（UMD（up minus down））をファーマ＝フレンチ・ベンチマークに追加しよう[9]。

$$r_{it} - r_{ft} = a + \beta(r_{mt} - r_{ft}) + sSMB_t + hHML_t + uUMD_t + \varepsilon_{it} \qquad (10.11)$$

　ここで、UMDファクターはuという負荷量（またはベータ）をもち、この回帰式で推定すると次の結果が得られる。

	係数	t 値
アルファ	0.68%	2.05
MKTの負荷量	0.66	8.26
SMBの負荷量	▲0.50	▲4.86
HMLの負荷量	0.36	3.33
UMDの負荷量	▲0.04	▲0.66
自由度調整済決定係数	0.27	

この推定結果はファーマ＝フレンチ回帰における値と極めて近い。UMDの負荷量はほとんど0であり（$u = ▲0.04$）、統計的にも有意ではないが、これはモメンタム投資を控えているとバフェットが明言していることとも整合的である。また、回帰の自由度調整済決定係数は27％と、ファーマ＝フレンチ回帰とまったく同水準であるが、これはモメンタム・ファクターの追加が回帰の当てはまりを改善しなかったことを意味する。なお、バフェットのアルファは、ファーマ＝フレンチ回帰における値（a ＝月率0.65％）から、モメンタム・ファクターを付け足したことでわずかに改善している（a ＝月率0.68％）。

完璧を期すため、ファーマ＝フレンチにモメンタムを加えたベンチマークが含意する模倣ポートフォリオを以下に示す。

短期国債　0.34（＝1－0.66）ドル
＋市場ポートフォリオ0.66ドル
－小型株0.50ドル＋大型株0.50ドル
＋バリュー株0.36ドル－グロース株0.36ドル
－勝者株0.04ドル＋敗者株0.04ドル

バフェットはやはりこのベンチマークに月率＋0.68％のアルファを追加しているのである。

図10.2の累積超過リターンのうち、点線はファーマ＝フレンチ・ベンチマークに対するもの、実線はファーマ＝フレンチにモメンタムを加えたベンチマークに対するものである。両方ともにCAPMベンチマークに対する累積超過リターンを下回っているが、これは、主としてHMLファクターを含むことによってバフェットのアルファが低くなった結果である。

3.2　リスクフリー資産がない場合

ベンチマーク・ポートフォリオに必ずしもリスクフリー資産を含める必要はない。

CalPERS

カリフォルニア州政府職員退職年金基金（CalPERS）は米国最大の公務員年金基金であり、2011年6月30日現在2,460億ドルの資産を有する[10]。この年金基金のベンチマークは株式と債券のインデックス・ファンドからなるパッシブ・ポートフォリオなのであろう。そのような株式と債券のベンチマークはカナダ年金制度投資委員会（CPPIB）もリファレンス・ポートフォリオとして採用している。それは

ゼロに近いくらい極めて廉価なコストで用いることができ、アクティブ運用が価値を生み出しているかどうかを判断する実行可能な基準である。

この場合、CalPERSのリターンに対するベンチマーク回帰は下記のようになる。

$$r_{it} = a + \underbrace{\beta_s r_{st}}_{1\,\text{ドル}} + \underbrace{\beta_b r_{bt}}_{1\,\text{ドル}} + \varepsilon_{it} \tag{10.12}$$

ここで、r_{it}はCalPERSのリターン、r_{st}はS&P500指数のリターン、r_{bt}は債券ポートフォリオのリターンである。なお、債券については、ここではイボットソン・アソシエイツ社の長期社債のトータル・リターンを用いた。また、ベンチマーク・ポートフォリオを得るため、以下のような制約条件が必要となる。

$$\beta_s + \beta_b = 1$$

これはポートフォリオのウェイト合計が1にならなければならないことを意味する。そして、式（10.12）の左辺に相当するCalPERSの1ドルは、右辺の株式と債券のポートフォリオ（ウェイトの合計は1）にCalPERSのファンド・マネージャーが創出するアルファを加えたもので複製される。

1990年から2011年までのCalPERSの年間リターンを式（10.12）に代入して推定すると、次の結果が得られる。

	係数	t 値
アルファ	▲1.11％	▲1.16
債券の負荷量	0.32	13.97
株式の負荷量	0.68	13.97
自由度調整済決定係数	0.90	

90％という自由度修正済決定係数は驚くべき高さであり、CalPERSのリターンが債券32％と株式68％の模倣ポートフォリオによって極めてよく説明されるということを示している。

CalPERSのアルファに関する推定値は年率▲1.11％とマイナスである。これからすれば、すぐにもCalPERSのファンド・マネージャーを解雇して低コストのインデックス・ファンドに入れ替えた方がいいようにも見える。ただ、t 値の絶対値が2以下であることを踏まえれば、はっきりいえるのは「CalPERSが債券32％と株式68％のベンチマーク・ポートフォリオに対して付加価値を出していることを

95％の信頼度で棄却する」ということだけである。

しかしCalPERSは経費がかさんでいるファンドである。2011年時点での経費率は内部の見積りでは0.50％以上とされているが、年次報告書からは0.80％を超えると推察される（年次報告書で経費率が明示的に報告されないのはなんともおかしな話である）。これらの経費率は同じような基金に比べ大幅に高い。Bauer, Cremers, and Frehen（2009）の調査によれば、大規模年金基金における経費率の中央値は0.27％であり、確定給付型年金プランを採用する上位30％の基金では0.15％にすぎない。したがって、CalPERSは、Bauer, Cremers, and Frehen（2009）の調査対象の中央に位置するファンドの3倍から4倍も費用がかかっており、上位30％の年金基金に比べ約5倍も高いことになる。これに対し、CalPERSの資産規模で株式や債券の標準的なインデックス運用を行う経費率は0.10％よりずっと低い（ノルウェーのSWFの2012年の経費率は0.06％であった）。そう、まさに、ゼロに近いコストでベンチマークとしての株式と債券のポートフォリオを実現できるなら、CalPERSは採用しているファンド・マネージャーを解雇して完全なインデックス運用に移行することを検討すべきなのであろう。

図10.3はCalPERSの累積超過リターンを示したものである。推定された債券32％／株式68％のベンチマーク・ポートフォリオを実線で表示し、標準的な債券

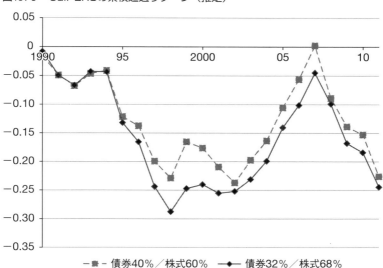

図10.3　CalPERSの累積超過リターン（推定）

40％／株式60％のポートフォリオも比較のためにあわせて示しているが、両者の動きに大きな違いはない。CalPERSのパフォーマンスは2000〜2007年に改善しているが、2008年の金融危機時に瓦解し、2010年および2011年に至るまで悪化の一途をたどっている。このように散々な結果になった要因の大部分はCalPERSが2008年と2009年に行ったリバランス、すなわち価格が下落したときに株式を購入するのではなく売却したことに起因している（第4章の長期戦略としてのリバランスの最適性に関する議論参照）。

不 動 産

　CPPIBは、不動産が債券や株式と共通の特性をもっているとみなしており、あまりにも共通点が多いため不動産を独立した資産クラスとして考えていない。しかし、不動産エクスポージャーは株式や債券のファクター・ポートフォリオによって複製できるのだろうか？　また、間接的に不動産エクスポージャーを提供する上場REIT（第11章参照）まで含めればもしかしたらそれができるのだろうか？

　不動産は取引できないためにそのリターンは複雑である。この問題は第11章で他の非流動性資産とともに取り上げるが、さしあたりこの取引可能性の問題については考慮しないこととし、1978年6月〜2011年12月の不動産の四半期リターンを米国不動産投資受託者協会から取得する（左辺の被説明変数として用いる）。ここで、S&P500指数のリターン、イボットソン社による長期社債リターン、およびFTSE NAREIT指数リターン（いずれも右辺の説明変数）を使ったファクター・ベンチマーク回帰を考えよう。

　具体的には次のようなファクター回帰を行う。

$$
\begin{aligned}
r_{it} &= a + \beta_{REIT}\,REIT_t && + \beta_b\,r_{bt} + \varepsilon_{it} \\
r_{it} &= a && + \beta_s\,r_{st} + \beta_b\,r_{bt} + \varepsilon_{it} \\
r_{it} &= a + \beta_{REIT}\,REIT_t + \beta_s\,r_{st} + \beta_b\,r_{bt} + \varepsilon_{it}
\end{aligned}
\tag{10.13}
$$

ここで、$REIT_t$は取引可能なREITで構成されるNAREITのポートフォリオ・リターン、r_{bt}は債券リターン、r_{st}は株式リターンであり、β_{REIT}、β_b、β_sはそれぞれのファクターの負荷量である。なお、上記三つの式すべてがファクター・ポートフォリオのベンチマークとして解釈できるように、それぞれについて負荷量の合計は1となるよう制約条件を課す。

　このとき、推定された係数は以下のようになる。

	係数	t 値	係数	t 値	係数	t 値
アルファ	▲0.51%	▲1.02	▲0.43%	▲0.90	▲1.50%	▲1.05
REITの負荷量	0.30	5.92			0.12	1.81
債券の負荷量	0.70	14.0	0.65	12.7	0.26	3.75
株式の負荷量			0.35	6.95	0.61	11.6

これらのファクター・ベンチマークすべてに対して、実物不動産は有意な超過リターンを提供していないことがわかる。実際に、アルファの推定値は最も良好なケースでも四半期で0.50%程度のマイナスである。興味深いことに、債券と株式のみで構成されるファクター・ベンチマークでは、不動産を疑似的に作るために最適な組合せは株式35%、債券65%という割合である。

図10.4はファクター・ベンチマークに対する実物不動産の累積超過リターンを示したものである。1980年代初頭にはREITや債券、そして株式からなるファクター・ベンチマークに対し若干の付加価値を創出しているものの、1980年代半ばか

図10.4 NCREIFのファクター・ベンチマークに対する累積超過リターン

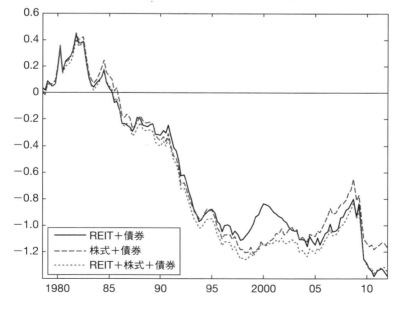

第10章 アルファ（そして低リスク・アノマリー） 393

ら2000年代はじめにかけてはファクター・ベンチマークが実物不動産に対し大きく上回っていた。実物不動産は2000年代半ばに盛り返しているが、これは不動産が急騰した時期と一致する。図10.4はまた、2008年と2009年からこのサンプル期間の終わりにかけて起こった不動産市場の崩壊も明確にとらえている。

3.3　経時的に変化するファクター・エクスポージャー

　CAPMの考案者の一人であるウィリアム・シャープは1992年に時間の経過とともに変化するベンチマークを取り扱う強力な枠組みを発表し、これを「*スタイル分析*」と呼んだ。我々の状況に当てはめれば、これはファクター・エクスポージャーが時間経過とともに変化するファクター・ベンチマークを意味する[11]。

　シャープのスタイル分析に沿って時間の経過とともに変化するファクター・エクスポージャーを説明するため、次の四つのファンドを考えてみよう。

　　LSVEX：LSVバリュー株ファンド。LSVは「機関投資家向けアクティブ運用を提供する定量的手法を用いたバリュー株ファンド・マネージャー」であり、名前は設立した学者であるジョセフ・ラコニショク（Josef Lakonishok）、アンドレイ・シュライファー（Andrei Shleifer）、ロバート・ヴィシュニー（Robert Vishny）[12]のそれぞれの頭文字からとっている。

　　FMAGX：フィデリティ社のマゼラン・ファンド。個人向けミューチュアル・ファンドで最も有名なものの一つであり、1980〜1990年代にかけてカリスマ的ファンド・マネージャーであったピーター・リンチのもとで名声を博した。

　　GSCGX：ゴールドマン・サックス社のキャピタル・グロース・ファンド。ゴールドマン・サックスの名前を抜きに語れないファンドである。

　　BRK：*バークシャー・ハサウェイ社株。これまでバフェットの例で取り上げてきたが、ここでも使うことにする。*

　以下の分析では、2001年1月〜2011年12月の月次データを用いる。

　ファーマ＝フレンチのファクターにモメンタムを加え、ファクター・ウェイトを一定とした場合の回帰の結果を以下に示す。

394　第Ⅱ部　ファクター・リスク・プレミアム

	LSVEX	FMAGX	GSCGX	BRK
アルファ	0.00%	▲0.27%	▲0.14%	0.22%
t 値	0.01	▲2.23	▲1.33	0.57
MKTの負荷量	0.94	1.12	1.04	0.36
t 値	36.9	38.6	42.2	3.77
SMBの負荷量	0.01	▲0.07	▲0.12	▲0.15
t 値	0.21	▲1.44	▲3.05	▲0.97
HMLの負荷量	0.51	▲0.05	▲0.17	0.34
t 値	14.6	▲1.36	▲4.95	2.57
UMDの負荷量	0.2	0.02	0.00	▲0.06
t 値	1.07	1.00	▲0.17	▲0.77

　アルファが統計的に有意なのはフィデリティ社のマゼラン・ファンドのみであり、月率▲0.27％、または年率▲3.24％である。フィデリティに投資した哀れな投資家はお金を失い、その損失は統計的に有意なのである。バークシャー・ハサウェイ社の推定アルファはプラスであるが有意ではない。本章3.1節の分析ではアルファは有意にプラスであったが、それは1990年以降の分析である。ここでは2001年以降の10年間を分析対象としており、この場合はバフェットに統計的な有意性は見出せなかった。10年以上の分析対象をもってしても、アウトパフォーマンスの統計的な有意性を検出するのは難しいのである。

　ファクター負荷量を見ると、LSVは強いバリュー株投資の傾向があり、HMLに対する負荷量は0.51と高い（t 値も14.6と非常に高い）。バークシャー・ハサウェイ社株もバリュー寄りであり、HMLの負荷量は0.34である。一方、フィデリティ社のファンドはベータが1.12であり、市場の動きにレバレッジを効かせている。また、どのファンドもUMDの負荷量は大きくなく、かつ有意ではないため、モメンタム・プレイヤーではない。

　これまでの我々の分析には以下の二つの潜在的な短所があったが、修正スタイル分析はこの短所を補正しようとするものである。

① 　ファーマ＝フレンチ・ポートフォリオは取引できない[13]。

② 　ファクター負荷量が時間とともに変化する。

空売りをしない場合のスタイル分析

スタイル分析は、低コストのインデックス・ファンドにパッシブに投資することで対象とするファンドを模倣しようとするものである。ファンドを複製するインデックス・ファンドの構成比は「スタイル・ウェイト」と呼ばれる。

例えば次のインデックスETF（1940年投資会社法（1940年法）ファンドに関して述べている第16章参照）を用いてこれを説明してみよう。

SPY：S&P500指数を模倣するよう設計されたSPDR S&P500 ETF

SPYV：S&P500バリュー指数に追随するSPDR S&P500 Value ETF

SPYG：S&P500グロース指数を複製するSPDR S&P500 Growth ETF

これらの低コストのインデックスETFはファーマ＝フレンチ・ポートフォリオと違って取引可能であり、ステート・ストリート・グローバル・アドバイザーズ（SSgA）社が提供するETFのSPDR（「スパイダー」と発音）ファミリーに属する。

あるファンド i（ただし表記を明確にするため添え字 i はつけない）のベンチマーク・ファクター回帰は以下のようになる。

$$r_{t+1} = a_t + \beta_{SPY,\ t}SPY_{t+1} + \beta_{SPYV,\ t}SPYV_{t+1}$$
$$+ \beta_{SPYG,\ t}SPYG_{t+1} + \varepsilon_{t+1} \tag{10.14}$$

ここで下記のような制約条件を課す。

$$\beta_{SPY,\ t} + \beta_{SPYV,\ t} + \beta_{SPYG,\ t} = 1$$

これによってファクター負荷量あるいはファクター・ウェイトの合計は1になり、式（10.14）の右辺にあるファクター・ウェイトはファンド i に対する複製ポートフォリオを構成する。

スタイル分析の主旨は、ファクター・ベンチマークとして実際に取引できるファンドを用いるということである。式（10.14）ではSPDRというETFを用いたが、他のETFやインデックス型ミューチュアル・ファンドもベンチマーク・ポートフォリオとして用いることができる。

ここで、式（10.14）の時点について補足しておくと、ウェイトは時点 t までの情報を用いて推定され、次の時点 $t + 1$ までのファンドのリターンは、期初時点 t において構築された複製ポートフォリオのリターンとファンド固有の残差 ε_{t+1}、そしてその期間のファンドのアルファ a_t の合計に等しい。ここで、ウェイトは時間の経過に伴って変化し得る。つまり、式（10.14）は、「時間の経過とともに変化させながらSPY、SPYV、およびSPYGに投資することによってバフェットのリターンに匹敵するロボットを見つけることができるか」と問うていることになるのであ

396　第Ⅱ部　ファクター・リスク・プレミアム

る。

　図10.5は四つのファンドのファクター・ウェイト（あるいはスタイル・ウェイト）を示したものである。ファクターは各計算時点から過去60ヵ月（$t-60$からtまで）のデータを用いて時点tのベンチマーク・ウェイトを決定している。また、ファクター・ウェイトの合計は1となるように制約を課しているほか、ファクター・ウェイトは常にプラスとなるようにしている（つまり空売りはしない）。なお、ファクター・ウェイトが推定される最初の時点は2006年1月である。

　図10.5のパネルAを見ると、LSVはほとんど市場（SPY）とバリュー（SPYV）の組合せであることがわかる。フィデリティ社のマゼラン・ファンドは2006年に三つすべてのETFの組合せからスタートしたが、2012年末にはグロース（SPYG）のみで終わっている。また、ゴールドマン社のグロース・ファンドは期間の最初の頃は市場エクスポージャー（SPY）とグロース（SPYG）であったが、最後はグロース（SPYG）のみである。最も興味深いのがバフェットのファクター・エクスポージャーであり、2006年に強いバリュー（SPYV）から始まった後、金融危機の間はスタイルをグロースに変化させ、危機が収まると再び強いバリュー株ファンド・マネージャーに戻っている。

　時点$t+1$での超過リターンは、期間tから$t+1$までのファンドのリターンから、時点tでウェイトを決定したベンチマーク・ポートフォリオのリターンを差し引いたものである。

$$r_{t+1}^{ex} = r_{t-1} - \underbrace{\left[\beta_{SPY,\,t}SPY_{t+1} + \beta_{SPYV,\,t}SPYV_{t+1} + \beta_{SPYG,\,t}SPYG_{t+1} \right]}_{r_{t+1}^{bmk}}$$

　図10.5のパネルBは超過リターンを示したものである。LSVの累積超過リターンはゼロであり、フィデリティ社のマゼラン・ファンドは下向きのトレンドをもっている（全期間の回帰ではマゼランは有意に価値を失っていたことを思い出してほしい）。ゴールドマン社のグロース・ファンドの累積超過リターンもまたゼロであり、上向きのトレンドをもつのはバークシャー・ハサウェイ社株だけである。

空売りを認める場合のスタイル分析

　もし空売りを認めたらどうなるのであろうか？　図10.6は、ETFの空売りを認めた場合の結果であり、次のファクター回帰による。

$$\begin{aligned} r_{t+1} - r_{f,\,t+1} = a_{i,\,t} &+ \beta_{SPY,\,t}(SPY_{t+1} - r_{f,\,t+1}) \\ &+ h_t(SPYV_{t+1} - SPYG_{t+1}) + \varepsilon_{t+1} \end{aligned} \tag{10.15}$$

これはFama-French（1993）回帰の「ETF版」であり、ファクター負荷量の時

第10章　アルファ（そして低リスク・アノマリー）　397

図10.5 四つのファンドのスタイル分析結果

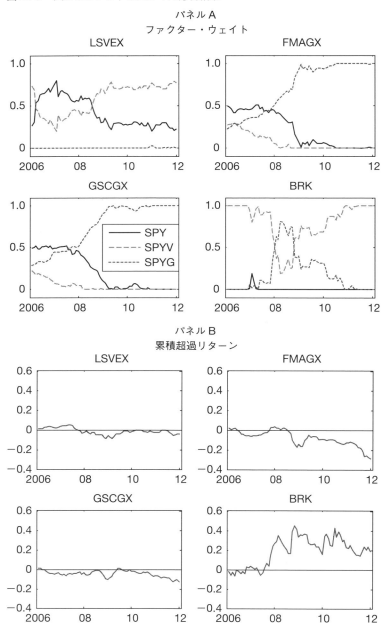

図10.6 四つのファンドのスタイル分析結果（空売りあり）

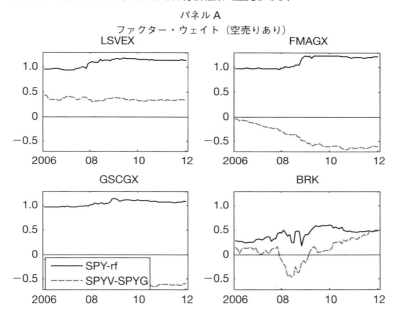

パネル A
ファクター・ウェイト（空売りあり）

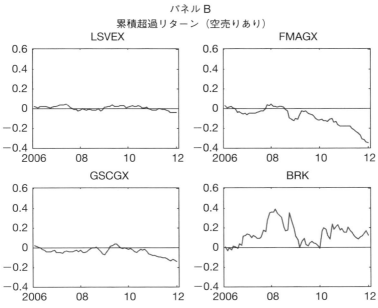

パネル B
累積超過リターン（空売りあり）

第10章 アルファ（そして低リスク・アノマリー） 399

間の経過に伴う変化を許容する点を除けば、式（10.10）で推定したものからSMB
ファクターを除いたものに相当する。$SPYV-SPYG$はバリューのSPYV ETFを購
入すると同時にグロースのSPYG ETFを空売りする投資であるため、HMLファク
ターに類似している。

　図10.6のパネルＡに示される通り、LSVは$SPYV-SPYG$ファクターの負荷量 h
がプラスであり、強くバリューに偏っていることがわかる。マゼラン・ファンドは
ゴールドマン社のグロース・ファンドと同様、時を経るに従い負荷量 h のマイナス
幅が大きくなっていることから、グロース・ファンドの色彩が強くなっている。ま
た、バークシャー・ハサウェイ社株のファクター負荷量がバリューからグロース、
そして再びバリューとなっていることは、2008年から2009年にかけて負荷量 h がマ
イナスであることから見てとれる。

　空売りを認めても図10.6のパネルＢに見るように、累積超過リターンにはあまり
変化がない。ただし、空売りを許すことによってアルファが低下しているが、これ
は驚くほどのことではない。実際に、空売りが可能な場合、マゼラン・ファンドの
累積超過リターンのトレンド線はより一層マイナス方向にシフトしている。また、
バフェットの超過リターンはプラスであるが、ロングのみの場合に関する図10.5の
パネルＢと比べると、図10.6のパネルＢでは下方向にシフトしている。

　最後に一言添えると、時間の経過とともに変化するポートフォリオ・ベンチマー
クの統計的推定の問題は非常に難しい。固定ウェイトのポートフォリオ・ベンチ
マークに対する統計的有意性を検出することすら大変であり、時間の経過とともに
変化するスタイルはより大きい標準誤差をもつことが予想されるのである[14]。

３．４　非線形のペイオフ

　アルファとIRだけで評価するなら、実際には能力がない運用者でも能力がある
ように見せることができる。

　アルファは*線形*の枠組みで算出されるものであるが、見せかけのアルファを示す
多くの*非線形*戦略が存在し、特に動的なオプション戦略を含むものがそれに該当す
る[15]。図10.7に極端な（そして効果がはっきりわかる）例を示しているので、これ
について考えてみよう。この図では、Black-Scholes（1973）式で計算される価格
で市場ポートフォリオのプット・オプションを買った場合の少数のサンプルについ
て、そのリターンを×印で示している。この計算上のリターンに対してCAPM回
帰を行うと、なんと「アルファ」はプラスであるように見える。しかし、Black-

Scholes（1973）の世界ではプットもコールも追加的な付加価値を生まないことは知られているから、このアルファはまったく架空のものである。サンプルが少ないことが問題を悪化させているにしても、この結果をもたらした主因はそれではなく、どの*非線形戦略*も*線形の枠組みでは適切にとらえられない*ことである[16]。M&Aアービトラージやペア・トレーディング、CBアービトラージを含む多くの一般的なヘッジファンド戦略が、非線形のオプション・ボラティリティ戦略のペイオフと類似していることを考えれば、これは深刻な問題である[17]。

なぜ動的な非線形戦略がアルファの計測を誤らせてしまうのかといえば、オプションの買いや売りを含むすべての動的戦略はリターンの分布を変えてしまうからである[18]。アルファやIR、そしてシャープ・レシオのような静的な尺度はリターン分布全体のある部分のみをとらえているにすぎない。ショート・ボラティリティ戦略は負の歪度を増大させるため、アルファやIRを誇張させてしまうことがよくある。これらの戦略は分布の左側の裾にある損失を増加させる一方、分布の中央をより「厚く」し、線形のパフォーマンス尺度を魅力的に見せるのである。歪度やより

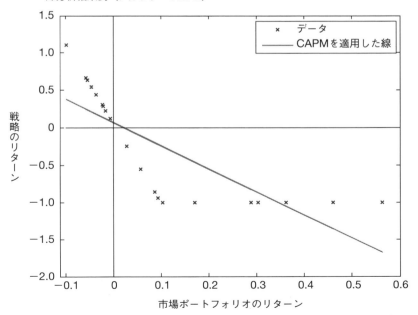

図10.7　市場ポートフォリオのプット・オプション買い戦略のリターンとCAPM回帰分析結果例（アルファ＝0.0741）

高次のモーメントはアルファやIRには考慮されていない。

非線形のペイオフを考慮する方法は二つある。

取引可能な非線形ファクターの取り込み

第7〜9章で議論したように、市場全体のボラティリティ・リスクは重要なファクターであり、ショート・ボラティリティ戦略の効果を取り入れる簡単な方法はリスク・ファクターにボラティリティを含めることである。他の非線形ファクターもファクター・ベンチマークに含めることができるが、それはアセット・オーナー自身がこれらの非線形ファクターを取引できると想定することになる。しかし、これらのファクターに接する方法は特定のファンド・マネージャーを通してしかできないこともある。第17章ではヘッジファンドのアルファを決定的に変化させてしまう非線形ファクターをどのように管理するかを紹介する。これには多くの研究があるが、中でもFung and Hsieh（2001）によれば、ヘッジファンドのリターンがオプション戦略に依存しているのが有意であることも多いとのことである。

取引できない非線形性の考察

ファクター回帰の右辺において非線形項を含むことによってファンド・リターンが非線形のパターンを示すかどうかをテストするのは簡単である。一般的な方法としてはr_t^2のような二次の項や、max（r_t, 0）のようなオプション的な項を入れるものがある[19]。不都合な点としては、これらの項を入れることで、アルファを得られなくなることがある。アルファの計算では右辺には常に取引可能なファクターを用いる必要があるからである。

しかし、動的なケースにおける意図的な操作に対しても頑健な評価尺度を得たいのであれば、アルファを超えた尺度でなければならない。それはアルファではないが、マネージャーをランクづけし、スキルを評価できるものである。これに関する最先端の尺度がGoetzmann et al.（2007）によって導入された[20]。十分に長いサンプルをとった場合にこの尺度を用いれば、オプションの売却による誤ったパフォーマンス計測を生じず、その意味でこれは意図的に操作することができない尺度である。

ゲーツマンらの評価尺度は式（10.16）で与えられる。

$$\frac{1}{1-\gamma}\ln\Big(\frac{1}{T}\sum_{t=1}^{T}\big(1+r_t-r_{ft}\big)^{1-\gamma}\Big) \tag{10.16}$$

ここでγは3とする。この尺度に従ってファンドは高い順にランクづけされ、この値が最も高いものが最高のファンドである。式（10.6）は第2章の効用関数を思

い起こさせ、実際にこれはCRRA型、あるいはべき型効用関数である（より正確には、これはCRRA型効用関数の確実性等価である）。ゲーツマンらによれば、モーニングスター社は下記のようなこの尺度の改良版を活用している。

$$\left(\frac{1}{T} \sum_{t=1}^{T} \frac{1}{(1 + r_t - r_{ft})^2} \right)^{-\frac{1}{2}} - 1$$

これもCRRA型効用関数であり、リスク回避度は$\gamma = 2$である。

3.5　それでもアルファは存在するか？

アルファがベンチマークに依存し、アルファの推定値はベンチマークが何であるかによって大きく変わるが、それでも真のアルファが存在するといえるのだろうか？　それは単にベンチマークが間違っていただけなのかもしれないが、学術研究の世界ではこれを*結合仮説問題*（訳注：効率的市場仮説と推定モデルのどちらが間違っているかが識別できない問題としてファーマによって導入された）と呼ぶ。つまり、アルファの探索は市場の効率性の検証と同じ問題を抱えるのである[21]。この問題の解決に大きな貢献をしたのはHansen and Jagannathan（1997）であり、アルファを生まないような事後的なベンチマークを見つけることが常に可能だということを示した。これは事前にはあまり使えないが、事後的には有用である。Grossman and Stiglitz（1980）以降、専門家は完全な効率的市場は存在しないと認めており（第6章参照）、アルファは存在し得るが、バフェットのような投資の達人がいることを考慮してもアルファを統計的に見出すことが非常に難しいことは、本節の分析が示す通りである。

アルファとベンチマークを同時に決定する結合仮説問題は、アセット・オーナーにとって重要な問題である。アルファの算出に用いるサイズ、バリュー／グロース、モメンタムといった複雑なファクターをアセット・オーナーが利用できないときに、フィデリティ社のマゼラン・ファンドにはアルファがないと学者がいったところでほとんど意味はない。そのようなアセット・オーナーに対してはフィデリティ社のマゼラン・ファンドがアルファを提供することはあるのである。一方、アセット・オーナーが適切なファクター・エクスポージャーすべてを使う（そしてファクター・ベンチマーク・ポートフォリオを複製する）ことができる場合、フィデリティ社のマゼラン・ファンドのアルファはマイナスになるのであろう。

アセット・オーナーにとってファクター群を正しく選択することが最も意味のある問題であるが、この話題は第14章でもう一度議論する。アルファはそもそもファ

クター・ベンチマーク（あるいはファクター・ベンチマークの欠如）について記述したものだといえる。ここまでの議論によって我々は異なるアルファの機会を判定するリスク調整についての十分な知識を得たので、以降の第4節では近年論争を巻き起こしたあるアルファの源泉について見ていくことにしよう。

4 低リスク・アノマリー

低リスク・アノマリーは次の三つの効果を合わせたものであるが、三つ目は最初の二つの帰結である[22]。

① ボラティリティは将来リターンと負の相関関係がある。

② 実現ベータは将来リターンと負の相関関係がある。

③ 最小分散ポートフォリオは市場ポートフォリオよりパフォーマンスがよい。

リスク・アノマリーとは、市場ベータやボラティリティによって計測されるリスクはリターンとの間に負の相関関係がある、というものである。ハーバード・ビジネススクールの教授で著者とともにマーチンゲール・アセット・マネジメント社のアドバイザーを務めているロビン・グリーンウッドは2010年に「すべての非効率性の生みの親ともいうべきリスク・アノマリーが眼前に転がっているかもしれないという状況で、サイズやバリュー、モメンタムに加えてもう一つのアノマリーを見出すためにデータの見直しを続けている」と述べている。

4.1 歴　史

リスク（少なくとも市場ベータやボラティリティで計測されるもの）とリターンの間の負の相関関係についての研究には長い歴史がある。負の相関関係についての最初の研究は1960年代終わりから1970年代初頭にかけて行われた[23]。Friend and Blume（1970）はCAPMベータとボラティリティをリスク尺度として1960〜1968年の株式ポートフォリオ・リターンを検証し、以下のように結論づけた（斜字体は著者）。

結果は特筆すべきものだ。すべての場合においてリスク調整後のパフォーマンスはリスクに依存しているが、*その関係は逆であり、高い有意性がある*。

Haugen and Heins（1975）は1926〜1971年のデータを用い、ベータやボラティリティをリスク尺度として、リターンとの関係を検証し、こう報告している（斜字体は著者）。

我々の実証研究からは、システマティック・リスクであれ、その他のリスクで

404　第Ⅱ部　ファクター・リスク・プレミアム

あれ、リスクによって特別の報酬を受け取ることができるという伝統的な仮説を支持する結果は得られなかった。つまり、我々の結果は、長期で見れば、*月次リターンの変動が小さい株式ポートフォリオの方が「リスクが高い」ポートフォリオよりも平均リターンは高かったのである。*

これらの古い検証結果の大半は忘れ去られていたが、近年になってそれらが再び注目され始めている。

4.2 ボラティリティ・アノマリー

著者は2006年に新しい「リスク・アノマリー」についての研究を世に問う一助となる一本の論文を執筆する機会に幸運にも恵まれた。この論文は、コロンビア大学ビジネススクールの同僚ロバート・ホドリックと、現在はそれぞれライス大学とパデュー大学の教授である当時の教え子ユーハン・シン、シャオイェン・チャンとの共著である。この中で我々は、高ボラティリティ株式のリターンは「とてつもなく低い」ことを明らかにした。あまりにも低く、平均リターンはゼロであった。この論文は現在、著者の論文の中で年間引用回数が最も多く、結果を再現し、説明し、異議を唱えようとする後続の研究を生み出した[24]。

まず、ボラティリティとリターンの間にはそもそも関係があるのだろうか？ CAPMやそれをマルチ・ファクターへ拡張した多くのモデル（第7章参照）の本質は、株式リターンのボラティリティそれ自体が重要ではないということであった。これらのモデルに基づく期待リターンは、資産がファクター・リスクとどの程度連動して動くかによって決まり、CAPMのもとでは固有ボラティリティまたはトラッキング・エラー（式（10.3）参照）は期待リターンといかなる関係もあるはずがないのである。しかし、投資家が分散を図れなかったり外生的な理由である資産を他の資産より好んで保有したりするような、顧客効果によって分断されている市場では、固有ボラティリティはリターンと正の関係をもたねばならない。直観的には、投資家は固有リスクを負うことに対して報いられる必要があり、結果として均衡状態では固有リスクとボラティリティに正の相関関係が生じる。ファンダメンタル評価とは無関係に取引を行う「ノイズ・トレーダー」の存在を加味した最近のモデルでは、高いボラティリティは高いリスク・プレミアムを伴うのであるとする[25]。

Ang et al.（2006）の結果はこれとはまったく逆である。

中でも特筆すべきは、固有ボラティリティと総ボラティリティの両方についてリ

ターンとの負の関係が頑健であることを示した点である。そこでは、サイズ、バリュー、レバレッジ、流動性リスク、出来高、回転率、ビッド・アスク・スプレッド、共歪度、アナリスト予想の散らばり、モメンタムといった多くのコントロール変数を用いて検証を行っている。また、ボラティリティ・リスクはリスク・ファクターとしてよく用いられるようになったものの（第7章参照）、市場全体のボラティリティ・リスクでは著者らの結果を説明することはできなかった。これに続く研究結果であるAng et al.（2009）では、G7の各国や先進国全体でもボラティリティ効果が存在することを示した。ここでも私的情報や取引コスト、アナリスト・カバレッジ、機関投資家の保有比率、情報が株価に織り込まれ速さを示す遅行尺度をコントロール変数として用いて検証したが、歪度についてはこのパズルを説明できないことがわかった。

ラグ付ボラティリティと将来リターン

　ボラティリティ・アノマリーを見るために、米国株式を対象に1963年9月～2011年12月の四半期ごとにリバランスを行い、五分位ポートフォリオを作成し、リターンの計測は月次で行う。具体的な分位ポートフォリオの作成は、過去1四半期のFama-French（1993）ファクターの日次データから計算された固有ボラティリティに基づいて銘柄を並べることによって行った（トータル・ボラティリティでランキングしてもほとんど同じ結果である）。なお、各分位の中での銘柄ウェイトはAng et al.（2006, 2009）と同じく時価加重とした。

　各分位の平均リターンと標準偏差を図10.8の棒グラフで示している。分位の作り方からもわかる通り、低ボラティリティの分位から高ボラティリティの分位にいくに従って、ボラティリティは増加していく。平均リターンは、最初の三つの分位の10%を超えるが、第4分位で6.8%に低下し、最もボラティリティが高い分位の株式では0.1%に急落する。高いボラティリティの株式は確かに「とてつもなく低い」リターンなのである。右軸には平均リターンと標準偏差の比である粗シャープ・レシオを示しているが、これも低ボラティリティ分位の0.8から高ボラティリティ分位での0.0まで単調に減少していることがわかる。

同時点のボラティリティとリターン

　ボラティリティの計測をリターンと同期間にしたときに、高ボラティリティ株式のリターンは果たして高いのだろうか？

　この疑問について調べるために、図10.9では各期末までに実現した固有ボラティリティに基づくポートフォリオを構築した。実現リターンは固有ボラティリティの

406　第Ⅱ部　ファクター・リスク・プレミアム

算出と同じ期間で計測しているため、このポートフォリオは取引できないことに注意が必要である。図10.9では各分位ポートフォリオの実現ボラティリティと平均の

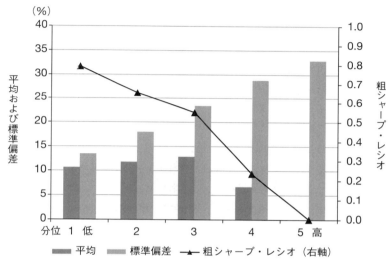

図10.8　ボラティリティ分位ポートフォリオの比較

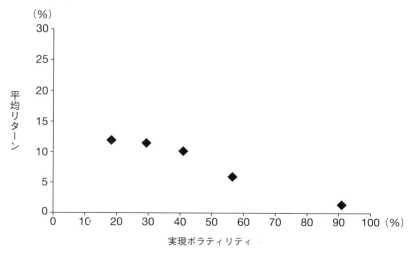

図10.9　各ボラティリティ分位ポートフォリオの実現ボラティリティと実現平均リターン

実現リターンを示しているが、同時点におけるボラティリティとリターンの関係にはやはり負の関係が見られる。したがって、最もボラティリティが高い株式については、*現在*においても（予測できない）、そして*将来*においても（予測可能）、お金を失うことになるのである。

4.3　ベータ・アノマリー

　1970年代に行われた初期のCAPMの検定では、ベータと期待リターンの間に正の関係が見出されたが、CAPMが純然たる形で機能しているかどうかはわからなかった。例えばBlack, Jensen, and Scholes（1972）によれば、ベータとリターンの関係はCAPMから予想されるものに比べて「あまりに平坦」であったが、少なくとも正の関係ではあった。

　ファーマとフレンチは1992年にCAPMの核心を揺るがす重要な論文を執筆した。その主要な結果は個別株のサイズおよびバリュー効果がベータ効果を圧倒することを示すものであり、彼らは「ベータは平均リターンに対する説明力がない」とも指摘した。実際、推定されたベータとリターンの関係は統計的に有意ではなかったが、さらに悪いことに、推定値はベータとリターンの関係が負であることを示していたのである。

ラグ付ベータと将来リターン

　過去1四半期の日次リターンから推定したベータに基づく五分位ポートフォリオを構築し、四半期ごとにリバランスを行った結果を図10.10に示している。リターンとシャープ・レシオに大きな違いが出るように、ポートフォリオは等ウェイトとし、リターンは月次で計測する。

　高ベータ株式のリスク調整後リターンが低くなる傾向があることをベータ・アノマリーと呼ぶ。図10.10のパネルAを見ると、各ベータ分位の平均リターンにはあまり違いはないことがわかる。最初の四つの分位では約15%であり、第5分位はやや低く12.7%である。つまり、ベータ・アノマリーとは、高ベータ株のリターンが低いということではないのであり、実際にそうはなっていない。高ベータ株式はボラティリティが高く、このことで高ベータ株式のシャープ・レシオは低ベータ株式のそれより低くなる。パネルAの右軸を見ると、低ベータから高ベータの分位にいくに従って粗シャープ・レシオが0.9から0.4へ低下していることがわかる。

　図10.10のパネルBには、事前と事後でランキングしたベータを示した。事前にランキングしたベータとは過去3ヵ月のベータであり、ポートフォリオを構築する

ために使われる。事後にランキングしたベータは、ポートフォリオを構築した時点から3ヵ月の間に実現したベータである。このパネルBでは各ポートフォリオについて事前および事後にランキングしたベータの平均を図示している。これを見ると、事後にランキングしたベータの線が、事前にランキングしたベータの線に比べ

図10.10 ベータに基づく五分位ポートフォリオの検討結果

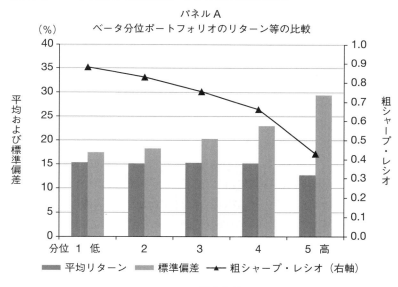

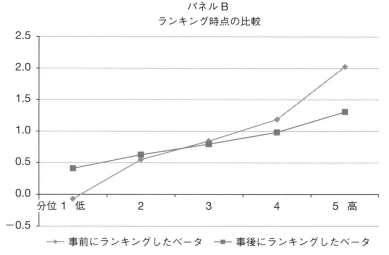

第10章 アルファ（そして低リスク・アノマリー） 409

明らかにフラットになっており、両端のポートフォリオでベータの推定に相当のノイズがあることがわかる。このように、ベータはノイズを多分に含むが、事後にランキングしたベータでも、最も高い分位と低い分位の間にはおよそ1.0の差が存在する。

同時点のベータとリターン

CAPMはラグ付ベータが高いリターンをもたらすと予想しているわけではない。CAPMが実際に主張しているのは、ベータと期待リターンに*同時点における*関係があるということである。つまり、ベータとリターンを計測する期間が同じ場合について、高ベータ株式の平均リターンが高くなるはずなのである（ファクター理論についての詳細は第7章参照）。

図10.11に、ベータと平均リターンの同時点における関係を検証した結果を示す。これは、毎四半期末にポートフォリオを構築し、その後3ヵ月間の平均実現リターンと平均実現ベータを図示したものである。この図からは同時点のベータとリターンについて正の関係が見てとれるが、おそらくこれは驚くべき結果である[26]。なぜなら、これはまさにCAPMが予測することだからである。

過去のベータと将来のリターンが負の関係であることと、同時点でのベータとリターンが正の関係であることの折り合いをつけることができるのであろうか？　もし将来のベータがわかれば、CAPMの教えの通り、将来のベータは将来のリター

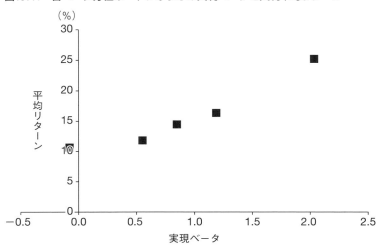

図10.11　各ベータ分位ポートフォリオの実現ベータと実現平均リターン

ンとぴったり一致する。しかし、図10.10のパネルBからわかるのは、将来のベータを予測することは難しいということである。ベータの変動は大きく、かなりのサンプリング誤差があるため[27]、過去のベータは将来ベータの予測に対して役に立たない。

　他の情報からベータを推定する研究では、リスクとリターンに正の関係が見られる。Buss and Vilkov（2012）はオプションからベータを推定し、それが過去のリターンから推定したベータよりも将来のベータをよりよく予測できることを明らかにした。このオプションが内包する情報を使って推定したベータはリスクとリターンの間に正の関係を示すのである。Cosemans et al.（2012）は会計上のバランスシートによる評価情報を使って過去のリターンとベータを計算したが、彼らもまたベータとリターンの間に正の関係があると推定した。これらからわかることは、低ベータ・アノマリーの本当の謎はベータが機能しないということではなく、将来のベータを特に過去のベータを用いて予測するのが難しいということなのである。

4.4　リスク・アノマリー・ファクター

　ここまでの結果をそのまま拡張すれば、リスク・アノマリーに対するベンチマーク・ファクターを作ることができる。

ベータに逆らったベット

　Frazzini and Pedersen（2010）は、低ベータ株式を購入して高ベータ株式を売却するというベータに逆らったベット（BAB）ファクターを構築した。図10.10のポートフォリオの差をとるだけでは、ベータ・アノマリーを取引するファクターは構築できない。それは、ベータ分位間のシャープ・レシオの差は大きいが、平均リターンの差はわずかだからである。フラッジーニとペダーセンは、以下のように、低ベータと高ベータ・ポートフォリオをそれぞれのベータ値比率で調整することによってBABファクターを作成した。

$$BAB_{t+1} = \frac{r_{L,\,t+1} - r_f}{\beta_{L,\,t}} - \frac{r_{H,\,t+1} - r_f}{\beta_{H,\,t}} \tag{10.17}$$

　ここで、$r_{L,\,t+1}$ は低ベータ・ポートフォリオのリターン、$r_{H,\,t+1}$ は高ベータ・ポートフォリオのリターンである。低ベータおよび高ベータ・ポートフォリオのベータ値は期初時点のもの（事前にランキングされたベータ）であり、それぞれ $\beta_{L,\,t}$、$\beta_{H,\,t}$ で表す。

　図10.12でこれを具体的に見てみよう。「データ」と書かれた水平線はラグ付ベー

タを用いた場合の平均リターンの実証的なパターンであり「標準的なCAPM」で予測される右肩上がりのものとは異なる。ここで、低ベータ・ポートフォリオのロング・ポジションはレバレッジが掛かっており、「データ」の線を突き抜け、「ロング」と書かれた■印の位置まで伸びている。また、高ベータ・ポートフォリオのショート・ポジションは「ショート」と示されている。つまり、BABポートフォリオは高ベータ・ポートフォリオのポジションすべてを必要とするわけではなく、リスクフリー資産を一部組み合わせることによって「ショート」と記した点が得られる。このようにして、「ロング」と「ショート」の各ポートフォリオはそれぞれ、低ベータ、および高ベータ・ポートフォリオの単位ベータ当りのポートフォリオとなっているのである。

　フラッジーニとペダーセンはBABファクターを二つだけのベータ・ポートフォリオを使って構築したが、他に選択の余地はなかった。図10.10では、事前にランキングされた第1五分位のベータはほとんどゼロであり、このポートフォリオに対してレバレッジを掛けると、ほとんど無限大になってしまう。したがって、BABファクターでは、二つか多くて三つといった少数のポートフォリオを作らざるを得ない。これに対して、ボラティリティ・ポートフォリオを使う利点の一つは、リスクフリー資産を使わずにそれらを直接的に取引できることである。それは、ボラティリティの分位によって、ボラティリティだけでなく期待リターンも違いが明確にあるためである。

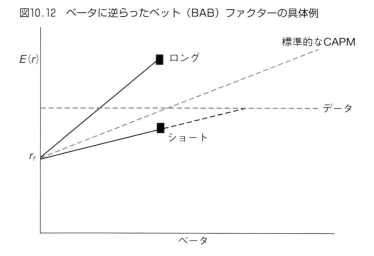

図10.12　ベータに逆らったベット（BAB）ファクターの具体例

ボラティリティ・ファクター

フラッジーニとペダーセンのBABファクターと同様に、著者は以下のようなボラティリティ・ファクター（VOL）を構築した。

$$VOL_{t+1} = \sigma_{target} \times \left(\frac{r_{L,\,t+1} - r_f}{\sigma_{L,\,t}} - \frac{r_{H,\,t+1} - r_f}{\sigma_{H,\,t}} \right) \quad (10.18)$$

$\sigma_{L,\,t}$と$\sigma_{H,\,t}$は事前にランキングされた低および高ボラティリティ・ポートフォリオのボラティリティである。BABファクターはベータ1当りに規格化したが、VOLファクターは目標ボラティリティで規格化する。ここでは第1五分位および第5五分位のポートフォリオを用い、それぞれのリターンは$r_{L,\,t}$と$r_{H,\,t}$とする。また、目標ボラティリティσ_{target}は15%と置く。

ベータに逆らったベットとボラティリティ・ファクター

図10.13はBABファクターとVOLファクターの比較を行ったものであり、1963年10月～2011年12月の期間を対象とした[28]。VOLファクターの累積リターンはBABより高く、シャープ・レシオもVOLファクターの方がわずかに高いが（0.6対0.5）、両ファクターは概ね等しい水準で推移している。ここで、最も驚くべき結果はベータとボラティリティ効果の相関が極めて低いことであり、実際にBABとVOLの相関係数は▲9%である。つまり、ボラティリティ・アノマリーとベー

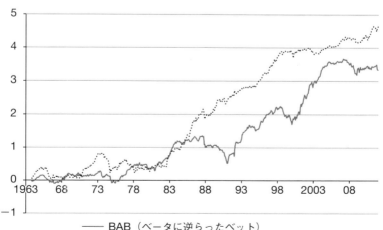

図10.13　ベータとボラティリティ・ファクターの累積リターン指数（1963年10月～2011年12月）

タ・アノマリーは相異なるものなのである。

ファーマ＝フレンチにモメンタム・ファクターを加えた回帰を行うと、次の結果を得る。

	BABファクター		VOLファクター	
	係数	t 値	係数	t 値
アルファ	0.33%	1.89	0.42%	4.37
MKTの負荷量	▲0.17	▲4.13	0.87	38.8
SMBの負荷量	0.29	5.20	▲0.63	▲20.3
HMLの負荷量	0.48	7.85	0.20	5.73
UMDの負荷量	0.09	2.35	0.13	6.00

　BABファクターのアルファは月率0.33％（年率4％）であり、t 値は1.89、対応するp 値は0.06である。したがって通常の95％信頼区間では統計的に有意かどうかぎりぎりの水準だといえる。VOLファクターのアルファはやや高く、月率0.42％（同5％）であるが、t 値は4.37と統計的な有意性は十分高い。また、BABとVOLはともに有意にバリュー寄り（HMLの負荷量がプラス）かつ高モメンタム寄り（MOMの負荷量がプラス）である。両者の大きな違いは、BABファクターはSMBの負荷量がプラスであるのに対し、VOLファクターについては負荷量がマイナスである点である。つまり、ベータ・アノマリーは小型株でよりはっきり現れることになる。これとは対照的に、ボラティリティ・アノマリーは流動性が高いために取引もしやすい大型株で見られることが多い。

　では、低ボラティリティと低ベータのどちらにすべきなのだろうか？　これは二者択一ではなく、両方行えばよい。

4.5　説　　明

　リスク・アノマリーの包括的な説明は今も模索されているが、これに対する正解は下記に述べる説明と今後新たに作り出される可能性がある説明の組合せになると著者は考えている。

データマイニング

　Ang et al.（2006）による最初の結果について、いくつかの研究論文では、当然

のようにデータマイニングの懸念を指摘している。具体的には、ポートフォリオの加重方法や非流動性効果によって結果が幾分左右されてしまうのである[29]。しかし、全体として低リスク・アノマリーは十分に頑健である。Chen et al.（2012）による最近のサーベイによると「固有ボラティリティは株式に共通の現象」であり、マイクロ・ストラクチャーや流動性のバイアスに起因するものではないとされている。

　データマイニングの懸念があるとの指摘に反論するには、低リスク効果が多くの様々な状況でも見られることを示すのが最もよい方法である。Ang et al.（2006）によれば、低リスク効果は景気後退期と景気拡大期、市場変動が小さい時期と大きい時期のいずれにおいても見られ、Ang et al.（2009）によれば、それが米国以外の外国株式市場でも生じている。また、Frazzini and Pedersen（2011）によれば、米国株式、米国以外の外国株式、米国債券、年限や信用格付けごとに区分された社債、クレジット・デリバティブ市場、コモディティ、為替市場において、低ベータ・ポートフォリオのシャープ・レシオが高くなるとのことである。Cao and Han（2013）とBlitz and de Groot（2013）も、それぞれオプション市場とコモディティ市場でも低リスク効果が現れることを示している。これらのことから、低リスク効果は広範囲に存在することがわかるのである。

レバレッジ制約

　多くの投資家はレバレッジ制約が課されている。すなわち、より多くのリスクをとりたいが、レバレッジを活用することはできないのである[30]。このような投資家は借入れができないため、高ベータ株式のようなレバレッジが「組み込まれている」株式を保有するという次善の策をとる。その結果、データに見られる通り、投資家は高ベータ株式を割高で低いリターンしか生まない価格まで買い上げることになる。CAPMではこれを、レバレッジ制約のある投資家からの高ベータ株式への旺盛な需要によって証券市場線がフラットになると表現する（第6章参照）。しかし、レバレッジ制約仮説は、市場に対して低ベータ株式が割安になっていることを説明できず、単に高ベータ株式が割高である説明にすぎない。つまり、これではなぜ低ベータあるいは低ボラティリティ資産のリターンが市場ポートフォリオより高いかは説明できないが、なぜいくつかの低ベータ資産のアルファが正であるかは説明可能である。また、この仮説はレバレッジ制約がある投資家は高リスク株式に魅力を感じると予想するが、現実には機関投資家は高リスク株式をアンダーウェイトする傾向にある。固有ボラティリティが高い株式は主に個人投資家によって保有・

第10章　アルファ（そして低リスク・アノマリー）　415

取引されているのである[31]。

エージェンシー問題

多くの機関投資家はリスク・アノマリーに投資できない、もしくは投資しようとしない。これを詳しく見れば、時価加重ベンチマークを使用していること自体が低ボラティリティ・アノマリーを引き起こしているかもしれない[32]。

図10.14では「標準的なCAPM」と書かれた対角に伸びる破線（証券市場線）がベータと期待リターンの理論的な関係を、「データ」と書かれた水平の線が過去データによるリターンとベータの関係を示している。ここで、アルファが正の株式Aと、アルファが負の株式Bを考えてみよう。制約がない投資家は単純に低リスクの株式Aを購入し、高リスクの株式Bを売却する。つまり、CAPMに比べてリターンが高い株式Aを購入し、CAPMに比べてリターンが低い株式Bを売却するのである。完全市場では、制約がない投資家は株式Aの価格を超過リターンがなくなる水準になるまで購入し、株式BをCAPMから予想される適正なリターンになるまで売却する。このようにして、完全市場ではリスク・アノマリーは存在しなくなるのである。

ここで、ベンチマークからの乖離を表すトラッキング・エラーの制約条件を課されたロングのみの投資家を考えよう（式（10.3）参照）。もちろんこの投資家は空売りができない。まず株式Aについて見ると、CAPMに比べて高いリターンをあげるにもかかわらず、この投資家はこの株式には投資しない。CAPMから予想さ

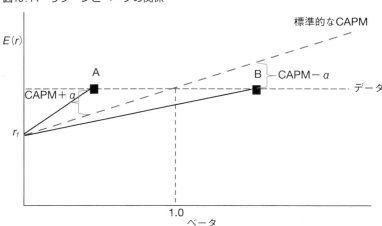

図10.14　リターンとベータの関係

れるよりも株式Aのリターンは高く、たとえ市場と同じパフォーマンスをあげるにしても、株式Aに投資すると大きなトラッキング・エラーを抱えることになるからである。

　株式Bについてはどうだろうか？　株式Bのアルファはマイナスであり、パフォーマンスをあげるには空売りする必要があるが、それはできない。最良の方法は株式Bをできるだけ買わないことであり、それによって市場ポートフォリオからアクティブに乖離させることになる。そして、この場合もトラッキング・エラーの制約条件によって株式Bのポジションに対するアンダーウェイトが制限されるのである。もし「データ」の線が完全にフラットではなく少しでも右肩上がりであれば、株式Bのパフォーマンスは市場より高く、それを売却するのではなく購入する誘因となる。

　このように、時価加重のベンチマークに対するトラッキング・エラーがあることで、低ボラティリティまたは低ベータ・アノマリーに投資することは難しくなる。トラッキング・エラーはGMアセット・マネジメント社だけでなく、大半の機関投資家にとっても拘束力のある制約条件である。これに対するわかりやすい解決策はベンチマークを変えることであり、より適切で利用可能なファクター・ベンチマークが存在する（本章第3節および第14章参照）。しかし、GMアセット・マネジメント社でベンチマークを変更するには年金基金の投資委員会の承認を得るという時間のかかるプロセスを経る必要がある。スコットが述べているように、このことはまた、すべてのベンチマークを「財政状況や母体企業の状態によって」どのように決めていくかというより大きな課題へとつながるものである。

　Frazzini, Kabiller, and Pedersen（2012）は、低リスク・ファクターを用いれば、バークシャー・ハサウェイ社の卓越したパフォーマンスが説明できるとさえしている。この会社は、大勢に逆らうことによって、陥りがちなエージェンシー問題を避ける能力の高さでよく知られている。彼らによれば、1976〜2011年のバフェットのアルファは、本章で使用したファーマ＝フレンチにモメンタムを加えたベンチマークに対して12.5%であるが、BABファクターを加えると11.1%に低下する。さらに、企業に内在する質に関するファクターを計測してベンチマークに加えると、バフェットのアルファは7.0%にまで落ち込む。つまり、バフェットの優れた投資手腕の一部は低リスク領域での銘柄選択によるが、その手腕の大半は高い質を有する宝石を掘り当てるところにある。つまり、真のスキルとは単に低ボラティリティ株式を保有することとは無関係なのである。

第10章　アルファ（そして低リスク・アノマリー）　417

選　好

　もしアセット・オーナーが高ボラティリティや高ベータ株式を単純に選好するのであれば、これらの株式は買い上げられ、そのリターンは低下する。裏を返せば、これらの投資家は低ボラティリティや低ベータの株式で代表される安全な株式を避けることになり、結果としてこれらの株式の価格は低くなり、リターンは高くなる。つまり、高ボラティリティや高ベータ株式が希望や夢をもたらすという、いわば「希望と夢」選好がリスク・アノマリーを説明し得るのである[33]。

　Hou and Loh（2012）は低ボラティリティ・アノマリーに関する数多くの説明を包括的に検証した。彼らはそれらの説明を、(i)宝くじ選好、(ii)非流動性を含む市場での摩擦、(iii)その他、という三つの大きなグループに分類した。ここで、「その他」には不確実性、空売り制約、経済的困窮、投資家の不注意、成長オプション、利益ショック、そしてそれ以外の変数が含まれる。Hou and Loh（2012）によれば、個々の説を単独で取り上げると、それぞれはボラティリティ・アノマリーの10分の１も説明できないが、それらをグループとして取り上げるとある程度の説明力がある。最も見込みのある宝くじ選好に関するグループのそれぞれの仮説をまとめると、低ボラティリティ・パズルのおよそ半分を説明できるのである。しかし、パズルの残りの半分は依然としてまだ説明ができていない。

　互いに意見が異なる（選好が不均一である）主体が存在する場合、それに空売りができない制約を組み合わせることによっても、リスク・アノマリーのいくらかを説明する可能性がある。Hong and Sraer（2012）によれば、全員がロングのみのポジションをとり、その意見の相違が小さければ、CAPMは有効である。しかし、意見の相違が大きいと空売りをしようとする投資主体が出てくるが、実際にはそれができないため、高ベータ株式は割高になる。そして、意見の相違が十分大きくなると、ベータとリターンの関係は右下がりになるのである[34]。

5 再考：GMアセット・マネジメント社とマーチンゲール社

　マーチンゲール社の低ボラティリティ戦略は市場ポートフォリオに比べて魅力のあるものであり、ベンチマークであるラッセル1000指数に対して年率1.50％のアルファをもたらしている。さらにラッセル1000指数のリスクを調整するとアルファは年率3.44％となる。しかし、アルファはベンチマーク次第であり、マーチンゲール社の戦略のベンチマークを低ボラティリティ戦略それ自体に変更すれば状況は変わ

る。つまり、アルファがベンチマーク（または業界の一部では好んでベータとも呼ばれる）に姿を変え、アルファはなくなってしまうかもしれない。これは哲学的な話ではなく、GMアセット・マネジメント社は低ボラティリティ戦略を自社で実行するという立場にある。しかし、通常の時価加重ベンチマークに比べても、バリュー／グロース・ファクターやモメンタム・ファクターを市場ポートフォリオに対し動的に変化させる洗練されたファクター・ベンチマークに比べても、低リスク戦略は大きなアルファをもつように見える。

しかし、GMアセット・マネジメント社はアルファだけを考慮しているのではない。マーチンゲール社のアルファにはベンチマークであるラッセル1000指数に対する大きなトラッキング・エラーを伴う。実際、資産運用業界で広く取り入れられているトラッキング・エラー制約がそもそもリスク・アノマリーを部分的にせよ引き起こしているのかもしれない。

リスク・アノマリーは持続するのだろうか？　著者自身は、できるだけ早く消え去ってほしいと願っており、この論争においては学術的にも大きな主張をしている。提案される新しい説明（著者自身によるものを含め）を目にするのは楽しいが、リスク・アノマリーは謎に包まれている。もし消失するとすれば、すでに賢明な投資家によって行われている低リスク取引は素晴らしい成果をあげることになるだろう。すなわち、低ボラティリティあるいは低ベータ株式のリターンは高く、価格は低いのである。資金はこれらの株式に流れ、価格を押し上げて異常なリターンは消し去られる。そうなれば、現在の低リスク・アノマリー投資家は大きな値上がり益を享受できるであろう。

しかし、これが起こるかどうかについて著者は疑問視している。大半の機関投資家が低リスク株式をアンダーウェイトしていると見られ、低ボラティリティ戦略は主流とは言いがたい。さらに根本的な点として、リスク・アノマリーが米国株式や米国以外の外国株式、債券、コモディティ、為替、およびデリバティブといった多くの市場で観測されていることから考えると、低リスク効果は普遍的な現象として深遠な説明を必要とするのかもしれない。グリーンウッドが述べたように、低リスク・アノマリーはすべての非効率性の源なのである。

［注］

1　この逸話は「GM Asset Management and Martingale's Low Volatility Strategy」2012年、Columbia CaseWorks ID #110315に基づく。著者自身はスコット

とジャックとはかねてより知己であり、スコットとはクオンツ型ヘッジファンドが行っていることを主たる対象とした定量的投資手法の授業を一緒に受け持っている。また、ウィリアム・ゲーツマンおよびステファン・シェーファーとの共著であるノルウェーのSWFに関する2009年のレポートの中で、著者はルイス（マーチンゲール社のアドバイザーの一人）が書いたハーバード・ビジネススクールのマーチンゲール社に関するケース・スタディを引用したが、それを書いた後、ジャックが出し抜けに連絡をしてきた。彼はある朝、電話をかけてきて、その日のうちにオフィスまで押しかけ、著者をマーチンゲール社の学術的専門家によるアドバイザリー・ボードのメンバーに招待したのである。

2　実際には、リスクフリー・レートの変動が大きくない限り（新興国ではたまに大きくなることがあるが）、超過リターンのボラティリティとリターンそのもののボラティリティはほとんど同じである。

3　基本法則それ自体は平均・分散の枠組みにおける近似式であり、式（10.5）のよりよい近似はHallerbach（2011）によって導出されている。また、基本法則を拡張することにより、時間の経過とともに変化する予測シグナル（Ye（2008））、予測の相関（Buckle（2004））、推定リスクの考慮（Zhou（2008））などが取り扱えるようになっている。

4　「Ten Years of NBIM」NBIM Annual Report，2007年参照。

5　それぞれ、Chen et al.（2004）、Fung et al.（2008）、Kaplan and Schoar（2005）参照。

6　回帰によって推定される式（10.7）は、以下で見るように、左辺の資産と右辺のファクター・ベンチマークに対する投資金額が1ドルで一致するという立場をとっている。他には、同じボラティリティとなるよう左辺と右辺を基準化するという代替的な方法もある。この方法は投資金額ではなくリスク・エクスポージャーを釣り合わせることになる。

7　株式のリターンに占める固有リスクが大きいため、CAPM回帰における決定係数は低くなる傾向がある。そのため、経済的な面からはポートフォリオを構築することで著しい分散効果を享受できることになるが、この点については第3章を参照。決定係数が高いということは、個別株式に対するCAPM回帰に比べて、当該株式のCAPMベンチマークに対する当てはまりがよいことを意味する。

8　バークシャー・ハサウェイ社の2010年の株主への手紙より。

9　最初にCarhart（1997）が行った。

10　本節のデータと追加的な情報については「California Dreamin'：The Mess at CalPERS」Columbia CaseWorks，#120306、および、「Factor Investing：The Reference Portfolio and Canada Pension Plan Investment Board」Columbia CaseWorks #120302から取得した。

11　Ang and Kristensen（2012）が示すように、ファクター負荷量が時間とともに変化する場合や、さらにはアルファ自体が時間とともに変化する場合、アル

ファの標準誤差を算出する際には十分な注意が必要である。スタイル分析の概要
は、Horst, Nijman, and de Room（2004）参照。

12 http://www.lsvasset.com/about/about.html（訳注：このサイトはすでに無
効。2015年12月時点では、http://www.lsvasset.comがそれに該当する）参照。

13 GMアセット・マネジメント社はファーマ＝フレンチ・ポートフォリオを取引
可能な形で実現した。詳細はScott（2012）と第14章のファクター投資に関する
部分参照。Cremers, Patajisto, and Zitzewitz（2012）は、ファーマ＝フレンチ・
インデックスが取引できないことでアルファの推定を歪めると主張している。

14 DiBartolomec and Witkowski（1997）のコメント参照。

15 これはDybvig and Ingersoll（1982）の独創的な論文によって初めて示され
た。厳密には、使用されるすべてのファクター・モデル（ダイビックとインガー
ソルはCAPMを用いた）はプライシング・カーネルがマイナスとなる可能性を
内包し、それによって裁定を可能にしているためである（第6章参照）。線形の
プライシング・カーネルはすべてのベンチマーク資産（株式）を正しく価格づけ
するが、デリバティブ商品のような非線形のペイオフをもつものに対しては正し
く価格づけしない。

16 より正式な取扱いは、Lhabitant（2000）やLo（2001）、Guasoni, Huberman,
and Wang（2011）参照。ボラティリティを売ることで常に市場のシャープ・レ
シオ（あるいは $\bar{\text{R}}$）を上回ることができる。

17 それぞれMitchell and Pulvino（2001）、Gatev, Goetzman, and Rouwenhorst
（2006）、Agarwal et al.（2011）参照。

18 簡単なリバランスでこの通りとなる。第4章参照。

19 これらはそれぞれTreynor and Mazuy（1966）、およびHenriksson and Merton
（1981）に由来する。

20 意図的に操作できないパフォーマンス尺度についてはその他にもいくつかの注
目すべきものがあるが、それについてはGlosten and Jagannathan（1994）、
Wang and Zhang（2011）参照。

21 この膨大な研究の概要については、Ang, Goetzmann, and Schaefer（2011）を
参照のこと。

22 三つ目の効果の参考文献はHaugen and Baker（1991）、Jagannathan and Ma
（2003）、Clarke, de Silva, and Thorley（2006）であり、他の二つの効果に関す
る参考文献については後述する。

23 本文で紹介した研究に加え、Pratt（1971）、Sodolfsky and Miller（1969）、
Black（1972）参照。

24 当然ながらAng et al.（2006）以前にも資産価格評価モデルの銘柄間分析の検
証においてボラティリティはよく登場していたが、それらの多くは否定的な結果
であるか、わずかに正の関係があるとするものである。例えば、Fama and
MacBeth（1973）が行ったCAPMの検定に関する影響力のある研究では、ボラ

第10章　アルファ（そして低リスク・アノマリー）　421

ティリティを取り入れているが、有意な係数は得られていない。Eric Falkenstein（2012）においてこの論文の著者は、1994年の自身の博士論文でボラティリティと株式リターンの間の負の相関関係を明らかにしたが公表されることはなかったと詳述している。

25　顧客効果を取り入れたモデルとしてはMerton（1987）を、ノイズ・トレーダーのモデルとしてはDeLong et al.（1990）を参照。

26　Ang, Chen, and Xing（2006）も参照。図10.11はまた、推定された証券市場線が特に縦軸の近辺で「あまりに平坦」であることを示しているが、これはBlack, Jensen, and Scholes（1972）等の初期の研究と整合的である。

27　Blume（1975）はこの点を最初に示した文献の一つである。時間とともに変化するアルファやベータの推移やその標準誤差の算出に関する正式な統計学については、Ang and Kristensen（2012）を参照。

28　ここではBABファクターをFrazzini and Pedersen（2012）と類似の方法で構築したが、ベータ・ポートフォリオを分類する手順のみが異なる。具体的には、日次のリターンを用いて期間1年のローリング回帰によってベータを計算した上で、これに基づいて毎月末に二つのベータ・ポートフォリオを作成し、BABファクターは事前にランキングされたポートフォリオのベータを用いて式（10.14）に従って構築した。

29　それぞれ、Bali and Cakici（2008）、およびHan and Lesmond（2011）参照。

30　投資家がレバレッジを使えない場合のCAPMの導出を初めて行ったのはBlack（1972）である。Frazzini and Pedersen（2011）はレバレッジ制約の存在によって、低リスク・アノマリーが生じることを説明した。

31　学術的な参考文献としては、Han and Kumar（2011）参照。ラッセル1000銘柄に関する2012年6月30日時点の13－Fファイリング（訳注：米国における保有証券の開示規制の一種）をもとにマーチンゲール社が試算した結果によれば、低リスクおよび高リスク株式の保有比率は本来50％対50％となるところ、機関投資家は46.5％対53.5％となっていた。

32　Greenwood et al.（2010）やBaker, Bradley, and Wurgler（2011）参照。

33　この種の説明については、Boyer, Mitton, and Vorkink（2010）やBali, Cakici, and Whitelaw（2011）、およびIllmanen（2012）参照。

34　利益の不確実性と低ボラティリティの関係についてはJiang, Xu, and Yao（2009）参照。

第11章

「リアル」アセット

第11章要約

　インフレ連動債（リンカーズ；linkers）、コモディティ、不動産を含む多くの「リアル」アセット（訳注：実物資産等、実質価値を維持する資産）は「リアル（実質）」ではないという結果となる。インフレ連動債単一では一定の実質リターンを提供する一方で、資産クラスとしてのインフレ連動債は、インフレとはほとんど無相関である。コモディティの中で、エネルギーが唯一しっかりとしたインフレ・ヘッジ機能をもっていた。驚くことに、金はインフレ・ヘッジに対して貧弱であった。不動産は幾分インフレ・ヘッジ機能をもっていたが、完全なインフレ・ヘッジ機能からは明らかにかけ離れていた。対照的に、退屈ともいえる米国財務省短期証券（米国短期国債）がインフレ・ヘッジとして最良である。

1 　不動産はどの程度リアルか

　キャロルは、伝統的な株式60％、債券40％のポートフォリオを有する中規模年金基金向けにサービスをしているコンサルタントであった[1]。長い間、その年金基金は非常に小規模で、不動産への直接投資は検討していなかった。しかし、最近では、従業員からの掛け金増で基金規模も大きくなった。年金基金の理事会は、インフレの脅威を心配しており、不動産への投資は資産価値の破壊を幾分防ぐことができるであろうと信じていた。

　理事会は正しいのであろうか？　不動産への直接投資は適切なインフレ・ヘッジ資産なのだろうか？　キャロルはこれが単なる数字合わせにとどまらないことを知っていた。不動産は基金のポートフォリオの中の株式や債券といった他の資産とは異なるようである。直接投資の不動産は、その投資配分が静的だったとしても、通常は専門家による動的な管理が必要である。さらに、資産の競合力を維持するた

第11章　「リアル」アセット　423

めには、煉瓦とモルタルに資本を投入し続けることが必要になる。その年金基金は、すでに不動産へのエクスポージャーを有する不動産投資信託（REIT）にパッシブな資産配分をしていた。REITは不動産への直接投資と異なるのだろうか。キャロルはこうした追加的な難題も検討しなければならなかった。

　その年金基金の負債はインフレが高まったときに増え、資産と負債の差異（つまりサープラス。第1章参照）を最小化するため、評議委員会はインフレ率が高いときに高いリターンを出す資産を求めていた。事実、年金の理事会の最大の関心事は、インフレとの相関が高い資産を見つけることであった。もし不動産がインフレからの適切な保護を提供しないのなら、キャロルは他の資産として何の資産を検討すべきなのか？

　本章では、高インフレ時に価値が維持されると伝統的に考えられている資産、特にインフレ連動債、コモディティ、不動産といった「リアル」アセットの特性について述べる。インフレ・ヘッジ機能、すなわちリターンとインフレの相関と、資産の長期のリターンとを区別する。ある資産がインフレを上回る高い長期のリターンを有するということは、非常に貧弱なインフレ・ヘッジであり得る。つまり、インフレ・ヘッジは、連動していることの表現法であり、後者は長期平均の表現法である。以降の節で見るように、ほとんどのリアルアセットはそれほど「リアル」ではないことがわかる。

2　インフレ

2.1　インフレの動き

　図11.1は、1952年1月〜2012年12月の米国の消費者物価指数（CPI；都市部の全消費者、全項目）の対前年同月比の推移を示したものである。20世紀後半以降の米国のインフレの体験は、経済史学者のAllan Meltzer（2005）が大インフレ時代と呼んだ1960〜1970年代のインフレ率が上昇した時期と、1980年代半ば以降の低インフレ時代に分けられる。1980年のインフレ率は14％超のピークに達した。メルツァーは、その大インフレ時代を「20世紀最後の最高潮の金融イベント」と呼び、その影響は破壊的であった。それは、固定相場制の世界のシステム（システムが合意されたニューハンプシャー州の町であるブレトンウッズとして知られる）の崩壊の一因になった。それにより、貯蓄貸付組合（S&L）業界の多くが破綻した。程度の差はあれ先進国すべてが共有した体験であった。

424　第Ⅱ部　ファクター・リスク・プレミアム

図11.1 米国の消費者物価指数（対前年同月比）の推移

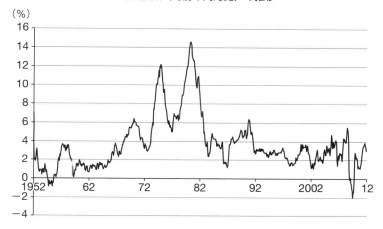

　米国は第2次世界大戦後、強烈なインフレに見舞われた。そして1950年代初の朝鮮戦争の間もインフレであった。両方のケースともに、政策当局は即座にコントロールを行った。事実、1954、1955年のインフレ率は実際にマイナスであった。こうして、それまでの低位・安定していたインフレから、1960年代半ばには大インフレとなった。なぜ1960年代と1970年代に価格上昇が手に負えない状態になったのか？　そして、政策当局者は、どのようにして1980年代にインフレを再びコントロールできるようになったのか[2]？

　三つのことが手に負えないインフレをもたらした。

　第一は、政策当局者が間違ったモデルを用いたことである。1960年代、経済学者は、失業率とインフレのトレードオフを示すフィリップス曲線（Phillips（1958））を信じていた。経済学者は、インフレの上昇とともに失業率が低下するだろうと信じた。しかし、時間が経過するにつれ、そのようなトレードオフはないことが明らかになってきた。1960～1970年代を通じて、失業率とインフレ率は上昇した。1970年代の経済学における*合理的期待形成革命*がフリードマンとルーカスにより提唱された（彼らは各々1976年と1995年にノーベル賞を受賞）。彼らの説ではフィリップス曲線は不安定であるとされ、政策当局者によって効果的に使われなかった。

　第二は、どのように高インフレに対応するかについて、経済学者の意見が分かれたことである。彼らはそれが問題だと認識していたが、ある経済学者たちは、連邦準備制度（Fed）は責任がないと考えていた。原油といった天然資源価格の上昇と

いうコストプッシュ・インフレはFedのコントロール外と考えられていた。一方でデマンドプル・インフレは景気の過熱で生じるが、これはFedのコントロール下にあると考えられた。ほとんどの経済学者は、インフレの時代は様々なコストプッシュがあると信じていた。Fedがインフレをコントロールできると考えた経済学者ですら、Fedが大きな*犠牲比率*、すなわちインフレを低下させるために必要なGDPの減少のためにディスインフレに乗り出すことを推奨しなかった。その代わり、失業は受け入れがたい高コストであるがゆえに、社会が高インフレと共生することを学ぶことを擁護した。不幸にも、1970年代終わりには高い失業率と高いインフレ率が同時に発生してしまった（スタグフレーション）。そして、もしインフレ問題にもっと早くから取り組んでいれば、失業率はずっと低いままであり続けたであろう。

　第三の理由は、Fedへの激しい政治的圧力であった。当時は今日のように独立というわけではなかった。メルツァーは「インフレは続いた。なぜなら政策当局者にとって、政治的、社会的にコストのかかるディスインフレ政策を主張するのは気が進まないためである。1960年代とその後、議会の中で反インフレ政策の政治的サポートはほとんどなかったし、政権の中でもなかった」と記述した。この最後の点は、とりわけ重要である。もしインフレをどのように終わらせるかについての政治的なコンセンサスがほとんどないとしたら、それは継続するであろう。インフレは、経済的リスクであると同様に、政治的リスクであり得るのである（第7章のファクターとしてのインフレ・リスクと政治的リスク参照）。

　インフレは、最終的にジミー・カーター大統領によって指名されたFed議長ポール・ボルカー（任期は1979年8月6日〜1987年8月11日）によって抑え込まれた。ボルカーが就任した時、国民はインフレ病を退治するのに必要な痛みを我慢する準備ができていた。ボルカーは、1980年代初めに、フェデラルファンド・レート（FFレート）を19%近いところにまで引き上げてインフレを抑え込んだ。経済は景気後退に陥った。しかしインフレは抑え込まれた。この期間はいわゆる*ボルカーディスインフレーション*である。この経験によりアセット・オーナーはいくつかの教訓を得た。すなわち、コミットされた金融政策はインフレを抑えることができ、それを行うことで痛みを伴い、インフレ・リスクは、金融政策リスクと絡み合っている、ということである（第9章の債券参照）。

　図11.1は、インフレの水準がかなり変わるだけでなく、そのボラティリティも高い時期、低い時期を含めて変化したことを示している。この種のボラティリティ

426　第Ⅱ部　ファクター・リスク・プレミアム

は、Engle（1982）の一般化された自己回帰条件付不均一分散モデル（GARCHモデル）でうまく説明される。実際、GARCHモデルは今や金融リターンに圧倒的に適用されているが（第8章参照）、最初の適用はインフレであった。1980年代半ばから2000年代初頭にかけてのインフレのボラティリティは、1960〜1970年代の高インフレ時代に比べて、劇的に低下した。経済学者は、後の静かな時期を*大いなる安定期*と名付けた。ボラティリティの低下は、インフレの中で観測されるだけではなく、すべてのマクロ経済系列、つまりGDP成長率、投資、消費、売上高、失業率などでも見られた（しかし資産のボラティリティは低下しなかった）。

インフレの低下や他のマクロ経済のボラティリティが恒久的なレジーム変化として多くの人々に受け入れられた。2003年のジャクソンホールでのFedの洗練されたシンポジウム、それは中央銀行、政策当局者、学者が年に一度集まるシンポジウムであるが、そこで、会議の代表は、大いなる安定が、経済の構造的な変化に起因していたのか、よい金融政策によるものであったのか、もしくは明白な幸運であったのか否かを議論した。これら三つの要因はすべて、いくつかの役割を演じていたのである[3]。中央銀行は、金融政策の成功による新しい時代の到来を自画自賛した。しかし、金融危機以降のボラティリティの改善は、いかに多くの学者が間違っていたのかを示したのである。他のマクロ経済的なボラティリティのようなインフレのボラティリティは、時間とともに変化した。そして、アセット・オーナーは、それとともに生きる準備をしなければならなかったのである。最も悪いのは、独りよがりになることである。

2.2 インフレ率は一つではない

すべての商品やサービスの価格は通常、一緒に上がったり下がったりするが、インフレは、投資家ごとに異なっているということを意味する。というのも、投資家は商品やサービスの同じ組合せで消費しないからである。個人にとって、二つの特に重要なインフレ率は、医療と高等教育に関するものである。前者の医療はCPIを構成する一部であり、労働統計局では分けて表にしている。明らかに、高齢者と病人は平均的な消費者より医療費がかかる。後者の教育は、大学基金や財団の資産運用に特化した非営利の研究機関であるコモンファンド社により年1回公表される高等教育価格指数（HEPI）で計測される（高等教育への支出は、CPIに組み込まれてはいるが、大学基金に関連した分析のために高等教育価格指数を利用する）。図11.2に1984〜2008年にかけての消費者物価指数と医療費、高等教育費インフレを示

している。

　図11.2は、医療費と高等教育費が、通常のCPIで計測される全体のインフレ率より高い上昇率であることを示している。1984～2008年の平均消費者物価上昇率は、年率で3.1％であった。一方で、医療費と高等教育費の上昇率は平均でそれぞれ5.3％、4.0％であった。20～30年で年率1％の違いは、複利効果を考慮すると、実に殺人的な値になるだろう（文字通り、不適切な医療のケースである）。1984年時点で1万ドルであった一般的な商品やサービスが、2008年には2万1,600ドルになっている。しかし、医療費においては、1984年に1万ドルの医療サービスが、2008年には3万6,100ドルにもなっているのである。

　消費者物価上昇率と投資家自身の消費の組合せとの違いは、ベーシス・リスクと呼ばれている。図11.2は、それが相当な大きさであることを示している。ベーシス・リスクをヘッジする方法はある。しかし最も重要なことは、すべての価格の上昇に対して最初にヘッジすることである。そして、投資家は例えば、ポートフォリオの負債や考慮すべき点が医療費リスクを反映しているのであれば、ポートフォリオを医療費リスクに対して高いエクスポージャーをもつ資産のウェイトを高めることができる。これを達成するために、ヘルスケア企業に投資してもよい。一般的

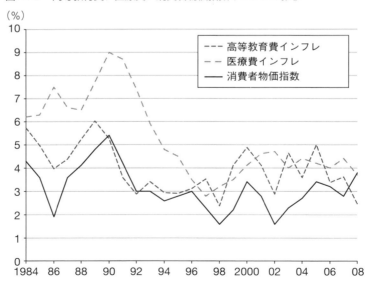

図11.2　高等教育費、医療費、消費者物価指数インフレの推移

に、ファクター投資（第14章参照）のように、どのような資産がインフレをヘッジするかは、投資家にとって何が適切なインフレ指数であるかという、投資家固有の問題なのである。

インフレ・ヘッジとして価値があると考えられているいくつかの資産を検証してみよう。最初に、多くの教科書や投資家が、インフレ・ヘッジにはならないと考えて、無視しているものから始めよう。

3 米国短期国債

　図11.3は、図11.1で示した消費者物価上昇率（実線）と短期国債の1年リターン（破線）を並べて示している。1952～2012年で見ると、短期国債のリターンは4.8%であり、同じ期間の平均インフレ率を約1%上回っていた。短期国債とインフレの相関係数は70.1%と相当高い。この高い相関関係は第8章でも見てきた。第8章では、株式がインフレ・ヘッジに貧弱で、短期国債がインフレ・ヘッジとして素晴らしいことを示した。本章で検討しているインフレ連動債、コモディティ、不動産を含むすべての「リアル」アセットの中で、短期国債が最もインフレと相関係数が高かった。

　もちろん、短期国債の長期のリターンは、他の資産クラスに比べて低かった。しかし、インフレ・ヘッジとは、インフレと資産の同期性がすべてであって、平均的リターンで見るものではない。短期国債が、インフレと高い相関関係を有している

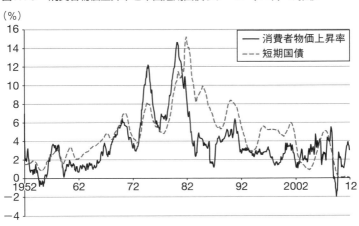

図11.3　消費者物価上昇率と米国短期国債リターン（1年）の推移

のは、金融当局がインフレの状況に応じて短期金利、厳密にいえばFFレートを決定しているからである。しかし、短期国債はFFレートとほぼ対で動いている（第9章参照）。さらにフィッシャー仮説によれば、短期国債は*期待*インフレを反映している。期待インフレの動きは、インフレ全体の大半を説明する。というのはインフレが今日も高ければ翌月も高いといった持続性が存在するためである。

　投資家がインフレ・ヘッジの道具としてキャッシュを保有する際に、二つのことに配慮する必要がある。第一は、図11.3で見たように、キャッシュのリターンがインフレに*遅行する*ことである。この遅行状況は、1970年代終盤のインフレ時期の大きなスパイクに、明白に見てとれる。1980年代はじめまで、短期国債利回りは上昇していない。政策当局にとって、すべてのマクロデータが遅れをもって収集されているもとで、同時に起きるインフレ・ショックに対して完全な先見性をもった対応をとることは不可能である[4]。しかし、一度インフレ・ショックが起きると、インフレは継続する。インフレ・ショックは、こうした遅れを伴いながら短期国債の利回りに反映される。仮に、インフレが異常に高くない限り（ハイパーインフレは米国で起きていないし、悲観論者の声にもかかわらず起こりそうにない）、この遅れは都合が悪く、適度にコストを伴う。しかし、リアルアセットとしてキャッシュを避ける理由にはならない。

　第二の理由が存在する。本書の執筆時であり図11.3のサンプル期間の最後にもあたる2012年12月時点では、短期国債のリターンは実質的にゼロであった。これはまさしくFedがこの時期にあるべきと判断する短期金利なのである。すなわち、2008～2009年のグローバルな金融危機や、後に扱う大幅な景気後退後では、まだ軟弱な景気状態であった。インフレは、2011年12月時点で3.0％であり、Fedが望む2～4％の政策レンジの真ん中に位置していたのである。短期国債とインフレとの差である実質金利は、明らかにマイナスであった。Reinhart and Rogoff（2011）とReinhart and Sbrancia（2011）は、これを*金融抑圧*と名付けた。これは事実上、他の目的や他の人々に利益をもたらそうとする政策立案者によって、債券（およびキャッシュ）投資家に課せられる税金である（金融システムの強化や大手金融機関の経営者やオーナーへの助成のようなものである）。世界中をかき回している政府債務の大海原を考えると、金融抑圧はしばらく続きそうである。この第二の理由は、短期国債のリターンが相対的に低いことに関するものであり、投資家は長期的な平均リターンが高い別の資産を望むかもしれないということを述べている。それは、短期国債が優れたインフレ・ヘッジ手段ではないということではない。

430　第Ⅱ部　ファクター・リスク・プレミアム

4 インフレ連動債

インフレ連動債は、元本もしくはクーポンがインフレに連動した債券である。このように、投資家はインフレから保護される。なぜなら、支払がインフレとともに増えるからである。それゆえ、債券の支払は、実質的に一定が維持される。インフレ連動債は、リンカーズ（*linkers*）と呼ばれている。

米国版インフレ連動債は、1997年以降の米国政府発行の*米国財務省インフレ防衛（連動）国債*（TIPS）である。米国財務省は、2011年12月31日時点で7,390億ドルのTIPSを発行している。これは米国国債全体の7.5％に当たる[5]。公式には、米国財務省物価指数連動国債（*Treasury Inflation Indexed Securities*）であるが、公式な政府刊行物を除き、市場参加者や文献ではTIPSを使い続けている。

多くのソブリンがインフレ連動債を発行している。最初に発行したのはマサチューセッツ州で、革命戦争のための1780年の起債であった[6]。愛国者たちが英国と戦っていた間、インフレ率は極端に高い状態であった。そして、その債券が発明されたことで、（すでに貧弱な）給料の購買力の低下でがっかりしていた革命軍の兵士たちの怒りを幾分静めた。イングランド銀行が1981年に最初の*インフレ連動債*を発行した英国には、重要なインフレ連動債券市場がある。その当時の英国は高インフレであったため、この市場はすぐに成功した（米国のインフレよりはるかに高く、大インフレ期は米国より長かった）。一方、米国市場は、最初の数年間は（以降で見るように）、流動性に乏しかった。英国のインフレ連動債の残高は、現在、英国政府発行の債券現存額のおよそ4分の1である。

TIPSは、3ヵ月遅れのCPIを指標としている[7]。TIPSの金利は固定されているが、結果として投資家は、インフレ率が上昇すると利息の受取りが増えるよう、債券の元本が定期的にインフレ調整される。元本はインフレ率に連動して減少する可能性があるが、債券発行時の額面以下にはならない。このデフレ・プットは、元本が当初の額から大幅に増加しているような長期のTIPSに関しては、ほとんど価値はない。このような債券はすでに高インフレ期を経験している。この長期のTIPSに関して、デフレが元本を額面に引き戻すことは非常に難しい。対照的に、低インフレとデフレの間、デフレ・プットは、短期のTIPSでは価値がある[8]。この債券は、低い元本バランスを有しており、デフレが生じたとき、この元本は額面以下になり得ない。このような状況が2008、2009年に発生した。2009年に生じたインフレは、現実にはマイナスであり（図11.1、図11.3参照）、その時期に新規発行された

TIPSは、デフレ・プットの高い価値のために、極めて価値があったのである。

4.1 インフレ連動債は引退後のために適切か？

発行時のTIPSを購入し保有する投資家は、インフレ指標連動によって不変の実質利回りを受け取る[9]。もし、負債の支払を賄うようTIPSの満期時期を一致させてTIPSに投資すると仮定すると、そのTIPSを購入した投資家はインフレ・リスクを完全に消し去ることができる（これはイミュニゼーションの例である。第4章参照）。もし退職者が異なる満期年の一連のTIPSを購入できるのなら、実質ベースを確保し、一連の支払を確実なものにすることができる。これによって、インフレに影響されずに将来の生活費を支払うことができる。このように、TIPSは、個人投資家にとって理想的な退職貯蓄のメカニズムを有しているようである。投資マネジメントと年金の専門家であるボストン大学教授ツヴィ・ボディは、個人投資家は引退後のポートフォリオでTIPSを100％近く保有すべきであると主張している[10]。

ボディのアドバイスにはいくつか問題がある。

第一に、単一銘柄のTIPSの購入は、将来のある時期のキャッシュフローについてインフレからの影響を除去するというインフレ・ヘッジを提供するが、指標化によるわずかな遅れが生じることと、その投資家にとってCPIが適切なインフレ尺度であるという重要な警告を条件としている。しかし、完全なキャッシュフロー・マッチングは、投資家がすべての将来の負債を今時点で相殺できることを仮定している。しばしば、投資家はどんな負債に直面するか、実際には知ることはできない。また退職後の様々な支出は、投資家がどこで働くか、どれだけの期間働くか、健康、そして途中で考慮すべきいろいろな点についての選択の結果として発生するのである。

第二に、ほとんどの投資家は、退職のための資金を一度に貯蓄していない。その代わり、収入の一部を長年にわたって貯蓄している。実質のイールドカーブは変化する。実質利回りが変化するにつれて、TIPSポートフォリオの価値もまた変化し、TIPSポートフォリオのリターンは、後ほど示すように、インフレとは低い相関で変化する。このことは、投資家が退職後の負債を完全に予測でき、TIPSを使ってインフレ・ヘッジをすることのみを気にする場合には問題にならないが、多くの場合、投資家は退職時点での富と同じくらい現在の富に注意を払っている。すなわち、住宅ローンの借入れ、事業を始めるために金融上の余裕をもつこと、もしくは休暇での散財は、投資家の現時点での富の合計によって影響を受ける意思決定

432 第Ⅱ部 ファクター・リスク・プレミアム

なのである。

引退後にインフレ連動債のみを保有する個人投資家にとっての第三の問題は、2013年の執筆時点で、TIPSはマイナスの実質利回りだということである。仮に実質利回りがマイナスであるとすれば、5年間にインフレ・リスクを排除する100ドルの支払を確実にするために、現時点で100ドル以上の投資が必要である。マイナスの実質利回りは、TIPSが投資家の富を増やす代わりに、富を減らすことを意味する。実質利回りがマイナスの世界では、リスクフリーのリアルアセットに投資する投資家は、購買力が増えるのではなく、減る安全な投資を見つける準備をしなければならない。この論評は、個人の退職貯蓄に適用するだけでなく、実質的な支出の保全を望むすべての大学基金、財団、ソブリン・ウェルス・ファンド（SWF）にも適用される。リスクフリー債券の実質利回りがマイナスである間、他の資産クラスや戦略でのプラスの期待実質プレミアムが存在する（第7章参照）。

考慮すべき最後の点は、TIPSがソブリン・リスクを有しているということである。ソブリン・リスクは、インフレ連動債の明らかにデフォルトとなる政府のリスク（米国に関しては最小かもしれないが、他の市場では無視できない）と、インフレの定義の変化で陰に政府がデフォルトするリスクの両方を含んでいる。例えば、アルゼンチン政府は、2007年に統計局を直接的にコントロールし、それ以来、公式のインフレ率と独立系のエコノミストらが行った報告との乖離は15％までになった。この改竄により、アルゼンチン政府は2013年までに25億ドルものインフレ連動債の支払を節約した[11]。米国は、定期的にインフレ・バスケットを変更する。この変更は、典型的な消費者に関連した組合せを維持するために適合させるがその一方で、その組合せは、ある意味、あなた方読者に関連しないように変更できる。これは、*時間とともに変化する*ベーシス・リスクである。しかし、政府がインフレを再定義した国もいくつかあり、それによってすべての消費者が損失を被った。なお、第14章のファクター投資の箇所で、ソブリン・クレジット・リスクについて考察する。

インフレ連動債がよい投資でないということを述べているのではない。著者は、インフレ連動債は、投資家の退職後の貯蓄の主要な部分を構成するというより、むしろ一部分として活用することを推奨する。投資家が保有すべきか否か、もしくはどの程度保有すべきであるかは、一つのファクターに関する意思決定であるべきであり、インフレ連動債がリアルであるという間違った考えに基づいた意志決定であってはならない。それについては、この後ですぐに示す。

第11章　「リアル」アセット　433

4.2　インフレ連動債はつまらないインフレ・ヘッジである

　TIPSに投資するほとんどすべての投資家は、TIPSのポートフォリオを保有して
おり、そのポートフォリオの構成要素は、（完璧にイミュナイズされた債券ポート
フォリオとは異なり）時間とともに変化する。投資家はしばしばポートフォリオの
固定比率でTIPSを保有する。それはTIPSを資産クラスとして、あるいは債券ポー
トフォリオの一部分として扱うことによる。このようなTIPSへの投資は、結果的
に貧弱なインフレ・ヘッジになってしまう。これは、TIPSの個別銘柄を使って
（通常は一部が未知の）将来キャッシュフローのインフレ・リスクを消去する場合
と対照的である。あいにく、インフレ連動債はそれほどリアルではないのである。

　表11.4は、1997〜2011年のTIPSと名目国債リターンの平均と標準偏差を示して
いる。債券ポートフォリオは、バークレイズ・キャピタル米国国債指数とバークレ
イズ・キャピタル米国TIPS指数である。表11.4の上段は、全サンプル期間の数値
である。TIPSは7.02％の平均リターンであり、国債の6.24％を超えている。TIPS
のボラティリティは5.89％で、国債の4.70％より高い。TIPSと国債は、相関係数

表11.4　TIPSと国債のリターン特性

（1997年3月〜 2011年12月）		TIPS リターン	名目国債 リターン	名目国債 TIPS	月次 インフレ	TIPS- インフレ	国債- インフレ
平均		7.02	6.24	▲0.78	2.35	4.67	3.89
標準偏差		5.89	4.70	4.65	1.33	5.90	5.16
平均／標準偏差		1.19	1.33	▲0.17			
相関 係数	対国債	64%					
	対インフレ	10%	▲22%	▲35%			

（2007年7月〜 2011年12月）		TIPS リターン	名目国債 リターン	名目国債 TIPS	月次 インフレ	TIPS- インフレ	国債- インフレ
平均		8.44	7.25	▲1.65	1.79	6.65	5.46
標準偏差		7.71	5.17	7.10	1.71	7.63	6.02
平均／標準偏差		1.09	1.40	▲0.23			
相関 係数	対国債	45%					
	対インフレ	16%	▲37%	▲44%			

が64%で、同じように動く傾向にあり、両者ともインフレとの相関は低い。TIPS
とインフレの相関はちょうど10%にすぎず、インフレからの保護にはほど遠い。

TIPS市場の最初の数年である1990年代終わりから2000年代はじめにかけて、（以
下で詳述するように）流動性は低かった。そこで、表11.4の下段に、2007年7月を
起点として、市場が成熟しているときの状況を示した。このサンプル期間において
も、同じような様相を示している。すなわち、TIPSは国債に比べてリターンが高
く（それぞれ8.44%、7.25%）、相関係数も45%と高く、TIPSとインフレの相関は
16%でインフレ・ヘッジとしては弱い。なぜTIPSがインフレ指標と連動している
にもかかわらず、共変動が小さいのかを理解するために、インフレ連動債を動かす
異なったファクターを検証してみよう。

4.3　実質利回り

実質利回りは驚くほど不安定である。「驚くほど」というのは、インフレ連動債
が発行される以前、多くの経済学者は、取引市場で形成される実質利回りは、当時
の教科書の中の実質金利理論のようなものと信じていたからである。単純な経済モ
デルにおいては、実質金利は人口動態、経済成長、預金者の時間選好やリスク選
好、実質生産に投資する企業の機会コストを反映すべきであるとしていた[12]。これ
らのすべては、時間が経過すれば緩やかに変化する。このように、インフレ連動債
が発行される以前は、多くの経済学者は、インフレ連動債は市場で最も退屈なもの
であると信じていた。現代の実証的資産評価理論の父であるユージン・ファーマは
1975年に、実質金利は一定であったと論じた。彼は、インフレ連動債がまだ発行さ
れていない時に、その論文を書いたのである。今ではインフレ連動債が存在してお
り、彼は明らかに間違っている。すなわち表11.4に示すように、実質金利は不安定
であり、事実、名目金利とほとんど同じくらい不安定なのである。

図11.5のパネルAに、2003年1月～2011年12月のセントルイス連邦準備銀行の
データを用いて、TIPSの5年債と、10年債の実質利回りを示している。実質ター
ムストラクチャーは、平均で見て、わずかに順イールドである。ただ2006～2008年
にかけて、実質タームスプレッドはほとんどゼロであり、2008年にはマイナスの時
期があった。このグラフでは、実質金利がかなり変動していることが示されてい
る。すなわち、5年の実質金利は2008年はじめにはゼロに近いが、金融危機の最悪
の数ヵ月の間は4%にまで上昇していたのである。

図11.5のパネルB～Dは、5、10、20年の名目国債利回りとTIPSの利回りを図

図11.5 TIPSと国債の利回り推移

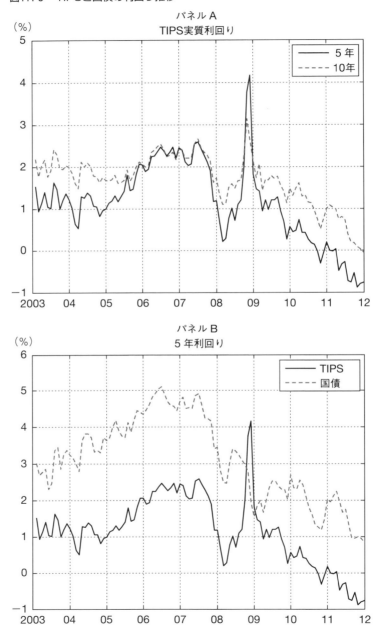

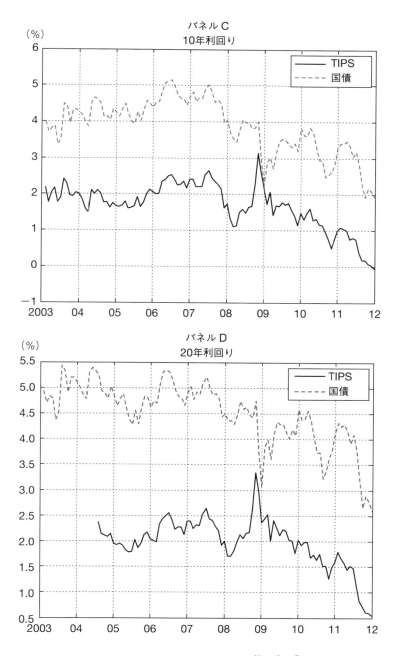

示している。TIPSの利回りは、金融危機の間、急上昇している。一方で、国債利回りは金融危機の期間中である2008年末には下落している。この時点で、多くの投資家がTIPSを含むリスク性資産を売却し、安全な国債に群がるという質への逃避があった。TIPSと国債はともに、米国政府の十分な保証とクレジットを背景にしているため、デフォルト・リスクはゼロに近い。なぜTIPSは売却されたのだろうか？　国債は伝統的に信頼できることが証明されている証券であり、TIPSが使われない（まれに使われることはあるが）多くの局面で果たしている役割がある。それは、担保やマージン・コールへの対応などであるが、その役割の多くは流動性を保証することである。後ほど、TIPSのファクターとしての流動性リスクについて議論する。

　図11.5のパネルAとBに示すように、5年の実質金利はマイナスであり、2011年12月時点では▲1％前後であった。10年物のTIPS（パネルC）は、この時期、わずかにゼロを下回っていた。マイナスの実質利回りは、驚くべきことかもしれない。なぜ、誰もが、期間中、実質ベースで価値を失うようにみえる証券を購入したがるのだろうか？　しかしながら経済の観点からは驚くべきことではない。現代のインフレ連動債市場が生まれる前からある旧世代モデルでは、現実世界における実質金利の大きな変動を説明できなかったが（新世代モデルでは、投資家のリスク評価の変化や企業の資金調達や生産の機会の変化の結果として不安定な実質利回りが生じる）、マイナスの実質金利の可能性は認めていたのである。

　生産モデルでは、実質金利は、将来の生産が現時点でどの程度の価値を有するかの度合いを示している。すなわち、実質金利が2％であるということは、現在の1の価値が来年には1.02の価値になることを意味するのである。通常、実質金利はプラスである。なぜなら、消費者は、将来のより大きな成果のために現時点の成果獲得を見送りたがるからである。経済は平均で見て拡大し、プラスの生産機会がある。マイナスの実質金利だと、消費者は、将来の成果が減ることを予期して、現時点で消費したいと思う。このように、マイナスの実質金利は、将来の成果獲得機会が縮小することを反映している。そして、マイナスの実質金利は決定的な弱気のシグナルである。これは、実質金利の*生産面*からの解釈である。

　これに関連して、実質金利を*消費面*から説明すると、それは投資家が今日の消費を将来にシフトすることがどの程度価値があるかを測定するために用いる価格だといえる。それは、今日食べるのをあきらめ、その代わりに明日食べるコストを反映する。通常、今日の消費が選好されており、それゆえ1個の果物を今日食べること

と来年に1.02個の果物を食べることは等価である。しかし、実質金利がマイナスの状況では、消費者は貯蓄することを選好する。すなわち、明日食べることは、今日食べるより現実として望ましい。これは、極端な*予防の貯蓄*を反映している。消費者は今日の消費を将来にシフトしたいと願っている。なぜなら、税金が高くなるだろうとか、経済成長が低くなるだろうとか、より多くの規制強化になるとか、今以上の政治の不確実性が高まるだろうという、相当な悪環境期が到来すると信じているためである。

　マイナスの実質金利の時期は普通ではない。著者は、Ang, Bekaert, and Wei（2008）の中で1952年以降の実質金利を推定した。米国では、1997年以前は実質利回りは取引されていなかったが、タームストラクチャー・モデルを用いて（第9章参照）推計できる。このモデルでは、時間とともに変化するリスク・プレミアムを仮定して、インフレと名目利回りを結びつけて、実質金利のタームストラクチャーを推定している。1950年代の終わりに、はっきりとしたマイナスの短期実質金利を見出した。二度目の時期は、1970年代終わりから1980年はじめにかけてである。どちらの時期も、インフレの加速と関係している。また、超長期の実質金利がマイナスになっていないことも発見した。これは、20年物のTIPS利回りがマイナスになったことがないという直近サンプル、すなわち、2011年12月時点で5年物のTIPSがマイナス利回りであっても、20年物のTIPS利回りは0.53％もあった、というTIPSデータと矛盾していない。

　実質金利の変化のしやすさは、TIPSがインフレに対して弱いヘッジ機能しかもっていないことの一つの理由である。図11.5のデータのサンプル期間中の、5年物、10年物、20年物のTIPSとインフレ率との相関はそれぞれ▲23％、▲12％、▲13％とマイナスである。インフレ率が上昇するにつれて、実質利回りは低下傾向にある。すなわち、投資家は、インフレ率が高い時期に高い実質金利を最も切望するが、あいにく、それが実現するような状況は到来しない。実質金利の経時変化により、インフレ連動債のポートフォリオはそれほどリアルではないのである。

4.4　ブレーク・イーブン・インフレ率

　図11.5のパネルB～Dで、国債はTIPSより常に高い利回りであり、2008年と2009年の例外を除いて一定の差があることがわかる。名目債券とインフレ連動債との利回り差は、ブレーク・イーブン・インフレ率（訳注：BEI。以降、BEI）あるいはインフレ代償と呼ぶ（著者はこの言葉を、他の文献同様に区別なく扱ってい

る）。

名目利回り＝実質利回り＋ブレーク・イーブン・インフレ率（BEI）

あるいは、

名目利回り＝実質利回り＋インフレ代償 (11.1)

　図11.5のパネルB〜DではBEIを、TIPS利回り（実線）と国債利回り（破線）
の差で示している。2008、2009年の金融危機の時期を除くと、BEIはかなり安定し
ている。例えば、パネルCの10年国債と10年TIPSのBEIは、2004年7月〜2007年
12月では2.44％であり、2010年1月〜2012年12月は1.79％であった。パネルDの20
年債では、同期間において、BEIはそれぞれ2.66％、2.35％であった。

　TIPSの利回りは、国債に対して相対的に、市場で決まっており、理由は明らか
ではないが、BEIはかなり安定している。金融危機の間とその後、長期債の名目利
回りは、量的緩和と他の非伝統的金融政策（第9章参照）、そして部分的にはリス
クのある欧州や他の国債と比べての米国債の安全性を求める投資家の質への逃避に
よって押し下げられた。2008年と2009年を例外として、市場は、TIPSの利回り
を、国債に対してほぼ一定で割り引いて値付けしている。国債利回りは非常に低い
ので、この値付け実態が、マイナスの実質利回りをもたらしている。

　BEI、またはインフレ代償は、二つの項に分解できる。

ブレーク・イーブン・インフレ率（BEI）＝
期待インフレ率＋リスク・プレミアム (11.2)

　仮にリスク・プレミアムが一定であれば、BEIは、期待インフレと1対1で変動
する。しかし、リスク・プレミアムが時間とともに変化するので、BEIは将来の期
待インフレの指標として直接には使えない。インフレ・リスク・プレミアムの変動
が小さい場合には、ベンチマークである米国国債のイールドカーブに対するTIPS
利回りの相対的な変化は、将来のインフレに関する市場の期待を示すことにな
る[13]。しかしながら、インフレ・リスク・プレミアムは変化する。Ang, Bekaert,
and Wei（2008）は、1960年代と1970年代の大インフレ期や好景気であった1980年
代終期、そして1990年代半ばでは、インフレ・リスク・プレミアムが特に大きかっ
たことを示している（債券に関する第9章も参照）。

　式（11.2）のBEIの分解式を用いると、金融危機の間のマイナスのBEIは、将来

のマイナスのインフレ、もしくはマイナスのリスク・プレミアム、もしくはその両方の状況のもとで市場が価格付けしているものと解釈することができる。それは何れの状況下であるといえるのだろうか?

インフレ調査は、インフレを予測する最もよい手段の一つであることがわかる。そして、Ang, Bekaert, and Wei（2007）が示すように、それは多くの経済モデルやタームストラクチャー・モデルに勝っている。インフレ期待は、図11.5の例で検討したように、かなり安定している。例外は金融危機である。2008年12月時点で、サーベイ・オブ・プロフェッショナル・フォアキャスターズ誌の中位予測の中位値は、消費者物価指数総合のインフレ率を▲2.6%と予測していた。そして2009年の間に2.0%に戻った。こうした2008年から2009年にわたってのマイナスのBEIは、その期間に、日本のような極度のデフレ・シナリオを市場参加者が予測していたことと合致する。時を同じくして、価格を引き上げ、利回りの引き下げをもたらした米国国債への安全への逃避は、米国国債がマイナスのリスク・プレミアムとなったことと首尾一貫している。投資家の国債に対する買い意欲は非常に強く、リスク調整後ベースでお金を受け取って保有する（通常のプラスのリスク・プレミアム）のではなく、お金を払ってでもそれを保有したがった（マイナスのリスク・プレミアム）のである。このため、デフレ・シナリオとマイナスのリスク・プレミアムの両方が重要であったのである。

4.5 低流動性

TIPS市場の重要なファクターは、低流動性リスクである。TIPS市場は、TIPSの市場取引が開始した最初の数年間は流動性が低く、2000年代半ばまで続いた。今でも国債市場より流動性が相当低い[14]。TIPSを好む多くの投資家は年金基金や個人投資家であり、Sack and Elasser（2004）は、TIPS市場は、アクティブ・ファンドの運用者がより多く集中している国債市場より低い流動性が継続するだろうと予測した。

研究者たちは、TIPSの流動性リスク・プレミアムは、およそ2003年と2004年の間、5年物でおよそ1.0%、10年物で0.5〜1.0%であったと推定している。2004年、流動性リスク・プレミアムは、5年物、10年物のTIPSともに0.5%に低下した。そして、金融危機の時には、2.5%に跳ね上がり、2009年以降は0.5%未満に戻った。

流動性リスク・プレミアムによって、TIPSの利回りは、国債と同じ流動性を

もっていたとしてもより高くなる。すなわち、流動性調整後の実質利回りは、市場で観測される利回りより低く、2011年12月ではマイナスにさえなっていた。そして、それはTIPS市場で観測できている以上のものであった。流動性調整後のBEIもまた、流動性調整前のBEIより高くなる。このように、仮に、マイナスの実質金利が、今後の大変な悪環境期に関する投資家の期待を反映しているのであれば、悪環境期になれば、流動性リスク調整後のBEIはずっと悪くなると予測される。

4.6　TIPSと税金

TIPSの利息の支払は、伝統的な国債の利払いと同様、連邦所得税が課せられる。インフレ調整によるTIPSの元本のいかなる増分もまた、課税対象である。連邦税法は、実質利息収入と名目利息収入を区別していない。いずれも、まさに利息なのである。このため、投資家の課税後の利回りはインフレ・リスクに晒されている。高インフレ期の間、インフレ調整された元本の増分に課せられた税金が購買力を低下させる。すなわち投資家は、高インフレ時には課税後ベースでは損をするのである。逆にデフレ期の間は、TIPSの元本は縮小する（少なくとも額面の価額に届くまで）。このデフレ調整分は所得から控除でき、TIPSの利息収入と相殺される。このように、デフレ期には税引き後利益があり、インフレ期には税引き後の不利益が生じる。インフレ時期の方が、デフレ期よりずっと一般的であり、したがって、正味税効果は、平均で見てマイナスなのである。

このような状況ゆえに、TIPSは税繰延口座での最良の保有対象である（税金については第12章参照）。個人向けTIPSがI貯蓄債券である（I-ボンドと略す）。I-ボンドは、ゼロクーポンのインフレ連動債である。利息と元本の調整分は、満期時もしくは投資家による途中償還時に支払われる。I-ボンドの利息は連邦所得税の課税対象となるが、その税は、途中償還時にのみの支払になる[15]。この利息は過去分を含めて債券の価値に含めて支払われるため、税繰延による増額からの利益が生じる。指標に連動した元本は、課税されない。したがって、個人投資家は課税後口座で、TIPSよりむしろI-ボンドを保有すべきである。しかしながら、個人は年間わずか１万ドルのI-ボンドしか購入できない。また、I-ボンドは、流通市場では取引されておらず、もし現金化したければ、途中償還しなければならない。

4.7 要 約

1 TIPSはインフレ・ヘッジ機能が弱い

TIPSのリターンとインフレの相関は限りなくゼロに近い。一つの理由は、「リアル（訳注：インフレ連動）」債券は実質利回りのボラティリティが高いので、それほどリアルではないということである。その結果、TIPSはインフレとの相関が低くなる。単一銘柄のTIPSがインフレ・ヘッジできる一方で、TIPSのリバランスされるポートフォリオに基づく投資戦略は、インフレ・ヘッジができない。

2 実質利回りは、長期的にはマイナスになり得る

マイナスの実質利回りは、購買力の低下を意味する。今日時点で、将来必要とするキャッシュフローより多くの金額を蓄えておかねばならないのである。

3 退職後の個人のポートフォリオは、TIPSだけの保有にすべきではない

例外は、個人が将来のキャッシュフロー・ニーズを正確に知っているとき、そして直ちにインフレの影響を排除できる場合である。さもなければ、長年にわたって貯蓄する必要がある場合には、投資家は実質金利の時間変化に晒され、結果的にTIPSはインフレ・リスクをヘッジする能力がほとんどなくなるのである。仮に将来のキャッシュフローを正確に知っているとしても、商品やサービスの価格バスケットがCPIバスケットでないのであれば、ベーシス・リスクに耐える必要がある。

4 流動性は、TIPS市場における重要なファクターである

悪環境期の間、伝統的な国債より流動性は低い。流動性調整後の実質金利は、観測される実質金利よりも低い。

5 税繰延口座でTIPSを保有しなさい

仮に個人として課税後口座でTIPSを保有したければ、Ⅰ-ボンドを購入しなさい。

5 コモディティ

コモディティは、コモディティ価格が、多くのインフレ指標に入っているので、インフレ・リスクに対する当然のヘッジ手段であると褒めちぎられている[16]。コモディティの価格は、CPIのバスケットに含まれる多くの品目に影響を及ぼしている。例えば、原油価格は、CPIバスケットの中で独自のカテゴリーを有しているガソリンに直ちに影響を与える。小麦やとうもろこしを含む農産品はCPIバスケット

の他のカテゴリーである食料価格に入っている。

コモディティは、2000年代半ば以降、機関投資家の中では非常に一般的になった。多くの機関投資家は、コモディティのリターンが魅力的で、株式や債券や他の伝統的資産クラスとの相関が低いことを示したErb and Harvey（2006）とGorton and Rouwenhorst（2006）の研究に引き付けられた。彼らは、コモディティがインフレ・ヘッジとして優れていると言及した[17]。それにもかかわらず、以降で確認するように、エネルギーに関連したコモディティのみがインフレに対してプラスの相関であり、そしてその相関は申し分ないというにはほど遠いのである。

5.1　コモディティ先物

コモディティは、インフレ・ヘッジに優れているといった一般通念があるが、経済学の基本ケースでは、採掘コストがかからない完全市場では、金や原油のような有限のコモディティはインフレとは相関がないとされる[18]。有限のコモディティの実際の価格はランダム・ウォークに従うべきであり、先渡し価格はリスクフリー・レートで上昇すべきである。直観的にいえば、このような完全市場においては、生産者はその生産をコストなしで調整できる。そして、すべての需要に対するショックは、それが永続的であれ一時的であれ、それらのコモディティに対してそれ以後の供給に永続的な影響を及ぼすことになる。無尽蔵のコモディティでは、新しい供給が常に生み出される。それゆえ、一般物価水準には関係しないかもしれないが、正常な需要と供給のメカニズムが働いている。コモディティは（自動的に）インフレに連動していると断言する経済学の基本原則はない。ほとんどのコモディティは結局、インフレといかなる関係もないのである、ということは、多分、驚くことではない。

もちろん現実の世界では、金と原油価格は、ランダム・ウォークには従わない。完全市場の世界のケースは、それでも有用である。なぜなら、それによって生産における摩擦の影響をみたり、投資家および生産者がどのようにしてコモディティ価格を変化させるかを予測したりすることができるからである。今日の経済モデルでは、コモディティ価格は生産コストを反映している。これらは時間とともに変化し、一度生産が始まれば資金を取り戻すことはできず（それは撤回できない投資である）、不確実性が存在する中では生産を遅らせるというオプションに価値が生じる。また、コモディティ価格は、現在および将来のそれに対する代替品や技術変化（例えば、石油を時代遅れのものにするクリーン・エネルギー分野における技術革

444　第Ⅱ部　ファクター・リスク・プレミアム

新）が供給されるショックや、時間で変化する保管コストによっても変動する。いくつかの論文は、投機家や他のタイプの投資家の役割を力説している[19]。例えば投機家は、ファンダメンタルから一時的乖離するように価格を動かすことができる。こうしたファクターの多くは、インフレとは直接的な関連はない。

　多くのファクターがコモディティ価格に影響を及ぼすということは、コモディティ投資でのアクティブ運用の余地が大きいことを意味する。コモディティ市場は、株式や債券と同様に、バリュー効果、モメンタム効果、そして、その他の銘柄間の予測可能な現象が存在している[20]。事実、コモディティ・トレーディング・アドバイザー・ファンド（CTAファンド）はモメンタム取引の代名詞であり、こうしたバリュー効果やモメンタム効果の存在は、コモディティ市場にも標準的な投資ファクターが存在していることを明示している（第7章参照）。さらにコモディティ価格は、経済モデルで予測されるように、ヘッジ圧力、相対的な不足状態、需給の不均衡に対して反応する[21]。建玉や為替を含む他の資産価格もまた、コモディティの価格を予測する[22]。

5.2　コモディティのファクター

　保管コストがかかるため、金融の投資家は通常、現物のコモディティは保有しない。その代わりに投資家は、先物市場を経由したコモディティのエクスポージャーから利益を獲得する。例外は、貴金属を直接保有する一部の投資家であるが、この場合でも貴金属にエクスポージャーをもちたいほとんどの投資家は（ファンドを通じて直接あるいは間接的に）先物を経由して投資する。生産者でさえ、一部のコモディティの保管コストは、電力のように無限に近い。

　表11.6はゴールドマン・サックス・コモディティ・インデックス（GSCI）の様々なコモディティ先物投資のパフォーマンスと株式、債券、そして様々なマクロ・ファクターとの相関を示している。GSCI総合は、様々なコモディティをウェイト付けして組み合わせている。この総合指数（訳注：2007年にＳ＆Ｐが指数を買い取って、現在ではＳ＆Ｐ　GSCIコモディティ・インデックスと呼ばれるが、以下では原書のままGSCIとしている）は原油とガスでおおよそ80％を占めており、エネルギーに重きを置いている。

　1986年1月～2011年12月のGSCIのリターンは8.9％、標準偏差は20.7％である。リスクフリー・レートで差し引く前の粗シャープ・レシオは、8.9％÷20.7％＝0.43である。これに対して株式と債券の粗シャープ・レシオは、同じ期間でそれぞ

表11.6　GSCIコモディティ指数の特性（1986年1月～2011年12月）

		GSCI	貴金属	金	原油	エネルギー	ライトエネルギー	非エネルギー	農産物	インフレ
平均		8.92	7.77	7.25	9.53	12.65	6.68	5.41	2.37	2.80
標準偏差		20.71	15.99	15.39	32.95	32.90	14.30	12.55	18.35	1.12
粗シャープ・レシオ		0.43	0.49	0.47	0.29	0.38	0.47	0.43	0.13	
相関係数	対インフレ	29%	2%	1%	23%	26%	25%	8%	▲4%	
	対生産指数	11%	▲7%	▲9%	3%	9%	12%	9%	9%	
	対債券	▲9%	0%	4%	▲13%	▲10%	▲9%	▲5%	1%	
	対株式	14%	▲3%	▲10%	4%	7%	24%	30%	20%	
	対VIX	▲18%	▲4%	▲1%	▲11%	▲13%	▲23%	▲21%	▲12%	

れ0.66と0.94である。コモディティ先物と株式および債券との相関は低い（それぞれ14%、▲9%）ので、説得力のある投資とみなされる。伝統的な株式や債券ポートフォリオにコモディティを加えることで、大きな分散効果が得られる可能性がある（第3章参照）。

　コモディティはしばしば、インフレからの保護を提供する。しかし必ずしも完全なヘッジではない。GSCIとインフレの相関は29%である。これはエネルギー先物の相対的に優れたインフレ・ヘッジのパフォーマンスを反映している。原油および（WTI原油、ブレント原油、無鉛ガス、ヒーティングオイル、軽油、天然ガスといった）エネルギー全体のインフレとの相関は、それぞれ23%、26%であった。非エネルギー先物は、インフレ・ヘッジ機能手段としては貧弱である。例えば農産物のインフレとの相関は、わずか▲4%である。金を含めた貴金属や金そのものとインフレとの相関はそれぞれ、わずか2%、1%である。

　表11.6にはこの他、鉱工業生産の成長率（対前年同月比）、VIX指数との相関も示している。コモディティ、特にエネルギーと農産物のリターンは、経済成長が高いときにより高くなる。経済成長率との相関は10%前後であるが、インフレとの相関よりは低い。貴金属は経済成長との相関がわずかにマイナスであるというのは注目に値する。これは、貴金属は経済成長が低いときの保険としての価値を有していることを示しているが、相関の絶対値は10%より低い。ボラティリティもまたファクターであり、GSCIとVIXの相関は▲18%である。これはボラティリティが高い

446　第Ⅱ部　ファクター・リスク・プレミアム

とき、エネルギーや農産物のパフォーマンスがよくないことに起因する。対照的に、貴金属はボラティリティとは無相関である。

要約すると、エネルギー関連のコモディティのみが、相関は1からかけ離れてはいるものの、インフレ・ヘッジ機能を有している。エネルギーと農産物の先物は、経済成長率が低く、ボラティリティが高いときにはパフォーマンスがよくない傾向にある。対照的に貴金属は、マクロ・ファクターとかなり独立に動くということである。

5.3 スポット・リターン、キャッシュ・リターン、ロール・リターン

コモディティの先物は、三つの要素からできており、すべてが重要である。

1 スポット・リターン

これは現物市場での現物コモディティの価格変化によって生じるリターンである。

2 キャッシュ・リターンもしくは担保のリターン

キャッシュ・リターンは、先物取引の際に要求される担保（またはマージン）から生じる利息である。

3 ロール・リターン

コモディティに一定のエクスポージャーを求め続ける投資家は、投資していた先物の満期がきたら、新しい限月の先物に乗り換えなければならない。満期になる先物契約を売却し、新しい限月の先物を購入するので、キャピタル・ゲインまたはロスが発生する。

表11.7はGSCIのリターンをスポット（spot）、キャッシュ（cash）、ロール

表11.7 GSCI指数の平均リターンの要因分解

	スポット	キャッシュ	ロール	トータル
1970年代	11.1%	6.6%	4.0%	21.6%
1980年代	▲0.4%	9.1%	2.4%	11.1%
1990年代	0.8%	5.0%	▲0.5%	5.3%
2000～2011年	13.0%	2.3%	▲7.5%	7.8%
1970～2011年	6.4%	5.6%	▲0.7%	11.3%

図11.8 GSCIトータル・リターンの要素別リターン（2年ローリング平均）の推移

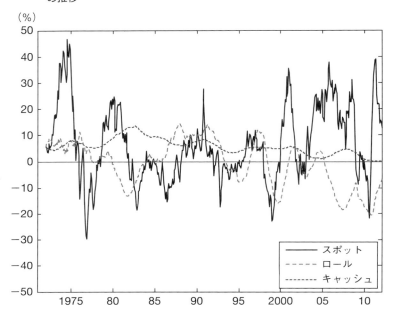

(roll) それぞれのリターンに分けて表示したものである。図11.8は、それぞれのリターンの2年平均をローリングした推移を示している。1970年1月～2011年12月で見ると、GSCIの平均リターンは11.3%であり、スポット・リターンは6.4%、キャッシュ・リターンは5.6%、そしてロール・リターンは▲0.7%である。しかしながら1980年代は、スポット・リターンが▲0.4%であるものの、そのマイナスのリターンは、担保での高金利収入による9.1%のキャッシュ・リターンと2.4%のロール・リターンによって相殺され、全体としてのコモディティ先物のリターンはまだプラスであった。2000年代はロール・リターンが▲7.5%であったが、現物コモディティ市場が13%のリターンと盛況であり、結果的にGSCIはプラスであった。

図11.8を見ると、スポット・リターンの変動性はキャッシュ・リターンやロール・リターンの変動性より非常に大きい。GSCIのリターンの変動性は、以下のように分解できる。

$$Var(TR) = Var(spot) + Var(cash) + Var(roll)$$
$$100\% \quad\quad 100.0\% \quad\quad 0.2\% \quad\quad 6.0\%$$

$$+ 2\,Cov(spot,\ roll) + 2\,Cov(spot,\ cash) + 2\,Cov(roll,\ cash) \quad (11.3)$$
$$2\times(-3.4\%) \quad\quad 2\times0.2\% \quad\quad 2\times0.1\%$$

　キャッシュとロールの部分は、コモディティのリターン全体では重要な役割を担っているが、コモディティ先物リターンの分散は、そのほとんどすべてが先物の原商品である現物市場の変動によるものである。つまり、すべてのリスクは現物市場に起因するのである。しかし期待リターンを理解するには、スポット、キャッシュ、ロールの三つの要素すべてを理解する必要がある。

　現物市場は5.1節で見たように、生産ファクターと投資家行動に影響される。

　金利ファクターはキャッシュ・リターンを決定するが（第9章参照）、担保金利にマイナスはない（少なくとも今まではなかった）ため、それは常にプラスである。

　ロール・リターンは、先物カーブの傾き次第である。先物カーブが先高（コンタンゴと呼ばれている）であると、マイナスのロール・リターンとなる[23]。市場がコンタンゴだと、投資家はより高い値段で期先物に入れ替えなければならない。つまり、安く売って高く買うことで、ロールで損失が出るのである。カーブが先安であることはバックワーデーションと呼ばれている。市場がバックワーデーション状態だと、投資家は期近物を高く売り、期先物を安く買うことができ、ロールで利益を得る。がしかし、常にというわけではない。なぜなら、先物市場のコンタンゴとバックワーデーションは、すぐに入れ替わるからである。

　先物市場がコンタンゴであるかバックワーデーションであるかを決める要因は、通常の需給要因プラス保管コスト、在庫の不均衡、そしてコンビニエンス・イールド（訳注：現物を保有することによる利便性やメリット）などである。最後者の要因は、投資家が受け取るものではなく、コモディティを保管する際に生産者が受け取る報酬に関連するものを指す。具体的には、生産者がスケジュール通り生産を維持する能力、ショート・ノーティスで生産を増やす能力、一時的な不足から収益を獲得する能力を指す。

　コモディティのリターンは、期先限月の先物の動きに決定的に依存しており、それゆえ、先物の投資家は先物カーブの形状に注目する必要がある。表11.7にある2000年代のロールのマイナス・リターンは、2008年の原油市場の高いバックワー

第11章　「リアル」アセット　449

図11.9 USO対原油スポットのリターン（1年移動平均）推移

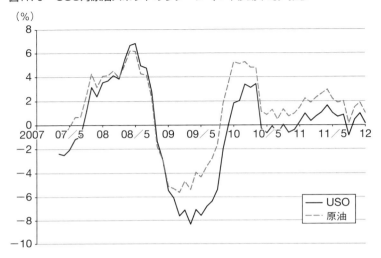

デーションに起因している。マイナスのロール・リターンをもたらした原油市場の2007年のコンタンゴから2008年のバックワーデーションへの動きは、その期間、原油価格の下落ですでに傷ついた多くの投資家にとっては、二重の悪夢であった。同時期の他のコモディティ市場は、コンタンゴであった。

コモディティ価格がスポット市場で上昇するとき、プラスのリターンを期待する投資家は、先物市場がスポット市場とまったく違うことがわかる中で嫌な悪い驚きの中にいることになるだろう。United States Oil Fund LP（USO）は最も大きい上場ファンド（ETF）の一つで、2012年7月時点でおよそ13億ドルの純資産残高（1940年投資会社法に基づくファンドの詳細は第16章参照）であり、原油価格に連動するように設計されている。

USOは、現物の原油を物理的には保有しない。すなわち、原油先物を保有し、30日ごとにロールしている。図11.9は2007年4月～2012年12月のUSOリターンと原油現物リターンの1年移動平均リターンを示している。原油のスポット・リターンとUSOリターンの間には明確な違いがある。平均で見て、USOリターンは1.4%低い。これはロール・リターンによるものであり、キャッシュ・リターンはこの期間はゼロに近い。コンタンゴであるかバックワーデーションであるかという先物カーブの傾きは、ロール・リターンの符号を決める。加えて、運用規模が大きい投資家が事前に決まっているスケジュールに基づいてロールを強いられる場合、多額

の取引コストを支払わなければならない。Bessembinder et al.（2012）は、ETFは
ロールで平均30bpもしくは年率4.4%を支払っていると推定している。ETFはロー
ルについて流動性を必要としており、これは先物市場で支払わなければならないプ
レミアムなのである。

5.4　金

　金は優れたインフレ・ヘッジ手段ではない。投資家のポートフォリオを分散する
ために金が必要になることはあるが、金がリアルアセットであるということを根拠
にしているわけではない。

　金については通説となっている二つの間違った概念がある。すなわち、第一は、
金はインフレとどのように動くかという観点（金とインフレとの相関）から見てイ
ンフレ・ヘッジ手段であるというものであり、第二は、金の長期のパフォーマンス
は楽々とインフレをアウトパフォームするというもの（金のリターンはインフレよ
り平均で見て非常に大きい）である。両通説を検証してみよう。グローバル・フィ
ナンシャル・データ社のデータを用いて、図11.10のパネルAに、1875年9月～
2011年12月の金の実質価格の推移を図示している。実質価格は、金価格をCPIで除
したものである。1875年9月の価格を1.0としてインデックス化している。図11.10
で、金とインフレの年率リターンの相関は0.23である。繰り返しになるが金は完全
なインフレ・ヘッジからほど遠い。

　金の長期リターンがインフレとまったく同じであれば、金の実質リターンはしっ
かりと横軸に張り付くはずである。金価格は、1875年～1930年代初に実質ベースで
下落した。1933年、フランクリン・ルーズベルト大統領が、大恐慌下での金融シス
テムの安定化に関する多くの施策の一つであった個人での金保有を禁止する行政命
令6102に署名した時、実質価格は、突如上昇した。1934年に米国は、デフォルトし
た。1934年の金準備法で、米国ドルの価値が1オンス20.67ドルから35ドルに変
わってしまった。これは経済的なデフォルトであったが、法的なデフォルトではな
かった。Reinhart and Rogoff（2008）は、米国は外部の評価に比べて負債支払の
価値を減じた（当時、すべての通貨は金に紐付けられていた）のであり、明白なデ
フォルトであるとの烙印を押した。

　金の実質価格は、1970年代はじめにブレトンウッズ体制の固定相場制が壊れ、劇
的に上昇し始めた。1979、1980年の金の実質価格は0.5未満から3.0超まで上昇し
た。当時、Fecのボルカー議長は高インフレ期を終焉させるために金利をつり上げ

図11.10 金、株式の実質価格の推移

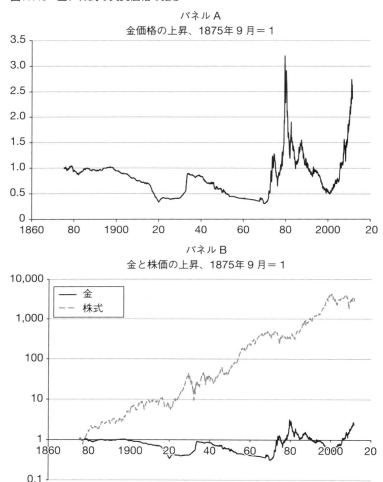

た。ひとたびインフレが安定化すると、金価格は実質価値を大きく失った。しかしながら、2000年以降、実質価格は急上昇した。2011年12月の実質価格は2.0を超えた。

　図11.10のパネルAの金価格の変動は、金のリターンはインフレでのみ動くという仮説を明白に棄却している。金は過去130年間、インフレ・ヘッジにならなかったのである。しかしながら、Erb and Harvey（2013）は、金とインフレとの相関

は高くないが、超長期間で見れば金はインフレより高いリターンであった（平均効果）と述べている。彼らは、今日の米軍兵の給与支払とローマ時代の最初の皇帝アウグストゥス（紀元前27年〜紀元14年）治世の軍団への給与支払とを比較し、金の重さを尺度としたときに米軍兵とローマ軍団への支払は非常に似ていることを示した。また、米軍大尉の給与とローマ軍団の百人隊の隊長の給与は、金に換算したときに同じであることも示した。それゆえ金は、少なくとも軍の給与支払の長期的レベルを維持していることにおいては、世紀を超えてインフレに追随するのである。ただし、我々が長期で生きているとすればではあるが……。

　悲しいかな、ほとんどの投資家にとって、このような極めて超長期の投資期間は適切ではない。わずかいくつかの機関投資家、カトリック教会、インドのケララ州にあるパドマナーバスワーミ寺院（16世紀に建立され、金換算で220億ドルの所有者）[24]、ボローニャ大学（11世紀に設立された最古の大学）のような大学は、何世紀にもわたって生き延びてきた。しかし、何世紀もわたって生き延びていることが、こうした機関の計画期間が世紀単位であることを意味しない。年金基金、大学・寄付基金、ファミリー・オフィス、SWFといった今日の長期投資家は、1,000年先を見据えた計画を立ててはいない[25]。

　金は投資家のポートフォリオにおいて有効な役割を果たしているかもしれないが、インフレ・ヘッジという点ではその役割を果たしていない（少なくとも1世紀より短い期間でに）。ではなぜ金に投資するのだろうか？

　金はしばしば安全な避難所とされ、Erb and Harvey（2012）は、金はカタストロフィー保険の役割をもっていることを示した。災害発生の可能性が少しでも増えると金価格は上昇する。このように金は災害リスクのヘッジになり得る。すなわち、これもまた高い株式リスク・プレミアムに関する主たる説明の一つになる（第8章参照）。

　リスク・パリティ（平均・分散アプローチの特殊なケース。第3章参照）を一般化させたヘッジファンド・マネージャーのスーパースターであるレイ・ダリオは、金は「本来の保有すべき水準に比べて保有量が非常に少ない資産」であると論じた。そして、もし多くの投資家が世界中に存在する金の時価総額を反映して金保有を増やすなら、金価格は上昇すべきであると論じた[26]。一見して、これは馬鹿な議論である。地面の下にしろ、金庫の中にしろ、難破して海底にあるにしろ、世界のすべての金は誰かに所有されている。ダリオの議論は、支払う価格にまったく関係なく時価総額ウェイトまで金を買い増す市場参加者が存在する場合にのみ成り立

第11章　「リアル」アセット　453

つ。すなわち、ある投資家たちが、*完全に弾力性のない需要曲線*をもたねばならないのである。このような機関はいくつか存在するのであろう。例えば、中央銀行、新興市場で台頭する富裕層や中間層、金がインフレ・ヘッジになると（間違って）信じている年金基金などである。Erb and Harvey（2012）は、投資家によって保有されているもののみを数えるか、まだ採掘されていないものや中央銀行に保有されるものを含む完全な金の供給かに依存するが、金の市場ウェイトは全体の富の2～10％の間のごくわずかである、と推計している。

　図11.10のパネルＡを見ると、金の実質価格が非常に長期の平均回帰を示していることに気づく。金の20年間の実質リターンとラグのある20年間の実質リターンとの相関は▲63％であるが、これは絶対値で見て唖然とする数値である。金の実質価格が高かったとき、次の長期の実質リターンは非常に低かった。これは、現在の金保有をさらに追加するすべてのアセット・オーナーに対する警告であるべきだ。リターンを追求する投資家の古典的過ちは、過去のリターンが高かった後、今の価格が高い間に投資することである。その後のリターンはしばしばがっかりするぐらい低いのである。

　図11.10のパネルＢで、株式に対する金の実質パフォーマンスを確認して終わりにしたい。図中で金を示す線はパネルＡと同じであり、違いはy軸を対数で描いていることである。パネルＢには、1875年９月時点の株式を1.0として同図に並記している。株式市場は、実に、実質ベースで金に圧勝しているのである。

6　不　動　産

　不動産は空間がすべてである。より明確には、不動産投資とは、人々と機関の間の物理的空間を取り除くための構造を作り、維持することである。不動産に関しての需要と供給のファンダメンタルな源泉を明瞭に表現する都市経済学の二つの中核的なモデルがある。ともに中心は、*空間的平衡*の概念であり、この概念は、人々と企業は彼らがどこに居るかについて中立となるような方法で不動産に投資するという主張である[27]。投資家の効用と、最終的には不動産価値は、顧客や業者が近いことや、人口過密状態、風光明媚さを含んだ地理的な優位性を含め、不動産によって提供される設備に影響される。不動産の価値はまた、労働者の所得、住宅コスト、輸送コストによって影響を受ける。

　Alonso（1964）とMills（1967）、Muth（1969）のモデルでは、生産の中心地への距離の観点から、一定の都市*内*での不動産価格を説明している。すなわち、輸送

コストが増えるにつれ、不動産価格は下落する。Rosen（1979）とRoback（1982）が提唱した二番目の有益なモデルは、収入や設備、生産の水準が異なる、異なった都市や首都圏*間*で不動産価格にどのような差があるかを説明している。より高い土地の価値は、生産性のより高い企業もしくはよりよい設備（文化的な活動、犯罪が少ないこと、よりよい学校、より快適な気候を含む）がある大都市圏への入場料である。

　不動産業者は「立地、立地、立地」と呪文のように唱えるが、その理解は半分だけ正しい。アロンソ＝ミルズ＝ミュース・モデルによれば、所在地は確かに最も重要な要素であるが，それは輸送コストのために重要なのである。ローゼン＝ロバック・モデルは、重要なのは、所在地自体ではなく、所在地の優位性（例えば取引や生産を可能にするという点で）と企業や労働者の生産能力や他のマクロ・ファクターとの相互作用であると強調している。

　不動産投資を行うアセット・オーナーは、基礎として（「基礎」は意図した洒落ではない）都市経済学から始めなければならない。都市経済学によって、以下のようなことが可能になる。

1　マクロ・ファクターの理解

　経済モデルは、内生変数（この文脈では、不動産価格、人々が住む場所、住居費にかける金額）が、地理などの外生変数、あるいは生産性水準といったゆっくり変化する条件によってどのように決まるかを説明するのに特に優れている。経済モデルは、総需要ファクターや供給制約など価格の背景にあるファンダメンタルズについての洞察を与える。マクロ要因を強調するのが、特に重要である。というのも不動産の所有は長期投資であり、個人も機関投資家も保有期間の中位は10年を超えるからである[28]。

2　全体の文脈の中に不動産を置く

　不動産価格は、すべての価格と同様、均衡状態で決定される。著者はニューヨーク在住であるが、不動産価格は高く、平均賃金も高く、生活費も高い。労働者の観点からは、高賃金はよいことである。雇用者の観点からは、高賃金は悪いことである。なぜ企業はニューヨークから離れ、賃金の支払を低くしないのだろうか？　その都市においてすべての労働者と企業がともに生産性を上昇させられる場合にのみ、均衡状態において不動産価格と賃金の両方が高くなり得る。何がこの生産性を作り出すのだろうか？　何によってそれが持続するのだろうか？　何によって生産性が見えなくなってしまうのだろうか？　不動産は経済全体の一部分としてのみ理

解され得る。

3 政策を評価する

　政府の政策は、株式や債券市場にとって重要である（それぞれ、第8章、第9章参照）が、不動産にとっては致命的である。不動産の価値は、用途規制とは切り離すことができない。経済モデルは、（*比較静学*の練習問題を通して）外生的な政策変更の影響を測定するのに特に優れている。不動産価格の決定にとりわけ重要な要因は、不動産の供給である。例えばサンフランシスコ、ボストン、海岸に集まっている都市を含む「スーパースター都市」においては、新しい住居やオフィスの供給は、規制によって、厳しい制約を受ける[29]。これが希少性を生み、価格がつり上がる。一方でアトランタは供給制約がほとんどなく、不動産価格は海岸沿いの都市に比べて安い。政府の政策は都市間で差があるが、都市内の不動産価格の決定においては重要である。経済モデルを用いて、仮に他は同じで、供給に関する政策のみが変わるとして、利益を受ける地域と損害を被る地域を、そしてそれがどの程度であるかを予測することができる。

6.1　直接かあるいは間接か

　以下では、機関投資家の直接投資とREITを通じた間接投資に分析の焦点を当てたい。REITは幅広い不動産の所有ができるミューチュアル・ファンドのような投資対象である。多くのREITは市場で取引される。REITは多くの制約を満たさなければならず、中でも注目すべき制約は、毎年の収入の少なくとも90％を投資家に配当として分配しなければならないことである。REITは個人投資家が商業用不動産に投資できる数少ない方法の一つである。1960年に不動産投資信託（REIT）法が制定された。議会は一般大衆の商業用不動産の分散投資効果へのアクセスに乗り気でなかった。すなわち、REIT法は、元来、葉巻の物品税に対する内国歳入法を改正する法律の制定に乗じた法律であり、不動産業界の巧みなロビー活動で通過し、開発業者はファンドを続々と株式市場に送り込むようになった[30]。

　直接投資の不動産とREITがともに、キャッシュフローを生み出す建物や土地を含めるようになって以降、人々は、これら二つのアプローチのリターンには高い相関があるものと考えていた[31]。確かに直接的であれ間接的であれ不動産の物理的な所有は、長期での共通したファンダメンタルによって左右されなければならない。しかし、そうなっておらず、これは*REITパズル*と呼ばれている。

　表11.11に1978年初～2011年末の四半期で見た直接投資と間接投資の不動産およ

表11.11　不動産、REIT、株式の特性

	平均	標準偏差	自己相関
NCREIF	0.0221	0.0225	0.7806
REIT	0.0347	0.0918	0.1070
S&P500指数	0.0301	0.0823	0.0711
（相関行列）			
	NCREIF	REIT	S&P 500
NCREIF	1.0000	0.1520	0.0900
REIT		1.0000	0.6265
S&P500指数			1.0000

び株式の平均リターン、標準偏差、自己相関、資産間の相関を示している。直接投資の不動産リターンの出所は全米不動産受託者協会（NCREIF）であり、会員から収集したデータである。NCREIFは四半期ごとの鑑定評価に基づいて算出される加重平均の指数である。間接投資の不動産のリターンはFTSE NAREIT All Equity指数のリターンであり、これも四半期ごとである。これらの不動産リターンをS＆P500の株式リターンと比較する。

　表11.11に見るように、NCREIFのリターンは非常に滑らかである（四半期の自己相関は78％で、ボラティリティは2.2％である）。これに対してREITや株式の自己相関はゼロ近傍であり、ボラティリティは8〜9％である。特に、REITと株式との相関63％は高く、一方で、NCREIFとREITとの相関は15％と低い。このように、REITは不動産の直接投資より株式投資に似ている。ハーツェルとメングデンはソロモン・ブラザーズ社でこの業界の実務に携わった人々であり、1986年にこの現象を初めて実証した。彼らは不動産のリターンがもつ特性について、本質的な議論を生み出した。すなわち、不動産は分離すべき資産クラスなのか、あるいは株式（あるいは負債）の異種なのか、といった議論である。

　この議論は、不動産経済学の中で、今日も続いている。以下は、この議論の長きにわたる文献群からアセット・オーナー向けにまとめたものである。

不動産の直接投資のリターンは、リターンではない

　NCREIFの統計系列（そして同じく広範囲に活用されている欧州のインベストメント・プロパティ・データバンク（IDP）社の統計系列）には、多くのデータ・バイアスが存在している。なぜなら、不動産価値が市場取引に基づいていないためで

ある。これに対してREITのリターンは投資可能なリターンである。重要で大きな二つのバイアスは以下の通りである[32]。

1 平滑化バイアス

鑑定評価（多くて年１回あるいは年２回実施される）は、人工的な滑らかさをもたらす[33]。それは、表11.11に見るように、NCREIFの自己相関がなぜREITや株式より高いのか、という理由である。

2 選択バイアス

人々が売却されたと知る不動産は、全体の在庫を代表するものではない。例えば、おそらく最もよい不動産のみが売却されたのかもしれない。というのは、開発業者が小ぎれいにする物件群がある一方で、抵当流れの汚い物件は売却されていないからである[34]。

加えて、NCREIFのリターンがレバレッジの掛かっていないベースでの報告であるのに対して、REITはレバレッジが掛かっている。研究者たちは鑑定評価の指数から取引レベル（または反復的販売）の指数に変更するような多くの手法を開発してきたが、それは、不動産リターンの滑らかさをなくし、選択バイアスを考慮し、流動性バイアスを除去するためである。これらのバイアスの影響は極めて大きい。例えばLin and Vandell（2012）は、１年保有という前提で、直接不動産投資のリターンの分散は、表11.11で報告されている補正前の分散の３倍高い値になるべきであると報告している。Pagliari, Scherer, and Monopoli（2005）は、レバレッジやセクター構成を調整後では、また鑑定評価のスムージングの調整後では、直接投資と間接投資に差がないと主張した。

平滑化バイアスや選択バイアスは、プライベート・エクイティを含むすべての非流動性資産で見られ、これを取り扱う方法については第13章で議論する。今のところNCREIFのリターンを利用するが、それは現実のリターンでないことを強調しておきたい。

長期で見て、直接投資と間接投資のリターンは一緒に変動する

不動産の直接投資と間接投資は、長期的に結びついている。図11.12に長期のNCREIFの対数リターンと長期のREITの対数リターンとの相関を示している。１四半期で見ると、相関は、表11.11のNCREIFリターンとREITリターンとの低い相関を反映して0.22近傍である（表11.11の四半期リターンは算術平均であるが、図11.12では対数リターンを使っている）。期間が12四半期より長くなると、相関は

458　第Ⅱ部　ファクター・リスク・プレミアム

図11.12 期間別に見たNCREIFとNAREITの対数リターン間の相関

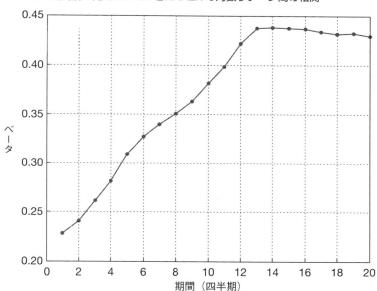

0.43前後でほぼ一定になる。このように、NCREIFリターンとREITリターンには、長期間の共通の要素が存在する。計量経済の研究によれば、上場REIT市場は私募のREIT市場に先行する強い証拠があるとのことである。それは、価格の発見は流動性がある市場で生じるべきであるので、期待される結果である[35]。

抜け目のない読者は、この点を不思議に思うだろう。もし直接投資と間接投資が長期で見て同じように動くのであれば、株式とREITの相関が非常に高いこと（表11.11で63%）を考えれば、不動産は別の資産クラスなのだろうか？ カナダ年金制度投資委員会（CPPIB）は、資産残高1,620億カナダ・ドルのカナダの公的年金であるが、不動産は独立した資産とは考えていない。すなわち、CPPIBは不動産に投資する際には不動産が株式と債務の両特性を有すると考えて、ファクター投資を実践しているのである[36]。第10章で、我々は、不動産はファクター・ベンチマークにおける株式、債券、REITを超える追加的リターンを生み出しているとは思えないことを見つけた。しかし、CPPIBは例外である。というのも、ほとんどの投資家は、不動産を独立した資産クラス（もしくはファクター）であると考えているからである。表11.11で見たようにREITのリターンと株式との相関が高いとすると、

第11章 「リアル」アセット 459

REITは上記で述べた、独立した資産クラスもしくはファクターである、との論拠にはなり得ない。この意見には通常、不動産へ直接投資のリターンが使われるが、これまで見てきたように、不動産への直接投資のリターンはリターンではないのである[37]。REITとNCREIFのリターンは長期で見たときにいくつかの共通性を示しているが、図11.12で見たように、長期の相関は1から大きくかけ離れている。すなわち、……

不動産の直接投資と間接投資は違う

上場REITは直接投資より優位性があると思われる。上場REITには流動性があるからである。しかし、2012年6月30日現在、REITは、わずか150銘柄がニューヨーク証券取引所で取引されているだけであり、その時価総額は5,450億ドルである。すなわち、個々のREITの平均時価総額は36億ドルであり、世界の主要都市における多くの大規模不動産開発より小額なのである。FTSE NAREIT All Equity REIT指数の時価総額合計は5,620億ドルである。一方、Florance et al.（2010）は、米国の（直接投資の）商業不動産市場が2006～2010年の間で4兆ドル超を失ったにもかかわらず、2009年末時点の時価総額は9兆ドルを超えると推定している。

もしREITが流動性で優位性をもっているなら、REITを通じた投資総額が、なぜ商業用不動産市場の10分の1をはるかに下回っているのだろうか？　なぜREITは人気がないのだろうか？

REITは不動産の直接投資とは構造的に異なる。1990年代初期以前では、REITは、その投資戦略を選択し実行するための外部運用機関の採用が必須であったため、REIT業界は非常に小規模であった。1986年に、REITは、自らが投資対象を選択し、自身の資産を運用することが認可され、そして1990年代初期の間、多くのREITは、社内にこの役割をもってくるという改組を行った[38]。こうしたことから、1990年代以降は、*新REIT時代*と呼ばれている。

しかしながら、今日でさえ、REITの法的枠組みが、REITを不動産直接投資とは異なったものにしている。Graff（2001）は、REITの法的要件が、依然、REITに関係する大きなエージェンシー・コストをもたらしていると論じている[39]（委託運用のエージェンシー問題については、本書の第Ⅲ部参照）。REITの収入の75%が不動産投資によるものでなければならないとする収入審査（1986年に幾分緩和された）により、REITの運用者が割高な不動産を取得するインセンティブは、私募の不動産パートナーシップの投資法人に比べて大きくなる。加えて、REITの投資法人は、運用管理報酬の形式で永久に収入を得るが、これに対してクローズド・エン

ド型ミューチュアル・ファンドは、通常は、事前に定められた期間後に流動化されるべくスケジュール化されており、そして、オープン・エンド型ミューチュアル・ファンドは、投資家からの要求に応じて、流動化が必要になる。5-50審査はREITが二重課税されないようにするために5人以下の投資家のグループで50％以上の議決権株を保有できないというものであるが、これによりパフォーマンスが低い現経営陣を排除するためにREITを買収することはできないことになる。表11.11においてREITの平均リターンがNCREIFのリターンよりも高いということは、REITが不動産への直接投資よりもリスクが高く、その追加的なリスクに対する代償が高いリターンだという考え方と整合的である。

また、REITの伝的枠組みは、エージェンシー問題を考慮しなくても、不動産への直接投資との違いをもたらし得る。REITが毎年その収入の90％を分配するという要件は、REITの投資法人が、将来のキャッシュフローを生み出すために現時点の資金を必要とする開発物件に投資するというよりむしろ、すでに素晴らしいキャッシュフローを生み出している賃貸物件に引き寄せられる、ということを意味する。一方で最近は、REITには、ヘルスケア、データセンター、貯蔵庫といった多くの新しいセクターでの多数の投資証券発行という大きなイノベーションがあった。NCREIFは伝統的に、アパート、個人住宅、オフィス、産業といった「コア」セクターに傾倒している。なぜなら、こうした新しいセクターは小規模で、トランクルーム・センターや（訳注：サーバ・センター等の）サーバ・ファームはオフィス市場に比べて非常に小さいからである。

しかしながら著者は、全体として、こうしたエージェンシー問題や法的な枠組みの違いは、副次的なものであると信じている。特に長期の観点では、REITと不動産の直接投資は類似性が高い。いずれの投資対象もビルと土地である場合には、これは経済理論から予想されるものであり、実証分析からも裏付けられている。直接投資とREITの短期のリターンの大きな違いは、そのほとんどが実態を正確に反映していない直接投資のリターンによるものである。

6.2 不動産とインフレ

文献では、不動産はインフレ・ヘッジ機能を有するか否かで鋭く意見が分かれている。Fama and Schwert（1977）は、予期したまた予期せぬインフレの両方に対して完全なヘッジになると表明した最初の文献である。しかしながらファーマとシュワートは、不動産の直接投資のデータが不足していたので、CPIの住宅項目を

第11章 「リアル」アセット　461

用いたのである。不動産への直接投資に関する結果は、決定的なものではないように思える。一方で、Goetmann and Valaitis（2006）は、直接投資は優れたインフレ・ヘッジになると論じた。一方で、Huang and Hudson-Wilson（2007）は「資産クラスとしての不動産は、効果的なインフレ・ヘッジになるという世間一般の通念は、過度に寛容すぎる」ことを明らかにしている。REITは短期的にはよいインフレ・ヘッジではないということは、文献から明白である[40]。例えば、Gyourko and Linneman（1998）はREITは誤ったインフレ・ヘッジであると述べている。

　筆者は、不動産はインフレからの保護機能を幾分有していると信じているが、効果的なインフレ・ヘッジからはほど遠いと確信している。つまり、不動産は部分的なリアルにすぎないのである。

　図11.13に、不動産への直接投資および間接投資のリターンとインフレとの投資期間別の相関度合いを示している。また比較のために、株式リターンとインフレとの相関も重ねて図示している。第8章で、株式はインフレ・ヘッジとしては貧弱であることを見てきた。パネルAは、古典的な（ピアソン）相関である。REITリターンのインフレとの相関は、株式とインフレとの相関よりわずかに高いことを示している。しかしほんの少しである。投資期間1四半期で0.1より少し上のところから始まり、投資期間5年で0.4程度に大きくなっている。NCREIFのインフレとの相関は、投資期間1四半期で0.4程度から投資期間5年で0.3程度にわずかに減少する。すでに強調したように、NCREIFのリターンは、流動性のバイアスが存在するゆえ、短期の投資期間では信頼すべきではない。しかしながら、長期では流動性バイアスは緩和され、REITとNCREIFのリターンのインフレとの相関が、ともに0.3〜0.4前後であるということが我々を勇気づけている。不動産は、長期的には部分的なインフレ・ヘッジを提供するが、短期的には提供しないのである。

　図11.13のパネルAは、過度に寛容すぎる説明である。パネルBでは、頑健な（スピアマンの）相関係数を示しているが、これらの相関係数はパネルAのピアソンの相関係数より低い。REITも株式もインフレとの相関は短期では負の相関であり、▲0.1程度である（これは第8章での株式の結果と一致している）。投資期間が1年を超えると、REITとインフレとの相関は、株式より少し高くなる。投資期間5年で見ると、REITとインフレの相関はおよそ0.4程度と、パネルAの値と非常に似た値となる。パネルBに示すように、NCREIFについて頑健な計算をすると、インフレとの相関は有意に低下している。そう、NCREIFとインフレの相関は投資期間1四半期で0.2程度であり、こぶのように0.3程度に上昇し、投資期間5年でまた

図11.13 NCREIF、REIT、株式のインフレに対する投資期間別の相関状況

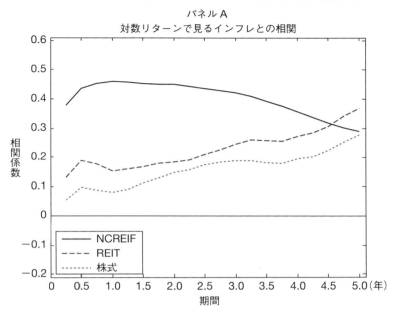

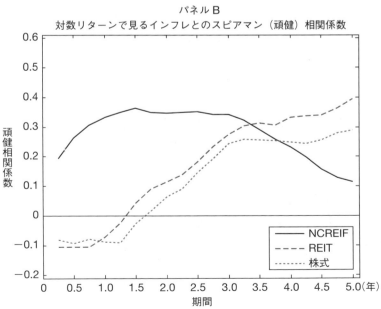

第11章 「リアル」アセット 463

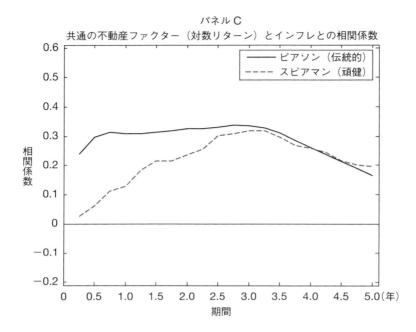

パネルC
共通の不動産ファクター（対数リターン）とインフレとの相関係数

0.2に低下しているのである。

　図11.13のパネルCに、1980年6月～2011年12月の共通の不動産ファクターとインフレとの相関を示している。筆者はAng, Nabar, and Wald（2013）の中で、REITとNCREIFデータベースの二つの不動産直接投資指数（一つは鑑定評価指数であり、もう一つは取引ベースである）から共通の不動産リターンの変動を抽出して、この不動産ファクターを作っている。すべての指数は、同じセクター構成になるように調整し、（REITリターンをもたらしている）レバレッジも調整している。この目的は、特定のセクターが不動産全体のサイクルに対して上がったり下がったりする自由は許容する一方で、不動産全体のサイクルの中で連動した変動をとらえることである。パネルCに見るように、インフレと不動産サイクルとの相関は、パネルAとBにあるNCREIFとREITの間にあることは、驚くべきことではない。頑健な相関は短期の投資期間ではゼロに近い。ピークは投資期間3年の0.3程度で、投資期間5年では0.2である。

　要約すると、不動産はリアルではない。不動産は、長期の投資期間ではある程度のインフレ保護を提供するが、短期の投資期間では提供しないのである。

7　再考：不動産はどの程度リアルか

不動産は、部分的にリアルであり、完全にはほど遠い、ということを示してきた。

キャロルは彼女のレポートの中で、不動産の直接投資のインフレ・ヘッジ能力の議論の他に、多くの考察を行った。特に、

1　固有リスクは大きい

不動産直接投資のリターン系列が存在しないため、単一物件の不動産投資または不動産物件のポートフォリオに対して何をベンチマークにするかは重大な問題である。さらに、ファンドの不動産ポートフォリオからの「リターン」は、ベンチマーク・インデックスとは著しく異なり、そして、どちらも真のリターンを表してはいない。これは、また以下に関連する。

2　不動産の不均質性

キャロルのファンドは、数少ない不動産のみを購入しているであろうし、極端なケースは一つの不動産だけであろう。我々は「指数」レベルで不動産について議論してきたが、セクターによって、そして一つのセクターの中の不動産間であってさえも大きな違いがあり得る。セクターによって、インフレ・ヘッジ能力に違いがある。Huang and Hudson-Wilson（2007）は、オフィスはインフレ・リスク・ヘッジに最もよいセクターであり、個人住宅セクターは最も悪いセクターの一つであることを明らかにした。

3　投資商品には、概して高いレバレッジが掛けられている

不動産投資は、単なる不動産取引以上のものである。ほとんどの不動産投資商品は、債券ファクターをもまたバンドルしている。これはファクターについて検討することと「不動産」というラベルを調べ直すことの、なお一層の理由である。

4　アクティブ運用

債券投資と株式投資はパッシブ投資もあり得る。しかし不動産の直接投資は、リターンを維持し、高めることのみがアクティブになされる。アクティブ運用は、マネージャーの選択を要求する。これはエージェンシー問題を意味する。この問題については本書の第Ⅲ部で考察する。

不動産が本当にリアルでないなら、何が不動産リターンを左右するのであろうか？　ここで都市経済学の基本モデルに戻ろう。すなわち、不動産市場のファンダ

第11章　「リアル」アセット　465

メンタルが重要であり、そして、消費あるいは生産者価格での動きは、空間的均衡に影響を与える多くのファクターの一つである。金利や経済成長といった他のマクロ・ファクターもまた一定の役割を演じる[41]。

ミクロレベルも重要である。不動産への直接投資のリターンはインカムとキャピタル・ゲインから構成される。しかし、短期的には、直接投資がもつ流動性が低いという特質のために、キャッシュの要素がより重要となる。家賃がインフレに連動するトリプルネット（税、保険、公共料金、維持費などすべての運営費用がテナント負担の契約）の長期賃貸契約は、インフレに対して収入を完全にヘッジする。最も悪いインカム・インフレ・ヘッジは、地主がすべての費用に責任をもつ長期の固定賃貸料での契約である。

まさに、何がリアルアセットなのだろうか？　インフレと一緒に動くという点で、本章での最良なものは、キャッシュ（短期国債）であることがわかった。*キャッシュはインフレ・ヘッジという点であまりにしばしば過小評価されている。*とはいうものの、短期国債の期待リターンは他の資産クラスの期待リターンより低い。キャロルは、インフレ連動債は、明らかにリアルではなく、金がインフレ・ヘッジとしてひどく過大評価されているということを記すべきである。安定的な実質リターンをもたらす資産を見つけることは難しい。しかし、それがまさに安定的な実質リターンをもたらさない資産が長期でリスク・プレミアムをもっている理由である。ファクター理論は、こうした資産はリスク・プレミアムをもたらすと述べている。なぜなら、投資家がキャッシュフローを最も望む悪環境期に、これらの資産はうまくいかないからである。高いインフレは悪環境期である。「リアル」アセットを含むほとんどのリスク性資産は完全なインフレ・ヘッジにならないということは、こうした資産が長期でリスク・プレミアムを有している理由である。

[注]

1　この例は「Is Real Estate Real?」CaseWorks ID#111704に基づく。

2　DeLong（1997）、Sargent（1999）、Meltzer（2005）、Nelson（2005）を特に参照。

3　Stock and Watson（2002）参照。

4　現在の経済状況を「予測する」ことは、「ナウキャスト（nowcast：nowとforecastの合成で、天気予報で超短期予測を行うことを指したりする）」と呼ばれる。計量経済学者は、これを行うために洗練されたモデルを開発してきた。Giannone, Reichlin, and Small（2008）参照。

5 「Monthly Statement of the Public Debt of the United States」2011年12月31日参照。

6 Humphrey（1974）とShiller（1993）参照。

7 CPIは２週間遅れで公表されるので、現実にはインデックスの調整に２ヵ月半かかる。

8 Jacoby and Shiller（2008）は、デフレ・プットの価値が大きい可能性があることを示している。

9 完全という訳ではない。再投資リスクがある。専門的には、TIPSのゼロクーポン債を購入して保有すると、税金を無視すれば、不変の実質利回りを受け取る。

10 ボディは、一連の論文や著書で、それを述べている。最も直近のものは、Bodie and Taqqu（2012）である。

11 「The IMF and Argentina：motion of Censure」エコノミスト誌、2013年２月13日参照。

12 Ramsey（1928）は、消費者の選好と生産の伸びの関数として、実質金利の特性を明らかにした最初の人である。別の初期の立役者はFisher（1930）で、実質金利は実質企業投資の限界利益を反映すべきものであるとした。

13 Fleckenstein, Longstaff, and Lustig（2010）は、TIPSと国債は相対的にTIPSが割安で、国債が割高という間違った値付けがなされることを論じている。この実態が「金融の文献の中で今まで記述された最大のアービトラージである」と主張している。

14 D'Amico, Kim, and Wei（2009）、Gürkaynak, Sack, and Wright（2010）および、Pflueger and Viceira（2011）参照。

15 仮にⅠ-ボンドを教育用の支出のために活用し、所得制限や他の制約条件を満たせば、税金をまったく支払う必要はない。

16 Bodie（1983）やその他多くの文献参照。

17 2000年の商品先物取引近代化法によって、機関投資家がコモディティのポジションをとりやすくなった。

18 Hotellng（1931）はこれを示した最初の人物。Weinstein and Zeckhauser（1975）とPindyck（1980）は、不確実性があるという条件のもとでこれを示した。

19 Keynes（1923）およびHicks（1939）は、このタイプの最初のモデルを開発した。別の影響力の強い論文にはDeaton and Laroque（1992）がある。

20 Asness, Moskowitz, and Pedersen（2013）参照。

21 この研究分野の重要な論文の一つにBessembinder（1992）がある。Casassus, Liu, and Tang（2013）が示したように、一つのコモディティについての相対的な不足や需要は他のコモディティに伝播する。

22 Chen, Rogoff, and Rossi（2010）およびHong and Yogo（2012）参照。

23 Mouakhar and Roberge（2010）の最適ロール戦略参照。

第11章 「リアル」アセット **467**

24 Jake Halpern「The Secret of the Temple」ニューヨーカー誌、2012年 4 月30日参照。

25 多分、ノルウェーは例外である。ノルウェーのSWFはファンドの約 4 ％を毎年政府に支払っている（ノルウェーの予算規定、ノルウェー語でHandlingsregel）。ノルウェー政府は、十分な資金をもって、遠隔で安全な北極に近い地下洞窟で世界の植物の種子を保護するために、スヴァールバル世界種子貯蔵庫の運営コストを拠出している。

26 Ward, S.「Observing a Bipolar World」バロンズ誌、2011年 3 月12日参照。

27 要約に関してはGlaeser（2008）参照。

28 Fisher and Young（2000）は、全米不動産受託者協会（NCREIF）のデータベースにある不動産の11年間の売上の中央値の時期を報告。

29 Glaeser and Ward（2009）参照。また、Gyourko, Mayer, and Sinai（2012）の「スーパースター都市」には、なんとニューヨークを含めていない。というのは、1950年に始まるデータに基づくものであり、彼らの利用できるデータが限定されていたからである。

30 Brandon（1998）とGraff（2001）参照。

31 この主張の理論的ベースについては、Carlson, Titman, and Tiu（2010）参照。

32 主要な二つのバイアスに加えて二つのマイナーなバイアスもある。一つはインデックス構築上のバイアスであり、鑑定バイアスを扱うのに開発された反復的販売の指数がある時点で個々の不動産を等ウェイトで加重した推定値だという点である。しかし、等ウェイト・ポートフォリオのリターンは、ある時点における個々の資産のリターンの算術平均である。ただし、これまでも警告してきたように、これは技術的な問題である。二つ目は、ある不動産が市場に存在している時間の長さは、不動産市場が「活況な」な場合と「低調な」場合では異なるという点である。これら四つのすべてのバイアスを扱ったのがFisher et al.（2003）の論文である。

33 Geltner（1991）とRoss and Zisler（1991）参照。

34 Munneke and Slade（2000）参照。

35 Gyourko and Keim（1992）、Barkham and Geltner（1995）およびOikarinen, Hoesli, and Serrano（2011）参照。

36 「Factor Investing：The Reference Portfolio and Canada Pension Plan Investment Board」Columbia CaseWork #120302参照。運用資産額（AUM）は、2012年 3 月31日時点。

37 Mei and Lei（1994）とLing and Naranjo（1997, 1999）参照。

38 Decker（1998）とAmbrose and Linneman（2001）参照。

39 REITのエージェンシー問題を取り上げたSagalyn（1996）参照。

40 Glascock, Lu, and So（2002）はREITが短期的にはよいインフレ・ヘッジではないのは、REITのリターンとインフレとの負相関は統計的には疑わしく、他の

マクロ・ファクター、特に金融政策のショックで説明されることが理由であると論じている。これは、なぜ株式がインフレに対するヘッジとして貧弱であるかということに関するFama（1981）の議論に似ている（第8章参照）。Case and Wachter（2011）は、逆の見方をしており、REITは優れたインフレ・ヘッジであると論じている。がしかし、彼らは、インフレ・ヘッジの能力をインフレとの相関（もしくはベータ）と定義していない。

41 Chan, Hendershott, and Sanders（1990）参照。

第12章

税効率が高い投資法

第12章要約

投資家は、税効率が高い資産運用を行うために、各資産をどの程度保有すべきかという伝統的な資産配分の問題（アセット・アロケーション）に加えて、資産をどこにどの程度保有するかという問題（アセット・ロケーション）を考えなければならない。債券投資についていえば、伝統的な資産配分問題ではそれに振り向ける資金の量が重要であるが、税を考慮すると、その債券を税繰延口座と課税口座にどのように振り分けるかが問題になるのである。税はまた、資産価格に影響を及ぼし、税務に精通している非課税投資家はそれを自らの利益のために利用している。

1 税引き前および税引き後のリターン

ファイナンシャル・プランナー兼会計士と話した後、ダンカンはいつものように混乱してしまった。ダンカンのビジネスはうまくいっていたが、その成功によって税という新たな問題が生じたためである。彼は、税の問題を抱えるなんて結構なことだ、ということは認めているのだが……。

ダンカンはファイナンシャル・プランナーから渡された次の表の投資対象リストについてよく考えてみた。

470　第Ⅱ部　ファクター・リスク・プレミアム

	税引き前期待リターン
プライベート・エクイティ・ファンド	10.00%
タクティカル・トレーディング・ヘッジファンド	12.00%
社債	7.00%
地方債	5.00%

（訳注：タクティカル・トレーディング・ヘッジファンドは、ハイレバレッジで
クオンツやグローバル・マクロなどを駆使する投資戦略のヘッジファンド）

　会計士は、これはダンカンが当面考慮しなければならない数字ではないと強調した（内在するファクター・リスクを考慮していないことが主な理由である。第7章参照）。彼はダンカンに「税金対策ビジネスの世界で重要なのは、財をなすことではなく、財を守ることである、という古い格言がある」と話した。ダンカンに対する2013年の連邦所得税の限界税率は39.6％であり、長期キャピタル・ゲインに対しては税率23.8％（20％のキャピタル・ゲイン課税とメディケア付加税3.8％の合計）を支払っている。結果的に、彼の税引き後の手取り投資リターンは下記のようになることが予想された[1]。

	税制	税引き後期待リターン
プライベート・エクイティ・ファンド	長期キャピタル・ゲイン課税23.8％	7.62%
タクティカル・トレーディング・ヘッジファンド	短期キャピタル・ゲイン課税39.6％	7.25%
社債	インカム課税39.6％	4.23%
地方債	非課税0％	5.00%

　税の効果は大きい。タクティカル・トレーディング・ヘッジファンド（以降、TTHF）は、税引き前の期待リターンが12％であり、最初は素晴らしく見えるが、それは大きな短期キャピタル・ゲインを生み、通常の所得として課税される。そのため、税引き後ではプライベート・エクイティとTTHFはほぼ同じようなリターンとなる。地方債の利回りは税引き前では5％しかないため非常に悪いように見えるが、非課税であるため税引き後では社債のリターンを上回る。

第12章　税効率が高い投資法　471

ここで、ダンカンにはこうした資産を、通常のインカム・ゲインおよびキャピタル・ゲインに税が課される個人課税口座だけでなく、税金が繰り延べできる退職勘定で保有するという選択肢があるとしよう。退職勘定で保有するなら、ダンカンは税引き前リターンだけを考えておけばよい。その場合はTTHFが最もリターンが高く、地方債より社債投資が好ましいのであろう。しかし、もしダンカンが課税口座だけで資産を保有するのなら、プライベート・エクイティはより魅力的になり、地方債は社債を上回る（これらの議論はリスクを考慮していないことに留意）。しかしながらダンカンは、退職勘定か課税口座のどちらか、あるいは両方に投資できる。このため彼は、アセット・アロケーションの決定（各資産をどのくらい保有するか）とアセット・ロケーションの決定（課税口座と税繰延口座のどちらの口座で資産を保有するか）という両方の問題に直面することになる。

　税は、資産運用において最も重要な問題である。税が問題にならなかったり副次的な問題にとどまったりする人は幸運であるが、それは少数派である。例えば、年金基金は非課税である。ソブリン・ウェルス・ファンドも二国間租税条約の特性によりあまり税を払っていないため、通常は副次的な問題である。しかしそれ以外の投資家にとっては、税は眼前の中心的な問題なのである。

2　税引き後のリターン

　まず、貯蓄商品によって税制措置が異なることがどのように影響するかを示しておこう。これから述べる税制措置については、Scholes et al.（2005）がMBAの講義向けに書いた税およびビジネス戦略に関する素晴らしい本である『*Taxes and Business Strategy*（邦題：MBA税務工学入門)』の第3章に依っている。ノーベル賞受賞者で当該書の筆頭著者であるマイロン・ショールズは、彼が参加したヘッジファンドであるロングターム・キャピタル・マネジメント（LTCM）社の不正な税金逃れに関して2003年に司法省で行われた反対尋問において「私は決して税の専門家ではなかった」と謙虚に主張した。ショールズと他のLTCMのパートナーは、取引に関する罰金として4,000万ドルを支払った[2]。LTCMは1998年に大打撃を被り、ニューヨーク連邦準備銀行がまとめた銀行コンソーシアム（訳注：複数の銀行が資本を出し合った共同企業体）により救済された。ショールズの二番目のヘッジファンドであるプラチナム・グローブ・アセット・マネジメント社は、2008年の金融危機時に40％近い損失を出し、投資家の資金引き出し停止（ゲート条項の発動。第17章参照）を余儀なくされた[3]。

472　第Ⅱ部　ファクター・リスク・プレミアム

以下の例では、所得税率を39.6%、キャピタル・ゲイン税率を23.8%、そして各資産の年率リターンは12%ですべて同じだと仮定する。ここで、時点0年のスタート時に各資産に1,000ドルを投資するものとし、以下の各投資形態について考えてみよう。

債券ファンド：分配金はすべて通常の所得として課税される。キャピタル・ゲインおよびキャピタル・ロスはない。このとき、債券ファンドに当初投資した1,000ドルは累積し、n年後には以下の額になる。

$$1,000 \times (1 + 0.12(1 - 0.396))^n \tag{12.1}$$

ここで、投資家がこのファンドから得られる金額は1ドルにつきわずか60.4セントである。これは、ここで考える戦略の中では税引き後の累積金額が最少である。

所得控除されない個人退職勘定（以降、非控除IRA）：拠出資金は所得控除されない（すなわち、資金は税引き後所得から拠出される）。また、運用益は退職まで課税されないが、退職時には所得として課税される。このケースの累積額は以下のようになる。

$$\underbrace{1,000 \times (1 + 0.12)^n}_{\text{税引き前累積額}} - \underbrace{0.396[1,000 \times (1 + 0.12)^n - 1,000]}_{\text{引き出し時の所得税額}} \tag{12.2}$$

非控除IRAでは、債券ファンドのように税引き後のリターン（$1 - 0.396$）× $0.12 = 7.2\%$ではなく、税引き前の12%で資金が積み上がることになるが、引き出し時に収益は通常の所得として課税される。また、非控除IRAの拠出限度額は、現在、49歳以下は年5,000ドル、50歳以上は6,000ドルとなっている。

株式ファンド：毎年キャピタル・ゲインに対して税を払う。このケースでは、毎年23.8%のキャピタル・ゲイン税率で利益に課税され、累積金額は以下のようになる。

$$1,000 \times (1 + 0.12(1 - 0.238))^n \tag{12.3}$$

このカテゴリーのファンドには、売却しなくても年末には価格が市場価格で評価される資産が含まれている。

無配当株式：ウォーレン・バフェットがバークシャー・ハサウェイ社に配当を決して許さなかったのには理由がある。この投資は、収益が所得としてではなくキャピタル・ゲインとして課税されることを除くと、非控除IRAと同じである。

$$\underbrace{1,000 \times (1 + 0.12)^n}_{\text{税引き前累積額}} - \underbrace{0.238[1,000 \times (1 + 0.12)^n - 1,000]}_{\text{引き出し時のキャピタル・ゲイン税額}} \tag{12.4}$$

非課税ファンドまたは税繰延ファンド：非課税の投資は単純に累積し、n年後には

第12章　税効率が高い投資法　473

以下のようになる。

$$1,000 \times (1 + 0.12)^n \qquad (12.5)$$

地方債に関する式は所得控除可能な個人退職勘定（以降、控除可能IRA）に関するものと同じになる（本章第3節で見るように、実際には地方債の平均リターンはかなり低めであろう）。控除可能IRAにおける1ドルの拠出金は、税引き後では（1 − 0.396）＝0.60ドルに相当する。しかし、引き出し時には年金に対して通常の所得税率39.6%がフルに課されるため、その累積金額は以下のようになる。

$$1,000 \times \frac{1}{(1-0.396)} (1 + 0.12)^n (1 - 0.396) = 1,000 \times (1 + 0.12)^n \qquad (12.6)$$

これは、年金投資のリターンとしては式（12.5）とまったく同じものである。このカテゴリーのファンドには529大学貯蓄プラン（訳注：内国歳入法529条に基づき連邦税制上の優遇措置が受けられる高等教育資金積立制度）も含まれる。

これまで見たように、債券ファンドのリターンが最も低く、非課税ファンドまたは税繰延ファンドが最もリターンが高い（この単純な例ではすべての資産のリターンを12%としていることを思い出そう）。このことは、債券を課税口座では保有すべきではないことを意味している。ただし、課税口座と税繰延口座を合計した全ポートフォリオの大部分が債券になっているような非常にリスク回避度の高い人は別である。では、それ以外の各投資カテゴリーのリターンはどうであろうか？

上記の投資カテゴリーごとの税引き後の累積額は以下のようになる。

年	債券ファンド	非控除IRA	株式ファンド	無配当株式	非課税
0	1000.00	1000.00	1000.00	1000.00	1000.00
10	2013.22	2271.93	2398.83	2604.66	3105.85
20	4053.07	6222.36	5754.36	7588.48	9646.29
30	8159.74	18491.79	13803.71	23067.46	29959.92

無配当株式は債券ファンド、非控除IRA、株式ファンドよりリターンが高く、それを上回るのは非課税戦略だけである。これは低いキャピタル・ゲイン税率がうまく働くためである。こうした観点に立てば、ウォーレン・バフェットが配当を支払っていないのは正しい。しかし非常に多くの企業が配当を支払っているのも事実

である[4]。それはなぜだろうか？　配当の支払自体は株主にとってお金を失うことにすぎないため、配当の支払が顧客に対してポジティブなシグナルを送るという仮説によって説明されるのが普通である。また、経営層が費用ばかりかかって役に立たないプロジェクトに資金を浪費するより、むしろキャッシュを支払う方が有益なのかもしれない[5]。

　非控除IRAと株式ファンドが投資期間10年と20年および30年で順位が変わっているのは興味深い。短期では株式ファンドが有利である。例えば、10年で見ると、株式ファンド2,399ドルに対し非控除IRAは2,272ドルである。したがって、短期での貯蓄を考えているのなら非控除IRA（Roth IRAなど）は忘れ、資金を直接ミューチュアル・ファンドに投じることである。しかし、より長期の投資期間なら非控除IRAが有利であり、30年後には非控除IRAは18,492ドルに積み上がり、株式ファンドの13,804ドルをはるかに上回る（この本を読んでいるあなたが25歳ならば、非控除IRAに毎年上限まで拠出しよう）。これから得られる教訓は、非控除IRAは12%という高い税引き前リターンで複利的に増える（式（12.2）参照）のに対し、ミューチュアル・ファンドは税引き後の9.1%というリターンで複利的に増える（式（12.3）参照）ということである。この差は、短期的には非控除IRAの相対的に高い所得税率とミューチュアル・ファンドの低いキャピタル・ゲイン税率によって相殺される。しかし、時間が経つにつれて、非控除IRAの利益が再投資されて生み出す利益の効果が大きくなる。これこそが複利の美しさなのである。

　税が問題になるのは明らかである。この単純な例が示すのは以下の点である。

① 　最も重要な教訓は、税から守られている手法で貯蓄すべきだということである。その他はすべて二次的なものである。

② 　非課税口座の上限まで枠を使い切ると、最適資産配分の決定は非常に複雑になる可能性がある。それは期間や税率に依存し得るし、投資商品が異なれば税の意味合いも変わる。税制は資産が生み出すリターンに影響するため、最適資産配分（アロケーション）と最適口座配分（ロケーション）の意思決定は複雑になる。

③ 　個人は税引き前のリターンではなく、税引き後のリターンに焦点を当てる必要がある。不幸なことに、ほとんどの金融業界は税引き前のリターンだけを報告している。

　最初の教訓は重要である。税繰延型の年金に直接貯蓄することもできるし、非課税のリターンをもたらす資産を見つけることもできる。この非課税リターンをもたらす非常に重要な資産クラスは地方債であり、課税口座においても資金を非課税で

第12章　税効率が高い投資法　475

積み上げることができる。

3 地　方　債

3.1　地方債市場の特徴

　地方債は、州、地方自治体、501(c)(3)非営利法人（非課税法人と認定する内国歳入法の該当条文から名付けられた）、およびその他非課税法人により発行される債券である。地方債市場は非常に大きく、2011年末の残高は3.7兆ドルであり、国債の3分の1程度の規模である。普通地方債のクーポンと発行価格の割引分（OID）は連邦所得税が免除されるのに加え、個人投資家は居住する州の非課税団体発行の地方債についてクーポンとOIDに対する州所得税が免除される。ただし、中には連邦所得税が課されたり最低代替税の対象となったりする地方債もあるため、投資家は注意が必要である[6]。

　非課税地方債市場は米国特有のものである。他の国では地方債を保有する投資家はその国の所得税を支払うが、米国では憲法における連邦政府と地方政府の分離（連邦主義）により、地方債は連邦税が免除されている。1895年の*ポラック対農民貸付信託会社事件*（*Pollack v. Farmers' Loan and Trust*）では、最高裁判所は、憲法は連邦政府が州に課税することを認めていないと判断した。簡単に述べると、政府は他の政府に課税できないということである。しかし、1988年のサウスカロライナ州政府対ベイカー事件（*South Carolina v. Baker*）では、最高裁判所が非課税措置に関する憲法の基本をひっくり返してしまったため、現在は地方債の非課税措置に関する権限は議会に移っている。それに対する撤廃要求は何度も起こっているが、本当に廃止するには議会に大変な勇気が求められよう[7]。

　発行時はOIDと利息クーポンは同等であり、発行者はより高いクーポンとより大きな割引率のどちらも利用できる。したがって、利息が非課税ならOIDもまた非課税でなければならない。発行体はこのOIDと利息の同等性を利用するため、社債の大多数が額面発行であるのに対して、地方債の額面発行はわずか10％程度にすぎない[8]。

　地方債の主要な保有者は個人投資家である。図12.1は1952～2012年の資金循環統計のデータをもとに、地方債の保有状況を示したものである。家計の保有には、直接保有分と、ミューチュアル・ファンドや上場投資信託（ETF）およびクローズド・エンド・ファンド（第16章参照）を経由した間接保有分がある。家計は1990年

476　第Ⅱ部　ファクター・リスク・プレミアム

図12.1 地方債の保有者別保有割合

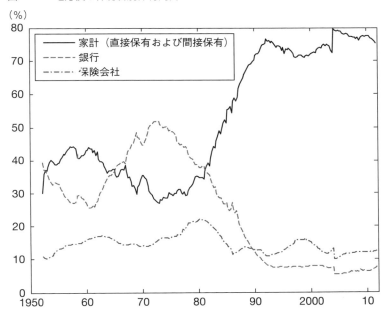

代初め以降、地方債の80％近くを保有しているが、その内訳は50％が直接保有で30％が間接保有である。銀行は1970年代には地方債の50％を保有していたが、それ以降、ほとんどの優遇税制措置が撤廃されたため、保有は10％以下に低下した[9]。

地方債の利息やOIDに所得税がかからないため、個人投資家は地方債を保有することによって恩恵が受けられる。その結果、個人投資家は低い利回りを容認して地方債を保有しようとするため、平均的に見ると連邦税が課される国債や社債よりも利回りは低い。税に関する恩恵は地方債の際立った特徴であり、こうした恩恵が高い価格（あるいは低い利回り）につながっているのである。

Ang, Bhansali, and Xing（2012）は、地方債の利回りスプレッドを以下のように、信用度、流動性、税の要因に分解した。

$$\underbrace{地方債 - 国債}_{\blacktriangle 0.92\%} = \underbrace{クレジット・リスク}_{0.01\%} + \underbrace{流動性リスク}_{1.12\%} + \underbrace{税の恩恵}_{\blacktriangle 2.05\%} \quad (12.7)$$

この式（12.7）からわかるように、地方債利回りは税の恩恵を受けて大幅に（▲2.05％）低下している。地方債の発行者は実質的に借入コストの一部を米国政府に転嫁できるわけだが、その差は政府が税を返上することによって生じているのであ

第12章　税効率が高い投資法　477

る。なお、クレジット・リスクは無視できるほど小さく（0.01%）、流動性リスクは大きい（1.12%）。

式（12.7）は地方債が国債と比較して優れている点をはっきり示している。地方債の利回りは全体として、第9章で議論した金利を動かす一般的なファクターと同様のものから影響を受ける。経済成長率、インフレーション、金融政策といった基本的かつ市場全体に影響を及ぼすファクターと、それに関連づけられるリスク・プレミアムがここでも同様に重要になるのである。

しかし、地方債に影響を与えるその他のファクターもあるので、それらを順に見ていこう。

3.2 流　動　性

地方債市場はうんざりするほど非効率である。

地方債市場に関する情報は惨憺たる状況である。投資家が上場会社の財務レポートを容易に得られるのとは対照的である。投資家はマウスをクリックするだけで、上場会社の標準化したレポートを無料で過去にさかのぼることができるし、そのデータを他の会社と比較することもできる。同じことを投資家が住んでいる町や子供が通っている学校区に関してやろうとしても難しいし、ほとんどのことは不可能である。それは郡や州についても同様である。政府や業界団体を含む様々な組織が、地方債投資家が情報をより入手しやすくなるように努力を重ねてきたが、情報の品質、入手しやすさ、普及度はまだ乏しいものにとどまっている[10]。

政治的な観点からすると、これは最悪である。そもそも納税者は知る権利がある。地元の学校区は、川向こうの学校区に負けない金利で借入れをしているのだろうか？　投資先企業の負債比率は見られるのに、どうして自分が住んでいる町の負債比率がすぐわからないのだろうか？

情報の乏しさは流動性をも損なっており、地方債市場の流動性は著しく低い。取引コストは高く、価格の修正は遅く、投資家は同じ債券をそれぞれ異なる価格で購入している。債券自体もかなり複雑であり、これがまた流動性を低下させている。さらに、地方債が複数銘柄に分けてシリーズ発行されることが皮肉にも流動性を低くする方向に働いている。発行額が大きくても小さく切り刻まれ（平均は13銘柄だがシリーズ発行の5%は25銘柄以上に分割される）、それぞれの少額発行銘柄は満期やクーポンが異なっており、そしておそらく異なるデリバティブが組み込まれている。こうして、地方債市場には数えきれないほどの異なる債券が生まれ、その6

割以上には時価評価が難しいデリバティブが内包されている。これとは対照的なのが、規模が大きく厚みがある国債市場である。米国国債は地方債とは違い、単純で評価がしやすく、発行額が大きい比較的少数の銘柄から構成されている。

結果、投資家はしばしば、割高な地方債の購入を強いられる。したがって、投資家は地方債規則制定理事会が発表する直近の参考債券価格に注意を払う必要があるが、債券のタイプや属性が多岐にわたるため、その比較は難しい。すなわち、満期、クーポン、単価の違いに加えて、地方債には、減債可能なもの、発行体による途中償還が可能なもの、投資家による途中償還可能なもの、借換債として発行されたもの、実質債務者が発行体と異なるもの、その他のオプション性を内包するもの、最低代替税の対象となるもの、課税されるもの、銀行限定のもの等々、多様である。

個人投資家の購入と売却の合計取引コストは平均２％から３％であるが、容易に５％にもなり得る。これは機関投資家が支払う手数料の２倍以上であり、社債取引の約２倍、株式取引の数倍である。Green, Hollifield, and Schurhoff（2007）は、ディーラーが再オファー価格より５％も高い水準まで販売価格を引き上げ得ることを示したが、これは通常の地方債の年間リターンに相当する（発行体にとって再オ

図12.2　地方債市場の流動性　年当り取引回数（取引がない債券を除く）

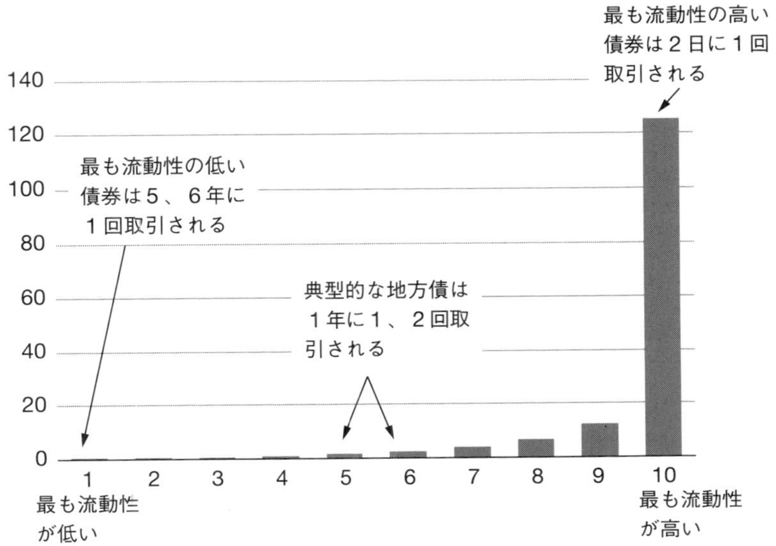

第12章　税効率が高い投資法　479

ファー価格は債券が投資家に販売された価格を表すことが多い）。Biais and Green（2005）は、今日の地方債を取引するコストは、地方債が取引所で活発に取引されていた1920年代に比べて2倍になっているという驚くべき結果を示している。技術が飛躍的に進歩する中で、いったい何が100年前より取引コストを押し上げているのだろうか？

　図12.2は地方債市場の流動性がいかに低いかを示している。これは、1年当りの取引回数によって地方債を10区分したものである。取引がまったくなかった銘柄や発行後90日以内の取引を除くと、最も流動性が低い10％の債券は5、6年に1度しか取引されなかったことがわかる。年間1、2回取引されるのが典型的であり、最も流動性が高い区分でさえ平均的には2日に1回の取引があったにすぎない。地方債は非常に流動性が低いのである。

　主に個人投資家にその投資を訴えているこれらの債券が、おそろしいほど非効率で不親切になっているのは悲劇的である。この市場を改革することは、一般の人に恩恵を与えるだけでなく、発行コストの引き下げを通じて納税者の資金を節約することにつながるであろう。しかし、地方債市場の改革は難しい。証券取引委員会（SEC）は地方債市場を規制していないため、通常の証券に対してできるような自発的な情報開示や最低限の会計基準を課すことができない。実際、米国における主要な資本市場規制の枠組み（1933年連邦証券法と1934年証券取引所法）は、不正禁止法を除いてすべての地方債を条項から明確に除外している。SECはできることはするが、それはほとんど無力である[11]。SEC委員長であるエリーゼ・ウォルターの言葉を借りれば、地方債投資家はしばしば「二流市民」として扱われ続けているのである[12]。地方債市場は情報に乏しく流動性が著しく低いが、それは州ごとに分かれていることも原因の一つである。連邦議会は情報開示を命じることも、地方債市場の規制者を設けることも、発行できる債券の種類を規定することもできない。これらはいずれも州レベルの問題であり、合衆国憲法や裁判所の多くの判決も連邦政府ができることを制限しているのである。

　グリーンと著者はブルッキングス研究所のハミルトン・プロジェクトを通じ、地方自治体は集団で行動すれば多大な非効率性を除去し得るという提案をした[13]。地方自治体は結束できるし、そうすればよりよい財務アドバイスを受けたり、より多くのリソースを得たりして、単独ではできないような方法で助け合える。つまり、潜在的な利益はかなり大きいのである。式（12.7）によれば、もし地方債が国債と同じ流動性をもてば、地方自治体は現在よりも1％低い金利で借入れができるよう

480　第Ⅱ部　ファクター・リスク・プレミアム

になるだろう。これは年間300億ドル以上の納税者資金の節約に相当する。

3.3　長短金利差

式（12.7）で示した要因分解はイールドカーブ全般に及ぶ。しかし、税の影響は満期により変わる。特に、地方債のイールドカーブは常に国債よりも傾きが大きいが、その傾きは時間とともに変化する。これが地方債の世界で広く見られる事実の一つであり、「*地方債パズル*」と呼ばれる。

地方債の利回りy_{muni}は、国債利回りy_{tsy}との間に$y_{muni}=(1-\tau)y_{tsy}$という関係があると期待される。ここでτは適用税率である[14]。例えば、個人投資家が国債で4％の収益を得られるとしても、税引き後では$(1-0.396)\times0.04=2.4\%$しか受け取ることができない。したがって、課税国債と非課税地方債の投資が税引き後で同等になるためには、地方債の利回りも上と同じ2.4％になることを期待するのである。これは1年以内の短期債を保有する場合であるが、長期債の場合には状況は異なる。長期の地方債の利回りは単純な課税関係から想定されるものよりも高くなるのである[15]。さらに地方債パズル以上に明白な事実は、国債のイールドカーブが明確な右下がりになったことがあるのに対し、地方債では一度もそうなったことがないということである（第9章参照）。

地方債パズルに関しては様々な説明がなされてきたが、その中では著者との共著があるRichard Green（1993）が最も説得力がある。グリーンは課税国債だけのリスクフリー・ポートフォリオを構成することにより、インカムを変換してキャピタル・ゲインとして扱うことができるようにした。グリーンの論文の本質は、課税債ポートフォリオにおける税の影響を減らして、それまで行われていた簡単な分析に比べて地方債パズルがあまり目立たないようにした点にある。グリーンは控えめに「単純な分析」としているが（彼はそれを論文のタイトルにつけている）、理解するには高度な知識が必要である。

投資家はこの地方債パズルに対し、地方債対国債取引（MOB取引）を行う。この戦略を実際に行う多くの方法があるが、長期地方債を購入して短期地方債を売却することで、地方債の長短金利差に対するエクスポージャーをとるのが基本的な形である。さらに、このポジションは国債のタームストラクチャー上で長期国債を売却し短期国債を購入することにより、部分的に相殺することができる。それによって、このポジションにはかなり大きなレバレッジが掛かる。

図12.3のパネルAは、1990年1月～2011年6月の地方債（格付けAAA）と税引

図12.3 長短金利差の推移

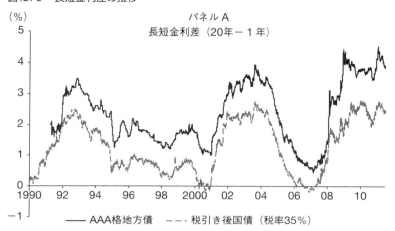

パネルA
長短金利差（20年−1年）

―― AAA格地方債　−−− 税引き後国債（税率35％）

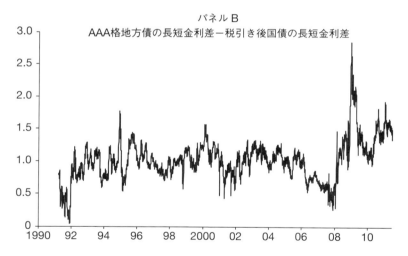

パネルB
AAA格地方債の長短金利差−税引き後国債の長短金利差

き後国債のそれぞれについて、20年債利回りから1年債利回りを引いたタームスプレッド（長短金利差）を示したものである。これを見ると、地方債のスプレッドの方が国債のスプレッドより大きかったことがわかる。これによれば、地方債のスプレッドが国債より常に大きかったことがわかる。しかし、スプレッドは時間とともに変動し、2008年には劇的に縮小した。パネルBは両者の時系列の差を示している。かつて1992年や1994年のように税引き後の国債の長短金利差に比べて地方債の長短金利差が明らかに拡大したときがあったが、1990年以降のサンプルでは2008年

ほど劇的な動きが見られたことはない。もしこの図からボラティリティ・リスクを思い出すようなら、それはまさに大正解である。ボラティリティが急激に上昇すると、その他のキャリー・トレードやリスク性資産戦略（第7章参照）と同様に、MOB取引も苦境に陥る。多くの地方債ファンドのうち非常にレバレッジが高かったファンドは、2007年と2008年にMOB取引で大きな損失を被ったのである。

3.4　クレジット・リスク

　2010年12月19日、メレディス・ホイットニー・アドバイザリー・グループ社のCEOで、著名な銀行アナリストのメレディス・ホイットニーは「*60Minutes*（訳注：米CBSテレビが報道するドキュメンタリー番組）」に登場し、地方債のデフォルトによって2011年以降数千億ドルの損失が生じると予想した。彼女のコメントは大きな注目を集めたが、本書執筆時点では、まだ地方債デフォルトの大波はやってきていない。ホイットニーのコメントは早すぎたのかもしれないが、彼女は挑発的な問題提起をしている。それは、この資産クラスが低リスクであると認識されているとすると、地方債には実際にどの程度のクレジット・リスクがあるのだろうかということである。

　地方自治体はいつでも破綻する。カリフォルニア州オレンジ郡が1994年に破綻した際には大騒ぎになったし、2013年にはデトロイト州が地方自治体として史上最大規模の200億ドル近い負債を抱えて破綻した。金融危機以降、住宅価格の下落やサブプライム危機の後遺症によって地方自治体のデフォルトが散発的に起こってきた。名前の一部をあげると、2008年のカリフォルニア州ヴァレーホ市、2009年のアラバマ州プリチャード市、2011年のロードアイランド州セントラルフォールズ市とペンシルベニア州ハリスバーグ市およびアラバマ州ジェファーソン郡、2012年のカリフォルニア州ストックトン市である。しかし全体的に見れば、地方債のクレジット・リスクは非常に低い。Ang, Bhansali, and Xing（2012）によって推計された式（12.7）の要因分解は、地方債スプレッドにおいてクレジット・リスクが無視できるほど小さいことを示している。しかし、彼らが使用したのは1990年代半ば以降のサンプルである。今は地方債のリスクがその期間よりおそらく高くなっているのだろう。

　ムーディーズ社によれば、1970〜2009年の間にデフォルトしたのは、町、市、郡で四つ、地方自治体でも同期間内にデフォルトしたのは54だけである[16]。投資適格地方債の5年累積デフォルト率の平均値は0.03％であり、投資適格社債の1％と比

較して低い。このように、地方債のクレジット・リスクはこれまで非常に低く、投資適格社債に比べればかなり小さい。ムーディーズ社によればまた、デフォルトが起こった際の回収率は1ドル当り60セントであり、投資適格社債の1ドル当り38セントに比べれば高い。Hempel（1971）の研究は、特に1920年代と1930年代に起きた多くの地方自治体のデフォルトに注目し、地方債はデフォルト率が社債より低く、回収率は社債よりも高いとの結果を得ている。

　ホイットニーの予想はまだ実現していないかもしれないが、過去に州が破綻したことはある[17]。1830年代～1840年代に八つの州と一つの準州が破綻したのである。具体的には、アーカンソー州、フロリダ準州、インディアナ州、ルイジアナ州、メリーランド州、ミシガン州、ミシシッピ州、ペンシルベニア州である。当時の米国の州は新興市場であり、インフラ構築のため多額の借入れをしたが完済することができなかった（ジョン・コックレーンの言葉を借りれば「行先のない運河」である）[18]。フロリダ準州やミシシッピ州などは支払を完全に拒絶した。チャールズ・ディケンズの1843年の小説『クリスマス・キャロル』の中に、主人公のエブネザー・スクルージが自分の富が「ただの合衆国公債」になってしまう悪夢を見る場面がある。スクルージは現在の米国国債の夢を見ていたのではなかったが、こうした州債は当時、イギリス国民に広く保有されていたのである。

　1870年代から1880年代にかけて、二度目となる敗者を含めて10州がデフォルトした。アラバマ州、アーカンソー州、フロリダ州、ジョージア州、ルイジアナ州、ミネソタ州、ノースカロライナ州、サウスカロライナ州、テネシー州、バージニア州である。鉄道債（まさに「行先のない鉄道」である）の支払ができなったミネソタ州を除けば、残りすべての州が不運にも南北戦争の影響を受けたのである。

　これで最後になるが、1933年にアーカンソー州がまたもデフォルトした。アーカンソー州は唯一3回デフォルトした不名誉な記録をもつ州である。

　こうしたデフォルトでは、破綻の仕組みは一つもなかった。州は憲法のもとで主権を有する主体なのである（特に修正第11条のもとで）。そして、連邦政府が救済に踏み込むこともなかった。将来、連邦政府が州のデフォルトに介入するかどうかはわからないが、その可能性は低いであろう。ニューヨーク市は1975年にほとんどデフォルト状態に陥った。ニューヨーク市は多くの州（および多くの国）よりもGDPが大きい都市として注目に値する。当時の市長エイブラハム・ビームは連邦政府を訪れてフォード大統領に助けを求めたものの、断られてしまった。デイリー・ニューズ紙はこれを、「フォードから市へ：くたばってしまえ（FORD TO

CITY：DROP DEAD)」という簡潔な見出しとともに報じた。連邦政府が州に対して財政支援をする義務はなく、そうした試みもなかったのである。著者の見方では、次に州がデフォルトしても政府の財政支援はなされないだろう（アーカンソー州に四度目がないことを祈る）。

ホイットニーはある一点においては正しいのであろう。それは、デフォルトが「数千億ドル」に積み上がるだろうとした点である。しかし、地方債市場でデフォルトが実際に起こるとは思わない。州や地方政府は暗黙のうちにデフォルトし（これは法的なデフォルトではなく社会契約のデフォルトである）、住民へのサービスや便益を減らしたり、なくしたりするのである。州や地方自治体は公的年金の給付を削減するであろうが、それは負債返済順位における年金債務の位置づけを考慮すれば明確なデフォルトであるといえる。こうしたデフォルトはすでに始まっているが、地方債市場の規模縮小圧力が、地方債を保有する投資家から生じることはないであろう。

3.5 投資家へのアドバイス

以下に著者が推奨することをまとめておく。

① 地方債の金利全体の動きには他の債券市場と同じファクターが働いている。それは、経済成長、インフレ、金融政策、ボラティリティなどである。

② 地方債は非課税であるということが他とは大きく異なる特徴である。投資家は、非課税であることでより恩恵を受けるが、これまでに述べたような理由でよくよく考えてから投資しなければならない。というのも、……

③ 地方債市場には重大な流動性の欠如と情報不足が存在する。自分でしていることがわからないなら、個別の地方債を購入することは避けるべきである。もししていることがわかるようでも、参考価格に注意を払い、複数の業者を廻るべきである。地方債市場は不透明であり、投資家は用心しなければならない。さもなければ、地方債市場の不透明さゆえに、騙されるだけでなく騙されたという事実すらわからないであろう。

④ 小口投資家は、低コストの地方債ミューチュアル・ファンドかETFを通じて地方債を保有すべきである（第16章参照）。

⑤ MOB取引は「裁定」取引ではない。ボラティリティなど長短金利差を決定づけるファクターは通常の債券市場と同様に関係しているが、ここでは大きな流動性リスクが付け加わる。上記③を参照。

第12章　税効率が高い投資法　485

⑥　クレジット・リスクはこれまでのところ小さいように見える。もちろん、どの
地方債を購入するかということについては賢明でなければならない。これについ
ても上記③を参照。

　最後に地方債の投資戦略について述べておこう。ミューチュアル・ファンドなど
のパススルー機関投資家（訳注：法人税等を申告せずに出資者に所得を振り分け、
その出資者が納税することが認められた機関投資家）を含む多くの投資家は、税金
の支払を回避するために地方債を購入している。しかし、地方債は発行時に非課税
になるだけであり、流通市場で取引する投資家には課税される。例えば、発行時に
額面発行された債券を流通市場で額面以下の価格で購入した場合、満期時にはその
購入価格と額面価額との差に対して所得税が課せられる。これは市場価格が額面を
下回る分に対する課税である（発行時に非課税利息クーポンと同等に扱われるOID
が非課税であるのと異なる）。Ang, Bhabsali, and Xing（2010b）は、市場価格が
額面を下回っている地方債の中に非常に割安なものがあることを示した。価格が額
面を下回っている割安な地方債の購入は、中古のコンドミニアムを買うことに似て
いる。誰もが新築のコンドミニアムを買いたがるが、流通市場でならほとんど同じ
ものを50％引きで購入できるのである。投資家は税を嫌うため、市場で額面を下回
る価格の地方債を購入することには消極的である。また多くの主要な地方債ミュー
チュアル・ファンドも、個人投資家に税を転嫁したくないと考え、こうした債券の
購入を避けている。地方債市場が分断していることで価格のアノマリーが生じてい
るが、あなたがその有効性を知っていても、十分に割安な価格での取引は提案され
そうにない。

4　税効率が高い資産配分

　最適資産配分決定（理想的には最適ファクター配分決定。第14章参照）において
は、各資産をどのくらい保有するかが重要である。最適口座配分決定は、資産をど
の口座に配分するかに関するものである。最も基本的な選択肢は、課税口座と税繰
延口座である。その他の資産配分には、配偶者や子供との共同口座、慈善商品、そ
して多くの異なる種類の信託がある。

　最適口座配分問題が複雑になるのは、*動的税務戦略*と、場合によっては純粋な*税
裁定*が含まれるからである。税の裁定は合法ではあるが、ある程度までしか認めら
れておらず、それ以外には完全に禁止されているものと、許されてはいるが「純粋
な」意味では禁止されているグレーゾーンのものがある。例えば、大学が非課税債

券を発行することによって政府より低金利で資金調達し（本章第3節参照）、その資金を株式に投資することは不可能ではない。それは、お金に区別がつけられないからである。具体的には、学生寮建築のために使うはずだった大学基金の資金を株式投資に配分することは可能であり、とにかく学生寮が建ってしまえばそれを自校が発行する地方債の担保に使うこともあり得る。もう一つの例は、住宅ローンの利息に対する税控除を受ける個人のケース、すなわち、実質的に住宅担保貸付制度（訳注：住宅の資産価値から住宅ローンを差し引いた正味価値を担保とした貸付制度）を使って借りた資金を有配当株式に投資するケースである。お金に色がついていないからできることである。具体的には、まず息子の大学授業料のために貯えていた資金を株式に配分する。そして、住宅担保貸付制度を使ってお金を借り、その資金を息子の大学用資金として貯蓄したことにするのである。このように、非常に大きな税裁定取引（連邦政府にとってはコストということになる）の一つが、内国歳入庁（IRS）の上限はたかだか100万ドルにすぎない住宅ローンの税控除である。

4.1　税のタイミング・オプション

1983年にジョージ・コンスタンティニデスは主要な一つの論文を発表し、その中で、短期キャピタル・ゲイン（所得として課税）と長期キャピタル・ゲインを期間1年で切り分けると税のタイミング・オプションが生じることを示した。コンスタンティニデスは、損失が発生するとすぐに実現させ、逆に利益の実現は（できれば永遠に！）先送りすることが最適であることを示した[19]。損失は所得税率で控除でき、利益の先送りはキャピタル・ゲイン税の支払を遅らせる。さらに、税務戦略はポートフォリオ選択と分離することができる。

コンスタンティニデスの最初の論文にはいくつかの強い条件を含んでいたが、それらはその後の論文で緩和された[20]。例えば、彼の基本モデルには買いおよび売りには制限がなかったが、空売り制限があれば、資産配分決定は課税標準に依存する（この場合は定式化が複雑になる）。また、最初のモデルではキャピタル・ロスに対する税金の還付には上限がなかった。現在の税法では、通常の所得と相殺できるのはわずか3,000ドルの損失である（それを超える分は翌年に繰り越される）。そうした制約条件のもとでは、利益を実現して税金を支払い、他の所得に対して新たな損失を使うオプションを回復しておくのが最適である。しかし、全体としての基本的な考え方は変わらない。つまり、損失はできる限り速やかに実現し（ただし取引コスト次第では待つことが得になることもある）、利益の実現はできるだけ遅らせる

第12章　税効率が高い投資法　487

べきなのである。したがって、納税年度の期末が来たら損が出ている資産を売却するのがよい。

このアドバイスは、第4章で論じたリバランスとは反対のように見える。リバランス戦略では値下がりした資産を購入するが、逆に税タイミング戦略ではそれを売却するのである。これらが互いにどう整合的なのかがわかりにくいが、コンスタンティニデスの税タイミング・オプションは基本的な資産配分決定とは異なるということである。例えば、投資家がAAインデックス・ファンドを保有して株式に40%配分するとしよう。税会計年度末にそれに損失が出ていればリバランス戦略は株式を買い増すが、税タイミング・オプション戦略ではAAインデックス・ファンド（AA）を売却する。投資家はAAを売却して控除できる損失を実現する一方、同じ額よりも少し多く市場ETF（BB）を購入する。経済的にはAAとBBは同じものであるが、税効果から見ると両者は別物である。こうすることで、投資家はリバランスと税損失の取り込みという二兎を得るのである。

4.2 税効率が高い資産配分

資産配分と口座配分の問題は潜在的な相互作用と動的税務戦略によって複雑なものになり得る。これには通常、二つのアプローチがある。

① 資産配分問題と口座配分問題の関連する部分を明確化し、二つの問題を同時に解く。これを行った例としては、Dammon, Spatt, and Zhang（2004）がある。

② 二つの決定問題の間の関係を無視し、場当たり的なルールを与える。通常は資産配分問題を先に解き、その資産配分を所与のものとして口座配分問題を解く。

金融サービス業界では二番目の方法がはるかに一般的である。例えばバンガード社は次のように述べている[21]。

> 最も税効率が高い商品（例えば、節税型ファンド、インデックス・ファンド、非課税ファンド）を課税口座で保有する一方、税効率に劣る商品を個人退職勘定や年金プランなど税制上有利な口座で保有することを検討しよう。

理論的にも業界が（部分的に）正しいことがわかってきた。最適口座配分問題は資産配分問題とは分離可能であり、全体の口座配分問題は、課税口座と税繰延口座を合わせた相当に複雑な問題ではなく、課税口座だけを考えることによって解けるのである。Jennifer Huang（2008）が博士論文で初めてこれを示した。

ファンのモデルはよく見られる金融サービス業界のアドバイスと同様であるが、以降で詳しく述べるように、そこには非常に重要な警告が含まれている。すなわ

488 第Ⅱ部 ファクター・リスク・プレミアム

ち、投資家は税の恩恵を最大化するためには税率が最も高い商品を税繰延口座で保有すべきだということである。債券はクーポンが所得税率（36.9%）で課税されるために税負担が重く、税繰延口座で保有する。無配当株式は長期キャピタル・ゲイン課税（23.8%）だけであるため、課税口座で保有する。

Huang（2008）の主な結論は、税効果を考慮した最適資産配分の計算が可能であるとしたことにある。それは業界モデルがめったにしない計算であり、もしなされていても正確であることはほとんどない。さらに、ファンはこれを課税口座だけを使って行った。ファンは、どの税繰延口座のリターンも課税口座のリターンに変換できるという本質を見抜いたのである。税繰延口座で資産を保有することは、課税口座でレバレッジを掛けて同じ資産を保有することに等しい。これについてはすでに式（12.6）で見たが、それによれば、年金ファンドに税引き前の1ドルを拠出することは、課税口座の1／（1－0.396）＝1.66ドルに相当する。つまり、増額によってレバレッジを掛ければ課税ポートフォリオは税繰延口座と同じリターンを生み出す。投資家は税繰延口座でできることは何でも課税口座で再現できるのである。

ファンの手順によると、まず課税口座ですでに保有している資産の合計である課税資産相当額W^Tを計算する。次に、税繰延口座の資産額W^Dをそれと等価な課税資産額に変換する。そして、それらの合計として総資産額Wを以下のように再定義する。

$$W = W^T + Z \times W^D \tag{12.8}$$

ここでZは税繰延口座の資産額をそれと等価な課税資産額に変換する適切なファクターである。不幸なことに、業界で一般に用いられているほとんどのアドバイスでは、式（12.8）の課税資産相当額に基づく最適配分計算が行われていない。

ここで、第4章で行ったように、Merton（1971，1973）による標準的な解法を合計資産Wに適用すると、資産配分と口座配分の決定は分離できる。これが正当化されるのはZによる適切な調整があるからであり、そのZによって税繰延口座の資産から課税資産への変換や、その逆が行われる。資産配分問題においては税の繰り延べの影響を調整することが求められるのである。

ファンの分析で決定的に重要な点は、課税口座で空売りできるか否かである。小口投資家はこれができないだろうが、大規模で洗練された投資家は可能であろう。課税口座で借入れができなければ、投資家は税繰延口座で低税率の資産を保有することによって、税制優遇効果の低下を抑えたいと考えるだろう。ファンの基本分析

にもコンスタンティニデス型の税のタイミング戦略は含まれていないが、これを組み込むことは可能であろう。具体的には、課税資産を税繰延資産に変換する式（12.8）のファクターZを、税オプションの恩恵を考慮したものに修正できるのである。それによってZは、法定の税率ではなく実効税率を反映したものになる。理論的にはこうした効果はすべてファンの枠組みに組み入れられるが、実務的にはファンのZを計算することが難しいという欠点もある。

　最適口座配分と最適資産配分問題への解を手にした上で、地方債を含む疑問に戻ろう。すなわち、もし地方債の主な恩恵が非課税という点にあるのなら、国債や社債を税繰延口座で保有する代わりに、地方債を課税口座で保有するのはどうかということである。Dammon, Spatt, and Zhang（2004）はこの疑問について研究し、債券を保有するなら非課税債券を課税口座で保有するよりも課税債券を税繰延口座で保有する方がよい、という結論に達した。例外はリスク回避的かつ（前にも述べたような）制約がある投資家であり、その場合は債券を課税口座と税繰延口座の両方で保有する必要がある。中庸なリスク許容度をもつ投資家が地方債に投資する際には、課税回避それ自体によるのではなく、著者が他のあらゆる資産クラスでも提唱したように（第7〜10章参照）、ファクター・エクスポージャーに基づく投資を行うべきである。

4.3　税と動的ファクター

　動的取引戦略、特に売買回転率が高く、短期キャピタル・ゲイン（所得として課税）が大きい場合に、税の影響が大きくなる。Bergstresser and Pontiff（2009）とIsrael and Moskowits（2011）は、第7章で述べたバリュー／グロース・ファクターとモメンタム・ファクター（WMLファクター、UMDファクター）への課税の影響を検証した。予想通り、動的ファクターは連続的な取引を含むため、税がバリュー／グロースとモメンタムのプレミアムを減らしてしまう。バーグストレッサーとポンティフは、1927年から2009年までに投資家に課税された際の税率を使って非課税でのバリュー／グロース・プレミアム3.5％が高所得のニューヨーク州住民にとって1.8％まで低下することを示した。また、非課税投資家がモメンタム戦略によって10.5％のプレミアムを享受できるのに対し、上記と同じ税負担が重い投資家はモメンタム・プレミアムとして8.1％を受け取るにとどまる。バリュー／グロース投資やモメンタム投資の税効率がよくない理由は、バリュー株から生じる配当が大きいことと、モメンタム投資の売買回転率が高いことにある。

動的ファクター戦略を実行している課税資産のオーナーは、バリュー／グロースとモメンタムのプレミアムが低下しても税引き後でまだプラスであることを心の拠り所にしているかもしれない。しかし、これらの戦略には税に関して最適化する余地が大きい。Israel and Moskowitz（2011）は、税に関する最適化がバリューおよびモメンタム型投資の改善につながることを発見した。著者もまた、課税資産オーナーに対して、これら動的ファクター戦略を可能な限り非課税口座に配分し、課税口座に関して行われているファクター戦略の税最適化バージョンを考えるべきだとアドバイスしている。

4.4 信　託

信託は税を避けたり遅らせたりするためだけにあるのではない。信託の中には、国税の支払の最小化というよりも、主に家族の浪費から資産を守るために設計されている商品がある。また実際に、ある家族構成員の相続権を奪い、財産を保全する目的で設計された商品もある。しかしほとんどの信託商品は、税金、特に相続税（相続税全廃を唱える人たちからは「死亡税（death tax）」と呼ばれる）の最小化を目指して作られている。

本書を執筆している2013年時点で、相続税は相続人一人当り525万ドルまで、あるいは既婚夫婦当り1,050万ドルまで非課税である[22]。また、これを超えた金額に課される相続最高税率は40％である。そのため、超富裕層の資産家は多くの信託を保有している。具体的には、Grantor retained annuity trusts：GRATs、Charitable remainder unitrusts、Charitable lead trusts、Intentionally defective grantor trusts：IDGTs、Dynasty trustsなどであるが、これらはごく一部である。この中ではGRATが富裕層に高い人気があり、超富裕層資産家については財産の中にGRATが一つもないことはまれである。こうした商品に加えて、資産価格の査定や支配権の割引を行うための家族組合や法人組織がある。そこでは、税目的のために現実の市場価格とは異なった株式の価値が決定される。

これらに対する規則は非常に複雑であるが（これが税理士と契約する理由である）、そこには三つの重要な経済的要素が含まれている。

1　代替的な口座分配

信託商品は納税者に租税優遇措置のある別の資産配分を可能にする。GRATはまず税制上有利な信託への寄付によって設立される。

2 信託は収益を生む

　信託は、収益を税務上有利な利率で複利運用できる特典がある（本章第1節参照）。GRATにおいては、信託から設立者に支払われる資金は課税されるが、最低必要利回り（IRSが市場金利に基づき計算して毎月改定される）を上回ると評価される分は信託に還流される。したがって、高い期待リターンの資産はGRATで保有されるのが理想である。そうすれば非課税で複利運用される。

3 信託は受益者に譲渡される

　死亡時に信託の資産は受益者に譲渡されるが、その際に贈与税は不要である（IRSは2012年に親が子供に512万ドルまで非課税で贈与することを認めた）。GRATは特定の満期（最低2年）で設定されるが、リスクの一つは譲渡人が信託の満期前に死亡することであり、その場合は信託財産の価値は譲渡人の財産に含められてしまう。しかしこれは、GRATが設定されなかった場合とまったく同じ状況となるため、いずれにしても譲渡人の財産は失われなかったことになる（GRATを設立した際の弁護士費用を除く）。

　信託の満期前に死亡する可能性がなければ、GRATへの最適配分の計算はファンのモデルで取り扱うことができる。各資産の期待リターンや将来にわたる配当に関する適切な仮定があれば、GRATにある資金の課税換算価値が計算できる（式(12.8)）。ただし、（前もって決められているが確率的な）最低必要利回りを超える支払の評価が含まれるため、単純なケースに比べて計算は難しくなる。信託が異なれば課税所得換算係数も異なるが、概念としてはファンの基本的なモデルが変わることはない。

　信託にも一つ不利な点がある。それは解約が難しいことである（*変更や廃止ができないものも多い*）。もちろん、自分のお金に触れることができないことは利点にもなり得るが、この場合は流動性制約という形の欠点になる。標準的なマートン・モデルとそれを税で調整して拡張したファン・モデルは、非流動性リスクやその制約を考慮していない。それを考慮した資産配分モデルは第13章で議論する。

4.5　税、消費、投資、およびその他の意思決定

　投資家は税を消費のタイミングや投資の判断にも利用するが、その中には純粋な税裁定取引にもなり得るものもある。有名な例としては、Black（1980）とTepper（1981）による年金に関する税裁定取引がある。彼らは、確定給付型企業年金基金

を用いることによって企業が税裁定取引を行うことができることを示した。具体的には、母体企業（プラン・スポンサー）が資金を借り入れ、その利息に関する課税控除措置を受けながら、年金プランに投資し続けるのである。年金基金は非課税であり、社債や国債など高率の課税がなされる資産の本来の投資家である。企業は年金基金への資金拠出で税制優遇を受け、年金基金は税効率が高い器の中で本来なら高い税率が課される資産に投資をしている。さらに、企業というものがそもそも株式であることを考えれば、ブラック＝テッパー税裁定は、企業が債券投資を行うことで株式リスク・プレミアムを得ることを許していることになる。

Frank（2002）は企業がブラック＝テッパー戦略を行っていることを明らかにするとともに、企業年金プランが保有する債券の額と税の恩恵には正の相関関係があることを示した。しかし、そのブラック＝テッパー戦略は多くの会社では非効率な使われ方をしている。少なくとも税の議論の観点だけからすると、企業年金プランは株式の保有額が多すぎるようなのである。おそらくこれは、第1章で行ったような別の議論によると最適なのであろう。

企業は年金基金への拠出を税控除できるため、税率が高い時期に戦略的に資金を拠出する。しかし、現在はこうした行為に制限がある。1987年税法で150%以上の過剰積立の場合には税控除されないことになったためである。1990年税法ではまた、過剰積立の年金プランから資産を引き出した企業に対する物品税率が50%まで引き上げられた。企業と同様の考え方が個人にも適用できる。つまり、税率が高いときには、慈善事業や年金などに拠出することによる税控除の価値が高まるのである。

最後にぞっとする話をしておこう。究極の経済的決定事項は、所得税を極小化、または場合によっては完全に回避するように死亡するタイミングを決めることである。米国では2010年は相続税がなかったため、人々は何とかして2010年まで死ぬのを延ばして相続人の財産を多くしようとしたという逸話がある[23]。真面目な学術研究でも、税金を避けるために人々が死ぬのを延ばそうとしたり早めようとしたりして死亡時期の調整をしたことが示されている[24]（死は税に対して*弾力的*なのである）。死も税もどちらも避けられないが、人々は明らかに片方を極小化するためなら片方を制御しようとする。

4.6 投資家は税に効率的だろうか？

答えは否である。

税効率が高い資産配分とは、投資家が税負担の重い資産（社債や国債）を税繰延口座で保有し、税負担の軽い資産（株式）を課税口座で保有するべきであるということを意味する。しかし、投資家は一般的には、この通りにしてはいない。Poterba and Samwick（2002）、Bergstresser and Poterba（2004）、およびその他の論文では、課税口座と税繰延口座の資産配分が非常に似ていることが示されている。米国の投資家の3分の1以上が、税負担が重い資産を税繰延口座に移すか、またはその逆をすることによって節税できる。データによると、より富裕な家計（より課税は重い）は税効率が高いが、それでもあるべき水準ほどではない。

コンスタンティニデスの税のタイミング・オプションによれば、投資家は躊躇なく損失を実現し利益を繰り延べるべきであるが、行動は逆になりがちである。Barber and Odean（2003）によれば、投資家は、損失を実現するよりもはるかに頻繁に利益を実現するし、多額の債券を課税口座で保有している。彼らもまた、投資家が税効率的からほど遠いことを示したのである。

多くの個人投資家にとって重要な問題は、蓄えた資金を住宅ローンの早期返済と税繰延口座への拠出のどちらに配分するべきか、ということである。どちらも税の優遇がある。つまり、住宅ローンの利息は税控除され、年金貯蓄は非課税なのである。家計は余分な1ドルを、住宅ローンの返済と年金貯蓄のどちらに投じるべきなのだろうか？　Amromin, Huang, and Sialm（2007）によると、住宅ローン金利が（最適な借換えができるほど）低利であれば、住宅ローンの返済を優先すべきなのではなく、代わりに年金に資金拠出するべきだというのが答えである。家計は、住宅ローンに関する税控除の特典を維持し、年金が税引き前のリターンを享受できる状態にしておくべきなのである（式（12.6）参照）。ほとんどの家計が逆のことをしているが、それはおそらく人々がいやいやながら貸し手や借り手として市場に参加しているからなのだろう。「金は借りてもならず、貸してもならない」というシェークスピアの箴言は高くつくのである。

本章を読み終わった後、読者の投資ポートフォリオがより税効率の高いものになることを望みたい。

5　ファクターとしての税

税は明らかに個人の行動に影響を与えるが、それは資産価格にも影響を与えるのであろうか？　これに関しては、もともと二つの学派があった。Miller and Scholes（1978）によれば、税に影響される個人はいるものの、平均的投資家はその影響を

受けておらず、税はファクターではない（ちなみに、このショールズは自ら税の専門知識は乏しいと断言した前出のノーベル賞受賞者である）。投資家は本能的に自分たちを二つのグループに分ける。一方は税率が低い投資家であり、彼らは税負担が重い高配当株などの資産を保有する傾向が強い。もう一方は、税率が高い投資家であり、彼らは無配当株などの税負担の軽い資産を保有する[25]。こうして、税は均衡価格とは無関係になるのである。

　もう一つの学派の考え方によれば、代表的投資家は税に影響されており、株式価値は税負担から（逆方向の）影響を受けている。税負担が重くなれば、より高い期待リターンでそれを補うべきなのである。これを最初にモデル化したのはBrennan（1970）であり、実証的な検証ではこちらのグループが強く支持されている。つまり、税はファクターなのである。

　税が価格に影響を及ぼす経路は二つある[26]。まず、キャピタル・ゲインに比べて配当に対する税率が高いことによって、高配当利回り株式が不利益を被るという*配当課税ペナルティ*である。さらに、パフォーマンスが好調な株式は、それを保有する投資家に対してキャピタル・ゲインという評価益をもたらす。過去に大きな評価益をもたらした株式を多く保有する投資家が、そうでなかった投資家に比べて売却する量が少ないのは、キャピタル・ゲイン税の支払回避のためである。株式の購入にはキャピタル・ゲインは関係ないため、それが投資家に影響することはない。こうして評価益が大きい株式の価格はさらに上昇しやすいが、それによって期待リターンは低下し、やがて動くに動けなかった投資家の売却を誘発する。これが税効果による現金化（著者は税の資本化と称する）の例であり、長期的な反転につながり得る。

　Sialm（2009）は、株式リターンの税効果は、時系列についても、同時点における銘柄間のばらつきについても存在することを示した。シャルムは、配当、短期キャピタル・ゲインおよび長期キャピタル・ゲインに対する税を合計した期待税率を計算している。キャピタル・ゲインの寄与はConstantinides（1983）の税のタイミング・オプションに見るように小さい。また、シャルムは期待税率が高いときには株式市場全体に対する評価価格が低いことを示した。これが時系列効果である。銘柄間のばらつきについては、シャルムは期待税率が高い株式（高配当株式）がより高いリターンであることを示した。このリターンはファーマ＝フレンチのサイズ、バリュー、モメンタムという三つのファクターに対する超過分であるが、このファーマ＝フレンチ・モデルによる調整は非常に重要である。なぜなら、税負担が

重いのは有配当株であり、それらはバリュー株であることが多いからである。バリュー株のリターンが高いことを我々はすでに知っている（第7章参照）。シャルムによれば、税負担が重い株式の平均リターンは税負担が軽い株式に比べて、ファーマ＝フレンチ効果調整後で2.5％高いとのことである。

税が期待リターンに影響を与えるとの事実は、Miller and Scholes（1978）が予想した投資家区分、すなわち高配当利回りの株式に惹かれる投資家もいれば、低配当利回りの株式に惹かれる投資家もいる、という事象が生じていなかったことを示しているわけではない。機関投資家は有配当株を好み、個人投資家は無配当株に惹かれるのである。ただし、Graham and Kumar（2006）が示したように、税が個人投資家に顧客効果を引き起こすのは確かであるが、それは年齢や資産など税とは関係がない投資家属性の効果に比べると非常に小さい。

平均的投資家または代表的投資家は税の影響を受けるため、ファクターとしての税は理想的には非課税投資家に利用される。定義上、高い税率の株式を購入する投資家はより多くの税金を支払うであろう。しかし、非課税投資家はそんな必要はなく、その相対的な優位さを活用すべきなのである。

6 再考：税引き前と税引き後のリターン

税引き前リターンよりも税引き後リターンを強調している点で、ダンカンの税理士は正しい。税引き後リターンは課税口座での資産保有に影響するものであるが、ダンカンは税繰延口座でも資産を保有できるかもしれない。このように、ダンカンは資産配分問題と口座配分問題の両方に直面することになる。

最も重要なルールは、まず税繰延口座での貯蓄額を最大化し、そこで最も税負担が大きい資産（社債や高配当株）を保有することである。これは一般的な金融業界のアドバイスとも通ずるが、これを適切に行うには、税繰延資産を課税資産に変換して調整することが必要であり、これによって課税資産に対する標準的な資産配分問題として解くことができるようになる。最適口座配分を決定するということは、税繰延口座と課税口座では同じ株式と債券の組合せにならないことを意味する。しかし残念なことに、大多数の投資家は税効率的であるところからはほど遠い。

税は資産価格に対するファクターである。地方債の利回りが平均して低いという事実は、資産価格が税の影響を受けている証拠である。歴史的に見て地方債はクレジット・リスクがほとんどなかった。地方債のイールドカーブは決して右下がりになったことはなく、国債よりもその傾きは大きい。しかし、地方債は非常に流動性

に乏しく、また市場は極めて非効率である。

税はまた株式の価格にも影響を与えている。税負担が高い株式は税負担が低い株式よりもリターンが高く、それは標準的なバリュー／グロース、モメンタム、その他のファクターのプレミアムから予想されるものを上回るのである。

[注]
1　この例では州所得税を無視した。著者はニューヨーク市に住んでおり、ニューヨーク州の州税とニューヨーク市の市税を払う光栄に浴しており、どちらも長期キャピタル・ゲインは通常の所得としてみなされて課税される。一方、ダンカンはテキサス州に住んでおり、州所得税の心配がいらない。

2　Johnston, D. C.「Economist Questioned on Tax Shelter Role」ニューヨーク・タイムズ紙、20C3年7月10日とBrowning, L., and D. C. Johnston「"Hedge Fund Is Censured and Ordered to Pay Taxes"」ニューヨーク・タイムズ紙、2004年8月28日参照。

3　Kishan, S.「Scholes's Platinum Grove Fund Halts Withdrawals after Losses」ブルームバーグ、2008年11月6日参照。

4　現在、多額の配当金を支払っている企業は少なくなっているが、それらが払う配当金総額は大きい。実際、配当を支払っている企業の数は過去数十年で低下したが、全企業の支払配当金総額は名目でも実質でも増加した。Fama and French（2001）およびDeAngelo, DeAngelo, and Skinner（2004）参照。

5　Allen and Michaely（1995）のサマリー論文を参照。多少古いがまだ関連性はある。

6　課税地方債の中でも重要なのが、ビルド・アメリカ債という種類の地方債である。Ang, Bhansali, and Xing（2010a）参照。

7　地方債務の非課税措置撤廃要求は最近の現象ではない。Ott and Meltzer（1963）は、地方債の非課税措置撤廃決議が1920～1943年に114件あったと報告している。

8　Ang, Bhansali, and Xing（2010b）のTable 1参照。

9　今でも銀行限定の地方債はあるが、発行額は1,000万ドル以下に制限されている。銀行はこの地方債の保有コストの80％を税控除できる。2009年米国・再投資法（ARRA）により、より広範囲の債券について銀行保有資産の2％まで保有コストの80％税控除が一時的に認められ（これは地方債2％ルールと呼ばれる）、銀行限定地方債の上限も1,000万ドルから3,000万ドルに引き上げられた。

10　政府会計基準審議会（GASB）基準には、法令順守違反への罰則がない。そのため、わずか38の州だけがGASB基準の利用を州内の政府機関に求めている。カンザス、ニュージャージー、ワシントンなどの州は独自の会計基準を用いており、これらの州の中の政府機関はGASB基準の三種類の帳簿をつけ続けている。

第12章　税効率が高い投資法　497

それは、監査人から適正意見を受けるためのGASB基準、州の基準、そして各機関独自の基準である。

11　SEC自身はこれらの市場をよりよく監視するために法改正を要求している。これについては、SEC「Report on the Municipal Securities Market.」2012年7月31日参照。このレポートにはSECがこれまでにもアクションをとることができたケースが書かれており、それを読んでいるととても寂しくなる。

12　SEC委員長Elisse B. Walterのスピーチ「Regulation of the Municipal Securities Market：Investors are Not Second Class Citizens」2009年10月29日参照。

13　Ang and Green（2011）参照。これには地方債市場の非効率性がよくまとめられており、この節で取り上げた数値もここから引用している。

14　これはMiller（1977）により定式化された。

15　地方債パズルを別の言い方で表現すれば、国債のイールドカーブに対する地方債のイールドカーブの比率に内包される限界税率が、現状の連邦所得税から計算されるものより非常に低いということになる。しかし、地方債の価格に内包される他の税率の推定値は高い。Longstaff（2011）は、地方債スワップを使って、そこに内包される税率を38％と推計した。Ang, Bhansali, and Xing（2010）は、割安な地方債を使うと限界税率は100％を超えると推計した。

16　「U.S. Municipal Bond Defaults and Recoveries, 1970-2009」ムーディーズ・インベスターズ・サービス、2010年2月参照。

17　詳細はAng and Longstaff（2013）参照。彼らはまた、米国の州とユーロ圏の国々のクレジット・リスクを比較している。米国の州はユーロ圏と同様、通貨統合されたソブリンの借り手である。ドイツはユーロ圏から離脱しようとする国に軍隊は送らないが、米国ではゲティスバーグの戦いがあった。

18　http://johnhcochrane.blogspot.com/2012/02/sargent-on-debt-and-defaults.html 参照。

19　永遠に先送りすることが非現実的なわけではない。死亡時に相続人が相続税を支払った場合に、値上がりした証券の取得価額をリセットできる。

20　例えばDeMiguel and Uppal（2005）、Gallmeyer and Srivastava（2011）およびMarekwica（2012）参照。

21　https://personal.vanguard.com/us/insights/taxcenter/how-to-be-tax-savvy-investorから引用。

22　500万ドルの非課税措置は、納税者救済・失業保険給付延長・雇用創出法（通称は2010年納税者救済法、略称はTRA）によって2010年に導入されたが、この非課税措置は時限的なものであった。2013年には、納税者救済法によってTRAによる非課税措置は恒久的でかつインフレに連動するものとなった。

23　Saunders, L.「Rich Cling to Life to Beat Tax Man」ウォール・ストリート・ジャーナル紙、2009年12月30日参照。

24　Kopczuk and Slemrod（2003）とGans and Leigh（2006）参照。

25 Miller and Modigliani（1961）もまた、高額納税投資家層が低配当株に、少額納税投資家層が高配当株に魅力を感じると予想した。この論文は税がある場合の均衡に焦点を当てていない。この論文の主要な結果は、企業の価値が企業の配当政策とは独立だということであり、それによってモディリアーニは1985年に、ミラーは1990年にノーベル賞を受賞した。

26 この議論はKlein（2000）に従っている。

第13章

非流動性資産

第13章要約

　取引頻度やサンプル選択に起因するバイアスを考慮すれば、非流動性資産クラスが、伝統的な株式や債券市場に比べてリスク調整後の高い平均リターンが得られているわけではないようである。しかし、ある資産クラス内で見ると、顕著な非流動性プレミアムが存在している。非流動性リスクを考慮したポートフォリオ選択モデルを用いると、投資家は非流動性資産の保有をわずかだけにとどめ、非流動性資産への投資に高いリスク・プレミアムを要求すべきであるという結果になる。

1　ハーバード大学基金の流動化

　誰もそのようなことがハーバード大学基金で起こり得るとは思わなかった[1]。

　2008年、大学基金としては世界最大の規模を誇るハーバード大学基金は、金融危機が誘発した世界規模の資産価格下落の生け贄になってしまった。ハーバード大学基金は、1980年以降、年平均15％のリターンを達成していたが、2008年7月1日から10月31日までの間で▲22％という過去最悪の下落を経験した。たった3ヵ月間で80億ドル以上の損失であった。

　基金の損失で生じる予算不足を考慮し、ハーバード大学総長ドリュー・ファウストと副学長エドワード・フォーストは2008年12月2日付で各校の学部長評議会に警告書を送り、経費支出と報酬をカットし、収入減に見合った予算要求に抑えるよう要請した。報告された損失は甚大なものであったが、彼等は実際の損失はそれ以上であると注意を喚起した。「報告書の目が覚めるような数字ですら、この期間の損失額をすべてとらえたものとは思われない。なぜならこの数字は、ある種の資産クラス、とりわけプライベート・エクイティや不動産の直近の評価額を反映していないからである[2]」。

ハーバード大学は、大学運営費の大部分を基金の収益に頼っている。2008年6月末までの会計年度では、基金の収益が経常収入の3分の1以上を占めている。より大きな割合の部門もある。ラドクリフ高等研究院（Radcliffe Institute for Advanced Study）は収入の83％が大学基金からであり、神学スクール（Divinity School）は71％、文理学部は52％である。

　ハーバード大学基金の運用担当機関であるHMC（Harvard Management Company）は、長期の投資家は、非流動性のオルタナティブ資産、とりわけプライベート・エクイティやヘッジファンドに多く投資することが望ましいとする大学基金モデルを古くから実践してきた。デイビッド・スウェンセンの著名な本『*Pioneering Portfolio Management*（邦題：勝者のポートフォリオ戦略）』によって主張された大学基金モデルは、Harry Markowitz（1952）による分散という経済学上の概念（第3章参照）に基づくものであった。分散投資によって、低相関関係のある多くの資産クラスからなるポートフォリオは、株式と債券だけからなる慣習的なポートフォリオに比べて優れたリスク・リターンのトレードオフを達成できる。スウェンセンはこれをさらに推し進めて、非流動性のプライベート・エクイティやヘッジファンドへの大規模な投資の提唱者であった。これらの資産クラスは、株式や債券と低相関であるのみならず、非流動性プレミアムを獲得する可能性があったのである。

　スウェンセンは、流動性のある市場では、市場を上回る超過リターン（もしくは「アルファ」。第10章参照）を獲得できる可能性は限定的であると述べている。流動性のある市場では、何千ものアクティブ・マネージャーがアルファの源泉を求めて競い合い、情報は自由に、ほとんど誰でも入手可能である。ベンチャー・キャピタルやプライベート・エクイティのような非流動性資産の市場は、優れた調査・運用能力のある投資家に収益獲得の大きな機会を提供する。スウェンセンは、大部分のマネージャーは短期投資志向であるため、非流動性資産市場では競争によってアルファが消失してしまうことはないと主張している。より長い投資期間を有する大学基金は、非流動性資産に投資することに利点があるように思われる。スウェンセンは、オルタナティブ資産の優れたマネージャーを注意深く選定できる長期投資の機関投資家は、優れたリスク調整後のリターンを獲得できると提唱している。

　スウェンセンのアドバイスに忠実に従い、ハーバード大学基金を含め多くの大学基金は、1990年代中に非流動性資産への投資を推し進めた。2008年には、HMCでは、ヘッジファンドやプライベート・エクイティ、リアルアセットへの投資が55％

に達していた。先進国の株式・債券への投資は30％のみであり、残りは、新興国株式とハイイールド債券であった。

HMCはどうしても現金を必要としたため、大手のアポロ・インベストメント社やベイン・キャピタル社を含め、15億ドルのプライベート・エクイティ・ポートフォリオの売却を試みた。しかし、セカンダリー市場において、買い手は大幅なディスカウントを要求した。ヴァニティ・フェア誌のジャーナリストであるニーナ・ムンクは、HMCのCIOであるジェーン・メンディロとオルタナティブ投資専門のマネージャーとの間で交わされた信じられないような会話を詳述している[3]。

ファンド・マネージャー（FM）：いい話があるのですが。私の持分を買い戻してもいいですよ。

メンディロ：素晴らしいわ。

FM：今の簿価は1ドルだから、50セントで買いましょう。

メンディロ：そんな値段でどうして売るというの？

FM：なぜって？　それは知りませんよ。売りたいのはあなたで、私ではないのですから。もしあなた方が売りたいっていうのなら、私は喜んで買い叩かせてもらいますよ。あなた方がそんなに必死ならね。こちらは買い手だから。

メンディロ：あらそう。でも私たちはそんなに困っていないわ。

しかし、ハーバード大学基金はまさに窮地に陥っていたのである。

ファウストとフォーストのコストカットについての警告書に対しては、たちまち強烈な反応があった。教授陣、学生、卒業生たちは、疑ってかかった。ハーバード大学法学部の著名な教授であるアラン・ダーショウィッツは「どうも、大学の財務担当部門の誰一人として、旧約聖書創世記のヨセフによるファラオの夢の解釈を読んではいなかったようだ。……ヨセフが7年間の飢饉に備えて、7年間の豊作期のうちに食糧を蓄えたという、あの話ですよ[4]」と語っている。

ハーバード大学のリーダーたちとHMCのメンディロが行った短期間での判断は、予算の削減、採用の凍結、オールストン複合科学館（Allston science complex）の新設計画の延期という、惨憺たるものであった。ハーバード大学基金の資産・負債管理は失敗に終わった。非流動性資産、オルタナティブ資産に投資するという大学基金モデルは、長期で見てもやはり適切なのだろうか？

2 非流動性資産市場

2.1 非流動性の源泉

Vayanos and Wᴇj（2012）は、市場の不完全性から非流動性が発生する背景を下記のように分類している。

1 顧客効果と参加コスト

市場へ参加するにはコストがかかる。投資家はしばしば、遠回りしてでも、費用、時間、エネルギーを費やして必要なスキルを得なければならない。多くの大規模非流動性資産市場では、十分な資本、専門性、経験をもった投資家だけが参加できるのである。

2 取引コスト

取引コストには、手数料、税が含まれるが、非流動性資産への投資では、通常の取引に要する取引コストはもちろんのこと、デュー・デリジェンス、権利移転の経費も必要になる。さらに弁護士、会計士、投資銀行への手数料も必要になる。学術界では、投資家は（しばしば相当な額の）取引コストを支払う限りは、何でも取引できると仮定する者もいるが、それは常に正しいわけではない。なぜなら……。

3 探索摩擦

多くの資産に関しては、適切な買い手もしくは売り手を見つける必要がある。例えば、複雑なクレジット関連の仕組商品の価値評価をするスキルをもつ投資家は、ごく限られている。また、主要な大都市圏の超高層ビルに投資できる十分な資金を有している投資家はほとんどいない。このような場合、あなたは取引ができるまでに長期間待たねばならないかもしれない。

4 情報の非対称性

ある投資家が他の投資家より優れた知識をもっていると、市場は非流動的になり得る。だまし取られることを恐れ、投資家たちは取引を渋るようになるわけである。極端な情報の非対称性がある場合、つまりすべての商品は欠陥品であり、誰もがそれを購入したくないと思うような場合、市場は崩壊する[5]。流動性の凍結は、このような状況によって発生する。また情報の非対称性の存在によって、投資家は自分を食い物にしないような取引相手を探さなければならない。ゆえに、情報の非対称性は、探索摩擦の一つの形態である。

第13章　非流動性資産　503

5 価格への影響

大規模な取引は市場を動かしてしまう。

6 ファンディング制約

非流動性資産の投資商品の多くは、高いレバレッジが掛けられている。住宅投資のためですら、ほとんどの消費者は相当なレバレッジを掛けなければならない。信用がなければ、投資家は非流動性市場で取引ができないのである。

2.2 非流動性市場の特性

流動性が低い資産の市場は、上述した多くの、時によってはすべての市場の不完全性によって特徴づけられる。これらの影響を「非流動性」と呼ぶ。この論法に則ると、すべての資産は、毎秒何取引も行われている大型株でさえも、何らかの非流動性を有している。しかしながらもちろん、他よりもずっと流動性の低い資産もある。非流動性は、取引頻度が少なかったり、取引されている額が小さかったり、回転率が低いと表面化してくる。非流動性資産市場における取引の頻度が、10年に1

表13.1　主要資産クラスの取引時間間隔と回転率

資産クラス	典型的な取引時間間隔	年間回転率
上場株式	数秒以内	100%を優に超える
店頭（ピンクシート）株式	1日以内、ただ、多くの株式は1週間超	おおよそ35%
社債	1日以内	25〜35%
地方債	おおよそ6ヵ月、取引されている地方債の5％は10年に1回を下回る低い取引頻度	10%未満
プライベート・エクイティ	ファンド投資終了まで10年、投資期間の中央値は4年、イグジット前のセカンダリー取引は一般的でない	10%未満
住宅用不動産	4〜5年、ただ数ヵ月から10年の範囲	おおよそ5％
機関投資家向け不動産	8〜11年	おおよそ7％
機関投資家向けインフラストラクチャー	初期コミットメントでは50〜60年、99年というものもあり	ないに等しい
絵画	40〜70年	15%未満

回未満ということもあり得る。表13.1は、Ang, Papnikolau, and Westfield（2013）の表からとったもので、資産クラスごとの取引頻度と回転率を示したものである[6]。この表から、次のようなことがいえる。

ほとんどの資産クラスは、非流動性を有する

一般的な上場株式、債券を除き、ほとんどの資産市場は取引の間隔が長く、時によっては何十年に1回という特徴があり、回転率は非常に低い。株式や債券においてさえ、ある種別のものは極めて非流動的である。店頭市場であるピンクシートで取引されている株式では、1週間以上も取引がないものもある。平均的な地方債の取引頻度は年2回程度にすぎず、地方債市場全体で見ても年回転率は10%未満である（第11章も参照）。不動産市場では、個人住宅の典型的な保有期間は4～5年、機関投資家向け不動産では8～11年である。インフラストラクチャーの保有期間は50年以上であり、美術品は平均的に40～70年に一度、売り物が出る程度である。このように、ほとんどの資産市場は取引頻度が少なく、回転率も低いという意味において非流動性があるのである。

非流動性資産の市場規模は大きい

非流動性資産クラスの市場規模は大きく、上場株式市場に匹敵する。2012年のニューヨーク証券取引所（NYSE）とナスダック（NASDAQ）の時価総額は、おおよそ17兆ドルであった。米国の住宅用不動産の市場規模は推定16兆ドル、機関投資家が直接投資する不動産市場は9兆ドルである。実は、伝統的な上場株式や債券市場は、非流動性資産の価値総額よりも小規模なのである。

投資家は、相当規模の非流動性資産に投資している

非流動性資産に、大部分の投資家のポートフォリオの中で高い比率を占めている。個人投資家で見れば、非流動性資産は価値総額の90%（その大部分は住宅）にも達するが、これは個人の富のうち最も価値が大きく、かつ最も流動性が低い要素である人的資本を含めない比率である（第5章参照）。また、富裕層の非流動性資産への投資割合も大きい。米国の個人富裕層はポートフォリオの10%を美術品や宝石などの「財宝類」に投資しており、他の国では20%にも達している[7]。

機関投資家のポートフォリオに占める非流動性資産の割合は過去20年で劇的に拡大してきた。全米大学実務者協会（NACUBO）によると、1990年代に約5%であった平均的な大学基金のオルタナティブ資産への投資が、2011年には25%以上を占めるに至ったとのことである。年金基金の運用でも同様の傾向が見られる。年金基金のポートフォリオに占める流動性のないオルタナティブ資産への投資比率は、

1995年では 5 ％未満であったが、現在では20％近くにも達している[8]。

流動性は枯渇する

　通常は高い流動性のある資産市場でも、周期的に流動性が失われる。通常では流動性が非常に高いコマーシャル・ペーパー（CP）取引（もしくは*短期金融市場*）でも、2008〜2009年の金融危機の間、どんな価格であっても取引をしたがらないという「買い手不在」に陥った。短期金融市場が機能不全状態に陥ったのはこれが初めてのことではない。1970年にペン・セントラル鉄道が倒産した時にも、コマーシャル・ペーパーの取引は停止してしまった。二つの事例とも、短期金融市場をよみがえらせるには、連銀による流動性介入を必要とした。

　金融危機の間、投資家に債券の空売り手段を提供するレポ市場や、住宅用・商業用不動産担保証券市場、仕組型クレジット証券、変動金利の地方債市場（第11章参照）であるオークション・レート証券市場の流動性も枯渇した。オークション・レート証券市場は2008年の金融危機で最初に流動性が枯渇したものの一つであり、2013年の本書執筆時点でもまだ戻ってはいない。この市場は原形をとどめたまま死んでしまったのである。

　流動性は、市場が過酷な窮状に陥っている間に枯渇してしまいがちであるため、流動性危機は繰り返し発生する。1920年代の中・南米債務危機、1990年代のアジア危機、1998年のロシア債務不履行危機、そしてもちろん2008〜2009年の金融危機も、すべて、流動性が急減したことが特徴であり、いくつかの市場では完全に失われたこともあった。大きな流動性危機は、少なくとも10年に 1 回の頻度で発生しており、大抵の場合、資産市場価格の急落を伴うのである。

2.3　要　　約

　非流動性資産全体で見た市場規模は、伝統的な株式や債券の市場に比べて大きい。通常は流動性がある市場ですら、周期的に流動性が低下する。大部分の投資家の富は、非流動性資産で占められている。このため、アセット・オーナーは、そのポートフォリオ構築の際に、非流動性リスクを考慮しなければならない。そのためには非流動性資産のリスク・リターンのトレードオフを推定する必要があるが、非流動性資産のリターンの計測は容易ではない。

3　非流動性資産の報告リターンはリターンではない

　ファウストとフォーストが送ったハーバード大学学部長評議会に対する警告書に

あるように、非流動性資産で生じた真の損失は報告された額を上回るものであった。このことは、我々に重要な結論を認識させる。*報告された非流動性資産のリターンはリターンではないのである*。三つのバイアスによって、我々は非流動性資産の期待リターンを過大に推定し、リスクを過小評価してしまう。それらは、

① 生存者バイアス

② 頻度の低いサンプリング

③ 選択バイアス

である。

　非流動性資産市場では、投資家は報告されるリターンに強い疑いをもつことが肝要である。

3.1　生存者バイアス

　生存者バイアスは、成果があがらないファンドがそのリターンを報告することを差し控えがちであることで生じる。これらのファンドの多くは、最終的には破綻してしまうのだが、我々がその破綻を認識できることはほとんどない。結果、非流動性資産の真のリターンは、報告されたものより悪い状況であることになる。

　一つたとえ話をしよう。喫煙は健康を害するという仮説を検証したいとする。少なくとも20年間の喫煙者でかつ現在は健康な者だけを対象に検査する。なんと、検証の対象者である喫煙者たちの死亡率は全体の平均よりも少しだけ良好という結果になるではないか。しかし、この結論は妥当だろうか？　もちろん、そうではない！　これまでタバコの害が現れず長生きしてきた喫煙者だけの*偏った*サンプルを用いたからにすぎないのである。もし今日から喫煙を始めると、20年後にこの幸運な人たちのグループの一員である確率はどの程度だろうか？　もしくは、20年間実験が繰り返される前に肺気腫（もしくは心臓病や肺がんなど）で死んでしまっているのではないか？

　現存している非流動性資産の運用ファンドは、幸運で、長生きしている喫煙者のようなものである。我々はまさに、現存するファンドのリターンを計測しているのであり、通常それらのファンドは、平均を上回る成果をあげているのである。不運な非流動性資産のマネージャーは消滅しており、そのリターンは報告されていない。もちろん、これら消滅したファンドは平均を下回るリターンしか獲得していない[9]。バイアウト・ファンドやベンチャー・キャピタル・ファンド、もしくは、あなたが好きな非流動性資産クラスの分析は、その分析期間中に現存した会社だけを

分析対象にする傾向がある。しかし我々は、今投資している小規模なベンチャー・キャピタルの運用会社が10年後も存在するとわかっているというのだろうか？　現存するファンドや運用会社は、現存しているがゆえに平均よりも高い運用成果を示す傾向にある。これは、非流動性資産の報告されているリターンが、真のリターンよりも高すぎる値になっていることを示しているのである。

　生存者バイアスを完全に取り除く唯一の方法は、ファンドの母集団全体を観察することである。ただ不幸にして、我々が*非流動性資産市場のすべてのファンドを観察することは絶対に不可能*である。

　ミューチュアル・ファンドについては、1940年投資会社法（1940年法）によってそのリターンを証券取引委員会（SEC）に報告することが義務づけられているので、これを活用すれば、少なくともそのファンドが登録されていた間は、すべてのミューチュアル・ファンドについて観察し、生存者バイアスの効果を計測することができる（第16章でより詳細に記述する）。生存者バイアスを考慮すれば、ミューチュアル・ファンドの推定期待リターンは、消滅したファンドを含めない場合より少なくとも1～2％低くなる。しかし業界は、その時点で現存するファンドのみを対象にして結論づけてしまうことが多い。消滅したファンドと現存ファンドを区分して計測すると、生存者バイアスの影響は4％以上にも達する。非流動性資産のマネージャーの場合には、これらの数値は下限値にすぎないと考えるべきである。第17章と18章で、ヘッジファンドとプライベート・エクイティのファンド・マネージャーにはディスクロージャーの基準がなく、投資対象原資産の時価評価が難しいため、しばしば、リターンを操作（もしくは改ざん）していることを示す。第17章で見るように、ヘッジファンドについての生存者バイアスと報告バイアスの影響は、ミューチュアル・ファンドよりずっと大きいのである。

　生存者バイアス以外に、データのバイアスもある。非流動性資産に特化したファンドについては、データベースのベンダーに対するリターンの報告は、ほぼ常に運用者による自主的なものである。これを*報告バイアス*と呼んでいる[10]。生存者バイアスは、データベースにすでに登録されているファンドが、低リターンであるために報告をやめてしまう結果生じるものである。十分に魅力のあるトラック・レコードがまだ得られていないため、当初にはリターンの報告をしないことによって、報告バイアスも生じることになる。

３.２ 頻度の低い取引

取引頻度が低い資産のボラティリティ、相関係数、ベータなどのリスクについて、報告されたリターンを用いて計測・推定すると、非常に低い値になる。

図13.2に、頻度の低い取引の影響を見てみよう。パネルＡは、当初１ドルの資産の価格の推移（図中の点は、各四半期末の価格）を図示している。図中の各点は、シミュレーションで得た価格推移の中から、2000年代の失われた10年で起こったことを反映させるよう、価格が上昇した後に下落するものをあえて選んだ。パネルＡの価格推移は大きな変動があるようには見えず、四半期リターンの標準偏差は0.23であった。

パネルＢは実際の日次の価格推移をプロットしたものである。パネルＡより変動性が非常に高く見える。四半期ごとにサンプリングしたパネルＡの価格変動の幅は1.0〜2.5であったのが、日次でサンプリングしたパネルＢの日次の価格は0.7から最大3.0まで変動している。パネルＢの同じ期間の日次の価格データから算出した四半期リターンの標準偏差は0.28と、パネルＡで算出した四半期データに基づく標準偏差0.23より大きな値になる。

図13.2　頻度の低い取引の価格推移（シミュレーション結果）

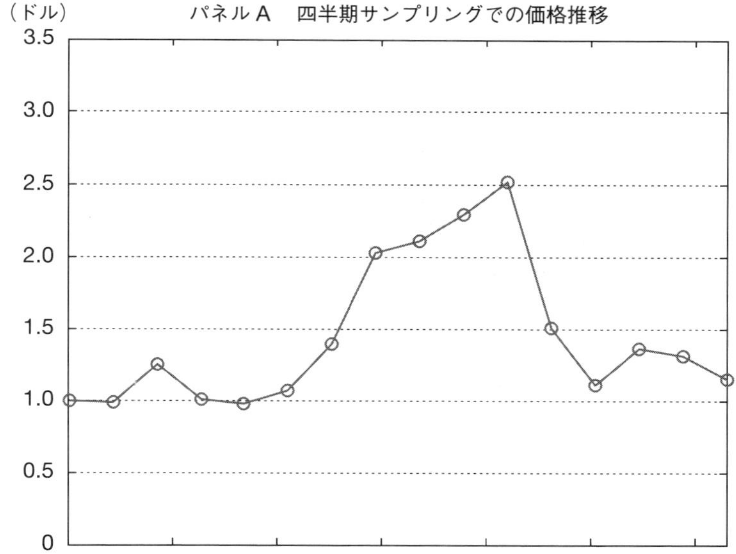

パネルＡ　四半期サンプリングでの価格推移

第13章　非流動性資産　509

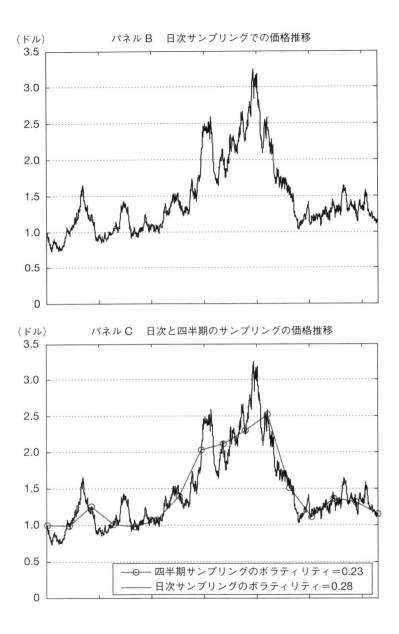

パネルCは全期間について、パネルAの四半期ごとの価格とパネルBの日次の価格の推移を重ね合わせたものである。少ない頻度でのサンプリング、すなわち、四半期データのサンプルによる計測では非常に低いリスクになってしまうことを示している。同じ効果はベータや相関係数にも生じる。つまり、頻度の低いサンプリングによって、リスクを低く見積もってしまうというバイアスが生じるのである[11]。

3.3　リターンの非平滑化

頻度の低い取引によるバイアスを説明するには、四半期末価格推移のパネルAと日次価格推移のパネルBを見比べる必要がある。すなわち、四半期末価格は平滑化されすぎであり、真の、ノイズが多く含まれたリターンを入念に取り出す必要がある。このプロセスは、*非平滑化*と呼ばれている。この算出法を最初に提唱したのは不動産分野で著名なマサチューセッツ工科大学（MIT）教授David Geltner（1991）とStephen Ross and Randall Zisler（1991）である。ロスはマルチ・ファクター・モデル（第6章参照）の提唱者であり、ジスラーは学術界でキャリアをスタートした不動産の専門家である。ロスとジスラーによる提唱は、1980年代後半、ゴールドマン・サックス社のための一連のレポート作成の過程で生まれた。この算出法は現在までに様々に拡張され、今ではその膨大な論文がある。

非平滑化は、*フィルタリング問題*である。フィルタリングのアルゴリズムは通常、ノイズからシグナルを分離するために活用されている。フリーウェイを走行中、携帯電話で話をしていると、立体交差の高架道路や高いビルによって通話が電波障害を受けたり、無線電波塔が十分にないところを通過する際に受信がとぎれとぎれになったりすることがある。通信技師は、あらゆる空電妨害に対抗して音声信号を増幅させる優れたアルゴリズムを用いる。通信される電波には声とノイズが混在しており、真の信号（声の信号）は電波そのものよりも変動性が小さいはずである。このような標準的なフィルタリング問題は、ノイズを除去するためのものであるのに対し、非平滑化は、報告されているリターンにノイズを*加える*ことによって、隠された真のリターンを明らかにするものである点が主な違いである。

ゲルトナー＝ロス＝ジスラーの非平滑化プロセスを例示するために、t期の観測不能な真のリターンをr_t、観測可能で報告されているリターンをr_t^*としよう。観測可能なリターンが，

$$r_t^* = C + \emptyset r_{t-1}^* + \varepsilon_t \tag{13.1}$$

に従うとする。$\emptyset$は自己相関のパラメータであり、その絶対値は1よりも小さい。

式（13.1）は、AR(1)プロセスである。ARは自己相関の略であり、1は1期のラグのある自己相関効果で説明されることを示す。観測されたリターンは、現在と1期前の真のリターンの関数（エンジニア用語では*伝達関数*もしくは*観測方程式*と呼んでいる）であると仮定すると、式（13.1）を用いて真のリターンに変換することができる。仮に平滑化のプロセスが、過去と現在のリターンの平均をとるだけであるのなら、式（13.2）を用いて、観測されたリターンr_t^*をフィルタリングすることで真のリターンr_tを推定することができる。

$$r_t = \frac{1}{1-\emptyset} r_t^* - \frac{\emptyset}{1-\emptyset} r_{t-1}^* \tag{13.2}$$

式（13.2）は観測されたリターンを非平滑化していることになる。伝達関数に関する仮定が正しいのなら、式（13.2）によって得られるリターンには自己相関がないはずである。このように、このフィルターは、自己相関のある観測されたリターンの系列を用いて独立同一分布（i.i.d.）に近い（もしくは予測不可能な）真のリターンを求めるものである。真のリターンの分散は観測されたリターンより大きいことに注意が必要である。つまり、

$$\mathrm{VAR}(r_t) = \frac{1+\emptyset^2}{1-\emptyset^2} \mathrm{VAR}(r_t^*) \geq \mathrm{VAR}(r_t^*) \tag{13.3}$$

であり、ここで$|\emptyset|<1$なので、真のリターンを推定するために、観測されたリターンに分散を付加したといえる。

式（13.1）と式（13.2）の非平滑化の過程を解釈するもう一つの方法として、これは平滑化された、もしくは報告されたリターンが次式に従うと仮定することと同じである。

$$r_t^* = (1-\emptyset)r_t + \emptyset r_{t-1}^* \tag{13.4}$$

つまり、t期の平滑化リターンr_t^*は、t期の平滑化されていない真のリターンr_tと1期前の平滑化リターンr_{t-1}^*との加重平均と仮定する。このように、平滑化されたリターンはゆっくりとしか更新されない。つまり、真のリターンの変動を部分的には反映するが、価値評価のプロセスに起因するラグをも反映してしまうものとなる。

非平滑化プロセスには、次のような多くの重要な特性がある。

1　非平滑化のプロセスはリスクの推定値には影響するが、期待リターンには影響しない

直観的には、平均の推定には最初と最後の価格（再投資された配当を含む価格）

を観測することだけで十分である[12]。平滑化は価格のショックの影響を引き延ばす
ものであるが、ショックのすべてを取り込むことに違いはない。図13.2から、最初
と最後の観測値は、サンプル頻度を少なくしても変わるものではないことがわか
る。このように、非平滑化はボラティリティの推定値にのみに影響するものなので
ある。

2 観測されたリターンが無相関な場合には非平滑化は活用できない

多くの場合、非流動性資産の評価額は鑑定価額であるため、報告される非流動性
資産のリターンには自己相関性がある。鑑定プロセスにおいて、鑑定人は直近の、
かつ比較可能な販売実績（取引値）と過去の鑑定価額（推定値、もしくは認識値）
を用いる（彼等はそうしなければならない）ので、結局、平滑化の手続を採用して
いることになる。鑑定プロセスを通じた人工的な平滑化の問題は、不動産に関する
多くの研究者に、鑑定価額ベースではなく純粋な取引ベースのインデックスの開発
を促してきた[13]。自己相関はまた、マネージャーが価格下落時にいやいや時価評価
するといった、主観的な価値評価手続のうさんくさい側面の結果でもある。

多くの場合、非流動性資産の真のリターンも自己相関性があることが予想され
る[14]。不動産、プライベート・エクイティ、植林地、インフラストラクチャーなど
の非流動性資産市場は、すべての投資参加者が情報を入手できる市場ではなく、情
報が直ちに伝達されるわけもなく、新しい投資対象に直ちに資金が投資されるもの
でもない。資金が徐々にしか移動せず、情報という観点からも非効率な市場は、そ
のリターンは継続的である（自己相関性がある）という特性がある[15]。

3 非平滑化はアートである

式（13.1）と式（13.2）で示した非平滑化の事例では、最も単純な自己相関過程
AR(1)を用いて報告リターンを記述した。多くの非流動性資産は1次を超えるラグ
の影響を受けている。例えば不動産は、年に一度しか再鑑定されない多くの物件
データを用いるので、四半期データには4次のラグが生じることがよく知られてい
る[16]。優れた非平滑化の手順は、報告されたリターン・データがうまく当てはまる
時系列モデルを用い、汎用の伝導関数を仮定する。そのため式（13.2）にある真の
リターンに関するフィルターは、現時点のリターンと過去のラグのある観測された
リターンを用いる、ずっと複雑な関数になる[17]。正しく実践するには優れた統計手
法が必要である。さらに、どのようなラグ構造ならば合理性があるのかを理解し、
どの程度の非平滑化が必要なのかを判断するためには、非流動性資産市場の構造に
ついての経済学的な知識が求められる。

第13章 非流動性資産 513

非平滑化された不動産リターン

非平滑化の効果を例示するために、図13.3は、協会員が報告する情報をもとに不動産インデックスを提供している米国不動産投資受託者協会（NCREIF）の不動産直接投資のリターンをプロットしている[18]。NCREIFの不動産リターンには、高い自己相関性が見られる。1978年3月から2011年12月までの期間、NCREIFリターンの1次の自己相関係数は0.78である。報告された生データを実線で図示している。式（13.1）と式（13.2）のフィルターを用いた非平滑化後のリターンを四角印で図示している。すべてのリターンは四半期ベースである。

非平滑化は劇的な結果をもたらしている。不動産価格が下落していた1990年代初における報告されたリターンの最低は、1991年第4四半期の▲5.3％である。同時期の非平滑化したリターンは▲22.6％である。金融危機の間で見れば、NCREIFリターンの最低は2008年12月の▲8.3％であった。同時期の非平滑化したリターンは▲36.3％である。生のNCREIFリターンのボラティリティは四半期率で2.25％であり、一方、非平滑化したリターンのボラティリティは、四半期率で6.26％である。これは、四半期率で7.5％程度である株式リターンのボラティリティとほぼ同じ値である。相関（したがってベータ）の推定値も非平滑化によって影響を受けている。すなわち、生のNCREIFリターンとS&P500指数との相関は9.2％であるが、非平滑化によって15.8％まで上昇する。

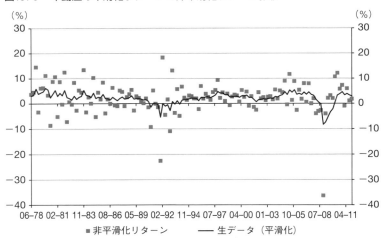

図13.3　不動産の平滑化リターンと非平滑化リターン推移

3.4　選択バイアス

*選択バイアス*は、原資産の評価値が高いときにそのリターンが観察されやすいという傾向に起因して生じる。

建物が売却されるのは、評価値が高いときであることが多い。そうでなければ、売り手は資産価値が元に戻るまで売却を控えるだろう。結果、原資産である不動産の評価値が高いときに、より多くの取引が観測されるという状況がもたらされる。

プライベート・エクイティでは、選択バイアスは深刻である。バイアウト・ファンドでは、株価が高いときにのみ企業を公開株式化する。多くのベンチャー・キャピタル投資は、複数回の資金調達のラウンドを跨ぐように組成される。よりよい業績をあげているベンチャー企業は、より多くの資金を、より多くの回数にわたって集める傾向にある。ベンチャー・キャピタリストは、企業の評価値が高いときにその企業を一部売却し、その際に取引が記録される。破綻寸前の企業は、通常は公に流動化されず、これらの「ゾンビ」企業は、しばしば、抜け殻企業として放置されたままになる。直近の取引がない古くからの投資先企業が観測できても、それらの企業がまだ活動してうまくいっているのか、ゾンビ企業なのかは明らかではない。

選択バイアス問題の例示として、Korteweg and Sorensen（2010）から引用した図13.4を見てみよう。パネルＡの点は、全サンプルの非流動性資産のリターンを示している。これらのリターン（縦軸）は、その時の市場リターン（横軸）に対応させて示している。証券市場線（SML。第6章参照）と呼ばれる非流動性資産と市場リターンとの関係を見る直線は原点を通過しており、全サンプルで見ればアルファは得られていない。SMLの傾きはリスクの尺度の一つである非流動性資産のベータを示す。

パネルＢは標本選択問題を例示している。悪いリターン（図中の灰色の点）はデータベースに含まれない。なぜなら取引は、価格が高いときにしか記録されないからである。現在、報告されているのは黒い点だけである。真のアルファがゼロであるにもかかわらず、これらの観測されたリターンについて推定したSMLから得られるアルファはプラスになっている。また、当てはめたSMLの傾きは、パネルＡにある真のSMLの傾きより平坦になっており、低いベータ値であるとの推定になっている。観測されたリターンのボラティリティを計測する際、高いリターンのみを対象とする結果、ボラティリティを低く推定するというバイアスが生じてしまう。このようにして、期待リターンを高く、ベータと分散で見たリスクを低く推定

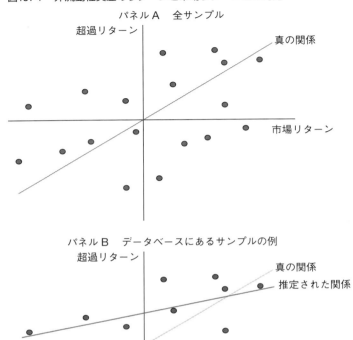

図13.4 非流動性資産のリターンと市場リターンとの対比

してしまうのである。

　選択バイアスを解消するための統計的手法はJames Heckman（1979）によって開発され、彼はこの手法をはじめとする計量経済学の手法を生み出したことで2010年のノーベル経済学賞を受賞している。こうしたバイアスを補正するためのモデルを用いた研究は、図13.4のような非常に単純な状況を想定するのではなく、リターンが観察できる閾値が経時変動することや、企業や物件レベルの特性も考慮したものである[19]。リスクのモデルは、市場ポートフォリオのみを使用する単一リスク・ファクターではなく、マルチ・ファクター・モデル（第6章、第7章参照）まで拡

張されることもある。

選択バイアスの影響は甚大なものになり得る。Cochrane（2005）は、ベンチャー・キャピタルの対数リターンで見たアルファは、選択バイアスを考慮しないと90％を超えるが、バイアスを修正すると▲7％になると推定している。Korteweg and Sorensen（2005）は同じ資産クラスの期待リターンが、選択バイアスを考慮すると月次の算術リターンで見て2〜5％減少すると推定している。不動産では選択バイアスの影響はより小さい。おそらく、不動産のリターンのボラティリティが元来プライベート・エクイティより小さいためであろう。Fisher et al.（2003）は、不動産における選択バイアスの補正を行い、不動産の平均リターン1.7％がバイアスを考慮すると0.3％にまで減少し、標準偏差は1.5倍にまで増大すると推定している。この不動産リターンの平均が小さいのは、不動産市場が低迷した1990年代初と2000年代初を含む1984〜2001年の期間を対象にしていたためである。彼らは、2000年代半ばの不動産市場の急騰時を対象としていない。

3.5　要　　約

報告される非流動性資産のリターンは、慎重に取り扱うべきである。平均以上のリターンを有する生存者の存在や、頻度の低い取引、原資産の評価値が高いときのみ取引される傾向によって、リターンの推定値は過度に楽観的なものに、リスクの推定値は低くバイアスのかかったものになってしまう。端的にいって、報告された非流動性資産のリターンはまゆつばものなのである。

4　非流動性リスク・プレミアム

非流動性リスク・プレミアムは、投資家が直ちには資金を投入・回収できないことの対価である。また、非流動性の危機の間、流動化ができないことの対価でもある。

非流動性リスク・プレミアムの獲得

アセット・オーナーが非流動性プレミアムを獲得するためには四つの方法がある。

①　不動産投資のように、非流動性資産クラスに対してパッシブな配分を行う。

②　ある資産クラスの中で、より流動性の低い証券を選択する。すなわち、*流動性銘柄選択*を行う。

③　個別証券レベルでマーケット・メーカーになる。

第13章　非流動性資産　517

④　ポートフォリオ・レベルで*動的戦略*を採用する。

　経済理論においては、小さいかもしれないが、非流動性リスクを負うことによるプレミアムが存在するはずとされている[20]。非流動性リスクの価格に対する影響が小さいか、もしくはまったくないというモデルにおいては、非流動性は個々の投資家の間で消失する。ある一部の投資家は非流動性の影響を受け、例えば消費を抑制したり、資産保有に影響があったりするかもしれない（後述する、非流動性リスクを含む資産配分モデルのように）。しかし、他の投資家は制約を受けなかったり、時期を変えて取引するであろう。つまり、投資家間でリスクがシェアされ、非流動性の影響が消し去られるわけである。このようにして、均衡においては非流動性の影響を無視できるほど小さいものになり得るのである[21]。

　非流動性リスク・プレミアムが大きいのか小さいのかは、実証上の問題である。

４．１　資産クラス間の非流動性リスク・プレミアム

　図13.5は、Antti Ilmanen（2011）の素晴らしい著書『*Expected Returns*』からの引用であり、各資産クラスの推定される非流動性の程度に対する平均リターンをプロットしている。平均リターンは1990〜2009年の（報告された）データに基づき算出されている。非流動性の程度はイルマネンの主観に基づいているが、プライベート・エクイティ投資にはヘッジファンドより流動性が高いものがあったり、インフラストラクチャー投資の流動性はプライベート・エクイティ投資より格段に劣っていたりするなど、各資産クラスを流動性の観点からこのような小さなハトの巣箱に分類することは困難である。とはいえ、図13.5は、各資産クラスが非流動性の度合いとその期待リターンとの関係には正の相関が見られることを示しているようである。図13.5は、様々な資産クラスがその非流動性に応じた収益を生み出すという、多くの市場参加者が抱いているような「慣習的な」見解を示している。

　この慣習的な見解には、下記のような理由で問題がある。

1　非流動性バイアス

　本章第3節で見たように、非流動性資産の報告されたリターン・データは信用できない。生存者バイアス、低頻度のサンプリング、選択バイアスなどの様々な非流動性バイアスによって、非流動性資産クラスの期待リターンは過大に評価されてしまう。

2　リスク軽視

　非流動性資産クラスには、非流動性リスク以上のリスクがある。これらのリスク

図13.5 流動性ランク別に見た各資産クラスのリターン

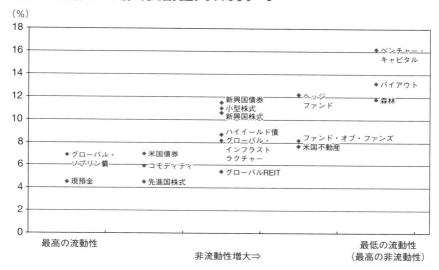

を調整すれば、非流動性資産クラスへの投資の魅力はかなり失われる。第10章で、NCREIFの不動産インデックスは（わざと楽観的に作られた指数データをそのまま使ったにもかかわらず）、標準的な60％株式、40％債券のポートフォリオのリターンに劣後したことを述べた。第17章と第18章では、平均的なヘッジファンドとプライベート・エクイティ・ファンドの期待超過リターンがいずれもゼロであることを述べることになる。とりわけ、リスク調整後で見れば、大部分の投資家にとっては、プライベート・エクイティ・ファンドに投資するより、S&P500指数に投資する方が望ましいのである。

3 非流動性資産クラスには「市場インデックス」がない

いかなる投資家も、非流動性資産インデックスのリターンを享受することはできない。例えば、アセット・オーナーは、不動産ポートフォリオにおいてNCREIFのリターンを得ることは決してできないのである。大部分のヘッジファンド・インデックスやプライベート・エクイティ・インデックスについてもしかりである。流動性のある公開市場では、大規模投資家はほぼゼロの運用管理報酬で市場インデックス・リターンを得られる。一方NCREIFでは、インデックスに含まれるすべての原資産を購入することはできないので、投資可能とはいえないわけである。すべてのアセット・オーナーは、NCREIFの数千にものぼる組み入れ対象に比べればずっ

と少ない数の不動産にしか投資していないので、より多くの固有リスクに晒されている。この多くの固有リスクはリターンを押し上げる場合もあるが、その反対の結果になる場合もある。非流動性資産投資のリターンは、報告されているインデックスよりはるかに低リターンになり得るのである。

4　マネージャーの能力とファクター・リスクを分離することが不可能である

　債券や株式市場のインデックス・ファンドへは廉価で投資可能であり、これにより投資家はシステマティック・リターン（もしくはファクター・リターン。第7章参照）とマネージャーの運用の腕前を分離することができる。非流動性資産市場では、このような分離は不可能である。*非流動性資産市場への投資は，常に，運用能力に賭けることになるのである*。非流動性資産市場におけるエージェンシー問題は最も重要な問題であり、本書の第III部で議論している。エージェンシー問題は非流動性リスク・プレミアムがもたらすいかなる利点も圧倒してしまう可能性があり、しばしばその通りのことが実際に起こっている。

　Ang, Goetzmann, and Schaefer（2011）が詳細に述べているように、データ・バイアスを考慮してもなお、資産クラスの非流動性が高いほど平均リターンも高いという実証証拠は、明らかに玉虫色である[22]。しかしながら、資産クラスを*跨ぐ*と顕著な非流動性リスク・プレミアムが見られない一方で、資産クラス*内*では大きな非流動性リスク・プレミアムが存在している。

4.2　資産クラス内の非流動性リスク・プレミアム

　すべての主要な資産クラス内では、流動性がない証券の平均リターンは、流動性がある証券に比べ、平均的に高くなっている。これらの非流動性プレミアムは、非流動性資産をロングし、流動性のある資産をショートするという動的ファクター戦略によって得られる。こうした戦略では、非流動性資産の流動性が高まるにつれ（逆もまた同様だが）、投資家はリバランスを実施する（第14章で、これらを含め、ファクター配分の方法について議論する）。

米国財務省証券

　米国財務省証券市場において、流動性に関する広く知られた現象は、*指標銘柄と非指標銘柄の債券間スプレッド*である。新発債（指標銘柄）は、既発債（非指標銘柄）より流動性が高く、高価格、低利回りで取引される[23]。これら2種類の債券間のスプレッドは、財務省証券市場の流動性の状況を反映して変化する[24]（詳細については第9章参照）。

520　第II部　ファクター・リスク・プレミアム

財務省証券市場では、2008〜2009年の金融危機の間に非流動性の顕著な影響が現れた。財務省債券（長期国債）は、20〜30年償還で発行され、財務省証券（中期国債）は１〜10年償還で発行される点以外は、まったく同一であり、10年経過すると、償還期限が20年で発行された長期国債は中期国債と同じものになる。もし、残存年数が同じであれば、発行時点で長期国債であったか中期国債であったかの違いは、何ら差違を生み出すものではないはずである。しかし金融危機の間、長期国債の価格は、同じ残存期間の中期国債よりも５％以上低かった。すなわち、世界で最も重要でかつ流動性のある市場の一つにおいてさえ、非流動性の大きな影響があったのである[25]。

社　　債

　取引頻度が低く、ビッド・アスク・スプレッドが大きい社債は、より高いリターンを生む。Chen, Lesmond, and Wei（2007）は、非流動性リスクが投資適格債の利回りのばらつきの７％を説明することを明らかにしている。非流動性はジャンク債の利回りのばらつきの22％を説明しており、これらの債券では、ビッド・アスク・スプレッドが１bp拡大すると利回り格差が２bp以上高まる[26]。

株　　式

　株式市場において、流動性の劣る株式がより高いリターンとなることを説明できるような多くの非流動性変数が、様々な研究論文により発見されている[27]。こうした変数には、ビッド・アスク・スプレッド、取引株数、買い手と売り手のどちらが主導したかを符号で区別した発注量、回転率、対取引金額絶対リターン比（2002年のアミフドの論文発表以降「アミフドの尺度（Amihud measure）」と呼ばれている）、大規模取引の価格への影響、私的情報に基づく取引尺度（私的情報に基づかない取引を測定する。私的情報に基づく取引については下述参照）、気配株数と板の厚み、取引頻度、ゼロ・リターンの頻度（流動性の高い市場では、リターンは弾むように変化する）、リターンの自己相関（古い情報が反映されたままの価格の尺度）などが含まれる[28]。これらはすべて非流動性を示す特徴であり、個別銘柄に固有の特質である。また、非流動性リスク・ベータも存在する。これらは、市場の非流動性度合いや符号付発注量のような非流動性の尺度と株式リターンとの共分散である。

　論文で推定されている非流動性リスク・プレミアムは、どの非流動性尺度に基づいているかによって１〜８％の範囲にある。しかしBen-Rephal, Kadan, and Wohl（2008）は、これらの株式非流動性プレミアムは相当減少しており、いくつかの非

第13章　非流動性資産　521

流動性の尺度で見ればリスク・プレミアムは現時点ではゼロになっていると述べている！　Ang, Shtauber, and Tetlock（2013）によると、株式店頭市場であるピンクシートの非流動性リスク・プレミアムは20％近いのに対し、比較可能な上場市場では１％程度であるという。

非流動性資産

　投下資金の引き出しに制約が課せられている（ロックアップと呼ばれている。第17章参照）という意味で非流動性が高いヘッジファンドや、流動性が枯渇した際にはリターンが損なわれるようなヘッジファンドのリターンは高い[29]。Franzoni, Nowak, and Phalippou（2012）は、プライベート・エクイティ・ファンドには、通常は３％もの著しい非流動性プレミアムが存在すると述べている（詳細は第18章参照）。不動産においては、Lui and Qian（2012）は、米国のオフィス用ビルに関して、非流動性の価格への影響の尺度と、探索コストの尺度を提案している。彼らは、これら非流動性尺度が10％増加すると、期待リターンが４％増大することを明らかにしている。

非流動性リスク・プレミアムはなぜ資産クラス間ではなく資産クラス内にはっきり見られるのか？

　著者の知る限りでは、大きな非流動性リスク・プレミアムがある資産クラスの中では存在するのに、資産クラスを跨ぐと存在しないのかを説明する、定形化された均衡モデルはまだ提唱されていない。

　この理由はおそらく、資産クラスを跨いだ統合化があまりなされていないことにあるだろう。流動性のある株式と債券の市場間であっても、投下資金や投資戦略を円滑に変更することは非常に難しい[30]。投資家は、資産クラスをそれぞれ隔離して管理しており、全体として整合的に取り扱うことはほとんどない。この状況は、株式部門、債券部門、そして他の部門間ではまれにしか相互で会話のないセルサイドと、それぞれの資産クラスを別の部署で運用しているバイサイドの双方で生じている（第14章で後述するように、カナダ年金制度投資委員会（CPPIB）のファクター投資戦略は注目すべき例外である）。資産クラスを跨ぐ非流動性の潜在的なミスプライスは、機関投資家特有の制約、緩やかな資金移動、裁定取引の制限を反映しているのである[31]。

　一方で、資産クラス間の非流動性リスク・プレミアムが小さいのは、おそらく、投資家がより高いリターンを獲得できるという幻想を追い求め、非流動性プレミアムがなくなるまでこれら非流動性のある投資対象の価格をつり上げてしまうためか

もしれない。資産クラス市場の統合化が欠如しているために、投資家は情報不足のもとで非流動性資産クラスの投資判断をしてしまう。これとは対照的に、特に株式や債券といった流動性が高い資産クラスにおいては、非流動性に慣れていない投資家は、望めば直ちに取引できる権利に対価を払いたいと考える。投資家は、資産クラス内で競争しているので、流動性を切望し、その対価をつり上げていくのである。

4.3 マーケット・メイキング

マーケット・メーカーは、買い手と売り手の仲介業者として機能することによって、流動性を提供している[32]。流動性の提供には費用がかかる。マーケット・メーカーは猛烈な売りまたは買い注文に立ち向かい、優れた情報をもつ投資家といかなるときでも取引し続けるために自己資本が必要になる。こうしたコストに対する見返りとして、マーケット・メーカーは、「公正価値」に近い価格の範囲内で、安く購入して高く売却する。マーケット・メーカーと取引する投資家は、このビッド・アスク・スプレッドを支払うことになる。

流動性のある株式や債券の市場では、マーケット・メイキングは、今や、1秒に満たない瞬く間に売りと買いの注文を出すための大規模なコンピュータ・システムを備えている投資家による高頻度取引と同義となっている。米国の証券取引所での取引金額の70%以上は、高頻度取引によるものといわれている[33]。成功している多くのヘッジファンドは高頻度取引に特化している（第17章参照）。

多くのアセット・オーナーは、高頻度取引のシステムを構築して非流動性リスク・プレミアムを享受することはできないし、（直接・間接に）このビジネスに参入したいとも思ってはいない。しかし、大規模投資家が、低頻度のマーケット・メイキングで非流動性リスク・プレミアムを享受できる方法がある。

ディメンジョナル・ファンド・アドバイザー（DFA）社は、小型株に特化して1981年に設立された運用会社である。DFA社の戦略は、ファクター理論モデルを根幹としており、創設者であるデビッド・ブースとレックス・シンクフィールドは、会社創設にあたって、ファイナンス学界の実力者であるファーマとフレンチ他を説得して参加させた。DFA社は創設当初から、自らを小型株の流動性の提供者として位置づけ、マーケット・メイキングを投資戦略の一部として組み込んでいた[34]。他の投資家が急な大量の小型株の売却先を探しているときDFA社はその相手方となり、割安で購入する。また同様に、DFA社は、小型株を今すぐにでも購

入したい投資家に対してはプレミアム付きで売却する。

　ソブリン・ウェルス・ファンド（SWF）や大手の年金基金のような、大規模なアセット・オーナーは、とりわけ非流動性市場においては、流動性の提供者としての立場にいる。大規模な債券や株式の取引要請に対して、もしくは不動産のポートフォリオ単位での取引要請に対してすら、割安な価格で購入し、プレミアム付きで売却することができるのである。このようなことができるのは、どのくらいの取引量なら制約（ベンチマークに対するトラッキング・エラー）の範囲内に収まるのか、限界を計算しているからである。すなわち、様々な証券について、ベンチマークから乖離しすぎない範囲の取引量までは流動性を提供することができるのである。買い手や売り手は流動性提供に関する評判を聞きつけて彼らのもとへはせ参じるのである。

プライベート・エクイティやヘッジファンドのセカンダリー市場

　ヘッジファンドやプライベート・エクイティのセカンダリー取引は急速に増えているが、その市場にはまだまったく厚みがない[35]。多くの取引は、組織化された流通市場のプラットフォームで執行されているわけではない。

　プライベート・エクイティでは2種類のタイプの流通市場がある。第一は、バイアウトのセカンダリー市場（そして再転売のための第三次市場も）であり、投資している個別企業をプライベート・エクイティの運用会社間で取引するものである。このセカンダリー市場は今まさに花開いており、バイアウトのセカンダリー市場での取引は、2005年には全プライベート・エクイティ・バイアウト取引のおおよそ15％を占めていた[36]。アセット・オーナー（有限責任組合員、リミテッド・パートナー、LP）の観点から見れば、このセカンダリー市場はプライベート・エクイティ・ファンドへの投資をイグジットする機会を与えてくれるものではなく、回転木馬のように、プライベート・エクイティ運用会社間で個別企業を交換する市場にすぎないとさえいえる。しかしよくいえば、多くの取引が（取引ファンド間でのごまかしがないと仮定すれば）市場価格で取引されることにより、アセット・オーナーは非流動性資産への投資をより適切に評価することが可能になる。LPにとっては、ファンドへの投資からは抜けられないが、ファンドが投資していた企業が他のプライベート・エクイティ・ファンドに売却されることにより、いくばくかの現金を受けることにはなるかもしれない。

　LPがファンドへの投資をイグジットするためのセカンダリー市場はより小規模であり、より不透明である。業界人でさえ、このセカンダリー市場が「まだ未成熟

であり、……まだ、プライベート・エクイティのプライマリー市場の数％にも満たない規模である[37]」と認めている。こうした取引のビッド・アスク・スプレッドは非常に大きい。Cannon（2007）が述べているように、LPにとってのセカンダリー市場は、1990年代には投げ売りしようとする売り手でひしめき合っていた。これらの取引の反対サイドに立つ専門の運用会社は、30〜50％のディスカウントで買い向かっていた。これらの運用会社が「ハゲタカ」と呼ばれていた所以である。2000年代になるとディスカウント率は20％未満にまで下がっていたが、金融危機の期間中はそれが急上昇した。ハーバード大学基金は、2008年中はプライベート・エクイティ・ファンドへの投資を中断しようとしていた時にこの状況に気づき、50％のディスカウントで取引する羽目に陥ったのである。

　ヘッジファンドのディスカウント率はプライベート・エクイティよりずっと小さい。これは、ヘッジファンドの投資家は、通常、ロックアップ期限満了後で、通知要件が満たされれば、（ヘッジファンドがゲート条項を課さない限り）事前に定められた日付において投下資金の回収ができるからである。より高い流動性がある結果、2007・2008年のヘッジファンドのセカンダリー市場におけるディスカウント率は6〜8％程度であった[38]（新規投資家に門戸を閉ざしていた少数のヘッジファンドは、プレミアム付きで取引されていた）。

　このような黎明期にあるプライベート・エクイティ・ファンドとヘッジファンドのセカンダリー市場は、大規模なアセット・オーナーにとって流動性を供給できる非常に大きな機会である。セカンダリー市場におけるプライベート・エクイティは、新車同然の中古車のようなものである。新車を路上に出して運転すると、姿形が販売店の倉庫にある車とまったく同じであったとしても、4分の1の価値は失われてしまう。流通市場で取引されるプライベート・エクイティはあくまでもプライベート・エクイティであることに変わりはなく、しかも販売店で購入するよりずっと廉価で入手できるのである。

逆 選 択

　マーケット・メーカーは、買い手が非公開の情報をもっており、個別株式が真のファンダメンタル・バリューと大きく乖離した価格で取引されてしまうリスクに晒されている。その企業の価値が上昇することを知っている買い手は買い向かい続け、株価は上昇する。このような場合には、証券会社はあまりに早い段階で、非常に安値で売却してしまうことになる。この状況は逆*選択*と呼ばれている。この値付けに関するマイクロ・ストラクチャーについての最初の論文であるGlosten and

Milgrom（1985）やKyle（1985）は、逆選択の影響を考慮したビッド・アスク・スプレッドの決まり方に関する理論を提唱した。DFA社は逆選択に対していかにして立ち向かうかの事例を示してくれる。搾取されることを避けるために、DFA社は株式銘柄に関するすべての情報を公表する相手方とのみ取引する。同時に、DFA社自身も、フロントランニングや価格操作のない、信用のおける方法で取引している[39]。

４．４　リバランス

　アセット・オーナーが流動性を供給するための最後の方法は、動的ポートフォリオ戦略によるものである。これは、資産配分に関するトップ・ダウンの意思決定であるため、アセット・オーナーの全ポートフォリオに対して、流動性銘柄選択やマーケット・メイキングよりも大きな影響を与える（ファクター要因分解については第14章参照）。

　リバランスは、*流動性を提供するための最も単純な方法*であり、すべての長期投資戦略の基本である。リバランスは、アセット・オーナーに、他の投資家が売りたいと思うときに、低価格で購入することを強要する。逆に、リバランスは投資家の意にかかわらず、高い価格で資産を売却させ、上昇してしまった段階で購入したい投資家に移転させる。リバランスは逆張りなので、流動性を提供するのである。動的なポートフォリオ戦略、とりわけ単純な価値評価ルールに基づく動的ポートフォリオ戦略（第４章、第14章参照）は、これを拡張したものである。すなわち、他の投資家が売りたいときに購入し、購入したいときに売却するということである。チャンスがあるときに非流動性資産をリバランスすることもまた、特に重要である（下述も参照）。

　厳密さを重視する投資家は、リバランスは資産運用戦略の一つであり、厳密な意味での流動性の提供ではないと主張するであろう。事実、リバランスは、流動性のある市場でのみ実践し得る。しかし、非対称な情報が突然表面化するとか、資金コストが急速に上昇して多くの投資家がその証券を売却しなければならなくなるなどすることで、しばしば価格は急落する。これらは非流動性を生み出す要因として本章第２節の最初に述べたものの一部である。Brunnermeier（2009）は、こうした効果が、先の金融危機における大暴落の主要因であったと主張している。逆のケースとしては、リバランスは、現存の投資家よりももともとリスク回避度が低い投資家や、過去の高いリターンに追従しようとする投資家、あるいは借入れが可能であり

非対称情報は少ないと見込むがゆえに、高い価格でもリスクのある資産を増やそうとする投資家に対して、リスク性資産への投資を可能にする。この一般化されたフレームワークにおいては、*リバランスは，流動性を提供しているのである。*

　大規模なアセット・オーナーは、標準的なインデックスに従順に追随することで非流動性プレミアムを放棄している。インデックスの構成要素が変更になるとき、アセット・オーナーはその変化への追随を要請されるため、流動性を必要とする。インデックスへの組み入れと除外は価格に3〜5％の影響をもたらし、これらの影響は最近のデータではより大きくなっている[40]。大規模なアセット・オーナーは、インデックスの再構成時にはプレミアムを支払うのではなく、受け取るべきである。独自のベンチマークを活用することでプレミアムの享受が可能になる。候補となるインデックスは非流動性証券の特性を用いたものになるであろうし、より一般的にはファクター・リスク・プレミアムの獲得を意図して構築されたものになるであろう（第14章参照）。非流動性に傾斜していないインデックスであっても、アセット・オーナーは、標準的なインデックスへの追随を強要されている他の投資家から流動性プレミアムを獲得することができる。

4.5　要　　約

　非流動性プレミアムを獲得する四つの方法は、①非流動性資産クラスへの資産配分をパッシブに維持する、②資産クラス内で流動性の低い証券に投資する、③個別証券レベルでマーケット・メイキングする、④ポートフォリオ全体としての動的リバランスを実施する、ことである。最後の方法④が最も採用しやすく、ポートフォリオ・リターンに最も大きく影響する。

5　非流動性資産を含むポートフォリオ選択

　非流動性資産にどの程度配分するかを決定する際には、投資家は、自身を取り巻く状況についての熟慮が必要である。投資期間は投資家によって異なる。非流動性資産市場では取引可能なインデックスがないので、投資家は、優れた能力を有するアクティブ・マネージャーを見つけなければならない。その際、エージェンシー問題に直面することになり、ポートフォリオ・マネージャーの評価やモニタリングには熟練が必要になる。このように、非流動性リスクを負うことによるプレミアムは、ある投資家に固有のものかもしれない。こうした非流動性プレミアムの算出には、流動性のある資産と非流動性資産に対応した資産配分モデルが必要になる。こ

第13章　非流動性資産　527

のモデルは、配分すべき非流動性資産の最適比率も算出してくれるものだ。

実務家は通常、非流動性資産への投資に適用するには不適切な一期間投資モデル、すなわち制約の多いMarkowitz（1952）の平均・分散モデルをアドホックに調整して利用している（そう、業界では依然として1950年代のモデルをそのまま活用しているのが大半なのである。第3章参照）。非流動性資産は直ちには取引できないが、将来には取引できるという事実により、非流動性資産への投資は動的かつ長期の問題になる。非流動性資産を含むポートフォリオ選択モデルに内包されている非流動性に関する二つの重要な特性がある。それは、取引コストが大きいことと、長期間にわたって売買できないことである[41]。

5.1 取引コストを考慮した資産配分

George Constantinides（1986）が、取引コストを支払わなければならない投資家にとっての資産配分モデルを初めて提唱した。例えば、100ドルの株式を売却するときに10％の取引コストを支払い、結果、90ドルの現金を得るとする。取引コストを削減するため、投資家が頻繁に取引しないことは驚くことではない。コンスタンティニデスは、リスク性資産の保有比率があらかじめ定めた上・下限の比率に到達した時には必ず取引を行うことが最適な戦略であることを示した。この上・下限の間は取引を行うべきでない領域である。この取引が生じない上・下限領域は、取引コストなしで継続的に取引できることを仮定したモデル（1971年のマートン・モデル、第4章参照）から得られる最適資産配分を跨ぐ形で存在する[42]。

取引を行うべきでない領域の大きさは、取引コストの大きさとリスク性資産のボラティリティの関数である。Constantinides（1986）は、10％の取引コストがある場合、ボラティリティ35％のリスク性資産の最適配分比率が25％であるならば、取引を行うべきでない領域の広さは25％以上にはならないと推定している（著者は、ハーバード大学基金は、2008年、投資しているプライベート・エクイティをわずか10％のディスカウントで売却することを望んでいたのだと断言する）。すなわちアセット・オーナーは、（0％、50％）の範囲では取引をしない。これは非流動性資産のポジションとしては非常に大きな振れ幅である。非流動性資産の投資家は、リバランスを行うべき状況は非常にまれにしか生じないと考えるべきである。

取引コストがなければ投資家の効用が同じになるような非流動性資産の期待リターンとして非流動性リスク・プレミアムを定義するなら、コンスタンティニデス・モデルを非流動性リスク・プレミアムの算出に用いることができる。これはす

なわち、投資家が取引コストを負担する代わりに要求するリスク・プレミアムであり、確実性等価の計算と同じ（第2章参照）である。15％以上の取引コストでは、5％を超えるリスク・プレミアムが必要になる。データによれば、非流動性資産クラスの超過リターンが平均で見て（ほとんど）ゼロであることと比べてみるとよい。

　取引コスト・モデルの主な欠点は、コストを支払えばいつでも取引できると仮定していることである。この仮定は、プライベート・エクイティ、不動産、森林、インフラストラクチャーには当てはまらない。投資期間が短ければ、買い手を見つける機会はないかもしれない。たとえ見つかったとしても、売却完了までに、デュー・デリジェンスや法律上の移転手続きの時間が必要であり、その間に相手方は逃げ腰になってしまうかもしれない[43]。多くの流動性のある資産もまた、金融危機の時には買い手が見つからず、価格がいくらであっても取引が行われないという流動性の凍結を経験した。

5.2　低頻度の取引を考慮した資産配分

　Ang, Papanikolaou, and Westerfield（2013）において、著者は、ランダムに発生する流動性イベント時においてのみ、非流動性資産の取引が実施できるという資産配分モデルを提唱している。このときの非流動性とは、非流動性資産はまさに非流動的で取引ができないが流動性イベントが発生したときには取引可能になる、というものである。

　著者は、流動性イベントが強度 λ のポアソン過程に従って発生するとモデル化した。流動性イベントの発生間隔は、$\frac{1}{\lambda}$ である。不動産やプライベート・エクイティでは、取引実施の間隔は10年おき程度、すなわち $\lambda = \frac{1}{10}$ である。λ が無限大に近づくにつれ、リバランスの機会はますます頻度を増し、極限においては継続的に取引が発生するという標準1981年のマートン・モデルに到達する。このように、λ は、非流動性がもたらす結果の大きさを示すものである。

　ポアソン過程は、2010年のノーベル賞受賞者であるPeter Diamond（1982）以降、取引相手を探索する際の摩擦をモデル化するために用いられてきた。翌年、ピーター・ダイヤモンドは連邦準備制度理事会（FRB）のメンバー候補になったが、共和党の反対にあって実現しなかった。

　非流動性リスクは、非流動性資産に対しても流動性のある資産に対しても、投資

家をよりリスク回避的にさせる。非流動性リスクは、経時変化する内生的リスク回避性を誘発させる。ハーバード大学基金は2008年に、たとえ豊かな富をもっていたとしても非流動性資産を「食べる」ことはできないのだと理解した。非流動的な富と流動性のある富は同じではない。すなわち、投資家が消費できるのは、流動性のある富だけなのである。流動的な富に対する非流動的な富の比率であるソルベンシー・レシオは投資家のポートフォリオについての意思決定と支払ルールに影響を及ぼす。つまり、投資家の実際のリスク回避度に影響する状態変数といえる。

　Ang, Papanikolaou, and Westrfield（2013）のモデルに従うと、以下のことがいえる。

非流動性リスクは、最適配分比率を著しく減少させる

　表13.6のパネルＡの最下欄は、リスク性資産が常時取引可能な基本ケースとして基準化したもので、リスク性資産の保有比率が59％となっている。この比率は、多くの機関投資家の標準的な株式配分比率である60％に非常に近い。上欄に行くほど、この資産の非流動性が高まる。仮にリスク性資産が平均的に半年ごとに取引できる（下から二番目の欄）とすると、この流動性イベントが発生することを条件とした非流動性資産の最適配分比率は44％となる。取引間隔の平均が５年になると、最適配分比率は11％になる。10年になると５％までに減少する。非流動性リスクは、ポートフォリオ選択に大きな影響をもたらすのである。

平均的長期投資比率を下回る比率にリバランスすべき

　取引頻度が低い場合、非流動性資産の価値は大きく変化し、右に歪んだ分布になる。流動性イベントが発生したとき、非流動性資産の最適配分比率は20％であると仮定しよう。投資家は、リバランスをできない期間中、非流動性資産の保有比率が例えば10〜35％にばらついていると容易に予想できよう。右に歪んだ分布であるため、非流動性資産の平均保有比率は例えば25％となり、最適リバランスを実施した保有比率より大きくなる。非流動性資産をリバランスするべき最適水準は、長期の保有比率より低いのである。

非流動性資産があると消費を抑えなければならない

　非流動性資産を保有しているときの支出率、もしくは消費率は、投資家が同じだけの流動性のある資産のみを保有しているときより低くなる。投資家は、非流動性資産が取引されないときには、非流動性資産の価値が下がるリスクを相殺できない。これは、ヘッジできないリスクの源泉である。投資家は、消費を抑制することによって、このリスクを相殺するしかない。

表13.6　流動性イベント平均期間ごとに見る最適配分比率と要求プレミアム

パネルA

流動性イベント間の平均期間 （もしくは平均回転率）	最適リバランス額 （訳注：最適配分比率）
10年	0.05
5 年	0.11
2 年	0.24
1 年	0.37
半年	0.44
連続的に取引	0.59

パネルB

流動性イベント間の平均間隔 （もしくは平均回転率）	非流動性リスク・プレミアム
10年	6.0%
5 年	4.3%
2 年	2.0%
1 年	0.9%
半年	0.7%
連続的に取引	0.0%

非流動性の「裁定取引」は存在しない

　平均・分散モデルでは、異なるシャープ・レシオで完全相関である二つの資産の配分比率は、プラスもしくはマイナス無限大となる。これは、平均・分散モデルの周知の悩みの種であり、このような状況の発生を避けるために、専門家たちは多くのアドホックな調整や、勝手な制約条件を設定する。片方が非流動性資産の場合にはこのような状況にならない。裁定取引は存在しないのである。投資家は、非流動性資産には非流動性リスクがあり「裁定状況」を作るような継続的な取引ができないために、非流動性資産に多額の投資はしないのである。

投資家は非流動性に対して高いハードル・レートを要求すべきである

　投資家は非流動性の見返りにどのくらいの収益率を必要とするだろうか？　表13.6のパネルBでは、非流動性リスクの見返りとして投資家が要求する非流動性資産のプレミアムを計算している。非流動性プレミアムまたはハードル・レートを確

第13章　非流動性資産　531

実性等価と定義しよう（第2章参照）。投資家が2種類の流動性のある資産に投資しており、片方を、流動性がないこと以外はまったく同じ資産に入れ替えると仮定しよう。非流動性プレミアムは、投資家にとってすべての資産が流動性のある場合と同じ効用になるような非流動性資産の期待リターンの増加分である。

　平均として半年ごとに流動性イベントが発生する場合、投資家は70bpの超過収益を要求すべきである（ヘッジファンドには、6ヵ月のロックアップ期間を設けているものもある）。非流動性資産が年に1回だけ売買できる場合には、非流動性プレミアムは約1％となる。投資のイグジットのために平均として10年間待たなければならない場合には、6％の非流動性プレミアムを要求すべきである。すなわち投資家は、プライベート・エクイティ・ファンドに対して非流動性の見返りとして公開株式市場より6％高いリターンを獲得することを要請すべきなのである。第3節で述べたように、大部分の非流動性資産は、これらのハードル・レートを上回る超過リターンが達成されていない（第11章参照）。

　Ang, Papanikolaou, and Westerfield（2013）モデルは、非常に定型化されたものである。このモデルが考慮していない課題、すなわち、エージェンシーの利益相反（第15章参照）、キャピタル・コールと分配に関するキャッシュフローの管理、資産・負債のミスマッチを加味すると、真のハードル・レートは表13.6で示した値より一層大きくなる。

5.3　要　　約

　非流動性資産を含むポートフォリオ選択モデルは、非流動性資産への控え目な配分を推奨する。投資家は、高い非流動性リスク・プレミアムを要求すべきなのである。

6 再考：ハーバード大学基金の流動化

6.1　非流動性資産投資の論拠

　大規模な長期投資家が非流動性資産への投資の正当性を説明する際、その資金量や、投資期間が長期であることを引き合いに出す。規模と忍耐は必要ではあるが、非流動性資産投資の十分要件ではなく、大規模・長期投資そのものに十分な正当性があるわけではない。非流動性資産クラスは高いリスク調整後のリターンを提供するものではないので、盲目的にそれに従うという説明は説得力を欠く。また、非流

動性投資は大きなエージェンシー問題を引き起こす。例えばアセット・オーナーが外部のマネージャーをモニターすることは難しい。多くの機関投資家は「縄張りリスク」に直面しており、これは、非流動性資産が組織内の独立した権限の強い部署で運用されることにより、ポートフォリオ全体の配分に悪い影響を与えるリスクのことである。

さらに、「市場」ポートフォリオが存在しないため、非流動性資産市場の投資家は大きな固有リスクに直面する。しかし、この大きな固有リスクこそが、非流動性資産への投資を行う、最も説得力のある理由なのである。

あなたが熟練の投資家であり（真のアルファを得ていると仮定すれば、第10章参照）、次の二つのうちどちらかの市場に投資できると仮定しよう。すなわち、(i)価格が新しい情報に速やかに反応し、ほとんどすべての人が同じ情報を得ており、ニュースが直ちに拡散する市場と(ii)情報の分析が困難であり、その入手はさらに困難であり、選ばれたごく少数の参加者のみ優れた情報をもっており、すべての参加者に情報が行き渡るには長期間を要する市場のいずれかである。あなたが(ii)に投資するのは明白である。要するに、これこそがSwensen（2009）が非流動性資産の選択を正当化した根拠なのである。非流動性資産クラスへの投資によって、より高いリスク調整後のリターンが得られるかどうかが論点ではないのである。実証証拠は、そのようなリターンが得られていないことを示している。

投資家は、非流動性資産への投資によって、流動性があり、概ね効率的な株式や債券市場から、情報の非対称性が大きく、取引コストが膨大であり、ある時点におけるアルファ獲得機会のばらつきが非常に大きい市場へ固有リスクを移転させることができる。このような市場は、言い換えれば、一山当てられる市場なのである！

スウェンセンの主張は「熟練さ」の一語に決定的に依存している。熟練した投資家で、その利点を享受できる体制があるのなら、これらの非流動性資産への投資機会を発見し、評価し、モニターすることができる。しかしその一方で、未熟な投資家はすっからかんになる。もしあなたが未熟であるなら、負けてしまうのだ。ハーバード大学、イェール大学、スタンフォード大学、MITや他の少数の大学基金は、その運用資産規模、リレーション、長期の投資期間へのコミットメントゆえに、非流動性資産の市場における優れたマネージャーを選定する能力がある。その他の大学基金ではどうだろうか？　大学基金の専門家は「ゾッとするものである。（運用成果は）これまでトントンもしくはマイナスですらある。強者はますます強くなり、弱者は第1四分位以下のマネージャーから抜け出せず、平凡なリターンと

高い運用管理報酬から逃れられないでいる」と述べている[44]。

6.2 大学基金への投資アドバイス

　ワシントン大学のトーマス・ギルバートとクリストファー・フルドリチカは、おそらく世界で唯一の大学基金運用マネジメントの理論家であろう。2012年の論文で、彼らは、成功を収める大学基金の最適資産配分政策は債券に大きく傾斜したものであり、リスク性資産、敷衍すれば非流動性資産に傾斜したものではないと、挑発的に主張した。

　ギルバートとフルドリチカは、大学を調査・研究および教育という「社会的配当」の創出機関としてモデル化している。大学は内部投資、つまり調査・研究と教育プロジェクトへ投資することもできるし、大学基金を通じて外部投資することもできる。仮に大学基金が、例えば株式を通じて外部のリスクをとり続けるのなら、その大学には、社会的配当を生み出すリスクのある優れたプロジェクトが内部に十分に存在していないというサインなのである。もし大学基金が債券を通じて安全資産に投資されているなら、その大学は、内部の調査・研究や教育プロジェクトを通じてリスクをとっているのである。ギルバートとフルドリチカは、大学基金がリスク資産へ大規模に投資することは、その大学には実りある調査・研究や教育プロジェクトの仕事がないことのサインなのだと主張している！

　大規模な資金をリスクのある非流動性資産に投資しているハーバード大学は、ギルバートとフルドリチカに論争を挑むかもしれない。大学基金があることによって、大学は政府や私的財団からの助成金に全額を頼るよりずっと独立性の高い存在であり得る。ダーショウィッツが述べたように、大学基金は2008年のような時期に的確に資金を供給する緊急時に備えた勘定のような役割も果たせただろう。ハーバード大学基金は、大学運営の経常予算の一部として、予想可能な額の資金の運用を通じて過去生み出してきたが、2008年は予想通りにはいかなかった。ハーバード大学は、大学基金の富を将来何世代にもわたって分かち合うことができる、すなわち「具体的な利用方法はそれぞれ異なるが、大学基金にある富はすべて、単に1年だけではなく、1世代だけですらなく、永続的に大学の活動を支援するという共通の目的をもっているのである」[45]と主張した。しかし、教育のために支払う費用は実質ベースで見て増加しており（第11章参照）、もし将来、教育が今以上に費用がかかるのであれば、将来の高価な財のために今日の廉価な財をあきらめることになるので、調査・研究や教育に出し惜しみするのは無意味なのである[46]。

534　第Ⅱ部　ファクター・リスク・プレミアム

イェール大学の学部教授であるヘンリー・ハンスマンは、大手の私立大学について「大規模な投資資産の運用をビジネスとしている機関投資家のようである。……教育機関は彼らの副業であり、それは拡大したり縮小したりできることで、投資資産の緩衝材として機能するからである」[47]と述べている。彼は、大学が大規模基金を好む主たる理由は名声を得ることであり、それ自体が目的として追求されていると主張している。ジャーナリストであるケビン・キャリーはこれとは別の表現をしており、聖公会（訳注：イングランド国教会）の祈祷書の韻律をそっくりまねて、大規模な大学基金は本質的に「限りない願望、終わりなき蓄財」であると述べている[48]。

6.3　ハーバード大学の流動化方策は？

ハーバード大学は、非流動的なオルタナティブ資産への大規模な投資によって、超過リターン、もしくは非流動性リスク・プレミアムを獲得していたのだろうか？そう、獲得していたのである。しかし、非流動性資産への投資によって価値を獲得することができたのは、非流動性資産クラスが大きなリスク・プレミアムを有するからではなく、ハーバード大学基金が熟練の投資家であったがゆえである。そして、ハーバード大学は、そのようなことができる数少ない投資家の一つなのである。

しかしながら超過リターンの獲得は、ハーバード大学の流動性資金の危機を解消することには役立たなかった。ハーバード大学の最大の失敗は、基本的な資産・負債管理にあったのである。非流動性リスクを考慮した資産配分モデルを活用しなかったとしても、あるいはギルバートとフルドリチカのアドバイスに従わなかったとしても、ハーバード大学は、その資産構成が負債に適合・適応していないことを認識すべきだったのである。学術用語でいえば、負債のデュレーションがその資産の平均年限よりも短かったのである。

ハーバード大学には五つの選択肢があった。

1　大学基金の一部を流動化する

しかし、大学基金の大部分は非流動性資産であり、売却できないものである。

2　支出の削減

大学とは、巨大で、傲慢で、非効率な組織であり、政府の官僚組織に似ている。誰一人として解雇することは難しく、支出削減にも限界がある。

3　寄付金を増やす

　管理不行き届きの結果生まれた損失を埋め合わせるための寄付金をお願いすることは、決まりが悪い。

4　他の収入を増やす

　ハーバード大学は、費用援助を希望する学生に対して、その支払能力にかかわらず経済的支援を行う政策を撤廃することができた。しかしながら、撤廃したところで、大した節約にはならないことがわかった。

5　借金する

　ハーバード大学は選択肢５を実践した。債券の発行によって25億ドルを調達し、これによって2009年の借入金比率は2008年の２倍になった。支出削減も試み、オールストン・キャンパスの拡充を繰り延べた。この大学基金は、ダーショウィッツが示唆したように、ジョセフが彼の家族やエジプト全土をも救うために活用することができた、緊急時に備えた基金であったのだろうか？　答えはノーである。実際、ハーバード大学は、できる限り大学基金が無傷な状態であり続けることを選び、2009年にその支出性向を*引き下げた*[49]。おそらく、ハンスマンの、名声の最大化が大学基金運営の動機づけになっているという指摘は正しいのであろう。結局、恵まれた存在でありたいと思うのは誰しも同じなのである。

[注]

1　Liquidating Harvard, Columbia CaseWorks ID #100312をもとに記述。

2　Faust and Forstによるメモ「Financial Update to the Council of Deans」2008年12月２日参照。

3　Nina Munk「Rich Harvard, Poor Harvard」ヴァニティ・フェア誌、2009年８月号参照。

4　Nina Munk「Rich Harvard, Poor Harvard」ヴァニティ・フェア誌、2009年８月号から引用。

5　欠陥商品市場に関する分析は、2001年のノーベル賞受賞者であるGeorge Akerlof（1970）が初めて行った。

6　表13.1の数値ならびに本節で述べる数値は、Ang, Papanikolau, and Westfield（2013）参照。

7　「Profit or Pleasure? Exploring the Motivations Behind Treasure Trend」Wealth Insights、Barclays Wealth and Investment Management、2012年参照。

8　「Global Pension Asset Study」Towers Watson、2011年参照。

9　Jorion and Goetzmann（1999）では、生存者バイアスは高い株式プレミアム
を説明するものである、すなわち、長期にわたる株式リターンが計測されている
国は、株式投資がうまくいっている国なのである、と論じている（第8章参照）。

10　Ang, Rhodes-Kroph, and Zhao（2008）参照。

11　ベータと相関の影響に関する頻度の低い観察については、それぞれ、Galtner
（1993）とGraff and Young（1996）参照。Galtnerは不動産のベータは0.5程度低
く推定されていると述べている。これは、サンプルサイズが大きくなればこのよ
うな結果にならないという、小標本に起因する問題ではなく、次節で説明する母
集団の問題である。

12　技術的には、式（13.2）の右の項と左の項の平均を求めることは、多くのサン
プルで求めた平均と同じ値になる。

13　この研究として、リピートセールス法（Goetzmann（1992）参照）や、売買
のみに基づくインデックスの構築法（Gatzlaff and Geltner（1998）およびFisher,
Geltner, and Pollakowski（2007）参照）がある。これらの方法のいくつかで
は、インデックス作成の際に、アパートなのか戸建てなのか、海や河に近いか遠
いか、二階建てか一階建てかというような特徴の違いを調整する。こうした調整
はヘドニック調整と呼ばれ、美術品（Gotzmann（1993）とMoses and Mei
（2002））や切手（Dimson and Spænjers（2011））、ワイン（Krasker（1997）と
Masset and Weisskopf（2010））のような他の非流動性資産のインデックスの構
築においても適用される。非流動性資産リターンのインデックスを作成するため
の統合の過程においては、さらなる平滑化も生じる。インデックスは、それが市
場での取引価格であろうと鑑定価格であろうと、その年の異なった時点の個別評
価額を集合させたものである。仮に∅＝0とするなら、式（13.2）と（13.3）に
おいて、ちょうど、非平滑化されたリターンと報告されたリターンはまったく同
じになる。頻度の低い観測の影響を見た図13.2は、年単位の自己相関を0.4とし
て作成した。

14　真のリターンに自己相関性があるとき、投資期間によって、分散、相関、
シャープ・レシオは変わるが、第1点目の考察によれば、平均は影響を受けな
い。Lo（2002）参照。

15　Duffie（2010）とDuffie and Struovici（2012）参照。

16　独創的なGeltner（1991）、Ross and Zisler（1991）の論文で記述されている。

17　ここではARMA（p, q）モデルが用いられ、それはラグpの自己相関（AR）
効果の項とラグqの移動平均（MA）効果の項をもつ。前者は過去のリターンの
大きな変化が現在のリターンに影響を及ぼし続けていることを表すものである。
Geltner（1991）とRoss and Zisler（1991）の両論文では、単純なAR(1)よりも複
雑な時系列過程を用いている。Okunev and White（2003）とGetmsnsky, Lo,
and Makarov（2004）はより高次の自己相関補正でヘッジファンド・リターンの
非平滑化アルゴリズムを提唱している。

第13章　非流動性資産　537

18 非平滑化の修正は他の非流動性資産と同様の結果を示している。例えば、Cambell（2008）は美術品市場の変動性6.5％は、非平滑化によって11.5％にまで増大していると述べている。

19 選択バイアスモデルをベンチャー・キャピタルに適用したCochrance（2005）や、不動産に適用したFisher et al.（2003）参照。また、Korteweg, Kräussl, and Verwijmeren（2012）は美術品のシャープ・レシオ0.4が選択バイアスを修正すると0.1にまで減少することを発見した。

20 Demsetz（1968）が影響力のある大きな貢献をしており、その後多くの文献が出ている。それらのサマリーについては、Hasbrouck（2007）とVayanos and Wang（2012）参照。

21 この種のモデル化については、Constantinides（1986）、Gârleanu（2009）、Buss, Uppal, and Vilkov（2012）参照。その対比として、Lo, Mamaysky, and Wang（2004）とLongstaff（2009）およびその他の文献では、非流動性プレミアムは大きな値であるべきであると言及している。

22 にもかかわらず、資産クラスを超えた非流動的な状況では、共通要因が存在する。例えば、米国財務省債券市場の流動性が低下したとき、多くのヘッジファンドでリターンが悪化する傾向にある。事例については、Hu, Pan, and Wang（2012）参照。

23 指標銘柄の債券はレポ市場での担保として活用できるため割高である。これは、「スペシャルネス」と呼ばれている。Duffe（1996）参照。

24 Goyenko, Subrahmanyam, and Ukhov（1996）参照。

25 Musto, Nini, and Schwarz（2011）参照。

26 第9章、ならびに、Bao, Pan, and Wang（2011）、Lin, Wang, and Wu（2011）、Dick-Nielsen, Feldhutter, and Lando（2012）参照。

27 概要はAmihud, Mendelson, and Pederson（2005）参照。

28 これらの変数で銘柄をソートした結果、平均リターンの差が得られる。しかし、これらの非流動性の尺度は非流動性リスク・プレミアムに反する期待リターンのスプレッドを生み出してしまう。例えば、標準化された平均取引株数は、Gervais, Kaniel, and Mingelgrin（2001）にあるように、将来のリターンが低くなる傾向がある。

29 Ang（2007）とSadka（2010）参照。

30 株式と債券間が統合されていないことについてはKapadia and Pu（2012）参照。

31 Merton（1987）、Duffie（2010）、Scheifer and Vishny（1997）参照。

32 O'Hara（1995）は、マーケット・メイキングの理論モデルを要約している。

33 Zhang（2010）参照。

34 Keim（1999）とRandolph Cohen「Harvard Business School case study "Dimensional Fund Advisors"」2002年参照。

35 これらの市場に関する学術研究としては、Kleymenova, Talmor, and Vasvari（2012）がある。

36 「Report of the Committee on Capital Markets Regulation」2006による。

37 Andrew SealeyとCampbell Lutyens共著のLuytens（2008）の序論より引用。

38 Romadoria（2012）参照。

39 MacKenzie（2006）参照。

40 第15章とインデックスの銘柄入替えによる影響に関して要約したAng, Goetzmann, and Scaeffer（2011）参照。

41 これに関する一部は、Ang（2011）とAng and Sorensen（2012）に基づく。

42 第4章では、Constantinides（1986）を、二重の領域、条件付きの領域、領域の上・下限もしくは中心までリバランスすることまで拡張して議論している。

43 いくつかの非流動性資産では、無価値になってはいけないという制約がないので、投資家は安価でもすぐに取引を執行したいと思うかもしれない。例えば、2008年6月30日、カリフォルニア州政府職員退職年金基金（CalPERS）の不動産投資の評価額は、なんと▲3億ドルであった！ Corekery, M., C. Karmin, R.L. Rundle, and J. S. Lublin「Risky, Ill-Timed Land Deals Hit CalPERS」ウォール・ストリート・ジャーナル紙、2008年12月17日参照。

44 Stewart, J. B.「A Hard Landing for University Endowments」ニューヨーク・タイムズ紙、2012年12月12日より引用。

45 「About HSPH:Endowment Funds：What Are Endowment Funds?」Harvard School of Public Health,
http://www.hsph.harvard.edu/about/what-are-endowment-funds参照。

46 Hansmann（1990）参照。

47 「Q&A. Modest Proposal. An Economist Asks, Does Harvard Really Need $15 Billion?」ニューヨーク・タイムズ紙、1998年8月2日参照。

48 Kevin Carey「The Veritas' About Harvard」クロニクル・オブ・ハイヤー・エデュケーション紙、2009年9月28日参照。

49 Brown et al.（2013）は、大部分の大学は同様の決断、すなわち、悪環境期が到来したときにでも基金を蓄蔵するという決断をしたと述べている。

第13章 非流動性資産 539

第14章

ファクター投資

第14章要約

　市場に勝つファクター戦略は多数存在する。例をいくつかあげるならバリュー投資、モメンタム、ショート・ボラティリティがそうである。どのようなファクターを選択すべきかを決めるためには、その投資家が、平均的な投資家に比べてどのくらいうまく悪環境期を切り抜けられるかという問いかけに答える必要がある。つまり投資家は、悪環境期には損失を被るが、残りの期間で埋合せできるというリスクを受け入れることによって、長期のリスク・プレミアムを獲得できるということである。ファクター投資が安いコストで実践できるようになったとき、それはアクティブ運用にとってのハードルが高まったことを意味する。

1　ノルウェーの積極的パッシブ運用

　ノルウェー国民は、金融危機に見舞われた2007〜2009年におけるソブリン・ウェルス・ファンド（公式にはノルウェー政府年金基金グローバル、GPFG）のパフォーマンスにショックを受けた。GPFGは、北海に埋蔵される石油・ガスから得る国の歳入を投資するために1990年に設立された組織である。GPFGの資産は2012年末で6,500億ドル、国民一人当りに換算すると13万ドルを超える金額である。当該ファンドはノルウェーの１年間の経済産出量を超える規模に達している。

　2007年のはじめは、ファンドのリターンは順調であった。図14.1は金融危機に見舞われた最悪期を含む2007年１月〜2009年９月の累積リターンを示している。金融市場には兆候があり、サブプライム住宅ローン価格の急落によりファンドのリターンは2007年９月からマイナスに転じていたが、2008年には金融市場全体の急落が始まった[1]。図14.1に示すように、2007年初からのGPFGの累積リターンは、リーマ

540　第Ⅱ部　ファクター・リスク・プレミアム

ン・ブラザーズ社が倒産に至った翌月の2008年10月には▲17％にまで達した。米国政府による銀行システムやその他の主要プレイヤーに対する緊急支援策のおかげで、このノルウェーのファンドも2008年12月に一時的にプラスのリターンを達成した。がその後、2009年第1四半期には、その施策が不十分であることが露呈して再びジェットコースターのように急落し、政策担当機関が金融システム安定化のための踏み込んだ施策を実施するに至った。図14.1に見るように、2009年2月には▲22％と最悪の累積リターンになり、それ以降、ファンドの累積リターンは回復に向かった。

驚くことにノルウェー国民は、ファンド全体として巨額の損失が出たことに対しては、それほど動揺しなかった。1990年の創設当初は全資産を債券に投資していたが、1998年に40％を株式に、2007〜2009年の頃には60％を株式に投資するに至った長い歴史がある（2011年以降、債券資産を取り崩し、最大5％まで不動産へ投資することを決定している）。リスクの状況は詳しく公表されており、議会は、株式資産に高い比率で配分することには巨額の損失をもたらすリスクがあることを理解している。長期で見れば、株式は債券を上回るリターンが得られる[2]。最終的には、金融市場は常に元に戻る傾向があるのである。

ノルウェーの国民の怒りは、アクティブ運用によって生じたマイナスのリターンにあった。GPFGの運用担当機関であるノルウェー中央銀行投資管理部門（NBIM）

図14.1 GPFGの累積ファンド・リターンと累積アクティブ・リターン

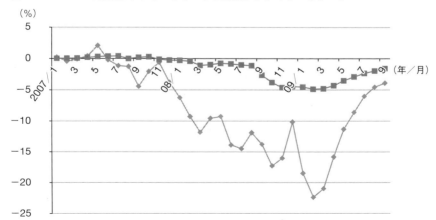

は、財務省が指定したベンチマークを上回る超過リターンを獲得することが求められていた。アクティブ・リターンとはファンドのリターンからベンチマークのリターンを差し引いたものである。図14.1で見たように、2007年以降の累積アクティブ・リターンは、金融危機の間の最悪の月では▲5％にまで達していた。国民の多くは、アクティブ運用が安定的に超過リターンを獲得することを期待していたが、NBIMの運用担当者たちが平均的な官僚より高い給与を得ているにもかかわらず、結局のところなぜ期待に反した結果になったのだろうか？　NBIMに支払われるアクティブ運用の高い運用管理報酬は無駄遣いに終わったわけで、GPFGは低コストのインデックス・ファンドを活用した*パッシブ運用*を採用すべきだったのかもしれない。

　GPFGは常に衆目に晒されており、財務省とNBIMの責任者たちの言動は、マスコミによって徹底的に調べられる。この損失が、経済成長の縮小とその他の過度な財政支出がマスコミによって取り沙汰されたのと同時に発生したことでもあり、アクティブ運用によって生じた損失への抗議はかなり厳しいものであった。感情を表に出さないという評判のノルウェーではあるが、この時ばかりは金融危機の影響を免れることはできなかったのである。また、ノルウェー議会の議員は金融分野に精通している（べきである）。彼らは国としての蓄えに最終的な責任をもつからである（平均的な議員にアクティブ運用とパッシブ運用の違いについて質問すると、毎日のエクササイズで行う運動の種類についての質問かと思うであろう）。

　財務省は、国民からの抗議にもかかわらず、賢明にもNBIMのアクティブ運用のマンデートを直ちには中止しなかった。その代わりに、NBIMについての4ヵ月にわたる詳細な調査を委託した。イェール大学のウィリアム・ゲーツマン教授とロンドン・ビジネス・スクールのステファン・シェーファー教授および著者が、NBIMの過去の運用成果の評価と、アクティブ運用の戦略プランやそのリスク・バジェットのプロセスの査定を行うとともに、さらにGPFGが大規模で忍耐強いことから長期の投資ができ、しかも透明性があるという比較優位性にふさわしい投資戦略とはどのようなものかを記述・評価するという課題に取り組むよう任命された。この報告書が2009年末に公表され、翌2010年1月のノルウェー国王が招集した議会で説明されると、直ちに「教授たちの報告書」もしくは慣習的に「Ang, Goetzman, and Schaefer（2009）」と称されるようになった。

　調査分析を担当した我々は、金融危機の前でも、その最中でも、後の期間でも、アクティブ運用リターンの大部分が、システマティック・ファクターによって説明

できたことを明らかにした。金融危機のような悪環境期の損失を埋め合わせてくれるリスク・プレミアムを長期的に獲得していくことは、ノルウェーとして正しい投資である。これらのファクターの多くは、*パッシブ運用*によって、より安いコストで獲得することができる。報告書では、NBIMが実施しているアクティブ運用は廃止されるべきではないが、GPFGは株式と債券以外の資産へも資産配分すべきであると提言している。すなわち、GPFGはファクター投資、とりわけ動的ファクターへの投資を行うトップダウン・アプローチを採用すべきであると提言しているのである。

2 ファクターの本質

2.1 ファクターとは

　ファクターとは、長期の観点に立てば高リターンをもたらす投資スタイルのことである。しかしながらリスク・プレミアムは、短期的には低い成果しか得られないとき（悪環境期）があるので、タダというわけではない。ファクターによる損失は、高インフレや低い経済成長のような悪環境期に発生する。株式や債券は、単に資産を購入する（*ロング・オンリーのポジション*）ことによってリスク・プレミアムを獲得できる例であり、これらは静的なファクターである[3]。他のファクターは、*ロング・ショートのポジション*を含む*動的*な取引が必要になり、この場合は、ポートフォリオのウェイトを継続的に調整しなければならない。静的ファクターと従兄弟・従姉妹同士のようなものであり、バリュー／グロース投資やモメンタム投資、ショート・ボラティリティ戦略のような動的ファクター戦略は、常に利益が獲得できるものではなく、投資家は一時的にしろ気分が悪くなるほどの失敗に対する心構えが必要である。こうした損失を被ることにこそ、ファクターがリスク・プレミアムを生む理由がある。食物が異なるタイプの栄養素を組み合わせたものであるように、資産はファクター・リスクを様々に組み合わせたものである。

　最も単純なファクターは、GPFGがそのベンチマークとして採用している株式と債券のインデックスである。廉価なインデックス・ファンドを購入することで、容易にこれらのファクターに投資できる[4]。資産運用の伝統的アプローチでは、株式と債券への投資を基本としており、その上で、他の資産クラス、とりわけ新興国市場やハイイールド債券のようなサブ資産クラス、もしくは不動産やプライベート・エクイティ、ヘッジファンドのようなオルタナティブ資産クラスを加えることで分

第14章　ファクター投資　543

散する（これは*大学基金アプローチ*と呼ばれるが、Swensen（2009）が具体的に述べた本来の意味ではない。第13章参照[5]）。たとえオルタナティブ資産クラスに投資していなくても、株式・債券のファクター配分の決定は、そのファンドにとっての最も重要な意思決定であり、それがパフォーマンスの違いの大部分を説明する要因なのである。

2.2　リターンの要因分解

　具体的に述べると、ファンドのリターンrは、ベンチマーク・リターン（r_{bmk}）と、ベンチマーク・リターンを上回った超過リターン、すなわちアクティブ・リターンとに分解できる。

$$r = \underbrace{(r - r_{bmk})}_{\text{アクティブ・リターン}} + \underbrace{r_{bmk}}_{\text{ベンチマーク・リターン}} \tag{14.1}$$

2008年から2009年のはじめまでにノルウェー国民が憤慨したのは、劣悪なアクティブ・リターン、すなわち（$r - r_{bmk}$）に対してであった。ベンチマーク・リターン（r_{bmk}）は、財務省が決定した資産配分（後述するファクター配分に相当）に起因するものである。ベンチマーク・リターンは、GPFGのようにパッシブなインデックス・ファンドを採用している場合には、しばしばパッシブ・リターンと呼ばれている。アクティブ・リターン（r_{active}）は、ベンチマークから乖離するというNBIMの意思決定の結果によるものである。

　ゲイリー・ブリンソン、ランドルフ・フッド、ギルバート・ビーバウワーの三人の実務家たちは、1986年の研究で、典型的なファンドのリターンの分散の約90％は資産配分によって決定されることを実証している。この結論は、分散を用いて次のように示すことができる[6]。

$$\underbrace{\text{Var}(r)}_{100\%} = \underbrace{\text{Var}(r_{active})}_{\sim 10\%} + \underbrace{\text{Var}(r_{bmk})}_{\sim 90\%} \tag{14.2}$$

すなわち、トータル・リターンの分散（$\text{Var}(r)$）のおよそ90％は、パッシブないしベンチマーク・リターンの分散によって説明できるというものである。

　GPFGにおけるファクターの影響は、ブリンソン、フッド、ビーバウワーが検証したファンドにおけるものよりずっと大きい。図14.2は「教授たちの報告書」において計算されたGPFGのファンド全体、およびその株式ポートフォリオ部分、債券ポートフォリオ部分の各リターンの分散を要因分解したものである。1998年1月～2009年9月の期間で、ファンド全体のリターンの分散の99.1％は、議会が決定した

544　第Ⅱ部　ファクター・リスク・プレミアム

株式・債券の配分によって説明することができる。株式と債券の各ポートフォリオでは、リターンの分散の99.7％と97.1％がそれぞれのベンチマークの分散で説明できる。GPFGのファクターの影響度合いは極めて大きい。なぜなら、NBIMは、ベンチマークからのわずかな乖離しか許容しないという、非常に厳密なリスク制約のもとで運用していたからである。実際、GPFGは巨大なインデックス・ファンドな

図14.2　GPFGのリターンの分散の要因分解

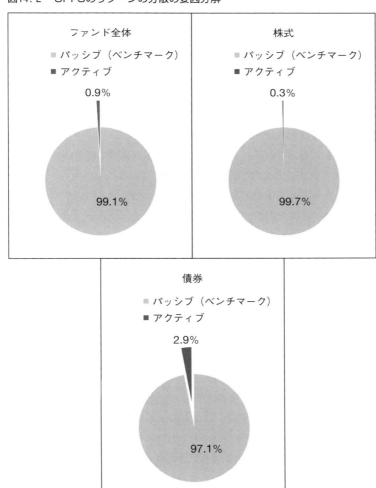

のである。

　資産配分の決定、すなわち、どの資産でリスク・プレミアムを獲得しようとするのかは、時間経過に伴うファンドの変動性を理解する上で最も重要な決定なのである。しかし、なぜファンドの運用成果が競合ファンドと異なるのかを説明したいのであれば、ファンドのベンチマーク配分（資産配分）はあまり重要なものではない[7]。例えば、多くの大学基金では似通った資産配分戦略を採用している（第1章参照）がゆえに、ある年にハーバード大学基金がイェール大学基金を上回るリターンになるかどうかは、それぞれがとっているアクティブ・ベットの度合いの違いが主要因なのである。しかし、自身のファンドを過去と比較するなど、時間を追って評価するには、トップ・ダウンで決定する資産配分が最も重要な投資判断である。

2.3　より洗練されたリターンの要因分解

　リスク管理者たちは、資産クラスや保有銘柄レベルのデータにまで掘り下げることで、より洗練されたリターンの要因分解をよく行っている[8]（式（14.1）のように、1を加減して導出される）。このような要因分解すべてにおいて、資産配分の決定はそのファンドにとって最も重要な意思決定である。

　ファンドのトータル・リターンは、式（14.3）のように、ベンチマークのリターンと、ベンチマークの資産クラスの比率を変動させる（タクティカル・アセット・アロケーション、戦術的資産配分と呼ばれている）要因、個々の資産クラスの中での個別銘柄の選択（銘柄選択効果と呼ばれている）要因に分解することができ、

$$r_i = r_{bmk} + r_{timing} + r_{selection} \tag{14.3}$$

と与えられる。より詳細には、式（14.3）は次のように示すことができる。

$$r = \sum w_i r_i = \underbrace{\sum w_i^b r_i^b}_{r_{bmk}} + \underbrace{\sum (w_i - w_i^b) r_i^b}_{r_{timing}} + \underbrace{\sum w_i (r_i - r_i^b)}_{r_{selection}}$$

ただし、各資産クラスのウェイト（w_i）は各期初のウェイトを、各資産クラスのリターン（r_i）は期末に実現するリターンを示している。合計記号は、添字 i で区別された資産のすべてについて加算するものである。上付き添字 b は、ウェイト（w_i^b）とリターン（r_i^b）がベンチマークのものであることを示している。

　式（14.3）は、トータル・リターンをベンチマークのリターン、タイミング要因によるアクティブ・リターン、銘柄選択によるアクティブ・リターンに分解したものである。この分解の利点の一つは、それぞれのリターンの源泉を、異なる責任主体に割り当てられる点にある。GPFGの場合には、財務省がパッシブなベンチマー

546　第Ⅱ部　ファクター・リスク・プレミアム

ク・リターンの責任を負い、運用委託先のNBIMは、ベンチマークから乖離する運用を通じて獲得するアクティブ・リターンの責任を負っている。式（14.3）では、NBIMはタイミングをとって株式と債券の資産配分を変更したり、株式や債券の中でより高いリターンを得る銘柄を選択することによって、明確なアクティブ・リターンを獲得することができることを示している。

インフレを上回るリターン（実質リターン）が重要であるようなファンドにとってのリターンの要因分解は次のようになる。

$$\underbrace{r - \pi}_{\text{実質リターン}} = \underbrace{(r - r_f)}_{\text{リスク・プレミアム}} + \underbrace{(r_f - \pi)}_{\text{実質キャッシュ・リターン}} \tag{14.4}$$

ここで、π はインフレ率、r_f は米国財務省短期証券（短期国債）のようなリスクフリー資産のリターンである。実質リターンも、式（14.3）と同様に、ベンチマーク・リターン（r_{bmk}）、資産別ウェイト（w_i）とリターン（r_i）を用いて分解することができる。

$$r - \pi = \underbrace{(r_f - \pi)}_{\text{実質キャッシュ・リターン}} + \underbrace{\sum w_i^b (r_i^b - r_f)}_{\text{戦略的資産配分}}$$
$$+ \underbrace{\sum (w_i - w_i^b) r_i^b}_{\text{戦術的資産配分}} + \underbrace{\sum w_i (r_i - r_i^b)}_{\text{銘柄選択}} \tag{14.5}$$

もし、インフレ率を上回ることを目指すのであれば、式（14.5）の実質キャッシュ・リターン、つまりリスクフリー資産の名目リターンとインフレとの差が出発点となる。そして、戦略的資産配分は、名目リスクフリー・リターンを超える超過リターンを生み出す資産クラスを選択することが目的となり、これはアクティブな投資判断である[9]。GPFGの戦略的資産配分は、債券と株式の固定的な資産配分を採用しているケースであるが、時間の経過とともに戦略的資産配分を少しずつ変化させているファンドもある。戦術的資産配分と銘柄戦略は、式（14.3）の後半の二つの項と同じである。戦略的資産配分と戦術的資産配分はいずれも資産クラスのウェイトを変更するわけではあるが、実務家は、資産配分を短期に意図して変更させるものを「戦術的」と呼び、よりゆっくりと変化する戦略的資産配分とは区別している。

GPFGは、ノルウェーの海外での購買力を最大化することを目指している。議会で決められたファンドの支出率はおおよそ４％である（訳注：「基金年間運用利回りと想定される年初残高の４％相当額を目途に、当該年の政府予算に繰り入れることができるとのガイドラインに基づき、毎年数パーセントが政府予算に繰り入れら

れている」ノルウェー大使館資料2014年3月より）。これは、長期の目標実質リターンと解釈できる（おそらく、楽観的すぎるであろう。第11章参照）[10]。式（14.5）にあるリターン分解の展開式は「実質」という観点から見れば、財務省、ひいては議会がアクティブな意思決定をしていることを示している。第一に、為替のバスケットを決定することを通じて、キャッシュ（短期資産）のリターンを決定している。2013年の執筆時点においては、プラスの実質リターンを求める投資家はキャッシュ・リターンがマイナスになっている（短期国債の利回りがインフレ率を下回っている）ために苦しい状況にある。第二に、ノルウェーの議員たちは、キャッシュに対する（望むらくは）プラスのリターン（$r_i^b - r_f$）が得られるように、様々な資産クラスのウェイト（w_i^b）を決めている。式（14.5）におけるその他の二つの要素は、ベンチマーク・タイミングと銘柄選択であり、NBIMがこれらの責任を負っている。

2.4 動的ファクター

　一連の膨大な学術論文や、長年蓄積された投資の実践によって、株式や債券、デリバティブの中には、市場全体のインデックスを上回る銘柄が存在することが明らかにされてきた。その企業のファンダメンタルズに比べて相対的に低価格な株式（すなわちバリュー株）は、バリュー／グロース・プレミアムをもたらし、ファンダメンタルズに比べて相対的に高価格な株式（すなわちグロース株）を長期的には上回るリターンを達成している。また、長期で見れば、過去高リターンであった株式（勝ち銘柄）は、過去低リターンかもしくはマイナスのリターンであった銘柄（負け銘柄）を上回るパフォーマンスを示しており、このことがモメンタム戦略を生み出した。さらに、流動性が低い銘柄は、流動性の高い銘柄と比べて安い価格で取引されており、平均的な超過リターンは高い。これは、*非流動性*プレミアムと呼ばれる[11]。同様に、より高い倒産リスクのある債券は、クレジット・リスク・プレミアムを反映して、平均リターンがより高くなる傾向がある。さらには、投資家はリターンが総崩れになるような変動が激しい期間には資金を投じてでも資産を保全したいと思うため、オプション市場での*ボラティリティ・プロテクション*の売り手は平均で見てより高いリターンを獲得する。

　こうした証券のロング・ポジションと、低パフォーマンスとなる証券の投資比率を引き下げるかもしくはショート・ポジションとを組み合わせることで、動的なリスク・プレミアムを得ることができるのである。例えば、

バリュー／グロース・プレミアム：バリュー株－グロース株

モメンタム・プレミアム：勝ち銘柄－負け銘柄

流動性プレミアム：低流動性銘柄－高流動性銘柄

クレジット・リスク・プレミアム：倒産リスクのある債券－安全な債券

ボラティリティ・リスク・プレミアム：アウト・オブ・ザ・マネーのプットの売りに、株式またはコールを組み合わせてマーケット・ニュートラルなポジションを作ったもの。

これらは、証券のポジションを時間の経過とともに変化させる必要があるので、*動的*ファクターという。株式や債券のリスク・プレミアムはロング・ポジションをとるだけで得られる静的なものであるのに対し、動的ファクターはロングとショートの両ポジションを同時にとる必要がある。

動的ファクター・プレミアムも、ロング・オンリーの場合と同様、リスクなしで得られるわけではない。第7章で述べたように、動的ファクターは、長期で見ればしばしば市場を上回るが、一方で、ある期間、例えば2008～2009年の金融危機のような時期では市場を大きく下回ってしまう。すべてのファクター・リスク・プレミアムは、長期で見れば、投資家が悪環境期に被る損失を埋め合わせるからこそ存在するといえる。ファクター戦略にはリスクがあるので、必ずしもすべての投資家にとって望ましいものとはいえない。

動的ファクターという考え方における重要な点は、市場全体に対するエクスポージャーが取り除かれるということである。最適に構築されたバリュー／グロースのポートフォリオは、市場ポートフォリオの影響を相殺し、バリュー株のリターンとグロース株のリターンの差にエクスポージャーをもつ。同様に、モメンタムは、勝ち銘柄のロングと負け銘柄のショートを組み合わせることによって市場ポートフォリオの影響を除去する。実務では、ファクター・ポートフォリオを構築するためには、ロングとショートのポジションで、銘柄数や金額を等しくする必要はない（これらはアンバランスなポートフォリオと呼ばれる）。ショート・ポジションをとる必要すらないが、ショート・ポジションが少なくなればそれだけ市場全体の影響を受けやすくなる。換言すれば、ショート・ポジションが少なくなればなるほど、ファクターと市場ポートフォリオの相関が高くなる。例えば、多くのファンドはバリュー株に投資しているが、ロング・ポジションをとるだけでグロース株をネッティングしないため、こうしたファンドのリターンを決める主たる要因は市場ポートフォリオとなる。グロース株のショート・ポジションが増加するにつれて市場全

体の変動は取り除かれていき、バリュー株とグロース株の差というファクターの影響が色濃く表れるようになるのである。

業界では、動的ファクターは、しばしばスマート・ベータやオルタナティブ・ベータ、もしくはエキゾチック・ベータと呼ばれている。著者は「ファクター」という言葉にこだわっている。なぜなら、資産価格理論では、ベータはリスク・ファクターに対するエクスポージャーの尺度という厳密な意味をもっているからである（これらのリスク・ファクターの、それ自身に対するベータは1である）。ベータはリスク・ファクターへのエクスポージャーの大きさを測定するものである。我々はファクターに投資しているのであり、ベータに投資しているわけではない。

ファクターごとに異なる悪環境期がある

どのようなときが悪環境期であるのかは、ファクターによって異なる。バリュー戦略は、金融危機の間は壊滅状態であった。また、1990年代の騒々しいインターネット・バブルの間も、低パフォーマンスであった。1990年代後半から2000年代はじめ頃には、バークシャー・ハサウェイ社のウォーレン・バフェット、GMOアセット・マネジメント社を率いるジェレミー・グランサム、ヘッジファンドであるタイガー・マネジメント社のジュリアン・ロバートソンといった尊敬されるべきバリュー・マネージャーは、旧時代の人たちになってしまった。グランサムはあと少しで彼の会社を売るか廃業しなければならなかったところであった。ロバートソンは、2000年に彼のファンドを閉鎖したが、その後、彼の仲間たちのファンド（これらのヘッジファンドは、親しみを込めて「虎の子（tiger cubs）」として知られている）にシード・マネーを提供した。

多くのファクターにとって、金融危機は好ましくない環境であった。コマーシャル・ペーパー（CP）市場、不動産抵当証券（とりわけ、サブプライム住宅ローン）市場、証券化商品市場、レポ市場（投資家が短期の資金借入れをできる）では、流動性が枯渇してしまった。投資家が流動性のある資産を希求するにつれ、流動性の低い証券は暴落し、非流動性リスクをとる戦略は大きな損失を被った。投資家は安全性を求め、リスクのある債券の価格は急落し、クレジット・スプレッドは急拡大した。ボラティリティは「天にも昇る勢い！」で急上昇し、ボラティリティ・プロテクションの買い手である投資家が利益を得る一方、その戦略の提供者は巨額の損失を被った。モメンタム戦略の運用者は破綻寸前の金融機関をショートしていたが、2009年春に政府による一連の金融支援と市場への資金供給によって息を吹き返したため、モメンタム戦略のポートフォリオは大幅に悪化した。

ファクターが悪環境期に一時的な損失を生むことこそが、ファクター・リスクの
エクスポージャーをとれば長期的には収益を獲得できる理由である。*ファクター・
プレミアムは、悪環境期において損失に耐える投資家への報酬なのである。*

ファクターが大規模なポートフォリオを支配する

　極めて大規模なポートフォリオでは、ファクターに関連のない超過リターンを得
ることは非常に難しい。ミスプライスの機会（アルファ。第10章参照）の多くはス
ケーラブルでない。すなわち、市場において、流動性が低かったり、情報が容易に
入手困難な領域にわずかに存在する非効率性を我々は期待するのみである。真に独
立なポートフォリオ戦略を発見することが難しいのと同様、マネージャーたちが行
う意思決定には、内部のマネージャーであれ社外のマネージャーであれ、何らかの
相関がある傾向がある。大規模投資家は数万銘柄に投資しており、ポートフォリ
オ・レベルで見れば、ある特定の銘柄にベットしていたとしても、その効果はマク
ロ経済やファクターのリスクによってほとんど雲散霧消してしまう。大規模な銘柄
選択が不可能であるということではないが、通常は、ポートフォリオの規模が大き
くなればなるほど、その効果の獲得は困難になる。例えば、農家の人たちは、最良
の土壌と種まきの条件を有する農園を選択できるかもしれない（農園が銘柄選択に
当たる）。ただ、もし厳しい干ばつに遭遇すれば、最適な農園選択は役に立たない
ことになる（雨がファクターである）。

　マネージャーによる相関のある数千銘柄へのベットは、実質的にはファクターに
対する大きなベットとなる。例えば1,000銘柄のバリュー株をロングし、1,000銘柄
のグロース株をアンダーウェイトしている株式運用者は、1,000の異なるベットを
しているわけではない。このマネージャーは、バリュー／グロースという一つの
ファクターに大きくベットしているのである。また、（レポ市場を通じて）1,000銘
柄の流動性のある賃券をショートして、その資金を相対的に流動性のない1,000銘
柄の債券に投資することにより、ほんのわずかの利回り格差を絞り出そうと狙う債
券のマネージャーも、単に、非流動性ファクターにベットしているだけといえる。

2.5　ファクター要因分解

　「教授たちの報告書」では、ファンド全体で獲得されたすべてのアクティブ・リ
ターンの約70％はシステマティック・ファクターに対するエクスポージャーで説明
されることを明らかにした。図14.3のパネルＡは、GPFGの1998年1月〜2009年9
月の累積アクティブ・リターンを示している。図から、1998年1月以降の累積アク

ティブ・リターンが2008年のレジームの転換によって消滅してしまった状況がわかる。

図14.3のパネルBとCは流動性ファクターとボラティリティ・ファクターをプロットしたもので、これらによってアクティブ・リターンの大部分を説明している。パネルBは、指標銘柄と呼ばれる流動性の高い新発国債と、非指標銘柄と呼ばれる相対的に流動性の低い既発国債との利回り差で計測される*流動性*ファクターの推移であり、この値が大きいほど流動性の低い市場であることを示している。1998年には、ロシア危機と巨大ヘッジファンドであるロングターム・キャピタル・マネジメント（LTCM）社（第17章参照）の破綻によって、流動性スプレッドは拡大した。図中の期間の終わり頃に生じている2回目の劇的なスプレッドの拡大は、金融危機によるものである。流動性スプレッドは、リーマン・ブラザーズ社の倒産後の2008年後半に劇的に拡大し、2009年1月に最大になった。2009年の最後の数ヵ月で金融システムが安定化したことにより、流動性リスクは低下した。パネルCのボラティリティ・リスク・ファクターは、ショート・ボラティリティによって得られたリターンを示している（第1章と第7章参照）。2008年に生じたボラティリティ戦略のリターンの絶壁のような急落によって、過去10年の累積リターンは吹っ飛んでしまった。2008～2009年の金融危機でのマイナスのアクティブ・リターンは、市場の流動性が低下したこと（パネルB）と、ショート・ボラティリティ戦略の際だった損失（パネルC）の両方に、ちょうど符合している。

図14.3のパネルDは、2008～2009年のマイナスのアクティブ・リターンが予期できたかどうかを確認したものである。これは、マイナスのアクティブ・リターンが正確に予測できたのかどうかを確認するためのものではない（ノーベル賞を受賞した物理学者ニールス・ボーアも「予測は非常に難しい。特にそれが将来についてのものである場合には」と述べている）。図では、毎月の実際のアクティブ・リターンを点で示し、ファクター・エクスポージャーで説明できるアクティブ・リターンを折線で示している。折線は2本あり、一つはサンプル期間全体のファクター・リターン（実線）を、もう一つは期間を伸ばしながら推定したファクター・リターン（破線）を示している。後者は、各時点で利用可能な情報のみを用い、ファクター・エクスポージャーを毎月更新したものである。注目すべきことに、二つの折線がほとんど一致している[12]。二つの折線は、実際のアクティブ・リターンの変動の大部分を説明している。すなわち、2本の折線は、金融危機以前では実に安定したアクティブ・リターンに追従し、金融危機時の大幅な損失にも追いついており、

図14.3 GPFGのアクティブ・リターンの分析

パネルA
GPFGのファンド全体の累積アクティブ・リターンの推移

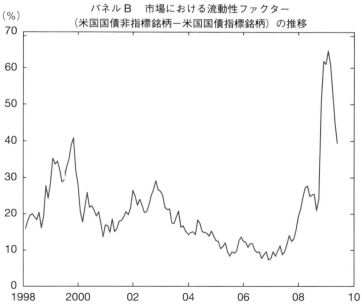

パネルB 市場における流動性ファクター
(米国国債非指標銘柄－米国国債指標銘柄) の推移

第14章 ファクター投資 553

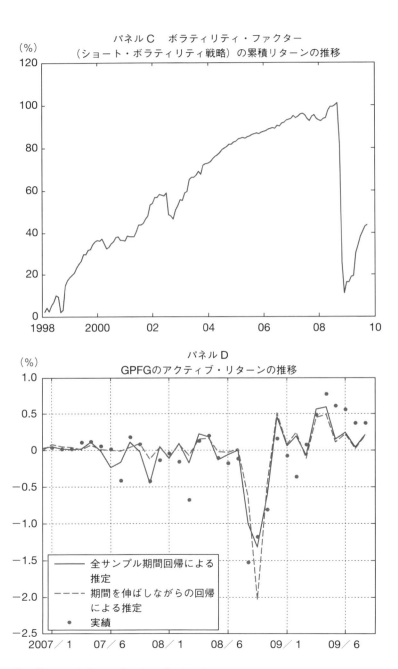

554 第Ⅱ部 ファクター・リスク・プレミアム

さらに市場が安定化していった2009年の終わり頃のアクティブ・リターンの反発も説明できている。

著者がパネルDで述べたいことは、仮に2008年以前にGPFGのファクター・エクスポージャーがきちんと知らされていたら、金融危機時のアクティブ・リターンの損失はノルウェー国民一般からの大きな反発を招かなかったであろうということである。もし議会をはじめとする責任主体が、市場では遅かれ早かれ、流動性がなくなってボラティリティが急上昇する事態が必ず起こる（しかし、そうしたリスクを負うことには価値があり、いずれは回復する）と警告していれば、2008年のマイナスのリターンは予想された損失の範囲に収まっていたのではないか？　株式のポジションからの損失は非常に大きいものであったが、それにノルウェー国民が驚かなかったのは、そのダウンサイド・リスクを認識していたからである。

「教授たちの報告書」では、GPFGのアクティブ・リターンがシステマティックかつ動的なファクターに対して大きなエクスポージャーをもっており、ファクターは長期で見ればリスク・プレミアムを獲得するがゆえに、ノルウェーの運用にふさわしいということを明らかにした。しかしそれは、どのファクター・プレミアムを獲得すべきかについて検討した上でそのエクスポージャーの適切な大きさを決めるというプロセスを通じ決定されたものではなかったのである。我々は、GPFGはトップ・ダウンかつ計画的なアプローチによってファクター・エクスポージャーを決定すべきであると提言した。すなわち、GPFGは動的なファクター投資を実践すべきなのであり、現在の静的なロング・オンリーの債券・株式ファクターと同様に、動的なファクターもファンドのベンチマークに含めるべきなのである。

3　ファクター投資のレシピ

適切な食事のためには、食品を調べ通してその栄養素を見抜くことが肝要であるのと同様に、適切な投資のためには、資産クラスというラベルを調べ通して、そのリスク・エクスポージャーを見抜く必要がある。資産とはファクターの集合体であり、それが収益を生み出すのはファクター・リスクに対してエクスポージャーをもつからである（詳細は第6章のファクター理論を参照）。

3．1　ファクターの選択

ノルウェー財務省へ提出された「教授たちの報告書」では、投資家が選択するべきファクターを決めるための四つの判断基準を提示している。それらは以下のもの

である。

1 ファクターは、**学術研究を通じて正当化されるものでなければならない**

　ファクターには、知的基盤がなくてはならず、学術的な研究で強く支持される
ファクターだけがベンチマークとして採用されるべきであり、研究では、合理的理
論または行動的理屈、ないしこれら両方によって、そのリスク・プレミアムが発現
する理由が説得的に説明されていなければならない。リスク・プレミアムが生み出
されるメカニズムについて、万人の金融経済学者による見解の一致が必要というわ
けではない（経済学者たちは、株式リスク・プレミアムの源泉についてすら意見が
分かれている（第8章参照）。しかし著者は、株式は長期で見れば債券より高いリ
ターンが得られるし、株式そのものが一つのリスク・ファクターであるとの強い信
念をもっている）。この基準に則れば、バリュー／グロース、モメンタム、ショー
ト・ボラティリティ戦略は適切なリスク・ファクターである。新たな研究は、新し
いファクターを特定したり、既知のファクターに関する従前からのコンセンサスの
妥当性を認めたり、ファクターの適格性を否定したりすることすらある。そして、
こうした成果は適宜投資政策に取り込むことができる。

2 ファクターは、**有意なプレミアムを生み続けており、それが将来においても持続することを期待できるものでなければならない**

　過去においてなぜそのリスク・プレミアムが存在したのかが多少なりとも理解で
きるというだけでなく、将来においても（少なくとも短期的には）存続するはずで
あるという確信をもてるだけの根拠がなくてはならない。ファクターは、その定義
により、システマティックなものである。それは、リスクまたは（ここでも短期的
には）持続しやすい行動特性から生まれるものであり、たとえ万人がそのファク
ターについて知っていても、さらには多くの投資家が同じファクター戦略を追求し
ていても存在する[13]。

3 ファクターは、**悪環境期を含む、過去のリターンの情報がなければならない**

　ファクター・リスク・プレミアムが存在するのは、悪環境期に損失を被ることを
いとわない意志に対する報酬だからである。最悪なシナリオ下での状況を計測でき
るデータが多少とも存在するということは、リスクとリターンのトレードオフの評
価やリスク管理のために不可欠である（下述参照）。また、これらを実行するため
に、妥当な期間のデータがあるのが望ましい。

4　ファクターは、流動性があり、取引可能な商品として実現できなければならない

　カナダ年金制度投資委員会（CPPIB）のリファレンス・ポートフォリオのように、ファクター戦略は非常に廉価でなければならず、それは流動性のある証券で構成するのが最も望ましい方法である。大規模投資家にとって、スケーラビリティは重要な要件の一つだからである。

　ファクター戦略にはしばしば、レバレッジが掛けられている。バリュー株をオーバーウェイトし、同時にグロース株をアンダーウェイトないしショートする必要がある。バリューをロング、グロースをショートする戦略は、動的レバレッジ戦略の一つである。たとえショートができなくてもファクター戦略は実施可能である。Isreal and Moskowitz（2013）は、ショートが不可能でも、バリューとモメンタムのファクター・プレミアムが有意に存在していることを示した。ただし、そのようなファクター戦略の利益が50〜60％減少すると述べている。

　流動性のある証券のみを投資対象とするという制約をつければ非流動性プレミアムの獲得が不可能なようにも思えるが、それは正しくはない。流動性のある市場の中で相対的に流動性の低い資産の比率を高め、相対的に流動性の高い資産の比率を削減することによって非流動性プレミアムを獲得することができる。流動性のある資産クラスに内在している流動性プレミアムは、プライベート・エクイティやヘッジファンド、その他の非流動性資産を含む資産クラス間に存在する非流動性プレミアムよりもずっと大きい（第13章参照）。ただしこれらの非流動性資産クラスは、油断のならないプリンシパル・エージェント問題が内在しているし、情報が十分でない秘密めいた市場を通じてでしか取引できない。

　これら四つの判断基準は、最近巷で流行のファクターと称されているものを意図的に除外するものである。ファクターは、それが広く認められる場合に限ってベンチマークの地位を得るべきものである。ソーシャル・ネットワークのデータを統計的に少し分析してリターンを予測するようなファクター（実際いくつか存在する。第8章参照）は、アクティブ運用に任せることが最善である。今日、我々が認識しているバリュー／グロースやモメンタムのようなファクターは、当初は、既存のリスク・ファクターによって説明されないアノマリーないしアルファと呼ばれていた。研究が進展し、機関投資家によってこうした戦略が受け入れられるようになるにつれ、これらはベータとなり、あるいはファクター・プレミアムとして正当に扱

われるようになったのである。

ファクターは現れたり消えたりすることがある

　ファクターの種類は静的なものではない。上場オプション取引は1960年代後半に始まり、大きな影響力をもつオプション評価モデルがBlack and Scholes（1973）によって示されて以後、発展をみせた。それ以前は、大規模にボラティリティ・リスクをとることはできなかった。また、ハイイールド債券市場は「ジャンク・ボンド王」と称された投資銀行家マイケル・ミルケン（証券詐欺で収監された）のおかげで、1970年代後半〜1980年代に台頭し始めた。それ以前は、ハイイールドないしジャンク債のクレジット・リスク・プレミアムにアクセスすることはできなかった。最後に、世界の通貨が1970年代に金本位制の鎖から解かれ、変動相場制に移行してはじめて、為替市場でキャリー・ファクターを得ることができるようになった[14]。

　これがファクターのすべてだ、という意見の一致は見当たらない。統計分析を活用した学術研究では、通常10未満の少数のファクターによって期待リターンのばらつきの大部分を説明できるとされている[15]。しかし、これらの研究は統計的なものであり、データに対して経済学的な説明を付与するものではない。CPPIBにおける債券と株式のようなファクターや、バリュー／グロース、モメンタムのような動的ファクターは、十分な検証を経た確かなファクターである。読者の皆さんが、もし自信をもって10ないしそれ以上のファクターを特定でき、それに投資できるとしても、やめた方がよい。単純化することが大切であり、選りすぐりのものから始めるべきである。重要なのは、ファクターをファンドのベンチマークとして取り込むことで、アクティブ・リターンから、本来はその一部ではなく、廉価に得られる部分を取り除くことができる、ということである。

　消滅してしまうファクターもある。*サイズ効果*、すなわち小型株が大型株のリターンを上回ることは、1981年にバンズによって投資家の関心を惹いたが、サイズ効果はこの直後にピークに達した。小型株のパフォーマンスが大型株を上回るという多くのアカデミックな論拠はある。すなわち、小型の株式は流動性が低く、フォローするアナリストが少ない傾向にあるため情報量が少なく、事業を通じた財務上の余力も大型株より小さく、経済全体の中でもリスクの大きい分野で事業を展開している、といったものである。しかし、1980年代の半ば以降は、市場リスク調整後のサイズ・プレミアムは見られていない（第7章参照）。すなわち、小型株は大型株より高いリターンが得られるが、市場ファクター控除後では高いリターンとはな

558　第Ⅱ部　ファクター・リスク・プレミアム

らないのである。小型株のミューチュアル・ファンドが登場したことで、一般投資家がサイズに関連したリスクをとることが可能となった。サイズ・プレミアムを獲得しようとする新しい商品が提供されて以降、経済全体でそのリスクを負う能力が変化してしまった。このような業界の発展が、サイズ・プレミアムの消失をもたらしたわけである。いち早く小型株に投資した投資家は大儲けした。小型株の価格は長期の均衡価格に近づき、先んじた投資家はかなり大きなリスク調整後の利益を得たのである。

　執等時現在、業界では、多くのファクター・リスク・プレミアムから利益を得ようとする商品が次々と作り出されている。著者はとりわけ、リスクの低い株式が高い平均リターンとなること、もしくは第10章で述べたリスク・アノマリーを活用したファンドに興味をもっている。ボラティリティが低い、ないし（過去には）低ベータであった株式は異常に高リターンとなっていることから、価格が安すぎるように見える。著者が提起した基準に照らせば、低ボラティリティも一つのファクターになり得る。しかし、リスク・アノマリーに関する学術論文は、バリュー／グロース、モメンタム、ボラティリティ・プロテクションの売りといったプレミアムに関する論文に比べ、まだ数が少ない。資産運用業界が、興に乗って低ボラティリティ・リスクを取引できる商品（おそらく投資家が望んでいるような廉価なものではないのだが）を提供するにつれ、低リスク株式への新たな投資家が増えることになる。おそらく、それに伴って低リスク株式の価格はあるべき水準にまで上昇する。この結果、当初の低リスク株式への投資家はかなりの収益を獲得する一方、リスク・アノマリーはサイズ・プレミアムと同じように消滅してしまうであろう[16]。著者はこのような現象が起きることを心底好んでいる。なぜなら低リスク株の不思議な現象が解明されたことになるからである。ただし、そうなると思っているわけではない。

3.2　ファクターから資産へ

　アセット・オーナーは、どのリスク・ファクターが自身に適合するのかという見解を定めた上で、そのファクター・エクスポージャーを適切な資産によって構成すべきである。図14.4は、この手順を示している。株式や債券のように、リスク・ファクター自体が資産クラスであり、廉価で獲得できるものもある。これらは、株式や債券市場を単にロングすることで得られるパッシブ・ファクターだからである。

図14.4　リスク・ファクターに基づく望ましいポートフォリオの検討手順

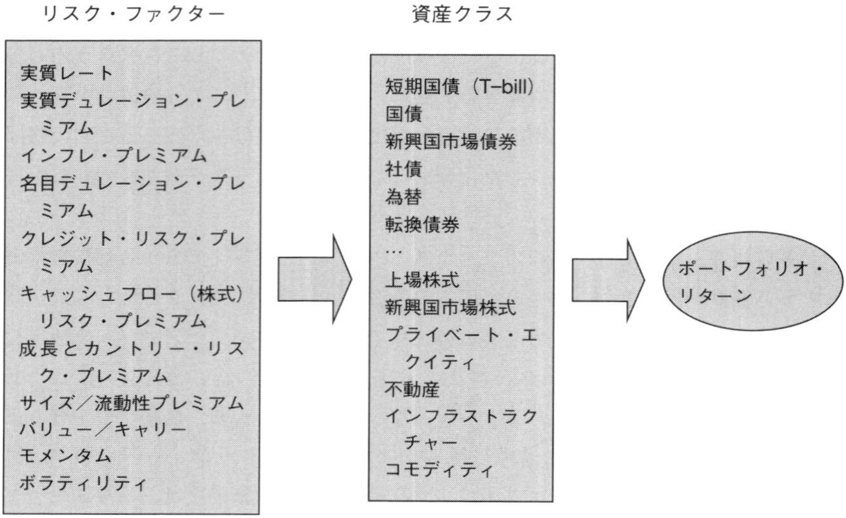

リスク・ファクター　　　　　　　　　資産クラス

```
┌─────────────────────┐        ┌─────────────────────┐
│ 実質レート           │        │ 短期国債（T-bill）    │
│ 実質デュレーション・プレ│        │ 国債                 │
│   ミアム             │        │ 新興国市場債券        │
│ インフレ・プレミアム   │        │ 社債                 │
│ 名目デュレーション・プレ│        │ 為替                 │
│   ミアム             │        │ 転換債券             │        ┌──────────┐
│ クレジット・リスク・プレ│  ▶     │ …                   │  ▶     │ ポートフォリオ・│
│   ミアム             │        │ 上場株式             │        │ リターン  │
│ キャッシュフロー（株式）│        │ 新興国市場株式        │        └──────────┘
│   リスク・プレミアム   │        │ プライベート・エ      │
│ 成長とカントリー・リス  │        │   クイティ           │
│   ク・プレミアム       │        │ 不動産               │
│ サイズ／流動性プレミアム│        │ インフラストラク      │
│ バリュー／キャリー     │        │   チャー             │
│ モメンタム           │        │ コモディティ          │
│ ボラティリティ        │        │                     │
└─────────────────────┘        └─────────────────────┘
```

　多くの動的ファクターは、資産クラスの境界にとらわれない。バリュー／グロース戦略は、高利回りの廉価な証券を購入し、低利回りの割高な証券を売却するものである。通貨におけるバリュー／グロース戦略はキャリー戦略、すなわち、高金利の国の通貨をロングし、低金利の国の通貨をショートする戦略である[17]。債券では、短期の低利回りな債券をショートし、長期の高利回りな債券をロングする戦略は、イールドカーブに乗ると呼ばれており、デュレーション・リスク・プレミアムに関連したものである（第9章参照）。コモディティでは、正のロール・リターンは、期限が近づくにつれ価格が上昇する期先の廉価な契約をロングすることで獲得できる（第11章参照）。最後に株式の分野では、バリュー／グロースは、バリュー／グロースそのものなのである。

　モメンタム戦略は、直近で価格上昇している資産をオーバーウェイトし、価格低下している資産をアンダーウェイトするものである[18]。モメンタム戦略は広く浸透しており、世界中の株式、債券、通貨、不動産、コモディティ（しばしばCATと呼ばれている）の各資産クラス内で、さらには資産クラスをまたいでも見受けられる[19]。同様に、ボラティリティ・プロテクションの売り戦略は、株式や債券、コモディティ、通貨を原証券とするオプション市場で実践されている。投資家は、モメンタムやボラティリティ戦略が自身にふさわしいものであるかどうかを判断し、適

560　第Ⅱ部　ファクター・リスク・プレミアム

切な資産クラスを月いて最も廉価な方法でそれを実践すべきなのである。

3.3 カナダ年金制度投資委員会

　カナダの公的年金のファンド運用担当機関である「カナダ年金制度投資委員会（CPPIB）」では、株式と債券という二つの単純なファクターを採用している[20]。CPPIBは多くの他の資産クラス、すなわちプライベート・エクイティやインフラストラクチャー、その他の魅力的な非流動性資産クラスに無数に投資しているが、これらを資産クラスとして位置づけてはいない。CPPIBではプライベート・エクイティやその他非流動性資産クラスを、そのラベルではなく、株式と債券という二つのファクターを組み合わせた投資対象として位置づけている。

　図14.5のパネルＡとパネルＢは、CPPIB流のファクター投資（「トータル・ポートフォリオ・アプローチ」と呼ばれている）の状況（2013年度の年次報告書から引用）を示している。パネルＡのプライベート・エクイティ（バイアウト）投資を見てみよう。CPPIBはプライベート・エクイティに対して独立した資産配分を与えておらず、ファンドにとってのポートフォリオ全体のリスク上限内である限りにおいては、理論的にはポートフォリオのほとんどすべてをプライベート・エクイティに投資することも可能である。この端的な例では、プライベート・エクイティへの1ドルの投資は「上場株式へ1.3ドル投資し、0.3ドルの債券を空売りすること」と同じ経済価値をもつ。すなわち、このプライベート・エクイティ投資にはレバレッジが掛かっており、このことは▲0.3ドルの債券を保有することによって勘案される。実際には、CPPIBは、セクターや地域ごとにプライベート・エクイティ・ファンドを分類したり、報告されるリターンのボラティリティが人為的に低く抑えられていることを調整したり（第11章参照）して、株式や債券に対応させる複雑なプロセスをとっている。

　パネルＢは、不動産投資におけるファクター投資判断を例示したものである。この例では、不動産取引への1ドルの投資は、0.4ドルの上場株式への投資と0.6ドルの債券への投資とで経済価値が等価になるとしている。ここでも先ほどと同様、実際にはCPPIBはもう少し複雑なプロセスを採用しており、不動産ごとに三つのリスク・クラス（低・中・高）のどれかに分類し、地域やセクターによっても株式・債券に対する異なる対応のさせ方をしているものの、不動産投資をリスク・ファクターの集合体であるとみなすことが基本的な考え方は変わらない。

　図14.5で示されているマッチング方法は単にアカデミックなものではない。

第14章　ファクター投資　561

図14.5 トータル・ポートフォリオ・アプローチを活用したファンディング例（CPPIBのケース）

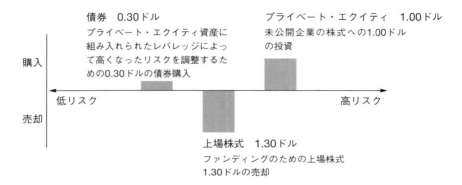

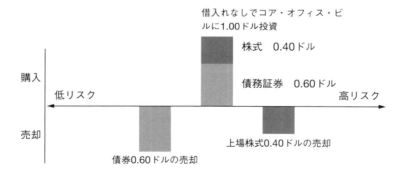

CPPIBは、株式と債券のファクター・ポートフォリオから資産を移すことによって、プライベート・エクイティ投資を賄っている。このベンチマーク・ポートフォリオは「リファレンス・ポートフォリオ」と呼ばれており、このリファレンス・ポートフォリオは廉価なパッシブ・インデックス・ファンドを活用することによって12〜15人で管理できるものである。執筆時点でのファクター・リファレンス・ポートフォリオは株式65%・債券35%であるが、さらに国内株式と外国株式、およびカナダ国債と外国ソブリン債券（ヘッジ付き）に分けられる[21]。リファレンス・

パネルC
実際の資産配分とファクター配分（2013年3月31日現在）

資産クラス	実際の資産配分		ファクター配分	
	（10億C＄）	（％）	（10億C＄）	（％）
カナダ株式	15.3	8.4	17.6	9.6
上場株式	13.1	7.2		
非上場株式	2.2	1.2		
先進国株式	64.0	34.9	89.4	48.7
上場株式	35.4	19.3		
非上場株式	28.6	15.6		
新興国株式	12.4	6.7	12.1	6.6
上場株式	10.6	5.7		
非上場株式	1.8	1.0		
債券	60.7	33.1	53.2	29.0
非市場性債券	24.4	13.3		
市場性債券	28.1	15.3		
インフレ・リンク債	0.4	0.2		
その他債務	8.6	4.7		
マネー・マーケットと債務調達	(0.8)	▲0.4		
外国ソブリン債	－	0.0	11.2	6.1
リアル・アセット	31.1	16.9		
不動産	19.9	10.8		
インフラストラクチャー	11.2	6.1		
合計（注）	183.5	100.0	183.5	100.0

（注）　建物、設備・備品、投資対象外の負債などの非投資資産を除く。資産額の単位C＄：
　　　　カナダ・ドル。

　ポートフォリオにおけるファクターは、カナダ公的年金の負債の要求を満たす合理的な可能性を有するように決定されている。リファレンス・ポートフォリオにおけるファクター投資判断はCPPIBの理事会の最も重要な決定事項である。
　CPPIBのマネジメント・チームは、リファレンス・ポートフォリオからのあらゆる乖離について責任をもち、その乖離の正当性を示すことが求められる。CPPIBの前CEOであるデビッド・デニソンは、以下のように述べている。

我々の責任のもとで、リファレンス・ポートフォリオから乖離するという判断を下している。もし、不動産投資チームを創設したいのなら、我々はそれに伴うコストを埋め合わせる必要がある。我々は本当にそのような追加のコストを負担したいのかを自問自答する。カナダの公的年金に対してコスト控除後での追加的なリターンをもたらすことができるという確信がなければならないのである。

　図14.5のプライベート・エクイティ投資（パネルＡ）と不動産投資（パネルＢ）の例は、CPPIBがリファレンス・ポートフォリオに対してコスト控除後の超過リターンを獲得することができると判断しているがゆえに、意思決定されたものである。換言すれば、CPPIBはアルファを追求しているのである。この観点に立てば、図14.5におけるファクターの分解はファクター模倣ポートフォリオ（第７章参照）であり、アルファは、CPPIBがファクター・エクスポージャーを上回って生み出したリターンなのである。こうしたファクター模倣ポートフォリオは、プライベート・エクイティや不動産、インフラストラクチャー投資やその他ファクターでない資産への投資がどのようにファンディングされているかを説明するものなのである。CPPIBがアルファ（コスト控除後）を生み出しているがゆえに、いくつかのインデックス・ファンドを運用するわずか15人のスタッフに加え、トロント、ロンドン、香港など世界に散らばる900人以上の従業員を擁していることが正当化されるのである。

　図14.5のパネルＣは、2013年３月末日でのCPPIBの実際の投資額で見たときの資産構成とファクター・エクスポージャー換算で見たときの資産構成とを示している。この時点でのCPPIBの資産総額は1,835億カナダ・ドルであった。実際には外国ソブリン債には投資していないが、外国ソブリン債はリファレンス・ポートフォリオのファクターの一つであり、経済的観点から見れば、不動産やプライベート・エクイティ、インフラストラクチャーへ投資することで有するファクター・エクスポージャーを通じて、外国ソブリン債に6.1％投資していることと同じ価値がある。同様に、CPPIBは不動産とインフラストラクチャーに16.9％投資しているが、経済価値としては、これらに投資していない（ファクター配分０％）と報告している。CPPIBにとっては、不動産やインフラストラクチャーは、それ自身は資産クラスではなく、リファレンス・ポートフォリオのファクター・エクスポージャーを得るための投資手段の一つにすぎない。最後に、CPPIBは先進国株式に34.9％を投資しているが、経済的観点から見れば48.7％を投資していることになる。先進国株式のファクター・エクスポージャーが不動産やインフラストラクチャー投資に内包さ

564　第Ⅱ部　ファクター・リスク・プレミアム

れているため、株式へのファクター配分は実際の投資額で見たときの配分よりも大きくなっているのである。

CPPIBにファクター投資と専門能力のある人材の採用を容認するにあたっては、そのガバナンス構造は極めて重要である（第III部の委託ポートフォリオ運用参照）。リファレンス・ポートフォリオとは、デニソンの言葉を借りれば、経営陣が「1ドル残らず完全に説明する責任を負う。（中略）このことが経営陣を集中させ、説明責任を履行させることに役立っている」という。CPPIBがこうしたことを実現できる理由の一つは、政治による干渉から独立していることである。CPPIBの理事には政府関係者はいない。CPPIBはその投資戦略や事業計画について政府の承認を必要としておらず、スタッフの報酬制度についても政府の承認は不要である。CPPIBの独立性のあるガバナンス構造は根拠法で確保されており、CPPIBのSVPで投資ストラテジスト主幹であるドナルド・レイモンドによると「その独立性を変更することは憲法改正よりも難しい」とのことである。

CPPIBについてのケース・スタディを教えたとき、何人かから、CPPIBのファクター投資の手順は「複雑すぎるのでは」という皮肉を聞いた。単にプライベート・エクイティのディールを見つけて投資すればいいだけなのではないか？　そうすれば、社債のショート・エクスポージャーが組み合わさった株式のロング・エクスポージャーを暗黙にとることになる。つまり、ファクター・エクスポージャーが得られるというわけである。違いは、CPPIBではファクター・リスクを明示的に管理することに努め、実践していることにある。ファクター投資の大きな利点は、投資している資産クラスにどのようなファンダメンタルな要因が内在しているのかを認識できることで、ポートフォリオの結果が振るわなくなる悪環境期を理解できるようになることである。アルファをより正確に特定できるのである。金融危機の間、多くの「オルタナティブ資産」は株式市場につれて下落した。しかし、事が起こった後で驚くのではなく、事前にこうした資産のファクター・エクスポージャーを認識しておくべきだったのである。「教授たちの報告書」で提言したように、ファクター・エクスポージャーについては、アドホックかつボトムアップで決定することで計画性のない結果をもたらすのではなく、トップ・ダウンで取り扱った方が望ましい。

CPPIBのファクター投資手順について「もっとできることがあるはずだ！」という批判は的を射ている。リファレンス・ポートフォリオのファクターは単純なもの、すなわち静的な株式と債券である。CPPIBのベンチマークには、少なくとも今

第14章　ファクター投資　565

のところは動的ファクターは考慮されていない。

3.4 あなたはどのくらい平均とは違うのか

ファクター、とりわけ動的ファクターに対してどのように配分すればよいのだろうか？

懐疑論者は、通常の資産配分と同様に、動的ファクター配分はうまくいかない、と冗談っぽく答えるに違いない。彼らにも一理ある。平均・分散分析（第3章参照）は、平均と分散によって効用が決まるなどという減多にいない投資家（著者は一人として知らないのだが、あなたはご存じですか？）にとっては優れた手法といえるが、業界はこれに夢中になりすぎている。平均・分散の世界では、すべての資産クラスについて、平均、分散、相関係数を定めなければならない。そして、ファクターを用いるのと通常の資産クラスとではそれほど差はない[22]。実際、これが平均・分散法に基づく最適化の欠点そのものなのである。

第Ⅰ部で強調したように、投資家をモデル化することは、その投資家にとっての悪環境期を特定し、悪環境期に損失が実現した場合、その投資家がいかにうまくそれに対処できるかである。*効用関数*を用いるとこの点をうまく表現することができる。すなわち、富が少なくなったときや、普段よりも消費が少なくなったとき、あるいは隣人があなたのポートフォリオよりも高いリターンを得たとき（第1章参照）など、悪環境期は多様に定義できる。ノルウェーが2008年と2009年に経験したように、ファクターのパフォーマンスは悪環境期に悪くなる。ファクター投資のキーは、ファクターに内在する悪環境期と、投資家にとっての悪環境期がどのように違うかを比較することにある。投資家によって負債状況や、収入の流列、どのくらい損失に耐えられるか（あるいは耐えられないか）、その他の投資家特有の特性に違いがあるので、投資家によって悪環境期の組合せは異なるのである[23]。

ファクター配分においては、効用関数と最適化という素晴らしいからくりをすべて活用できるし、活用すべきである。しかしながら著者は、盲目的に適用される力ずくの数学的手法の熱心なファンではない。ここでは、個々の投資家にとっての悪環境期に照準を合わせて、ファクター投資について考える手順を示したい。はじめに、動的ファクター・リスクなどというものをまったくとらない特別な投資家について考えてみたい。

ミスター・マーケット

市場は、典型的な投資家を表象し、その定義により、平均的な存在を表す。*平均*

的な投資家は市場ポートフォリオを保有している。市場ポートフォリオとは、すべての投資可能な証券を市場時価ウェイトによってロング・オンリーでパッシブに保有したものである。したがって、平均的な投資家は、動的なファクター・リスク・プレミアムにはまったく投資していない。なぜなら、ミスター・マーケットは市場のすべての証券を保有し、継続的な取引を行わないからである。

　もし、読者であるあなたが平均的な投資家であるなら、以上で終わりである。そして、もしあなたが廉価なインデックス・ファンドを活用するなら、アクティブ運用者の3分の2を上回る成果を得ることだろう（第16章参照）。平均・分散のフレームワークと均衡理論としてのCAPMが主張するのは、市場ポートフォリオが非常に分散されているということである。事実、市場は、パッシブに構築できる最も分散されたポートフォリオなのである。

　もしあなたが平均的な投資家とは異なるのであれば、市場ウェイトで保有**しない**ことが望ましい。どのくらい市場から乖離するかは、あなたの投資家としての特性による。重要な問いかけは「あなたはどのくらい平均と違うのか？」である。あなたの投資期間は、ノルウェーのように、典型的な投資家よりも長いのか？　負債に対応するための決まったキャッシュフローを充足しなければならないので、ボラティリティの高い時期を恐れているのか？　あなたの収入は市場のパフォーマンスに直接に連動していて、失業と金融資産での大損失という二重の打撃を受けかねないので、市場のクラッシュをひどく心配しているのか？

　個々のファクターは異なる悪環境期の組合せからなっている。投資家は、例えばバリュー／グロース・ファクターの悪環境期が、自分にとっての悪環境期と同じなのかどうか、それらが自らにとって悪環境期であるのなら、典型的な市場参加者と比べてその痛手が小さくて済むのかを自問すべきである。

　すなわち、ファクター配分は三つのステップを踏んで進めるべきなのである。

1　自分は平均的な投資家とどの程度異なっているのか？

　あなたの比較優位性を明確にしなさい。「教授たちの報告書」はノルウェー・ファンドの比較優位性を列挙している。それらは、(i)透明性および長期のマンデート、(ii)大規模であること、(iii)投資期間が長期であり、短期的には現金化の必要性がないこと、そして、(iv)NBIMは有能であり、公的サービス提供者として倫理を重んじる気風があり、委託運用の中心的課題であるエージェンシー問題を軽減できている、である。

　あなたの比較劣位性を明確にしなさい。ノルウェーにとっては、その資産規模は

第14章　ファクター投資　**567**

諸刃の剣であり、大規模であるがゆえに小規模なアルファ獲得機会はポートフォリオ全体で見ればないに等しいものになってしまう。もしあなたが大学基金であるのなら、あなたの大学は給与の支払が滞ってしまうがゆえに、大規模な損失を受容できるゆとりはおそらくないであろう（ハーバード大学が経験したことである。第13章参照）[24]。さもなければ、流れに身をゆだね、最新の注目株ばかりに時間を浪費しますか？

2　自分は悪環境期でどのような損失に耐えられるか？

　悪環境期を規定する個々のファクターについて、あなたのとり得るリスクの限度を評価しなさい。これが本質的には、個々のファクターについてのあなたのリスク回避度である。もしあなたが、あるファクターにとっての悪環境期ではいかなる損失も許容することができないくらいリスク回避的であるなら、そのファクターの反対のポジションをとるべきである。すなわち、バリュー・ファクターの代わりにグロース・ファクターのポジションをとるべきかもしれないし、ボラティリティ・プロテクションを売るのではなく、買うべきかもしれない。

3　リバランスする！

　ミスター・マーケットはここでも特徴的である。すなわち、*平均的な投資家はリバランスをしないのである*。第4章で述べたように、安値で購入し高値で売却するリバランスを実施するすべての投資家にとっては、高値で購入し安値で売却することで損をしてくれるような反対の行動をとる投資家の存在がなくてはならない。金融危機の間、カリフォルニア州政府職員退職年金基金（CalPERS）は、リバランスで非常に下手な対応をした。すなわち最安値でその期待リターンが最も高かったときに株式を売却したのである[25]。誰が反対の行動をとったのだろうか？　GPFGは2008年第4四半期において世界最大の株式の買い手であった。

　動的ファクターのリバランスは、必ずしも投資額のポジションにリバランスをかけようとするものではないので、扱いにくいものである。実際、厳密なロング・ショートの動的ファクター・ポジションの投資額のポジションはゼロである。しかしながら、物事がうまく運んだときにエクスポージャーを減らし、うまく運ばないときにエクスポージャーを追加して、動的なファクターに対して最適なエクスポージャーに引き戻すようなリバランスを求めるべきである。リスク・エクスポージャー、ボラティリティのウェイト、リスク寄与度、もしくはバリュー・アット・リスク（VaR）で決定されるエクスポージャー等々に対してリバランスを実施することが必要なのである（第4章で、このうちいくつかのケースについて言及してい

568　第Ⅱ部　ファクター・リスク・プレミアム

る）。（リスクの）ウェイトの組合せを選んで、リバランスを実施すべきである。

　もしリバランスが得意であるなら、ファクター・タイミング戦略を進める準備ができているということである。多くのファクターは予測可能性があり（もちろん、予測可能の程度は非常に小さい。第8章参照）、投資プロセスにバリュエーション情報を取り込むことで、ファクター・リターンの平均回帰性を活用することができる。ファクターが割安なときには、通常のリバランスが示唆する以上にファクター・エクスポージャーを加えればよい。リバランス自体が安値で買い、高値で売ることを強いるので、ファクター・タイミングをとると、ファクター戦略が非常に安価になるときにさらに多く買い増せるということである。

　ファクター投資は、*投資家にとって、市場ウェイトでないポートフォリオで投資するために最適なものである*、というのが私の見解である。ノルウェーに見るように、伝統的な資産運用では（しばしば無意識のうちに）大規模なファクター・リスクをとってしまう。多大な影響力のあるCharles Ellis（1975）は、勝者がいれば必ず損失を被る投資家（敗者）がおり、取引コスト考慮後では平均で見れば敗者しか存在しないがゆえに、アクティブ運用を「敗者のゲーム」と称している。アクティブ運用は、ファクターを利用するための（相対的に高価な）方法であり、投資家たちはそれぞれ異なるファクター・エクスポージャーをとることが最適なのである。アクティブ運用は、ファクター・リスクを媒介にしてみれば、敗者のゲームではないかもしれない。ファクターを売買する際には必ず反対の売買をする者が存在し、両者がファクター・ポジションを相殺することによって両投資家ともにリスク・リターンの特性を改善できるので、双方がハッピーなのである。例えば、定期的なクラッシュを避けるため、ボラティリティの売却によるプレミアムを喜んであきらめる投資家がいたとする。それならば代わりに、彼らはボラティリティが急上昇したときに利益が得られるプロテクションを買えばよい。これは、皆にとってより満足のいくことである。

　投資家にとって、株式と債券のポジションを変更する標準的なリバランスですら耐えがたいものであり、動的にファクター・ポジションを変更するリバランスはさらに耐えがたいものである。第4章で述べたように、心痛む損失が続く投資家がファクター戦略に見切りをつけてしまいがちなのは、人間のもつ行動特性ゆえである。しかし、損失が続く間は期待リターンが高まっているので、投資を引き上げるには最悪のタイミングである。個人投資家は順張りで投資し、逆張りでは投資しな

い傾向にある。小規模投資家は下手なファクター・タイミングで損失を被ってしまう傾向にあるというのが、バンガード社が純粋なモメンタム・ファクター・ファンドをまだ提供していない一つの理由である[26]。バンガード社の前最高投資責任者であるジョージ・「ガス」・ソーターは「我々は、投資を狭義に定義すると、投資家が上昇途上では投資はしないことを示すデータをもっている。投資家は価格が最高値に達したときに一気に乗り込んできて、その後は下り坂を転がっていく」と述べている。ファクター戦略の配分を決定するだけでは不十分であり、リバランス実施の信念をもたなければならない。

資本資産評価モデル

　資本資産評価モデル（CAPM）は、プロセスがどう機能しているかをうまく示してくれる[27]。CAPMによると、図14.6に見るように、投資家はリスク・フリーな短期国債と市場ポートフォリオに投資するはずである。Y軸上の切片である短期国債と、点で表された市場ポートフォリオとの組合せを結ぶことで資本分配線（CAL）が得られる。投資家はこの線上に存在するポートフォリオを保有することになる。全額を市場ポートフォリオに投資する特殊な投資家もおり、ミスター・マーケットと呼ばれている。もし、市場よりもリスク回避的な投資家であれば、市場ポートフォリオへの投資は100％未満であり、市場ポートフォリオより左側のCAL上のポートフォリオに投資することになる。もし市場より大きなリスクを選好する投資家であるなら、短期国債をショートし、市場ポートフォリオにレバレッジを掛けることになる。この場合には、そのポートフォリオはCAL上の市場ポートフォリオより右側に存在することになる。

　ミスター・マーケット以上にリスク回避的な投資家は、市場より低い平均リターンを獲得することになろう。しかし、リスク回避的である彼らにとっては、まったくもって満足な結果なのである。なぜなら、彼らはより高いリターンを犠牲にして低リターンの短期国債の安全性をとっているのだから（彼らにとっての最適なベータは1よりも小さいのである）。仮に、ミスター・マーケット以上にリスク追求的であれば、市場ポートフォリオより高い平均リターンを獲得するだろう。そうした投資家は、平均的な投資家よりも悪環境期の痛みを感じず、これによって高いリターンを得ることが可能になる（ミスター・マーケットよりもリスク許容度が高い投資家は、ベータが1よりも大きいポートフォリオを保有する）。このように、市場のファクター・リスクより大きな（または小さな）ファクター・リスクに投資するかどうかは、あなたがミスター・マーケットよりリスクを選好する投資家（また

図14.6 資本資産評価モデル（CAPM）の図解

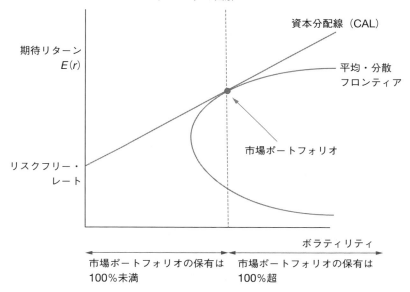

はリスク回避の投資家）であるかどうかによる。均衡においては、ミスター・マーケットよりリスクを回避したい投資家とミスター・マーケット以上にリスクを選好する投資家とでバランスしているのである。

CAPMは最適なファクター・ポートフォリオの構築の仕方について手引きを与えてくれるが、これは結局、すべてのリスク性資産（もちろん市場ファクター！）の時価総額ウェイトで構成されたポートフォリオになる。今になってみれば簡単なようではあるが、CAPMが最初に導出された1960年代初には市場ファクターのエクスポージャーをとる方策はなかったのである。主にバンガード・グループのお蔭で個人投資家が廉価に市場ファクターに投資できるようになるまで、実に20〜30年を要した（第17章参照）。

バリュー／グロース

バリュー／グロース・ファクターを取り上げて、動的ファクター配分の例を考察してみよう。

バリュー／グロース・プレミアムに関しては主に二つの理論がある。合理的期待理論は、バリュー株がグロース株にアンダーパフォームする様々な悪環境期を提示している。これらの理論の中には、第7章で詳述した通り、市場ポートフォリオが

振るわない状況をあげるものもあり（条件付CAPMである）、もしあなたが今それ
を心配しているなら、バリューから間違いなく手を引くべきである。このような事
象は、2008年と2009年に見受けられた。一方で、合理的期待理論に基づく他の説明
としては、事業投資の低調さや、あるいは「長期」の消費成長が低調であるときを
悪環境期と定義している。あなたはこうした事象が生じるときにバリュー／グロー
ス戦略における損失を市場よりも容易に負えるのか、自問自答すべきである。もし
そうなら、バリュー／グロース戦略はあなたに合っている。

　行動理論的な説明は、投資家は高成長企業に過度に注目するため、割安に放置さ
れている企業は無視されているという。投資家は過去の高い成長率を将来に向かっ
て過分に外挿してしまい、将来の成長機会を過大に見積もってしまう。過去高成長
であった株の価格はつり上がり、バリュー株は相対的に低価格になる。この説明に
則って、あなたは、最近成功を収めたことがニュースになっている注目株への投資
に魅力を感じるだろうか？　もしそうなら、あなたはバリュー株投資の候補者では
ない。そうではなく、嫌われている株、倒産しそうな株に我慢して投資できるなら
ば、バリュー株投資はあなたに合っているかもしれない。

　このアプローチは、平均・分散最適化にバリュー／グロース・ファクターを取り
込むこととは、大いに異なるものである。本書はアセット・オーナーのニーズや特
性（経済学の用語では*効用関数*）を論じることから始めている。そして、アセッ
ト・オーナーにとっての悪い結果と、バリュー／グロース・ファクターにとっての
悪環境期とを比較する。これを行うためには、単なる統計的な最適化手順ではな
く、リスク・プレミアムが存在する理由に関する経済学的理解が必要である。ファ
クター戦略の妥当性は、その投資家がファクターにとっての悪環境期を平均的な投
資家よりも容易に許容できるかどうか、もしくは平均的な投資家とどのくらい異な
る行動をとるのかにかかっている。

3.5　要　　約

　ファクター投資は、悪環境期に対するあなたの感じ方が、平均的な投資家とどの
ように異なるのかを比較する。もし平均的な投資家であるのなら（もちろん平均的
な投資家であることには何ら問題はない）市場ポートフォリオに投資すべきであ
る。もし平均的投資家と異なるのなら、動的なファクター・リスク・エクスポー
ジャーをとればよい。典型的な投資家に比べて、あなたならば容易に耐えられる損
失を悪環境期にもたらすようなファクターに投資する、もしくは、ファクターに対

するマイナスのポジションをもてばよい。これはファクターの損失に対する保険を購入するのと同じことである。

4 動的ファクターのベンチマーク

動的ファクターは、時間の経過とともにウェイトが変化するような、非時価総額ウェイトで銘柄を保有することを意味する。CAPMとは異なり、最適な動的ファクター・ポートフォリオを構築する唯一の方法は存在しない。

4.1 具体的なメカニズム

グロース株、中立株、バリュー株と命名された3銘柄の株式の市場ウェイトが、それぞれ20%、50%、30%である場合を考えてみよう[28]。この3銘柄のみが取引されており、それぞれの名前はファンダメンタル・バリューに対する株価に基づくものとする。バリュー株をロングし、グロース株をショートしてバリュー／グロース・ファクターを構築する。望ましいポートフォリオは、5%のバリュー／グロース・ポートフォリオを組み入れた、株式にのみ投資するポートフォリオであると仮定する。最適なベンチマークは、下表に示すように、市場ポートフォリオにバリュー／グロース・ファクター・ポートフォリオを加えたものである。

	市場ポートフォリオ	バリュー／グロース・ファクター	ベンチマーク・ポートフォリオ
割安株	0.20	0.05	0.25
中立株	0.50		0.50
成長株	0.30	▲0.05	0.25
ウェイト計	1.00	0.00	1.00

バリュー／グロース・ファクターはロング・ショート・ポートフォリオ（専門用語では、*ゼロ・コスト模倣ポートフォリオ*と呼ばれている）であり、バリュー株とグロース株のリターンの差をとらえている。バリュー／グロース・ファクターのエクスポージャーの大きさを5%にするかどうかは投資家が決めることになる。

望ましいポートフォリオは、市場のバリュー株、グロース株の構成比を、バリュー／グロース・ファクターへのエクスポージャーで調整したポートフォリオで

ある。最適ポートフォリオは市場ポートフォリオと同じでないことに注意していただきたい。望ましい比率に調整するために、市場ポートフォリオに比べてバリュー株がオーバーウェイトになっており、グロース株は減じられている。実務上は、望ましいポートフォリオにおけるバリュー／グロース・ファクターへのエクスポージャーが非常に高くなると、組み入れ比率がマイナスになる資産が出てくる。その場合には、ポートフォリオ全体に動的にレバレッジを掛ける必要が生じる。

ここで、バリュー株の価格が上昇して中立株になったと仮定しよう。結果、この「新たな中立株（以前はバリュー株)」の市場ウェイトが0.20から0.40に上昇した。また、当初の中立株の価格は下落し、市場での割合が当初の50％から30％まで低下して「新たなバリュー株」になったとする。グロース株は当初の分類のまま、すなわち、依然グロース株であり、そのウェイトは30％のままである。バリュー／グロース・ファクターは変化する。すなわち、当初のバリュー株（今では中立株）がなくなり、新たなバリュー株（当初の中立株）が取り込まれる。すなわち、下表のような状況になる。

	市場ポートフォリオ	バリュー／グロース・ファクター	ベンチマーク・ポートフォリオ
新中立株 （元割安株）	0.40		0.40
新割安株 （元中立株）	0.30	0.05	0.35
成長株	0.30	▲0.05	0.25
ウェイト計	1.00	0.00	1.00

最適ポートフォリオは、この変化の影響を反映する。純粋な市場ポートフォリオをベンチマークにする場合には、動的なバリュー／グロース・ファクターの影響を反映するためのリバランスは実施されないが、ファクター・ベンチマークではそうしたリバランスを実施する。

非常に単純化されたものではあるが、この例は、ファクター・ベンチマークに関する三つの重要なポイントを説明している。

① バリュー／グロース・ファクターに対する望ましいエクスポージャー（この例では5％）は、投資家の判断によって決まる。

② ベンチマーク・ポートフォリオは、もはや市場ウェイト通りではなく、投資家にとって望ましいバリュー／グロースのエクスポージャーを反映する。

③ ベンチマーク・ポートフォリオは、システマティックなルールに基づくという意味で「パッシブ」ではあるが、時間の経過とともにその構成要素が変化するという意味で「動的」なものである。

主要なインデックス提供機関はいずれも、市場ウェイトに基づかないインデックスを提供している。運用会社にもそのような会社がある。例えば、Arnott, Hsu, and Moor（2005）では、いろいろな尺度のファンダメンタル・バリューを用いてウェイトづけしたポートフォリオを構築し、バリュー・プレミアムを獲得する手段を提供している[29]。投資家がこれらのエクスポージャーを直接決めることはできないものの、動的リスク・プレミアムを得るための最初のステップにはなる。真のファクター投資は、投資家ごとのベンチマークの設定が必要であり、インデックス業界においてもカスタマイズされたベンチマークを提供するトレンドが拡大している。

4.2　GMアセット・マネジメント社

動的ファクターは売買取引が必要であり、取引コストや回転率の最小化は、ファクター・ベンチマークを構築する際の極めて重要な要素である。最大手の投資家たちはそれぞれ独自のファクター・ポートフォリオを構築・運用している。

親会社の年金プランの運用担当機関であるGMアセット・マネジメント（GMAM）社は、バリューとモメンタムの動的ファクター・ポートフォリオをインハウスで構築している[30]。GMAM社のグローバル上場市場ビジネスのMDであるJames Scott（2012）は、彼らのアプローチは「年金プラン全体としてのアルファとリスクの管理、およびAng, Goetzmann, and Schaefer（2009）で提唱されている年金サープラス管理とも整合したものである」と述べている。

GMAM社では、機関投資家が投資可能なユニバースで運用を開始している。グロース株や値下がり株はショートせず、市場ウェイトより小さな比率にするか、もしくは保有しないようにしている。ファンダメンタル・バリューの尺度としては、Ｂ／Ｐ、将来のＥ／Ｐ、Ｐ／Ｓ、実績Ｅ／Ｐ、実績ＣＦ／Ｐの平均を採用している。モメンタムは、過去12ヵ月のリターンと定義している（ただ、学界の標準的な慣行に従い、価格のリバーサル効果を避けるために、直近月は除外している）。ポートフォリオは月次でリバランスし、回転率を低く抑えるように工夫されてい

る。こうしたファクター・ポートフォリオは、バリューとモメンタムに対してわずかなファクター・エクスポージャーしかもたないが、これはGMAM社の意向を反映している（彼らのトラッキング・エラーは狭い）。GMAM社では、米国株のバリューとモメンタム・ポートフォリオに加え、外国株式についても同様のポートフォリオを運用している。

GMAM社では、こうしたインハウスのファクター・ポートフォリオをすべての株式ポートフォリオ運用者のベンチマークとしている。ファンド・マネージャーは、このファクター・ベンチマークからパッシブに得られるリターンよりも、高い超過リターンを獲得していることを示す必要がある。マネージャーは、次の回帰式によって評価される。

$$r_{active} = r - r_{mkt} = b_0 + b_1 r_{mkt} + b_2 r_{size} + b_3 r_{value-growth} + b_4 r_{momentum} + \varepsilon \qquad (14.6)$$

ここで、r_{mkt}は通常の時価総額ウェイトの市場ベンチマークのリターンであり、r_{size}はサイズ効果の代理変数（GMAM社では「ラッセル2000指数－ラッセル1000指数」を採用）であり、$r_{value-growth}$と$r_{momentum}$はバリュー／グロースとモメンタムについてのインハウスのファクター・ポートフォリオのリターンを示している。係数b_1〜b_4はファクター・エクスポージャーであり、運用者のアクティブ・リターンは、真の超過リターン（b_0）に市場、サイズ、バリュー／グロース、モメンタム・ファクターに対する市場とのエクスポージャーの差異の効果を加えたものとなる。

学術的な観点からは、式14.6はFama and French（1993）[31]の業界版と理解されるだろう。GMAM社は、市場、バリュー、モメンタムはリスク・プレミアムの源泉であり、独自のインデックス・ファクター・ポートフォリオを通じてこれらのプレミアムを廉価に獲得できると確信している。GMAM社では、バリュー・ファクターとモメンタム・ファクターにティルトすることが望ましいと考えるが、同時にこれらのファクター・エクスポージャーを上回って銘柄選択の力量を発揮するマネージャーを選ぼうともしている（すなわち、彼らにとって$b_0 > 0$、$b_3 > 0$、$b_4 > 0$が望ましい）。また、サイズはリスク・プレミアムの源泉ではないと考えており、これは今やデータが示しているようにサイズの効果が消失したことと整合的である。また、運用者が過度な市場リスクをとらないことを望ましいと考えている。つまり、市場とサイズのファクターについてはベンチマーク並が維持されることを求めている（$b_1 \approx 0$、$b_2 \approx 0$）。

GMAM社ではファクター・ベンチマークを、ファンド・マネージャーを選定・

576　第Ⅱ部　ファクター・リスク・プレミアム

評価するための方法の一つとして活用している。GMAM社はまた、このようなアプローチが、株式ポートフォリオ全体としてのファクター・エクスポージャーをコントロールするためにも有効であることを発見した。彼らはこの方法を内部管理のみに活用しており、運用者にベンチマークとして与えているわけではない。仮にそうすれば、大部分のポートフォリオ・マネージャーは、バリュー効果とモメンタム効果を組み合わせたファクター・ベンチマークを非常に厄介だと思うであろう。ファクター・ベンチマークが広く採用されるようになれば、状況は変わるかもしれない。

4.3 アクティブ運用のハードルを上げる

ファクター・ベンチマークを活用すると、GMAM社のように株式ファンド・マネージャーだけでなく、すべてのファンド・マネージャーを評価することができる。ファクター投資の理想的な実践方法としては、パッシブな市場ベンチマークではなく、カスタマイズしたファクター・ベンチマークをマネージャーに与えることである。

例えば、以下のような実践が考えられる。

① 「株式市場ファクター＋債券市場ファクター＋非流動性ファクター＋クレジット・ファクター」によって、プライベート・エクイティのマネージャーを評価する。CPPIBが行っているが、彼等は最初の二つのファクターしか使っていない。

② 「債券市場ファクター＋クレジット・ファクター＋ボラティリティ・ファクター」によって、社債ファンド・マネージャーを評価する。もし、他の方法で廉価にクレジット・ファクターが得られるのであれば、ファンド・マネージャーは運用管理報酬を正当化するためにさらに何かを提供すべきである。

③ 「株式市場ファクター＋バリュー／グロース・ファクター」によって、バリュー株のファンド・マネージャーを評価する。GMAM社では、現在、この方法を実践している。ただ、ファクター・ベンチマークをマネージャーに与えてはいない。

我々は、ファクター・エクスポージャーを考慮することによって、アクティブ運用のハードルを上げるわけである。我々は、付加価値を生むアクティブ・マネージャーには報酬を多く支払いたいと考えるが（第15章参照）、そのためには、彼らが生み出したリターンが、我々が動的ファクター・ベンチマークによって、フィー

控除後でより廉価に得られるリターンよりも高いのだという確信をもてなければならない。

4.4 リスク・リターンのファクター分析

ファクター配分を決めるための重要なパートは、ファクターに対して様々なエクスポージャーをとることで得られるポートフォリオのリターンの分布を確認することである。これは優れた統計分析が有効性を発揮する領域である。多くの投資家は、株式や債券のようなロング・オンリーのファクターを使ってこれを行っている。そこでは、株式と債券の選りすぐりの組合せを得るために、シミュレーションによってリスク・リターンのトレードオフを算出している。この方法は、動的ファクター配分に拡張できる。大抵の投資家はアップサイドの利得をそれほど強く好まない一方、ダウンサイドの結果は強く嫌う（損失を避けたがる効用関数をもっている。第2章参照）ので、ダウンサイド・リスクの尺度を注視するのがよい。

「教授たちの報告書」では、NBIMが暗黙にとっていたファクター・ウェイトを、金融危機時よりも消極的だったり、逆に積極的だったりしたらどうだったかという結果とともに示している。ファクター配分が生むリターンは、通常、かなり左に偏った分布になる。すなわち、時には非常に大きな損失になってしまうのである。損失の可能性はファクター・エクスポージャーの大きさの関数であるという見方をすることで、投資家はファクター・リスクをとらえるために保有内容を調整できるようになる。

4.5 ファクターとガバナンス

ノルウェーでは、ファクターが重要であり、細部まで注意を払うべきであるということには誰も異論をもたないが、大きな課題は、誰がファクター・エクスポージャーを設定するのかを決めることである。すべての投資戦略に関する考慮事項と同様に、ファクターに関する意思決定のあり方も、ガバナンス構造と切り離すことはできない。

「教授たちの報告書」では、アセット・オーナーを投資期間ごとのファクターで区分けし、その区分ごとに適切なパフォーマンス・レビューを行い、運用戦略を設定することを提言した。図14.7は、投資期間を短期、中期、長期の三つに区分して例示したものである[32]。大部分のファンド・マネージャー、とりわけ超過リターンを追求するアクティブ・マネージャーの投資期間は短期であり、多くのファンド・

図14.7　投資期間別運用戦略の考え方

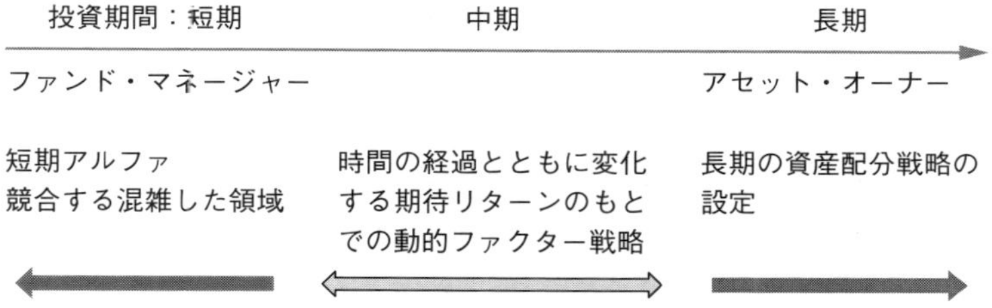

投資期間：短期　　　　　　　　　中期　　　　　　　　　　　長期

ファンド・マネージャー　　　　　　　　　　　　　アセット・オーナー

短期アルファ　　　　　　時間の経過とともに変化　　長期の資産配分戦略の
競合する混雑した領域　　する期待リターンのもと　　設定
　　　　　　　　　　　　での動的ファクター戦略

マネージャーが競合する混雑した領域で運用している。一方、理事会、財務省、ト
ラスティー、投資運用委員会によって代表されるアセット・オーナーが長期の資産
配分戦略を決定するのが一般的である。ノルウェーやCPPIBでは、それぞれ最上位
にある議会や理事会が、株式と債券の長期の配分戦略を決定している。

　動的ファクター戦略は、両者の中間に位置づけられるものであり、その検証期間
は２〜５年である。例えば、インターネット・バブル期にバリュー株戦略が市場平
均を下回るパフォーマンスであったのは1990年代後半の長くても５年である。多く
の短期指向のファンド・マネージャーは、ファクター・リスク・プレミアム（時々
アルファの仮面をかぶる）によってリターンを得ている。しかし、もし、アセッ
ト・オーナーがそのファクター・エクスポージャーについて無知であったら、
NBIMに対するノルウェー国民がそうであったように、ファクターのパフォーマン
スが悪くなったときには驚き、怒りを禁じ得ないであろう。ファクター・ベンチ
マークは、ファクターそのもののパフォーマンスが悪いことに起因する損失をもっ
て、ファンド・マネージャーが罰されることはないのである。

　また、アセット・オーナーが、ポートフォリオのある部分をファクター・エクス
ポージャーに充てることを選ぶなら、ファクター・ベンチマークによって明示的な
便益も享受できる。デンマーク最大の年金ファンドである労働市場付加年金グルー
プ（ATPグループ）は、デンマークのほとんどの労働者たちの退職金のための運
用責任を担っている。ATPはその運用資産を、年金債務に合わせた運用を行う
ヘッジ・ポートフォリオと「年金の長期の購買力を維持するために十分な絶対リ
ターンの獲得を目指す[33]」投資ポートフォリオに区分している。この投資ポート
フォリオは、そのリスク特性に応じて、金利、クレジット、株式、インフレ連動資
産、コモディティの五つのリスク・グループに分けられている。ATPでは、大ま
かなリスク配分（リスク・パリティの一形態を採用している。第３章参照）を維持

第14章　ファクター投資　579

するよう、これらのファクターをリバランスしている。また、ファクター・タイミング戦術も実践している。ファクター・ベンチマークの採用によって、ATPはあるファクター戦略の魅力が増せばファクター・エクスポージャーを増やすという、逆張りの投資を実践している。

アセット・オーナーとファンド・マネージャーの両方が、中期のグレー領域に位置する動的ファクター戦略に責任をもたなければ問題が生じる。例えば、2008年の大規模な損失の発生後、逆張りの投資家がそのエクスポージャーを増大させる適切な時期であった（第2章、第4章参照）にもかかわらず、多くのアセット・オーナーはボラティリティ戦略をあきらめてしまったのである。すべての動的ファクターと同様に、ボラティリティ・リスク・ファクターをファンド全体のベンチマークに取り込むことで、アセット・オーナーが長期にわたってファクター戦略にコミットする能力が向上する。

4.6　要　　約

ファクター投資は、最適な非時価総額インデックスにたどり着く。投資家は、廉価なファクター・ポートフォリオに投資でき、投資家固有の環境や特性に合わせてそのファクター・エクスポージャーをカスタマイズできるようになるべきである。資産運用業界における変革が、我々をこの最適な状況に導きつつある。

5　マクロ・ファクター投資

これまでは、ファクター投資へのアプローチ、またはそのスタイルを、ファクターがすべて取引可能な投資戦略であるととらえて論じてきた。ファクター投資の別のアプローチとして（取引できない）マクロ・ファクターに基づくものがある。これは、より学術的に純粋なものではあるが、その実践はずっと難しい。

なぜなら、資産クラスがマクロ・ファクターに一対一に対応して変動するわけではないからである。実際、ファクターの多くは、予想とは反対に動いたり、少なくとも直観的でない動きをする。例えば株式は、実質資産（リアル・アセット）に対する請求権ではあるが、インフレに追随するためには極めて不適切な選択でしかない（第8章参照）。不動産（リアル・エステート）はインフレ・ヘッジのためにはより適してはいるが、不動産は部分的にしか「リアル」でない（第11章参照）。債券価格はインフレ・リスクの影響を受けるが、金融政策リスクや非流動性リスクを含む他のファクターも、長期債の価格変動の重要な要因なのである（第9章参照）。

580　第Ⅱ部　ファクター・リスク・プレミアム

学術モデル

　マクロの見方をするには、マクロ・ファクターが多くの資産クラスにどのように影響を与えるかに関する枠組みが必要になる。マクロ・ファクター投資に適用できるモデルの一つとしてAng and Ulrich（2012）があり、インフレ連動債、通常の名目債、および株式の価格が、二つのマクロ・ファクター（インフレおよび経済成長）と、連邦準備銀行がどのような金融政策をとるかというファクターが相俟って決まるものとモデル化している。このモデルは、例えば、インフレのショックが生じたとき、各資産の価格がどのように変動するかを示してくれる。マクロ・ファクターは、期待リターン変動の大きな要因なのである。例えば、経済成長は株式リスク・プレミアムの変動の約60％を説明し、一方で、期待インフレは実質金利の変動の約40％、通常の名目債券の変動の90％を説明する。

ブリッジウォーター・アソシエイツ社

　マクロ・ファクターが資産価格に影響を与えるという実務的なフレームワークの一つが、大手ヘッジファンド運用会社であるブリッジウォーター・アソシエイツ社によって開発されている。ブリッジウォーター社の全天候型戦略は、図14.8に示すように、インフレと経済成長をマクロ・ファクターとみなしている。金融危機の間では当初意図していた戦略から逸脱してしまったものの、その全体のフレームワークは検討に値するものである。ブリッジウォーター社では、高成長と低成長、およびインフレ率の上昇と下落で資産の価格がどのように異なった動きをするかを評価しており、これらのシナリオに対応する2×2のマトリックスで説明している。図14.8で見ると、通常の名目債券は経済成長とインフレがともに下落するときに良好な成果が得られると期待している。一方で株式は、高成長でインフレが抑制されて

図14.8　ブリッジウォーター社の全天候型戦略

	経済成長	インフレ
上昇	リスクの25％ ・株式 ・社債スプレッド ・コモディティ ・新興国市場債券スプレッド	リスクの25％ ・インフレ連動債 ・コモディティ ・新興国市場債券スプレッド
下降	リスクの25％ ・名目債券 ・インフレ連動債	リスクの25％ ・名目債券 ・株式

いるときにアウトパフォームすると考えている。Ang and Ulrich（2012）の理論
モデルと比較すると明らかに非常に単純化されたものであるが、考え方は同じであ
る。つまり、マクロ・ファクターが変動したときに各資産がどのように変動するの
かを理解したいのである。

アラスカ永久基金機構

　表14.9に、鉱区の賃借収入と使用料を収入源とするアラスカ州のソブリン・ウェ
ルス・ファンド（公式にはアラスカ永久基金機構、APFCと呼ばれている）の資産
配分を示している[34]。APFCは、マクロ・ファクター・リスクへの反応の仕方の違
いに応じた五つの資産クラスを設定している。企業エクスポージャーは当然、株式
を含み、そして「成長と繁栄の時期に収益を獲得する」。しかし、社債も同じカテ
ゴリーに含まれており、独立した債券の配分には含まれない。第9章で述べた通
り、社債の発行会社が低収益に陥ると社債の保有者と株主の両者が損失を被るよう
に、社債は、株式に影響を与える多くのファクターの影響を受ける。社債のリター
ンと株式の長期国債を上回る部分のリターンの相関は高く、Baa格の債券では
0.48、ハイイールド債では0.65である（図9.17と第9章4.3節参照）。APFCは、社
債と株式がマクロ・リスクに対して同様の影響を受けるものと考えており、両者を

表14.9　アラスカ永久基金（APF）の資産配分（2012年4月現在）

資産クラス	ウェイト	コメント
キャッシュ	2％	目的：期待される負債への対応とリバランス 　　時の流動性ニーズへの対応
金利	6％	例：安全なソブリン債 目的：株式市場における相関の極端な高まり 　　に対する保険の提供と高い流動性の提供
企業エクスポージャー	55％	例：グローバル株式、社債、バンクローン、 　　プライベート・エクイティ 目的：成長と繁栄の期間に利益を享受
実質資産（リアル・ア セット）	19％	例：インフレ連動債、不動産、インフラスト 　　ラクチャー 目的：インフレ・リスクのヘッジ
スペシャル・オポチュ ニティ	18％	例：絶対かつ実質リターン案件、新興国市 　　場、破綻企業の債務証券 目的：特別な投資機会の活用。配分は固定せ 　　ず、投資されない部分は企業エクスポー 　　ジャーの配分に加える

582　第Ⅱ部　ファクター・リスク・プレミアム

別の資産クラスであるとはみなしていないのである。

またAPFCでは、長期投資について述べた第4章の1971年マートン・モデルにならっており、興味深い。APFCは18%の資産配分を目標とするスペシャル・オポチュニティ・クラスを設けている。長期投資家は、短期の投資家にとっての最適なポートフォリオ（*近視眼的*なポートフォリオと呼ばれている）に加え、期待リターンの経時変化を活用するオポチュニスティック・ポートフォリオ（実際、マートンは長期ヘッジ需要ポートフォリオと命名している）をもつことができる。破綻資産の特別な取引機会が発生したときや、APFCが長期投資家であるがゆえに利用できるような非流動性資産へのよい投資機会があると確信するときには、スペシャル・オポチュニティ資産として投資するのである。仮にそのような魅力的な機会がなければ、投資されなかった配分額は企業エクスポージャーの配分額に加えられる。

要約すると、APFCのマクロ・ファクター投資は、様々な資産クラスを、経済成長やインフレ、その他のマクロ・リスクに対する反応の仕方に応じたカテゴリーに分けることで、資産クラスというラベルの中身を見抜いているということである。

6 ソブリン（「リスクフリー」）債

ファクター投資に関する著者のアドバイス、すなわち市場ポートフォリオを出発点にして、平均的な投資家とあなたの選好がどのように異なるかを確認することには、重要な例外を認めなければならない。それは、「安全」資産であるソブリン債である。リスクフリーな債券については、市場ウェイトでは保有しないか、少なくともそれを出発点にしないことを勧める。しかし、ファクター投資は依然として安全資産にも適用される。実は、安全資産への投資の特別な性質は、ファクターを考慮することに非常に価値があることを意味している。

6.1 ソブリン債を市場ウェイトで保有してはならない

単純な経済モデルでは、政府発行の安全資産の*ネット供給量*はゼロとなる。リスクフリー資産の合計ウェイトは存在しない。なぜなら、リスクフリー資産のロング・ポジションをもつすべての投資家に対して、誰かがそのロング・ポジションを供給するためのショート・ポジションをとっているからである。リスクフリー資産の価格それ自身は意味のあるものである。ただこれらの価格は、貸し手と借り手双方が契約する際の価格にすぎない[35]。株式、社債などの他のすべてのリスク証券のネットの供給量はプラスであり、真の富があることを表している。ゆえに、社債に

第14章　ファクター投資　583

ついては、標準的なファクター投資のプロセスから出発することを勧める[36]。

このことは、短期国債のみならず、すべての政府債務に当てはまる。リカードの*等価定理*は、いかなる政府債務もどこかの時点で（「今課税するか、それとも将来課税するか」）返済されるという原則に対して命名されたものであり、摩擦のない単純経済モデルでは、政府債務はネットでゼロの富しかないのである。仮に経済全体の世代を超えたバランスシートを作れば、ネットの供給量がゼロであることがわかるだろう。

これらの単純なケースにとどまらず、国債はネットの富をもち得るし、借入れや貸付以外の多くの目的を満たしていることを示す専門家もいる[37]。単純経済モデルは、*国の安全資産は市場ウェイトで投資すべきではない*という基本ケースを示すのに役立つ。ソブリン債の市場ウェイトにそれほど意味はない。安全資産への最適投資を決定するためには、安全資産が果たす役割や、なぜ政府が債券を発行するのか、それがいくらなのか、そしてどのくらい頻繁に債務不履行に陥るのかを理解しなければならない。

6.2 安全資産におけるファクター

他の資産と同様、政府債務もリスク・ファクターの集合体にすぎない。非常に多くのリスク・ファクターが安全資産に影響を与えている、しかも互いに相反するような影響を与えるものもあることが問題である。国際通貨基金（IMF）は次のように述べている[38]。

安全資産は、価値の安全な貯蔵庫として用いられ、またポートフォリオ構築における資本の保全にも役立つ。流動性の主たる源泉であり、民間金融機関や中央銀行のレポ取引契約やデリバティブ市場での安定した担保であり、金融取引の潤滑油ないし保証の代わりとしての機能を果たす。健全性規制の主たる要素として、安全資産は金融機関に資本と流動性準備金のバッファーを増強する仕組みを提供する。ベンチマークと同様、安全資産は他のよりリスクの大きい資産の値付けの基盤である。最後に、安全資産は、金融政策を実行に移す上で欠くべからざる要素である。

すごい！　安全資産は実に多くの役割を果たしているが、いくつかのファクターについて、考えてみよう。

クレジット・リスク

理想的な価値の貯蔵庫の倒産リスクはゼロである。それゆえ、需要を満たすに十

分な安全資産（学術的には情報不感応資産と呼ばれる）を民間セクターが提供することは困難である[39]。しかし、ソブリン債にもクレジット・リスクがある。国家はいつでもデフォルトする[40]。Tomz and Wright（2013）は、所与の国がデフォルトする可能性は分析期間中50回に１回の確率であり、1980年以降で見ればその確率は倍以上の４％に達すると計算している。デフォルトにより、投資家は40%（ヘアカット）くらいの損失を被るが、その大きさは30〜75%の間に広くばらついている[41]。

　米国でさえ、２回もデフォルトした。1934年には、金１トロイ・オンス当り20.67ドルであった米ドルの通貨価値が35ドルにまで切り下げられた。主要通貨が金本位制であったため、Reinhart and Rogoff（2008）は米国の金約款の廃止をデフォルトに分類している。また、一般には知られていないが、1979年４〜５月には、短期国債の金利が期日通りに投資家に支払われないという出来事もあった[42]。財務省は、情報処理上のトラブルによるものであり、また債務上限に抵触することになった議会の責任である（後者は、繰り返される問題である）と説明している。財務省には当初、遅延による加算利息を払う意思はなかったが、これに対して集団訴訟が起こされた。多くのロビー活動の結果、最終的には政府が支払うに至った。

　もし、クレジット・リスクで順位づけするなら、安全な国から順に、ノルウェー、米国、ブラジル（著者がランダムに３ヵ国を選んだ）となるだろう。

担　　保

　安全資産は、資金の借入れや、他の資産をショートするための担保として活用される[43]。担保としての活用のしやすさに基づいて各国の国債をランクづけすると、まずは米国（米国債の担保としての利用範囲は圧倒的に大きい）であり、その次がノルウェーとブラジルになるが、どちらが先かは状況による（あなたがノルウェー人の投資家かブラジル人の投資家かなど）。

取　　引

　安全資産は、取引を行うため現金として機能する[44]。中央銀行の関係者がこの意味で使う言葉が流動性である（この流動性の意味は、第13章で議論した非流動性プレミアムにおける流動性とは異なる）[45]。金融危機時における金融政策の主たる目的は、少なくとも米国では、流動性不足を軽減することであった（第９章参照）。もし、取引を行うための利便性で順位づけするなら、またしてもまずは米国で、次がノルウェーとブラジルの順になろう（後者の２ヵ国は状況次第である）。

　安全資産、とりわけ通貨（残存期間が一瞬のソブリン債）のもう一つの関連する

第14章　ファクター投資　585

役割は、価値尺度財としての役割である。我々は、価値を、それを測定する単位とは独立したものと考えることを好み（例えばあなたの身長はインチで測ってもセンチメートルで測っても同じである）、価値尺度財によって、その価値をある単位から他の単位に移し替えることができる。しかし、価値尺度財の選択は重要である。ノルウェーは現地通貨ベースでも、米国ドルベースでも、通貨バスケットでも収益率を報告することができる。通貨の選択は、ファンドのボラティリティや国民が認識するリスクに影響を与える。

マクロ・ファクター

第9章で、経済成長とインフレが金利、ひいては安全資産の価格にどのように影響を与えるのかについて詳述した。他の条件が同じならば、経済成長率が高いと、国は自らのコミットメントを尊重する傾向にある。成長率で上の3ヵ国を順位づけすれば、まずブラジルで、次に米国とノルウェーという順になる。投資のリターンに焦点を当てる投資家にとっては高インフレが望ましいが、安全資産の投資家にとっては低インフレの方が好ましく（下述参照）、インフレの度合いで低インフレから順位づけすれば、米国、ノルウェー、ブラジルの順になる。

準備金としての地位

「法外な特権」とは、準備通貨としての米ドルの役割、そして米ドル札を必要なだけ印刷できる米国の力について、フランスの財務相ヴァレリー・ジスカール・デスタンが1960年に述べた言葉である。米ドルは依然、世界の主要な準備通貨であり、ノルウェーはその次、ブラジルは相当離れた位置にある第3位である。

Caballero and Farhi（2013）は、準備資産、特に米国債への需要は安定的に高まっていると述べている。連邦予算の健全性と、米国が世界経済に占める割合が縮小しているという事実により、安全な米国資産の供給は限定的なものである。外国、とりわけ新興国の準備に対する大きな需要によって廉価な借入れができることが、米国のもつ法外な特権なのである。金融危機勃発時には、アメリカ政府は財政上の課題に直面し、外国からの準備資産保全要請への対応を迫られたときには、それに対応することができないかもしれない[46]。

要　約

以上の観点それぞれで3ヵ国の順位が逆転してしまうことは、安全資産には非常に多くのファクター・リスクが内在しているという問題を示している。市場ウェイトはこれらの影響を何ら反映していない。すなわち、安全性を選好する投資家もいれば、流動性を最も重視する投資家もおり、また楽観的なマクロ経済状況からの投

資機会を望んでいる投資家もいるのである。

図14.10は、シティ社のイールド・ブックのデータベースを用いて、米国（パネルA）、ユーロ圏（パネルB）、日本（パネルC）の各市場ウェイトを比較したものである。各図中には、中央銀行や準備金の管理機関がIMFに報告する公的外貨準備の通貨別構成（COFER）のウェイトと、購買力平価ベースの各国のGDPのウェイトを重ねて示している。図から、大きな違いがあることがわかる。パネルAでは、米国財務省証券への準備金需要は市場ウェイト（1985年以降低下傾向にあるが、金融危機後には大規模な新発債の発行によって上昇している）よりもはるかに大きいことがわかる。パネルBでは、ユーロの安全資産の市場ウェイトは準備金需要を上回り、またユーロ圏の産出量よりも大きいことがわかる。パネルCでは、日本における状況が反対であることを示している。日本の市場ウェイトは図示した期間の終了時には約30％であるが、日本の世界経済に占める割合は10％未満であり、低下傾向にある。

ソブリン安全資産にとっては、市場ウェイトは不適切そのものなのである。

図14.10 国別対世界市場ウェイト

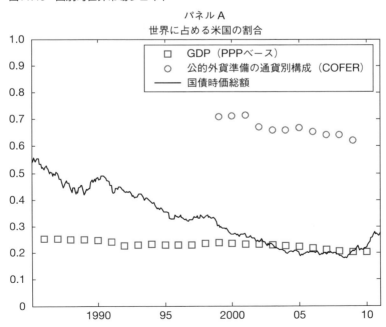

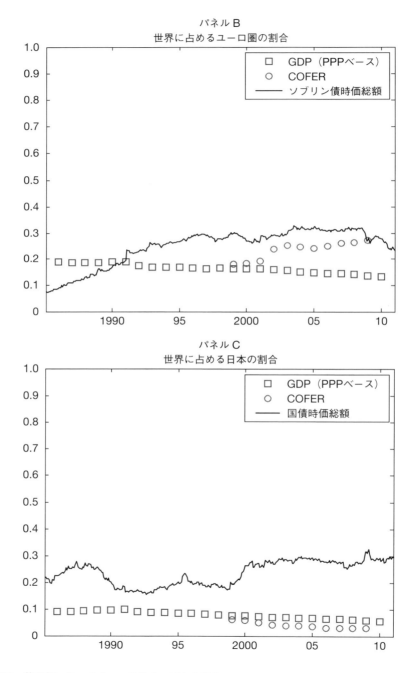

6.3 安全資産のウェイト案

　1990～2010年のシティ・イールドブックのデータベースにあるソブリン債の発行体について、いくつかのウェイト方法によるパフォーマンスを比較する[47]。

　表14.11のパネルAでは、各国の様々なマクロ変数とソブリン債のリターンの関係を検証している。多くのマクロ変数はソブリン債のリターンを説明している。すなわち、全サンプル期間では、一人当り名目GDPが小さな国ほどリターンが低くなる傾向が見られる。また、顕著なインフレ・リスク・プレミアムが存在しており、インフレが高い国ほどインフレ・リスクに見合った高いリターンとなっている。正規化した政府債務額は、特に金融危機中およびそれ以降において、リターンをよく予測している。

　パネルBでは、市場時価総額ウェイトとGDPウェイトに加え、マクロ変数によるいろいろなウェイト方法について見ている。市場ウェイトを基準にして、年初においてマクロ変数が良好な国（好ましくない国）をオーバーウェイト（アンダーウェイト）して、その年のリターンを追跡したものである。オーバーウェイトのサ

表14.11　分析期間別ソブリン債リターンの回帰分析結果

パネルA

	1990～2010年		2007～2010年	
	ベータ	t 値	ベータ	t 値
実質GDP成長率	0.573	1.24	1.530	1.64
一人当り名目GDP（米ドル）	▲0.945	▲2.16	0.927	0.98
GDP（PPPベース）	▲0.603	▲1.48	0.098	0.10
一人当りGDP（PPPベース）	▲0.451	▲1.01	1.181	1.26
GDP（PPPベース）の世界に占める比率	▲0.604	▲1.48	0.098	0.10
インフレ率	1.864	3.79	0.832	0.88
失業率	0.041	0.09	▲1.960	▲2.12
政府支出対GDP比	▲0.157	▲0.34	▲2.347	▲2.57
財政収支額対GDP比	1.364	2.74	2.316	2.54
政府純債務額対GDP比	▲0.899	▲1.92	▲1.726	▲1.79
政府総債務額対GDP比	▲0.692	▲1.60	▲0.616	▲0.65
経常収支額対GDP比	0.294	0.64	1.780	1.92

第14章　ファクター投資　589

パネル B

	符号	1990～2010年			2007～2010年		
		平均	標準偏差	粗シャープ・レシオ	平均	標準偏差	粗シャープ・レシオ
実質GDP成長率	+	7.58	7.31	1.04	6.87	3.83	1.79
一人当り名目GDP（米ドル）	▲	7.80	7.92	0.98	6.42	4.45	1.44
GDP（PPPベース）	▲	7.99	8.61	0.93	6.67	3.58	1.86
一人当りGDP（PPPベース）	▲	7.64	8.27	0.92	6.33	4.26	1.49
GDP（PPPベース）の世界に占める比率	▲	7.99	8.60	0.93	6.70	3.54	1.89
インフレ率	+	7.97	7.89	1.01	6.59	3.58	1.84
失業率	+	7.43	7.87	0.94	6.14	4.47	1.37
財政支出額対GDP比	▲	5.41	5.88	0.92	7.31	3.77	1.94
財政収支額対GDP比	+	5.72	6.66	0.86	7.01	3.67	1.91
政府純債務額対GDP比	▲	7.16	7.05	1.02	6.81	3.25	2.09
政府総債務額対GDP比	▲	7.27	7.14	1.02	6.96	3.01	2.31
経常収支額対GDP比	+	7.58	7.64	0.99	6.77	4.31	1.57
市場時価総額ウェイト		7.35	7.49	0.98	6.47	4.10	1.58
GDPウェイト		7.63	6.84	1.11	6.31	3.64	1.73
時価総額対GDP比ウェイト		7.23	6.04	1.20	6.55	6.59	0.99

インは、パネルAで見る係数の符号に従っている。粗シャープ・レシオ（リスクフリー・レート控除なし。第2章参照）に加え、リターンの平均と標準偏差も示している。

　パネルBに見るように、市場ウェイトは実際によい結果であるが、急成長、高インフレ、低い債務額対GDP比の国に傾斜することがより望ましい[48]。金融危機以降、GDPウェイトは粗シャープ・レシオが1.73であり、市場ウェイトの1.58に比べてよい結果である。安全資産においてGDPウェイトを用いる傾向（ノルウェーもその一例）が最近見られる所以であろう[49]。これは好ましい事実ではあるが首尾

590　第Ⅱ部　ファクター・リスク・プレミアム

一貫性に欠ける。

GDPウェイトは、課題解決策の一つにすぎない。GDPウェイトを用いることで、あなたはどのファクターをとらえようとしているのだろうか？　もし、支払能力、もしくはクレジット・リスクをとらえるのであるなら、ソルベンシー・レシオもしくは政治リスク尺度を用いる方が望ましい。もし、収益獲得の可能性をとらえるのであれば、表14.11のパネルＡで見たマクロの予測変数に基づく適切なエンハンスト・インデックスを構築すべきである。GDPウェイトは、非流動性を表すものにはなり得ない。なぜなら、GDPが非常に大きな国には流動性のあるソブリン債市場が存在するからである（中国は重要な例外）。最後に、高い経済成長が見込まれる国をオーバーウェイトしたいのであれば、GDPの水準ではなくGDP成長率を用いるべきである。

6.4　安全資産の最適なウェイト

ファクター投資の手法は、アセット・オーナーが重要視するファクターを列挙することから始まる。流動性が最も重要なのか？　あるいは、信用力を重視したいのかもしれない。もしくは、基軸通貨国だけでファンドを構成することを好むのか。リターンの可能性が最優先だろうか？　国のウェイトは、これらのファクターの重要性を反映したものであるべきである。市場時価ウェイトやGDPウェイトは、おそらくこの問題の解決にはならないだろう。投資家はファクターを決め、それらのファクターの重要性を反映させるべくソブリン債のウェイトを決めるべきなのである。

ある国においての安全資産の最適な保有とはどのようなものなのだろうか？　図14.12は、2011年12月末日の米国財務省証券の時価総額（ブルームバーグ社のデータをもとに作成）を示している。下の図は短期国債を除外した、中・長期国債のみを示している[50]。財務省証券の大部分は短期の償還期限で発行されているため、市場時価ウェイトのインデックスを用いる場合には短期に傾斜した保有になる[51]。あなたは本当に、市場ウェイトに固執して図14.12のような償還構造で投資したいと思うだろうか？

金利水準ファクターまたは平均利回りは、債券の最も重要なファクターである（第9章参照）。金利水準ファクターは、安全資産のリターンと利回りの90％以上を説明する[52]。償還期限全体の中から債券を選択することによって、非常に簡単に、ある金利水準ファクターのポートフォリオを構築することができる。金利水準ファ

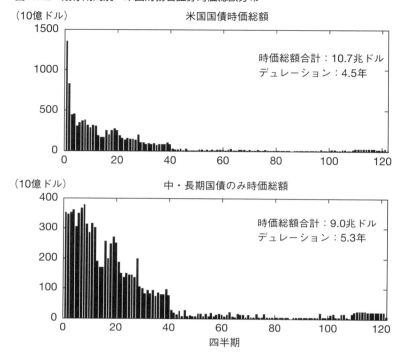

図14.12 残存期間別 米国財務省証券時価総額分布

クターへのエクスポージャーはデュレーションと呼ばれており、金利水準ファクターが構築されると、投資家は適切なデュレーション目標を選択したことになる[53]。

　仮にいくつかの債券だけを（恣意的に）選ぶならば、その他の多くの債券を見過ごしてしまうことになりはしないかという反論があるかもしれない。その通りである。しかし、都合の悪い秘密ながら、ほとんどの投資家にとって債券インデックスにあるすべての債券に投資するのは不可能である。多くの場合、いくつかの債券は実際には取引がないか、もしくはごく少数の投資家に偏って保有されているため、すべての債券に投資することは不可能なのである。投資家たちは、しばしば、ファクターの*複製*によって債券インデックスに追随している[54]。ファクター、とりわけ金利水準ファクターが債券ポートフォリオを支配するがゆえに、投資家たちは少数の債券へ投資するだけでインデックスにうまく追随しているのである。

6.5 要　約

　投資家は、リスクフリーの政府債を市場時価総額や発行残高の規模に基づいて保有すべきではない。安全資産は多くの、互いに相反するファクター・リスクの源泉の集合体である。ファクター投資の手法は、アセット・オーナーがどのようなファクターを重要視しているのか列挙し、それらのファクターの重要性を反映するように国別最適ウェイトを決めることから始まるのである。

7 再考：ノルウェーの積極的パッシブ運用

　2009年のアクティブ運用レビューの一環として、NBIMは財務省に対し、次のようなレターをしたためた[55]。「アクティブ運用は、ファンドを、多かれ少なかれシステマティック・リスク・ファクターに晒すことになろう。それゆえ、システマティック・リスクの管理・統制は我々のマネジメント業務の一部でなければならない」。NBIMはファクターの重要性を認識し、それを自らの管理下に置こうとしたのである。これは、ファクターに関する決定がどこで行われるべきかについての重要な議論である。またNBIMは、財務省に対する2012年2月2日付のレターで次のように記している。

　　　ファンドが動的にリスク・プレミアムを取り込むことができるように投資戦略の設計がなされるべきである……。ノルウェー中央銀行は、株式投資については、戦略的ベンチマーク・インデックスは、システマティック・リスク・プレミアムを取り込む調整をすべきではないと考える。

　執筆時点において、財務省は、動的ファクターに関する意思決定がアセット・オーナー（すなわち議会）レベルでなされるべきか、あるいは運用担当機関（NBIM）レベルでなされるべきかについて、最終勧告を出していない（この課題については、議会に対する2013年の財務省の報告書で議論された）。それにもかかわらずNBIMは先んじて、内部で用いるベンチマークにファクターを取り込んだ。2012年に、NBIMはシステマティック・リスク・ファクターを明示的に取り込んだオペレーショナル・ベンチマークを株式において導入したのである。取り込まれたのは、バリュー／グロースおよびサイズの二つのファクターだけである（著者は、サイズのファクターそのものは、市場エクスポージャーを上回るリスク・プレミアムが得られないと確信していることを注記しておく）。著者は、NBIMがとっているリスク・プレミアムについてファンドの究極の所有者であるノルウェー国民に知

第14章　ファクター投資　593

らされ、2008〜2009年の論争の再来を避けることができるように、システマティック・リスク・ファクターへのエクスポージャーについての開示がなされることを期待している。国民は少なくとも、こうしたイベントのリスクについてより詳しく知らされるようになるであろう。

　運用会社であるロベコ社のデビッド・ブリッツや他の実務家たちは、動的ファクターをパッシブに取り込むことを「ノルウェー・モデル」と称するようになった[56]。著者は「教授たちの報告書」のプレゼンテーションで、ファクター投資は「パッシブではあるが動的なもの」「インデックスではあるがアクティブなもの」と述べた。ファクター投資は、パッシブ運用を積極的に追求するものである。これは、これまでの実績や学術的基盤に強力に裏付けられたリターンをコスト効率性の高い方法で獲得する方法なのである。スケーラブルでもある。簡単かつ、非流動性資産のようなエージェンシー問題も情報の非対称性もなく実践できる。投資家は、パッシブな方法では得られない成果を生むアクティブ運用に対してのみ報酬を払えば済むようになる。多くの投資家がノルウェーに追従して、動的ファクター・リスク・プレミアムを廉価かつパッシブな方法で得ようとするかもしれない。

[注]
1　2007年8月に、クオンツ的投資手法に特化したヘッジファンドで危機が勃発した。第17章参照。
2　これは、株式プレミアムの存在に起因している。第8章参照。
3　もちろん、第4章で述べているように、株式と債券各市場のリスク・エクスポージャーを一定のレベルに維持するためには常にリバランスを行えばよい。静的ファクターも動的ファクターもともにリバランスすることができる。
4　これらのリスク・プレミアムの背景にある経済理論については、第6章〜第9章参照。
5　第17章、第18章で、ヘッジファンドやプライベート・エクイティは資産クラスとして位置づけられるものではない点を記している。第10章では不動産のファクター分解について記している。
6　式（14.2）のアクティブ要因もしくはベンチマーク要因には共分散項が内包されている。ただし、ベンチマークがリスク調整後（第10章参照）である、つまりベンチマーク・リターンがシステマティック・リスクに対するエクスポージャーで示されており、アクティブ・リターンが固有リスクに対応するような場合は、共分散項はゼロである。
7　Hensen, Ezura, and Ilkiw（1991）やIbbotoson and Kaplan（2000）参照。Brown, Garlllappi, and Tiu（2010）では、大学基金ファンドの（時系列）リター

ンの分散の70%は戦略的資産配分に起因していると述べている。

8　Karnosky and Singer（1994）とLo（2008）も参照。

9　第4章では、長期投資のポートフォリオ選択という文脈において、戦略的配分と戦術的配分を説明している。式（14.5）は、インフレに対する超過リターンという文脈で示している。インフレを負債に置き換えると、この要因分解は、サープラス・リターンもしくは負債に対する超過リターンを表現することになる。

10　ソブリン・ウェルス・ファンド（SWF）や大学基金の払出政策の詳細は第1章参照。

11　ここでの非流動性プレミアムは少なくとも、資産クラス内でのプレミアムである。第13章に見るように、資産クラス間の非流動性プレミアムの存在は十分に実証されていない。

12　興味深いことは、期間を直近月まで伸ばして推定した結果によると、2008年9月の損失は実際より大きかったと推定されることである。このことは、内部・外部の投資戦略を変更することによって、時間の経過とともにファクター・エクスポージャーを管理するNBIMの能力と整合性をもっている。

13　本章では、多くの（平均・分散）リスク・モデルで使用されているファクターについては議論しない。それらのファクターの大部分は（残差）リターンの共分散マトリックスの分解をもとに構成されるもので、リスク・プレミアムを生み出す経済理論に基づくものではない。

14　Accominotti and Chanbers（2013）は、キャリーは多くの国で金本位制を採用していた1920年代や30年代でも存在していたと述べている。

15　Connor and Karajcczyk（1933）、Jones（2001）参照。

16　Cochrane（2013b）も参照。

17　もしくは、バリュー／グロースは、株式市場におけるキャリーとして説明したほうがよりよいかもしれない。

18　これは、ある時点において異なる資産クラスに配分するという資産横断的な戦略である。これは、特定の資産は過去高リターンであったなら上昇し続ける傾向があるということを指す時系列モメンタムとは異なるものである。

19　例外は、Ang, Shutauber, and Tetlock（2013）が示したように、株式店頭市場ではモメンタムは希薄である点である。

20　「Factor Investing：The Reference Portfolio and Canada Pension Investment Board」CaseWorks ID#120302から引用。

21　リファレンス・ポートフォリオは、2012年4月1日付で見直された。変更前は株式65％、債券35％であり、株式ポートフォリオは国内株式、海外先進国株式、新興国株式に区分されており、債券ポートフォリオは、国内債券、国内インフレ連動債券、（為替ヘッジ付き）外国ソブリン債からなっていた。

22　Kaya, Lee, and Wan（2011）やIdzorek and Kowara（2013）が疑問を投げかけている。平均・分散ファクターの文脈においてさえ、ファクターの活用は、推

第14章　ファクター投資　595

定が必要な平均、分散、相関係数の数を劇的に削減させる。ゆえに、制約条件のないアプローチとファクター・モデルとにはいくつかの重要な違いがある。第3章参照。

23　Cochrane（1999, 2013a）参照。

24　「Liquidating Harvard」Columbia CaseWorks ID#100312参照。

25　「California Dreamin'：The Mess at CalPERS」Columbia CaseWorks ID#120306と第15章参照。さらには、Ang and Kjaer（2011）も参照。

26　2012年のWorld Investment Forumでソーターと交わした個人的会話より。Clark, K「Listen up, Bond Investors：Vanguard Investment Chief Gus Sauter Sees Low Returns Ahead for some of His Most Popular Products」CNNmoney.com、2012年12月より引用。

27　CAPMについての説明は第6章参照。

28　Ang, Goetzmann, and Schaefer（2009）のIIIB節より引用。

29　Perold（2007）、June and Malkiel（2008）、West（2010）に記されているコメント参照。

30　詳細は「GM Asset Management and Martingale's Low Volatility Strategy」Columbia CaseWorks ID#110315参照。本節では、スコットとの会話から得られた内容を紹介している。

31　Fama and French（1993）は、市場、サイズ、バリュー／グロースの三つのファクターを用いている。Carhart（1997）は、これらにモメンタム・ファクターを追加している。

32　図14.7はクヌート・ケアーによる。

33　デンマーク労働市場付加年金グループ（ATPグループ）の2011年年次報告書から引用。

34　http://www.apfc.org/home/Content/investments/assetAllocation2009.cfmから引用。

35　重要な論文Cox, Ingersoll, and Ross（1985）は、均衡におけるリスクフリー・レートの過程にはわずかな制約しかないことを示している。彼らはすべての安全債券のネットの供給はゼロと仮定している。

36　社債を発行する（売却する）企業があれば、その買い手もいるという点で、社債も同様ではないのだろうか？　なぜ社債はネットの価値がゼロではないのか？　Miller and Modigliani（1958, 1961）は、摩擦のない市場では社債と株式に違いがないことを示している。もちろんこのような世界は現実とはかけ離れているが、社債と株式は、平均的には収益性のある投資機会を生み出すリスクのある企業に対する請求権であるという点では同じである。このようなことは、リスクのない国債には当てはまらないのである。

37　リカードの等価定理はデビッド・リカードにちなんで名前が付けられたが、彼は1800年代半ばに経済学を一つの学問領域として確立した偉大な人物の一人であ

596　第Ⅱ部　ファクター・リスク・プレミアム

る。さらに発展させたのが、歪曲税を仮定することでリカードの等価定理を覆したBarro（1974）である。Lucas and Stokey（1983）は、もう一つの標準的な参考文献である。これらを要約した論文がRicciuti（2003）である。

38　IMF, Global Financial Stability Report, 2012参照。

39　Gorton（2010）参照。

40　Reinhart and Rogoff（2011）が包括的な論文である。彼らによると、1930年代から1950年代の間、およそ半数の国が債務不履行に陥っていたとのことである。

41　Sturzenegger and Zettelmeyer（2008）、Cruces and Trebesch（2013）参照。

42　この興味あるエピソードはSturzenegger and Zettelmeyer（1989）参照。

43　担保としての安全資産の役割のモデル化については、Gorton and Ordonez（2013）参照。

44　Sidrauski（1967）とTobin（1969）参照。最近の例は、Krishnamurthy and Vissing-JØrgensen（2012）参照。

45　金融危機以前では、Woodford（1990）とHolmstorm and Tirole（1998）は重要な参照文献である。金融危機後は、このトピックについて様々な文献が発表されている。

46　これは、エコノミストであるロバート・トリフィンの名をとって命名されたトリフィン・ジレンマの新しい具現化である。ブレトンウッズ協定のもと、主要通貨は金本位となり、米ドルは金としての役割を担っていた。トリフィンは、この状況は、安全資産の供給が不十分な状況になる、ないし米国が定められたペッグを維持することができなくなるくらい外国のドル保有が増加しすぎるために安定性に欠けると指摘した。トリフィンには先見力があったわけであり、ブレトンウッズ体制は1970年代に崩壊した。Obsfeld（2011）参照。

47　先進国のみを対象に、デュレーション5年のドルベースの暦年のリターンを算出。マクロデータの出所はIMF。パネルAの回帰式は、国ごとの固定効果を用いている。パネルBは、市場ウェイトからの乖離を最大5％に制約し、空売りは認めていない。つまり市場ウェイト7％の国は2～12％の範囲のウェイトとなり、市場ウェイト2％の国は、0～7％のウェイトとなる。年次リバランスを実施。

48　債務額対GDP比は、非常に低くてもよくないが、非常に高くても好ましくないという非線型の特性がある。しかし、非線形性は図14.12にある先進国のサンプルにおいてはまったく顕著でない。

49　ノルウェーのソブリン・ウェルス・ファンドはGDPウェイトを採用しているが、NBIMに対しては「国債投資の構成において国ごとの財政力の違いに注意を払う」よう求めている。

50　財務省中期証券（中期国債）は2～10年の償還期限で、財務省長期証券（長期国債）は20～30年の償還期限で発行される。財務省短期証券（短期国債）は償還1年未満で発行される。

51　政府がどのように償還期限を選択すべきかについての理論は少ない。財政上

第14章　ファクター投資　597

のショックに対応し、政府が税収を平準化させることができる最適な年限構成を導出したAngeletos（2002）が先駆的である。

52 Litterman and Scheinkman（1991）参照。

53 Kose, Otrok, and Whiteman（2003）やJotikasthira, Le, and Lundblad（2010）が示すように、各国の金利期間構造の変動の相関は高い。すべての国を跨いで一つの目標デュレーションを定めることは理にかなっている。

54 多くの債券インデックスの品質は、株式インデックスにはるかに劣るものである。Glitz and Campani（2011）参照。

55 Letter to the Ministry of Finance（2009年12月23日）参照。

56 Biltz, D.「Strategic Allocations to Factor Premiums：The Next Big Thing?」Robeco Insight、2012年10月7日、さらには、Chambers, Dimson, and Ilmanen（2011）参照。

第 III 部

委託ポートフォリオ運用

第15章

投資運用委託

第15章要約

　アセット・オーナー（プリンシパル）にとって最良の内容が、受託者であるファンドの運用者（エージェント）にとって最良の内容でないことはよくある。プリンシパルとエージェントとの間の利害対立は、適切なガバナンス構造と契約によって緩和することができる。理事会に実効性があれば、プリンシパルの利益は尊重されるであろう。理事会は、投資の意思決定を行うというよりはむしろ、投資意思決定のためのプロセスを構築すべきなのである。

1 ニューヨーク州職員退職年金基金

　ニューヨーク州職員退職年金基金（NYSCRF）は、2011年には1,406億ドルの資産と100万人以上の加入者を抱える、世界最大の年金基金の一つである[1]。この大規模な資産を管理しているのはたった一人の人間、同州の監察官である。監察官は、唯一の受託者として選任された官僚である。

　何年にもわたって、多くの人がニューヨーク州の年金システムのガバナンス改革を試みたが、繰り返される不祥事により、改革の試みはすべて失敗した。たった一人に全権限を授与していることがトラブルの種となっているが、実際、何十年もの間トラブルを生じさせてきた。例えば、エドワード・レーガンは1979～1993年の期間に監察官であったが、1989年には、彼が彼の政治活動に寄付をした投資銀行や法律家を利するよう州の事業を誘導したとして、ニューヨーク州の政府健全性委員会から取り調べを受けた。H・カール・マッコールは1993～2002年に監察官の任にあったが、年金基金が投資している会社に彼の友人や親族の採用を促す手紙を書いた件で非難の的となった。彼は州のレターヘッドまで使っていた。また、マッコールは政治活動への寄付者に年金基金の法律事務を斡旋したことについても告発され

600　第Ⅲ部　委託ポートフォリオ運用

た。マッコールの後任のアラン・ヘヴェジは、NYSCRFの年金資金をいくつかの投資会社に振り向けた見返りに100万ドルの斡旋料を受け取ったことで最終的には有罪を認め、2006年に辞職を余儀なくされた。ヘヴェジは収監された。

ヘヴェジの残した監査官の任期を埋めるために2007年に指名されたトマス・ディナポリは、透明性を向上させ、詐欺行為を防止するために数々の改革を始めた。ディナポリは外部のアドバイザー、コンサルタント、法務顧問を利用し、さらに、退職給付制度、投資、不動産、年金数理評価などのアドバイスをしてくれるいくつかの専門家委員会を創設した。それでもなお、これらの組織や個人はすべて、究極的には、アドバイスを与えてくれるだけのものにすぎず、監察官は絶対的な管理権を保持していた[2]。

NYSCRFは、運用者の利己主義や、運用者と受益者のインセンティブの不一致など、企業年金と同じプリンシパル・エージェント問題に晒されている。しかし、NYSCRFは、公的年金として納税者と政治家の利害の不一致に関連する別のプリンシパル・エージェント問題も抱えている。なぜなら、納税者は年金基金の負債について残余責任を負うからである[3]。公的機関は、使用者に支払う報酬に上限があることが多く、このため公的年金プランは最も優秀な運用マネージャーを採用できないのが一般的である。法的、政治的な手続きもまた公的年金の運営の妨げとなる場合もある。

ニューヨークの検事総長であるエリック・シュナイダーマンは、唯一の受託者というモデルを批判して「唯一の受託者となれば、善良な監察官が望む以上の権限が授与され、腐敗した監察官が手にすべき以上の権限が授与される」と述べている[4]。

しかし、一人の受託者が全権を担うのではなく、複数の受託者が集まった理事会であったとしても、それ自身にはデメリットがある。政治家や官僚、労働組合などによって指名された受託者は、投資の専門知識を持ち合わせていないかもしれないし、特定の利益団体に支配されている可能性もある。あるいは、単に詐欺師たちなのかもしれない。

NYSCRFにとって適切なガバナンスのモデルとはどのようなものなのであろうか?

2　プリンシパル・エージェント問題

アセット・オーナーは通常、自分の資金を自らで運用しない。その代わりに、彼らは運用会社を雇う。ここで、*エージェンシー問題*が発生する。アセット・オー

ナーはプリンシパル（*主人*）であり、ポートフォリオ運用をエージェント（*代理人*）であるファンド運用者に委任する。「プリンシパル」と「エージェント」という用語は慣習法に由来する。

エージェンシー問題を経済学に持ち込んだのはRoss（1973）であるが、このロスはマルチ・ファクター・モデル（第6章参照）の理論を発展させたスティーブン・ロスその人である。エージェンシー問題はいたるところに存在する。すなわち、雇用者と被用者の間、不動産賃貸会社とテナントの間、弁護士と依頼人の間、患者と医者の間、一般市民と政治家の間などに生じる。資産運用の文脈では、ファンドの保有者がプリンシパルであり、ファンドの運用者やアドバイザーがエージェントということになる。

2.1 エージェンシー問題

資産運用委託でエージェンシー問題が発生するのは、アセット・オーナー（プリンシパル）とファンド運用者（エージェント）の間で、効用またはリスク回避度、インセンティブ、投資期間、スキル、情報、利害が異なっているからである。さらに、プリンシパルがエージェントをモニターする能力には限界がある。モニタリングできる場合でも、モニターすることが高くつく場合もあるし、時々しかモニターできず、しかも、アセット・オーナーがモニタリングの最中に明らかとなった情報を理解できない可能性もある。プリンシパルには、エージェントに才能があるのかどうかや、エージェントが優れた仕事をしているのかどうかを判断する能力はない。たとえ才能あるファンド運用者を採用したとしても、そのエージェントが働いているのか、手を抜いているのかはプリンシパルにはわからない。

重要なエージェンシー問題は二つあるが、いずれも保険の分野から出てきた用語である。

逆選択は、プリンシパルがエージェントのスキルを検証できないときに発生する。運用者はアセット・オーナーよりも常に情報優位な状況にある。運用者はアルファがあると主張するが、アセット・オーナーは懐疑的なのが自然である。アセット・オーナーは、その運用者が次のウォーレン・バフェットなのか、次のバーナード・マドフなのか確かめられない。

保険の文脈では、個人が保険会社よりも多くの情報をもっている場合に逆選択が起きる。生命保険を購入するのは、自分が末期症状の病気にかかっていることを知っている個人ばかりということになる。逆選択を考慮しなければ、保険会社の課

す保険料はあまりに低いものになる。

　モラル・ハザードは、プリンシパルにはエージェントが投入する努力を観察できず、かつ、エージェントはプリンシパルがもつ以上の優れた情報をもっているか、入手できるようなときに発生する。アセット・オーナーは、未熟なウォーレン・バフェットを雇っても、彼をモニターすることはできない。彼は実は、アセット・オーナーのポートフォリオに付加価値を加える代わりに、自身のポートフォリオに付加価値を乗せ、アセット・オーナーのポートフォリオを無視している。さらに悪いのは、過剰売買や先行売買を行って、実はアセット・オーナーの資金を失っている場合である。

　保険の文脈では、モラル・ハザードが起きるのは、（例えば）盗難被害を補償する保険の場合などである。保険会社は、損失を負担しないとわかると表玄関を開けたままにするような加入者を監視できない。モラル・ハザードを考慮しなければ、結局保険会社は補償を安売りすることになる。

　経済学者たちはエージェンシー問題を緩和する方法を研究してきた。プリンシパルとエージェントは契約を交わすか、ガバナンスの仕組を構築することができる（経済学者はこれらをゲームと呼ぶ）。契約は、才能ある優秀なエージェントが働くことに価値を見出せるようなものでなければならない（これを専門用語で*参加制約*という）。契約はまた、エージェントが一生懸命働くような正しいインセンティブを与えるものでなければならない。才能あるファンド運用者がゴルフで時間をつぶすようではダメだからである（これを*誘因両立制約*と呼ぶ）。契約によって、参加制約および誘因両立制約が考慮され、プリンシパルのもつ価値は最大化される。

　大抵の場合、才能あるファンド運用者は、アセット・オーナーが生み出すことのできない価値を生み出せるであろう。この余剰は、*交渉ゲーム*を通じてファンド運用者とアセット・オーナーとの間で分けられるであろう。場合によっては、ファンド運用者が価値をすべて引き出してしまい、アセット・オーナーには何も残らないこともある。皮肉屋は「これを専門用語で*ウォール街*と呼ぶ」というであろう。フレッド・シュエッドの有名な本『Where Are the Customer's Yachts?（邦題：投資家のヨットはどこにある？）』は、1940年の出版当時と同じように現在にも通じるものがある。

　思い出せないほど古く、良き時代のある日。よその町からやってきた旅人が、ニューヨークの金融街の名所を案内された。一行が、バッテリー地区に到着したとき、案内の一人が停泊しているかっこいい船を指して「ほら、あれは銀行家の

ヨット、あっちは株屋のヨットだよ」といった。何も知らない旅人は聞いた、「顧客のヨットはどこにあるの？」と。

本章に続く数章にわたって、ミューチュアル・ファンドやヘッジファンド、プライベート・エクイティなどのいくつかの投資手段において、平均的なファンド運用者が、適切なベンチマークに対してアセット・オーナーに提供する付加価値がゼロか、むしろマイナスであることを示す。つまり、ファンド運用者は、平均的には、すべての余剰を手にしている。それでもアセット・オーナーは自らベンチマーク通りの運用を実践できないため、ファンド運用者が付加価値を提供できているケースはあるかもしれない。他に、顧客が誰かに手を貸してほしいと思っており、方針を堅持する（そのままにする）のをファンド運用者が手助けするようなケースもある（第4章参照）。

2.2 一般的なエージェンシー問題における最適契約

プリンシパル・エージェント問題を解いて最適な契約を見出すのは困難である。この分野では、二つのノーベル賞が授与されている。そのうち一つは、逆選択とモラル・ハザードを含む解法に関してジェームズ・マーリーズが1996年に受賞した（彼は、富裕層への最適な限界税率は0％であるべきという結論で最もよく知られており、これがノーベル委員会のあげた授与理由であった）。レオニード・ハーヴィッツ、エリック・マスキンとロジャー・マイヤーソンの三人は、エージェンシー理論と密接に関連する分野であるメカニズム・デザインの分野の発展に貢献したことで2007年のノーベル賞を受賞した。プリンシパル・エージェント問題の多くは、いくつかのゲームと解釈でき、彼らによってもたらされた知見を使って解くことができたのである[5]。

エージェンシー理論のいくつかの原則は、ファンド運用者がアセット・オーナーの最善の利益のために行動させるような仕組みをデザインすることに役立つ。一般原則の一つは、ファンド運用者は「よりアセット・オーナーらしくある」必要があり、そうすることで「よりアセット・オーナーのように行動」するようになる、というものである。

結果に基づく契約により、ファンド運用者はプリンシパルの獲得した利益の分け前を受け取れる。こうした種類の契約には、例えばベンチマークをアウトパフォームしたときのように、ある結果が得られると支払われるボーナスがある。結果に基づく契約には他に、*相対*パフォーマンス契約があるが、これはエージェントが他の

604 第Ⅲ部 委託ポートフォリオ運用

競合相手をアウトパフォームした場合に支払われるような契約である。

行動に基づく契約は、ファンド運用者の行動を制限し、雇い主につけ込んだり騙したりする機会を抑制することで、アセット・オーナーによるファンド運用者の行動の緻密なモニターを可能にする。こうした制限の例としては、運用者にデリバティブ取引を認めない、運用者がとることのできるリスク量やレバレッジ水準を特定する、などがある。その一方、努力に対して報酬を支払うことができる。

推論に基づく契約は、ファンド運用者は、精勤する場合に起こり得た結果に対しては過度に高い報酬を受け取るべきであり、手を抜いたり不注意であったりした場合にのみ起こり得た結果に対しては過度に低い報酬を受け取るべきである、という原則を基本としている。この原則が意味するのは、一般に、非線形な契約が最適だということである。

評判は重要である。エージェントは、新規顧客を獲得し、プロとしての名声を保つには、自身の評判が不可欠であるということを知っている。このためエージェントは一点の曇りもない名声を保ちたいと願うことで正しい行動をするようになる。重大な申し立てが一つでもあれば、実害になり得るからである。

資産運用業界では、資産運用者の種類によって、法により禁じられている契約形態もある。例えば、1940年投資顧問法の1970年修正条項では、ミューチュアル・ファンドのパフォーマンスに基づく手数料（成功報酬）は対称的なものでなければならないとされている（第16章参照）。これにより、推論に基づく、非線形の契約は認められない。その一方で、業界一般に広がっている契約には、最適ではないものもある。これについては後述するが、そのうちの一つは、資産クラスの基本的なインデックスを利用したベンチマーク設定であることが明らかになろう。

資産運用では、契約に明記されていないことが明記されているものと同じくらいに重要になる。資産運用者は運用資産額に応じて報酬を受け取るので、将来の顧客からの資金フローを呼び込めることは強力な長期のインセンティブになり、それは多くの場合、既存顧客との間で運用者が交わす契約に明示されたインセンティブよりもずっと強力である[6]。明示的な契約はプリンシパルがコントロールできるものであるのに対し、暗黙の契約は市場に左右される。暗黙の契約に起因する報酬スキームは、しばしば勝者独り占めの様相を呈しており、これは過度なリスク・テイクにつながる。

エージェンシー理論の重要な知見は、つまるところ、次のようにいえるであろう。エージェントはプリンシパルを騙そうとするが、それはエージェントがプリン

シパルを嫌っているからではなく、エージェントが人間であるがゆえに、何よりもまず自分自身のことを大事に考えるからである。プリンシパルはアセット・オーナーとしてこのことを認識し、こうした効果を和らげるような仕組み（運営体制や契約、ガバナンスの仕組み）をデザインすることで、最もうまくいった場合には、エージェントが自分の利益を優先しようとする傾向をプリンシパルの利益につなげることができる。例としては、エージェントが自身の利益を最大化したいと考えていることを知った上で、プリンシパルの儲けが大きくなる方法でエージェントにも多少儲けることを認めることである（結果に基づく契約）。もう一つの例は、最良のエージェントが働いてくれるように十分な報酬を支払うが、エージェントが自身のためにではなくプリンシパルのポートフォリオに価値をもたらすよう確認することである（行動に基づく契約）。エージェンシー理論が説いているのは、プリンシパルとエージェントとの間の利害の不一致を認識し、こうした利害の不一致があってもプリンシパルの利益を大きくするようにエージェントと協働することである。

　もし正しい契約が結べなかったらどうであろうか？　そう、マーティン・ウルフが述べたように「二流の資産運用者でも"正しい"手数料体系があれば金持ちになれるかもしれない。その運用者は投資家が金持ちでいられなくなることがわかっているのだから」[7]。

3　ポートフォリオ運用委託

　ここでは、ポートフォリオ運用委託に特有のエージェンシー問題について見てみよう。

　資産運用には、通常、複数のプリンシパル・エージェント問題が絡んでおり、それらの多くはお互いに対立している。図15.1にまとめているNYSCRFにおけるプリンシパル・エージェント関係を考えてみよう。図中(1)の関係では、監察官は年金基金の唯一の受託者であり、それゆえ、アセット・オーナーである受益者のエージェントである。監察官は内部のファンド運用者を監督し、外部のファンド運用者を選択する任にあることが(2)の関係に描かれている。ここでのエージェントとしてのファンド運用者は監察官よりも情報優位にあり（逆選択）、また監察官はエージェントがファンド運用に努力しているかどうか四六時中監視することはできない（モラル・ハザード）。監察官はコンサルタントの助けを借りるが、これがもう一つの新たな次元のエージェンシー問題を生み出している。すなわち(3)の関係において監察官がプリンシパル、コンサルタントがエージェントである。(4)の関係では、コ

606　第Ⅲ部　委託ポートフォリオ運用

ンサルタントが、ある資産クラスで最高のファンド運用者を探し、スクリーニングするために雇われるような場合には、コンサルタント自身が、ファンド運用者とのやりとりにおいてプリンシパルとなる可能性がある。

納税者は背景に隠れてはいるが、実は最終的なプリンシパルである。州政府は、納税者のお蔭で、公的セクターの従業員を雇っている。これが(5)の関係である。他の公的年金基金と同様に、NYSCRFは州によって重要と考えられている経済上の優先事項を目標に据えている。例えば、同年金基金は、ニューヨークにおける事業に対して特別に投資持分を保有している。このため、場合によっては、ファンド運用者は(6)の関係のように、納税者のエージェントとなる可能性がある。監察官自身はニューヨーク州の居住者によって選ばれるので、(7)の関係にあるように、納税者のエージェントである。そして最後に、(8)の関係にあるように、NYSCRFが抱える諸問題に取り組むコンサルタントの何人かは、監察官というよりも州政府に雇われているので、究極的には、彼らは監察官のエージェントとしてではなく納税者のエージェントとして働いている。

通常、アセット・オーナーと実際のポートフォリオ運用者との間にはいくつかの

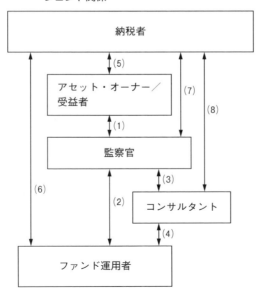

図15.1　NYSCRFにおけるプリンシパル・エージェント関係

層があり、それぞれの層に追加的なプリンシパルとエージェントの利害対立（および追加的な手数料）が持ち込まれる。NYSCRFの現在の組織上は、プリンシパルとしての加入者はまず監察官を通じて資産運用者につながり、その監察官がファンド運用者のプリンシパルとなっている。運用を受託した資産運用者自身が、下位の資産運用者に運用を再委託する場合もある。驚くことではないが、エージェンシー関係の連鎖を下っていくと、アセット・オーナーの究極の目標はますます軽視されていく。パフォーマンスも毀損していく。Chen, Hong, and Kubik（2010）は、ミューチュアル・ファンドの仲介業者について研究している（第16章参照）。実は、この仲介業者の存在はミューチュアル・ファンド業界では非常に一般的であり、全体の4分の1以上が資本関係のないアドバイザー会社に委託を行っている（バンガード社のウェリントン社への外部委託が好例）。Chen, Hong, and Kubik（2010）によれば、外部委託されたミューチュアル・ファンドのパフォーマンスは、内部で運用されるものよりも悪いとのことである。

　これらすべてのプリンシパル・エージェント関係がポートフォリオ運用の問題に関連してはいるが、ここでは、実際に投資のマネジメントが行われているファンド運用者に最も関連の深いものに焦点を当ててみよう。標準的なプリンシパル・エージェント関係とポートフォリオ運用委託におけるプリンシパル・エージェント関係の間には、二つの重要な違いがある。

3.1　ポートフォリオ運用委託におけるエージェンシー問題の独自性

　ポートフォリオ運用者の仕事の大部分は、情報の入手である。ファンダメンタル・アプローチをとる運用者は投資先企業に関する知見を得るために、企業レポートを丹念に読み、会社訪問をする。一方、クオンツ運用の運用者は、将来の株価変動を予測するためにプログラムを書き、データを分析する。つまり、ポートフォリオ運用とは、典型的には、投資行動の根拠となるシグナルのような情報を探すことである。このことにより、ポートフォリオ運用でのエージェンシー問題が、標準的なエージェンシー問題とは異なるものになってくる。標準的なエージェンシー問題は、例えば工場労働者がどのくらい多く製品を作っているかといった、直接的なパフォーマンスにかかわるものが通常だからである。標準的なエージェンシー問題では、エージェントは情報収集せず、単にどれだけの部品を作るかを決めるだけである。標準的なエージェンシー問題との違いの二つ目は、ファンド運用者がポート

608　第Ⅲ部　委託ポートフォリオ運用

フォリオのリターンとリスクの双方をコントロールすることである。エージェンシー問題の伝統的な枠組みでは、通常、エージェントは産出比率（平均的にどれだけの部品を作るのか）をコントロールするだけであり、そのばらつき（今日作られるであろう部品の量にはどの程度の幅があるのか）はコントロールしない[8]。

アセット・オーナーが何を観測できるかについても、プリンシパル・エージェントの標準的な図式とは異なっている。標準的なモラル・ハザードのモデルでは、*努力*もしくは*行動*は観測できない。プリンシパルには、工場労働者がどの程度手を抜いたのか、働いたのかについては正確にはわからない。しかし工場の所有者は、労働者が手を抜いているのか働いているのか、もしくはより一般的には、完全にさぼっているのと休む間もなく働いている間のどの辺りの状況なのかは知っている。労働者が決める選択の組合せ、もしくは行動の組合せは限られている。しかしポートフォリオ運用での問題の場合、アセット・オーナーは、選択され得るポートフォリオの組合せすべてを知ることはできないが、最終的に選ばれたポートフォリオについては（時折）見ることができる。つまり、標準的なプリンシパル・エージェント関係の図式とは正反対のことが起きている。*アセット・オーナーは選択された行動は観察するが、行動の選択肢は見ることができない*。資産運用委託の分野での最も初期の論文、Bhattacharya and Pfleiderer（1985）はこれらの問題への答えとして、プリンシパルが最良のエージェントを雇って正しいポートフォリオ選択をさせるには、*非線形*の契約が必要であると述べている。

ポートフォリオ運用委託におけるプリンシパル・エージェント問題と標準的なプリンシパル・エージェント問題との間には明白な差異があるため、ポートフォリオ運用委託の分野は、契約理論の他の分野に比べて、発展が相対的に緩やかであった。Stracca（2006）の優れた調査研究は、これらの差があるために「この分野の研究は建設的というよりはむしろ否定的な結果に至るものが多く、最も単純な状況設定をした上で最適な契約がどんなものかを探ってみても、結論が出ないことがわかった」と述べている[9]。Stracca（2006）は正しい。経済学者たちは、ポートフォリオ運用者によって騙されないようにする、確実な方法をいまだ開発していない。ただし、まったく陰惨な状況というわけではない。アセット・オーナーが利用できる有益な原則は数多くあると確信するが、残念ながら業界では無視されているものもあるということである。

第15章 投資運用委託　609

3.2 結果の無関連性

ファンド運用者への報酬は、あるベンチマークに勝ったときに支払うのが普通の方法である。そのベンチマークには、通常、S&P500指数のような資産クラスを代表する指数が設定される。エージェントの報酬体系は通常は*線形*になっており、エージェントは基本給に加え、アウトパフォーマンスに応じてその比率または倍率で報酬を得る。大抵の場合、線形の契約が選ばれるのは、それが最適だからではなく（一般に最適ではない）、それが便利だからである。標準的なエージェンシー問題では、線形の契約であれば参加制約は満たされ（十分に高い報酬は、才能あるエージェントが働きに来てくれるよう引き付けてくれるし）、誘因両立制約も満たされる（才能あるエージェントには精勤するインセンティブがあるから）。

驚くことに、線形の契約では、運用者はアセット・オーナーのために最適には行動してくれない。Stoughton（1993）とAdmati and Pfleiderer（1997）が見出したこの*結果の無関連性*によれば、*ポートフォリオ運用委託では線形の契約は役に立たない*ということになる。ポートフォリオの平均もリスクもコントロールできるエージェントは、プリンシパルが達成してほしいことをいつもダメにしてしまう。言い換えると「結果の無関連性」は、運用者の努力はいくら報酬をもらっているかには依存していない、ということを意味している。これは驚くべきことである。なぜなら、資産クラスの指数をアウトパフォームした場合の線形の報酬体系が一般的である中で、それがアセット・オーナーにとって利益にならないからである。

ストートン＝アドマティ＝プフライデラーの想定はとても現実的なものである。つまり、プリンシパルは多数のエージェントの中から選択を行うが、これは、アセット・オーナーが、その全員がアルファについての自社ブランドを宣伝している多数の（おそらくは才能のある）ファンド運用者を選択肢にもつようなものである。また、雇った運用者が手を抜いていないかどうかを知るためにアセット・オーナーが全員を監視することはできないので、アセット・オーナーにとって運用者の努力は隠されている。S&P500指数に基づく線形のベンチマーク、もしくは類似の資産クラス別ベンチマークは、最適なリスク分担をもたらさないし、プリンシパルは最適な結果を得ることもなく、運用者が努力するインセンティブは弱まり、成績の悪い運用者を篩い落とすのにも役立たず、運用者と投資家の選好を整合させる役割も果たさない。

結果の無関連性は、アセット・オーナーの最適ポートフォリオの重要性を際立た

せる。アセット・オーナーにとっての最適なポートフォリオをまず決めることなしに、ファンド運圧者とアセット・オーナーの間のエージェンシー関係を語ることはできない。第14章では、最適ポートフォリオはファクター・リスクを基礎とするものでなければならないと述べたが、エージェントに委任してはならない意思決定が二つある。つまり、とるべきリスクの水準と利用するリスク・プレミアムの源泉の二つである。どちらも、投資家の性格や負債、収入、富に依存している（本書の第Ⅰ部と第Ⅱ部参照）。ベンチマークを正しいものにすることが、エージェンシー関係のすべての歪みをベンチマーク対比で測るための第一歩である。

　結果の無関連性によれば、たとえアセット・オーナーのための正しいベンチマークがあっても、そのベンチマークは、線形の契約に基づく報酬を受けるファンド運用者の行動には無関係ということになる。しかし、異なるベンチマークをエージェントに与えることもできる。

3.3　ベンチマークの最適なデザイン

　結果の無関連性を打ち破る一つの方法として、よりスマートなベンチマークの利用がある。ストートン＝アドマティ＝プフライデラーの単純な想定におけるベンチマークは、伝統的なS＆P500指数のような、単純で*静的な*、資産クラスのベンチマークである。もし線形の契約にこだわるなら、ベンチマークを静的なものから、よりスマートな*動的な*ものに変えることによって、最良のエージェントを雇い、その最良のエージェントに最適な努力をさせることが可能になる。これが、Ou-Yang（2003）の示したことである[10]。オウヤンは、それぞれの銘柄に投資される株数が固定されたパッシブ・インデックスを用いるのではなく、時間とともに株数が変動するアクティブ・ベンチマークを創出している。

　第14章で検討したファクター・ベンチマークはまさにこれである。動的なベンチマークでは時間の経過とともに株数が変わり、ファクター・ベンチマークでは、その経時的変化がファクター・リスクに対するエクスポージャーを最大化するように最適化処理される。これはオウヤンのモデルから想起される最適ベンチマークとまったく同じというわけではないが（しかもオウヤンの最適ベンチマークは計算が困難な可能性がある）、基本的な発想は、線形の報酬体系を維持するなら、ポートフォリオ運用を受託する運用者にはよりスマートな動的ベンチマークを与える方向にもっていくべきであるということである。少なくとも、無関連性の結論から、静的なベンチマークはアセット・オーナーに何の価値ももたらさないということが知

第15章　投資運用委託　611

られている。

　ファクター・ベンチマークはエージェントがコントロールできない共通ないし総体的なショックをも拾い上げる。これにより、相対パフォーマンス評価を用いると、共通のショックを取り除いて、エージェントがコントロールを有する行為に対して報いたり、罰したりできるため、より望ましいリスク分担が可能となる。ファクター・ベンチマークが適切に選定されたなら、エージェントがインデックスへのパッシブ運用に対する超過リターン（もしくはアルファ。第10章参照）をもって「スキルがあるように装う」のは難しくなる[11]。特に、ボラティリティ・リスクにエクスポージャーをもつような、高度に歪んだ利得をもたらす投資戦略については、非線形のリスクを明示的に説明する動的ファクターによって計測するのが一番である。

　結果の無関連性の状況設定は、ある単一期間についてアセット・オーナーがポートフォリオ運用者を探すという、１回限りの委託モデルである。この意味では、資本資産評価モデルに類似している。第４章で見たように、リバランスが可能な場合には動的な問題は単に一期間問題の連続なので、多くの場合、一期間であることは制約にはならない。しかし、大規模な投資家の場合は、最も高いレベルで資産配分の決定（ファクター配分の決定であるべきではあるが）がなされ、次いで各資産クラスに特化した運用者が選ばれるという２段階の、時には３ないし４段階のプロセスがある。この２段階のプロセスは利害の不一致を生じさせ、アセット・オーナーにとってコストとなっている。

　複数段階の運用委託モデルにおいて、静的な資産クラス・ベンチマークは、結果の無関連性に加えてさらなるコストを生じさせる[12]。Van Binsbergen, Brandt, and Koijen（2008）は、よりスマートな、非静的なベンチマークによって、投資運用が分権化されることで生じる不利益を克服できることを示している。こうしたベンチマークは、しばしばレバレッジが掛かったり、セクターや下位の資産クラス、ポートフォリオに通常では考えられない投資ポジションを置いたりすることがあり、実務の場では使いづらいこともある。しかし、一般論としては有効である。今日の業界でよく見られる静的な資産クラス・ベンチマークはアセット・オーナーには望ましくない。業界は、よりスマートなベンチマークに移行すべきである。ゆえに、ファクター・ベンチマークには、投資パフォーマンスのためのツールとして、また、エージェンシー問題を改善するツールとして、果たすべき重要な役割がある。

612　第Ⅲ部　委託ポートフォリオ運用

3.4　最適な契約

　結果の無関連性によれば、線形の契約では、ファンド運用者はアセット・オーナーの利益のために行動しないということであった。それならば、パフォーマンスに基づく*非線形*の契約に移行することもできる。

非線形の契約

　資産運用委託の分野を拓いた先駆的な研究であるBhattacharya and Pfleiderer（1985）は、最適な非線形の契約を導き出した。それは二次関数の形になっており、ベンチマークから負でも正でもリターンが乖離すると運用者にペナルティを課すものであった。運用者がアンダーパフォームすると運用管理報酬も低くなると考えるのは自然であるが、二次関数型の契約は運用者がアウトパフォームしたとしても低い報酬に終わるという点で不自然に見える。しかも、アウトパフォーマンスが大きくなればなるほど、ペナルティも大きくなるのだ[13]！　実社会で二次関数型の契約を目にすることは（少なくとも、まだ）ない。しかし、ヘッジファンドや他のオルタナティブ資産への投資手段では非線形の契約を見かけることが多い。たとえ間違ったベンチマークが選ばれ、運用者が手を抜きそうになったとしても、オプション型の成功報酬であれば、運用者が尽力する動機づけとして役立つであろう[14]。だから、非線形の契約はもっと広く受け入れられるべきである。

　一般的なエージェンシー理論によれば、制約を設けることは行動に基づく契約の重要な構成要素であり、プリンシパルのためにエージェンシー問題を緩和してくれるであろう。ストートン＝アドマティ＝プフライデラーの設定のもとでは、ポートフォリオ運用者は自らが構築できるポートフォリオの内容に制約がなかった。これにより運用者はポートフォリオのリターンとリスクの双方を完全にコントロールし、成功報酬（インセンティブ・フィー）の効果を完全に排除できる。運用者に努力を促す措置として、様々な制約を置くことができよう。制約を置けば、結果の無関連性を乗り越えることができる場合があり、運用者がとれる行動についての制約を目にする機会に実際に多い。ポートフォリオのリスク（デュレーション、トラッキング・エラー、ベータ、集中度など）に関する制約もあれば、保有すべきものや保有すべきでないもの（投資ユニバース、デリバティブなど）に関する制約もある。理論によれば、制約は最適な契約の重要な一部を構成しているのである[15]。

透明性と情報公開

　投資運用者を選ぶ際、アセット・オーナーにとって考慮すべきもう一つの重要な

事項があり、それが可能な状況では、それは必ず最適契約の一部となるべきものである。ここで、（ウォーレン・バフェットのような）熟練の投資家と（バーナード・マドフのような）未熟な投資家の2種類の投資家がいるとしよう。バーナード・マドフ組は真のアルファを生み出すことはできないが、賢い。彼らは一時であれば、例えばオプションを売るなどして（第10章参照）、ウォーレン・バフェット組と同じように見える高いリターンをまねることができるが、最終的には破綻してしまうであろう。Foster and Young（2010）は、*トラック・レコードのみを基準に熟練の運用者をそうでないものと区別するような報酬契約は存在しない*ことを示している。このことは、第10章で議論した、改ざんを見逃さないポートフォリオ評価方法によって、真の能力を（最終的には）統計的に検出できるのとは対照的である。しかし、バーナード・マドフ組のような偽物を取り除くような報酬契約では、本当に熟練したウォーレン・バフェット組も躊躇して参加をあきらめてしまう。これはアセット・オーナーを身動きのとれない状況に追いやる問題のようである。すなわち、バーナード・マドフを見抜けるなら、ウォーレン・バフェットを雇うことはできないであろうし、ウォーレン・バフェットが雇えるなら、バーナード・マドフを雇っているかもしれないからである。

　Foster and Young（2010）の憂鬱な結論をやり過ごす鍵となるのは、彼らの分析では報酬契約は運用者によってもたらされる過去リターンのみに基づくものであるということに気づくことである。彼らの結論は非常に一般的であり、彼らの分析が対象とする報酬契約には、ボーナス、払い戻し制度、他にあらゆる線形、非線形の契約が含まれる。しかしアセット・オーナーができるのは過去リターンを見ることに限定されている。直接的なインプリケーションは、過去リターン以上のものを調べなければならないということである。運用者の投資ポジションと戦略に関する*透明性*が必要であるし、評判や彼らの資産運用ビジネスに関連するその他すべての情報を考慮すべきである。機関投資家は、運用者の取引を完全に透明にする方法の一つとして、マネージド・アカウント（*SMA*）に習熟するべきである。

　情報公開は、投資運用委託におけるエージェンシーの利害対立に取り組む上での基本である。多くの研究が、報酬支払の透明性が高いほどエージェンシー費用は低下し、結果として投資家によりよいパフォーマンスをもたらすことを明らかにしている[16]。残念ながら、ファンド運用者は自己の利益のために手数料の不透明化を利用する。バンドリングは手数料を不明瞭化することであり、これは投資家に低いリターンをもたらし、ファンド運用者に高い報酬をもたらす。ファイナンシャル・ア

614　第Ⅲ部　委託ポートフォリオ運用

ドバイザーはしばしばミューチュアル・ファンド会社からキックバックを受け取るが、それは、パフォーマンスの悪い商品、ないしアセット・オーナーには適さない商品に投資家を誘導するインセンティブになっている。これらのキックバックがより透明化すれば、アセット・オーナーは、自分とは関係ない他のエージェンシー関係が自分の資産にもたらす歪みをよりよく理解することができる。

エージェントにもキャリアがある

　エージェントは現在のプリンシパルのために働いているが、彼らは将来のプリンシパルとの関係を育みたいとも願っている。つまり、エージェントにも*キャリアへの関心*がある。Chevalier and Ellison（1999）はミューチュアル・ファンドの運用者の労働市場を調査している。彼らは、パフォーマンスが悪いときには若い運用者の方がより解雇されやすいことを明らかにしている。そうなると、若い運用者は現状とは違う状況は望まず、ベンチマーク通りに、より平凡なポートフォリオで運用したがる。一方、退屈なS&P500指数というベンチマークには反映されない非線形のファクター・リスクをとることでプリンシパルの最良の利益に資することを目指す若い運用者は、パフォーマンスがS&P500指数を下回ると解約されてしまうことになる。これがまさに、スマートなファクター・ベンチマークを利用すべき理由である。ファクター・ベンチマークは、エージェントとプリンシパルの双方にとって有益なのである。

3.5　ファイナンシャル・アドバイザーと資産運用者への報酬支払

　支払方法には下記のものがある。

売買手数料：多くのファイナンシャル・アドバイザーは、仲介業者として行動し、彼らが顧客に販売した商品について、販売に対する報酬（相当な額であるが）を受け取る。アドバイザーにとって、これは顧客を間違った商品に誘導するインセンティブになっている。さらに、アドバイザーが手数料を最大化するために、顧客に過度の売買を推奨することをも促している。Bergstresser, Chalmers, and Tufano（2009）は、仲介業者が販売したファンドは直販のファンドをアンダーパフォームすることを示しており、しかもこれは売買にかかわる諸費用を控除する前での話である！　仲介業者には、顧客のために、市場タイミングを読む能力や、優れた資産配分能力があるという証拠は何ら見当たらない。著者はBergstresser, Chalmers, and Tufano（2009）の悲しい結論を、プリンシパル・エージェント問題の典型例と解釈している。つまり、仲介業者は自己の利益を最

第15章　投資運用委託　615

優先するということである。投資家は、ファイナンシャル・アドバイザーに対するこうした報酬の支払をしないように努めるべきである。

運用資産額に基づく報酬：運用資産額（AUM）に基づく報酬は顧問料として最も一般的な形態であり、投資顧問会社の収入の85％を占める[17]。AUMに基づく報酬は機関投資家の運用で主流となっている。報酬が資産総額のパーセンテージで決められることの問題は、市場環境がよくなるとエージェントが何もしていなくてもAUMが増加してしまうことである。アセット・オーナーは、アドバイザーやファンド保有者が費やしていない時間や努力に対して、なぜ報酬を支払わなければならないのであろうか？

　AUMに基づく報酬の歴史は興味深い。最初の独立系投資アドバイザーであるアーサー・クリフォードは、1915年にカリフォルニア州パサデナで開業したが、彼のサービスには*固定報酬*が課された[18]。この報酬体系は、大きな利益相反をもたらす売買手数料を中心とした報酬体系とは対照的なものであった。西海岸から東海岸へと目を移して、ボストンでは、1919年にセオドア・スカダーが、スカダー・スティーブンス＆クラーク社を創業し、独立系顧問として顧客向けにサービスを開始した。その報酬体系は、すべての取引額の１％とされた。すなわち売買手数料に基づくスキームである。スカダーは、この体系では十分な収益は得られず、しかも、回転売買を招いてしまうので会社の哲学に反するものだということに気づいた。そこで彼は、総資産額に*比例*する１％の報酬を課すという、もっと儲かるビジネス・モデルへと方針転換した。どちらのケースでもわかるように、他の誰もが売買手数料型の報酬体系を課していたのであるから、クリフォードとスカダーは革新的であった。売買手数料を課さないアドバイザーによる投資助言は、長い間、富裕層顧客に限定されていた。残念なことに、業界の標準となったのは、クリフォードの固定報酬ではなくスカダーの従量制の報酬であった。

　機関投資家は、1960年代まで（主として仲介者に支払われる）売買手数料に概ね基づいた報酬を支払っていた。当時、１％の手数料を課す運用機関はいくつか存在したが、それは売買手数料と相殺されていた[19]。モルガン銀行は、1960年代後期に総資産に対して0.25％の報酬を課す先駆けとなったが、モルガン銀行は顧客を失うであろうと思われていた。実際には、なくなった口座は一つだけであり、モルガン銀行は業界全体のリーダーとなった。次第に、従量制の報酬体系は（競争によって下がると予想されていたかもしれないが）徐々に上昇し、現在の

水準となったのである。

　現在、AUMに基づく報酬は、個人向けでは１％、機関投資家向けでは50bpを少し下回る程度と高い。Charles Ellis（2012）が述べているように「投資家はすでに資産を保有しているのであるから、投資運用報酬は、運用者が生み出したリターンによって投資家が獲得できたものにこそ基づくべきである」。エージェンシー理論の文脈に則すと、エリスの言明は、エージェントの参加を促す固定報酬はまったく的外れだということである。しかし、エージェントが真に付加した価値を反映するようなインセンティブに基づく成功報酬は低すぎる。投資家が多く支払ってもよいと思うのは、結果としてAUMを増加させるような追加的なパフォーマンスが得られたことの報酬であって、AUMをすぐに減らすような報酬ではない。特に機関投資家にとって、このことは報酬はよりインセンティブに基づくものであるべきで、AUMに基づく報酬は極めて低くすべきであることを意味する。個人投資家も運用資産額に基づく報酬を避けるべきだが、後ほど説明するように、インセンティブに基づく報酬の割合が大きくなるようなものは推奨しない。

　ファイナンシャル・アドバイザーの観点からは、彼らの収入の大部分が市場の予測できない変化に晒されているという点が、AUMに基づく報酬のデメリットとなっている。ファクター理論の専門用語でいうなら、ファクター選択はアドバイザーではなく顧客が意思決定すべきものである。それでもなお、ファイナンシャル・アドバイザーには、自身ではコントロールできないファクター・リスクに依拠して支払がなされている。

純資産と所得に比例する報酬：これはAUMに基づく報酬に似ているが、ファイナンシャル・アドバイザーが（通常は）より大きな金額に対して従量制の報酬を課すことができる点が異なっている。ファイナンシャル・アドバイザーにとってのメリットは、普通ならAUMの最低金額基準を満たさない顧客に対して課金することができるようになる点である。こうして新たな顧客にも門戸が開かれるが、顧客にとってのデメリットはAUMに基づく報酬の場合と同じである。どうして、投資家は自分に費やされていない時間に対して報酬を支払いたいと思うのであろうか？

定額制の固定報酬：エージェンシー理論によれば、定額制の固定報酬は、最良のファイナンシャル・アドバイザーを引き付けるのに十分なほど高く設定されるべきである。定額制は顧客には好ましい選択肢である。デメリットは、努力を促す

第15章　投資運用委託　617

インセンティブをもたないことである。つまり、顧客は最良のファイナンシャル・アドバイザーを雇うことができるかもしれないが、インセンティブに基づく成功報酬体系となっていないために、世界で一番のファイナンシャル・アドバイザーは顧客のために働かずにゴルフをしているかもしれない。しかし後述するように、定額制の固定報酬体系は、参加制約を満たすのに十分高いものである限り、最適であるかもしれない。

時間決めの報酬：これはめったに見られないが、これはエージェントが実際に努力した量に報いるものである。こうなると、ファイナンシャル・アドバイザーの報酬体系は弁護士と同じものになってくる。典型的な「格安の」時間決め報酬は300ドルである[20]。

ベンチマーク対比でのアウトパフォーマンスに基づく報酬：これもめったに見られないが、注目され始めている。これはまさに、エージェンシー理論が提唱するインセンティブを付与する成功報酬であり、結果の無関連性の影響下にある。正しいベンチマークが必要であるが、線形の契約のもとではそのベンチマークのみでは十分ではない。このように、本章3.3節と3.4節の結論とまったく同じ内容がそのまま適用できる。しかし、以下の理由から、アドバイザーへの報酬支払のごく一部分にとどまるべきと考える。

ファイナンシャル・アドバイザーは様々な仕事をしなければならない。時には、資産運用の再委託という別のプリンシパル・エージェント問題において彼ら自身がプリンシパルとして行動することもある。さらに、セラピスト、法務や税務のアドバイザー、家族問題のカウンセラー、仲裁人として働くこともある。実は、こうした役割の方が、実際に顧客のポートフォリオを運用するよりもずっと大事であるというファイナンシャル・プランナーは多い（第4章での議論ではこれを裏付けている。リバランスという行為についてさえ、経済的な意思決定と同じくらい心理的なものである）。

ファイナンシャル・アドバイザーが果たす多次元の役割は、機関投資家の運用において委託された運用者（第17章で議論するヘッジファンドや第18章で議論するプライベート・エクイティの運用者を含む）の大多数には無関係な話であるが、アドバイザーの報酬体系を特別なものにする要因になっている。Holmstrom and Milgrom（1991）に従って述べるならば、機関投資家運用では普通になっているインセンティブを与えるような成功報酬支払は、ファイナンシャル・アドバイザーの報酬体系の中核にすべきではない。Holmstrom and Milgrom（1991）

は、ファイナンシャル・アドバイザーのように、エージェントが果たす役割が複数ある場合は、ある仕事でよいパフォーマンスを出させるようなインセンティブを与えると、他の仕事に注意が向かなくなることを示している。エージェントは、報酬支払の多い方の仕事にばかり偏って時間と努力を注ぐからである。エージェントが様々な種類の仕事を抱えたり、成果の測定が難しい仕事を与えられたりする場合は、最適なインセンティブを与える契約形態は、何らのインセンティブ契約のない固定給に近いものとなる。Holmstrom and Milgrom（1991）は、多くの状況においてインセンティブを与えるような成功報酬支払を見かけることがないか、あるいは非常に小規模な内容にとどまっているのは、実はこれに起因していると述べている。個人投資家にとっては、測定の難しい様々な次元でのサービスをファイナンシャル・アドバイザーが提供するので、アドバイザーへの報酬支払はHolmstrom and Milgrom（1991）のカテゴリーにちょうど収まる。ファイナンシャル・アドバイザーへの報酬支払においてインセンティブに基づく成功報酬はごく一部であるべきである。

　同時に、運用資産額に基づく報酬や純資産と所得に比例する報酬にはあまりにもデメリットが多すぎる。少額の個人投資家に対しては、固定報酬や時間決めの報酬を課すファイナンシャル・アドバイザーが増加傾向にあるので、そうしたアドバイザーを探すべきである、とアドバイスしておこう。最良のファイナンシャル・アドバイザーに働いてもらえるよう十分な報酬を支払えるようにしよう。固定報酬ではカバーできないサービスを得たいなら、追加料金を支払えばよいのである。

　それでも、ベンチマークは依然として重要である。ファイナンシャル・アドバイザーがベンチマークとの対比でインセンティブづけされる成功報酬をほとんど受け取らない場合であっても、投資家がアドバイザーによってどんな価値が付加されているか確認できるのはベンチマークのお蔭である。ベンチマークは、アドバイザーがいなくても、投資家が自分自身で低コストで実践できる内容であるべきである。例えば、インデックス・ファンドを単に組み合わせたものや「出来合いの」ターゲット・デート・ファンド（ただしデメリットも多い。第5章参照）、もしくは、より洗練された投資家向けにはファクター・ポートフォリオ（第14章参照）などであろう。ほとんどの場合、投資のアドバイスは単純なベンチマークをアンダーパフォームする結果に終わっている。オレゴン州立大学での研究であるChalmers and Reuter（2012b）は、仲介業者を利用する投資家は、

利用しない投資家に対して1.5％アンダーパフォームしていると報告している[21]。このうち0.9％相当が顧客から仲介業者に支払われる報酬であり、残りは、単純なベンチマークと同程度のパフォーマンスすらあげられない、高価な商品が詰め込まれたリスクの高いポートフォリオを推奨する仲介業者に起因している。助言がよいものなら十分な報酬を払ってあげるべきであるが、よい助言かどうか認識するためには、透明で、かつ要求水準の高いベンチマークが必要である。

3.6　要　　約

資産運用では、エージェンシー関係が何重にも重なっていることがよくある。例えば、コンサルタントの活用はアセット・オーナーとファンド運用者の間の既存の関係を解決するものであるはずなのに、しばしば別のエージェンシー問題を持ち込んでしまう。あるエージェンシー関係を解決すると、他の関係が悪化することもある。

ここで、いくつかの提案をしたい。

① 　（S＆P500指数のような）伝統的な静的ベンチマークを利用した線形の契約は、それ自身、役に立たないばかりか、最悪の場合、運用者が価値を台無しにしてしまう（これが、結果の無関連性である）。

② 　よりスマートなベンチマーク、特にファクター・ベンチマークは、線形の契約において用いられた場合に、エージェンシー問題を緩和するであろう。

③ 　非線形の、オプション型の報酬契約は、ファンド運用者を動機づけるのに最適である。

④ 　様々な制約は契約において重要な役割を果たす。才能が優れているファンド運用者には、あまり制約は必要ない。

⑤ 　情報開示は最重要事項である。最適な契約は、できる限り透明性の高いものであるべきである。

⑥ 　個人投資家に対する１％（機関投資家に対する50bp）という運用資産額に基づく報酬は法外である。運用資産額に基づく報酬支払は最小化すべきである。

⑦ 　ファイナンシャル・アドバイザーに対してインセンティブを付与する成功報酬は、報酬全体の一部にとどめておくべきである。個人投資家は定額の固定報酬か時間決めで報酬を支払うべきである。

⑧ 　単純で固定的なインデックス・ファンドの組合せを利用して、ファイナンシャ

ル・アドバイザーにベンチマークを与えるべきである。

4 理 事 会

資産運用における数多くのプリンシパルは、さながら企業における取締役会がそうであるように、しばしば理事会によって代表される。理事会はこれまでずっと、エージェントの機会主義を和らげる優れたモニタリングの仕組みとして知られてきたし、コーポレート・ファイナンスの多くの研究が、理論と実証の両面から、取締役会における役員の独立性が重要であると強調している[22]。プリンシパルの利益を擁護するのが実効性のある理事会である。情報をモニターし、解釈することで、理事会はプリンシパル・エージェント問題を緩和している[23]。

理事会自身が、年金の受益者や、資産家のファミリー・オフィスの同族メンバー、ソブリン・ウェルス・ファンド（SWF）にとっての全国民というような、彼らが代表する人々のエージェントであるが、本節では、プリンシパルとしての理事会に集中し、エージェントとしてのファンド運用者との関係における理事会の役割を考察する。

ここでは、特にNYSCRFの問題について見ておきたい。1979年から1993年まで監察官を務めたエドワード・レーガンは、NYSCRFのガバナンス体制を理事会へと変え、ただ一人の受託者としての業務から自身を外すような改革を試みた。彼は以下のように述懐している。

> **私が監察官であった1980年代に、地方政府と現役および引退した公務員を代表する、投資の専門家からなる小規模な理事会の設置を求める法案を提出した。その提出から数週間のうちに、特定の利益団体のために理事会の席を追加で用意すべく、法案は修正の的となっていた。そこで私はこの法案への支持を撤回した[24]。**

特定の利益団体に年金基金の理事会が支配され、しかも、専門的な投資の知識がない代表者がその大多数を占めているような状況は、大失敗のレシピのようなものである。最適なガバナンス体制としての理事会のモデルを選択できるとしたら、NYSCRFはどのような理事会を選ぶべきであろうか？

4．1 理事会の人員構成

コーポレート・ファイナンスの理論と実証研究のデータからは、独立性の高い取締役会が最も付加価値を生むといえる[25]。NYSCRFがまねできる二つのモデルに

第15章 投資運用委託 621

ついて考えてみよう。一つは、カナダ年金制度投資委員会（CPPIB）であり、もう一つはニュージーランドのSWFであるニュージーランド退職年金基金（NZSF）である[26]。どちらも政府からは独立した理事会がある。

CPPIBは「損失のリスクを過度にとらずに、投資リターンを最大化する」ようにカナダ年金制度の資産の運用にあたることを唯一の目的とするファンド運用者である。「政府とは一定の距離をおいて」設立されている。1997年のカナダ年金制度投資委員会法の規定により、CPPIBは12名からなる理事会によって統制される。彼らは、指名委員会の協力を得て、地方政府（制度に参加しないケベック州を除く）と協議の上、連邦政府の財務大臣によって指名される。任期は3年である。ある年に半数以上の理事が任期満了とならないように、任期は調整されている。理事は再選可能だが、最大でも3期しか務められない。理事には「理事会がその目的を効果的に達成できるだけの、ファイナンスに関する折り紙付きの能力もしくは相応の職務経験」を持ち合わせた投資の専門家であることが求められている。さらに、理事は「カナダの諸地域の代表」でなければならない。理事会には政府官僚はいない。CPPIBは、投資戦略や事業計画を政府に提出して承認を得る必要はないし、報酬に関する方針または給与水準についても政府承認は不要である。CPPIBのガバナンス体制およびマンデートを変更するには、連邦政府および人口の3分の2を代表する地方政府の3分の2の承認が必要である。SVPで投資ストラテジスト主幹であるドナルド・レイモンドは「その独立性を変更することは憲法改正よりも難しい」とコメントしている。

NZSFは多くの点でCPPIBに似ている[27]。NZSFはニュージーランド退職年金への政府による掛金の投資を行っている。2029年には、ニュージーランド政府は年金給付のコストを賄うためにNZSFからの資金の引出しを開始するであろう。NZSFは独立したクラウン・エンティティである（訳注：2004年のクラウン・エンティティ法に基づいて設立された、政府が保有するニュージーランドの組織形態の一つ）。NZSFは管理委員会（Board of Guardians）と呼ばれる独立した理事会に監督されている。同委員会は政府とは一定の距離を置いているものの、四半期に一度、財務大臣に報告を行う。NZSFは、政府との間に「二重に距離を置いた構造」をもっている。ニュージーランド政府はまず、独立した指名委員会を任命する。政府は、管理委員会の委員候補となる要員をコントロールできない。これが、政府からの独立性の第一の意味である。指名委員会は管理委員会の委員候補を特定し、財務大臣は指名委員会が作成したリストの中からメンバーを選定しなければならない。

管理委員とNZSFのマネジメントは政府から独立した投資政策を策定し、投資意思決定を行う。これが、独立性の第二の意味である。

CPPIBとNZSFのどちらも、理事会のメンバーとして選ばれるのは、スキルと経験をもつ人である。これは確かに効果があるが、必要条件ではないように思われる。投資のプロを雇ったことで、理事会がファンドの基盤である受益団体から遊離したり、その正当性およびファンドがアセット・オーナーと効果的なコミュニケーションを図る能力が弱められたりする場合もある。実際には、金融仲介業者と特に密接な関係をもつ投資のプロが、金融仲介業者の方にビジネスを誘導することで、かえってエージェンシー問題を生むかもしれず、また潜在的にはコストも高くなっているかもしれない[28]。

例えば、これは実際にダートマス大学で起きたことであるが、理事会のメンバーと大学基金の投資委員会が、自身の投資運用会社に利益誘導したことで告発された[29]。大学のための資金運用にかかわっていた非常に多数の理事と委員会メンバーに関して、ダートマスにスポットライトを当てたのは、非営利の政策研究機関であるテルス・インスティチュートである[30]。テルス・インスティチュートは、ダートマスのCIOであったデービス・ラスが2009年に離職した時の利益相反を取り上げた。投資委員会議長であり、理事であったステファン・マンデルは、ボランティアで、しかも非常勤でCIOの役割を果たしていたが、同時にマンデルの会社であるローン・パイン・キャピタル社がダートマス大学基金の資金を運用していた。「我々は利益相反のある取引に何億もつぎ込んでいることに、ふと気づいた」とダートマスの元理事の一人は述べている[31]。2009年9月には、ダートマス大学基金の4％がマンデルのファンドに投資されていた。

NYSCRFが倣ってはいけないもう一つのモデルが、カリフォルニア州の巨大年金、カリフォルニア州政府職員退職年金基金（CalPERS）である。CalPERSは政治介入に悩まされている[32]。CalPERSの理事会は州政府から独立していない。逆に、4人のメンバーは州政府の官僚である。理事会メンバー13名中6名は労働組合の出身である。したがって、独立して、受益者を直接的に代表する理事会メンバーは多くない。

理事会メンバーであることの主要な必要条件は、独立性である。また、重責にある者の能力は継続的な教育によって向上させなければならない。そうすれば、このプロセス自体によって、プリンシパルがよりよくエージェントをモニターし、評価することができる。

第15章　投資運用委託　623

4.2 理事会がなすべきこと

ファクター・リスクの源泉とエクスポージャーをもつ

理事会が外部委託してはならないことが二つあり、この二つは資産運用において最も重要な意思決定である。それはとるべきリスクの水準と、利用すべきファクター・リスク・プレミアムの源泉である[33]。これらの意思決定はアセット・オーナーの特性に基づいてなされるべきであり（第Ⅰ部参照）、このとき、長期のファクター・リスク・プレミアムを得られるか、ファクター・リスクが引き起こす短期的な惨事を防ぐ手段があるか、アセット・オーナーの特性をよく考えるべきである（第Ⅱ部参照）。例えば、CPPIBの理事会には、リファレンス・ポートフォリオがある。リファレンス・ポートフォリオは、CPPIBの戦略的リスク・テイクの枠組みの最高位に位置し、事実上、ファクター・エクスポージャーをいくらにするか決めるものである。リファレンス・ポートフォリオは、負債に適合すると合理的に期待されるパッシブなファクターの組合せであり、低コストなパッシブ運用商品で実際に投資することができる（CPPIBはファクター投資を実践している。第14章参照）。リファレンス・ポートフォリオを選ぶことによって、CPPIBは、望ましいリスク水準と、利用すべきファクター・リスク・プレミアムを長期に固定したのである。

投資意思決定のプロセスを構築するが、投資の意思決定はしない

理事会は、自身で直接投資の意思決定をするのではなく、ファンド運用者が投資の意思決定を行うプロセスを構築すべきである。イギリスの著名なファイナンス教授エルロイ・ディムソンが、理事会や委員会がどの程度の頻度で開催されるべきか、自問自答している。

> **もし、投資委員会の最も重要な役割が、投資目的を設定し、資産配分を決め、資金運用者を選ぶ——言い換えるならアルファを生む？——ことであるなら、答えは簡単である。一度も開かなくてよい[34]。**

理事会はこうした意思決定を行うために資産運用者（エージェント）を雇っている。ファンド運用者は、理事会よりも市場に近い位置におり、よりよい情報をもっている。理事会は長期的な投資戦略を保持すべきであるが、その戦略を実行するわけではない。資産運用者がうまく投資戦略を実行できるようにするためには、アセット・オーナーが運用者に信任を与えられるようなコミュニケーションと報告の仕組みが必要である。アセット・オーナーは資産運用者が投資意思決定をできるようなプロセスを整備すべきであるが、理事会は自らが投資の意思決定をすべきでは

ない。

　このアドバイスは理論とも整合的である。Aghion and Tirole（1997）は、もし
プリンシパルがエージェントの選択に介入したり却下したりすれば、エージェント
がよい選択をするインセンティブを減じてしまい、その結果、価値を創造するイン
センティブも弱まることを示している。日常的な介入は、より下のレベルの人たち
が学ぶ機会とインセンティブを台無しにする。あとからとやかくいってばかりだ
と、運用者の自律性を弱め、パフォーマンスを向上させようという気もそがれる。
そして、もちろん、介入は企業風土を壊し、無駄な努力と政治活動を招く。

一貫性のある目標設定

　理事会には、プロフェッショナルとしての投資文化が発展するような環境を作る
責任があるが、その際には、投資家の比較優位性、投資信念や運用戦略、および投
資実施の能力との整合性が必要だ。このうち最後の点が重要である。CPPIBは、投
資運用者（エージェント）に権限を与え、アクティブ投資のマンデートを与えてい
る。リファレンス・ポートフォリオは、アクティブ運用のパフォーマンスを測定す
るベンチマークとして利用される。リファレンス・ポートフォリオは、低コストで
投資可能な、アクティブ運用を代替し得るものであり、透明で要求水準が高く、単
純である。

　負託されたアクティブ運用を実践するにあたって、CPPIBは運用者に十分な報酬
を支払っている（といっても金融業界で最も高い水準に近いということはない）。
つまり、理事会は運用者を支持しているし、アクティブ運用を遂行するのに必要な
だけのリソースを提供している。ほとんどのファンドは自家運用されており、受益
者にとっての無駄を防いでいる。十分な報酬支払は投資文化を形成する重要な要素
ではあるが、考慮すべきことはこれだけではない。同様に重要なのは、運用者がス
キルを獲得し保持し続ける能力を、理事会が評価でき、支持することができるかど
うかである。これとはまったく反対に、大規模な公的年金基金であるCalPERS
は、政府から様々な制約が課され身動きがとれなくなっており、報酬支払について
それは特に顕著である。CalPERSのCIOであるジョゼフ・ディアは、CPPIBのモデ
ルはカリフォルニア州では「政治的に実現不可能」であり、それゆえ、カリフォル
ニア州の職員にとっては無駄なことではあるが、CalPERSはアクティブ運用をよ
り多く外部委託しなければならないのである、と述べている[35]。類似の問題とし
て、理事会が投資運用会社にアクティブ運用を委託するものの、その目標を遂げる
ための十分なリソースを提供せず、理事会はエージェントに失敗させる環境を作っ

第15章　投資運用委託　625

てしまうこともある。プリンシパルとエージェントの両方の目標には一貫性が求められる。

明確な境界線を引く

理事会（プリンシパル）がすることと運用者（エージェント）がすることの間には明確な線が引かれるべきである。

CPPIBでは、理事会とマネジメントの役割分担は明確である。理事会はリファレンス・ポートフォリオを設定する、つまり、ファクター・リスクに関して意思決定するのに対し、マネジメントはベンチマークであるリファレンス・ポートフォリオに勝つための、リファレンス・ポートフォリオからのあらゆる乖離に責任を負っている。理事会は、ポートフォリオの保有内容に関する制約とともに、本章3.4節で述べた最適契約を構成する制約と整合するように、リファレンス・ポートフォリオからの乖離についての制限を設けている。CPPIBのガバナンス構造により、マネジメントはこうした戦略を実行するために必要な人的資源の管理方針を整えることができる。パフォーマンスに基づく報酬体系も含まれるので、CPPIBは才能のある人材を集めることが可能である。リファレンス・ポートフォリオの文脈で考えると、こうした人材の管理方針に納得がいくであろう。もしCPPIBのアクティブ運用がリファレンス・ポートフォリオのパッシブ運用をコスト考慮後にアウトパフォームしたら、人材管理方針は価値を付加したことになるからである。

NZSFもまた、プリンシパルである管理委員会とエージェントであるマネジメントの間に明確な責任分担がある。CPPIBと同様に、管理委員会は投資の意思決定はしない。管理委員会は投資政策を策定し、適正なリスク水準を決め、投資戦略を承認してモニターし、資産管理会社を指名し、その他の監督事項に取り組むが、投資判断はマネジメントに任せている。マネジメントは、管理委員会に投資政策について助言を行い、合意した投資戦略を実行する。

長期戦略のアドホックな修正を避ける

アドホックな対応の多くは、市場サイクルに順張りする行動につながる。

2007～2009年の金融危機の間、多くの理事会が資産のパニック売りに出て、リバランスを放棄した。2007年に1,000億ドル以上あったCalPERSの株式ポートフォリオは縮小し、2009年には、わずか380億ドルになった[36]。株式のレンディングが吹き飛び、CalPERSは現金調達のために保有する株式を売却した。またCalPERSは、プライベート・エクイティや不動産投資のパートナーに対するコミットメントを履行するためにも保有する株式を売却した。CalPERSの理事会は弱気になって

626　第Ⅲ部　委託ポートフォリオ運用

しまい、株価が最安値になり期待リターンが最も高くなった、まったく悪いタイミングで売却しなければならなかった。CalPERSの理事会は、2009年になるまで正式なリバランス方針をもっていなかったのである。

　これと反対の問題もある。理事会はしばしば、これまで成績のよかった資産クラスや戦略に目を奪われ、高い利益を出して将来の期待リターンが低くなっているときに投資を開始してしまう。これもまた、市場サイクルに順張りする投資になりがちである。2000年代の中頃に不動産のリターンが過熱していくにつれ、CalPERSは積極的にこの動きを後追いし、不動産への資産配分を2005年の５％という低い水準から、最も配分の多かった2008年には９％以上にまで増加させた。2008年はまさに不動産の崩壊の最中であった。2001年には、CalPERSの不動産ポートフォリオにおける借入比率は19％にすぎなかったが、2004年までにはCalPERSが不動産取引において利用していたレバレッジは41％に達し、50％に達すると見られていた。不動産投資のレバレッジをより高めただけでなく、理事会は不動産ブームに飛び乗り、外部のパートナーに投資判断を任せることによって「お役所仕事」で取引がうまくいかなくなるのを避けようとした。しかし、CalPERSはリスクを保持したままであった。CalPERSが不動産投資に関して外部による資産内容の調査（デューデリジェンス）手続きを導入したのは2008年１月になってからであったが、この時には市場のピークは過ぎており、多くの不動産がすでに投資妙味を失っていた。

　CalPERSのCIOであるジョゼフ・ディアは、CalPERSの不動産投資について「大失敗」と言い表した[37]。CalPERSの所有する不動産は2008〜2010年の間にその価値の70％を失った。個々のディールの中には、まったく悲惨な話もある。ニューヨークでは、CalPERSが愚かにも投資したスタイブサント・タウンとクーパー・ヴィレッジ（訳注：マンハッタン島のイースト川沿いで隣接するエリア）の不動産が貸手の管理下に入る頃には、CalPERSの損失額は５億ドルになっていた。2005年にCalPERSは、トライマーク・コミュニティーズ社からカリフォルニアのマウンテン・ハウス地区の住宅を9,000戸購入した。2008年になる頃には、CalPERSは、被った損失額に加え、レバレッジに伴う金利負担のために、この取引をマイナス３億500万ドルで評価せざるを得なかった（負の価値の「資産」である！）。同年、マウンテン・ハウス地区はアメリカで最も「水面下の（訳注：市場価格が下落して投資元本を下回っている）」コミュニティであると宣言された[38]。市場サイクルに順張りしてしまうこうした事例はすべて、誤った判断、リスク管理の欠如、そしてリスクの限度を設けなかったことが原因である。これらの欠陥によって、CalPERS

第15章　投資運用委託　627

と不動産投資顧問との間の連携は最悪なものとなった。加えて、複雑さとコストの高さが、CalPERSが晒されている真の根源的なファクター・リスクを不明瞭なものにしてしまった。

　ノルウェーのSWFであるノルウェー政府年金基金グローバル（GPFG）は、これまで真逆の経験をしてきた。同ファンドは2008年の第4四半期には最大の株式の買い手となり、他の投資家が放棄したリバランス・ルールを守ることができていた。ノルウェーは、理事会にリバランスの判断をさせるのではなく、リバランス手続きをあらかじめ決めていた[39]。それにもかかわらず、ノルウェーもまた2008〜2009年の期間ではアクティブ・リターンの不振を経験した。当時ノルウェーでは、ファンド運用者であるNBIM（ノルウェー中央銀行投資管理部門）に対するアクティブ運用の負託を撤回せよとの声は多かった。しかし、財務省は性急に行動に移ることはなかった。著者は、変革の合意形成のために必要な同ファンドの運用の分析を担当する三人のリサーチャーのうちの一人であった[40]。我々の報告に沿って、アクティブ運用の委託が解除されることもなかったし、同ファンドはこの試練を乗り切って、より頑健なものになった。CalPERSと対照的に、ノルウェーは不動産バブルに巻き込まれることもなかった。2000年代中頃の不動産価格の上昇期に、財務省は不動産投資の実行可能性を検討したが、同ファンドによる不動産投資が承認されたのは、不動産市場崩壊後の2010年になってからであった[41]。また、これを実行する際には、移行は慎重だった。すなわちポートフォリオ全体の5％を限度に設定した上で、コスト節約のためにできる限り自家運用を目指し、不動産を徐々に増やしていったのである。

　投資家として、GPFGは巨大なタンカーよりもゆっくりと動いている。普通は、大幅に遅れると不利になるものであるが、GPFGが幅広いコンセンサスを求めることによる遅延は利点である。これによりビジネスサイクルの変動の効果が緩和され、順張りの投資行動に陥る傾向が部分的に弱められるからである。ノルウェー財務省は、エージェントであるNBIMが投資判断を行うための枠組みを構築するが、財務省自身は投資判断を行わない。こうした意思決定プロセスについては、究極のプリンシパルであるノルウェー国民を代表する議会がその責を負う。長い意思決定プロセスのお蔭で、長期の戦略を場当たり的に修正する傾向を避けることができる。これがGPFGの方針堅持に役立っている。

非営利的な検討事項に目を向ける

　公的な年金基金やSWFの多くには、重要な非営利目的の検討事項がある。理事

会は投資目的や投資戦略を設定する際にこうした事項をも考慮したいと望むかもしれない。非営利的な検討事項は投資パフォーマンスの妨げになり得るが、背後にあるアセット・オーナーの目に理事会が正当であると示すためには重要なものともいえるであろう。理事会自身も、結局はエージェントなのである。非営利の検討事項を考慮しなければならないという制約から生じる損失は、測定されるべきである。

NYSCRFの改革において、こうした非営利的な目標を考慮することもできた（制約条件は投資リターンを減じるだけなので、こうした目標が撤廃されていたらもっとずっとよかったであろう。第3章参照）。公的な年金基金としてのNYSCRFの役割は、理事会の投資政策に反映されなければならない。NZSFの場合、根拠法によって広範なマンデートが与えられている。根拠法では「管理委員会は最善のポートフォリオ運用と同等の手法でファンド投資を行わねばならず、その際には、不必要なリスクをとることなしにリターンを最大化し、国際社会の責任あるメンバーとしてのニュージーランドの名声を毀損しないようにしなければならない」と記されている。後段の部分に整合するように、管理委員会は、クラスター爆弾や核兵器を製造する企業を投資対象から除外することを決定している[42]。これと対照的に、CPPIBは、非営利目的をまったくもたず、その目的を投資のみに限定している。

理事会も自らをベンチマークと比較すべき

最後に、運用者のパフォーマンスが測定され、基準と比較されるように、理事会のレベルでの意思決定も測定され、基準に従って評価されるべきである。これはあまり行われていないが、理事会は自身を測る必要がある。

5 ファクターとしてのエージェンシー問題

エージェンシー問題は蔓延しているので、それが価格に影響を及ぼしていても不思議ではない[43]。エージェンシー契約の問題は、特にそれが大規模な機関投資家に影響するものであれば、短期での持続性効果、長期でのリバーサル効果、モメンタム効果、およびその他の特徴あるリスク・プレミアムに悪影響をもたらす要因になっている[44]。

効果として明白なのは、運用者が同じベンチマークに追従するハーディングである。ハーディングは、運用者等が結ぶ契約内容に違いがあったとしても、経歴や評判を気にすることで生じることもある[45]。多くの運用者が同じ銘柄を同時に売買すると、価格に影響が出る。Harris and Gurel（1986）とShleifer（1986）を皮切り

に、多くの文献が指数の銘柄入替の効果を実証している[46]。ある銘柄がS&P500指数のような指数に組み入れられると、インデックス運用も、S&P500指数をベンチマークにしているアクティブ型の運用者も、多くの投資家が同日にこの銘柄を購入することになるので株価が跳ね上がってしまう。指数に組み入れられると、その新規組入銘柄のS&P500指数との相関は、組み入れ前に比べて高くなる。S&P500指数から除外される場合は、まったく逆の効果が現れる。文献によれば、3％から5％株価が変動すると見込まれるが、こうした効果は1990年代以降強まっている[47]。機関投資家に幅広く保有されている銘柄のリターンは低く、機関投資家の資金フローは株価リターンに対して予測力がある[48]。

　Vayanos and Woolley（2013）は、ポートフォリオ運用委託によってモメンタム効果と長期のリバーサル効果が起きる可能性を示している。ネガティブなニュースによるショックが株式のファンダメンタル価値を襲ったとしよう。投資ファンドがその銘柄を保有していれば、損失を被ることになる。このことを契機に、運用者には当初考えていたよりも才能がないと考えた投資家による資金流出が起きる。彼らはファンドから資金を引き揚げるが、これには持続的な傾向があるので、何期にもわたって起きる。この資金フローの結果、ファンドは資産を売却し、これによってさらに価格は下がってしまう。いつかは価格がファンダメンタル価値を下回り、期待リターンが高まると、当初にはその株を投げ売りしていたファンドに資金は戻ってくる。モメンタム効果の背後に委託運用が存在することと整合して、モメンタムは、株式、債券、コモディティ、通貨など、大規模で流動性のあるあらゆる資産で見られる現象である[49]。こうした資産クラスでは機関投資家が支配的である。しかし、Ang, Shtauber, and Tetlock（2013）が示すように、個人投資家が中心であり、機関投資家があまり見られない株式の店頭市場ではモメンタム効果は見られない。

　プリンシパル・エージェント問題は蔓延しているので、エージェント問題を和らげるようなよいガバナンス、よい仕組みをもつことができれば、それは、アセット・オーナーが利益をあげるための比較優位性になる。方針を堅持する能力があり、長期にわたって運用者をサポートする理事会をもつか、またはリスク・プレミアムを低コストで利用できるようなポジションにある理事会のあるアセット・オーナーは、平均的な投資家のようには見えないであろう。こうした投資家は、第7章でまとめた様々なファクター・リスク・プレミアムを獲得することができる、ファクター投資のよい候補者である。実際、十数年に一度破滅的な下落を伴うボラティ

リティのようなファクター・リスク・プレミアムを利用しようとするなら、優れた
ガバナンス構造がなければ、損失の発生時に壊滅的な打撃を受けることになるであ
ろう。CPPIBは、法によって確保された独立性、運用者を信頼する理事会、ファク
ターを用いるアプローチ、最良の人材を雇用し報酬支払ができる能力を有し、世界
で最もよい運用者と手を組むことができる。CPPIBは、多くの機関投資家から羨望
の眼差しを向けられるはずである。

　大規模な投資家であれば、群集の一部にならないような選択ができるかもしれな
い。ハーディングの一部は、多くの投資家が明示的または暗黙裏に同じ内容の契約
を有することによって引き起こされる。大規模な投資家は、一般的なS&P500指数
もしくは同種のロング・オンリーの時価総額加重型ベンチマーク以外にファク
ター・ベンチマークを選ぶことができる。そして、こうした特別なアセット・オー
ナーは、標準的な指数に対してリバランスをしなければならない投資家に流動性を
供給し、そこから流動性プレミアムを獲得することができる。これを成し遂げるに
は、当然、組織の成熟度が高く、プリンシパルとエージェントとの間に信頼がある
ことが必要であるし、平均的な投資家にはもつことのできない、ある種の高度なプ
リンシパル・エージェント関係が求められる。

6　再考：ニューヨーク州職員退職年金基金

　ニューヨーク州職員退職年金基金（NYSCRF）の巨額の資産をたった一人に管
理させるのが最適でないのは明らかである。ニューヨーク・タイムズ紙の論説が述
べる通り「監察官室に必要なのは、100万人以上の労働者と退職者のために投資さ
れる州の年金の資産を守り、増やすという唯一の目標をもって、投資契約の決定を
承認できる、独立かつ金融に精通した理事会である」[50]。

　しかし、ただ理事会制を採用すればいいというものではなく、理事会の指名方
法、理事会のメンバー構成、政府との関係における理事会の役割、州政府全体の財
政との関係における年金資産のより広範な役割、理事会の権限とエージェント
（ファンド運用者もしくはCEO）との関係といった、ガバナンス構造の全体像を考
慮しなくてはならない。理事会自体が万能薬ということでは決してない。

　プリンシパル・エージェント理論のお蔭で、プリンシパルとエージェントの間に
利害対立があることを認識でき、こうした利害対立がある中でもプリンシパルの利
益を増大するように、プリンシパルがエージェントと協働できるような仕組みづく
りが可能となる。ポートフォリオ運用委託の問題に応用すると、プリンシパル・

第15章　投資運用委託　631

エージェント理論は、NYSCRFの理事会に最も重要な二つの意思決定を担うよう示唆するであろう。つまり、とるべきリスクの水準と、そのリスクをどこでとるべきかである。理事会とファンド運用者との間には、整合性のある目標と明確な役割分担が必要である。NYSCRFの理事会がファンド運用者にアクティブ運用のマンデートを与えるなら、ファンド運用者が目標を達成するために十分な支援とリソースを提供すべきである。理事会は、長期の戦略をアドホックに修正しないように努め、市場サイクルに対して順張りする投資行動に陥らないようにすることが重要である。

　資産運用委託でのエージェンシー理論によれば、ベンチマーク選択は極めて重要な意味をもつ。実際、結果の無関連性によれば、伝統的な静的ベンチマークは（線形の契約のもとでは）ファンド運用者を動機づけするのに役に立たず、最悪の場合、運用者が価値を毀損する原因となる。ファクター・ベンチマークのようなよりスマートなベンチマークを使うことでエージェンシー問題を緩和できる。種々の制約を置くことや、情報開示、透明性確保、および評判は、資産運用の契約において重要な役割を果たす。契約は、最良のポートフォリオ運用者を従事させる（最良のポートフォリオ運用者の参加を可能にする）だけではなく、プリンシパルのために価値を創造するような努力を増やすインセンティブをその最良のポートフォリオ運用者に与えるようにデザインしなければならない。これには非線形の成功報酬が含まれる。

　エージェンシー理論が与えてくれる全体としてのメッセージは、アセット・オーナーはエージェントの最大の関心事がプリンシパルのためのものではないということに驚くべきではないということである。ゴールドマン・サックス社の元執行役員であるグレッグ・スミスは、辞任後、2012年3月14日のニューヨーク・タイムズ紙においてゴールドマンの「有毒で有害な」社風を批判する辛口の論説を発表して騒動をまき起こした。この社風によりゴールドマンの顧客は同社の優先順位の中でずいぶん離れた二番目に置かれていると、彼は述べたのである（もしかしたら、三番目、四番目かもしれないが）。

**　何らかの違法行為があったとは承知していないが、最も簡単な投資方法でも、顧客の目的に最も直接的に沿う投資方法でもないのに、より儲かる複雑な商品をごり押しして売り込んだりするであろうか？　まったくその通り。実際、それが日常だ。**

　スミスによれば、エージェント（ゴールドマン社）がプリンシパル（顧客）に付

け込んだということであるが、これはアセット・オーナーが驚くようなことではない。これが、まさにエージェントの行動だからである。プリンシパルの最初の仕事は、この事実に目を覚ますことである。すなわち、常識で考えて、利己心が最優先されるため、エージェントはプリンシパルに配慮しないのが普通である。それゆえにプリンシパルは、エージェンシー理論を使ってエージェントがプリンシパルを出し抜くことができるような手段を最小化し、むしろ、プリンシパルの利益につながるようにエージェントの動機を利用すべきなのである。

[注]

1　この例は「Who Watches the Watchman? New York State Common Retirement Fund」Columbia CaseWorks ID#110307に基づいている。

2　厳密にいえば、州の監察官が直接的で完全な管理権をもっているのは、不動産以外の全資産ということになる。ニューヨーク州退職社会保障法（New York State Retirement and Social Security Law）の423(b)項では、すべての不動産取引には不動産諮問委員会の承認が必要とされている。しかし、同委員会のメンバーは監察官に指名されるのだ！　監察官の唯一の受託者としての機能とその他の責任についての詳細はSanzillo（2012）参照。

3　ニューヨーク州憲法5条7項では、公的年金の債務は州の無担保債務のうち最も上位の優先債務と位置づけられている。言い換えるなら、州の年金基金の債務返済は、ニューヨーク州の政府債と同じ一般的な優先順位でなされるということである。

4　「From Pay-to-Play to Jail」ニューヨーク・タイムズ紙、2011年4月16日の社説参照。

5　この題材を教科書的に取り扱っているのは、Salanie（1997）およびBolton and Dewatripont（2005）。

6　ミューチュアル・ファンドやヘッジファンド、プライベート・エクイティの資金フローについては、それぞれ、Chevalier and Ellison（1998）、Fung et al.（2008）、Kaplan and Strömberg（2009）が研究している。どのケースでも、過去リターンが高くなっていたときに運用資産額が増加している。

7　Wolf, M.「Why Today's Hedge Fund Industry May Not Survive」フィナンシャル・タイムズ紙、2008年3月18日。

8　エージェントが分散（それぞれのシフトで作られる製造量の最大値と最小値はいくらか）をコントロールする場合はあるが、エージェントは平均と分散の両方をコントロールすることはない。これはファンド運用者とは異なる。

9　Bhattacharya et al.（2008）の文献サーベイも参照。少々古くはなってしまったが、明快なレビューとしてLakonishok et al.（1992）がある。

10　この論文は、エージェントの行動が、リターン（ドリフト）とリスク（拡散）

第15章　投資運用委託　633

に同時に影響することを扱うプリンシパル・エージェント・モデルとして最初のものである点でも注目に値する。このことは、ポートフォリオ運用委託にとって重要な問題であり、オウヤンは無関係性の結論を打ち破る最適な線形の契約を導き出すのに成功している。

11 Makarov and Plantin（2012）は、静学的なインデックスでは正確に測ることのできないテール・リスクをとることによってアルファを偽装することが、エージェントにとって最適であるといっている。

12 これを最初に分析したのはSharpe（1981）である。

13 二次の契約は過度のボラティリティを罰している。現実の世界では、トラッキング・エラー制約を用いてボラティリティの制約が設けられる。本章3.4節でさらに述べるように、様々な制約が最適な契約の中で重要な役割を果たしている。

14 これはLi and Tiwari（2009）によって示されている。

15 Dybvig, Farnsworth, and Carpenter（2010）およびHe and Xiong（2011）参照。

16 例えば、Gabaix and Laibson（2006）、Stoughton, Wu, and Zechner（2011）、およびEdelen, Evans, and Kadlec（2012）参照。Carlin and Manso（2010）のように、アセット・オーナーを欺くためにファンド運用者が実施する手数料の不透明化の最適な程度を求めるモデルを構築した経済学者もいる！

17 2010年のFAインサイト・オブ・タコマ社による調査。2011年12月12日ウォール・ストリート・ジャーナル紙掲載の「How to Pay Your Financial Adviser」での報告より。

18 この話はチャールズ・シュワブの2007年の本『The Age of Independent Advice：A Remarkable History』からの引用。

19 Ellis（2012）参照。

20 Pollock, M. A「How to Find Low-Cost Investing Help」ウォール・ストリート・ジャーナル紙、2012年6月4日。

21 Karabulut（2010）およびMullainathan, Noth, and Schoar（2012）も、平均的なファイナンシャル・アドバイザーによる付加価値はほとんどないことを明らかにしている。Chalmers and Reuter（2012b）と同様に、ファイナンシャル・アドバイザーの助言は低いリスク調整済みリターンにつながっていることを明らかにしている。

22 Fama and Jensen（1983）およびHermalin and Weisbach（2003）の文献サマリー参照。

23 モニタリングと制約を置くことは代替的である。Almazan et al.（2004）は、ミューチュアル・ファンドの理事会の独立性が低いときには、投資制限を設けることが多いことを明らかにしている。

24 Regan, E. V.「Too Much Money for One Man」ニューヨーク・タイムズ紙、2011年3月5日。

25 Gordon（2007）は、独立取締役は内部者以上に企業に価値を付加することを示している。Hermalin and Weisbach（1991）などの初期の文献は、取締役会の独立性と企業価値の高さに関係性を見出せなかったが、現在はこの関係を示す論文は数多い。独立取締役は、また、CEOの交替の早さ、役員報酬、詐欺、ストックオプション付与のタイミングの恣意性、投資効率などの面でよい結果をもたらしている。Bebchuk and Weisbach（2010）参照。

26 詳細は、Columbia CaseWorks ID#120302「Factor Investing：The Reference Portfolio and Canada Pension Plan Investment Board」参照。

27 http://www.nzsuperfund.co.nz/参照。

28 Ang and Kjær（2011）参照。Levit（2012）はいくつかの状況下で理事会のメンバーの専門性が実際には価値を減じている可能性を示している。

29 Diamond, R.「Dartmouth Board Members are Accused of Enriching Own Firms」ペンション＆インベストメント誌、2012年5月28日。

30 テルス・インスティチュート「Educational Endowments and the Financial Crises：Social Costs and Systemic Risks in the Shadow Banking System, A Study of Six New England Schools」2010年参照。

31 Wee, G.「Leon Black Investing Dartmouth Money Stirs Ethics Debate」ブルームバーグ、2013年1月7日より引用。

32 Columbia CaseWorks ID#120306、2012年「California Dreamin'：The Mess at CalPERS」にいくつかの例がまとめられている。

33 これらについては第14章でファクター投資の文脈から議論している。

34 エルロイ・ディムソンの発言。アーノルド・ウッドのプレゼンテーション・スライド「Behavioral Insights：Origins of Imperfect Choices」2011年より引用。

35 「Maple Revolutionaries：Canada's Public Pension Funds Are Changing the Deal-Making Landscape」エコノミスト誌、2012年3月3日、p. 86参照。

36 この資料はColumbia CaseWorks ID#120306、2012年「California Dreamin'：The Mess at CalPERS」より引用。

37 Creswell, J.「Pensions Find Riskier Funds Fail to Pay Off」ニューヨーク・タイムズ紙、2012年4月1日参照。

38 不動産関連のデータ会社であるアメリカン・コアロジック社による。Streitfield, D.「A Town Drowns in Debt as Home Values Plunge」ニューヨーク・タイムズ紙、2008年11月10日参照。

39 詳細はAng and Kjaer（2011）参照。

40 Ang, Goetzmann and Schaefer（2009）。同ファンドがファクター投資を行うことを推奨した。第14章参照。

41 http://www.regjeringen.no/en/dep/fin/press-center/press-releases/2010/Government-Pension-Fund-Global-to-invest-in-real-estate.html?id=594019参照。

42 http://www.nzsuperfund.co.nz/news.asp?pageID=2145831983&RefId=2141737352

参照。

43 ポートフォリオ運用委託がリスク・プレミアムに影響を与える可能性を最初に指摘した論文は、Roll（1992）およびBrennan（1993）である。

44 この節の他の参考文献に加えて、Dasgupta, Prat, and Verado（2010）およびCuoco and Kaniel（2010）参照。

45 Scharfstein and Stein（1990）参照。

46 Shleifer（1986）は当初こうした効果は右下がりの需要曲線に起因しているとの仮説を立てていたが、後継の文献が強調したようにこれらの効果はハーディングの効果とも整合的である。

47 各文献の概要はAng, Goetzmann, and Schaeffer（2011）にある。Boyer（2012）は、BARRA社のバリューおよびグロース指数において組み入れ（および除外）の効果があり、指数に組み入れられた後にはその指数により強く連動することを発見した。また、この効果はBARRA社の指数が世に出た1992年以降にしか確認できないことを発見した。

48 とりわけ、Gompers and Metrick（2001）、Leippold and Rohner（2009）、およびLou（2012）参照。

49 Asness, Moskowitz, and Pedersen（2013）参照。

50 「From Pay-to-Play to Jail」ニューヨーク・タイムズ紙、2011年4月16日の社説。

636　第Ⅲ部　委託ポートフォリオ運用

第16章
ミューチュアル・ファンドと他の1940年投資会社法に基づくファンド

第16章要約

　ミューチュアル・ファンドの運用者は才能に溢れているが、平均的にいえば、その腕前がアセット・オーナーを裕福にすることはない。平均的なミューチュアル・ファンドは、運用管理報酬控除後では市場をアンダーパフォームしている。また、投資家が過去のリターンの高いファンドを追い求めても、その後のリターンは低いものになってしまう。そして運用規模の大きいミューチュアル・ファンドの方が、規模が小さいミューチュアル・ファンドよりも運用成績が悪い。1940年投資会社法（1940年法）は、一般の投資家保護の規定が充実しているものの、ほとんどのミューチュアル・ファンドは投資家よりも運用会社の利益のために運用されている。

1 ジャナス社

　成長への熱狂に酔いしれた1990年代後半の日々。投資マニアによって引き起こされたインターネット・ブームは最盛期であった。ファンダメンタルの裏付けが希薄な銘柄でさえも急騰していた。ペッツ・ドット・コム社は、かわいらしい靴下人形と1999年のメイシーズ百貨店の感謝祭パレードで登場したバルーンが飾られる中、2000年2月に上場した。同社株は取引初日に14ドルという高値をつけたが、その後は下方スパイラルに陥った。8月には株価が1ドルを割り、11月には同社は破産宣告した。ウェブバン・グループ社は1999年11月に上場し、ピークでは12億ドルを超える時価評価を受けた。しかし、食料品の配送サービスの拡大を急ぎすぎたために、2001年7月には連邦破産法第11章の手続き（訳注：民事再生手続き）に入った。1990年代後半を通じて、投資家はインターネット関連の企業に心を奪われていた。会社名に「ドット・コム（.com）」をつけるだけで、名称変更の10日後には対

市場で75％の超過リターンが生じた。その会社が名称変更の前にインターネットに何らかかわっていなかったとしてもである[1]。

　ミューチュアル・ファンド会社であるジャナス社はインターネット・バブルの好例となった。ジャナス社は魅力的であった。高値で推移する成長株の並外れたリターンに乗せられて、年々、ジャナス社のファンドに資金が流入した。1996年、ジャナス社は、投資家がファンドのことをよく調べられるようにウェブサイトを開設した最初のファンド運用会社の一つとなった。1997年には、ジャナス・ワールドワイド・ファンドの運用者であったヘレン・ヤング・ヘイズがモーニングスター社の年間最優秀ファンド・マネージャーに選定された。また、もう一人、ジャナス社のポートフォリオ・マネージャーであるスコット・ショーエルはミューチュアル・ファンド・マガジン誌の1998年の年間最優秀マネージャーに選定された。同誌はジャナス社をその年の「年間最優秀運用グループ」と評価した。ジャナス社はアクティブ運用のミューチュアル・ファンド会社の羨望の的だった。ビル・クリントン大統領でさえ、自身の個人退職勘定の一部にジャナス社のファンドを組み入れていたのである[2]。

　最も有名なジャナス社のファンドに、ジャナス20があった。これは、潜在的な成長力があるとされる20〜30銘柄だけに絞って投資するような商品設計となっていた。図16.1のパネルＡは、ジャナス20の運用資産残高とリターンを示している。1995年１月〜1999年12月の間、ファンドの運用資産残高は25億ドルから369億ドルへと膨れ上がった。インターネット・ブームのおかげで、リターンは年平均40％であった。2000年になると、インターネット関連の成長株は急落した。成長株に集中投資していたジャナス20は、他の多くのファンドよりもより大きな打撃を受け、2000年は▲32.4％のリターンとなってしまった。この悲惨なパフォーマンスにもかかわらず、ジャナス20の運用資産残高は約350億ドルで、概ね横ばいとなった。*前年*までの高いリターン実績を根拠にファンドへの資金流入が続いたのである。このファンドが大規模な資金流出を記録したのは2001年のみであり、2003年以降はその運用資産残高はピーク時の３分の１、約100億ドルの横ばいで推移した。

　ジャナス社のほとんどすべてのファンドが、ジャナス20と同様に、シスコ社、ノキア社、サンマイクロシステム社やAOL社など、人気の成長株に大規模に投資していた。図16.1のパネルＢを見ると、同社の運用資産残高が1996年12月時点の503億ドルから1999年12月のピーク時の2,578億ドルまで増加したことがわかる[3]。2000年のインターネット関連株急落にもかかわらず、投資家が投資し続けたことによっ

638　第Ⅲ部　委託ポートフォリオ運用

て、2000年12月時点の同社の運用資産残高は微増し2,578億ドルとなった。投資家は、足元のリターンが劣っているにもかかわらず、*過去*のリターンを追い求めていたのである。ジャナス社が資金流出を経験したのは、その翌年のみであった。

2001年にエンロン社が破綻した。このエネルギー企業は、大きな利益をあげていると報告していたが、実際には巧妙な会計不正を行っていた。ジャナス社のファン

図16.1　2000年前後のジャナス社の動向

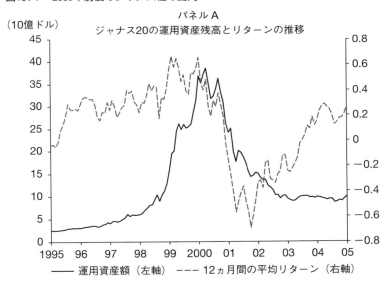

パネルA　ジャナス20の運用資産残高とリターンの推移

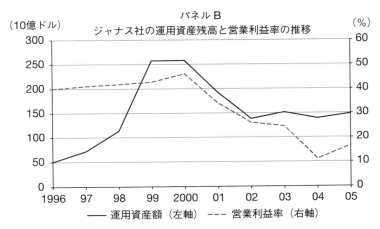

パネルB　ジャナス社の運用資産残高と営業利益率の推移

ドはエンロン社株の5％以上を保有していた。2002年、ジャナス社はタイコ・インターナショナル社の一番の大株主であったが、同社の株価は企業スキャンダルが発覚すると暴落してしまった。タイコ社の会長でCEOであったデニス・コズロウスキとCFOであったマーク・シュワルツはその後、横領の罪で投獄された。

　2003年、ジャナス社は米国証券取引委員会（SEC）の市場タイミングに関する捜査の対象とされてしまった。ジャナス社は贔屓客に他の投資家に先んじた売買を頻繁に行わせたため、贔屓客は利益を手にする一方で、同じファンドに投資する他の投資家のコスト負担を増加させたのである[4]。ジャナス社は本件で2億6,200万ドルの罰金を支払った。

　ジャナス社は、これほどの苦難が続いても損失を出さなかった。実際、図16.1のパネルBに示すように、同社の営業利益率（収入に対する営業利益の比率）は一度も10％を下回らなかった（1990年代後半のピーク年の間、ジャナス社は40％を超える営業利益率を享受していた）。これに比べ、小売業界において、その生産性の高さで絶対的な存在といえるウォルマート社の営業利益率は5％を少し超える程度である[5]。ジャナス社を部分的に救ったのは、同社の一部門であり、定量的な売買取引手法（第4章で見たような、ある種のリバランス・プレミアムを含む）を活用して資産運用を行う、インテック社であった。インテック社がジャナス社の運用資産総額に占める割合は1990年代後半では3％以下であったが、2006年には35％以上を占めるまでに成長した。しかし、実際にジャナス社を救ったのは、驚くほど忠実な投資家であった。パフォーマンスの悪さとSECの捜査にもかかわらず十分な資金が残ったおかげで、ジャナス社は2000年代中頃でもミューチュアル・ファンド会社の上位10社に位置していた。図16.1のパネルBが示すようにジャナス社の運用資産残高は、2003年は約1,500億ドルで落ち着いていた。運用管理報酬は運用資産残高に連動して徴収されるので、ジャナス社は儲かり続けていたのである。

　ミューチュアル・ファンドの運用会社は、多額の浪費をしている。経費の多くは従業員の給与が占めるが、これらはパフォーマンスが悪ければ削減される。顧客は、事態が悪化したとしてもしばらくは投資し続けてくれる。あるミューチュアル・ファンドの調査会社の幹部は「ミューチュアル・ファンドの運用会社は、仲々大失敗しない」と[6]、またある投資顧問会社の専門家は「運用会社を消滅させることはできない」と述べている[7]。

640　第Ⅲ部　委託ポートフォリオ運用

2 | 1940年投資会社法

1940年投資会社法（1940年法）は、資産運用委託業界が繁栄し、弱者を保護し、米国証券取引委員会（SEC）に市場の監督権限を与えるものである[8]。ここで「1940年法」という用語を使うときには、1940年投資会社法そのものとその後の修正条項（1970年）、およびこの法に基づいてSECが発令した規則を指している。

SECは1940年法について以下のように要約している[9]。

この法は、主として投資、再投資、証券取引に従事し、かつ、自社の株式が公開されている会社組織（ミューチュアル・ファンドを含む）を規制するものである。この規制は複雑な業務遂行で生起する*利益相反*を最小化することを企図している（斜体表記は著者）。

1940年法は、第15章で議論したような、運用の委託によって生じるプリンシパル・エージェント問題を緩和するようデザインされている。1940年法が対象とするのは、*登録投資会社*と呼ばれ、一般投資家から投資資金を直接勧誘することができる（公募を通じて）。この特権を得るには、登録投資会社は、「利益相反を最小化するための」最低限の基準を守らねばならない。この目的を果たすための1940年法の役割について、SECは以下のように説明している。

この法は、これらの登録投資会社が、その財政状況と投資政策について、株式が当初売り出された時、また、その後定期的に、投資家に対して情報開示をすることを要請している。この法の主眼は、投資会社の組織形態と業務遂行状況に加え、ファンドおよびその投資対象について、一般投資家に情報を公開することにある。

1940年法は、資産保有者が情報に基づいて選択できるように、情報開示を強調している。開示により情報の非対称性が最小化され、逆選択とモラル・ハザードを減じることができる。同法はさらに、運用者がどのように運用管理報酬を受け取るのかを規定し、また、登録投資会社のガバナンス構造を明確に規定している。このように、同法は運用者の行動に対して制限を設ける、*行動に基づく契約*の根拠となっている。

SECは、最後に警鐘を鳴らしている。

忘れてはならないのは、法は、登録投資会社の行動もしくは投資判断を直接監督する権限をSECに与えているわけではなく、また、登録投資会社の投資成果の巧拙を判断する権限を与えているわけでもない、ということである。

1940年法は、投資家が情報に基づいた判断ができるのに役立つ、必要最小限の枠組みを規定しているだけであり、そうした判断が賢明なものかどうかまでは保証していないのである。

２．１　登録投資会社

　1940年法は、以下の４種類の登録投資会社を対象としている。
① 　ミューチュアル・ファンド：ジャナス社を業界最大手の一つにした投資手段
② 　クローズド・エンド型投資信託
③ 　単位型投資信託（UIT）
④ 　ETF（上場投資信託）：四つの中で最も新しく、急速に人気化

　これらはすべて、投資家には課税されるが、ファンドには課税されない投資手段である。登録投資会社は、主として二つの投資方法を実践している。パッシブ運用者は、通常、低コストで（コストの高いインデックス・ファンドもあることに注意）ベンチマークを厳密に再現しようとしている。一方、ジャナス社のようなアクティブ運用者は、銘柄選択によって付加価値をもたらそうとするため、その結果、与えられたベンチマークから大きく乖離する。

　図16.2では、４種類の登録投資会社について、米国の投資会社の業界団体である米国投資信託協会（ICI）所属の投資会社が運用する純資産総額を示している。2011年末時点では、投資会社は合計で約13兆ドルを運用しており、その大部分（90％）はミューチュアル・ファンドが占めている。

　非常に多くの人々が登録投資会社、特にミューチュアル・ファンドの形で資産を保有している。2011年末時点では米国の世帯の44％がミューチュアル・ファンドに投資していたし、登録投資会社は米国家計金融資産の23％を運用していた。

　ミューチュアル・ファンドは、ファンド自体が直接的に、または、証券会社を通じて間接的に、その持ち分証券を発行する。純資産額（NAV）は、ファンドの資産から負債を引いた価値であり、この純資産額を持ち分証券の発行数で割ったものが、投資家がミューチュアル・ファンドを売買する価格（運用管理報酬は含まない）となる。ミューチュアル・ファンドの持ち分証券は、日次で、純資産額での換金が可能である[10]。ミューチュアル・ファンドがオープン・エンド型と呼ばれるのは、投資家が発行体から持ち分証券を売買できるからであり、その結果、発行済みの証券の株数は時間の経過とともに増減することになる。

　全登録投資会社の資産総額の大部分はミューチュアル・ファンドではあるが、そ

642　第Ⅲ部　委託ポートフォリオ運用

図16.2　投資会社の総純資産

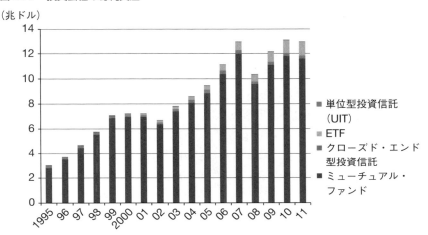

のシェアは緩やかに低下している。2000年には、投資会社の資産の96％をミューチュアル・ファンドが占めていたが、この比率は2011年末には90％に低下した。

　ミューチュアル・ファンドと対照的なのが**クローズド・エンド型投資信託**であり、その持ち分証券は、途中換金ができず、発行数が固定されている（ファンドの設定日後に二次発行があったり、ファンドが発行済証券の買戻しを申し出たりすることがあるが、こうしたことは頻繁に起こることではない）。これらの証券は、新規公開（IPO）後に流通市場で取引される。クローズド・エンド型投資信託は、日次換金への対応をしなければならないミューチュアル・ファンドに比べてより流動性の低い資産への投資が可能である。

　ミューチュアル・ファンドもクローズド・エンド型投資信託も、ファンドとは独立した存在である*登録投資顧問会社*によって運用される。投資顧問会社はファンドの保有者から支払われる運用管理報酬という形で収入を得ている。大抵の場合、登録投資顧問会社に*ファンド設定者*のために活動するが、ファンド設定者は、通常、多くの登録投資会社を設定し、ファンドを市販するジャナス社のような資産運用会社である。同じブランド名を冠しているか、関連会社のファンド・マネージャーが運用しているファンド群は、ミューチュアル・ファンド・ファミリー（もしくはコンプレックス）と呼ばれる。ジャナス社のファンド・ファミリーには、ジャナス20のように、ジャナス社の名前で市販されるすべてのファンドが含まれるが、ジャナス社は系列であるインテック社のファンド群のように別のファンド・ファミリーの

設定者にもなっている。

　ファンド設定者は、あるファンドの運用を第三者（サブ・アドバイザー）に外部委託することもある。外部委託によって運用されるファンドは通常、ファンド・ファミリーの傘下で市販される。ある時期、アメリカン・スカンディア保険会社は、彼らのファンド運用のためにジャナス社をサブ・アドバイザーとして採用していた。同社がこの関係を終了したのは、2002年、ITバブル崩壊の中でジャナス社が悲惨な損失を被った後であった[11]。ミューチュアル・ファンドを設定する会社は、外部のサブ・アドバイザーを使うことで、特化型の運用者を利用することができ、サブ・アドバイザーにとっては異なる販路が得られることになる[12]。Chen, Hong, and Kubic（2010）が示すように、外部運用されたファンド群の運用成果は、ミューチュアル・ファンド・ファミリーとして自社で運用されるファンド群を下回っている。

　単位型投資信託（UIT）はミューチュアル・ファンドとクローズド・エンド型投資信託の掛け合わせである。単位型投資信託では、クローズド・エンド型投資信託のように、その持ち分（ユニット）の数が固定されている。ユニットはミューチュアル・ファンドのように換金可能であるが、単位型投資信託の設定者は、ユニットが投資家間で売買ができるように流通市場を維持している点が異なる。単位型投資信託が一定の資産を買い付けすると、その投信が解散し所有者に運用額の支払が行われる、事前に決められた満期日までその資産は保有される。単位型投資信託が設定されると、通常、原資産の取引は行われない。ミューチュアル・ファンドともクローズド・エンド型投資信託とも異なるのは、単位型投資信託には取締役会も投資顧問会社も必要としないシンプルな仕組みとなっている点である。しかし、登録投資会社のうち単位型投資信託が占める割合は非常に小さいため（図16.2参照）、本章では単位型投資信託を別建てで取り上げないことにする。しかし、専門的にはいくつかのETFが単位型投資信託に分類されるため、単位型投資信託の資産規模は最近拡大してきている。

　ETF（上場投資信託）はクローズド・エンド型投資信託のように取引所で取引されるため、希望する投資家は直ちに現金化することができる。クローズド・エンド型投資信託と異なり、持ち分証券の数は固定されておらず、ファンド設定者は、ETFの取引価格がファンドの純資産額と密接に関連づけられていることを保証すべく、証券の売買を行っている。ETFは法律上ミューチュアル・ファンドもしくは単位型投資信託に分類される。ETF市場は急速に発展している。全登録投資会

社の資産総額に占めるETFのシェアは、１％未満だった2000年から2011年には８％を超え、現在ではETFの資産額は１兆ドル以上にも達している。

2.2 利益相反の極少化

1940年法の制定以前では、投資家は運用者に対して非常に不利な立場にあった。端的にいえば、運用者はあからさまに投資家から搾取していたのである[13]。1940年法はこれに歯止めをかけ、さらに「利益相反の極少化」を目指すものであった。この法により、一般人が保護される投資手段が整備された。この点で同法は大きな成果をあげてきている。

1940年法は、以下の方法でエージェンシー問題を軽減している。

透明性確保の義務づけ

登録投資会社は、ファンドの投資目的、戦略、リスク、諸費用および証券取引手法の指図について情報開示する、*目論見書*を発行しなければならない。1940年法は、目論見書およびその他の報告書を定期的にSECに提出し、公開することを義務づけている。報告書は監査されたものでなければならず、ファンドの保有状況の報告が必要であり（ミューチュアル・ファンドの場合には四半期に一度、ETFの場合は日次）、また、ファンドが保有する銘柄について議決権行使の状況を開示する必要がある。これらの情報は、ほとんどが基準化されているので、個人投資家がファンドごとの比較をすることができる。モーニングスター社のように、こうした情報の収集、照合、提供を行い、データに基づいたファンド推奨を行う投資アドバイスの提供会社もある。

決定的に重要なのは、投資家が純資産額を通じてファンドへの投資の市場価値を知ることができるよう1940年法が保証していることである。ミューチュアル・ファンドの投資家は安心して、いつでもファンドの価値から諸費用を減じた値段で取引ができるのである。

監督の義務づけ

ミューチュアル・ファンドには取締役会が必要である。取締役のうち少なくとも40％はファンドの運用会社から独立していなければならない（しかし彼らが独立して行動しているかは別問題である）。2003年以降、SECはすべてのファンドおよび投資顧問にチーフ・コンプライアンス・オフィサーを一人置くことを義務づけた。ファンドはコンプライアンス確保のためにSECに監視されている。

1940年法の最も重要な要請の一つは、ファンドの資産は投資顧問会社の資産と分

第16章　ミューチュアル・ファンドと他の1940年投資会社法に基づくファンド　645

別して保有されなければならないということである。ミューチュアル・ファンドの設定会社による投資の分別保管の方法は、銀行を活用する（最も一般的な方法）、証券会社を活用する（めったにない）、自身の分別勘定、の三つがある。最後のケースでは、ミューチュアル・ファンドの資産がその設定会社の他の資産と*物理的に区分*されなければならないというルールを含む、厳格な規定が要求される。

また、1940年法は、ファンド、その運用会社、関連会社の間で認められる取引の種類を制限している。大恐慌時代およびそれ以前には、ファンドの資産が市場価格を下回る価格で投資顧問会社に売却されたり、ファンドが内部者からかさ上げされた価格で資産を購入したり、ファンドが経営陣に低利融資を実施したなどのケースが少なくなかった。1940年法はこうした濫用を禁止している。

受託者としての規範（信認行為基準）

1940年法は登録投資会社が*受託者責任*を負うことを規定している。つまり、登録投資会社は顧客利益のために最善を尽くすべく行動しなければならない。証券会社は受託者ではなく、*適合性の規範*に則っていればよい。すなわち、証券会社は顧客にとって最善の商品を探す必要はなく、顧客の意向に「適合する」商品であればよいということである。そう、その通り。ミューチュアル・ファンドを販売する証券会社やアドバイザーのほとんどは、顧客を最優先しなくていいのである。第15章で強調したように、アドバイザーが登録投資顧問であっても、受託者責任だけではプリンシパル・エージェント問題は解消されない。

レバレッジ制限

当初の1940年法、13条 a 項には「登録投資会社は、発行済みの議決権付証券の過半数を超える投票によって承認されない限り、資金借入れをしてはならない」とある。現在、レバレッジは認められているが、SECはその利用を制限している。ミューチュアル・ファンドの資産カバレッジ限度は最大で300％であり（つまり、保有資産の33.3％まで借入れできる）、クローズド・エンド型投資信託では借入れの資産カバレッジが最大で300％、優先株で200％となっている。ファンド自身でまったく借入れをしないと決めているものも多く、投資スタイルに他の制約を置いているところもある[14]。

運用管理報酬に関する制限

ミューチュアル・ファンドのパフォーマンスに基づく成功報酬は、フルクラム・フィーと呼ばれており、選択されたベンチマークに対して*対称的*なものでなければならず、また、開示されなければならない[15]。実際には、成功報酬には上限と下限

が設けられている。同法は、条件付き報酬やオプションに類似した報酬などの*非対称な契約*は認めていない。第15章では、こうした契約体系を利用すれば投資家の福利は向上すると述べた（1940年法に基づく登録が免除されるヘッジファンドは、運用者が望むように自由に報酬支払を決めることができる。第17章参照）。多くのミューチュアル・ファンドは、成功報酬を採用していない。しかし、ごく少数のファンドでは採用しており、Elton, Gruber, and Blake（2003）によれば、これらのファンドの運用成果はパフォーマンスに基づく運用管理報酬を採用していないファンドに対して僅差で勝っているとのことである。しかし、こうしたファンドはリスクを増やし、それが後々の悪いパフォーマンスにつながる傾向がある。

1940年法は、ミューチュアル・ファンドの保有者を過剰な運用管理報酬から保護するために、登録投資会社の投資顧問は受託者責任を負うと規定しているだけで、投資顧問によって設定される一般的な運用管理報酬体系についてはあまり規制がない[16]。運用管理報酬は通常、運用資産残高のパーセンテージで課せられる。

2.3　それでもエージェンシー問題は残る

情報開示が義務化されていても、説明が不透明な可能性はある。投資の前に目論見書を読む人はほとんどいない。目論見書は分厚く、完全に理解するには専門能力が必要だからである。運用管理報酬は公表されるが、わざわざ見る投資家もあまりいない。全米退職者協会（AARP）による2011年2月の調査によれば、回答者の71％は、運用管理報酬は何も支払っていないと思っている、とのことであった[17]。

退職者資産の報酬の開示について、米国は他国に遅れている。支払われている報酬としては、退職基金が保有するファンドに対する運用管理報酬、基金の管理者に対する報酬、コンサルタントへの報酬、およびその他の報酬がある。ミューチュアル・ファンドでは運用管理報酬を開示しなければならないが、退職に備えて貯蓄している投資家の中で、退職基金で保有しているミューチュアル・ファンドの運用管理報酬を含め、彼らが支払っている報酬額を知っている人はほとんどいない。退職基金を管轄する米国労働省が報酬の明細を加入者に提示すべきであると義務づけたのは2012年8月30日になってからであった[18]。米国投資信託協会によれば、ミューチュアル・ファンドは2011年時点で4.7兆ドルと、17.9兆ドルにものぼる米国の退職基金の資産の26％を占めている。米国の家計は、確定拠出型年金基金の55％、個人退職勘定の45％をミューチュアル・ファンドで保有している。

ミューチュアル・ファンドのガバナンスは、一般企業のガバナンスよりも弱

第16章　ミューチュアル・ファンドと他の1940年投資会社法に基づくファンド　647

い[19]。ミューチュアル・ファンドは、それをマーケティングし、販売し、運営する会社とは法的に区別されている。取締役会があるので、うわべでは独立性はあるように見える。しかし、ファンド・マネージャーの真の忠誠心は、ファンドの所有者である投資家よりもむしろファンドの運用会社に向けられている。この関係は身内重視の排他的なものであり、投資家は損をしてしまう。ミューチュアル・ファンドの取締役のほとんどが、特に取締役会議長は、投資顧問会社の内部者である。ファンドの取締役は、顧問会社から提供された情報を独立して検証することはないし、ほとんどの場合、独立した検証などできない。ファンドのガバナンスをその設定者から分離しても、投資家保護を十分確実なものにはできないのである。

事実上ミューチュアル・ファンドはミューチュアル・ファンドの運用会社によって運用されているにもかかわらず、最高裁判所はファンドとファンド運用会社とを法的に区分する考え方を保持している。*ジャナス・キャピタル・グループ対ファースト・デリバティブ・トレーダーズ訴訟*は2003年のジャナス社の市場タイミング・スキャンダルにまつわる訴訟の一つであったが[20]、2011年6月の最高裁判決では、他の投資家を不当に扱う市場タイミングを許すような、誤解を招く恐れのある表現が目論見書にあった責任はジャナス社のファンド運営会社ではなく、ジャナス社のファンドにあるとされた。法的には、すべてジャナス社のファンドの責任ということであった。ファンドを設定し、市販し、運用したにもかかわらず、会社としてのジャナス社は無罪放免となったのである[21]。

2.4 要 約

登録投資会社であることの利点は、一般大衆から直接資金を調達できることである。少数株主を保護するために、1940年法は登録投資会社にいくつかの制限を設けている。同法は情報開示と最低限の監督、運用者への運用管理報酬支払の制限を義務づけるものである。これらの規制はプリンシパル・エージェント問題を緩和するものの、それを解消するものではない。

1940年法は不完全ではあるが、第17章でヘッジファンドを、第18章でプライベート・エクイティをそれぞれ議論するときにわかるように、まだましであろう。

*上場投資証券（ETN）*は、市場で取引されるファンドであり、インデックスに連動するという点でETFに類似している。しかし、これらは1940年法で定められるファンドではなく、債券として規制され、厳密な意味では銀行への貸付に当たる。コストは高く、複雑な税構造をもち、その価格は原資産の市場価格と大きく乖

離する可能性がある。運用管理報酬が明示されなければならない1940年法に依拠するファンドとは異なり、ETNは報酬を不透明化することに長けている。金融コラムニストのジェイソン・ツヴァイクは、分厚い目論見書を何冊も苦労して読み、手数料（訳注：1940年法ファンドの運用管理報酬に相当）が全体ではいくらになるのかを計算した[22]。イートラックス・デイリー・ショート・S&P500・VIX・フューチャーズ・ETNには、1.35%の「トラッキング手数料（訳注：パッシブ運用の運用管理報酬）」と週次で0.077%の固定ヘッジ費用が課せられ、合計費用は年間5.35%となる。あるヘッジファンドの戦略を再現しようとするクレディ・スイス・ロング／ショート・ETNは「投資家への年間手数料」として0.45%を課している。その他に、0.7%の「見越し保有レート」と0.5%の「見越しインデックス調整ファクター」手数料がある。全体では報告された費用の三倍を超える手数料となっている。これほどの不透明化は1940年法に依拠するファンドでは許されていない。

3　ミューチュアル・ファンド

　ミューチュアル・ファンドは過去のパフォーマンスを宣伝するのが大好きである。運用会社が高いリターンについて熱弁をふるうが、平均的なミューチュアル・ファンドは市場を下回っているというのが真実である。アクティブ型のミューチュアル・ファンド会社がこれを認めることはほとんどなく、彼らが報告するリターンは上方に偏っている。

3.1　生存者バイアス

ジャナス・ワールドワイドとジャナス・グローバル・リサーチ

　ジャナス・ワールドワイドはかつてジャナス社の最も人気のあるファンドの一つであった。1990年代初期に運用が始まり、1990年代後半にはインターネットのジェットコースターで空に向かって上っていったが、2000年以降に下まで戻ってきた。図16.3のパネルAは、同ファンドが2000年初に約450億ドルのピークに達したことを示している。ジャナス20（図16.1参照）とは異なり、ジャナス・ワールドワイドの運用資産額は安定化することはなく、2000年代を通じて資金流出が続いた。ジャナス・ワールドワイドはかつて、1997年のモーニングスター最優秀ファンド・マネージャーに指名されたヘイズによって運用されていた。彼女は2003年に退任したが、その理由の一部は、あるジャナス社の株主（ハイフィールド・キャピタル・マネジメントというヘッジファンド）が彼女およびその他の重役の給料を開示する

図16.3 ジャナス・ワールドワイドとジャナス・グローバル・リサーチ

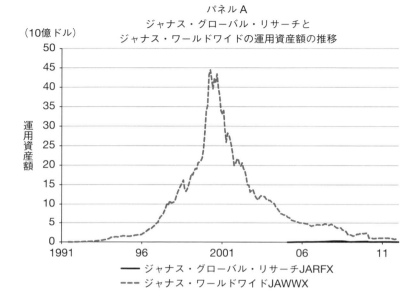

パネルA
ジャナス・グローバル・リサーチと
ジャナス・ワールドワイドの運用資産額の推移

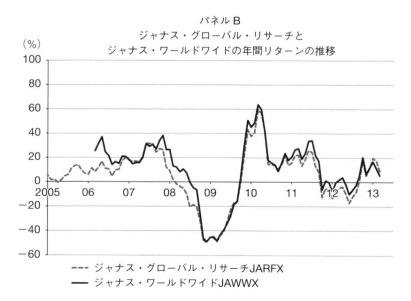

パネルB
ジャナス・グローバル・リサーチと
ジャナス・ワールドワイドの年間リターンの推移

よう求めたことであった[23]。2013年1月31日時点では、ジャナス・ワールドワイドは20億ドルの資産を保有していた。

ジャナス・グローバル・リサーチの運用資産額はジャナス・ワールドワイドの規模に比べ、ほんのわずかな規模でしかない。2005年2月に運用開始した、より新顔のファンドでもある。図16.3のパネルAでは、その運用資産額はほとんど見分けられないだろう。

2013年3月15日に二つのファンドは統合した。より大きく、長い歴史をもったジャナス・ワールドワイドは、より小さく、短い歴史しかもたないジャナス・グローバル・リサーチに吸収され、存在しなくなった。なぜか？

図16.3のパネルBでは、2005年2月〜2012年1月のジャナス・ワールドワイドとジャナス・グローバル・リサーチの対前年比のリターンを示している。ジャナス・グローバル・リサーチがより大きな兄貴分であるジャナス・ワールドワイドを打ち負かしていた。この期間では、ジャナス・グローバル・リサーチは平均で9.9％のリターンであったのに対し、ジャナス・ワールドワイドは5.0％であった。二つのファンドは両方とも、20％を若干下回る程度の、ほぼ同じ標準偏差をもつので、ジャナス・グローバル・リサーチのシャープ・レシオ（第2章参照）はジャナス・ワールドワイドの倍になっていた。

合併後、統合されたファンドはジャナス・グローバル・リサーチの優れたパフォーマンスのみを引き継いだ。ジャナス・ワールドワイドは消滅し、その劣後したパフォーマンスはジャナス社のファンド・ファミリーから姿を消してしまった。

運用成績の悪いファンドを併合するか、終止符を打つことが、ジャナス社のマーケティング・チームが「100％のジャナス社の株式ファンドは運用開始来ベンチマークを上回っています」と真顔でいえる方法である[24]。*生存者バイアス*とは、ジャナス・ワールドワイドのように、最悪のファンドが合併か解約で消滅する傾向のことをいう。その結果、リターンを報告するファンド・ユニバースは実際よりもはるかに明るいものを示すことになる。これは安楽死させたファンドのリターンを取り除くことによって成し遂げられる。

生存者バイアスはどの程度大きいのか

1940年法に依拠するすべてのファンドはそのパフォーマンスを米国証券取引委員会（SEC）に報告する必要があるため、ファンドの完全な母集団を見ていることになる。生存者バイアスの効果は、ジャナス・グローバル・リサーチのような存命のファンドのリターンを、ジャナス・ワールドワイドのような消滅したか合併されて

しまったファンドのリターンと比べることで測定することができる。生存者バイアスのないミューチュアル・ファンドの大規模データベースを最初に構築したのは、当時シカゴ大学の博士課程の学生であったマーク・カーハートであった。以後、彼のデータセットは更新・改善されながら、広く用いられている。カーハートは1995年に卒業し、南カリフォルニア大学でファイナンス教授としての職を得たが、その直後に誘われてゴールドマンサックス・アセット・マネジメント社に移ってしまった。彼は結局2000年代半ばに最大規模のクオンツ・ヘッジファンドの一つを共同運用するに至った（その後、金融危機後に解散。第17章参照）。

　現存中のファンドのみを対象とすると、現存するファンドと消滅したファンドをどちらも含めた場合の母集団に比べて、ミューチュアル・ファンドのリターンは1〜2％誇張される[25]。しかし、現存するファンドと消滅したファンドを別々に計算した場合の差はおよそ4％である。Carhart et al.（2002）は、現存するファンドと消滅したファンドのリスク調整後のリターンの差は3.7%と推計している。Malkiel and Saha（2005）は、現存するファンドと現存しないファンドのリターンの差は4.3%と報告している。投資家にとって不幸なことに、ミューチュアル・ファンド会社は現存するファンドのリターンをのみ強調する。注意深い研究者は常に、現存するファンドと消滅したファンドの双方を含む、カーハートのようなデータベースを用いている。消滅したファンドを考慮しなければ、ミューチュアル・ファンドのパフォーマンスは非常に誇張されたものになるのである。

3.2　（アンダー）パフォーマンス

　膨大な量のミューチュアル・ファンド関連の文献を短く要約すると、平均的なアクティブ型ミューチュアル・ファンド運用者は、報酬控除後ではアンダーパフォームしているが、費用控除前ではわずかに市場に勝っている（贔屓目に見て市場と同じ、というべきか）ということになる[26]。こうした文献は、もともとパフォーマンスのみに焦点を当てたものであるが、Treyner（1965）や、Sharpe（1966）、Jensen（1969）がその先駆けであった。マイケル・ジェンセンは現在ハーバード・ビジネススクールの名誉教授で、彼の論文は他の数多くの論文で引用されている[27]。これらの論文は、アクティブ型ミューチュアル・ファンドは市場に勝てないことを示したが、こうした結論は後に続く多くの論文でも繰り返し主張されている。

　Russell Welmers（2000）はこうした文献の蓄積をうまく要約している。彼の分析期間で見ると、S&P500指数のリターンは年平均15.4%であった。ミューチュア

652　第Ⅲ部　委託ポートフォリオ運用

ル・ファンドは、報酬控除前のグロス・リターンが16.9%と市場に勝っていたが、報酬控除後のネット・リターンで見ると14.6%と、市場をアンダーパフォームしていた。0.8%のアンダーパフォームである。過去に高いリターンを示したミューチュアル・ファンドは、上昇相場の中でリスクの高い株への投資を積み上げてしまっていただけかもしれない。ウェルマースは、市場リスクとその他のファクター・リスク（特に、サイズ、バリュー／グロース、モメンタムの要因。第7章参照）を調整した後、リスク・ファクターに対する超過したリターン（もしくはアルファ。第10章参照）は、報酬控除前で0.8%であることを示した。報酬控除後であれば、ミューチュアル・ファンドのリスク調整後リターンは▲1.2%である。

資産価格に関する実証研究の二人の巨人、シカゴ大学のユージン・ファーマとダートマス・カレッジのケネス・フレンチは、株式ミューチュアル・ファンドのアルファについて、報酬控除前で0.2%（これは統計的にはゼロに等しい）、市場要因のみを調整した報酬控除後で▲1.1%と推計している[28]。アクティブ型のミューチュアル・ファンドは報酬控除後で1.3%のアンダーパフォームである。より複雑なリスク要因を調整すると、ミューチュアル・ファンドのリスク・ベンチマークを超過したリターンは、報酬控除前でわずか0.1%、控除後では▲1.0%であることがわかった。

French（2008）は、米国ファイナンス学会での会長演説で、さらに一歩踏み込んでいる。彼は、個人投資家、ミューチュアル・ファンド、年金基金と他の機関投資家、ヘッジファンドを含むすべての投資家にとっての米国株式市場でのアクティブ運用の費用を計算している。彼の推計によれば、平均的な投資家は、アクティブ運用からインデックス・ファンドに乗り換えることによって、運用成績を年間で0.7%向上することができるとのことである。

アクティブ運用者は全体で見ればアンダーパフォームしているとしても、下げ相場や不況時には彼らは比較的アンダーパフォームしない（多少の付加価値を生んでいる、というべきか）のであろうか。実証結果からは、白黒つかない。Moskowitz（2000）とKosowski（2012）がアクティブ型ミューチュアル・ファンドは景気後退期（全米経済調査局（NBER）の定義による）に著しくアウトパフォームしていることを示しているが、一方で、De Souza and Lynch（2012）は正反対の結果を示している。

要するに、リスク調整の有無にかかわらず、典型的なアクティブ型ミューチュアル・ファンドは平均で見てアンダーパフォームしているということである。

大型のミューチュアル・ファンドの方がひどい

　大型のミューチュアル・ファンドの方が小型なものよりも運用成績が悪い。すなわち、*規模の不経済*が存在するといえる[29]。ファンドの運用規模が大きくなればなるほど、投資対象銘柄への投資額を増やすことが難しくなってくる。アルファ獲得の機会の多くは、市場のより流動性の低い部分に集中している。したがって、よい投資アイデアがあっても運用規模を大きくするのは難しい。確かに、大型ファンドではファンドがより流動性の低い株式を保有しているときにそのパフォーマンスは最も悪影響を受ける。また、大型ファンドはより多くのアナリストを雇わなければならず、その調整がより難しくなる。従業員が多ければ、組織内で情報を上位伝達し、これに基づいて行動することはより難しい（経済学では、このコストのことをヒエラルキー・コストと呼ぶ[30]）。

より高価なファンドの方がひどい

　ほとんどの産業では、対価を支払えば手に入る。サックス・フィフス・アベニュー（訳注：ニューヨークの高級百貨店チェーン）で買い物すれば、１ドル・ショップよりも支払額は大きくなるが、より品質のよいものが入手できる。ミシュランの三ツ星レストランで食事すれば、マクドナルドより支払額は大きくなるが、優雅な雰囲気の中でより美味しい食事をとることができる。ほとんどの場で、支払えば支払うほど、得るものは大きくなる。しかし、ミューチュアル・ファンドの世界では、状況はまったく逆である。支払えば支払うほど、得るものは小さくなるのである[31]。Carhart（1997）は、ミューチュアル・ファンドへの運用管理報酬の支払額が高くなればなるほど、リターンはより*低*くなることを示している。投資家が最もよいサービスを受けられるのは、低コストのファンドに投資した場合である。Gruber（1996）は、パフォーマンスの最もよいファンドは、パフォーマンスが最も悪いファンドよりも*低い*運用管理報酬を課していることを明らかにしている。最も安価な種類のファンドで、しかも、図らずも半数以上のアクティブ・ファンドを随時アウトパフォームしているものは何か？　インデックス・ファンドなのである。

3.3　持 続 性

　免責条項に書いてある通り、ミューチュアル・ファンドの過去のリターンは、将来のリターンを保証するものではない。ミューチュアル・ファンドのパフォーマンスはまさに、非常に持続性があるというものではない。一貫性があるとしたら、そ

れは悪い方の一貫性である。アウトパフォームしているファンドが優れたパフォーマンスを生み続けてくれるということよりもむしろ、アンダーパフォームしているファンドが確実にアンダーパフォームを続けるということである[32]。

図16.4は、市場リスクを調整した資本資産評価モデル（CAPM）とCarhart（1997）によって推計されたサイズ、バリュー／グロース、モメンタムのマルチ・ファクター・モデル（第10章参照）で計測したミューチュアル・ファンドのアルファを示している。ファンドを、過去1年のリターンによって、低い十分位である1（低）から高い十分位である10（高）に順位づけしている。アルファは、リスク・ベンチマークに対する翌年の超過リターンである。図16.4を見ると、平均的なアルファは、CAPMで見てもマルチ・ファクター・モデルで見てもマイナスであることがわかる。これは平均的なミューチュアル・ファンドの運用者がアンダーパフォームしていることを意味している。CAPMでのアルファについては、非対称ではあるが興味深い持続性が見られる。前年にリターンが最も悪かったファンドは、悪いパフォーマンスを続けており、対市場ベンチマーク比で▲5.4％とマイナスのアルファとなっている。しかし、前年のリターンが最もよかったファンドの好パフォーマンスは引き続き2.4％のアルファを生み出している。

パフォーマンスの持続性は、ひとたび精緻なファクター・ベンチマークを用いて

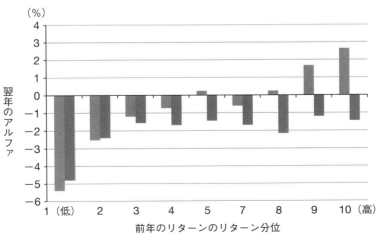

図16.4 ミューチュアル・ファンドの分位別アルファ

確認すると消失してしまう。マルチ・ファクター・ベンチマークの場合、翌年のアルファはすべてマイナスである。注目すべきは、パフォーマンスが最下位のファンドは最下位であり続け、第1十分位のマルチ・ファクター・モデルでのアルファ（▲4.8％）は、第10十分位のアルファ（▲1.4％）よりもはるかに劣っているということである。マルチ・ファクター・ベンチマークによってモメンタム・ファクター（WMLファクター、UMDファクター）がコントロールされることが、パフォーマンスの持続性が覆されてしまう主因となっている[33]。勝っているファンドのほとんどが、モメンタムに乗った銘柄、すなわち過去のリターンが高く好パフォーマンスが続いている株式を保有しており、モメンタム・ファクター戦略に由来する高リターンを調整した後では、勝っているはずのファンドもアウトパフォームしていないということになるのである。

付加価値のあるファンドもある

アウトパフォームしているミューチュアル・ファンドもあるが、一貫して勝っているものはなかなか見つからない。勝っているミューチュアル・ファンドを見つけることができると主張する大学教授たちでも「大規模なファンド・リターンのデータベースに複雑な統計処理を必要とするため、戦略としてはおそらく個人投資家向けというより機関投資家向けにより適している」[34]ということを認めざるを得ない。

ミューチュアル・ファンドを選別する最良の方法には、過去のリターンの先を見極めること、ファンド・マネージャーとファンドの資産保有状況を見極めることが欠かせない。Chevalier and Ellison（1999a）は、大学進学適性試験（SAT）の点数が高い学生たちが学ぶ、より精選された大学を卒業したファンド・マネージャーの方が、より高いパフォーマンスを生み出していることを明らかにしている。Cohen, Frazzini, and Malloy（2008）は、知人関係がミューチュアル・ファンドのパフォーマンスに影響を与えていることを示している。有力者とつながりのあるファンド・マネージャーは、同じ大学の同窓が取締役になっている会社により大きくベットする。ファンド・マネージャーが何らかのつながりをもつ会社へ投資した場合のリターンは、つながりのない会社のパフォーマンスを大きく凌いでいる。

ファンドの保有状況によってパフォーマンスの予測ができる。アクティブ運用の運用管理報酬は、真にアクティブな運用者に支払われるべきである。どうして、ただS&P500指数を模倣しているだけのファンド・マネージャーに高い運用管理報酬を支払うのか？ Cremers and Patajisto（2009）の「アクティブ・シェア」は、ベンチマーク・インデックスの保有内容とファンドの保有内容の乖離を計測するもの

である。アクティブ・シェアは、アクティブな銘柄選択の度合いを明らかにする[35]。彼らの論文によれば、アクティブ・シェアの高いファンドはリターンも高い。面白いのは、トラッキング・エラー、すなわち、ファンドとベンチマークとのリターン差の標準偏差では、リターンの予測ができないということである。それゆえ、ファンド・マネージャーのアクティブ・ベットの度合いを計測するなら、ファンドの保有状況を詳しく見る必要がある。これらの考え方に沿っていえば、特化型でより集中型のポートフォリオを運用する運用者は、よりよいパフォーマンスを示す傾向があるということである。

すべての計測方法をもってしても、アウトパフォームするミューチュアル・ファンドの運用者を探すのは容易ではない。

3.4 資金フロー

ミューチュアル・ファンドの投資家は、Frazzini and Lamont（2008）の言葉を借りるならば、「ダメな資金」である。ミューチュアル・ファンドに資金が流入するのは過去のリターンが高いときであるが、資金は間違ったファンドに流れ込む傾向がある。その後のリターンは結局低いもので終わる。Friesen and Sapp（2007）は、ダメな資金フロー、つまり、過去リターンが高く将来リターンが低いリターンとなるファンドに投資することで、投資家は年間で1.5％もの費用を支払っていることになると推計している。ミューチュアル・ファンド会社は、広告で過去の高いリターンを喧伝するが、もちろん、それは選別されたものが対象である。なぜなら、直近に高いパフォーマンスを示したファンドのみが、花形として広告対象になるからである。資金は流入するが、将来リターンは残念なほど低い[36]。

ミューチュアル・ファンドの資金はやっかいである。資金はパフォーマンスのよいファンドに流れ込むが、パフォーマンスの悪いファンドから同じ速度では流出しない[37]。専門用語でいえば、*資金フローとパフォーマンスは凸状の関係*にある。図16.5では、ミューチュアル・ファンドの過去のリターン（x軸）と、アクティブ型ファンドへの翌年の資金フロー（y軸）との関係を示している。1980〜2012年の各年末に、ファンドをその年のパフォーマンスによって十分位に分類し、ファンドへの翌年の資金流入を記録している。同図では、各年末時点での十分位それぞれについて、過去リターンの資産加重平均の関数とする翌年の資金フローの資産加重平均を示している。図16.5を見ると、過去リターンが高いときは新規資金の大幅な増加を引き起こす一方で、過去リターンが低い場合は資金フローとの関係は傾きがあま

図16.5 資金フローとリターンの関係

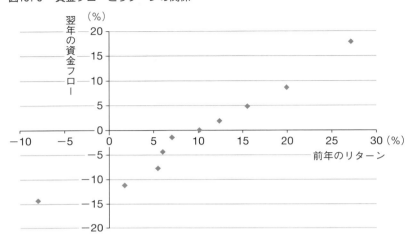

り大きくなっていない。すなわち投資家は、成功した場合に報酬を与えるのと同じ程度には、損失が出た場合に処罰しないのである。ジャナス社はこの投資家の緩慢さに救われたのである。

3.5 Berk and Green (2004) モデル

スタンフォード大学のファイナンス教授ジョナサン・バークと著者が時折共著するカーネギーメロン大学のファイナンス教授、リチャード・グリーンは2004年に執筆した論文で、ミューチュアル・ファンドのパフォーマンスに関する定型化された事実が当てはまると述べている。その事実とは、(i)運用者は報酬控除前では付加価値をもたらすが、報酬控除後では平均的にはアンダーパフォームしている、(ii)投資家はリターンを後追いしている、(iii)投資家は過去リターンが最も高いファンドに資金を投入し、結果的には投資成果があがらない、というものである。資産運用委託の分野では、この論文が過去30年に出稿された中で最も重要な論文である。

Berk and Green (2004) が示しているのは、これらの定型化された事実は、ファンド・マネージャーは平均的には才覚があるが、投資家には才覚があったりなかったりする（超過リターンを生む能力差が存在する）世界での*合理的な均衡*に起因しているということである。投資家は、才覚のある運用者が存在していることを知ってはいるが、運用者のリターンは規模の増加とともに低下する。データが示すように、ファンドの規模が大きくなるにつれて、運用者が生み出す超過リターンは

より小さくなっていく。

投資家は誰が熟練した運用者であるのかを知っているので、資金はまず最良の運用者に振り向けられる。その振り向け先は過去に高いリターンを生み出した運用者ではあるが、その中には幸運に恵まれた者もいれば、真に才覚のある者もいる。これこそが投資家がリターンを追い回している理由である。資金流入によってファンドは大きくなる。しかし、ファンドの規模が増加すると、運用者のアルファは消失する。したがって、パフォーマンスの持続性はほとんど見られないのである。

資金配分の際に、アセット・オーナーは最良の運用者を選ぶ。新規資金は運用者が高いリターンを生む才能を減じ、その運用者の期待リターンを二番手の運用者のリターンにまで引き下げてしまう。この時点で、アセット・オーナーはこの二番手の運用者に資金を投入するが、最初の二人の運用者のリターンは三番手の期待リターンと等しくなるまで引き下げられ、また同様のことが続いて起きていく。これは、すべての投資家がアクティブ型ファンドに投資するのも、廉価なパッシブ型のインデックス・ファンドに投資するのも、どちらも変わらない状況になるまで続く。ファンド運用者に才覚はあるが、投資家は市場と同じリターンを受け取ることになる。運用管理報酬が支払われるので、アクティブ型ミューチュアル・ファンドのリターンは市場をアンダーパフォームすることになる。

Berk and Green（2004）が素晴らしいのは、ファンド・マネージャーには才覚があっても、均衡状態ではその才覚はアセット・オーナーにまで影響を与えることがない、ということを示しているからである。つまり、*運用者は自身の才覚の恩恵を受けている*。腕の立つ運用者はより多くの資金を集め、より高い運用管理報酬をもらえるが、これらの利益を投資家に回すことはない。

Berk and Green（2004）の論旨は、ミューチュアル・ファンドのみに当てはまるものではなく、次の二つの章で述べるヘッジファンドとプライベート・エクイティを含め、すべてのアクティブ運用についてうまく説明するものである。

3.6　報酬体系

ミューチュアル・ファンドの手数料・運用管理報酬の主な課金方法として、以下の三つがある。

前払い手数料（もしくは*販売手数料*）は、投資する際に課金される。例えば、前払い手数料が５％のファンドに100ドル投資すると、口座残高は直ちに95ドルに下がってしまう。

後払い手数料（もしくは*解約手数料*）は、ファンド解約時に課金される。

経常経費に関する諸手数料は、ファンド保有時に、運用資産額の一定割合という形で課金される。*運用管理報酬*は実際にファンドを運用するために支払われる。*総経費率*には、運用管理報酬とその他の年間経常経費が含まれるが、年間経常経費としては、「*12(b)-1手数料*」と呼ばれる営業販売に関する手数料・運用管理報酬および管理費が含まれる。ノーロード・ファンドは、前払い手数料や後払い手数料のないファンドであり、投資家は年間の諸経費手数料を支払うだけである（厳密には、ノーロード・ファンドは0.25％未満であれば12(b)-1手数料を課すことができる）。

こうした手数料・運用管理報酬にはいろいろな組合せがある。表16.6に、2013年1月のジャナス・グローバル・リサーチとジャナス・ワールドワイドの諸手数料を示している。アクティブ型のミューチュアル・ファンドにはよくあることではあるが、これらのファンドにはいくつかの種類株（訳注：ファンドの持ち分）がある。投資家にとって最も利益があるのはN株（「N」は通常ノーロード・ファンドの持ち分に使われる）であり、これは報酬支払が最も低い。では、なぜ投資家はもっと高い報酬支払の種類株を選ぶのか。ミューチュアル・ファンド会社は、異なる販路では異なる種類株を使う傾向がある。アクティブ型のファンドは直販しない。前払い手数料と12(b)-1手数料は証券会社や他の代理店に支払われるが、彼らは、顧客をより高価な種類株へと誘導するのである。

A株には5.75％の前払い手数料が課される。ファンドによっては（ジャナス・グローバル・リサーチとジャナス・ワールドワイドではないが）、前払い手数料の水準が変わるブレーク・ポイントが設定されているものもある。初期投資額が大きくなり、あるブレーク・ポイントに達すると手数料がより低くなっていく。一般に、前払い課金はファンドを販売する証券会社に支払われるので、これは実際には販売手数料である。証券会社を通さずに販売される場合でも、前払い手数料を課すファンドもある。

C株には1％の後払い手数料が課される。ミューチュアル・ファンドには（ジャナス社の二つのファンドではないが）、条件付きの後払い手数料（もしくは*条件付きの解約手数料*）を課すものもある。こうした手数料体系では、ファンドの保有期間が長くなればなるほど、後払い手数料は低くなる。

12(b)-1手数料は、1940年法の条文の名前にちなんで名付けられたが、この条文はミューチュアル・ファンドが（一時的な）手数料としてではなく、（継続的に）ファンドの資産から営業・販売に関する費用を支払うことを認めている。12(b)-1

表16.6　ジャナス・グローバル・リサーチとジャナス・ワールドワイドの諸手数料

（ジャナス・グローバル・リサーチ・ファンド）

	A株	C株	S株	I株	N株	R株	T株
前払い手数料	5.75%						
後払い手数料		1.00%					
運用管理報酬	0.74%	0.74%	0.74%	0.74%	0.74%		0.74%
販売／サービス 12(b)–1手数料	0.25%	1.00%	0.25%				
その他経費	0.23%	0.32%	0.39%	0.23%	0.13%		0.38%
年間総営業経費	1.22%	2.06%	1.38%	0.97%	0.87%		1.12%

（ジャナス・ワールドワイド・ファンド）

	A株	C株	S株	I株	N株	R株	T株
前払い手数料	5.75%						
後払い手数料		1.00%					
運用管理報酬	0.59%	0.59%	0.59%	0.59%	0.59%	0.59%	0.59%
販売／サービス 12(b)–1手数料	0.25%	1.00%	0.25%			0.50%	
その他経費	0.24%	0.28%	0.33%	0.23%	0.08%	0.33%	0.33%
年間総営業経費	1.08%	1.87%	1.17%	0.82%	0.67%	1.42%	0.92%

手数料は1980年に導入された。2010年には、投資家は106億ドルの12(b)–1手数料を支払ったが、そのうちの40％はファイナンシャル・アドバイザー、証券会社や、さらには退職基金管理会社、ディスカウント・ブローカーなどのその他の金融関連機関に回された。これらの金融仲介業者は、ファンドの営業、販売、管理に携わっている。12(b)–1手数料の52％は、投資家向けウェブサイトの維持やコールセンターなどを含む投資家サービスが占めている[38]（皆は、こうした費用は運用管理報酬や管理手数料の中から支払われているはずだと思っているであろう）。残りは、ファンドの引受けと宣伝に費やされている。

　ジャナス・グローバル・リサーチの12(b)–1手数料は、A株、C株、S株で、それぞれ0.25％、1.00％、0.25％となっている。12(b)–1手数料は別建てで課金されないので、投資家の中には12(b)–1手数料を支払っていることに気づかない人もいるかもしれない。12(b)–1手数料額は運用資産額に基づいて算出されているので、

*新規*の投資家というよりむしろ、*現在*の投資家がファンドの規模を大きくするために投資会社に支払っている（ファンド規模が大きくなるとパフォーマンスは悪化しがちになるのにもかかわらず）のである。

その他費用には資産管理と法務にかかわる費用、会計の費用やその他の運営管理コストが含まれる。

*経常経費総額*は、経費率、12(b)-1手数料およびその他費用の合計である。ジャナス・グローバル・リサーチのC株の手数料率は2％以上で、これは典型的なアクティブ型ミューチュアル・ファンドの運用管理報酬の倍以上の水準であり、非常に高い。他の種類株は年間の総費用が1％前後になっている。優れたパッシブ型のインデックス・ファンドでは、年間の経常経費は0.2％を十分に下回っている。2013年3月のジャナス・グローバル・リサーチとジャナス・ワールドワイドの併合では、統合後のファンドの報酬体系は、（ジャナス・ワールドワイドが消失したので）ジャナス・グローバル・リサーチと同じものになった。表16.6を見ると、どの種類株についても、ジャナス・グローバル・リサーチの方が高い。20億ドル以上という、より大きなジャナス・ワールドワイドよりも、わずか3億ドルしかないジャナス・グローバル・リサーチの方が高い手数料率であったため、この二つのファンドを併合したことで、ジャナス社は一気に高い手数料収入を得ることになったのである。

報酬・手数料は低下トレンドに

アクティブ型ミューチュアル・ファンドの報酬・手数料は低下傾向を見せているが、まだかなり高い水準にある。図16.7は米国投資信託協会（ICI）がまとめたミューチュアル・ファンドの手数料率の推移を示している。1990年代を通じて、株式ミューチュアル・ファンドの平均的な手数料率は1.0％であったが、2011年末時点では0.8％に低下した。債券ファンドの手数料は0.9％から0.6％へと低下している。報酬・手数料が低減してきたのは、低コストのインデックス・ファンドの隆盛、ノーロード・ファンドへの乗り換え、ETFの興隆（これは後述）の結果である。

隠された手数料

情報開示が1940年法で義務づけられているにもかかわらず、いくつかの重要なコストが投資家の目から隠されている。

トレーディング・コストはファンドから報告されないし、ファンドの経費率にも含まれていない。しかし、高いトレーディング・コストは投資家のリターンを減じ

662　第Ⅲ部　委託ポートフォリオ運用

図16.7　ミューチュアル・ファンドの手数料

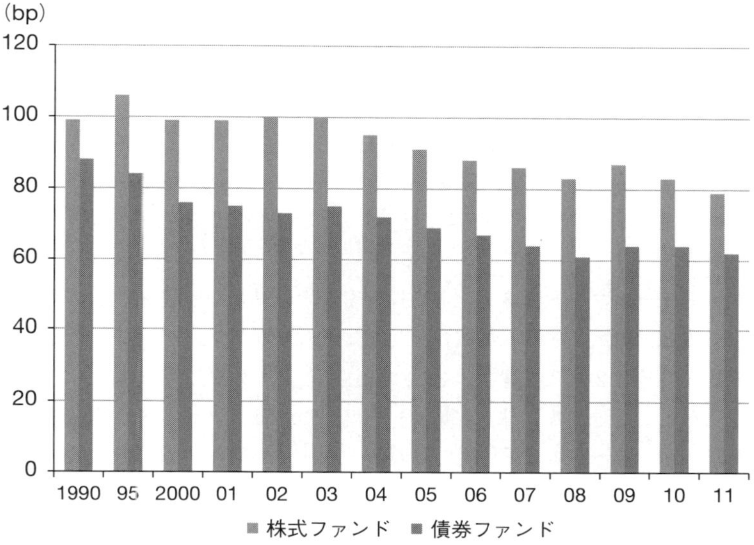

（bp）

る。トレーディング・コストには以下のものが含まれる。

1　売買手数料

　証券を売買する際の仲介手数料は開示されなければならないが、ファンドの目論見書の記載事項になってはいない。

2　ビッド・アスク・スプレッド

　売り手により提示された最低価格と買い手により提示された最高価格との間には差がある。

3　マーケット・インパクト・コスト

　大規模な売買は価格を変動させる。このコストは隠れてしまっているが、売買手数料もしくはビッド・アスク・スプレッドを上回ることもある。

　トレーディング・コストは大きい。Edelen, Evans, and Kadlec（2007）は、トレーディング・コストは1.4％前後であると推計しているが、これはアクティブ型ファンドの経費率をも凌ぐものである。トレーディング・コストは売買回転率に比例する。取引すればするほど、トレーディング・コストは高くなる。Carhart（1997）とこれに続く論文は、売買回転率が高いほどファンドのリターンが低いこ

第16章　ミューチュアル・ファンドと他の1940年投資会社法に基づくファンド　663

とを明らかにしている（インデックス・ファンドを志向すべき理由がさらにもう一つ現れた）。

2012年、ジャナス・ワールドワイドの売買回転率は49％であったが、これに対してジャナス・グローバル・リサーチでは67％であった。ジャナス・ワールドワイドは合併により消滅したので、その保有者は現在、ジャナス・グローバル・リサーチの高いトレーディング・コストを支払っている。その売買回転率は、アクティブ型株式ファンドの80～90％と平均よりは低いが、インデックス・ファンドでは通常5％未満である。

ソフトダラー・コストはファンドの投資家からは見えない。ソフトダラーの取り決めがあると、ファンドは「無償の」サービス、リサーチ、プロダクトを提供してくれる証券会社を2、3社選び、そこに発注することによって、ファンドは別建てでの支払をしなくて済む。ソフトダラーが厄介なのは、ファンド会社が諸経費の真の姿を隠すことができることである。ソフトダラーの取り決めにより、いくつかのサービスが、開示される運用管理報酬を通じて行われるのではなく、開示されないトランザクション・コストとして提供される。

手数料の不透明化

証券会社やマーケティング会社、サブ・アドバイザー、コンサルタント、その他の金融仲介業者がミューチュアル・ファンド会社との間で交わす、レベニュー・シェア、リベート、様々なセット販売といった複雑な対価支払方法もまた隠されている。

Edelen, Evans, and Kadlec（2012）は、手数料の透明性が高ければ高いほどエージェンシー・コストは低く、結果として投資パフォーマンスは向上することを明らかにした。しかしいざとなったら、手数料を不明瞭にすることで資金流出を減らすことができる。これはおそらく、投資家はどれだけの手数料が支払われているのかを直接見ることができないからであろう。Barber, Odean, and Zheng（2005）では、ミューチュアル・ファンドの投資家は、経常経費のようなあまり明白でない手数料よりもむしろ、販売手数料などのあからさまな手数料にのみ反応を見せていることを示している。アクティブ運用のファンド会社にとっては、投資資金が逃げにくくなるような複雑さや不透明さの方が好ましいのである[39]。

たとえすべての手数料が明確化されたとしても、投資家は手数料（自身の損失）にそれほど注意を払わないかもしれない。Choi, Laibson, and Madrian（2010）は、金融知識に最も長けている人々の代表としてハーバード大学のスタッフ、

664　第Ⅲ部　委託ポートフォリオ運用

ウォートン・スクールのMBA、ハーバードの学部生を対象にした実験をしている。結果としてわかったのは、S&P500指数のインデックス・ファンド（これは、基本的には手数料によって選別するしかない、ごく普通の商品なのだが）を選ぶ場合に、被験者たちは常に過去のリターンに基づいた選択をするということであった。被験者たちは、最良の選択ができるように十分な金銭的なインセンティブを与えられたときでさえ、手数料を無視し続けた[40]。

ミューチュアル・ファンド会社の利益率は高い

表16.8は、ジャナス社の2011年度の損益計算書である。ジャナス社は2000年代初期の最悪な状況から順調に回復し、2010年代に入って32%という高い利益率を享受していた。この高い利益水準は、ミューチュアル・ファンドの典型的な姿である。ミューチュアル・ファンドというビジネスは、とても魅力的なビジネスなのである。

表16.8を見れば、ジャナス社の収入のうち、パフォーマンス連動のファンドはごく一部しかないことがわかる。ジャナス社は、2011年のパフォーマンスの悪化に伴う成功報酬の損失は、わずか1%にすぎなかった（1940年法はパフォーマンスに準

表16.8　ジャナス・キャピタル・コーポレーションの2011年損益計算書

<table>
<tr><td colspan="2"></td><td>金額
（100万ドル）</td><td>比率
（％）</td></tr>
<tr><td rowspan="4">収入</td><td>投資運用報酬</td><td>844.3</td><td>86</td></tr>
<tr><td>パフォーマンスに基づく成功報酬</td><td>▲11.7</td><td>▲1</td></tr>
<tr><td>持ち分保有者とサービスに関する報酬、その他</td><td>149.3</td><td>15</td></tr>
<tr><td>総収入</td><td>981.9</td><td>100</td></tr>
<tr><td rowspan="8">営業経費</td><td>従業員給与</td><td>294.9</td><td>44</td></tr>
<tr><td>長期インセンティブ報酬</td><td>63.0</td><td>9</td></tr>
<tr><td>広告宣伝費</td><td>28.0</td><td>4</td></tr>
<tr><td>販売費</td><td>141.7</td><td>21</td></tr>
<tr><td>減価償却費</td><td>33.3</td><td>5</td></tr>
<tr><td>一般管理費</td><td>109.2</td><td>16</td></tr>
<tr><td>のれんおよび無形資産の評価損</td><td>−</td><td>0</td></tr>
<tr><td>総営業経費</td><td>670.1</td><td>100</td></tr>
<tr><td colspan="2">営業利益</td><td>311.8</td><td></td></tr>
<tr><td colspan="2">営業利益率</td><td>32%</td><td></td></tr>
</table>

第16章　ミューチュアル・ファンドと他の1940年投資会社法に基づくファンド　665

拠する手数料は対称的なものだけを認めており、したがってベンチマークを下回れば運用者には損失が生じることを思い出そう）。収入の大部分は運用資産額に直接連動している。ジャナス社が2000年代初期でも高い営業利益率を維持できたのは（図16.1参照）、大部分の経費が運用資産額とともに変動するからである。特に、半分以上は給与支払である。ジャナス社は、総経費の30％を占める多額の営業費、販売費を支払っている。

コロンビア大学ビジネススクールでの著者の同僚であるGur Huberman（2010）は、ミューチュアル・ファンド会社の高い利益率は、ファンド会社の株価に反映されていないと考えている。彼は、30％程度の営業利益率であれば、その会社の株は、運用資産額の20％から35％程度を前提とした価格で値付けされるはずであると主張する。しかし、ミューチュアル・ファンド会社の株価は、ふつう運用資産額の１％から４％の価格で値付けされている。フーバーマンによれば、ジャナス社の株価は極端に割安なのである！　ミューチュアル・ファンド会社の株価が安いのは、ほとんどの投資家が、おそらく、アクティブ運用は市場で下火になると予想しているからであろう。ゆっくりとではあるが、実際にそうなってきている。ICIの報告では、1997年にすべての株式型ファンドのうちインデックス・ファンドが占める割合は７％であったが、着実に増加し、2011年には16％を占めるまでになった。Pástor and Stambaugh（2012）は、アクティブ型ミューチュアル・ファンド業界の規模が縮小するスピードが非常にゆっくりとしているのは、投資家がアクティブ型ファンドがアンダーパフォームしていることを認識するスピードがとても遅いからである、と述べている。ミューチュアル・ファンド業界には何百ものファンド設定会社があり（ICIによれば2011年末時点でその数は713）、彼らの利益率は今なお非常に高い水準のままである[41]。

3.7　インキュベーション・バイアス

肥沃な土地に落ちた種だけが根をおろし、芽吹き、収穫されるというイエス・キリストの種を蒔く人のたとえ話のように、ミューチュアル・ファンド会社はファンドを立ち上げる。ファンド会社は複数の未公開のファンドを立ち上げ、ある評価期間が過ぎた時点で公開に踏み切る。インキュベーション・バイアスとは、ファンド設定者がうまくいっているファンドだけを一般に公開し、マーケティングする傾向のことをいう。公開されたファンドは*選択バイアス*をもつ。Evans（2012）は、インキュベーション中のファンドは、そうでないファンドに比べてほぼ10％高いリ

ターンになっていることを示している[42]。こうしたファンドが一般公開されると資金は流入するが、インキュベーション中によい成績を収めたのは、運によるところが大きい。エヴァンスによれば、インキュベーション後ではアウトパフォームは消失する。エヴァンスのデータベースにはジャナス社がインキュベーションをしたファンドが数多く収録されているが、ジャナス社だけがインキュベーションを行っているわけではない。実に、新規ファンドの23%はインキュベーションを経たものである。

ファンド会社の中には、インキュベーションの間にリターンを*補填*するような怪しい行為に携わるものもある。ファンド会社は、有利な取引をインキュベーション中のファンドに優先的に回すことができる。例えば、新規公開（IPO）銘柄は、取引初日に「ポン」と跳ねて、発行価格を十分に上回る値がつく。ファンド会社であるヴァン・カンペン社とドレイファス社はいずれもインキュベーションのファンドに不正なIPO取引を行ったとして罰金を支払った[43]。

3.8　その他のエージェンシー問題

ミューチュアル・ファンドではガバナンスが重要である。

取締役が自己資金投資をしているファンド、つまり、取締役が大株主であるファンドはパフォーマンスが良好である[44]。取締役数が少なく、より独立しているミューチュアル・ファンドほど手数料は安い。ガバナンスが最も優れたファンドでは、手数料はパフォーマンスに連動している。ファンドの取締役会でより独立性の高い取締役が多くなればなるほど、手数料の値上げはより小規模であり、値下げはより大規模である。

ミューチュアル・ファンドのガバナンスには暗黒面もある[45]。ファンドの取締役と投資顧問会社は相互に優先的に雇われているが、これは実績に基づいていないことが多い。ミューチュアル・ファンド・ファミリーは、ファンド投資家の利益を犠牲にして会社の利益を増加させているファンドを戦略的に特別扱いする。

1974年従業員退職所得保障法（ERISA法。第1章参照）は、401（k）の顧客のために適切な投資案件にたどり着くように慎重を期すことを義務づけている。受託者は、通常はプラン・スポンサーである雇主企業に指名されている。ミューチュアル・ファンド・ファミリーは、しばしば確定拠出型401（k）プランの受託者としての役割を担っており、加入者のためにファンドを選別する際に大きな役割を果たしている。しかし、ミューチュアル・ファンドの受託者が加入者を受託者自身の

ファンドへと誘導しようとする、利害の衝突が見受けられる。Pool, Sialm, and Stefanescu（2013）によれば、受託者が設定したファンドは、そうでないファンドと比較して3.6％アンダーパフォームしているとのことである。受託者のファンドは、401（k）のメニューから外されにくく、メニューに加えられやすい。受託者であるミューチュアル・ファンド会社はプラン・スポンサーである企業の株をオーバーウェイトする傾向があり、第3章で見たように、分散が効いていないことで受益者は不利益を被っているし、受託者のファンドの議決権行使はプラン・スポンサーの業務内容に依存したものになる[46]。

個人投資家がファンドのガバナンスを向上させるなら、機関投資家向けファンドに便乗すればよい。機関投資家はファンドを監視するための十分なリソースをもっており、大規模な解約を行うことでファンドを罰することもできる。Evans and Fahlenbrach（2012）は、個人投資家向けのミューチュアル・ファンドのうち、機関投資家にも提供されているファンドは、そうでないファンドを年1.5％アウトパフォームしていることを示している。

投資家が、ひどいガバナンスで、ひどいパフォーマンスのファンドにしがみつくのはなぜだろうか？ 理由の一つは税金である。しかし、一般に、投資家はキャピタルゲイン税を支払ってもよりよいファンドに乗り換えた方が得である[47]。もう一つの理由は、無知と認識の遅滞である。ファンド・マネージャーが価値を生み出すことに失敗しているのかどうかを判別するのは非常に難しい。

行動理論的な説明は、おそらく個人投資家に共感してもらえるだろう。投資家はなかなか損失を実現できない（気質効果と呼ばれる）[48]。そして、おそらくファンドはもちろん取り戻してくれるだろう（実際には違うが）と、希望は永遠に湧き出る。Gennaioli, Shleifer, and Vishny（2012）は、ミューチュアル・ファンドの保有者とアドバイザーとの関係は、患者と医者の関係のようだという。運用者は信用されていることを利用し、投下資本はなかなか離れないので、運用者はまったくスキルがなくても高い手数料を課し続けられる。

3.9 要 約

Tkac（2004）は、ミューチュアル・ファンド業界の利益相反を「終わりのない泥沼」と呼んだ。ミューチュアル・ファンド会社にファンドを買わされた顧客としての投資家と、ミューチュアル・ファンド会社からの代表取締役らが派遣されるとともにその会社からのサービスを受けるファンドを保有する投資家の法的枠組みと

の間には緊張関係があり、この論文はそれに特別な注意を払っている。しかし、1940年法がこれらのプリンシパル・エージェント問題のうち最悪なものを解決したことで、ミューチュアル・ファンド業界は繁栄してきた。

ミューチュアル・ファンドはまた、人々に貯蓄を促してきた。貯蓄は非常に重要である（第5章参照）が、もしミューチュアル・ファンドが存在しなかったら、今よりももっと少ない貯蓄しかなかったであろう。個人投資家は自分自身でポートフォリオ運用する際には手の届かないような投資スキルにアクセスすることができたし、投資しているファンドは運用者によってひどく濫用されることから守られている。しかし、不運なのは、投資スキルの恩恵を受けるのは、平均的には、ファンドの投資家というよりもむしろファンドの運用者の方だということである。ミューチュアル・ファンドは、せいぜい市場並みか、市場をアンダーパフォームしているのだが、投資家は、過去リターンは高いが、それも長続きはしないようなファンドに資金を一斉投入している。

4 クローズド・エンド型投資信託

クローズド・エンド型投資信託は、非流動性資産に投資するための理想的な投資方法である。持ち分証券の口数は固定され、それが流通市場で取引されているからである。すなわち、ファンドの途中償還はなく、非流動性プレミアムを獲得するこ

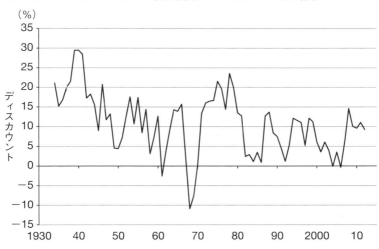

図16.9 クローズド・エンド型投資信託のディスカウント率の推移

とができる[49]。しかし、クローズド・エンド型投資信託の取引所での価格と、ファンドが投資している原資産の価値（純資産額）との間には差がある。この差は大きくなることもあり、通常マイナスで、時間とともに変化する。この現象はクローズド・エンド型投資信託のディスカウント・パズルと呼ばれている[50]。

　図16.9では、Baker,Wurgler, and Yu（2012）収録のデータをアップデートして作成した1934～2012年のクローズド・エンド型投資信託のディスカウント状況を示している。追加したデータは、クローズド・エンド型投資信託に特化した運用会社であるトーマス・J・ハーツフェルド・アドバイザーズ社が開発したクローズド・エンド型投資信託のディスカウント指数を採用している。ディスカウント幅は平均で11％であるが、時期によってかなりの変動が見られている。

　平均で見てディスカウントな状態になるのは以下のような理由からである。

1　税　　金

税の支払い過ぎによってディスカウントが生じる[51]。ミューチュアル・ファンドの運用者は、投資家にとって都合の悪いときにキャピタルゲインを実現することがある（これにより投資家が課税タイミングを選べなくなる。第12章参照）。

2　不合理性

　Lee, Shleifer, and Thaler（1991）は、クローズド・エンド型投資信託のディスカウントは投資家の不合理性によって生じると主張する。Baker and Wurgler（1997）のように、ディスカウントそのものが投資家心理を測る指標の一要素として使われている。しかし、投資家心理では、類似のクローズド・エンド型投資信託で、ディスカウントのファンドとプレミアムのファンドが同時に存在する現象を説明できない。

3　エージェンシー・コスト

　クローズド・エンド型投資信託の仕組みには非流動性プレミアムが獲得できるなどのメリットがある一方、エージェンシー・コストも存在している[52]。運用者には運用管理報酬が支払われるが、運用者に才覚がまったくない場合は、ファンドの利益から報酬が支払われる分だけディスカウントになるはずである。Cherkes, Sagi, and Stanton（2009）は、非流動性資産を流動性のある資産に変換する利点と管理費用とのトレードオフによってディスカウントやプレミアムが発生することを示している。

　数多くのアクティビストと呼ばれる投資家、特にヘッジファンドが、クローズド・エンド型投資信託をオープン・エンド化することによって、ディスカウントを

活用しようとしてきた[53]。アクティビストはクローズド・エンド型投資信託の取締役会を支配するのに十分な株式を買い上げ、その後ファンドを清算して、ディスカウント相当分の収益を獲得するのである。

5 上場投資信託

上場投資信託（ETF）の銘柄数と資産総額はいずれも急成長している。ETFはすぐに取引ができるので便利であり、大部分がインデックスに連動するようパッシブ運用向けにデザインされているので廉価であり、それに多種多様の選択肢がある。ETFに投資するETFすらある。*エコノミスト誌*はETFを「ここ数十年で最も成功した金融技術革新の一つ」であると呼んでいる[54]。

図16.10は米投資信託協会（ICI）のデータを図示したものであるが、これを見ると、ETFの銘柄数は、2001年の100銘柄が2011年には1,100銘柄以上に増えたことがわかる。90%のETFは1940年法の対象である登録投資会社であるが、残りのほとんどはコモディティ先物に投資するものであり、商品先物取引委員会（CFTC）によって規制されている（金などのコモディティを実物として保有するETFはSECに規制される）。シンセティックETFは、スワップを中心にデリバティブを保有して、コモディティや非流動性資産への投資エクスポージャーを実現するものである。シンセティックETFの新規上場は2010年3月から中断されており、本書を執筆している2013年時点でも依然として中断したままである（ただし、既存のものは存続が許されている）。

図16.10 ETFのファンド数と運用資産額の推移

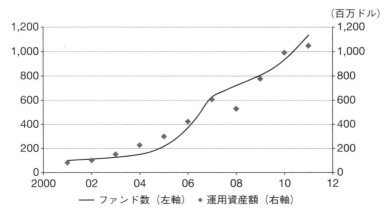

5.1 ETF 対 ミューチュアル・ファンド

ETFはミューチュアル・ファンドに比べてメリットが多い。

1 即時の換金性

ETFは一日中取引可能である。これとは対照的に、ミューチュアル・ファンドの投資家は当日引け時に引け値を受け入れるしかない。ETFのデメリットは、その価格が純資産額とは異なる可能性があることだが、少なくとも通常時にはこの乖離が小さくなるようにETFはデザインされている（後述）。

2 税制面での効率性

税制面で、ETFは一般にミューチュアル・ファンドよりも非常に効率的である（税制面で効率的な投資については第12章参照）。投資家が持ち分を売却するのに応えるために、ミューチュアル・ファンドは保有する証券を売却しなければならない。このときのキャピタルゲインは、投資家がどの時点でファンド保有を開始したかにかかわらず、投資家に帰属する。ETFでは、課税の基準は、いつETFを購入したかということに依存している。

3 より優れた透明性

ETFのポートフォリオ内容は日次で開示される。ミューチュアル・ファンドの報告は四半期に一度である。実は、日次での開示が、インデックスに盲目的に連動するわけではないアクティブ型ETFにとっての障害となっている。秘密の調味料をもっているのに、今何をしているのかを皆に見せようと思うだろうか？　そんな話はないはずである。

4 ショート（空売り）可能

ミューチュアル・ファンドではロング（買持ち）しかできない。ETFは取引所で取引されるのでショート（空売り）が可能である。アクティブ型のミューチュアル・ファンドがアンダーパフォームしているなら、アクティブ型ETFの空売りは、アクティブ運用のディスカウントから利益を得る一つの方法になるかもしれない。

個人投資家にとってのETFのデメリットは二つあると考える。第一は、簡単に取引できるということは、投資家が頻繁に取引してしまうという事実である。Odean（1999）およびBarber and Odean（2000）は、個人投資家が大量に取引すると順張りになってしまい、損をしてしまうと述べている。個人投資家は損失が出

ている株を売るのを厭い、利益が出るとすぐに売却する。第二は、ETFの種類が多いために、投資家が非常に限られた商品に魅かれてしまって十分な分散が効かなくなることもある点である（第3章参照）。

5.2　公正な価格決定

取引所で値付けされるETFの価格は、*無裁定価格*のメカニズムを通じて純資産額にきちんと一致する。*指定参加者*（ETF設定時に登録された仲介業者もしくは機関投資家）によってETFを設定する際の銘柄バスケットが預託されるとETFの受益証券が発行される。設定時のバスケットとは、ETFが保有する原証券のポートフォリオであり、通常、ETFが連動するインデックスの内容を反映している（購入が難しい証券の代わりに少額のキャッシュが保有されることもある）。証券を預託することと引き換えに、指定参加者は、通常2万5,000から多ければ10万もの大量の受益証券を受け取るが、これを*クリエーション・ユニット*と呼ぶ。続いて、指定参加者はこのクリエーション・ユニットを小口化したものを取引所で売却する。指定参加者とファンドの間の取引は*物々交換*とみなされ、課税対象とならない。

逆のプロセスでは、受益証券をETFに売却することでクリエーション・ユニットを処分することができる。それと引き換えに指定参加者は設定時バスケットを受け取る。

もし、日中の取引でETFが純資産額を下回って取引されているなら、指定参加者は安く購入して高く売却できる。ETFの受益証券を市場で購入し、それをETFに提供して設定時バスケットを受け取る。ETFの受益証券を購入すると、ETFの価格が純資産額を反映する価格になるまでETFの価格は上昇する。逆に、ETFが純資産額以上で取引されているなら、指定参加者は（割高になっている）ETFを売却し、（割安になっている）設定時バスケットを購入する。ETFの価格が純資産額に達するまで、ETFの受益証券は売却される。

指定参加者が取引する原証券の純資産額と、他の投資家が取引するETFの市場価格とは、どの程度近接しているだろうか？　ほとんど常に、非常に近い値になっている。Engle and Sarkar（2006）およびDeFusco, Ivanov, and Karels（2011）は、ETFは効率的に値決めされており、純資産額との乖離は小さく、持続せず、発生しても数分しかもたないことを示している。

第16章　ミューチュアル・ファンドと他の1940年投資会社法に基づくファンド　**673**

フラッシュ・クラッシュ

　ただし、時には、純資産額との乖離が大きく、それが持続し、発生して数分保たれる場合もある。

　2010年5月6日の午後2時40分からのほんの20分間に、主要な先物と株式の市場は5%以上急落し、そして急にリバウンドした。下落は、株式先物市場で始まったが、（大方の信じるところでは）カンザスの運用会社ワデル・アンド・リード社によって引き起こされた。高頻度取引のアルゴリズムからの圧力によって、利用可能な流動性はたちまちのうちに圧倒されてしまい、ミスプライスの急拡大を招き、そして株式市場の急落を引き起こした[55]。これがフラッシュ・クラッシュである。300社以上の株式が、フラッシュ・クラッシュ直前の価値より60%以上離れた価格で取引執行された。何百億ドルもの時価があるアクセンチュア社は1セントで取引された。サザビーズ社は34ドル前後で取引されていたが、突然9万9,999ドル99セントまで価格が跳ね上がった。これにより、一瞬の間の出来事とはいえ、サザビーズ社は米国経済よりも大きな時価総額の会社となった。

　ETFには、取引がキャンセルされた326銘柄の70%が投資されていた。Madhavan（2012）は、フラッシュ・クラッシュ時には他の証券よりもETFの方がはるかに大きな下落幅を経験したことを示している。平均的なETFの下げ幅は24%で、他の証券のそれは8%であった。ETFはこうしたショックを伝えるのに特別な役割を果たした。Ben-David, Franzoni, and Moussawi（2011）はETFが先物市場（震源地）から株式市場にショックを伝える導管の役割を果たしたと主張している。規制当局や識者の中には、ETFが金融システムにシステミック・リスクをもたらしていると考える向きがあるのは、驚くことではない[56]。

　アセット・オーナーにとって、フラッシュ・クラッシュから以下のような教訓が得られる。

① 公正な価格決定のためには、ETFには流動性のある市場が必要である。
② ETFは流動性ショックに悪影響を及ぼす可能性がある。
③ ETFにおける無裁定の取引関係はクラッシュ時にはとても脆く、崩壊する傾向がある。

5.3　エージェンシー・コスト

ETFビジネス

　ETFの利益率は、伝統的なミューチュアル・ファンドに比べて、かなり低い。

平均的なミューチュアル・ファンドの経費率が80Bpsなのに対し（図16.7参照）、平均的なETFでは20Bpsである（French（2008）参照）。老舗のミューチュアル・ファンド会社の多くは、定番のミューチュアル・ファンドへの資金流入が鈍ってくる中、ETFを導入してきた。ただ、あまり積極的にではない。というのも、ETFはあまり儲からないし、利益率の高い伝統的なファンドと競合してしまうからである。例えば、ジャナス社は周りの動きに乗り遅れてしまった。同社は2010年9月3日にアクティブ型ETFを上場すべくSECへの届け出を行ったが、執筆時である2013年でもETFはまだ上場していない。

　2011年末時点でのETF設定者のトップ3は、iシェアーズ（訳注：ブラックロック社のETF部門）、ステート・ストリート社とバンガード社の3社であるが、各社の運用資産額はそれぞれ4,480億ドル、2,670億ドル、1,700億ドルであった（残りのプレイヤーは相当小規模である）。この大手3社が「ベーシス・ポイント（bp）の争い」を繰り広げているため、ETFのコストは低下している[57]。今では、総合指数に連動するETFであれば経費率が0.05％未満のものもある。

　この本の執筆時では、純粋にETF設定のみを業としている上場会社はウィズダムツリー・インベストメント社のみである。この会社についてのみ、ETFビジネスの収益性を直接観察することができる。他の会社は、大会社の一部門としてETF設定を行っており、ETFの収入を別建てで詳らかにはしていないからである。ウィズダムツリー社の運用資産額は2011年12月末で122億ドルと、全米で七番目に大きなETF設定者であった。ウィズダムツリー社は2006年6月に初めてETFを上場し、同社に2011年7月にはNASDAQに上場した。利益計上した最初の年度である2011年度のウィズダムツリー社の営業利益率は5％であった。同じ年のジャナス社の営業利益率32％（表16.8参照）に比べれば取るに足らない水準である。

　ETFの利益率が低いということは、ビジネスの規模が大きくなければならないことを意味する。バークレイズ・グローバル・インベスターズ（BGI）社（現在ブラックロック社の一部）は、iシェアーズの事業部門を1999年に立ち上げた[58]。BGI社の収支を均衡させるためには、1,000億ドルの運用資産額が必要であったため、この事業企画はリスクが大きかった。BGI社は参入時に、ETFの完全な事業基盤を立ち上げ、また、投資家に向けた広範囲の啓蒙活動を行った。これは、BGI社のCEO、ブレイク・グロスマンとiシェアーズのCEO、リー・クレインファスによる、冒険的で、社運を賭けた意思決定であった。この決断は正しく、BGI社のETFビジネスは軌道に乗った。

巨大なETFプレイヤーが収益をあげるには、真に大規模であらねばならない。しかも、手数料率が下がり続けているので、さらに大きくならなければならない。

ETFが参入しなければならない舞台の一つは、401（ｋ）市場である。この市場は、コンサルタントとミューチュアル・ファンド会社が依然として占拠したままである（多くのコンサルタントは12(b)-1手数料からの利益を享受しているし、コンサルタントやプラン・スポンサーはミューチュアル・ファンド会社からのキックバックをもらっている）。ETFは退職金資金のわずか0.2％を占めるにすぎない[59]。退職金資金の運用者が手数料の高い商品を手放さないでいることができたが、その理由の一つは、2012年までは401（ｋ）の手数料の開示が義務づけられていなかったことである。退職基金における手数料を注視する投資家が増えると、当然資金はETFへと流れるであろうが、このプロセスはゆっくりとしたものであろう。コンサルタントとミューチュアル・ファンド受託者は多くのファンドを統制しており、ファンド受益者にはあまり発言権がないためである。

過剰な取引？

ETF運用の利益率が小さいとしても、資産運用会社がETFから収益を獲得するもう一つの方法がある。バンガード社の創設者、ジョン・ボーグルは「管理コストが基本的に市場に吐き出されはしたものの、投資家は結局、仲介手数料やその類のものという形で支払っているというのが、ETFのトリックである」と述べている[60]。

運用会社の中には、取引手数料を収益化することによってETFビジネスの収益を上積みしているところもある。特に自社にトレーディング基盤があるか、証券会社と協働できるなら、なおさらである。例えば、フィデリティ・インベストメンツ社は2013年３月から自社のトレーディング基盤上で短期売却する投資家に対して、それが「取引手数料なし」のETFであっても高い手数料を課し始めた[61]。しかし、多くのETF設定者が取引手数料から直接収益を得るわけではない。ETFのビッド・アスク・スプレッドは平均で見ると0.9％であるが、債券や株式のETFでは0.25％未満である[62]。しかし、最大規模のETFのトレーディング費用はとても小さく、2007〜2012年の規模の大きさで上位10位までのETFのスプレッドは平均で0.04％であった[63]。にもかかわらず、最大規模のETFを頻繁に取引すると、コストは急速にかさんでいき、結局は、伝統的な（買付けした後あまりトレードしない）アクティブ型ミューチュアル・ファンドの何倍も高くつくことになる。対照的に、ミューチュアル・ファンドのビッド・アスク・スプレッドはゼロである[64]。

676　第Ⅲ部　委託ポートフォリオ運用

レバレッジドETF

　個人投資家は、レバレッジドETFには特に注意すべきである。日次の複利計算により、この商品の1日を超える期間のリターンは原指数とは異なるものになる。仮に、伝統的なファンドに100ドル、同じ指数に基づく理論上「3倍のレバレッジド・ファンド」に100ドル投資したとしよう。指数が10％上昇すると、伝統的なファンドは110ドルになる。3倍のレバレッジドETFでは、リターンが30％になるので、130ドルになる。レバレッジドETFは日次で「リセット」される。次に、2日目に指数が10％下落したとしよう。伝統的なファンドが下落すると、(1－0.1)×110＝99ドルになる。レバレッジドETFの場合は、(1－0.3)×130＝91ドルになる。2日後には、指数のリターンは(99÷100)－1＝▲1％であるが、これに対して3倍のレバレッジドETFでは、(91÷100)－1＝▲9％となる。これは2日間の指数のリターンの▲1％の3倍とは大きく異なり、一般の投資家がファンドの名前から期待する内容とは相容れないものである。これを何日も繰り返していくと、期待するリターンと実際のリターンとの間に非常に大きな違いが生じる可能性がある[65]。

　図16.11は、S&P500指数と、（訳注：レバレッジドETFである）ディレクショ

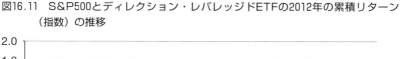

図16.11　S&P500とディレクション・レバレッジドETFの2012年の累積リターン（指数）の推移

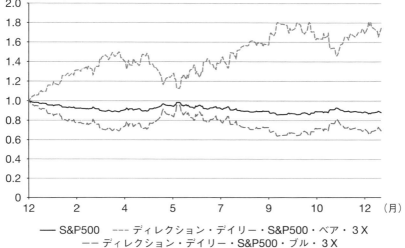

第16章　ミューチュアル・ファンドと他の1940年投資会社法に基づくファンド　677

ン・デイリー・S&P500・ベア・３Ｘおよびディレクション・デイリー・S&P500・ブル・３Ｘを図示している。後者の二つのETFは、それぞれショートとロングの方向でS＆P500指数の３倍のエクスポージャーをもつよう設計されている。図16.11は、2012年１月初め〜2012年12月末の期間で、それぞれに１ドル投資した場合の累積のリターンを示している。S＆P500指数のリターンは▲11.8％であるが、ベア・３Ｘ（訳注：３倍のショート）のファンドは74.6％と、S＆P500指数のリターン（訳注：の絶対値）の６倍より大きい値であった。ブル・３Ｘ（訳注：３倍のロング）のファンドのリターンは▲31.6％と、S＆P500指数のリターン（訳注：の絶対値）の2.6倍の値であった。これらは、ファンド名にある「３」という数字から期待されるものとは大きく異なっている。

6 　再考：ジャナス社

　1990年代のインターネット関連の投資熱の申し子であったジャナス社が、カンザス・シティ・サザン鉄道（KCSI）社という古風な鉄道会社の所有だったとは皮肉なことである。ジャナス・キャピタル・コープ社はトーマス・ベイリーによって1969年、デンバーに設立された。1960年代は産業コングロマリットを創設するのが大流行で、KCSI社は金融会社へと多角化を進め、1984年にはジャナス社の82％を保有していた[66]。ベイリーのもと、ジャナス社は急速に成長したが、その隆盛が華々しいものになったのは、彼が1986年にジェイムス・クレイグを昇進させ、ジャナス社の旗艦ファンドを運用させるようになった後である。ジャナス社が1990年代にスターダムに上れたのは、クレイグとジャック・トンプソン（COO）およびトム・マリスコのお蔭であった。マリスコは、ベイリーと（「哲学の違い」から）喧嘩して1997年に自社を創設すべくジャナス社を去るまで、ジャナス20を運用した[67]。

　2000年にKCSIは、KCSIの創設者の一人の名前を社名にもつスティルウェル・フィナンシャル社を分社化した。スティルウェル社は、総運用資産額の97％をもつジャナス社と三つの小規模の投資運用会社から構成されていた。クレイグはこの分社化の前、1999年８月にジャナス社を去った。表向きの理由は、彼の妻の慈善信託基金のための資産運用会社オポチュニティ・キャピタル社を創設するということであったが、彼の辞任は、その後予定されていた分社化の動きで早まったと噂された。スティルウェル社の創設はジャナス社とKCSIの間の苦い戦いを象徴するものであるが、持ち株会社の中で無名な小規模の資産運用会社と一緒くたにされ、ジャ

678　第Ⅲ部　委託ポートフォリオ運用

ナス社は侮辱されたような気持ちであった。クレイグの退社のタイミングは完璧であった。ドット・コムのメルトダウンが起きる直前にジャナス社株を売却し、7,000万ドルを入手した[68]。

　この頃、ベイリーは依然として大株主であったが、日々の会社運営には関与していなかった。彼には、「楽しいこと好き」「自堕落」「マリファナとコカイン中毒」との評判が立っていたし、彼の妻（後に離婚）以外の女性と会うときに庇ってくれる社員も雇っていた[69]。KCSI社への売却条件では、ベイリーがジャナス社の1株当り税引き後利益の15倍の価格で残りの保有株を売却できることになっていた。ジャナス社は利益の90％を配当の形で支払うことも義務づけられていた。ジャナス社を12.2％保有していることでベイリーは金持になった。1999年だけで、ジャナス社がベイリーに支払った配当は2,500万ドルであった。

　2001年のインターネット関連の株価暴落でジャナス社株も下落し、ジャナス社の資産も半減した。ジャナス帝国に日没が訪れたのは明らかであった。ベイリーはスティルウェルにジャナス社株の残りの保有分を売り渡した。スティルウェル社はジャナス社を手に入れるために15億6,000万ドルを支払ったが、このうち約12億ドルはベイリーに支払われた[70]。かくして、ジャナス社のファンドへの投資家が支払った手数料の大部分は、結局ベイリーの懐の中に入ったのである。ベイリーは、ジャナス社株を完全に売却し、彼の資金をジャナス社のファンドやスティルウェル社株に再投資することはなかった。これはBerk and Green's（2004）のモデルと整合性がとれている話である。つまり、ミューチュアル・ファンドの運用者に少しでも才能があったとしたら、その利益を享受するのは彼ら自身であり、その利益はファンドの保有者には滴ほども落ちてこない、ということである。

　2002年、スティルウェル社はより有名な子会社に飲み込まれ、ジャナス・キャピタル・グループとなった。ミューチュアル・ファンドの資金フローが辛抱強く義理堅かったおかげで、ジャナス社はインターネット関連のメルトダウン、SECによる市場タイミングの調査、そして、すべての金融機関が経験したのと同じような2008〜2009年の金融危機時のひどいパフォーマンスを生き延びたのである。

　それでは、以前ジャナス社を保有していた、面白みのない鉄道会社KCSI社はどうだろうか？　2011年末時点で同社株はここ20年で最もパフォーマンスのよかった株の一つであった[71]。1990年代の中頃には、ジャナス社の利益はKCSI社のコア事業である鉄道事業の利益よりも大きかったし、KCSI社の株価はジャナス社の儲けとともに上昇した。2000年のジャナス社の放出は、インターネット・バブルのまさ

にピーク時であり、KCSI社のタイミングは完璧であった。KCSI社は手にした資金を再び鉄道事業につぎ込んだので、ジャナス社の価値を引き下げたインターネット株暴落の影響を免れた。この資金により、2000年代の鉄道輸送の復興に間に合う形でKCSI社は再活性化した（投資の達人ウォーレン・バフェットは2000年代後半にKCSI社と競合する鉄道会社を購入した）。そして、古風な会社として、2008～2009年にほとんどの金融会社が見舞われた金融危機の間も順調に成長したのである。

［注］

1　Cooper, Dimitrov, and Rau（2001）を参照。

2　Elkind, P.「The Hidden Face of Janus」フォーチュン誌、2001年1月22日参照。

3　図16.1のデータは、スティルウェル・フィナンシャル社とジャナス・キャピタル・グループの10Kファイリング（訳注：SECに提出する年次報告書）に基づく。

4　ジャナス社はこの浅ましい行為を行ったいくつかのミューチュアル・ファンド運用会社の一つであった。このことはダートマス・カレッジの教授であるEric Zitzewitz（2006）によって暴かれた。

5　ウォルマート社の2011年の営業利益率は5.9％であった。

6　Nocera, J.「Janus Fund：Everybody Loves a Loser」ニューヨーク・タイムズ紙、2005年5月28日より引用。

7　Effinger, A. and S.V. Bhaktavatsalam,「Healey Rules $400 Billion Empire with Stakes in 28 Funds」ブルームバーグ・マーケッツ、2012年7月9日より引用。

8　米国の金融市場規制の基幹は、1940年投資会社法、1933年連邦証券法、1934年証券取引所法から成り立っている。SECは1934年証券取引所法に基づいて設立された。この法制はすべて1929年の株価大暴落と大恐慌への対策として創設されたものである。この仕組みは、フランクリン・ルーズベルト大統領のニューディール政策の一部とみなされており、一般の投資家にとって市場をより安全なものにするようデザインされた。

9　http://www.sec.gov/about/laws.shtml#invcoact1940参照。

10　Edelen（1999）、Coval and Stafford（2007）、Chen, Goldstein, and Jian（2010）が示すように、ミューチュアル・ファンドのこうした日次の換金対応は投資家にとってコスト負担となる。

11　「Janus Loses a Big Client」CNNマネー誌、2002年9月27日。

12　Del Guercio, Reuter, and Tkac（2009）参照。

13　Farina, Freeman, and Webster（1969）によれば、1940年のSECの報告書には、投資家は、投資会社の不正行為によって1920年代から1930年代にかけて10億ドルを失ったとの試算があった。この報告書は、運用者が投資家の資金を盗むい

くつかの方法を指摘しており、様々な違法行為を知ることのできる興味深い読み物になっている。

14 ミューチュアル・ファンドが自ら課した投資制約についてはAlmazan et al.（2004）を参照。

15 これは、1940年投資顧問法の1970年修正条項に規定されている。

16 Deli（2002）およびWarner and Wu（2011）はミューチュアル・ファンドの契約を調査している。Coles, Suay, and Woodbury（2000）はクローズド・エンド型投資信託の運用管理報酬契約を分析している。ミューチュアル・ファンドの運用管理報酬が「過剰」かどうかを判定する基準はとても高い（ガーテンバーグとメリルリンチ・アセット・マネジメント社の訴訟にちなんで、ガーテンバーグ基準と呼ばれる）。法の失敗を指摘する声は多い。運用管理報酬を管理費用から分離することができないため、ほとんどの訴訟は公判に持ち込まれず棄却される。最近の重要な裁判であるカシラグ他とハートフォード・インベストメント・フィナンシャル・サービスとの訴訟は本書の執筆時点では未解決のままであるが、この状況を変えるかもしれない。Braham, L.「Lawsuit Shines a Harsh Light on Subadvisory Fund Fees」ブルームバーグ、2013年2月21日参照。

17 AARP「401（K）Participant' Awareness and Understanding of Fees」2011年2月参照。

18 GAO（米国会計検査院）「Defined Contribution Plans：Approached in Other Countries Offer Beneficial Strategies in Several Areas」2012年3月参照。

19 Radin and Stevenson（2006）を参照。

20 Henriques, C.B.「A Mutual Fund Ruling Remains a Head-Scratcher」ニューヨーク・タイムズ紙、2012年7月7日参照。

21 1974年、ジョン・ボーグルはバンガード・グループを設立。これにより大衆市場がインデックス・ファンドを入手できるようになって投資の世界は変わったのだが、この設立はファンドと設定会社の法的区分という考え方をうまく利用したものであった。ウェリントン・マネジメント社に解雇された後、ボーグルはウェリントン・ファンドがウェリントン・マネジメント社と袂を分かち、新しい運用者を見つけるよう、ウェリントン・ファンドの取締役会を説得したのである。Bernstein（2010）参照。

22 Zweig, J.「In New Funds, Old Flaws」ウォール・ストリート・ジャーナル紙、2012年4月13日参照。

23 Goldberg, S.T.「Upheaval at Janus」Kiplinger's Personal Finance Magazine、2003年6月1日、および、Burton, J.「More Turmoil Shakes Janus Fund Family：Star Manager's Departure Marks End of an Era」CBSマーケットウォッチ・ドット・コム、2003年4月21日参照。

24 Cruz, H.「Don't Disregard Past Performance When Choosing a Fund：Investment Advertisement Should Still Get a Critical Look」シカゴ・トリビュー

ン紙、2010年5月20日参照。

25　これはElton, Gruber, and Blake（1996）およびCarhartの論文（1997）で示されている。Brown et al.（1992）、Carpenter and Lynch（1999）、Carhart et al.（2002）も参照。Linnainmaa（2013）は細部にこだわって以下のように述べている。消滅したミューチュアル・ファンドのグループは現存するファンド群よりも低いリターンをもつが、ファンド・レベルのデータを用いてミューチュアル・ファンドのアルファを計測すると、生存者バイアスによって正のバイアスが存在し得る。これは、本章3.2節でいくつかの研究が述べているように、ファンドのアルファが低いときにファンドが消滅する可能性が上昇する場合に起こる。ある時点で現存するか消滅しているかするすべてのミューチュアル・ファンドを対象とした研究ではリンナインマーのいう生存者バイアスは見られなかった。リンナインマーは「逆生存者バイアス」は小さいと述べている。ある典型的なファンドについてFama-French（1993）を用いて計測されたアルファは年▲0.44%であるのに対し、逆生存者バイアスを考慮したアルファは年▲0.41%であった。

26　この節で取り上げなかったが、他の重要な研究として、Grinblatt and Titman（1989）、Sharpe（1992）、Malkiel（1995）、Gruber（1996）、およびFama and French（2010）がある。さらなる文献レビューについては、Ang, Goetzmann, and Schaefer（2011）参照。

27　ジェンセンは企業の取締役へのオプションでの報酬支払という急進的なアイデアを発表したことで有名になった。彼の論文、Jensen and Murphy（1995）は1990年代の大量のオプションでの支払を引き起こしたが、この慣行は1990年代のインターネット・バブルと密接に関連していた。Treyner（1965）や、Sharpe（1966）、Jensen（1969）が優れた業績であるのは、それらがCAPMを最初に応用したものだからである。トレイナーとシャープの二人は、このCAPM理論の卓越した開拓者である（第6章参照）。

28　平均的な債券ミューチュアル・ファンドもまた付加価値を生んでいない。Blake, Elton, and Gruber（1993）、Ferson, Henry, and Kisgen（2006）参照。Busse, Goya, and Wahal（2010）が示したように、機関投資家向けファンドもアンダーパフォームしている。

29　Chen et al.（2004）、Pollet and Wilson（2008）およびYan（2008）参照。

30　Stein（2002）参照。

31　理論的な説明については、Christffersen and Musto（2002）およびGil-Bazo and Ruiz-Verdu（2008）を参照。加えて、本章3.5節で議論しているBerk and Green（2004）のモデルも参照。

32　Gruber（1996）およびCarhart（1997）参照。

33　Daniel et al.（1997）参照。

34　Hulbert, M.「Manager in Slump（Or Maybe It's Just a Phase）」ニューヨーク・タイムズ紙、2005年11月20日より引用。大学教授たちとは、Avramov and

Wermers（2006）のこと。Baks, Metrick, and Watcher（2001）が示唆するところによると、平均的なミューチュアル・ファンド・マネージャーのパフォーマンスが市場を下回っていたとしても、ほとんどの投資家は少数のアクティブ運用から恩恵を受けるのだろう。

35 Kacperczyk, Sialm, and Zheng（2008）は、これに関連して、ファンドのリターンとファンドが前期に開示したポートフォリオの保有内容がもたらすであろうリターンとの差を含む計測方法を開発した。この"リターンの差"によってファンドのパフォーマンスが予測できる。Amihud and Goyenko（2013）の計測方法は、同じ考え方に根差す類似のものだが、最もベンチマークと異なる動きをするファンド、もしくは、最もアクティブなファンドは高いリターンをもっているという。業種の集中の結果については、Kacperczyk, Sialm, and Zheng（2005）参照。

36 ミューチュアル・ファンド広告についての学術研究に関しては、Jain and Wu（2000）を参照。Gruber（1996）とZheng（1999）によれば、ミューチュアル・ファンドの資金フローは、少なくとも短期ではファンド・リターンの予測に役立つ。これは、スキルのある運用者を見つけ出す投資家もいるが、ファンド規模が大きくなるにつれて長期ではパフォーマンスは苦戦するというBerk and Green（2004）（後述）の主張と整合する。Lou（2002）はミューチュアル・ファンドの資金フローで個別株のリターンを説明できることを示している。

37 Ippolito（1992）、Chevalier and Ellison（1997）、Goetzmann and Peles（1997）、およびSirri and Tufano（1998）を参照。同種の、資金フローとパフォーマンスの間の凸状の関係は、ヘッジファンドについても（Agarwal, Daniel, and Naik（2004）やDing et al.（2009）を参照）、年金基金についても（Del Guercio and Tkac（2002）参照）観測される。Bergstresser and Poterba（2002）によれば、新規の資金（流入）は過去のパフォーマンスに反応しやすいが、解約（資金流出）については過去のリターンとの間に統計上有意な関係性が見られない。

38 これらの数字の出所は米国投資信託協会（ICI）の2011年版「Investment Company Factbook」による。面白いことに、2012年版にはこの情報は掲載されていない。

39 Carlin（2009）は、均衡ではファンドにとってこれが最適であることを示している。Del Guercio and Tkac（2002）によれば、ミューチュアル・ファンドの資金フローは手数料には反応せず、過去リターンにのみ反応する。キックバックに関する均衡モデルを構築したStoughton, Wu, and Zechner（2011）も参照。キックバックが大きいほど、ポートフォリオ管理費用は高く、パフォーマンスを引き下げる。

40 調査費用が高いので手数料の高さを無視する投資家がいると主張するHortaçsu and Syverson（2004）も参照。

41 ミューチュアル・ファンド業界が競合的かどうかは、依然として議論の余地が
ある。著者の大学の学部長であるグレン・ハバードは競合的であると述べている
が（Coates and Hubbard（2007）参照）、Morley and Curtis（2010）のように
別の見解もある。

42 Palmiter and Taha（2009）も参照。

43 それぞれSECのリリースNos. 1819およびNos. 1870参照。Gaspar, Massa, and
Matos（2006）はリターンの補填について研究している。IPOを行う企業の公募
価格よりも取引初日の終値の方が高くなる傾向は、IPOによるアンダープライシ
ングと呼ばれる。IPO銘柄は上場後、2年から5年の期間は、上場して数年が
経っている会社よりもパフォーマンスが悪い傾向があるが、これがIPOの長期の
アンダーパフォーマンス・パズルである。IPOに関する諸問題についてはRitter
and Welch（2002）の文献サーベイ参照。

44 自己資金投資の結果については、Chen, Goldstein, and Jiang（2008）および
Cremers et al.（2009）を参照。その他の結果については、Tufano and Sevick
（1997）、Gil-Bazo and Ruiz-Verdu（2009）、Adams, Mansi, and Nishikawa
（2010）およびWarner and Wu（2011）を参照。Dann, Del Guercio, and Partch
（2003）は、より独立性の高い取締役会をもつクローズド・エンド型ファンドの
パフォーマンスも優れていることを示した。

45 これらの効果については、Kuhnen（2009）とGaspar, Massa, and Matos
（2006）をそれぞれ参照。

46 それぞれ、Cohen and Schmidt（2009）とDavis and Kim（2007）を参照。

47 Bergstresser and Poterba（2002）は、投資家はミューチュアル・ファンドに
投資する際には税を考慮すると報告している。（合理的な）認識の遅滞について
はPástor and Stambaugh（2012）を参照。

48 これはShefrin and Statman（1985）の造語である。

49 Stein（2005）を参照。資産クラスをまたぐ非流動性プレミアムは小さいが、
資産クラス内では流動性資産と非流動性資産との間に大きなリターンの差がある
ことに留意されたい（第11章参照）。

50 クローズド・エンド型投資信託の文献サーベイはCherkes（2012）を参照。投
資会社の中には上場している会社もあり、持ち分証券の口数が固定されていると
いう意味で経済学的にはクローズド・エンド型投資信託に類似しているものもあ
る。バークシャー・ハサウェイ社が有名な事例。これらは事業法人であり1940年
法の対象ではない。

51 最初にこれを議論したのはMalkiel（1977）。Chay, Choi, and Pontiff（2006）
は、キャピタルゲイン1ドル当り、7セントのディスカウントとなると推計して
いる。

52 最初にこれを議論したのはBoudreaux（1973）。Ross（2005）およびBerk and
Stanton（2007）も参照。

53 Bradley et al.（2010）参照。

54 「Exchange-Traded Funds：Twenty Years Young」エコノミスト誌、2013年1月26日参照。

55 米国証券取引委員会（SEC）および商品先物取引委員会「2010年5月6日の市場イベントに関する調査結果（Findings Regarding the Market Events of May 6, 2010）」2010年9月30日参照。ワデル・アンド・リードの名前は同レポート中にはない。Lash, H., and Spicer, J.「スクープ：ワデルは市場急落における謎のトレーダー（Exclusive：Waddell is Mystery Trader in Market Plunge）」ロイター、2010年5月15日参照。

56 Bradley and Litan（2010）を参照のこと。

57 Lydon, T.「投資家はETFの低い手数料と流動性を好感（Investors Like ETFs' Low Fees, Liquidity）」ETFトレンズ、2012年12月27日。

58 Luis M. Viceira and Alison Berkeley Wagonfeld「Barclays Global Investors and Exchange Traded Funds」ハーバード・ビジネススクール・ケース、2007年参照。

59 セルリ・アソシエーツによる試算。Weinberg, A. I.「What ETFs' Next Act Will Look Like」ウォール・ストリート・ジャーナル紙、2012年10月23日より引用。

60 John Bogle「Testimony to Senate Committee on Government Affairs Hearing on "Mutual Funds：Trading Practices and Abuses that Harm Investors」2003年11月3日参照。

61 Grind, K.「Fidelity's ETF Fee Spurs a Backlash」ウォール・ストリート・ジャーナル紙、2013年3月14日参照。

62 IndexUniverseの数字。Coombes, A.「Calculating the Costs of an ETF」ウォール・ストリート・ジャーナル紙、2012年10月23日より引用。

63 ポール・テトロックの計算した数字。

64 ミューチュアル・ファンドでは、既存の保有者がマージナル・トレーダー（訳注：適正に評価されていない資産などを積極的に売買する少数の市場参加者）の流動性コストを負担するが、ETFではトレーダー自身が負担することになる。このように流動性の質に差があるため、Guedj and Huang（2009）は、ミューチュアル・ファンドとETFは異なる流動性選好をもつ異なる顧客層をそれぞれ獲得するので、均衡では共存すると主張している。

65 この差は、算術リターンと幾何リターンの違いから生じている。Cheng and Madhavan（2009）、本書第4章および補論参照。しかし、Tang and Xu（2013）は、レバレッジドETFのリターンとレバレッジ倍した原指数リターンの間の差は、複利の差だけでは説明されないことを示している。

66 ファイナンスの文献では、多角化企業は、特化型企業のポートフォリオへと分社化された場合に予想されるよりも、リターンが低くなる傾向がある。これは、

多角化ディスカウントと呼ばれる。Lang and Stulz（1994）およびVillalonga（2004）を参照。ここで紹介したジャナス社の歴史は、Elkind, P.「The Hidden Face of Janus」フォーチュン誌、2001年1月22日およびGoldberg, S.T.「Upheaval at Janus」キプリンジャー誌、2003年6月より引用。

67 マリスコは、結局彼の資産運用会社の半分を1998年に1億5,000万ドルで、そしてもう半分をその2年後に9億5,000万ドルで、バンク・オブ・アメリカ社に売却した。マリスコは、この取引で5億ドル儲かった。2007年にマリスコはバンク・オブ・アメリカ社から彼の会社を買い戻したが、この時の条件は明かされていない。Stempel, J.「Marisco Buys Itself Bank from Bank of America」ロイター、2007年6月14日参照。

68 「Stock Picking Without the Taxes」フォーブス誌、2000年10月30日参照。

69 Elkind, P.「The Hidden Face of Janus」フォーチュン誌、2001年1月22日参照。

70 Janus Capital Corp. 10-K 2002, p. 40参照。

71 Sterman, D.「The Best Performing Stocks of the Last 20 Years」InvestingAnswers、2011年5月27日参照。

第17章

ヘッジファンド

第17章要約

　ヘッジファンドは資産クラスではない。ヘッジファンドのリターンは、動的なファクター、特にボラティリティ・リスクに対して大きなエクスポージャーを有している。これらの非線形リスクを考慮すると、平均的なヘッジファンドは付加価値をもたらしていないように見える。ヘッジファンドの報酬は高い。しかしながら、一般的な見方とは異なり、運用成果に基づく成功報酬ベースの運用管理報酬体系を採用しているのは少数ヘッジファンド・マネージャーだけである。

1 クオンツの崩壊

　2007年8月の第一週、クオンツ型ヘッジファンドのリターンは急落した[1]。8月7〜9日にかけて、クオンツ・ファンドは、巨大でかつ前例のない損失を経験した。特に明確な理由はなかった。市場全体の下落もなかった。クオンツ・ファンドのみが大きな損失を被ったのである。

　クオンツ投資は、データをマイニングして、定量的なシグナルを作り出すことで、銘柄を選択する。その開発は、1960年代にさかのぼる。新しい資本資産評価モデル（CAPM。第6章参照）によって、ファンド・マネージャーはベータを用いた株式の期待リターンの推定方法（ある銘柄が市場とどの程度連動するかを計測する統計手法）を得た。高頻度の統計的裁定取引ファンドは、超短期（数秒〜1、2日）のテクニカル戦略を用いる。より長期のマーケット・ニュートラル・ファンドは、数週間から数ヵ月の投資期間で、経済モデルやより長周期の統計予測手法に基づいている。いくつかのマーケット・ニュートラル・ファンドは、バリュー／グロース、サイズ、モメンタム、ボラティリティ、クレジット（第7章参照）といったファクター・ベースの投資戦略を用いる傾向にある。多くのヘッジファンドは、

第17章　ヘッジファンド　687

レバレッジとショート（空売り）を行う。

　クオンツ・ファンドは複雑なモデルの利用によって、8月の厳しい3日間の下落を増幅した。MITの大学院生アミール・カンダニと彼の指導教授で投資戦略を研究し、ヘッジファンドの専門家である（自らヘッジファンドを運用している）アンドリュー・ロー教授は、クオンツの崩壊を研究した。その論文Khandani and Lo（2007）の中で、この現象を「究極の金融の嵐」と称している。

　ゴールドマン・サックス・アセット・マネジメント社（GSAM）が運用していたグローバル・オポチュニティ・ファンドやグローバル・アルファ・ファンドは最も規模が大きく、過去のパフォーマンスが良好なクオンツ・ファンドであったが、その損失は▲30％までに達した[2]（著者は2007年8月にモルガン・スタンレー社のクオンツ・グループにコンサルティングをしていたが、7月最終週〜8月9日にかけて5億ドルの損失が生じていた[3]）。直接的な市場の力や重大なニュースの不在の中でのこの損失の大きさは、クオンツ・ヘッジファンド・マネージャーにとってショッキングなことであった。彼らのファンドは、低ボラティリティとなるように設計されていたのである。

　この規模の損失は想定されていなかった。ゴールドマン・サックス社のCFOであるデビッド・ビニアによれば「我々は数日連続で25標準偏差のことが起きていることを見続けていた。他のクオンツでも問題が起きていた。しかし、先週までは何もなかったのである」と述べている[4]。

　リーマン・ブラザーズ社のクオンツ・アナリストであるマシュー・ロスマンは「1万年に一度起きる可能性の出来事が、この3日間では毎日起こっていた」とコメントしている[5]。

　それはショッキングな損失だけではなかった。クオンツ・ファンドは、お互いの相関が低いと仮定していたいくつかの投資戦略を組み合わせていたが、にもかかわらず、ともに下落したのである。シティ・グループのマニリス・リオダキスは「うまく機能しているものは何もないようだ。以前は相関がなかったファクターが、最近は同じペースで下落し、投資家には隠れるところがほとんどなかった」と述べている[6]。

　そして、損失があるところまで至るや否や、2007年8月10日にクオンツのリターンは反発したのである。その嵐は多くの犠牲者を残した。多くのファンドはレバレッジを引き下げることで対応した。しかし、クオンツ戦略でレバレッジを下げたことで、上昇相場になったときのエクスポージャーが小さくなっており、そのため

688　第Ⅲ部　委託ポートフォリオ運用

上昇時の利益で損失をカバーできなかったのである。

　GSAMのグローバル・エクイティ・オポチュニティ・ファンドは、ファンドを安定化させるために、30億ドルの資金注入を受けた。このうち20億ドルはゴールドマン社、10億ドルは投資家からであった。そこには、AIG社（１年後の金融危機時に救済を受けた）の前会長であったモーリス・「ハンク」・グリーンバーグや億万長者のエリ・ブロードの名前があった。GSAM救出のニュースは、８月13日にアナウンスされた。しかし、その噂はすでに８月10日には広まっており、それが上昇の引き金になったかもしれない。クオンツの崩壊はグローバル・エクイティ・オポチュニティ・ファンドにとって終焉の始まりであった。このファンドはピーク時には75億ドルを運用していたが、2009年12月には２億ドルにまで減少し、閉鎖した[7]。GSAMは、2011年末にグローバル・アルファ・ファンドも閉鎖した。このファンドの資産は一時120億ドルにまで達していたが、顧客の解約によって、16億ドルにまで減少したのである[8]。

　専門家たちは、2007年８月のクオンツ・ファンドの驚くべき損失について議論した。それは、クオンツ・ファンドのリターンが下落時において非常に相関が高かったためである。多くの専門家は、クオンツ型のヘッジファンドの領域で同じことを行うあまりにも多くのプレイヤーが存在していたことを示唆した。大きな共通のポジション、共通の資金調達源、同じリスク・モデルや同じアルファ戦略のクオンツが多すぎ、損失が、一つの戦略からすべてのクオンツ戦略に波及したというのである。ある専門家は、新しい「ヘッジファンド・ベータ」が活動し始めたことを示唆した。Khandani and Lo（2007）は「2007年８月には、株式ロング・ショート戦略全体が非常に高い連動性をもって同じように動いたという事実は、その戦略内における共通のファクターの存在を示唆している」と述べている。

　クオンツ・ファンドは、ヘッジファンドの一つのタイプにすぎない。ヘッジファンドの最良の定義は、元GSAMのグローバル・エクイティ・オポチュニティ・ファンドやグローバル・アルファ・ファンドを監督する部門にいたクリフ・アスネスによって示されている。彼は、1997年にGSAMを退社した後、AQR社を創業し、2012年には710億ドルのヘッジファンドを運用している。彼は、Asness（2004）で以下のように述べている。

　　ヘッジファンドは相対的に、投資行動に制約が少ない投資戦略である。また、（今のところ）相対的に規制はなく、高い運用管理報酬で、顧客がその資金を必要とする時に引き出しづらく、また、そのファンドが何を行っているかを開示す

る必要はない。ヘッジファンドは、常に金儲けをすることが想定されている。これに失敗すると、投資家は資金を引き上げ、他の調子のよいマネージャーに移動させる。3〜4年ごとに、100年に一度の洪水をもたらす。ヘッジファンドは一般に、スイスのジュネーブに住んでいる金持ちのためにコネチカット州のグリニッジに住んでいる金持ちが運用しているのである。

アスネス自身は、グリニッジに2万6,000平方フィートの居を構えて、働いている[9]。AQR社はクオンツ・ファンド運用機関である。AQR社も、2007年8月の痛ましい経験から逃れられずに20%近い損失を出した。2007年には390億ドルあった資金が2008年末には170億ドルまで減少したことで、アスネスは「死神を見るような厳しい局面に直面した」と述べている[10]。GSAMのファンドが解散する一方で、アスネスには資金が戻り、2009年が終わってみるとプラスになっていた（アスネスが述べたことは依然として正しく、2010年ドッド＝フランク・ウォール街改革・消費者保護法の制定にもかかわらず、ヘッジファンドは相対的に規制されていないままである）。

2007年8月、クオンツ・ファンドは、そのマーケティングの宣伝文句である、低ボラティリティ、安定したリターン、あるいは*絶対*リターンという約束に応えてはいなかった。ヘッジファンドは、どのような共通ファクターにエクスポージャーをもっているのであろうか？　そして彼らのパフォーマンスは報酬を正当化するものなのであろうか？

2 業界の特性

ヘッジファンドは、富裕層のための金融商品である[11]。ヘッジファンドは除外基準によって定義されており、具体的には1940年投資会社法とその後の改正や規則（これらをまとめて1940年法という。第16章参照）が免除されるものである。この1940年法は、それに従うファンドがどのような形態で何ができるかについて厳格なルールを与えている[12]。1940年法が認める投資家保護をやめることで、ヘッジファンドは、投資方法、マネージャーへの支払い方、情報開示、資金の返還方法に関する広い自由裁量を可能とした。富裕層は、弁護士、会計士、ファイナンシャル・アドバイザーや他の専門家を雇うことができるため、1940年法の保護を必要としていないのである。

2.1 歴　史

　最初のヘッジファンドは、アルフレッド・ウィンスロー・ジョーンズによって1949年に作られた。彼は、現在数兆ドルの資産をもつようになったヘッジファンド業界の先駆者になるようなバックグラウンドをもっていたわけではない。彼はヘッジファンドを始める前に、ナチスが勃興する頃のドイツで米国外交官として勤めていた。その後、彼はコロンビア大学で社会学のPh.D（博士号）を取得し、しばらくの間、フォーチュン誌の記者であった（フォーチュン誌に学位論文も公表している）。

　ジョーンズのファンドは、三つの特徴をもっていた。

1　秘密主義であった

　ジョーンズは、自分の投資を覗かれることから徹底して保護した。そして、顧客にすら、彼のファンドが何をやっているかの詳細を明かさなかった。

2　成功報酬が特色であった

　事実、ジョーンズは運用管理報酬なしで、20%の成功報酬をチャージしていた。その当時、マネージャーは通常、固定報酬を課していた（下記参照）。ジョーンズは、非線形の成功報酬を採用したが、それは顧客の目標と彼のインセンティブを結びつけるよい方法と考えたわけではなく（彼は第15章で扱っているような実用的なプリンシパル・エージェント理論を学んではいなかった）、純粋に税を最小化するためであった。当時、個人所得の限界税率は90%を超えていたが、その一方で、キャピタルゲインの税率はわずか25%であった。成功報酬のみをチャージすれば、ジョーンズは、運用収益1ドル当り65セントを節税できたのである。

3　最後に、ファンドは1940年法から免除されていた

　ジョーンズのファンドは*私募*であり、一般投資家を勧誘することはできないし、必要はなかった。すなわち、ヘッジファンドは1940年法で規定されている*公開*された「投資会社」ではなかったということである。彼は投資家が増えるにつれて、1940年法からの免除を維持するために追加的なパートナーシップを設立した。ファンド・マネジメント・ビジネスの優れた特徴は、規模の経済が働くことである。例えばファンドを運営するのに必要なシステムの固定費は、10ファンドでも1ファンドの場合とほぼ同じである。ヘッジファンド・マネージャーの収入は、運用資産残高が増加するにつれて急速に拡大した（しかし、以下で説明するように、資産残高の増加は投資家にとって付加価値の減少を意味する）。

　すべてではないが、現代のヘッジファンドは、こうした特徴のいくつかをもって

第17章　ヘッジファンド　691

いる。現在の機関投資家によって好まれる金融商品は、最初に個人投資家向けに発明されたということが注目される（第18章のプライベート・エクイティも同様）。

　ヘッジファンドはずば抜けた収益を生むことができる。ジョージ・ソロスは、英国がポンドを切り下げ、欧州為替相場メカニズム（ERM）から離脱せざるを得なくなることを予想して1992年9月16日にとった行動で「イングランド銀行を打ち負かした男」と呼ばれるようになった。彼のクオンタム・ファンドは、前の週に100億ドル相当のポンドを空売りし、ドイツマルクを購入することで18億ドルの収益を叩き出した。2007年に、ジョン・ポールソンはモーゲージ債の下落に対する賭けに出たことで、Zuckerman（2009）から「最も偉大なトレーダー」と称された。彼のヘッジファンドはその行動によって150億ドルを稼ぎ、ポールソン自身もそのうち37億ドルの報酬を得た。

　ヘッジファンドは、損失も大きい。ロングターム・キャピタル・マネジメント（LTCM）社は、ノーベル賞を受賞したロバート・マートンやマイロン・ショールズによって共同設立されたヘッジファンドであるが、1998年8月のロシアのデフォルトによってクレジットへの賭けが失敗に終わった[13]。LTCM社は、50億ドルの資産に対して1,250億ドルの借入れを行った（レバレッジ比率は25対1で、これは典型的な投資銀行のレバレッジと遜色はない）。資産は1998年9月21日までに10億ドルに下落し、レバレッジ比率は100対1となった。2日後、LTCM社は（ニューヨーク連邦準備銀行によって仲介された）16の投資銀行団によって、36億ドルの資金拠出を受けて救済された。また、これまでに起きたヘッジファンドでの最大の損失は、2006年9月にアマランス・アドバイザーズ社が出したものである。アマランス社は全資産の65％に近い60億ドルを失った。大きなレバレッジと天然ガス先物への誤った賭けに固執していたためである[14]。2006年9月29日のレターで公表された損失が判明するや否や、資金の引き上げを求めた投資家は、ショックを受けた。ヘッジファンドは門戸を閉ざし、誰も資金を引き出せなかったのである。

2.2　ヘッジファンドとは何か？

　ヘッジファンドは以下の特徴を有している。

限定された（裕福な）投資家数

　ヘッジファンドは、1940年法の規則から免除されるために、1940年法3(c)(1)もしくは3(c)(7)に準拠しなければならない。それは、ヘッジファンドが登録投資会社でないということである。投資家は裕福でなければならない[15]。

692　第Ⅲ部　委託ポートフォリオ運用

1940年法は、二つの方法で富裕層を定義している。第一の定義は、3(c)(1)のもと、ヘッジファンドは、100人未満の*認定投資家*に限定されている。認定投資家とは、100万ドル超の純資産を保有する個人もしくは機関投資家である。もしあなたが100万ドル超の純資産を保有していないのであれば、過去2年間での個人の収入が20万ドルもしくは共同収入が30万ドルを超えていることが要件になる。銀行、保険会社、ミューチュアル・ファンド、年金、信託のような金融機関も、500万ドル超の資産があれば認定投資家となることができる。

第二の定義は、3(c)(7)で、ヘッジファンドは*適格購入者*に限定している。1940年法は、適格購入者の数を限定していないが、実際、ヘッジファンドは、1934年証券取引所法のもとでの登録を避けるために499人以下の適格購入者までとしている。適格購入者になるためのハードルは認定投資家よりも高い。適格購入者は、少なくとも500万ドルの投資資産を有していなければならない。適格機関投資家は、少なくとも1億ドルの投資資産を有するか、もしくは、少なくとも2,500万ドルの年金ファンドと年金信託の資産を有していなければならない。

ヘッジファンドは、米国においては通常、リミテッド・パートナーシップ（訳注：投資事業有限責任組合、LPS）で組成されている。*無限責任組合員（ジェネラル・パートナー，GP）*はファンドの日々のマネジメントに責任を有している。*有限責任組合員（リミテッド・パートナー，LP）*はアセット・オーナーで、投資した分にだけ責任を負っている。

高額な最少投資金額

ヘッジファンドは投資家の数が限定されているため、典型的には100万ドル以上の高額の最低投資額を要求する。ファンド・オブ・ファンズ（FoFs）は、ヘッジファンドに投資するファンドであるが、より少ない最低投資額である。少数のヘッジファンド会社が、1万ドルもしくはそれ以下の最低投資額とするミューチュアル・ファンドのような投資会社の登録を行ったが、これらの商品は1940年法のもとでの登録が却下された。

レバレッジやデリバティブの頻繁な利用

この点は多くのヘッジファンドの特徴である。ジョーンズの最初のヘッジファンドは、ショート・ポジションをとった。その時代のファンドでは珍しいことである。彼は「ヘッジされた」という言葉を使って、ファンドが広範囲な市場へのエクスポージャーをどのように除去するか説明した。今日のヘッジファンドは、幅広い投資戦略を採用している。そして、後ほど見るように、他の投資商品では利用でき

第17章　ヘッジファンド　693

ないようなリスク・ファクターのエクスポージャーを作り出している。

資本へのアクセス制限

ジョーンズは、最初のヘッジファンドの資本への制約を課した。投資戦略のいくつかは、担保が必要なショート・ポジションを使っており、証拠金が必要なときに顧客が資金を引き上げられないような制約を課したのである。すべてではないが、多くの現代のヘッジファンドは、ジョーンズがとったやり方を踏襲しており、投資家が即座に資金を引き上げることを認めていない（1940年法では日次で資金を引き上げることができる）。

限定された情報開示

1940年法ファンドは、保有内容を報告しなければならない（ミューチュアル・ファンドでは少なくとも四半期、上場投資信託（ETF）では毎日の報告）。ヘッジファンドは秘密主義である。ほとんどのヘッジファンドから提供される投資内容や投資戦略は粗雑で曖昧なものである[16]。しかしながら、2012年3月30日以降、1億5,000万ドル超の資産残高を有するヘッジファンドは、登録が要求され、資産や取引、使っているブローカー、レバレッジ、カウンターパーティのエクスポージャー、低流動性資産をどのように評価しているかについての報告が求められている[17]。しかし、彼らは米国証券取引委員会（SEC）にのみ開示し、LPのアセット・オーナーには開示していない。

高額の運用管理報酬は重要なパフォーマンス要因

ミューチュアル・ファンドは、その規制で、非線形な成功報酬（第15章参照）が認められていない一方で、ヘッジファンドは何でもありである。投資家が支払わされる運用管理報酬の大部分は非線形な*インセンティブ報酬（成功報酬）*である。

2.3　ヘッジファンドの資金フロー

HFR社ヘッジファンドのデータベースによれば、2012年末時点で、投資家は、2兆2,500億ドルを超える資金をヘッジファンドに配分していた。これは保守的な下限の数字である。ヘッジファンドは、1940年法に従って厳密に報告されるものではないので、業界の全体の規模は不明である（大規模ヘッジファンドのみSECに報告しなければならないが、2013年の本書執筆時点ではSECは入手した情報をまだ公表していないことを留意すべきである）。HFR社はベンダーの一社であり、他のベンダーにだけ報告している異なるファンドもあるということに留意が必要である[18]。

694　第Ⅲ部　委託ポートフォリオ運用

図17.1 ヘッジファンドの運用資産残高、資金フローと超過収益

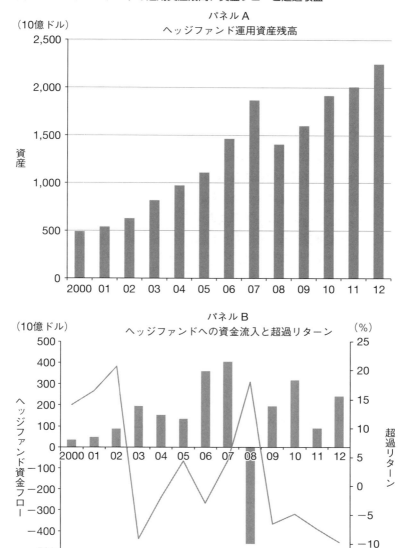

図17.1のパネルＡに、HFR社が集計した2000年以降のヘッジファンドの資産残高を示している[19]。1990〜2012年の間、ヘッジファンドは年率でおおよそ14％の成長をしていた。2008年の金融危機による落ち込みがなければ、もっと大きかっただろう。2008年は平均的なヘッジファンドは19％の損失を被った。投資家は資金を引き上げる行動をとった。その後、投資家はヘッジファンドに戻り、2009年以降、ヘッジファンド資産額のとどまることのない上昇トレンドが再び始まった。

　投資家は、一般的なミューチュアル・ファンドの投資家同様に、その資金を景気循環的にヘッジファンドに配分している（第16章参照）。ヘッジファンドの過去のパフォーマンスがよいときに、投資家は、リターンを追いかけるように資金をそそぎ込む。しかし、ヘッジファンドは、運用資産が増えるにつれ、より多くの資金の戦略展開が必要になり、ファンド間の競争が激しくなる。結果として、高い資金流入の後のパフォーマンスは低くなる傾向があり、そして、激化した競争はヘッジファンドの清算の確率を高めるのである[20]。アスネスは、ヘッジファンドを「ヘッジファンドはどんなときでも儲けるものだと考えられており、運用に失敗すると投資家は資金を引き上げ、最近儲けた他のファンドに行ってしまうもの」と定義している。

　図17.1のパネルＢは、ヘッジファンドの各年の資金の流出入とS＆P500指数に対する超過収益を示したものである。超過リターンは、ヘッジファンド指数のリターンからS＆P500指数のリターンを差し引いたものと定義している。パネルＢは、二つの系列が反対方向に動く傾向にあることを示しており、ヘッジファンドの成長と株式に対する超過収益との相関は▲47％である。投資家がヘッジファンドに資金を積み上げるにつれて、超過収益が低下する傾向にある。

　ヘッジファンドは、2008年に19.0％の損失を出したものの、S＆P500指数の▲37％の下落を上回っていた。にもかかわらず、投資家は、この時ヘッジファンドから資金を引き上げた。そして2009年に再び戻り始めたが、ヘッジファンドはそれ以来、S＆P500指数に対して、2009年は6.5％、2010年は4.8％、2011年は7.4％、2012年は9.8％のアンダーパフォームであった。投資家がヘッジファンドに資金を積み上げた後、ヘッジファンドのパフォーマンスは、相対的に劣後する傾向にあったのである[21]。

2.4　要　　約

　ヘッジファンドは、1940年法の免除によって、ミューチュアル・ファンドであれ

ば1940年法の厳しい制限下で実行が難しい投資戦略を活用することが許容された。ヘッジファンドにとって1940年法下でないことでの不利な点は、投資家保護が限定されることである。優位な点は、投資家が新しい投資戦略の世界へのアクセスを潜在的にもてることとされているが、本当なのだろうか？

3 リスクとリターン

　シカゴ大学の有名なファイナンス教授であるジョン・コクランは「ヘッジファンドは新しい資産クラスではない」と述べている[22]。また「ヘッジファンドは、あなたがすでに保有している同じ証券を売買する」とも述べている。しかし、ヘッジファンドは、証券をダイナミックに頻繁に取引し、レバレッジやショート・ポジションを活用し、デリバティブを取引するという取引手法を用いている。これによりヘッジファンドは「あなたがすでに保有している証券」の買持ちのみの消極的なポジションではマイナーな役割にすぎないいくつかのリスク・ファクターを強調することができる。ヘッジファンドのリスク・エクスポージャー（もしくはベータ）を計測する前に留意しなければならないことは、ヘッジファンドのリターンを構成するものは何かということである。

3.1 データのバイアス

　死んだ男は生き証人とならない。*生存者バイアス*は、ヘッジファンドが自発的に公のデータベースに報告することから生じる。ヘッジファンドはリターンが悪ければ報告をしたがらず、苦境に陥っているときには報告することをやめてしまうのである。そのため、データベースの中で倒産や清算されたファンドは見えない傾向にある。なぜなら、死ぬ前にそのヘッジファンド自らが消し去ってしまうからである。これによって、報告されるヘッジファンドのリターンは、上方バイアスが生じてしまう。別のタイプの生存者バイアスは、成功したファンドが過去にさかのぼってデータベースに報告すること（バック・フィリングと呼ばれているプロセス）で生じている。この場合もまた、ヘッジファンドはその運用が順調で、過去のリターンがよいときにだけ、リターンの情報を提供する傾向にあるということである。

　しかしながら、ヘッジファンドは自らの宣伝のためにデータベースに報告している（ヘッジファンドは、広告を出して資金を募集することができない）。もし、投資家を引き付ける必要がないなら、報告などするであろうか？　秘密主義を貫いた方がよいはずである。データベースでは、最良ヘッジファンドを見つけられないの

と同様、報告されたリターンには下方バイアスもある。

このように、ヘッジファンドのデータベースは、両極端のリターンを見落としている。どちらサイドの影響が支配的なのだろうか？　研究者は報告しない良好なヘッジファンドより、報告を止めてしまうより劣悪なファンドが数多く存在すると結論づけている（専門的な表現を使えば、データベースは、リターン分布の左側をカットしている）。それゆえ、ヘッジファンドのデータベースは、よすぎるリターンを反映しているのである。

生存者バイアスの大きさはどの程度なのだろうか？　少なくとも２％、そしてほとんどの研究者は３〜４％、あるいはそれ以上のバイアスがあると判断している[23]。Malkiel and Saha（2005）の推定によれば、事後的にデータ遡及を行ったヘッジファンドのリターンは14.7%であり、事後的遡及を行わない場合の7.3%に比べて高い。バイアスを埋め合わせたときの7.3%の違いは非常に大きい。彼らは、生存者バイアスは4.4%であると推定している。この数字は存在しているファンドの平均リターンと、報告をやめたかあるいはなくなったファンドのリターンとの差である。Fung, Xu, and Yau（2004）は、ヘッジファンドが退屈な株式や債券を見かけ上アウトパフォームするとしても、生存者バイアスはその報告されたアウトパフォーム分を帳消しにするほど十分に大きいと論じた。

Aiken, Clifford, and Ellis（2013）は、主要なヘッジファンド・データベースに報告していないサンプルを見つけることで生存者バイアスをうまく推定した。彼らは当初は報告していたがその後報告することをやめたヘッジファンドに何が起こっていたのかを明らかにしている。彼らは「商業用データベースは、ヘッジファンド母集団における最悪のパフォーマンスを見落としている」と結論づけている。報告されたヘッジファンドと報告されていないヘッジファンドのリスク調整後リターン（サイズ、バリュー／グロース、モメンタムの３ファクターを用いた）の差は3.5%であった（第７章と第10章参照）。後ほど考察する非線形の動的ファクターを用いて推定をすると、その差は5.3%まで拡大している。このように大きなバイアスが存在し、ヘッジファンドのリターンは真の値に比べて高すぎるのである。

アセット・オーナーは、ヘッジファンド指数に慎重であるべきである。平均的な投資家は、これらの指数で報告されているリターンを享受できない。なぜなら、ヘッジファンド指数は、一般に*投資可能*でないからである。株式市場全体を廉価に複製できるS&P500指数のインデックス・ファンドのようなものはヘッジファンドには存在しない。アセット・オーナーは、ヘッジファンド指数に採用されているす

698　第Ⅲ部　委託ポートフォリオ運用

べてのファンドに投資できない。なぜなら、新規資金を受け入れていないファンドがあったり、最小投資額が非常に高額なファンドがあったり、とにかくそのようなファンドが多すぎるのである。また、資金を（後ほど見るように）引き出そうとしてもできない。すなわち、ファンドがインデックスから除外されたときに、そこから脱出できないのである。投資家はヘッジファンド指数にあるすべてのファンドを保有できないので、ヘッジファンド指数で計測される以上に、ヘッジファンド投資の固有リスクに直面する[24]。著者は、本章でヘッジファンド指数のリターンを使うが、一般にそのリターンがバラ色に見える点に注意が必要である。

　ヘッジファンドがリターンを自発的に報告することで、他のバイアスが生じている。Agarwal, Daniel, and Naik（2011）は、サンタクロースはヘッジファンドに対して親切であることを発見した。すなわち、12月のリターンは１月から11月のリターンに比べて平均で1.3％高いというのである。ヘッジファンドは、年初のリターンを過少報告したり、１月のリターンを前倒しで計上することでこの現象を実現している。どうしてヘッジファンドは12月のリターンをかさ上げするのだろうか？　それはヘッジファンドは12月の数値をもとに運用管理報酬を課金するためである。Bollen and Pool（2009）は、月次リターンで見た頻度ではマイナスよりプラスが多いことを示した（ゼロという水準は特に重要である。というのも、ヘッジファンド市場そのものが、絶対リターン戦略だからである）。このリターンの歪みは２ヵ月間隔で見ると消えるが、このことは、損失回避のためにいくつかの月次リターンがかさ上げされていることを示している。その後、ヘッジファンドが高いリターンを内部に蓄積したときに、こうした過大評価は解消されるのである。

　ヘッジファンドの過去のデータの修正が広がっている。Patton, Ramadorai, and Streatfield（2013）は、2007〜2011年にかけて、１万2,128本のヘッジファンドの半分がリターンの修正を行ったと主張している。５分の１が少なくとも1.0％修正している。これは月間の平均リターンが0.6％であるということから見て非常に大きい。（大規模な）アセット・オーナーがデータの見直しを避けることができる最もよい方法は、アセット・オーナーが直接に資産を保有し、ヘッジファンド・マネージャーは、そのアカウントの中で証券を取引するという、マネージド・アカウントを利用することである。ただこの方法でも、アセット・オーナーがそもそもヘッジファンドに投資すべきかどうかを確認するために、過去の報告されたデータを分析することの手助けにはならない[25]。その意思決定のためには、アセット・オーナーは、報告されているヘッジファンドのリターンは真の値に比べて高すぎる

第17章　ヘッジファンド　699

ということを認識していなければならないのである。

3.2 ヘッジファンドの破綻

ヘッジファンドは投資の世界で信用の置けないファンドである。

ヘッジファンドの10～15％が、毎年、データベースから消える。つまり、ほとん

図17.2 ヘッジファンドの生存期間と破綻状況

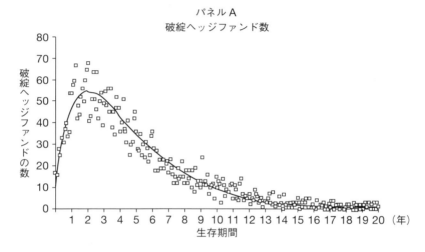

パネルA
破綻ヘッジファンド数

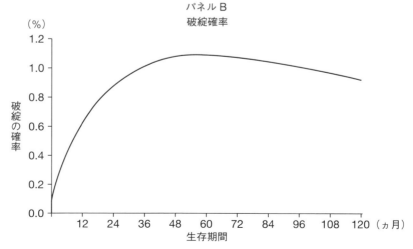

パネルB
破綻確率

どのヘッジファンドはそんなに長続きしないのである[26]。著者は、ヴァンダービルト大学のファイナンス教授であるニコラス・ボーレンと一緒に、ヘッジファンドの生存者バイアス・モデルを推定した。図17.2のパネルAはAng and Bollen（2010a, 2010b）から引用したヘッジファンドの生存期間ごとの破綻ファンドの数をモデルに当てはめた結果を、パネルBは破綻確率を示している。図17.2は、2〜5年のところで多くが破綻するものの、いくつかのファンドは20年以上続くことを示している。生存者バイアスの分布は非常に歪んでいる。これは、30ヵ月以内に半分が消え去り、10年以上継続するのは5％未満であるというBrown, Goetzmann, and Park（2001）の報告と整合的である。Gregoriou（2002）も、ヘッジファンドの生存期間の中央値は5年前後であることを確認している。図17.2のパネルBからは、ヘッジファンドの破綻の確率は、ファンド設定来から急激に上昇し、3年程度でピークを迎えるということがわかる。HFR社は、2008年の金融危機時に株式市場のパフォーマンスをアンダーパフォームしたヘッジファンドの60％が解散したと報告している[27]。

3.3 パフォーマンス

ヘッジファンドのパフォーマンスは時間の経過とともに低下してきた

多くの研究は、ヘッジファンドはリスク調整後ベースで見てアウトパフォームしているかどうかをテーマとしてきた[28]。結果は様々であるが、著者は1980年代、90年代、そして2000年代初めでさえ、おそらく付加価値をつけていたと確信している。しかし、今日ではリスク調整後で見て付加価値をつけていないようである。

図17.3はHFR社が作成したヘッジファンド指数に基づくものであるが、パネルAに、1995年1月〜2012年12月のヘッジファンドのアルファをプロットしている。ここでのアルファは、5年間のヘッジファンド指数の月次リターンをS&P500指数との月次リターンでローリング回帰したものである（アルファの詳細については第10章参照）。1990年代半ばには、ヘッジファンドのリターンはリスク調整後ベースで10％を超えていた。これがロシアのデフォルトとLTCMが破綻した1998年に5％を割り込んだが、2000〜2004年にかけて10％近辺に戻った。それ以来、ヘッジファンドの付加価値は低下軌道をたどった。2008年以降で見ると、ヘッジファンドによるアルファは市場リスク調整後でわずか1〜2％で推移しており、分析期間の最後の2011、2012年ではヘッジファンドのアルファはマイナスであった。

図17.3のパネルBを見ると、ヘッジファンドのアルファが低下する一方で、ヘッ

第17章　ヘッジファンド　701

図17.3 ヘッジファンドの超過収益とS&P500との相関

パネルA
ヘッジファンド・リターンのアルファ（HFR指数）の推移

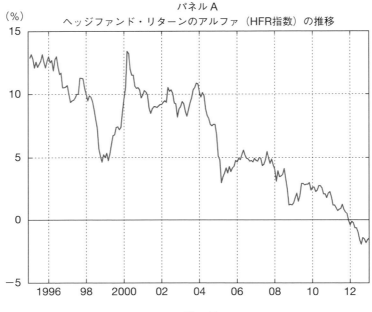

パネルB
ヘッジファンド・リターン（HFR指数）とS&P500指数との相関関係の推移

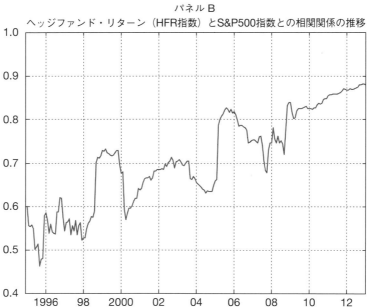

ジファンドとS&P500指数とのリターンの相関は上昇してきていることがわかる。1990年代の終わりには相関はわずか50％であり、ヘッジファンドは投資家のポートフォリオに対して大きな分散効果を発揮していた、ということを意味している（第3章参照）。それ以来、相関は徐々に上昇し、2012、2013年は85％以上となった。マイナスのアルファであることを加味すると、S&P500指数との高い相関を有しているヘッジファンドは、明らかに、独立した資産クラスではない。今日、リスク調整後ベースで見ると、ヘッジファンドはおそらく投資家の資産価値を減らし続けているであろう。

大規模ヘッジファンドほど悪くなる

Dichev and Yu（2011）は、ヘッジファンド業界全体の金額加重リターンを計算し、ヘッジファンドの残念なイメージを暴露した。1980～2007年の間、ヘッジファンド業界はS&P500指数をアンダーパフォームした。S&P500指数のリターンが13.1％であったのに対してヘッジファンドは9.7％であった。翌2008年を含めてみると、もっとひどくなる。1980～2008年だと、S&P500指数の10.9％に対してヘッジファンドは6.0％となる。この6.0％というヘッジファンドのリターンは、かろうじて短期国債（T-bill）のリターン5.6％に勝っている程度である。もっともなことではあるが、ディーチェフとユーは、論文のタイトルを「より高いリスク、より低いリターン」とした。

いくつかの研究によれば、ヘッジファンドは標準的な市場指数に比べて3～5％アウトパフォームしているとのことである[29]（こうした数字のいくつか、特に最上位のヘッジファンドについては、統計的に有意ですらある）。ヘッジファンドの注目すべき特徴は、ヘッジファンドの*規模が拡大する*につれ*リターンが低下*している点である（第16章、第18章で扱っているミューチュアル・ファンドやプライベート・エクイティのように）[30]。この事実は、ヘッジファンドは成長するにつれて、リターンが低下する傾向にあることを意味する。アウトパフォームしている多くのファンドは、業界の初期に集中している（図17.3参照）。Zhong（2008）は、2000年以降のヘッジファンドのリターンの低下は、業界が成長するにつれて、大きいアルファを作り出すファンドが少なくなっている結果であることを示した。

ヘッジファンド業界の平均リターンは、Dichev and Yu（2011）が行ったように、資産加重平均で算出される。大規模ヘッジファンドがアンダーパフォームすると、業界全体の損失も非常に大きくなる。ヘッジファンド業界全体の損失は、元ヘッジファンド・マネージャーのSimon Lack（2012）に、著書の冒頭で「ヘッジ

ファンドに投資されたすべての資金が、代わりに短期国債に投資されていたら、結果は2倍よかったであろう」といわしめるほどである。ラックによれば、ヘッジファンド業界は2008年に、投資家に対してそれまでの10年間に与えた以上のお金を失わせたとのことである。

多くの投資家は、（不完全なものである）実績リターンによってヘッジファンドに引き付けられたが、それは業界が黎明期であり、多くのファンドの規模は小さかった頃のものである。はじめの頃のリスクは非常に大きかったが、初期の投資家は成功した。つまり、事前の大きなリスクに耐えることで、事後的に大きなリターンを得たのである。その後、ヘッジファンド業界は成熟し、真のアウトパフォーマーを見つけることは難しくなった。最良のヘッジファンドは、概ね小規模である。しかし、多くのアセット・オーナーは、規模が小さくて、実績がないヘッジファンドを選択したがらない。その代わりに、長いトラック・レコードを有し、残高が非常に大きく、高品質のインフラを備えた、規模の大きなファンドに引き付けられる。もちろん、大規模ファンドのリターンは、平均して小規模なファンドほど高くはならない。それは大規模ファンドのリスクが低いからである。

持 続 性

うまくいっているヘッジファンドがあることを知っていても、どのファンドがうまくやるか予想できなければ役に立たない。ヘッジファンドのリターンの継続性に関し、学界では意見が分かれている。Malkiel and Saha（2005）は、ヘッジファンドの成績上位半分にいるヘッジファンドが1年後もそこにいる割合はわずか52％であることを示したが、これは本質的にコインをはじいて裏表が出るのと同程度の割合である。Agarwal and Naik（2000）は、持続性の強力な証拠を発見したが、勝ち続ける勝者がいるということではなく、不幸にも負け続ける敗者がいるということであった。その一方で、Jagannathan, Malakhov, and Novikov（2010）は、有意な持続性が存在することを示した。Boyson（2008）は、勝ち組のヘッジファンドの持続性が存在するとしたら、それは、運用規模が小さくて若いファンドに集中しているということを示したのである。

過度の持続性は、何かが間違っているというサインである。事実、Getmansky, Lo, and Makarov（2004）とBollen and Pool（2008）は、ファンドの「あまりにスムーズ」なリターンに基づいてヘッジファンドの詐欺行為を検査する方法を開発した。図17.4は、某ヘッジファンドの月次リターンを実線で示し、S&P500指数のリターンを●印で重ねて示している。図17.4のヘッジファンドは、S&P500指数のボ

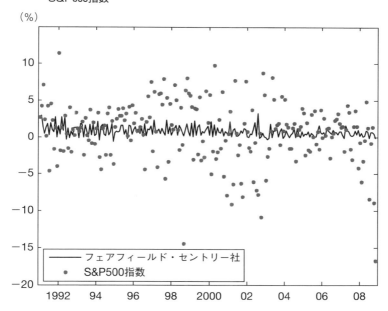

図17.4 フェアフィールド・セントリー社のヘッジファンド・リターンとS&P500指数

ラティリティに比べ、非常に滑らかで、安定したリターンに平均回帰しており、素晴らしいように見える。このファンドが何かといえば、フェアフィールド・セントリー社のファンドである。このファンドは、史上最大のネズミ講であるバーナード・L・マドフ・インベストメント・セキュリティーズ社へのフィーダー・ファンド（訳注：日本国内の投信では、このマスター・ファンドに相当するのがマザー・ファンド、フィーダー・ファンドに相当するのがベビー・ファンドである）であった[31]。

3.4 ヘッジファンド・ファクター

　ヘッジファンドは、収益獲得のために、二つの主要なアプローチを採用している。第一のアプローチは、マーケット・トレンドをとらえようとマーケット・タイミングを図る、ディレクショナル取引と呼ばれるヘッジファンドであり、ネットでロング・ポジション、もしくはショート・ポジションをとる。一方、第二は、ノンディレクショナルあるいはマーケット・ニュートラルと呼ばれているヘッジファン

ドであり、「裁定」機会をとらえて収益の獲得を試みるものである。マーケット・ニュートラルという用語は業界で広く使われるが、こうしたファンドは通常、まれにしか発生しない純粋な裁定機会を発見しているわけではない。むしろ、このタイプのヘッジファンドは、市場の動きを中立化することを追求し、お互いの価値評価の関係が間違っていると判断する証券から利益を得ようとするものである。

これらの二つのアプローチには、二つの主な投資スタイルがある。第一は、*裁量に基づくスタイル*であり、ほとんどがトレーダーの判断（もしくは判断をしないこと）に依存するものである。第二は、*システマティックなスタイル*であり、よりルール・ベースでクオンツ・モデルに信頼を置くものである。2007年8月にメルトダウンしたクオンツ・ファンドは、後者のカテゴリーである。

Lo（2007）は、クオンツ・ファンドの損失は、システマティック・リスクの根源を反映していると提唱した。2008〜2009年の金融危機時には、多くのヘッジファンドがプラスのリターンを実現しなかったどころか、大きな損失を計上した。それはマーケット・タイマーなのかノンディレクショナル・トレーダーかどうか、そして自由裁量なのかシステマティック・スタイルかどうかといったようなことではなかった。それはクオンツ・ファンドだけでなく、すべてのヘッジファンドが共通のリスク・ファクターにエクスポージャーをもっていたことを示唆している。事実、*ヘッジファンドは、標準的なリスク・ファクターを束ねたものなのである。*

二つの最も重要なファクターは、昔からのものである。

株式市場リスクとボラティリティ・リスク

表17.5に、ヘッジファンド指数および様々なヘッジファンド戦略（HFRによる）のS&P500指数およびボラティリティ・ファクターに対する偏相関係数を示している。後者は、メリルリンチ社が作成したものであり、ショート・ボラティリティ戦略のリターン系列である（第2章と第7章参照）。ショート・ボラティリティ戦略は、ボラティリティの保険を売り、安定した時期に収益を獲得するものであるが、ボラティリティが跳ね上がると損失を被る。著者は、2000年1月〜2012年9月の月次データから、リスクフリー・レートに米国短期国債（T-bill）を用いて、ヘッジファンドおよびS&P500指数の超過リターンを計算した。ヘッジファンド超過リターンの株式ファクターに対する偏相関係数はボラティリティ・ファクターの影響によって変わり、その逆もまた真である。

表17.5を見ると、すべてのヘッジファンドが市場ファクターと非常に高い相関を示していることがわかる。株式リスクに対するヘッジファンドの偏相関係数は0.67

表17.5 ヘッジファンド戦略別感応度（株式およびボラティリティ・ファクターに対する偏相関係数）

	株式	ボラティリティ
ヘッジファンド・インデックス	0.664	0.262
p値	0.00	0.00
ディストレス	0.411	0.440
p値	0.00	0.00
合併アービトラージ	0.453	0.195
p値	0.00	0.02
株式ロング・ショート	0.106	0.175
p値	0.19	0.03
新興国市場	0.616	0.297
p値	0.00	0.00
イベント・ドリブン	0.624	0.384
p値	0.00	0.00
マクロ	0.399	▲0.340
p値	0.00	0.00
レラティブ・バリュー	0.330	0.646
p値	0.00	0.00
CBアービトラージ	0.180	0.657
p値	0.03	0.00

と非常に高い。新興国市場やイベント・ドリブン戦略のヘッジファンドの偏相関も0.6以上である。イベント・ドリブン・ヘッジファンドは、買収、リストラ、自社株買い、証券発行などのコーポレート・トランザクションを利用する。ディストレス戦略あるいはリストラクチャリング戦略は、破綻あるいは破綻に近い会社の債券に投資する。ディストレス戦略の株式に対する偏相関係数は0.41である。クオンツに多い株式ロング・ショート・ファンドの株式市場に対する偏相関係数だけが0.11と統計的に有意ではない（平均で見ると、マーケット・ニュートラル戦略のヘッジファンドは市場に中立である[32]）。

　ボラティリティ・リスク・ファクターに対するヘッジファンドの偏相関係数は、市場リスク・ファクターに対するものに比べていくらか低いが、表17.5によればそれでもまだかなり高い。ヘッジファンド指数は、ボラティリティ・リスクとの偏相関係数は0.26である。ディストレス、イベント・ドリブン、レラティブ・バリュー、CBアービトラージのボラティリティに対する偏相関係数はおおよそ0.4か

それ以上である。レラティブ・バリューは、お互いの価値評価の関係が間違っていると判断する証券（しばしば債券）で、相殺するポジションをとる。CBアービトラージは、CBに投資し、株式を空売りするかオプションを利用して、株式のエクスポージャーをヘッジする。すべてのヘッジファンド戦略は、ボラティリティに対して統計的に有意なエクスポージャーをもっている。グローバルレベルで多くの資産に投資するマクロ・ヘッジファンドを除いて、すべてのボラティリティ・リスクとの偏相関は正の値となっている（このスタイル分類には、ロング・ボラティリティの傾向がある多くのトレンド追随型を含んでいる）。

　図17.6は、いくつかのヘッジファンド戦略について、その戦略の前年比リターンを、S&P500指数およびボラティリティ・リスク・ファクターとともに図示したものである。ただし、我々は相関係数に関心があるため、すべてのヘッジファンドのリターンを、S&P500指数の超過リターンと同じ標準偏差になるように正規化し、すべての系列からトレンドを除去している。図17.6の各パネルは、大きく異なったヘッジファンド・スタイルを示している。すなわち、パネルAはヘッジファンド・インデックス、パネルBは株式ロング・ショート、パネルCは合併アービトラージ、パネルDはレラティブ・バリューである。注目すべきは、それらすべてが共通のパターンを示していることであり、2000年代初めに安定して相対的に高いリターンをあげた後、2008年に大幅に下落し、2009年以降は回復している。すべてのパネルにおいて、ヘッジファンド・リターンはS&P500指数およびボラティリティ・ファクターと驚くほどの一致が見られている。*ヘッジファンドは，株式リスクとボラティリティ・リスクをリパッケージしたものなのである。*

　表17.5と図17.6は、集計されたヘッジファンド・リターンを業界全体やセクター・レベルで見たものである。個々のヘッジファンド・レベルでは、ボラティリティ・リスクのファクターが、ヘッジファンド・リターンの大部分を説明している。ヘッジファンドのアウトパフォーマンスが仮に存在するなら、その一部か、場合によってはすべてがボラティリティ・リスクのエクスポージャーによる可能性がある。Fung and Hsieh（2001）は、ヘッジファンドにおけるボラティリティ・ファクターの重要性を最初に認識したが、ボラティリティ・リスクのファクターを考慮に入れると、ヘッジファンドのアウトパフォームはないことを明らかにした[33]。Fung et al.（2008）は、株式、債券、ボラティリティのリスク・ファクターを含んだリスク・ベンチマークを用いると、平均的なヘッジファンドのアルファは、わずか6 bp（実務的にはゼロ）であることを明らかにした。

708　第Ⅲ部　委託ポートフォリオ運用

図17.6 ヘッジファンドのリターンとボラティリティの推移

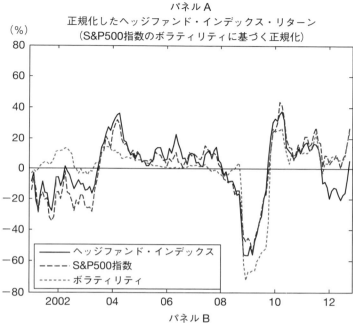

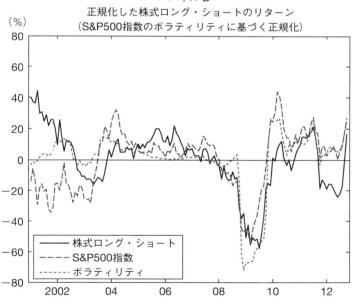

第17章 ヘッジファンド 709

パネル C

正規化した合併アービトラージのリターン
（S&P500指数のボラティリティに基づく正規化）

（％）

80

60

40

20

0

−20

−40

−60

−80

合併アービトラージ
S&P500指数
ボラティリティ

2002　　　　06　　　08　　　10　　　12
　　　　　04

パネル D

正規化したレラティブ・バリューのリターン
（S&P500指数のボラティリティに基づく正規化）

（％）

80

60

40

20

0

−20

−40

−60

−80

レラティブ・バリュー
S&P500指数
ボラティリティ

2002　　　　04　　　06　　　08　　　10　　　12

他のファクター

　株式市場やボラティリティ・ファクターに加えて、ヘッジファンドのリターンを生み出す、他の重要なファクターが存在するが、それらはセクターに固有のものであることが多い。例えば、コモディティ、通貨リスクはマクロ・ヘッジファンドのリターンに反映されている（コモディティと通貨そのものはまた、ボラティリティ・リスクを反映している）。タームスプレッド（長期と短期の米国債の利回り差）やクレジット・スプレッド（安全性の高い社債と低い社債の利回り差）もまた、レラティブ・バリュー戦略の重要なリスク・ファクターである。クオンツ・ファンドは、バリュー／グロース・リスクとモメンタム・リスク（第7章参照）に高いエクスポージャーを有している。こうしたファクターが2007年8月7〜9日にかけてうまく機能しなかったことは驚くことではない。

　Sadlka（2010）は、多くのヘッジファンドが低流動性のリスクに晒されていることを明らかにした。非流動性リスクに対して最も大きなエクスポージャーをもつヘッジファンドは、流動性の高いヘッジファンドを6％もアウトパフォームしている。興味深いことに、この流動性リスク・プレミアムは、投資家がヘッジファンドから資金をいかに容易に引き上げられるか（すなわち、後述するヘッジファンドの流動性特性）とは関係していない。しかしほとんどのリスク・ファクターは、通常の市場リスクとボラティリティ・リスクである。

　2004年に、アスネスは以下のように予言した。

　　現在の市場では、これらの戦略はリスクをとって流動性を供給するという共通の要素によって結びついているだけでなく、まったく同じ戦略をとって追従する投資家がますます増えている。こうした共通性により、危機時に同調的な動きになる可能性が相当高まっていることが容易に想像できる。

　これはまさに2007年のクオンツの崩壊、そして1年後の金融危機時にほとんどすべてのヘッジファンドで生じたことである。

3.5　ボラティリティ・リスクの洞察

　無数のヘッジファンドの投資スタイルがあるが、多くのヘッジファンドは、ボラティリティを売っているという観点で、経済的に同じことをしていることに驚くかもしれない。共通しているのは、多くのヘッジファンドがほとんどの場合に安定したリターンをあげる戦略を選択していることである。しかし、正常時に安定したリターンを生み出すコストは、悪環境期が到来したときには、はっきりとした損失が

生じるということである。ボラティリティを売るということは、ハリケーン保険を売るようなものである。多くの場合、プレミアムを得る。そして、ハリケーンがやってくると一文無しになってしまうのである。直近の金融ハリケーンは、2008～2009年にかけて起きた。

図17.7に、ショート・ボラティリティのペイオフを図示している。

図17.7は、アウト・オブ・ザ・マネーのプット売りの損益曲線である[34]。多くの場合、ヘッジファンドはプットの価格に等しい少額のプレミアムを安定的に積み上げていく。これらの収益が「アルファ」のように見え、ヘッジファンドは、これを「スキル」「アービトラージ」「ミスプライシング」「市場の混乱」「流動性の供給」「オルタナティブ・ベータ」もしくは単に「ショート・ボラティリティ」という、様々な見かけの言葉で説明している。このプレミアムは、無償では得られない。すなわち、資産の価格が大きく下落するときには、時折大きな損失が発生するのである。実際、その損失は、単純なプット・オプションの売りより大きい。というのも、ヘッジファンドにはレバレッジが掛かっているからである。こうした損失は、標準的なアルファの計算（第10章参照）では明らかにされない。そのため、ヘッジファンドは、しばしば、単純な債券や株式のロング・オンリーのポジションに比べて儲かるかのように見えるのである。

多くのヘッジファンド戦略は、ショート・プットのペイオフを有している[35]。図17.6のヘッジファンドのスタイルを考えてみよう。

図17.7　ショート・ボラティリティのペイオフ

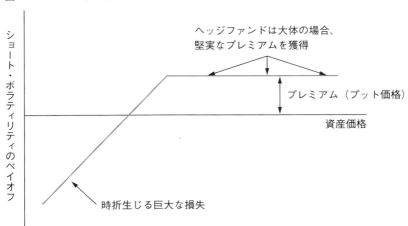

株式ロング・ショート

　一般的なクオンツ・ヘッジファンド戦略は、短期のリバーサル、つまり株価が今日上がると明日は下がるという平均回帰を利用したものである[36]（この効果は、1分未満から1ヵ月までの幅広い期間で観測される）。このパターンの予測性は（第8章で見るように、株式のリターンのすべての予測性のように）低い。しかし、クオンツは何千銘柄の株式にこの戦略を用いている[37]。Lo（2007）は、この戦略のリターンは、時間の経過とともに低下し続けていると報告している。全期間の平均リターンを維持するために、クオンツ・ファンドは、2000年代を通じて、よりレバレッジを掛けてこの戦略をパワーアップしてきた。このため2007年8月の損失は非常に厳しい状態になったのである。

　Nagel（2012）は、短期のリバーサル戦略は、流動性供給の形態であると論じた。他の市場参加者が売ることを望んで値下がりした価格を、クオンツ・ヘッジファンドが拾い上げることで流動性を提供する。流動性供給は、ショート・プットであり、多くの場合は利益を獲得するが、価格が下落すれば叩きのめされる。短期のリバーサルを含めた流動性供給戦略の収益性は、ボラティリティ・リスクに大きく依存している。ボラティリティがジャンプすると、流動性低下が合併を困難にし、株式ロング・ショート・ヘッジファンドに損失をもたらすのである。

合併アーブ

　合併アービトラージ（*合併アーブ*あるいはリスク・アーブ）は、買収される企業の株を購入する（そして買収側企業の株をショートする）戦略である。買収がアナウンスされると、買収される会社の株価はジャンプする。しかし、公開買付価格までずっと上昇するわけではない。合併のアナウンスがあると株はジャンプし、その後も上昇が続き、買収完了時に公開買付価格に達する。

　Mitchell and Fulvino（2001）は、合併アーブは、単純なショート・プットと等価であることを示した。ほとんどのケースで、合併アーブは儲かる。なぜなら、買収される企業の株価は予想通り公開買付価格まで上昇するからである。価格が買収のアナウンス後、すぐに上昇しないのは、時折買収が脱線させられることがあるからである。すなわち、司法省が、反トラストの観点で買収をブロックする場合や、デューデリジェンスが買収される会社の隠されていた実情を明らかにしてしまう場合や、もしくは、新しく上司になる人たちへの議論により、最後の数分でディールが逃げてしまう、等々の理由からである。合併が失敗すると価格は暴落する。かくして、合併アーブはほとんどの場合に小さなリターンを生み出す一方で、確率は小

第17章　ヘッジファンド　713

さいながらも大きな損失を出すこともある。まさに図17.7に示したパターンである。Mitchell and Pulvino（2001）もまた、合併の失敗が市場の動きと相関をもつ場合に、まれではあるが大きな損失を出す（まさに合併アーブはシステマティック・リスクを有している）ことを示した。すなわち、市場全体が大きな下落に見舞われると多くの合併は失敗し、合併の活動は干上がってしまうのである。

レラティブ・バリュー

Duarte, Longstaff, and Yu（2005）によって、債券のレラティブ・バリュー戦略に関する包括的研究が実施された。研究では、スワップ・スプレッド・アービトラージ、イールドカーブ・アービトラージ、モーゲージ・アービトラージ、ボラティリティ・アービトラージ（異なる証券市場におけるリスクに対する価格づけの差）、キャピタル・ストラクチャー・アービトラージ（同じ企業によって発行された異なった証券の取引）といった様々なアービトラージを検証している。これらすべての戦略は、ほとんどの場合は高いリターンとなるが、時に大きな損失を出す。CBアービトラージも、レラティブ・バリューのカテゴリーの中に入る。これは転換社債と株式の二つの証券市場間のリスクに対する価格づけの差から収益をあげるものである。この戦略もまた、極端な市場のイベントに対して脆弱である[38]。

　通常、債券のヘッジファンドは高いレバレッジを採用するため、レラティブ・バリュー戦略の損失はやっかいなことになり得る。ヘッジファンドはしばしば、大きな損失の可能性に気づかないでいる。1998年のロシアのデフォルトのニュースでクレジット・スプレッドが広がった時のLTCMのケースがそれに当たる。多くの場合、住宅価格はそこそこ安定しており、時間の経過とともに上昇する。しかし2007年のように、米国債に対するモーゲージのスプレッドが急拡大した時、モーゲージ・アーブ戦略は痛ましい損失を引き起こした。

　Fung and Hsieh（2002）は、2001年までのデータを用いて債券ヘッジファンドのリターンに関する、先見の明がある研究を行った。彼らはクレジット・スプレッドに対する大恐慌規模のショックの影響をバックテストし、「ほとんどの債券アービトラージ・ファンドに内在するリスク・ファクターへの循環的なエクスポージャーが存在している。その存在は、ファンドそのものの現存期間が短期であるため、覆い隠されているかもしれない」と述べ、大きな下落の可能性を予測した。すなわち、プラスで意味のある過去のアルファは、まれに発生するイベントのリスクの結果生じたというのである。彼らがいう通り、そのまれなイベントは2000年代の終わりにかけて発生した。アスネスがヘッジファンドの定義の中で述べたように

「100年に一度の洪水が3〜4年ごとに発生する」のである。

ヘッジファンド業界

ほとんどの個別のヘッジファンドのスタイルがショート・ボラティリティである とするなら、ヘッジファンド業界全体もまたプットのショートであるというのは驚 くことではない。Jurek and Stafford（2012）によると、アウト・オブ・ザ・マ ネーのプットを売る単純な戦略は、ヘッジファンド指数のリスク特性と正確に一致 しており、しかもヘッジファンドより実際のパフォーマンスがよい。1996〜2010年 のサンプル期間で、ヘッジファンドのリターンは米国短期債（T-bill）に対して 6.3％の超過リターンであった。その一方、このデリバティブ証券を用いた戦略の 超過リターンは同期間で10.2％であった。

ヘッジファンドがショート・ボラティリティであるので、多くのアセット・オー ナー、特に年金基金がヘッジファンドを保有する一方で、ボラティリティ・プロテ クションを購入するのは矛盾している。ヘッジファンドがちょうど逆のエクスポー ジャーを有しているためである。市場ポートフォリオに戻るために（いつも気前よ く）二度払いすることになるのである。

3.6　レバレッジ

ヘッジファンドを特徴づける特性の一つがレバレッジを活用することであり、 ヘッジファンドは、資産運用業界内でレバレッジを最も多く活用している。特に （通常は）あまり変動しない原証券を対象にしている債券ヘッジファンドが、投資 家が望むリターン・ボラティリティの水準に目標設定するためにレバレッジを活用 している。ヘッジファンドは、時間の経過とともに変わる投資機会に応じてレバ レッジを調整する。そして、最終的に、ヘッジファンドは、レバレッジがなければ 十分な収益性がない戦略において、リターン（もしくは不幸にして損失）を高める ためにレバレッジを活用する。

Ang, Gorovyy, and van Inwegen（2011）は、ヘッジファンドのレバレッジの検 証を行った。この論文の執筆時、ヘッジファンドはレバレッジを公表しておらず、 我々の論文は現実のレバレッジ比率を用いたヘッジファンドのレバレッジに関する 最初の研究であった。現在では、SECがヘッジファンドのレバレッジの報告を入手 しているので、規制当局はヘッジファンドの借入れ状況に関して、よりわかるよう になっている（投資家はおそらくわからないだろうが）。

我々は、ヘッジファンドの平均的なレバレッジは高くないことを明らかにした。

いくつかの（債券の）ヘッジファンドにはレバレッジ比率が30倍を超えるものもあるが、ヘッジファンド全体では、図17.8で見るように、2～3倍である（左軸の実線）。これは、ヘッジファンドの半分が株式であり、株式ヘッジファンドのレバレッジが、平均するとあまり大きくないためである。さらに驚くべき事実は、ヘッジファンドのレバレッジが投資銀行のレバレッジに対して逆張りになっていることである。著者は、それまではヘッジファンドのレバレッジ方針は、投資銀行のミニ版と考えていたため、このことに驚いたのである。

　図17.8では、商業銀行、投資銀行（金融危機時に大手投資銀行のいくつかが商業銀行に転換した）、金融セクターのレバレッジを重ねて示してある（右軸）。2007年より前は、ヘッジファンドのレバレッジはおおよそ2～3倍であった。ヘッジファンドのレバレッジは金融危機の前年である2007年に低下し始め、2008年の第4四半期と2009年の第1四半期の1.5倍を割り込んだところで底入れした。投資銀行のレバレッジは、まさに逆のパターンである。2008年に株価が下落するにつれて、レバレッジは増大し、ピークでは40倍を超えた。この時、ヘッジファンドのレバレッジ

図17.8　ヘッジファンドと金融セクターのレバレッジ推移

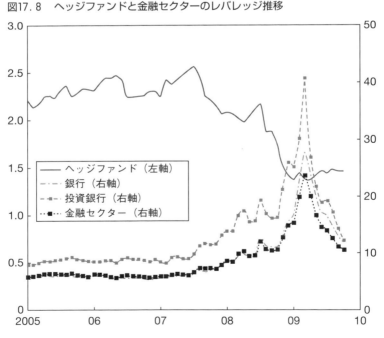

は最も低い状態にあった。

3.7　要　　約

　ヘッジファンドはファクター・リスク、特に株式リスクとボラティリティ・リスクを寄せ集めたものである。ほとんどのヘッジファンドはショート・ボラティリティであり、ほとんどの場合は安定したプラスのリターンを生み出すが、時にひどい損失に見舞われることがある。こうして、ヘッジファンドに配分するために平均分散最適化ツールを活用するのは、平均と分散のみに注意を払う投資家（著者は見たことがない）でない限り、危険である。壊滅的な損失に注意を払うのなら、第2章で論じたように「スチームローラーの前で小銭を拾う」戦略を実行する資産配分ツールが必要になるのである。

4　エージェンシー問題

　ヘッジファンドは1940年法に従っていないので、エージェンシー問題を緩和でき、エージェント（ヘッジファンド・マネージャー）とプリンシパル（アセット・オーナー）の利害がより一致する非線形の実績連動型契約を採用することができる。

4.1　契　　約

　ヘッジファンドは、エクスペンス・レシオ（*経費率*）とも呼ばれる*運用管理報酬*を請求する。典型的な運用管理報酬は2％であり、ファンドの*純資産残高*（NAV）と呼ばれるファンドの（レバレッジが掛かっていない）資産額に対して徴収される。

　また、パフォーマンス・フィーあるいはインセンティブ・フィーである成功報酬も請求する。典型的な成功報酬は20％であり、対ベンチマーク純益に対して計算される。一般的なベンチマークはLIBORのような短期金融市場のベンチマークやS&P500指数もしくは他の一般的な市場指数、あるいはゼロのような固定値である。

　成功報酬は、複雑な報酬構造になり得る。ヘッジファンドにハイ・ウォーターマーク（訳注：成功報酬を決める際に基準となる価額）がついていると、過去の最高のNAV実績を超えたときにのみNAVに対して成功報酬が徴収される。例えば、ヘッジファンドのNAVが以下のように推移する場合を想定してみよう。

第17章　ヘッジファンド　717

時点	1	2	3	4
NAV	100	120	110	145

　時点3では、NAVがハイ・ウォーターマーク120より小さいため、成功報酬は徴収されない。時点4で、ヘッジファンドが損失を取り戻し、NAVは145になっている。成功報酬は、時点4で支払われ、ファンドのウォーターマークは145になる。仮に4％といったハードル・レートが設定されていると、リターンが4％を超えたときのみ、成功報酬が支払われる。ハイ・ウォーターマークとハードル・レートの両方があると、成功報酬は、両方の条件を満たしたときのみ支払われる。

　運用管理報酬と成功報酬の典型的な組合せは、2％＋20％（2／20）であり、様々なバリエーションがある。ジェームズ・シモンズによって創設されたルネッサンス・テクノロジーズ社のメダリオン・ファンドは最高のパフォーマンスをあげているヘッジファンドの一つであり、ヘッジファンドの歴史上、最も優れたファンドであるかもしれない。このファンドは5％の運用管理報酬と44％の成功報酬を課している（今は、閉鎖しているから新規投資はできない）。すべてのファンドの平均的な運用管理報酬は1.4%、成功報酬は16%である。より小規模な運用機関はより低い運用管理報酬で、より高い成功報酬が一般的である（そして、小規模な運用機関ほどパフォーマンスが優れている傾向にあることは忘れてはならない）[39]。

　最後にヘッジファンドは、投資家が資金を引き出すときに*解約手数料*を徴収することがあることを指摘しておこう。

インセンティブ調和

　成功報酬は、よりよいパフォーマンスをもたらすのだろうか？　答えはイエスである。Ackermann, McEnally, and Ravenscraft（1999）は、成功報酬がないヘッジファンドから、20％の成功報酬を徴収すること以外、他の条件がまったく同じであるヘッジファンドに乗り換えることで、シャープレシオは0.15向上することを示した。Agarwal, Daniel, and Naik（2009）は、よりよい経営上のインセンティブのあるファンドは、よりよいパフォーマンスをもたらし、それはエージェンシー理論と整合的であることを明らかにした。特に、ヘッジファンドの運用がうまくいっているときに、ファンド・マネージャーへの報酬が増えるほど（専門用語では、成功報酬の*パフォーマンス感応度*と呼ぶ）、ヘッジファンドのパフォーマンスはよりよくなる。ハイ・ウォーターマークのついたヘッジファンド、そしてそのマネー

ジャー自身の自己資金の投入が多いほど、パフォーマンスはよりよい傾向にある。

　一方で、アセット・オーナーは、過去の好成績のおかげで報酬が増えるヘッジファンドには用心深くあるべきである。Agarwal and Ray（2012）は、ヘッジファンドはしばしば報酬を変更するが、報酬が増えた後にパフォーマンスが悪化することを明らかにした。また、アガーワルとレイはヘッジファンドが報酬を低くするときには（しばしば平均以下の）パフォーマンスが変わらないことを明らかにした。

　開示不足やコントロールの欠如は投資家を傷つける。ヘッジファンドのリターンがいかにもて遊ばれているかということ（本章3.1節参照）、そして投資家のコントロールが及ばないことによっていかにマネージャーが報酬を最大化するために勝ち目のない投資を長引かせているかということを、Lack（2012）がつぶさに語っている。アセット・オーナーは、曖昧さがあれば詐欺が芽生えることに注意すべきである。多くのヘッジファンドは、法的かつ規制の必要事項に抵触することを含めて、オペレーション上の問題から痛手を被る。Brown et al.（2012）は、オペレーショナル・リスクが、貧弱なパフォーマンスにつながりやすいことを明らかにした。不幸にして、多くの投資家は単純に過去のパフォーマンスでヘッジファンドを追いかけており、オペレーショナル・リスクは、アセット・オーナーのヘッジファンド選択結果に影響を及ぼしていないようである。

4.2　報　　酬

　ヘッジファンドの報酬は高い。

ヘッジファンド・マネージャー報酬長者番付

　表17.9に、アルファ誌が編集した2011年の稼ぎ頭のヘッジファンド・マネージャーを示している。2011年で最も高い報酬を手にしたヘッジファンド・マネージャーは、ブリッジウォーター・アソシエイツ社を率いているレイ・ダリオで、39億ドルを稼いだ。ダリオは2010年も31億ドル稼ぎ、報酬長者番付リストに登場している。ブリッジウォーター社は、リストの第7位に並んでいるグレッグ・ジェンセンとロバート・プリンスの二人にも莫大な富を与えている。第3位のマネージャーのジェームズ・シモンズは2011年に21億ドルを稼いだ。彼は2010、2009年もリストにあり、2年で25意ドルを稼いだ。

　トップのCEOの報酬はどうだろうか[40]？　表17.9の下の欄にフォーブス誌が編集した2011年のCEO報酬長者番付を併記している。第1位のCEOと第1位のヘッジファンド・マネージャーの報酬額に一桁の違いがあり、比較可能にするためにトッ

プのCEOの報酬を少なくとも10倍する必要がある。この通り、稼ぎ頭のヘッジファンド・マネージャーの報酬は極端に高額である。が、ヘッジファンド・マネージャーになろうと直ちに飛び出そうとする前に、報酬長者番付に載るようなマネージャーは例外であることを忘れてはならない。典型的なヘッジファンドのライフ・サイクルは短い。ほとんどのヘッジファンドは2～3年で寿命が尽きる。そして、読者は最も低い報酬のマネージャーの名前を聞いた試しはないのである。

表17.9のような高額な報酬の原資を作る方法は多くある。ダリオ、ジェンセン、

表17.9　ヘッジファンド・マネージャーとCEOの報酬長者番付（2011年）

ヘッジファンド・マネージャーの報酬長者番付			
1	レイ・ダリオ	39億	ドル	ブリッジウォーター・アソシエイツ社
2	カール・アイカーン	25億	ドル	アイカーン・キャピタル・マネジメント社
3	ジェームズ・シモンズ	21億	ドル	ルネッサンス・テクノロジーズ社
4	ケネス・グリフィン	7億	ドル	シタデル社
5	スティーブン・コーエン	5億8,500万ドル		SAGキャピタル・アドバイザーズ社
6	チェース・コールマン	5億5,000万ドル		タイガー・グローバル・マネジメント社
7	グレッグ・ジェンセン	4億2,500万ドル		ブリッジウォーター・アソシエイツ社
8	ロバート・プリンス	4億2,500万ドル		ブリッジウォーター・アソシエイツ社
9	イスラエル・イングランダー	3億5,700万ドル		ミレニアム・マネジメント社
10	アラン・ハワード	3億5,000万ドル		ブレバン・ハワード社

（出所）　アルファ誌

CEO報酬長者番付		
1	ジョン・ハンマーグレン	1億3,200万ドル	マッケソン社
2	ラルフ・ローレン	6,700万ドル	ラルフ・ローレン社
3	マイケル・ファシテリ	6,400万ドル	ボルナード・リアルティ社
4	リチャード・キンダー	6,100万ドル	キンダー・モルガン社
5	デビッド・コート	5,600万ドル	ハネウェル社
6	ジョージ・パス	5,100万ドル	エクスプレス・スクリプツ社
7	ジェフリー・ボイド	5,000万ドル	プライスライン・ドットコム社
8	スティーブン・ヘムズリー	4,800万ドル	ユナイテッドヘルス・グループ社
9	クラレンス・カザロ	4,400万ドル	マラソン・オイル社
10	ジョン・マーティン	4,300万ドル	ギリアド・サイエンシズ社

（出所）　フォーブス誌

720　第Ⅲ部　委託ポートフォリオ運用

プリンスのブリッジウォーターは、クオンツのマクロファンドだ。ルネッサンス・テクノロジーズは秘密主義で、テクニカルなアルゴリズムをもったクオンツ会社である。カール・アイカーンのファンドは、イベント・ドリブンに分類され、アクティビスト（訳注：物言う株主）としての技術を用いており、その積極的さゆえに市場はそれを「アイカーン・リフト」（訳注：アイカーンが買うことによって株価が上がるということ）と呼ぶ。ブレバン・ハワードはマクロファンドであり、（クオンツのシステマティックとは逆に）裁量性の高いポートフォリオを運営している。表17.9には女性はいない。

ヘッジファンドの報酬はコール・オプション

トップのヘッジファンド・マネージャーが多額の報酬を得るのは、多額の運用管理報酬と成功報酬があるからである。成功報酬はオプションである。すなわち、ヘッジファンド・マネージャーは、何も起きなくても2％の運用管理報酬を受け取り、それに加えて、パフォーマンスがよいときには20％の成功報酬を得るのである。このペイオフは本質的に下に強い凸状の形をしており、上に凸のペイオフをもつヘッジファンド戦略とは鏡像関係にある。つまり、ヘッジファンドの報酬契約は、コール・オプションのロング、ロング・ボラティリティであり、一方で、ファンドの運用で採用されている戦略は、ショート・プット・オプションであり、ショート・ボラティリティなのである。

成功報酬はコール・オプションを続けて保有するようなものであるため、ヘッジファンド・マネージャーにリスクをとらせることになる[41]。それが報われてライバルを打ち破れば、ダリオやシモンズの隣に座ることができる。運用がうまくいかなくとも何も失わずに2％の運用管理報酬を得ることができる。もちろん、投資家は損失を被る。最悪のケースでは、運用成果が相当ひどく、店を閉じなければならない。でも失敗の後で、新しいヘッジファンドを立ち上げればよい（これは*再出発のオプション*であり、第15章で見たような*暗黙の契約*である）。失敗したLTCMの前パートナーは、それを行った。1998年にLTCMが破産した後、マイロン・ショールズは、プラチナムグローブ・アセット・マネジメント社を立ち上げた。2008年には多くのヘッジファンド同様に損失を被り、投資家の解約を停止した[42]。ショールズは2011年にプラチナムグローブ社を引退した[43]。LTCMのもう一人のパートナーであるジョン・メリウェザーはJWMパートナーズ社を元LTCMの同僚と立ち上げた。しかし、金融危機での損失後、会社を閉鎖した[44]。クオンツの崩壊や金融危機後、GSAMのクオンツ・ファンドから、不死鳥のように新しいヘッジファンドが

出てきた。GSAMのグローバル・アルファ・ファンドの共同ヘッドであったマーク・カーハートは、ケポス・キャピタル社を立ち上げた。また、共同マネージャーだったイワノフスキは、シーカーアセット・マネジメント社を立ち上げた。

　成功報酬のオプション価値は、大体3〜4％である。それはGoetzmann, Ingersoll, and Ross（2003）が最初に示した。著者の教え子であるSergiy Gorovyy（2012）はPhD論文で、様々な成功報酬体系について、等価となる固定の運用管理報酬（トータルで同じ報酬になる）を推定した。それによれば、通常の2／20契約は、6.4％の運用管理報酬と等価となるという。これにハイ・ウォーターマークを加えると等価な運用管理報酬は5.8％に低下し、さらにハイ・ウォーターマークと4％のハードル・レートを組み合わせると5.3％となる。平均的なアクティブ運用型ミューチュアル・ファンドの報酬は1％未満であり、ヘッジファンドの報酬が非常に高いことがわかる。

　アセット・オーナーは、高い報酬を支払うことを心配すべきではないが、それは高いパフォーマンスが出ているときにだけいえることである。悲しいことに、この状況は、現在のヘッジファンドでは生じていない。Lan, Wang, and Yang（2012）は、ヘッジファンドのレバレッジとバリュエーションのモデルを作成した。標準的な2／20契約では、ヘッジファンド・マネージャーは、自分の報酬を正当化するために、20％のAUM増加分を作り出さなければならない。Lan, Wang, and Yang（2012）はまた、成功報酬がヘッジファンド・マネージャーの報酬のごく一部、すなわちわずか4分の1にすぎないことを明らかにした。この結果は、経営の所有権や、新しいマネー・フロー、再出発のオプションといった他の効果を付加しても変わりがない。ヘッジファンドの運用管理報酬が成功報酬を大きく上回っているのである。

　ヘッジファンドは1940年法に縛られていない。そのため、最高の報酬体系への実験の大きな機会が存在している。ヘッジファンドの運用管理報酬は、ヘッジファンド・マネージャーの報酬全体の1〜2％程度の少額であってほしいと思う。すなわち、0.25％の運用管理報酬に50％もしくはそれ以上の成功報酬という契約が、より望ましいかもしれない。アセット・オーナーは、小規模ファンドに対して、間接費と経費をカバーするために、*従量制の報酬*よりも*固定報酬*での支払を検討するかもしれない。比例コストは非常に小さくあるべきである。というのも、ほとんどの投資家にとっての機会コストは、低コストのインデックス・ポートフォリオだからである。ルネッサンス・テクノロジーズ社のメダリオン・ファンドが高い成功報酬を

徴収するのは正しく、著者はそれが現在の契約より高くさえあるべきで、逆に運用
管理報酬は一桁低くあるべきだと確信している。ベンチマークもまた、変更される
べきである。多くの適切なベンチマークは、ファクター・ベンチマーク、特にボラ
ティリティ・リスクに関連したファクター・ベンチマークである。というのも、
ヘッジファンドは、ボラティリティと、他の動的もしくは投資ファクター（下記と
第7章参照）でほとんどの運用を行っているからである。

4.3　流動性のコスト

　ヘッジファンドは、多くの方法で流動性を制限しており、*ロックアップ*の期間中
は、投資家は資金を引き出すことができない。典型的なロックアップは3～6ヵ月
であるが、2年以上というのもある。LTCM社は当初、3年のロックアップ期間
であり、自ら会社名に「長期」という言葉をつけているくらいである[45]。エドワー
ド・「エディ」・ランパートによって運営されているESLインベストメンツ社は、5
年のロックアップ期間である。ピーター・ミューラーは2012年にモルガン・スタン
レー社をスピンアウトし、PDTパートナーズ社を設立したが、7年のロックアッ
プ期間である。10年のロックアップ期間のファンドでさえ存在している。また、多
くのヘッジファンドでは、長期のロックアップになるほど低い報酬になる、または
その逆の関係になるというように、流動性と報酬がトレードオフになる契約を提供
している。

　もしヘッジファンドが*通知期間*を設定していると、資金を引き出したい投資家
は、特定の日（例えば四半期初）までに通知しなければならず、通知期間の終わり
（例えば四半期末）まで資金の受取りを待たなければならない。この苦痛の期間
を、複数四半期にまで引き延ばしているいくつかのファンドがある。SACキャピ
タル・アドバイザーズ社は、四半期ごとの引き出す金額はわずか25％までとしてい
た。そのため、すべての資金を引き出すには1年を要していたのである[46]（2013年
11月、SAC社は証券詐欺と通信詐欺の罪を認め、18億ドルの罰金を支払い、外部
の投資家の資金運用を停止した[47]）。

　最後の手段として、ヘッジファンドは資金の引き出しを制限または完全*停止*でき
るというゲート*条項*を盛り込むことができる。

　ヘッジファンドは、ロックアップによって、もし悪環境期に投資家が資金を引き
出す可能性があれば実行が難しい戦略を追求することができる。すなわち、ボラ
ティリティの売りが長期のリスク・プレミアムを獲得するのは、ボラティリティが

跳ね上がり、価格が暴落するときにも継続できるという場合だけである。ファンド
は、ロックアップがあるために、より流動性の低い資産を保有することで流動性の
リスク・プレミアムを獲得することができるのである（第13章参照）。Aragon
（2007）は、ロックアップのついたヘッジファンドは、それがないヘッジファンド
に比べて4～7％高いリターンを獲得していることを明らかにした。

　ゲート条項と引き出し停止によって、ヘッジファンドはイーグルスの歌「ホテ
ル・カリフォルニア」のようになる。投資家がファンドに資金の引き出しを要求し
ても（「好きなときにチェック・アウトできるが」）、ヘッジファンドは資金を返そ
うとしないだろう（「どうしても出ていくことができない」）。金融危機の間、多く
の投資家は劣悪なパフォーマンスのヘッジファンドから資金を引き出したがったが
しかし、身動きがとれなかった。これは2008～2009年の問題だけではなく、ヘッジ
ファンドはいつでも行き詰まり、その都度ゲート条項を発動する。チャペル・ヒル
にあるノースカロライナ大学基金の前ヘッドであるマーク・ユスコによって運営さ
れていた数十億ドル規模のヘッジファンドは、2年にわたる劣悪なパフォーマンス
を出した後、2012年10月にゲート条項を発動した[48]。

　アセット・オーナーにとって低流動性は高くつく。Ang and Bollen（2010a,
2010b）で、著者はロックアップと引き出し制限のコストを、リアル・オプション
を用いて計算している[49]。これは投資家が好きなときにファンドから資金を引き上
げられる権利であるオプションを放棄するが、このオプションを最も行使したくな
るのはファンド・マネージャーが価値を破壊したときである。この権利を行使した
いときとはまさに、ヘッジファンドから退出を許されないときである。3～6ヵ月
のロックアップ期間は、2％程度のコストとなるというのが推定値である。2年の
ロックアップ期間のコストは4％である。仮に、悪環境期にヘッジファンドがすべ
ての解約を停止し、投資家が最も解約を望むときに資金を流動化するオプションを
無効にするとすれば、流動性コストは15％にまで上昇する。

4.4　将　　来

　ヘッジファンドは消え失せてはいないし、いくつかのファンドは相当大きなリ
ターンを獲得している。しかし、ほとんどのヘッジファンドは、不透明で流動性が
低く値段が高い包装をほどこされたリスク・ファクターの仲介者にすぎないのであ
る。ボラティリティ、クレジット、サイズ、バリュー／グロース、そしてモメンタ
ムといった、多くのリスク・ファクターは、とりわけ長期の投資家にとっては魅力

的である。こうしたリスク・プレミアムにアクセスするよりよい方法があるだろうか？

多くのファクター戦略への参入障壁は低い。今では、ヘッジファンドに似た戦略を採用しているミューチュアル・ファンドが存在している。そのいくつかは、名称以外のあらゆる面でヘッジファンドそのものであるが、1940年法による投資家保護の対象になっている。これらのミューチュアル・ファンドのうち数ファンドは、ヘッジファンド運用機関によって、少額の投資家相手に事業を拡張するために設定されている（機関投資家のヘッジファンド投資に比べ、資金がより定着する傾向にある）。新しいETFは、これらファクター・リスク・プレミアムのいくつかに特化しており、ヘッジファンドが提示する2／20の報酬より廉価で、ヘッジファンドが提供しているリスク・エクスポージャーの多くにアクセスできる。そして、より多くの（そしてより報酬の安い）模倣者たちにとってこれらの戦略の多くは魅力的である[50]。同じ戦略を追い求める投資家が多くなって投資金額が積み上がると、それ自身がまたリスクとなる。このことは、2007年8月のクオンツの崩壊のような、さらなるイベントをもたらし得るだろう。アンドリュー・ローは「ヘッジファンド業界全体は、同じような戦略に取引が集中することの連続である」と述べている[51]。

イノベーションの余地は広大である。2013年の執筆時点で、大規模でなく、いつでも投資可能なボラティリティや流動性、モメンタムのファクター・ポートフォリオが存在している。それらは、グローバルに資産間にわたって分散され、非常に廉価（20〜30bp）な取引コストになるよう低い回転率で設計されており、一般投資家も投資可能である。S＆P500指数、ラッセル2000指数や類似のインデックス・ファンドのコストは、一般投資家向けが5〜10bpであり、機関投資家向けはゼロである（貸株があるので本当にそうなのだ）。しかし、ファクター・ポートフォリオの報酬は、ダイナミックに取引しているため、より高くなるであろう。大規模投資家（数百億〜数千億ドル）の中には独自のファクター・ポートフォリオを構築しているところもあるが、小規模なアセット・オーナーは同じことができない。一部のヘッジファンド運用会社はファクター・ファンドを導入しているが、コストは20〜30bpよりかなり高い（ただし、報酬は標準的な2／20よりもはるかに低いのが普通である）。ファクターが一般化され得るとしたら、ヘッジファンドにはより低い報酬へと報酬競争に陥るリスクはあるが、アセット・オーナーにとってはよいニュースである。ただそれには時間がかかりそうである。どうして廉価なファクター・ファンドがないのだろうか？

第17章　ヘッジファンド　725

最初のファクター・ファンド

　我々は低コストの株式インデックス・ファンドを当然のことと考えるが、1970年代にスタートした時には、成功するかどうかは明らかではなかった[52]。ミューチュアル・ファンド業界を中心とした伝統的なアクティブ運用機関は、報酬が高いアクティブ・ファンドを共食いする恐れがあるインデックス・ファンドを導入したくなかったのである。とりわけアクティブ運用のミューチュアル・ファンドが市場をアンダーパフォームしていることがその理由としてあげられる（第16章参照）。インデックスファンドを提供することは、自分にスキルがないことを認めるようなもので、タオルを投げるような気分だったに違いない。したがって、そのようなことはどのマネージャーも考えたがらない。初期のインデックス・ファンド開発者の一人であるオルドリッチ・バシチェックは「彼らは我々をクレージーだと思い、取引される残飯は何でも買いたいのか？　と問うた[53]」と述べている。

　Clayton Christensen（1997）は、ハーバード・ビジネススクールのマネジメントの教祖であるが、イノベーションを起こすのはアウトサイダー（特に小さな企業）だと説得力をもって示している。これは金融の世界においても真実である。大胆にもインデックス・ファンドを始めたのはウェルズ・ファーゴ銀行であるが、そこには株式の顧客はいなかった。ジョン・マクオウン、ジェームズ・バーティン、ウィリアム・ファウスの三人が運用開始の指示を出した。Bernstein（1992）は「彼らは、街に大学の式服を持ち込んだ」と述べているが、まさに言い得て妙である。なぜなら、マクオウンは、アセット・マネジメント部門をアカデミックな活力ある組織に変え、ブラック、ファーマ、ジェンセン、マーコウィッツ、ミラー、シャープ（多くがノーベル賞を受賞することになる）など金融学界の巨人たちがウェルズ・ファーゴ銀行で働いていたのである。

　最初のインデックス・ファンドは失敗であった。1971年にウェルズ・ファーゴ銀行は、サムソナイト年金基金がパイオニアとしてシードマネーを拠出した等金額インデックス・ファンドを設定した。取引に問題があり、やがて閉鎖になった。

　ウェルズ・ファーゴ銀行は、1973年に二つ目のファンドを設定し、成功した。それは、時価総額加重の現代的なインデックス・ファンドであり、その後のすべてのインデックス・ファンドのモデルになった。このファンドのためにウェルズ・ファーゴ銀行自身の年金基金が、イリノイ・ベル年金基金とともにシードマネーを拠出した。

　初期の頃にインデックス・ファンドを採用した会社は他に二つあったが、それら

726　第Ⅲ部　委託ポートフォリオ運用

もアウトサイダーであった。それはDFA社を設立したレックス・シンクフィールドが率いたアメリカン・ナショナル・バンクとディーン・ルバロンが率いたバッテリーマーチ社であった。どちらも今日でもよく知られている名前ではない。

現在では世界最大の資産運用機関の一つであるバンガード・グループがいなければ、インデックス・ファンドは、今でもニッチな投資のままであったであろう[54]。バンガード・グループは、1975年にジョン・ボーグルによって、革新的な組織構造で設立された。革新的な組織構造とは、会社がミューチュアル・ファンドによって所有され、ミューチュアル・ファンドの投資家はバンガード社に運営に必要な経費（それほど大きくはない）だけを支払うというものであった。バンガード社は「共同の」ミューチュアル・ファンド会社であり、ファイナンシャル・アドバイザーを経由せず、投資家に直接販売することで、低コストを維持した。同社が最初のインデックス・ファンドを設定したのは1976年である。そして、インデックス投資は、バンガード・グループの大きな努力のおかげで1980年代後半には、ほとんどの一般投資家の目に止まるようになり、1990年代の半ばから終わりにかけて、かなりの資金フローを引き寄せた。バンガード社は、今日では巨大ではあるが、最初は成功したとはいえなかった。しかし辛抱強く信念を貫き続けたのである。バンガード・グループの資産残高が、資産運用業界での社会的地位が認められる主要基準である10億ドルを超えたのは1998年のことであった[55]。

ほとんどの伝統的なアクティブ運用のミューチュアル・ファンド会社は、低コストのインデックス・ファンドの導入を強いられていた。Sharpe（1964）がCAPMモデルを開発した後、なぜ投資家にとってインデックス・ファンドが好ましいのかという説明がなされ、付加価値をつけていないというアクティブ運用のミューチュアル・ファンドの罪を立証する実証研究がJensen（1968）や他の研究者によって行われたが、それから30～40年が経過した。しかしながら今日でさえ、インデックス・ファンドはミューチュアル・ファンド全体の15％以下のシェアでしかない[56]。

バンガード社は、新しい産業組織（もちろん金融組織であるが、ここでは企業構造を専門的に扱う経済学の一分野の名前をとってこの用語を用いている）であった。Rose-Ackerman（1996）が論じたところによれば、夢想家はビジョンを共有するために非伝統的な企業構造（特に非営利企業、バンガードは非営利企業ではないが）に興味を惹かれるとのことである。そのビジョンとは、インデックス・ファンド以上のもの、すなわち、平均を目指し、廉価で、直接投資家に提供することを目指すという、新しい投資哲学であった。ボーグルの追随者とバンガード社のファ

ンが「ボーグル信者」と呼ばれるのは、理由があってのことである。

次世代のファクター・ファンド

今まで以上に廉価に動的ファクター・リスク・プレミアムにアクセスする手段を得ることにより、投資家はより豊かになるであろう。我々は、新世代のファクター（インデックス）ファンドを必要としている。それはヘッジファンドが戦略として採用しているファクターの低コスト版である。ファクターは、アセット・オーナーがより高い価値を得たりエージェンシー・コスト（第14章、第15章参照）を緩和したりすることを確実にするためのベンチマークとして活用できる。ヘッジファンドは今後も存在し続け、最高のヘッジファンドはファクター・リスク以上のものを提供するであろう。しかし我々は、ヘッジファンドのパフォーマンスの基準を引き上げるだろう。これらのファクター・リスクの分布の左端に大きな損失があるとするのならば、透明性の向上は、投資家がこうしたファクター戦略への最適配分を決める際に非常に役立つであろう。

今日の業界におけるイノベーションとファクター投資への認知の広がりは、新しく、廉価なファクター・ファンドの素晴らしい時代をもたらすだろう。2013年時点で、第7章で考察した動的ファクターに関して、低コストのS&P500指数インデックス・ファンドに似たものは、まだ出現していない。学術界で検討が始まってから、廉価なインデックス・ファンドが資産運用業界の本流に躍り出るまでに数十年かかった（学界での発見が産業界で広く採用されるには長い時間を要する）。1970年代終わりにマルチ・ファクター・モデルが発明された（Ross 1976）。しかし、ファクターに関する実証研究は、1990年代まで学術論文誌に広がることはなかった。それからすれば、低コストのマルチファクター・インデックス・ファンドがそろそろ導入されてもいいのだろう。最初のファクター・ファンド、つまり株式インデックス・ファンドの導入から、いくつかの教訓を引き出すことができる。

1 たとえアイデアがよくても、最初のバージョンは失敗する

私たちには実験が必要であり、失敗があるものと予想していなければならない。

2 アウトサイダーによって導入され、そして普及する

廉価な新しい商品を導入すれば高価で古い商品は劣悪に見えるため、それができるのは勇気あるヘッジファンド会社だけである。もしくは、真にスキルをもっているヘッジファンド会社がそれを行うようになるが、それらのファンドは、収益性の低い事業に移行するために収益性の高い事業をあきらめることになるのである。小規模でスタートしたばかりの会社がパイオニアになるであろう。しかしながら、

ファクター・ポートフォリオを最終的に本流に躍り出させる最初の企業ではないかもしれない。

3 広範に導入が進めば新しい組織設計が必要になるかもしれない

ヘッジファンドは、現在すでに、動的ファクター投資を実践している。しかしそれらは、ファクター投資を、低コストで広く利用できるようにする商品ではないようである。ヘッジファンドが手数料・運用管理報酬を引き下げたとしても、秘密主義や曖昧さは、単純で、十分に記述されているファクター投資とは正反対のものである。

4 最初の投資家がリスクをとることになるであろう

サムソナイト年金基金やイリノイ・ベル年金基金のようなインデックス・ファンドの初期の投資家は、伝統的な運用機関から敵視される、お墨付きのない、非伝統的な商品に投資するリスクをとったのである。これは大規模で本流にいるアセット・オーナーにとっては難しいことである。というのも、彼らは「受託者責任を全うする」という理由から、他のすべてのアセット・オーナーが実施していることを実施したいと思っているからである。ソブリン・ウェルス・ファンド（SWF）や数千億ドル規模の年金基金のような巨大な規模のアセット・オーナーは、インハウスでファクター・ポートフォリオを構築し、取引するスキルをもっている。小規模投資家は、ファクター投資の概念すら理解していないかもしれない。それゆえ、外部のファクター・マネージャーに委託する大規模だが巨大ではない洗練された機関投資家が、リスクをとる投資家かもしれない。こうしたアセット・オーナーは、ファクター・ポートフォリオをトレードするための資本を有しているが、専門的な知見を有していない。ファミリー・オフィス、大規模大学基金、革新的な年金基金は主要な候補である。しかし彼らには勇気が必要である。

5 再考：クオンツの崩壊

2007年8月のクオンツの崩壊は、一連のヘッジファンドが同じリスク・ファクターに対するエクスポージャーを保有していたことを示した。クオンツ・ファンドの大きな損失は、一つのクオンツ・ファンドが投げ売り価格で直ちに流動化する必要性があったことによって生じたのである。クオンツ・ファンドは、すべて同じ取引を行い、同じファクターへのエクスポージャーをもっていたため、一緒に下落した。2007年8月10日の回復は何が原因になり得たのだろうか？　あるクオンツ・ファンドの大規模な巻戻しが終わったことかもしれない。あるいは価格がフェアバ

リューからかけ離れて動いたため、クオンツ・ファンドが単純に戦略を止めたためだったのかもしれない。たぶん新しい資金が（GSAMのクオンツ・ファンドに30億ドルが注入されたように）その戦略に戻ったのかもしれない。理由が何であれ、クオンツの崩壊は、ヘッジファンドが絶対リターンの戦略ではなく、一般的なファクターにエクスポージャーをもっていることを示したのである。

　ヘッジファンドは、資産クラスではない。それはファクター・リスクを束ねたものである。最も重要なファクターは、株式市場リスクとボラティリティ・リスクである。特に、多くのヘッジファンドはボラティリティを売却しているため、ほとんどの期間は安定したリターンを上げるが、たまにそれが途切れてぞっとするような損失が出ることがある。ファクター・リスク戦略では、投資家は正常時に安定して積み上げたリターンが、たまに生じる大変動で損なわれる。ヘッジファンドはこれらの動的ファクターにアクセスする現時点で唯一の大規模な組織形態である。しかし、待望される低コストのファクター・ポートフォリオの導入が、その状況を変貌させるだろう。

　ヘッジファンドはオルタナティブ・ベータではなく、高価なベータなのである。

［注］

1　これは、「The Quant Meltdown：August 2007」CaseWorks ID #080317に基づく。また、Khandali and Lo（2007）、Daniel（2009）も参照。

2　「The Quant Meltdown：August 2007」CaseWorks ID #080317で、各種報道資料をもとに作成した表2に、複数のクオンツ・ヘッジファンドの2007年8月のパフォーマンスが記載されている。

3　Patteeson, S and A. Raghavan「August Ambush：How Market Turmoil Waylaid the 'Quants'」ウォール・ストリート・ジャーナル紙、2007年9月7日参照。

4　Larsen, P.「Goldman Pays the Price of Being Big」フィナンシャル・タイムズ紙、2007年8月13日参照。

5　Whitehouse, K.「One Quant Sees Shakeout for the Ages −'10,000 years'」ウォール・ストリート・ジャーナル紙、2007年8月11日参照。

6　Xydias, A.「Market Turmoil is 'Perfect Storm' for Quant Funds」ブルームバーグ、2007年8月10日参照。

7　Cahill, T.「Goldman Said to Shut Global Equity Opportunities Fund」ブルームバーグ、2010年1月22日参照。

8　LaCapra, T. L. and Herbst−Bayliss, S.「Goldman to Close Global Alpha After Losses」ロイター、2011年9月16日参照。

9　Chung, J.「Living Very Large」ウォール・ストリート・ジャーナル紙、2012

年2月10日参照。

10　Tully, S.「Cliff Asness：A Hedge Fund Genius Goes Retail」CNNマネー誌、2011年12月9日参照。

11　ヘッジファンドについては、Stulz（2007）とLo（2010）が優れた要約をしている。Logue（2007）著の『Hedge Funds for Dummies（邦題：初心者のためのヘッジファンド）』はまったく初心者向けではない。タイトルに騙されてはならない。

12　ヘッジファンドは1940年法から免除される一方で、1933年証券法や一般的な詐欺防止法といった別の法律や規則を順守しなければならない。コモディティ・トレーディング・アドバイザー（CTA）やコモディティの合同運用もダイナミックなファクターにエクスポージャーをもつという点でヘッジファンドに似ている。それらは、先物、スワップ、先物オプション、スワップションをトレードするものであり、商品先物取引委員会（CFTC）に登録されている。

13　Perold, A.「Long-Term Capital Management, LP（C）」ハーバード・ビジネススクール・ケース9-200-009、1999年11月参照。

14　Mufson, S.「Amaranth's Losses Top 6 Billion」ワシントン・ポスト紙、2006年9月22日参照。

15　2011年の新規事業活性化法（JOBS法）制定以前は、ヘッジファンドは勧誘や宣伝が禁止されており、私募に限定されていた。この法律の施行で変わったが、2013年の執筆時点では、SECはまだ最終的なルールを施行していない。ヘッジファンドは宣伝できるようになったとしても、ヘッジファンド投資家は認定投資家であるか、適格購入者でなければならない。

16　あるヘッジファンドが、1億ドルを超える資産をもつ大規模な資産運用会社が運営するヘッジファンド・ファミリーに属している場合、会社全体として四半期ごとに証券保有状況を報告する必要がある（13(f)ファイリングと呼ばれる）。ただし、個々のヘッジファンドの保有状況については報告不要である。また、ショート・ポジションは13(f)の対象外である。

17　これはドッド＝フランク法4条における2010年私募ファンド投資顧問登録法に従うものである。

18　ヘッジファンドが複数の標準的なデータベースに報告することに伴うヘッジファンドの重複度は小さい。Fungand Hsieh（2006）は、研究者が使っている五つの主要なデータベースのすべてに報告しているヘッジファンドは3％未満であると報告している。また、Agarwal, Fos, and Jiang（2013）も参照。

19　HFRの報告データはより古くからあるが、初期のデータはラフなものが多い。これはすべてのヘッジファンド・データベースにいえることである。

20　Kosowski, Naik, and Teo（2007）、Fung et al.（2008）、Agarwal, Daniel, and Naik（2004, 2009）、Ding et al.（2009）、Getmansky（2012）参照。

21　ウォーレン・バフェットは、S&P500指数が、テッド・シーズとジェフリー・

タラントが運用するプロテジェ・パートナーズというヘッジファンドを、2008年1月1日を開始時点として10年にわたって上回るだろうという賭けに100万ドル投入した。これまでバフェットが勝っている。Burton, K「Buffet Seizes Lead in Bet on Stocks Beating Hedge Funds」ブルームバーグ、2012年3月12日参照。

22　Lim, T.「Institutional Investors Beware」Private Wealth、2013年1月4日から引用。

23　Fung and Hsieh（1997）、Brown, Goetzmann, and Ibbotson（1999）、Liang（2000）とAgarwal, Fos, and Jiang（2013）も参照。

24　複数の企業が投資可能なヘッジファンド指数を作成した。しかしそこにも大きな選択バイアスがある。グルーチョ・マルクスが「どの倶楽部が私をメンバーに招待しようとも参加を断る」と述べたように。

25　Aggarwal and Jorion（2012）は、透明性が高くなるとより低いリターンになるという関係を示す証拠がないことを明らかにした。実際、この結果は正反対のこと、すなわち、ヘッジファンドが透明であればあるほどリターンはより高くなるということ、を示唆している。

26　Liang（2001）とKouwenberg（2003）参照。ヘッジファンドは、パフォーマンスが悪いと通常は閉鎖によってリストから外れ得るが、目覚ましいパフォーマンスを上げて新規資金の受入れを停止してもその可能性がある。Jorion and Schwar（2013）は後者がわずか1％にすぎないことを報告している。

27　Reported in Chung, J.「A Volatile Investor Buys Into a Softer Approach」ウォール・ストリート・ジャーナル紙、2013年3月20日参照。

28　Ackerman, McEnally, and Ravenscraft（1999）、Hasanhodzic and Lo（2007）も「ヘッジファンドは付加価値を付け加えていない」との立場をとっている。

29　他に、Brown, Goetzmann, and Ibbotson（1999）、Ibbotson and Chen（2006）、Kosowski, Naik, and Teo（2007）、Jagannathan, Malakhov, and Novikov（2010）がある。

30　Agarwal, Daniel, and Naik（2009）、Boyson（2008）、Zhong（2008）、Fung et al.（2008）、Dichev and Yu（2011）、Getmansky（2012）、Mozes and Orchard（2012）、Ramadorai（2013）参照。

31　フェアフィールド・セントリー社のリターン・データは、Bernard and Boyle（2009）による。

32　しかしながら、Patton（2009）は個別のヘッジファンドのレベルで、ロング・ショートのヘッジファンドの4分の1超が、市場に対して統計的に有意であり、経済的にも大きなエクスポージャーを有していると論じている。

33　Agarwal and Naik（2004）、Fung and Hsieh（2004）、Lo and Hasanhodizic（2007）も参照。

34　これは実際にはリバランス戦略のペイオフと同様である。いかなる逆張り戦略も第4章で示したようにショート・ボラティリティである。ヘッジファンドはこ

732　第Ⅲ部　委託ポートフォリオ運用

の極端なものである。Lo（2001）は、この戦略を正確に用いて「アルファ」を創出するヘッジファンドの例を考案した。そして、そのヘッジファンドを洒落で「資本殺戮組（Capital Decimation Partners）」と名付けた。

35 いくつかのヘッジファンドはプット・オプションの買い手であり、多くの場合に少額の損失を出すが、市場が下落したときには大儲けする。ボラティリティ・リスク・プレミアムを得るためにボラティリティをショートする必要があることを考えれば、これらのファンドは長期では損失を被る。有名な悲観論者であるナシム・タレブは、ユニバーサ・インベストメンツ社でそうしたファンドに関係している。

36 これは過去高リターンであった多くの株式グループが、過去低リターンであった株式に比べてより高い将来のリターンをもたらすというモメンタムとは異なる。第7章参照。

37 Grinold（1989）「fundamental law of active management」（第10章参照）の基本法則の観点に立てば、クオンツは、相対的に高いチャンスがある数少ない賭けに出るより、プラスではあるが少額の金儲けのチャンスに多数の小さな賭けを行う。

38 Choi, Getmansky, and Tookes（2009）とAgarwal et al.（2011）参照。

39 Deuskar et al.（2011）参照。

40 CEOの報酬は、過去数十年で大きく増加した。Gabaix and Landier（2008）の議論によれば、これが最善の結果であり、この期間を通して大企業の時価総額も並行して増加したという。

41 Goetzmann, Ingersoll, and Ross（2003）、Hodder and Jack werth（2007）、Lan, Wang, and Yang（2012）参照。Panageas and Westerfield（2003）によれば、ヘッジファンドが無限の投資期間をもつ場合でも、各期間で外生的に終了する可能性があると、リスクをとるインセンティブが低下する。

42 Kishan, S.「Scholes's Platinum Grove Fund Halts Withdrawals After Losses」ブルームバーグ、2008年11月6日参照。

43 Comstock, C.「Founder Myron Scholes Retired From His Hedge Fund」ビジネス・インサイダー誌、2011年2月10日参照。

44 Burton, K., and S. Kishan「Meriwether Said to Shut JWM Hedge Fund After Losses」ブルームバーグ、2009年7月8日参照。

45 ロックアップ期間数に関しては、「Long-Term Capital Management, L.P.」ハーバード・ビジネススクール・ケース、1999年と、Andre Perold「All Locked-Up」エコノミスト誌、2007年8月2日と「Morgan Stanley Hedge Fund Spin-Off Wins $500M From Blackstone」FINalternatives、2012年10月10日参照。

46 Lattman, P.「Blackstone To Keep Bulk of Its Stake in SAC Fund」ニューヨーク・タイムズ紙、2013年2月15日参照。

47 Protess, B. and P. Lattman「After a Decade, SAC Capital Blinks」ニューヨーク・タイムズ紙、2013年11月 4 日参照。

48 Creswell, J.「After Weak Returns, the Endowment Fund Limits Withdrawals,」ニューヨーク・タイムズ紙、2012年10月30日参照。

49 Derman（2007）も参照。

50 これは「ヘッジファンド複製」戦略（Kat and Palaro（2005）参照）だけでなく、第14章の主要テーマである純粋なファクター・ポートフォリオも含んでいる。

51 Strasburg, J. and S. Pulliam「Pack Mentality Grips Hedge Funds」、ウォール・ストリート・ジャーナル紙、2011年 1 月14日参照。

52 インデックス・ファンドの歴史は、Bernstein（1992）とMacKenzie（2006）でその概略が述べられている。

53 MacKenzie（2006）から引用。バシチェクもまた債券で最も引用されている論文を書いているが、それはVasicek（1977）期間構造モデルを提唱するものである。

54 これは、Hubbard et al.（2010）からとったものである。

55 Bernstein（2010）が報告。

56 Pástor and Stambaugh（2012b）参照。

第18章

プライベート・エクイティ

第18章要約

　プライベート・エクイティ（PE）は資産クラスではない。PEにおいて通常使われているパフォーマンス尺度は、そもそもリターンではなく、しかもしばしば操作されることから、PEのパフォーマンス測定は容易ではない。PEは全体としてリスク調整後で上場株式をアウトパフォームしていないが、PEファンド間では大きなパフォーマンス格差がある。PEの契約は複雑であり、エージェンシー問題を改善するというよりはむしろ悪化させている。

1 サウスカロライナ州政府職員退職年金基金

　2011年1月にサウスカロライナ州の財務部長に任命された共和党員、カーティス・ロフティス・Jr.は解決すべき厄介な問題を抱えていた[1]。

　サウスカロライナ州の公的年金制度は245億ドルの負債を抱えており、他の多くの公的年金同様、重大な資金不足に面しており（第1章参照）、同年金基金の場合その額は144億ドルとなっていた。この穴を埋めるため、この年金基金は5年前にPEおよび他の流動性のないオルタナティブ資産に積極的に資金を移していた。この動きは2006年春に同年金基金の初代CIOに任命されたロバート・ボーデンにより主導されていた。

　2007年以前、サウスカロライナ州法は、上場市場で取引されていない投資対象に年金基金が資金をつぎ込むことを禁止していた。ボーデンはそれをひっくり返した。彼の派手な黄色いランボルギーニは、ウォール・ストリートの贅沢さをサウスカロライナの州都コロンビアに持ち込んだ。しかしその車自体はどうでもよいものであった。彼は、それまで伝統的な債券と上場株のみに投資されていた州職員の年金基金に、エキゾチックなPEとその他のオルタナティブを持ち込んだのである。

第18章　プライベート・エクイティ　735

PEとその他のオルタナティブ投資は、今や130億ドルに達し、年金基金の資産の半分以上を占めるまでになった。

ロフティスはこれらの奇妙な、流動性のない投資が付加価値を生み出しているのかどうか懐疑的であった。運用管理報酬は高く、2011年の1年間だけで、サウスカロライナ州は投資運用管理報酬として3億4,400万ドルの報酬を支払った。しかし、2012年6月30日に終了した年度において、年金基金が得られたリターンは18.6％であり、これはウィルシャー・トラスト・ユニバース・コンパリソン・サービスによれば、大手公的年金基金の平均リターン21.4％を下回るものであった。サウスカロライナ州は魅力的なPE投資に大きなエクスポージャーをもちながら、5年間のリターン4.0％もまた、他の基金の平均5.1％に劣後するものであった。

ロフティスとボーデンは衝突した。2011年の夏、ロフティスはボーデンのアポイントメントのスケジュールを見せるよう要請した。これはボーデンがいかに忙しいかを示すことで、投資担当者の新規採用を州議会に通しやすくすることを期待してのものであった。しかし、250億ドルの基金を担当していた男、ボーデンがもっていたのは、ほとんど予定の入っていないカレンダーであった（ボーデンは、カレンダーは不要で、予定はすべて頭の中に入っていると主張した）。ボーデンは退職してバージニア州の退職年金基金の運用者になると脅し、サウスカロライナ州職員退職年金投資委員会（RSIC）は彼に24万2,000ドルのボーナスを払うことを決めた。ロフティスはその支払に抗議し、後に6万5,000ドル減額された。ボーデンは2011年12月に退職し、マサチューセッツ州ケンブリッジにあるニューイングランド・ペンション・コンサルタンツ社に入社したが、同社はサウスカロナイナ州政府職員退職年金基金から独占的なビジネスを得ていたのである[2]。

ボーデンは去ったが、彼の遺産は残った。

デロイト・トウシュ・トーマツ社の報告書では、同基金のオルタナティブ資産の管理においていくつかの問題点が指摘されている。同基金は、運用会社を分析・監視し、さらに、報酬を評価するための標準手順書を有していなかった。

ロフティスは、高い報酬と、一般の納税者が理解できない複雑な専門用語に悩まされる日々にうんざりしていた。彼は「ウォール・ストリートの利益と、我々の利益のどちらが守られるべきか自問自答していた」と述べている。彼は、ある外部のファンド・マネージャーが徴収した運用管理報酬を考査し、その報酬が1,810万ドルもの高額の請求であったことを知った。しかし、そのファンド・マネージャーは「それは報告ミスだ」と述べたとのことである。

ロフティスは、サウスカロライナ州が複雑なPE取引から完全に足を洗うことを望んでいたわけではなかった。しかし彼は「ウォール・ストリートが販売する複雑な商品に依存していることに、基金はもっと気を配る必要があると思っている」と述べている。ロフティスは、ウォール・ストリートがサウスカロライナ州の年金基金を誘惑した数々の逸話を披露した。ファンド・マネージャーはトレンディなナイトクラブでミーティングを開き、また、ディナーに招待し、彼をグラビア・モデルの隣に座るように手配した。ロフティスは「これは、プライベート・ジェットに乗り、セントラル・パークを見下ろす大きなアパートに住み、エキゾチックな生活を送る人々の世界だ」と述べている。

2 業界の特徴

2.1 プライベート・エクイティとは

プライベート・エクイティ（PE）の歴史は非常に古い。コメンダ契約は、10世紀に商船の資金調達のために生まれた契約で、運営権をもたない出資者が一部またはすべての資金を提供する一方、航海を行う主導的な船主が存在するというものである。両者は利益を共有するが、出資者はその航海に供与した資金のみを失う可能性がある（負債は限定されていた）。その一方、船主の負債には上限がなかった。コメンダ契約はベネチアを、暗い霧のかかった沼地からLa Serenissima（訳注：高位の国、ベネチア共和国）に変えた[3]。

今日、PE投資は組織立った取引所を経由せず、投資家間で直接取引される、私的に所有されている企業への投資である[4]。投資は一般的に、リミテッド・パートナーシップ（投資事業有限責任組合）の形態で組成されたPEファンドを通じて行われる。年金基金や大学基金といったアセット・オーナーはファンドに投資し、有限責任組合員（リミテッド・パートナー、LP）となる。ファンドは無限責任組合員（ジェネラル・パートナー、GP）であるKKR社やクライナー・パーキンス社といったPE運用会社により管理される。ファンドそのものは、流動性のないビジネス（ポートフォリオ企業と呼ばれる）に投資する。

PE運用会社はLPから資金を以下のコミットメント形式で調達する。LPは、ファンドが開始した時点（または、ビンテージ（訳注：厳密には最初の投資が行われた年をビンテージ・イヤーと呼ぶ））からあらかじめ定められた日もしくはファンドが清算されるまでの任意の時点において、要請に基づき資金を振り込まなければな

第18章　プライベート・エクイティ　737

らない。LPには出資最大額（コミットメント金額）が課せられている。例えば、アセット・オーナーはPEファンドの運用期間にわたり1億ドルを提供するといった約束を行う。GPが1年目に2,000万ドルの振込みを要請（訳注：コールと呼ぶ）したとすると、残りの8,000万ドルはその後にコール可能なものとして残る。いったんコミットすると、投資家は、ファンド期間中はファンドにとどまることが期待される。LPコミットメントのセカンダリー市場はあるが、非常に取引は薄く、ディスカウントは大きい。

2.2 プライベート・エクイティと上場株式の比較

表18.1はPEと上場株式を比較したものである。まず明らかな違いとして、上場株式は取引が市場に集中し、容易に取引できる（すなわち流動性がある）のに対し、PEは相対取引であり、売買が難しい（流動性に乏しい）。相対取引には調査上の障壁も存在する。すなわち、取引相手を探すことや、投資家がポートフォリオ企業の根源的価値を評価する際に直面する情報面での不利を克服しなくてはならないことを意味する。また、アセット・オーナーと投資先候補のGPは、互いを発掘し、評価をし合わなければならず、これもPEファンドを立ち上げる際の調査上の障壁となる。PEのセカンダリー市場における売買コストは非常に大きい。例えば、ハーバード大学基金は金融危機の間、PEファンドをイグジット（訳注：投資資金の回収）するにあたり50%のディスカウントに直面した（第11章参照[5]）。

上場株式は即時に客観的な評価が可能であり、また、市場価格によって容易に検証できる。一方、PEは評価が困難である。評価プロセスは頻繁には行えず、主観的であり、（不必要、かつ、神秘的に）複雑である。PEファンドは10年前後の期間を前提にスタートするが、多くのファンドはそれ以降も延長され、時には15年を超

表18.1　上場株式とプライベート・エクイティの特性比較

	上場株式（S&P500）	プライベート・エクイティ（PE）
市場	集中されており流動性がある	相対であり流動性がない
取引コスト	ほとんどないか小額	非常に大きい
評価	リアルタイムで容易に取得でき客観的	取得が難しく主観的でありかつまれにしか取得できない
保有期間	短期	長期（10年前後）
契約	標準的	複雑

738　第Ⅲ部　委託ポートフォリオ運用

える。このように、最終的な清算が行われるまでの10年またはそれ以上の期間、PEファンドの真のリターンは計算不可能なままである。PEの投資期間が長期であることは、投資家がPEポジションを容易にリバランスできないことを意味しており、したがって、第13章で論じたように、標準的な（通常、平均・分散）ポートフォリオ選択モデルは不適切なものとなる。

最後に、流動性のある資産への投資契約は全般に、標準化され透明性が高い。PEの投資契約は、投資家により多くの努力と勤勉さを要求する。

2.3　プライベート・エクイティの種類

PEにはいくつかの種類がある[6]。レバレッジド・バイアウト（または単にバイアウト）ファンドは、高い水準のデット（債務）を用い（バイアウト・ファンドの平均的なレバレッジ比率は3である[7]）、成熟した企業、時にすでに上場している企業を買収する。このサブクラスはPEの中で大半の資金が向けられている領域であり、時にPEという用語はバイアウト・ファンドを指すものとして使われることがある。本章において著者は、幅広いPEを対象とすることとする。

ベンチャー・キャピタル（VC）ファンドは、レバレッジをほとんど、またはまったく用いず、発展段階の初期のステージにある企業を取得する。エンジェル投資家とはVC投資家の中の特殊なタイプであり、VCファンドのように外部投資家から集めた資金に頼ることなく、通常自身の資金のみを用いる。エンジェル投資家は、ガレージで始めたスタートアップ企業のような、発展段階の初期の企業に特化している。アップル社、グーグル社（両社とも実際にガレージでスタートした）、アマゾン社、およびYouTube社は、いずれもこの方法で資金調達している。これらの企業がハイテク企業であることは偶然ではないが、他の領域に特化しているVC運用会社もあり、VCは高成長のスタートアップ企業に資金を振り向けている。

不動産PEファンドは、物件、または不動産開発案件に投資をする。不動産ファンドのレバレッジは高めの傾向がある。

メザニン・ファンドは非上場企業向けの貸付金をポートフォリオとしている。これらのファンドが保有する債務（デット）は「メザニン」という用語がシニア・デットより下にランクされるということを指し示しているように、優先順位が低い。メザニン・ファンドの中には、バイアウト・ファンド、または不動産ファンドと共同で投資に当たるものもある。メザニン・ファンドは非上場企業が発行した社債の受け皿でもある。

第18章　プライベート・エクイティ　739

インフラストラクチャー・ファンドは、空港、鉄道、高速道路、および公益資産を含むインフラストラクチャー投資に資産を集中させる。

ディストレスト・ファンドは、倒産もしくはほとんど倒産状態にある不振企業に特化している。これらのファンドのGPは、不振企業を健全企業に転換させる企業再生に専門性を有している。

ファンド・オブ・ファンズ（FoFs）は、ヘッジファンドにおけるそれと同様で、異なった複数のPEファンドに投資する。中には上場しているFoFsもある[8]。

PEセカンダリー・ファンドは、すでにPEファンドに投資しているLPから投資持分を買い取る。これらのファンドは既存LPにイグジットの機会を提供する（セカンダリーPE市場については第13章で説明している）。金融危機の際には壊滅状態に陥ったLPを利用してセカンダリー・ファンドを立ち上げた、機転の利いた投資家もいた。

また、LPはPEファンドと一緒に共同投資の形で、個別企業に直接投資することもある。

2.4　プライベート・エクイティ・コミットメントの順張り性

機関投資家はPEに対して順張りとなる傾向がある。すなわち、投資先企業のビジネス環境のピークで、PEファンドに資金を注入してしまう[9]（これらの機関投資家は、個人がミューチュアル・ファンドに投資するのと同様に順張り的な性格をもっている。第16章参照）。価格が高く、直近の分配金額が大きい時期には資金が大量に流入するが、その後の期待リターンは低くなる。PEを専門とする二人の著名な教授であるPaul Gompers and Joshua Lerner（2000）は、これを「収益後追い取引（money chasing deals）」と呼んでいる。このようにアセット・オーナーは、価格が最も高いときにPEに資金を入れてしまう傾向にあるのである。

図18.2はピッチブック社がそのPEに関するデータベースをもとに集計した2000年代の10年間のPEファンドの募集額を示している。パネルAのPEファンドの募集額を見ると、金融危機とその後の景気低迷の直前に当たる2007年と2008年がピークであり、年間約3,200億ドルが募集されていたことがわかる。その後、2009年と2010年、すなわち価格が低く期待リターンが高かった時期には、PEファンドの募集額は大きく減少している。パネルBは、クローズしたファンドの数を示しているが、同様の傾向が見てとれる（パネルAとパネルBの数値の相関は約90％である）。

順張り投資では、期待リターンが最も低い時期にPEへの資産配分が最も大きく

740　第Ⅲ部　委託ポートフォリオ運用

図18.2 PEファンドの募集額とクローズしたファンド数の推移

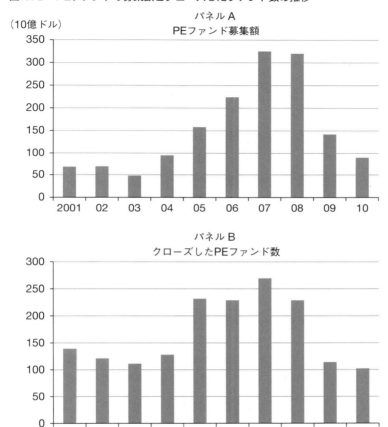

行われてしまう。なぜPE投資家はこのような投資行動をとるのであろうか。理由の一つとしては、PEのリターンが容易に観測できないことがあげられよう。PE運用会社は一般的にリターンを報告しないのである。

3 プライベート・エクイティのリスクとリターン

市場価格が得られないことと、ポートフォリオ企業の取引頻度が少ないことから、PEでは以下の三つのパフォーマンス評価方法が主に用いられる[10]。(i)内部収益率（IRR）、(ii)対払込資本合計価値倍率、これはTVPIまたは単に「倍率（マルチ

第18章 プライベート・エクイティ 741

プル）」と呼ばれる、㈪上場市場等価額（PME）。これらは、ポートフォリオ企業の純資産額（NAV）を定期的に評価することによって算出される。これら三つの評価方法はリターンを計算したものではなく、誤解を生じさせる可能性が高いパフォーマンス尺度である[11]。さらに悪いことに、これらのいずれもがしばしば操作されている。

3.1　内部収益率

オックスフォード大学教授でPEに詳しいLudovic Phalippou（2011）は「最も頻繁に使用されているパフォーマンス評価方法である内部収益率（IRR）でも情報価値が高いとは言い難く、誤解を生じさせる可能性も高い。多くの場合、真のパフォーマンスを誇張させている」と明確に述べている。

IRRは投資の現在価値（PV）がゼロとなる収益率と（暗に）定義されている。

$$PV = \sum \frac{Dist(t) - Call(t)}{(1 + IRR)^t} = 0 \tag{18.1}$$

ここで$Dist(t)$はファンドから支払われる分配であり、$Call(t)$はファンドに支払われるキャピタル・コールである。

図18.3にHarris, Jenkinson, and Kaplan（2012）により計算されたIRRをプロットしている。図18.3は1984～2008年のビンテージ・イヤーに募集されたファンドのIRRをグラフ化したものである。彼らの研究は、可能な限り長期にわたってIRR、マルチプル、および、PMEの時系列データを算出しており、これらは比較可能なようにすべて同一のデータをもとに計算されている。

図18.3によれば、全サンプルの平均IRRは、バイアウト・ファンドで15%、VCファンドで19%である。しかし、これらの平均値は時間の経過とともに大きく変動していることに注意しなければならない。バイアウト・ファンドのIRRは、1980年代は平均17%であり、1990年に50%でピークを打った後、1990年代にわたり低下傾向にあった。1996年にはバイアウトのIRRはゼロに近くなっている。2000年代前半、バイアウトのIRRは22%に達したが、2006年以降はほとんどゼロになっている。VCファンドのIRRは1990年代の中頃、天にも届こうかという70%超を記録した。2000年のハイテク・バブル崩壊後、VCのIRRはほぼゼロかまたはそれを若干上回るといった水準で低迷している。

MBAのファイナンス入門コースの学生は、教授からIRRを用いないように指導される。よく指摘される問題として、IRRはそのIRRの水準でキャッシュフローが

図18.3 プライベート・エクイティのIRRの推移

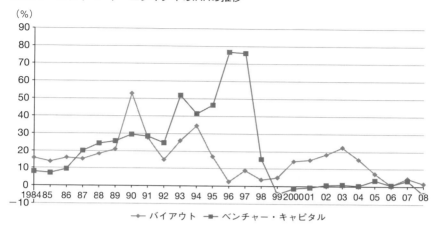

再投資されることを前提条件としている。IRRはまた、キャッシュフローのタイミングで歪められる。PEでは、これらの問題が非常に深刻である。IRRは適切なリターンではない。

ジョシュ・ラーナーが述べているように[12]、

パフォーマンスがどのように報告されているか調べてみると、いかにIRRを操作するかといったゲームが行われていることを度々目にする。

時点ゼロに100ドルをファンドに投資し、時点1に150ドルを受け取るという投資を考えてみる[13]。

時点1で見れば、IRRは50％である。ここで、その後4年間にわたり25％を獲得する投資機会があるとする。これは素晴らしいリターンで、5年後には複利効果により366ドルになり、投資家はそれまで全額をファンドに預けておきたいと思うであろう。

第18章 プライベート・エクイティ 743

時点	0	1	2	3	4	5
	▲100					366

　これをGPが実現した場合、IRRは30％となる。アセット・オーナーにとっては時点5まで投資を継続する方がよいのであるが、GPは時点1で早期にイクジットする方を好む。Gompers（1996）およびLee and Wahal（2004）が指摘したように、現実の世界では早期イクジットが発生するのである。バイアウト・ファンドは、早期に配当を支払うインセンティブを有しており、それが上記のIRR計算に見られるような早めのキャッシュフローを生じさせる。これによってファンドの価値が毀損されるかもしれないが、IRRを引き上げることが可能となる[14]。

　GPは他の場面でもIRRを誤用することがある。それぞれのファンドのIRRを個別に計算するのではなく、あるビンテージのすべてのファンドを合算して、ビンテージ・レベルのIRRを計算することが可能である。ファンドを合算することで、パフォーマンスの悪いファンドを隠すことができる。あるPE運用会社がファンドの初期の段階で大きな成功を達成した場合、ファンドを合算することで高いIRRが得られ、これにより他の失敗した投資が覆い隠されることになる。Phalippou（2008）は約半数のバイアウト運用会社が、まず各ファンドのIRRを計算し、それからファンド間の（加重）平均をとるのではなく、ファンドを合算した後にIRRを算出している、と指摘している。LPもまた、PE投資の見栄えをよくするためこの合算方式を用いることがある[15]。

　リスクが伴うことを考慮すると、プラスのIRRでさえアセット・オーナーが利益を得ていることを意味するわけではない。このリスクとしては、投資先ポートフォリオ企業のリスクに加え、流動性の低さ、高い報酬、および、LPとGP間の大きなエージェンシー問題（本章第4節参照）のリスクがあげられる。Sorensen, Wang, and Yang（2012）はこれらすべてのリスクを考慮したモデルを、LPの観点に基づき開発した。投資先ポートフォリオ企業のベータが0.5のとき、低レベルあるいは中レベルのリスクを好むアセット・オーナーにとっての、適切なブレーク・イーブンIRRは13～17％である。もしポートフォリオ企業のベータが、市場ポートフォリオと同じく1であった場合、ブレーク・イーブンIRRは17～19％となる。図18.3におけるバイアウト・ファンドの平均IRRは16％なので、一般的なリスク許容度の投資家にとっては、ちょうどブレーク・イーブンの水準にある。そして、2004年以

744　第Ⅲ部　委託ポートフォリオ運用

降、バイアウト・ファンドは投資家に価値を生み出していないことになる。

3.2 倍率（マルチプル）

対払込資本合計価値倍率（マルチプル）はLPへの資本リターンの合計額（報酬控除後）を合計コミットメント金額、もしくは、合計投資額（報酬を含む）で除したものとして計算される。

$$マルチプル = \frac{\Sigma Dist(t)}{\Sigma Call(t)} \tag{18.2}$$

マルチプルはIRRと比べて操作されにくい。ただし、あまり意味のない数値でもある。

図18.4は、Harris, Jenkinson, and Kaplan（2012）により集計されたバイアウト・ファンドとVCファンドのマルチプルをグラフ化したものである。IRRと同様、マルチプルもIRRと同じ時期に大きな変動を示している（マルチプルとIRRの相関は、バイアウト・ファンドで77％、VCファンドで85％である）。マルチプルは、バイアウト、VCとも、1980年代は概ね2.0倍を超えており、1990年代半ばにVCは6.5倍に達し、2000年代初期以降かなり下がっている。1999年以降VCのマルチプルは1.0倍を若干超えた水準でほとんど動きがなく、またバイアウトのマルチプルも2006年以降1.0倍程度である。

マルチプルが1より大きければ、アセット・オーナーは投資金額より大きな額を受け取るわけであるが、これは投資家がPE投資でブレーク・イーブンに達したこ

図18.4 プライベート・エクイティの倍率（マルチプル）の推移

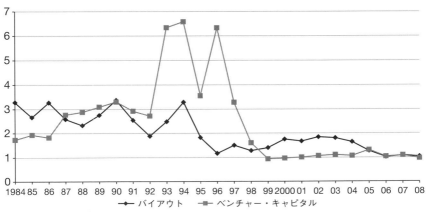

とを意味するわけではない。

1 資金の時間的価値

マルチプルはこの重要なファクターに対し何の調整も行われていない。そこに内包されている仮定では、資本の再投資のリターンをゼロとしている！

2 投資期間

投資期間に関する情報を欠いたマルチプルはほとんど役に立たない。マルチプルが2とは、投資家が投資した資金の倍を受け取ることである。しかし、これが1年で得られたら非常に魅力的なリターンであるが、10年だったら「あ、そう」といった程度のものである。ビンテージ・イヤーがわかっていたとしても、分配がファンドの初期に行われたものか、または終わり近くに行われたものかが投資家にはわからない。投資期間に関する情報はアセット・オーナーがマルチプルを解釈する上で必要であるにもかかわらず、Phalippou（2009）によれば、目論見書でキャッシュフロー加重された所有期間リターンを開示しているPEファンドは2％に満たない[16]。

3 リ ス ク

投資に用いられているレバレッジを知ることなしに、マルチプルを正確に解釈することはできない。同じマルチプルが3であっても、レバレッジをまったく利用していないファンドに比べ、ファンドのレバレッジが5倍であった場合は魅力的とはいえない。我々はまた、ポートフォリオ企業の内包するリスクを知るべきであり、エージェンシー問題や非流動性のリスクをも考慮に入れるべきである。

Sorensen, Wang, and Yang（2012）は、レバレッジを考慮に入れた場合のブレーク・イーブンのマルチプルを3～6倍と推定している。図18.4にあるように、バイアウトはこの水準を1980年代と1990年代初頭では超えていたが、それ以降は下回っている。VCファンドは1990年代初頭と中頃にこの水準に達していたが、2000年以降のVCファンドのパフォーマンスの悪さは深刻である。

PEファンドには強制的かつ標準的な評価基準がないため（1940年投資会社法（1940年法）対象のファンドとは異なる。第16章参照）、GPはIRR、マルチプル、およびその他のパフォーマンス評価方法を自由に選択することができる。PEバイアウトは常にマルチプルを報告するが、IRRを報告するとは限らない。パフォーマンスがよくないとき、IRRはしばしば開示されない。これは驚くことではない。マルチプルがちょうどゼロという極端な場合には、IRRが▲100％となることがあ

る。Phalippou（2009）はマルチプルが0.1倍を下回る場合、8割を超えるケースで
IRRは報告されていないと記している。

3.3　上場市場等価額

　IRRとマルチプルは絶対値としての尺度で、ベンチマーク対比のパフォーマンス
を計算したものではない。シカゴ大学とマサチューセッツ工科大学（MIT）でそ
れぞれPEを研究しているSteven Kaplan and Antoinette Schoar（2005）はこの欠
点を修正するため、上場市場等価額（PME）を導入した[17]。PMEは市場対比のPE
パフォーマンスを計算するものである。PMEに対する実務家の関心の広がりは
遅々としたものではあるが、研究者の間では認知されつつある。

　PMEは実際の市場リターンを用いて、LPの受取金額を割り引いたものを、出資
額の価値で除したものである。

$$\text{PME} = \frac{\left(\Sigma \dfrac{Dist(t)}{\prod(1+r_m(t))} \right)}{\left(\Sigma \dfrac{Call(t)}{\prod(1+r_m(t))} \right)} \tag{18.3}$$

　ここで$r_m(t)$は市場リターンである。$\prod(1+r_m(t))$の式により、キャッシュフ
ローはファンドのスタート時の現在価値に割り戻される。そのため、上場株式市場
に投資した場合の機会コストが考慮されることになる。

　図18.5はHarris, Jenkinson, and Kaplan（2012）が計算したバイアウトとVCファ
ンドのPMEをグラフ化したものである。市場リスクの考慮により異なった結果が
得られる。図18.4ではバイアウト・ファンドの平均マルチプルは2.0であったが、
図18.5では1.3に下がっている。特に、1980年代のバイアウトのマルチプルは3.0近
辺であったが、PMEは1.0程度にすぎない。マルチプルと同様の傾向として、バイ
アウトのPMEは、2000年代初頭は1.5程度であったが、2006年以降は1.0またはそ
れ以下である。VCファンドについても同様である。図18.4のVCの平均マルチプル
は2.5であるが、PMEを用いると1.5に下がる。図18.5によれば、1990年代中盤の
VCのPMEは4倍を超えるが、1990年以降は平均で1.0を割る。

　PMEは、キャピタル・コールと分配が市場と同じリスクをもつと仮定してい
る。実際には、ほとんどリスクフリーの負債である運用管理報酬が分母には含まれ
ている。分子にある、分配を創出するポートフォリオ企業は、市場ポートフォリオ
に比べて大きなリスクをもつ傾向にある。より高い割引率を分子に用いることに

第18章　プライベート・エクイティ　747

図18.5 プライベート・エクイティのPMEの推移

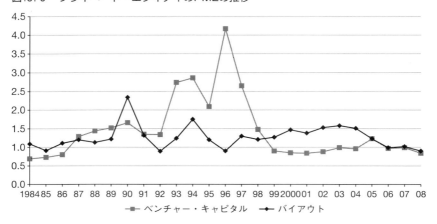

よってPMEは低下する。このように、リスクに対して注意深く対処した上でもなおLPが超過リターンを得ていることを示すためには、PMEが1を超えている必要がある。Sorensen, Wang, and Yang（2012）は、個社のベータが0.5であった場合、ブレーク・イーブンのPMEは1.2〜1.7であり、個社のベータが1.0であった場合、ブレーク・イーブンのPMEは1.8〜2.1であることを明らかにしている。後者のベンチマークを用いた場合、1990年代初頭のみ、バイアウトはLPに価値を提供したことになる。

3.4　リスク調整後リターン

PE投資においては、リターンがそのまま報告されることはなく、また、IRR、マルチプル、および、PMEがリターンの尺度ではないことから、リスクとリターンの定量化には大きな障害が存在する。1980年代および1990年代初頭において、パフォーマンスの数値だけを見ると、PE投資は上場市場を上回るという実証研究が報告されていた。例えば、Harris, Jackson, and Kaplan（2011）の研究でも「バイアウト・ファンドは、1980年代、1990年代、および2000年代において、上場市場をアウトパフォームしているように見える」と述べている。しかしリスクを考慮すると、PEファンドが価値を生み出しているとは明言できず、特に最近はその傾向が顕著である。PEファンドはリスク調整後ベースでは、その大部分が上場市場をアンダーパフォームしてきていることがKaplan and Schoar（2005）により初めて報告されたが、これは機関投資家がPE投資を開始して約30年経ってからのものであ

る。

　PEファンドのリターンを集計してみると、PEの投資家には強い順張り傾向があることがわかる。ある年にPEファンドに投資された金額と、その年をビンテージ・イヤーとするファンドのリターンとの間には負の相関がある[18]。Phalippou（2011）は各ビンテージ・イヤーのファンド数とIRRおよびマルチプルといったパフォーマンス尺度との間には大きな負の相関があることを明らかにしている。バイアウト・ファンドのイグジットが好調時の上場市場を頼りにすることは、驚くには値しない。新規株式公開（IPO）には波があり、市場の頂点でピークを迎える。買収・合併の活発さも同様に景気に連動している[19]。

プライベート・エクイティのリターンにおけるバイアス

　学術研究ではPEのデータにおいて二つの深刻なバイアスが取り上げられている。(i)ファンドまたは企業の価値が頻繁に観察できないことと、(ii)選択バイアスである[20]。後者は、成功した運用会社やファンドほど、分析データ中でのウェイトが大きくなる傾向を指しており、これによりPE投資のリターンが実際よりもよく見える。取引データが記録されるのは価値が高いポートフォリオ企業に限られる。すなわち、企業の経営がうまくいっている場合のみ次の勝負の資金が得られ、価値が高くなった企業のみがIPOに至る、などというのが現実なのである。一方うまくいっていない（ゾンビ）企業は、多くの場合、時価評価されることなく、実態が出てこない状況が長引く。

　ゾンビ企業の評価についてPE投資の契約書（後述）では「他の評価方法の方が妥当と判断される実質的な変化がない限り取得費用で評価される」のように記載されることが多い[21]。ある評価の専門家は「マネージャーには、ファンドからさらに多くの運用管理報酬を得るだけのために、改善の見込みのない投資を続ける明らかなインセンティブが働く」と述べている[22]。コンサルティング会社のトーリーコーブ・キャピタル・パートナーズ社によれば、ゾンビ企業はPE投資の5％以上を占めるとのことである。もう一つの、PE投資会社であるコラーキャピタル社の2011年の調査によれば、北米LPの57％が、ポートフォリオにゾンビ・ファンドを有しているとのことである[23]。

　サンプリング頻度が少ないことと選択から生じるバイアスに対して、以下の二つの学術的な取り組みが見られるが、ともに欠点がある。第一の方法は、個別のポートフォリオ企業レベルの情報を検証する方法である。この方法ではより多くのデータを活用するため、実際に近いリターン（企業によって計測の間隔は異なる）が得

られるが、選択バイアスの方は大きな問題として残る。この方法はまた、報酬控除後にLPが得たリターンではなく、PEファンドの報酬控除前のリターンが算出される。第二の方法として、PEファンド・レベルのデータを分析する方法がある。最終的にゾンビとなった企業も、ファンドの満期時の最終的な分配に含まれるため、選択バイアスはより小さくなる。ファンド・レベルのキャッシュフローを用いる際の主な問題点としては、これがリターンを直接的に示す尺度ではないということである。

企業レベルの推計

　Cochrane（2005）は初めて選択バイアスを考慮に入れた、PE投資のダイナミックなリスク・リターン・モデルを推定した。

$$ln(1+r_i)-ln(1+r_f)=a+\beta(ln(1+r_m)-ln(1+r_f))+\varepsilon_i \qquad (18.4)$$

ここでr_iは企業iのリターン、r_mは市場のリターン、およびr_fはリスクフリー・レートである。係数aとβはそれぞれ、VC投資の対数超過リターン（アルファ）と市場エクスポージャー（ベータ）である。式（18.4）は、通常算術リターンで表される標準的なCAPM回帰分析の対数バージョンである（第6章、第10章参照）[24]。

　コクランによれば、選択バイアスの影響は非常に大きい。選択バイアスを考慮しないと、企業の（対数）アルファは92％である。選択バイアスを考慮すると、（対数）アルファは▲7％にまで下落してしまう。ベータの推計値はおよそ2である。ポートフォリオ企業のボラティリティは非常に大きく、年100％を超える。コクランによれば、VC企業のパフォーマンスは小型株、および超小型株のNASDAQ株式に非常に似ているとのことである（実際、類似の上場株式のボラティリティは、VCポートフォリオ企業よりも大きい場合さえある）。これは、設立間もない企業の宝くじのような性質と、その高いボラティリティを反映したものである。PEファンド（訳注：正確にはVCファンド）では、85％のリターンが10％未満の投資からもたらされ、また、全投資先企業のうちIPOを果たすのはたった13％である[25]。

　著者のコロンビア大学ビジネススクールの同僚であるモルテン・ソレンセンは、その論文Korteweg and Sorensen（2010）の中で、選択バイアスはVCの生の月次リターンを（算術リターンで）2～3％引き下げると説明している。Korteweg and Sorensen（2010）では、VCのベータを、コクランの推計値より高い約3と見積もっている。彼らは、1987～1993年のVCのアルファはプラスであるものの、それらはささやかなものであり、また、1994～2000年のアルファは非常に大きいものの、2000年代はマイナスであることを明らかにした。特に、2001年以降のVC投資

750　第Ⅲ部　委託ポートフォリオ運用

の算術平均アルファは、一貫してマイナスであり、月率で▲3％となっている。

ファンド・レベルの推計

　PEファンドは皆同様の償還期限（約10年）を有し、選択バイアスが小さいことから、対数リターンではなく、より一般的な算術リターンを用いて分析を行うことが可能であり、これはファンド・レベルの推計の利点である。Phalippou and Gottschalg（2009）は、ファンド・レベルのキャッシュフローを用いて、PEファンドがS＆P500指数を3％アンダーパフォームしていることを示した。サイズ・プレミアムとバリュー／グロース・プレミアム（第7章参照）を捕捉する追加リスク・ファクターを考慮すると、リスク調整後のリターンは6％アンダーパフォームする。

　Driessen, Lin, and Phalippou（2012）はバイアウト・ファンドのベータを1.3、VCのそれを約3と見積もっており、これはKorteweg and Sorensen（2010）と整合的である。Driessen, Lin, and Phalippou（2012）は、リターンではないIRR、マルチプル、および、PME値が最も高い1980～2003年の期間（図18.3～18.5参照）において、バイアウト・ファンドが市場を月当り0.4％アンダーパフォームしていることを明らかにしている。市場リスクを調整した場合、VCファンドのアンダーパフォーマンスは月当り1.1％である。これは非常に大きいアンダーパフォーマンスである。加えてサイズ・ファクターとバリュー／グロース・ファクターを考慮すると、バイアウト・ファンドとVCファンドの月次アルファはそれぞれ▲0.7％と▲1.0％である。これらも非常に大きなアンダーパフォーマンスの数値である。

　サイズ・ファクターとバリュー／グロース・ファクターのエクスポージャーは、バイアウト・ファンドにとって重要なリスク・プレミアムの源泉である。それがもしあるとすれば、バイアウト・ファンドのパフォーマンス上のいかなる利点も、小型株効果か、もしくは非常に小さい企業のバリュー株効果であるとPhalippou（2013）は示している。これらはともに、市場よりも高いリターンをバイアウト・ファンドのポートフォリオにもたらすことになるが、これと同様の効果は廉価なインデックス・ファンドで得ることができる。ああ、さらにバイアウトは多くのレバレッジを用いているではないか！

　Jegadeesh, Kräussel, and Pollet（2009）は、PEによる付加価値創造に関して他の見方を提供している。彼らは上場しているPEファンドとFoFsを検証した。それによると、上場株式市場におけるリスク・ファクターを考慮した場合、超過リターンはそれぞれ年率▲7％と▲5％である。また彼らは、上場PEファンドはサイズ

とバリュー・ファクターに大きなエクスポージャーがあることを示している。

その他のリスク・ファクター

流動性の欠如は、PEのリターンにおいて重要なリスク・ファクターである。Franzoni, Nowak, and Phalippou（2012）は、PE投資が上場株式と同様の非流動性リスク・ファクターに晒されていることを示している。もしアセット・オーナーが非流動性リスク・プレミアムを享受したいのならば、非上場市場よりもむしろ上場市場でそれを得たほうがよい結果が得られるであろう（第13章も参照）。Franzoni, Nowak, and Phalippou（2012）は、PEリターンの非流動性プレミアムが約３％であることを示したが、これに対し彼らが用いたサンプル・データのリターンは18%であった。すなわち、PEリターンの残りの15%は他のリスク・ファクターによるものなのである。アルファは、非流動性リスクをコントロールする前からすでにそれほど大きくはなく（またはむしろマイナス）、非流動性リスクを考慮するとさらに小さなものになる。Franzoni, Nowak, and Phalippou（2012）によるPEアルファの推計は、非流動性、サイズ、および、バリュー効果を加味すると、小数点第三位までゼロである。

Robinson and Sensoy（2011b）は、評価価格の低い時期にVCファンドが「流動性の掃き溜め」になっていると述べている。LPへのキャピタル・コールとLPへの分配もまた順張りとなる。PEファンドは、市場価値が高く人気のある時期には現金が潤沢であるものの、評価価格が低い時期には資金が逼迫する。これは、金融危機であった2007～2008年の時期に顕著であった。現金を手元に残す必要性が最も高かったこの時期に、PEに投資していた多くの投資家は、キャピタル・コールの要請があるかもしれないという不安におびえていた[26]。

レバレッジはシステマティック・ファクター・リスクへのエクスポージャーを増加させる。レバレッジはPEのリターンの大きな割合を占めており、アセット・オーナーは、レバレッジを考慮しないで、PEの効用を過大評価している。Acharya et al.（2013）は、レバレッジがPEのリターンの50%以上を占めると推計している。

3.5 持続性

平均的なマネージャーのパフォーマンスは平凡なレベルであるが、中には価値を生み出す者もいる。PEのリターンは、マネージャー間の格差が大きい。そして、価値を付加できるマネージャーのみが長期にわたってアウトパフォームを続ける傾向にある。このように、PE投資は平均で見るよりも相対比較で見るべきである。

Kaplan and Schoar（2005）以降、学術論文はPEのリターンに関して強い持続性を報告してきた。PEファンドは何本も連続して募集される。もし、2005年に募集されたファンドABC IIがよい結果を残した場合、2007年に募集されるファンドABC IIIもよい結果を残す。あるファンドにおける１％のパフォーマンスの上昇は、次号ファンドでも0.5％のパフォーマンス向上を伴うという推計結果もある[27]。さらに、その持続性は非常に強く、一つファンドを飛ばしてみても、強い予測可能性が依然存在する。すなわち、2005年に募集されたファンドABC IIは2010年に募集されるファンドABC IVもよい結果を残すことを予想させる。

Kaplan and Schoar（2005）によれば、「第１四分位」にある運用会社はアウトパフォームするとのことである。このパフォーマンスの継続性があれば、賢いLPは継続して勝ち続ける運用会社を選択することができるように見える。Kaplan and Schoar（2005）の報告により、PE運用会社は皆、第１四分位にあることを欲することになった。

残念なことに、PEのレイク・ウォビゴン（訳注：米ミネソタ州にあるとされた架空の町の名前。ギャリソン・キーラーのラジオショーの一コーナー、ニュース・フロム・レイク・ウォビゴンの冒頭のオープニングのコメントから、自身の能力を過大評価する傾向を指す用語）の世界では、皆が第１四分位にいる[28]。コンサルティング会社のPERACS社によれば、77％の運用会社が上位25％に位置していると主張している[29]。どうしてこのようなことになるのだろうか？　PEでは一般に認知されたベンチマークがないため、マネージャーは自らが望む尺度を選択することができる。あるファンドはIRRに基づいて第１四分位の地位にあると主張し、他のファンドはマルチプルに基づき主張する。ファンドはまた、リターンを生み出した後に、自らが望むベンチマークを選定することができるのである。Harris, Jenkinson, and Kaplan（2012）はベンチャーエコノミクス社のPEデータベースを上回ることは容易なので、より多くのGPがそれをベンチマークとして使うことを選択しているといった裏話を報告している。ビンテージ・イヤーでさえ、操作が可能である。ビンテージ・イヤーは、募集を始めた年か、募集を終えた年か、はたまた、最初の案件がクローズした年なのだろうか？

さらに、第１四分位のマネージャーがアウトパフォームしているか否かは、事後でしかわからない。すなわち、我々はすべてのデータを検証した後に、アウトパフォームを繰り返す運用会社の存在を知る。手元にある情報でそれらのファンドを見つけることは、実際には難しい。2010年にファンドABC IVが募集されたと仮定

する。2013年にABC Ⅴが募集されるとき、我々はABC Ⅳのデータを長くても3年分しかもっていない。我々は、ABC Ⅳが清算される2020年頃もしくはそれより後まで、ABCが実際にトップ・パフォーマーであるかどうかを知ることはできない。このように、ABC Ⅴに投資すべきか否かの判断を行うもととなるABC Ⅳのリアルタイムの情報は、2013年時点ではほとんどない。あるファンドが募集された際に、利用可能な情報のみを用いて継続性を推測してみても、その精度は高いものとはいえない[30]。

運用会社ABCのみを知ることでは十分でないとわかった。リレーションシップと才能はPEにおいて非常に重要である。多くの第1四分位のファンドは一般には表に出ず、表に出てくるのは第1四分位よりもずっと下に位置するファンドである。さらにいえば、運用会社はそれほど重要ではなく、重要なのはそれを構成するパートナーである[31]。

さらに規模の拡大によるリターンの低下についても、資産運用業界の他の領域でも見られるように、PEも同様の傾向を示している。Kaplan and Schoar（2005）および他の論文では、運用資産規模がPEパフォーマンスと強い負の相関があることを示している。すなわち、規模が大きければ大きいほど、リターンが低下する傾向が強くなるのである。

3.6　学界 対 業界

PE投資に対して、学界があまり楽観的ではないか、またはネガティブな見方をもっているのに対し、業界のプロフェッショナルたちはそれを賞賛している。例えば、PEファンドの業界団体であるプライベート・エクイティ・キャピタル協議会（PEGCC）は、2011年末時点で見て、PEは（報酬控除後で）S&P500指数を、1年、5年、10年の各投資期間で、それぞれ7.1%、5.7%、7.6%アウトパフォームしたと報告している[32]。

なぜ、この不一致が生じるのか。

Phalippou and Gottschaig（2009）は業界の研究が誤った結論を導き、PE投資の効用を過大評価する三つの理由について述べている。

1　業界のデータはよすぎる

成功したファンドが過大な影響を及ぼす。業界のデータは運用会社からの報告により得られたものであるが、悪いデータだったら、それを報告しようとする運用会社はいるのだろうか（この選択バイアスについては本章3.4節で論じている）[33]？

754　第Ⅲ部　委託ポートフォリオ運用

2 業界はマルチプル、IRRなど、リターンではないパフォーマンス尺度を用いる

先に述べたように、IRRはリターンではない。これらすべての尺度は、操作可能であり、また、操作されている。これらの尺度どれもがリスクを勘案していない。たとえリスク調整前のリターンが、PEGCC社が主張するようにS&P500指数よりよかったとしても、これらのリターンを生み出すためのリスクを知ることなしに、その数値を判断することはできない。

3 NAVは主観的判断が入る余地がある

NAVは高く見積もられがちである。それは、年老いて活動していない企業は価値がほとんどゼロであるべきにもかかわらず、会計上高い価値をもつというゾンビ効果によりもたらされていることもある。Phalippou and Gotteschalg（2009）は、以下のように述べている。

（業界により報告された）パフォーマンスの多くの部分は、投資中の案件に対する誇張された会計評価によってもたらされており、データを見れば、ファンドがよりよいパフォーマンスを示すようバイアスをかけている様子が見てとれる。

最悪の場合、GPは嘘をつく。オッペンハイマー&Co.社は、そのPEファンドの投資の価値を引き上げ、ファンドのIRRを3.8％から38.3％に引き上げたことに対する訴訟を解決するために280万ドルを支払った。絵に描いた餅であった数値で、6,100万ドルの資金を得ることができた。PE市場の情報不足と不透明性が悪用を招き、または主観的な評価をもたらしており、SECの担当者は「PEファンドが絡む裁判は増えるだろう」と述べている[34]。

アセット・オーナーには「PEはアウトパフォームするのだというPE運用会社が作成したリサーチを信じることは、タバコ会社が喫煙は癌を引き起こさないと結論づけたリサーチを信じるようなものである」と警告する。

3.7 ポートフォリオ企業投資

平均的なPEファンドはLPに対しほとんど価値をもたらさないが、ポートフォリオ内の企業に対しては大きな価値をもたらしている[35]。Kaplan and Stromberg（2009）は、投資対象となった企業の収益が、PEファンドが投資した後には高まったこと、さらには、新規プロジェクトへの投資もまた増加していたことを明らかにした。

PE運用会社は様々な方法で価値を創造する。もちろんPE運用会社は、それを必要としている前途有望な企業に資金を提供する。しかし、Chammanur, Krishnan,

第18章 プライベート・エクイティ 755

and Nandy（2011）は、VC運用会社が提供したものが資金だけではないことを確認した。VCは、質の高い起業後間もない会社を選別することができ、また、専門的なアドバイスや、プロの経営、および、（しばしばGPのネットワークを使って）商品販売のサポートの提供を行うことができる。プリンシパル・エージェント理論の観点からすると（第15章参照）、ある企業の100％の株を購入するバイアウト・ファンドは、その所有と経営に分離がないことから、エージェンシー問題を減ずることができる。所有者が経営者であるから、彼らはより活発に自己資金投資を行う。

　アセット・オーナーにとって残念なことは、価値創造の恩恵は、PEファンドの投資家（LP）というよりもPEファンド・マネージャー（GP）の方に行っているように見えることである。このことは、第16章で説明したBerk and Green（2004）の資産運用モデルと完全に整合的である。

3.8　ま と め

　正規の市場価格の欠如と選択バイアスはPEのリスクとリターンを評価する上で基本的な問題となる。著者が読んだ文献の限りでは、平均的なPEファンドが上場株式を、リスク調整後でアウトパフォームしているという説得力のある証拠はほとんどない。実際のところ、証拠はまったく逆のことを示している[36]。アントワネット・ショアーの言葉を借りれば「この業界は過去25年にわたって非常にみじめなパフォーマンスを残してきた」のである[37]。

4　エージェンシー問題

　PEに直接投資を行うだけの専門性をもたない大半のアセット・オーナーは、それを補うために外部の運用会社を採用する。PE投資は特に運用者の技量に依存するため、エージェンシー問題が非常に重要となる。あなたは、以下のような契約書にサインするだろうか[38]？

① 投資先の資産を確認する権利をもたない。
② リターンの尺度が開示されず、主観的な非線形の複雑な関数（IRRおよびマルチプルと呼ばれる）だけが開示される。
③ 不透明な、しばしば意味のない、状況報告書を受領する。
④ 要求しても資金を引き出すことができない。
⑤ 運用会社が投資家への分配を減らし、自らの権力を拡張し、かつ、その主な専

門領域以外の分野でひどい投資をするインセンティブを与える。

⑥　すでに投資した資金にではなく、まだ投資していない資金、極端なケースでは最後まで投資されずに終わる資金にまで報酬を支払う。

⑦　価値のない投資に対し、運用会社が、投資家から可能な限り長期にわたって報酬を受け取ることを許す。

これらがPE投資契約の現状である。

4.1　プライベート・エクイティの契約

以下に、GPに支払う報酬のうち主要な三つの形態を示す[39]。

①　通常の年次報酬、すなわち運用管理報酬

②　キャリード・インタレスト（訳注：略称、キャリー）とよばれる成功報酬

③　その他の報酬。これには、投資先企業取引（企業の売・買）にかかわる報酬、助言とモニタリングへの報酬、専門家によるポートフォリオ企業に対するコンサルティング報酬、取締役報酬、等が含まれる。これらは投資先の未上場企業から徴収され、多くはLPに直接見えないことから、ポートフォリオ企業報酬（案件報酬）と呼ばれる。

運用管理報酬

典型的な運用管理報酬は、投資された金額に対してではなく、コミットメント金額に対して2％である。これは、たとえファンド・マネージャーが1年目に2,000万ドルの投資を発掘した場合においても、GPは運用資産2,000万ドルに対して運用管理報酬を受け取るわけではない。運用管理報酬はコミットメント金額1億ドル全額に対し支払われるのである。この取り決めにより、PEの報酬は全体に非常に高額なものになること（後述）は、容易に想像できよう。また、この取り決めにより、GPが報酬を最大化するようできる限り大規模なファンドを立ち上げるようになる。ただし、PEファンドの中には、投資家を制限し、可能な範囲で意図的にファンド規模を大きくしないようにしているものもある（Kaplan and Schoar（2005）参照）。

より長期にわたり運用管理報酬を得ようとするインセンティブはゾンビ企業を生み出す。投資家にとっては、ゾンビ企業は損を出してでも売却されるか、単に償却されることが望ましい。悲しいことに、LPはこの意思決定ができない。PEアドバイザーの専門家は「PE業界は、エグジットに対して奇妙な障害を抱えている」と皮肉混じりに述べている[40]。

第18章　プライベート・エクイティ　757

投資金額ではなくコミットメント金額に対して運用管理報酬が徴収されることには合理性がある。もし運用管理報酬が投資金額に対して支払われたとすると、GPは質の劣る企業に急いで投資する恐れがある。しかし、著者が以降で示す、報酬全体の大きさと内訳を見ると、これを懸念する必要は少ない。当然のことながらアセット・オーナーは、実際に価値が創造されたときに報酬を支払うべきであり、マネージャーが単に資産を保有するだけのことに対して支払うべきではない。なぜなら、そのようなことはずっと廉価に実現できるのだから（第14章、第15章参照）。

キャリー

キャリー（成功報酬）は一般的に20％である。通常の取り決めでは、ファンドのIRRが8％に達するまでは（これは、ハードル・レートと呼ばれる）、分配はすべて投資家に支払われる。IRRの算出にあたっては、キャッシュフローの一部のみ（実現済投資に使われた払込済資本、評価損、報酬、等）が計算対象となるという複雑なルールがある。8％のハードル・レートに達した後、ファンドから支払われる資金の20％はGPに支払われ、残りの80％は投資家に残される（この20％はこの計算段階において、8％からではなく0％から徴収の対象となる）。また時に、キャッチアップ条項が適用される。これは、あるターゲットに達するまですべての分配がGPに対して行われるもので、通常、支払われた資金の80％をLPが受け取る段階まで適用される。キャッチアップ条項適用の後、GPは20％を徴収する。一方で、ほとんどのPE契約はクローバック条項を有している。クローバックにおいて、GPはファンドの通算利益のうち、（通常）20％を超える分配を維持することはできない。このように、クローバック条項は「過剰分配」があった場合にそれをLPに返還することを要請するものである。

運用管理報酬2％とキャリー20％（業界用語として「2／20」）が一般的な分割比率であるが、その変形もある。運用管理報酬は1〜2.5％の幅があり、また、キャリーは20〜35％の幅となっている。分配がLPとGPの間でどのように分配されるかの全体的な流れは、ウォーターフォール構造と呼ばれている。ウォーターフォールは複雑になることもある。例えば、運用管理報酬がファンド期間にわたって減少していく形や、（時間経過により変動するが定められた様式により）対コミットメント金額と運用中の資産を複合させた形、また、単に固定額にすることなども可能である。

その他の報酬

ポートフォリオ企業報酬とは、GPがポートフォリオに組み入れている非上場企

758 第Ⅲ部　委託ポートフォリオ運用

業から得る報酬である。これらは直接に報告されないため、不透明であり、通常これらの報酬をGPがいくら得ているかをアセット・オーナーは知ることができないが[41]、これらの報酬は非常に大きい。運用管理報酬はコミットメント金額により上限が決められ、キャリーもクローバックによりとりすぎが防止されているものの、ポートフォリオ企業報酬には上限がない。一般的なポートフォリオ企業報酬は2％であるが、時に投資時とイグジット時の両時点において徴収され、また、モニタリングのための報酬が0.4％前後となっている[42]。

　業界が採用している運用管理報酬の徴収方法には数多くのインセンティブ上の問題がある[43]。運用管理報酬は通常、*株式価値*ではなく企業の*資産価値*をもとに算出される。したがって、ポートフォリオ企業に債務をより活用させることで保有資産額を増やし、報酬を最大化しようとするインセンティブをPEファンドに与える。またGPは、大きな企業一社よりも複数社の小さな企業の方がより多くの報酬を得られるため、企業を分割することを好むであろう。これらの報酬は付加価値に基づくものではなく、取引に基づくものであることから、GPとしては企業を最適化するよりも、より変化を加えるようなインセンティブが生まれる。GPが投資先企業の資本構成に変化を加えるたびに彼らの報酬が増加するのである。

　PEの目論見書においては報酬の全体金額がほとんど開示されていない。Phalippou（2009）はこれらの報酬を差し引いたパフォーマンスを開示しているファンドはたったの25％であり、これらのファンドは一般的に高いパフォーマンスを残していると報告している。

サイドレター

　投資家の一部は、標準契約書（すべての投資家は標準契約書を締結する）に加えて、追加条項からなるサイドレターを締結する。サイドレターにより、一部の投資家は報酬の減額やその他の条件において有利な条項を得ることができる。幸運な投資家は最恵国待遇を受けることができるが、そのようなよい条件を受けることができない投資家も存在する。驚くことではないが、PE運用会社との長期の関係、または多額のコミットメントにより、よりよい条項がサイドレターで与えられる。

4.2　報酬、報酬、そして、報酬

　PEの報酬は非常に高い。

　表18.6はGPが受領する運用管理報酬、および成功報酬であるキャリー（ポートフォリオ企業報酬は含んでいない）を示したものである。これらの数値は、PEの

経済モデルを開発したMetrick and Yasuda（2010）によって計算されたものである。バイアウト・ファンドに100ドルを投資するたびに、GPに平均で18ドルがキャリー、および、運用管理報酬として支払われる。VCファンドでは、100ドルの投資に対するキャリーと運用管理報酬の平均は23ドルとなる。巨額の報酬である！　表18.6によれば、報酬の少ない方から数えて25％のファンドであっても、バイアウトが16ドル、ベンチャーが20ドルと大きな額を示している。なお、表18.6の数字は現在価値である。Phalippou and Gottschalg（2009）はフローベースの合計報酬を計算しているが、これによればGPが徴収する報酬は年当り約6％となっている。著者は資産運用を目指しているMBAの生徒に対してPEは働く側にとって素晴らしいビジネスだといっている。

　アセット・オーナーであるLPに対してはそうではない。アセット・オーナーは単に報酬の大きさに驚くのではなく、成功報酬の報酬全体に占める割合がおよそ30％から40％にすぎないことに驚くべきであろう。アセット・オーナーは高い報酬に怯えるだけでなく、価値が創出されたときにはそれに見合う報酬を支払うべきである。運用会社の収入の3分の2は、単にファンドと契約しているだけで支払われる報酬である。私は、固定金額で支払われる部分を報酬全体の1％から2％に設定し、残りをインセンティブに基づく支払とする方が好ましいと思う。GPは投資家が利益を得るために働くべきであるが、現在のPE契約はそうなってはいない。

　Metrick and Yasuda（2010）の分析は、将来のファンド募集に与える影響を無視しているため、成功報酬の効果を過小評価しているとChung et al.（2012）は主張している。劣悪なパフォーマンスは将来のファンド募集に悪影響を与えるので、GPはLPのために高いリターンを生み出すために報酬を減らすインセンティブがあ

表18.6　PEファンドの報酬内訳

	ベンチャー・キャピタル			バイアウト		
	25％	平均	75％	25％	平均	75％
100ドル当りキャリー（単位：ドル）	8.09	8.36	8.37	4.93	5.28	5.66
100ドル当り運用管理報酬（単位：ドル）	12.04	14.80	17.61	8.77	10.35	11.65
100ドル当り総報酬（単位：ドル）	20.24	23.16	26.11	15.75	17.80	19.60
成功報酬／総報酬	40％	36％	32％	31％	30％	29％

る。彼らは「最初のバイアウト・ファンドが高いパフォーマンスを達成することによって、将来のファンド募集が容易になるという間接的な報酬は、キャリーの形でパフォーマンスに対して受け取る成功報酬に匹敵する」としている。しかし、LPの視点からすると、GPによるPEファンドの募集は順張りとなる傾向がある。PEの評価が高いときにより多くの資金がPEに向かい、将来のリターンが低くなる傾向にある。このようにGPの報酬によって将来のパフォーマンスが影響を受けると、LPの投資判断タイミングを誤らせる可能性がある。

著名なPEの投資家でイェール大学基金のCIOであるDavid Swensen（2009）はPEの報酬の状況に対し「バイアウト・ファンドの大半は、非常に不合理な報酬体系を打ち破るだけの十分な価値を付加することができていない」と簡潔にまとめている。

GPに高い報酬を支払わなければならないため、大手のアセット・オーナーがPE投資を自分で行えば、報酬として支払う資金を無駄遣いすることなく、大きな資金の節約が可能となる。カナダ年金制度（CPP）やオンタリオ州教職員退職年金基金（OTPP）といった年金基金や、アブダビ投資庁（ADIA）やクウェート投資庁（KIA）といったソブリン・ウェルス・ファンドを含む大手のアセット・オーナーは、ファンドを通さずPEに直接投資している。Phalippou and Gottschalg（2009）は報酬控除前のアルファはおよそ4％と見積もっている。もしアセット・オーナーがこれらの報酬の多くを節約できれば、PEはもっと魅力的なものになるであろう[44]。しかし、そのためには優れたガバナンスと、PE投資を自社内で行うためのスキルをもったチームを採用する能力が必要となる（第15章参照）。また、PE投資を内部で行う十分な資産規模が必要である。一度必要な資源を用意してしまえば、規模の利益を得ることができる。Dych and Pomorski（2011）とAndonov et al.（2011）はPE投資においては、大規模なアセット・オーナーが小規模な投資家を大きくアウトパフォームしていることを明らかにしている。

現在、PEの報酬は徐々に引き下げられている。これは、ロフティスのような勤勉なリーダーの行動によるものである。彼の場合は、サウスカロライナ州の年金基金が支払っていたPEの報酬に注目した。インスティテューショナル・リミテッド・パートナーズ・アソシエーション（ILPA）のような大手アセット・オーナーの団体もまた、報酬に圧力を与え、PEファンドのガバナンスを改善するガイドラインを発行している[45]。

現在のPE契約の体系では、固定報酬の引き下げにも限界がある。コミットメン

ト金額に対する高い年率運用管理報酬は排除されるべきである。よりよい構造としては、コミットメント金額を（ヘッジファンドのように）前払いで受け取り、それを（時にレバレッジを用いて）上場株に投資する方法であろうか。この上場株ポートフォリオはベンチマークの役割も担うため、投資される株式は、流動性の低い株、小型株、バリュー株に偏るであろう。このパッシブ・ポートフォリオのコストはインデックス・ファンドと同等であり、低く、管理費用を賄う若干の追加費用を伴う程度のものである。GPは投資する非上場企業を見つける都度、資金を上場株ポートフォリオから非上場株投資に移す。成功報酬はこれらの企業が成功し、上場株式のベンチマークを上回るリターンをもたらした場合にのみ支払われる（ファクター投資に関する第15章も参照）。

4.3　連鎖反応効果

　PE契約のコストは単に高い報酬を支払う以上のものである。契約の不透明さと複雑さが以下の現象をもたらす。

① 大きな問題が生じるリスクを増大させる。

② 資産・負債計画をより困難にする。

③ 流動性管理を妨げる。

④ 経済的価値を歪める。

⑤ 情報の非対称性を最小化するよりもむしろ最大化する傾向があり、その結果エージェンシー・コストが増大する。

⑥ よりよいリスク管理のもと、内部でレバレッジを掛けた方が通常は廉価なので、外部の不透明な投資商品に投資することはレバレッジをより割高なものにする。

⑦ オペレーショナル・リスク、ヘッドライン・リスク、および、レピュテーション・リスクを増大させる。

　これら契約にかかわるすべての事項は、アセット・オーナーの大きなポートフォリオに連鎖的な負の効果をもたらす。

4.4　一部の投資家が他の投資家よりもよい結果を残す

　PE投資において非常によい結果を得た幸運なアセット・オーナーもいる。逆に多くの投資家は惨憺たる結果となっている。

　Lerner, Schoar, and Wongsunwai（2007）はこれをLPのパフォーマンス・パズ

ルと称している。彼らは、PE投資において大学基金が他の投資家に比べかなり高いリターンを得てきたと報告している。図18.7は投資家タイプ別のPEのIRRを示したものである（これらIRRは、真のリターンを誇張していることを思い出してほしいが、リターンのパターンもIRRと定性的には同じであろう）。大学基金が39％と最も高いリターンを達成しており、銀行が3％と最低になっている。大学基金と銀行のIRRの格差は37％である。公的年金、および私的年金基金のIRRは12％程度となっており、これは低い方に位置している。

PE投資家が、これだけ異なった経験をする一つの要因として、ファンドへのアクセスの強さがあげられる。最良のPEファンドのいくつかは新規の投資家を受け入れないが、大学基金の一部は、優秀な卒業生のネットワークを通じて優れたアクセスを有しており、早くから大変な成功を収めたPE運用会社に投資をしてきた。また、長期の投資期間を有していることから、複数の投資サイクルにわたってコミットでき、優遇的措置を受けられた。ただし、Sensoy, Wang, and Weisbach (2013) は、大学基金がスキルをもった運用会社へアクセスする能力も、時間とともに低下していると報告している。彼らは、1999年以降大学基金は「他の機関投資家と比べ、それらを上回るリターンをあげておらず、アクセス制限のあるファンドへのより強いアクセスも、よりよい投資選択のいずれもできていない」と主張している。これは、PEがニッチ市場であった1980年代と1990年代に、早期に市場に参

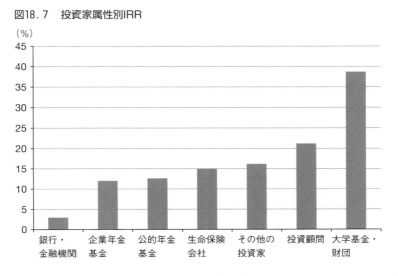

図18.7　投資家属性別IRR

加した大学基金が成功したという見方と一致している。それ以降、PE業界は成長し、機関化されてしまったため、PEの超過リターン（または「アルファ」。第10章参照）は、今やどの投資家にとってもほとんどなくなってしまったのである。

イェール大学基金やハーバード大学基金といったいくつかの大学基金は、PE投資において引き続きよい結果を残している。これらの大学基金はよいファンドを選択するためのより優れた能力を有している。すなわち、（より高い）競争力のある給与を支払うことでより質の高いスタッフを引き付けることができ、より広い自由裁量をもち、またPE投資を理解した上で運用担当者に的確なリソースを与えることのできる理事会を有している。年金基金は大学基金と比べより厳格な投資管理体制をとっている。一般に年金基金のスタッフの給与と地位は、どれだけリターンを生み出したかよりむしろ、どれだけの規模の資金を管理する責任を負っているかによって決められる（第1章参照）。年金基金の運用担当者の中には、PEに魅入られ、そして外部の運用会社に実質的に「捕らえられた」者もいる。ロフティスが思ったように、ディナーで隣に座ったセクシーなモデルやトレンディなナイトクラブの雰囲気がPEファンドの評価をどう助けるのだろう。ボーデンのように、年金基金のマネージャーで、その職を辞してPE運用会社で働いている者もいる。また、アセット・オーナーはしばしば、与えられたリスクに応じてリターンを最大化するという以外の投資目的を負っている。例えば、多くの年金基金やソブリン・ウェルス・ファンドは「地元の」投資対象をオーバーウェイトする制約を付託されており、その結果資金を失っている[46]。

銀行は、PE運用会社から多額の他の報酬を得ているので、PE投資の低いリターンを甘受することができる。銀行のPE投資部門が関係を作り、銀行の他部門のビジネスを生み出す。そのため、銀行はPE投資から利益を得ていないかもしれないが、彼らは、株式発行、債券引受、企業リストラ、合併・買収、助言業務等から利益を得ている[47]。

4.5　なぜ投資家は騙されるのか

スウェンセンは以下のようにアドバイスしている[48]。

真に優れたファンド選定能力がない場合（または非常な幸運がなければ）、投資家はPE投資から距離を置くべきである。

明らかに、スウェンセンの格言は聞き入れられておらず、平均的な投資家はPE投資でアンダーパフォームしている。

投資家は、なぜ誤解するのだろうか？

1 夢と希望

我々は一つでも幸運な投資、次のマイクロソフト社、アップル社、またはグーグル社を見つけられれば、積立不足に関する問題を今日にでも解決できることであろう。特にVC投資は、世界を変え、同時に儲けを得ることができるという魅力がある。ポートフォリオ企業のリターンには大きな偏りがあり、1、2社の勝ち組企業が10社以上の負け組企業を賄う。しかし、まれな成功から得られる天にも昇るリターンであっても、平均的な投資家のポートフォリオの損失を克服し得ない。Thaler and Sunstein（2009）は「消費者が完全に合理的な信念をもち得ていないのであれば、企業はそれを打ち消そうとするより、その要求に合わせるインセンティブをもとうとするであろう」と述べている。消費者にとっての真実は、投資家にとっての真実でもある。

2 乏しい情報

PEファンドの契約には不透明で理解しがたい報酬が含まれる。ロフティスが、PE契約に対し「通常の納税者にとっては理解不可能」と述べたが、確かに的を射ている。Phalippou（2009）は真のリターンと報酬支払総額を含むすべてのPE情報は「覆い隠されている」と述べている。

3 選別された報告

大手の年金基金投資担当者は「あなたが話したすべてのPE運用会社は第1四分位に位置している」と述べている[49]。しかし、彼らは嘘をついていない。IRR、マルチプル、および、ビンテージ・イヤーですら選別的に報告することで、すべてのPE運用会社は実際に第1四分位に属することができる。投資家は怪しげなパフォーマンス尺度に騙されるのである。

4 業界の宣伝文句に騙される

PEはよいパフォーマンスを残しているという業界の主張により、アセット・オーナーはおそらく誤った道に導かれているのであろう。彼らは、生存者バイアス、低頻度取引バイアス、選択バイアス、その他のPEリターン計測に含まれる課題について無知である。また、運用コンサルタントもこれらの問題に対する学術的な研究を読んでは（または、理解しては）いない。

5 近視眼的な投資家

たとえ投資家が、これらの情報をすべて深く理解する能力を有していたとしても、単にそれを無視している[50]。

第18章　プライベート・エクイティ　765

6 　学習能力の欠如

　それとも、もしかしたら学びたくないのだろうか？　いずれにしても、大部分の
アセット・オーナーはスウェンセンのような「優れたファンド選定能力」を有して
いない。一部の投資家は、現在の契約が最適だと考えるよう、自分自身を納得させ
る。カリフォルニア州政府職員退職年金基金（CalPERS）は、一般的な 2 ／20契
約について「この報酬体系が用いられれば、CalPERSを含むLPとGPとの間の金融
的利益は一致する」と述べている[51]。

7 　非金銭的動機

　PEに投資する理由として、リターンの最適化以外の理由が存在することがあ
る。例えば、銀行はPE運用会社に他のサービスを売り込むことで大きな利益をあ
げ、この方法により、PE投資の損失を埋め合わせることができる。通常のアセッ
ト・オーナーはこのような特典は持ち合わせていない。

8 　ミスプライシング

　最後に、おそらく投資家はPEにあまりにも多く投資し過ぎている。あまりにも
多くの投資家が、あまりにも多くの資金を、少ないPE運用会社に投資している。
長期的に見れば、投資家はより賢明になり、PEの価格は下がるであろう。

　いくつかのPE運用会社は現在のビジネスの衰退を予測してビジネス戦略の修正
を行っている。ブラックストーン社、カーライル社、およびKKR社といった大手
バイアウト・ファンドは、ヘッジファンドや投資銀行のようなアドバイザリー業務
に分散を図っている。ミューチュアル・ファンドを立ち上げようとしている運用会
社もあり、それによって個人経営者などの新しいクラスの投資家を惹き付け、それ
らの投資家に平均以下のリスク調整後リターンをもたらそうとしている[52]。

4.6　カウフマン財団レポート

　ユーイング・マリオン・カウフマン財団は企業家精神と教育の促進に注力してい
る。当財団は2011年末で18億ドルの資産のうち45％をPEに投資しているが、2012
年に「*我々は敵に出会った。それは私たち自身である。カウフマン財団の20年間の
ベンチャー・キャピタル投資から得られた教訓、そして経験に対する希望の勝利*」
という、素晴らしい自己反省的なレポートを発行した。このレポートは、財団が企
業家精神に注力している状況下で、そのVC投資の失敗を述べるという誠実さが
人々を驚かせた。そのレポートでは、カウフマン財団の平均的なVC投資は、報酬
控除後で投資家にリターンを提供していなかったとしている。

この報告書では、カウフマン財団がVCの夢を追い続ける主な理由を「我々のような投資家は、ファイナンスの研究結果という先入観を信じ、そしてそれはしばしば迷信となり、……、VC投資の歴史にまつわる迷信とは、英雄的創業家、素晴らしいリターン、および、生活を変える企業に満ち溢れているという説得力のあるストーリーである」と述べている。まさに、夢と希望である。

カウフマン財団レポートは、IRRとマルチプルの計測をやめ、小型株を用いた相対的パフォーマンス評価を行うよう主張している。これはまさに、サイズ・リスク・ファクターに拡張したPMEのコンセプトである。これはまた、カナダ年金制度の運用機関であるカナダ年金制度投資委員会（CPPIB）により実行されたファクター投資の概念でもある[53]。CPPIBでは、PEを資産クラスとはみなしてはいない。彼らは流動性のある株式と債券を組み合わせたものをPEに対する、実現可能で簡便なベンチマークとしている。不利な時期にPE投資を増加させることがないよう、CPPIBはPEに対し配分比率を決めていない。CPPIBは上場と非上場株の比率を固定せず自由に変更することができる。

カウフマン財団はまた、現在のPE契約が不完全なものであると認識している。業界は、運用管理報酬を減らし、本来帰属すべきところに報酬がもたらされる成功報酬に変更を行うべきである。

4.7　ま　と　め

PE契約は現在、エージェンシー問題を改善するよりはむしろ悪化させている。報酬は法外であり、残念ながら運用管理報酬は成功報酬よりもはるかに高い。PEでリターンを得ているスキルのある投資家もいるが、多くはアンダーパフォームしている。

アセット・オーナーはこのような契約が恐ろしく不利な状況をもたらしていることに、次第に気づいてきている。カウフマンレポートは述べている。

**　最上位VCと認識されている評判のよいGPが我々に「堅実な運営を維持するためにLPには選択肢をもたせていない」といった。我々は「VCは、ポートフォリオ企業候補と契約条件について合意できなかったときに立ち去るという選択肢をもっているが、LPも同様の選択肢を行使できるはずだ」と述べた。「その通りだ。しかし、LPは決して立ち去らないがね」といい返した。**

我々は、立ち去ろう。

第18章　プライベート・エクイティ　767

5 再考：サウスカロライナ州政府職員退職年金基金

サウスカロライナ州政府職員退職年金基金のPE投資を改善している間、ロフティスは以下の点に留意した。

① PE業界の標準的な報告で用いられているベンチマークは非常に誤解を招きやすく、常に実際よりもPE投資をよく見せる。

② 平均的なアセット・オーナーの場合、PE投資ではうまくいかない。学術的な研究によれば、平均的なPEはリスク調整後で上場株式をアンダーパフォームする。PEを資産クラスと考えてはいけない。それは、上場株式よりも割高で、深刻なエージェンシー問題に拘束されている。

③ PE契約はアセット・オーナーにとってひどいものである。単純に、運用管理報酬を引き下げ（一方、成功報酬を引き上げ）、適切なベンチマークを使うべきである。エージェンシー問題は、PE投資における一番の懸念である。

もしスウェンセンのように真に能力があれば、PEの世界で大きな機会を得るであろう。もしスウェンセンのようでないのであれば、騙されるであろう。

[注]

1 この話は、Corkery M.「Weaning Off 'Alternative' Investments」ウォール・ストリート・ジャーナル紙、2012年1月30日、およびCreswell J.「South Carolina's Pension Push into High-Octane Investments」ニューヨーク・タイムズ紙、2012年6月9日に基づく。

2 fitsnews. com「The Real Pension 'Pay-to-Play'」2012年2月3日参照。

3 Acmoglu and Robinson（2012）参照。

4 本章第2節から第4節の一部は、Ang（2011）、および、Ang and Sorensen（2012）から引用している。PE市場についてよくまとめられたものとしては、Cornelius（2011）、Phalippou（2009, 2011）、Robinson and Sensoy（2011a）、および、Harris, Jenkinson, and Kaplan（2012）がある。

5 「Liquidating Harvard」Columbia CaseWorks ID #100312参照。

6 他のサブクラスのデータが不足していることから、大半の学術的な研究はバイアウトとVCファンドに焦点を当てている。

7 Axelson et al.（2012）参照。

8 上場と非上場のPEファンドでは組織的形態の違いがある。上場PEファンドは通常満期がなく、また、より厳しい報告義務が課せられている。Jensen（2007）は、評判に対する懸念から、非上場PEファンドにはよい運用を行おうとする追加的なインセンティブが働き、これにより、非上場PEファンドは上場PEファン

768 第Ⅲ部 委託ポートフォリオ運用

ドに比べ高いリターンを創出すると論じている。

9　VCについてはGompers and Lerner（2000）およびKaplan and Lerner（2010）を、バイアウトについてはKaplan and Stromberg（2009）およびAxlson et al.（2012）参照。

10　FAS 157は純資産額（NAV）が「市場価値」をより反映するように推奨しているものの、市場取引が行われないことが一般的であるため、価値評価はGPの裁量に大きく委ねられる。市場取引がある場合においても、選択バイアスが存在する（第13章参照）。

11　PEのパフォーマンスをまとめたものとしては、Phalippou（2009，2011）、Robinson and Sensoy（2011a）、Ang and Sorensen（2012）、およびHarris，Jenkinson, and Kaplan（2012）参照。

12　「We Have Met the Enemy …… And He Is Us：Lessons from Twenty years of the Kauffman Foundation's Investments in Venture Capital Funds and the Triumph of Hope over Experience」ユーイング・マリオン・カウフマン財団、2012年5月に報告されている。

13　この例はPhalippou（2008）から引用。

14　Phalippou（2009）参照。

15　Phalippou（2011）は米国最大の公的年金基金CalPERSについてこの点を文章に残している。

16　マルチプルが1を下回る場合、IRRはマイナスである。このような場合にIRRが報告されると、目論見書では「意味なし（not meaningful）」という意味で「n.m.」と報告される。資金が失われたわけであるから意味があるのではあるのだが。

17　関連する指標として、Ljungqvist and Richardson（2003）が導入した収益性指標（PI）がある。これは、式（18.3）と同様の形式であるが、コールについては長期国債のレートで、また分配については期待（実現ではない）リターンで割り引くことを推奨している。

18　Kaplan and Stromberg（2002）がバイアウト・ファンドに対するこの効果を、また、Kaplan and Lerner（2010）がVCファンドに関するこの効果を報告している。Gompers and Lerner（2000）とAxelson et al.（2012）も参照。

19　これに関しては数多くの論文がある。買収・合併の波についてはRhodes-Kropf, Robinson, and Viswanathan（2005）を、IPOの波についてはRobinson and Sensoy（2011b）参照。また、Phalippou（2011）はバイアウトとVCのサイクルの概要を示している。

20　報告バイアス、および、生存者バイアスもある。よりよいパフォーマンスを達成したファンドは、そのパフォーマンスをより進んで報告する傾向にある。Phalippou and Zollo（2005）は選択バイアスを考慮するとIRRがおよそ3％低下することを明らかにしている。これらのバイアスすべてについて、第13章でより

詳細に論じている。

21 Phalippou（2009）から引用。

22 引用と推測は、Pulliam, S. and J. Eaglesham,「Investor Hazard："Zombie Funds"」ウォール・ストリート・ジャーナル紙、2012年 5 月31日による。

23 Coller Capital「Global Private Equity Barometer」Winter 2011-2012参照。

24 式（18.4）のaは保有期間の超過リターンではない。すなわち、算術リターンと連続時間（または、対数）リターンとの間には大きな相違があり、その違いはボラティリティによる。算術平均アルファは近似的に$a + \dfrac{1}{2\sigma^2}$で表される。ここで、σはリターンのボラティリティである（補論参照）。

25 Ewens and Rohdes-Kropf（2012）参照。

26 ハーバード大学基金とCalPERSはこの典型的な二つの投資家であった。「Liquidating Harvard」Colombia CaseWorks ID #100312と「California Dreamin'：The Mess at CalPERS」Collumbia CaseWorks, #120303参照。

27 Kaplan and Schoar（2005）、Phalippou and Gottschalg（2009）、およびHochberg, Ljungvist, and Vissing Jogensen（2010）参照。

28 この段落の学術バージョンはHarris, Jenkinson, and Stucke（2012）参照。

29 Phalippou（2011）に引用された。

30 Hochberg, Ljungvist, and Vissing Jogensen（2010）およびPhalippou（2010）参照。

31 Ewens and Rhodes-Kropf（2012）参照。

32 Private Equity Growth Capital Council「Private Equity Performance Update：Return as Reported Through December 2011」参照。

33 他のバイアスである、低頻度観察バイアス、および生存者バイアスについては第13、16、および17章で論じている。

34 Zuckerman G.が引用した「SEC Administrative Proceeding File No.3-15238」およびJ. Eagleham「Oppenheimer & Co. to Pay Fine Over Fund」ウォール・ストリート・ジャーナル紙、2013年 3 月12日参照。

35 概要については、Da Rin, Hellman, and Puri（2011）参照。

36 Bond and Mitchell（2010）は、他の主要な流動性のない資産クラスである不動産のマネージャーは、平均的にアルファを生み出していないことを明らかにしている。不動産のアクティブ運用の概要については第11章と、Ang, Goetzmann, and Schaefer（2011）参照。

37 2011年 5 月22日のWorld Investment Forumにおけるショアーのプレゼンテーションから引用。

38 Ang（2011）より。

39 PEファンドを組成する設立費用は、通常、GPではなくLPが支払う。

40 「Zombies at the Gates」エコノミスト誌、2013年 3 月23日より引用。

41 この不透明性はあるが、Livak（2009）は、PE契約の不透明さと全体の報酬の間には関係はないとしている。

42 Metrick and Yasuda（2010）参照。

43 Phalippou（2009）参照。

44 Fang, Ivashina, and Leaner（2012）参照。

45 「Private Equity Principles Version 2.0」Institutional Limited Partners Association、2011年1月参照。

46 Hochberg and Rauh（2013）は、公的年金基金が行った州内への投資が、他の州への同様の投資、または他の投資家が同州内に行った投資よりも2～4％もリターンが低くなっていることを明らかにした。Bernstein, Lerner, and Schoar（2013）は、ソブリン・ウェルス・ファンドにも同様なことが起こっていることを明らかにした。彼らは国内に投資しているが、そのリターンは海外のPE投資よりも低くなっている。これらの双方の機関にとって、この効果は政治的な影響がより強いときほど顕著になっている。

47 Fang, Ivashina, and Lerner（2013）参照。

48 「Bain or Blessing」エコノミスト誌、2012年1月28日参照。

49 「Bain or Blessing」エコノミスト誌、2012年1月28日より引用。

50 この行動を言い表した選好を「近視眼的選好」と呼ぶ。Gabaix and Laibson（2006）参照。

51 http://www.calpers.ca.go/index.jsp?bc=/investments/assets/equities/pe/programoverview.xml参照。

52 Suich, A., 2012「Barbarians in a State」in Franklin, D., ed., The World in 2013, Economist, London参照。

53 「Factor Investing：The Reference Portfolio and Canada Pension Plan Investment Board」Columbia CaseWorks #120302参照。

第18章　プライベート・エクイティ　771

補 論

リターン

リターンにはいくつかの定義がある。ここでは、それらが互いにどのように関連しているかを見ることにする。

1.1　グロス・リターン

時点 t から $t+1$ までの1期間の総収益（グロス・リターン）は以下のように定義される。

$$グロス・リターン \quad R_{t+1} = \frac{P_{t+1}+D_{t+1}}{P_t} \tag{A.1}$$

ここで、P_t は期初の当該資産価格、P_{t+1} は期末の価格、そして D_{t+1} は時点 $t+1$ に支払われる配当等である。なお、本書では、グロス・リターンを大文字 R で表している。式（A.1）による定義は、資産価格が測定可能であることを暗に仮定しているが、それは非流動性資産に対する投資には当てはまらない。本補論では、資産は取引可能であるとするが、非流動性資産のリターンについては、第13章で議論している。

時間経過による富の累積は、グロス・リターンを掛け合わせることにより計算される。ある資産のグロス・リターン R_{t+1} が3年連続で1.10だとすると、時点 t で1ドルだった富の3年後の累積価値は、以下の式によって1.3310ドルとなる。

$$W_{t+3} = R_{t+1}R_{t+2}R_{t+3}$$
$$= 1.10 \times 1.10 \times 1.10 = 1.3310$$

1.2　算術リターン

本書において小文字 r_{t+1} で表されている算術リターンによってグロス・リターンは以下のように表すことができる。

$$算術リターン \quad r_{t+1} = R_{t+1} - 1 \tag{A.2}$$

これは、利益率を表すために最もよく使われる方法である。算術リターンは、「単純リターン」または「ネット・リターン」と呼ばれることもあるが、たびたび修飾語を省いて、単に「リターン」と呼ばれる（本書ではそうしている）。

算術リターンは、時間に関しては加算が不可能である。グロス・リターン $R_{t+1} = 1.10$、すなわち、算術リターン $r_{t+1} = (1.10) - 1 = 10\%$ が3期続いたときの期末の富の価値は、以下のように表される。

$$W_{t+3} = (1 + r_{t+1})(1 + r_{t+2})(1 + r_{t+3}) = 1.10 \times 1.10 \times 1.10 = 1.3310$$
$$\neq 1 + r_{t+1} + r_{t+2} + r_{t+3}$$

つまり、複利効果によって期末の富の価値は1.3310となり、算術リターンを3倍して得られる $1 + 3 \times 0.10$ には一致しないのである（本書のいくつかの数値については、算術リターンが加算的ではないことを承知しながらも、審美的な観点から、あえて複利効果を除いて算術リターンの累積値を用いている）。

しかし、算術リターンは資産間では加算が可能である。例えば、資産Aのリターンが10%（$r_{t+1}^A = 0.10$）、資産Bのリターンが5%（$r_{t+1}^B = 0.05$）だとすると、資産Aと資産Bをそれぞれ50%ずつ保有するポートフォリオの算術リターンは下記のように表される。

$$r_{t+1}^P = 0.5 r_{t+1}^A + 0.5 r_{t+1}^B = 0.5 \times 0.10 + 0.5 \times 0.05 = 7.5\%$$

これからわかるように、ポートフォリオにある各資産の算術リターンは加算が可能だという便利な性質がある。

1.3　対数リターン

対数リターン、または連続複利リターンは、グロス・リターンの自然対数として定義される。ここではこれを上線付きの r（すなわち $\bar{r}$）で表すことにする。

$$\text{対数リターン} \quad \bar{r}_{t+1} = ln(R_{t+1}) = ln(1 + r_{t+1}) \tag{A.3}$$

これをグロス・リターンについて書き直すと下記のようになる。

$$R_{t+1} = \exp(\bar{r}_{t+1}) = 1 + r_{t+1}$$

対数リターンは成長率とも呼ばれるが、成長は指数関数的に起こる。つまり、長い時間が経てばいつか、成長によってポートフォリオ価値は無限に増加するか、ゼロにまで減少するかのいずれかとなる。

算術リターン10%に対応する対数リターンは $\bar{r}_{t+1} = ln(1.10) = 9.53\%$ である。算術リターン $r_{t+1} = 10\%$ と対数リターン $\bar{r}_{t+1} = 9.53\%$ は、いずれも期初の1ドルの投資に対する期末の富の価値が1.10ドル、またはグロス・リターンが1.10であること

補論　リターン　773

を示すという点で等価である。算術リターンの考え方では、利息・配当は期末にしか支払われないが、これに対して対数リターンでは、利息・配当がすべての瞬間に支払われると仮定している（したがってこのリターンは「連続複利」と呼ばれているのである）。すべての瞬間に支払われる利息・配当が複利的に増加することにより、期末の富の価値が1.10に達するための連続複利の金利は10%よりも低くなる。実際にそれは9.53%なのである。

　対数リターンは時間に関して加算が可能である。3年投資で毎年のグロス・リターン$R_{t+1}=1.10$である場合、3年後の期末における富の価値を計算するためには、対数リターン$\overline{r}_{t+1}=9.53\%$の3年分を足し合わせればよい。

$$
\begin{aligned}
W_{t+3} &= \exp\left(\overline{r}_{t+1}\right)\exp\left(\overline{r}_{t+2}\right)\exp\left(\overline{r}_{t+3}\right) \\
&= \exp\left(\overline{r}_{t+1}+\overline{r}_{t+2}+\overline{r}_{t+3}\right) \\
&= \exp\left(3\times 0.0953\right)=1.3310
\end{aligned}
$$

　一方、対数リターンは資産間で加算が可能ではない。資産Aのグロス・リターンを$R_{t+1}^{A}=1.10$、資産Bのグロス・リターンを$R_{t+1}^{B}=1.05$とすれば、それぞれに対応する資産の対数リターンは、$\overline{r}_{t+1}^{A}=ln\left(1.10\right)=9.53\%$、$\overline{r}_{t+1}^{B}=ln\left(1.05\right)=4.88\%$となる。この資産Aと資産Bを各50%保有するポートフォリオの対数リターンは、下記のように求められる。

$$
\begin{aligned}
r_{t+1}^{P} &= ln\left(0.5\exp\left(\overline{r}_{t+1}^{A}\right)+0.5\exp\left(\overline{r}_{t+1}^{B}\right)\right) \\
&= ln\left(0.5\exp\left(0.0953\right)+0.5\exp\left(0.0488\right)\right) \\
&= ln\left(1.075\right)=7.23\% \\
&\neq 0.5\times\overline{r}_{t+1}^{A}+0.5\times\overline{r}_{t+1}^{B}
\end{aligned}
$$

　これは、ポートフォリオの対数リターンが、個々の資産の対数リターンの加重平均には一致しないことを示している。

1.4　算術リターンと対数リターン

　多くの実務家や学者は、算術リターンと対数リターンのどちらを使うべきか議論してきた[1]。算術リターンと対数リターンのどちらを使うかということは、アップルパイを作るためのレシピで、ポンドとキログラムのどちらを使うべきかを議論するようなものである。両者は同じことをいっており、問題はどちらがより役に立つかということになる。重要なのはレシピそのもの、つまりリターンとして正しいモデルが必要だということである。リンゴをポンドで測るかキログラムで測るかということが問題なのではない。

774　補論　リターン

ポートフォリオの分析（例えば第7章で行ったような分析）においては、加算による集計が可能な算術リターンを用いた方が簡単である。一方、資産のリターンに関する時系列的な分析（例えば第8章および第11章で行ったような長期的な株式リターンの予測可能性や様々な資産による長期的なインフレ・ヘッジに焦点を当てた分析）においては、時間に関して加算が可能な対数リターンを用いた方が便利である。ただしいずれの例でも、見ているのはリターンという同じものである。

　もちろん、ポンドとキログラムといった単位のどちらを使うかが重要ではない、といっているわけではない。カロリーとキロジュールという単位を曖昧にしてダイエットをすれば、まったく効果が出ないリスクがあるだろう。このことを明らかにするために、下記のようなグロス・リターンの変動過程を考えてみよう。

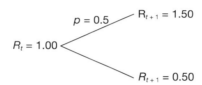

　この図は、算術リターンにして+50%となる確率も▲50%となる確率も、等しく50%であることを示している。この確率が時間によらないとし、ある投資家が全財産をこの資産に投資した場合を考えてみよう。この資産の価格がある期に50%上昇し、次の期に50%下落すれば、この投資家は、通期で25%の損失を被る。一方、算術リターンの平均は、$E[r_t + 1] = \frac{1}{2} \times 0.5 + \frac{1}{2} \times -0.5 = 0$ によりゼロとなり、長期間に累積した資産については誤解を招きかねない指標だといえる。長期的には、資産はなんとゼロになってしまうのである！　一方、対数リターンの平均で見れば、

$$E[\bar{r}_{t+1}] = 0.5 \times ln(1.5) + 0.5 \times ln(0.5) = -14.38\%$$

と、マイナスのリターンになり、少なくともこの戦略によって富が時間とともに減少することを示している。対数リターンの平均は幾何平均リターンとも呼ばれる（リターンに変動があるとき、幾何平均よりも算術平均の方が常に大きいことが知られている）[2]。しかし、確率分布関数や密度関数（第2章参照）で表されるリターンの詳細な分布を見る方がより望ましい。上記の宝くじに対する密度関数は非常に

単純であり、リスク（ばらつきまたは分散）があるにもかかわらずリターンがゼロであるということを示している。投資するにあたってはまず正当な理由がなければならないが、そういった観点からは、算術リターンの平均と分散は有益な統計的尺度である。

　算術平均を用いるのが正しく、幾何平均を使うのが誤りであるもう一つの例がある。資産Ａおよび資産Ｂのグロス・リターンの平均をそれぞれ、$E[R_{t+1}^A] = 1.5$、$E[R_{t+1}^B] = 0.5$とする。このとき、資産Ａと資産Ｂをそれぞれ50％保有している投資家は、リターンの算術平均がゼロとなり、平均で見れば損得なしである。一方、資産Ａと資産Ｂの幾何リターンの平均はゼロより小さな値となる。つまり、対数リターンはポートフォリオ全体で集計することができないのである。しかし、いずれの例においても、リターンの完全な分布を見るのが望ましいことはいうまでもない。

[注]

1　この議論は今も続いている。算術リターンが好ましいとする人々は、それにバイアスがかかっていないという事実を根拠にするのが普通である。一方、対数リターンを好む人々は、実際の資産価値の変化を測る際に資本の再投資を自動的に仮定していると主張する。この議論に関しては、Cooper（1996）、Jacquier, Kane and Marcus（2003）、Missiakoulis, Dimitrios, and Etriotis（2010）等参照。

2　近似的には$E[\overline{r}_{t+1}] \approx E[r_{t+1}] - \dfrac{1}{2}\sigma^2$という関係が成り立つ。ここで$\sigma^2$は算術リターンの分散である。両者の違いはイェンゼンの不等式に関する項であり、これはリバランス・プレミアムに由来する。これについては第4章参照。

後　記

ファクター投資

　ファクター投資の最初のモデルである資本資産評価モデル（CAPM）が発表されたのは1960年代であり、単一のファクター、すなわち、市場ポートフォリオが資産のリスク・プレミアムを決定する、ということを提唱した。しかしながら当時の投資家には、市場ファクターに投資する術がなかった。市場インデックス・ファンドが世に出たのは10年後であり、それによって投資家は、市場全体に低コストで投資することによって、市場のリスク・プレミアムを寄せ集める手段を得たのである。市場インデックス・ファンドは、1980年代まではニッチな商品であり続け、注目を集めるようになったのはまさに1990年代になってからである。今では、多くの投資家が、廉価でかつ大規模に、エージェンシー問題も最低限に抑えながら市場ファクターに投資している。しかしながら、市場ポートフォリオ・ファクターへの投資が広範囲に採用されるまでには、理論が形成されてから20〜30年を要したのである。

　単一の市場ファクターからマルチファクターの世界へと展開するための背景となる理論は1970年代に発表されていた。1980年代と1990年代に、複数のファクター・リスクの源泉の有効性を立証しようとする理論の発展や膨大な実証研究がなされた。様々な資産クラスや地域を跨いで、あるいは同じ資産クラスや地域の中にも分散しているファクターを、廉価で、スケーラブルなレベルで生み出すための金融業界の変革が進んでおり、我々は今まさに、わくわくするファクター投資時代を経験し続けているのである。投資家は、新世代の極安なファクター・インデックス・ファンドによって、バリュー／グロース、モメンタム投資、クレジット・リスクそしてボラティリティ・リスクを含むリスク・プレミアムの多くの源泉の果実を摘み取ることができるようになるだろう。これまでの努力の大部分は、時価総額によるウェイトではない、時間の経過とともに変化する市場時価ウェイトではない配分を必要とする動的ファクターへの投資に集中してきた。しかしながら、内在しているマクロ・ファクターを資産配分に関連づけるという、さらなる努力もなされているところである。

　著者は、理論的背景がまだ不十分な三つの領域が残されていると考えている。それらはまた、我々がファクター投資のもつすべての可能性を活用できるようになる

ために、資産運用業界や学界が支援できる余地がまだ残っている領域でもある。

悪環境期の明確化とそれへの対応

　本書は、アセット・オーナーの観点から始めている。アセット・オーナーの苦痛、希望、収入の危うさ、債務状況、様々なリスクの源泉に対してそれぞれどのように感じるかといったこと、これらすべてが、それぞれのアセット・オーナーの悪環境期の組合せを決める。富の少ない期間は通常は悪環境期ではある。しかし、同僚や近隣者がよりよい状況にあるときに精神的な憤りや嫉妬を感じる時期、そして富や消費が過去と比べて悪くなってしまったかもしれないと悲観する時期もまた悪環境期である。資産運用とは、結局、投資家にとっての悪環境期のリスクを緩和するポートフォリオを構築することに他ならず、これらの悪環境期の苦痛に耐えることとリターン獲得の可能性とを交換しているのである。

　我々には、高いボラティリティと低い平均リターンから生じる悪環境期を操縦する素晴らしい方法（平均・分散最適化）がある。しかしながら、より一般性の高い多様な悪環境期に対応する定量的手法には、概して、不満足な点が多い。とりわけこのことは、投資家のもつ負債の経時変化を取り込み、さらに損失と利得の非対称性を勘案した上で、投資家の悪環境期がライフサイクルにわたってどのように変化するのかをモデル化したり、非流動性に起因する悪環境期を長期の投資期間で動的に取り扱ったりすることに当てはまる。進展は見られる。しかし、もし多様な効用関数、とりわけ、下方リスク（ダウンサイド・リスク）回避を反映したものを切り替えながら、それが最適ポートフォリオにどう影響するのかを確認できるような標準的な商用の最適化ツールがあれば望ましい。一連の悪環境期や、それらのリスクに対する感じ方を、様々な投資に関する定量的モデルに投入する際に、投資家は支援を必要としているからである。

ファクター・リスク・プレミアムは悪環境期の損失を耐え忍ぶことへの報酬である

　ファクター投資の考え方では、ある投資家の悪環境期と典型的な投資家、すなわち市場ポートフォリオを保有する投資家の悪環境期とを比較する。実際、市場ポートフォリオは、資産を買持ちするのみのパッシブ投資と厳密に等価であるので、市場ポートフォリオを保有する投資家が動的なファクター・リスク・プレミアムを獲得することはない。また、市場はリバランスをしない。我々は、市場ウェイトから

778　後　　　記

乖離して、平均で見てアウトパフォームする証券のポートフォリオを保有することができる。これらの高いリターンを獲得するにはコストがかかる。ファクター・ポートフォリオは、投資家が悪環境期に被った損失を埋め合わせるべくリスク・プレミアムをもたらす。しかしながら、典型的な投資家にとっての悪環境期は、あなたにとっての悪環境期ではないかもしれない。このことは、もしあなたが損失に耐えることができるのならばファクター・リスク・プレミアムを享受するための余地が与えられる、ということを意味する。あなた以外の投資家はあまりにもリスク回避的であるので、ファクター・エクスポージャーをとることをあきらめたいと思っている。

　我々はいま、非時価加重のウェイトを有するファクター・インデックスを誂えたり、リスク・エクスポージャーの大きさを投資家に合うよう仕立てたり、そしてより廉価に最適なファクター・ポートフォリオを作ったりと、多くのイノベーションを経験している。しかし、アセット・オーナーが、ファクター・リスクやそのリスク・エクスポージャーの度合いを選択するとき、彼らが「自分は市場からどの程度離れているのだろうか？」と自問自答することはほとんどない。コンサルタントやファイナンシャル・アドバイザー、そして運用機関が、様々な悪環境期においてファクター・リスクがどの程度の損失をもたらすのかについての手引き書を提供してくれるのが理想である。株式プレミアムという基本的なものも含め、こうしたファクター・リスク・プレミアムが、ある投資家に適合するかどうかを言明するには、そのファクター・リスク・プレミアムの存在を説明できる経済原理を多少は知っておく必要がある。リスク・プレミアムをもたらす経済理論を理解し、実現したファクターの損失や利益にそれらを関連づけ、特定の投資家にとってファクター・リスクがどのくらい適切な（あるいは不適切な）ものであるかを示すことは、投資家がファクターの組合せを選び、それらエクスポージャーを決めるための最良の方法である。

　「著者は、非常に多くのファクター・リスクと非常に多くの投資可能な動的ファクター・プレミアムの概略を述べているだけではないか？」という発言は、正当な批判である。あなたは、このコルヌー・コピアイ（訳注：ギリシャ神話でゼウスに乳を与えたヤギの角。豊穣の角とも呼ばれ、物の豊かさを象徴する）の中から、どのように選択するだろうか？　あなたは、すべてのファクター・リスクについての話に、どの程度同意できただろうか？　アセット・オーナーが依って立つべきなのは、確信がもてるもの、自身の悪環境期を決定するものを明確にすることである

（投資家の投資方針書もしくは投資信念書は、これを実践する理想的な手段である）。そうすれば、いくつかの側面、例えば投資期間、リスクもしくは損失度合いの許容度、負債の水準と特性、労働所得の確信度等々について、その投資家を市場と比較できる。市場ポートフォリオから始めなさい。なぜなら、市場ポートフォリオは平均的投資家を具現化したものだからである。あなたのリスク許容度を規定するこれらの特性に関して、あなたが平均的投資家とどの程度異なっているのかを判断しなさい。投資家は、市場との違いを見出すための側面を一つないし二つ選び、自身の比較優位・劣位をリスク・ファクター・エクスポージャーに翻訳するべきである。リスク・エクスポージャーは必ずしもプラスである必要はない。というのも、ボラティリティの保険のプレミアムを少額受け取って、ボラティリティの急上昇時に巨額の損失を被るよりも、ボラティリティが急騰したときにボラティリティ・プロテクションを購入し、ボラティリティの保険に対して保険料を支払う方が望ましいかもしれないからである。

資産はあなたのもの

エージェンシー問題は、資産運用の最重要課題である。我々は、機能不全に陥ったプリンシパルとエージェントとの関係が、さらなる悪環境期をもたらすことを望んではいない。エージェンシー問題は、アセット・オーナーの富を改善するために、資産運用業界と学界の双方が取り組むことができる領域である。アセット・オーナーは、資産運用業界が提供する商品から、しばしばとんでもない仕打ちを受ける。例えば、多くのヘッジファンドとプライベート・エクイティの契約においては、アセット・オーナーは自らが投資するファンドをわずかしか、もしくはまったく統制できず、提供される情報はひどいものであり、エージェントはアセット・オーナーの最善の利益のために行動するというインセンティブはほとんどもっていない。学界は、最良の契約に向けた提言をしたり、資産運用会社の最適な組織統制や最適なガバナンスの仕組みを導き出すことにより、多くの貢献ができる。

ファクター投資はこれらの課題解決に役立つ。ファクター・ベンチマークは、エージェンシー問題を改善することができる。劣悪なファクター・パフォーマンスによってもたらされた結果でアンダーパフォーマンスになったとしても、ファクター・ベンチマークが運用者を不利な立場に置くことはしない。また、アセット・オーナーの観点に立てば、ファクターはアクティブ運用のハードルを引き上げる。才能のある人は存在する。我々は能力をもったマネージャーを特定し、彼らに気前

よく報酬を与えたいと願っている。がしかしながら、その才能とは、その他のところでも廉価で当たり前に獲得できるファクター・リスク・エクスポージャーに対してそれを上回るリターンを生み出すものでなければならない。

今日の資産運用業界では、ロング・オンリーのファクター・ベンチマークが優位を占めている。しかし、廉価なファクター・ポートフォリオを作り出すことで、投資家ごとにカスタマイズした動的ファクター・ベンチマークの採用が促進されるだろう。もし、廉価にファクターを保有できれば、我々は、高価なアクティブ・リターンから、実際にはアクティブ運用には属していない要因を取り除くことができるのである。

資産運用は、「資産の運用」ではなく、まさに「ファクターの運用」に他ならないのである。

参考文献

【A】

Aarbu, K. O., and F. Schroyen, 2009, Mapping risk aversion in Norway using hypothetical income gambles, working paper, Norwegian School of Economics and Business Administration.

Abel, A. B., 1990, Asset prices under habit formation and catching up with the Joneses, American Economic Review, 80, 38–42.

Abel, A. B., 2001, Will bequests attenuate the predicted meltdown in stock prices when baby boomers retire?, Review of Economics and Statistics, 83, 589–595.

Accominotti, O., and D. Chambers, 2013, The returns to currency trading: Evidence from the Interwar period, working paper, University of Cambridge.

Acemoglu, D., and J. A. Robinson, 2012, Why Nations Fail: The Origins of Power, Prosperity, and Poverty, Crown Business, New York.

Acharya, V. V., O. Gottschalg, M. Hahn, and C. Kehoe, 2013, Corporate governance and value creation: Evidence from private equity, Review of Financial Studies, 26, 368–402.

Ackermann, C., R. McEnally, and D. Ravenscraft, 1999, The performance of hedge funds: Risk, return and incentives, Journal of Finance, 54, 833–874.

Adams, J. C., S. A. Mansi, and T. Nishikawa, 2010, Internal governance mechanisms and operational performance: Evidence from index mutual funds, Review of Financial Studies, 23, 1261–1286.

Adler, M., and B. Dumas, 1983, International portfolio choice and corporation finance: A synthesis, Journal of Finance, 38, 925–984.

Admati, A. R., and P. Pfleiderer, 1997, Does it all add up?, Benchmarks and the compensation of active portfolio managers, Journal of Business, 70, 323–350.

Agarwal, V., N. D. Daniel, and N. Naik, 2004, Flows, performance, and management incentives in hedge funds, working paper, London Business School.

Agarwal, V., N. D. Daniel, and N. Naik, 2009, Role of managerial incentives and discretion in hedge fund performance, Journal of Finance, 64, 2221–2256.

Agarwal, V., N. D. Daniel, and N. Y. Naik, 2011, Do hedge funds manage their reported returns?, Review of Financial Studies, 24, 3281–3320.

Agarwal, V., V. Fos, and W. Jiang, 2013, Inferring reporting-related biases in hedge fund skill from hedge fund equity holdings, Management Science, 59, 1271–1289.

Agarwal, V., W. Fung, Y. C. Loon, and N. Y. Naik, 2011, Risk and return in convertible arbitrage: Evidence from the convertible bond market, Journal of Empirical Finance, 18, 175–194.

Agarwal, V., and N. Y. Naik, 2000, On taking the "alternative' route": The risks, rewards, and performance persistence of hedge funds, Journal of Alternative Investments, 2, 6 -23.

Agarwal, V., and N. Y. Naik, 2004, Risks and portfolio decisions involving hedge funds, Review of Financial Studies, 17, 63-98.

Agarwal, V., and S. Ray, 2012, Determinants and implications of fee changes in the hedge fund industry, working paper, Georgia State University.

Aggarwal, R. K., and P. Jorion, 2012, Is there a cost to transparency?, Financial Analysts Journal, 68, 108-123.

Aghion, P., and J. Tirole, 1997, Formal and real authority in organizations, Journal of Political Economy, 105, 1 -29.

Ahearne, A. G., W. L. Griever, and F. E. Warnock, 2004, Information costs and home bias: An analysis of U.S. holdings of foreign assets, Journal of International Economics, 62, 313-336.

Aiken, A. L., C. P. Clifford, and J. Ellis, 2013, Out of the dark: Hedge fund reporting biases and commercial biases, Review of Financial Studies, 26, 208-243.

Akerlof, G. A., 1970, The market for "lemons": Quality uncertainty and the market mechanism, Quarterly Journal of Economics, 84, 488-500.

Allen, F., and R. Michaely, R., 1995, Dividend policy, in Jarrow, R. A., V. Maksimovic, and W. T. Ziemba, eds., Operation Research and Management Science, Elsevier Science, Amsterdam, pp. 793-837.

Almazan, A., K. C. Brown, M. Carlson, and D. A. Chapman, 2004, Why constrain your mutual fund manager?, Journal of Financial Economics, 73, 289-321.

Alonso, W., 1964, Location and Land Use, Harvard University Press, Cambridge, MA.

Alvaredo, F., A. B. Atkinson, T. Piketty, and E. Saez, 2013, The top 1 % in international and historical perspective, Journal of Economic Perspectives, 27, 3 -20.

Amaya, D., P. Christoffersen, K. Jacobs, and A. Vasquez, 2012, Does realized skewness predict the cross-section of equity returns?, Working paper, University of Toronto.

Ambrose, B. W., and P. Linneman, 2001, Organizational structure and REIT operating characteristics, Journal of Real Estate Research, 21, 141-162.

Ameriks, J., and S P. Zeldes, 2004, How do household portfolio shares vary with age?, Working paper, Columbia Business School.

Amihud, Y., 2002, Illiquidity and stock returns: Cross-section and time-series effects, Journal of Financial Markets, 5, 31-56.

Amihud, Y., and R. Goyenko, 2013, Mutual fund's R 2 as a predictor of performance, Review of Financial Studies, 26, 667-694.

Amihud, Y., and H. Mendelson, 1991, Liquidity, maturity, and the yields on U.S. Treasury securities, Journal of Finance, 46, 1411-1425.

Amihud, Y., H. Mendelson, and L. H. Pedersen, 2005, Liquidity and asset prices, Foundations and Trends in Finance, 1, 269–364.

Amromin, G., J. Huang, and C. Sialm, 2007, The tradeoff between mortgage prepayments and taxdeferred retirement savings, Journal of Public Economics, 91, 2014–2040.

Andersen, T. G., T. Bollerslev, P. F. Christoffersen, and F. X. Diebold, 2006, Volatility and correlation forecasting, in Elliott, G., C. W. J. Granger, and A. Timmermann, eds., Handbook of Economic Forecasting, Elsevier, pp. 778–878.

Anderson, E. W., E. Ghysels, and J. L. Juergens, 2009, The impact of risk and uncertainty on expected returns, Journal of Financial Economics, 94, 233–263.

Anderson, S., and K. M. Nielsen, 2011, Participation constraints in the stock market: Evidence from unexpected inheritance due to sudden death, Review of Financial Studies, 24, 1667–1697.

Andonov, A., R. Bauer, and M. Cremers, 2011, Can large pension funds beat the market? Asset allocation, market timing, security selection, and the limits of liquidity, SSRN working paper.

Andonov, A., R. Bauer, and M. Cremers, 2012, Pension fund asset allocation and liability discount rates: Camouflage and reckless risk taking by U.S. public plans?, SSRN working paper.

Ang, A., 2011, Illiquid assets, CFA Institute Conference Proceedings Quarterly, 28, 12–20.

Ang, A., 2012a, The four benchmarks of sovereign wealth funds, in Bolton, P., F. Samama, and J. Stiglitz, eds., Sovereign Wealth Funds and Long-Term Investing, Columbia University Press, New York, pp. 94–105.

Ang, A., 2012b, Predicting dividends in log-linear present value models, Pacific-Basin Finance Journal, 20, 151–171.

Ang, A., and G. Bekaert, 2002, International asset allocation with regime shifts, Review of Financial Studies, 15, 1137–1187.

Ang, A., and G. Bekaert, 2004, How do regimes affect asset allocation?, Financial Analysts Journal, 60, 86–99.

Ang, A., and G. Bekaert, 2007, Stock return predictability: Is it there?, Review of Financial Studies, 20, 651–707.

Ang, A., G. Bekaert, and J. Liu, 2005, Why stocks may disappoint, Journal of Financial Economics, 76, 471–508.

Ang, A., G. Bekaert, and M. Wei, 2007, Do macro variables, asset markets, or surveys forecast inflation better?, Journal of Monetary Economics, 54, 1163–1212.

Ang, A., G. Bekaert, and M. Wei, 2008, The term structure of real rates and expected inflation, Journal of Finance, 63, 797–849.

Ang, A., V. Bhansali, and Y. Xing, 2010a, Build America bonds, Journal of Fixed Income, 20, 67–73.

Ang, A., V. Bhansali, and Y. Xing, 2010b, Taxes on tax-exempt bonds, Journal of Finance, 65, 565–601.

Ang, A., V. Bhansali, and Y. Xing, 2012, Decomposing municipal yield spreads: Credit, liquidity, and tax, working paper, Columbia University.

Ang, A., J. Boivin S. Dong, and R. Loo-Kung, 2011, Monetary policy shifts and the term structure, Review of Economic Studies, 78, 429–457.

Ang, A., and N. Bollen, 2010a, Locked up by a lockup: Valuing liquidity as a real option, Financial Management, 39, 1069–1095.

Ang, A., and N. Bollen, 2010b, When hedge funds block the exits, working paper, Columbia Business School.

Ang, A., M. Brière, and O. Signore, 2012, Inflation and individual equities, Financial Analysts Journal, 68, 36–55.

Ang, A., B. Chen, and S. Sundaresan, 2013, Liability driven investment with downside risk, Journal of Portfolio Management, 40, 71–87.

Ang, A., and J. Chen, 2002, Asymmetric correlations of equity portfolios, Journal of Financial Economics, 63, 443–494.

Ang, A., and J. Chen, 2007, CAPM over the long run: 1926–2001, Journal of Empirical Finance, 14, 1 –40.

Ang, A., J. Chen, and Y. Xing, 2006, Downside risk, Review of Financial Studies, 19, 1191–1239.

Ang, A, S. Dong, and M. Piazzesi, 2007, No-arbitrage Taylor rules, working paper, Columbia Business School.

Ang, A., W. N. Goetzmann, and S. Schaefer, 2009, Evaluation of active management of the Norwegian Government Pension Fund–Global, Report to the Norwegian Ministry of Finance.

Ang, A., W. N. Goetzmann, and S. Schaefer, 2011, Efficient market theory and evidence: Implications for active management, Foundations and Trends, 5, 157–242.

Ang, A., S. Gorovyy, G. B. van Inwegen, 2011, Hedge fund leverage, Journal of Financial Economics, 102, 102–126.

Ang, A., and R. C. Green, 2011, Lowering borrowing costs for states and municipalities through Common Muni, The Hamilton Project Discussion Paper 2011–01, Brookings Institution.

Ang, A., R. J. Hodrick, Y. Xing, and X. Zhang, 2006, The cross section of volatility and expected returns, Journal of Finance, 61, 259–299.

Ang, A., R. J. Hodrick, Y. Xing, and X. Zhang, 2009, High idiosyncratic volatility and low returns: International and further U.S. evidence, Journal of Financial Economics, 91, 1 –23.

Ang, A., and J. Liu, 2001, A general affine earnings valuation model, Review of Accounting Studies, 6, 397-425.

Ang, A., and J. Liu, 2007, Risk, returns, and dividends, Journal of Financial Economics, 85, 1-38.

Ang, A., and K. Kjær, 2011, Investing for the long run, in Franzen, T., ed., A Decade of Challenges: A Collection of Essays on Pensions and Investments, Andra AP-fonden, Second Swedish National Pension Fund - AP2, pp. 94-111.

Ang, A., and D. Kristensen, 2012, Testing conditional factor models, Journal of Financial Economics, 106, 132-156.

Ang, A., and F. A. Longstaff, 2013, Systemic sovereign credit risk: Lessons from the U.S. and Europe, Journal of Monetary Economics, 60, 493-510.

Ang, A., and A. Maddaloni, 2005, Do demographic changes affect risk premiums?, Evidence from international data, Journal of Business, 78, 341-379.

Ang, A., N. Nabar, and S. Wald, 2013, Searching for a common factor in public and private real estate returns, Journal of Portfolio Management, 39, 120-133.

Ang, A., D. Papanikolaou, and M. M. Westerfield, 2013, Portfolio choice with illiquid assets, forthcoming Management Science.

Ang, A., and M. Piazzesi, 2003, A no-arbitrage vector autoregression of term structure dynamics with macroeconomic and latent variables, Journal of Monetary Economics, 50, 756-787.

Ang, A., M. Piazzesi, and M.Wei, 2006, What does the yield curve tell us about GDP growth?, Journal of Econometrics, 131, 359-403.

Ang, A., M. Rhodes-Kropf, and R. Zhao, 2008, Do funds-of-funds deserve their fees-on-fees?, Journal of Investment Management, 6, 34-58.

Ang, A., and M. Sorensen, 2012, Risks, returns, and optimal holdings of private equity: A survey of existing approaches, Quarterly Journal of Finance, 2, DOI: 10.1142/S2010139212500115.

Ang, A., A. Shtauber, and P. Tetlock, 2013, Asset pricing in the dark: The cross section of over-the counter equities, forthcoming Review of Financial Studies.

Ang, A., and A. Timmermann, 2012, Regime changes and financial markets, Annual Review of Financial Economics, 4, 313-337.

Ang, A., and M. Ulrich, 2012, Nominal bonds, real bonds, and equity, working paper, Columbia University.

Ang, A., and X. Zhang, 2012, Price-to-earnings ratios: Growth and discount rates, in Hammond, B., M. Leibowitz, and L. Siegel, eds., Rethinking the Equity Risk Premium, Research Foundation of the CFA Institute, pp. 130-142.

Angeletos, G.-M., 2002, Fiscal policy with noncontingent debt and the optimal maturity structure, Quarterly Journal of Economics, 117, 1105-1131.

Aragon, G. O., 2007, Share restrictions and asset pricing: Evidence from the hedge fund industry, Journal of Financial Economics, 83, 33–58.

Arnold, M. B., 2011, Timor-Leste in 2010, Asian Survey, 51, 215–220.

Arnott, R. D., and D. B. Chaves, 2011, Demographic changes, financial markets, and the economy, SSRN working paper.

Arnott, R. D., J. Hsu, and P. Moore, 2005, Fundamental indexation, Financial Analysts Journal, 61, 83–99.

Arrow, K., 1971, Essays in the Theory of Risk-Bearing, Markham.

Artzner, P., F. Delbaen, J.-M. Eber, and D. Heath, 1999, Coherent measures of risk, Mathematical Finance, 9, 203–228.

Asness, C., 2004, An alternative future: Part II, Journal of portfolio Management, 31, 8 –23.

Asness, C. S., A. Frazzini, and L. H. Pedersen, 2012, Leverage aversion and risk parity, Financial Analysts Journal, 68, 47–59.

Asness, C. S., R. Israelov, and J. M. Liew, 2011, International diversification works (eventually), Financial Analysts Journal, 67, 24–38.

Asness, C. S., T. J.Moskowitz, and L. H. Pedersen, 2013, Value and momentum everywhere, Journal of Finance, 68, 929–985.

Attanasio, O. P., and G.Weber, 2010, Consumption and saving: Models of intertemporal allocation and their implications for public policy, Journal of Economic Literature, 48, 693–751.

Auerbach, A., J. Gokhale, and L. J. Kotlikoff, 1991, Generational accounts: A meaningful alternative to deficit accounting, in Bradford, D., ed., Tax Policy and the Economy, vol. 5, MIT Press, pp. 55–110.

Avramov, D., and R. Wermers, 2006, Investing in mutual funds when returns are predictable, Journal of Financial Economics, 81, 339–377.

Avramov, D., and G. Zhou, 2010, Bayesian portfolio analysis, Annual Reviews in Financial Economics, 2, 25–47.

Axelson, U., T. Jenkinson, P. Strömberg, and M. S. Weisbach, 2012, Borrow cheap, buy high? The determinants of leverage and pricing in buyouts, forthcoming Journal of Finance.

【B】

Backus, D. K., and A. W. Gregory, 1993, Theoretical relations between risk premiums and conditional variances, Journal of Business and Economic Statistics, 11, 177–185.

Backus, D. K., A. W. Gregory, and S. E. Zin, 1989, Risk premiums in the term structure: Evidence from artificial economies, Journal of Monetary Economics, 24, 371–399.

Baker, M., and J. Wurgler 2007, Investor sentiment in the stock market, Journal of Economic Perspectives, 21, 129–157.

Baker, M., B. Bradley, and J. Wurgler, 2011, Benchmarks as limits to arbitrage: Understanding the low volatility anomaly, Financial Analysts Journal, 67, 1–15.

Baker, M., J. Wurgler, and Y. Yu, 2012, Global, local, and contagious investor sentiment, Journal of Financial Economics, 104, 272–285.

Baks, K. P., A. Metrick, and J. Wachter, 2001, Should investors avoid all actively managed mutual funds? A study in Bayesian performance evaluation, Journal of Finance, 56, 45–85.

Bakshi, G., and N. Kapadia, 2003, Delta hedged gains and the negative market volatility risk premium, Review of Financial Studies, 16, 527–566.

Bali, T., and N. Cakici, 2008, Idiosyncratic volatility and the cross section of expected returns, Journal of Financial and Quantitative Analysis, 43, 29–58.

Bali, T., N. Cakici, and R. F.Whitelaw, 2011, Maxing out: Stocks as lotteries and the cross section of expected returns, Journal of Financial Economics, 99, 427–446.

Bansal, R., 2007, Long run risks and financial markets, Federal Reserve Bank of St. Louis Review, July/August, 283–299.

Bansal, R., R. F. Dittmar, and C. T. Lundblad, 2005, Consumption, dividends and the cross-section of equity returns, Journal of Finance, 50, 1639–1672.

Bansal, R., D. Kiku, I. Shaliastovich, and A. Yaron, 2011, Volatility, the macroeconomy and asset prices, working paper, Wharton.

Bansal, R., and I. Shaliastovich, 2010, A long-run risks explanation of predictability puzzles in bond and currency markets, working paper, Duke University.

Bansal, R. and A. Yaron, 2004, Risks for the long run: A potential resolution of asset pricing puzzles, Journal of Finance, 59, 1481–1509.

Banz, R.W., 1981, The relationship between return and market value of common stocks, Journal of Financial Economics, 9, 3–18.

Bao, J., J. Pan, and J. Wang, 2011, The illiquidity of corporate bonds, Journal of Finance, 66, 911–946.

Barber, B. M., and T. Odean, 2000, Trading is hazardous to your wealth: The common stock investment performance of individual investors, Journal of Finance, 55, 773–806.

Barber, B. M., and T. Odean, 2003, Are individual investors tax savvy? Evidence from retail and discount brokerage accounts, Journal of Public Economics, 88, 419–442.

Barber, B. M., and T. Odean, 2011, The behavior of individual investors, SSRN working paper.

Barber, B. M., T. Odean, and L. Zheng, 2005, Out of sight, out of mind: The effects of expenses on mutual fund flows, Journal of Business, 78, 2095–2119.

Barberis, N., and M. Huang, 2001, Mental accounting, loss aversion, and individual stock returns, Journal of Finance, 56, 1247–1292.

Barberis, N., A. Shleifer, and R. Vishny, 1998, A model of investor sentiment, Journal of Financial Economics, 49, 307-343.

Barberis, N., and R. Thaler, 2003, A survey of behavioral finance, in Constantinides, G., R. Stulz, and M. Harris, eds., Handbook of the Economics of Finance, Elsevier, Boston, pp. 1051-1121.

Barkham, R., and D. Geltner, 1995, Price discovery in American and British property markets, Real Estate Economics, 23, 21-44.

Barro, R., 1974, Are government bonds net wealth?, Journal of Political Economy, 82, 1095-1117.

Barro, R. J., 2009, Rare disasters, asset prices, and welfare costs, American Economic Review, 99, 243-264.

Barro, R. J., and J. F. Ursua, 2011, Rare macroeconomic disasters, NBER working paper, 17328.

Basu, S., 1977, Investment performance of common stocks in relation to their price-earnings ratios: a test of the efficient market hypothesis, Journal of Finance, 32, 663-682.

Basu, S., J. G. Fernald, and M. S. Kimball, 2006, Are technology improvements contractionary?, American Economic Review, 96, 1418-1448.

Bauer, R. M. M. J., K. J. M. Cremers, and R. G. P. Frehen, 2009, Pension fund performance and costs: Small is beautiful, SSRN working paper.

Baxter, M., and U. J. Jermann, 1997, The international diversification puzzle is worse than you think, American Economic Review, 87, 170-180.

Bebchuk, L. A., A. Cohen, and C. C. Y. Wang, 2013, Learning and the disappearing association between governance and returns, Journal of Financial Economics, 108, 323-348.

Bebchuk, L. A., and M. S. Weisbach, 2010, The state of corporate governance research, Review of Financial Studies, 25, 341-376.

Becker, G. S., 1964, Human Capital: A Theoretical and Empirical Analysis, with Special Reference to Education, University of Chicago Press, Chicago.（ゲーリー・ベッカー、佐野陽子訳、1976年、『人的資本―教育を中心とした理論的・経験的分析』東洋経済新報社）

Bekaert, G., and X. Wang, 2010, Inflation risk, Economic Policy, October, 755-806.

Bekaert, G., and G. Wu, 2000, Asymmetric volatility and risk in equity markets, Review of Financial Studies, 13, 1 -42.

Benartzi, S., 2001, Excessive extrapolation and the allocation of 401(k) accounts to company stock, Journal of Finance, 56, 1747-1764.

Benartzi, S., A. Previtero, and R. H. Thaler, 2011, Annuity puzzles, Journal of Public Economics, 82, 29-62.

Ben-David, I., F. Franzoni, and R. Moussawi, 2011, ETFs, Arbitrage, and Contagion, Working Paper 2011-20, Dice Center, Ohio State University.

Bengen, W., 1994, Determining withdrawal rates using historical data, Journal of Financial Planning, 7, 171-180.

Benhabib, J., S. Schmitt-Grohe, and M. Uribe, 2001, Monetary policy and multiple equilibria, American Economic Review, 91, 167-186.

Bennedsen, M., K. M. Nielsen, F. Pérez-González, and D. Wolfenzon, 2007, Inside the family firm: The role of families in succession decisions and performance, Quarterly Journal of Economics, 122, 647-691.

Bennedsen, M., F. Pérez-González, and D. Wolfenzon, D., 2010, The governance of family firms, in Baker, H. K., and R. Anderson, eds., Corporate Governance: A Synthesis of Theory, Research, and Practice, Wiley, Hoboken, N.J., doi: 10.1002/9781118258439. ch19.

Ben-Rephael, A., O. Kadan, and A.Wohl, 2008, The diminishing liquidity premium, working paper, Tel Aviv University.

Benzoni, L., P. Collin-Dufresne, and R. S. Goldstein, 2007, Portfolio choice over the life cycle when the stock and labor markets are cointegrated, Journal of Finance, 62, 2123-2167.

Bergstresser, D., J. M. R. Chalmers, and P. Tufano, 2009, Assessing the costs and benefits of brokers in the mutual fund industry, Review of Financial Studies, 22, 4129-4156.

Bergstresser, D., and J. Pontiff, 2009, Investment taxation and portfolio performance, forthcoming Journal of Public Economics.

Bergstresser, D., and J. Poterba, 2002, Do after-tax returns affect mutual fund inflows?, Journal of Financial Economics, 63, 381-414.

Bergstresser, D., and J. Poterba, 2004, Asset allocation and asset location: Household evidence from the survey of consumer finances, Journal of Public Economics, 88, 1893-1915.

Berk, J. B., and R. C. Green, 2004, Mutual fund flows and performance in rational markets, Journal of Political Economy, 112, 1269-1295.

Berk, J., R. Green, and V. Naik, 1999, Optimal investment, growth options, and security returns, Journal of Finance, 54, 1553-1607.

Berk, J. B., and R. Stanton, 2007, Managerial ability, compensation, and the closed-end fund discount, Journal of Finance, 62, 529-556.

Bernanke, B., and A. Blinder, 1988, Credit, money, and aggregate demand, American Economic Review Papers and Proceedings, 78, 435-439.

Bernard, C., and P. P. Boyle, 2009, Mr. Madoff's amazing returns: An analysis of the split strike conversion strategy, Journal of Derivatives, 17, 62-76.

Bernstein, P. L., 1989, Against the Gods: The Remarkable Story of Risk, Wiley, New York. (ピーター・バーンスタイン、青山護訳、2001年、『リスク〈上・下〉—神々への反逆』日本経済新聞出版社)

Bernstein, P. L., 1992, Capital Ideas: The Improbable Origins of Modern Wall Street, Free Press, New York. (ピーター・L・バーンスタイン、青山護／山口勝業訳、1993年、『証券投資の思想革命―ウォール街を変えたノーベル賞経済学者たち』東洋経済新報社)

Bernstein, S., J. Lerner, and A. Schoar, 2013, The investment strategies of sovereign wealth funds, Journal of Economic Perspectives, 27, 219–238.

Bernstein, W. J., 2010, The Four Pillars of Investing: Lessons for Building a Winning Portfolio, McGraw-Hill, New York.

Beshears, J., J. J. Choi, D. Laibson, B. C. Madrian, and S. P. Zeldes, 2012, What makes annuitization more appealing?, NBER Working Paper 18575.

Bessembinder, H., 1992, Systematic risk, hedging pressure, and risk premiums in futures markets, Review of Financial Studies, 5, 637–667.

Bessembinder, H., A. Carrion, L. Tuttle, and K. Venkataraman, 2012, Predatory or sunshine trading? Evidence from crude oil ETF rolls, working paper, University of Utah.

Betermier, S., T. Jansson, C. Parlour, and J. Walden, 2012, Hedging labor income risk, Journal of Financial Economics, 105, 622–639.

Bewley, T. F., 1977, The permanent income hypothesis: A theoretical formulation, Journal of Economic Theory, 16, 262–292.

Bhansali, V., 2007, Volatility and the carry trade, Journal of Fixed Income, 17, Winter, 72–84.

Bhattacharya, S., and P. Pfleiderer, 1985, Delegated portfolio management, Journal of Economic Theory, 36, 1–25.

Bhattacharya, S., A. Dasgupta, A. Guembel, and A. Prat, 2008, Incentives in funds management: A literature overview, in Boot, A., and A. Thakor, The Handbook of Financial Intermediation and Banking, Elsevier, Boston, pp. 285–308.

Biais, B., and R. C. Green, 2005, The microstructure of the bond market in the 20th century, working paper, Carnegie Mellon University.

van Binsbergen, J. H., M. W. Brandt, and R. S. J. Koijen, 2008, Optimal decentralized investment management, Journal of Finance, 63, 1849–1895.

Black, F., 1972, Capital market equilibrium with restricted borrowing, Journal of Business, 45, 444–455.

Black, F., 1976, Studies of stock price volatility changes, Proceedings of the 1976 Meetings of the American Statistical Association, Business and Economical Statistics Section, American Statistical Association, pp. 117–181.

Black, F., 1980, The tax consequences of long-run pension policy, Financial Analysts Journal, 36, 1–28.

Black, F., 1993, Beta and return, Journal of Portfolio Management, 20, 8–18.

Black, F., 1989, Should you use stocks to hedge your pension liability?, Financial Analysts Journal, 45, 10-12.

Black, F., M. C. Jensen, and M. S. Scholes, 1972, The capital asset pricing model: Some empirical tests, in Jensen, M. C., ed., Studies in the Theory of Capital Markets, Praeger, New York.

Black, F., and R. Litterman, 1991, Asset allocation: Combining investor views with market equilibrium, Journal of Fixed Income, 1, September, 7-18.

Black, F., and M. S. Scholes, 1973, The pricing of options and corporate Liabilities, Journal of Political Economy, 81, 637-654.

Blake, D., 2006, Pension Economics, Wiley, Hoboken, N.J.

Blake, C. R., E. J. Elton, and M. J. Gruber, 1993, The performance of bond mutual funds, Journal of Business, 66, 371-403.

Blitz, D. C., and W. de Groot, 2013, Strategic allocation to commodity factor premiums, working paper, Robeco Asset Management.

Blitz, D. C., and P. Van Vliet, 2008, Global tactical cross-asset allocation: Applying value and momentum across asset classes, Journal of Portfolio Management, 35, 23-38.

Blume, M. E., 1975, Betas and their regression tendencies, Journal of Finance, 30, 785-795.

Blume, M. E., J. Crockett, and I. Friend, 1974, Ownership in the United States: Characteristics and trends, Survey of Current Business, 54, 16-40.

Bodie, Z., 1983, Commodity futures as a hedge against inflation, Journal of Portfolio Management, 9, 12-17.

Bodie, Z., 1990a, The ABO, the PBO and pension investment policy, Financial Analysts Journal, 46, 27-34.

Bodie, Z., 1990b, Inflation, index-linked bonds, and asset allocation, Journal of Portfolio Management, 16, 48-53.

Bodie, Z., 1995, On the risk of stocks in the long run, Financial Analysts Journal, 51, 18-22.

Bodie, Z., and M. Brière, 2013, Sovereign wealth and risk management: A new framework for optimal asset allocation of sovereign wealth, SSRN working paper.

Bodie, Z., J. B. Detemple, and M. Rindisbacher, 2009, Life cycle finance and the design of pension plans, Annual Review of Financial Economics, 1, 249-286.

Bodie, Z., A. Kane, and A. J. Marcus, 2011, Investments, 9 th ed., McGraw-Hill, Boston. （ツヴィ・ボディー／アレックス・ケイン／アラン・J・マーカス、平木多賀人／伊藤彰敏／竹澤直哉／山崎亮／辻本臣哉訳、2010年、『インベストメント〈上・下〉』日本経済新聞出版社）

Bodie, Z., R. C. Merton, and W. F. Samuelson, 1992, Labor supply flexibility and portfolio choice in a life cycle model, Journal of Economic Dynamics and Control, 16, 427-449.

Bodie, Z., and R. Taqqu, 2012, Risk Less and Prosper, Wiley, Hoboken, N.J.

Bohn, H., 2011, Should public retirement plans be fully funded?, Journal of Pension Economics and Finance, 10, 195–219.

Bollen, J., H. Mao, and X. Zeng, 2011, Twitter mood predicts the stock market, Journal of Computational Science, 2, 1–8.

Bollen, N., and V. Pool, 2008, Conditional return smoothing in the hedge fund industry, Journal of Financial and Quantitative Analysis, 43, 267–298.

Bollen, N., and V. Pool, 2009, Hedge fund risk dynamics: Implications for performance appraisal, Journal of Finance, 64, 987–1037.

Bollerslev, T., 1986, Generalized autoregressive conditional heteroskedasticity, Journal of Econometrics 31, 307–327.

Bolton, P., and M. Dewatripont, 2005, Contract Theory, MIT Press, Cambridge, Mass.

Bonaparte, Y., and A. Kumar, 2013, Political activism, information costs, and stock market participation, Journal of Financial Economics, 107, 760–786.

Bond, S. A., and P. Mitchell, 2010, Alpha and persistence in real estate fund performance, Journal of Real Estate Finance and Economics, 41, 35–79.

Booth, D. G., and E. F. Fama, 1992, Diversification returns and asset contributions, Financial Analysts Journal, 48, 26–32.

Bossaerts, P., P. Ghirardato, S. Guarnaschelli, and W. Zame, 2010, Ambiguity in asset markets: Theory and experiment, Review of Financial Studies, 23, 1325–1359.

Boudoukh, J., M. Richardson, and R. F. Whitelaw, 2008, The myth of long-horizon predictability, Review of Financial Studies, 21, 1577–1605.

Boudreaux, K. J., 1973, Discounts and premiums on closed-end funds: a study in valuation, Journal of Finance, 28, 515–522.

Boyer, B., 2012, Stock related comovement: Fundamentals or labels?, forthcoming Journal of Finance.

Boyer, B., T. Mitton, and K. Vorkink, 2010, Expected idiosyncratic skewness, Review of Financial Studies, 23, 169–202.

Boyson, N. M., 2008, Hedge fund performance persistence: A new approach, Financial Analysts Journal, 64, 27–44.

Bradley, H., and R. E. Litan, 2010, Choking the recovery: Why new growth companies aren't going public and unrecognized risks of future market disruptions, research report, Ewing Marion Kauffman Foundation.

Bradley, M., A. Brav, I. Goldstein, and W. Jiang, 2010, Activist arbitrage: A study of open-ending attempts of closed-end funds, Journal of Financial Economics, 95, 1–19.

Brandon, D. L., 1998, Federal taxation of real estate investment trusts, in Garrigan, R. T., and J. F. C. Parsons, eds., Real Estate Investment Trusts, McGraw-Hill, New York, pp. 83–130.

Brandt, M. W., 1999, Estimating portfolio and consumption choice: A conditional Euler equations approach, Journal of Finance, 54, 1609-1645.

Brandt, M. W., 2009, Portfolio choice problems, in Aït-Sahalia, Y., and L. P. Hansen, eds., Handbook of Financial Econometrics. Vol. 1, Tools and Techniques, Elsevier, Boston, pp. 269-336.

Brandt, M. W., A. Goyal, P. Santa-Clara, and J. Stroud, 2005, A simulation approach to dynamic portfolio choice with an application to learning about return predictability, Review of Financial Studies, 18, 831-873.

Brav, A, W. Jiang, F. Partnoy, and R. Thomas, 2008, Hedge fund activism, corporate governance, and firm performance, Journal of Finance, 63, 1729-1775.

Brennan, M. J., 1970, Taxes, Market valuation and corporate financial policy, National Tax Journal, 23, 417-427.

Brennan, M. J., 1993, Agency and asset prices, working paper, UCLA.

Brennan, M. J., E. S. Schwartz, and R. Lagnado, 1997, Strategic asset allocation, Journal of Economic Dynamics and Control, 21, 1377-1403.

Brennan, M. J., and Y. Xia, 2005, Tay's as good as cay, Finance Research Letters, 2, 1 -14.

Brinson, G. P., L. R. Hood, and G. L. Beebower, 1986, Determinants of portfolio performance, Financial Analysts Journal, 42, 39-44.

Broadie, M., M. Chernov, and S. Sundaresan, 2007, Optimal debt and equity values in the presence of Chapter 7 and Chapter 11, Journal of Finance, 62, 1341-1376.

Brooks, R. J., 2002, Asset market effects of the baby boom and social security reforms, American Economic Review Papers and Proceedings, 92, 402-406.

Brown, D. T., G. Ozik, and D. Sholz, 2007, Rebalancing revisited: The role of derivatives, Financial Analysts Journal, 63, 32-44.

Brown, J. R., 2008, Guaranteed trouble: The economic effects of the Pension Benefit Guaranty Corporation, Journal of Economic Perspectives, 22, 177-198.

Brown, J. R., 2009, Understanding the role of annuities in retirement planning, in Lusardi, A., ed., Overcoming the Saving Slump, University of Chicago Press, Chicago, pp. 178-206.

Brown, J. R., S. G. Dimmock, J.-K. Kang, and S. Weisbenner, 2013, How university endowments respond to financial market shocks: Evidence and implications, forthcoming American Economic Review.

Brown, J. R., and A. Finkelstein, 2007, Why is the market for long-term care insurance so small?, Journal of Public Economics, 91, 1967-1991.

Brown, J. R., and A. Finkelstein, 2011, Insuring long-term care in the United States, Journal of Economic Perspectives, 25, 119-142.

Brown, J. R., O. S. Mitchell, and J. M. Poterba, 2002, Mortality risk, and annuity products, in Mitchell, O., Z. Bodie, P. B. Hammond, and S. P. Zeldes, eds., Innovations in Retirement Financing, University of Pennsylvania Press, Philadelphia, pp. 175-197.

Brown, K. C., L. Garlappi, and C. Tiu, 2010, The troves of academe: Asset allocation, risk budgeting and the investment performance of university endowment funds, Journal of Financial Markets, 13, 268-294.

Brown, S. J., W. N. Goetzmann, and R. G. Ibbotson, 1999, Offshore hedge funds: Survival and performance 1989-95, Journal of Business, 72, 91-117.

Brown, S. J., W. N. Goetzmann, R. G. Ibbotson, and S. A. Ross, 1992, Survivorship bias in performance studies, Review of Financial Studies, 5, 553-580.

Brown, S. J., W. N. Goetzmann, B. Liang, and C. Schwarz, 2012, Trust and delegation, Journal of Financial Economics, 103, 221-234.

Brown, S. J., W. N. Goetzmann, and J. Park, 2001, Careers and survival: Competition and risk in the hedge fund and CTA industry, Journal of Finance, 56, 1869-1886.

Brunnermeier, M. K., 2009, Deciphering the liquidity and credit crunch 2007-2008, Journal of Economic Perspectives, 23, 77-100.

Brunnermeier, M. K., and S. Nagel, 2008, Do wealth fluctuations generate time-varying risk aversion?, Micro-evidence on individuals' asset allocation, American Economic Review, 98, 713-736.

Buckle, D., 2004, How to calculate breadth: An evolution of the fundamental law of active portfolio management, Journal of Asset Management, 4, 393-405.

Bulow, J. I., and M. S. Scholes, 1983, Who owns the assets in a defined-benefit pension plan?, In Bodie, Z., and J. Shoven, eds., Financial Aspects of the United States Pension System, University of Chicago Press, Chicago, pp. 17-36.

Burnside, C., M. Eichenbaum, I. Kleshchelski, and S. Rebelo, 2010, Do peso problems explain the returns to the carry trade?, Review of Financial Studies, 24, 853-891.

Busse, J. A., A. Goyal, and S. Wahal, 2010, Performance and persistence in institutional active management, Journal of Finance, 65, 765-790.

Buss, A., R. Uppal, and G. Vilkov, 2012, Asset prices in general equilibrium with transactions costs and recursive utility, working paper, EDHEC.

Buss, A., and G. Vilkov, 2012, Measuring equity risk with option-implied correlations, Review of Financial Studies, 25, 3113-3140.

【C】

Caballero, R. J., and E. Farhi, 2013, A model of the safe asset mechanism (SAM): Safety traps and economic policy, NBER Working Paper 18737.

Cagetti, M., and M. De Nardi, 2008, Wealth inequality: Data and models, Macroeconomic Dynamics, 12, 285-313.

Cai, Y., K. L. Judd, and R. Xu, 2013, Numerical solution of dynamic portfolio optimization with transaction costs, NBER Working Paper 18709.

Calvet, L. F., J. Y. Campbell, and P. Sodini, 2009, Fight or flight: Portfolio rebalancing by individual investors, Quarterly Journal of Economics, 124, 301–348.

Campbell, J. Y., 1991, A variance decomposition for stock returns, Economic Journal, 101, 157–179.

Campbell, J. Y., and J. H. Cochrane, 1999, By force of habit: A consumption-based explanation of aggregate stock market behavior, Journal of Political Economy, 107, 205–251.

Campbell, J. Y., J. Cocco, F. J. Gomes, and P. J. Maenhout, 2001, Investing retirement wealth: A lifecycle model, in Campbell, J. Y., and M. Feldstein, eds., Risk Aspects of Investment-Based Social Security Reform, University of Chicago Press, Chicago, pp. 439–482.

Campbell, J. Y., and S. Thompson, 2008, Predicting excess returns out of sample: Can anything beat the historical average?, Review of Financial Studies, 21, 1509–1531.

Campbell, J. Y., and L. M. Viceira, 1999, Consumption and portfolio decisions when expected returns are time varying, Quarterly Journal of Economics, 114, 433–495.

Campbell, J. Y., and L. M. Viceira, 2001, Who should buy long-term bonds?, American Economic Review, 91, 99–127.

Campbell, J. Y., and L. M. Viceira, 2002, Strategic Asset Allocation, Oxford University Press, New York. (ジョン・キャンベル／ルイス・ビセイラ、木島正明／野村證券金融経済研究所訳、2004年、『戦略的アセットアロケーション――長期投資のための最適資産配分の考え方』東洋経済新報社)

Campbell, R. A. J., 2008, Art as a financial investment, Journal of Alternative Investments, 10, 64–81.

Cannon, V. T., 2007, Secondary markets in private equity and the future of U.S. capital markets, working paper, Harvard University, Cambridge, Mass.

Cao, J., and B. Han, 2013, Cross section of option returns and idiosyncratic volatility, Journal of Financial Economics, 108, 231–249.

Carhart, M. M., 1997, On persistence in mutual fund returns, Journal of Finance, 52, 57–82.

Carhart, M. M., J. N. Carpenter, A. W. Lynch, and D. K. Musto, 2002, Mutual fund survivorship, Review of Financial Studies, 15, 1439–1463.

Carlin, B. I., 2009, Strategic price complexity in retail financial markets, Journal of Financial Economics, 91, 278–287.

Carlin, B. I., and G. Manso, 2011, Obfuscation, learning, and the evolution of investor sophistication, Review of Financial Studies, 24, 754–785.

Carlson, M., S. Titman, and C. Tiu, 2010, The returns of private and public real estate, working paper, UBC.

Carpenter, J. N., and A. W. Lynch, 1999, Survivorship bias and attrition effects in measures of performance persistence, Journal of Financial Economics, 54, 337–374.

Carlson, M., Z. Khokher, and S. Titman, 2007, Equilibrium Exhaustible Resource Price Dynamics, Journal of Finance, 62, 1663–1703.

Carroll, C. D., 2001, Theoretical foundations of buffer stock savings, working paper, John Hopkins University.

Casassus, J., P. Liu, and K. Tang, 2013, Economic linkages, relative scarcity, and commodity futures returns, Review of Financial Studies, 26, 1324–1362.

Case, B., and S. M.Wachter, 2011, Inflation and real estate investments, SSRN working paper.

Chai, J., W. Horneff, R. Maurer, and O. S. Mitchell, 2011, Optimal portfolio choice over the life cycle with flexible work, endogenous retirement, and lifetime payouts, Review of Finance, 15, 875–907.

Chalmers, J., and J. Reuter, 2012a, How do retirees value life annuities? Evidence from public employees, Review of Financial Studies, 25, 2601–2634.

Chalmers, J., and J. Reuter, 2012b, What is the impact of financial advisors on retirement portfolio choices and outcomes?, NBER Working Paper 18158.

Chambers, D., and E. Dimson, 2012, Keynes the stock market investor, SSRN working paper.

Chambers, D., E. Dimson, and A. Ilmanen, 2012, The Norway model, Journal of Portfolio Management, 38, 67–81.

Chan, K. C., P. H. Hendershott, and A. B. Sanders, 1990, Risk and return on real estate: Evidence from equity REITs, Real Estate Economics, 18, 431–452.

Chang, B. Y., P. Christoffersen, and K. Jacobs, 2013, Market skewness risk and the cross section of stock returns, Journal of Financial Economics, 107, 46–68.

Chaves, D. B., 2012, Eureka! A momentum strategy that also works in Japan, working paper, Research Affiliates.

Chay, J. B., D. Choi. and J. Pontiff, 2006, Market valuation of tax-timing options: Evidence from capital gains distributions, Journal of Finance, 61, 837–865.

Chemmanur, T. J., K. Krishnan, and D. K. Nandy, 2011, How does venture capital financing improve efficiency in private firms? A look beneath the surface, Review of Financial Studies, 24, 4037–4090.

Chen, H., 2010, Macroeconomic conditions and the puzzles of credit spreads and capital structure, Journal of Finance, 65, 2171–2212.

Chen, N.-F., R. Roll, and S. A. Ross, 1986, Economic forces and the stock market, Journal of Business, 59, 383–403.

Chen, Q., I. Goldstein, and W. Jiang, 2008, Directors' ownership in the U.S. mutual fund industry, Journal of Finance, 63, 2629–2677.

Chen, Q., I. Goldstein, and W. Jiang, 2010, Payoff complementarities and financial fragility:

Evidence from mutual fund outflows, Journal of Financial Economics, 97, 239-262.

Chen, J., H. Hong, M. Huang, and J. Kubik, 2004, Does fund size erode performance? Liquidity, organizational diseconomies, and active money management, American Economic Review, 94, 1276-1302.

Chen, J., H. Hong, and J. Kubik, 2010, Outsourcing mutual fund management: firm boundaries, incentives, and performance, working paper, UC Davis.

Chen, J., H. Hong, and J. Stein, 2002, Breadth of ownership and stock returns, Journal of Financial Economics, 66, 171-205.

Chen, L., P. Collin-Dufresne, and R. S. Goldstein, 2009, On the relation between the credit spread puzzle and the equity premium puzzle, Review of Financial Studies, 22, 3367-3409.

Chen, L. H., G. J. Jiang, D. D. Xu, and T. Yao, 2012, Dissecting the idiosyncratic volatility anomaly, SSRN working paper.

Chen, L., D. A. Lesmond, and J. Wei, 2007, Corporate yield spreads and bond liquidity, Journal of Finance, 62, 119-149.

Chen, Q., I. Goldstein, and W. Jiang, 2008, Directors' ownership in the U.S. mutual fund industry, Journal of Finance, 63, 2629-2677.

Chen, Y.-C., K. S. Rogoff, and B. Rossi, 2010, Can exchange rates forecast commodity prices?, Quarterly Journal of Economics, 125, 1145-1194.

Cheng, M., and A. Madhavan, 2009, The dynamics of leveraged and inverse exchange-traded funds, Journal of Investment Management, 7, 43-62.

Cherkes, M., 2012, Closed-end funds: A survey, Annual Review of Financial Economics, 4, 431-445.

Cherkes, M., J. Sagi, and R. Stanton, 2009, A liquidity-based theory of closed-end funds, Review of Financial Studies, 22, 257-297.

Chevalier, J., and G. Ellison, 1997, Risk taking by mutual funds as a response to incentives, Journal of Political Economy, 105, 1167-1200.

Chevalier, J., and G. Ellison, 1999a, Are some mutual fund managers better than others? Cross sectional patterns in behavior and performance, Journal of Finance, 54, 875-899.

Chevalier, J., and G. Ellison, 1999b, Career concerns of mutual fund managers, Quarterly Journal of Economics, 114, 389-432.

Chhabra, A. B., 2005, Beyond Markowitz: A comprehensive wealth allocation framework for individual investors, Journal of Wealth Management, 7, 8-34.

Chien, Y., H. Cole, and H. Lustig, 2012, Is the volatility of the market price of risk due to intermittent portfolio rebalancing?, American Economic Review, 102, 2859-2896.

Choi, D., M. Getmansky, and H. Tookes, 2009, Convertible bond arbitrage, liquid externalities, and stock prices, Journal of Financial Economics, 91, 227-251.

Choi, J. J., D. Laibson, and B. C. Madrian, 2010, Why does the law of one price fail?, An experiment on index mutual funds, Review of Financial Studies, 23, 1405-1432.

Chordia, T., and L. Shivakumar, 2006, Earnings and price momentum, Journal of Financial Economics, 80, 627-656.

Choueifaty, Y., and Y. Coignard, 2008, Towards maximum diversification, Journal of Portfolio Management, 34, 40-51.

Christensen, C. M., 1997, The Innovator's Dilemma: When New Technologies Cause Great Firms to Fail, Harvard Business Review Press, Boston. (クレイトン・クリステンセン、玉田俊平太／伊豆原弓訳、2001年、『イノベーションのジレンマ—技術革新が巨大企業を滅ぼすとき〈増補改訂版〉』翔泳社)

Christiansen, C., J. Joensen, and H. Nielsen, 2007, The risk-return trade-off in human capital investment, Labour Economics, 14, 971-986.

Christoffersen, P., V. Errunza, K. Jacobs, and H. Langlois, 2013, Is the potential for international diversification disappearing?, A dynamic copula approach, Review of Financial Studies, 25, 3712-3751.

Christoffersen, S. E. K., and D. K. Musto, 2002, Demand curves and the pricing of money management, Review of Financial Studies, 15, 1499-1524.

Chua, C. T., S. Lai, and K. K. Lewis, 2010, Is the international diversification potential diminishing for foreign equity inside the U.S.?, working paper, Wharton.

Chua, D. B., M. Kritzman, and S. Page, 2009, The myth of diversification, Journal of Portfolio Management, 36, 26-35.

Chung, J.-W., B. A. Sensoy, L. Stern, and M. S. Weisbach, 2012, Pay for performance from future fund flows: The case of private equity, Review of Financial Studies, 25, 3259-3304.

Clarida, R., J. Galí, and M. Gertler, 2000, Monetary policy rules and macroeconomic stability: Evidence and some theory, Quarterly Journal of Economics, 115, 147-180.

Clarke, R., H. de Silva, and S. Thorley, 2006, Minimum-variance portfolios in the U.S. equity market, Journal of Portfolio Management, 33, 10-24.

Coates, J. C. IV, and R. G. Hubbard, 2007, Competition in the mutual fund industry: Evidence and implications for policy, Journal of Corporation Law, 33, 151-222.

Cocco, J. F., F. J. Gomes, and P. J. Maenhout, 2005, Consumption and portfolio choice over the life cycle, Review of Financial Studies, 18, 491-533.

Cochrane, J. H., 1991, Production-based asset pricing and the link between stock returns and economic fluctuations, Journal of Finance, 46, 209-237.

Cochrane, J. H., 1992, Explaining the variance of price-dividend ratios, Review of Financial Studies, 5, 243-280.

Cochrane, J. H., 1996, A cross-sectional test of an investment-based asset pricing model, Journal of Political Economy, 104, 572-621.

Cochrane, J. H., 1999, Portfolio advice for a multifactor world, Economic Perspectives Federal Reserve Bank of Chicago, 23, Quarter 3, 59–78.

Cochrane, J. H., 2001, Asset Pricing, Princeton University Press, Princeton, N.J.

Cochrane, J. H., 2005, The risk and return of venture capital, Journal of Financial Economics, 75, 3–52.

Cochrane, J. H., 2007, Portfolio Theory, Lecture Notes, University of Chicago.

Cochrane, J. H., 2011, Presidential address: Discount rates, Journal of Finance, 66, 1047–1108.

Cochrane, J. H., 2013a, A mean-variance benchmark for intertemporal portfolio theory, NBER Working Paper 18768.

Cochrane, J. H., 2013b, Finance: Function matters, not size, Journal of Economic Perspectives, 27, 29–50.

Cohen, L., A. Frazzini, and C. Malloy, 2008, The small world of investing: Board connections and mutual fund returns, Journal of Political Economy, 116, 951–979.

Cohen, L., and B. Schmidt, 2009, Attracting flows by attracting big clients, Journal of Finance, 64, 2125–2151.

Coles, J. L., J. Suay, and D. Woodbury, 2000, Fund advisory compensation in closed-end funds, Journal of Finance, 55, 1385–1414.

Collier, P., F. van der Ploeg, M. Spence, and A. J. Venables, 2010, Managing resource revenues in developing economies, IMF Staff Papers, 58, 84–118.

Collin-Dufresne, P., R. S. Goldstein, and J. S. Martin, 2001, The determinants of credit spread changes, Journal of Finance, 56, 2177–2207.

Connor, G., and R. A. Korajczyk, 1986, Performance measurement with the arbitrage pricing theory, Journal of Financial Economics, 15, 373–394.

Connor, G., and R. A. Korajczyk, 1993, A test for the number of factors in an approximate factor model, Journal of Finance, 48, 1263–1291.

Constantinides, G. M., 1979, Multiperiod consumption and investment behavior with convex transactions costs, Management Science, 25, 1127–1137.

Constantinides, G. M., 1983, Optimal stock trading with personal taxes, Econometrica, 51, 611–636.

Constantinides, G. M., 1986, Capital market equilibrium with transactions costs, Journal of Political Economy, 94, 842–862.

Constantinides, G. M., 1990, Habit formation: A resolution of the equity premium puzzle, Journal of Political Economy, 98, 519–543.

Constantinides, G. M., J. B. Donaldson, and R. Mehra, 2002, Junior can't borrow: A new perspective on the equity premium puzzle, Quarterly Journal of Economics, 118, 269–296.

Constantinides, G. M., and D. Duffie, 1996, Asset pricing with heterogeneous consumers,

Journal of Political Economy, 104, 219-240.

Conti-Brown, P., 2010, Finance, and culture of elite university endowments in financial crisis, Stanford Law Review, 63, 699-749.

Cook, T., 1989, Determinants of the Federal Funds Rate: 1979-1982, Federal Reserve Bank of Richmond Economic Review, January/February, 3-19.

Cooper, I., 1996, Arithmetic versus geometric mean estimators: Setting discount rates for capital budgeting, European Financial Management, 2, 157-167.

Cooper, I., and E. Kaplanis, 1994, Home bias in equity portfolios, inflation hedging, and international capital market equilibrium, Review of Financial Studies, 7, 45-60.

Cooper, M., O. Dimitrov, and P. R. Rau, 2001, A rose.com by any other name, Journal of Finance, 56, 2371-2388.

Cooper, M. J., R. C. Gutierrez, and A. Hameed, 2004, Market states and momentum, Journal of Finance, 59, 1345-1365.

Cornelius, P., 2011, International Investments in Private Equity: Asset Allocation, Markets and Industry Structure, Academic Press, Burlington, Mass.

Cosemans, M., R. Frehen, P. C. Schotman, R. Bauer, 2012, Estimating security betas using prior information based on firm fundamentals, SSRN working paper.

Coval, J., and T. Moskowitz, 2001, The geography of investment: Informed trading and asset prices, Journal of Political Economy, 109, 811-841.

Coval, J., and E. Stafford, 2007, Asset fire sales (and purchases) in equity markets, Journal of Financial Economics, 86, 479-512.

Cowan, M. J., 2008, Taxing and regulating college and university endowment income: The literature's perspective, Journal of College and University Law, 34, 507-553.

Cox, J., 2009, The money pit: An analysis of Nauru's phosphate mining policy, Pacific Economic Bulletin, 24, 174-186.

Cox, J. C., J. E. Ingersoll, and S. A. Ross, 1985, A theory of the term structure of interest rates, Econometrica, 53, 385-407.

Cremers, M., J. Driessen, P. Maenhout, and D. Weinbaum, 2009, Does skin in the game matter? Director incentives and governance in the mutual fund industry, Journal of Financial and Quantitative Analysis, 44, 1345-1373.

Cremers, M., and A. Ferrell, 2012, Thirty years of shareholder rights and stock returns: Beta, not alpha?, Working paper, Harvard Law School.

Cremers, M., and A. Petajisto, 2009, How active is your fund manager? A new measure that predicts performance, Review of Financial Studies, 22, 3329-3365.

Cremers, M., A. Petajisto, and E. Zitzewitz, 2012, Should benchmark indices have alpha? Revisiting performance evaluation, Critical Finance Review, 2, 1-48.

Cruces, J. J., and C. Trebesch, 2013, Sovereign defaults: The price of haircuts, American Economic Journal: Macroeconomics, 5, 85-117.

Culbertson, J., 1957, The term structure of interest rates, Quarterly Journal of Economics, 71, 485-517.

Culver, C., and B. Gert, 1981, The morality of involuntary hospitalization, in Spicker, S. F., J. M. Healy Jr., and H. T. Engelhardt Jr., eds., The Law Medicine Relation: A Philosophical Exploration, Reidel, pp. 159-175.

Cuoco, D., and R. Kaniel, 2010, Equilibrium prices in the presence of delegated portfolio management, working paper, Wharton.

Curcuru, S., J. Heaton, D. Lucas, and D. Moore, 2004, Heterogeneity and portfolio choice: Theory and evidence, in Aït-Sahalia, Y., and L. P. Hansen, eds., Handbook of Financial Econometrics: Tools and Techniques, Elsevier, pp. 337-382.

Cvitanic, J., and F. Zapatero, 2004, Introduction to the Economics and Mathematics of Financial Markets, MIT Press, Boston.

【D】

Dai, Q., and K. J. Singleton, 2000, Specification analysis of affine term structure models, Journal of Finance, 55, 1943-1978.

Dai, Q., and K. J. Singleton, 2002, Expectation puzzles, time-varying risk premia, and affine models of the term structure, Journal of Financial Economics, 63, 415-441.

D'Amico, S., D. H. Kim, and M. Wei, 2009, Tips from TIPS: The information content of Treasury Inflation-Protected Securities, Working Paper 2010-19, Federal Reserve Board.

Dammon, R. M., C. S. Spatt, and H. H. Zhang, 2004, Optimal asset allocation and allocation with taxable and tax-deferred investing, Journal of Finance, 59, 999-1037.

Dangl, T., and M. Halling 2012, Predictive regressions with time-varying coefficients, Journal of Financial Economics, 106, 157-181.

Daniel, K., 2009, Anatomy of a crisis, CFA Institute Conference Proceedings Quarterly, 26, 11-21.

Daniel, K., M. Grinblatt, S. Titman, and R. Wermers, 1997, Measuring mutual fund performance with characteristic-based benchmarks, Journal of Finance, 52, 1035-1058.

Daniel, K., D. Hirshleifer, and A, Subrahmanyam, 1998, Investor psychology and security market under- and over-reaction, Journal of Finance, 53, 1839-1886.

Dann, L., D. Del Guercio, and M. Partch, 2003, Governance and boards of directors in closed-end investment companies, Journal of Financial Economics, 69, 111-152.

Da Rin, M., T. F. Hellmann, and M. Puri, 2011, A survey of venture capital research, forthcoming Constantinides, G., M. Harris, and R. Stulz, eds., Handbook of the Economics of Finance, vol 2., Elsevier, Boston.

Dasgupta, A., A. Prat, and M. Verardo, 2010, The price impact of institutional herding, working paper, LSE.

David, A., 2008, Heterogeneous beliefs, speculation, and the equity premium, Journal of Finance, 63, 41-83.

Davidoff, T., J. R. Brown, and P. A. Diamond, 2005, Annuities and individual welfare, American Economic Review, 95, 1573-1590.

Davis, G. F., and E. H. Kim, 2007, Business ties and proxy voting by mutual funds, Journal of Financial Economics, 85, 552-570.

Davis, J., R. Ossowski, J. Daniel, and S. Barnett, 2001, Stabilization and savings funds for nonrenewable resources, IMF Occasional Paper 205.

DeAngelo, H., L. DeAngelo, and D. J. Skinner, 2004, Are dividends disappearing? Dividend concentration and the consolidation of earnings, Journal of Financial Economics, 72, 425-456.

Deaton, A., 1991, Saving and liquidity constraints, Econometrica, 59, 1221-1248.

Deaton, A., 2005, Franco Modigliani and the life cycle theory of consumption, working paper, Princeton University.

Deaton, A., and G. Laroque, 1992, On the Behavior of Commodity Prices, Review of Economic Studies 59, 1-23.

Decker, M. O., 1998, The modern real estate investment trust industry: An overview, in Garrigan, R. T., and J. F. C. Parsons, eds., Real Estate Investment Trusts, McGraw-Hill, New York, pp. 3-8.

Deep, A., and P. Frumkin, 2006, Sooner or later? The foundation payout puzzle, in Damon, W., and S. Verducci, Taking Philanthropy Seriously: Beyond Good Intentions, Indiana University Press, Bloomington, pp. 189-204.

DeFusco, R. A., S. I. Ivanov, and G. V. Karels, 2011, The exchange traded funds' pricing deviation: Analysis and forecasts, Journal of Economics and Finance, 35, 181-197.

Del Guerico, D., and P. A. Tkac, 2002, The determinants of the flow of funds of managed portfolios: Mutual funds vs. pension funds, Journal of Financial and Quantitative Analysis, 37, 523-557.

Del Guercio, D., J. Reuter, and P. A. Tkac, 2009, Unbundling the value of portfolio management and distribution in retail mutual funds: Evidence from sub advisory contracts, working paper, University of Oregon.

Deli, D., 2002, Mutual fund advisory contracts: An empirical investigation, Journal of Finance, 57, 109-133.

DeLong, J. B., and L. H. Summers, 1988, How does macroeconomic policy affect output?, Brookings Papers on Economic Activity, 2, 433-494.

DeLong, J. B., 1997, America's peacetime inflation: The 1970s, in Romer, C. D. and D. H. Romer, eds., Reducing Inflation: Motivation and Strategy, University of Chicago Press, Chicago, pp. 247-280.

DeLong, J. B., A. Shleifer, L. H. Summers, and R. J. Waldmann, 1990, Positive feedback in-

参考文献　803

vestment strategies and destabilizing rational speculation, Journal of Finance, 45, 379–395.

DeMarzo, P. M., R. Kaniel, and I. Kremer, 2005, Diversification as a public good: Community effects in portfolio choice, Journal of Finance, 59, 1677–1716.

DeMiguel, V., L. Garlappi, and R. Uppal, 2009, Optimal versus naïve diversification: How inefficient is the 1 / N portfolio strategy? Review of Financial Studies, 25, 1915–1953.

DeMiguel, V., and R. Uppal, 2005, Portfolio investment with the exact tax basis via nonlinear programming, Management Science, 51, 277–290.

Dempster, M. A. H., I. V. Evstigneev, and K. R. Schenk-Hoppé, 2009, Volatility-induced financial growth, in Dempster, M. A. H., G. Mitra, and G. Pflug, eds., Quantitative Fund Management, Chapman & Hall, Boca Raton, Fla., pp. 67–84.

Demsetz, H., 1968, The cost of transacting, Quarterly Journal of Economics, 82, 33–53.

De Nardi, M., E. French, and J. B. Jones, 2010, Why do the elderly save? The role of medical expenses, Journal of Political Economy, 118, 39–75.

den Haan,W. J., 1995, The term structure of interest rates in real and monetary economies, Journal of Economic Dynamics and Control, 19, 909–940.

Derman, E., 2007. A simple model for the expected premium for hedge fund lockups, Journal of Investment Management, 5, 5 –15.

de Souza, A., and A. W. Lynch, 2012, Does mutual fund performance vary over the business cycle?, NBER working paper 18137.

Deuskar, P., Q. H. Nguyen, Z. J. Wang, and Y. Wu, 2011, The dynamics of hedge fund fees, working paper, University of Illinois at Urbana–Champaign.

Diamond, P. A., 1965, National debt in a neoclassical growth model, American Economic Review, 55, 1126–1150.

Diamond, P. A., 1982, Aggregate demand management in search equilibrium, Journal of Political Economy, 90, 891–894.

DiBartolomeo, D., and E. Witkowski, 1997, Mutual fund misclassification: Evidence based on style analysis, Financial Analysts Journal, 53, 32–43.

Dichev, I. D., and G. Yu, 2011, Higher risk, lower returns: What hedge fund investors really earn, Journal of Financial Economics, 100, 248–263.

Dick-Nielsen, J., P. Feldhutter, and D. Lando, 2012, Corporate bond liquidity before and after the onset of the subprime crisis, Journal of Financial Economics, 103, 471–492.

Dimmock, S. G., 2012, Background risk and university endowment funds, Review of Economics and Statistics, 94, 789–799.

Dimmock, S. G., R. Kouwenberg, O. S. Mitchell, and K. Peijnenburg, 2013, Ambiguity attitudes and economic behavior, NBER Working Paper 18743.

Dimson, E., O. Karakas, and X. Li, 2012, Active ownership, working paper, Cambridge University, Cambridge.

Dimson, E., P. Marsh, and M. Staunton, 2011, Credit Suisse Global Investment Returns Sourcebook, Credit Suisse Research Institute.

Dimson, E., and C. Spænjers, 2011, Ex post: The investment performance of collectible stamps, Journal of Financial Economics, 100, 443–458.

Ding, B., M. Getmansky, B. Liang, and R. Wermers, 2010, Share restrictions and investor flows in the hedge fund industry, working paper, University of Massachusetts Amherst.

Dittmar, R. F., 2002, Nonlinear pricing kernels, kurtosis preference, and evidence from the cross section of equity returns, Journal of Finance, 57, 369–403.

Driessen, J., T.-C. Lin, and L. Phalippou, 2012, A new method to estimate risk and return of non-traded assets from cash flows: The case of private equity funds, Journal of Financial and Quantitative Analysis, 47, 511–535.

Driessen, J., P. Maenhout, and G. Vilkov, 2009, The price of correlation risk: Evidence from equity options, Journal of Finance, 64, 1377–1406.

Dooley, M. P., D. Folkerts-Landau, and P. Garber, 2004, The revived Bretton Woods system: The effects of periphery intervention and reserve management on interest rates and exchange rates in center countries, NBER Working Paper 10332.

Dow, C. H., 1920, Scientific Stock Speculation, The Magazine of Wall Street, New York.

Dow, J., and S. R. C. Werlang, 1992, Uncertainty aversion, risk aversion and the optimal choice of portfolio, Econometrica, 60, 197–204.

Duarte, J., F. A. Longstaff, and F. Yu, 2005, Risk and return in fixed-income arbitrage: Nickels in front of a steamroller?, Review of Financial Studies, 20, 769–811.

Duchin, R., and H. Levy, 2009, Markowitz versus the Talmudic portfolio diversification strategies, Journal of Portfolio Management, 35, 71–74.

Duffie, D., 1996, Special repo rates, Journal of Finance, 51, 493–526.

Duffie, D., 2001, Dynamic Asset Pricing Theory, 3 d ed., Princeton University Press, Princeton, N.J.

Duffie, D., 2010, Asset price dynamics with slow-moving capital, Journal of Finance, 65, 1237–1267.

Duffie, D., W. Fleming, M. Soner, and T. Zairphopoulou, 1997, Hedging in incomplete markets with HARA utility, Journal of Economic Dynamics and Control, 21, 753–782.

Duffie, D., and R. Kan, 1996, A yield-factor model of interest rates, Mathematical Finance, 6, 379–406.

Duffie, D., and B. Strulovici, 2012, Capitalmobility and asset pricing, Econometrica, 80, 2469–2509.

Dumas, B., 1989, Two-person dynamic equilibrium in the capital market, Review of Financial Studies, 2, 157–188.

Dunn, K. B., and K. J. Singleton, 1987, Modeling the term structure of interest rates under nonseparable utility and durability of goods, Journal of Financial Economics, 17, 27–55.

Dusenberry, J. S., 1952, Income, Saving, and the Theory of Consumer Behavior, Harvard University Press, Cambridge, Mass.

Dybvig, P. H., 1995, Dusenberry's ratcheting of consumption: Optimal dynamic consumption and investment given intolerance for any decline in standard of living, Review of Economic Studies, 62, 287–313.

Dybvig, P. H., 1999, Using asset allocation to protect spending, Financial Analysts Journal, 55, 49–62.

Dybvig, P. H., H. K. Farnsworth, and J. N. Carpenter, 2010, Portfolio performance and agency, Review of Financial Studies, 25, 1 –23.

Dybvig, P. H., Ingersoll, J. E., 1982, Mean-variance theory in complete markets, Journal of Business, 55, 233–251.

Dyck, A., and L. Pomorski, 2011, Is bigger better? Size and performance in pension plan management, working paper, University of Toronto.

【E】

Easterlin, R. A., 1974, Does economic growth improve the human lot? Some empirical evidence, in David, P. A., and M.W. Reder, eds., Nations and Households in Economic Growth: Essays in Honor of Moses Abramovitz, Academic Press, New York, pp. 89–125.

Edelen, R. M., 1999, Investor flows and the assess performance of open-ended fund managers, Journal of Financial Economics, 53, 439–466.

Edelen, R. M., R. B. Evans, G. B. Kadlec, 2007, Scale effects in mutual fund performance: The role of trading costs, SSRN working paper.

Edelen, R. M., R. B. Evans, G. B. Kadlec, 2012, Disclosure and agency conflict: Evidence from mutual fund commission building, Journal of Financial Economics, 103, 308–326.

Eichengreen, B., and P. M. Garber 1991, Before the Accord: U.S. monetary-financial policy, 1945–51, in Hubbard, R. G., Financial Markets and Financial Crisis, University of Chicago Press, Chicago, pp. 175–206.

Eiling, E., 2013, Industry-specific human capital, idiosyncratic risk, and the cross-section of expected stock returns, Journal of Finance, 63, 43–84.

Ellis, C. D., 1975, The loser's game, Financial Analysts Journal, 31, 19–26.

Ellis, C. D., 1987, Investment Policy, McGraw-Hill, New York.

Ellis, C. D., 2012, Investment management fees are (much) higher than you think, Financial Analysts Journal, 68, 4 –6.

Ellis, C. D., 2013, Winning the Loser's Game: Timeless Strategies for Successful Investing, 6 th ed., McGraw-Hill, New York. (チャールズ・エリス、鹿毛雄二訳、2015年、『敗

者のゲーム〈原著第6版〉』日本経済新聞出版社）

Elton, E. J., M. J. Gruber, and C. R. Blake, 1996, Survivorship bias and mutual fund performance, Review of Financial Studies, 9, 1097-1120.

Elton, E. J., M. J. Gruber, and C. R. Blake, 2003, Incentive fees and mutual funds, Journal of Finance, 58, 779-804.

Engel, R. F., 1982, Autoregressive conditional heteroskedasticity with estimates of the variance of United Kingdom inflation, Econometrica, 50, 987-1008.

Engle, R., and D. Sarkar, 2006, Premiums-discounts and exchange traded funds, Journal of Derivatives, 13, 27-45.

Epple, D., R. Romano, and H. Seig, 2006, Admission, tuition, and financial aid policies in the market for higher education, Econometrica, 74, 885-928.

Epstein, L. G., and S. E. Zin, 1989, Substitution, risk aversion, and the temporal behavior of consumption and asset returns: A theoretical framework, Econometrica, 57, 937-969.

Erb, C. B., and C. R. Harvey, 2006, The strategic and tactical value of commodity futures, Financial Analysts Journal, 62, 69-97.

Erb, C. B., and C. R. Harvey, 2013, The golden dilemma, Financial Analysts Journal, 69, 10-42.

Erb, C. B., C. R. Harvey, and T. E. Viskanta, 1997, Demographics and international investments, Financial Analysts Journal, 53, 14-28.

Errunza, V., K. Hogan, and M-W. Hung, 1999, Can the gains from international diversification be achieved without trading abroad?, Journal of Finance, 54, 2075-2107.

Estrella, A., and F. S. Mishkin, 1998, Predicting U.S. recessions: Financial variables as leading indicators, Review of Economics and Statistics, 1, 45-61.

Evans, R. B., 2010, Mutual fund incubation, Journal of Finance, 65, 1581-1611.

Evans, R. B., and R. Fahlenbrach, 2012, Institutional investors and mutual fund governance: Evidence from retail-institutional fund twins, Review of Financial Studies, 3530-3571.

Evstigneev, I. V., and K. R. Schenk-Hoppé, 2002, From rags to riches: on constant proportions investment strategies, International Journal of Theoretical and Applied Finance, 5, 563-573.

Ewens, M., and M. Rhodes-Kropf, 2012, Is a VC partnership greater than the sum of its partners?, Working paper, Harvard University.

【F】

Falkenstein, E. G., 2012, The Missing Risk Premium: Why Low Volatility Investing Works, Author.

Fama, E. F., 1970, Efficient capital markets: A review of theory and empirical work, Journal of Finance, 25, 383-417.

Fama, E. F., 1975, Short-term interest rates as predictors of inflation, American Economic Review, 65, 269-282.

Fama, E. F., 1981, Stock returns, real activity, inflation, and money, American Economic Review, 71, 545-565.

Fama, E. F., and R. R. Bliss, 1987, The information in long-maturity forward rates, American Economic Review, 77, 680-692.

Fama, E. F., and K. R. French, 1992, The cross-section of expected stock returns, Journal of Finance, 47, 427-465.

Fama, E. F., and K. R. French, 1993, Common risk factors in the returns on stocks and bonds, Journal of Financial Economics, 33, 3-56.

Fama, E. F., and K. R. French, 2001, Disappearing dividends: changing firm characteristics or lower propensity to pay?, Journal of Financial Economics, 60, 3-43.

Fama, E. F., and K. R. French, 2010, Luck versus skill in the cross section of mutual fund returns, Journal of Finance, 65, 1915-1947.

Fama, E. F., and K. R. French, 2012, Size, value, and momentum in international stock returns, Journal of Financial Economics, 105, 457-472.

Fama, E. F., and M. C. Jensen, 1983, Separation of ownership and control, Journal of Law and Economics, 26, 301-325.

Fama, E. F., and J. D. MacBeth, 1973, Risk, return, and equilibrium: Empirical tests, Journal of Political Economy, 81, 607-636.

Fama, E. F., and G. W. Schwert, 1977, Asset returns and inflation, Journal of Financial Economics, 5, 115-146.

Fang, L. H., V. Ivashina, and J. Lerner, 2012, The disintermediation of financial markets: Direct investing in private equity, SSRN working paper.

Fang, L. H., V. Ivashina, and J. Lerner, 2013, Combining banking with private equity investing, Review of Financial Studies, 26, 2139-2173.

Farhi, E., and S. Panageas, 2007, Saving and investing for early retirement: A theoretical analysis, Journal of Financial Economics, 83, 87-121.

Farina, R. H., J. P. Freeman, and J. Webster, 1969, The mutual fund industry: A legal survey, Notre Dame Lawyer, 44, 732-983.

Feldstein, M., 1999, A self-help guide for emerging markets, Foreign Affairs, 78, 93-109.

Fernald, J., 2009, A quarterly, utilization-adjusted series on total factor productivity, working paper, Federal Reserve Bank of San Francisco.

Fernholz, R., R. Garvy, and J. Hannon, 1998, Diversity-weighted indexing, Journal of Portfolio Management, 24, 74-82.

Ferson, W., T. R. Henry, and D. J. Kisgen, 2006, Evaluating government bond funds using stochastic discount factors, Review of Financial Studies, 19, 423-455.

Fidora, M., M. Fratzscher, and C. Thimann, 2007, Home bias in global bond and equity markets: The role of real exchange rate volatility, Journal of International Money and Finance, 26, 631-655.

Fischer, M., and M. Z. Stamos, 2013, Optimal life cycle portfolio choice with housing market cycles, Review of Financial Studies, 26, 2311-2352.

Fisher, I., 1896, Appreciation and interest, Publications of the American Economic Association, 11, 1-198.

Fisher, I., 1930, The Theory of Interest: As Determined by Impatience to Spend Income and Opportunity to Invest It, MacMillan, New York.

Fisher, J. D., D. Gatzlaff, D. Geltner, and D. Haurin, 2003, Controlling for the impact of variable liquidity in commercial real estate price indices, Real Estate Economics, 31, 269-303.

Fisher, J. D., D. Geltner, and H. Pollakowski, 2007, A quarterly transactions-based index of institutional real estate investment performance and movements in supply and demand, Journal of Real Estate Financial Economics, 34, 5-33.

Fisher, J. D., and M. S. Young, 2000, Institutional property tenure: Evidence from the NCREIF Database, Journal of Real Estate Portfolio Management, 6, 327-338.

Fleckenstein, M., F. A. Longstaff, and H. Lustig, 2010, Why does the Treasury issue TIPS? The TIPS-Treasury bond puzzle, working paper, UCLA.

Fleming, J., C. Kirby, and B. Ostdiek, 2001, The economic value of volatility timing, Journal of Finance, 56, 329-352.

Florance, A. C., N. G. Miller, J. Spivey, and R. Peng, 2010, Slicing, dicing, and scoping the size of the U.S. commercial real estate market, working paper, CoStar Group.

Foster, D. P., and H. P. Young, 2010, Gaming performance fees by portfolio managers, Quarterly Journal of Economics, 4, 1435-1458.

Frank, M., 2002, The impact of taxes on corporate defined benefit plan asset allocation, Journal of Accounting Research, 40, 1163-1190.

Franzoni, F., E. Nowak, and L. Phalippou, 2012, Private equity performance and liquidity risk, Journal of Finance, 67, 2341-2373.

Frazzini, A., D. Kabiller, and L. H. Pedersen, 2012, Buffet's alpha, working paper, NYU.

Frazzini, A., and O. Lamont, 2008, Dumb money: Mutual fund flows and the cross-section of stock returns, Journal of Financial Economics, 88, 299-322.

Frazzini, A., and L. H. Pedersen, 2011, Betting against Beta, NYU working paper.

French, K. R., 2008, The cost of active investing, Journal of Finance, 63, 1537-1573.

Friedman, M., 1957, A Theory of the Consumption Function, Princeton University Press, Princeton, N.J.

Friend, I., and M. Blume, 1970, Measurement of portfolio performance under uncertainty, American Economic Review, 60, 561-575.

Friend, I., and M. Blume, 1975, The demand for risky assets, American Economic Review, 65, 900–922.

Friesen, G. C., and T. R. A. Sapp, 2007, Mutual fund flows and investor returns: An empirical examination of fund investor timing ability, Journal of Banking and Finance, 31, 2796–2816.

Friewald, N., R. Jankowtisch, and M. G. Subrahmanyam, 2012, Illiquidity or credit deterioration: A study of liquidity in the U.S. corporate bond market during financial crises, Journal of Financial Economics, 105, 18–36.

Fuhrer, J. C., 2000, Habit formation in consumption and its implications for monetary-policy models, American Economic Review, 90, 367–390.

Fung, H., X. Xu, and J. Yau, 2004, Do hedge fund managers display skill?, Journal of Alternative Investments, 6, 22–31.

Fung, W., and D. A. Hsieh, 1997, Survivorship bias and investment style in the returns of CTAs, Journal of Portfolio Management, 24, 30–42.

Fung, W., and D. A. Hsieh, 2001, The risk in hedge fund strategies: Theory and evidence from trend followers, Review of Financial Studies, 14, 313–341.

Fung,W., and D. A. Hsieh, 2002, Risk in fixed-income hedge fund styles, Journal of Fixed Income, 12, 6–27.

Fung, W., and D. A. Hsieh, 2004, Hedge fund benchmarks: A risk based approach, Financial Analysts Journal, 60, 65–80.

Fung, W., and D. A. Hsieh, 2006, Hedge funds: An industry in its adolescence, Federal Reserve Bank of Atlanta Economic Review, 4, 1–34.

Fung, W., D. A. Hsieh, N. Y. Naik, and T. Ramadorai, 2008, Hedge funds: Performance, risk, and capital formation, Journal of Finance, 63, 1777–1803.

【G】

Gabaix, X., and D. Laibson, 2006, Shrouded attributes, consumer myopia, and information suppression in competitive markets, Quarterly Journal of Economics, 121, 505–540.

Gabaix, X., and A. Landier, 2008, Why has CEO pay increased so much?, Quarterly Journal of Economics, 123, 49–100.

Galí, J., 1994, Keeping up with the Joneses: Consumption externalities, portfolio choice, and asset prices, Journal of Money, Credit and Banking, 26, 1–8.

Gallmeyer, M., and S. Srivastava, 2011, Arbitrage and the tax code, Mathematics and Financial Economics, 4, 183–221.

Gans, J. S., and A. Leigh, 2006, Did the death of Australian inheritance taxes affect deaths?, B. E. Journal of Economic Analysis & Policy, 6, Article 23.

Garlappi, L., R. Uppal, and T. Wang, 2007, Portfolio selection with parameter and model uncertainty: A multi-prior approach, Review of Financial Studies, 20, 42–81.

Gârleanu, N., 2009, Portfolio choice and pricing in illiquid markets, Journal of Economic Theory, 144, 532–564.

Gârleanu, N., and L. H. Pedersen, 2012, Dynamic trading with predictable returns and transactions costs, forthcoming Journal of Finance.

Gaspar, J-M., M. Massa, and P. Matos, 2006, Favoritism in mutual fund families? Evidence on strategic cross-fund subsidization, Journal of Finance, 61, 73–104.

Gatev, E., W. N. Goetzmann, and K. G. Rouwenhorst, 2006, Pairs trading: Performance of a relative value arbitrage rule, Review of Financial Studies, 19, 797–827.

Gatzlaff, D., and D. Geltner, 1998, A transaction-based index of commercial property and its comparison to the NCREIF index, Real Estate Finance, 15, 7–22.

Geanakoplos, J., M. Magill, and M. Quinzii, 2004, Demography and the long-run predictability of the stock market, Brookings Papers on Economic Activity, 1, 241–307.

Geanakoplos, J., and S. P. Zeldes, 2011, The market value of Social Security, working paper, Columbia Business School.

Geczy, C. C., R. F. Stambaugh, and D. Levin, 2004, Investing in socially responsible mutual funds, working paper, Wharton.

Gehrig, T., 1993, An information-based explanation of the domestic bias in international equity investment, Scandinavian Journal of Economics, 95, 97–109.

Gelpern, A., 2011, Sovereignty, accountability, and the sovereign wealth fund conundrum, Asian Journal of International Law, 1, 289–320.

Geltner, D., 1991, Smoothing in appraisal-based returns, Journal of Real Estate Finance and Economics, 4, 327–345.

Geltner, D., 1993, Temporal aggregation in real estate return indices, Journal of the American Real Estate and Urban Economics Association, 21, 141–166.

Gennaioli, N., A. Shleifer, and R.W. Vishny, 2012, Money doctors, NBER Working Paper 18174.

Gerdesmeier, D., F. P. Mongelli, and B. Roffia, 2007, The Eurosystem, the U.S. Federal Reserve, and the Bank of Japan: Similarities and differences, Journal of Money, Credit and Banking, 39, 1785–1819.

Gervais, S., R. Kaniel, and D. H. Mingelgrin, 2001, The high volume-return premium, Journal of Finance, 56, 877–919.

Getmansky, M., 2012, The life cycle of hedge funds: Flow flows, size, and performance, Quarterly Journal of Finance, 2, DOI: 10.1142/S2010139212500036.

Getmansky, M., A. W. Lo, and I. Makarov, 2004, An econometric model of serial correlation and illiquidity in hedge fund returns, Journal of Financial Economics, 74, 529–609.

Ghilarducci, T., 2008, When I'm Sixty-Four: The Plot against Pensions and the Plan to Save Them, Princeton University Press, Princeton, N.J.

Giannone, D., L. Reichlin, and D. Small, 2008, Nowcasting: The real-time information content of macroeconomic data, Journal of Monetary Economics, 55, 665–676.

Giesecke, K., F. A. Longstaff, S. Schaefer, and I. Strebulaev, 2011, Corporate bond default risk: A 150-year perspective, Journal of Financial Economics, 102, 233–250.

Gil-Bazo, J., and P. Ruiz-Verdu, 2008, When cheaper is better: Fee determination in the market for equity mutual funds, Journal of Economic Behavior and Organization, 67, 871–885.

Gil-Bazo, J., and P. Ruiz-Verdu, 2009, The relation between price and performance in the mutual fund industry, Journal of Finance, 64, 2153–2183.

Gilbert, T., and C. M. Hrdlicka, 2012, Why do university endowments invest so much in risky assets?, working paper, University of Washington.

Gilboa, I., and D. Schmeidler, 1989, Maxmin expected utility with non-unique prior, Journal of Mathematical Economics, 18, 141–153.

Gillan, S., and L. Starks, 2007, The evaluation of shareholder activism in the United States, Journal of Applied Corporate Finance, 19, 55–73.

Glaeser, E. L., 2008, Cities, Agglomeration and Spatial Equilibrium, Oxford University Press, Oxford.

Glaeser, E. L., and G. A. M. Ponzetto, 2013, Shrouded costs of government: The political economy of state and local public pensions, NBER Working Paper 18976.

Glaeser, E. L., and B. A. Ward, 2009, The causes and consequences of land use regulation: Evidence from greater Boston, Journal of Urban Economics, 65, 265–278.

Glascock, J. L., C. Lu, and R. W. So, 2002, REIT returns and inflation: Perverse or reverse causality effects?, Journal of Real Estate Finance and Economics, 24, 301–317.

Glassman, D. A., and L. A. Riddick, 2001, What causes home asset bias and how should it be measured?, Journal of Empirical Finance, 8, 35–54.

Glosten, L. R., and R. Jagannathan, 1994, A contingent claim approach to performance evaluation, Journal of Empirical Finance, 1, 133–160.

Glosten, L. R., R. Jagannathan, and D. E. Runkle, 1993, On the relation between the expected value and the volatility of the nominal excess return on stocks, Journal of Finance, 48, 1779–1801.

Glosten, L., and P. Milgrom, 1985, Bid, ask, and transaction prices in a specialist market with heterogeneously informed traders, Journal of Financial Economics, 14, 71–100.

Goetzmann, W. N., 1992, The accuracy of real estate indices: Repeat sales estimators, Journal of Real Estate Finance and Economics, 51, 5 –54.

Goetzmann, W. N., 1993, Accounting for taste: Art and financial markets over three centuries, American Economic Review, 83, 1370–1376.

Goetzmann, W. N., J. Griswold, and W.-F. Tseng, 2010, Educational endowments in crises, Journal of Portfolio Management, 36, 112–123.

812　参考文献

Goetzmann, W. N., J. E. Ingersoll, Jr., and S. A. Ross, 2003, High-water marks and hedge fund management contracts, Journal of Finance, 58, 1685-1718.

Goetzmann, W. N., and S. Oster, 2012, Competition among endowments, NBER Working Paper 18173.

Goetzmann, W. N., and N. Peles, 1997, Cognitive dissonance and mutual fund investors, Journal of Financial Research, 20, 145-158.

Goetzmann, W. N., and E. Valaitis, 2006, Simulating real estate in the investment portfolio: Model uncertainty and inflation hedging, working paper, Yale University, New Haven, Conn.

Goetzmann, W., J. Ingersoll, M. Spiegel, and I. Welch, 2007, Portfolio performance manipulation and manipulation-proof performance measures, Review of Financial Studies, 1503-1546.

Goetzmann, W. N., and P. Jorion, 1993, Testing the predictive power of dividend yields, Journal of Finance, 48, 663-679.

Gold, J., 2005, Accounting/actuarial bias enables equity investment by defined benefit pension plans, North American Actuarial Journal, 9, 1-21.

Goltz, F., and C. H. Campani, 2011, A review of corporate bond indices: Construction principles, return heterogeneity, and fluctuations in risk exposures, working paper, EDHEC-Risk.

Gomes, F., L. Kotlikoff, and L. M. Viceira, 2008, Optimal life-cycle investing with flexible labor supply: A welfare analysis of life-cycle funds, American Economic Review: Papers & Proceedings, 98, 297-303.

Gomes, F., and A. Michaelides, 2005, Optimal life-cycle asset allocation: Understanding the empirical evidence, Journal of Finance, 60, 869-904.

Gompers, P. A., 1996, Grandstanding in the venture capital industry, Journal of Financial Economics, 42, 133-156.

Gompers, P. A., J. L. Ishii, and A. Metrick, 2003, Corporate governance and equity prices, Quarterly Journal of Economics, 118, 107-155.

Gompers, P. A., and J. Lerner, 2000, Money chasing deals? The impact of fund inflows on private equity valuation, Journal of Financial Economics, 55, 281-325.

Gompers, P. A., and A. Metrick, 2001, Institutional investors and equity prices, Quarterly Journal of Economics, 116, 229-259.

Gong, G., and A. Webb, 2010, Evaluating the advanced life deferred annuity: An annuity people might actually buy, Insurance: Mathematics and Economics, 46, 210-221.

Goodfriend, M., 1999, The role of a regional bank in a system of central banks, Carnegie Rochester Conference Series on Public Policy, 51, 51-71.

Goodfriend, M., 2000, Overcoming the zero bound on interest rate policy, Journal of Money, Credit and Banking, 32, 1007-1035.

Goodman, J., and D. N. Ostrov, 2010, Balancing small transaction costs with loss of optimal allocation in dynamic stock trading strategies, SIAM Journal of Applied Mathematics, 70, 1977-1998.

Gordon, M. J., 1963, Optimal investment and financing policy, Journal of Finance, 18, 264-272.

Gordon, J. N., 2007, The rise of independent directors in the United States, 1950-2005: Of shareholder value and stock market prices, Stanford Law Review, 59, 1465-1568.

Gorovyy, S., 2012, Hedge fund compensation, working paper, Columbia University.

Gorton, G. B., 2010, Slapped in the Face by the Invisible Hand: The Panic of 2007, Oxford University Press, Oxford.

Gorton, G. B., and G. Ordonez, 2013, The supply and demand for safe assets, NBER Working Paper 18732.

Gorton, G. B., and K. G. Rouwenhorst, 2006a, Facts and fantasies about commodity futures, Financial Analysts Journal, 62, 47-68.

Gourinchas, P.-O., and J. A. Parker, 2002, Consumption over the life cycle, Econometrica, 70, 47-89.

Gourinchas, P.-O., and H. Rey, 2007, International financial adjustment, Journal of Political Economy, 115, 665-703.

Goyenko, R., A. Subrahmanyam, and A. Ukhov, 2011, The term structure of bond market liquidity and its implications for expected bond returns, Journal of Financial and Quantitative Analysis, 46, 111-139.

Grable, J., and R. H. Lytton, 1999, Financial risk tolerance revisited: The development of a risk assessment instrument, Financial Services Review, 8, 163-181.

Graff, R. A., 2001, Economic analysis suggests that REIT investment characteristics are not as advertised, Journal of Real Estate Portfolio Management, 7, 99-124.

Graff, R. A., and M. S. Young, 1996, Real estate return correlations: Real-world limitations on relationships inferred from NCREIF data, Journal of Real Estate Finance and Economics, 13, 121-142.

Graham, B., and D. Dodd, 1934, Security Analysis, McGraw-Hill, New York. （ベンジャミン・グレアム／デビッド・L・ドッド、関本博英／増沢和美訳、2002年、『証券分析〈1934年版第1版〉』パンローリング）

Graham, J. R., and C. Harvey, 2001, The theory and practice of corporate finance: Evidence from the field, Journal of Financial Economics, 60, 187-243.

Graham, J. R., and A. Kumar, 2006, Do dividend clienteles exist? Evidence on dividend preferences of retail investors, Journal of Finance, 65, 1305-1336.

Green, R. C., 1993, A simple model of the taxable and tax-exempt yield curves, Review of Financial Studies, 6, 233-264.

Green, R. C., and B. Hollifield, 1992, When will mean-variance efficient portfolios be well diversified?, Journal of Finance, 47, 1785-1809.

Green, R. C., and B. Hollifield, and N. Schürhoff, 2007, Dealer intermediation and price behavior in the aftermarket for new bond issues, Journal of Financial Economics, 86, 643-682.

Greenwood, R., and D. Vayanos, 2010, Bond supply and excess bond returns, working paper, LSE.

Greenwood, R., L. Viceira, A. Ang, M. Eysenbach, and W. Jacques, 2010, Report on the risk anomaly, Martingale Asset Management.

Gregoriou, G. N., 2002, Hedge fund survival lifetimes, Journal of Asset Management, 3, 237-252.

Grinblatt, M., and M. Keloharju, 2000, The investment behavior and performance of various investor-types: A study of Finland's unique data set, Journal of Financial Economics, 55, 43-67.

Grinblatt, M., M. Keloharju, and J. Linnainmaa, 2011, IQ and stock market participation, Journal of Finance, 66, 2121-2164.

Grinblatt, M., and S. Titman, 1989, Mutual fund performance: An analysis of quarterly portfolio holdings, Journal of Business, 62, 393-416.

Grinold, R.C., 1989, The fundamental law of active management, Journal of Portfolio Management, 15, 30-37.

Grinold, R.C., and R. N. Kahn, 1999, Active Portfolio Management: A Quantitative Approach for Producing Superior Returns and Controlling Risk, McGraw-Hill, New York. (リチャード・C・グリノルド／ロナルド・N・カーン、明治生命特別勘定運用部／日興証券アセットマネジメント本部訳、1999年、『アクティブ・ポートフォリオ・マネジメント──運用戦略の計量的理論と実践』東洋経済新報社)

Grossman, S. J., and J. E. Stiglitz, 1980, On the impossibility of efficient markets, American Economic Review, 70, 393-498.

Gruber, M. J., 1996, Another puzzle: The growth in actively managed mutual funds, Journal of Finance, 52, 783-810.

Guasoni, P., G. Huberman, and Z. Wang, 2011, Performance maximization of actively managed funds, Journal of Financial Economics, 101, 574-595.

Guedj, I., and J. Huang, 2009, Are ETFs replacing index mutual funds?, SSRN working paper.

Guidolin, M., and F. Rinaldi, 2010, Ambiguity in asset pricing and portfolio choice: A review of the literature, 2010, Federal Reserve Bank of St Louis Working Paper 2010-028A.

Guiso, L., T. Jappelli, and D. Terlizzese, 1996, Income risk, borrowing constraints, and portfolio choice, American Economic Review, 86, 158-172.

Guiso, L., P. Sapienza, and L. Zingales, 2008, Trusting the stock market, Journal of Finance, 63, 2557-2600.

Gul, F., 1991, A theory of disappointment aversion, Econometrica, 59, 667-686.

Guo, H., and R. F. Whitelaw, 2006, Uncovering the risk-return relation in the stock market, Journal of Finance, 61, 1433-1463.

Gürkaynak, R., B. Sack, and E. Swanson, 2005, The excess sensitivity of long-term interest rates: Evidence and implications for macroeconomic models, American Economic Review, 95, 425-436.

Gürkaynak, R., B. Sack, and J. H. Wright, 2010, The TIPS yield curve and inflation compensation, American Economic Journal: Macroeconomics, 2, 70-92.

Guvenen, F., S. Ozkan, and J. Song, 2012, The nature of countercyclical income risk, NBER Working Paper 18035.

Gyourko, J., and D. Keim, 1992, What does the stock market tell us about real estate returns?, Journal of the American Real Estate and Urban Economics Association, 20, 457-485.

Gyourko, J., and P. Linneman, 1988, Owner-occupied homes, income-producing properties, and REITs as inflation hedges: empirical findings, Journal of Real Estate Finance and Economics, 1, 347-372.

Gyourko, J., C. Mayer, and T. Sinai, 2012, Superstar cities, working paper, Wharton.

【H】

Hall, R. E., 1978, Stochastic implications of the life cycle-permanent income hypothesis: Theory and evidence, Journal of Political Economy, 86, 687-712.

Hallerbach, W. G., 2011, On the expected performance of market timing strategies, SSRN working paper.

Hamilton, J. D., 1989, A new approach to the economic analysis of nonstationary time series and the business cycle, Econometrica, 57, 357-384.

Hamilton, J. D., 2013, Off-balance-sheet federal liabilities, NBER Working Paper 19253.

Hamilton, J. D., and J. C. Wu, 2012, The effectiveness of alternative monetary policy tools in a zero lower bound environment, Journal of Money, Credit and Banking, 44, 3-46.

Han, B., and A. Kumar, 2013, Speculative retail trading and asset prices, Journal of Financial and Quantitative Analysis, 48, 377-404.

Han, Y., and D. Lesmond, 2011, Liquidity biases and the pricing of cross-sectional idiosyncratic volatility, Review of Financial Studies, 24, 1590-1629.

Hansen, L. P., and R. Jagannathan, 1991, Implications of security market data for models of dynamic economies, Journal of Political Economy, 99, 225-262.

Hansen, L. P., and R. Jagannathan, 1997, Assessing specification errors in stochastic discount models, Journal of Finance, 52, 557-590.

Hansen, L. P., and R. Hodrick, 1980, Forward exchange rates as optimal predictors of future spot rates: An econometric analysis, Journal of Political Economy, 88, 829–853.

Hansen, L. P., and T. J. Sargent, 2008, Robustness, Princeton University Press, Princeton, N.J.

Hansen, L. P., and K. J. Singleton, 1983, Stochastic consumption, risk aversion, and the temporal behavior of asset returns, Journal of Political Economy, 9, 249–265.

Hansmann, H., 1990, Why do universities have endowments, Journal of Legal Studies, 19, 3–42.

Harris, L., and E. Gurel, 1986, Price and volume effects associated with changes in the S&P 500 list: New evidence for the existence of price pressures, Journal of Finance, 41, 815–829.

Harris, R. S., T. Jenkinson, and S. N. Kaplan, 2012, Private equity performance: What do we know?, NBER Working Paper 17874.

Harris, R. S., T. Jenkinson, and R. Stucke, 2012, Are too many private equity funds top quartile?, Journal of Applied Corporate Finance, 24, 77–89.

Harrison, J. M., and D. M. Kreps, 1979, Martingales and arbitrage in multiperiod securities markets, Journal of Economic Theory, 20, 381–408.

Hartzell, D., and A. Mengden, 1986, Real estate investment trusts: Are they stocks or real estate?, Salomon Brothers Real Estate Research, August 27.

Harvey, C. R., 1998, The real term structure and consumption growth, Journal of Financial Economics 22, 305–333.

Harvey, C. R., 2004, Country risk components, the cost of capital, and returns in emerging markets, in Wilkin, S., ed., Country and Political Risk: Practical Insights for Global Finance, Risk Books, London, pp. 71–102.

Harvey, C. R., Y. Liu, and H. Zhu, 2013, . . . and the cross-section of expected returns, working paper, Duke University.

Harvey, C. R., and A. Siddique, 2000, Conditional skewness in asset pricing tests, Journal of Finance, 55, 1263–1295.

Hasanhodzic, J., and A.W. Lo, 2007, Can hedge fund returns be replicated? The linear case, Journal of Investment Management, 5, 5–45.

Hasbrouck, J., 2007, Empirical Market Microstructure: The Institutions, Economics and Econometrics of Securities Trading, Oxford University Press, Oxford.

Haugen, R. A., N. L. Baker, 1991, The efficient market inefficiency of capitalization-weighted stock portfolios, Journal of Portfolio Management, 17, 35–40.

Haugen, R. A., and A. J. Heins, 1975, Risk and the rate of return on financial assets: Some old wine in new bottles, Journal of Financial and Quantitative Analysis, 10, 775–784.

He, Z., and W. Xiong, 2011, Delegated asset management and investment mandates, working paper, Princeton University, Princeton, N.J.

Heaton, J., and D. Lucas, 1997, Market frictions, savings behavior, and portfolio choice, Macroeconomic Dynamics, 1, 76-101.

Heaton, J., and D. Lucas, 2000, Portfolio choice and asset prices: The importance of entrepreneurial risk, Journal of Finance, 55, 1163-1198.

Heckman, J., 1979, Sample selection bias as a specification error, Econometrica, 47, 153-162.

Heffetz, O., and R. H. Frank, 2011, Preferences for status: Evidence and economic implications, in Benhabib, J., M. O. Jackson, and A. Bisin, eds., Handbook of Social Economics, vol 1 A, Elsevier, Boston, pp. 69-91.

Heller, R. H., 1966, Optimal international reserves, Economic Journal, 76, 296-311.

Hempel, G. H. H., 1971, The Postwar Quality of State and Local Debt, National Bureau of Economic Research.

Henkel, S. J., J. S. Martin, and F. Nardari, 2011, Time-varying short-horizon predictability, Journal of Financial Economics, 99, 560-580.

Henriksson, R., D. and R. C. Merton, 1981, On market timing and evaluating performance II: Statistical procedures for evaluating forecasting skills, Journal of Business, 54, 513-533.

Hensel, C. R., D. D. Ezra, and J. H. Ilkiw 1991, The importance of the asset allocation decision, Financial Analysts Journal, 47, 65-72.

Hermalin, B., and M. S. Weisbach, 1991, The effects of board composition and direct incentives on firm performance, Financial Management, 20, 101-112.

Hermalin, B., and M. S. Weisbach, 2003, Board of directors as an endogenously determined institution: A survey of the economic literature, Federal Reserve Bank of New York Economic Policy Review, 9, 7-26.

Hertwig, R., G. Barron, E. U. Weber, and I. Erev, 2004, Decision from experience and the effect of rare events in risky choice, Psychological Science, 15, 534-539.

Heston, S. L., 1993, A closed-form solution for options with stochastic volatility with applications to bond and currency options, Review of Financial Studies, 6, 327-343.

Hicks, J. R., 1939, Value and Capital: An Inquiry into Some Fundamental Principles of Economic Theory, Claredon Press, Oxford.

Hochberg, Y., A. Ljungqvist, and A. Vissing-Jørgensen, 2010, Information hold-up and performance persistence in venture capital, working paper, Northwestern University.

Hochberg, Y., and J. D. Rauh, 2013, Local overweighting and underperformance: Evidence from limited partner private equity investments, Review of Financial Studies, 26, 403-451.

Hodder, J. E., and J. C. Jackwerth, 2007, Incentive contracts and hedge fund management, Journal of Financial and Quantitative Analysis, 42, 811-826.

Hodrick, R., 1992, Dividend yields and expected stock returns: Alternative procedures for inference and measurement, Review of Financial Studies, 5, 357-386.

Holmstrom, B., and P. Milgrom, 1991, Multitask principal-agent analyses: Incentive contracts, asset ownership, and job design, Journal of Law, Economics, and Organizations, 7, 24-52.

Holmstrom, B., and J. Tirole, 1998, Private and public supply of liquidity, Journal of Political Economy, 106, 1-40.

Hong, H., and M. Kacperczyk, 2009, The price of sin: The effects of social norms on markets, Journal of Financial Economics, 93, 15-36.

Hong, H., J. D. Kubik, and J. A. Scheinkman, 2012, Financial constraints on corporate goodness, working paper, Princeton University.

Hong, H., J. D. Kubik, and J. Stein, 2004, Social interaction and stock market participation, Journal of Finance, 59, 137-163.

Hong, H., and D. Sraer, 2012, Speculative betas, working paper, Princeton University.

Hong, H., and M. Yogo, 2012, What does futures market interest tell us about the macro economy and asset prices?, Journal of Financial Economics, 105, 473-490.

Hortaçsu, A., and C. Syverson, 2004, Product differentiation, search costs, and competition in the mutual fund industry: A case study of S&P 500 index funds, Quarterly Journal of Economics, 119, 403-456.

Hotelling, H., 1931, The economics of exhaustible resources, Journal of Political Economy, 39, 137-175.

Hou, K., and R. K. Loh, 2012, Have we solved the idiosyncratic volatility puzzle?, working paper, Ohio State University.

Hu, Y-W., 2010, Management of China's foreign exchange reserves: A case study on the State Administration of Foreign Exchange (SAFE), Economic Papers 421, Economic and Financial Affairs Directorate-General, European Commission.

Hu, X., J. Pan, and J. Wang, 2012, Noise as information for illiquidity, working paper, MIT.

Huang, J., 2008, Taxable and tax-deferred investing: A tax-arbitrage approach, Review of Financial Studies, 21, 2173-2207.

Huang, J.-Z., and M. Huang, 2012, How much of the corporate-treasury yield spread is due to credit risk?, Review of Asset Pricing Studies, 2, 153-202.

Huang, H., and S. Hudson-Wilson, 2007, Private commercial real estate equity returns and inflation, Journal of Portfolio Management, 33, 63-73.

Hubbard, R. G., M. F. Koehn, S. I. Ornstein, M. Van Audenrode, and J. Royer, 2010, The Mutual Fund Industry, Columbia University Press, New York.

Hubbard, R. G., J. Skinner, and S. P. Zeldes, 1995, Precautionary saving and social insurance, Journal of Political Economy, 103, 360-399.

参考文献　819

Huberman, G., 2001, Familiarity breeds investment, Review of Financial Studies, 14, 659–680.

Huberman, G., 2010, Is the price of money managers too low?, Rivista Bancaria–Minerva Bancaria, 1, 7 –37.

Humphrey, T. M., 1974, The concept of indexation in the history of economic thought, Federal Reserve Bank of Richmond Economic Review, 60, November/December, 3 –16.

Hurd, M., 1989, Mortality risk and bequest, Econometrica, 57, 779–813.

【 I 】

Ibbotson, R. G., and P. D. Kaplan, 2000, Does asset allocation policy explain 40, 90, or 100 percent of performance?, Financial Analysts Journal, 56, 26–33.

Ibbotson, R. G., and P. Chen, 2006, The A, B, Cs of hedge funds: Alphas, betas, and costs, working paper, Yale University.

Idzorek, T. M., and M. Kowara, 2013, Factor-based asset allocation vs. asset-class-based asset allocation, Financial Analysts Journal, 69, 19–29.

Ilmanen, A., 2011, Expected Returns: An Investor's Guide to Harvesting Market Rewards, Wiley, Chichester, U.K.

Ilmanen, A., 2012, Do financial markets reward buying or selling insurance and lottery tickets?, Financial Analysts Journal, 68, 26–36.

Inkmann, J., P. Lopes, and A. Michaelides, 2010, How deep is the annuity participation puzzle?, Review of Financial Studies, 24, 279–319.

Ippolito, R. A., 1992, Consumer reaction to measures of poor quality: evidence from the mutual fund industry, Journal of Law and Economics, 35, 45–70.

Israel, R., and T. J. Moskowitz, 2011, How tax efficient are equity styles?, working paper, University of Chicago, Chicago.

Israel, R., and T. J. Moskowitz, 2013, The role of shorting, firm size, and time on market anomalies, Journal of Financial Economics, 108, 275–301.

Iyengar, S., 2010, The Art of Choosing, Twelve, New York.

【 J 】

Jacobs, H., S. Müller, and M. Weber, 2010, How should investors private diversify? An empirical evaluation of alternative allocation policies to construct a world market portfolio, SSRN working paper.

Jacoby, G., and I. Shiller, 2008, Duration and pricing of TIPS, Journal of Fixed Income, 18, 71–85.

Jacquier, E., A. Kane, and A. J. Marcus, 2003, Geometric or arithmetic mean: A reconsideration, Financial Analysts Journal, 59, 46–53.

Jagannathan, R., K. Kubota, and H. Takehara, 1998, Relationship between labor income risk and average return: Empirical evidence from the Japanese stock market, Journal of Business, 71, 319-347.

Jagannathan, R., and T. Ma, 2003, Risk reduction in large portfolios: Why imposing the wrong constraint helps, Journal of Finance, 58, 1651-1683.

Jagannathan, R., A. Malakhov, and D. Novikov, 2010, Do hot hands persist among hedge fund managers?, An empirical evaluation, Journal of Finance, 65, 217-255.

Jagannathan, R., and Z. Wang, 1996, The conditional CAPM and the cross-section of expected returns Journal of Finance, 51, 3 -53.

Jain, P. C., and J. S. Wu, 2000, Truth in mutual fund advertising: Evidence on future performance and fund flows, Journal of Finance, 55, 937-958.

James, W., and C. Stein, 1961, Estimation with quadratic loss, in Proceedings of the Fourth Berkeley Symposium on Mathematics and Statistics, University of California Press, Berkeley, pp. 361-379.

Jarrell, G. A., and F. C. Dorkey, 1993, University of Rochester's Endowment Fund Review, working paper, University of Rochester.

Jeanne, O., and R. Rancière, 2006, The optimal level of international reserves for emerging market countries: formulas and applications, IMF Working Paper 06/229.

Jegadeesh, N., R. Kräussl, and J. Pollet, 2009, Risk and expected returns of private equity investments: Evidence based on market prices, working paper, Emory University.

Jegadeesh, N., and S. Titman, 1993, Returns to buying winners and selling losers: implications for stock market efficiency, Journal of Finance, 48, 65-91.

Jegadeesh, N., and S. Titman, 2001, Profitability of momentum strategies: An evaluation of alternative explanations, Journal of Finance, 56, 699-720.

Jensen, M. C., 1968, The performance of mutual funds in the period 1945-1964, Journal of Finance, 23, 389-416.

Jensen, M. C., 2007, The economic case for private equity, Harvard NOM Research Paper 07-02.

Jensen, M. C., and K. J. Murphy, 1990, Performance pay and top management incentives, Journal of Political Economy, 98, 225-265.

Jerison, M., 1984, Social welfare and the unrepresentative representative consumer, working paper, SUNY Albany.

Jermann, U. J., 1988, Asset pricing in production economies, Journal of Monetary Economics, 41, 257-275.

Jiang, G. J., D. Xu, and T. Yao, 2009, The information content of idiosyncratic volatility, Journal of Financial and Quantitative Analysis, 44, 1 -28.

Johannes, M., A. Korteweg, and N. Polson, 2011, Sequential learning, predictive regressions, and optimal portfolio returns, working paper, Columbia University.

参考文献　821

Johnson, E. D., 2009, The fiduciary duty in mutual fund excessive fee cases: Ripe for re-examination, Duke Law Journal, 59, 145–181.

Johnson, W. B., R. P. Magee, N. J. Nagarajan, and H. A. Newman, 1985, An analysis of the stock price reaction to sudden executive deaths, Journal of Accounting and Economics, 7, 151–174.

Jones, C. S., 2001, Extracting factors from heteroskedastic asset returns, Journal of Financial Economics, 62, 293–325.

Jorion, P., and W. N. Goetzmann, 1999, Global stock markets in the twentieth century, Journal of Finance, 54, 953–980.

Jorion, P., and C. Schwarz, 2013, The delisting bias in hedge fund databases, working paper, UC Irvine.

Jostova, G., S. Nikolova, A. Philipov, and C. W. Stahel, 2013, Momentum in corporate bond returns, Review of Financial Studies, 26, 1649–1693.

Jotikasthira, P. A., A. Le, and C. T. Lundblad, 2010, Why do term structures in different countries comove?, Working paper, UNC.

Jun, D., and B. Malkiel 2008, New paradigms in stock market investing, European Financial Management, 14, 118–126.

Jurek, J. W., and E. Stafford, 2012, The cost of capital for alternative investments, working paper, Princeton.

【K】

Kacperczyk, M. T., C. Sialm, and L. Zheng, 2005, On industry concentration of actively managed equity mutual funds, Journal of Finance, 60, 1983–2011.

Kacperczyk, M. T., C. Sialm, and L. Zheng, 2008, Unobserved actions of mutual funds, Review of Financial Studies, 21, 2379–2416.

Kahneman, D., 2011, Thinking Fast and Slow, Farrar, Straus and Giroux, New York.（ダニエル・カーネマン、村井章子訳、2014年、『ファスト＆スロー あなたの意思はどのように決まるか？〈上・下〉』早川書房）

Kahneman, D., and A. Tversky, 1979, Prospect theory: An analysis of decision under risk, Econometrica, 47, 263–292.

Kaltenbrunner, G., and L. A. Lochstoer, 2010, Long-run risk through consumption smoothing, Review of Financial Studies, 23, 3190–3224.

Kapadia, N., and X. Pu, 2012, Limited arbitrage between equity and credit markets, Journal of Financial Economics, 106, 542–564.

Kaplan, H. R., 1987, Lottery winners: The myth and reality, Journal of Gambling Behavior, 3, 168–178.

Kaplan, S. N., and J. Lerner, 2010, It ain't broke: The past, present, and future of venture capital, Journal of Applied Corporate Finance, 22, 36–47.

Kaplan, S. N., and A. Schoar, 2005, Private equity performance: Returns, persistence, and capital flows, Journal of Finance, 60, 1791-1823.

Kaplan, S. N., and F. Strömberg, 2009, Leveraged buyouts and private equity, Journal of Economic Perspectives, 23, 121-146.

Karabulut, Y., 2010 Financial advice: An improvement for the worse?, working paper, Goethe University Frankfurt.

Karabulut, Y., 2011, Can Facebook predict stock market activity?, working paper, Goethe University Frankfurt.

Karnosky, D. S., and B. D. Singer, 1994, Global Asset Management and Performance Attribution, Research Foundation of the Institute of Chartered Financial Analysts.

Karolyi, G. A., 2002, Did the Asian financial crisis scare foreign investors out of Japan?, Pacific Basin Finance Journal, 10, 411-442.

Karolyi, G. A., and R. M. Stulz, 2003, Are financial assets priced locally or globally?, in Constantinides, G. M., M. Harris, and R. M. Stulz, eds., Handbook of the Economics of Finance, Elsevier, Boston, pp. 975-1020.

Kat, H. M., and H. P. Palaro, 2005,Who needs hedge funds? A copula-based approach to hedge fund return replication, working paper, City University London.

Kaya, H., W. Lee, and Y. Wan, 2011, Risk budgeting with asset class and risk class, June, Neuberger Berman.

Keim, D. B., 1999, An analysis of mutual fund design: The case of investing in small-cap stocks, Journal of Financial Economics, 51, 173-194.

Kelly, J. L., 1956, A new interpretation of information rate, Bell System Technical Journal, 35, 917-926.

Kempf, A., and P. Osthoff, 2007, The effect of socially responsible investing on portfolio performance, European Financial Management, 13, 908-922.

Kennickell, A. B., 2011, Tossed and turned: Wealth dynamics of U.S. Households 2007-2009, working paper, Federal Reserve Board.

Keynes, J. M. 1923, Some aspects of commodity markets, Manchester Guardian Commercial, 13, 784-786.

Keynes, J. M., 1936, The General Theory of Employment, Interest and Money, Palgrave Macmillan. (ケインズ、間宮陽介訳、2008年、『雇用、利子および貨幣の一般理論〈上・下〉』岩波書店)

Khandani, A., and A. W. Lo, 2007, What happened to the quants in August 2007?, Journal of Investment Management, 5, 5-54.

Kimball, M. S., 1990, Precautionary savings in the small and in the large, Econometrica, 58, 53-73.

Kimball, M. S., C. R. Sahm, and M. D. Shapiro, 2008, Imputing risk tolerance from survey responses, Journal of the American Statistical Association, 103, 1028-1038.

Kimball, M. S., M. D. Shapiro, T. Shumway, and J. Zhang, 2011, Portfolio rebalancing in general equilibrium, working paper, University of Michigan.

Kirby, C., and B. Ostdiek, 2012, It's all in the timing: Simple active portfolio strategies that outperform naïve diversification, Journal of Financial and Quantitative Analysis, 47, 437–467.

Kirman, A. P., 1992, Whom or what does the representative individual represent?, Journal of Economic Perspectives, 6, 117–136.

Klein, P., 2001, The capital gain lock-in effect and long-horizon return reversal, Journal of Financial Economics, 59, 33–62.

Kleymenova, A., E. Talmor, and F. P. Vasvari, 2012, Liquidity in the secondaries private equity market, working paper, London Business School.

Knight, F. H., 1921, Risk, Uncertainty and Profit, Houghton Mifflin, Boston.

Koijen, R., T. Moskowitz, L. Pedersen, and E. Vrugt, 2012, Carry, working paper, University of Chicago.

Konchitchki, Y., 2011, Inflation and nominal financial reporting: Implications for performance and stock prices, Accounting Review, 86, 1045–1085.

Koo, H. K., 1998, Consumption and portfolio selection with labor income: A continuous-time approach, Mathematical Finance, 8, 49–65.

Kopczuk, W., and J. Slemrod, 2003, Dying to save taxes: Evidence from estate-tax returns on the death elasticity, Review of Economics and Statistics, 85, 256–265.

Kopczuk, W., E. Saez, and J. Song, 2010, Earnings inequality and mobility in the United States: Evidence from Social Security data since 1937, Quarterly Journal of Economics, 125, 91–128.

Korteweg, A., and M. Sorensen, 2010, Risk and return characteristics of venture capital-backed entrepreneurial companies, Review of Financial Studies, 23, 3738–3772.

Korteweg, A., R. Kräussl, and P. Verwijmeren, 2012, Does it pay to invest in art? A selection corrected returns perspective, working paper, Stanford University.

Kose, M. A., C. Otrok, and H. Whiteman, 2003, International business cycles: World, region, and country-specific factors, American Economic Review, 93, 1216–1239.

Kosowski, R., N. Y. Naik, and M. Teo, 2007, Do hedge funds deliver alpha? A Bayesian and bootstrap analysis, Journal of Financial Economics, 84, 229–264.

Kosowski, R., 2011, Do mutual funds perform when it matters most to investors? U.S. mutual fund performance and risk in recessions and expansions, Quarterly Journal of Finance, 1, 607–664.

Kotlikoff, L. J., 1988, Intergenerational transfers and savings, Journal of Economic Perspectives, 2, 41–58.

Kourtis, A., G. Dotsis, and R. N. Markellos, 2009, Parameter uncertainty in portfolio selection: Shrinking the inverse covariance matrix, SSRN working paper.

Kouwenberg, R., 2003, Do hedge funds add value to a passive portfolio? Correcting for non-normal returns and disappearing funds, Journal of Asset Management, 3, 361–382.

Krasker, W. S., 1979, The rate of return to storing wines, Journal of Political Economy, 87, 1363–1367.

Krasker, W. S., 1980, The peso problem in testing the efficiency of the forward exchange markets, Journal of Monetary Economics, 6, 269–276.

Kritzman, M. P., 2000, Puzzles of Finance: Six Practical Problems and Their Remarkable Solutions, Wiley, Hoboken, N.J.

Krishnamurthy, A., 2002, The new bond/old bond spread, Journal of Financial Economics, 66, 463–506.

Krishnamurthy, A., and A. Vissing-Jørgensen, 2012, The aggregate demand for Treasury debt, Journal of Political Economy, 120, 233–267.

Kuhnen, C. M., 2009, Business networks, corporate governance, and contracting in the mutual fund industry, Journal of Finance, 64, 2185–2220.

Kydland, F., and E. C. Prescott, 1977, Rules rather than discretion: The inconsistency of optimal plans, Journal of Political Economy, 85, 473–492.

Kydland, F. E., and E. C. Prescott, 1982, Time to build and aggregate fluctuations, Econometrica, 50, 1345–1370.

Kyle, A., 1985, Continuous auctions and insider trading, Econometrica, 53, 1315–1336.

【L】

Laakso, E., 2010, Stock market participation and household characteristics in Europe, Masters thesis, Alto University.

Labonte, M., 2012, Changing the Federal Reserve's mandate: An economic analysis, Congressional Research Service Report 7 –5700.

Lack, S., 2012, The Hedge Fund Mirage: The Illusion of Big Money and Why It's Too Good to Be True, Wiley, Hoboken, N.J.

Laibson, D., 1997, Golden eggs and hyperbolic discounting, Quarterly Journal of Economics, 112, 443–477.

Laibson, D., A. Repetto, and J. Tobacman, 2012, Estimating discount functions with consumption choices over the lifecycle, forthcoming American Economic Review.

Lakonishok, J., A. Shleifer, R. W. Vishny, 1992, The structure and performance of the money management industry, Brookings Papers on Economic Activity: Microeconomics, 229.

Lakonishok, J., A. Shleifer, R. W. Vishny, 1994, Contrarian investment, extrapolation, and risk, Journal of Finance, 49, 1541–1578.

Lan, Y., N. Wang, and J. Yang, 2012, The economics of hedge funds: Alpha, fees, leverage, and valuation, working paper, Columbia University.

Lang, L. H. P., and R. M. Stulz, 1994, Tobin's q, corporate diversification, and firm performance, Journal of Political Economy, 102, 1248-1280.

Larsson, B., 2011, Becoming a winner but staying the same: Identities and consumption of lottery winners, American Journal of Economics and Sociology, 70, 187-209.

Latané, H., 1959, Criteria for choice among risky ventures, Journal of Political Economy, 67, 144-155.

Ledoit, O., and M. Wolf, 2003, Improved estimation of the covariance matrix of stock returns with an application to portfolio selection, Journal of Empirical Finance, 10, 603-621.

Lee, J., 2004, Insurance value of international reserves: An option pricing approach, IMF Working Paper WP/04/175.

Lee, C. M. C., A. Shleifer, and R. H. Thaler, 1991, Investor sentiment and the closed-end fund puzzle, Journal of Finance, 46, 76-110.

Lee, P. M., and S.Wahal, 2004, Grandstanding, certification, and the underpricing of venture capital backed IPOs, Journal of Financial Economics, 73, 375-407.

Leippold, M., and P. Rohner, 2009, Equilibrium implications of delegated asset management under benchmarking, working paper, University of Zurich.

Leland, H., 1994, Corporate debt value, bond covenants, and optimal capital structure, Journal of Finance, 49, 1213-1252.

Lerner, J., A. Schoar, and J. Wang, 2008, Secrets of the academy: The drivers of university endowment success, Journal of Economic Perspectives, 22, 207-222.

Lerner, J., A. Schoar, and W. Wongsonwai, 2007, Smart institutions, foolish choices? The limited partner performance puzzle, Journal of Finance, 62, 731-764.

Lettau, M., and S. Van Nieuwerburgh, 2008, Reconciling the return predictability evidence, Review of Financial Studies, 21, 1607-1652.

Lettau, M., and S. Ludvigson, 2001a, Consumption, aggregate wealth, and expected stock returns, Journal of Finance, 56, 815-849.

Lettau, M., and S. Ludvigson, 2001b, Resurrection the (C)CAPM: a cross-sectional test when risk premia are time varying, Journal of Political Economy, 109, 1238-1287.

Levit, D., 2012, Expertise, structure, and reputation of corporate boards, working paper, Wharton.

Levy. H., 1994, Absolute and relative risk aversion: An experimental study, Journal of Risk and Uncertainty, 8, 289-307.

Levy, H., and H. M. Markowitz, 1979, Approximating expected utility by a function of mean and variance, American Economic Review, 69, 308-317.

Levy, R. A., 1967, Relative strength as a criterion for investment selection, Journal of Finance, 22, 595-610.

Lewellen, J., and S. Nagel, 2006, The conditional CAPM does not explain asset pricing anomalies, Journal of Financial Economics, 82, 2464-2491.

Lewis, K. K., 2011, Global asset pricing, Annual Review of Financial Economics, 3, 435-466.

Lewis, M., 1989, Liar's Poker, Norton, New York. (マイケル・ルイス、東江一紀訳、1990年、『ライアーズ・ポーカー——ウォール街は巨大な幼稚園』角川書店)

Lhabitant, F. S., 2000, Derivatives in portfolio management: Why beating the market is easy, Derivatives Quarterly, 6, 39-43.

Li, G., 2009, Information sharing and stock market participation: Evidence from extended families, working paper, Federal Reserve Board.

Li, C. W., and A. Tiwari, 2009, Incentive contracts in delegated management, Review of Financial Studies, 22, 4681-4714.

Liang, B., 2000, Hedge funds: The living and the dead, Journal of Financial and Quantitative Analysis, 35, 309-326.

Liang, B., 2001, Hedge fund performance: 1990-1999, Financial Analysts Journal, 57, 11-18.

Lin, H., J. Wang, and C. Wu, 2011, Liquidity risk and expected corporate bond returns, Journal of Financial Economics, 99, 628-650.

Lin, Z., and K. D. Vandell, 2012, Illiquidity and pricing biases in the real estate market, working paper, Fannie Mae.

Ling, D. C., and A. Naranjo, 1997, Economic risk factors and commercial real estate returns, Journal of Real Estate Finance and Economics, 14, 283-307.

Ling, D. C., and A. Naranjo, 1999, The integration of commercial real estate markets and stock markets, Real Estate Economics, 27, 483-515.

Linnainmaa, J. T., 2013, Reverse survivorship bias, Journal of Finance, 68, 789-813.

Lintner, J., 1965, The valuation of risk assets and the selection of risky investments in stock portfolios and capital budgets, Review of Economics and Statistics, 47, 13-37.

Lintner, J., 1975, Inflation and security returns, Journal of Finance, 30, 259-280.

Litterman, R., and J. Scheinkman, 1991, Common factors affecting bond returns, Journal of Fixed Income, 1, 54-61.

Litvak, K., 2009, Venture capital partnership agreements: Understanding compensation agreements, University of Chicago Law Review, 76, 161-218.

Liu, J., 2007, Portfolio selection in stochastic environments, Review of Financial Studies, 20, 1-39.

Liu, P., and W. Qian, 2012, Does (and what) illiquidity matter for real estate prices? Measure and evidence, SSRN working paper.

Ljungqvist, A., and M. Richardson, 2003, The cash flow, return and risk characteristics of private equity, working paper, NYU.

Lo, A. W., 2001, Risk management for hedge funds: Introduction and overview, Financial Analysts Journal, 57, 16–33.

Lo, A. W., 2002, The statistics of Sharpe ratios, Financial Analysts Journal, 58, 36–52.

Lo, A.W., 2008, Where do alphas come from? A measure of the value of active management, Journal of Investment Management, 6, 1–29.

Lo, A. W., 2010, Hedge Funds: An Analytical Perspective, Princeton University Press, Princeton, N.J.

Lo, A., and J. Hasanhodzic, 2007, Can hedge fund returns be replicated? The linear case, Journal of Investment Management, 5, 5–45.

Lo, A. W., H. Mamaysky, and J. Wang, 2004, Asset prices and trading volume under fixed transactions costs, Journal of Political Economy, 112, 1054–1090.

Logue, A. C., 2007, Hedge Funds for Dummies, Wiley.

Longstaff, F. A., 2009, Portfolio claustrophobia: Asset pricing in markets with illiquid assets, American Economic Review, 99, 1119–1144.

Longstaff, F. A., 2011, Municipal debt and marginal tax rates: is there a tax premium in asset prices? Journal of Finance, 66, 721–751.

Longstaff, F. A., S. Mithal, and E. Neis, 2005, Corporate yield spreads: Default risk or liquidity? New evidence from the credit default swap market, Journal of Finance, 60, 2213–2253.

Lou, D., 2012, A flow-based explanation for return predictability, Review of Financial Studies, 25, 3457–3489.

Loughran, T., 1997, Book-to-market across firm size, exchange, and seasonality: Is there an effect?, Journal of Financial and Quantitative Analysis, 32, 249–268.

Love, D. A., P. A. Smith, and D. W. Wilcox, 2011, The effect of regulation non optimal corporate pension risk, Journal of Financial Economics, 101, 18–35.

Low, B., and S. Zhang, 2005, The volatility risk premium embedded in currency options, Journal of Financial and Quantitative Analysis, 40, 803–832.

Lucas, R. E., 1978, Asset prices in an exchange economy, Econometrica, 46, 1429–1445.

Lucas, R. E., and N. Stokey, 1983, Optimal fiscal and monetary policy in an economy without capital, Journal of Monetary Economics, 12, 55–93.

Luenberger, D. G., 1997, Investment Science, Oxford University Press, New York. (デービッド・G・ルーエンバーガー、今野浩／枇々木規雄／鈴木賢一訳、2002年、『金融工学入門』日本経済新聞社)

Lusardi, A., P.-C. Michaud, and O. S. Mitchell, 2013, Optimal financial knowledge and wealth inequality, NBER Working Paper 18669.

Lusardi, A., and O. S. Mitchell, 2006, Financial literacy and planning: Implications for retirement wellbeing, working paper, Dartmouth. Lustig, H. N., and S. Van Nieuwerburgh, 2005, Housing collateral, consumption insurance and risk premia: an empirical perspective, Journal of Finance, 60, 1167-1219.

Lustig, H., and S. Van Nieuwerburgh, S., 2008, The returns on human capital: Good news on Wall Street is bad news on Main Street, Review of Financial Studies, 21, 2097-2137.

Lustig, H. N., N. Roussanov, and A. Verdelhan, 2011, Common risk factors in currency markets, Review of Financial Studies, 24, 3732-3777.

Luytens, C., 2008, The Private Equity Secondaries Market: A Complete Guide to Its Structure, Operation, and Performance, PEI Media.

Lynch, A. W., and S. Tan, 2011, Labor income dynamics at business cycle frequencies: Implications for portfolio choice, Journal of Financial Economics, 101, 333-359.

【M】

MacLean, L. C., E. O. Thorp, and W. T. Ziemba, eds., 2011, The Kelly Capital Growth Investment Criterion: Theory and Practice, World Scientific Publishing, Singapore.

MacKenzie, D., 2006, An Engine, Not a Camera: How Financial Models Shape Markets, MIT Press, Cambridge, Mass.

Madhavan, A., 2012, Exchange-traded funds, market structure, and the flash crash, Financial Analysts Journal, 68, 20-35.

Maenhout, P. J., 2004, Robust portfolio rules and asset pricing, Review of Financial Studies, 17, 951-983.

Maillard, S., T. Roncalli, and J. Teiletche, 2010, On the properties of equally-weighted risk contributions portfolios, Journal of Portfolio Management, 36, 60-70.

Makarov, I., and G. Plantin, 2012, Rewarding trading skills without inducing gambling, working paper, London Business School.

Malkiel, B. G., 1977, The valuation of closed-end investment-company shares, Journal of Finance, 32, 847-858.

Malkiel, B. G., 1990, A RandomWalk Down Wall Street, Norton, New York. (バートン・マルキール、井手正介訳、2011年、『ウォール街のランダム・ウォーカー──株式投資の不滅の真理〈原著第10版〉』日本経済新聞出版社)

Malkiel, B. G., 1995, Returns from investing in equity mutual funds 1971 to 1991, Journal of Finance, 50, 549-572.

Malkiel, B. G., and A. Saha, 2005, Hedge funds: Risk and return, Financial Analysts Journal, 61, 80-88.

Malmendier, U., and S. Nagel, 2011, Depression babies: Do macroeconomic experiences affect risk taking?, Quarterly Journal of Economics, 126, 373-416.

Mankiw, N. G., and S. P. Zeldes, 1991, The consumption of stockholders and non-stockholders, Journal of Financial Economics, 29, 97-112.

Manski, C., 1988, Ordinal utility models of decision making under uncertainty, Theory and Decision, 25, 79-104.

Marcato, G., and T. Key, 2005, Direct investment in real estate, Journal of Portfolio Management, 31, 55-69.

Marekwica, M., 2012, Optimal tax-timing and asset allocation when tax rebates on capital losses are limited, Journal of Banking and Finance, 36, 2048-2063.

Markowitz, H., 1952, Portfolio selection, Journal of Finance, 7, 77-91.

Marks, H., 2011, The Most Important Thing: Uncommon Sense for Thoughtful Investors, Columbia University Press, New York.（ハワード・マークス、貫井佳子訳、2012年、『投資で一番大切な20の教え―賢い投資家になるための隠れた常識』日本経済新聞出版社）

Marshall, S., K. M. McGarry, and J. S. Skinner, 2010, The risk of out-of-pocket health care expenditure at end of life, NBER working paper 16170.

Martin, I., 2012, On the valuation of long-dated assets, Journal of Political Economy, 120, 346-358.

Martinelli, L., 2008, Toward the design of better equity benchmarks, Journal of Portfolio Management, 34, 1-8.

Masset, P., and J.-P. Weisskopf, 2010, Raise your glass: Wine investment and the financial crisis, SSRN working paper.

Maurer, R., O. S. Mitchell, R. Rogalla, and V. Kartashov, 2013, Lifecycle portfolio choice with systematic longevity risk and variable investment-linked deferred annuities, forthcoming Journal of Risk and Insurance.

Mayers,D., 1973, Nonmarketable assets and the determination of capital asset prices in the absence of a riskless asset, Journal of Business, 46, 258-267.

Maymin, P. Z., and G. S. Fisher, 2011, Preventing emotional investing: An added value of an investment advisor, Journal of Wealth Management, 13, 34-43.

McDonald, R. L., and D. Siegel, 1985, Investment and the valuation of firms when there is an option to shut down, International Economic Review, 26, 331-349.

Meghir, C., and L. Pistaferri, 2011, Earnings, consumption, and lifecycle choices, in Ashenfelter, O., and D. Card, eds, Handbook of Labor Economics, vol. 4 B, Elsevier, Boston, pp. 774-854.

Mehra, R., 2006, The equity premium puzzle: A review, Foundations and Trends in Finance, 2, 1-81.

Mehra, R., and E. C. Prescott, 1985, The equity premium: A puzzle, Journal of Monetary Economics, 15, 145-161.

Mehra, R., and E. C. Prescott, 1988, The equity risk premium: A solution, Journal of Monetary Economics, 22, 133-136.

Mei, J., and A. Lee, 1994, Is there a real estate factor premium?, Journal of Real Estate Finance and Economics, 9, 113-126.

Mei, J., and M. Moses, 2002, Art as an investment and the underperformance of master-pieces, American Economic Review, 92, 1656–1668.

Meltzer, A. H., 2003, A History of the Federal Reserve. Vol. 1, 1913–1951, University of Chicago Press, Chicago.

Meltzer, A. H., 2005, Origins of the great inflation, Federal Reserve Bank of St. Louis Review, 87, March/April, 145–175.

Menkhoff, L., L. Sarno, M. Schmeling, and A. Schrimpf, 2012a, Carry trades and global foreign exchange volatility, Journal of Finance, 57, 681–718.

Menkhoff, L., L. Sarno, M. Schmeling, and A. Schrimpf, 2012b, Currency momentum strategies, Journal of Financial Econmoics, 106, 660–684.

Merton, R. C., 1969, Lifetime portfolio selection under uncertainty: The continuous-time case, Review of Economics and Statistics, 51, 247–257.

Merton, R. C., 1971, Optimal consumption and portfolio rules in a continuous-time model, Journal of Economic Theory, 3, 373–413.

Merton, R. C., 1973, An intertemporal capital asset pricing model, Econometrica, 41, 867–887.

Merton, R. C., 1974, On the pricing of corporate debt: The risk structure of interest rates, Journal of Finance, 29, 449–470.

Merton, R. C., 1980, On estimating the expected return of the market: An exploratory investigation, Journal of Financial Economics, 8, 323–361.

Merton, R. C., 1987, A simple model of capital market equilibrium with incomplete information, Journal of Finance, 42, 483–510.

Merton, R. C., 1990, Optimal investment strategies for university endowment funds, in Continuous-Time Finance, Blackwell, Malden, Mass.

Merton, R. C., 1993, Optimal investment strategies for university endowment funds, in Clotfelter, C. T., and M. Rothschild, eds., Studies of Supply and Demand in Higher Education, University of Chicago Press, Chicago, pp. 211–242.

Merton, R. C., and P.A. Samuelson, 1973, Fallacy of the log-normal approximation to optimal portfolio decision-making over many periods, Journal of Financial Economics, 1, 67–94.

Messmore, T., 1995, Variance drain, Journal of Portfolio Management, 21, 104–111.

Metrick, A., 1995, A natural experiment in Jeopardy, American Economic Review, 85, 240–253.

Metrick, A., and A. Yasuda, 2010, The economics of private equity funds, Reviewof Financial Studies, 23, 2303–2341.

Michaelides, A., 2002, Buffer stock saving and habit formation, working paper, London School of Economics.

Michaud, R. O., 1989, The Markowitz optimization enigma: Is "optimized" optimal?, Financial Analysts Journal, 45, 31-42.

Milevsky, M. A. 2005, Real longevity insurance with a deductible: Introduction to advanced-life delayed annuities (ALDA), North American Actuarial Journal, 9, 109-122.

Milevsky, M. A., 2009, Are You a Stock or a Bond? Create Your Own Pension Plan for a Secure Financial Future, Pearson Education, Upper Saddle River, N.J.

Milevsky, M. A., 2012, The 7 Most Important Equations for Your Retirement: The Fascinating People and Ideas behind Planning Your Retirement Income, Wiley, Hoboken, N.J.

Milevsky, M. A., and H. Huang, 2011, Spending retirement on Planet Vulcan: The impact of longevity risk aversion on optimal withdrawal rates, Financial Analysts Journal, 67, 45-58.

Milevsky, M. A., and S. E. Posner, 2001, The Titanic option: Valuation of the guaranteed minimum death benefit in variable annuities and mutual funds, Journal of Risk and Insurance, 68, 93-128.

Miller, E. M., 1977, Risk, uncertainty and divergence of opinion, Journal of Finance, 32, 1151-1168.

Miller, M. H., 1977, Debt and taxes, Journal of Finance, 32, 261-275.

Miller, M. H., and F. Modigliani, 1958, The cost of capital, corporate finance and the theory of investment, American Economic Review, 48, 261-297.

Miller, M. H., and F. Modigliani, 1961, Dividend policy, growth and the valuation of shares, Journal of Business, 34, 411-433.

Miller, M. H., and M. S. Scholes, 1978, Dividends and taxes, Journal of Financial Economics, 6, 333-364.

Mills, E. S., 1967, An aggregative model of resource allocation in a metropolitan area, American Economic Review, 57, 197-210.

Missiakoulis, S., V. Dimitrios, and N. Etriotis, 2010, Arithmetic mean: A bellwether for unbiased forecasting of portfolio performance, Managerial Finance, 36, 958-968.

Mitchell, M., and T. Pulvino, 2001, Characteristics of risk and return in risk arbitrage, Journal of Finance, 56, 2135-2175.

Mitchell, O. S., 2012, Public pension pressures, in Conti-Brown, P., ed., When States Go Broke: The Origins, Context, and Solutions for the American States in Fiscal Crisis, Cambridge University Press, Cambridge, pp. 57-76.

Mitchell, O. S., J. M. Poterba, M. J. Warshawsky, and J. R. Brown, 1999, New evidence on the money's worth of individual annuities, American Economic Review, 89, 1299-1318.

Mitton, T., and K. Vorkink, 2007, Equilibrium under diversification and the preference for skewness, Review of Financial Studies, 20, 1255-1288.

Modigliani, F., 1986, Life cycle, individual thrift, and the wealth of nations, American Economic Review, 76, 297-313.

Modigliani, F., and R. H. Brumberg, 1954, Utility analysis and the consumption function: An interpretation of cross-section data, in Kurihara, K. K., ed., Post-Keynesian Economics, Rutgers University Press, New Brunswick, N.J., pp. 388-436.

Modigliani, F., and R. H. Brumberg, 1980, Utility analysis and aggregate consumption functions: An attempt at integration, in Abel, A., ed., The Collected Papers of Franco Modigliani, Vol. 2, The Life Cycle Hypothesis of Saving, MIT Press, Cambridge, Mass., pp. 128-197.

Modigliani, F., and R. Cohn, 1979, Inflation, rational valuation, and the market, Financial Analysts Journal, 35, 24-44.

Modigliani, F., and R. Sutch, 1966a, Debt management and the term structure of interest rates: An empirical analysis of recent experience, Journal of Political Economy, 75, 569-589.

Modigliani, F., and R. Sutch, 1966b, Innovations in interest rate policy, American Economic Review, 56, 178-197.

Morley, J. D., and Q. Curtis, 2010, Taking exit rights seriously: Why governance and fee litigation don't work in mutual funds, Yale Law Journal, 120, 84-142.

Morse, A., and S. Shive, 2011, Patriotism in your portfolio, Journal of Financial Markets, 14, 411-440.

Moskowitz, T. J., 2000, Discussion: Mutual fund performance: An empirical decomposition into stock-picking talent, style, transaction costs, and expenses, Journal of Finance, 55, 1655-1703

Moskowitz, T., and K. Daniel, 2012, Momentum crashes, working paper, Columbia Business School.

Mossin, J., 1966, Wages, profits and the dynamics of growth, Quarterly Journal of Economics, 80, 376-399.

Mouakhar, T., and M. Roberge, 2010, The optimal approach to futures contract roll in commodity portfolios, Journal of Alternative Investments, 12, 51-60.

Mozes, H. A., and J. Orchard, 2012, The relation between hedge fund size and risk, Journal of Derivatives and Hedge Funds, 18, 85-109.

Mueller, P., A. Vedolin, and Y. Yen, 2012, Bond variance risk premia, working paper, London School of Economics.

Mullinathan, S., M. Noth and A. Schoar, 2012, The market for financial advice: An audit study, NBER Working Paper 17929.

Munneke, H., and B. Slade, 2000, An empirical study of sample-selection bias in indices of commercial real estate, Journal of Real Estate Finance and Economics, 21, 45-64.

Munnell, A. H., and M. Soto, 2007, Why are companies freezing their pensions?, Working Paper 2007-22, Center for Retirement Research at Boston College.

Munnell, A., M. Soto, A.Webb, F. Golub-Sass, and D. Muldoon, 2008, Health care costs drive up the national retirement risk index, Issue in Brief 8-3, Center for Retirement Research at Boston College.

Musto, D., G. Nini, and K. Schwarz, 2011, Notes on bonds: Liquidity at all costs in the great recession, working paper, Wharton.

Muth, R., 1969, Cities and Housing, University of Chicago Press, Chicago.

【N】

Nagel, S., 2012, Evaporating liquidity, Review of Financial Studies, 25, 2005–2039.

Nakajima, M., and I. A. Telyukova, 2012, Home equity in retirement, working paper, UC San Diego.

Nakamura, E., and J. Steinsson, 2008, Five facts about prices: A reevaluation of menu cost models, Quarterly Journal of Economics, 123, 1415–1464.

Negishi, T., 1960, Welfare economics and existence of an equilibrium for a competitive economy, Metroeconomica, 12, 92–97.

Nelson, E., 2005, The great inflation of the seventies: What really happened?, B. E. Journal of Macroeconomics: Advances in Macroeconomics, 5, 1–48.

Newey, W., and K. West, 1987, A simple, positive semi-definite, heteroskedasticity and autocorrelation consistent covariance matrix, Econometrica, 55, 703–708.

Novy-Marx, R., and J. D. Rauh, 2009, The liabilities and risks of state-sponsored pension plans, Journal of Economic Perspectives, 23, 191–210.

Novy-Marx, R., and J. D. Rauh, 2011a, The crisis in local government pensions in the U.S., in Fuchita, Y., R. J. Litan, and R. E. Herring, eds., Growing Old: Paying for Retirement and Institutional Money Management after the Financial Crisis, Brookings Institution Press, Washington, D.C., pp. 47–76.

Novy-Marx, R., and J. D. Rauh, 2011b, Public pension promises: How big are they and what are they worth?, Journal of Finance, 66, 1207–1245.

【O】

Obstfeld, M., 2011, International liquidity: The fiscal dimension, Monetary and Economic Studies, 29, 38–48.

Odean, T., 1999, Do investors trade too much?, American Economic Review, 89, 1279–1298.

O'Hara, M., 1995, Market Microstructure Theory, Blackwell, Malden, Mass.

Oikarinen, E., M. Hoesli, and C. Serrano, 2011, The long-run dynamics between direct and securitized real estate, Journal of Real Estate Research, 33, 73–103.

Okunev, J., andD.White, 2003, Hedge fund risk factors and value at risk of credit trading strategies, SSRN working paper.

Olen, H., 2012, Pound Foolish: Exposing the Dark Side of the Personal Finance Industry, Penguin Books, New York.

Ott, D. J., and A. H. Meltzer, 1963, Federal Tax Treatment of State and Local Securities, Brookings Institution, Washington, D.C.

Ou-Yang, H., 2003, Optimal contracts in a continuous-time delegated portfolio management problem, Review of Financial Studies, 16, 173-208.

【P】

Pagel, M., 2012, Expectations-based reference-dependent life-cycle consumption, working paper, UC Berkeley.

Pagliari, J., K. Scherer, and R. Monopoli, 2005, Public versus private real estate equities: A more refined, long-term comparison, Real Estate Economics, 33, 147-187.

Palacios-Huerta, I., 2003, Risk properties of human capital returns, American Economic Review, 93, 293-316.

Palmiter, A. R., and A. E. Taha, 2009, Star creation: The incubation of mutual funds, Vanderbilt Law Review, 62, 1483-2009.

Palumbo, M., 1999, Uncertain medical expenses and precautionary saving near the end of the life cycle, Review of Economic Studies, 66, 395-421.

Pan, J., 2002, The jump-risk premia implicit in options: Evidence from an integrated time-series study, Journal of Financial Economics, 63, 3-50.

Panageas, S., and M. M. Westerfield, 2009, High-water marks: High risk appetites? Convex compensation, long horizons, and portfolio choice, Journal of Finance, 64, 1-36.

Pang, G., and M. J.Warshawsky, 2010, Optimizing the equity-bond-annuity portfolio in retirement: The impact of uncertain health expenses, Insurance: Mathematics and Economics, 46, 198-209.

Paravisini, D., V. Rappoport, and E. Ravina, 2010, Risk aversion and wealth: Evidence from person to person lending portfolios, working paper, Columbia University.

Parker, J. A., and C. Julliard, 2005, Consumption risk and the cross section of expected returns, Journal of Political Economy, 113, 185-222.

Pástor, L'., and R. F. Stambaugh, 2003, Liquidity risk and expected stock returns, Journal of Political Economy, 111, 642-685.

Pástor, L'., and R. F. Stambaugh, 2009, Predictive systems: Living with imperfect predictors, Journal of Finance, 64, 1583-1628.

Pástor, L'., and R. F. Stambaugh, 2012a, Are stocks really less volatile in the long run?, Journal of Finance, 68, 431-477.

Pástor, L'., and R. F. Stambaugh, 2012b, On the size of the active management industry, Journal of Political Economy, 120, 740-871.

Pástor, L'., and P. Veronesi, 2012, Political uncertainty and risk premia, working paper,

University of Chicago.

Patton, A., 2009, Are "market neutral" hedge funds really market neutral?, Review of Financial Studies, 22, 2495–2530.

Patton, A., T. Ramadorai, and M. Streatfield, 2013, Change you can believe in? Hedge fund data revisions, working paper, Duke University.

Paulsen, D. J., M. L. Platt, S. A. Huettel, and E. M. Brannon, 2012, From risk-seeking to risk averse: The development of economic risk preference from childhood to adulthood, Frontiers in Psychology, 3, 1–6.

Pauly, M., 1990, The rational nonpurchase of long-term care insurance, Journal of Political Economy, 98, 153–168.

Paye, B. S., 2012, 'Deja vol': Predictive regressions for aggregate stock market volatility using macroeconomic variables, Journal of Financial Economics, 106, 527–546.

Paye, B. S., and A. Timmermann, 2006, Instability of return prediction models, Journal of Empirical Finance, 13, 274–315.

Peijnenburg, K., 2011, Life-cycle asset allocation with ambiguity aversion and learning, working paper, Bocconi University.

Pennacchi, G. G., and C. M. Lewis, 1994, The value of Pension Benefit Guaranty Corporation insurance, Journal of Money, Credit and Banking, 26, 735–753.

Pérez-González, F., 2006, Inherited control and firm performance, American Economic Review, 96, 1559–1588.

Perold, A. F., 2007, Fundamentally flawed indexing, Financial Analysts Journal, 63, 31–37.

Perold, A. F., and W. F. Sharpe, 1988, Dynamic strategies for asset allocation, Financial Analysts Journal, 44, 16–27.

Petkova, R., and L. Zhang, 2005, Is value riskier than growth?, Journal of Financial Economics, 78, 187–202.

Pettenuzzo, D., A. G. Timmermann, and R. Valkanov, 2012, Forecasting stock returns under economic constraints, SSRN working paper.

Pflueger, C., and L. M. Viceira, 2011, An empirical decomposition of risk and liquidity in nominal and inflation-indexed government bonds, Harvard Business School Working Paper 11-094.

Phalippou, L., 2008, The hazards of using IRR to measure performance: The case of private equity, Journal of Performance Measurement, 12, 55–66.

Phalippou, L., 2009, Beware of venturing into private equity, Journal of Economic Perspectives, 23, 147–166.

Phalippou, L., 2010, Private equity funds performance: risk and selection, in Athanassiou, P., ed., Research Handbook on Hedge Funds, Private Equity and Alternative Investments, Edward Elgar, Northampton, Mass., pp. 113–139.

Phalippou, L., 2011, An evaluation of the potential for GPFG to achieve above average returns from investments in private equity and recommendations regarding bench-marking, Report to the Norwegian Ministry of Finance.

Phalippou, L., 2013, Performance of buyout funds revisited?, forthcoming Review of Finance.

Phalippou, L., and O. Gottschlag, 2009, The performance of private equity funds, Review of Financial Studies, 22, 1747-1776.

Phalippou, L., and M. Zollo, 2005, The performance of private equity funds, working paper, Oxford University.

Phillips, A. W., 1953, The Relationship between unemployment and the rate of change of money wages in the United Kingdom 1861-1957, Economica, 25, 283-299.

Piazzesi, M., 2010, Affine Term Structure Models, in Aït-Sahalia, Y., and L. P. Hansen, eds., Handbook of Financial Econometrics, Vol. 1, Elsevier, pp. 691-766.

Piazzesi, M., and M. Schneider, 2006, Equilibrium Yield Curves, in Acemoglu, D., K. Rogoff, and M. Woodford, eds., NBER Macroeconomics Annual, MIT Press, Cambridge, Mass., pp. 389-442.

Pindyck, R. S., 1980, Uncertainty and exhaustible resource markets, Journal of Political Economy, 88, 1203-1225.

Pliska, S. R., and K. Suzuki, 2004, Optimal tracking for asset allocation with fixed and proportional transactions costs, Quantitative Finance, 4, 233-243.

Pollet, J., and M. Wilson, 2008, How does size affect mutual fund behavior?, Journal of Finance, 63, 2941-2969.

Polkovnichenko, V., 2007, Life-cycle portfolio choice with additive habit formation preferences and uninsurable labor income risk, Review of Financial Studies, 20, 83-124.

Pool, V. K., C. Sialm, and I. Stefanescu, 2013, It pays to set the menu: Mutual fund investment options in 401(k) plans, NBER Working Paper 18764.

Poterba, J. M., 2003, Employer stock and 401(k) plans, American Economic Review, 93, 398-404.

Poterba, J. M., and A. A. Samwick, 2002, Taxation and household portfolio composition: U.S. evidence from the 1980s and 1990s, Journal of Public Economics, 87, 5-38.

Poterba, J., S. Venti, and D. Wise, 2011a, The composition and drawdown of wealth in retirement, Journal of Economic Perspectives, 25, 95-118.

Poterba, J., S. Venti, and D. Wise, 2011b, The drawdown of personal retirement assets, NBER Working Paper 16675.

Pratt, S. P., 1971, Relationship between variability of past returns and levels of future returns for common stocks, 1926-1960, in Fredrickson, E. B., ed., Frontiers of Investment Analysis, Intext Textbook, Scranton, Pa.

Pratt, J. W., 1964, Risk aversion in the small and in the large, Econometrica, 32, 122-136.

Prokopczuk, M., and C. Wese, 2012, Variance risk premia in commodity markets, SSRN working paper.

【Q】

Qian, E., 2006, On the financial interpretation of risk contribution: Risk budgets do add up, Journal of Investment Management, 4, 1 -11.

【R】

Radin, R. F., and W. B. Stevenson, 2006, Comparing mutual fund governance and corporate governance, Corporate Governance: An International Review, 14, 367-376.

Ramadorai, T., 2012, The secondary market for hedge funds and the closed hedge fund premium, Journal of Finance, 67, 479-512.

Ramadorai, T., 2013, Capacity constraints, investor information, and hedge fund returns, Journal of Financial Economics, 107, 401-416.

Rampini, A., and S. Viswanathan, 2013, Household risk management, working paper, Duke University.

Ramsey, F. P., 1928, A mathematical theory of saving, Economic Journal, 38, 543-559.

Ranish, B., 2012, Why do households with risky labor income take greater financial risks?, Working paper, Harvard University.

Rapach, D. E., and G. Zhou, 2011, Forecasting stock returns, forthcoming Handbook of Economic Forecasting.

Rappaport, A., 2011, Saving Capitalism from Short-Termism: How to Build Long-Term Value and Take Back our Financial Future, McGraw-Hill, New York.

Rauh, J. D., 2006, Investment and financing constraints: Evidence from the funding of corporate pension plans, Journal of Finance, 61, 33-71.

Rauh, J. D., I. Stefanescu, and S. P. Zeldes, 2012, Cost shifting and the freezing of corporate pension plans, working paper, Columbia Business School.

Reichling, F., and K. Smetters, 2013, Optimal annuitization with stochastic mortality probabilities, NBER Working Paper 19211.

Reinganum, M. R., 1981, Misspecification of asset pricing: Empirical anomalies based on earnings yields and market values, Journal of Financial Economics, 9, 19-46.

Reinhart, C. M., and K. S. Rogoff, 2008, The forgotten history of domestic debt, NBER Working Paper 13946.

Reinhart, C. M., and K. S. Rogoff, 2011, This Time Is Different: Eight Centuries of Financial Folly, Princeton University Press, Princeton, N.J. (カーメン・M・ラインハート／ケネス・S・ロゴフ、村井章子訳、2011年、『国家は破綻する―金融危機の800年』日経BP社)

Reinhart, C. M., and M. B. Sbrancia, 2011, The liquidation of government debt, NBER Working Paper 16893.

Rhodes-Kropf, M., D. T. Robinson, and S. Viswanathan, 2005, Valuation waves and merger activity: The empirical evidence, Journal of Financial Economics, 77, 561–603.

Ricciuti, R., 2003, Assessing Ricardian equivalence, Journal of Economic Surveys, 17, 55–78.

Riedel, F., 2009, Optimal consumption choice with intolerance for declining standard of living, Journal of Mathematical Economics, 45, 449–464.

Rietz, T. A., 1988, The equity risk premium: A solution, Journal of Monetary Economics, 22, 117–131.

Ritter, J., and I. Welch, 2002, A review of IPO activity, pricing and allocations, Journal of Finance, 57, 1795–1828.

Roback, J., 1982, Wages, rents, and the quality of life, Journal of Political Economy, 90, 1257–1278.

Robinson, D., and B. Sensoy, 2011a, Private equity in the 21st century: Liquidity, cash flows, and performance from 1984–2010, working paper, Duke University.

Robinson, D., and B. Sensoy, 2011b, Cyclicality, performance measurement, and cash flow liquidity in private equity, working paper, Duke University.

Roll, R., 1992, A mean-variance analysis of the tracking error, Journal of Portfolio Management, 8, 13–22.

Romer, C. D., and D. H. Romer, 2000, Federal Reserve information and the behavior of interest rates, American Economic Review, 90, 429–457.

Rosen, S., 1979, Wage-based indexes of urban quality of life, in Mieszkowski, P., and M. Straszheim, eds., Current Issues in Urban Economics, John Hopkins University Press, Baltimore, pp. 74–104.

Rose-Ackerman, S. 1996, Altruism, nonprofits, and economic theory, Journal of Economic Literature, 34, 701–728.

Rosen, H. S. and S. Wu, 2004, Portfolio choice and health status, Journal of Financial Economics, 72, 457–484.

Rosenthal, R., 1979, The "file drawer problem" and tolerance for null results, Psychological Bulletin, 86, 638–641.

Ross, S. A., 1976, The arbitrage theory of capital asset pricing, Journal of Economic Theory, 13, 341–360.

Ross, S. A., 2005, Neoclassical Finance, Princeton University Press, Princeton, N.J.

Ross, S. A., 2011, The recovery theorem, NBER working paper 17323.

Ross, S., and R. Zisler, 1991, Risk and return in real estate, Journal of Real Estate Finance and Economics, 4, 175–190.

Rostek, M., 2010, Quantile maximization in decision theory, Review of Economic Studies, 77, 339–371.

Routledge, B. R, and S. E. Zin, 2010, Generalized disappointment aversion and asset prices, Journal of Finance, 65, 1303-1332.

Roy, A. D., 1952, Safety first and the holding of assets, Econometrica, 20, 431-449.

Rozanov, A., 2005,Who holds the wealth of nations?, Central Banking Journal, 15, 52-57.

Rubinstein, M., 1994, Implied binomial trees, Journal of Finance, 49, 771-818.

Rubinstein, M., and H. Leland, 1981, Replicating options with positions in stocks and cash, Financial Analysts Journal, 37, 63-72.

Rudebusch, G. D., and E. T. Swanson, 2012, The bond premium in a DSGE model with long-run real and nominal risks, American Economic Journal: Macroeconomics, 4, 105-143.

【S】

Sack, B., and R. Elasser, 2004, Treasury inflation-indexed debt: A review of the U.S. experience, Federal Reserve Bank of New York Economic Policy Review, 10, 47-63.

Sadka, R., 2010, Liquidity risk and the cross section of hedge fund returns, Journal of Financial Economics, 98, 54-71.

Sagalyn, L. B., 1996, Conflicts of interest in the structure of REITs, Real Estate Finance, 9, 34-51.

Sala-i-Martin, X., and A. Subramanian, 2003, Addressing the natural resource curse: an illustration from Nigeria, NBER Working Paper 9804.

Salanie, B., 1997, The Economics of Contracts: A Primer, MIT Press, Cambridge, Mass. (ベルナール・サラニエ、細江守紀／堀宣昭／三浦功訳、2000年、『契約の経済学』勁草書房)

Samuelson, P. A., 1958, An exact consumption-loan model of interest with or without the social contrivance of money, Journal of Political Economy, 55, 467-482.

Samuelson, P. A., 1969, Lifetime portfolio selection by dynamic stochastic programming, Review of Economics and Statistics, 51, 239-246.

Samuelson, P. A., 1971, The "fallacy" of maximizing the geometric mean in long sequences of investing or gambling, Proceedings of the National Academy of Sciences, 68, 2493-2496.

Samuelson, P. A., 1979, Why we should not make mean log of wealth big though years to act are long, Journal of Banking and Finance, 3, 305-307.

Santos, T., and P. Veronesi, 2006, Labor income and predictable stock returns, Review of Financial Studies, 19, 1-44.

Sanzillo, T., 2012, The New York State comptroller's office, in Benjamin, G., The Oxford Handbook of New York State Government and Politics, Oxford University Press, New York, pp. 287-356.

Sargent, T. J., 1999, The Conquest of American Inflation, Princeton University Press, Princeton, N.J.

Savage, L. J., 1954, The Foundations of Statistics, Wiley, Hoboken, N.J.

Scharfstein, D. S., and J. C. Stein, 1990, Herd behavior and investment, American Economic Review, 465-479.

Scherer, B., 2005, Liability Hedging and Portfolio Choice, Risk Books, London.

Scherer, B., 2011, Portfolio choice for oil-based sovereign wealth funds, Journal of Alternative Investments, 13, 24-34.

Schieber, S. J., 2012, The Predictable Surprise: The Unraveling of the U.S. Retirement System, Oxford University Press, New York.

Schoemaker, P. J. H., 1982, The expected utility model: Its variants, purposes, evidence and limitations, Journal of Economic Literature, 20, 529-563.

Scholz, J. K., and A. Seshadri, 2009, What replacement rates should households use?, Working Paper 2009-214, Michigan Retirement Research Center, University of Michigan.

Scholz, J. K., A. Seshadri, and S. Khitatrakun, 2006, Are Americans saving 'optimally' for retirement?, Journal of Political Economy, 116, 607-643.

Schwager, J. D., 1992, The New Market Wizards: Conversations with America's Top Traders, Wiley, Hoboken, N.J.（ジャック・D・シュワッガー、清水昭男訳、1999年、『新マーケットの魔術師─米トップトレーダーたちが語る成功の秘密』パンローリング）

Schwed, F., Jr., 1940, Where Are the Customers' Yachts?, Simon & Schuster, New York.（フレッド・シュエッド・ジュニア、岡本和久／関岡孝平訳、2010年、『投資家のヨットはどこにある？─プロにだまされないための知恵』パンローリング）

Schwert, G. W., 2003, Anomalies and market efficiency, in Constantinides, G.M., M. Harris, and R.M. Stulz, eds., Handbook of the Economics of Finance, Elsevier, Boston, pp. 939-974.

Scholes, M. S., M. A. Wolfson, M. Erickson, E. Maydew, and T. Shevlin, 2004, Taxes and Business Strategy: A Planning Approach, Pearson Prentice Hall, Upper Saddle River, N.J.（マイロン・S・ショールズ／メール・エリクソン／テリー・シェブリン／マーク・A・ウォルソン／エドワード・メイデゥ、坂林孝郎訳、2001年、『MBA税務工学入門〈第2版〉』中央経済社）

Scott, J. H., 2012, Managing institutional equity, working paper, GM Asset Management.

Scott, J. S., J. G. Watson, and W. Y. Hu, 2011, What makes a better annuity?, Journal of Risk and Insurance, 78, 213-244.

Seascholes, M. S., 2000, Smart foreign traders in emerging markets, working paper, UC Berkeley.

Sensoy, B. A., Y. Wang, and M. S. Weisbach, 2013, Limited partner performance and the maturing of the private equity industry, NBER Working Paper 18793.

Sharpe, W. F., 1964, Capital asset prices: A theory of market equilibrium under conditions of risk, Journal of Finance, 19, 425-442.

Sharpe,W. F., 1966, Mutual fund performance, Journal of Business, 39, 119-138.

Sharpe,W. F., 1976, Corporate Pension Funding Policy, Journal of Financial Economics, 3, 183-193.

Sharpe,W. F., 1981, Decentralized investment management, Journal of Finance, 36, 217-234.

Sharpe,W. F., 1992, Asset allocation: Management style and performance measurement, Journal of Portfolio Management, 18, 7-19.

Sharpe,W. F., 2010, Adaptive asset allocation policies, Financial Analysts Journal, 66, 45-59.

Sharpe, W. F., and L. G. Tint, 1990, Liabilities—A New Approach, Journal of Portfolio Management, 16, 5-10.

Shefrin, H., and M. Statman, 1985, The disposition to sell winners too early and ride losers too long: Theory and evidence, Journal of Finance, 40, 777-790.

Shiller, R. J., 1979, The volatility of long-term interest rates and expectations models of the term structure, Journal of Political Economy, 87, 1190-1219.

Shiller, R. J., 1981, Do stock prices move too much to be justified by subsequent changes in dividends?, American Economic Review, 71, 421-436.

Shiller, R. J., 1993, The invention of inflation-indexed bonds in early America, NBER Working Paper 10183.

Shiller, R. J., 1995, Aggregate income risks and hedging mechanisms, Quarterly Review of Economics and Finance, 35, 119-152.

Shiller, R. J., 2000, Irrational Exuberance, Princeton University Press, Princeton, N.J.（ロバート・J・シラー、植草一秀／沢崎冬日訳、2001年、『投機バブル 根拠なき熱狂—アメリカ株式市場、暴落の必然』ダイヤモンド社）

Shiller, R. J., 2005, The life-cycle personal counts proposal for Social Security: An evaluation, NBER Working Paper 11300.

Shleifer, A., 1986, Do demand curves for stocks slope down?, Journal of Finance, 41, 579-590.

Shleifer, A., and R. W. Vishny, 1997, The limits of arbitrage, Journal of Finance, 52, 35-55.

Shukla, R., and G. van Inwegen, 1995, Do locals perform better than foreigners? An analysis of UK and U.S. mutual fund managers, Journal of Economics and Business, 47, 241-254.

Sialm, C., 2009, Tax changes and asset pricing, American Economic Review, 99, 1356-1383.

Sidrauski, M., 1967, Rational choice and patterns of growth in a monetary economy, American Economic Review, 57, 534-544.

Siegel, J. J., 1994, Stocks for the Long Run, McGraw-Hill, New York.（ジェレミー・シー

ゲル、石川由美子／鍋井里依／林康史／藤野隆太訳、2006年、『株式投資―長期投資
で成功するための完全ガイド』日経BP社）

Simon, D., 2010, Examination of long-term bond iShare option selling strategies, Journal of Futures Markets, 30, 465-489.

Sinclair, S., and K. Smetters, 2004, Health shocks and the demand for annuities, Congressional Budget Office Technical Paper 2004-09.

Sirri, E., and P. Tufano, 1998, Costly search and mutual fund flows, Journal of Finance, 41, 1589-1622.

Skinner, J., 2007, Are you sure you're saving enough for retirement?, Journal of Economic Perspectives, 21, 59-80.

Smets, F., and R. Wouters, 2007, Shocks and frictions in US business cycles: A Bayesian dynamic stochastic general equilibrium approach, American Economic Review, 97, 586-606.

Sodolfsky, R. M., and R. L. Miller, 1969, Risk premium curve for different classes of long-term securities, 1950-1966, Journal of Finance, 24, 429-446.

Solow, R. M., 1957, Technological change and the aggregate production function, Review of Economics and Statistics, 39, 312-320.

Sorensen, M., N. Wang, and J. Yang, 2012, Valuing private equity, working paper, Columbia University.

Stambaugh, R. F., 1999, Predictive regressions, Journal of Financial Economics, 54, 375-421.

Stein, J. C., 1989, Efficient capital markets, inefficient firms: A model of myopic corporate behavior, Quarterly Journal of Economics, 104, 655-669.

Stein, J. C., 2002, Information production and capital allocation: Decentralized versus hierarchical firms, Journal of Finance, 57, 1891-1921.

Stein, J. C., 2005, Why are most funds open-ended? Competition and the limits of arbitrage, Quarterly Journal of Economics, 120, 247-272.

Stevens, A. H., D. L.Miller, M. Page, and M. Filipski, 2012,Why do more people die during economic expansions? Center for Retirement Research at Boston College, Working Paper 12-8.

Stevenson, B., and J. Wolfers, 2008, Economic growth and subjective well-being: Reassessing the Easterlin paradox, Brookings Papers on Economic Activity, Spring, 1-87.

Stock, J. H., and M. W. Watson, 2002, Has the business cycle changed? Evidence and explanations, in Gertler, M., and K. Rogoff, eds., NBER Macroeconomics Annual, 17, 159-218.

Storesletten, K., C. I. Telmer, and A. Yaron, 2007, Asset pricing with idiosyncratic risk and overlapping generations, Review of Economic Dynamics, 10, 519-548.

Stoughton, N., M., 1993, Moral hazard and the portfolio management problem, Journal of Finance, 48, 2009-2028.

Stoughton, N. M., Y.Wu, and J. Zechner, 2011, Intermediated investment management, Journal of Finance, 66, 947-980.

Stracca, L., 2006, Delegated portfolio management: A survey of the theoretical literature, Journal of Economic Perspectives, 20, 823-848.

Stulz, R. M., 2007, Hedge funds; Past, present, and future, Journal of Economic Perspectives, 21, 175-194.

Sturzenegger, F., and J. Zettelmeyer, 2008, Haircuts: Estimating investor losses in sovereign debt restructurings, 1998-2005, Journal of International Money and Finance, 27, 780-805.

Sundaresan, S. M., 1989, Intertemporally dependent preferences and the volatility of consumption and wealth, Review of Financial Studizzes, 2, 73-89.

Swanson, E. T., 2012, Risk aversion and the labor margin in dynamic equilibrium models, American Economic Review, 102, 1663-1691.

Swensen, D. F., 2009, Pioneering Portfolio Management: An Unconventional Approach to Institutional Investment, Free Press, New York. (デイビッド・スエンセン、大輪秋彦／次世代年金実務家ネットワーク訳、2003年、『勝者のポートフォリオ運用―投資政策からオルタナティブ投資まで』金融財政事情研究会)

【T】

Taleb, N. N., 2004, Fooled by Randomness, Random House, New York. (ナシーム・ニコラス・タレブ、望月衛訳、2008年、『まぐれ―投資家はなぜ、運を実力と勘違いするのか』ダイヤモンド社)

Tang, H., and X. E. Xu, 2013, Solving the return deviation conundrum of leveraged exchange-traded funds, Journal of Financial and Quantitative Analysis, 48, 309-342.

Taylor, A. M., and M. P. Taylor, 2004, The purchasing power parity debate, Journal of Economic Perspectives, 18, 135-158.

Taylor, J. B., 1993, Discretion versus policy rules in practice, Carnegie-Rochester Conference Series on Public Policy, 39, 195-214.

Taylor, J. B., 1999, An historical analysis of monetary policy rules, in Taylor, J. B., ed., Monetary Policy Rules, University of Chicago Press, Chicago, pp. 319-341.

Tepper, I., 1981, Taxation and corporate pension policy, Journal of Finance, 1 -14.

ter Horst, J. R., T. E. Nijman, and F. A. de Roon, 2004, Evaluating style analysis, Journal of Empirical Finance, 11, 29-53.

Thaler, R. H., and S. Benartzi, 2004, Save more tomorrow: Using behavioral economics to increase employee savings, Journal of Political Economy, 112, 164-187.

Thaler, R. H., and C. R. Sunstein, 2009, Nudge: Improving Decisions About Health,

Wealth, and Happiness, Penguin, New York. (リチャード・セイラー／キャス・サンスティーン、遠藤真美訳、2009年、『実践 行動経済学―健康、富、幸福への聡明な選択』日経BP社)

Timmermann, A., 2006, Forecast combinations, in Elliott, G., C. W. J. Granger, and A. Timmermann, eds., Handbook of Economic Forecasting, vol. 1, Elsevier, Boston, pp. 135-196.

Tkac, P. A., 2004, Mutual funds: Temporary problem or permanent morass, Federal Reserve Bank of Atlanta Economic Review, Quarter 4, 1-21.

Tobin, J., 1958, Liquidity preferences as behavior towards risk, Review of Economic Studies, 25, 65-86.

Tobin, J., 1969, A general equilibrium approach to monetary theory, Journal of Money, Credit, and Banking, 1, 15-29.

Tomz, M., and M. L. J. Wright, 2013, Empirical research on sovereign debt and default, NBER Working Paper 18855.

Treynor, J., 1961, Market value, time, and risk, unpublished manuscript.

Treynor, J., 1965, How to rate management of investment funds, Harvard Business Review, 43, January/February, 63-75.

Treynor, J., 1977, The principles of corporate pension finance, Journal of Finance, 32, 627-638.

Treynor, J. and K. Mazuy, 1966, Can mutual funds outguess the market?, Harvard Business Review, 44, 131-136.

Trojani, F., and P. Vanini, 2004, Robustness and ambiguity aversion in general equilibrium, Review of Finance, 8, 279-324.

Troyer, T. A., 2000, The 1969 Private Foundation Law: Historical perspective on its origins and underpinnings, Exemption Organization Tax Review, 27, 52-65.

Truman, E. M., 2010, Sovereign Wealth Funds: Threat or Salvation?, Peterson Institute for International Economics.

Tu, J., and G. Zhou, 2011, Markowitz meets Talmud: A combination of sophisticated and naïve diversification strategies, Journal of Financial Economics, 99, 204-215.

Tufano, P., and M. Sevick, 1997, Board structure and fee-setting in the U.S. mutual fund industry, Journal of Financial Economics, 46, 321-355.

Tversky, A., and D. Kahneman, 1992, Advances in prospect theory: Cumulative representation of uncertainty, Journal of Risk and Uncertainty, 5, 297-323.

【U】

Ulrich, M., 2011, Observable long-run ambiguity and long-run risk, working paper, Columbia University.

【V】

Valkanov, R., 2003, Long-horizon regressions: Theoretical results and applications, Journal of Financial Economics, 68, 201–232.

Vanderbilt, A. T., II, 1989, Fortune's Children: The Fall of the House of Vanderbilt, Morrow, New York.

van der Ploeg, F., 2011, Natural resources: curse or blessing?, Journal of Economic Literature, 49, 366–420.

Van Nieuwerburgh, S., and L. Veldkamp, 2009, Information immobility and the home bias puzzle, Journal of Finance, 64, 1187–1215.

Vasicek, O., 1977, An equilibrium characterization of the term structure, Journal of Financial Economics, 5, 177–188.

Vayanos, D., 1998, Transactions costs and asset prices: A dynamic equilibrium model, Review of Financial Studies, 11, 1 –58.

Vayanos, D., and J. L. Vila, 2009, A preferred-habitat model of the term structure of interest rates, working paper, LSE.

Vayanos, D., and J. Wang, 2012, Market liquidity: Theory and empirical evidence, forthcoming Constantinides, G., M.Harris, and R. Stulz, eds.,Handbook of the Economics of Finance, Elsevier.

Vayanos, D., and P. Woolley, 2013, An institutional theory of momentum and reversal, Review of Financial Studies, 26, 1087–1145.

Veldkamp, L., 2011, Information Choice in Macroeconomics and Finance, Princeton University Press, Princeton, N.J.

Venti, S. F., and D. A. Wise, 2002, Aging and housing equity, in Mitchell, O. S., O. B. Hammond, and S. Zeldes, eds., Innovations in Retirement Financing, University of Pennsylvania Press, Philadelphia, pp. 254–281.

Viceira, L. M., 2001, Optimal portfolio choice for long-horizon investors with nontradeable labor income, Journal of Finance, 56, 433–470.

Viceira, L. M., 2008, Life-cycle funds, in Lusardi, A., ed., Overcoming the Savings Slump: How to Increase the Effectiveness of Financial Education and Savings Programs, University of Chicago Press, Chicago, pp. 140–177.

Villalonga, B., 2004, Diversification discount or premium? New evidence from the business information tracking series, Journal of Finance, 59, 479–506.

Vissing-Jørgensen, A., 2002, Towards an explanation of household portfolio choice heterogeneity: Nonfinancial income and participation cost structures, working paper, Northwestern University.

Vogel, E. F., 1979, Japan as Number One: Lessons for America, Harvard University Press, Cambridge, Mass.（エズラ・F・ヴォーゲル、広中和歌子／木本彰子訳、1979年、『ジャパンアズナンバーワン―アメリカへの教訓』TBSブリタニカ）

Von Neumann, J., and O. Morgenstern, 1944, Theory of Games and Economic Behavior, Princeton University Press, Princeton, N.J. (ジョン・フォン・ノイマン／オスカー・モルゲンシュテルン、銀林浩／橋本和美／宮本敏雄／阿部修一訳、2009年、『ゲームの理論と経済行動〈Ⅰ・Ⅱ・Ⅲ〉』筑摩書房)

【W】

Wachter, J., 2006, A consumption-based model of the term structure of interest rates, Journal of Financial Economics, 79, 365-399.

Wachter, J., 2010, Asset allocation, Annual Review of Financial Economics, 2, 175-206.

Wang, J., 1996, The term structure of interest rates in a pure exchange economy with heterogeneous investors, Journal of Financial Economics, 41, 75-110.

Wang, Z., 2005, A shrinkage approach to model uncertainty and asset allocation, Review of Financial Studies, 18, 673-705.

Wang, Z., and X. Zhang, 2012, Empirical evaluation of asset pricing models: Arbitrage and pricing errors in contingent claims, Journal of Empirical Finance, 19, 65-78.

Warner, J. B., and J. S. Wu, 2011, Why do mutual fund advisory contracts change?, Performance, growth, and spillover effects, Journal of Finance, 66, 271-306.

Webb, A., and N. Zhivan, 2010, Howmuch is enough? The distribution of lifetime health care costs, Center for Retirement Research at Boston College Working Paper, 2010-1.

Weil, P., 1989, The equity premium and the risk-free rate puzzle, Journal of Monetary Economics, 24, 401-421.

Weinstein, M. C., and R. J. Zeckhauser, 1975, The optimal consumption of depletable natural resources, Quarterly Journal of Economics, 92, 371-392.

Weise, C. L., 2012, Political pressures on monetary policy during the US Great Inflation, American Economic Journal: Macroeconomics, 4, 33-64.

Welch, I., 2008, The consensus estimate for the equity premium by academic financial economists in 2007, working paper.

Welch, I., and A. Goyal, 2008, A comprehensive look at the empirical performance of equity premium prediction, Review of Financial Studies, 21, 1455-1508.

Wermers, R., 2000, Mutual fund performance: An empirical decomposition into stock-picking talent, style, transactions costs, and expenses, Journal of Finance, 55, 1655-1695.

West, J., 2010, The style roulette and RAFI strategy, working paper, Research Affiliates.

Whitelaw, R. F., 2000, Stock market risk and return: An equilibrium approach. Review of Financial Studies, 13, 521-548.

Willenbrock, S., 2011, Diversification return, portfolio rebalancing, and the commodity return puzzle, Financial Analysts Journal, 67, 42-49.

Williams, J., 1977, Capital asset prices with heterogeneous beliefs, Journal of Financial Economics, 5, 219-239.

Winston, M., S. Winston, P. Appelbaum, and N. Rhoden, 1982, Can a subject consent to a "Ulysses contract"?, Hasting Center Report, 12, 26-28.

Wolf, A. M., 2011, The problems with payouts: Assessing the proposal for a mandatory distribution requirement for university endowments, Harvard Journal on Legislation, 48, 591-622.

Wolff, E. N., 2010, Recent trends in household wealth in the United States: Rising debt and the middle-class squeeze—an update to 2007, Working Paper No. 589, Levy Economics Institute of Bard College.

Wood, J. H., 1983, Do yield curves normally slope up? The term structure of interest rates, 1862-1982, Federal Reserve Bank of Chicago Economic Perspectives, 7, 17-23.

Woodford, M., 1990, Public debt as private liquidity, American Economic Review Papers and Proceedings, 80, 382-388.

【Y】

Yaari, M., 1965, Uncertain lifetime, life insurance, and the theory of the consumer, Review of Economic Studies, 32, 137-150.

Yan, X. S., 2008, Liquidity, investment style, and the relation between fund size and performance, Journal of Financial and Quantitative Analysis, 43, 741-768.

Ye, J., 2008, How variation in signal quality affects performance, Financial Analysts Journal, 64, 48-61.

Yogo, M., 2011, Portfolio choice in retirement: Health risk and the demand for annuities, housing and risky assets, SSRN working paper.

【Z】

Zeldes, S., 1989, Optimal consumption with stochastic income: Deviations from certainty equivalence, Quarterly Journal of Economics, 104, 275-298.

Zhang, F., 2010, High-frequency trading, stock volatility, and price discovery, working paper, Yale University.

Zhang, L., 2005, The value premium, Journal of Finance, 60, 67-103.

Zheng, L., 1999, Is money smart? A study of mutual fund investors' fund selection ability, Journal of Finance, 43, 901-933.

Zhong, Z., 2008, Why does hedge fund alpha decrease over time? Evidence from individual hedge funds, SSRN working paper.

Zhou, G., 2010, How much stock return predictability can we expect from an asset pricing model?, Economics Letters, 108, 184-186.

Zietzewitz, E., 2006, How widespread was late trading in mutual funds?, American Economic Review Papers and Proceedings, 96, 284-289.

Zivney, T. L., and R. D. Marcus, 1989, The day the United States defaulted on Treasury bills, Financial Review, 24, 475-489.

Zhou, G., 2008, On the fundamental law of active portfolio management: What happens if our estimates are wrong?, Financial Analysts Journal, 34, 26-33.

Zuckerman, G., 2009, The Greatest Trade Ever: The Behind-the-Scenes Story of How John Paulson Defied Wall Street and Made Financial History, Random House, New York. (グレゴリー・ザッカーマン、山田美明訳、2010年、『史上最大のボロ儲け―ジョン・ポールソンはいかにしてウォール街を出し抜いたか』CCCメディアハウス)

事項索引

【数字】

2ファンド分離定理 ……………………… 109
4％ルール …………………………………… 215
12(b)-1手数料 ………………………… 660,662
「100-年齢」ルール
………………………… 192,193,202,210,211
401（k）……………………………………… 13
401（k）プラン ……………… 16,21,100
1940年投資会社法 ……………………… 641
1940年法 ……………………… 642,651,691

【英字】

CAL
　⇒「資本分配線」
CalPERS
　⇒「カリフォルニア州政府職員退職
　　年金基金」
CAPM（市場ファクター）
　⇒「市場ファクター」
CBアービトラージ ……………… 401,714
CPI ………………………………………… 427
CRRA
　⇒「相対的リスク回避度一定」
CRRA型効用 ……………… 60,78,143
CRRA型効用関数 ……………………… 52
ERSRI
　⇒「ロードアイランド州政府職員退
　　職年金基金」
ETF（上場投資信託）
　⇒「上場投資信託」
Fed
　⇒「連邦準備制度」
FFレート ……………………… 334,335
GIC
　⇒「シンガポール政府投資公社」

GP
　⇒「無限責任組合員」
HML ……………………… 274,276,277,279
HMLファクター ……………… 275,276,385
i.i.d.
　⇒「独立同一分布」
IMF
　⇒「国際通貨基金」
IPO
　⇒「新規株式公開」
IRA
　⇒「個人退職勘定」
IRR ………………………………………… 747
KIA
　⇒「クウェート投資庁」
MVE
　⇒「平均・分散効率的」
NAV
　⇒「純資産額」
NBIM
　⇒「ノルウェー中央銀行投資管理部
　　門」
PME ……………………………………… 747
REITパズル ……………………………… 456
S&P500指数
………………………… 28,44,46,61,100,
　　　　　　　120,126,294,704,717
SAMA
　⇒「サウジアラビア通貨庁」
SEC
　⇒「証券取引委員会」
SMB ……………………… 274～277,385
SMBファクター ……………………… 275
SML
　⇒「証券市場線」

850　事項索引

SWF
　⇒「ソブリン・ウェルス・ファン
　　ド」
TIPS ································· 442
VC
　⇒「ベンチャー・キャピタル」

【あ】

アイルランド国民年金積立基金
　（NPRF）···························· 12
悪環境期
　·················· 9,45,59,72,78,82,234,245,
　　246,250,256,260,290,543,572
アクセルの特許 ····················· 26
アクティブ・ベンチマーク ··············· 611
アクティブ・リターン ··············· 374,542
アクティブ運用
　············· 132,379,390,465,541,638,642
アセット・アロケーション ··············· 472
アセット・オーナー ········· 3,44,273,602
アニュイティ ···················· 58,217
アノマリー ························· 278,374
アフィン型タームストラクチャー・モ
　デル ························· 351,352
アフィン関数 ···················· 352
アブダビ投資庁（ADIA）··············· 5,761
粗シャープ・レシオ ····················· 69
アラスカ永久基金機構 ··················· 5,582

【い】

イールドカーブ ··············· 169,284,560
イェンゼンの不等式 ····················· 174
一期間投資モデル ····················· 528
一般化された自己回帰条件付不均一分
　散（Generalized Autoregressive
　Conditional Heteroskedasticity；
　GARCH）························ 323

一般化された自己回帰条件付不均一分
　散モデル（GARCHモデル）··········· 127
イミュニゼーション ················· 170
インキュベーション・バイアス ········· 666
インセンティブ・フィー ··············· 717
インターネット・バブル ····· 152,550,638
インデックス・ファンド ············· 375,542
インプライド・ボラティリティ ········· 169
インフラストラクチャー投資 ········· 740
インフレ・ベータ ··················· 312
インフレ・ヘッジ ···· 21,309,313,443,466
インフレ連動債 ··················· 431

【う】

ウォーターフォール ····················· 758
失われた10年
　············· 7,44,294〜296,328,347,509
運用管理報酬
　·························· 643,660,661,691,
　　　　　　　717,757,758,759

【え】

エージェンシー・コスト ··············· 674
エージェンシー問題
　········· 20,156,465,601,603,645,756
エキゾチック・ベータ ··············· 550
エンジェル投資家 ··················· 739
エンハンスト・インデックス ··········· 591

【お】

欧州債務危機 ··············· 169,368
大型株 ··················· 265,504
オープン・エンド型 ··············· 642
オプション調整後スプレッド ··········· 360
オペレーショナル・リスク ··············· 719
オポチュニスティック・ポートフォリ
　オ ························· 583
オランダ病 ··············· 8,31,87

事項索引　851

オルタナティブ・ベータ …… 274,550,712
オルタナティブ資産 ……………… 16,26

【か】

外貨準備 ……………………………… 4,6
解約手数料 ……………………… 660,718
確実性等価 …………………………… 53,63
確定給付型企業年金 ………………… 13
確定給付型年金 ………………… 18,20,23
確定拠出型企業年金 ………………… 13
確率的割引ファクター（SDF）… 246,247
確率分布関数 ………………………… 46
確率密度関数 ……………………… 46,73
過剰平滑パズル ……………………… 206
カナダ年金制度投資委員会（CPPIB）
　………… 389,459,557,561,622,767
株式プレミアム ………………… 273,296
株式プレミアム・パズル ……… 296,299
株式への不参加パズル ……………… 206
株式リスク・プレミアム …… 296,302,314
下方リスク …………………………… 73
空売り ……………………… 397,399,416
空売り禁止 …………………………… 55,99
空売り制約 …………………………… 99
カリフォルニア州教職員退職年金基金
　（CalSTRS）…………………… 59,129
カリフォルニア州政府職員退職年金基
　金（CalPERS）
　………………………… 13,59,129,156,167,
　　　　　　　　172,389,568,623,766
為替キャリー取引 …………………… 306
頑健効用 ……………………………… 81
間接効用 ………………………… 145,146
完全市場 ……………………………… 416
観測方程式 …………………………… 512

【き】

既往歴リスク ………………………… 33

幾何平均リターン ……………………… 775
幾何リターン …………………………… 175
機関投資家 ………… 59,101,156,692,740
期待インフレ率 ……………………… 312
期待仮説 ……………………………… 350
期待効用 …………………………… 54,59,81
期待損失率 …………………………… 364
期待リターン ……………… 69,156,255,290
機動的戦略 ……………… 158,160,170,287
規範経済学 ………………………… 57,80,105
規模の不経済 ………………………… 654
逆選択 ………… 220,525,526,602,604,606
逆張り ………… 149,152,156,160,162,569
キャッシュフロー …………………… 21,742
キャッシュフロー・マッチング ……… 170
キャッシュフロー効果 ……………… 313
キャッチアップ条項 ………………… 758
キャピタル・コール ………………… 532
キャリー・ファクター ……………… 558
キャリー戦略 ………………… 284,560
キャリード・インタレスト ………… 757
給付ファクター ……………………… 13
局所的リスク回避度 ………………… 300
均衡状態 ………… 168,234,241,245,246
均衡リスク・プレミアム ……………… 298
近視眼的ポートフォリオ ……………… 159
金融危機
　……… 12,14,28,44,90,103,138,150,152,
　　　　167,196,234,250,256,259,273,279,
　　　　294,335,339,500,521,540,550,568
金融政策ショック ……………… 340,341,368
金利水準ファクター ……………… 337,368
金利の期間構造 ……………………… 337
金利の非負制約問題 ………………… 336
金利リスク …………………………… 33

【く】

クウェート投資庁（KIA）……… 10,12,761

グライド・パス ……………………… 193
グリーンスパン・プット ………… 343,344
クレジット・スプレッド・パズル
　………………………………… 364,365
クレジット・リスク
　………………… 218,262,358,368,585
クレジット・リスク・プレミアム
　……………………………………… 548,558
グロース株
　……… 259,275,276,279,290,381,385
クローズド・エンド型投資信託
　……………………………… 642,643,669,670
クローバック条項 ………………………… 758

【け】

景気拡大期 …………………… 118,237,262
景気後退期
　……………… 44,118,177,237,262,279,335
経費率 ………………………… 660,662,717
経路依存的 ……………………………… 20
ゲート条項 …………………………… 525,723
ゲーム理論 ……………………………… 55
結合仮説問題 …………………………… 403
決定係数（R²） ……………………… 341
ケリー・ルール ………………… 121,174,176
限界効用 ……………… 49,60,74,82,300
限界的主体 ……………………………… 307
顕示選好 ………………………………… 68
限定合理性 ……………………………… 289

【こ】

コア消費者物価指数 ………………… 340
後悔回避 ………………………………… 76
公開市場操作 ………………………… 334
好環境期 …………………………… 9,245
構造型モデル ………………………… 360
行動バイアス ……………………… 104,254

行動理論
　…… 160,254,255,260,282〜284,290,668
高頻度取引 …………………………… 523,674
高ベータ株 …………………………… 274
効用関数
　…………………… 45,50,56,59,60,72〜74,78,
　　　　82,105,173,176,402,566,572
効用曲線 ………………………………… 49
効率的市場仮説（EMH） ………… 254,403
効率的市場理論 ……………………… 253
合理的期待効用モデル ……………… 55,56
合理的期待理論
　………………… 254,255,260,279,282,290
ゴードン・モデル ……………………… 314
コール・オプション …………………… 721
小型株 ……… 262,275,277,278,385,558
顧客モデル ……………………………… 357
国際通貨基金（IMF） ……………… 5,34,41
個人退職勘定（IRA） …… 13,100,473,474
固定比例支出ルール ………………… 216
固定報酬 ………………… 620,691,722
古典的相関 ……………………………… 311
コマーシャル・ペーパー（CP） … 335,550
コミットメント金額 ………… 738,757〜759
コモディティ・トレーディング・アド
　バイザー・ファンド（CTAファン
　ド） ……………………………… 286,445
固有ボラティリティ ………………… 375,405
固有リスク …………………………… 240
コンスタンティニデス・モデル ……… 528
コンタンゴ …………………………… 449
コントリビューション・ホリデー …… 18
コンビニエンス・イールド …………… 449

【さ】

サープラス ……………………… 20,374,424
災害理論 ………………………………… 303
最小二乗法 …………………………… 318

事項索引　853

最小分散ポートフォリオ
 ························· 89,92,125,126
サイズ・ファクター ························· 285
サイズ・プレミアム ··············· 275,278
サイズ効果 ··············· 277,286,385,558
裁定価格決定理論（APT）··············· 246
裁定取引 ·· 290
最適資産配分 ··············· 57,69,139,475
最適制御問題 ···································· 143
最適成長ポートフォリオ ··············· 176
サイドレター ···································· 759
財務省証券 ····················· 28,294,520
財務省短期証券 ········· 44,68,109,294
債務担保証券（CDO）··················· 335
債務不履行 ································· 7,103
サウジアラビア通貨庁（SAMA）····· 5,10
サブプライム ····················· 44,294,550
サポート・レシオ ····························· 23
参加制約 ·· 603
算術リターン ························· 174,774

【し】

自営業者退職年金制度（キーオー・プ
 ラン）·· 13
ジェネラル・パートナー、GP
 ⇒「無限責任組合員」
ジェンセンのアルファ ··············· 383
時価加重ベンチマーク ··············· 416
自己回帰条件付不均一分散（Autore-
 gressive Conditional Heteroskedas-
 ticity；ARCH）··························· 323
自己相関 ·· 521
自己奉仕バイアス ··························· 289
資産・負債管理 ····················· 502,535
資産配分
 ········· 28,65,118,185,187,192,202,208,
      488,491,494,528,563,582,740
市場インデックス・ファンド ··············· 240

市場ファクター
 ··················· 94,102,129,240,244,245,
        249,251,260,274,401,727
市場ベータ ·· 404
市場ポートフォリオ
 ··············· 102,173,238,240,245,246,
        250,282,284,377,567,572
システマティック・ファクター
 ··· 252,259,278
システマティック・リスク ··· 240,404,714
システマティック・リターン ··············· 520
システミック・リスク ··················· 674
実効FFレート ······························ 334
実質GDP ···························· 262,341
実質金利 ·· 435
実質リターン ························· 466,547
実質利回り ·· 435
実証経済学 ································· 57,80
実物的景気循環モデル ··············· 270
実物不動産 ·· 393
資本資産評価モデル（CAPM）
 ··············· 69,236,238,250,260,372,570
資本市場線（CML）······················· 243
資本分配線（CAL）··········· 68,69,110,243
指名委員会 ·· 622
シャープ・レシオ ········· 69,121,240,590
社会的配当 ·· 534
ジャンク債 ·· 368
習慣形成モデル ······························ 300
習慣効用 ····························· 78,250,299
従業員退職所得保障法（ERISA）········ 16
囚人のジレンマ・ゲーム ··············· 55
住宅用不動産担保証券（RMBS）········ 335
従量制の報酬 ···································· 722
受託者責任 ·· 646
準効率的市場 ····················· 253,278
純資産額（NAV）··············· 642,717,755
純資産株価倍率 ··· 259,275,276,281,385

順張り ……… 118,128,154,156,569,740
証券市場線（SML） ………… 244,245,416
条件付相関 ……………………………… 208
証券取引委員会（SEC）
　　　　　　 480,498,640,641,651
勝者株 …………………………………… 388
上場投資証券（ETN） ………………… 648
上場投資信託（ETF）
　　　………… 642,644,645,671〜674
状態価格密度 …………………………… 248
消費者物価指数 ……… 171,341,424,425
消費に基づく資産価格評価モデル …… 296
消費ファクター ………………………… 313
情報係数 ………………………………… 379
情報の非対称性 …………………… 104,503
情報比 …………………………………… 375
ショート ………………………………… 259
ショート・ボラティリティ
　　　………………… 162,165,168,715
ショート・ボラティリティ戦略
　　　………………………… 42,48,175
ショートフォール・リスク …………… 194
所得代替率 ……………………………… 185
シンガポール政府投資公社（GIC）… 5,10
新規株式公開（IPO） …………… 667,749
新興国危機 ……………………………… 44
新興国市場危機 …………………… 103,324
人口動態リスク ………………… 260,272
シンセティックETF …………………… 671
人的資本 … 33,100,189,190,199,200,281
信用（クレジット）格付け …………… 332

【す】

推定持続可能収入（ESI） …………… 9,33
推論に基づく契約 ……………………… 605
据置アニュイティ ……………………… 219
スタイル・ウェイト ……………… 396,397
スタイル・ファクター ……… 260,274,290

スタイル分析 ………………… 394,397〜399
スタグフレーション ………… 313,342,426
スチュワードシップ …………………… 170
スパイダー ……………………………… 396
スピアマン相関 ………………………… 311
スポンサー企業 ………………………… 20
スマート・ベータ ………………… 274,550

【せ】

正規分布 ………………………………… 46
成功報酬 …………… 605,665,717,758,767
生産ギャップ …………………………… 339
生存者バイアス
　　　……… 304,507,518,651,697,698,765
成長最適投資 …………………………… 173
静的ファクター ………………… 260,543
税のタイミング・オプション
　　　………………………… 487,494,495
世界大恐慌 ……………………………… 150
世界大不況 ………………… 150,190,208
セカンダリー市場 ……………… 502,524,525
世代重複 ………………………………… 197
絶対的リスク回避係数 ………………… 83
絶対リターン …………………………… 690
選好 ……………… 60,138,206,272,305
戦術的資産配分 ………………… 159,546
選択バイアス … 458,507,515,518,666,765
全天候型戦略 …………………………… 581
全要素生産性ショック（TFPショッ
ク） …………………………………… 271
戦略的資産配分 ………………………… 4,159

【そ】

双曲型割引関数 ………………………… 214
相続税 …………………………………… 493
相対的効用 ……………………………… 79
相対的リスク回避度一定（CRRA）
　　　………………… 48,82,142,203,297

事項索引　855

即時アニュイティ ················· 219

ソブリン・ウェルス・ファンド
（SWF）
················ 3,4,7,11,13,33,59,86,102,
157,203,380,472,540,582,761

ソブリン・リスク ··················· 273

ソブリン債 ·········· 175,234,583,585

ソブリン債務問題 ··················· 270

ソルベンシー・レシオ ············· 530

ソロー残差 ··························· 271

損失回避 ················· 74〜76,283

【た】

ターゲット・デート・ファンド ······· 192

ターム・スプレッド ················· 319

タームストラクチャー ··············· 349

大インフレ期 ························· 335

大学基金 ················ 24,30,32,500

大学基金モデル ··············· 27,501,502

大災害 ······························ 302

退職貯蓄パズル ····················· 224

対数正規分布 ····················· 72,299

対数リターン ························· 773

対払込資本合計価値倍率（マルチプ
ル） ··················· 741,745,747

ダウンサイド・リスク ········· 105,172,362

タクティカル・アセット・アロケー
ション ··························· 546

多様性ウェイト ················· 120,123

単位型投資信託 ················· 642,644

短期国債 ·········· 234,236,295,312

探索摩擦 ···························· 503

【ち】

中期国債 ····························· 349

中国国家外国為替管理局（SAFE）········· 5

中国投資有限責任公司（CIC）············· 5

超過ボラティリティ ················· 323

超過ボラティリティ・パズル ············ 323

超過リターン ··············· 374,393,501,751

長期国債 ····················· 128,234,295

長期投資 ····························· 143

長期投資家 ··························· 175

長期ヘッジ需要ポートフォリオ ······· 583

長期リスク ··························· 305

長短金利差 ··························· 481

【つ】

積立比率 ······················ 18,172,183

積立不足 ····························· 17

【て】

ディープ・バリュー ················· 284

ディスカウント・パズル ············· 670

ディストレス ························· 707

低頻度取引バイアス ················· 765

低ベータ株 ··························· 372

低ボラティリティ株 ················· 372

テイラー・ルール ············· 339,340,354

テイラー原理 ····················· 340,342

低リスク・アノマリー ··············· 404

低流動性リスク ····················· 441

データマイニング ··············· 278,415

テール・リスク ·················· 44,73

適合性の規範 ························· 646

デフォルト・リスク ············· 358,360

デュー・デリジェンス ··············· 503

デュレーション ··············· 21,337,592

デュレーション・マッチング ············ 170

デュレーション・リスク ·············· 33

デュレーション・リスク・プレミアム
··································· 560

デリバティブ ··········· 43,143,671,693

デルタ・ヘッジ ····················· 269

伝播メカニズム ····················· 334

【と】

等ウェイト	408
動学的確率的一般均衡（DSGE）	271
等価な課税資産額	489
投資運用報酬	617
投資適格債	262,264
投資ファクター	260,274,287
投資方針書（IPS）	138,154〜156,177
動的計画法	143,162,212
動的戦略	147,518
動的ファクター	260,274,490,543,549,573
動的ファクター・リスク・プレミアム	594
等リスク寄与	121,123
登録投資会社	641,642,645,646,648
登録投資顧問会社	643
トータル・ポートフォリオ・アプローチ	561
特定市場選好理論	345
独立同一分布（i.i.d.）	148,304,316
ドットコム・バブル	14,365
富の均質性	52,143
トラッキング・エラー	130,374〜376,405,416,417
取引コスト	103,113,252,503,528
ドローダウン	124,259

【な】

内国歳入法	456
ナイトの不確実性	81
内部収益率（IRR）	741,742
長生きリスク	218

【に】

二項ツリー	163,167
二次計画問題	98

【ニュー】

ニュージーランド退職年金基金（NZSF）	622
ニューヨーク州職員退職年金基金（NYSCRF）	600,631

【ね】

ネガティブ・フィードバック戦略	287
ネット・リターン	773
年金基金	13,14,17,372,600
年金給付保証公社（PBGC）	17
年金負債	374
年金負債対応投資（LDI）	20
年金プラン	13,16

【の】

ノイズ・トレーダー	405
ノーロード・ファンド	660
ノルウェー政府年金基金グローバル（GPFG）	24,86,540,628
ノルウェー中央銀行投資管理部門（NBIM）	157,380,541

【は】

ハーディング	629
ハードル・レート	718,758
バーナンキ・プット	343
ハーバード大学基金	24,27,500,528,530,534,535
バイ・アンド・ホールド	147,156,163,168,174,175
ハイ・ウォーターマーク	717
バイアウト	561,748
バイアウト・ファンド	739
ハイイールド債	262,264
ハイイールド債券	234
敗者株	388
敗者のゲーム	254,569
ハイテク・バブル	742

配当利回り ···················· 314,316
配当割引モデル ······················ 314
売買手数料 ···················· 615,663
バックワーデーション ·············· 449
バックワード・ルッキング型ルール ··· 340
パッシブ・ベンチマーク ············ 377
パッシブ運用 ·············· 542,543,642
パフォーマンス・フィー ············ 717
バリアンス・スワップ ··············· 42
バリュー／グロース・ファクター ····· 571
バリュー／グロース・プレミアム
····························· 548,571
バリュー／グロース投資 ········· 237,284
バリュー・アット・リスク（VaR）··· 568
バリュー・ファクター ············ 275,285
バリュー株
······ 259,275,276,279,290,306,381,385
販売手数料 ·························· 659

【ひ】

ピアソン相関 ······················ 309
ヒエラルキー・コスト ··············· 654
非線形戦略 ····················· 400,401
非線形の契約 ·········· 605,609,613,614
非対称な契約 ······················ 647
ビッド・アスク・スプレッド
······················ 521,523,525,663
非伝統的金融政策 ··············· 334,336
非平滑化 ·························· 511
非流動性資産
···················· 501,502,504,517,518,
522,527,532,772
非流動性ファクター ················· 381
非流動性プレミアム ··········· 501,527,548
非流動性リスク ········· 518,527,529,580
非流動性リスク・プレミアム
····················· 517,518,520,532
ビンテージ・イヤー ············· 737,742

【ふ】

ファーマ＝フレンチ（1993年）モデル
······························· 274
ファーマ＝フレンチ回帰 ··········· 386,387
ファーマ＝フレンチベンチマーク ······ 388
ファーマ＝フレンチポートフォリオ ··· 395
ファーマ＝フレンチモデル ··· 275,276,287
ファイナンシャル・アドバイザー
···················· 154,172,197,615
ファクター・エクスポージャー
····················· 21,119,242,244
ファクター・プレミアム ·············· 551
ファクター・ベンチマーク ········· 393,579
ファクター・リスク
··········· 119,234,236,246,256,
290,368,520,624
ファクター・リスク・プレミアム
······················ 22,31,234,238,527
ファクター・リターン ············· 520,569
ファクター回帰 ····················· 382
ファクター投資
················ 4,119,561,569,572,
580,581,583,767
ファクター負荷量 ··················· 395
ファクター模倣ポートフォリオ ··· 275,564
ファット・テール ················· 46,82
ファミリー・オフィス ················ 29
ファンダメンタル・バリュー ·········· 279
ファンド設定者 ····················· 643
フィッシャー仮説 ············· 340,350,430
フィリップス曲線 ··················· 425
フィルタリング問題 ················· 511
フォワード・ルッキング型ルール ····· 340
フォワード・レート ················· 338
不確実性回避 ······················· 81
複数均衡 ·························· 342
複利効果 ·························· 773
負債対応投資 ······················ 171

負債ヘッジ・ポートフォリオ
………………………… 172,173,213
不参加パズル ………………………… 113
二つの使命 ………………………… 339
プット・オプション …… 18,169,194,360
プット・コール・パリティ ………… 362
不動産投資信託（REIT）……… 424,456
負のガンマ戦略 ……………………… 162
部分調整型ルール …………………… 340
プライシング・カーネル … 246,248,280
プライベート・エクイティ ……… 58,737
プライマリー・ディーラー ………… 345
プライマリー市場 …………………… 525
ブラック＝ショールズ・オプション評
　価公式 ……………………………… 360
ブラック・スワン …………………… 302
フラッシュ・クラッシュ …………… 674
フリーランチ ………………………… 175
プリンシパル・エージェント問題
………………………… 557,604,615
プリンストン大学基金 ………… 25,27
フルクラム・フィー ………………… 646
ブレーク・イーブン・インフレ率 … 439
ブレス ………………………………… 379
ブレトンウッズ体制 ………………… 451
プロスペクト理論 …………………… 74
分位効用最大化 ……………………… 73
分散投資リターン …………………… 173

【へ】

ペア・トレーディング ……………… 401
ペイオフ ………………………… 163,237
平均・分散効用 ……… 60,62,72,82
平均・分散効率的（MVE）… 109,110,241
平均・分散フロンティア ……… 65,89,91
平均回帰 ……………… 150,193,196,454
平均回帰性 …………………………… 128
平均的投資家 … 243,251,255,308,494,496

平均余命 ……………………………… 218
ベイジアン縮小推定法 …………… 117,129
ベーシス・リスク ………………… 428,433
ベータ・アノマリー ………………… 408
ベータに逆らったベット（BAB）
………………………………… 411,412
べき型効用関数 …………………… 48,403
ペソ問題 ……………………………… 302
ヘッジ需要 ………………………… 139,159
ヘッジファンド …… 119,234,687,691,700
ヘッジファンド・ベータ …………… 689
ベビーブーマー世代 ………………… 214
ヘルスケア・リスク ……… 209,211,221
ベンチマーク
……………… 22,29,80,120,374,
　　　　　　　376,379,385,403,642
ベンチマーク・ポートフォリオ … 101,389
ベンチマーク・リターン ……………… 74
ベンチャー・キャピタル（VC）
………………………………… 739,756,766

【ほ】

防衛的ポートフォリオ …………… 172,173
報告バイアス ………………………… 508
ポートフォリオ企業 ……………… 737,767
ポートフォリオ企業報酬 ……… 757～759
ポートフォリオ選択問題
………………… 140,143,162,173
ホーム・バイアス …………………… 102
ホーム・バイアス・パズル ………… 102
ポジティブ・フィードバック戦略 … 287
保守性バイアス ……………………… 289
ボラティリティ・スワップ ………… 266
ボラティリティ・パンピング ……… 173
ボラティリティ・ファクター ……… 413
ボラティリティ・プロテクション
………………………………… 43,548
ボラティリティ・リスク …… 264,306,706

事項索引　859

【ま】

マーケット・インパクト・コスト 663
マーケット・タイミング 314,705
マーケット・メイキング 523,527
マートン・モデル 529
マイクロ・ストラクチャー 525
マクロ・ファクター
.... 79,260,270,290,581,586
マクロ・リスク 101,273
マクロ金融型タームストラクチャー・
モデル 353
マゼラン・ファンド 394,400
マックスミン効用 81
マネージド・アカウント（SMA）
.... 614,699
マルチファクター・モデル
.... 249,254,256,274
マルチプル
⇒「対払込資本合計価値倍率」

【み】

ミスター・マーケット 566,568,570
ミューチュアル・ファンド
.... 113,132,642,645,649,672
ミリマン100 18

【む】

無限責任組合員（ジェネラル・パート
ナー、GP）................... 693,737,758
無裁定条件 349
無差別曲線 62,63,106,107

【め】

名目金利 435
名目利回り 440
メーラ＝プレスコット・モデル
.... 299,304,313
メザニン・ファンド 739

メニュー・コスト 313
メンタル・アカウンティング 283

【も】

モーゲージ担保証券 345
モーメント 46,72,105
目論見書 645,663
モメンタム・ファクター 286
モメンタム投資 .... 285〜287
モラル・ハザード 603,604,606

【ゆ】

誘因両立制約 603,610
有限責任組合員（リミテッド・パート
ナー、LP）............. 524,693,737
誘導型モデル 339
ユリシーズ契約 155,177

【よ】

予測給付債務（PBO）................. 20
予測力回帰 317

【ら】

ライフサイクル・モデル
.... 197,206,208,211
ライフサイクル理論 202,211
ラチェット型消費 213
ラッセル1000指数 372,376

【り】

利益相反 641,668
リスク・アノマリー
.... 372,404,405,411,414,416,559
リスク・ニュートラル 51,53
リスク・パリティ 89,121,579
リスク・ファクター
.... 168,237,260,264,296,306,369

リスク・プレミアム
・・・・・・・ 94,168,236,237,240,243〜245,
255,256,260,273,290,368
リスク回避度 ・・・・・・・・・・・・・・・・・・・・・・・ 51
リスク性資産
・・・・・・・ 14,63,68,69,234,240,255,261
リスク調整後ベンチマーク ・・・・・・・・・ 377
リスク調整後リターン ・・・・・・・・・・・・・・・ 132
リスク追求的 ・・・・・・・・・・・・・・・・・・・ 75,200
リスクフリー・レート ・・・・・・・・・・・ 69,74
リスクフリー・レート・パズル ・・・・・・ 299
リスクフリー資産
・・・・・・・ 63,68,107,109,211,389
リバーサル効果 ・・・・・・・・・・・・・・・・・・・・・ 629
リバランス
・・・・・・・ 57,125,150,156,160,162,167,
170,174,526,527,530,568
リバランス・プレミアム ・・・・・ 125,173,176
リファレンス・ポートフォリオ ・・・ 389,557
リミテッド・パートナー、LP
⇒「有限責任組合員」
流動性ファクター ・・・・・・・・・・・・・・・・・・・ 552
流動性リスク ・・・・・・・・・・・・・・・ 156,367,369
「隣人においつけ」効用 ・・・・・・・・・・・・・・ 79
「隣人においつけ」効用関数 ・・・・・・・・・・ 250
倫理的投資 ・・・・・・・・・・・・・・・・・・・・・・・・・・・・ 86

【る】
累積給付債務（ABO）・・・・・・・・・・・・・・・・・・ 20

【れ】
レジーム・チェンジ ・・・・・・・・・ 169,175,255
レバレッジ効果 ・・・・・・・・・・・・・・・・・・・・・・ 264
レバレッジド・バイアウト ・・・・・・・・・・・ 739
レバレッジドETF ・・・・・・・・・・・・・・・・・・・・ 677
レポ市場 ・・・・・・・・・・・・・・・・・・・・・・・・・・・・・ 550
連続複利 ・・・・・・・・・・・・・・・・・・・・・・・・ 773,774
連邦公開市場委員会（FOMC）・・・・・・・・・ 334
連邦公務員向け確定拠出型年金（TSP）
・・・・・・・・・・・・・・・・・・・・・・・・・・・・・・・・・・・ 193
連邦準備制度（Fed）・・・・・・・・ 333,341,425
連邦準備制度理事会 ・・・・・・・・ 333,334,529
連邦預金保険公社（FDIC）・・・・・・・・・・・・・・ 17

【ろ】
労働市場付加年金グループ（ATPグ
ループ）・・・・・・・・・・・・・・・・・・・・・・・・・・・・ 579
ロードアイランド州政府職員退職年金
基金（ERSRI）・・・・・・・・・・・・・・・・・ 183,225
ロール・リターン ・・・・・・・・・・・・・ 284,449,560
ロックアップ ・・・・・・・・・・・・・・・・・・・ 522,723
ロング・ショート ・・・・・・・・・・・・・ 275,543

【わ】
割引現在価値 ・・・・・・・・・・・・・・・・・・・・・・・・ 186
割引率 ・・・・・・・・・・・・・・・・・・・・・・・ 21,191,247
割引率効果 ・・・・・・・・・・・・・・・・・・・・・・・・・・ 313

資産運用の本質
──ファクター投資への体系的アプローチ

2016年4月12日　第1刷発行
2024年4月17日　第3刷発行

著　者　アンドリュー・アング
監訳者　坂　口　雄　作
　　　　浅　岡　泰　史
　　　　角　間　和　男
　　　　浦　壁　厚　郎
発行者　加　藤　一　浩
印刷所　奥村印刷株式会社

〒160-8520　東京都新宿区南元町19
発 行 所　一般社団法人 金融財政事情研究会
編集部　TEL 03(3355)2251　FAX 03(3357)7416
販　　売　株式会社きんざい
販売受付　TEL 03(3358)2891　FAX 03(3358)0037
URL https://www.kinzai.jp/
※2023年4月1日より販売は株式会社きんざいから一般社団法人金融財政
事情研究会に移管されました。なお連絡先は上記と変わりません。

・本書の内容の一部あるいは全部を無断で複写・複製・転訳載すること、および
磁気または光記録媒体、コンピュータネットワーク上等へ入力することは、法
律で認められた場合を除き、著作者および出版社の権利の侵害となります。
・落丁・乱丁本はお取替えいたします。定価はカバーに表示してあります。

ISBN978-4-322-12831-4